Coleção **GRANDES TEMAS DO NOVO CPC** 13

Coordenador geral: FREDIE DIDIER JR.

COOPERAÇÃO INTERNACIONAL

Coleção **GRANDES TEMAS DO NOVO CPC** 13

Coordenador geral: FREDIE DIDIER JR.

COOPERAÇÃO INTERNACIONAL

COORDENADORES

Hermes Zaneti Jr.

Marco Antonio Rodrigues

2019

EDITORA *Jus*PODIVM

www.editorajuspodivm.com.br

EDITORA
*Jus*PODIVM
www.editorajuspodivm.com.br

Rua Território Rio Branco, 87 – Pituba – CEP: 41830-530 – Salvador – Bahia
Tel: (71) 3045.9051
• Contato: https://www.editorajuspodivm.com.br/sac

Capa: Rene Bueno e Daniela Jardim (*www.buenojardim.com.br*)

Diagramação: Cendi Coelho *(cendicoelho@gmail.com)*

ISBN: 978-85-442-2714-5

Apresentação da coleção

O CPC-2015 trouxe uma infinidade de novos temas para reflexão.

A coleção "Grandes Temas do Novo CPC", que eu coordeno, é composta por várias coletâneas, organizadas cada qual por grandes processualistas brasileiros, sobre os principais temas trazidos pelo novo Código de Processo Civil: normas fundamentais, precedentes, Direito probatório, Direito intertemporal, procedimentos especiais, negócios jurídicos processuais etc.

O propósito é evidente: apresentar um repertório inicial e mínimo para o início da aplicação da nova legislação, com textos ora panorâmicos ora centrados em algum aspecto dogmático, mas sempre com profundidade. Para usar uma imagem cara a muitos de nós, cunhada por Humberto Ávila: são textos de doutrina; não serão reportagens.

Fredie Didier Jr.

Foi membro da Comissão de Juristas Responsável
pela Revisão do Projeto do Novo CPC na Câmara dos Deputados.
Professor-associado da UFBA (graduação, mestrado e doutorado).
Mestre (UFBA), Doutor (PUC/SP), Livre-docente (USP)
e Pós-doutorado (Universidade de Lisboa).
Advogado e consultor jurídico.
www.frediedidier.com.br

Nota dos coordenadores

O presente livro *Grandes Temas: Cooperação Internacional* faz parte da coleção que estuda as grandes tendências do novo Código de Processo Civil brasileiro, coordenada pelo professor Fredie Didier Jr.

A temática é nova em razão de serem não muitos os estudos na matéria e de o novo Código ter avançado bastante no seu texto.

Observada em seu conjunto, a Coleção deixa evidente que o Código de Processo Civil de 2015 efetuou diversas mudanças, funcionais e estruturais, no direito processual brasileiro.

Essas mudanças estão alterando o próprio sistema de justiça, em seu conjunto: precedentes, justiça multiportas, normas fundamentais, julgamento de casos repetitivos, negócios processuais e medidas executivas atípicas, entre outros grandes temas tratados na Coleção, comprovam essa afirmação. Há um novo direito processual que surge do Código de Processo Civil Brasileiro de 2015.

Uma das áreas que sofreu sensíveis impactos foi, sem dúvida, o processo civil internacional, especialmente em razão do surgimento da cooperação internacional como capítulo autônomo do título sobre os limites da jurisdição nacional.

O direito que emerge do CPC é cooperativo e a cooperação internacional está inserida neste novo espírito de renovação da justiça civil.

A "Cooperação Internacional", o "Processo Internacional" brasileiro e o "Direito Comparado" discutidos neste trabalho por variadas mãos são o fruto, inicialmente, de pesquisas efetuadas por professores e pesquisadores junto a programas de pós-graduação *stricto sensu* em Direito de algumas das maiores Universidades do país.

Para além destes, a obra conta também com trabalhos de consagrados professores de vários países e ordenamentos jurídicos distintos, do *civil law* e do *common law*, trazendo perspectivas sobre aspectos do processo internacional que levam a reflexões mais profundas sobre o direito brasileiro. Comparar para evoluir, comparar para compreender, comparar para cooperar mais e melhor, poderiam ser os lemas desta coletânea.

Diz-se que o Código é obra de doutrina. A dogmática da lei não basta, precisamos extrair dela o conjunto, a coerência e a consistência que permitem avançar institucionalmente. O objetivo é comum, mesmo quando as abordagens são distintas.

Temos um projeto comum, a busca por uma justiça melhor para as pessoas, que trate adequadamente os conflitos de forma efetiva, justa e proporcional. Esperamos que estes textos auxiliem para provocar não só a reflexão como a efetividade da cooperação jurisdicional e do nosso processo civil internacional.

Vitória e Rio de Janeiro, outubro de 2018.

Hermes Zaneti Jr.
Professor de Direito Processual – UFES.
Promotor de Justiça – ES.

Marco Antonio Rodrigues
Professor de Direito Processual – UERJ.
Procurador do Estado – RJ.

Sumário

PARTE I

COOPERAÇÃO INTERNACIONAL

CAPÍTULO 1

Cooperação judicial internacional: homologação de sentença estrangeira, carta rogatória e auxílio direto

José Maria Tesheiner[1]
e Felipe Waquil Ferraro[2]

1. INTRODUÇÃO

Cooperação judicial internacional envolve a ideia de cumprimento de medidas judiciais decretadas por juízes de Estado estrangeiro.

Tratar-se-á, aqui, de três temas relativos à cooperação judicial internacional: a homologação de sentença estrangeira, as cartas rogatórias e o auxílio direto. E, para tanto, comenta-se o acórdão do Superior Tribunal de Justiça: sentença estrangeira contestada n. 9.502.

Uma microempresa brasileira, a Courama Comércio e Representações Ltda. exportou retalhos e raspas de couro do semi-acabado *wet blue* para a Rússia, mais precisamente para a empresa Russkaya Kozha.

A compradora efetuou o pagamento total da mercadoria por ordens de pagamento que totalizaram U$D 31.855,40.

Parecia tudo perfeito e acabado, quando a importadora russa dirigiu-se à exportadora brasileira, afirmando que as mercadorias enviadas não

1. Prof. de Processo Civil na PUCRS. Desembargador aposentado do TJRGS.
2. Doutorando e Mestre em Direito pela Pontifícia Universidade Católica do Rio Grande do Sul. Advogado e professor.

correspondiam ao que fora contratado, exigindo o fornecimento da mercadoria devida ou a devolução do preço pago.

Não foi atendida.

A Russkaya, então, propôs ação perante a Corte Internacional de Arbitragem Comercial junto à Câmara de Comércio e Indústria da Federação Russa.

A citação foi feita por carta enviada ao endereço constante do contrato. Entrementes, porém, a empresa brasileira mudara de endereço.

O processo arbitral correu à revelia.

A perícia concluiu que a mercadoria pesquisada era o semi-acabado *wet blue* e raspa de *wet blue*, inservíveis para posterior elaboração e confecção do semi-acabado Crust e couro acabado, possuindo odor desagradável, que não é característico do semi-acabado *wet blue*.

A sentença arbitral condenou a empresa brasileira.

No Brasil, a Russkaya requereu a homologação da sentença arbitral russa. O Superior Tribunal de Justiça homologou a sentença, pelo acórdão ora comentado.

Pelo menos 8 enunciados jurídicos podem ser extraídos do acórdão ora comentado:

1) Contratos de exportação celebrados com empresas estrangeiras podem conter cláusula arbitral.
2) O tribunal arbitral pode ser estrangeiro.
3) A citação para ação arbitral faz-se na forma prevista pelo processo arbitral
4) É válida a citação para ação arbitral feita no Brasil por carta enviado ao endereço constante do contrato, ainda que inválida segundo a lei brasileira
5) Pode ter eficácia no Brasil sentença arbitral estrangeira, desde que homologada.
6) Compete ao STJ homologar laudo arbitral estrangeiro.
7) Os requisitos para a homologação constam da Resolução 9 do STJ.
8) O STJ não reexamina o mérito da sentença arbitral estrangeira, dispondo o artigo 38 da Lei 9.307/96: "Somente poderá ser negada a homologação para o reconhecimento ou execução de sentença arbitral estrangeira, quando réu demonstrar que: (...) III – não foi notificado da

designação do árbitro ou do procedimento de arbitragem, ou tenha sido violado o princípio do contraditório, impossibilitando a ampla defesa".

2. HOMOLOGAÇÃO DE SENTENÇA ESTRANGEIRA

Em 2004 foi promulgada uma das mais importantes emendas constitucionais, a da Reforma da Judiciário, a Emenda n. 45/2004. Dela resultou a competência do Superior Tribunal de Justiça para a homologação de sentenças estrangeiras e para o exequatur de cartas rogatórias. Anteriormente, essa competência anteriormente era do Supremo Tribunal Federal.

O Presidente do Superior Tribunal de Justiça editou então a Resolução n. 9/2005, destinada a regular provisoriamente a matéria. Como o provisório tende a tornar-se definitivo, essa Resolução continua vigente.

Dessa Resolução extraem-se as seguintes regras referentes à homologação de sentença estrangeira:

1) A sentença estrangeira não terá eficácia no Brasil sem a prévia homologação pelo Superior Tribunal de Justiça ou por seu Presidente.
2) Compete ao Presidente do Tribunal processar e julgar a homologação de sentenças estrangeiras não contestadas; à Corte Especial, as contestadas.
3) A homologação de sentença estrangeira deve ser requerida pela parte interessada, devendo a petição inicial ser instruída com a certidão ou cópia autêntica do texto integral da sentença estrangeira e com outros documentos indispensáveis, devidamente traduzidos e autenticados.
4) Admite-se tutela de urgência.
5) A parte interessada será citada para, no prazo de 15 (quinze) dias, contestar o pedido.
6) A defesa somente pode versar sobre autenticidade dos documentos, inteligência da decisão e observância dos requisitos da Resolução.
7) Revel ou incapaz o requerido, dá-se-lhe curador especial que é pessoalmente notificado.
8) O Ministério Público tem vista dos autos pelo prazo de dez dias, podendo impugná-las.
9) Constituem requisitos indispensáveis à homologação: I – haver sido proferida por autoridade competente; II – terem sido as partes citadas

ou haver-se legalmente verificado a revelia; III – ter transitado em julgado; e IV – estar autenticada pelo cônsul brasileiro e acompanhada de tradução por tradutor oficial ou juramentado no Brasil.

10) Não se homologa sentença que ofenda a soberania ou a ordem pública.

11) Pode haver homologação parcial.

12) Da decisão do Presidente cabe agravo regimental.

13) A sentença estrangeira homologada é executada por carta de sentença, no Juízo Federal competente.

14) No cumprimento da carta rogatória pelo Juízo Federal competente cabem embargos relativos a quaisquer atos que lhe sejam referentes, opostos no prazo de 10 (dez) dias, por qualquer interessado ou pelo Ministério Público.

15) Compete ao Presidente do STJ julgar os embargos.

16) Da decisão que julga os embargos cabe agravo regimental.

3. CARTA PRECATÓRIA

O processo, entendido como uma a sequência de atos predefinidos com o objetivo de alcançar um resultado juridicamente relevante, possui uma série de regras e normas que permeiam sua existência.

Desta forma, uma vez que praticamente todo e qualquer ato é capaz de influenciar no resultado útil e pretendido do processo, deve, obrigatoriamente, ser publicizado, no intuito de que os envolvidos[3] tenham ciência dos acontecimentos, direito este, inclusive constitucionalmente garantido[4]. Ou seja, os atos

---

3. Sérgio Porto aprofunda a questão afirmando que "não só entre as partes envolvidas, pois a publicização dos atos estatais é da essência do Estado Democrático de Direito, haja vista que propicia a todo cidadão a fiscalização do exercício do poder que decorre, segundo a constituição, do próprio povo. PORTO, Sérgio Gilberto. **Lições de direitos fundamentais no processo civil: o conteúdo processual de Constituição Federal**. Porto Alegre: Livraria do Advogado Editora, 2009. p. 60.

4. **Art. 5º** Todos são iguais perante a lei, sem distinção de qualquer natureza, garantindo-se aos brasileiros e aos estrangeiros residentes no País a inviolabilidade do direito à vida, à liberdade, à igualdade, à segurança e à propriedade, nos termos seguintes:
(...)
LX – a lei só poderá restringir a publicidade dos atos processuais quando a defesa da intimidade ou o interesse social o exigirem;
Art. 93. Lei complementar, de iniciativa do Supremo Tribunal Federal, disporá sobre o Estatuto da Magistratura, observados os seguintes princípios:
(...)

de cada uma das partes podem influir na situação da outra, em razão disso o conhecimento de cada ato deve ser comum a todos os sujeitos[5].

Portanto, mediante a ciência dos atos praticados e a serem praticados no processo, podem as partes efetivamente exercer a ampla defesa e o contraditório, direitos inerentes ao curso regular do processo.

A essa maneira de dar às partes pleno conhecimento dos atos do processo, os quais variam[6], é que denominamos de *"Comunicação dos Atos"*. Assim, a comunicação dos atos processuais nasce exatamente da necessidade de cientificar às partes sobre atos praticados e a serem praticados, sendo um destes meios, a ora estudada, carta precatória.

No sistema pátrio, o juiz possui competência limitada, atuando dentro da área territorial sobre a qual exerce a jurisdição. Portanto, advinda à necessidade da prática de algum ato processual fora de sua área jurisdicional, mas dentro do território nacional[7], deverá fazê-lo por meio de Carta Precatória.

Nesse sentido, Pontes de Miranda:

> [...] nem todas as partes residem, ou encontram-se sob a jurisdição do juiz, nem todos os objetos da ação se acham dentro do território dela, nem todos os atos a serem praticados têm de ser dentro dele, ao juiz, que precisa da jurisdição de outro, só lhe resta o caminho de deprecá-lo. Não vai, por esse meio, praticar lá fora o ato que deseja. O outro juiz faz seu ato[8].

Assim, a carta precatória é utilizada, quando houver a necessidade de comunicação entre comarcas diferentes. É, em verdade, uma carta de cooperação entre juízos. Sendo também utilizada para comunicação dentro de uma mesma comarca, porém, quando os juízos possuírem competência diversa (justiça do estadual x justiça trabalhista).

IX todos os julgamentos dos órgãos do Poder Judiciário serão públicos, e fundamentadas todas as decisões, sob pena de nulidade, podendo a lei limitar a presença, em determinados atos, às próprias partes e a seus advogados, ou somente a estes, em casos nos quais a preservação do direito à intimidade do interessado no sigilo não prejudique o interesse público à informação;
X as decisões administrativas dos tribunais serão motivadas e em sessão pública, sendo as disciplinares tomadas pelo voto da maioria absoluta de seus membros;

5. TORNAGHI, Hélio. **Comentários ao código de processo civil**, 2.ed., São Paulo: Revista dos Tribunais, 1975, v.2. p. 104.
6. Citações, intimações, notificações, entre outros.
7. Para comunicação dos atos processuais fora do território nacional, utiliza-se a carta rogatória.
8. PONTES DE MIRANDA, Francisco Cavalcanti. **Comentários ao Código de Processo Civil, tomo III: arts. 154 a 281**. Rio de Janeiro: Forense, 1997, p. 167-8

Em outras palavras, a carta precatória é a forma de comunicação realizada entre um juiz de uma comarca competente (deprecante) e um juiz de outra comarca (deprecado), a fim de que o juízo deprecado cumpra ou execute os atos necessários e fundamentais ao normal andamento do feito, devidamente indicados pelo juiz deprecante.

Legislativamente, a primeira referência à carta precatória que se tem notícia em nosso país, está nas Ordenações Filipinas, livro V das Ordenações do Reino, onde constou da seguinte forma:

> **Livro 5 Tit. 119: Como serão presos os malfeitores (Conc.)**
>
> **Livro 5 Tit. 120: Em que maneira os Fidalgos e Cavaleiros e semelhantes pessoas devem ser presos**
>
> (...)
>
> 4. E todo o Juiz, ou outra qualquer Justiça, que fôr negligente em cumprir **Carta precatória** de outra Justiça, em que lhe fòr mandado, ou requerido que prenda alguma pessoa, pague vinte cruzados, ametade para quem o accusar, e a outra para a nossa Camera, e mais seja degradado hum anno para Africa[9]

O Código de Processo Civil regulava a matéria nos artigos 200 e 202, sem definir o instituto.

A falta de definição no escopo do código tinha seus motivos, pois a carta precatória nada mais é do que uma das formas de comunicação dos atos processuais já definidos por lei. E, portanto, o que realmente interessa é a forma dessa comunicação, ou seja, o que importa, é a obediência aos requisitos de validade da precatória, pois, indiferente neste ponto, se o objeto da carta será para citação, intimação, oitiva de testemunha, dentre outras comunicações possíveis.

Cabe ainda mencionar, que a Lei 11.419, de 19.12.2006, a qual dispõe sobre a informatização do processo judicial, acrescentou o §3º ao art.202 do CPC, de modo a permitir expressamente o envio de carta precatória, de ordem ou rogatória por meio eletrônico, nos seguintes termos: *§3º A carta de ordem, carta precatória ou carta rogatória pode ser expedida por meio eletrônico, situação em que a assinatura do juiz deverá ser eletrônica, na forma da lei.*

Assim, a Lei do Processo Eletrônico, por meio da expressão *"pode"*, permitiu a possibilidade de que as cartas precatórias sejam expedidas por meio virtual.

9. http://www1.ci.uc.pt/ihti/proj/filipinas/l5p1280.htm

O Novo Código de Processo Civil não introduz grandes mudanças no que se refere à carta precatória, cabendo, porém, observar dois aspectos.

Primeiro, ao tratar da matéria, passa diretamente aos requisitos obrigatórios e indispensáveis[10], entendendo ser desnecessária qualquer menção a conceituação ou mesmo sobre seu uso como um ato de comunicação ou mesmo um ato processual.

Segundo, modificou a expressão de que a carta precatória *"poderia"* ser expedida por meio eletrônico, para constar no art. 261[11] do NCPC, a expressão *"preferencialmente encaminhada por meios eletrônicos"*.

Tal mudança é sem sombra de dúvida um grande avanço no processo, principalmente no que se refere ao tempo de tramite das comunicações, que por certo afetará diretamente no tempo duração do processo – fator indispensável para sempre tão buscada duração razoável do processo.

Ademais, a evolução do mundo através das novas tecnologias, vem propiciando novas ferramentas, tanto para as tarefas cotidianas, como para os casos mais complexos. Tal situação é bem retratada por Denise Fincato e Mauricio Krieger:

> o novo modelo de processo, que na verdade possui a mesma conceituação que o antigo, mudando apenas a forma de manejá-lo. No entanto, por conta disso, algumas novas situações acabam surgindo no cenário jurídico, outras se alterando, tudo em função da nova ferramenta que surge à disposição dos operadores do direito: o processo eletrônico[12].

Logo, não temos dúvidas hoje, que o processo eletrônico já está presente no direito, e sua inserção acarreta consequências muito maiores do que a simples transferência do papel para o virtual.

Além do mais, o processo tradicional a que estamos acostumados, há certas limitações no que se refere à territorialidade, ou seja, o juiz ainda que possa, por exemplo, requerer provas de fora para dentro do processo, não pode ultrapassar certas barreiras que estão dentro do processo. Fato que poderá acabar com as inovações previstas no processo eletrônico[13].

---

10. **Art. 258.** São requisitos das cartas de ordem, precatória e rogatória: (...)
11. **Art. 261.** As cartas deverão, preferencialmente, ser expedidas por meio eletrônico, caso em que a assinatura do juiz deverá ser eletrônica, na forma da lei.
12. FINCATO, Denise Pires; KRIEGER, Mauricio Antonacci. **O ciber como território do processo.** Disponível em http://www.tex.pro.br/home/artigos/260-artigos-fev-2014/6405-o-ciber-como-territorio-do-processo. Publicado em fev 2014. Acessado em Jan 2015.
13. FINCATO, Denise Pires; KRIEGER, Mauricio Antonacci. **O ciber como território do processo.** Disponível em http://www.tex.pro.br/home/artigos/260-artigos-fev-2014/6405-o-ciber-como-territorio-do-processo. Publicado em fev 2014. Acessado em Jan 2015.

Já José Eduardo de Resende Chaves Júnior, possui uma opinião divergente, ao comentar sobre o processo eletrônico e sobre o que ele chama de princípio da *"desterritorialização"*, menciona que tal princípio na seguinte forma:

> [...] bem mais do que a mera transposição física de territórios e circunscrições jurisdicionais e até de jurisdições, significa a fluência da efetividade dos direitos, que não pode mais ser contida simplesmente pelas limitações materiais do espaço físico. A *longa manus* do juiz, desmaterializada, torna-se mais extensa, conectada[14].

O exemplo pelo qual se utiliza utilizado o autor para defender sua posição, é a possibilidade de o juiz determinar a apreensão de valores em contas bancárias dos devedores, independentemente da sua localização, conforme autoriza o art. 655-A do CPC. Porém, entendemos que o exemplo utilizado poderia ter sido melhor explorado, uma vez que tal possibilidade já existia antes do advento da Lei 11.419, de 19.12.2006, denominado sistema Bacenjud[15], criado em 2001.

Não desmerecendo o exemplo acima, verificamos que a *"desterritorialização"*, já está inserida no nosso ordenamento jurídico, porquanto da possibilidade da realização de interrogatório por sistema de videoconferência, conforme previsão da Lei 11.900/2009, de 01.08.2009, no art. 185, §2º[16]. Também admitida, em sede do NCPC no art. 234, §3º[17]. E mais, o art. 244, V e §1º[18] também do NCPC, prevê ainda citações e intimações por meio de endereço eletrônico (*e-mail*).

14. CHAVES JÚNIOR, José Eduardo de Resende (Coord.). **Comentários à lei do processo eletrônico**. São Paulo: LTr, 2010. p. 37.
15. O sistema Bacen Jud 2.0 é um instrumento de comunicação eletrônica entre o Poder Judiciário e instituições financeiras bancárias, com intermediação, gestão técnica e serviço de suporte a cargo do Banco Central. Por meio dele, os magistrados protocolizam ordens judiciais de requisição de informações, bloqueio, desbloqueio e transferência de valores bloqueados, que serão transmitidas às instituições bancárias para cumprimento e resposta.
O tratamento eletrônico do envio de ordens judiciais pelo sistema possibilita a visualização das respostas na tela e oferece recursos úteis para a tomada de decisão da autoridade judiciária, a exemplo das estatísticas de inadimplência de respostas. http://www.bcb.gov.br/fis/pedjud/ftp/manualbasico.pdf
16. Art. 185. [...] § 2o Excepcionalmente, o juiz, por decisão fundamentada, de ofício ou a requerimento das partes, poderá realizar o interrogatório do réu preso por sistema de videoconferência ou outro recurso tecnológico de transmissão de sons e imagens em tempo real, desde que a medida seja necessária para atender a uma das seguintes finalidades:
17. § 3º Admite-se a prática de atos processuais por meio de videoconferência ou outro recurso tecnológico de transmissão de sons e imagens em tempo real.
18. V – por meio eletrônico, conforme regulado em lei.
§ 1º Com exceção das microempresas e das empresas de pequeno porte, as empresas públicas e privadas ficam obrigadas a manter cadastro junto aos sistemas de processo em autos eletrônicos, para efeito de recebimento de citações e intimações, as quais serão efetuadas preferencialmente por esse meio.

Portanto, as regras atuais para o processo eletrônico, ao permitirem a prática de atos processuais por meio virtual, alcançando validade para tais procedimentos, colocam em xeque os pressupostos de exercício de uma jurisdição territorial.

A carta precatória como uma forma de comunicação entre comarcas diferentes, por juízes com jurisdição limitada, poderá vir a se tornar letra-morta, sem mais utilidade ao processo, devido às novas tecnologias inseridas no ambiente processual.

4. CARTA ROGATÓRIA

A carta rogatória contém pedido de cooperação entre órgão jurisdicional nacional e órgão jurisdicional estrangeiro para a prática de ato de citação, intimação, notificação judicial, colheita de provas, obtenção de informações e de cumprimento de decisão interlocutória. Por força de tratados celebrados pelo Brasil, quebrou-se a tradição de não se admitir o cumprimento de cartas rogatórias executórias.

A carta rogatória passiva é enviada pelo Estado estrangeiro à respectiva Embaixada do Brasil e encaminhada por esta ao Ministério das Relações Exteriores, que a encaminha ao Superior Tribunal de Justiça.

O procedimento, no Tribunal, é o estabelecido na Resolução n. 9, de 4/5/2005, procedimento de jurisdição contenciosa, com observância do devido processo legal.

Confira-se, a propósito, o artigo 36 do Código de Processo Civil. O veto ao artigo 35, visou a deixar claro que a carta rogatória não constitui meio único de cooperação internacional. [19]

Recebida a carta, o Presidente determina a citação da parte adversa para, no prazo de 15 dias, impugnar o pedido. Eventualmente, pode determinar a realização da medida, sem ouvir a parte, quando de seu conhecimento prévio puder resultar sua ineficácia.

A defesa somente pode versar sobre autenticidade dos documentos, inteligência da decisão e observância de seus requisitos.

19. Era o seguinte o teor do artigo 35: "Dar-se-á por meio de carta rogatória o pedido de cooperação entre órgão jurisdicional brasileiro e órgão jurisdicional estrangeiro para prática de ato de citação, intimação, notificação judicial, colheita de provas, obtenção de informações e de cumprimento de decisão interlocutória, sempre que o ato estrangeiro constituir decisão a ser executada no Brasil.

Requisito importante é o de que o pedido não ofenda a soberania nacional ou a ordem pública.

Revel o requerido, nomeia-se-lhe curador.

A seguir, dá-se vista ao Ministério Público, pelo prazo de dez dias, o qual pode oferecer impugnação.

Havendo impugnação, o Presidente pode determinar sua distribuição para julgamento pela Corte Especial, se a carta tiver por objeto ato de natureza decisória.

Ao decidir, o Presidente não examina o mérito do pronunciamento judicial estrangeiro, limitando-se ao juízo de delibação.

Da decisão do Presidente, concedendo ou negando o exequatur, cabe agravo regimental.

Da decisão da Corte Especial cabe recurso extraordinário para o Supremo Tribunal Federal, presentes os pressupostos do artigo 102 da Constituição.

São incabíveis embargos infringentes, embargos de divergência e recurso ordinário.

Concedido o *exequatur*, a carta é remetida para cumprimento pelo Juízo Federal competente.

No cumprimento da carta rogatória cabem embargos, oponíveis pelo interessado ou pelo Ministério Público, no prazo de dez dias.

Esses embargos são julgados pelo Presidente do Superior Tribunal de Justiça, de cuja decisão cabe agravo regimental para o Órgão Especial.

Cumprida a carta rogatória, ela é devolvida ao Presidente do STJ, no prazo de 10 (dez) dias, e por este remetida, em igual prazo, por meio do Ministério da Justiça ou do Ministério das Relações Exteriores, à autoridade judiciária de origem.

4.1. Rogatória citatória

Juiz estatal estrangeiro não pode citar ninguém, no Brasil, nem mesmo por carta, sem prévia autorização do Superior Tribunal de Justiça.

Suponha-se que um juiz do Estado de Nova York envie uma carta, com aviso de recebimento, para empresa sediada no Brasil, chamando-a para se defender em ação lá contra ela proposta. Essa citação poderá ser válida, segundo a lei de Nova York, mas nula, segundo a lei brasileira. A sentença que for proferida não será homologada pelo Superior Tribunal de Justiça e não produzirá efeitos no Brasil.

Mas, como já se observou, um tribunal arbitral estrangeiro pode, por carta, citar empresa sediada no Brasil, sem prejuízo da sentença arbitral posteriormente proferida.

No Direito federal norte-americano, qualquer pessoa maior de 18 anos pode proceder à citação do réu, entregando-lhe cópia do mandado de citação e da petição inicial. Já houve casos em que, na Suíça, por essa forma se citou pessoa para responder perante a Justiça norte-americana, o que provocou incidentes diplomáticos, porque, na Suíça, isso constitui crime!

Por que tanto rigor?

A resposta depende do que se pensa a respeito da natureza jurídica da citação. Trata-se de um ato coercitivo, pelo qual um Estado afirma seu poder de jurisdição sobre o réu ou trata-se, simplesmente, de um ato de comunicação, pelo qual se dá ciência ao réu da existência do processo e da necessidade de se defender?

Houve momentos na História em que não se admitiu que o processo pudesse correr à revelia. A presença do réu era indispensável. Por isso, a citação era um ato coercitivo: agarrava-se o réu para responder: *capias ad respondendum*.

Havida a citação como um ato de coerção, seguia-se naturalmente a necessidade de autorização do soberano, para proceder-se à citação de súdito seu.

O Superior Tribunal de Justiça exerce a função que outrora exercia o soberano.

Essa exigência perderia sentido, se havida a citação como simples ato de comunicação processual.

Na atualidade, porém, é pacífica a orientação do STJ no sentido da necessidade de rogatória para a citação de pessoa que se encontre no Brasil. Não se homologa sentença estatal estrangeira sem que tenha sido citado por rogatória réu que, ao tempo da citação, se encontrava no território nacional.

4.2. Rogatória probatória

Serve a rogatória também para colher-se prova em Estado estrangeiro. Expede-se ou cumpre-se rogatória para ouvir testemunhas, realizar-se perícia ou, simplesmente, para obter informação processualmente relevante.

O Superior Tribunal de Justiça concedeu *exequatur* para o cumprimento de rogatória do Ministério Público português para que a empresa VIVO informasse quem era o titular de determinada linha telefônica, que fora utilizada para a prática de injúrias e ameaça.

Afirmou o Tribunal que não ofende a ordem jurídica nacional a concessão de *exequatur* às cartas rogatórias originadas de autoridade estrangeira competente de acordo com a legislação local, mesmo que não integrada ao Judiciário e que a mera identificação do titular de linha telefônica não caracteriza violação ao sigilo constitucional de dados. (STJ, Corte Especial, CARTA ROGATÓRIA Nº 438, Min. Luiz Fux, rel., j. 15/098/2007)

4.3. Rogatória executória

A jurisprudência do Supremo Tribunal Federal pautava-se no sentido da impossibilidade de concessão de *exequatur* para atos executórios e de constrição que não decorressem de sentença transita em julgado devidamente homologada.

Tendo se deslocado a competência para o Superior Tribunal de Justiça, editou-se a Resolução n. 9/2005, cujo artigo 7o dispõe que "as cartas rogatórias podem ter por objeto atos decisórios ou não decisórios".

O Protocolo de Medidas Cautelares, concluído em Ouro Preto, em 16/12/1994 (Decreto 2.626/1998; DLG 192/1995), estabelece que se admitem "medidas cautelares preparatórias, incidentais de uma ação principal e as que garantam a execução de uma sentença".

Assim, pelo menos nos casos previstos em tratados internacionais, cabe rogatória executória.

5. AUXÍLIO DIRETO

O auxílio direto é forma de cooperação judicial internacional que independe de tramitação pela via diplomática e de juízo de delibação pelo Superior Tribunal de Justiça. Não há auxílio direto, se exigido *exequatur* do Superior Tribunal de Justiça.

Dispondo-se Juiz Federal a ouvir testemunhas, independentemente de *exequatur* do STJ, em atendimento a pleito de órgão judicante de Genebra, para instruir processo criminal em curso na Suíça, foi interposta reclamação, atendida pelo Vice-Presidente daquele Tribunal, por decisão liminar, que foi, todavia, cassada pela Corte Especial, ao julgar agravo regimental interposto pelo Ministério Público. Impetrado habeas-corpus, decidiu o Supremo Tribunal Federal que a prática de atos decorrentes de pronunciamento de autoridade judicial estrangeira, em território nacional, objetivando o combate ao crime, pressupõe carta rogatória a ser submetida, sob o angulo da execução, ao crivo do Superior Tribunal de Justiça, não cabendo potencializar a cooperação internacional a ponto de colocar em segundo plano formalidade essencial à valia dos atos a serem praticados (STF, 1a. Turma, HC 85.588, Min. Marco Aurélio, relator, j. 4/4/2006).

Cabe o auxílio direto, diz o Projeto do novo Código de Processo Civil, quando a medida não decorre diretamente de decisão de autoridade jurisdicional estrangeira a ser submetida a juízo de delibação no Brasil (art. 28).

Essa norma atende à lição do Ministro Teori Albino Zavascki no sentido de que o juízo de delibação do Superior Tribunal de Justiça somente é exigível nas relações entre órgãos judiciários, em processos submetidos à esfera jurisdicional; não, nas relações entre autoridades policiais ou do Ministério Público, vinculadas ao Poder Executivo. Tratava-se, no caso, de pedido da Procuradoria Geral da Federação Russa de remessa de copia do *hard disk* do computador apreendido em poder de Boris Berezovsky, hipótese de compartilhamento de prova. (STJ, Corte Especial, Recl. 2.645, Min. Teori Albino Zavascki, relator, j. 18/11/2009).

Há também auxílio direto quando a medida judicial é requerida por órgão nacional, como o Ministério Público Federal ou a Advocacia-Geral da União, porque a medida não decorre diretamente de decisão de autoridade jurisdicional estrangeira.

Cabe referir aqui especialmente os pedidos, formulados pela Advocacia-Geral da União, perante Juiz Federal, de retorno de criança indevidamente conduzida para o Brasil, ou aqui, retida, por um de seus país.

A solicitação de auxílio direto é encaminhada pela autoridade central estrangeira à autoridade central brasileira, na forma estabelecida em tratado (art. 29).

O Projeto estabelece presunção de autenticidade dos documentos encaminhados pela autoridade central (art. 29, *in fine*), dispensando-se, pois, a juramentação, autenticação ou qualquer procedimento de legalização (art. 41).

Nos termos do artigo 30 do Projeto, o auxílio direto pode ter por objeto: I – citação, intimação e notificação judicial e extrajudicial; II – obtenção e prestação de informações sobre o ordenamento jurídico e sobre processos administrativos ou jurisdicionais findos ou em curso; III – colheita de provas, salvo se a medida for adotada em processo, em curso no estrangeiro, de competência exclusiva de autoridade judiciária brasileira; IV – qualquer outra medida judicial ou extrajudicial não proibida pela lei brasileira.

Nesses casos, autoridade central brasileira comunica-se diretamente com suas congêneres e, se necessário, com outros órgãos estrangeiros responsáveis pela tramitação e pela execução de pedidos de cooperação enviados e recebidos pelo Estado brasileiro, respeitadas disposições específicas constantes de tratado (art. 31).

Estabelece o artigo 32 que, no caso de auxílio direto para a prática de prestação jurisdicional que, segundo a lei brasileira, não exija prestação jurisdicional, a autoridade central adotará as providências necessárias para o seu cumprimento (art. 32). Incluem-se, entre esses casos, a notificação extrajudicial, a obtenção e prestação de informações sobre o ordenamento jurídico e sobre processos administrativos ou jurisdicionais findos ou em curso e qualquer medida extrajudicial não proibida pela lei brasileira.

Para encerrar, referimos um caso de auxílio direto que teve grande repercussão nacional e internacional: o do menino Sean.

Sean Goldman nasceu nos Estados Unidos, filho de pai americano e de mãe brasileira.

Em 2004, mãe filho vieram de férias para o Brasil, mas não retornaram, porque ela decidiu se divorciar e ficar com a criança no Brasil.

A Justiça de Nova Jersey determinou a devolução do garoto para o pai, que notificou o Departamento de Estado dos Estados Unidos.

A mãe propôs ação, distribuída à 2a. Vara Cível do Rio de Janeiro, pleiteando a guarda exclusiva do filho, o que foi deferido por sentença.

Em 2008, ela veio a falecer.

Seu marido propôs ação declaratória de paternidade socioafetiva, posse e guarda do menor, perante a 2ª Vara de Família do Rio de Janeiro, sendo acolhido o pedido.

Prestando auxílio direto, em atenção à Convenção de Haia sobre sequestro internacional de crianças, a AGU (Advocacia Geral da União) propôs ação de busca e apreensão de menor perante a 16a. Vara Federal do Rio de Janeiro, invocando a Convenção de Haia sobre o sequestro internacional de crianças, promulgada no Brasil pelo Decreto 3413/2000.

Foi suscitado conflito positivo de competência perante o Superior Tribunal de Justiça, que afirmou a competência da Justiça Federal.

Entrementes, o Partido Progressista propôs ação de arguição de descumprimento de preceito fundamental perante o Supremo Tribunal Federal. O relator, Ministro Marco Aurélio, concedeu liminar, *ad referendum* do Plenário, garantindo a permanência de Sean no Brasil.

Essa ação veio a ser declarada inadmissível, cassando-se, por isso a liminar concedida pelo Ministro Marco Aurélio. No julgamento, disse a Ministra Ellen Gracie:

> Infelizmente, o caso concreto que subjaz à presente arguição de descumprimento de preceito fundamental, desatende a todas essas recomendações. Por desconhecimento do texto da Convenção de Haia, a Justiça Estadual do Rio de Janeiro foi induzia a, repetidas vezes, dispor sobre caso que lhe foge inteiramente à jurisdição. Com isso e a sequência de recursos e medidas defensivas de uma das partes o caso se alonga para além de todo o razoável. Para o Estado brasileiro, nos termos do compromisso internacional representado pela Convenção, a única decisão válida, porque proferida por juízo competente será o da jurisdição original do menor, a saber, a do Estado de New Jersey, onde ambos os pais residiam, anteriormente ao afastamento com ânimo definitivo e sem autorização paterna. Vivessem os pais e o menor no Brasil e a competência será a normal das nossas Varas de Família. Vivessem os pais e a criança na França, é lá que se resolveriam as questões de guarda. É este o verdadeiro alcance das disposições da Convenção.

Houve ainda outros episódios processuais, inclusive uma liminar em habeas-corpus, concedida pelo Ministro Marco Aurélio, suspendendo a decisão do Tribunal Regional Federal.

Em 24/12/2009, cinco anos depois de sequestrado pela mãe, Sean foi encaminhado ao Consulado dos Estados Unidos.

OBRAS REFERIDAS

ABADE, Denise Neves. **Direitos fundamentais na cooperação jurídica internacional**. São Paulo: Saraiva, 2013.

ALVIM, J.E. Carreira; CABRAL JUNIOR, Silvério Luiz Nery. **Processo judicial eletrônico**. Curitiba: Juruá, 2008.

ANDOLINA, Italo Augusto. *Spazio di libertà*, sicurezza e giustizia e cooperazione giudiziaria in materia civile. **Revista de Processo**, São Paulo, v. 35, n. 183, p. 224-238, mai. 2010

ANDOLINA, ITALO. La cooperazione internazionale nel processo civile. Profile della esperienza europea: verso un modelo de integrazione trans-nazionale. ***Revista de processo***, São Paulo, ano 22, n. 88, pp. 108-127, out.-dez. 1997

ARAUJO, Nadia de. **Cooperação jurídica internacional no Superior Tribunal de Justiça**: comentários à Resolução nº 9/2005. Rio de Janeiro: Renovar, 2010.

ARAÚJO, Nadia de. Prefácio. In: CASELLA, Paulo B.; SANCHEZ, Rodrigo E. (orgs) **Cooperação Judiciária internacional**. Rio de Janeiro: Renovar, 2002.

ARAÚJO, Nádia. A Conferencia de Haia de Direito Internacional Privado: reaproximação do Brasil e análise das convenções processuais. **Revista de Arbitragem e Mediação,** v. 35/2012, p. 189, Out / 2012

BARBOSA JÚNIOR, Márcio Mateus. O novo Código de Processo Civil e o auxílio direto. Contexto do direito brasileiro contemporâneo. **Jus Navigandi**, Teresina, ano 17, n. 3153, 18 fev. 2012. Disponível em: ‹http://jus.com.br/artigos/21134›. Acesso em: 18 set. 2014.

BENUCCI, Renato Luís. **A tecnologia aplicada ao processo eletrônico**. Campinas, SP: Millennium, 2006.

BORN, Gary B. Born & RUTLEDGE, Peter B. **International civil litigation in United States Courts**. USA: Wolters Kluwer Law & Business, 2011.

Brasil. Secretaria Nacional de Justiça. Departamento de Recuperação de Ativos e Cooperação Jurídica Internacional. Manual de cooperação jurídica internacional e recuperação de ativos: cooperação em matéria civil / Secretaria Nacional de Justiça, Departamento de Recuperação de Ativos e Cooperação Jurídica Internacional (DRCI). – 3. ed. Brasília: Ministério da Justiça, 2012.

CASTRO, Amilcar de. **Direito Internacional Privado**. 5. Ed. Rio de Janeiro, Forense, 2002.

CERVINI, Raúl e TAVARES, Juarez. **Princípios de cooperação judicial penal internacional no protocolo do Mercosul.** São Paulo: Editora Revista dos Tribunais, 2000.

CHAVES JÚNIOR, José Eduardo de Resende (Coord.). **Comentários à lei do processo eletrônico**. São Paulo: LTr, 2010.

FINCATO, Denise Pires; KRIEGER, Mauricio Antonacci. **O ciber como território do processo**. Disponível em http://www.tex.pro.br/home/artigos/260-artigos-fev-2014/6405-o-ciber--como-territorio-do-processo. Publicado em fev 2014. Acessado em Jan 2015.

GRECO FILHO, Vicente. **Direito Processual Civil Brasileiro**. 18ª ed., v. II, São Paulo: Saraiva, 2007.

HILL, Flávia Pereira. A cooperação jurídica internacional no Projeto de novo Código de Processo Civil – O alinhamento do Brasil aos modernos contornos do Direito Processual. **Revista de Processo**, v. 205/2012, p. 347, Mar.2012.

LOULA, Maria Rosa Guimarães. **Auxílio direto: novo instrumento de cooperação jurídica internacional civil.** Belo Horizonte: Fórum, 2010.

Manual de Cooperação Jurídica Internacional e Recuperação de Ativos – Matéria Cível. Departamento de Recuperação de Ativos e Cooperação Jurídica Internacional, Secretaria Nacional de Justiça, Ministério da Justiça. 3ª ed. Brasília: 2012. 483 p.

MAURIQUE, Jorge Antonio. Anotações sobre a convenção de Haia. **Revista de Doutrina da 4ª Região**, Porto Alegre, n. 28, mar. 2009. Disponível em: ‹http://www.revistadoutrina.trf4.jus.br/artigos/edicao028/jorge_maurique.html› Acesso em: 10 abr. 2014.

MIRANDA, Francisco Cavalcanti Pontes de. **Comentários ao Código de Processo Civil, tomo III: arts. 154 a 281**. Rio de Janeiro: Forense, 1997.

MIRANDA, Pontes de. **Comentários ao Código de Processo Civil**. Rio de Janeiro: Forense, 1997.

NERY JR., Nelson e NERY, Rosa Maria de Andrade. **Código de Processo Civil Comentado**. São Paulo: Revista dos Tribunais, 2007.

PERLINGEIRO, Ricardo. A jurisdição internacional na America Latina: competência internacional, reconhecimento e execução de decisão judicial estrangeira em matéria civil. **Revista de Processo**, v. 197, p. 299, Jul./2011.

PERLINGEIRO, Ricardo. Auxílio direto, carta rogatória e homologação de sentença estrangeira. **Revista de Processo**, v., 128, p. 287, Out/2005.

PIMENTEL, Bernardo. Carta Rogatória: observações a luz da Emenda constitucional 45, de 2004. DIDIER, Fredie. **Leituras complementares de Processo Civil**. Salvador: JvsPodium, 2006. P. 305-310.

PORTO, Sérgio Gilberto. **Lições de direitos fundamentais no processo civil: o conteúdo processual de Constituição Federal**. Porto Alegre: Livraria do Advogado Editora, 2009.

RAMOS, Fabiana D'Andrea. A assistência jurídica recíproca no combate ao crime transnacional. **Revista de Processo**, v. 216/2013, p. 189, Fev. 2013.

RESCHSTEINER, Beat Walter. **Direito Internacional Privado**. 6 ed. São Paulo Saraiva, 2003.

SILVA, Marcelo Mesquita. **Processo judicial eletrônico nacional: uma visão prática sobre o processo judicial eletrônico e seu fundamento tecnológico e legal (a Certificação Digital e a Lei 11.419/2006)**. Campinas: Millennium, 2012.

SILVA, Otavio Pinto e. **Processo eletrônico trabalhista**. São Paulo: LTr, 2013.

STRENGER, Irineu. **Direito processual internacional**. São Paulo, LTr, 2003.

TIBURCIO, Carmen. A dispensa da rogatória no atendimento de solicitações proveninetes do exterior. **Revista de Processo**, v. 126, p. 115. Ago. 2005.

TIBURCIO, Carmen. A dispensa de rogatória no atendimento de solicitações provenientes do exterior. **Revista de Processo**, São Paulo, v. 30, n. 126, p. 115-118, ago. 2005.

TIBÚRCIO, Carmen. As inovações da EC 45/2004 em matéria de homologação de sentenças estrangeiras. **Revista de Processo**, v. 132, p. 123, Fev/2006. Doutrinas Essenciais de Direito Internacional I vol. 4 I p. 949 I Fev / 2012.

TORNAGHI, Hélio. **Comentários ao código de processo civil**, 2.ed., São Paulo: Revista dos Tribunais, 1975, v.2.

ZAVASCKI, Teori Albino. Cooperação jurídica internacional e a concessão de exequatur. **Revista Interesse Público**, v. 12, n-61, p. 13-28, 2010.

CAPÍTULO 2

As regras sobre o exercício da jurisdição brasileira no Novo Código de Processo Civil

Carmen Tiburcio[1]

SUMÁRIO: INTRODUÇÃO; 1. ART. 22, I E II, CPC/2015 (ART. 88, CPC/1973): NOVAS HIPÓTESES DE COMPETÊNCIA CONCORRENTE; 1.1. ALIMENTOS; 1.2. RELAÇÕES DE CONSUMO; 2. ART. 23, II E III, CPC/2015 (ART. 89, CPC/1973): ALTERAÇÕES NAS HIPÓTESES DE COMPETÊNCIA EXCLUSIVA; 3. ART. 22, III E ART. 25, CPC/2015: CLÁUSULA DE ELEIÇÃO DE FORO; 4. ART. 24, CAPUT E §ÚNICO, CPC/2015 (ART. 90, CPC/1973): LITISPENDÊNCIA E HOMOLOGAÇÃO DE SENTENÇAS ESTRANGEIRAS NA PENDÊNCIA DE AÇÃO PERANTE O JUDICIÁRIO BRASILEIRO; CONCLUSÃO.

INTRODUÇÃO

O novo Código de Processo Civil reproduziu a maior parte das regras do CPC de 1973 sobre jurisdição e competência internacional, prevendo poucas alterações, mas algumas de bastante relevância. O presente artigo visa justamente analisar o que foi alterado pelo novo diploma e, sendo assim, os dispositivos integralmente replicados ou que tiveram apenas mudanças em sua redação não serão abordados.[2]

Antes de adentrar propriamente no tema, contudo, é válido fazer um breve esclarecimento conceitual no que diz respeito à diferença entre competência *concorrente* e *exclusiva*, uma vez que o novo CPC segue prevendo regras distintas para cada uma dessas. Enquanto na primeira hipótese, as questões podem

---

1. Professora Titular de Direito Internacional Privado na Universidade do Estado do Rio de Janeiro, LLM e SJD pela University of Virginia School of Law, EUA. Consultora no Escritório Barroso Fontelles, Barcellos, Mendonça & Associados. A autora agradece a colaboração de Felipe Albuquerque e Stela Porto na elaboração desse trabalho.
   Para uma análise completa das regras de competência e jurisdição internacional no Brasil, tanto aquelas do CPC de 1973 quanto do CPC atual, a autora gostaria de remeter os leitores à sua tese de titularidade, *Extensão e Limites da Jurisdição Brasileira: Competência Internacional e Imunidade de Jurisdição* a ser publicada pela editora Jus Podium ainda em 2016.
2. Para uma análise completa das regras de competência e jurisdição internacional no Brasil, tanto aquelas do CPC de 1973 quanto do CPC atual, a autora gostaria de remeter os leitores à sua tese de titularidade, *Extensão e Limites da Jurisdição Brasileira: Competência Internacional e Imunidade de Jurisdição* a ser publicada pela editora Jus Podium ainda em 2016.

ser decididas tanto pela autoridade judiciária brasileira quanto pela estrangeira, na segunda, os casos obrigatoriamente devem ser submetidos ao judiciário nacional. No novo Código, as hipóteses de competência concorrente, que antes eram previstas no art. 88 do CPC de 1973, passaram para os arts. 21 e 22; já as de competência exclusiva, que constavam do art. 89 do código anterior, encontram-se no art. 23 do atual.

Feito o registro, passaremos a tratar das alterações previstas no CPC/2015, as quais incluem: (i) novas hipóteses de competência concorrente, específicas para relações de consumo e de obrigação de alimentos; (ii) inclusão da competência brasileira exclusiva também para inventário e partilha *inter vivos* e para confirmar testamento particular; (iii) disposição sobre os efeitos positivos e negativos do acordo de eleição de foro; e, por fim, (iv) previsão expressa da hipótese de homologação de sentenças estrangeiras na pendência de ação idêntica ajuizada no Brasil.

1. ART. 22, I E II, CPC/2015 (ART. 88, CPC/1973): NOVAS HIPÓTESES DE COMPETÊNCIA CONCORRENTE

Em primeiro lugar, cumpre observar que o Código de Processo Civil de 2015 não trouxe qualquer alteração às hipóteses de competência concorrente já previstas no CPC de 1973, quais sejam: (i) réu domiciliado no Brasil; (ii) obrigação a ser cumprida no Brasil; e (iii) ação que decorra de ato ou fato ocorrido no Brasil. Salvo algumas alterações redacionais, o art. 21 do novo Código basicamente reproduziu o art. 88 do CPC 1973. Confira-se:

> *"Compete à autoridade judiciária brasileira processar e julgar as ações em que:*
>
> *I – o réu, qualquer que seja a sua nacionalidade, estiver domiciliado no Brasil;*
>
> *II – no Brasil tiver de ser cumprida a obrigação;*
>
> *III – o fundamento seja fato ocorrido ou ato praticado no Brasil".*

As reais inovações foram reservadas para o artigo subsequente, no qual foram previstas novas hipóteses de competência concorrente relativamente a ações de alimentos – (a) domicílio ou residência do autor e (b) existência de vínculos entre o réu e o país; e consumo – domicílio ou residência do consumidor. O dispositivo também inovou ao tratar dos efeitos positivos da cláusula de eleição de foro, tema que será abordado em outro tópico do presente trabalho. Antes de adentrar na análise das referidas mudanças, vale transcrever o inteiro teor do dispositivo:

"Art. 22. Compete, ainda, à autoridade judiciária brasileira processar e julgar as ações:

I - de alimentos, quando:

a) o credor tiver domicílio ou residência no Brasil;

b) o réu mantiver vínculos no Brasil, tais como posse ou propriedade de bens, recebimento de renda ou obtenção de benefícios econômicos;

II - decorrentes de relações de consumo, quando o consumidor tiver domicílio ou residência no Brasil;

III - em que as partes, expressa ou tacitamente, se submeterem à jurisdição nacional."

A inclusão dessas duas hipóteses privilegiando tanto o alimentando quanto o consumidor deixou evidente a intenção do legislador de beneficiar a parte mais fraca das relações jurídicas em questão, visando atender ao princípio do acesso à justiça. Em que pese o acerto dessa decisão de trazer as referidas regras ao CPC, dotando-as de maior clareza e segurança, é preciso reconhecer que não se trata propriamente de uma novidade: essas já constavam de convenções internacionais ratificadas pelo Brasil e já eram aplicadas pela jurisprudência. A seguir, cada uma das hipóteses será tratada em separado.

1.1. Alimentos

O CPC de 1973 não tinha qualquer regra específica de competência internacional em matéria de alimentos, limitando-se a dispor que, no plano de competência interna, seria competente o foro do domicílio ou da residência do alimentando.[3] Como não é possível aplicar regras de competência interna para fixar a competência internacional, nessa esfera, vigoravam apenas convenções internacionais, como a Convenção da ONU sobre Prestação de Alimentos no Estrangeiro, feita em Nova York, em 1956[4] e a Convenção Interamericana sobre Obrigação Alimentar (1989).[5]-[6]

3. CPC/1973, art. 100: "É competente o foro: II - do domicílio ou da residência do alimentando, para a ação em que se pedem alimentos." A referida regra foi reproduzida no CPC/2015 no plano de competência interna no art. 53.
4. Promulgada pelo Decreto nº 56.826 de 02.09.1965.
5. Convenção Interamericana sobre Obrigação Alimentar, concluída em Montevidéu, em 15 de julho de 1989, internalizada pelo Decreto nº 2.428/97. O Estado Brasileiro, quando ratificou esta Convenção, não fez a declaração de que seria seu direito processual a reger a competência dos tribunais e o processo de reconhecimento da sentença estrangeira, como prevista no art. 18 da Convenção.
6. Há outros tratados/regulamentos europeus que tratam da matéria, mas que não estão em vigor no Brasil, como, no âmbito da Conferencia da Haia, a Convenção concernente ao reconhecimento e execução de decisões sobre alimentos para crianças, 1958, Convenção concernente ao reconhecimento e execução de

A Convenção de Nova York estabelece um mecanismo de cooperação jurídica internacional para permitir que o autor (demandante), residente num Estado, possa demandar alimentos de pessoa submetida à jurisdição de outro Estado, também parte da referida Convenção, por meio da utilização de Autoridades Remetentes (do Estado do demandante) e Instituições Intermediárias (do Estado do demandado).[7] A Instituição Intermediária poderá transigir, ajuizar ação de alimentos ou executar decisão já proferida no exterior em nome do demandante.[8] Assim, a ação será ajuizada na jurisdição à qual o devedor está submetido – que não necessariamente corresponde ao seu domicílio -, sem, contudo, que seja exigido que o credor se locomova para ajuizar a demanda, já que caberá às autoridades envolvidas realizar o contato e transmissão de documentos. Assim, muito embora a Convenção não preveja qualquer regra específica de competência internacional, é possível inferir dessa que a competência para apreciar as ações fundadas na Convenção seria do Estado do demandado.[9]

decisões sobre alimentos, 1973, Convenção sobre a Cobrança Internacional de Alimentos em benefício dos Filhos e de outros Membros da Família, 2007. Na esfera da União Europeia, vigora o Regulamento 4/2009 relativo à competência, à lei aplicável, ao reconhecimento e à execução das decisões e à cooperação em matéria de obrigações alimentares.

7. "ARTIGO I "Objeto de Convenção 1. A presente Convenção tem como objeto facilitar a uma pessoa, doravante designada como demandante, que se encontra no território de uma das Partes Contratantes, a obtenção de alimentos aos quais pretende ter direito por parte de outra pessoa, doravante designada como demandado, que se encontra sob jurisdição de outra Parte Contratante. Os organismos utilizados para êste fim serão doravante designados como Autoridades Remetentes e Instituições Intermediárias."

8. "ARTIGO VI "Funções da Instituição Intermediária 1. A Instituição Intermediária, atuando dentro dos limites dos podêres conferidos pelo demandante, tomará, em nome dêste, quaisquer medidas apropriadas para assegurar a prestação dos alimentos. Ela poderá, igualmente, transigir e, quando necessário, iniciar e prosseguir uma ação alimentar e fazer executar qualquer setença, decisão ou outro ato judiciário."

9. "ARTIGO V Transmissão de Sentenças e outros Atos Judiciários 1. A Autoridade Remetente transmitirá, a pedido do demandante e em conformidade com as disposições com o artigo IV, qualquer decisão, em matéria de alimento, provisória ou definitiva ou qualquer outro ato judiciário emanado, em favor do demandante, de tribunal competente de uma das Partes Contratantes, e, se necessário e possível, o relatório dos debates durante os quais esta decisão tenha sido tomada. 2. As decisões e atos judiciários referidos no parágrafo precedente poderão substituir ou completar os documentos mencionados no artigo III. 3.O procedimento previsto no artigo VI poderá incluir, conforme a lei do Estado do demandado, o exequatur ou o registro, ou ainda uma nova ação, baseada na decisão transmitida em virtude das disposições do parágrafo 1.
ARTIGO VI Funções da Instituição Intermediária
1. A Instituição Intermediária, atuando dentro dos limites dos podêres conferidos pelo demandante, tomará, em nome dêste, quaisquer medidas apropriadas para assegurar a prestação dos alimentos. Ela poderá, igualmente, transigir e, quando necessário, iniciar e prosseguir uma ação alimentar e fazer executar qualquer sentença, decisão ou outro ato judiciário. 2. A Instituição Intermediária manterá a Autoridade Remetente informada e, se não puder atuar, a notificará das razões e lhe devolverá a documentação. 3. Não obstante qualquer disposição da presente Convenção, a lei que regerá as ações mencionadas e qualquer questão conexa será a do Estado do demandado, inclusive em matéria de direito internacional privado". Sob essa ótica a jurisprudência do STJ tem entendido que se aplica a Convenção sempre que o credor for domiciliado no Brasil e a ação é proposta pela Procuradoria da República: STJ, *DJ* 30.09.2009, CC 103.390/SP, Rel. Min. Fernando Gonçalves e STJ, *DJ* 23.5.1994, CC 7.494/RJ, Rel. Min. Fontes de Alencar. No mesmo sentido, STJ, *DJ* 27.11.1989, CC 512/AC, Rel. Min. Barros Monteiro.

A Convenção Interamericana, por sua vez, contém regra expressa para fixar a competência internacional:

> *"Artigo 8 Têm competência, na esfera internacional, para conhecer das reclamações de alimentos, a critério do credor: a) o juiz ou autoridade do Estado de domicílio ou residência habitual do credor; b) o juiz ou autoridade do Estado de domicílio ou residência habitual do devedor; c) o juiz ou autoridade do Estado com o qual o devedor mantiver vínculos pessoais, tais como posse de bens, recebimento de renda ou obtenção de benefícios econômicos."*
>
> *Artigo 9. Tem competência para conhecer da ação de aumento de alimentos, qualquer uma das autoridades mencionadas no artigo 8. Têm competência para conhecer da ação de cessação ou redução da pensão alimentícia, as autoridades que tiverem conhecido da fixação dessa pensão."*

Seguindo essa linha, o novo CPC não se afastou muito do que já era disposto nesses diplomas internacionais, tendo previsto que o judiciário brasileiro seria competente quando (i) aqui fosse o domicílio ou residência do autor da ação de alimentos ou (ii) quando o réu tivesse vínculos no Brasil que permitissem a efetividade da decisão, ainda que seu domicílio fosse no exterior. Curiosamente, até a redação do novo dispositivo é semelhante a da convenção interamericana:

> *Art. 22. Compete, ainda, à autoridade judiciária brasileira processar e julgar as ações: I – de alimentos, quando: a) o credor tiver domicílio ou residência no Brasil; b) o réu mantiver vínculos no Brasil, tais como posse ou propriedade de bens, recebimento de renda ou obtenção de benefícios econômicos;*

Ainda assim, não se pode deixar de reconhecer que se trata de uma inovação quando comparada ao Código anterior, que sequer continha regras específicas quanto ao tema. Registre-se, ainda, que essa terá efeito positivo nas ações relacionadas a alimentos em que um dos países envolvidos não for parte da Convenção da ONU, como os Estados Unidos, embora a Convenção permaneça sendo a melhor alternativa se a hipótese envolver países membros.[10]

---

10. Lista ratificantes: Alemanha, Argélia, Argentina, Austrália, Áustria, Barbados, Bélgica, Bielorrússia, Bósnia Herzegovina, Brasil, Burkina Faso, Cabo Verde, Cazaquistão, Chile, Chipre, Colômbia, Croácia, Dinamarca, Equador, Eslováquia, Eslovênia, Espanha, Estônia, Filipinas, Finlândia, França, Grécia, Guatemala, Haiti, Hungria, Irlanda, Israel, Itália, Libéria, Luxemburgo, Macedônia, Marrocos, México, Moldova, Mônaco, Montenegro, Níger, Noruega, Nova Zelândia, Países Baixos, Paquistão, Portugal, Quirguistão, Reino Unido da Grã-Bretanha e da Irlanda do Norte, República Centro-Africana, República Checa, Romênia, Santa Sé, Sérvia, Seychelles, Siri Lanka, Suécia, Suíça, Suriname, Tunísia, Turquia, Ucrânia e Uruguai. Disponível em: ‹ https://treaties.un.org/pages/ViewDetailsIII.aspx?src=TREATY&mtdsg_no=XX=1-&chapter20=&Temp=mtds3g&lang=en›, acesso em 07 de junho de 2016.

1.2. Relações de consumo

Nas relações de consumo, via de regra, o consumidor, por ser a parte mais fraca da relação jurídica, tem merecido proteção, tanto no âmbito do direito material[11] como no do direito processual.[12] Nos litígios internacionais, essa lógica protetiva tem implicado em regras que visam garantir que esse não seja obrigado a processar o fornecedor em seu domicílio no estrangeiro, como forma de garantir o seu acesso à justiça.[13]

Não obstante, os arts. 88 e 89 do CPC de 1973 não previam qualquer regra de foro privilegiado para o consumidor. Nesse cenário, discutia-se se a regra prevista no art. 101 do Código de Defesa do Consumidor, a qual determinava como competente o foro do domicílio do consumidor no plano da competência interna,[14] também poderia ser aplicada na esfera internacional.

Muito embora alguns defendessem a sua aplicabilidade, pelos mais variados fundamentos,[15-16] esse posicionamento era equivocado, visto que, como já exposto, regras de competência interna não podem ser aplicadas para fixar competência internacional. Ainda assim, poder-se-ia concluir que o foro do domicílio do consumidor tinha competência na esfera internacional mesmo antes da promulgação do novo CPC. Isso se deve ao fato de que as hipóteses previstas nos arts. 88 e 89 do CPC 1973 não eram taxativas, podendo a competência internacional ser alargada com base em princípios, tais como a defesa do consumidor, prevista expressamente na Constituição Federal.[17] Ademais, alguns autores também justificavam a competência do foro do domicílio do consumidor

11. Sobre a vulnerabilidade do consumidor e a eficácia do direito fundamental de proteção dos consumidores ver Cláudia Lima Marques, Antônio Herman Benjamin e Leonardo Roscoe Bessa. Manual de Direito do Consumidor, p. 23-87 (2007).
12. Sobre os direitos básicos do consumidor ao acesso à Justiça, a inversão do ônus da prova e a facilitação da defesa dos seus direitos no processo civil, assegurado no artigo 6º, incisos VII e VIII do Código de Defesa do Consumidor, ver Cláudia Lima Marques, Antônio Herman Benjamin e Leonardo Roscoe Bessa. Manual de Direito do Consumidor, p. 61-62 (2007); e, também, Cláudia Lima Marques, Antônio Herman Benjamin e Bruno Miragem. Comentários ao Código de Defesa do Consumidor: arts. 1º. A 74 – Aspectos Materiais, p. 155 e 176 (2003), p. 155 e 176, citando o Resp. 128122/SP, que estabelece o foro do consumidor como competente exclusivamente para a causa de consumo.
13. Sobre a defesa do consumidor na esfera internacional, ver Eduardo Antônio Klausner, Direito Internacional do Consumidor: a proteção do consumidor no livre-comércio internacional (2012) e Eduardo Klausner, Direitos do consumidor no Mercosul e na União Européia (2006).
14. Art. 101. "Na ação de responsabilidade civil do fornecedor de produtos e serviços, sem prejuízo do disposto nos Capítulos I e II deste Título, serão observadas as seguintes normas: I – a ação pode ser proposta no domicílio do autor (...)".
15. Vide Eduardo Klausner, Direitos do consumidor no Mercosul e na União Européia (2006).
16. Nesse mesmo sentido destacando que o art. 101, I, do CDC vem sendo aplicado em favor do consumidor e que se trata de regra de ordem pública inderrogável por cláusula contratual, Claudia Lima Marques, *Brésil*, Diego Fernández Arroyo (ed). Consumer Protection in International Private Relationships/La Protection des Consommateurs dans les Relations Privées Internationales, p. 63-66 (2010).
17. Art. 5º, XXXII da CF/88: *"O Estado promoverá, na forma da lei, a defesa do consumidor."*

no âmbito do Mercosul com fundamento no Protocolo de Santa Maria,[18] utilizando-o como fonte doutrinária.[19]

Com a edição no CPC de 2015, todavia, a referida controvérsia foi encerrada. Como visto, o novo Código previu expressamente a competência internacional do judiciário brasileiro quando o consumidor for residente ou domiciliado no Brasil, com base no princípio da proteção da parte mais fraca, bem como em razão da orientação protetiva ao consumidor prevista em sede constitucional. Trata-se, contudo, de hipótese de competência concorrente, coexistindo com a regra do domicílio do réu. Assim, caso o réu seja domiciliado no Brasil, o consumidor residente ou domiciliado no exterior pode optar por litigar perante o judiciário brasileiro com base na regra do art. 21, I do CPC de 2015.

2. ART. 23, II E III, CPC/2015 (ART. 89, CPC/1973): ALTERAÇÕES NAS HIPÓTESES DE COMPETÊNCIA EXCLUSIVA

O art. 89 do antigo Código previa apenas duas hipóteses de competência exclusiva do judiciário brasileiro: (i) ações relativas a imóveis situados no Brasil; e (ii) inventário e partilha de bens no Brasil. A primeira hipótese foi integralmente reproduzida pelo primeiro inciso do art. 23 do CPC 2015: *"Compete à autoridade judiciária brasileira, com exclusão de qualquer outra: I. conhecer de ações relativas a imóveis situados no Brasil"*.

A segunda, por sua vez, foi alterada para que constasse expressamente que a competência do judiciário brasileiro seria exclusiva tanto para conhecer de inventário e partilha de bens no Brasil *causa mortis*, quanto *inter vivos*, como a que ocorre quando da separação ou divórcio de um casal. Confira-se:

> *"Art. 23. Compete à autoridade judiciária brasileira, com exclusão de qualquer outra: (...) II - em matéria de sucessão hereditária, proceder à confirmação de testamento particular e ao inventário e à partilha de bens situados no Brasil, ainda que o autor da herança seja de nacionalidade estrangeira ou tenha domicílio fora do território nacional; III - em divórcio, separação judicial ou dissolução de união estável, proceder à partilha de bens situados no Brasil, ainda que o titular seja de nacionalidade estrangeira ou tenha domicílio fora do território nacional."*

---

18. Em 1996, ainda no âmbito comunitário, foi aprovado o Protocolo de Santa Maria sobre jurisdição internacional em matéria de relações de consumo. Esse, visando assegurar os direitos da parte mais fraca da relação jurídica, abre uma exceção à regra geral da competência do foro do domicílio do réu para admitir o ajuizamento da ação no foro do domicílio do consumidor. Todavia, esse Protocolo não está em vigor por força do seu art. 18, o qual vincula a vigência do Protocolo à do Regulamento Comum, que restou frustrada.
19. Jacob Dolinger, Direito Internacional Privado: Parte Geral, p. 61-62; 565 (2016).

Assim, pôs-se um fim à antiga discussão quanto a obrigatoriedade de submissão à jurisdição nacional de inventários e partilhas *inter vivos*, questionada em razão da menção expressa à palavra *"herança"* no dispositivo do código anterior.[20] Nesse ponto, é necessário esclarecer que, logo após a promulgação do Código, o dispositivo do CPC/1973 (art. 89, II) era aplicado pela jurisprudência tanto para os inventários e partilha *causa mortis* como *inter vivos*, sendo ambos considerados de competência exclusiva do judiciário brasileiro.[21] Posteriormente, o STF passou a entender que o dispositivo se aplicaria somente a inventário e partilha *mortis causae*,[22], como era entendido pela maior parte da doutrina, que sequer cogitava alargar o escopo de aplicação do dispositivo.[23]

O novo Código, como visto, foi alterado para consolidar o primeiro entendimento jurisprudencial, prevendo a competência exclusiva do judiciário brasileiro nas duas hipóteses, as quais serão analisadas de forma específica a seguir.

a) Inventário e Partilha Inter Vivos

20. CPC/1973, art. 89, II: Compete à autoridade judiciária brasileira, com exclusão de qualquer outra: (...) I – proceder a inventário e partilha de bens, situados no Brasil, ainda que o autor da herança seja estrangeiro e tenha residido fora do território nacional." (grifo acrescido)
21. STF, *DJ* 17.12.1979, SE nº 2446-Paraguai, Rel. Min.Antonio Neder. STF, *DJ* 08.02.1980, SE 2544-EUA, Rel. Min. Antonio Neder, STF, *DJ* 22.08.1980, Sentença Estrangeira 2709-EUA, Rel. Min. Antonio Neder. STF, *DJ* 17.08.1981, SE 2920-República Dominicana, Rel. Min. Xavier de Albuquerque. STF, *DJ* 04.08.1980, SE 2619-Portugal. STF, *DJ* 30.03.1984, SE 3228-EUA, Rel. Min. Cordeiro Guerra. STF, *DJ* 02.10. 1989, SE 4182-EUA, Rel. Min. Neri da Silveira.
22. Em STF, *DJ* 06.04.1982, Sentença Estrangeira 2883-EUA, Rel. Min. Xavier de Albuquerque, a homologação da sentença estrangeira de divórcio ocorreu ainda com restrição. A mudança ocorreu no julgamento do mesmo Tribunal, *DJ* 14.05.1982, agravo regimental Sentença Estrangeira 2883 (AgRg), Rel. Min. Xavier de Albuquerque: "Sentença estrangeira de divórcio. Homologação concedida, com restrição quanto a bens imóveis situados no Brasil. Cancelamento de tal restrição." A partir de então, vejam-se por exemplo STF, *DJ* 24.06.1986, Sentença Estrangeira 3633-EUA, Rel. Min. Moreira Alves. STF, *DJ* 18.08.1989, Sentença Estrangeira 3750-EUA, Rel. Min. Moreira Alves. STF, *DJ* 24.04.1987, Sentença Estrangeira 2885-Israel, Rel. Min. Rafael Mayer. STF, *DJ* 18.03.1991, Sentença Estrangeira 4448-Inglaterra, Rel. Min. Neri da Silveira. STF, *DJ* 10.11.1993, Sentença Estrangeira 4907-EUA, Rel. Min. Octavio Gallotti. STF, *DJ* 02.12.1994, SEC 4512-Suíça, Rel. Paulo Brossard. Mas veja-se, alguns anos antes da mudança, homologando sem restrições STF, *DJ* 10.11.1978, Sentença Estrangeira 2396 – EUA, Rel. Min. Thompson Flores, decisão mantida no julgamento do STF, *DJ* 28.12.1978, AgRg de Sentença Estrangeira 2396-EUA, Rel. Min. Thompson Flores. V. também parecer proferido pelo Ministro Xavier de Albuquerque (então aposentado) que defende esse entendimento, Revista Forense, vol. 292, p. 202 (1985).
23. Pontes de Miranda, Comentários ao Código de Processo Civil, tomo II (arts. 46 a 156), p. 227 (1995), mesma posição na primeira edição, p. 196 (1973); Celso Agrícola Barbi, Comentários ao Código de Processo Civil, vol. I, §§ 491e 493, p. 305-306 (2008). O texto não é expresso, mas sempre se refere a *de cujus, pessoa que faleceu* ou *herdeiro*; Hélio Tornaghi, Comentários ao Código de Processo Civil, vol. I (arts.10 a 153), p. 308 e 309 (1974); José Carlos Barbosa Moreira, *Problemas Relativos a Litígios Internacionais*, Revista de Processo, vol. 65, p.147 (1992): "A expressão 'inventário e partilha de bens', no art.89, II, relaciona-se com a sucessão mortis causa, como ressalta da alusão, pouco adiante, a 'autor da herança'". Arruda Alvim, *Competência Internacional*, Revista de Processo vol.7-8, p. 32-33 (1977); Donaldo Armelin, *Competência Internacional*, Revista de Processo, vol. 2, p. 152-153 (1976); Oscar Tenório, Direito Internacional Privado, vol. II, §§ 1211 e 1212, p. 366-367 (1976).

O Código de 2015 trata do inventário e partilha *inter vivos* como hipótese autônoma, independentemente da situação que envolva ações relativas a imóveis sitos no Brasil (art. 23, III). Dessa forma, ao contrário do que acontecia na vigência do Código anterior, não se questiona a competência exclusiva do judiciário brasileiro para apreciar tais casos, ainda quando não envolverem bens imóveis.

Subsiste a dúvida, porém, quanto ao foro competente para conhecer de partilhas *inter vivos* consensuais celebradas no exterior (jurisdição voluntária). Nesse ponto, vale esclarecer que, antes da edição do novo CPC, a jurisprudência distinguia entre inventário e partilha consensual – hipótese excluída da competência exclusiva[24] – e litigiosa, esta indubitavelmente na competência exclusiva do judiciário brasileiro, em razão de haver regra expressa dispondo que *ações* relativas a imóveis situados no Brasil devem ser necessariamente submetidas ao judiciário nacional (art. 89, I, CPC/1973).[25]

---

24. Nessas hipóteses, os tribunais tendiam a homologar as sentenças estrangeiras de divórcio (partilhas *inter vivos*), mesmo quando implicavam na em partilha de bens imóveis sitos no Brasil. A título de exemplo, v. STJ, *DJ* 29.08.2005, SEC 979/US, Rel. Min. Fernando Gonçalves; STJ, *DJ* 25.06.2009, SEC 1043/AR, Rel Min. Arnaldo Esteves Lima. Também: "Descabida a alegação de que o acordo celebrado na Argentina foi obtido por induzimento a erro, pacto este que formalizou o pedido de divórcio consensual naquele país, quando, do exame do referido "Acordo de Dissolução de Sociedade Conjugal", verifica-se, inclusive, que o requerido foi assistido por sua advogada de defesa. (...) O fato de a sentença estrangeira ratificar acordo das partes acerca de imóvel localizado no território brasileiro não obsta a sua homologação." STJ, *DJ* 28.5.2009, SEC 1043/AR, Rel. in. Arnaldo Esteves Lima. No mesmo sentido, STJ, *DJ* 28.2.2013, SEC 5.822/EX, Rel. Ministra Eliana Calmon: "É válida a disposição quanto a partilha de bens imóveis situados no Brasil na sentença estrangeira de divórcio, quando as partes dispõem sobre a divisão". Ver, ainda: STF, *DJ* 31.10.1985, Sentença Estrangeira 3408-EUA, Rel. Min. Rafael Mayer: "Homologação de sentença estrangeira. Separação de cônjuges. Partilha de bens. É homologável a sentença estrangeira que homologa acordo de separação e de partilha dos bens do casal, ainda que situados no Brasil, posta que não ofendido o art. 89 do CPC, na conformidade dos precedentes do STF (RTJ. 90/11; 109/38; 112/1006). Homologação deferida.". STF, *DJ* 18.04.2002, Sentença Estrangeira 7027-EUA, Rel. Min. Pres. Marco Aurélio. STF, *DJ* 22.11.2002, Sentença Estrangeira 7516-EUA, Rel. Min. Marco Aurélio. STF, *DJ* 02.08.2002, SEC 7146-EUA, Rel. Min. Ilmar Galvão. STF, *DJ* 22.11.2002, Sentença Estrangeira 7516-EUA, Rel. Min. Pres. Marco Aurélio. STF, *DJ*. 24.04.2003, Sentença Estrangeira 7170-Israel, Rel. Min. Marco Aurélio. STF, *DJ* 15.04.2003, Sentença Estrangeira 7762 – Alemanha, Min. Marco Aurélio. STF, *DJ* 24.04.2003, Sentença Estrangeira 7327 – EUA, Rel. Min. Marco Aurélio.
25. Assim, o STJ tendia a se recusar a homologar casos em não tivesse havido acordo e sim decisão da justiça estrangeira: STJ, *DJ* 12.05.2010, SEC 2547/US, Rel. Min. Hamilton Carvalhido; STJ, *DJ* 04.06.2011.SEC 5270/EX, Rel. Min. Felix Fischer. STJ, *DJ* 12.05.2010, SEC 2547/US, Rel. Min. Hamilton Carvalhido; STJ, *DJ* 04.06.2011. SEC 5270/EX, Rel. Min. Felix Fischer. Havia, ainda algumas decisões do STJ que exigem também que a legislação brasileira tenha sido observada, o que não parece condizente com a natureza delibatória da homologação de sentença estrangeira e tampouco tem qualquer ligação com o art. 89, I ou II do CPC. V. Admitindo o exame da legislação brasileira na homologação, V. STJ, *DJ* 11.02.2008, SEC 2.222/US, Rel. Min. José Delgado, p. 52: "Pedido homologatório parcialmente deferido para excluir a divisão de bens proposta pela justiça americana, por afrontar as determinações da legislação pátria (art. 1.659, I, do CC/2002) e ofender a ordem pública brasileira." Também admitindo o exame da legislação brasileira: "Aplica-se a regra contida no art. 89 do Código de Processo Civil, referente à competência exclusiva da autoridade brasileira para conhecer de ações relativas a imóveis situados no Brasil, quando não

Devemos aguardar como a nova regra será aplicada pela jurisprudência, mas parece fazer sentido que se mantenha a distinção, admitindo-se a homologação de divórcios e separações consensuais perante o judiciário estrangeiro com partilha de bens no Brasil, tendo em vista que se trata de jurisdição voluntária e que as próprias partes poderiam dispor dos bens em negócios no exterior. Vale registrar que, nos termos do Provimento nº 53 do STJ,[26] as sentenças estrangeiras de divórcios consensuais que dispuserem sobre guarda de filhos, alimentos e/ou partilha de bens ainda têm que ser submetidas ao juízo de delibação dessa Corte, a despeito do art. 961, §5º do CPC/2015[27] não exigir a homologação de sentença estrangeiras de divórcios consensuais para que essas produzam efeitos no Brasil.

b) *Inventário e Partilha* Causa Mortis

O CPC de 1973 previa a obrigatoriedade da submissão ao judiciário brasileiro de inventários e partilhas de bens situados no Brasil, ainda que o autor da herança fosse estrangeiro ou fosse domiciliado fora do país. Essa regra foi integralmente reproduzida no atual Código. A nova lei trouxe, todavia, uma relevante alteração: estendeu a competência exclusiva da autoridade judiciária brasileira para incluir a confirmação de testamento particular.

Como não há qualquer menção ao testamento público ou cerrado, é possível inferir que o legislador tinha intenção de prever regime diferenciado ao testamento particular. A imposição da competência exclusiva unicamente a essa forma de testamento pode ter como finalidade garantir a observância do procedimento previsto no art.1133 do CC, o qual estabelece que ao menos três testemunhas que ouviram a leitura do testamento e o assinaram devem comparecer em juízo para confirmá-lo.[28]

---

houve composição entre as partes ou quando, havendo acordo, restar dúvida quanto à sua consonância com a legislação pátria" STJ, *DJ* 22.05.2012, SEC 4913/EX, Rel. Min. João Otávio de Noronha. Também seguindo essa orientação: STJ, *DJ* 04.06.2013, SEC 5.528/EX, Rel. Min. Sidnei Beneti.

Em sentido contrário: "O ato homologatório da sentença estrangeira limita-se à análise dos seus requisitos formais. Incabível o exame do mérito da decisão estrangeira à qual se pretende atribuir efeitos no território pátrio. Em sede de contestação ao pedido de homologação, é incabível a discussão acerca do direito material subjacente, porque tal ultrapassaria os limites fixados pelo art. 9º, caput, da Resolução nº 9 de 4/5/05 do Superior Tribunal de Justiça. 5. Homologação concedida.", STJ, *DJ* 25.6.2009, SEC 1.043/AR, Rel. Min. Arnaldo Esteves Lima). No mesmo sentido, STJ, *DJ* 04.6.2011, SEC 5270/EX, Rel. Ministro Felix Fischer.

26. Provimento nº 53/STJ de 16 de maio de 2016, Art. 1º, §3º: "A averbação da sentença estrangeira de divórcio consensual, que, além da dissolução do matrimônio, envolva disposição sobre guarda de filhos, alimentos e/ou partilha de bens – aqui denominado divórcio consensual qualificado – dependerá de prévia homologação pelo Superior Tribunal de Justiça."

27. CPC/2015, art. 961, 5º: "A sentença estrangeira de divórcio consensual produz efeitos no Brasil, independentemente de homologação pelo Superior Tribunal de Justiça."

28. "Art. 1.133. Se pelo menos três testemunhas contestes reconhecerem que é autêntico o testamento, o juiz, ouvido o órgão do Ministério Público, o confirmará, observando-se quanto ao mais o disposto nos

Pela redação do artigo, todavia, não resta claro em quais situações essa regra deverá ser aplicada, se nos inventários e partilhas de *bens no Brasil*, nos casos de falecidos com *último domicílio no Brasil* ou ainda nos casos em que os *testamentos particulares foram feitos no país*. Seja como for, nos parece razoável concluir que sua aplicação deve ser reservada aos casos e partilhas de *bens no Brasil*.

Ainda assim, a referida regra poderá gerar enormes dificuldades nas sucessões daqueles que, com bens no Brasil, fizeram testamento no exterior. Afinal, nem todas as legislações exigem a assinatura de três testemunhas no testamento particular. Antes da edição do novo CPC, a jurisprudência considerava que se tratava de questão atinente à forma do testamento e, portanto, deveria ser aplicada a regra de conexão *locus regit actum*, ou seja, a forma dos atos jurídicos seria regida pela lei do lugar da sua celebração. Seguindo essa lógica, os tribunais tendiam a considerar válidos os testamentos particulares feitos no exterior, ainda que feitos sem a presença de qualquer testemunha.[29]

O novo CPC, aparentemente, pretendeu converter a presença das três testemunhas em requisito fundamental para a confirmação de testamento particular, sem a qual esse não poderá ser reconhecido no Brasil – posição que era adotada pela jurisprudência do STF na década de sessenta.[30] Não se pode

---

arts. 1.126 e 1.127".

29. Caso da Gabriela Lage Lillo, no qual o STF mudou a sua orientação e passou a entender que o testamento particular sem testemunhas feito no exterior, em conformidade com a *lex regit actum* pode ser reconhecido no Brasil: "Testamento particular feito na Italia, sem testemunhas. Sua exequibilidade no Brasil. Tanto o art. 10 da nossa Lei de Introdução como o art. 23 da italiana dizem respeito a lei reguladora da sucessão. E aqui não se discute sobre a lei reguladora da sucessão mas sobre formalidades do testamento. Da forma do testamento cuida, não o citado art. 23 mas o art. 26. Devolução. A esta é infensa a atual Lei de Introdução (art. 16). A lei italiana e a lei brasileira admitem o testamento olografo ou particular, divergindo apenas no tocante as respectivas formalidades, matéria em que, indubitavelmente, se aplica o princípio locus regit actum" II. Embargos de Divergencia conhecidos mas rejeitados." STF, *DJ* 30.03.1973, RE68157/ GB, Rel. Min. Thompson Flores. Decisão mais recente que não considerou a existência de 3 testemunhas contestes como essencial: "AÇÃO DE CONFIRMAÇÃO DE TESTAMENTO. Testamento particular elaborado no estrangeiro. Lei de Introdução às Normas do Direito Brasileiro. Locus regit actum. Regra pela qual um ato jurídico, se efetuado conforme a lei do lugar onde se constituiu, deve, em qualquer Estado, ser considerado válido sob o aspecto formal. Exigência de participação de testemunhas no testamento particular que é formalidade extrínseca ao ato. Lei do Estado de Nova Iorque que exige a intervenção de duas testemunhas, e não de cinco testemunhas, como o CC de 1.916. Testamento particular que, a princípio, não apresenta vícios. Anulação da sentença, com retorno dos autos à Primeira Instância para adoção das providências prescritas pelo artigo 1.131 do CPC. Recurso provido." TJ/SP, *DJ* 29.08.2014, AC 00493780820138260506, Rel. Des. Francisco Loureiro.

30. Há precedentes antigos do STF que não reconheceram testamentos particulares feitos no exterior sob o argumento de que as três testemunhas contestes são fundamentais: "Testamento particular. Requisitos. Homologação. Lei domiciliar e lei nacional. Inexequivel, no Brasil, testamento particular sem testemunhas, embora feito por estrangeiro, cuja lei nacional o permita." (STF, Tribunal Pleno, DJ 09.06.1965, RE

concordar com o referido entendimento e, a rigor, tal objetivo sequer será alcançado. O Brasil deve observância à regra *locus regit actum*[31] e, portanto, não pode se negar a reconhecer testamento realizado no exterior, em conformidade com a legislação local, ainda que feito sem a presença das testemunhas exigidas pela lei brasileira.

3. ART. 22, III E ART. 25, CPC/2015: CLÁUSULA DE ELEIÇÃO DE FORO

Uma das principais controvérsias em direito internacional diz respeito a possibilidade de as partes escolherem o judiciário que julgará as controvérsias decorrentes de litígios concomitantes ou futuros. A principal dificuldade em admitir tal direito de escolha está relacionada à natureza de direito público das normas processuais, as quais, dentre outras questões, determinam em que hipóteses a autoridade judiciária local poderá exercer sua jurisdição. Como a jurisdição é uma das funções do Estado, exercida – no que se refere à aplicação da lei ao caso concreto – predominantemente pelo Poder Judiciário, determinar os seus limites, por meio de normas sobre o exercício da competência internacional, é decorrência direta da soberania estatal.[32] Face à natureza de tais normas, questiona-se se a vontade das partes pode derrogá-las.

A despeito dessa discussão, já há alguns anos, o direito convencional e estrangeiro vêm admitindo a escolha do foro competente pela vontade das partes. Contudo, até a edição do novo CPC, a matéria não era disciplinada no Brasil. Ainda assim, a doutrina brasileira majoritária seguia a mesma linha do direito estrangeiro, admitindo o acordo de eleição de foro, como regra geral, sem fazer qualquer ressalva quanto aos casos que se escolhia o foro nacional em hipótese não prevista na legislação brasileira, tampouco àqueles em que se escolhia foro estrangeiro em situação prevista na legislação processual brasileira.[33]

58152/SP, Rel. Min. Victor Nunes). E também no mesmo sentido: "A homologação do testamento particular somente pode ser dado se as testemunhas forem conteste (C.C. arts 1647 1648 e CPC arts 531 a 533)." STF, *DJ* 12.12.1963, RE 47613/GB, Rel. Min. Hahnemann Guimarães.

31. V. João Grandino Rodas, Direito Internacional Privado Brasileiro, p. 30 e ss. (1993) trazendo a doutrina brasileira a respeito tanto na vigência da ICC como da LICC de 1942.

32. Vide Enrico Tullio Liebman, Estudos Sobre o Processo Civil Brasileiro, p. 11-14 (1947).

33. José Carlos Barbosa Moreira admite a autonomia da vontade nas duas situações. (José Carlos Barbosa Moreira, *Problemas Relativos a Litígios Internacionais*, Temas de Direito Processual, 5ª série, p.146 (1994). Chegando à mesma conclusão, nem sempre abordando as duas hipóteses: Philadelpho Azevedo, Um Triênio de Judicatura – Introdução ao Código Civil e Direito de Família, p. 121 e ss. (1955); Serpa Lopes, Comentários à Lei de Introdução ao Código Civil, vol. III, p.102 e ss. (1944); Haroldo Valladão, Direito Internacional Privado — Introdução e Parte Geral, p. 370-371 (1980); _ Helio Tornaghi, Comentários ao Código de Processo Civil, vol. I, p. 307 (1974). Wilson de Souza Campos Batalha Tratado Elementar de Direito Internacional Privado – Parte Especial, vol. II, p. 312 (1977); Irineu Strenger, Contratos Internacionais

Essa também era a orientação do STF desde a década de cinquenta. [34] Em ação ajuizada no Brasil cujo objeto era um contrato de transporte que continha cláusula elegendo o foro de Montevidéu, Uruguai, o STF decidiu pela incompetência do judiciário brasileiro, nos seguintes termos: *"O direito brasileiro reconhece o foro contratual, salvo quando existir impedimento de ordem pública"*.[35]

E, em casos posteriores, sempre que essa Corte teve que apreciar questões que envolviam contratos que previam a escolha do foro competente pelas partes, seja em processos de concessão de *exequatur*.[36]-[37], seja em pedidos de

---

do Comércio, p. 256-258 (1992); Osiris Rocha, Curso de Direito Internacional Privado, p. 161 (1986); Jacob Dolinger,*Brazilian International Procedural Law.* *In:* Jacob Dolinger e Keith S. Rosenn (Orgs.), A Panorama of brazilian Law, p. 353 (1992); Arruda Alvin, Manual de Direito Processual Civil, vol.1, p. 233-234, item nº 80 (1996) Donaldo Armelin, *Competência Internacional*, Revista de Processo 2/148 (1976) José Inácio Gonzaga Franceschini, *A Lei e o Foro de eleição em Tema de Contratos Internacionais.* In: João Grandino Rodas (Coord), Contratos Internacionais, p. 116 (2002); Lauro Gama Jr.,*A Escolha de Foro Estrangeiro em Contratos.* Jornal Valor Econômico. 23/10/2008. e Nádia de Araújo, *A Jurisprudência Brasileira sobre Contratos Internacionais: Lei Aplicável, Ordem Pública e Cláusula de Eleição de Foro*, João Grandino Rodas (Coord), Contratos Internacionais, p. 213 (2002). Defendendo posição oposta, ou seja, negando a possibilidade de eleição de foro: José Ignácio Botelho de Mesquita,*Da Competência Internacional e dos Princípios que a Informam*, Revista de Processo 50/51, p. 52 (1988); e Celso Agrícola Barbi, Comentários ao Código de Processo Civil, vol. I, p. 302, (2008).

34. Note-se que esse julgado progressista, de 1957, é anterior às decisões já mencionadas da Suprema Corte norte-americana, da Corte de Cassação francesa de 1985, da alteração da lei italiana de Direito Internacional Privado e até mesmo da Convenção de Bruxelas de 1968.
35. E extrai-se do voto do Ministro relator: "(...) Não há como impedir às partes contratantes fixar o foro da ação senão por impedimento de ordem pública. Penso como osaudoso Philadelpho Azevedo, que o art. 12 da Introduc. envolve uma regra de simples proteção que o Estado dispensa aos cidadãos. Se o nacional pode ter interesse em abrir mão da garantia oferecida pela lei brasileira, se aceita livremente a jurisdição estrangeira, não há como impedir essa aceitação. Daí a regra do art. 42, do Cód. Civil: 'Nos contratos escritos poderão os contratantes especificar domicílio onde se exercitam e cumpram direitos e obrigações deles resultantes. Assim, salvo o caso do § 1º, podem realmente as partes em contrato dispor, como dispuseram neste caso, que as ações do mesmo decorrentes fossem apreciadas em foro estrangeiro, pois não envolve questão de ordem pública nem atinge a soberania nacional.' (...)". STF, *DJ* 24.01.1957, RE 30.636, Rel. Min. Cândido Motta Filho.
36. "1- Carta rogatória pela qual a Justiça do Uruguai pede a citação de pessoa jurídica domiciliada no Brasil para responder naquela Justiça a uma demanda em que a autora questiona matéria de inadimplemento de contrato comercial. Caso em que as partes contratantes elegeram o foro brasileiro de São Paulo (Capital) para solver as controvérsias pertinentes ao referido contrato. Agravo regimental que, baseado no artigo 222, do Regimento Interno do STF, impugna a concessão de exequatur no caso. Procedência do agravo para revogar o cumpra-se. 2- É admissível a revogação de exequatur concedido em carta rogatória citatória se a parte citanda prova que, por força de eleição do foro brasileiro, se tornou incompetente a justiça do Estado rogante". STF, *DJ* 16.04.1980, Carta Rogatória no 3.166 – República Oriental do Uruguai, Min. Pres. Antonio Neder. Essa decisão foi confirmada pelo Plenário da Corte em 18.06.1980.
37. STF, *DJ* 11.12.1992, CR 5.885 (AgRg) – Inglaterra, Rel. Min. Sydney Sanches; STF, *DJ* 08.10.1993, CR 4.983 (AgRg) – Confederação Suíça, Rel. Min. Octávio Gallotti; STF, *DJ* 16.08.1991, CR 4.964 (AgRg) – Confederação da Suíça, Rel. Min. Néri da Silveira; STF, *DJ* 22.08.1985, CR (AgRg) 4.274 – Estados Unidos da América, Rel. Min. Moreira Alves; STF, *DJ* 01.12.1989, CR 4.707 – Reino Unido da Grã-Bretanha e Irlanda do Norte, Rel. Min. Presidente; STF, *DJ* 06.08.1993, CR 6.365 (AgRg)-Argentina, Rel. Min. Octavio Gallotti.

homologação de sentenças estrangeiras,[38]-[39] seguiu esse mesmo entendimento. É necessário ressaltar, todavia, que, ao contrário da doutrina, o STF distinguia os casos que não estavam previstos nas hipóteses de competência concorrente do art. 88 do CPC de 1973 daqueles que se incluíam nesse rol.

No primeiro caso, a Corte equiparava a eleição de foro brasileiro pelas partes à hipótese de competência exclusiva do judiciário nacional.[40] Já no segundo, a homologação da sentença estrangeira estava condicionada à renúncia ao foro brasileiro, mediante a submissão à jurisdição estrangeira, que poderia ocorrer de forma tácita – com o comparecimento do réu perante tribunal estrangeiro – ou expressa – em conformidade com cláusula de eleição de foro.[41] Ademais, o STF sempre deixava claro que o réu que tivesse domicílio no Brasil tinha a faculdade de não aceitar a jurisdição estrangeira, e, se exercesse tal opção, não seria possível homologar a sentença estrangeira posteriormente.[42]

38. Em caso de homologação de sentença estrangeira homologatória de laudo arbitral estrangeiro, afirmou o Min. Octavio Gallotti, em seu voto: "Não se cuidando, na espécie, de nenhuma das hipóteses consideradas, pelo art. 89 do CPC, como de competência exclusiva (vale dizer, absoluta) da autoridade judiciária brasileira, parece evidente que, da submissão ao juízo arbitral de Londres, decorre a aceitação contratual de competência da Justiça inglesa. Nem faria sentido a homologação, por Juiz brasileiro, do procedimento arbitral realizado no Exterior.Não assiste, portanto, razão à Requerida, ao alegar que a sentença ora homologada haja sido prolatada por autoridade judiciária absolutamente incompetente". STF, *DJ* 13.12.1991, SE 4.086 – Reino Unido da Grã-Bretanha e Irlanda do Norte, Rel. Min. Octavio Gallotti.

39. Ademais, em pedido de homologação de sentença estrangeira, sustentou o Ministro Relator Celso de Mello: "(...) Quando Presidente do Supremo Tribunal Federal, ao julgar pedido rogatório que me foi dirigido (CR 8.286-EUA, Rel. Min. Celso de Mello) tive o ensejo de acentuar que o art. 88 do CPC, ao dispor sobre a competência internacional do Poder Judiciário brasileiro, define as causas que, não obstante passíveis de apreciação por magistrados brasileiros, também podem ser validamente submetidas à esfera de atribuições jurisdicionais de Tribunais estrangeiros. Disso resulta que as hipóteses definidas no art. 88 do CPC admitem o concurso de jurisdição entre magistrados estrangeiros e juízes brasileiros. Isso significa, portanto, que a norma de competência concorrente, fundada no preceito legal mencionado, enseja ao autor a possibilidade de livremente optar pela instauração de processos judiciais, seja perante magistrados brasileiros, seja perante Tribunais estrangeiros, desde que ocorrente qualquer das situações previstas no art. 88 do CPC". STF, *DJ* 19.05.00, SEC 5.778, Rel. Min. Celso de Mello.

40. "1- Carta rogatória pela qual a Justiça do Uruguai pede a citação de pessoa jurídica domiciliada no Brasil para responder naquela Justiça a uma demanda em que a autora questiona matéria de inadimplemento de contrato comercial. Caso em que as partes contratantes elegeram o foro brasileiro de São Paulo (Capital) para solver as controvérsias pertinentes ao referido contrato. Agravo regimental que, baseado no artigo 222, do Regimento Interno do STF, impugna a concessão de exequatur no caso. Procedência do agravo para revogar o cumpra-se. 2- É admissível a revogação de *exequatur* concedido em carta rogatória citatória se a parte citanda prova que, por força de eleição do foro brasileiro, se tornou incompetente a justiça do Estado rogante". STF, *DJ* 16.04.1980, Carta Rogatória no 3.166 – República Oriental do Uruguai, Min. Pres. Antonio Neder. Essa decisão foi confirmada pelo Plenário da Corte em 18.06.1980.

41. *"When Brazilian jurisdiction is concorrente under any of the situations set out in Article 88 of the Code of Civil Procedure, Brazil will recognize a foreign judgment, provided the party that was entitled to Brazilian jurisdiction has chosen the foreign jurisdiction either in the original agreement between the parties, or has submitted willingly to the foreign jurisdiction, or, if neither is the case, provided that the party who could move for denial of recognition agrees to it."* Jacob Dolinger, *Brazilian international Procedure Law*, Jacob Dolinger e K.S.Rosenn (orgs), A Panorama of Brazilian Law, p. 368 (1992).

42 A mesma ressalva consta em ao menos um precedente do Superior Tribunal de Justiça. STJ, *DJ* 01.08.2006, AgRg no AgRg na CR 118, Rel. Min. Barros Monteiro.

Quanto ao STJ, não era possível estabelecer claramente uma posição uniforme, seja no sentido favorável ou contrário à eleição de foro estrangeiro. Nas hipóteses de competência exclusiva do judiciário brasileiro (art. 89 do CPC de 1973) esse se recusava a aceitar a eleição de foro estrangeiro, uma vez que só o judiciário brasileiro poderia atuar naquelas situações. Já naqueles casos não previstos como de competência concorrente do judiciário brasileiro, essa Corte não tinha dificuldade em aceitar a eleição de foro estrangeiro.[43] As dúvidas pairavam apenas no que concernia as hipóteses previstas art. 88 do CPC de 1973. Não obstante haver diversas ementas de acórdãos afirmando que não se admitia a eleição de foro nesses casos, travavam-se de casos com peculiaridades específicas, cujas decisões tiveram outros fundamentos, como o fato de se tratarem de contratos de adesão ou da cláusula constar de um contrato acessório não assinado por uma das partes.[44]

Assim, mesmo diante dessas ementas que continham afirmações genéricas contrárias à eleição de foro estrangeiro, parece equivocada a afirmação de que o STJ inadmitia o acordo de eleição de foro estrangeiro. A afirmação é sustentada, inclusive pelo fato de que, em caso recente, julgado ainda antes da entrada em vigor do novo CPC, o STJ reconheceu expressamente a validade de uma cláusula de eleição de foro.[45]

As referidas controvérsias foram encerradas quando da promulgação do novo CPC, o qual prevê de forma clara tantos os efeitos positivos quanto os negativos da cláusula de eleição de foro. Os efeitos positivos constam do o art. 22, III, do CPC de 2015, o qual possibilita a submissão de questões à competência do judiciário brasileiro, ainda que nenhuma outra hipótese de competência concorrente seja aplicável ao caso. Já os efeitos negativos da cláusula, os quais implicam na incompetência do judiciário brasileiro quando houver foro eleito

---

43. STJ, 3ª Turma, DJ 13.10.2003, REsp 505.208/AM, Rel. Min. Carlos Alberto Menezes Direito; STJ, 3ª Turma, *DJ* 21.03.2005, REsp. 242.383/SP, Rel. Min. Humberto Gomes de Barros; STJ, 3ª Turma, *DJ* 02.05.2011, EDcl nos EDcl no REsp 1159796/PE, Rel Min, Nancy Andrighi.

44. Algumas considerando que, por se tratar de contrato de adesão ou de representação comercial, não seria dado as partes a prerrogativa de escolherem foro compente distinto (v. STJ, 3ª Turma, *DJ* 16.12.2002, AgRg no Ag 459.668/RJ, Rel. Min. Carlos Alberto Direito; STJ, 3ª Turma, *DJ* 03.09.2008, REsp 804.306/SP, Rel. Min. Nancy Andrighi). Em outra decisão, a cláusula de eleição de foro foi desconsiderada, eis que constava de contrato acessório do qual a parte autora não fazia parte (v. STJ, 4ª Turma, *DJ* 02.10.2000, REsp 251.438/RJ, Rel. Min. Barros Monteiro). Houve, ainda, um caso em que o STJ não admitiu a cláusula de eleição de foro para determinar a incompetência do foro brasileiro, uma vez que ambas as partes já haviam comparecido perante ao judiciário brasileiro sem fazer qualquer referência ao acordo que elegeu a jurisdição estrangeira (STF, 2ª Seção, *DJ* 02.10.1989, Ação Rescisória 133/RS, Rel. Min. Claudio Santos, RT 656/180).

45. STJ, *DJ* 29 mar.2016, REsp 1.518.604/Sp, Rel. Min. Paulo De Tarso Sanseverino: "Regulada pelo disposto no art. 88 do CPC/73, a competência internacional na espécie evidencia-se como concorrente, revelando-se possível a eleição, mediante cláusula prevista no negócio jurídico qualificado pelas partes como "contrato de futebol" (contrato de patrocínio e cessão de uso de imagem), do foro alienígena como competente para a solução das controvérsias advindas do acordo. Precedente da Colenda 4ª Turma"

no exterior, são tratados no art. 25. Entretanto, o dispositivo ressalva – o que sequer seria necessário, por óbvio – que tais efeitos negativos não se produzem quando a lei previr a competência exclusiva do judiciário brasileiro. Os referidos artigos seguem transcritos a seguir:

> *"Art. 22. Compete, ainda, à autoridade judiciária brasileira processar e julgar as ações: III – em que as partes, expressa ou tacitamente, se submeterem à jurisdição nacional."*
>
> *"Art. 25. Não compete à autoridade judiciária brasileira o processamento e o julgamento da ação quando houver cláusula de eleição de foro exclusivo estrangeiro em contrato internacional, arguida pelo réu na contestação.*
>
> *§ 1o Não se aplica o disposto no caput às hipóteses de competência internacional exclusiva previstas neste Capítulo.*
>
> *§ 2o Aplica-se à hipótese do caput o art. 63, §§ 1o a 4o."*[46]

Trata-se de iniciativa louvável do legislador, não só por colocar o regime jurídico brasileiro em sintonia com os padrões adotados no direito estrangeiro e convencional, mas também por adequá-lo aos interesses econômicos dos empresários brasileiros e do comércio internacional brasileiro em geral. Isso pois a cláusula de eleição de foro reduz o custo de transação em negócios internacionais, tornando as empresas nacionais mais competitivas, por diversos motivos. Dentre esses, cabe destacar especialmente a diminuição dos os custos relacionados ao risco jurisdicional, decorrente do conhecimento prévio das partes do foro que será internacionalmente competente para apreciar eventual controvérsia que surgir entre si em razão dos negócios firmados.

É certo que a escolha da inclusão, ou não, de uma cláusula de eleição de foro é decisão negocial, a ser tomada exclusivamente com base na ponderação que o empresário nacional fizer de diversos fatores, os quais variam a cada negócio e a cada negociação. A nova regra apenas proporciona às sociedades empresárias nacionais mais um elemento de barganha para suas negociações comerciais internacionais.

46. CPC/2015, Art. 63. "As partes podem modificar a competência em razão do valor e do território, elegendo foro onde será proposta ação oriunda de direitos e obrigações.
§1o A eleição de foro só produz efeito quando constar de instrumento escrito e aludir expressamente a determinado negócio jurídico.
§2o O foro contratual obriga os herdeiros e sucessores das partes.
§3o Antes da citação, a cláusula de eleição de foro, se abusiva, pode ser reputada ineficaz de ofício pelo juiz, que determinará a remessa dos autos ao juízo do foro de domicílio do réu.
§4o Citado, incumbe ao réu alegar a abusividade da cláusula de eleição de foro na contestação, sob pena de preclusão".

Registre-se, ainda, que a aceitação da cláusula de eleição de foro garante coerência ao regime processual brasileiro, uma vez que recusá-la e, ao mesmo tempo, aceitar a convenção de arbitragem, com a consequente extinção do processo sem julgamento do mérito da causa, (art. 485, VII do CPC/2015) seria inerentemente incoerente. Ademais, não se pode olvidar que o não reconhecimento da eleição de foro estrangeiro e o consequente julgamento da questão no Brasil dificultaria a homologação no exterior das sentenças brasileiras proferidas nesse contexto. Afinal, uma vez não respeitado o acordo realizado entre as partes, é razoável presumir que a competência internacional dos tribunais brasileiros não seria aceita para fins de homologação no exterior. A questão, inclusive, já tem sido objeto de discussão no direito estrangeiro.[47]

Por fim, há de se afastar a ideia de que a eleição de foro estrangeiro afetaria a soberania nacional. Sabe-se que a soberania possui uma dupla expressão: interna, que ressalta a superioridade da ordem jurídica posta pelo Estado; externa, que prioriza a igualdade jurídica entre os Estados. A eleição de foro estrangeira não afeta nenhuma dessas expressões, porque, com a inserção do dispositivo no Código de 2015, a sua admissibilidade envolve a concordância de todos os Poderes da República. Primeiro, do Poder Legislativo, ao ter aprovado o dispositivo legal. Segundo, do Poder Executivo, ao não tê-lo vetado. Terceiro, do Poder Judiciário, ao apreciar a validade da eleição de foro em cada caso concreto.

4. ART. 24, *CAPUT* E §ÚNICO, CPC/2015 (ART. 90, CPC/1973): LITISPENDÊNCIA E HOMOLOGAÇÃO DE SENTENÇAS ESTRANGEIRAS NA PENDÊNCIA DE AÇÃO PERANTE O JUDICIÁRIO BRASILEIRO

Antes de abordar propriamente a regra prevista no novo CPC, vale esclarecer o conceito de litispendência, definido como a situação do litígio que pende de julgamento. Começa com a citação válida (ou, mais precisamente, desde que proposta a demanda com relação ao autor) e termina com o trânsito em julgado da sentença.[48] Não se deve confundi-lo com exceção (defesa) de

47. Assim e.g. expressamente no direito inglês, vide *Civil Jurisdiction and Judgments Act 1982*, s 32 e, para um exemplo da aplicação do dispositivo, *Tracomin SA v Sudan Oil Seeds Co Ltd* (No 1) [1983] 1 WLR 1026 (CA); também no direito alemão, ver Reinhold Geimer, Internationales Zivilprozessrecht, § 1808, (2009); no direito francês, vide Pierre Mayer, Vincent Heuzé, Droit International Privé, § 378 (2007), bem como Yvon Loussouarn, Pierre Bourel, Pascal de Vareilles-Sommières, Droit international privé, § 495-6-1 (2007).
48. "Processo pendente é processo em curso. Ele se considera pendente desde o momento em que a petição inicial foi entregue ao Poder Judiciário (formação) até quando se tornar irrecorrível a sentença que determina sua extinção (trânsito em julgado) - quer a extinção com do processo se dê com ou sem o julgamento do mérito". Cândido Rangel Dinamarco, Instituições de Direito Processual Civil, vol. II, §402, p. 50 (2009).

litispendência, a qual diz respeito à alegação de que o litígio proposto já pende de julgamento em outro processo.[49-50]

No antigo CPC, o art. 90 vedava a possibilidade de que fossem reconhecidos os efeitos da litispendência de litígios ajuizados no exterior, estabelecendo que o fato de um processo estar em andamento fora do país não impedia a propositura e o desenrolar de feito idêntico no Brasil. O dispositivo foi essencialmente reproduzido no CPC de 2015, tendo sido alterado unicamente para incluir o parágrafo único, o qual permitiu a homologação de sentenças estrangeiras na pendência de ação idêntica no Brasil:

> *"Art. 24. A ação proposta perante tribunal estrangeiro não induz litispendência e não obsta a que a autoridade judiciária brasileira conheça da mesma causa e das que lhe são conexas, ressalvadas as disposições em contrário de tratados internacionais e acordos bilaterais em vigor no Brasil.*
>
> *Parágrafo único. A pendência de causa perante a jurisdição brasileira não impede a homologação de sentença judicial estrangeira quando exigida para produzir efeitos no Brasil."*

É de se observar, todavia, que tampouco essa inovação prevista no parágrafo único tampouco é novidade, eis que essa apenas consolidou o entendimento

---

49 José Carlos Barbosa Moreira, *Relações entre Processos Instaurados, sobre a mesma lide Civil, no Brasil e em País Estrangeiro*, Revista de Processo, vol. 7-8, p. 53 (1977): "A fórmula escolhida pelo legislador de 1974 ademais, não parece muito feliz do ponto de vista técnico. Dizer que a propositura de ação perante a Justiça alienígena 'não induz litispendência' é dizer mais do que se precisaria; aliás, não cabe à lei brasileira, evidentemente, regular efeitos processuais que se produzam no território estrangeiro. O que se quis estatuir foi a irrelevância desses possíveis efeitos para a nossa Justiça: que a lide penda ou não perante o juiz de outro Estado, nada importa aqui. Não se nega propriamente a litispendência, em si: se ela existe ou não, só a lex fori pode responder. Nega-se, isto sim, o efeito impeditivo da litispendência em relação ao processo instaurado no Brasil; nega-se, em outras palavras, a possibilidade de vir o juiz pátrio a acolher a preliminar de litispendência porventura levantada, aqui, por qualquer das partes, com fundamento na precedente existência de processo estrangeiro sobre a mesma lide – e também, é claro, a possibilidade de vir ele a conhecer ex officio da matéria, como lhe seria dado fazer se se tratasse de outro processo em curso perante a nossa Justiça (arts. 267, § 3.º, e 301, § 4.º)."

50 Hélio Tornaghi, Comentários ao Código de Processo Civil, p. 310 (1974). Como bem afirma Dinamarco: "O estado de pendência do processo chama-se litispendência (do latim litis-pendentia). Como entre os efeitos da existência do processo pendente está o de impedir a instauração válida e eficaz de outro processo para o julgamento de demanda idêntica (mesmas partes, mesma causa de pedir, mesmo pedido: CPC, art.301, inc. V e §§10 e 30), tem-se a ilusão de que litispendência seja esse impedimento – *i.e*, o impedimento de um outro processo válido, com a mesma demanda. Na verdade, litispendência é o estado do processo que pende, não esse seu efeito". Cândido Rangel Dinamarco, Instituições de Direito Processual Civil, vol. II, § 402, p. 50 (2009).

de parte da doutrina[51]-[52] e da jurisprudência mais recentes. Com efeito, Barbosa Moreira já defendia a referida posição, entendendo não só que a sentença estrangeira deveria ser homologada, mas também que, em consequência, o processo brasileiro deveria ser extinto sem julgamento de mérito ante a existência de coisa julgada.[53] Também entendia que a homologação deveria ser deferida independentemente de a ação no exterior ter sido iniciada antes ou depois daquela ajuizada no Brasil.[54]

Quanto à jurisprudência, deve-se ressaltar que essa tendia a fazer referência ao art. 90 do CPC 1973, muito embora, a rigor, essa hipótese não diga respeito à litispendência – que implica a existência de dois processos em andamento concomitantemente –, e sim à coisa julgada. Afinal, embora a ação submetida à jurisdição brasileira ainda esteja em curso, já houve decisão transitada em julgado na ação ajuizada no exterior, tanto que se está solicitando a homologação da sentença. Nessas hipóteses, os tribunais brasileiros tendiam a deferir a

---

51. Veja-se defesa veemente dessa tese antes de sua inclusão expressa no CPC de 2015 em Jacob Dolinger, *Provincianismo no Direito Internacional Privado Brasileiro. Dignidade Humana e Soberania Nacional: Inversão dos Princípios*, Revista dos Tribunais, vol. 880, p. 51 (2009): "Assim, quando uma ação foi proposta no exterior e outra ação perante a Justiça brasileira, e naquela tiver sido pronunciada sentença que transito em julgado antes que isto tenha ocorrido na nossa jurisdição, deve ser homologada a sentença estrangeira".
52. Cabe mencionar que, ao contrário do entendimento mais recente, uma parte da doutrina costumava interpretava o art. 90 do CPC/1973 de forma a garantir uma preferência pela jurisprudência nacional. Nesse sentido alguns autores entendiam que, apesar de ser vedado que a pendência de ação idêntica no exterior sustasse a ação que tramitasse no Brasil, a ação interposta perante a jurisdição nacional teria o condão de impedir o reconhecimento no Brasil de sentença proferida no exterior. Nesse sentido, v. Celso Agrícola Barbi, Comentários ao CPC, vol. I, p. 300, item 499 (2008) e Pontes de Miranda, Comentários ao Código de Processo Civil, p. 197 (1973). Crítica a essa posição considerada unilateralista e provinciana é feita por Jacob Dolinger, *Provincianismo no Direito Internacional Privado Brasileiro. Dignidade Humana e Soberania Nacional: Inversão dos Princípios*, Revista dos Tribunais, vol. 880, p. 45 (2009).
53 José Carlos Barbosa Moreira, Comentários ao Código de Processo Civil, vol. 5, p. 96 (2005): "Embora distintas a ação de homologação e a ação que se proponha, em nosso país, sobre a mesma lide, surge contudo a possibilidade de interferências recíprocas no plano da coisa julgada – e isso pela circunstancia de que, homologada a sentença estrangeira, passaria ela a produzir no território nacional, como trânsito em julgado da homologação, a sua própria auctoritas rei iudicatae.", No mesmo sentido: "A homologação da sentença estrangeira estenderá a todo o território nacional, com a mesma imutabilidade que tinha no país de origem, os efeitos de direito material da sentença, que será aqui executada como se fosse uma sentença de um tribunal judiciário nacional (CPC, art.584-IV). Essa homologação dar-se-á ainda que no Brasil esteja pendente ação idêntica, porque o artigo 90 do CPC exclui a litispendência internacional e, a partir do exequatur do Superior Tribunal de Justiça, extinta deverá ser a causa aqui proposta, por força da coisa julgada. Somente o trânsito julgado da sentença nacional, anteriormente ao julgamento da homologação no Supremo Tribunal Federal ou no Superior Tribunal de Justiça da sentença estrangeira, impedirá pelo advento da coisa julgada que se consume a homologação." Leonardo Greco, *A Competência Internacional da Justiça Brasileira*, Revista da Faculdade de Direito de Campos, vol. 7, p. 181-182 (2005).
54. V."Não obsta à homologação o fato de pender, na Justiça brasileira, processo em que se esteja por julgar a mesma lide decidida em outro Estado. Mas não se homologará a sentença estrangeira se já existir acerca da matéria sentença nacional passada em julgado: a homologação ofenderia a coisa julgada no Brasil. Não importa que a sentença nacional haja transitado em julgado depois da estrangeira". José Carlos Barbosa Moreira, *Problemas Relativos à Litígios Internacionais*, Temas de Direito Processual, p. 158, (1994).

homologação da sentença e, direta ou indiretamente, determinar a extinção do processo em curso no Brasil.

Nesse sentido, vale destacar decisão do STF, proferida em caso em que se pleiteava a homologação de sentença estrangeira de divórcio quando havia no Brasil ação de separação judicial entre as mesmas partes, ainda não transitada em julgado. A Corte entendeu por deferir a homologação requerida e, indiretamente, acabou determinando a extinção do processo em curso no país, nos seguintes termos:

> *"Sentença estrangeira. Não obsta à sua homologação a pendência, perante o juiz brasileiro, de ação entre as mesmas partes e sobre a mesma matéria. Agravo regimental não provido".*[55]

Entretanto, é importante ressaltar que, mesmo depois da consolidação do referido entendimento, durante um breve período de tempo, pairaram dúvidas quanto a sua aplicação em casos que envolviam guarda de crianças. Isso pois, contrariando o seu posicionamento anterior, em 2000, o STF rejeitou homologar a decisão estrangeira definitiva ante a existência de decisão interlocutória em ação cautelar em curso no Brasil entre as mesmas partes com o mesmo objeto.[56]

E esse não foi um caso isolado: essa posição foi reproduzida em outros casos que envolviam guarda de crianças.[57] A justificativa desse tribunal superior era de que, em casos envolvendo guarda de crianças, esse deveria proteger o

55. STF, *DJ* 08.05.1981, SE 2727 – Rep. Italiana, Rel. Min. Xavier de Albuquerque.
56. "Sentença Estrangeira em curso de homologação perante o STF. Divórcio do casal e busca e apreensão e guarda de menores brasileiros, nascidos nos Estados Unidos da América.Instauração, perante a Justiça do Estado de Goiás, de processo entre as mesmas partes (mãe brasileira x pai norte-americano), visando a guarda desses menores. Outorga, pela Justiça brasileira, em favor da mãe dos menores, da respectiva guarda provisória. Anterioridade temporal do processo judicial brasileiro e da decisão cautelar nele proferida em face da sentença estrangeira homologanda. A questão das relações entre o processo de homologação de sentença estrangeira (STF) e a ação civil, versando, parcialmente, a mesma lide, promovida perante órgão do Poder Judiciário brasileiro. Análise do arts. 88, 89 e 90 do CPC e a discussão em torno da primazia das decisões judiciais brasileiras. Superveniência da Convenção sobre os Aspectos Civis do Seqüestro Internacional de Crianças, concluída em Haia (1980). Incorporação desse ato de direito internacional público ao ordenamento positivo interno do Brasil (Decreto n.º 3.413/2000). O problema da retroatividade dos tratados internacionais. A Convenção de Viena sobre o Direito dos Tratados (Artigo 28): ato ainda em regime de aprovação pelo Congresso Nacional. Diligências complementares ordenadas pelo Relator da causa". STF, *DJ* 19.05.2000, SEC 5.778-0 – EUA, Rel. Min. Celso de Mello.
57. "Sentença estrangeira contestada. Pedido de homologação de decisões proferidas pela justiça norueguesa que concederam a guarda da filha menor das partes ao requerente. Existência de decisão prolatada por autoridade judiciária brasileira, com o mesmo teor, a favor da requerida. Impossibilidade de homologação, sob pena de ofensa aos princípios da soberania nacional. Art. 216 do RISTF. Requisitos formais da homologação de sentenca estrangeira. Arts. 218 e 219 do RISTF. Indispensabilidade da juntada de certidão ou cópia do texto integral do ato judicial ou administrativo que se quer homologar." STF, *DJ* 28.05.2004, SEC 5526 – Reino da Noruega, Rel. Min. Ellen Gracie. No mesmo sentido: STF, *DJ* 07.06.2002, SEC 6.729 – Espanha, Rel. Min. Maurício Corrêa; STF, *DJ* 18.03.1994, SEC 4.694 – EUA, Rel. Min. Ilmar Galvão; STF, *DJ* 07.05.2004, SEC 7100 – EUA, Rel. Min. Carlos Velloso; STF, *DJ* 06.02.2004, SEC 7218 – EUA, Rel. Min. Nelson Jobim; STF, *DJ* 14.02.2003, SEC 6971-8 – EUA, Pleno, Rel. Min. Maurício Corrêa.

nacional brasileiro ou o aqui residente, sob o argumento de soberania nacional. Consequentemente, caberia aos tribunais brasileiros negar reconhecimento a decisões proferidas no exterior sobre crianças submetidas à jurisdição nacional.

Quatro anos depois desse caso paradigmático, todavia, o STF, houve por bem rejeitar essa interpretação e voltar ao seu posicionamento original. Assim, em 2004, ao apreciar pedido de homologação de sentença estrangeira de separação consensual, deferiu a homologação sentença proferida no exterior mesmo na pendência de ação de divórcio no Brasil entre as mesmas partes.[58] Seguindo esse entendimento, o STJ, em 2006, homologou sentença estrangeira na pendência de ação no Brasil de anulação de laudo arbitral estrangeiro.[59]

E, em casos posteriores, o STJ manteve a mesma posição, deferindo a homologação de sentença estrangeiras mesmo quando havia ação em curso no Brasil envolvendo as mesmas partes e o mesmo objeto da ação ajuizada no exterior, objeto da homologação.[60] É importante destacar que essa orientação tem sido aplicada inclusive para questões que envolvem guarda de crianças.[61] Diante disso, é possível concluir que, como já mencionado, a inclusão parágrafo único do art. 24 do CPC/2015 não se trata de uma verdadeira inovação, tendo apenas positivado entendimento já consolidado na doutrina e na jurisprudência.

Uma vez esclarecido tal ponto, cumpre ressaltar que, assim como art. 90 do CPC de 1973, o art. 24 do CPC/2015 só poderá ser aplicado na hipótese de a autoridade judiciária brasileira também ter jurisdição para apreciar o caso. Afinal, só é possível se configurar a litispendência quando mais de uma jurisdição tem competência internacional para conhecer de determinada demanda, gerando a possibilidade de processos paralelos idênticos (mesmas partes, pedido e causa de pedir), perante os tribunais de Estados distintos. Dessa forma, caso o judiciário brasileiro não seja competente no plano internacional – por força de cláusula de eleição de foro estrangeiro entre as partes, por exemplo –, não há como se aplicar o art. 24, pois não se deve falar em litispendência

58. STF, *DJ* 29.09.2006, SEC 7209 – Itália, Rel. Min. Ellen Gracie.
59. STJ, *DJ* 11.12.2006, SEC/EX 611, Rel. Min. João Otávio de Noronha.
60. STJ, *DJ* 01.08.2011, AgRg em HSEC 853 – EUA, Rel. Min. Castro Meira. Ementa: "Processual civil. Agravo regimental em homologação de sentença estrangeira contestada. Pedido de suspensão do julgamento deferido. Prejudicialidade externa. Ação na qual se discute a validade da sentença em trâmite em primeiro grau de jurisdição. Impossibilidade de suspensão. 1. A propositura, no Brasil, de ação em que se discute a validade de cláusula arbitral porque inserida, sem destaque, em contrato de adesão, não impede a homologação de sentença arbitral estrangeira que, em procedimento instaurado de acordo com essa cláusula, reputou-a válida". (...); STJ, *DJ* 16.12.2011, SEC 6069 / EX, Rel. Min. Cesar Asfor Rocha. No mesmo sentido, STJ, *DJ* 27.05.2014, SEC 9718/EX, Rel. Min. Maria Thereza de Assis Moura.
61. STJ, *DJ* 06.09.2012, AgRg na SE 4091 / EX, Rel. Min. Ari Pargendler; STJ, *DJ* 27.09.2012, SEC 4127 / EX, Rel. Min. Nancy Andrighi, STJ, DJ 27.09.2012, SEC 4127/EX, Rel. Min. Teori Albino Zavascki. Em sentido inverso, todavia, V. STJ, DJ 09.05.2012, SEC 5635 / DF. Rel. Min. Laurita Vaz.

quando só há uma única jurisdição – qual seja, a estrangeira escolhida – apta a processar e julgar determinada causa.

Por fim, registre-se que, em havendo dispositivos convencionais sobre o tema – como, por exemplo, aqueles contidos no Código Bustamante,[62] Protocolo de Cooperação e Assistência Jurisdicional em Matéria Civil, Comercial, Trabalhista e Administrativa (Las Leñas – 1992)[63] – e em acordos bilaterais, como aquele firmado com a França,[64] esses prevalecerão mesmo na vigência do CPC de 2015, em razão da especificidade das referidas normas.

CONCLUSÃO

Diante do exposto, restou claro que o CPC de 2015 reproduziu em boa parte o diploma anterior no que concerne às regras de fixação de competência internacional. E mesmo algumas das inovações previstas limitaram-se a consolidar entendimentos já sedimentados anteriormente na doutrina e na jurisprudência pátrias. Não obstante, é preciso reconhecer o mérito do legislador, que, ao positivar as referidas regras, pacificou antigas discussões doutrinárias e jurisprudências, tornando possível aos aplicadores e intérpretes aplicá-las com mais segurança. Todavia, a despeito do atraso face ao direito convencional e estrangeiro, há algumas alterações relevantes como o expresso reconhecimento dos efeitos positivos e negativos da eleição de foro.

---

62. Art. 394: "A litispendência, por motivo de pleito em outro Estado contratante, poderá ser alegada em matéria civil quando a sentença, que for dada num deles, tiver de produzir efeitos de coisa julgada no outro." Com base nesse artigo, alguns autores admitem os efeitos da litispendência internacional para ações ajuizadas em países ratificantes do Código (v. Celso Agrícola Barbi, Comentários ao Código de Processo Civil, vol. I, tomo I, p. 300 (2008) e Cândido Rangel Dinamarco, Instituições de Direito Processual Civil, vol. II, § 147, p.357-358 (2009). Não se concorda com o referido entendimento. Em verdade, da redação confusa do referido dispositivo, pode-se apenas concluir que esse permite que a parte possa alegar a litispendência, sem disso extrair qualquer conclusão. A rigor, parece ter deixado a regulamentação da matéria para os Estados nacionais.
63. Ratificado pela Argentina, Paraguai, Uruguai e Brasil, onde foi promulgado pelo Decreto no 2.067/96. Confira-se o disposto em seu art. 22: art. 22 dispõe: "Quando se tratar de uma sentença ou de um laudo arbitral entre as mesmas partes, fundamentado nos mesmos fatos, e que tenha o mesmo objeto de outro processo judicial ou arbitral no Estado requerido, seu reconhecimento e sua executoriedade dependerão de que a decisão não seja incompatível com outro pronunciamento anterior ou simultâneo proferido no Estado requerido. Do mesmo modo não se reconhecerá nem se procederá à execução, quando se houver iniciado um procedimento entre as mesmas partes, fundamentado nos mesmos fatos e sobre o mesmo objeto, perante qualquer autoridade jurisdicional da Parte requerida, anteriormente à apresentação da demanda perante a autoridade jurisdicional que teria pronunciado a decisão da qual haja solicitação de reconhecimento".
64. Acordo de Cooperação em Matéria Civil celebrado entre o Brasil e França, em Paris, em 28 de maio 1996, promulgado pelo Decreto n. 3.598/00, tendo entrado em vigor em 01.10.2000 (art. 27 do Acordo). Seu art. 18(1)(f)(I) dispõe: "1. As decisões proferidas pelos tribunais de um dos dois Estados serão reconhecidas e poderão ser declaradas executórias no território do outro Estado, se reunirem as seguintes condições: [...] f) que um litígio entre as mesmas partes, fundado sobre os mesmos fatos e tendo o mesmo objeto que aquele no território do Estado onde a decisão foi proferida: i) não esteja pendente perante um tribunal do Estado requerido, ao qual se tenha recorrido em primeiro lugar; ou [...]".

CAPÍTULO 3

Ações coletivas e danos transnacionais

Aluisio Gonçalves de Castro Mendes[1]
e Larissa Clare Pochmann da Silva[2]

SUMÁRIO: INTRODUÇÃO. 1. A INSUFICIÊNCIA DAS FRONTEIRAS PARA A DELIMITAÇÃO DA TUTELA DE DIREITOS. 2. OS DANOS TRANSNACIONAIS. 3. A INEXISTÊNCIA OU INSUFICIÊNCIA DOS MODELOS DE DEMANDAS COLETIVAS. 4 A RELEVÂNCIA DE UM MODELO DE DEMANDA COLETIVA TRANSNACIONAL. 5. A PROPOSTA DE UM MODELO DE DEMANDA COLETIVA NO CENÁRIO DE DANOS TRANSNACIONAIS. CONCLUSÃO. REFERÊNCIAS.

INTRODUÇÃO

A realidade contemporânea estampa um cenário propício para danos em massa, que afetam um grande número de indivíduos e que se difundem em proporções inimagináveis, sem respeitar barreiras geográficas ou limites estatais.

---

1. Professor Titular de Direito Processual Civil da Faculdade de Direito da Universidade do Estado do Rio de Janeiro (UERJ) e da Universidade Estácio de Sá (Unesa). Desembargador Federal. Presidente da 5ª Turma do Tribunal Regional Federal da 2ª Região (TRF-2). Coordenador-Geral dos Juizados Especiais Federais da 2ª Região (biênio 2017-2019). Pós-Doutor pela Universidade de Regensburg, Alemanha. Mestre e Doutor em Direito pela Universidade Federal do Paraná (UFPR). Mestre em Direito pela Johann Wolfgang Goethe Universität (Frankfurt am Main, Alemanha). Especialista em Direito Processual Civil pela Universidade de Brasília (UnB). Graduado em Direito pela Universidade do Estado do Rio de Janeiro (UERJ) e em Comunicação Social pela Pontifícia Universidade Católica do Rio de Janeiro (PUC-RJ). Diretor do Instituto Ibero-americano de Direito Processual (IIDP), do Instituto Brasileiro de Direito Processual (IBDP) e do Instituto Carioca de Processo Civil (ICPC). Membro da Associação Brasil-Alemanha de Juristas (Deutsch-Brasilianische Juristenvereinigung – DBJV) e da *International Association of Procedural Law* (IAPL). Membro do Conselho de Relações Internacionais da Revista de Processo (RePro), do Conselho de Redação da Revista de Processo Comparado (RPC), do Conselho Editorial do Centro de Estudos da Justiça Federal (CEJ) e do *Editorial Board* da *Civil Procedure Review*. Editor internacional da Revista Eletrônica de Direito Processual (REDP). Consultor da Coordenação de Aperfeiçoamento de Pessoal de Nível Superior (Capes), do Serviço Alemão de Intercâmbio Acadêmico (*Deutscher Akadekischer Austauschdienst* – DAAD), do Conselho Nacional de Pesquisa (CNPq) e da Fundação *Alexander von Humboldt* (AvH).
2. Professora no curso de graduação e de pós-graduação *lato sensu* da Universidade Candido Mendes (UCAM). Doutora e Mestre em Direito pela Universidade Estácio de Sá (UNESA). Graduada em Direito pela Universidade do Estado do Rio de Janeiro (UERJ). Membro do Instituto Brasileiro de Direito Processual (IBDP), da Associação Brasileira de Direito Processual (ABDPro), do Instituto Carioca de Processo Civil (ICPC) e do Instituto dos Advogados Brasileiros (IAB).

Como consequência, o presente trabalho se propõe a trazer uma reflexão sobre o processo coletivo enquanto instrumento capaz de assegurar que lesões massificadas, não restritas a fronteiras, sejam reparadas com eficácia.

Para isso, através da pesquisa bibliográfica, com uma abordagem qualitativa, inicia abordando como a conceituação clássica de jurisdição, relacionada aos limites estatais, mostra-se insuficiente diante da nova realidade e, em seguida, trata de alguns casos de danos transnacionais, com exemplos de situações já ocorridas nos países membros da União Europeia e nos Estados Unidos.

Após, destaca como muitos países ainda possuem previsões insuficientes ou nem mesmo possuem previsões sobre as ações coletivas e destaca a relevância de se repensar o modelo de processo coletivo diante da nova realidade, para que busque a reparação de danos para além das fronteiras estatais.

1. A INSUFICIÊNCIA DAS FRONTEIRAS PARA A DELIMITAÇÃO DA TUTELA DE DIREITOS

Quando inexistia um Estado forte, a solução de conflitos pelos particulares era marcada pelo uso da própria força, reprimindo-se ilícitos através de um sistema de vingança privada[3]. Foi com a afirmação do Estado Nacional que se desenvolveu a jurisdição enquanto *"instrumento através do qual os órgãos jurisdicionais atuam para pacificar as pessoas conflitantes, eliminando os conflitos e fazendo cumprir o preceito jurídico pertinente a cada caso que lhe é apresentado em busca de uma solução"*[4].

Diversas foram as teorias sobre a função jurisdicional, as quais não consistirão no objeto deste trabalho, mas, ao longo de toda a histórica, a jurisdição permaneceu umbilicalmente ligada à ideia de Estado Nacional[5], soberano, detentor de um território próprio e que deveria apresentar uma unidade e coerência no direito. Em apertada síntese, pode-se afirmar que as concepções da jurisdição, enquanto função estatal típica, são associadas ao modelo de Estado vigente[6]. Para isso, basta lembrar, seguindo os modelos de juiz estabelecidos pelo belga François Ost[7], que, dentro de uma percepção histórica, cada modelo

3. NICETO-ALCALÁ-ZAMORA Y CASTILLO. Proceso, autocomposición y autodefensa. Contribuición al estudio de los fines del proceso. México: Universidad Nacional Autónoma de México, 2000, p. 166.
4. CINTRA, Antônio Carlos de Araújo; GRINOVER, Ada Pellegrini; DINAMARCO, Cândido Rangel. Teoria Geral do Processo. São Paulo: Malheiros. 25.ed. 2009, p. 29.
5. PICARDI, Nicola. A vocação do nosso tempo para a jurisdição. In: PICARDI, Nicola. *Jurisdição e Processo.* (trad. Carlos Alberto Alvaro de Oliveira). Rio de Janeiro: Gen/Forense, 2008, p. 1-32.
6. Sobre as diversas concepções da jurisdição, remete-se a: PINHO, Humberto Dalla Bernardina de. *Direito Processual Civil Contemporâneo.* Vol. 1. São Paulo: Saraiva, 7.ed., 2017, p. 153-162.
7. OST, François. Júpiter, Hércules, Hermes: três modelos de juez. *Revista sobre Enseñanza del Derecho.* Buenos Aires: Faculdade de Direito da Universidade de Buenos Aires, ano 4. Vol.. 8, 2007, p. 101-130.

de Estado era marcado por uma concepção de juiz, que representa não um comportamento pessoal do julgador, mas uma concepção sobre a prestação jurisdicional[8].

O Estado Liberal era marcado por um juiz Júpiter. A marca do Estado Liberal era a legalidade e, como consequência, "*o direito estaria apenas na norma jurídica, cuja validade não dependeria de sua correspondência com justiça*"[9]. Prevaleciam as ideias desenvolvidas por Montesquieu[10], que definiu o juiz como a boca da lei. O juiz Júpiter é o *longa manus* da lei, que zela que a relação processual se desenvolva em estrita observância às disposições legais.

Na passagem do Estado Liberal para o Estado Social, adota-se a concepção de que cabe ao Estado garantir ao indivíduo além de sua vida, de sua propriedade e de sua liberdade, direitos como saúde, educação, lazer, trabalho, moradia, seguridade social, etc. Nesse momento, o juiz era caracterizado como Hércules. Caberia exclusivamente à jurisdição a entrega do direito e a pacificação dos conflitos.

Por sua vez, no Estado Democrático de Direito, tem-se a ideia de um juiz Hermes. O Estado contemporâneo "*não dispensa a conformação de toda a legislação infraconstitucional à Constituição, especialmente aos princípios constitucionais, e sabe que isso apenas pode ser feito com o auxílio da jurisdição*"[11]. Cumpre ao magistrado não apenas o controle de constitucionalidade das leis, como a efetivação dos direitos fundamentais. Esse modelo enfatiza a lealdade e a boa-fé dos sujeitos do processo, fazendo com que a forma não comprometa a finalidade do processo[12], que é a tutela de direitos. Não se desconhece a relevância da técnica para o processo, mas o processo não é apenas forma, que se destina a assegurar os direitos e a realização dos princípios constitucionais que permeiam o processo[13].

Como consequência, para viabilizar a função jurisdicional fora dos limites territoriais, seja para a realização de diligências fora dos limites territoriais, seja para que a decisão proferida em uma jurisdição produza efeitos em outra, há os mecanismos de cooperação internacional, como as cartas rogatórias, a

---

8. LEAL, Rosemiro Pereira. *Teoria Geral do Processo*. Primeiros Estudos. Rio de Janeiro: Gen/Forense, 12.ed., 2014, capítulo 1, livro eletrônico.
9. MARINONI, Luiz Guilherme; ARENHART, Sérgio Cruz; MITIDIERO, Daniel. *Curso de Processo Civil*. Vol. 1. São Paulo: RT, 2016, p. 35.
10. MONTESQUIEU. Do espírito das leis. São Paulo: Abril Cultural, 1973, p. 160.
11. MARINONI, Luiz Guilherme; ARENHART, Sérgio Cruz; MITIDIERO, Daniel. *Op. Cit.*, p. 63.
12. OLIVEIRA, Carlos Alberto Alvaro. *O Formalismo-valorativo no confronto com o Formalismo excessivo*. Disponível em http://www.ufrgs.br/ppgd/doutrina/CAO_O_Formalismo-valorativo_no_confronto_com_o_Formalismo_excessivo_290808.htm. Acesso em 20 nov. 2017.
13. BEDAQUE, José Roberto dos Santos. *Efetividade do processo e técnica processual*. São Paulo: Malheiros, 3.ed.,2009, p. 26.

homologação de sentença estrangeiro e o *exequatur*, bem como o auxílio direto[14]. A título de exemplo, destaca-se, no próprio contexto brasileiro, que o Código de Processo Civil de 2015, uma legislação recente, não trouxe qualquer ênfase aos litígios transfronteiriços, abordando apenas os mecanismos de cooperação internacional nos artigos 26 a 41, que se inserem como centro do sistema para efetivar, para além das fronteiras, as normas fundamentais do Estado brasileiro.

Não se pretende descaracterizar a relevância dos meios de cooperação internacional, mas, na atualidade, intensificou-se uma realidade que estampa a concentração urbana, a globalização, a produção e o consumo em escala de massa, a padronização de contratos, a elaboração desenfreada de normas pelo Estado, acordos e convenções coletivas de trabalho, discussões relacionadas a funcionários, empregados públicos e aposentados, discussões relacionadas à constitucionalidade ou legalidade de tributos incidentes sobre milhares de pessoas jurídicas ou naturais, transportes de massa, investimentos internacionais e meios físicos ou virtuais e meios físicos ou virtuais que difundem informações em proporções até então inimagináveis[15]. Tem-se, portanto, um cenário propício para danos em massa, afetam um grande número de indivíduos[16].

Ademais, devido às inovações tecnológicas e à rápida difusão da informação[17], com intenso fluxo de informações, mercadorias e pessoas, estes danos acabam não mais restritos aos limites da fronteira, difundindo-se em proporções até então inimagináveis[18], com lesões espalhadas por diversos países. Os riscos de infrações transnacionais, que afetem grande número de cidadãos ou empresas, atentam para a necessidade de desenvolver mecanismos processuais para tutelar os danos diante desse cenário.

Nessa perspectiva, mostra-se necessário repensar o direito processual, especialmente a cessação e a reparação de danos de massa, para além das fronteiras dos Estados[19].

---

14. DOLINGER, Jacob; TIBURCIO, Carmen. *Direito Internacional Privado*. Rio de Janeiro: Gen/Forense, 13.ed., 2017, Parte VI, livro eletrônico.
15. MENDES, Aluisio Gonçalves de Castro. Resolução Coletiva de Conflitos. In: MENDES, Aluisio Gonçalves de Castro; WAMBIER, Teresa. *O Processo em Perspectiva*: Jornadas Brasileiras de Direito Processual. São Paulo: RT, 2013, p. 48.
16. NAGAREDA, Richard. *Mass Torts in a World of Settlement*. Chicago: Oxford University, 2007, p. viii.
17. CASTELLS, Manuel. *A Sociedade em Rede*. Rio de Janeiro: Paz e Terra, p. 89-91.
18. MENDES, Aluisio Gonçalves de Castro. Resolução Coletiva de Conflitos. In: MENDES, Aluisio Gonçalves de Castro; WAMBIER, Teresa. *O Processo em Perspectiva*: Jornadas Brasileiras de Direito Processual. São Paulo: RT, 2013, p. 48.
19. TARUFFO, Michele. Notes on the Collective Protection of Rights. Procesos Colectivos: I Conferencia Internacional y XXIII Jornadas Iberoamericanas de Derecho Procesal. Buenos Aires: 6-9 junio 2012, p. 27.

2. OS DANOS TRANSNACIONAIS

Os danos para além das fronteiras estatais podem englobar uma variedade de situações, tanto referente a direitos difusos e coletivos, como a pretensões divisíveis, relacionadas, no Brasil, aos "direitos individuais homogêneos", ou, na feliz expressão de José Carlos Barbosa Moreira[20],"direitos acidentalmente coletivos", e já se revelaram presentes na realidade de diversos países.

Um dano ambiental, um produto defeituoso, uma prática fraudulenta em determinada ação na bolsa de valores, uma empresa com filial em diversos países, que viole os mesmos direitos básicos do trabalhador em todos eles[21] são apenas alguns exemplos que podem se estender para uma dimensão bem além das fronteiras de um país.

Na Europa, são mencionados pelo menos 4 (quatro) casos a ilustrarem a relevância das demandas coletivas transnacionais, versando sobre próteses mamárias; emissão de gases de automóveis, em que muitos consumidores da União Europeia foram lesados pela venda de carros com informações enganosas acerca do nível de emissões; a companhia belga Fortis e a Apple[22], mas, nesse trabalho, o foco estará restrito ao caso da Apple, por ser o mais recente e de maior repercussão.

O caso da Apple teve seu início em março de 2012, quando começou a se aferir se o sítio eletrônico da companhia em cada um dos países membros da União Europeia respeitava as normas consumeristas do bloco[23]. Constatou-se que o site não trazia uma informação explícita sobre a garantia dos produtos no Reino Unido, na Itália, na Espanha, na Bélgica, em Luxemburgo, em Portugal, na França, na Dinamarca, na Alemanha, na Holanda, na Polônia, na Eslovênia, na Grécia e na Romênia, violando as normas europeias sobre o dever de informação dos consumidores. Apesar do dano ter envolvido diversos países, a solução acabou sendo deixada em âmbito interno.

---

20. BARBOSA MOREIRA, José Carlos. Ações coletivas na Constituição Federal de 1988. *Revista de Processo*. São Paulo: RT, v. 61, jan./mar. 1991, p. 188.
21. JR, Thomas Rowe. Debates Over Group Litigation in Comparative Perspective: What Can We Learn From Each Other? *Duke Journal Of Comparative & International Law*. Carolina do Norte: Duke University Law School, 2001, p. 157
22. Sobre os exemplos trazidos: VOET, Stefaan. "Where the wild things are": reflections on the state and future of european collective redress, p. 26. Disponível em: https://papers.ssrn.com/sol3/papers.cfm?abstract_id=2913010. Acesso em 01 dez. 2017.
23. Sobre o caso da Apple: DUROVIC, Mateja. The Apple case today: Factual and legal assessment. *EUI Working Papers*. Disponível em http://cadmus.eui.eu/bitstream/handle/1814/39054/LAW_2016_03_.pdf?sequence=1&isAllowed=y. Acesso em 11 fev. 2018.

Já nos Estados Unidos, teve destaque o caso dos pneus Firestone[24]: a empresa Firestone forneceu pneus para os veículos da montadora Ford, sendo que um dos veículos que era fabricado pela Ford com pneus Firestone, o Ford Explorer, tornou-se um carro com elevado número de vendas em diversos países.

Na década de 90, porém, esse sucesso foi interrompido quando diversos de motoristas do Ford Explorer em países como a Arábia Saudita, a Colômbia, a Venezuela, o Panamá e o Equador acidentaram-se. Após investigações nos diversos países, ficou expressamente constatado que a causa dos acidentes foi o defeito nos pneus Firestone.

Foram ajuizadas demandas individuais e coletiva nos Estados Unidos, tentando beneficiar vítimas de diversas nacionalidades. Porém, os réus apenas propuseram celebrar acordos com vítimas norte-americanas, alegando que cada vítima deveria buscar a reparação em seu país e a demanda não foi certificada com relação às vítimas estrangeiras, apesar de o produto com vício fabricado em um país ter sido exportado para outras nações, causando danos em diversos Estados.

A insuficiência da delimitação dos danos aos territórios nacionais também se revelou latente nos Estados Unidos em *Morrison v. National Australia Bank Ltd*[25], julgado pela Suprema Corte em 2010. Foram extintas duas ações coletivas sobre valores mobiliários, em que investidores norte-americanos discutiam perdas em transações transnacionais, através da aplicação da legislação norte-americana.

Cada país teria que, dentro de suas perspectivas e de seu sistema, buscar a melhor solução para os direitos violados. Ocorre que lesões com questões de fato ou de direito comuns poderiam deixar direitos sem reparação ou, pelo menos, gerar uma ação coletiva em cada território, com o risco de decisões nacionais conflitantes para os afetados pelo mesmo dano em diversas nações, o que expressamente o processo coletivo objetiva afastar[26].

É esse panorama que desafia, sendo necessário se pensar qual seria a postura dos tribunais nacionais perante tal realidade, como atuariam na defesa de seus cidadãos e de não nacionais[27], tendo-se uma demanda que envolve mais de um país.

---

24. O exemplo é descrito em GÓMEZ, Manuel A. Like Migratory Birds: Latin American Claims in U.S. Courts and the Ford- Firestone Rollover Litigation. Southwestern Journal of Law and Trade in America: Los Angeles: *Southwestern Law School*, vol. XI, n. 2, 2005, p. 3.
25. *Morrison v. National Australia Bank*, 561 U.S. 247 (2010)
26. MENDES, Aluisio Gonçalves de Castro. *Ações Coletivas no Direito Comparado e Nacional*. 4.ed. Rio de Janeiro: RT, 2014, p. 35-36.
27. TARUFFO, Michele. *Op. Cit.*, p. 28.

3. A INEXISTÊNCIA OU INSUFICIÊNCIA DOS MODELOS DE DEMANDAS COLETIVAS

Apesar do cenário contemporâneo revelar-se propício à propagação de danos de massa em diversos países e, até mesmo, para além de suas fronteiras, tem-se, paralelamente, uma realidade em que muitos países ainda não possuem uma legislação processual coletiva, seja porque algumas legislações são setoriais ou até mesmo porque não há uma uniformidade nos modelos adotados.

Destaca-se que Cuba, por exemplo, até hoje não há uma referência à tutela coletiva e no Uruguai, o cerne da tutela coletiva encontra-se nos artigos 42 e 220 do Código de Processo Civil[28].

Na Europa, onde emergiram diversas legislações após a Recomendação da Comissão Europeia de 11 de junho de 2013, as previsões foram sobretudo setoriais. Na França, em 2014 teve advento a disposição de ações coletivas para a defesa do consumidor e da concorrência e, em novembro de 2016, teve advento a previsão de demandas coletivas na área de saúde, sem um regramento mais amplo sobre o tema. No Reino Unido, a nova legislação que teve advento no ano de 2015 também se restringiu ao direito do consumidor e da concorrência[29].

Por sua vez, os modelos de demanda coletiva foram implementados pensando em cada Estado, são diversificados quanto ao legitimado coletivo, o escopo da demanda coletiva, o sistema de vinculação adotado e a formação da coisa julgada[30]. Não há uma uniformidade de previsões e nem mesmo um consenso sobre qual modelo seria mais adequado.

Nessa perspectiva, ainda que lesão idêntica tenha sido perpetrada em diversos territórios, pode ocorrer de um dos ordenamentos sequer ter a previsão de ações coletivas, ou a previsão, por ser setorial, pode não haver legislação específica sobre a lesão, ao mesmo tempo que a previsão do outro país afetado pode ter uma previsão que não seria admitida ou até mesmo sequer abrangeria residentes de outro país.

---

28. Sobre o cenário dos países ibero-americanos, remete-se a: MENDES, Aluisio Gonçalves de Castro. Processos coletivos na Ibero-América. In: LUCON, Paulo Henrique dos Santos *et al. Processo em Jornadas*. XI Jornadas Brasileiras de Direito Processual e XXV Jornadas Ibero-Americanas de Direito Processual. Salvador: Juspodivm, 2016, p. 1.013-1.272.
29. VOET, Stefaan. Where the wild things are: reflections on the state and future of european collective redress, p. 25-26. Disponível em: https://papers.ssrn.com/sol3/papers.cfm?abstract_id=2913010. Acesso em 01 dez. 2017.
30. HENSLER, Deborah R. The Globalization of Class Actions: An Overview. In: HENSLER, Deborah R. *The Annals of the American Academy of Political and Social Science* Vol. 622, The Globalization of Class Actions, 2009, p. 7-29

Há, nos modelos atuais, desigualdades e disparidades entre os países, que conduzem a uma situação em que alguns Estados-Membros as pessoas ou entidades afetadas possam fazer valer judicialmente os seus direitos em conjunto, ao passo que na maioria das nações os recursos eram insuficientes ou até mesmo inexistentes.

Como consequência, não se questiona a relevância e o aperfeiçoamento que os mecanismos de cooperação jurídica internacional adquirem diante do crescimento de incidentes judiciais relacionados à circulação internacional de pessoas, capitais e bens e nem mesmo seu inegável progresso diante da possibilidade de cooperação direta e da criação de órgãos centrais, mas apenas que essas disposições devem se combinar com modelos adequados, que sejam capazes de solucionar a problemática das lesões transnacionais.

Ademais, os litígios transnacionais envolvem muito além do que mecanismos de cooperação: é necessário compreender a violação e as legislações envolvidas[31], de forma a evitar, por um lado, a proteção insuficiente, para construir um modelo para além das fronteiras estatais.

4. A RELEVÂNCIA DE UM MODELO DE DEMANDA COLETIVA TRANSNACIONAL

A necessidade de um direito processual transnacional já é reconhecida pela Unidroit, responsável pela unificação do direito internacional privado. Já foram, inclusive, estabelecidos os princípios regentes do direito processual transnacional[32],em que se destaca, especialmente,: 1) a independência e a imparcialidade dos juízes, que se desdobra em: 1.1) os juízes devem ter independência, para decidirem de acordo com os elementos dos autos, livre de influências externas; 1.2) em caso de eleição, os juízes devem ter um mandato razoável; 1.3) os juízes devem ser imparciais; 1.4) deve ser garantido o contraditório e a ampla defesa; 2) a previsão de que a jurisdição será exercida: 2.1) pelo consentimento l; 2.2) no domicílio do réu ou local do bem, independente se móvel ou imóvel; 3) que deve ser assegurada a igualdade entre as partes, não sendo possível exigir, apenas em virtude da qualidade de não residente, custos mais elevados ou cauções; 4) que deve ser respeitada a confidencialidade entre advogado e cliente; 5) a garantia da prestação jurisdicional em um tempo adequado, assegurando-se o contraditório e a ampla defesa; 6) a disponibilização

31. BASSETT, Debra Lyn. U.S. Class Actions Go Global: Transnational Class Actions and Personal Jurisdiction. *Fordham Law Review*. Nova Iorque: Fordham School of Law, vol. 72, n. 1, 2003, p. 44.
32. Disponível em https://www.unidroit.org/instruments/transnational-civil-procedure. Acesso em 14 fev. 2018.

de intérpretes e de tradutores para não residentes; 7) a cooperação das partes para a solução do litígio em um prazo razoável; 8) o tribunal pode conceder tutelas provisórias, mesmo que o não tenha jurisdição sobre a controvérsia, sendo eventuais danos causados pela medida de responsabilidade do requerente; 9) o procedimento não deve ser iniciado de ofício; 10) que deve ser respeitada a imunidade de jurisdição; 11) deve ser incentivada a solução consensual do litígio; 11) um julgamento trasnacional apenas não deve ser efetivado em outro país se contrariar expressamente a previsão do ordenamento jurídico; 12) os tribunais devem prestigiar os mecanismos de cooperação jurídica internacional.

Porém, não é apenas o processo civil individualista que precisa ser refletido no cenário transnacional. A necessidade é ainda mais latente para o processo coletivo, tanto que, recentemente, o Relatório da Comissão Europeia sobre a aplicação da Recomendação de 11 de junho de 2013[33], divulgado em janeiro de 2018, destacou que os Estados-Membros não devem impedir, através de normas nacionais de admissibilidade ou legitimidade, a participação de grupos estrangeiros de requerentes ou de entidades representativas estrangeiras numa única ação coletiva nos seus tribunais.

A proposta de um modelo de demanda coletiva transnacional também fortaleceria os escopos da ação coletiva.

Demandas coletivas transnacionais podem aprimorar o acesso à justiça. O processo coletivo possui relevância para o acesso à justiça ao contribuir para remover ou, pelo menos, amenizar essas barreiras. Revela-se como um procedimento adequado e eficiente[34] para a garantia do acesso à justiça, mesmo quando a demanda individual não for capaz ou não conseguir realizá-lo[35] de forma adequada. Por intermédio de uma única ação coletiva, diversas vítimas não precisam despender tempo e dinheiro para se deslocarem até os fóruns na tentativa de conquistarem a tutela do direito violado, tendo em vista que, após uma longa distância percorrida, não é incomum que se deparem com longas filas de atendimento, portas trancadas, balcões vazios ou diversos outros entraves até conseguirem obter alguma informação de que necessitem. Todas as

---

33. COMISSÃO EUROPEIA. *Relatório da Comissão ao Parlamento Europeu, ao Conselho e ao Comité Económico e Social Europeu sobre a aplicação da Recomendação da Comissão, de 11 de junho de 2013, sobre os princípios comuns que devem reger os mecanismos de tutela coletiva inibitórios e indemnizatórios dos estados-membros aplicáveis às violações de direitos garantidos pelo direito da união (2013/396/UE)*. Bruxelas: 2018, item 2.1.7.
34. HEUREUX, Nicole. Effective consumer access to justice: class actions. *Journal of Consumer Policy*. London: Springer, v. 45, 1992, p. 445.
35. ERVO, Laura. Opt-in is out and opt-out is in: dimensions based on nordic options and the comission`s recommendation. In: HESS, Burkhard; STORSKRUBB, Eva; BERGSTRÖM, Maria. *EU Civil Justice*: current issues and future outlook. New York: Bloomsbury, 2016. p. 191.

supostas vítimas podem ter o seu direito tutelado por uma única ação coletiva, sem necessitarem superar todos os obstáculos descritos.

Embora esse cenário não seja frequente em todos os países, as ações coletivas transnacionais podem contribuir para aprimorar o acesso à justiça ao não se restringirem a danos causados apenas a fronteiras, traçados ou limites geográficos, na medida em que permitem a proteção do direito das vítimas, mesmo que estas não estejam mais no local do dano[36], e protegem os direitos por meio de um único processo, sem a necessidade de multiplicação de demandas individuais em diversos juízos, embora as lesões possam ter sido perpetradas em variadas regiões ou a elas terem se expandido[37].

Ademais, é possível se aprimorar o resultado da economia judicial e processual. O aprimoramento do sistema das ações coletivas pode assegurar uma importante economia processual e judicial[38], reduzindo a carga de trabalho dos tribunais de diversos países com demandas idênticas[39]. A economia revela-se, ainda, de tempo e esforços, empregados em cada uma das demandas individuais e despendidos pelo autor coletivo[40], evitando-se até mesmo a proliferação de demandas idênticas, oriundas de um dano de origem comum, em países vizinhos.

As ações coletivas, ao tratarem, em um único processo, de pretensões que poderiam ser veiculadas por meio de diversas demandas individuais, mostram-se um relevante instrumento para prevenir a ofensa à isonomia e à segurança jurídica. No caso das demandas transnacionais, evita-se que danos de origem comum possam receber soluções distintas – e até mesmo contraditórias.

As ações coletivas contribuem, ainda, para o equilíbrio da relação processual. O causador da lesão está, em tese, mais bem preparado para o embate do que os que buscam amparo no Poder Judiciário, por geralmente dispor de mais recursos materiais e humanos devidamente capacitados para o litígio e já conhecidos nos fóruns, o que desequilibra a relação processual, com o agravante da falta de formação e informação jurídica[41].

---

36. MONESTIER, Tanya J. Transnational class actions and the illusory search for res judicata. *Tulane Law Review*. New Orleans: Tulane Law School, v. 86, n. 1, nov. 2011, p. 1.
37. BASSET, Debra Lyn. *Op. Cit.*, p. 42.
38. ULEN, Thomas S. The economics of class action litigation. In: CASSONE, Alberto; RAMELLO, Giovanni B.; BACKHAUS, Jürgen G. *The Law and Economics of class actions in Europe*: lessons from America. Northampton: EE, 2012, p. 77.
39. GIUSSANI, Andrea. Mass torts e tutela giurisdizionale: modelli di azione giudiziaria collettiva sotto il profilo della efficienza econômica. *Responsabilità civile e previdenza*. Milão: Giuffré, 2002, p. 315-329.
40. CASSONE, Alberto; RAMELLO, Giovanni B. The simple economics of class action: private provision of club and private goals. *IEL Paper in Comparative Analysis of Institutions, Economics and Law*. Torino, 2011. Disponível em: <http://polis.unipmn.it/pubbl/RePEc/uca/ucaiel/iel003.pdf>. Acesso em: 15 dez. 2016.
41. ÁLVAREZ, Sonia Venega. *La class action como solución a la demanda de justicia*. México, UNAM, 2013. p. 883. Disponível em: <http://biblio.juridicas.unam.mx/libros/7/3282/46.pdf>. Acesso em: 28 out. 2014.

O legitimado coletivo terá uma posição mais equilibrada no litígio e a existência de demandas coletivas transnacionais proporcionará esse benefício a vítimas residentes ou não.

Como última e relevante contribuição das ações coletivas, destaca-se a efetivação do direito material. Considerando que, na atualidade, tanto na esfera da vida pública como na vida privada, as lesões de massa expandem-se continuamente, bem como os problemas correlatos multiplicam as lesões sofridas, necessita-se cada vez mais atenção à execução da lei, a fim de coibir a prática de ilícitos[42].

Se poucas pessoas buscam a satisfação do direito, as condenações impostas podem ser insuficientes para coibir o ato ilícito, permitindo a recuperação de perdas financeiras que não seriam atingidas em demandas individuais[43]. Em muitos casos, os valores pagos a título de indenização pelo réu a um autor são considerados irrelevantes[44], inferiores aos gastos do réu com custas processuais e honorários advocatícios, e acabam absorvidos na cadeia produtiva, até mesmo porque nem todos os autores ingressam no Poder Judiciário buscando reparação[45]. Outras vezes, o ato ilícito disseminou-se por um território, sem respeitar as fronteiras, que mesmo a multiplicação de demandas individuais seria insuficiente para repará-lo[46].

O papel das ações coletivas vai além de assegurar a reparação dos danos para todos os lesados, ou, pelo menos um número significativo de vítimas[47]: pretende cessar o dano e alterar a postura nociva à sociedade, podendo atuar na regulação de determinados setores[48]. Permite, ainda, um ganho pela correção na postura das empresas, as quais, ao considerar em seu balanço os

---

42. MENDES, Aluisio Gonçalves de Castro. Resolução coletiva de conflitos. In: MENDES, Aluisio Gonçalves de Castro; WAMBIER, Teresa Arruda Alvim. *O processo em perspectiva*: Jornadas Brasileiras de Direito Processual. São Paulo: RT, 2013, p. 52.
43. HENSLER, Deborah R.; ROWE JR., Thomas D. Beyond "it just ain't worth it": alternative strategies for damage class action reform. *Law and Contemporany Problems*. Durham: Duke University College of Law, v. 64, 2001, p. 137.
44. ALVAREZ, Alejandro Bugallo. Análise Econômica do Direito: contribuições e desmitificações. *Revista Direito, Estado e Sociedade*. Rio de Janeiro: PUC-Rio, v. 9, n. 29, jul./dez. 2006, p. 54.
45. DEFFAINS, Bruno; LANGLAIS, Éric; DORIAT-DUBAN, Myriam. *Economie des actions collectives*. Paris: PUF, 2008, p. 20-21.
46. CASSONE, Alberto; RAMELLO, Giovanni B.; BACKHAUS, Jürgen G. *The Law and Economics of class actions in Europe*: lessons from America. Northampton: EE, 2012, p. 4.
47. SCHERER, Frederic M. Class action in the US experience: an economist perception. *KSG Working Paper*, 2007. Disponível em: ‹http://papers.ssrn.com/sol3/papers.cfm?abstract_id=976544›. Acesso em: 24 jan. 2016. p. 27.
48. GREENAWALT, Andrei. Limiting coercitive speech in class actions. *Yale Law Journal*. New Haven: Yale Law School, v. 114, n. 8, jun. 2005, p. 1981 e HENSLER, Deborah R. *Can private actions enforce economic regulations?*: Do they? Should they? Artigo gentilmente cedido pela autora.

impactos de uma condenação em um processo coletivo, de a obrigação de indenizar essa quantidade de vítimas, serão compelidas a corrigir sua atuação, de forma que respeitar as normas de direito material[49]. Demanda coletivas transnacionais possibilitariam que os danos com a mesma origem não ficassem sem reparação, independente do território em que se encontrem suas vítimas, mesmo diante da inexistência ou da insuficiência de modelos nacionais.

Destaque-se que o desenvolvimento da proposta de demandas coletivas transnacionais não significa a chance de uma nova demanda se já houve uma demanda, individual ou coletiva ajuizada em seu território. A proposta apenas permitira que, se não houvesse a busca da cessação ou da reparação da conduta em um território, os ali residentes não fiquem sem reparação, podendo se beneficiar, através dos mecanismos de cooperação internacional, de demandas coletivas ajuizadas em outros países, em que ocorreu o mesmo dano de origem comum.

5. A PROPOSTA DE UM MODELO DE DEMANDA COLETIVA NO CENÁRIO DE DANOS TRANSNACIONAIS

A interconexão entre os diferentes sistemas; a internacionalização não apenas do direito, como também da profissão jurídica; e a necessidade de oferecer uma solução concatenada e comum às crescentes demandas, especialmente as transnacionais, já levavam a doutrina a refletir sobre a necessidade de uniformização dos modelos[50].

Nesse sentido, procura-se propor um modelo que permita o desenvolvimento de ações coletivas transnacionais. O referido modelo deve ser multiportas, plural, que possa tutelar as vítimas e realizar os escopos da demanda coletiva, sem, porém, que a defesa desse sistema significa que todo e qualquer modelo existente seja adequado. Propõe-se um modelo que permita que a ação coletiva seja um relevante mecanismo para assegurar que não haja lesão ou ameaça de lesão que deixe de ser tutelada.

Para uma demanda transnacional, a legitimidade para as demandas coletivas deve ser a mais ampla, aí abrangendo o setor público, as entidades associativas e dos próprios indivíduos. Evitando barreiras à atuação nas demandas coletivas, o Relatório da Comissão Europeia sobre a aplicação da Recomendação

49. COHEN, Dany. *Droit et économe du procés civil.* Paris: LGDJ, 2010, p. VII.
50. CHASE, Oscar *et al. Civil litigation in comparative context.* St. Paul: Thomson/West, 2007, p. 2.

de 11 de junho de 2013[51] recentemente destacou que as entidades representativas designadas devem poder submeter a questão aos tribunais competentes para apreciar os pedidos também noutros Estados-Membros.

Uma legitimidade plural permitiria que, constatada a lesão ou ameaça de lesão a direito, qualquer legitimado pudesse imediatamente atuar, buscando sua cessação e reparação. Destaca-se que uma legitimidade plural, envolvendo todos os setores da sociedade, não resultará no abuso do direito do litígio, uma preocupação constante nas demandas coletivas[52]. Isso porque é possível realizar o controle da atuação do legitimado, aferindo-se a sua representatividade adequada, a atuação do Ministério Público, quando não for autor, como fiscal da ordem jurídica, a homologação de eventual acordo celebrado, a multa por litigância de má-fé são apenas alguns dos mecanismos que podem evitar o abuso.

Ademais, deve haver uma etapa de certificação, sujeita a recurso, ou uma fase de admissibilidade da demanda como coletiva. A certificação, ou outro procedimento formal de admissibilidade da demanda, permitiria aferir se a demanda ajuizada como coletiva trataria de interesses coletivos em sentido amplo, se haveria questões de direito ou de fato comuns, se haveria um número potencial de pessoas afetadas e até mesmo evitaria a utilização temerária do direito de ação.

A notificação deve dar ciência a todas as vítimas e não deve ficar restrita ao comunicado por escrito. Com a rapidez da difusão das informações e a necessidade de cientificar os não residentes, deve haver anúncios em jornais, revistas ou rádios[53] sobre a propositura da demanda coletiva, bem como o autor coletivo e o objeto da demanda.

Caso seja concedida medida de urgência, sua eficácia fora do território, para beneficiar vítimas não residentes, estará sujeita ao pleito de *exequatur*, mas, as provas de danos para além das fronteiras poderão ser fortalecidas através dos mecanismos de cooperação internacional, inclusive com a atuação cooperativa de legitimados de diversos países afetados pelo dano.

---

51. COMISSÃO EUROPEIA. *Relatório da Comissão ao Parlamento Europeu, ao Conselho e ao Comité Econômico e Social Europeu sobre a aplicação da Recomendação da Comissão, de 11 de junho de 2013, sobre os princípios comuns que devem reger os mecanismos de tutela coletiva inibitórios e indemnizatórios dos estados-membros aplicáveis às violações de direitos garantidos pelo direito da união (2013/396/UE)*. Bruxelas: 2018, item 2.1.7.
52. Sobre o tema: HODGES, Christopher; MONEY-KIRLE, Rebecca. Safeguards in Collective Actions. *The Foundation for Law, Justice and Society*. Disponível em: ‹www.fljs.org›. Acesso em 25 de agosto de 2012.
53. FRANKEL, Richard. The disappearing opt-out right in punitive damages class actions. *Wisconsin Law Review*. Madison: Wisconsin College of Law, v. 563, 2011, p. 54.

O *opt out* combinado com a coisa julgada *secundum eventum probationis*, vinculando, no caso de suficiência probatória, as vítimas que não tiverem ajuizado demandas individuais, possibilitaria que, não havendo demandas nacionais, os danos causados não ficassem sem reparação, sejam ou não falhos os demais mecanismos processuais nacionais.

Já o *opt in*, combinado com a coisa julgada *secundum eventum probationis*, seria aplicável para demandas que envolvam elevados valores na esfera individual, quando ocorre, na prática forense, o ajuizamento de demandas individuais[54]; e a opção pela esfera da tutela coletiva não deve inibir a propositura de nova demanda se for reconhecida a insuficiência probatória. A coisa julgada deverá se formar de acordo e até a prova produzida[55].

A liquidação e o cumprimento do julgado deverão ocorrer preferencialmente de forma coletiva, no país onde foi proposta a demanda cognitiva. Com o cumprimento do julgado, vítimas não residentes no território deverão ser comunicadas, para que, no caso de pretensão divisível, recebam o cumprimento da prestação em sua residência ou em outro endereço informado.

Caso, porém, haja o cumprimento individual do julgamento, as vítimas não residentes necessitarão, na ausência de previsão específica, de homologação da sentença estrangeira para, então, solicitar o seu cumprimento. Ainda que o procedimento possa se desdobrar em um número maior de providências, ao menos o dano não ficará sem reparação.

Destaca-se que esse modelo é proposto como uma reflexão ainda inicial para o aprimoramento das demandas coletivas, permitindo que residentes e não residentes estejam abrangidos e possam se beneficiar do julgamento, de forma que haja a realização ainda mais eficaz de seu papel, aprimorando o acesso à justiça para além das fronteiras estatais, assegurando a economia judicial e processual ao evitar a proliferação de demandas individuais e coletivas em virtude de um dano de origem comum, assegurando o equilíbrio da relação processual mesmo que as vítimas não tenham uma demanda proposta em seu território e garantindo a efetivação do direito material.

---

54. Um membro da classe só se vinculará a uma demanda coletiva se sua pretensão nela estiver retratada e se lhe economicamente for vantajoso. No caso de valores tidos em cada país como elevados no cenário individual, é possível constatar a proliferação de demandas individuais. Sobre o tema: SZALAI, A. Beyond opt-in and opt-out: the law and economics of group litigation. In: HÁRSAGI, V.; VAN RHEE, C. H. *Multi-party redress mechanisms in Europe*: squeaking mice? Cambridge: Intersentia, 2014, p. 76.

55. GRINOVER, Ada Pellegrini *et al. Código Brasileiro de Defesa do Consumidor comentado pelos autores do anteprojeto*. 9. ed. Rio de Janeiro: Forense, 2007, p. 953.

CONCLUSÃO

O cenário contemporâneo é propício para a ocorrência de danos em massa, que afetam um grande número de indivíduos, que podem se difundir espalhando lesões por diversos países. Os riscos de infrações transnacionais, que afetem grande número de cidadãos ou empresas, continuaram a aumentar a dificuldade de regular as situações transnacionais de danos em larga escala. Este cenário, inclusive, já desafiou, através de situações concretas, os países europeus e os Estados Unidos.

Como consequência, é preciso repensar o direito processual para além das fronteiras estatais. Tratando-se do direito processual coletivo, proposta de um modelo de demanda coletiva transnacional também fortaleceria os escopos da ação coletiva, com o aprimoramento do acesso à justiça sem restrição aos limites de cada Estado, a realização de maior economia processual e judicial, a garantia de equilíbrio da relação processual, inclusive com a possibilidade de uma postura cooperativa dos legitimados de diversos países afetados pelo dano e a efetivação do direito material, assegurando-se que, mesmo diante da insuficiência ou inexistência dos modelos nacionais, o dano não fique sem reparação.

Considerando a necessidade de uniformização dos modelos, propõe-se, ainda a título de uma reflexão inicial, que as demandas coletivas transnacionais teriam a sua máxima efetividade através de um sistema plural, com legitimidade ampla, aí abrangendo o setor público, as entidades associativas e dos próprios indivíduos; com uma etapa de certificação, sujeita a recurso, ou uma fase de admissibilidade da demanda como coletiva; notificação por escrito para vítimas residentes no território e através de anúncios em jornais, revistas ou rádios para facilitar a comunicação com os não residentes; um sistema de vinculçao em que prevaleça o *opt out* combinado com a coisa julgada *secundum eventum probationis*, de forma a abordar vítimas não residentes, mas que, a depender dos valores em questão, possa adotar o *opt in*, combinado com a coisa julgada *secundum eventum probationis*, e a liquidação e o cumprimento do julgado deverão ocorrer preferencialmente de forma coletiva, no país onde foi proposta a demanda cognitiva, comunicando-se as vítimas não residentes, para que, no caso de pretensão divisível, recebam o cumprimento da prestação.

A proposta objetiva aprimorar o processo coletivo, permitindo que residentes e não residentes estejam abrangidos e possam se beneficiar do julgamento, realizando de forma mais eficaz o papel das ações coletivas e, sobretudo, assegurando um mecanismo para que não haja lesão ou ameaça de lesão a direito sem um instrumento processual para reparação.

REFERÊNCIAS

ALVAREZ, Alejandro Bugallo. Análise Econômica do Direito: contribuições e desmitificações. *Revista Direito, Estado e Sociedade*. Rio de Janeiro: PUC-Rio, v. 9, n. 29, p. 49-68, jul./dez. 2006.

ÁLVAREZ, Sonia Venega. *La class action como solución a la demanda de justicia*. México, UNAM, 2013. Disponível em: ‹http://biblio.juridicas.unam.mx/libros/7/3282/46.pdf›. Acesso em: 28 out. 2014.

BARBOSA MOREIRA, José Carlos. Ações coletivas na Constituição Federal de 1988. *Revista de Processo*. São Paulo: RT, v. 61, jan.-mar. 1991 p. 187-200.

BASSETT, Debra Lyn. U.S. Class Actions Go Global: Transnational Class Actions and Personal Jurisdiction. *Fordham Law Review*. Nova Iorque: Fordham School of Law, vol. 72, n. 1, 2003, p. 41-91.

BEDAQUE, José Roberto dos Santos. *Efetividade do processo e técnica processual*. São Paulo: Malheiros, 3.ed.,2009.

CASSONE, Alberto; RAMELLO, Giovanni B. The simple economics of class action: private provision of club and private goals. *IEL Paper in Comparative Analysis of Institutions, Economics and Law*. Torino, 2011. Disponível em: ‹http://polis.unipmn.it/pubbl/RePEc/uca/ucaiel/iel003.pdf›. Acesso em: 15 dez. 2016.

______;______.; BACKHAUS, Jürgen G. *The Law and Economics of class actions in Europe*: lessons from America. Northampton: EE, 2012. New Horizons in Law and Economics.

CASTELLS, Manuel. *A Sociedade em Rede*. Rio de Janeiro: Paz e Terra.

CINTRA, Antônio Carlos de Araújo; GRINOVER, Ada Pellegrini; DINAMARCO, Cândido Rangel. Teoria Geral do Processo. São Paulo: Malheiros. 25.ed. 2009.

CHASE, Oscar *et al*. *Civil litigation in comparative context*. St. Paul: Thomson/West, 2007.

COHEN, Dany. *Droit et économie du procés civil*. Paris: LGDJ, 2010.

COMISSÃO EUROPEIA. *Relatório da Comissão ao Parlamento Europeu, ao Conselho e ao Comité Econômico e Social Europeu sobre a aplicação da Recomendação da Comissão, de 11 de junho de 2013, sobre os princípios comuns que devem reger os mecanismos de tutela coletiva inibitórios e indemnizatórios dos estados-membros aplicáveis às violações de direitos garantidos pelo direito da união (2013/396/UE)*. Bruxelas: 2018.

DEFFAINS, Bruno; LANGLAIS, Éric; DORIAT-DUBAN, Myriam. *Economie des actions collectives*. Paris: PUF, 2008.

DOLINGER, Jacob; TIBURCIO, Carmen. *Direito Internacional Privado*. Rio de Janeiro: Gen/Forense, 13.ed., 2017.

DUROVIC, Mateja. The Apple case today: Factual and legal assessment. *EUI Working Papers*. Disponível em http://cadmus.eui.eu/bitstream/handle/1814/39054/LAW_2016_03_.pdf?sequence=1&isAllowed=y. Acesso em 11 fev. 2018.

ERVO, Laura. Opt-in is out and opt-out is in: dimensions based on nordic options and the comission's recommendation. In: HESS, Burkhard; STORSKRUBB, Eva; BERGSTRÖM, Maria. *EU Civil Justice*: current issues and future outlook. New York: Bloomsbury, 2016, p. 185-200.

FRANKEL, Richard. The disappearing opt-out right in punitive damages class actions. *Wisconsin Law Review.* Madison: Wisconsin College of Law, v. 563, 2011, p. 1-58.

GIUSSANI, Andrea. Mass torts e tutela giurisdizionale: modelli di azione giudiziaria collettiva sotto il profilo della efficienza economica. *Responsabilità civile e previdenza.* Milão: Giuffré, 2002.

GÓMEZ, Manuel A. Like Migratory Birds: Latin American Claims in U.S. Courts and the Ford-Firestone Rollover Litigation. Southwestern Journal of Law and Trade in America: Los Angeles: *Southwestern Law School*, vol. XI, n. 2, 2005, p. 281-300.

GREENAWALT, Andrei. Limiting coercitive speech in class actions. *Yale Law Journal.* New Haven: Yale Law School, v. 114, n. 8, p. 1.953-1.988, jun. 2005.

GRINOVER, Ada Pellegrini *et al. Código Brasileiro de Defesa do Consumidor comentado pelos autores do anteprojeto.* 9. ed. Rio de Janeiro: Forense, 2007.

HENSLER, Deborah R. The Globalization of Class Actions: An Overview. In: HENSLER, Deborah R. *The Annals of the American Academy of Political and Social Science* Vol. 622, The Globalization of Class Actions, 2009, p. 7-29.

______; ROWE JR., Thomas D. Beyond "it just ain't worth it": alternative strategies for damage class action reform. *Law and Contemporary problems.* Durham: Duke University College of Law, v. 64, p. 137-161, 2001.

HEUREUX, Nicole. Effective consumer access to justice: class actions. *Journal of Consumer Policy.* London: Springer, v. 45, 1992, p. 445-462.

JR, Thomas Rowe. Debates Over Group Litigation in Comparative Perspective: What Can We Learn From Each Other? *Duke Journal Of Comparative & International Law.* Carolina do Norte: Duke University Law School, 2001, p. 157-163.

HODGES, Christopher; MONEY-KIRLE, Rebecca. Safeguards in Collective Actions. *The Foundation for Law, Justice and Society.* Disponível em: ‹www.fljs.org›. Acesso em 25 de agosto de 2012.

LEAL, Rosemiro Pereira. *Teoria Geral do Processo.* Primeiros Estudos. Rio de Janeiro: Gen/Forense, 12.ed., 2014.

MARINONI, Luiz Guilherme; ARENHART, Sérgio Cruz; MITIDIERO, Daniel. *Curso de Processo Civil.* Vol. 1. São Paulo: RT, 2016.

MENDES, Aluisio Gonçalves de Castro. *Ações Coletivas no Direito Comparado e Nacional.* 4.ed. Rio de Janeiro: RT, 2014.

______. Processos coletivos na Ibero-América. In: LUCON, Paulo Henrique dos Santos *et al. Processo em Jornadas.* XI Jornadas Brasileiras de Direito Processual e XXV Jornadas Ibero-Americanas de Direito Processual. Salvador: Juspodivm, 2016, p. 1.013-1.272.

______. Resolução Coletiva de Conflitos. In: MENDES, Aluisio Gonçalves de Castro; WAMBIER, Teresa. *O Processo em Perspectiva*: Jornadas Brasileiras de Direito Processual. São Paulo: RT, 2013, p. 47-70.

MONESTIER, Tanya J. Transnational class actions and the illusory search for res judicata. *Tulane Law Review*. New Orleans: Tulane Law School, v. 86, n. 1, nov. 2011, p. 1-77.

MONTESQUIEU. Do espírito das leis. São Paulo: Abril Cultural, 1973.

NAGAREDA, Richard. *Mass Torts in a World of Settlement*. Chicago: Oxford University, 2007.

NICETO-ALCALÁ-ZAMORA Y CASTILLO. Proceso, autocomposición y autodefensa. Contribuición al estudio de los fines del proceso. México: Universidad Nacional Autónoma de México, 2000.

OLIVEIRA, Carlos Alberto Alvaro. *O Formalismo-valorativo no confronto com o Formalismo excessivo*. Disponível em http://www.ufrgs.br/ppgd/doutrina/CAO_O_Formalismo-valorativo_no_confronto_com_o_Formalismo_excessivo_290808.htm. Acesso em 20 nov. 2017.

OST, François. Júpiter, Hércules, Hermes: três modelos de juez. *Revista sobre Enseñanza del Derecho*. Buenos Aires: Faculdade de Direito da Universidade de Buenos Aires, ano 4. Vol.. 8, 2007, p. 101-130.

PICARDI, Nicola. *Jurisdição e Processo*. (trad. Carlos Alberto Alvaro de Oliveira). Rio de Janeiro: Gen/Forense, 2008.

PINHO, Humberto Dalla Bernardina de. *Direito Processual Civil Contemporâneo*. Vol. 1. São Paulo: Saraiva, 7.ed., 2017.

SCHERER, Frederic M. Class action in the US experience: an economist perception. *KSG Working Paper*, 2007. Disponível em: ‹http://papers.ssrn.com/sol3/ papers.cfm?abstract_id=976544. Acesso em: 24 jan. 2016.

SZALAI, A. Beyond opt-in and opt-out: the law and economics of group litigation. In: HÁRSAGI, V.; VAN RHEE, C. H. *Multi-party redress mechanisms in Europe*: squeaking mice? Cambridge: Intersentia, 2014. p. 75-91.

TARUFFO, Michele. Notes on the Collective Protection of Rights. Procesos Colectivos: I Conferencia Internacional y XXIII Jornadas Iberoamericanas de Derecho Procesal. Buenos Aires: 6-9 junio 2012, p. 405-422.

ULEN, Thomas S. The economics of class action litigation. In: CASSONE, Alberto; RAMELLO, Giovanni B.; BACKHAUS, Jürgen G. *The Law and Economics of class actions in Europe*: lessons from America. Northampton: EE, 2012. p. 75-98.

VOET, Stefaan. "Where the wild things are": reflections on the state and future of european collective redress, p. 26. Disponível em: https://papers.ssrn.com/sol3/papers.cfm?abstract_id=2913010. Acesso em 01 dez. 2017.

CAPÍTULO 4

Ações coletivas transnacionais na perspectiva do Código de Processo Civil: adequação do sistema processual brasileiro, jurisdição e contribuições implementadas pelo estatuto processual de 2015

Juliano Colombo[1]
e Marco Félix Jobim[2]

SUMÁRIO: 1. INTRODUÇÃO; 2. UBIQUIDADE DO CAOS: DANOS QUE NÃO RESPEITAM FRONTEIRAS; 3. A RELAÇÃO JURÍDICA COLETIVA: CONCEITUANDO AÇÃO COLETIVA TRANSNACIONAIS E DANOS TRANSFRONTEIRIÇOS COLETIVOS; 4. AÇÕES COLETIVAS NO ORDENAMENTO BRASILEIRO: PRINCIPIOLOGIA, MODELO BRASILEIRO DE PROCESSO COLETIVO E A (IM)POSSIBILIDADE DE NORMAS TRANSNACIONAIS PROCESSUAIS; 5. LIMITES DA JURISDIÇÃO NACIONAL, PECULIARIDADES E INOVAÇÕES DO CÓDIGO DE PROCESSO CIVIL DE 2015: ADMISSÃO DE AÇÕES COLETIVAS TRANSNACIONAIS NO ORDENAMENTO BRASILEIRO; 6. HOMOLOGAÇÃO E EXECUÇÃO NA PERSPECTIVA DA AÇÃO TRANSNACIONAL: O ORDENAMENTO, A DOUTRINA E O SUPERIOR TRIBUNAL DE JUSTIÇA; 7. CONSIDERAÇÕES FINAIS; 8. REFERÊNCIAS BIBLIOGRÁFICAS.

1. INTRODUÇÃO

O estudo almeja aprofundar e enfrentar tópicos controvertidos acerca das ações coletivas transnacionais, tomando-se como premissas interpretativas a correta conceituação do tema e os requisitos para a internalização de decisões estrangeiras. A ambientação da matéria é realizada a partir da consideração da

1. Mestrando PUCRS na Área de Concentração: Teoria Geral da Jurisdição e Processo. Professor no curso de graduação das Faculdades Integradas São Judas Tadeu e no Grupo Educacional Verbo Jurídico. Advogado em Porto Alegre (RS).
2. Pós doutor em Direito pela Universidade Federal do Paraná. Mestre e Doutor em Direito. Professor Adjunto da PUCRS, na graduação e pós-graduação *lato* e *stricto sensu*. Coordenador da Especialização em Processo Civil da PUCRS. Advogado.

existência cada vez mais frequente de danos transfronteiriços, próprios de uma *'sociedade de massa'*, globalizada, pós-moderna, exigindo do sistema processual novas respostas para o justo, tempestivo e eficiente enfrentamento destes fatos sociais.

Nesta senda, o ensaio toma por base a relação jurídico coletiva, a partir da conceituação da ação coletiva transnacional e dos danos transfronteiriços, analisando a principiologia do modelo brasileiro de processo coletivo e a necessidade de normas transnacionais processuais. Tendo como arrimo fundamentos da jurisdição internacional, é analisada a temática da competência interna, bem como a admissão das ações coletivas transnacionais no ordenamento brasileiro, a partir das inovações e peculiaridades elevadas pelo Código de Processo Civil de 2015, sendo que, nas palavras de Carmem Tiburcio[3], o CPC/2015 supriu com deficiências da legislação em vigor na parte concernente à jurisdição internacional.

Por derradeiro, o trabalho adentra na homologação e execução da ação transnacional no ordenamento brasileiro com referência à referir algumas poucas doutrina e julgados já realizados sobre o tema.

2. UBIQUIDADE DO CAOS: DANOS QUE NÃO RESPEITAM FRONTEIRAS

Determinados danos não conhecem limitações territoriais, divisões geopolíticas e tampouco soberania de Estados. A ubiquidade do caos provocado por danos de proporções não mensuráveis, já constatados no século passado[4],

3. TIBURCIO, Carmen. Extensão e limites da jurisdição brasileira: competência internacional e imunidade de jurisdição. Salvador: Juspodivm, 2016. págs. 458-459. Refere: "Analisou-se o tratamento da jurisdição com base no CPC de 1973 (em vigor) e no CPC de 2015, sob a ótica da competência concorrente e da competência exclusiva. Constatou-se que o CPC de 2015 supriu algumas deficiências da legislação em vigor, prevendo especificadamente a jurisdição brasileira nos casos do domicilio e residência do alimentando e consumidor. Seguiu, assim, a tendência internacional de proteger as partes mais fracas da relação jurídica, visando a garantir o direito de acesso à justiça desses atores que, diante de sua fragilidade, têm dificuldades de recorrer ao Judiciário estrangeiro competente para garantir os sues direitos".
4. Sobre o adoecimento social vivido no Século XX e sua repercussão, assim retrata Boaventura de Souza Santos: "O século XX ficará na história (ou nas histórias) como um século infeliz. Alimentado e treinado pelo pai e pela mãe, o andrógino século XX, para ser um século-prodígio, revelou-se um jovem frágil, dado às maleitas e aos azares. Aos catorze anos teve uma doença grave que, tal como a tuberculose e a sífilis de então, demorou a curar e deixou para sempre um relógio. E tanto que aos trinta e nove anos teve uma fortíssima recaída que o privou de gozar a pujança própria da meia idade. Apesar de dado por clinicamente curado seis anos depois, tem dito desde então uma saúde precária e muitos temem uma terceira recaída, certamente mortal. Tal histórica clínica tem-nos vindo a convencer – a nós cuja inocência está garantida por não termos escolhido nascer neste século – que, em vez de um século-prodígio, nos couve um século idiota, dependente dos pais, incapaz de montar casa própria e ter um vida autônoma" (SANTOS, Boaventura de Sousa. *Pela mão de Alice: o social e o político na pós-modernidade*. 8. ed. São Paulo: Cortez, 2001, p.75)

inserem na '*sociedade de risco*'[5] uma necessidade de releitura dos instrumentos processuais internacionais, em especial na valorização das ações coletivas transnacionais. Referidas mazelas '*não conhecem os limites de uma geografia geopolítica, que os homes artificialmente instituíram entre as sociedades humanas*'.[6] Pela constante necessidade de capital e em virtude da pluralidade de interesses '*amenaza y crece la realidade del riesgo, que ya no respeta las diferencias y las fronteras sociales y nacionales*'.[7]

A expansão de determinados danos, seus efeitos e consequências de dimensões elevadas, sejam eles ambientais, aos consumidores, à economia, à saúde, à segurança das nações, às comunicações, entre outros, geram um sentimento de impotência, perceptível pela incapacidade das instituições de governo e do sistema jurídico. Impõe-se um pensamento de construção e reconstrução de novas soluções, institutos jurídicos no âmbito da jurisdição internacional e nacional, apropriado a uma sociedade que apagou suas fronteiras.[8] Nesta toada, a sociologia já alerta que '*a impotência que experimentamos não é um sinal de deficiências individuais, mas reflete a incapacidade de nossas instituições. Precisamos reconstruir as que temos, ou criar novas*'.[9]

---

5. BECK, Ulrich. *La sociedad del riesgo: hacia una nueva modernidad*. Trad.: Jorge Navarro, Daniel Jiménez e Maria Rosa Borrás. Barcelona: Paidós, 2001.
6. SOARES, Guido Fernando Silva. *Direito Internacional do Meio Ambiente*. São Paulo: Atlas, 2001, p. 35-36.
7. Neste sentido, ainda expressa o sociólogo alemão Ulrich Beck: "Tras los muros de la indiferencia prolifera el peligro. Naturalmente, esto no significa que a la vista de los crecientes riesgos civilizatorios emerja la gran armonía. Precisamente en el trato con los riesgos resultan muchas diferenciaciones y conflitos sociales neuvos." (BECK, Ulrich. *La sociedad del riesgo: hacia una nueva modernidad*. Trad.: Jorge Navarro, Daniel Jiménez e Maria Rosa Borrás. Barcelona: Paidós, 2001, p. 52).
8. Sobre a paulatina derrubada das fronteiras e os desafios criados ao mundo jurídico, assim assevera Teori Albino Zavascki: "A integração entre povos e Nações, fruto do que se costuma denominar de globalização, ganhou, nas últimas décadas, uma notável velocidade de concretização, assumindo característica de fenômeno praticamente universal, natural e irreversível. O avanço tecnológico na área das comunicações e da informática e a modernização e a propagação dos meios de transporte de longa distância são responsáveis pela paulatina derrubada das fronteiras geográficas, sociais, culturais, econômicas e políticas entre as pessoas e as instituições de diferentes países, dando ensejo a profundas mudanças nas características qualitativas e quantitativas das relações internacionais. A instantaneidade e a facilidade das comunicações, especialmente, fizerem desaparecer, em muitas áreas da atividade humana, a distância e o tempo, conferindo às relações interpessoais e institucionais um caráter atemporal e multinacional. Também o direito foi atingido pelo impacto da globalização. Nem se poderia supor que os atos e negócios jurídicos, lícitos e ilícitos, fenômenos sociais que são, pudessem ficar imunes aos efeitos dela decorrentes. E dentre as inúmeras mudanças que se fizeram necessárias para adaptar as instituições jurídicas ao mundo globalizado, uma das mais estratégicas foi, sem dúvida, a que se verificou no campo da cooperação entre as Nações, visando não somente a atender ao novo perfil das relações internacionais legítimas, como também e especialmente à prevenção e à repressão das ilegítimas." (ZAVASCKI, Teori Albino. Cooperação jurídica internacional e a concessão de exequatur. *Revista de Processo*. vol. 183, p. 9-24, mai/2010, p.5, versão eletrônica).
9. Este é o pensamento do sociólogo britânico Anthony Giddens em sua obra 'Mundo em Descontrole'. (GIDDENS, Anthony. *Mundo em descontrole*. Tradução de Maria Luiz X. de A. Borges, 6ª ed. Rio de Janeiro: Record, 2007, p. 29)

Impõe-se um pensamento que proporcione soluções comuns para cuidar de '*nosso jardim coletivo*', um espaço judiciário comum, próprio de um pensamento complexo.[10] O surgimento de uma sociedade de massa e uma economia global, '*introducen riesgos que tienen el potencial de expandirse hacia grandes grupos, excedendo las fronteras de las jurisdicciones provinciales y nacionales*'.[11] Necessita-se de um processo coletivo que esteja afinado em nível internacional, forçando o reconhecimento de institutos tradicionais com prospecção transnacional. Na falha da humanidade e muitas vezes do próprio Estado, os impactos extrapolam o campo ambiental, envolvendo situações econômicas e sociais. A poluição transfronteiriça, por exemplo, considerando setores como poluição dos mares e oceanos, águas doces compartidas, poluição da atmosfera e regulamentação setorial de atividades de origem industrial que podem, como consequência, extinguir a humanidade.[12] Conforme assevera Juarez Freitas, "*ao que tudo indica, nos próximos milhões de anos, o planeta não será extinto. A humanidade é que corre real perigo*".[13] No campo digital, a própria integração e evolução tecnológica, proporcionam ataques cibernéticos que afetam hospitais, bancos, aeroportos e agências do governo de vários países,[14] entre outros casos decorrentes inclusive de responsabilidade por omissão do Estado na regulamentação e fiscalização de atividade potencialmente nociva.[15] Exige-se,

---

10. Nas palavras do sociólogo francês Edgard Morin: "A dificuldade do pensamento complexo é que ele deve enfrentar o emaranhado (o jogo infinito das inter-retroações), a solidariedade dos fenômenos entre eles, a bruma, a incerteza, a contradição. Mas podemos elaborar algumas das ferramentas conceituais, alguns dos princípios para esta aventura, e podemos entrever o semblante de um novo paradigma de complexidade que deverá emergir" (MORIN, Edgar. *Introdução ao pensamento complexo*. Tradução de Eliane Lisboa, 4ª ed. Porto Alegre: Sulina, 2001, p. 14)
11. LORENZETTI, Ricardo Luis. *Justicia Colectiva*. Santa Fe: Rubinzal-Culzoni, 2010, p.13.
12. Conforme elenco apresentado por Guido Soares. SOARES, Guido Fernando Silva. *Direito Internacional do Meio Ambiente*. São Paulo: Atlas, 2001, p. 215.
13. FREITAS, Juarez. *Sustentabilidade: Direito ao Futuro*. 3. Ed, Belo Horizonte: Forum, 2016, p. 25. Ao referir e exemplificar a crise sistêmica, Juarez Freitas afirma: "Crise do aquecimento global, do ar irrespirável, da desigualdade brutal de renda, da favelização incontida, da tributação regressiva e indireta, da escassez visível de democracia participativa, da carência flagrante de qualidade da educação (inclusive ambiental), das doenças facilmente evitáveis, da falta de paternidade e maternidade conscientes, do stress hídrico global, da regulação inerte, do desaparecimento de espécies, da queimada criminosa, da produção de resíduos que cresce em ritmo superior ao da população e da impressionante imobilidade urbana." (FREITAS, Juarez. *Sustentabilidade: Direito ao Futuro*. 3. Ed, Belo Horizonte: Forum, 2016, p. 27)
14. Sobre o tema ver a reportagem 'Europa é alvo de ataque cibernético' acerca do vírus 'Cryptolocker' disponível em http://g1.globo.com/tecnologia/noticia/ucrania-e-empresas-da-europa-sao-alvo-de-ataque-cibernetico.ghtml, consultado em setembro de 2017, ainda http://epoca.globo.com/tecnologia/experiencias-digitais/noticia/2017/06/tecnologia-por-tras-de-mais-um-mega-ataque-cibernetico-global.html, consultado em setembro de 2017 e http://g1.globo.com/jornal-nacional/noticia/2017/06/novo-ataque-cibernetico-atinge-bancos-aeroportos-e-ate-chernobyl.html consultado em setembro de 2017.
15. Acerca do tema, aprofundando a imunidade de jurisdição e o meio ambiente, Ricardo Perlingeiro Mendes da Silva, ainda cita outros casos hipotéticos importantes ao presente estudo: "Imaginemos três situações que poderão futuramente servir de estudo de caso: (a) Empresa pública brasileira de energia nuclear, com vazamento de radiação em zona fronteiriça, atinge comunidade uruguaia. (b) Navio militar do

portanto, que determinadas decisões judicias, dada a amplitude do tema e a especificidade da causa, sejam responsivas, com análise de impacto, com alta dose de conteúdo pragmático, temperada pela interpretação consequencial, próprio de um *purposivism approach*,[16] capazes de serem aplicadas para além das fronteiras políticas.

Desta feita, andou bem o Código de Processo Civil de 2015 ao prever juntamente com os '*limites da jurisdição nacional*' (arts. 21 a 25) o regramento da '*Cooperação Internacional*' (arts. 26 a 41), capítulo e tema até então inexistente no vetusto código processual de 1973, bem como o reconhecimento de sentença estrangeira, (arts. 960 a 965), embora não refira expressamente a hipótese de danos transfronteiriços.

Com acerto, afirma-se que a harmonização dos direitos nacionais em muito contribui para o correto entendimento do tema e tratamento dos danos transnacionais. Assevera-se, ainda, que no mais das vezes o '*apego à soberania faz com que os Estados criem o seu Direito, em geral desvinculado de práticas jurídicas de outros Estados*'[17], em nada contribuindo para a efetividade da tutela coletiva no enfrentamento dos danos. Diante destes danos que não respeitam fronteiras, o Estado fica compelido a proteger os direitos fundamentais que possam ser violados, sejam originários da atuação de terceiros, como na hipótese de poluição transnacional e ainda na invasão de *hackers* em redes e sistemas mundiais, ou de causas naturais e sociais.[18]

---

governo alemão sofre uma pane e ocasiona derramamento de óleo em águas brasileiras, sendo protagonista de grave dano ecológico. (c) Antenas de telefonia celular instaladas no território argentino, próximo à zona fronteiriça, e que nunca foram fiscalizadas por autoridades administrativas, emitem radiação acima dos limites regulamentares, causando danos à saúde da população brasileira." (SILVA, Ricardo Perlingeiro Mendes da. Aspectos transnacionais da jurisdição de causas ambientais e de interesse da administração pública. *Revista de Direito Ambiental*. São Paulo, n.44, p.133-148, out./dez. 2006, p. 4, versão eletrônica).

16. Sobre o tema do *purposivism* e *textualism* ver FALLON Jr., Richard H. *Three Symmetries between Textualist and Purposivist Theories of Statutory Interpretation – and the Irreducible Roles of Values and Judgment within Both*, 99 Cornell L. Rev. 685 (2014) – disponível em ‹http://scholarship.law.cornell.edu/clr/vol99/iss4/1›. Acesso em setembro de 2017.

17. CRETELLA NETO, José. *Empresa transnacional e direito internacional: exame do tema à luz da globalização*. Rio de Janeiro: Forense, 2006, p. 106.

18. Neste sentido assevera Jorge Reis Novaes: "Considera-se, com isso, que o Estado está obrigado, nomeadamente através da mediação do legislador ordinário, mas também, em caso de omissão deste, através da actuação autónoma do poder judicial e da Administração, a uma actuação normativa, judicial ou fáctica tendente a garantir os bens e as actividades protegidas de direitos fundamentais também contra agressões não estatais, ou seja, contra intervenções de terceiros (particulares e entidades públicas estrangeiras, logo, terceiros na relação primária de direito fundamental que se estabelece entre cidadão e Estado) ou contra contingências naturais ou riscos sociais". (NOVAES, Jorge Reis. *As restrições aos direitos fundamentais não expressamente autorizadas pela Constituição*. 2. ed. Coimbra: Coimbra Ed., 2010. p. 88).

3. A RELAÇÃO JURÍDICA COLETIVA: CONCEITUANDO AÇÃO COLETIVA TRANSNACIONAIS E DANOS TRANSFRONTEIRIÇOS COLETIVOS

O sistema de tutela coletiva, dada a importância e asseguração de direitos proporcionada pela sua correta utilização, deverá prospectar sua efetividade para além dos limites soberanos de determinado Estado. Limites naturais, políticos, sociais, religiosos ou geopolíticos não podem consistir em óbice à efetividade da tutela coletiva e ao sistema de proteção de direitos de uma coletividade, sendo conferido à ação coletiva o poder de agregar ao processo as necessárias efetividade e tempestividade.[19] Nesta perspectiva, o direito processual necessita acompanhar a evolução dos fatos sociais e a diminuição das fronteiras.[20]

A ação coletiva transnacional pode ser definida como uma pretensão coletiva dotada *"de elementos de internacionalidade, seja pelo caráter transfronteiriço do impacto ambiental – territorial –, seja pela situação jurídica das partes envolvidas – se estrangeiras"*.[21] Observe-se, ainda, que muito exemplos do tema estão vinculados ao dano ambiental, isto porque um *"meio ambiente sadio não encontra fronteiras"* e facilmente a proporção dos danos será prospectada para além dos limites nacionais[22]. A dificuldade a ser encontrada no trato da ação coletiva transnacional no enfrentamento dos danos transfronteiriços, passa

---

19. Sobre o tema assim referem Elaine Harzheim Macedo e Marco Félix Jobim: "Trata-se de meio hábil a atender tanto a efetividade processual, em especial no que diz com a força de seus comandos sentencias, como a tempestividade processual, pela concentração em um único processo, em flagrante economia de atos, custos e tempo que seriam demandados caso os titulares dos direitos em jogo fossem obrigados a individualmente buscar a prestação jurisdicional" (MACEDO, Elaine Harzheim; JOBIM, Marco Félix. Ações coletivas x ações individuais: uma questão de efetividade e tempestividade processual conforme a Constituição. *Revista da Ajuris*. Ano. 267, n. 75, set. 2009, Porto Alegre: Ajuris, 2009, p. 84)
20. Antonio Gidi, assim comenta a necessidade de uniformização de normas processuais transnacionais: " Não é preciso comprovar aqui o fato notório de que as transações internacionais estão se multiplicando e que também o direito processual precisa acompanhar a evolução da sociedade. Dizem que o mundo está diminuindo. Fala-se em globalização e em livre circulação de mercadorias. Com um pouco menos freqüência, fala-se também de livre circulação de pessoas e trabalhadores. Em todo caso, as fronteiras físicas entre os países já não têm mais o mesmo significado de quinze ou mesmo dez anos atrás e os litígios de dimensão internacional são cada vez mais corriqueiros nos tribunais das grandes cidades. A necessidade de uma uniformização das normas processuais se faz sentir já há algum tempo, principalmente para o advogado habituado a operar em causas de natureza transnacional." (GIDI, Antonio. Normas transnacionais de processo civil – apresentação. *Revista de Processo*. vol. 102, p. 185-196, Abr/2001, p.2, versão eletrônica).
21. (ZANETI Jr., Hermes; BORGES, Orlindo Francisco; CARDOSO, Juliana Provedel. Ações coletivas transnacionais para tutela de danos ambientais: caso Chevron (STJ, HSE 8.542). *Revista de Direito Ambiental*. vol. 84, p. 187-213, out dez/2016, p.3, versão eletrônica).
22. Assim assevera Ricardo Perlingeiro Mendes da Silva: "Além disso, um meio ambiente sadio não encontra fronteiras. É fácil imaginar um dano ambiental que alcance pessoas situadas no território de outro Estado. Lembrem da contaminação de um rio, atingindo território de outro Estado ou mesmo do desmatamento na Floresta Amazônica, afetando a qualidade do ar em outros cantos do mundo. Nesse contexto, é inevitável associarmos a tutela judicial do meio ambiente ao que denominamos de direito processual público e de direito processual internacional." (SILVA, Ricardo Perlingeiro Mendes da. Aspectos

pela existência de jurisdições distintas, pelo risco de decisões conflitantes, nos modelos de direito material e processual aplicáveis aos Estados e nas deficiências do direito interno de cada país de efetivar a tutela proveniente de um país estrangeiro.[23] Esta preocupação é demonstrada igualmente por Debra Lyn Basset, da Universidade da Califórnia (Southwestern Law School), ao referir e aprofundar o sistema estadunidense, demonstrando-se ser este um questionamento processual igualmente naquele continente, assim referindo: *"But what about the situation in wich the class action is literally global, involving injuries distributed among several countries throughout the world?"* e continua *"Can these class members be brought before a United States court for a 'global' resolution?"*[24]

As ações coletivas transnacionais como *'veículos para a reparação de danos que cruzam as fronteiras internacionais'*,[25] necessitam de um melhor e adequado tratamento jurídico, inclusive no sentido de prevenir a ocorrência de tais danos,[26] especialmente no que tange à correta interpretação das normas inseridas no ordenamento processual de 2015, foco do presente estudo, sendo aplicável à estas o sistema de homologação de sentença estrangeira e *exequatur*, com o tempero dos acordos e convenções internacionais.

---

transnacionais da jurisdição de causas ambientais e de interesse da administração pública. *Revista de Direito Ambiental*. São Paulo, n.44, p.133-148, out./dez. 2006, p. 3, versão eletrônica).

23. Neste sentido afirmam Hermes Zaneti Jr., Orlindo Francisco Borges e Juliana Provedel Cardoso, a saber: "Como observado da análise conceitual acerca dos litígios coletivos transfronteiriços e transnacionais, a ausência de uniformidade acerca dos institutos que caracterizam as demandas coletivas ao redor do mundo e, até mesmo o fato de muitos países (com destaque para os confrontantes com o Brasil) não possuírem um modelo de processo coletivo, torna a temática dos danos ambientais transfronteiriços e transnacionais uma matéria de extrema complexidade, a demandar do aplicador especial atenção para uma série de questões a serem enfrentadas, tais como: (1) a existência de jurisdições distintas, porém, igualmente competentes para o enfrentamento da matéria; (2) o risco de decisões nacionais conflitantes; (3) a distinção entre os vários modelos de direito material e processual aplicáveis à resolução da matéria entre os Estados; (4) a frustração processual da necessidade de tutela, muitas vezes após obtenção de uma condenação válida no direito externo, pelas deficiências do direito interno." (ZANETI Jr., Hermes; BORGES, Orlindo Francisco; CARDOSO, Juliana Provedel. Ações coletivas transnacionais para tutela de danos ambientais: caso Chevron (STJ, HSE 8.542). *Revista de Direito Ambiental*. vol. 84, p. 187-213, out dez/2016, p.5, versão eletrônica).
24. Para a compreensão do problema no processo estadunidense recomenda-se a leitura (BASSET, Debra Lyn. U.S. Class Action Go Global: Transnational Class Actions and Personal Jurisdiction. *Fordham Law Review*. Vol. 72. Issue 1, 2003, p. 41-91. Disponível em: ‹http://fordhamlawreview.org/wp-content/uploads/assets/pdfs/Vol_72/Bassett_October.pdf ›. Acesso em setembro de 2017.
25. (SILVA, Larissa Clare Pochmann da. As ações coletivas transnacionais no cenário brasileiro. *Revista Panóptica*, vol. 7, p. 33-68, n. 1 (23), 2012, p. 36).
26. "Se várias situações de direito substancial, diante de sua natureza, são absolutamente invioláveis, é evidente a necessidade de admitir uma ação de conhecimento preventiva. Do contrário, as normas que proclamam direitos, ou objetivam proteger bens fundamentais, não teriam qualquer significação prática, pois, poderiam ser violadas a qualquer momento, restando somente o ressarcimento do dano" (MARINONI, Luiz Guilherme. *Técnica processual e tutela dos direitos*. 4. ed. revista e atualizada. São Paulo: Revista dos Tribunais, 2013, p. 202)

Não se pode deixar de referir a nova classificação pensada por Edilson Vitorelli ao tratar do tema dos direitos transindividuais, quando os divide em litígios transindividuais de difusão global[27], litígios transindividuais de difusão local[28] e litígios transindividuais de difusão irradiada[29], cada um com abrangência bem delimitada nos conceitos e que servem para futuras reflexões sobre quais danos podem ser considerados transfronteiriços ou não.

4. AÇÕES COLETIVAS NO ORDENAMENTO BRASILEIRO: PRINCIPIOLOGIA, MODELO BRASILEIRO DE PROCESSO COLETIVO E A (IM)POSSIBILIDADE DE NORMAS TRANSNACIONAIS PROCESSUAIS

A análise das ações coletivas no ordenamento nacional, passa pela análise estruturada da existência do interesse público primário, do aspecto subjetivo na determinação da legitimidade, da afirmação da existência de uma situação jurídica coletiva, bem como da extensão da coisa julgada, em aspectos subjetivos e no que toca ao presente trabalho, no aspecto territorial. Nesta linha, a ação coletiva é a demanda *"que dá origem ao processo coletivo, pela qual se afirma a existência de uma situação jurídica coletiva ativa ou passiva"*.[30] O núcleo do

---

27. VITORELLI, Edilson. O devido processo legal coletivo: dos direitos aos litígios coletivos. São Paulo: Revista dos Tribunais, 2016. p. 76-77. Refere: "A primeira categoria de litígios transindividuais é dada pelas situações nas quais a lesão não atinge diretamente os interesses de qualquer pessoa. Um vazamento de óleo, em quantidade relativamente pequena, em uma perfuração profunda no meio do oceano, não atinge diretamente qualquer pessoa. Fora o interesse compartilhado por todo ser humano em relação ao ambiente planetário, ninguém é especialmente prejudicado pelo dano decorrente desse tipo de lesão. Nessa situação, em que a violação a um direito transindividual não atinge, de modo especial, qualquer pessoa, sua titularidade deve ser imputada à sociedade entendida como estrutura. Essa é a categoria que se aproxima das formulações atuais do processo coletivo, que veem a sociedade como um ente supracoletivo, despersonificado, que defende seus interesses pela aplicação do ordenamento jurídico, interpretado por pessoas autorizadas a tanto. Aqui não se trata de proteger o bem jurídico porque sua lesão interessa especificadamente a alguém, mas porque interessa genericamente a todos".
28. VITORELLI, Edilson. O devido processo legal coletivo: dos direitos aos litígios coletivos. São Paulo: Revista dos Tribunais, 2016. p. 80-81. Defende: "A segunda categoria de litígios a ser analisada, e que demanda um conceito diferente de titularidade dos direitos transindividuais, é a das lesões que atingem, de modo específico e grave, comunidades, no sentido que essa expressão tem para Ferdinand Tönnies, ou seja, grupos de reduzidas dimensões e fortes laços de afinidade social, emocional e territorial, traduzidos em um alto grau de consenso interno. É o caso das comunidades indígenas, quilombolas e demais grupos tradicionais minoritários, referidos pela Convenção 169 da Organização Internacional do Trabalho. Esses grupos constituem, na expressão de Elliott e Turner, '*sticky societies*', sociedades com grande consciência de identidade própria e cuja lealdade do membro para com o grupo é essencial".
29. VITORELLI, Edilson. O devido processo legal coletivo: dos direitos aos litígios coletivos. São Paulo: Revista dos Tribunais, 2016. p. 85. Aduz: "A última categoria de direitos transindividuais que se pretende formular é a que se relaciona ao que Rodolfo de Camargo Mancuso denominou megaconflitos. Trata-se daquelas situações em que o litígio decorrente da lesão afeta diretamente os interesses de diversas pessoas ou segmentos socais, mas essas pessoas não compõe uma comunidade, não tem a mesma perspectiva social e não serão atingidas, da mesma forma e com a mesma intensidade, pelo resultado do litígio".
30. DIDIER Jr., Fredie; ZANETI Jr., Hermes. *Curso de direito processual civil: Processo Coletivo*. vol. 4, 7ª ed., Salvador: Juspodivm, 2012, p. 44.

conceito de processo coletivo para Zaneti e Didier está em seu objeto litigioso, na situação jurídica coletiva ativa ou passiva.[31]

Nas palavras de Ricardo Lorenzetti *"la noción de 'acción de classe' adopta como elemento tipificante la circunstancia de que en un solo proceso se deciden, com efecto preclusivo, elementos comunes a una serie de casos individuales que se uncluyen en uma clase"*, elevando ainda a inclusão dos interesses individuais homogêneos e os '*bienes colectivos*'.[32] No pensamento de Antonio Gidi, são três os elementos que caracterizam a ação coletiva, quais sejam, a legitimidade para agir, o objeto do processo e a coisa julgada.[33]

A preocupação com os interesses ou direitos difusos, coletivos ou individuais homogêneos fez surgir no ordenamento nacional, um cabedal de legislações apropriadas para a sua proteção, bem como fortes fundamentos que servem de fundamento para a interpretação dos problemas aqui enfrentados.

Em termos principiológicos, vários são os fundamentos aplicáveis ao processo coletivo. Restrito ao presente trabalho, informando e contribuindo para o reto entendimento acerca das ações transnacionais, eleva-se o princípio do devido processo legal coletivo e duas de suas características contingenciais, a coisa julgada e a competência.

Pode-se afirmar a existência de um princípio do devido processo legal coletivo,[34] integrado pela legitimação para agir, pelo correto tratamento da coisa julgada coletiva, pela caracterização de um interesse coletivo, pela publicidade, bem como pela determinação da competência. O perfil dogmático do processo coletivo no Brasil é definido a partir das características contingenciais que compõem o devido processo legal coletivo, nas palavras de Zaneti e Didier, quais sejam, a legitimação para agir, o regime da coisa julgada coletiva e a caracterização da litigação de interesse público.[35] Em edição mais recente[36], após

---

31. DIDIER Jr., Fredie; ZANETI Jr., Hermes. Conceito de processo jurisdicional coletivo. *Revista de processo*. vol. 229, p. 273-280, mar/2014, p.2, versão eletrônica.
32. LORENZETTI, Ricardo Luis. *Justicia Colectiva*. Santa Fe: Rubinzal-Culzoni, 2010, p.11.
33. Assim expressa Gidi: "Segundo pensamos, ação coletiva é a proposta por um legitimado autônomo (*legitimidade*), em defesa de um direito coletivamente considerado (*objeto*), cuja imutabilidade do comando da sentença atingirá uma comunidade ou coletividade (*coisa julgada*). Aí está, em breves linhas, esboçada a nossa definição de ação coletiva. Consideramos elementos indispensáveis para a caracterização de uma ação como coletiva a legitimidade para agir, o objeto do processo e a coisa julgada" (GIDI, Antonio. *Coisa julgada e litispendência em ações coletivas*. São Paulo: Saraiva, 1995. p. 16)
34. Esta é a perspectiva apresentada por Fredie Didier Jr. e Hermes Zaneti Jr. DIDIER Jr., Fredie; ZANETI Jr., Hermes. *Curso de direito processual civil: Processo Coletivo*. vol. 4, 7ª ed., Salvador: Juspodivm, 2012, em especial p. 112 -119.
35. DIDIER Jr., Fredie; ZANETI Jr., Hermes. Conceito de processo jurisdicional coletivo. *Revista de processo*. vol. 229, p. 273-280, mar/2014, p.3-4, versão eletrônica.
36. DIDIER JR., Fredie; ZANETI JR., Hermes. Curso de direito processual civil: processo coletivo. vol. 4, 11ª ed. Salvador: Juspodivm, 2017. Elencam, inclusive, o rodapé n. 5 da referida página, a obra de Vitorelli como

o mercado editorial ter recebido a versão comercial da tese de doutoramento de Edilson Vitotelli[37], Zaneti e Didier enxergaram as proposições nela realizadas como condição de possibilidade de revisitação de alguns pontos, sendo que, tal mudanças resultam na readaptação do princípio do devido processo legal aos direitos coletivos.

Acerca da competência, o enfrentamento do problema aqui desenvolvido passa pela consideração da competência comum ou concorrente e da "*competência*" exclusiva, em termos de limites da jurisdição nacional, conforme definição dos arts. 21 a 25 do Código de Processo Civil, permeado pelas disposições da cooperação internacional consoante estabelecido pelos arts. 26 a 41, igualmente da lei de ritos de 2015.[38] De outra banda, o correto tratamento da coisa julgada coletiva e seus limites é tema mestre para a análise dos efeitos das ações transnacionais no direito interno.

Neste horizonte, o processo coletivo nacional não poderá ficar estagnado e impermeável aos novos ditames e clamores da sociedade, impondo-se a atenção e adequado tratamento aos danos que ultrapassam fronteiras, cada vez mais frequentes na realidade dos fatos sociais, criando mecanismos e linhas interpretativas para a busca de uma tutela tempestiva, efetiva e adequada, também nesta seara.

Possíveis, necessárias e urgentes a fixação de normas transacionais processuais. A própria aprovação em 2004 de um Código-Modelo de Processos Coletivos para Ibero-América[39], é uma proposta de harmonização das normas processuais em nível internacional.[40] Conforme refere o colombiano Juan Carlos

---

marco de um novo pensar. Mas escrevem os autores: "É preciso pensar em um *devido processo legal coletivo*. É preciso construir um regime diferenciado para o processo coletivo. A doutrina apresentou grande contribuição para esta reconstrução a partir do direito processual norte-americano".

37. VITORELLI, Edilson. O devido processo legal coletivo: dos direitos aos litígios coletivos. São Paulo: Revista dos Tribunais, 2016.

38. TESHEINER, José Maria. Cooperação judicial internacional no novo código de processo civil. *Revista de processo*. vol. 234, p. 331-344, ago/2014.

39. Conforme refere Aluisio Gonçalves de Castro Mendes: "No âmbito dos países ibero-americanos, surge no ano de 2004, um novo e verdadeiro marco para o direito processual coletivo, que é o Código Modelo de Processos Coletivos do Instituto Ibero-americano de Direito Processual. Constituído com base na legislação brasileira, mas com várias modificações e inovações, o novel Código-Tipo, que começou a ser elaborado em 2002 e foi aprovado nas Jornadas de Caracas, na Venezuela, no ano de 2004, passou a ser uma importante fonte de inspiração para os países latino-americanos." (MENDES, Aluisio Gonçalves de Castro. Balanço sobre o Código Modelo de Processos Coletivos para a Ibero-América. *Revista Iberoamericana de Derecho Procesal*. São Paulo, vol. 5, p. 217-231, jan-jun/2017, p. 3, versão eletrônica)

40. "A necessidade de uma uniformização das normas processuais se faz sentir já há algum tempo, principalmente para o advogado habituado a operar em causas de natureza transnacional. Essa necessidade é acentuada pelo fato de que, até o momento, as tentativas de harmonização do direito têm-se limitado quase exclusivamente a matérias de conteúdo substancial. As poucas convenções internacionais na área do direito processual limitam-se a estimular a assistência jurídica entre os países, principalmente no que se refere a citação e a tomada de provas em outro país e ao reconhecimento e execução de

Guayacan Ortiz referido Código-Modelo "*es un punto de referencia axial, no sólo para los países que aún no regulan de manera sistémica este tipo de procesos, sino incluso para aquellos que ya tienen dicha regulación*".[41] O desejo de transformar o modelo processual coletivo mais "*harmônico e menos dissonante*"[42] nos países ibero-americanos, engrandece a posição das ações coletivas transacionais.

Respeitada a soberania dos Estados, é premente o regramento da livre circulação das decisões judiciais no enfrentamento de danos que ultrapassam fronteiras. Tal pensamento já é constatado em harmonia com o que vem sendo desenvolvido em nível internacional em alguns blocos econômicos. No âmbito da Comunidade Europeia, a justiça transfronteiriça tornou-se realidade a partir do Regulamento 44,[43] denominado Bruxelas I, sendo o primeiro instrumento normativo adotado, conforme esclarece a portuguesa Joana Covelo de Abreu, no "*sentido de fomentar a cooperação judiciária em matéria civil na União Europeia*",[44]

---

sentenças estrangeiras." (GIDI, Antonio. Apresentação ao Projeto as Normas Transnacionais de Processo Civil. Derecho Derecho PUCP; Núm. 52 (1999); 593-606) disponível em http://revistas.pucp.edu.pe/index.php/derechopucp/article/view/6423/6479) – acesso setembro de 2017.

41. (ORTIZ, Juan Carlos Guayacan. Desafios del Proceso Colectivo y conversión de las acciones individuales em colectivas en Iberoamerica. *Revista Iberoamericana de Derecho Procesal*. São Paulo, vol. 4, p. 151-178, jul-dez/2016, p. 20, versão eletrônica).

42. Grinover, Watanabe e Mullenix assim referem: "O resultado dessa postura é que pe possível que no futuro o sistema processual ibero-americano de processos coletivos se torne mais harmônico e menos dissonante. Não se trata, evidentemente, de buscar a uniformização, mas somente uma possível harmonização, livre restando cada Estado para adequar o modelo do Código à realidade nacional que lhe é própria. Essa harmonização parece configurar uma tendência, que poderá se concretizar a longo prazo". (GRINOVER, Ada Pellegrini; WATANEBE, Kazuo; MULLENIX, Linda. Os processos coletivos nos países de Civil Law e de Common Law. 2. ed. São Paulo: Ed. RT, 2014. p.245)

43. Sobre o tema, assim refere Jânia Maria Lopes Saldanha e Ramon Lisboa: "Igualmente, a cooperação interjurisdicional para cumprimento de sentença estrangeira em matéria civil e comercial ganhou novos contornos no projeto integracionista europeu, pois, após a lenta uniformização do DIPr iniciado pela Convenção de Bruxelas de 1968, em 2001 houve a comunitarização dessa matéria, através do Regulamento 44 (Bruxelas I). Bruxelas I promove uma simplificação e unificação das regras relativas à jurisdição delibatória a ser exercida para cumprimento de sentença estrangeira no espaço europeu, destacando-se a supressão de qualquer procedimento específico destinado a tal mister. Portanto, para que seja expedido o *exequatur*, basta o requerimento da parte interessada e a juntada dos documentos indispensáveis que lista o Regulamento 44, não é necessário nenhum procedimento ou recurso específico que acaso exista no direito interno do país requerido. A liberdade plena para circulação de sentenças no espaço de justiça europeu veio a ocorrer com o Regulamento 805 de 2004 que instituiu o título executivo europeu, para decisões judiciais que versem sobre créditos não impugnados." (SALDANHA, Jânia Maria Lopes; LISBOA, Ramon. Justiça transfronteiriça: uma análise comparativa das estruturas judicias e mecanismos de cooperação jurisdicional em matéria civil e comercial entre Mercosul e União Européia. *Revista de Processo*. São Paulo, vol. 152, p. 45-163, out / 2017, p. 9, versão eletrônica).

44. ABREU, Joana Covelo de. A tutela jurisdicional efetiva no âmbito da cooperação judiciária em matéria civil e a jurisprudência do Tribunal de Justiça da União Europeia: a cláusula de ordem pública e a revelia absoluta como causas de recusa de reconhecimento e de execução de decisões no contexto da União. UNIO EU LAW JORNAL. Universidade do Minho. Portugal. 2014. p. 148-162. p. 149. Disponível em http://www.unio.cedu.direito.uminho.pt/Uploads/UNIO%20PT/UNIO%200%20-%20Joana%20Abreu_pt.pdf – acesso em setembro de 2017.

sendo posteriormente revogado pelo Regulamento 1215/2012.[45] Observe-se que este Regulamento de 2012 do Parlamento Europeu e do Conselho[46], ao tratar do reconhecimento das decisões proferidas por um Estado-Membro, estabelece expressamente em seu artigo 36 que "*as decisões proferidas num Estado-Membro são reconhecidas nos outros Estados-Membros sem quaisquer formalidades*".[47] Tal disposição é próprio de uma comunidade "*marcada pelas liberdades fundamentais de circulação e pela existência de um mercado interno*", com o reconhecimento de que as "*decisões judiciais proferidas num Estado-membro sejam automaticamente reconhecidas e executadas, sem necessidade de recorrer a qualquer procedimento, exceto em caso de impugnação por parte do demandado. Implica ainda que este procedimento seja rápido e eficaz*"[48]. Em complementação, ao tratar da execução, o art. 39 da mesma Resolução assevera que "*uma decisão proferida num Estado-Membro que aí tenha força executória pode ser executada noutro Estado-Membro sem que seja necessária qualquer declaração de executoriedade*".[49]

Embora o mesmo regulamento traga a previsão de recusa de reconhecimento e execução por um Estado-Membro,[50] é de clareza solar a pertinência

45. Regulamento (UE) n. ° 1215/2012 do Parlamento Europeu e do Conselho, de 12 de dezembro de 2012 , relativo à competência judiciária, ao reconhecimento e à execução de decisões em matéria civil e comercial. Disponível em http://eur-lex.europa.eu/legal-content/PT/TXT/?uri=celex:32012R1215, acesso em setembro de 2017.
46. Tratando do histórico dos Regulamentos, a portuguesa Mariana França Gouveia assim resume: "O Regulamento de Bruxelas é um Regulamento da União Europeia que dispõe sobre a matéria da competência judiciária e do reconhecimento e execução de decisões entre os Estados-Membros. Estas matérias foram, inicialmente, reguladas pela Convenção de Bruxelas de 1968, que foi depois revogada e substituída pelo Regulamento (CE) 44/2001 do Conselho, de 22 de dezembro de 2000. Este foi, por sua vez, substituído pelo Regulamento (UE) 1215/2012 do Parlamento Europeu e do Conselho, de 12 de dezembro de 2012, que entrou em vigor em janeiro de 2015. A denominação usual de todos estes instrumentos – embora de fonte diferente – é Regulamento Bruxelas I" (GOUVEIA, Mariana França. Providências cautelares sem contraditório decretadas por tribunal arbitral. *Revista de Arbitragem e Mediação*. São Paulo, vol. 54, p. 263-334, jul-set / 2017, p. 39, versão eletrônica).
47. Disponível em http://eur-lex.europa.eu/legal-content/PT/TXT/?uri=celex:32012R1215, acesso em setembro de 2017.
48. ABREU, Joana Covelo de. A tutela jurisdicional efetiva no âmbito da cooperação judiciária em matéria civil e a jurisprudência do Tribunal de Justiça da União Europeia: a cláusula de ordem pública e a revelia absoluta como causas de recusa de reconhecimento e de execução de decisões no contexto da União. UNIO EU LAW JORNAL. Universidade do Minho. Portugal. 2014. p. 148-162. p. 149. Disponível em http://www.unio.cedu.direito.uminho.pt/Uploads/UNIO%20PT/UNIO%200%20-%20Joana%20Abreu_pt.pdf – acesso em setembro de 2017.
49. Disponível em http://eur-lex.europa.eu/legal-content/PT/TXT/?uri=celex:32012R1215, acesso em setembro de 2017.
50. A recusa de reconhecimento e de execução é tratada nos arts. 45 e 46 do Regulamento 1215/2012, assim sendo estabelecido, respectivamente: " Artigo 45º. 1. A pedido de qualquer interessado, o reconhecimento de uma decisão é recusado se: a) Esse reconhecimento for manifestamente contrário à ordem pública do Estado-Membro requerido; b) Caso a decisão tenha sido proferida à revelia, o documento que iniciou a instância – ou documento equivalente – não tiver sido citado ou notificado ao requerido revele, em

da adoção de normas transnacionais processuais, com um *"estreitamento da observância desta confiança recíproca através da total abolição do exequatur"*.[51] Insta acrescentar que as exigências previstas no Regulamento 1215/2012 da Comunidade Europeia em muito se assemelham aos requisitos estabelecidos no Regimento Interno do Superior Tribunal de Justiça no que tange à homologação de sentença estrangeira, entre eles, defesa da ordem pública, contraditório e soberania. Em nível nacional, a Emenda Regimental nº 18/2014 do Superior Tribunal de Justiça, revogou a Resolução 9/2005 do mesmo tribunal[52], alterando o seu Regimento Interno e dispondo nos arts. 216-D e 216-F sobre os requisitos para a homologação das sentenças estrangeiras.[53] Também expressivo citar os arts. 15 e 17 da Lei de Introdução às normas do Direito Brasileiro, conforme a redação dada pela Lei 12.376/2010, estabelecendo como

---

tempo útil e de modo a permitir-lhe deduzir a sua defesa, a menos que o requerido não tenha interposto recurso contra a decisão tendo embora a possibilidade de o fazer; c) A decisão for inconciliável com uma decisão proferida no Estado-Membro requerido entre as mesmas partes; d) A decisão for inconciliável com uma decisão anteriormente proferida noutro Estado-Membro ou num Estado terceiro entre as mesmas partes, em ação com a mesma causa de pedir, desde que a decisão proferida anteriormente reúna as condições necessárias para ser reconhecida no Estado-Membro requerido; e) A decisão desrespeitar: i) o disposto no Capítulo II, Secções 3, 4 ou 5, caso o requerido seja o tomador do seguro, o segurado, um beneficiário do contrato de seguro, o lesado, um consumidor ou um trabalhador, ou ii) o disposto no Capítulo II, Secção 6. 2. Na sua apreciação dos critérios de competência referidos no nº 1, alínea e), o tribunal a quem foi apresentado o pedido fica vinculado à matéria de facto em que o tribunal de origem fundamentou a sua competência. 3. Sem prejuízo do disposto no nº 1, alínea e), não pode proceder-se à revisão da competência do tribunal de origem. O critério da ordem pública referido no nº 1, alínea a), não pode ser aplicado às regras de competência. 4. O pedido de recusa de reconhecimento deve ser apresentado nos termos da Subsecção 2, e, se for caso disso, da Secção 4. /// Artigo 46º A pedido da pessoa contra a qual é requerida a execução, a execução de uma decisão é recusada por qualquer dos fundamentos referidos no artigo 45º"

51. ABREU, Joana Covelo de. A tutela jurisdicional efetiva no âmbito da cooperação judiciária em matéria civil e a jurisprudência do Tribunal de Justiça da União Europeia: a cláusula de ordem pública e a revelia absoluta como causas de recusa de reconhecimento e de execução de decisões no contexto da União. UNIO EU LAW JORNAL. Universidade do Minho. Portugal. 2014. p. 148-162. p. 150. Disponível em http://www.unio.cedu.direito.uminho.pt/Uploads/UNIO%20PT/UNIO%200%20-%20Joana%20Abreu_pt.pdf - acesso em setembro de 2017.

52. Neste sentido comenta Bernard Potsch: "Durante quase 10 anos, a Resolução n. 9, de 2005, regulou a homologação de sentença estrangeira e a concessão de exequatur à carta rogatória após a Emenda Constitucional n. 45 atribuir esta competência ao Superior Tribunal de Justiça, encerrando 110 anos de competência do Supremo Tribunal Federal sobre a matéria. Nesse período, amparou a construção de uma jurisprudência, no geral, favorável à cooperação jurídica internacional. Contudo, conforme previsto em seu Art. 1º, seus termos vigorariam "até que o Plenário da Corte aprove disposições regimentais próprias". Este assim o fez através da Emenda Regimental n. 18, de 17.12.2014, que inseriu as classes processuais de Sentença Estrangeira e Carta Rogatória no Regimento Interno do STJ." (POTSCH, Bernard. Notas e comparativo entre a resolução 9 e a emenda regimental 18 do STJ. *Revista de Arbitragem e Mediação*. São Paulo, vol. 44, p. 41-45, jan-mar / 2015, p. 1, versão eletrônica)

53. Art. 216-D. A sentença estrangeira deverá: I - ter sido proferida por autoridade competente; II - conter elementos que comprovem terem sido as partes regularmente citadas ou ter sido legalmente verificada a revelia; III - ter transitado em julgado (...) Art. 216-F Não será homologada a sentença estrangeira que ofender a soberania nacional, a dignidade da pessoa humana e/ou a ordem pública.

premissas para a internalização e execução de uma sentença estrangeira a soberania nacional, o respeito à ordem pública e os bons costumes, bem como a competência, o contraditório oportunizado pela citação, entre outros. Da mesma forma, o art. 963 do Código de Processo Civil de 2015, compila os requisitos exigidos nos demais diplomas.[54]

Afinados estão o Regulamento 1215/2012 da Comunidade Europeia, bem como os diplomas normativos nacionais, conduzindo ao mesmo endereço comum e tendo confluência em seus requisitos. No Mercosul[55], de igual forma, é necessário o encontro de uma *'dose'* correta entre a soberania do direito interno e a regulação do processo que enfrenta danos que extrapolam as fronteiras. Fatores econômicos, crises sociais e políticas vividas na América Latina, muitas vezes geram um arrefecimento do mercado comum do sul em todos os seus níveis, inclusive no debate acerca do estabelecimento de normas processuais transnacionais. Entrentanto, o Protocolo de *Las Peñas*, bem como a sua internalização pelo Decreto 2.067/1996 e posteriormente o Decreto 6.891/2009, adiante analisados, introduzem inúmeras vantagens aos países do bloco e ao sistema das ações coletivas transnacionais. Certo é que, na medida de ausência da confiança recíproca entres os países latinos, afasta-se o modelo transnacional.[56]

---

54. "Art. 963. Constituem requisitos indispensáveis à homologação da decisão: I – ser proferida por autoridade competente; II – ser precedida de citação regular, ainda que verificada a revelia; III – ser eficaz no país em que foi proferida; IV – não ofender a coisa julgada brasileira; V – estar acompanhada de tradução oficial, salvo disposição que a dispense prevista em tratado; VI – não conter manifesta ofensa à ordem pública."

55. Jânia Maria Lopes Saldanha e Ramon Lisboa criticam a falta de harmonização no âmbito do Mercosul: "A Justiça Transfronteiriça apresenta-se no painel mercosulino tão carente quanto a estrutura institucional desse bloco, e de certo modo, sofrendo as injunções das legislações nacionais cuja harmonização ainda está distante de ocorrer. Contudo, ante a (quase) falência dos seus Estados partes, que lutaram durante a década de 90 com crises econômicas gravíssimas, de largo comprometimento no plano internacional, o Mercosul sustenta-se aguerridamente, não poderia ser diferente com a Justiça Transfronteiriça nesse espaço latino". (SALDANHA, Jânia Maria Lopes; LISBOA, Ramon. Justiça transfronteiriça: uma análise comparativa das estruturas judicias e mecanismos de cooperação jurisdicional em matéria civil e comercial entre Mercosul e União Européia. *Revista de Processo*. São Paulo, vol. 152, p. 45-163, out / 2017, p. 11, versão eletrônica).

56. Conforme afirma Joana Covelo de Abreu ao fixar os fundamentos desenvolvidos na Comunidade Europeia: "O princípio do reconhecimento mútuo ganha particular importância nesta matéria pois permite uma harmonização de lacunas e uma aproximação das legislações nacionais dos diversos Estados-Membros, quando estes ainda não se encontram em situação de, a seu mote, o fazerem autonomamente. Por seu lado, a confiança recíproca é um princípio que aparece intrinsecamente relacionado com o reconhecimento mútuo". ABREU, Joana Covelo de. A tutela jurisdicional efetiva no âmbito da cooperação judiciária em matéria civil e a jurisprudência do Tribunal de Justiça da União Europeia: a cláusula de ordem pública e a revelia absoluta como causas de recusa de reconhecimento e de execução de decisões no contexto da União. UNIO EU LAW JORNAL. Universidade do Minho. Portugal 2014. p. 148-162. p. 150. Disponível em http://www.unio.cedu.direito.uminho.pt/Uploads/UNIO%20PT/UNIO%200%20-%20Joana%20Abreu_pt.pdf – acesso em setembro de 2017.

5. LIMITES DA JURISDIÇÃO NACIONAL, PECULIARIDADES E INOVAÇÕES DO CÓDIGO DE PROCESSO CIVIL DE 2015: ADMISSÃO DE AÇÕES COLETIVAS TRANSNACIONAIS NO ORDENAMENTO BRASILEIRO

O Código de Processo Civil de 2015 estabeleceu em seus arts. 21 a 25, os limites da jurisdição nacional, internalizando o então sistema de competência exclusiva e comum/concorrente já regulado no Código de 1973, com algumas peculiaridades.[57] Com acerto, a lei processual de 2015 denominou os limites da *'jurisdição'* no lugar de *'competência'* internacional, tendo um maior rigor técnico na diferenciação dos institutos.[58] Inovou, ainda, ao estabelecer mecanismos de cooperação internacional, representando um profundo avanço para a efetivação de decisões internacionais. Na mesma toada, a previsão de homologação de decisão estrangeira, bem como os critérios para a concessão do *exequatur* restou regulada do art. 960 ao 965 do Código de Processo Civil.

A admissão de ações coletivas transnacionais[59] no ordenamento processual brasileiro, partindo de demandas originárias de países do exterior, certamente ganha espaço com o advento das normas processuais anteriormente citadas, não havendo diferenciação entre requisitos para homologação de

---

57. Neste sentido aprofunda Hill, Paumgartten e Siqueira: "No que concerne à competência internacional, a legislação processual civil avançou significativamente em dois pontos: ampliou a competência internacional concorrente da justiça brasileira para o julgamento de demandas envolvendo créditos alimentares e nas relações de consumo". (HILL, Flávia Pereira; PAUMGARTTEN, Michele Pedrosa; SIQUEIRA, Tatiana Paula Cruz de. Daniel. Os limites da jurisdição nacional no código de processo civil e a densificação do acesso à justiça. *Revista de Processo*. vol. 262, p. 23-59, dez/2016, p.2, versão eletrônica).

58. Neste sentido Wambier e outros: "Observe-se de antemão que o NCPC, aderido de maior apuro técnico, optou pela expressão 'jurisdição' em vez da expressão 'competência' para designar a atribuição de poder jurisdicional à autoridade brasileira em caráter exclusivo ou concorrente" (WAMBIER, Teresa Arruda Alvim; CONCEIÇÃO, Maria Lúcia Lins; RIBEIRO, Leonardo Ferres da Silva; MELLO, Rogerio Licastro Torres. *Primeiros Comentários ao Novo Código de Processo Civil: artigo por artigo*. São Paulo: Revista dos Tribunais, 2015, p. 87). Na mesma linha segue o ensinamento de Marinoni, Arenhart e Mitidiero: "Daí a dupla impropriedade: nem de competência (porque aí o objeto da disciplina eram os limites da jurisdição), nem internacional (porque aí o plano de referência estava nos limites revelados pela dicotomia nacional - estrangeira e não no plano supranacional). O Novo Código corrigiu o equívoco, embora continue aludindo mais à frente à competência interna, quando o correto seria simplesmente aludir à competência" (MARINONI, Luiz Guilherme; ARENHART, Sérgio Cruz; MITIDIERO, Daniel. *Novo curso de processo civil: tutela dos direitos mediante procedimento comum*. vol. 2. São Paulo: Revista dos Tribunais, 2015, p. 54). Acerca dos princípios aplicáveis, ver (MESQUITA, José Ignácio Botelho de. Da competência internacional e dos princípios que a informam. *Revista de Processo*. São Paulo, n.50, p.51-71, abr/jun. 1988.)

59. Conforme refere Ricardo Perlingeiro Mendes da Silva: "A expressão 'transnacional' não deve ser confundida com 'internacional'. O dano, litígio ou causa transnacional são aqueles que podem estar simultaneamente sujeitos a mais de uma ordem jurídica nacional, dependendo de solução a ser apontada pelo direito internacional privado de cada Estado, também responsável pela indicação do tribunal, nacional ou estrangeiro que será competente para exercer a jurisdição correspondente". (SILVA, Ricardo Perlingeiro Mendes da. Aspectos transnacionais da jurisdição de causas ambientais e de interesse da administração pública. *Revista de Direito Ambiental*. São Paulo, n.44, p.133-148, out./dez. 2006, p. 5, versão eletrônica).

sentença estrangeira de uma ação individual e de uma ação coletiva. O art. 23 do Código de Processo Civil determina as hipóteses de jurisdição exclusiva da autoridade judiciária brasileira com exceção de qualquer outra, sendo que ações relativas a imóveis situados no Brasil, bem como na sucessão hereditária acerca dos bens situados no Brasil e ainda na partilha de bens aqui localizados, decorrentes de divórcio, separação e dissolução de união estável, estão neste rol. Interessa referir que *"a regra geral em matéria de competência internacional é a concorrência de foros, de modo que as hipóteses de competência internacional exclusiva são a exceção"*.[60] Neste modelo de exclusividade, não haverá possibilidade de homologação de sentença estrangeira e tampouco *exequatur*, conforme estabelece o art. 964 do Código de Processo Civil, dado que nestes casos a *"soberania nacional só admite a decisão tomada pela jurisdição nacional"*.[61]

Assim, nas referidas causas de jurisdição nacional exclusiva, não haverá o procedimento de homologação de sentença estrangeira e, por isso, possibilidade de ações coletivas transnacionais aqui surtirem seus efeitos. Ocorre que, pensando em danos que ultrapassam fronteiras, dificilmente uma ação coletiva transnacional trataria das situações de competência exclusiva da autoridade brasileira, tais como imóveis e sucessão hereditária. O processo coletivo transnacional, nesta senda, estaria vinculado aos casos de jurisdição nacional comum ou concorrente, sendo o ambiente nacional plenamente adequado para a homologação e *exequatur* destas sentenças estrangeiras[62], cumprido os requisitos do art. 960 e seguintes do Código de Processo Civil em igual patamar do que uma ação individual.

Em conclusão, as ações coletivas transnacionais, neste ponto específico da soberania e dos limites da jurisdição nacional, não encontrariam óbice para o processamento da homologação de suas sentenças, salvo na hipótese de jurisdição exclusiva, caso de incomum ocorrência.

---

60. (GRUENBAUM, Daniel. Competência internacional indireta (art. 963, I CPC 2015). *Revista de Processo*. vol. 266, p. 99-151, abr/2017, p.10, versão eletrônica).
61. (MARINONI, Luiz Guilherme; ARENHART, Sérgio Cruz; MITIDIERO, Daniel. *Novo curso de processo civil: tutela dos direitos mediante procedimento comum*. vol. 2. São Paulo: Revista dos Tribunais, 2015, p. 54).
62. Sobre a homologação de sentença estrangeira e *exequatur*, assim aprofunda Teoria Albino Zavascki, a saber: "Assim, quando as sentenças e decisões devam ser cumpridas no território de outro Estado, a prestação jurisdicional dependerá, necessariamente, da cooperação estrangeira, o que explica o sistema de cooperação mútua que se estabelece no plano internacional. Em nosso sistema constitucional, conforme visto, os atos de órgãos judiciários estrangeiros, para serem aqui executados, dependem de um juízo de delibação do STJ, que tem competência para "homologação de sentenças" e para "concessão de *exequatur*" a cartas rogatórias estrangeiras, cabendo, depois, aos juízes federais a correspondente "execução"." (ZAVASCKI, Teori Albino. Cooperação jurídica internacional e a concessão de exequatur. *Revista de Processo*. vol. 183, p. 9-24, mai/2010, p.3-4, versão eletrônica).

6. HOMOLOGAÇÃO E EXECUÇÃO NA PERSPECTIVA DA AÇÃO TRANSNACIONAL: O ORDENAMENTO, A DOUTRINA E O SUPERIOR TRIBUNAL DE JUSTIÇA

A cooperação internacional prevista no ordenamento processual de 2015, tem entre seus objetivos expressamente a *"homologação e o cumprimento da decisão"*, conforme estabelece o art. 27, V do Código de Processo Civil. Observe-se, assim, o ambiente processual aberto para a recepção e executividade de mandamentos proferidos por um Estado estrangeiro no território nacional, sendo de competência do Superior Tribunal de Justiça, conforme art. 105, I, da Constituição Federal. Não há qualquer distinção no sistema de homologação e *exequatur* que venha a proibir a homologação de sentença estrangeira proferida em sede de ação coletiva transnacional. Não sendo jurisdição exclusivamente nacional, não há *a priori* obstáculo para que uma ação coletiva proveniente do estrangeiro, possa ser homologada e executada em nosso país, sendo cumpridos os requisitos estabelecidos no Regimento Interno do Superior Tribunal de Justiça, arts. 216-D e 216-F, arts. 15 e 17 da Lei de Introdução às Normas do Direito Brasileiro e do art. 963 do Código de Processo Civil de 2015. Assim, a sentença estrangeira poderia produzir seus regulares efeitos, sem estar diferenciadas dos demais atos jurisdicionais internos.

O Regimento Interno do Superior Tribunal de Justiça, estabelece como requisitos para a homologação, em seu art. 216-D, que a sentença estrangeira deverá: ter sido proferida por autoridade competente; deverá conter elementos que comprovem terem sido as partes regularmente citadas ou ter sido legalmente verificada a revelia e ter transitado em julgado. O art. 216-F, por sua vez, estabelece que não será homologada sentença estrangeira que ofender a soberania nacional, a dignidade da pessoa humana e/ou a ordem pública.

Neste sistema, o art. 15 da Lei de Introdução às Normas do Direito Brasileiro (LINBD), estabelece como requisitos para a homologação: ter sido a decisão proferida por juiz competente; terem sido as partes citadas ou haver-se legalmente verificada a revelia; ter passado em julgado e estar revestida das formalidades necessárias para a execução no lugar em que foi proferida; estar traduzida por intérprete autorizado e ter sido homologado pelo Supremo Tribunal Federal, este último item modificado pela Emenda Constitucional 45/2004. O art. 17 da mesma lei, acrescenta que tais atos não terão eficácia quando ofenderem a soberania nacional, a ordem pública e os bons costumes.

Por fim, insta citar o art. 963 do Código de Processo Civil, estabelecendo como requisitos indispensáveis à homologação da decisão: ser proferida por autoridade competente; ser precedida de citação regular, ainda que verificada a revelia; ser eficaz no país em que foi proferida; não ofender a coisa julgada brasileira; estar acompanhada de tradução oficial, salvo disposição que a dispense prevista em tratado e não conter manifesta ofensa à ordem pública.

Percebe-se, assim, que a ação coletiva transnacional, no processo homologatório, deverá preencher os requisitos formais e requisitos de fundo, de conteúdo, a partir de um teste de adequação ao ordenamento nacional. Não há como analisar ofensa à ordem pública e à coisa julgada, sem aprofundar o mérito, a questão de fundo da decisão estrangeira. Observe-se que no cotejo entre as normas aplicáveis, o Código de Processo Civil de 2015 exalta a coisa julgada brasileira, conferindo-se a homologação quando a decisão estrangeira não ofender a coisa julgada brasileira. Sobre o tema afirmam Marinoni, Arenhardt e Mitidiero que *"enquanto pendente o pedido de homologação, transita em julgado a decisão brasileira, o processo de homologação tem de ser extinto sem resolução de mérito, haja vista a existência de coisa julgada (art. 963, IV, CPC)"*.[63] Na mesma linha, ocorrendo a *"decisão estrangeira pelo Superior Tribunal de Justiça e pendente o processo no Brasil sobre a mesma causa, tem o juiz brasileiro de extingui-lo sem resolução de mérito em face da existência de coisa julgada (art. 485, V, CPC)"*.[64]

Ponto importante da análise reside no modelo a ser seguido pelo ordenamento nacional. O Regulamento 1215/2012 da Comunidade Europeia que, em prol da efetividade da tutela coletiva, fixou critérios de menor rigorismo no cumprimento das decisões provenientes de diferentes Estados-Membros pode ser um bom exemplo a ser seguido no Mercosul. Isto porque, as exigências do processo de homologação e *exequatur* acima relatadas, em alguns casos, podem acabar tendo como consequência uma afronta à razoável duração do processo[65] e em alguns casos a total ineficácia da tutela.[66] O necessário equilíbrio

---

63. (MARINONI, Luiz Guilherme; ARENHART, Sérgio Cruz; MITIDIERO, Daniel. *Novo código de processo civil comentado*. São Paulo: Revista dos Tribunais, 2015, p. 125).
64. (MARINONI, Luiz Guilherme; ARENHART, Sérgio Cruz; MITIDIERO, Daniel. *Novo código de processo civil comentado*. São Paulo: Revista dos Tribunais, 2015, p. 125).
65. (JOBIM, Marco Felix. *O direito à razoável duração do processo: responsabilidade civil do Estado em decorrência da intempestividade processual*. 2.ed. Porto Alegre: Livraria do Advogado, 2012).
66. Sobre o tempo do processo assim refere Araken de Assis: "Quanto maior for a tardança na obtenção dos resultados práticos, mais se intensifica o inconformismo dos litigantes, transformando a sentença justa, porventura sobreviesse antes, injusta pelo simples decurso do tempo. A tempestividade na entrega da prestação jurisdicional integra, por razões econômicas, sociais e psicológicas, a função social do processo civil contemporâneo" (ASSIS, Araken de. Processo Civil Brasileiro. Parte Geral: fundamentos e distribuição de conflitos. São Paulo: Editora Revista dos Tribunais, 2015, p. 482). Acerca da efetividade a 'qualquer custo' segue o ensinamento de Barbosa Moreira: "Cabe agora uma palavra de advertência para alguns riscos a que está sujeito o pensamento ordenado à efetividade do processo. Consiste o primeiro na tentação de arvorar a efetividade em valor absoluto: nada importaria senão tornar mais efetivo o processo, e nenhum preço seria excessivo para garantir o acesso a tal meta. É esquecer que no direito, como na vida, a suma sabedoria reside em conciliar, tanto quanto possível, solicitações contraditórias, inspiradas em interesses opostos e igualmente valiosos, de forma que as satisfações de um deles não implique o

entre segurança jurídica e efetividade é fundamental. O tempo é um passivo necessário a qualquer processo que seja apreciado pelo Poder Judiciário, em especial na hipótese de homologação de sentença estrangeira que envolve temas tão caros à soberania nacional. É imperioso considerar que determinados atos processuais naturalmente possuem um custo temporal para serem perfectibilizados.[67] Pode-se citar no âmbito do Superior Tribunal de Justiça, o caso Chevron (homologação de sentença estrangeira SE 8.542), tratando de danos ambientais transnacionais, com distribuição em junho de 2012, com inclusão em pauta apenas em setembro de 2017.[68]

Em nível nacional, em comparação à Regulamentação da Comunidade Europeia, pode-se citar o Decreto 2.067/1996 que promulgou em nível nacional o Protocolo de Cooperação e Assistência Jurisdicional em Matéria Civil, Comercial, Trabalhista e Administrativa, o denominado Protocolo de *Las Leñas* fixados entre Brasil, Argentina, Paraguai e Uruguai. Posteriormente em 2009, o Decreto 6.891/2009, promulgou o Acordo de Cooperação e Assistência Jurisdicional em Matéria Civil, Comercial, Trabalhista e Administrativa entre os Estados Partes do Mercosul, a República da Bolívia e a República do Chile. Conforme dispõe o art. 19 do referido Protocolo "*O reconhecimento e execução de sentenças e de laudos arbitrais solicitado pelas autoridades jurisdicionais poderá tramitar-se por via de cartas rogatórias e transmitir-se por intermédio da Autoridade Central, ou por via diplomática ou consular, em conformidade com o direito interno*". Observe-se assim, que a eficácia extraterritorial de sentenças estrangeiras poderá ser dada via carta rogatória, sem necessidade da ação de homologação de sentença estrangeira. Desta feita, no âmbito do Mercosul, plenamente verificável a possibilidade de uma ação coletiva transnacional surtir seus efeitos e ser executada em outro Estado Parte, quiçá sem a necessidade de uma ação de homologação, mas tão somente pela via da carta rogatória, não devendo o *exequatur* "*adentar na análise do mérito da decisão judicial, mas apenas envolverá os requisitos para a homologação dessa decisão perante a jurisdição nacional*"[69]. Acrescente-se, ainda, que o art. 20 do Protocolo supra citado, firma requisitos em total compasso

sacrifício total de outro." (BARBOSA MOREIRA, *Notas sobre o problema da efetividade do processo*. Revista da Ajuris, Porto Alegre: AJURIS, n. 29, 1983).

67. Sobre a efetividade mesmo na intempestividade, segue o pensamento de Jobim: "Ora, a efetividade do processo pode ocorrer se não realizada num prazo razoável. Não sendo tempestivo o processo, mas efetivado o direito material do autor, o processo não deixa de ser efetivo, apenas deixando de ser tempestivo." (JOBIM, Marco Felix. *O direito à razoável duração do processo: responsabilidade civil do Estado em decorrência da intempestividade processual*. 2.ed. Porto Alegre: Livraria do Advogado, 2012, p. 104).

68. Sobre o 'caso Chevron' ver ZANETI Jr., Hermes; BORGES, Orlindo Francisco; CARDOSO, Juliana Provedel. Ações coletivas transnacionais para tutela de danos ambientais: caso Chevron (STJ, HSE 8.542). *Revista de Direito Ambiental*. vol. 84, p. 187-213, out dez/2016

69. (MARINONI, Luiz Guilherme; ARENHART, Sérgio Cruz; MITIDIERO, Daniel. *Novo código de processo civil comentado*. São Paulo: Revista dos Tribunais, 2015, p. 129).

com o ordenamento jurídico brasileiro e com as normas citadas anteriormente.[70] Acerca das *Class Actions* do direito estadunidense e sua relação com o processo coletivo brasileiro, bem como sobre a possibilidade de homologação das decisões coletivas lá proferidas, têm-se interessantes estudos que aproximam os institutos e defendem, a partir do cumprimento das normas internas, o efeito das decisões norte-americanas no âmbito nacional.[71]

7. CONSIDERAÇÕES FINAIS

O reconhecimento quanto à necessidade de adoção de normas processuais transnacionais, bem como acerca da possibilidade de ações coletivas transnacionais surtiram efeitos no âmbito de nosso país parece ser um caminho sem volta. Diante de uma sociedade massificada, integrada e de riscos, o processo civil deve estar atento e contribuir para a efetividade da tutela e do direito material. Nesta feita, embora não exista menção no Código de Processo Civil de 2015 aos litígios transfronteiriços e danos transnacionais, importa reconhecer que o sistema de homologação de sentença estrangeira e *exequatur* é plenamente aplicável para ações individuais e coletivas. Como dito, impõe-se ao sistema processual novas respostas para o justo, tempestivo e eficiente enfrentamento destes fatos sociais.

O Regulamento 1215/2012 da Comunidade Europeia, bem como os diplomas normativos nacionais, conduzem ao mesmo endereço comum, tendo confluência em seus requisitos. O Decreto 6.891/2009 que promulgou em nosso país o Acordo de Cooperação e Assistência Jurisdicional em Matéria Civil, Comercial, Trabalhista e Administrativa entre os Estados Partes do Mercosul, a República

70. O art. 20, assim estabelece: "As sentenças e os laudos arbitrais a que se referem o artigo anterior terão eficácia extraterritorial nos Estados Partes quando reunirem as seguintes condições: a) que venham revestidos das formalidades externas necessárias para que sejam considerados autênticos nos Estados de origem. b) que estejam, assim como os documentos anexos necessários, devidamente traduzidos para o idioma oficial do Estado em que se solicita seu reconhecimento e execução; c) que emanem de um órgão jurisdicional ou arbitral competente, segundo as normas do Estado requerido sobre jurisdição internacional; d) que a parte contra a qual se pretende executar a decisão tenha sido devidamente citada e tenha garantido o exercício de seu direito de defesa; e) que a decisão tenha força de coisa julgada e/ou executória no Estado em que foi ditada; f) que claramente não contrariem os princípios de ordem pública do Estado em que se solicita seu reconhecimento e/ou execução. Os requisitos das alíneas (a), (c), (d), (e) e (f) devem estar contidos na cópia autêntica da sentença ou do laudo arbitral."

71. Nesta linha: CUNHA, Marcelo Garcia da. *Homologação de decisões proferidas em class actions norte-americanas: possibilidades e limites frente ao sistema processual nacional.* 2017. 217 f. Tese (Doutorado em Direito) – Programa de Pós-Graduação em Direito da Pontifícia Universidade Católica do Rio Grande do Sul, Porto Alegre. 2017. Ver ainda: BARROSO, Luis Alberto. A proteção coletiva dos direitos no Brasil e alguns aspectos da class action norte americana. *Boletim Científico.* n. 16. Brasília, ESMPU. Disponível em: [http://boletimcientifico.escola.mpu.mp.br/boletins/boletim-cientifico-n.-16-2013-julho-setembro-de-2005/a-pr-protecao-otecao-colet-coletiv-iv-iva-a-dos-dir-direitos-eitos-no-brasil-e-alguns-aspectos-da-class-action-norte-americ-1-e-2-coletiva-americanaanaanaanaana1]. Acesso setembro 2017.

da Bolívia e a República do Chile, representa igualmente um reforço teórico para a conclusão acerca da possibilidade de internalização dos efeitos das demandas transnacionais.

Não sendo jurisdição exclusivamente nacional, não há *a priori* obstáculo para que uma ação coletiva proveniente do estrangeiro, possa ser homologada e executada em nosso país, sendo cumpridos os requisitos estabelecidos no Regimento Interno do Superior Tribunal de Justiça, arts. 216-D e 216-F, arts. 15 e 17 da Lei de Introdução às Normas do Direito Brasileiro e do art. 963 do Código de Processo Civil de 2015

8. REFERÊNCIAS BIBLIOGRÁFICAS

ABREU, Joana Covelo de. A tutela jurisdicional efetiva no âmbito da cooperação judiciária em matéria civil e a jurisprudência do Tribunal de Justiça da União Europeia: a cláusula de ordem pública e a revelia absoluta como causas de recusa de reconhecimento e de execução de decisões no contexto da União. *UNIO EU LAW JORNAL*. Universidade do Minho. Portugal. 2014. p. 148-162. p. 149. Disponível em http://www.unio.cedu.direito.uminho.pt/Uploads/UNIO%20PT/UNIO%200%20-%20Joana%20Abreu_pt.pdf – acesso em setembro de 2017.

ASSIS, Araken de. Processo Civil Brasileiro. Parte Geral: fundamentos e distribuição de conflitos. São Paulo: Editora Revista dos Tribunais, 2015.

BARBOSA MOREIRA, José Carlos. *Notas sobre o problema da efetividade do processo*. Revista da Ajuris, Porto Alegre: AJURIS, n. 29, 1983).

BARROSO, Luis Alberto. A proteção coletiva dos direitos no Brasil e alguns aspectos da class action norte americana. *Boletim Científico*. n. 16. Brasília, ESMPU. Disponível em: [http://boletimcientifico.escola.mpu.mp.br/boletins/boletim-cientifico-n.-16-2013-julho-setembro-de-2005/a-pr-protecao-otecao-colet-coletiv-iv-iva-a-dos-dir-direitos-eitos-no-brasil-e-alguns-aspectos-da-class-action-norte-americ-1-e-2-coletiva-americanaanaanaanaana1]. Acesso setembro 2017.

BASSET, Debra Lyn. U.S. Class Action Go Global: Transnational Class Actions and Personal Jurisdiction. *Fordham Law Review*. Vol. 72. Issue 1, 2003, p. 41-91. Disponível em:‹http://fordhamlawreview.org/wp-content/uploads/assets/pdfs/Vol_72/Bassett_October.pdf ›. Acesso em setembro de 2017.

BECK, Ulrich. *La sociedad del riesgo: hacia una nueva modernidad*. Trad.: Jorge Navarro, Daniel Jiménez e Maria Rosa Borrás. Barcelona: Paidós, 2001.

CRETELLA NETO, José. *Empresa transnacional e direito internacional: exame do tema à luz da globalização*. Rio de Janeiro: Forense, 2006.

CUNHA, Marcelo Garcia da. *Homologação de decisões proferidas em class actions norte-americanas: possibilidades e limites frente ao sistema processual nacional*. 2017. 217 f. Tese (Doutorado em Direito) – Programa de Pós-Graduação em Direito da Pontifícia Universidade Católica do Rio Grande do Sul, Porto Alegre. 2017.

DIDIER Jr., Fredie; ZANETI Jr., Hermes. Conceito de processo jurisdicional coletivo. *Revista de processo*. vol. 229, p. 273-280, mar/2014.

DIDIER Jr., Fredie; ZANETI Jr., Hermes. *Curso de direito processual civil: Processo Coletivo*. vol. 4, 7ª ed., Salvador: Juspodivm, 2012.

DIDIER JR., Fredie; ZANETI JR., Hermes. Curso de direito processual civil: processo coletivo. vol. 4, 11ª ed. Salvador: Juspodivm, 2017.

FALLON Jr., Richard H. *Three Symmetries between Textualist and Purposivist Theories of Statutory Interpretation – and the Irreducible Roles of Values and Judgment within Both*, 99 Cornell L. Rev. 685 (2014) – disponível em ‹http://scholarship.law.cornell.edu/clr/vol99/iss4/1›. Acesso em setembro de 2017.

FREITAS, Juarez. *Sustentabilidade: Direito ao Futuro*. 3. Ed, Belo Horizonte: Forum, 2016.

GIDDENS, Anthony. *Mundo em descontrole*. Tradução de Maria Luiz X. de A. Borges, 6ª ed. Rio de Janeiro: Record, 2007.

GIDI, Antonio. Apresentação ao Projeto as Normas Transnacionais de Processo Civil. Derecho Derecho PUCP; Núm. 52 (1999); 593-606) disponível em http://revistas.pucp.edu.pe/index.php/derechopucp/article/view/6423/6479) – acesso setembro de 2017.

GIDI, Antonio. *Coisa julgada e litispendência em ações coletivas*. São Paulo: Saraiva, 1995.

GIDI, Antonio. Normas transnacionais de processo civil – apresentação. *Revista de Processo*. vol. 102, p. 185-196, Abr/2001.

GOUVEIA, Mariana França. Providências cautelares sem contraditório decretadas por tribunal arbitral. *Revista de Arbitragem e Mediação*. São Paulo, vol. 54, p. 263-334, jul-set / 2017, p. 39, versão eletrônica).

GRINOVER, Ada Pellegrini; WATANEBE, Kazuo; MULLENIX, Linda. Os processos coletivos nos países de Civil Law e de Common Law. 2. ed. São Paulo: Ed. RT, 2014.

GRUENBAUM, Daniel. Competência internacional indireta (art. 963, I CPC 2015). *Revista de Processo*. vol. 266, p. 99-151, abr/2017.

HILL, Flávia Pereira; PAUMGARTTEN, Michele Pedrosa; SIQUEIRA, Tatiana Paula Cruz de. Daniel. Os limites da jurisdição nacional no código de processo civil e a densificação do acesso à justiça. *Revista de Processo*. vol. 262, p. 23-59, dez/2016, p.2, versão eletrônica).

JOBIM, Marco Felix. *O direito à razoável duração do processo: responsabilidade civil do Estado em decorrência da intempestividade processual*. 2.ed. Porto Alegre: Livraria do Advogado, 2012.

LORENZETTI, Ricardo Luis. *Justicia Colectiva*. Santa Fe: Rubinzal-Culzoni, 2010.

MACEDO, Elaine Harzheim; JOBIM, Marco Félix. Ações coletivas x ações individuais: uma questão de efetividade e tempestividade processual conforme a Constituição. *Revista da Ajuris*. Ano. 267, n. 75, set. 2009, Porto Alegre: Ajuris, 2009.

MARINONI, Luiz Guilherme. *Técnica processual e tutela dos direitos*. 4. ed. revista e atualizada. São Paulo: Revista dos Tribunais, 2013.

MARINONI, Luiz Guilherme; ARENHART, Sérgio Cruz; MITIDIERO, Daniel. *Novo curso de processo civil: tutela dos direitos mediante procedimento comum*. vol. 2. São Paulo: Revista dos Tribunais, 2015.

MARINONI, Luiz Guilherme; ARENHART, Sérgio Cruz; MITIDIERO, Daniel. *Novo código de processo civil comentado*. São Paulo: Revista dos Tribunais, 2015.

MENDES, Aluisio Gonçalves de Castro. Balanço sobre o Código Modelo de Processos Coletivos para a Ibero-América. *Revista Iberoamericana de Derecho Procesal*. São Paulo, vol. 5, p. 217-231, jan-jun/2017.

MESQUITA, José Ignácio Botelho de. Da competência internacional e dos princípios que a informam. *Revista de Processo*. São Paulo, n.50, p.51-71, abr/jun. 1988.

MORIN, Edgar. *Introdução ao pensamento complexo*. Tradução de Eliane Lisboa, 4ª ed. Porto Alegre: Sulina, 2001.

NOVAES, Jorge Reis. *As restrições aos direitos fundamentais não expressamente autorizadas pela Constituição*. 2. ed. Coimbra: Coimbra Ed., 2010.

ORTIZ, Juan Carlos Guayacan. Desafios del Proceso Colectivo y conversión de las acciones individuales em colectivas en Iberoamerica. *Revista Iberoamericana de Derecho Procesal*. São Paulo, vol. 4, p. 151-178, jul-dez/2016.

POTSCH, Bernard. Notas e comparativo entre a resolução 9 e a emenda regimental 18 do STJ. *Revista de Arbitragem e Mediação*. São Paulo, vol. 44, p. 41-45, jan-mar / 2015.

SALDANHA, Jânia Maria Lopes; LISBOA, Ramon. Justiça transfronteiriça: uma análise comparativa das estruturas judicias e mecanismos de cooperação jurisdicional em matéria civil e comercial entre Mercosul e União Européia. *Revista de Processo*. São Paulo, vol. 152, p. 45-163, out / 2017.

SANTOS, Boaventura de Sousa. *Pela mão de Alice: o social e o político na pós-modernidade*. 8. ed. São Paulo: Cortez, 2001.

SILVA, Larissa Clare Pochmann da. As ações coletivas transnacionais no cenário brasileiro. *Revista Panóptica*, vol. 7, p. 33-68, n. 1 (23), 2012.

SILVA, Ricardo Perlingeiro Mendes da. Aspectos transnacionais da jurisdição de causas ambientais e de interesse da administração pública. *Revista de Direito Ambiental*. São Paulo, n.44, p.133-148, out./dez. 2006.

SOARES, Guido Fernando Silva. *Direito Internacional do Meio Ambiente*. São Paulo: Atlas, 2001.

TESHEINER, José Maria. Cooperação judicial internacional no novo código de processo civil. *Revista de processo*. vol. 234, p. 331-344, ago/2014.

TIBURCIO, Carmen. Extensão e limites da jurisdição brasileira: competência internacional e imunidade de jurisdição. Salvador: Juspodivm, 2016.

VITORELLI, Edilson. O devido processo legal coletivo: dos direitos aos litígios coletivos. São Paulo: Revista dos Tribunais, 2016.

WAMBIER, Teresa Arruda Alvim; CONCEIÇÃO, Maria Lúcia Lins; RIBEIRO, Leonardo Ferres da Silva; MELLO, Rogerio Licastro Torres. *Primeiros Comentários ao Novo Código de Processo Civil: artigo por artigo*. São Paulo: Revista dos Tribunais, 2015.

ZANETI Jr., Hermes; BORGES, Orlindo Francisco; CARDOSO, Juliana Provedel. Ações coletivas transnacionais para tutela de danos ambientais: caso Chevron (STJ, HSE 8.542). *Revista de Direito Ambiental*. vol. 84, p. 187-213, out dez/2016.

ZAVASCKI, Teori Albino. Cooperação jurídica internacional e a concessão de exequatur. *Revista de Processo*. vol. 183, p. 9-24, mai/2010.

CAPÍTULO 5

Jurisdição adequada no Brasil (competência internacional): uma técnica de tipicidade flexível aplicável também aos processos coletivos transnacionais

Graziela Argenta Zaneti[1]

1. INTRODUÇÃO

> *O justo e o injusto mudam de qualidade quando mudam de país (...) Engraçada essa justiça que um rio limita (...).* (Blaise Pascal)[2]

Há um crescente número de situações jurídicas que não podem ser tratadas nos limites territoriais de um país, nas quais a probabilidade de que um único ato afete uma pluralidade de atores vinculados a diferentes ordenamentos jurídicos é muito grande. Os direitos merecem uma tutela integral e igualitária, quando submetidos a mesma situação jurídica.

---

1. Promotora de Justiça – MPES; Mestre em Direito Processual Civil – UFES; Especialista em Direito Urbano Ambiental – Fundação Escola Superior do Ministério Público do Rio Grande do Sul. Parte das considerações aqui propostas já foram tratadas na dissertação de mestrado intitulada "Jurisdição adequada para os processos coletivos transnacionais", no prelo.
2. PASCAL, Blaise. *Pensamentos*. São Paulo: Martins Fontes, 2001, p. 21.

O objetivo desse trabalho é auxiliar na construção de uma dogmática brasileira garantidora de uma jurisdição adequada, especialmente em processos coletivos transnacionais, frente a direitos que não se limitam territorialmente, mas que possuem uma legislação interna que estabelece limitações territoriais da jurisdição, tornando a definição da jurisdição adequada ainda mais complexa.

As "seguras" e "estáticas" regras para a tutela dos direitos e das pessoas envolvidas nos conflitos de grupo que envolvam membros estrangeiros, danos que não respeitem fronteiras nacionais, ou empresas transnacionais com estabelecimentos em mais de um país, parecem não serem mais suficientes à adequada tutela dos direitos em situações jurídicas transnacionais. É preciso estudar a possibilidade de flexibilização, para atingir a finalidade do processo no Estado Democrático Constitucional.

A valoração das circunstâncias do caso concreto, a flexibilidade, ou seja, o exercício discricionário da jurisdição e a justiça substancial serão elementos essenciais para essa construção.

Os processos coletivos transnacionais são considerados neste trabalho como aqueles em que podem ocorrer, ao menos, uma das seguintes circunstâncias para a tutela de situações jurídicas coletivas: a) grupo formado, no polo ativo ou passivo, com membros estrangeiros; b) dano ou ilícito que ultrapasse as fronteiras nacionais; c) o réu estrangeiro, normalmente uma corporação multinacional, que tenha estabelecimentos comerciais em mais de um país com conexões *business-related*.[3]

A capacidade e o potencial transnacional dos processos coletivos estão diretamente relacionados aos limites impostos pelas cortes nacionais à jurisdição em situações jurídicas que não se limitam a um território específico. Para isso, importante fazer uma releitura da concepção tradicional de jurisdição baseada no territorialismo (soberania nacional) para fins do exercício da jurisdição adequada, tempestiva e efetiva também transnacionalmente.

Dessa forma, o trabalho irá propor que a análise da jurisdição ocorra por meio de uma técnica de tipicidade flexível composta de três níveis de regulação que se complementam, embora prescindam de aplicação conjunta em todas as

3. MONESTIER, Tanya J.. "Transnational Class Actions and the Illusory Search for Res Judicata", p. 3; PINNA, Andrea. "Recognition and Res Judicata of U.S. Class Action Judgments in European Legal Systems", p. 31; Whytock, Christopher A. "The Evolving Forum Shopping System", 96 *Cornell L. Rev.* 481, 486 (2011). Disponível em http://scholarship.law.cornell.edu/cgi/viewcontent.cgi?article=3195&context=clr, acesso em 1.7.2017; ZANETI JR, Hermes; BORGES, Orlindo Francisco; MOSCHEN, Valesca Raizer Borges; ZANETI, Graziela A.. "Processo Internacional Transfronteiriço: os litígios que não respeitam fronteiras – da soberania à tutela dos direitos". In: Bruno Manoel Viana; Valesca Raizer Borges Moschen;Valter Moura do Carmo. (Org.). *Direito Internacional II*. 1ª ed. Florianópolis: CONPEDI, 2016, v. 1, p. 80-95;

situações jurídicas. Em casos envolvendo processos coletivos transnacionais, normalmente mais complexos, a regulação da jurisdição, de acordo com os níveis propostos, passa a ser fundamental para a aferição de sua adequação à tutela dos direitos e das pessoas.

Espera-se que a leitura que segue possa contribuir, seguindo a linha de muitos que antecederam este escrito, para uma preocupação com a tutela dos direitos adequada, tempestiva e efetiva já no início do arco processual, ou seja, desde a definição da jurisdição.

2. NÍVEIS DE REGULAÇÃO DA JURISDIÇÃO ADEQUADA

O ordenamento jurídico brasileiro caracteriza-se por ser um sistema híbrido[4], sendo exemplo de que dissensões existentes entre as tradições de *civil law* e *common law*, ou seja, entre *code based legal systems* e *judge-made law* não significam obstáculo para o compartilhamento de paradigmas comuns.[5]

Dentre estes paradigmas comuns incorporados ao ordenamento jurídico brasileiro, destaca-se o do *processo justo*[6] e, mais estritamente ao objeto deste artigo, o da definição da *jurisdição adequada* à causa. Essa deveria ser compreendida como a primeira, e talvez a mais importante, fase do arco processual em ambas as tradições jurídicas.

Embora a jurisdição brasileira estabeleça regras codificadas para as hipóteses de seu exercício, de forma expressa, nos arts. 21 e 22 (hipóteses de

4. Diz-se que o Brasil é um sistema jurídico híbrido (*civil law* e *common law*), principalmente, porque possui: a) controle de poder no processo constitucional - controle difuso de constitucionalidade (*judicial review*); b) juizados especiais de pequenas causas (*small claim courts*); c) precedentes judiciais; d) especificamente quanto ao objeto dessa dissertação, *class actions*. ZANETI JR., Hermes. *A Constitucionalização do Processo. O Modelo Constitucional da Justiça Brasileira e as Relações entre Processo e Constituição.* 2ª ed. São Paulo: Atlas, 2014, p. 5-57; ZANETI JR., Hermes. *O Valor Vinculante dos Precedentes.* Salvador: Jus Podivm, 2016, p. 29-65; 104-104.
5. OST, François; HOECKE, Mark Van. "Legal doctrine in crisis: towards a European legal Science". *Legal Studies*, vol. 18, 1998, p. 215; ZANETI JR., Hermes. *A Constitucionalização do Processo. O Modelo Constitucional da Justiça Brasileira e as Relações entre Processo e Constituição.* 2ª ed. São Paulo: Atlas, 2014; ZANETI JR, Hermes. *O valor vinculante dos precedentes. Teoria dos Precedentes Normativos formalmente vinculantes*, p. 104-109.
6. Este trabalho utiliza "processo justo" que tem sua equivalência ao devido processo legal (*due process of law*), com expressa preocupação da inclusão de sua dimensão substancial. COMOGLIO, Luigi Paolo. *Etica e técnica del "giusto processo"*. Torino: G. Giappichelli Editore, 2004, p. 47-51; COMOGLIO, Luigi Paolo. "I modelli di garanzia costituzionale del processo". *Rivista Trimestrale di Diritto e Procedura Civile*, anno XLV, 1991. Integra-se, portanto, ao termo a ideia regularadora de justiça, como pretensão de correção, sem a qual se esvazia o processo justo de seu potencial performativo. Na doutrina brasileira defendem um aspecto menos substancial do processo justo. SARLET, Ingo Wolfgang; MARINONI, Luiz Guilherme; MITIDIERO, Daniel. *Curso de Direito Constitucional.* São Paulo: Saraiva, 2016, p. 736-738; ÁVILA, Humberto. "O que é 'devido processo legal'?". Revista de Processo, v. 163, set./2008. Há, contudo, convergência no resultado, pois também estes autores defendem que o processo justo inclui os princípios da proporcionalidade e razoabilidade.

jurisdição concorrente), tais regras gerais e típicas, não obstante sirvam para dar previsibilidade à maioria dos casos, podem ser flexibilizadas, diante do caso concreto, com vista à definição de uma jurisdição adequada, especialmente em processos coletivos transnacionais.

Assim, o CPC (Código de Processo Civil de 2015), ordenado, disciplinado e interpretado conforme os valores fundamentais estabelecidos na CF/88 (Constituição Federal – art. 1º) denota que a ciência da codificação vem avançando e tem desenvolvido ferramentas para evitar a petrificação e assegurar a flexibilidade, de modo que a adoção de regras não resulte em banimento da realização de justiça substancial ao caso concreto.[7]

As normas fundamentais de processo civil dispostas no Livro I, Capítulo I, do CPC (mas não só contidas aqui), se lidas em conjunto com o art. 1º, revelam a virada metodológica que o processo civil sofreu após o advento da Constituição de 1988 e a chegada ao Brasil do constitucionalismo contemporâneo, denominado pela doutrina "constitucionalismo de terceira geração"[8], representando um "constitucionalismo fortíssimo", no qual a *judiciabilidade* (possibilidade de obter a tutela jurisdicional) e a *acionabilidade* (possibilidade de pleitear em juízo através do processo judicial) atuam como garantia de segundo grau para o caso de não observância dos limites e vínculos decorrentes dos direitos reconhecidos pelo ordenamento jurídico, mesmo em face do legislador (controle de constitucionalidade) e da administração pública (*judicial review*). O processo civil brasileiro, a partir do CPC de 2015, elimina o "paradoxo metodológico"[9] existente entre o direito processual e o direito constitucional, reconhecendo expressamente a matriz constitucional de todo o ordenamento jurídico brasileiro, conforme expresso no art. 1º do CPC.[10]

Dessa forma, diz-se que CPC não é pleno (sistema aberto com diferentes estatutos e leis extravagantes) e nem central (a centralidade é da Constituição), devendo ser interpretado de acordo com a Constituição, ou melhor, de acordo com os direitos fundamentais estabelecidos na Constituição, com destaque ao

7. SYMEONIDES, Symeon C.. "Codification and Flexibility in Private International Law". General reports of the XVIIIth Congress of the International Academy of Comparative Law/Rapports, Généraux du XVIIIeme Congrès de L'Academie Internationale de Droit Comparé, K.B. *Brown and D.V. Snyder*, eds., Springer Science+Business Media, 2011, p. 14-15, disponível em SSRN: https://ssrn.com/abstract=1945924, acesso em 10.9.2017.

8. FERRAJOLI, Luigi. *Per un pubblico ministerio come instituzione di garanzia. Questioni di Giustizia*. Milano: Franco Angeli, 2012, p. 34/35.

9. ZANETI JR., Hermes. *A Constitucionalização do Processo. O Modelo Constitucional da Justiça Brasileira e as Relações entre Processo e Constituição*. 2ª ed. São Paulo: Atlas, 2014, *passim*;

10. *Idem, ibidem*; DINAMARCO, Cândido Rangel. *Instituições de Direito Processual Civil*. 3ª ed. São Paulo: Malheiros, 2003, vol. 1, p. 176; RODRIGUES, Marcelo Abelha. *Manual de Direito Processual Civil*. 6ª ed. Rio de Janeiro: Forense, 2016, p. 7/10.

direito fundamental ao processo justo. Assim, dúvidas interpretativas devem ser resolvidas a favor da otimização do alcance da Constituição e do processo civil como meio para a tutela dos direitos.[11]

Pode-se dizer que a finalidade do CPC visa a assegurar o direito ao *processo justo*, com a obtenção de uma decisão justa[12], não na concepção filosófica de justiça, mas entendendo como decisão justa (art. 6º, CPC) aquela capaz de tutelar os direitos de forma adequada (ao direito material ao qual irá versar), tempestiva (que venha num tempo razoável) e efetiva (tem que ser realizada no mundo real)[13], bem como aquela que observe a unidade do direito (art. 926 e 927, CPC – precedentes judiciais formalmente vinculantes)[14].

Nesse sentido, o CPC dispõe, já nas hipóteses de jurisdição por ele estabelecidas, de ferramentas flexibilizadoras para a definição da jurisdição, dentre as quais pode-se citar o uso de *fatores de conexão alternativos*[15], ou seja, regras que possibilitam a escolha entre mais de um fator de conexão, com a utilização de diferentes hipóteses (domicílio do réu no Brasil, local do fato no Brasil, cumprimento da obrigação no Brasil, dentre outras).

Outras ferramentas flexibilizadoras são os princípios normativos e a discricionariedade fundamentada, através dos quais é possível ponderar circunstâncias do caso concreto, flexibilizando-se regra expressamente estabelecida, ao estabelecer novas hipóteses para o exercício da jurisdição, ou ao considerar tais previsões inadequadas no caso concreto.[16] Pela constitucionalização do processo[17], qualquer ferramenta flexibilizadora deve servir para atribuir

---

11. MARINONI, Luiz Guilherme; ARENHART, Sérgio Cruz; MITIDIERO, Daniel. *Novo Código de Processo Civil Comentado*, p. 91; MARINONI, Luiz Guilherme; ARENHART, Sérgio Cruz; MITIDIERO, Daniel. *Curso de Processo Civil*, vol. I, 489.
12. SARLET, Ingo W.; MARINONI, Luiz Guilherme; MITIDIERO, Daniel. *Curso de Direito Constitucional*, p. 736/744.
13. ZANETI Jr. Hermes. "O Ministério Público e as normas fundamentais do Direito Processual Civil Brasileiro". *In*: Robson Renault Godinho e Susana Henriques da Costa (org.). *Coleção Repercussões do Novo CPC – Ministério Público*. 2ª ed. Salvador: JusPodivum, 2017, v. 6, p. 430-431; ZANETI Jr., Hermes. *Comentários ao Código de Processo Civil – Do Processo de Execução –arts. 824 a 925*. São Paulo: RT, 2017, vol. XIV, p. 37-132; MARINONI, Luiz Guilherme; ARENHART, Sérgio Cruz; MITIDIERO, Daniel. *Novo Curso de Processo Civil: Teoria do Processo Civil*. v. 1. p. 247-272; MARINONI, Luiz Guilherme; MITIDIERO, Daniel. *Comentários ao Código de Processo Civil. Artigos 1 ao 69*. São Paulo: RT, 2017, p. 310.
14. SARLET, Ingo W.; MARINONI, Luiz Guilherme; MITIDIERO, Daniel. *Curso de Direito Constitucional*, p. 736/744; MITIDIERO, Daniel. *Cortes Superiores e Cortes Supremas – Do controle à Interpretação da Jurisprudência ao Procedente*. São Paulo: RT, 2015, *passim*.
15. As hipóteses de jurisdição descritas no CPC não são cumulativas. Basta que uma delas esteja presente, para que a jurisdição brasileira sobre a causa possa ser configurada. TIBURCIO, Carmen. *Extensão e limites da Jurisdição Brasileira. Competência Internacional e Imunidade de Jurisdição*. Salvador: Jus Podivm, 2016, p. 49.
16. TIBURCIO, Carmen. *Extensão e Limites da Jurisdição Brasileira: competência internacional e imunidade de jurisdição*, p. 101-106; 208-213.
17. ZANETI JR., Hermes. *A Constitucionalização do Processo. O Modelo Constitucional da Justiça Brasileira e as Relações entre Processo e Constituição*. 2ª ed. São Paulo: Atlas, 2014, p. 167-188.

significado concreto aos princípios constitucionais (normas jurídica de caráter deontológico – dever-ser).[18]

Dessa forma, o CPC já possui uma metodologia mista que combina regras com outras ferramentas flexibilizadoras, caracterizando-o como uma legislação moderna, por não petrificar o direito, nem torna-lo inflexível, favorecendo para uma ampla capacidade regulatória nas ações coletivas transnacionais e refutando o argumento de que codificações geralmente "pintam com um pincel muito largo"[19] e muito inflexível para resolver adequadamente determinados casos complexos, excepcionais ou imprevistos.

Conceituar jurisdição não é uma tarefa fácil, pois se trata de um conceito multifacetado que tem gerado uma riqueza de literatura em várias disciplinas, sendo considerado um *omnibus* termo, que engloba diferentes teorias e princípios sobre a autoridade do direito, nem todos facilmente compreendidos conjuntamente.[20] Contudo, não se pode negar que o conceito de jurisdição está em transformação e precisa ser adaptado ao Estado Democrático Constitucional. Não se pode mais conceituar jurisdição como "a *função do Estado* que tem por escopo a *atuação da vontade concreta da lei* por meio da *substituição*, pela atividade dos órgãos públicos, da atividade de particulares, ou de outros órgãos públicos, *já no afirmar a existência da vontade da lei, já no torná-la, praticamente, efetiva*"[21].

Igualmente, a jurisdição não pode mais ser considerada a *atividade substitutiva do Estado dirigida a atuar a vontade concreta da lei*, por duas razões: (a) a *teoria da interpretação jurídica* chegou a um consenso no sentido de que texto e norma não se confundem e que a atividade da interpretação, por consequência, tem um ineliminável *papel (re)construtivo* do ordenamento jurídico resultante da argumentação jurídica.[22] Quando o conceito de Chiovenda foi escrito, a teoria da interpretação vigente era o formalismo interpretativo, na qual a norma era igual ao texto; (b) o Estado paulatinamente vem perdendo espaço na centralidade do direito e o conceito de jurisdição vem sendo ampliado para atender a *tutela das pessoas e dos direitos*, não mais aos interesses de um determinado Estado e de um determinado território: (b.1) quer por permitir que outros meios adequados, como a autocomposição e a arbitragem (art. 3º do

18. ZANETI JR., Hermes. *O Valor Vinculante dos Precedentes*. Salvador: Jus Podivm, 2016, p. 274-288;
19. TRAUTMAN, Donald T. "Reflections On Conflict-of-laws Metodology". *Hastings Law Journal 32*, 1981 *passim* SYMEONIDES, Symeon C.. "Codification and Flexibility in Private International Law", p.14.
20. CRAWFORD, James. *Brownlie's Principles of Public International Law*. 6ªed. Oxford: Oxford University Press, 2003 *apud* MORRIS, John.H.C.; McCLEAN, David; ABOU-NIGM, Verónica Ruiz. *The Conflict of Laws*, p. 81.
21. CHIOVENDA, Giuseppe. *Instituições de direito processual civil*. Vol. II. Trad. J. Guimarães Menegal e notas de Enrico Tullio Liebman. São Paulo: Saraiva, 1943 [*Istituzioni di Diritto Processuale Civile*, 1933/1934], p. 11.
22. ZANETI JR., Hermes. *A Constitucionalização do Processo. O Modelo Constitucional da Justiça Brasileira e as Relações entre Processo e Constituição*. 2ª ed. São Paulo: Atlas, 2014, p. 189-217.

CPC e art. 31 da Lei n. 9.307/96); (b.2) quer por abrir espaço para a jurisdição transnacional e a cooperação jurisdicional internacional, eliminando, em ambos os casos, o conceito estrito de jurisdição como atributo exclusivo da soberania estatal, para favorecer a tutela das pessoas e dos direitos; (b.3) quer por permitir às partes celebração de negócio jurídico processual (art. 190 do CPC), no que diz respeito à definição da jurisdição competente (*eleição de foro*).[23]

A jurisdição internacional deve se liberar do "fetiche" da soberania, na qual a jurisdição se reduziria a explicar a "poder supremo do Estado", para fixar suas bases na sua adequação para a tutela dos direitos e das pessoas. A concepção de jurisdição do Estado Democrático Constitucional é a da jurisdição adequada ao caso concreto.

As normas sobre o exercício da jurisdição determinam quando o terceiro imparcial (tipicamente o Poder Judiciário) pode exercer sua jurisdição (hipóteses de jurisdição concorrente - art. 21 e 22 do CPC), ou deve exercer sua jurisdição (hipóteses de jurisdição exclusiva - art. 23 do CPC)[24], por isso se diz que as normas de jurisdição são unilaterais, como regra[25], e não taxativas[26], porque submetidas à discricionariedade, com fins de aferir sua adequação.

Pode-se dizer que a jurisdição adequada relaciona-se a três níveis de regulação que se complementam, embora prescindam de aplicação conjunta em todas as situações jurídicas, conforme se deduz da análise de Ralf Michaels[27].

2.1. Primeiro nível: direito internacional público e a constituição federal (o processo justo desde a definição da jurisdição)

O *Direito Internacional Público* compõe o primeiro nível de regulação da jurisdição de duas maneiras: tradicionalmente, na medida em que limita o

23. MOSCHEN, Valesca Raizer Borges; ZANETI JR. Hermes. *A autonomia da vontade como expressão democrática do exercício jurisdicional: a cláusula de eleição de foro na hormonização jurídica multilateral e regional e no Código de Processo Civil brasileiro de 2015*, no prelo, gentilmente cedido pelos autores.

24. O que se veda aqui é apenas o reconhecimento dos efeitos da sentença estrangeira nas hipóteses enumeradas como de competência exclusiva. TIBURCIO, Carmen. *Extensão e Limites da Jurisdição Brasileira: competência internacional e imunidade de jurisdição*, p.79.

25. Não se pode esquecer da possibilidade de definição da jurisdição através da cláusula de eleição de foro, agora permitida expressamente no art. 25 do CPC. Unilaterais no sentido de que as normas que fixam competência no plano internacinal não são passíveis de serem bilateralizadas, isto é, não se pode presumir que o país estrangeiro adote regra equivalente. TIBURCIO, Carmen. *Extensão e Limites da Jurisdição Brasileira: competência internacional e imunidade de jurisdição*, p. 210.

26. TIBURCIO, Carmen. *Extensão e limites da Jurisdição Brasileira. Competência Internacional e Imunidade de Jurisdição*. Salvador: Jus Podivm, 2016, p. 24-26.

27. MICHAELS, Ralf. "Jurisdiction Foundations". Em breve na *Elgar Encyclopedia of Private International Law* (Jürgen Basedow et al. eds.); *Duke Law School Public Law & Legal Theory Series nº 2016-53, 2016, passim*, disponível em SSRN: https://ssrn.com/abstract=2849467, acesso em 14.9.2017.

exercício do poder soberano de um país quando em contato com interesses soberanos de outro país (jurisdição vista como o exercício de um poder soberano que pode ser limitado, tal como quando da tutela dos direitos humanos, para o exercício de um processo justo); Ou também através dos tratados[28], convenções[29] e imunidades jurisdicionais. Muito embora pouco sucesso tenha sido obtido com tais regulações em matéria de processos coletivos transnacionais, há que colocar que elas seriam um importante passo para a harmonização da jurisdição dando maior efetividade ao reconhecimento e execução dos julgados em outros países. De forma não menos importante à essa regulação, evidencia-se o papel das cortes nacionais no trabalho de efetividade dos processos coletivos transnacionais.[30]

A *Constituição Federal de 1988*, por sua vez, é o mais importante limite ao exercício da jurisdição no Brasil, e não as regras (hipóteses de jurisdição nacional estabelecidas no CPC). Isso em virtude da concepção de *processo justo* prevista no art. 5º, LIV da CF, através da qual resultam os princípios e as regras relativas à jurisdição. Processo justo este cujo escopo é a justiça da decisão, tanto aos fatos, quanto ao direito.[31]

Dessa forma, as regras expressas que estabelecem as hipóteses do exercício da jurisdição brasileira (arts. 21, 22 e 23 do CPC) submetem-se ao crivo constitucional (art. 1º do CPC) – que é o do *processo justo* e, por outro lado, o

28. A corrente do *monismo mitigado* ainda prevalente no STF desde o julgamento do Recurso Extraordinário nº 80.004/SE em 1977 prevê que, em havendo conflito entre tratado e lei interna, a solução é encontrada aplicando-se o critério da *lex posterior derogat priori*. Pela posição do STF, os tratados internacionais ratificados pelo Brasil têm o mesmo plano hierárquico das normas infraconstitucionais. Segundo Mazzuoli, no entanto, que qualquer tratado em vigor no Brasil tem, no mínimo, um nível *supralegal*, estando abaixo da Constituição e acima de todas as leis nacionais (ordinárias, complementares, etc.). Em relação aos tratados de direitos humanos, estes têm nível constitucional, independentemente da aprovação qualificada do art. 5º, §3º da CF, resolvendo-se eventual conflito pelo princípio *pro homine*, que estabelece a aplicação da norma mais favorável ao ser humano. MAZZUOLI, Valerio de Oliveira. *Direito dos Tratados*. 2ª ed. Rio de Janeiro: Forense, 2014, p. 465-480.
29. Destaca-se uma dificuldade em acomodar distintas estruturas jurídicas dos sistemas da *civil law* e *common law* para o estabelecimento de uma convenção sobre competência internancional. MOSCHEN, Valesca Raizer Borges; ZANETI JR. Hermes. *A autonomia da vontade como expressão democrática do exercício jurisdicional: a cláusula de eleição de foro na hormonização jurídica multilateral e regional e no Código de Processo Civil brasileiro de 2015*, no prelo, gentilmente cedido pelos autores. ARROYO, Diego F., "Competência Judicial Internacional: cuestiones e elementos para una reglamentación internacional", *Libro em Homenaje al Profesor Santiago Benadava*, 1.II, Santiago, 2008, p.117-152. Importante destacar aqui a participação de especialistas que procuram oferecer subsídios técnicos e científicos para uma futura convenção em matéria de reconhecimento e execução de sentenças estrangeiras, cujo exemplo notável é o do "Projeto de Sentenças Estrangeiras" em andamento na Conferência de Haia. ARAUJO, Nadia de; POLIDO, Fabrício Bertini Pasquot. "Reconhecimento e Execução de Sentenças Estrangeiras: análise do projeto em andamento na Conferência de Haia de Direito Inernacional Privado". *Revista de Direito Internacional*, v. 11, nº 1, 2014, p. 19-42.
30. MICHAELS, Ralf. "Jurisdiction Foundations", p. 4-6.
31. SARLET, Ingo W.; MARINONI, Luiz Guilherme; MITIDIERO, Daniel. *Curso de Direito* Constitucional, p. 736-738 e 776-783.

processo justo pode permitir a abertura para outras hipóteses de exercício da jurisdição brasileira.

O *processo justo* possui duas dimensões: uma que é garantia de legalidade processual e outra relativa à justiça substancial.[32]

A dimensão processual do *processo justo* é mais conhecida, cujo conteúdo é composto pelas normas garantidoras do contraditório e ampla defesa (art. 5º, LV, CF); do tratamento paritário às partes (art. 5º, I, CF); da garantia do juiz natural (art. 5º, XXXVII e LII, CF); motivação das decisões (art. 93, IX, CF); duração razoável do processo (art. 5º, LXXVIII, CF); garantia de acesso à justiça (art. 5º, XXXV, CF), dentre outros.[33]

A dimensão substancial do *processo justo*, não menos importante, estabelece que "um processo devido não é apenas aquele em que se observam exigências formais, devido é o processo que gera decisões jurídicas substancialmente devidas", sendo que a experiência jurídica brasileira assimilou a dimensão substancial como fundamento constitucional da proporcionalidade e da razoabilidade, com previsão expressa no art. 8º do CPC. [34]

O *processo justo*, portanto, engloba, conjuntamente, garantias de *legalidade processual* e de *justiça substancial* de forma que: a) não sendo uma cláusula de conteúdo rígido, pré-constituído e preciso, contém uma abertura flexível capaz de permitir a verificação, em concreto, da *fairness* do caso; b) que o direito de agir e de se defender efetive-se de forma contraditória; c) o processo somente será devido, não porque regulado pela lei rígida e pré-constituída, mas porque representa a garantia positiva de um "direito natural" a um processo "informado por princípios superiores de justiça".[35]

Valores fundamentais de ordem ideológica, ou princípios superiores de justiça, entendidos como uma garantia positiva de "um direito natural", representam, no ordenamento jurídico brasileiro, os direitos fundamentais previstos, expressa ou implicitamente, na CF. Em outras palavras, no direito constitucional, já é sabido que, com a constitucionalização dos princípios de direito natural,

---

32. COMOGLIO, Luigi Paolo. *Etica e técnica del "giusto processo"*, p. 47-51; DIDIER JR., Fredie. *Curso de Direito Processual Civil*. Vol. 1, p. 67-72. Defendem, por outro lado, um aspecto menos substancial do processo justo. SARLET, Ingo Wolfgang; MARINONI, Luiz Guilherme; MITIDIERO, Daniel. *Curso de Direito Constitucional*. São Paulo: Saraiva, 2016, p. 736-738; ÁVILA, Humberto. "O que é 'devido processo legal'?". Revista de Processo, v. 163, set./2008. Há, contudo, convergência no resultado, pois também estes autores defendem que o processo justo inclui os princípios da proporcionalidade e razoabilidade.
33. DIDIER JR., Fredie. *Curso de Direito Processual Civil*. Vol. 1, p. 66.
34. Importante citar o RE nº 374.981, de 28.3.2005, publicado no Informativo do STF nº 381, pelo qual a jurisprudência do Supremo Tribunal Federal extrai da cláusula geral do devido processo legal os deveres de proporcionalidade e razoabilidade. DIDIER JR., Fredie. *Curso de Direito Processual Civil*. Vol. 1, p. 67-72.
35. VIGORITI, Vincenzo. *Garanzie costituzionali del processo civile: due process of law e art. 24 cost.* Milano: Giuffré, 1970, p. 30-40.

ocorreu uma passagem da argumentação por valores morais, axiológica, para uma argumentação por normas jurídicas, deontológica.[36]

A garantia constitucional do processo justo (art. 5º, LIV da CF/88) como garantia de *legalidade processual* e de *justiça substancial* é a base jurídica da jurisdição discricional que permite sua adequação, ao considerar, na aplicação de regras gerais e abstratas, circunstâncias do caso concreto[37], de acordo com os princípios fundamentais estabelecidos na CF/88. Essa concepção coaduna-se com a teoria da jurisdição de Owen Fiss, segundo a qual a função da jurisdição é atribuir significado concreto aos valores constitucionais,[38] ressalvando-se o ordenamento jurídico brasileiro fez a opção pela constitucionalização de princípios jurídicos, e não valores, em razão do caráter deontológico daqueles (dever-ser).[39]

2.1.1. Princípios normativos do processo justo relevantes à definição da jurisdição adequada

Dentre os princípios normativos extraídos do processo justo, analisar-se-á, em virtude dos limites desse trabalho, os mais relevantes para o objeto de pesquisa dos processos coletivos transnacionais, quais sejam o da adequação, o da efetividade, o da duração razoável do processo, do acesso à justiça, o da boa-fé processual e o do contraditório.

---

36. ALEXY, Robert. *Teoria dos direitos Fundamentais*. Trad. Virgílio Afonso da Silva. São Paulo: Malheiros, 2008; ZANETI JR, Hermes. *O valor vinculante dos precedentes. Teoria dos Precedentes Normativos formalmente vinculantes*, p. 104-109.

37. LUPOI, Michele Angelo, *Conflitti Transnazionali di Giurisdizioni*, Tomo II, p. 971.

38. FISS, Owen. *Um Novo Processo Civil. Estudos norte-americanos sobre jurisdição, constituição e sociedade*. São Paulo: Ed. RT, 2004; FISS, Owen. "The Forms of Justice". *Yale Law School Legal Scholarship Repository*, 1979, disponível em http://digitalcommons.law.yale.edu/cgi/viewcontent.cgi?article=2201&context=fss_papers, acesso em 1.5.2017

39. A teoria contemporânea dos princípios demonstrou a importância de tratar os princípios e as regras como normas jurídicas, excluindo do âmbito jurídico a argumentação baseada em valores. Princípios não são valores, são normas, assim como as regras. A diferença fundamental entre os princípios e os valores está no caráter deontológico dos primeiros e no caráter axiológico dos segundos. Os princípios são razões *prima facie*, exprimem o que é devido, desde que não seja possível afastar sua aplicação por princípios em sentido contrário. Eles têm vocação para a realização finalística, na máxima medida, das possibilidades fáticas e jurídicas da norma. Entretanto, não é isso que os diferencia dos valores. O que os diferencia dos valores é o seu caráter de *dever ser*, e, portanto, quando se diz que uma determinada situação jurídica é melhor do ponto de vista constitucional, se está dizendo que ela é devida. Os princípios expressam, claramente, este caráter de *dever ser*, afastando, desde logo, falsas interpretações relativistas e subjetivistas que seriam possíveis em uma argumentação de valores. Assim, os princípios como normas jurídicas (conteúdos jurídicos) não se confundem com os valores como conteúdos morais. ZANETI JR, Hermes. *O valor vinculante dos precedentes. Teoria dos Precedentes Normativos formalmente vinculantes*, p. 274-288.

2.1.1.1. Princípio da adequação

Através do *princípio da adequação*, o processo será devido, se for adequado à tutela dos direitos. A adequação do processo leva, portanto, em consideração as duas dimensões do processo justo (devido processo legal), podendo-se dizer que o processo tem de ser capaz de promover a realização do direito material posto em causa, com um procedimento dotado de técnicas processuais aderentes à situação levada em juízo (o meio tem de ser idôneo à promoção do fim).[40]

Por isso, o uso da técnica coletiva adequada de acordo com a tutela de direitos pretendida pode ser crucial para a definição de uma jurisdição adequada à causa, tais como pode ocorrer em situações de pequenas lesões em massa que ficariam sem proteção pela falta de interesse individual, seja pelo custo individual do litígio, seja pela complexidade e pelo pequeno benefício individual a ser obtido.[41] Em tais casos, por vezes, a disposição de uma técnica coletiva *opt out* na formação do grupo do processo coletivo, tais como ocorre com as tradicionais *class actions* americanas, ou com as ações coletivas brasileiras, pode ser fundamental para a definição de uma jurisdição adequada à causa em casos de jurisdições concorrentes.

2.1.1.2. Princípio da efetividade

O *princípio da efetividade* também é corolário do processo justo e pode ser compreendido a partir do princípio da adequação. Como refere Marinoni: "a compreensão desse direito depende da adequação da técnica processual a partir das necessidades do direito material. Se a efetividade requer a adequação e a adequação deve trazer efetividade, o certo é que os dois conceitos podem ser decompostos para melhor explicar a necessidade de adequação da técnica às diferentes situações do direito substancial"[42].

Diz-se que o princípio da efetividade resulta do fundamento do direito de ação – ação esta que teve o foco deslocado do conceito para o resultado propiciado pelo seu exercício[43], já que a declaração de direitos não é suficiente,

40. MITIDIERO, Daniel. *Processo civil e Estado Constitucional*. Porto Alegre: Livraria do Advogado, 2007, p. 92.
41. ZANETI JR., Hermes. "Três modelos de processo coletivo no direito comparado: Class Actions, Ações associativas/litígios agregados e o "processo coletivo: modelo brasileiro". *Processos Coletivos*, p. 5.
42. MARINONI, Luiz Guilherme. "O direito à efetividade da tutela jurisdicional na perspectiva da teoria dos direitos fundamentais". *Revista de Direito Processual Civil*. Curitiba: Gênesis, 2003, p. 304.
43. MARINONI, Luiz Guilherme; ARENHART, Sérgio Cruz; MITIDIERO, Daniel. *Novo Curso de Processo Civil Comentado*. São Paulo: RT, 2015, p. 94.

mas sim sua realização no mundo real[44], com a "entrega do bem da vida" perquirido.

Nesse sentido, destaca-se, no CPC, como decorrência do princípio da efetividade, a primazia do julgamento de mérito.

O princípio da efetividade relaciona-se diretamente à necessidade não se criar entraves desnecessários, quando do reconhecimento e execução de julgados ocorridos em ordenamento estrangeiro, especialmente ao não se considerar o *resultado do caso concreto*, pois somente este seria capaz de demonstrar se houve ou não violação à ordem pública para fins de reconhecimento ou não, e não uma análise de disposições legais em termos abstratos. Assim, a alegação, em abstrato, de que a técnica coletiva *opt out* de um processo coletivo transnacional violaria fundamentos do processo civil de determinado ordenamento jurídico que não preveja tal mecanismo seria insuficiente e poderia implicar violação ao princípio da efetividade, pois não levaria em consideração as particularidades ocorridas no processo e a existência ou não de prejuízo.[45]

A efetividade destaca-se, nos processos coletivos transnacionais, quando vista na perspectiva da economia processual decorrente de uma ação coletiva[46] transnacional (*opt out*) em virtude de os membros componentes do grupo-autor não serem nominados e não participarem pessoalmente da ação, podendo significar para o réu, um meio de limitar sua exposição no sentido de solucionar potenciais reivindicações (oportunidade de resolver múltiplos casos iguais ou

---

44. "O direito existe para se realizar. A realização é a vida e a verdade do direito, é o próprio direito. O que não se traduz em realidade, o que está apenas na lei, apenas no papel, é um direito meramente aparente, nada mais do que palavras vazias. Pelo contrário, o que se realiza com direito é direito, mesmo quando não se encontre na lei e ainda que o povo e a ciência dele não tenham tomado consciência". JHERING, RUDOLF VON. Geist des römischen Rechts auf den verschiedenen Stufen seiner Entwicklung, Teil 2, Abteilung 2, Unveränderter Neudruck der 5. (lezten veränderten) Auflage Leipzig 1898, Aalen, Scientia Verlag, 1968, n. XXXVIII, p. 32, t. III, n. 43, p. 17, da edição espanhola de 1910, trad. Enrique Príncepe y Satorres, Madrid, Editorial Bailly-Bailliere *apud* OLIVEIRA, Carlos Alberto Alvaro de. *Do Formalismo no processo civil*. São Paulo: ed. Saraiva, 2003, p. 244.

45. PINNA, Andrea. "Recognition and Res Judicata of U.S. Class Action Judgments in European Legal Systems", p. 41; PINNA, Andrea. "Multinational Corporations and U.S. Class Action Procedures (Les Groupes Internationaux de Sociétés Face aux Class Actions Américaines)". *Groupes Internationaux de Sociétés: Nouveaux Défis, Nouveaux Dangers, X. Boucobza, G. Mecarelli*, Ed., Economica, Paris, 2007, p. 39-44, disponível em SSRN: https://ssrn.com/abstract=1022878, acesso em 8.8.2017.

46. Adota-se neste trabalho o conceito de "*processo coletivo* como aquele em que se postula um direito coletivo *lato sensu* (situação jurídica coletiva ativa), ou se afirme a existência de uma situação jurídica coletiva passiva (deveres individuais homogêneos, p. ex.) de titularidade de um grupo de pessoas". DIDIER JR., Fredie; ZANETI JR. Hermes. "Conceito de Processo Jurisdicional Coletivo". *RePro*, São Paulo: RT, nº 229, mar. 2014, p. 273-280. Há dois modelos de tutela coletiva positivados atualmente no ordenamento jurídico brasileiro: o *modelo da ação coletiva* e o *modelo do julgamento de casos repetitivos*, pois ambos têm por objeto precisamente a solução de uma situação jurídica coletiva. DIDIER JR., Fredie; ZANETI JR., Hermes. *Curso de Direito Processual Civil*. Vol. 4, p. 99-105.

similares em litígios complexos)[47]; para a justiça (pensada numa perspectiva transnacional), pode significar uma redução da sobrecarga das cortes, ao solucionar, em um só processo, várias situações iguais ou similares; e, para os membros estrangeiros participantes do grupo-autor, pode resultar na desnecessidade de ajuizamento de uma ação em seus países de origem.

Igualmente é o fundamento da efetividade que fundamenta a adoção do *forum non conveniens* no ordenamento jurídico brasileiro (*conveniência-adequação*), através do qual a jurisdição brasileira não seria exercida em virtude de outra jurisdição estrangeira mais conveniente (adequada e efetiva) para julgar a demanda.[48]

2.1.1.3. Princípio da duração razoável do processo

O direito à *duração razoável do processo* (art. 5º, LXXVIII, da CF) e aos meios que garantam a *tempestividade* da prestação da tutela dos direitos não podem ser desconsiderados na definição da jurisdição nacional e estão intrinsicamente ligados ao princípio da efetividade, inclusive para a aplicação do *forum non conveniens* no Brasil.

A duração razoável do processo é princípio constitucional (art. 5º, LXXVIII, CF, EC nº 45/04) e está expressamente tratada no art. 4º e no art. 139, II, do CPC/15.

O art. 4º do CPC que prevê que *as partes têm o direito de obtenção em prazo razoável a solução integral do mérito, incluída a atividade satisfativa*. Prevê, portanto, necessário elemento ao princípio da efetividade que é a necessidade de tutela tempestiva (duração razoável do processo), que não implica rapidez a qualquer custo, mas eliminação do tempo patológico, isto é, sem correspondência entre o tempo gasto e a complexidade da causa.[49]

Não se pode deixar também de mencionar que a atividade satisfativa também dever ser realizada em tempo razoável e com solução integral de mérito,

---

47. HENSLER, Debora; PETERSON, Mark A. "Understanding Mass Personal Injury Litigation: A Socio-Legal Analysis". *59 Brook. L. Rev. 961*, 1993, p. 1050, disponível em http://heinonline.org/HOL/LandingPage?handle=hein.journals/brklr59&div=36&id=&page=, acesso em 14.7.2017. Nesse sentido, referem que os julgamentos globais são atrativos, mesmo quando o preço é alto, porque eles oferecem a oportunidade de reduzir incertezas e limitar os custos da transação.
48. Nesse sentido, já se decidiu: TJSP, Ag nº 266.029, Rel. Des. Vieira de Moraes, Revista Forense, vol. 269, p. 208-209 (1980) *apud* TIBURCIO, Carmen. *Extensão e Limites da Jurisdição Brasileira: competência internacional e imunidade de jurisdição*, p. 209.
49. MARINONI, Luiz Guilherme; ARENHART, Sérgio Cruz; MITIDIERO, Daniel. *Novo Curso de Processo Civil Comentado*, p. 98.

o que revela, portanto, o direito fundamental à tutela executiva,[50] direito fundamental este que também deve ser aplicado no caso de jurisdição indireta (reconhecimento e execução de sentença estrangeira) e, por isso, passa a fazer parte também para uma definição adequada da jurisdição.

2.1.1.4. Princípio do acesso à justiça adequada

O *princípio do acesso à justiça*[51], por sua vez, deve ser norteador das normas sobre jurisdição.

Nos processos coletivos transnacionais, é a valorização de uma técnica coletiva que permita a tutela integral do direito que contribui para o acesso à justiça, especialmente em casos em que as vítimas estão submetidas a igual situação jurídica, mas que podem vir a obter tutelas bem diferentes, quando as situações transfonteiriças são tratadas de forma limitada em casa um dos ordenamentos jurídicos. Não se defende o simples acesso à justiça, mas sim o acesso à uma justiça capaz de tutelar de forma adequada, efetiva e tempestiva os direitos coletivos transindividuais, quanto, em um dos ordenamentos jurídicos concorrentes, a tutela do direito não possa ser prestada de forma adequada ao direito tutelado. Nesse contexto, o alcance extraterritorial da jurisdição decorrente da inclusão de membros estrangeiros absentes no grupo formado em uma ação coletiva (*class actions*), ou o alcance extraterritorial da jurisdição resultante de conexões *business related* de corporações transnacionais no exercício de atividades econômicas extraterritoriais podem significar a efetivação do princípio do acesso à justiça.

Dessa forma, para garantia do acesso à justiça, não basta o ingresso formal ao Poder Judiciário, mas é necessário que o acesso seja capaz de dar efetividade à tutela pretendida pela parte autora, com a possibilidade de realização concreta dos direitos afirmados em juízo, corroborando-se a necessidade também de uma acesso à justiça transnacional.[52]

---

50. Art. 4º do CPC expressa que a atividade satisfativa também deve ser tempestiva. GUERRA, Marcelo Lima. *Direitos Fundamentais e a Proteção do Credor na Execução Civil*. São Paulo: RT, 2002, *passim*; DIDIER JR., FREDIE. *Curso de Direito Processual Civil – Introdução ao Direito Processual Civil, Parte Geral e Processo de Conhecimento*. 17ª ed. Salvador: Jus Povium, 2015, vol. 1. p. 93/96; ZANETI JR., Hermes. *Comentários ao Código de Processo Civil – Do Processo de Execução –arts. 824 a 925*. São Paulo: RT, vol. XIV, 2017.
51. Trata-se de garantia prevista em vários instrumentos de direitos humanos como a Declaração Universal de Direitos do Homem (art. 8º), Pacto Internacional sobre Direitos Civis e Políticos (art. 14) (internalizado pelo Decreto nº592/92), Convenção Americana de Direitos Humanos (art. 8º) (internalizado pelo Decreto nº678/92), Convenção Europeia de Direitos Humanos (art. 6º), art. 5º, XXXV, CF/88.
52. TIBURCIO, Carmen. *Extensão e Limites da Jurisdição Brasileira: competência internacional e imunidade de jurisdição*, p. 139.

A aplicação do processo justo na utilização do *forum non conveniens* e na adoção do *forum necessitatis* (incluída a dimensão de justiça substancial) são exemplos da aplicação do princípio do acesso à justiça na definição da jurisdição adequada.

2.1.1.5. Princípio da boa-fé processual

O *princípio da boa-fé processual*, também corolário do processo justo, pode ser compreendido como um dever geral de boa-fé processual, como conteúdo do devido processo legal (sendo este seu fundamento constitucional), pois o processo para ser devido precisa ser ético e leal.[53]

No processo internacional, o princípio da boa-fé manifesta-se de diversas formas, dentre elas através da proibição de abuso do direito de buscar determinado foro com o objetivo de impedir a defesa do réu, podendo ser uma das justificativas de aplicação do *forum non conveniens* (*abuso na escolha do foro*) no Brasil.

Igualmente na presunção de efetividade dos acordos de eleição de foro e de arbitragem, em vista da expectativa legítima das partes, o princípio da boa-fé processual está presente.[54]

Especificamente, nos processos coletivos transnacionais, pode-se citar, como exemplo de violação da boa-fé processual em razão da proibição de *venire contra factum proprium*, a lacuna de acesso à justiça transnacional (*transnational acess-to-justice gap*). A violação consiste na alegação, pela parte demandada, de *forum non conveniens*, sob o argumento de haver um foro alternativo mais adequado à causa. Posteriormente, esta mesma parte demandada, opõe-se ao reconhecimento e execução do julgado ocorrido em tal foro alternativo, sob o argumento da inadequação do foro alternativo, referindo algum problema no transcurso do processo.[55] Esse tipo de comportamento gera limbos de irresponsabilidade global em decorrência da ausência de efetividade dos julgados realizados.

---

53. DIDIER JR., Fredie. *Curso de Direito Processual Civil*. Vol. 1, p. 109. Nesse sentido também a jurisprudência do STF (RE 464.963-2/GO, AI 529.733-1/RS).
54. TIBURCIO, Carmen. *Extensão e limites da Jurisdição Brasileira. Competência Internacional e Imunidade de Jurisdição*, p. 142.
55. WHYTOCK, Christopher A.; ROBERTSON, Cassandra Burke. "Forum Non Conveniens and the Enforcement of Foreign Judgments", *passim*. Cita-se aqui como exemplo clássico o caso *Chevron*, bem como o caso que envolve a *TAM Airlines* (*Andrews v. Northrop Grumman Corp.*, nº 783990 – Cal. Super. Ct. Nov. 6, 1997), 1997 WL 34664906).

2.1.1.6. Princípio do contraditório

O direito ao contraditório constitui essencial condição ao processo justo e é inseparável de qualquer ideia de administração organizada da justiça, sendo que o próprio conceito de Estado Constitucional está constituído sob sua base, devendo estar presente em todo o arco processual.[56]

Quanto ao conteúdo, o direito ao contraditório não é mais visto como bilateralidade, isto é, ação e reação como era no CPC de 1973. Ele surge como "valor-fonte" do processo no Estado Democrático Constitucional, sujeitando também o juiz (art. 7º do CPC), conforme já referia a melhor doutrina sobre o assunto e indicado expressamente nos arts. 9º e 10º do CPC.[57]

O contraditório significa conhecer e reagir, mas também participar do processo e influir nos seus rumos, transmuda-se, portanto, no *direito de participação e influência no processo como um limite ao poder do juiz* e, por consequência, na existência de *um dever de debate por parte deste juiz em relação às partes*[58], mesmo nos casos em que seja possível e recomendável a sua atuação de ofício. O Juiz e as partes encontram-se igualmente sujeitos ao contraditório,[59] assim a definição de processo como procedimento em contraditório, caracterizado por um feixe de relações jurídicas que se estabelecem entre os diversos sujeitos das relações processuais com a finalidade de obter uma decisão de mérito justa, tempestiva e efetiva (art. 4º do CPC). [60]

A compreensão do contraditório como direito de influência determina que "todas as decisões definitivas do juízo se apoiem tão somente em questões previamente debatidas pelas partes, isto é, sobre matéria debatida anteriormente pelas partes". Portanto, são vedadas as *decisões-surpresas* (no processo, ninguém pode tirar um coelho da cartola, nem o juiz), ou seja, é indispensável que as partes possam se pronunciar sobre tudo o que possa servir de ponto de

56. MARINONI, Luiz Guilherme; MITIDIERO, Daniel. *Comentários ao Código de Processo Civil. Artigos 1 ao 69*. São Paulo: RT, 2017, p. 163.
57. ZANETI JR., Hermes. *A Constitucionalização do Processo. O Modelo Constitucional da Justiça Brasileira e as Relações entre Processo e Constituição*, p.179-184.TROCKER, Nicolò. *Processo Civile e Costituzione. Problemi di Diritto Tedesco e Italiano*. Milano: Giuffrè, 1974; ALVARO DE OLIVEIRA, Carlos Alberto. "O Juiz e o Princípio do Contraditório". *Revista de Processo*, São Paulo: RT, nº 71, p. 31-38, jul./set., 1993; ZANETI JR. Hermes. "O Ministério Público e as normas fundamentais do Direito Processual Civil Brasileiro", p. 446.
58. CABRAL, Antonio do Passo. "Il principio del contraddittorio come diritto d'influenza e dovere di dibattito". *Rivista di Diritto Processuale*, anno 60, n. 2, p. 449-463, Apr./Giu. 2005.
59. MARINONI, Luiz Guilherme; MITIDIERO, Daniel. *Comentários ao Código de Processo Civil. Artigos 1 ao 69*. São Paulo: RT, 2017, p. 164; MITIDIERO, Daniel. *Colaboração no Processo Civil. Pressupostos Sociais, Lógicos e Éticos*. 2ª ed. revista, atualizada e ampliada. São Paulo: RT, 2011, p. 87-103; ZANETI JR. Hermes. "O Ministério Público e as normas fundamentais do Direito Processual Civil Brasileiro", p. 447.
60. FAZZALARI, Elio. "Procedimento e Processo (Teoria Generale). In.: *ENCICLOPEDIA del Diritto*. Milano: Giuffrè, 1986, v. 35; ZANETI JR., Hermes. *A Constitucionalização do Processo. O Modelo Constitucional da Justiça Brasileira e as Relações entre Processo e Constituição*, p. 179-188.

apoio para a decisão da causa, inclusive quanto àquelas questões que o juízo possa apreciar de ofício (art. 10).[61]

Diante dessa nova compreensão do princípio do contraditório, a definição da jurisdição também estaria submetida ao contraditório, com a vedação de *decisão-surpresa*. Para a definição da jurisdição adequada ao caso, com eventuais flexibilizações decorrentes do processo justo, é fundamental que as possam participar trazendo as peculiaridades do caso concreto.

Mesmo na hipótese da utilização do *forum non conveniens* realizado de ofício pelo juiz nos casos de *conveniência-adequação*,[62] há a necessidade da aplicação de *contraditório preventivo*, oportunizando às partes a participação na formação do provimento judicial relativo à aplicação do *forum non conveniens* pelo juiz. Nesse sentido, não basta que as partes conheçam as razões e argumentações expendidas pela outra, elas têm de conhecer também os motivos e fundamentos que conduziram o órgão judicial a tomar determinada decisão, possibilitando-se sua manifestação a respeito em tempo adequado.

2.2. Segundo nível: as regras estabelecidas pelo Código de Processo Civil

Os ordenamentos jurídicos de *civil law* dependem quase que inteiramente desse segundo nível para exercerem sua jurisdição.[63]

O Brasil, por ser um sistema híbrido de *civil law* e *common law*[64], não está adstrito a regras pré-estabelecidas para a definição da jurisdição brasileira, mas deve considerar a normatividade de todo o ordenamento jurídico, a partir das normas estabelecidas no primeiro nível de regulação, extraídas a partir do processo justo (incluída sua dimensão substancial).

---

61. MARINONI, Luiz Guilherme; MITIDIERO, Daniel. *Comentários ao Código de Processo Civil. Artigos 1 ao 69*. São Paulo: RT, 2017, p. 167.
62. Conforme refere Renato Beneduzi, o *forum non conveniens* com fundamento na *conveniência-adequação*, por envolver o interesse público no bom andamento da justiça (a jurisdição deve servir à boa administração da justiça), poderia ser aplicado também de ofício pelo juiz. BENEDUZI, Renato Resende. "Forum non conveniens". *Coleção Novo CPC Doutrina Selecionada. Parte Geral*. Fredie Didier Jr. (coord). 2ª ed., Salvador: JusPodivm, 2016, p. 802-806.
63. MICHAELS, Ralf. "Jurisdiction Foundations", p. 7.
64. Diz-se que o Brasil é um sistema jurídico híbrido (*civil law* e *common law*), principalmente, porque possui: a) controle de poder no processo constitucional – controle difuso de constitucionalidade (*judicial review*); b) juizados especiais de pequenas causas (*small claim courts*); c) precedentes judiciais; d) especificamente quanto ao objeto dessa dissertação, *class actions*. ZANETI JR., Hermes. *A Constitucionalização do Processo. O Modelo Constitucional da Justiça Brasileira e as Relações entre Processo e Constituição*. 2ª ed. São Paulo: Atlas, 2014, p. 5-57; ZANETI JR., Hermes. *O Valor Vinculante dos Precedentes*. Salvador: Jus Podivm, 2016, p. 29-65; 104-104.

Assim, pode-se dizer que que "o Código de Processo Civil constitui direito constitucional aplicado"[65]. No CPC anterior, de 1973, havia um paradoxo metodológico[66] entre o art. 5º, XXXV da CF e o art. 126 do CPC/73, porque aquele dizia que a lei não excluirá da apreciação do Poder Judiciário lesão ou ameaça a direito, enquanto este previa que juiz deveria aplicar a lei.

Com o CPC de 2015, contudo, não se fala mais em lei, mas em ordenamento jurídico (art. 1º, CPC). Isto é importante, porque a mudança das palavras tem força normativa, servindo a tautologia trazida no art. 1º do CPC também para dar conteúdo normativo infraconstitucional às normas da Constituição. Hoje há uma só lei processual, com elementos do *common law* e *civil law*[67], abaixo de uma só Constituição, ambas com natureza híbrida. Com o novo CPC, houve uma passagem da lei para o ordenamento jurídico, isto é, vige hoje a ideia de constitucionalização e legalidade ampla, de forma que o princípio da legalidade previsto no art. 8º do CPC é considerado como uma garantia do Estado Democrático Constitucional e deve ser interpretado à luz do art. 1º, que determina a observância das normas constitucionais e do art. 140, que impõe ao juiz decidir com base no ordenamento jurídico.[68]

Neste segundo nível estão compreendidas as regras em que a jurisdição nacional pode ser exercida, destacando-se as previstas nos arts. 21 e 22 do CPC.[69]

As hipóteses previstas no CPC não são hipóteses taxativas para o exercício da jurisdição brasileira em causas com elemento de estraneidade, não obstante haja, através delas, a previsibilidade para a maioria dos casos.

---

65. MARINONI, Luiz Guilherme; ARENHART, Sérgio Cruz; MITIDIERO, Daniel. *Novo Código de Processo Civil Comentado*, p. 91.
66. ZANETI JR., Hermes. *A Constitucionalização do Processo. O Modelo Constitucional da Justiça Brasileira e as Relações entre Processo e Constituição*, p. 16/20.
67. RODRIGUES, Marcelo Abelha. *Manual de Direito Processual Civil*, 10/14.
68. ZANETI JR., Hermes. "A legalidade na era da proteção das necessidades de tutela: Principio da Constitucionalidade e Legalidade Ampla". *Normas Fundamentais*. Fredie Didier Jr, Dierle Nunes e Alexandre Freire (coord.). Salvador: Jus Podivm, 2016, p. 141/174.
69. Além das hipóteses previstas no CPC, há importantes regras sobre competência internacional previstas em convenções internacionais ratificadas pelo Brasil, tais como Convenção Interamericana sobre a Restituição Internacional de Menores (Decreto nº1.212/94), Convenção para a Unificação de Certas Regras Relativas ao Transporte Aéreo Internacional (Decreto nº 5.910/06), Protocolo de São Luiz sobre matéria de Responsabilidade Civil Emergente de Acidentes de Trânsito entre os Estados Partes do Mercosul (Decreto nº 3.856/01). DOLINGER, Jacob; TIBURCIO, Carmen. *Direito Internacional Privado*. 13ªed., Rio de Janeiro: Forense, 2017, versão digital (item relativo a "Hipóteses previstas em Tratados"). A Lei de Introdução às Normas do Direito Brasileiro (Decreto-Lei 4.657/42, antes chamada de Lei de Introdução ao Código Civil – LICC) também traz disposições relativas à jurisdição indireta (arts. 15 e 17). Importante ainda referir que nas ações coletivas transnacionais, a hipótese prevista no art. 23 do CPC abarca por não ter relação com pretensões coletivas *lato sensu*, e em razão disso não serão abordadas neste trabalho. ZANETI JR, Hermes; BORGES, Orlindo Francisco; CARDOSO, Juliana Provedel. "Ações Coletivas Transnacionais para a tutela de danos ambientais: o caso Chevron (HSE nº 8542)". *Revista de Direito Ambiental*. São Paulo: RT, ano 21, nº 84, out/dez, 2016;

Esse é o posicionamento de parte da doutrina[70] e da jurisprudência mais recente do Superior Tribunal de Justiça[71] e que está em consonância com a necessidade de tutela adequada dos direitos e, por consequência, com uma tutela mais abrangente para os processos coletivos transnacionais e, por isso, será adotada neste trabalho.

Os arts. 21 e 22 do CPC tratam das hipóteses de jurisdição concorrente porque são situações que podem ser decididas também por autoridade estrangeira. Já o art. 23 do CPC trata das hipóteses de jurisdição exclusiva, porque são situações que só podem ser decidas por autoridade judiciária brasileira, entretanto, não serão tratadas por não terem maior relevância para pretensões coletivas *lato sensu*.[72]

As hipóteses de competência do Judiciário brasileiro acima elencadas não são cumulativas, bastando que uma delas esteja presente, para que o Judiciário nacional possa atuar, constituindo *fatores de conexão alternativos*, por exemplo, o domicílio do réu no Brasil, o local do fato ocorrido ou ato praticado no Brasil, o cumprimento da obrigação no Brasil.[73] Assim, pouco importaria o domicílio do réu, caso se trate de um fato danoso ou ilícito ocorrido no Brasil, para que fosse fixada a competência do Judiciário Brasileiro para a causa de acordo com as regras estabelecidas no CPC. Isso porque bastaria uma das hipóteses do CPC para o exercício da jurisdição nacional.

2.3. Terceiro nível: a discricionariedade fundamentada – a justiça substancial no caso concreto

Neste nível, a questão cinge-se a saber se a jurisdição abstratamente prevista nas hipóteses legais do CPC pode não ser exercida, ou se as hipóteses de jurisdição não previstas podem ser exercidas. Trata-se do uso da

70. Este também o posicionamento de TIBURCIO, Carmen. *Extensão e limites da Jurisdição Brasileira. Competência Internacional e Imunidade de Jurisdição*, p. 101-106; TIBURCIO, Carmen; DOLINGER, Jacob. *Direito Internacional Privado*. 13ªed., Rio de Janeiro: Forense, 2017, versão digital (item relativo à "Taxatividade ou não das hipóteses de Competência Internacional"); BARBOSA MOREIRA, José Carlos. "Problemas relativos a Litígios Internacionais". *Temas de Direito Processual Civil*, 5ª Série, São Paulo: Saraiva, 1994, p. 139 e ss. Importante ressaltar que o entendimento de Barbosa Moreira se restringe às hipóteses de competência concorrente, não admitindo amplicação para hipóteses de competência exclusiva.

71. Nesse sentido o RO 64/SP, Rel. Ministra NANCY ANDRIGHI, TERCEIRA TURMA, julgado em 13/05/2008, DJe 23/06/2008).

72. ZANETI JR, Hermes; BORGES, Orlindo Francisco; CARDOSO, Juliana Provedel. "Ações Coletivas Transnacionais para a tutela de danos ambientais: o caso Chevron (HSE nº 8542)". *Revista de Direito Ambiental*. São Paulo: RT, ano 21, nº 84, out/dez, 2016;

73. TIBURCIO, Carmen. *Extensão e limites da Jurisdição Brasileira. Competência Internacional e Imunidade de Jurisdição*, p. 49.

discricionariedade judicial fundamentada e *suscetível de controle*, quando da definição da jurisdição adequada ao caso concreto.

Esclarece Nicola Picardi que o poder discricionário do juiz é *limitado*, porque, no momento da sua escolha entre as diversas opções, está sujeito a uma série de vínculos, tais como os decorrentes das regras, dos princípios ou dos precedentes normativos. O juiz, no exercício de seu poder discricional, está vinculado pela imparcialidade (limite processual) e pela razoabilidade (limite substancial) e sempre está obrigado a desenvolver tal poder com o respeito ao contraditório, a fim de assegurar a escolha da melhor alternativa.[74]

O poder discricionário do juiz também é *controlável (sindicável)*. A obrigatoriedade da publicidade e da motivação dos atos constituem trâmite necessário para verificar, sob o plano da logicidade, se o juiz exerceu corretamente o poder discricionário. O modo como esse poder foi exercido é controlável em sede de impugnação.[75]

A utilização da discricionariedade como um dos níveis para o exercício da jurisdição é mais comum em países de *common* law, embora exista também em países de *civil law*, como é o caso da cláusula de escape da *close connection* (adotada pela legislação da União Europeia).[76]

O Brasil, como já referido, é um sistema híbrido de *civil law* e *common law*, e como tal, adota a discricionariedade fundamentada em seu ordenamento jurídico – necessária à concretização do processo justo e, portanto, da jurisdição adequada.

Obviamente que, para a definição da jurisdição adequada, embora os níveis de regulação propostos neste trabalho sejam complementares, nem sempre há a necessidade de aplicação de todos eles ao caso concreto. Na maioria das situações e nas menos complexas, o segundo nível, isto é, as hipóteses de exercício da jurisdição brasileira previstas no CPC, será suficiente ao exercício adequado da jurisdição.

2.3.1. *Forum non conveniens*

A doutrina do *forum non conveniens*, típica dos países de *common law*, é a principal base de discricionariedade na definição da jurisdição.

74. PICARDI, Nicola. *Manuale del Processo Civile*. 3ª ed. Milano: Giuffrè Editore, 2016, p. 125..
75. *Idem, ibidem*.
76. MICHAELS, Ralf. "Jurisdiction Foundations". p. 8-10.

Através dessa doutrina, o juiz pode declinar do exercício da jurisdição nacional[77] em razão de sua inadequação para determinada causa, quando houver um *foro alternativo* disponível claramente mais apropriado.[78]

Defende-se que a utilização do *forum non conveniens* não pode prescindir de uma análise de justiça substancial, sob pena de poder resultar em grave violação ao acesso à justiça.

De acordo com a doutrina mais recente, a doutrina do *forum non conveniens* tem aplicação no Brasil.[79]

Refere a doutrina que "o *forum non conveniens* é plenamente possível, a partir da concretização do direito fundamental a um processo adequado e leal"[80], podendo-se fundamentar também na concretização do princípio da efetividade processual[81], inclusive falar em um *princípio da competência adequada*[82]. Especificamente no processo coletivo, a doutrina, de forma semelhante, já se

---

77. Nesse aspecto, importante retomar que o entendimento adotado neste trabalho não é o de que a jurisdição resulta na aplicação da lei ao caso concreto (Chiovenda) e, portanto, uma vez não sendo aplicação a lei não haveria jurisdição, mas sim o de que jurisdição emana de todo o ordenamento jurídico, das normas constitucionais, podendo o juiz exercer atividade reconstrutiva interpretativa para fins da tutela das pessoas e do direito. ZANETI JR., Hermes. *A Constitucionalização do Processo. O Modelo Constitucional da Justiça Brasileira e as Relações entre Processo e Constituição.* 2ª ed. São Paulo: Atlas, 2014, p. 189-217; MARINONI, Luiz Guilherme; MITIDIERO, Daniel. *Comentários ao Código de Processo Civil. Artigos 1 ao 69.* São Paulo: RT, 2017, p. 276; DIDIER JR., Fredie. *Curso de Direito Processual Civil.* 17ª ed. Salvador: JusPodivm, 2015, Vol. 1, p. 153; TIBURCIO, Carmen. *Extensão e limites da Jurisdição Brasileira. Competência Internacional e Imunidade de Jurisdição*, p. 36.
78. MICHAELS, Ralf. "Jurisdiction Foundations". p. 8-10.
79. DIDIER JR., Fredie. *Curso de Direito Processual Civil.* Vol. 1, p. 208-209; BRAGA, Paula Sarno. "Competência adequada". Revista de Processo. São Paulo: RT, 2013, nº 219, p. 13-41; TAVARES, Sara. *A doutrina do forum non conveniens e o processo civil brasileiro* (dissertação de mestrado defendia perante a Faculdade Baiana de Direito em 2011); BENEDUZI, Renato Resende. "Forum non conveniens". *Coleção Novo CPC Doutrina Selecionada. Parte Geral.* Fredie Didier Jr. (coord). 2ª ed., Salvador: JusPodivm, 2016, p. 811-815; TIBURCIO, Carmen. *Extensão e limites da Jurisdição Brasileira. Competência Internacional e Imunidade de Jurisdição*, p. 26 e 208-212; CABRAL, Antonio do Passo. *Juiz natural e eficiência processual: flexibilização, delegação e coordenação de competências no processo civil.* Tese para o concurso de Professor Titular da UERJ. 2017, no prelo, gentilmente cedido pelo autor. Esta posição, entretanto, não é aceita pela doutrina de BARBOSA MOREIRA, José Carlos. "Problemas relativos a Litígios Internacionais". *Temas de Direito Processual Civil*, 5ª Série, São Paulo: Saraiva, 1994, nem pela jurisprudência do STJ (MC 15.398/RJ, Rel. Ministra NANCY ANDRIGHI, TERCEIRA TURMA, julgado em 02/04/2009, DJe 23/04/2009) e (REsp 1633275/SC, Rel. Ministro RICARDO VILLAS BÔAS CUEVA, TERCEIRA TURMA, julgado em 08/11/2016, DJe 14/11/2016). Em grandes linhas, afirmam não haver respaldo na doutrina, nem das normas do ordenamento jurídico para a aplicação da doutrina do *forum non conveniens*.
80. DIDIER JR., Fredie. *Curso de Direito Processual Civil.* Vol. 1, p. 208-209;
81. TIBURCIO, Carmen. *Extensão e limites da Jurisdição Brasileira. Competência Internacional e Imunidade de Jurisdição*, p. 26 e 208-212.
82. BRAGA, Paula Sarno. "Competência adequada". Revista de Processo. São Paulo: RT, 2013, nº 219, p. 13-41; DIDIER JR., Fredie. *Curso de Direito Processual Civil.* Vol. 1, p. 208-209.

posicionou quanto à necessidade de flexibilização das regras de competência, adotando o *princípio da competência adequada*.[83]

Diante da existência de jurisdições concorrentes, é natural que haja o *forum shopping*, isto é, a escolha por parte do autor do foro mais conveniente, do seu ponto de vista. Nesse sentido, o termo *forum shopping* tem uma conotação positiva, e não negativa como comumente explorado pela doutrina (como sinônimo de abuso), tal como se poderia pensar no caso da procura de um segundo foro pela parte autora, depois de não ter obtido sucesso no primeiro foro ou no caso de duplicação de ações em diferentes foros para dificultar a defesa do réu, isto é, processar simultaneamente a mesma causa em diferentes foros.[84]

Assim, o *forum shopping* pode ter virtudes muito relevantes em relação aos litígios transnacionais, tais como a possibilidade de acesso à justiça (a parte autora tem direito a buscar a melhor tutela para seu direito); a promoção da regulação privada de interesses públicos – que é da essência das *class actions* (a parte autora pode optar pelo ordenamento que disponha de técnica coletiva *opt out*); o fomento de modificações na legislação (que o direito material aplicado também é considerado para a escolha da jurisdição).[85]

O *forum non conveniens*, por sua vez, serve como contraponto a eventual *abuso de direito* por parte do autor em relação às possíveis opções de jurisdição. Por isso, a *jurisdição adequada*, que é um dos corolários do *justo processo* (*devido processo legal*), também o é da boa-fé.[86]

Verifica-se, portanto, que a doutrina recente sobre o tema no Brasil tem admitido a aplicação do *forum non conveniens*, tanto nos casos de *conveniência-adequação*, quanto nos casos de *abuso na escolha* do foro[87], inicialmente competente, mas considerado abusivo no caso concreto[88]. Naquele caso, a justificativa para aplicação do *forum non conveniens* seria a boa administração da justiça e neste, a tutela da boa-fé processual.[89]

---

83. DIDIER JR., Fredie; ZANETI JR., Hermes. *Curso de Direito Processual Civil*. 12ªed. Salvador: Jus Podivm, 2018, Vol. 4, p. 117-118.
84. BOOKMAN, Pamela. "The Unsung Virtues of Global Forum Shopping". *Notre Dame L. Rev.* 579 (2016); *Temple University Legal Studies Research Paper*, nº 2016-21, p. 579-588, disponível em SSRN: https://ssrn.com/abstract=2768408, acesso em 2.12.2017.
85. *Idem, ibidem.*
86. DIDIER JR., Fredie. *Curso de Direito Processual Civil*. Vol. 1, p. 208.
87. Conforme refere Renato Beneduzi, esta modalidade é utilizada para aplicação do *forum non conveniens* na Austrália, quando a escolha da jurisdição realizada pela parte autora foi considerada visivelmente *opressiva* e *vexatória* e, portanto, abusiva. BENEDUZI, Renato Resende. "Forum non conveniens", p. 807-811.
88. Em sendo abusivo o negócio jurídico processual de eleição de foro, poderia o juiz, em princípio competente pelo negócio jurídico, recusar o exercício da jurisdição, porque existe outra mais adequada.
89. BENEDUZI, Renato Resende. "Forum non conveniens", p. 802 e ss.

A adoção pelo ordenamento jurídico brasileiro de um teste para a aplicação do *forum non conveniens* contribuiria para a criação de uma dogmática para sua utilização.[90]

A definição do *foro adequado* para determinada causa levaria em conta, portanto, não só o fator (ou fatores) de conexão abstratamente indicado, mas outros elementos relevantes da causa, em uma análise comparativa entre os ordenamentos jurídicos concorrentes para julgamento do feito, com respeito ao contraditório. A perspectiva do *processo justo* (devido processo legal, incluída a dimensão substancial) flexibiliza a concepção de que a simples análise da jurisdição na perspectiva da conexão pré-estabelecida resulta em uma jurisdição adequada, demonstrando que pode haver outros elementos relevantes que merecem consideração no caso concreto e que podem prevalecer em relação a hipóteses de incidência prévias.

No Brasil, a aplicação do *forum non conveniens* não decorreria de regra expressa, mas da aplicação dos princípios normativos decorrentes do processo justo, com fins a realização de uma tutela adequada, tempestiva e efetiva também na jurisdição internacional.

Não obstante o novo CPC, no art. 24, não tenha avançado na admissão da litispendência internacional, a doutrina já sinalava para a possibilidade de extinção do processo sem resolução do mérito, caso em que fosse verificado que a tramitação da causa brasileira não traria resultado útil para as partes envolvidas, com fundamento no princípio da efetividade.[91]

Para fins de evitar a predominância de interesses econômicos e políticos dentre os interesses envolvidos na definição da jurisdição, especialmente em processos coletivos transnacionais, além da preocupação com a dimensão substancial do processo justo, as restrições colocadas por Renato Beneduzi à aplicação do *forum non conveniens* no Brasil são relevantes para se evitar a denegação de justiça por meio do uso do *forum non conveniens*. Refere o autor que a aplicação do *forum non conveniens* dependeria de que o foro alternativo já tenha afirmado sua jurisdição para a causa e que seja mais apropriado concretamente.[92]

---

90. A adequada aplicação da doutrina do *forum non conveniens* costuma utilizar *testes* que levem em consideração as circunstâncias do caso concreto para determinar qual é o foro adequado à causa dentre os foros concorrentes. A valorização de uma análise de justiça substancial (razoabilidade e proporcionalidade) possibilita inclusive flexibilizar o foro com conexões mais evidentes e fortes, caso não seja possível a realização da tutela adequada à causa em tal foro (*Spiliada Maritime Corp v Cansule Ltd.*, 1987). ROGERSON, Pippa. *Collier´s Conflict of law*, p. 167; MORRIS, John.H.C.; McCLEAN, David; ABOU-NIGM, Verónica Ruiz. *The Conflict of Laws*, p. 184.
91. WAMBIER, Teresa Arruda Alvim. "Competência e litispendência internacional". *Pareceres*. São Paulo: RT, Vol. II, 2012, p. 24.
92. BENEDUZI, Renato Resende. "Forum non conveniens", p. 814-815.

Além disso, a exigência proposta por Christopher Whytock e Cassandra Burke Robertson[93] para a aplicação do *forum non conveniens* atrelado à uma "adequação sistêmica" na análise da jurisdição (tanto na direta, quanto na indireta) contribui sobremaneira para o uso devido do *forum non conveniens*. Em outras palavras, se o *foro alternativo* foi considerado adequado para aplicação do *forum non conveniens* (jurisdição direta), este mesmo padrão de adequação é que deverá ser exigido para posterior reconhecimento e execução do resultado do julgamento (jurisdição indireta), e não um padrão superior.

O requisito de uma "adequação sistêmica" da jurisdição contribuiria para evitar os abusos já evidenciados na jurisprudência americana, quando da aplicação do *forum non conveniens* consistente em uma dupla negativa de acesso à justiça: primeira com a aplicação do *forum non conveniens* e, após, com o não reconhecimento da sentença produzida no foro alternativo estrangeiro.

Essas duas restrições impostas à aplicação do *forum non conveniens* no Brasil estariam em consonância com a concepção de processo justo (dimensão processual e substancial) também quando se trata da definição da jurisdição.

Ainda dentro da temática da adoção do *forum non conveniens* no Brasil, há que se tratar de dois argumentos comumente utilizados para seu não reconhecimento em nosso ordenamento jurídico.

O primeiro diz respeito à inafastabilidade da jurisdição (art. 5º, XXXV, da CF, "a lei não excluirá da apreciação do Poder Judiciário lesão ou ameaça a direito" e art. 3º, *caput*, CPC).[94] Quanto a esse argumento, cabe destacar a passagem de um *acesso à justiça formal*, no Século XIX, para um *acesso à justiça substancial*, no Século XX, o que representa a compreensão de que a ideia de acesso à justiça não se limita ao acesso à jurisdição, ou a uma jurisdição estatal específica, mas se volta, principalmente, para o acesso adequado à justiça.

Por essa razão, o princípio da inafastabilidade da jurisdição não pode ser utilizado para atingir o objetivo exatamente contrário à sua finalidade. A inafastabilidade da jurisdição está ligada à ideia da jurisdição adequada, não qualquer jurisdição (acesso formal), mas sim uma jurisdição capaz de fornecer a tutela adequada aos direitos (acesso substancial). Nesse sentido, ao garantir o controle da jurisdição adequada no processo transnacional, a utilização do *forum non conveniens* atenderia à finalidade constitucional do acesso à justiça e

93. WHYTOCK, Christopher A.; ROBERTSON, Cassandra Burke. "Forum Non Conveniens and the Enforcement of Foreign Judgments" (July 25, 2011). *Columbia Law Review*, Vol. 111, No. 7, 2011; *UC Irvine School of Law Research Paper* No. 2011-33; *Case Legal Studies Research Paper* No. 2011-16, 1520-1521. Disponível em SSRN: https://ssrn.com/abstract=1895011, acesso em 2.7.2017.

94. DIDIER JR., Fredie. *Curso de Direito Processual Civil*. Vol. 1, p. 177.

aos objetivos, tanto da constitucionalização, quanto da internacionalização do direito processual como meio de tutela adequada dos direitos.[95]

Assim, entende-se que a adoção do *forum non conveniens* no ordenamento jurídico brasileiro não viola o acesso à justiça, mas o corrobora na sua dimensão transnacional.

Quanto ao segundo argumento comumente utilizado para rejeição do *forum non conveniens,* qual seja o de violação do juiz natural, em virtude da determinação de um juízo competente *post factum,* e não de acordo com as regras gerais e abstratas previamente estabelecidas, há que contrapor alguns argumentos.

Diz-se que "juiz natural é juiz competente. A competência para prestação da tutela jurisdicional tem de estar *estabelecida constitucionalmente antes* da propositura da ação".[96] Qual o fundamento de se impedir a utilização da discricionariedade na aferição do juízo natural à causa, vinculando-o somente à lei, quando, pela constitucionalização do processo, o juiz não está vinculado somente à lei, mas a todo o ordenamento jurídico? Esse problema também não diz nada sobre os juízos concorrentes – qual, dentre as jurisdições concorrentes, igualmente jurisdições naturais em abstrato, é a melhor?

Nesse sentido, Antonio do Passo Cabral refere que, ao tratar de juiz natural e eficiência processual, a concepção tradicional no *civil law* de vedação do declínio de competência em razão de outro foro ser mais adequado para conduzir o processo de modo mais eficiente, além de desatualizada (por estar baseada numa concepção antiga do princípio do juiz natural que vedava a discricionariedade), é preconceituosa com a competência *post factum* e estabelecida por decisão judicial, e não pela lei. Defende o autor que não se deve pregar contra a discricionariedade na atribuição ou modificação de competência, pois ela é presente e inafastável, tendo aspectos positivos de maior flexibilidade e adaptabilidade, mas se deve respeitar o *núcleo essencial do juiz natural* (consistente em uma atribuição ou modificação de competência operada de maneira objetiva, impessoal, invariante e com controle e participação dos interessados de modo a assegurar previsibilidade).[97] Portanto, atualmente, começa-se a ad-

95. CAPPELLETTI, Mauro. *International Encyclopedia of Comparative Law.* Vol. XVI (Civil Procedure). Tübingen: Mohr Siebeck, 1987, p. 43-44, 65-72. "A necessidade de expandir o movimento do acesso à justiça em um nível internacional e transnacional foi enfatizado por vários participantes da conferência, incluindo professores René David, Ole Lando, bem como Messrs". CAPPELLETTI, Mauro; GARTH, Bryant. "Access to justice and the welfare state. An introduction". *in* CAPPELLETTI, Mauro. *Access to justice and the welfare state.* Florença: European University Institute, 1981, p. 24 (nota 44).

96. SARLET, Ingo Wolfgang; MARINONI, Luiz Guilherme; MITIDIERO, Daniel. *Curso de Direito Constitucional,* p. 765.

97. CABRAL, Antonio do Passo. *Juiz natural e eficiência processual: flexibilização, delegação e coordenação de competências no processo civil.* Tese para o concurso de Professor Titular da UERJ. 2017, item 7.3.2.

mitir que se trabalhe em um sistema de competências de base principiológica, com espaços de conformação decorrentes da discricionariedade, e que, não obstante, o juiz natural exija alguma formalização, ele é definido em conformidade com as normas do ordenamento jurídico.[98]

Embora tenha tratado de competência interna, e não de jurisdição internacional, essa concepção de juiz natural poderia ser aplicada também para os casos de definição da jurisdição adequada em conflitos transnacionais.

2.3.2. *Forum necessitatis*

Por fim, não se pode deixar de mencionar que a inclusão da justiça substancial na análise da jurisdição adequada também pode ocorrer através de uma outra forma discricionária de exercício da jurisdição diante de situações jurídicas não previstas no CPC, mas carecedoras de jurisdição.[99]

Trata-se da adoção, no Brasil, do *forum necessitatis*[100] – que igualmente encontra seu fundamento no processo justo. Esta doutrina tem origens no *civil law* e é utilizada, principalmente, em países desta tradição (embora não se restrinja a eles)[101], nem sempre tendo sua aplicação baseada em regras autorizativas,[102] como é o caso do Brasil.

A inclusão da justiça substancial na análise da jurisdição adequada – característica dos sistemas de *common law* é, em essência, a adoção implícita do *forum necessitatis.*[103]

Através da doutrina do *forum necessitatis* determinada jurisdição pode ouvir um caso, mesmo quando os *standards tests* relativos à força da conexão (*real and substancial connections* ou hipóteses expressas em regras) não

98. *Idem*, item 4.6.1.2.

99. TIBURCIO, Carmen. *Extensão e limites da Jurisdição Brasileira. Competência Internacional* e *Imunidade de Jurisdição*. Salvador: Jus Podivm, 2016, p. 101-106.

100. NWAPI, Chilenye. "Jurisdiction by Necessity and the Regulation of the Transnational Corporate Actor". *Utrecht Journal of International and European Law*, Vol. 30, nº 78, 2014, p. 227, disponível em SSRN: https://ssrn.com/abstract=2413595, acessso em 26.9.2017. No Brasil, consultar JATAHY, Vera. *Do Conflito de Jurisdições – A Competência Internacional da Justiça Brasileira*. Rio de Janeiro: Forense, 2003, p. 31-33; TIBURCIO, Carmen. *Extensão e limites da Jurisdição Brasileira. Competência Internacional* e *Imunidade de Jurisdição*, p. 253-256.

101. *Forum necessitatis* é reconhecido em Québec (Canadá), Argentina, Áustria, Bélgica, México, Holanda e Uruguay, Costa Rica, Estônia, Finlândia, Alemanha, Islândia, Japão, Lituania, Luxemburgo, Polônia, Portugal, Romênia, Rússia, África do Sul, Espanha e Turquia. Lista esta indicada em 2014 no trabalho de NWAPI, Chilenye. "Jurisdiction by Necessity and the Regulation of the Transnational Corporate Actor", p. 223-226.

102. NWAPI, Chilenye. "Jurisdiction by Necessity and the Regulation of the Transnational Corporate Actor", p. 212-214.

103. *Idem*, p. 227.

estejam satisfatoriamente preenchidos, desde que não haja outro foro em que o autor possa, de forma adequada, ajuizar a ação pretendida.[104]

A *ratio* do *forum necessitatis* é assegurar o acesso à justiça.[105] Dessa forma, a aplicação dessa doutrina está limitada a circunstâncias relacionadas a isso.

Portanto, a utilização do *forum necessitatis* importa uma flexibilização do ordenamento jurídico através do uso da discricionariedade na definição da jurisdição em hipóteses não previstas expressamente em regras, mas merecedoras de tutela pelas circunstâncias do caso concreto, através das quais fica demonstrado a necessidade em se assegurar o acesso à justiça.

3. CONCLUSÕES

O Brasil, por ser um sistema híbrido, comunga de paradigmas comuns aos vigentes na tradição jurídica do *common law* também quando se trata do exercício de sua jurisdição em situações jurídicas que não se limitam a um ordenamento jurídico.

O processo justo (devido processo legal nas dimensões processual e substancial) é o paradigma comum através do qual permite-se concluir que nosso ordenamento, na definição da jurisdição adequada à causa, deve valorizar as circunstâncias do caso concreto e utilizar de flexibilidade no exercício da jurisdição - o que significa dizer, em outras palavras, que a definição da jurisdição no Brasil utiliza uma técnica de tipicidade flexível, pois, a par das regras expressamente estabelecidas, pode-se utilizar de discricionariedade no exercício da jurisdição.

O conceito de jurisdição no Brasil vem se liberando do "fetiche" da soberania, em que a jurisdição se reduz a explicar o "poder supremo do Estado" para fixar suas bases na sua adequação para a tutela dos direitos, focando nas pessoas, os consumidores da justiça. A concepção de jurisdição do Estado Democrático Constitucional é a da jurisdição adequada ao caso concreto. Nesse sentido, a inafastabilidade da jurisdição está ligada à ideia de jurisdição

104. GOLDHABER, Michael D. "Corporate Human Rights Litigation in Non-U.S. Courts: A Comparative Scorecard", *3 U.C Irvine L. Rev.*, 2013, p. 137, disponível em WWW.LAW.UCI.EDU/LAWREVIEW/VOL3/NO1/GOLDHABER.PDF, acesso em 26.9.17.

105. Evitar a negação da justiça (*denial of justice*) é a pedra angular do *forum necessitatis*. A doutrina da *denial of justice* é aquela cuja origem está localizada em tempos remotos e que depois foi utilizada em diferentes maneiras, ganhando destaque na proteção de autores estrangeiros. NWAPI, Chilenye. "Jurisdiction by Necessity and the Regulation of the Transnational Corporate Actor", p. 264-265. Para melhor análise do *forum necessitatis*, consultar MARULLO, Maria Chiara. "Access to Justice and Forum Necessitatis in Transnational Human Rights Litigation". *HURI-AGE, Consolider-Ingenio*, 2010, disponível em SSRN: https://ssrn.com/abstract=2713744, acesso em 26.9.2017.

adequada, não qualquer jurisdição (acesso formal), mas sim uma jurisdição capaz de fornecer a tutela adequada aos direitos (acesso substancial). Por isso, destacou o trabalho o aspecto positivo na escolha da jurisdição.

A jurisdição adequada no Brasil pode ser estabelecida por meio de três níveis de regulação que se complementam, sendo compostos da seguinte forma: no primeiro nível, encontram-se o Direito Internacional Público e a Constituição, estando nesta a garantia constitucional do processo justo (art. 5º, LIV, CF), que é a base jurídica discricional para a análise da adequação no exercício da jurisdição brasileira e é de onde se extraem os princípios normativos aplicáveis à jurisdição; no segundo nível, estão as regras em que a jurisdição nacional pode ser exercida, em especial nos arts. 21 a 22 do CPC; no terceiro nível, encontra-se a discricionariedade fundamentada, para fins do não exercício da jurisdição brasileira em hipóteses previstas expressamente em regras, ou para o exercício da jurisdição brasileiras em hipóteses não pré-estabelecidas em lei.

Dentro do terceiro nível de regulação da jurisdição, isto é, dentro da discricionariedade fundamentada (tipicidade flexível), encontram-se as duas formas mais conhecidas de discricionariedade no exercício da jurisdição que são o *forum non conveniens* e o *forum nencessitatis*, ambas aplicáveis, conforme explicitado no texto a partir da melhor doutrina nacional, no ordenamento jurídico brasileiro.

4. REFERÊNCIAS BIBLIOGRÁFICAS

ALEXY, Robert. *Teoria dos direitos Fundamentais*. Trad. Virgílio Afonso da Silva. São Paulo: Malheiros, 2008;

ALVARO DE OLIVEIRA, Carlos Alberto. "O Juiz e o Princípio do Contraditório". *Revista de Processo*, São Paulo: RT, nº 71, jul./set., 1993;

_____. *Do Formalismo no processo civil*. São Paulo: ed. Saraiva, 2003;

ARAUJO, Nadia de; POLIDO, Fabrício Bertini Pasquot. "Reconhecimento e Execução de Sentenças Estrangeiras: análise do projeto em andamento na Conferência de Haia de Direito Inernacional Privado". *Revista de Direito Internacional*, v. 11, nº 1, 2014;

ARROYO, Diego F., "Competência Judicial Internacional: cuestiones e elementos para uma reglamentación internacional", *Libro em Homenaje al Profesor Santiago Benadava*, 1.II, Santiago, 2008;

ÁVILA, Humberto. "O que é 'devido processo legal'?". Revista de Processo, v. 163, set./2008;

BARBOSA MOREIRA, José Carlos. "Problemas relativos a Litígios Internacionais". *Temas de Direito Processual Civil*, 5ª Série, São Paulo: Saraiva, 1994;

BENEDUZI, Renato Resende. "Forum non conveniens". *Coleção Novo CPC Doutrina Selecionada. Parte Geral*. Fredie Didier Jr. (coord). 2ª ed., Salvador: JusPodivm, 2016;

BOOKMAN, Pamela. "The Unsung Virtues of Global Forum Shopping". *Notre Dame L. Rev.* 579 (2016); *Temple University Legal Studies Research Paper*, nº 2016-21, disponível em SSRN: https://ssrn.com/abstract=2768408, acesso em 2.12.2017;

BRAGA, Paula Sarno. "Competência adequada". Revista de Processo. São Paulo: RT, 2013, nº 219;

CABRAL, Antonio do Passo. "Il principio del contraddittorio come diritto d'influenza e dovere di dibattito". *Rivista di Diritto Processuale*, anno 60, n. 2, Apr./Giu. 2005;

_____. *Juiz natural e eficiência processual: flexibilização, delegação e coordenação de competências no processo civil.* Tese para o concurso de Professor Titular da UERJ. 2017, no prelo, gentilmente cedido pelo autor;

CAPPELLETTI, Mauro. *International Encyclopedia of Comparative Law.* Vol. XVI (Civil Procedure). Tübingen: Mohr Siebeck, 1987.

CAPPELLETTI, Mauro; GARTH, Bryant. "Access to justice and the welfare state. An introduction". *in* CAPPELLETTI, Mauro. *Access to justice and the welfare state.* Florença: European University Institute, 1981.

CHIOVENDA, Giuseppe. *Instituições de direito processual civil.* Vol. II. Trad. J. Guimarães Menegal e notas de Enrico Tullio Liebman. São Paulo: Saraiva, 1943 [*Istituzioni di Diritto Processuale Civile*, 1933/1934];

COMOGLIO, Luigi Paolo. "I modelli di garanzia costituzionale del processo". *Rivista Trimestrale di Diritto e Procedura Civile*, anno XLV, 1991.

COMOGLIO, Luigi Paolo. *Etica e técnica del "giusto processo"*. Torino: G. Giappichelli Editore, 2004;

DIDIER JR., Fredie. *Curso de Direito Processual Civil.* 17ª ed. Salvador: JusPodivm, 2015, Vol. 1;

_____; ZANETI JR. Hermes. "Conceito de Processo Jurisdicional Coletivo". *RePro*, São Paulo: RT, nº 229, mar. 2014;

DIDIER JR., Fredie; ZANETI JR. Hermes. *Curso de Direito Processual Civil.* 12ªed. Salvador: Jus Podivm, 2018, Vol. 4;

DINAMARCO, Cândido Rangel. *Instituições de Direito Processual Civil.* 3ª ed. São Paulo: Malheiros, 2003, vol. 1;

DOLINGER, Jacob; TIBURCIO, Carmen. *Direito Internacional Privado.* 13ªed., Rio de Janeiro: Forense, 2017, versão digital (item relativo a "Hipóteses previstas em Tratados").

FAZZALARI, Elio. "Procedimento e Processo (Teoria Generale). In.: *ENCICLOPEDIA del Diritto.* Milano: Giuffrè, 1986, v. 35;

FERRAJOLI, Luigi. *Per un pubblico ministerio come instituzione di garanzia. Questioni di Giustizia.* Milano: Franco Angeli, 2012;

FISS, Owen. "The Forms of Justice". *Yale Law School Legal Scholarship Repository*, 1979, disponível em http://digitalcommons.law.yale.edu/cgi/viewcontent.cgi?article=2201&context=fss_papers, acesso em 1.5.2017;

_____. *Um Novo Processo Civil. Estudos norte-americanos sobre jurisdição, constituição e sociedade*. São Paulo: Ed. RT, 2004;

GOLDHABER, Michael D. "Corporate Human Rights Litigation in Non-U.S. Courts: A Comparative Scorecard", *3 U.C Irvine L. Rev.*, 2013, p. 137, disponível em WWW.LAW.UCI.EDU/LAWREVIEW/VOL3/NO1/GOLDHABER.PDF, acesso em 26.9.17;

GUERRA, Marcelo Lima. *Direitos Fundamentais e a Proteção do Credor na Execução Civil*. São Paulo: RT, 2002;

HENSLER, Debora; PETERSON, Mark A. "Understanding Mass Personal Injury Litigation: A Socio-Legal Analysis". *59 Brook. L. Rev. 961*, 1993, p. 1050, disponível em http://heinonline.org/HOL/LandingPage?handle=hein.journals/brklr59&div=36&id=&page=, acesso em 14.7.2017;

JATAHY, Vera. *Do Conflito de Jurisdições – A Competência Internacional da Justiça Brasileira*. Rio de Janeiro: Forense, 2003;

LUPOI, Michele Angelo, *Conflitti Transnazionali di Giurisdizioni*, Tomo II, Milão: Giuffrè, 2002.

MARINONI, Luiz Guilherme. "O direito à efetividade da tutela jurisdicional na perspectiva da teoria dos direitos fundamentais". *Revista de Direito Processual Civil*. Curitiba: Gênesis, 2003;

_____; ARENHART, Sérgio Cruz; MITIDIERO, Daniel. *Novo Código de Processo Civil Comentado*, São Paulo: RT, 2015;

_____. *Novo Curso de Processo Civil: Teoria do Processo Civil*. v. 1. São Paulo: Revista dos Tribunais, 2015;

MARINONI, Luiz Guilherme; MITIDIERO, Daniel. *Comentários ao Código de Processo Civil. Artigos 1 ao 69*. São Paulo: RT, 2017;

MARULLO, Maria Chiara. "Access to Justice and Forum Necessitatis in Transnational Human Rights Litigation". *HURI-AGE, Consolider-Ingenio*, 2010, disponível em SSRN: https://ssrn.com/abstract=2713744, acesso em 26.9.2017.

MAZZUOLI, Valerio de Oliveira. *Direito dos Tratados*. 2ª ed. Rio de Janeiro: Forense, 2014;

MICHAELS, Ralf. "Jurisdiction Foundations". Em breve na *Elgar Encyclopedia of Private International Law* (Jürgen Basedow et al. eds.); *Duke Law School Public Law & Legal Theory Series* nº 2016-53, 2016, disponível em SSRN: https://ssrn.com/abstract=2849467, acesso em 14.9.2017.

MITIDIERO, Daniel. *Colaboração no Processo Civil. Pressupostos Sociais, Lógicos e Éticos*. 2ª ed. revista, atualizada e ampliada. São Paulo: RT, 2011;

_____. *Cortes Superiores e Cortes Supremas – Do controle à Interpretação da Jurisprudência ao Procedente*. São Paulo: RT, 2015;

_____. *Processo civil e Estado Constitucional*. Porto Alegre: Livraria do Advogado, 2007;

MONESTIER, Tanya J. "Transnational Class Actions and the Illusory Search for Res Judicata". *Tulane Law Review*, Vol. 86, 2011; *Roger Williams Univ. Legal Studies Paper* nº 105. Disponível em SSRN: https://ssrn.com/abstract=1853773, acesso em 8.7.2017;

MORRIS, John.H.C.; McCLEAN, David; ABOU-NIGM, Verónica Ruiz. *The Conflict of Laws*. 9º ed. Londres: Sweet&Maxwell Thompson Reuters, 2016;

MOSCHEN, Valesca Raizer Borges; ZANETI JR. Hermes. *A autonomia da vontade como expressão democrática do exercício jurisdicional: a cláusula de eleição de foro na hormonização jurídica multilateral e regional e no Código de Processo Civil brasileiro de 2015*, no prelo;

_____; ZANETI, Graziela A. "Processo Internacional Transfronteiriço: os litígios que não respeitam fronteiras – da soberania à tutela dos direitos". In: Bruno Manoel Viana; Valesca Raizer Borges Moschen;Valter Moura do Carmo. (Org.). *Direito Internacional II*. 1ª ed. Florianópolis: CONPEDI, 2016, v. 1;

NWAPI, Chilenye. "Jurisdiction by Necessity and the Regulation of the Transnational Corporate Actor". *Utrecht Journal of International and European Law*, Vol. 30, nº 78, 2014, disponível em SSRN: https://ssrn.com/abstract=2413595, acessso em 26.9.2017.

OST, François; HOECKE, Mark Van. "Legal doctrine in crisis: towards a European legal Science". *Legal Studies*, vol. 18, 1998;

PASCAL, Blaise. *Pensamentos*. São Paulo: Martins Fontes, 2001;

PICARDI, Nicola. *Manuale del Processo Civile*. 3ª ed. Milano: Giuffrè Editore, 2016;

PINNA, Andrea. "Multinational Corporations and U.S. Class Action Procedures (Les Groupes Internationaux de Sociétés Face aux Class Actions Américaines)". *Groupes Internationaux de Sociétés: Nouveaux Défis, Nouveaux Dangers, X. Boucobza, G. Mecarelli*, Ed., Economica, Paris, 2007, disponível em SSRN: https://ssrn.com/abstract=1022878, acesso em 8.8.2017;

_____. "Recognition and Res Judicata of U.S. Class Action Judgments in European Legal Systems". *Erasmus Law Review*, Vol. 1, No. 2, 2008. Disponível em SSRN: https://ssrn.com/abstract=1018421, acesso em 16.7.2017;

RODRIGUES, Marcelo Abelha. *Manual de Direito Processual Civil*. 6ª ed. Rio de Janeiro: Forense, 2016;

ROGERSON, Pippa. *Collier´s Conflict of law*. 4ª ed. Cambridge: Cambridge University Press, 2016;

SARLET, Ingo Wolfgang; MARINONI, Luiz Guilherme; MITIDIERO, Daniel. *Curso de Direito Constitucional*. São Paulo: Saraiva, 2016;

SYMEONIDES, Symeon C.. "Codification and Flexibility in Private International Law". General reports of the XVIIIth Congress of the International Academy of Comparative Law/Rapports, Généraux du XVIIIeme Congrès de L'Academie Internationale de Droit Comparé, K.B. *Brown and D.V. Snyder*, eds., Springer Science+Business Media, 2011, disponível em SSRN: https://ssrn.com/abstract=1945924, acesso em 10.9.2017;

TAVARES, Sara. *A doutrina do forum non conveniens e o processo civil brasileiro* (dissertação de mestrado defendia perante a Faculdade Baiana de Direito em 2011);

TIBURCIO, Carmen. *Extensão e limites da Jurisdição Brasileira. Competência Internacional e Imunidade de Jurisdição.* Salvador: Jus Podivm, 2016;

TROCKER, Nicolò. *Processo Civile e Costituzione. Problemi di Diritto Tedesco e Italiano.* Milano: Giuffrè, 1974;

VIGORITI, Vincenzo. *Garanzie costituzionali del processo civile: due process of law e art. 24 cost.* Milano: Giuffré, 1970;

WAMBIER, Teresa Arruda Alvim. "Competência e litispendência internacional". *Pareceres.* São Paulo: RT, Vol. II, 2012;

Whytock, Christopher A. "The Evolving Forum Shopping System", 96 *Cornell L. Rev.* 481, 486 (2011). Disponível em http://scholarship.law.cornell.edu/cgi/viewcontent.cgi?article=3195&context=clr, acesso em 1.7.2017;

_____; ROBERTSON, Cassandra Burke. "Forum Non Conveniens and the Enforcement of Foreign Judgments" (July 25, 2011). *Columbia Law Review*, Vol. 111, No. 7, 2011; *UC Irvine School of Law Research Paper* No. 2011-33; *Case Legal Studies Research Paper* No. 2011-16. Disponível em SSRN: https://ssrn.com/abstract=1895011, acesso em 2.7.2017;

ZANETI JR, Hermes; BORGES, Orlindo Francisco; CARDOSO, Juliana Provedel. "Ações Coletivas Transnacionais para a tutela de danos ambientais: o caso Chevron (HSE nº 8542)". *Revista de Direito Ambiental.* São Paulo: RT, ano 21, nº 84, out/dez, 2016;

ZANETI Jr. Hermes. "O Ministério Público e as normas fundamentais do Direito Processual Civil Brasileiro". *In:* Robson Renault Godinho e Susana Henriques da Costa (org.). *Coleção Repercussões do Novo CPC – Ministério Público.* 2ª ed. Salvador: JusPodivum, 2017, v. 6;

_____. "O Ministério Público e as normas fundamentais do Direito Processual Civil Brasileiro". *In:* Robson Renault Godinho e Susana Henriques da Costa (org.). *Coleção Repercussões do Novo CPC – Ministério Público.* 2ª ed. Salvador: JusPodivum, 2017, v. 6;

_____. "A legalidade na era da proteção das necessidades de tutela: Principio da Constitucionalidade e Legalidade Ampla". *Normas Fundamentais.* Fredie Didier Jr, Dierle Nunes e Alexandre Freire (coord.). Salvador: Jus Podivm, 2016;

_____. "Três modelos de processo coletivo no direito comparado: Class Actions, Ações associativas/litígios agregados e o "processo coletivo: modelo brasileiro". *Processos Coletivos*, 2014, nº4 out-dez. Disponível em https://www.academia.edu, acesso em 8.7.2017.

_____. *A Constitucionalização do Processo. O Modelo Constitucional da Justiça Brasileira e as Relações entre Processo e Constituição.* 2ª ed. São Paulo: Atlas, 2014;

_____, Hermes. *Comentários ao Código de Processo Civil – Do Processo de Execução –arts. 824 a 925.* São Paulo: RT, 2017, vol. XIV;

_____. *O valor vinculante dos precedentes. Teoria dos Precedentes Normativos formalmente vinculantes.* 2ª ed. Salvador: ed. Jus Podivm, 2016;

CAPÍTULO 6

A cooperação jurídica internacional no Código de Processo Civil de 2015

Flávia Pereira Hill[1]

SUMÁRIO: 1. INTRODUÇÃO. 2. EXIGÊNCIA DE TRATADO OU RECIPROCIDADE VERSUS GARANTIA DE ACESSO À JUSTIÇA E ISONOMIA. DISPOSIÇÕES GERAIS DE COOPERAÇÃO JURÍDICA INTERNACIONAL. 3. COOPERAÇÃO JURÍDICA INTERNACIONAL ATIVA E PASSIVA. 4. CARTA ROGATÓRIA. 5. AUXÍLIO DIRETO. 6. HOMOLOGAÇÃO DE SENTENÇA ESTRANGEIRA. 7. CONCLUSÃO. REFERÊNCIAS BIBLIOGRÁFICAS.

1. INTRODUÇÃO

O Código de Processo Civil Brasileiro reservou o Capítulo II, Título II, do Livro II ("Da função jurisdicional") da Parte Geral, à Cooperação Internacional, assim como regulou, de modo mais minucioso do que o CPC de 1973, o Processo de Homologação de Sentença Estrangeira no Capítulo VI, Título I, do Livro III ("Dos processos nos tribunais e dos meios de impugnação das decisões judiciais").

Afigura-se de todo conveniente que uma codificação processual cunhada no século XXI preveja, com maior acuidade, os litígios com feição internacional, por representarem uma realidade da sociedade contemporânea.

No presente trabalho, analisaremos as principais inovações trazidas pelo CPC/2015 no que concerne à cooperação jurídica internacional.

2. EXIGÊNCIA DE TRATADO OU RECIPROCIDADE *VERSUS* GARANTIA DE ACESSO À JUSTIÇA E ISONOMIA. DISPOSIÇÕES GERAIS DE COOPERAÇÃO JURÍDICA INTERNACIONAL

No artigo 26, *caput* e §1º, o CPC/2015 dispõe que a Cooperação Jurídica Internacional será regida por tratado do qual o Brasil faça parte ou, em sua ausência, com base na reciprocidade.

1. Professora Adjunta de Direito Processual Civil da Universidade do Estado do Rio de Janeiro - UERJ. Tabeliã.

Embora o Brasil, tradicionalmente, celebre tratados internacionais com diferentes países, com vistas a facilitar a prática de atos processuais no plano internacional, entendemos que a restrição prevista no artigo 26 deve ser lida *cum granum salis*, sob a perspectiva dos direitos fundamentais processuais.

No inciso II do próprio artigo 26, o CPC/2015 assenta como princípio basilar a igualdade de tratamento entre nacionais e estrangeiros, residentes ou não em nosso país, em relação ao acesso à justiça e à tramitação dos processos. Com efeito, a garantia do acesso à justiça repousa no núcleo do princípio da dignidade da pessoa humana. Trata-se de um princípio da mais elevada estatura, que deve ser perseguido e concretizado pelos modernos ordenamentos jurídicos de todos os países.

A nosso sentir, garantir genuinamente a igualdade de tratamento a todos os jurisdicionados, independentemente de sua origem ou país de residência, conforme prometido no inciso II do artigo 26, implica colocar em segundo plano exigências tais como a assinatura formal de tratados internacionais que prevejam expressamente os modernos mecanismos de cooperação jurídica internacional ou a reciprocidade.

Consideramos que a nova ótica processual, à luz da plena garantia do acesso à justiça, demanda que cada país se disponha a dar o primeiro passo no sentido de franquear aos jurisdicionados envolvidos em litígios com feição transnacional a utilização dos mais variados instrumentos processuais que viabilizem a concretização do bem da vida a que fazem jus. Alguém precisa ceder em primeiro lugar para que se inaugure uma nova relação de reciprocidade e não haveria uma melhor oportunidade para tanto do que um novo diploma processual.

Assim sendo, cremos ser desaconselhável a exigência categórica da assinatura de tratado internacional ou reciprocidade para que o acesso à justiça, que é uma garantia fundamental com vocação intrinsecamente universal[2-3], seja efetivamente garantido por nosso ordenamento jurídico-processual aos cidadãos envolvidos em litígios transnacionais.

2. "Universalizar o exercício da jurisdição significa estendê-lo até aonde a razão e o sentimento de justiça demonstrem ser conveniente levar a proteção estatal às pessoas atingidas ou ameaçadas por injustiças. Existem bolsões de conflitos e de lesões que ilegitimamente se mantêm à margem do controle jurisdicional, sem embargo da forma promessa constitucional de controle jurisdicional pleno – e daí o empenho em remover os fatores perversos que os imunizam ao controle." DINAMARCO, Cândido Rangel. *Fundamentos do Processo Civil Moderno. Vol. I.* 6. Ed. São Paulo: Malheiros. 2010. P. 431.
3. JEULAND, Emmanuel. *Droit Processuel Général.* 2.ed. Paris: Montchrestien. 2012. p. 181.

A doutrina critica duramente, e com razão, a exigência de reciprocidade para a promoção da cooperação jurídica internacional[4-5], por ostentar caráter discriminatório e destoar dos princípios de cooperação jurídica internacional e de justiça. Tal exigência, se levada às últimas consequências, poderá, inclusive, gerar um impasse, caso os dois Estados que a exijam se mantenham inertes, no aguardo da iniciativa de que o outro adote a providência em primeiro lugar[6].

Nesse passo, abrir o capítulo dedicado à Cooperação Jurídica Internacional com tal exigência veemente não nos parece a forma mais acertada de demonstrar que estamos imbuídos do propósito de efetivamente progredir nessa seara e nos colocar na proa do movimento em prol do tratamento isonômico a todos os jurisdicionados, inclusive aqueles que sejam parte em controvérsias com elementos de estraneidade.

Excepciona-se a exigência de reciprocidade apenas para a homologação de sentença estrangeira, conforme §2º do artigo 26.

Vale dizer, a existência de tratado ou reciprocidade lamentavelmente será exigida até mesmo para a concessão de *exequatur* às cartas rogatórias, para o cumprimento de decisões interlocutórias estrangeiras, inclusive urgentes, eis que não há menção a esse instrumento processual no §2º, sendo certo que às exceções legais deve ser empregada interpretação restritiva (*exceptiones sunt strictissimoe interpretationis*)[7].

4. Nesse sentido, posiciona-se Amílcar de Castro, *in verbis*: "E não é necessário muito senso jurídico para se ver que essa condicional não afina com o verdadeiro fundamento da atribuição de efeitos a fatos ocorridos no estrangeiro: no *forum*, a preocupação de justiça e utilidade deve subsistir ainda em falta de tratamento recíproco." CASTRO, Amílcar de. *Direito Internacional Privado Vol. 2*. Rio de Janeiro: Forense, 1956. p. 272.
5. No mesmo viés de orientação, esclarece Hermes Marcelo Huck, *in verbis*: "O princípio da reciprocidade, hoje repudiado pela melhor doutrina do direito internacional privado, além de sua inata característica discriminatória, traz consigo a pouco prática necessidade de constantes consultas do Poder Judiciário ao Executivo, a fim de verificar, a cada caso, a existência ou não do tratamento recíproco." HUCK, Hermes Marcelo. *Sentença estrangeira e 'lex mercatoria'. Horizontes e fronteiras do comércio internacional*. São Paulo: Saraiva. 1994. p. 19.
6. Merece registro a situação-limite ventilada por Machado Villela, *in verbis*: "O sistema da reciprocidade enferma de dois defeitos que lhe tiram todo o valor jurídico. O primeiro é que ele se funda numa razão de cortesia ou numa razão de interesse, e não numa razão de justiça. Ora, é bem de ver que é a razão jurídica, e não a simples conveniência ou deferência dos Estados, que exige o reconhecimento das sentenças estranjeiras (*sic*), as quais devem ser respeitadas porque foram proferidas pela jurisdição para isso competente. O segundo é uma petição de princípio, que envolve o sistema da reciprocidade legislativa. Se um Estado só reconhecer as sentenças estranjeiras (*sic*) quando os outros reconheçam as suas ou alguma há de reconhecê-las sem reciprocidade, ou elas nunca serão reconhecidas. No primeiro caso, põe-se de parte o sistema; no segundo, cai-se no sistema retrógrado do não reconhecimento das sentenças estrangeiras." VILLELA, Alvaro da Costa Machado. *O Direito Internacional Privado no Código Civil Brasileiro*. Coimbra: Coimbra Editora. 1922. pp. 503-504.
7. MAXIMILIANO, Carlos. *Hermenêutica e aplicação do Direito*. 19. Ed. Rio de Janeiro: Forense. 2006. P. 192.

O CPC/2015 condicionou a cooperação jurídica internacional ao respeito do devido processo legal no Estado requerente, no inciso I do artigo 26. A previsão merece elogios, tendo em vista não ser razoável que se produzam desdobramentos em nosso território nacional, se o processo judicial, em sua origem, nem sequer observa as garantias mínimas das partes previstas no ordenamento do país do qual emanou.

De se consignar que, modernamente, os ordenamentos jurídico-processuais de diferentes países vêm convergindo no tocante aos contornos atribuídos aos corolários do devido processo legal, como o contraditório, a ampla defesa, o direito à prova e ao manejo de recurso. Isso revela estar se formando como que um consenso internacional em torno das garantias a serem conferidas às partes nos processos judiciais, facilitando, assim, inclusive, o estreitamento da cooperação jurídica internacional.

Prova disso consiste na elaboração dos Princípios de Direito Processual Civil Transnacional pelo *UNIDROIT – International Institute for the Unification of Private Law* – organização intergovernamental independente criada em 1926, com sede em Roma (Itália), voltada à harmonização e modernização do direito privado[8], de que o Brasil faz parte[9] –, e o *ALI – American Law Institute*, — instituto norte-americano de estudos e pesquisas integrado por juristas[10], fundado em 1923 e sediado na Filadélfia (Estados Unidos)[11].

No inciso II do artigo 26, assegura-se a assistência judiciária aos necessitados em litígios com feição transnacional. Melhor seria prever a assistência jurídica, pois esta expressão abarca o aconselhamento, a consultoria e a busca por soluções extrajudiciais. De todo modo, entendemos que se trata de equívoco técnico, devendo-se extrair do texto legal o seu máximo potencial garantístico. Sendo assim, devemos compreender que, a despeito de o inciso II aludir a assistência judiciária, nem por isso será sonegada aos hipossuficientes a mais ampla assistência jurídica, de acordo com suas necessidades concretas.

8. Para maiores informações a respeito do UNIDROIT, recomenda-se o acesso ao endereço eletrônico: www.unidroit.org. Acesso em 07/08/2017.
9. O Brasil aderiu ao estatuto do Unidroit através do Decreto no 884, de 02 de agosto de 1993. Disponível no endereço eletrônico: www.planalto.org.br. Acesso em 07/08/2017.
10. Para maiores esclarecimentos sobre a estrutura e os propósitos do *American Law Institute*, recomenda-se o acesso ao endereço eletrônico: www.ali.org. Acesso em 07/08/2017.
11. Texto integral dos Princípios de Direito Processual Civil Transnacional (*Principles of Transnational Civil Procedure*) disponível no endereço eletrônico: www.unidroit.org. Acesso em 07/08/2017.

Por outro lado, para que o Brasil possa se desincumbir desse compromisso, faz-se necessário capacitar e atualizar Defensores Públicos e advogados dativos, a fim de que conheçam e saibam manejar os novos instrumentos de cooperação jurídica internacional. Isso porque, tradicionalmente, os cursos de Direito se voltam para a formação dos profissionais quanto à solução de litígios internos, sem elementos de estraneidade. Os tempos atuais demandam que os operadores do Direito ampliem o seu espectro de atuação, a fim de que saibam lidar também com as controvérsias transnacionais, cada vez mais comuns[12]. Sem isso, a regulamentação trazida pelo CPC/2015 terá pouca valia para os jurisdicionados, especialmente os hipossuficientes[13].

O inciso III do artigo 26 preconiza a publicidade processual como regra para, logo a seguir, ressalvar a possibilidade de sigilo, caso previsto na legislação brasileira ou do Estado requerente.

Essa redação faz emergir uma dúvida: como proceder na hipótese em que o ordenamento jurídico do Estado requerente preveja, como regra geral, o sigilo ou, ao menos, um grau substancialmente inferior de publicidade comparativamente com o nosso sistema processual? Neste caso, de acordo com o inciso III, prevaleceria a publicidade ou o sigilo?

Embora a redação legal não nos pareça clara, entendemos que, por questões diplomáticas e de cortesia, que regem as relações internacionais, a melhor solução será adotarmos o menor grau de publicidade previsto na legislação do Estado requerente.

Por outro lado, em situação oposta, caso o ordenamento do Estado requerente não garanta o sigilo em determinada hipótese, à qual a nossa legislação garanta, consideramos que o procedimento, em nosso país, deverá tramitar em segredo de justiça. Isso porque, quanto a esse ponto, o inciso III foi bastante claro, dispondo que tramitará em sigilo o processo nas hipóteses assim previstas em nosso ordenamento.

---

12. "Vivemos verdadeira época de mudanças nas realidades sociais deste início de milênio e convivemos com conflitos de naturezas e proporções antes não imaginadas. É preciso adaptar urgentemente nossos espíritos às novas exigências que dali emergem, sob pena de permitirmos o indesejável enfraquecimento do sistema processual que hoje temos – e é isso que acontecerá se ele permanecer estático diante da frenética dinâmica do mundo ao qual se destina. De nada vale o melhor dos programas de reforma se não o fizermos acompanhar de um adequado método de pensamento". DINAMARCO, Cândido Rangel. *Fundamentos do Processo Civil Moderno. Vol. I. Op. Cit.* pp. 432-433.

13. Tivemos a oportunidade de discorrer mais longamente sobre o tema em HILL, Flávia Pereira. *O Direito Processual Transnacional como forma de acesso à justiça no século XXI: os reflexos e desafios da sociedade contemporânea para o Direito Processual Civil e a concepção de um título executivo transnacional.* Rio de Janeiro: GZ Editora. 2013. Especialmente item 5.3. pp. 103-119.

O inciso IV do artigo 26 preconiza a designação de Autoridade Central para a recepção e a transmissão dos pedidos de cooperação. O prestígio à figura da Autoridade Central é uma nota distintiva do Direito Processual Internacional moderno e tem por escopo simplificar e homogeneizar os critérios e as medidas tomadas para o processamento dos requerimentos de cooperação jurídica entre países[14].

Em regra, a autoridade central brasileira consiste no Ministério da Justiça, podendo, contudo, haver designação diversa em tratados e convenções firmados pelo Brasil[15]. A Procuradoria Geral da República é a autoridade central no Brasil para pedidos de auxílio direto destinados e provenientes de Portugal e do Canadá. Para pedidos de auxílio direto a outros países, este papel é exercido no Brasil pelo Departamento de Recuperação de Ativos e Cooperação Jurídica Internacional, subordinado à Secretaria Nacional de Justiça do Ministério da Justiça. Os pedidos rogatórios extraídos de Ação de Alimentos ajuizados perante a Justiça Federal têm a Procuradoria-Geral da República como autoridade central, nos termos da Convenção sobre Prestação de Alimentos no Estrangeiro[16].

---

14. MELO, Felipe Sartório de. SOUZA, Nevitton Vieira. *A cooperação jurídica internacional e o aparente conflito de leis. In Revista Eletrônica de Direito Processual. Volume XII.* P.118. Disponível no endereço eletrônico: www.redp.uerj.br. Acesso em 07/08/2017.
15. O Ministério da Justiça esclarece qual é a autoridade central brasileira em cada caso, *in verbis*: "No Brasil, foi designado para exercer o papel de Autoridade central na cooperação jurídica internacional o Ministério da Justiça, que o faz por meio do Departamento de Estrangeiros (DEEST) e do Departamento de Recuperação de Ativos e Cooperação Jurídica Internacional (DRCI), nos termos do Decreto nº 6.061/2007. Ao DEEST compete analisar e tramitar os pedidos de extradição e de transferência de pessoas condenadas. Ao DRCI cabe analisar e tramitar as demais espécies de pedidos de cooperação jurídica internacional. Há, no entanto, algumas exceções à regra, casos em que foram designados outros órgãos para exercer as funções de Autoridade central. Tais exceções se apresentam na cooperação realizada com base em seis tratados: 1. Convenção sobre Prestação de Alimentos no Estrangeiro, de 1956, cujas atribuições de Autoridade central vêm sendo desempenhadas pela Procuradoria-Geral da República (Decreto nº 56.826, de 02 de setembro de 1965); 2. Tratado de Auxílio Mútuo em Matéria Penal entre o Governo da República Portuguesa e o Governo da República Federativa do Brasil, de 1991, no qual a Procuradoria-Geral da República também figura como Autoridade central (Decreto nº 1.320, de 30/11/1994); 3. Tratado de Assistência Mútua em Matéria Penal entre o Governo da República Federativa do Brasil e o Governo do Canadá (Decreto nº 6.747, de 22 de janeiro de 2009), para o qual também a PGR exerce tais funções; 4. Convenção sobre os Aspectos Civis do Sequestro Internacional de Crianças, de 1980, que tem a Secretaria de Direitos Humanos como Autoridade central – SEDH (Decreto nº 3.413, de 14 de abril de 2000, e Decreto nº 7.256, de 04 de agosto de 2010);5. Convenção relativa à Proteção das Crianças e à Cooperação em Matéria de Adoção internacional, de 1993, onde também a SEDH funciona como Autoridade central (Decreto n. 3.087, de 21 de junho de 1999, e Decreto nº 7.256, de 04 de agosto de 2010); e 6. Convenção Interamericana sobre Restituição Internacional de Menores, para a qual a SEDH também foi designada como Autoridade central (Decreto nº 1.212, de 3 de agosto de 1994, e Decreto nº 7.256, de 04 de agosto de 2010)." Disponível no endereço eletrônico: http://portal.mj.gov.br/ Acesso em 07/08/2017.
16. Informações prestadas pela Procuradoria-Geral da República, disponíveis no endereço eletrônico: http://ccji.pgr.mpf.gov.br/. Acesso em 07/08/2017.

O inciso V do artigo 26 prevê a espontaneidade na transmissão de informações a autoridades estrangeiras. Entendemos que, com tal previsão, pretende o CPC/2015 estabelecer que, tratando-se meramente da troca de informações e não sendo exigido um procedimento formal específico – como é o caso, *ad exemplum tantum*, da citação, que exige carta rogatória –, a autoridade brasileira poderá responder à solicitação direta e independentemente de qualquer trâmite burocrático, representando o chamado auxílio direto, regulado nos artigos 28 a 34 e comentado em momento posterior do presente trabalho.

O artigo 27 traz um rol exemplificativo dos mecanismos processuais disponíveis para viabilizar a cooperação jurídica internacional em nosso país. Isso fica claro a partir da leitura do inciso VI, que ressalva a possibilidade de se adotar qualquer outra medida judicial ou extrajudicial não proibida em nossa legislação, o que se mostra assaz salutar, uma vez que o Direito Processual Internacional encontra-se em franca evolução, com a permanente criação de novos instrumentos de cooperação voltados a melhor atender às novas relações que vêm sendo estabelecidas na sociedade contemporânea.

3. COOPERAÇÃO JURÍDICA INTERNACIONAL ATIVA E PASSIVA

Em razão de, tradicionalmente, as autoridades judiciárias exercerem a função jurisdicional nos limites do território nacional, por se tratar, a rigor, de um desdobramento da soberania estatal, faz-se necessário o estabelecimento de uma sólida rede de cooperação jurídica internacional, a fim de que os atos processuais possam ser praticados alhures e, com isso, seja garantido o acesso à justiça no âmbito dos litígios transnacionais.[17]

O CPC/2015 consagrou a distinção entre cooperação jurídica ativa e passiva[18]. Diz-se ativa, quando o Brasil solicita a um outro país que providencie a prática de atos processuais ou o cumprimento de provimentos jurisdicionais em território estrangeiro. A cooperação jurídica internacional será passiva, por sua vez, sempre que um país estrangeiro solicitar ao Brasil que cumpra, em nosso território, diligências ou execute provimentos jurisdicionais oriundos daquele Estado.

Os artigos 37 e 38 do CPC/2015 tratam da cooperação jurídica internacional ativa, dispondo que o pedido passará necessariamente pela autoridade central brasileira, cabendo a esta remetê-lo ao Estado estrangeiro.

---

17. RECHSTEINER, Beat Walter. *Direito Internacional Privado*: Teoria e prática. 18. Ed. Rev. E atual. São Paulo: Saraiva, 2016. p. 319.
18. SILVA, Ricardo Perlingeiro Mendes da. Cooperação Jurídica Internacional e Auxílio Direto. *In* **Revista CEJ**. Brasília. v. 32. pp. 75-79. jan-mar. 2006.

O pedido de cooperação ativa deve estar acompanhado dos documentos necessários ao seu cumprimento e ser traduzido para a língua oficial do Estado requerido.

Note-se que não há qualquer exigência no sentido de que a tradução seja realizada por tradutor público juramentado, o que, ao menos à primeira vista, autorizaria a sua realização por tradutores particulares. De se consignar, contudo, que o Estado requerido pode exigir, em sua legislação, que a tradução seja realizada por tradutor público para que dê fiel cumprimento ao pedido brasileiro.

A Autoridade Central brasileira irá examinar o preenchimento dos requisitos antes de remeter o pedido ao Estado requerido.

O artigo 39 cuida do pedido de cooperação passiva, dispondo que este será recusado se configurar manifesta ofensa à ordem pública.

O §3º do artigo 26 referenda aquele dispositivo, ao prever que não será admitida a prática de atos que contrariem ou que produzam resultados incompatíveis com as normas fundamentais que regem o Estado brasileiro, o que reflete precisamente a preocupação em resguardar a ordem pública interna. Votaremos ao exame desse tema em momento posterior deste trabalho ao analisarmos os requisitos negativos para a homologação de sentenças estrangeiras.

O artigo 41 do CPC/2015 almeja deformalizar o procedimento, ao presumir a autenticidade dos documentos e de sua tradução, caso sejam encaminhados ao Brasil através da autoridade central estrangeira ou por via diplomática, o que se mostra louvável.

Acreditamos que esse dispositivo do CPC/2015 afasta, *nessa hipótese específica de solicitação através da autoridade central ou diplomática*, o disposto no artigo 128, item 6º, da Lei Federal nº 6.015/73 (Lei de Registros Públicos), que exige o registro dos documentos estrangeiros acompanhados de suas respectivas traduções no cartório de Títulos e Documentos para que produzam efeitos em repartições brasileiras, em qualquer instância.

4. CARTA ROGATÓRIA

A carta rogatória tem por escopo dar cumprimento a atos não-decisórios, geralmente diligências ou atos de instrução (carta rogatória de 1ª categoria), e a decisões interlocutórias estrangeiras, inclusive medidas urgentes (carta rogatória de 2ª categoria ou executória)[19].

19. Carmen Rizza Madeira Ghetti, em Monografia dedicada ao tema, assim discorre sobre as cartas rogatórias, *in verbis*: "Um dos atos de cooperação jurídica internacional mais importantes, por sua grande

Até a Emenda Constitucional nº 45/2004, competia ao Supremo Tribunal Federal conceder *exequatur* às cartas rogatórias, tendo esse Tribunal Superior firmado o posicionamento no sentido de considerar incabível carta rogatória com a finalidade de dar cumprimento a atos jurisdicionais decisórios, ainda que urgentes, salvo se houvesse previsão em tratado internacional. Portanto, por obra de tal jurisprudência do E. STF, durante décadas o Brasil fechou as portas do Judiciário nacional para o cumprimento de decisões interlocutórias estrangeiras, ainda que urgentes[20].

Após a edição da aludida Emenda, que transferiu a competência ao Superior Tribunal de Justiça (artigo 105, I, alínea *i*, CF), este Tribunal editou a Resolução nº 09/2005, por meio da qual previu expressamente o cabimento das chamadas "cartas rogatórias executórias". Com isso, foi expandido o cabimento das cartas rogatórias no Brasil, passando a existir duas espécies: as cartas rogatórias para cumprimento de diligências (cartas rogatórias propriamente ditas ou de 1ª categoria) e as cartas rogatórias executórias (cartas rogatórias de 2ª categoria)[21].

A nosso sentir, a previsão das cartas rogatórias executórias introduziu grande complexidade a esse instrumento, uma vez que o juízo de delibação exercido para autorizar o cumprimento de decisões interlocutórias substancialmente não destoa daquele voltado a chancelar o cumprimento de sentenças estrangeiras. De fato, as cartas rogatórias executórias aproximam-se significativamente da ação de homologação de sentença estrangeira, a ponto de não vislumbrarmos razões suficientes que justifiquem a coexistência dos dois instrumentos distintos, nos parecendo mais adequado, *de lege ferenda*, que o juízo de delibação para autorizar o cumprimento de qualquer provimento jurisdicional estrangeiro

---

eficácia e abrangência, é a carta rogatória. Destina-se ao cumprimento de diligências processuais que irão instruir um processo em trâmite em outro Estado e é mecanismo de direito processual internacional consagrado na legislação processual de diversos países. Por meio das cartas rogatórias viabiliza-se a citação e intimação de pessoas, interrogatório de réu e oitiva de testemunhas, coleta de provas e até mesmo atos de caráter executório, como a busca e apreensão e quebra de sigilo bancário. Sem este instrumento de cooperação jurídica internacional, a Justiça de um Estado ficaria inerte, quando dependesse da realização de diligências em outro Estado. Os processos ficariam paralisados por falta de meios que realizassem um simples ato de citação ou intimação, necessários para se obter a prestação jurisdicional." GHETTI, Carmen Rizza Madeira. *A Cooperação Jurídica Internacional e as Cartas Rogatórias Passivas*. Monografia de conclusão do Curso de Pós-Graduação *Lato Sensu* em Direito Constitucional. IDP. Brasília. 2008. 60p. Disponível no endereço eletrônico: http://bdjur.stj.gov.br/dspace/handle/2011/21374. Acesso em 07/08/2017.

20. DOLINGER, Jacob. TIBURCIO, Carmen. *Direito Internacional Privado. Parte Geral e Processo Internacional*. 12. Ed. Rio de Janeiro: GEN Forense. 2016. pp. 610-612.

21. Para maiores detalhes a respeito das categorias de cartas rogatórias, remetemos o leitor para a obra: HILL, Flávia Pereira. *A antecipação da tutela no processo de homologação de sentença estrangeira*. Rio de Janeiro: GZ Editora. 2010.

seja realizado sempre e exclusivamente através da ação de homologação, extinguindo-se, por conseguinte, a carta rogatória executória[22].

Em 2014, o Superior Tribunal de Justiça editou a Emenda Regimental no 18, a fim de alterar o seu Regimento Interno, inclusive na parte relativa à homologação de sentença estrangeira e à carta rogatória. No entanto, não houve modificações substanciais comparativamente com a Resolução no 09/2005, esta sim promotora de grandes avanços na matéria.

O CPC/2015, por sua vez, manteve a dualidade estabelecida pelo E. STJ para as cartas rogatórias, dispondo, no artigo 40, combinado com o *caput* do artigo 960, que o juízo de delibação relativo às sentenças (provimentos finais) será exercido na ação de homologação, enquanto que, para as decisões interlocutórias, sê-lo-á em sede de carta rogatória (§1º).

O CPC/2015 regulou a Carta Rogatória em dois momentos distintos. Primeiramente, na Parte Geral, Livro II, Título II, Capítulo II, Seção III, artigo 36[23], e, posteriormente, complementou a sua disciplina, enfocando a disciplina da carta rogatória executória, por ocasião da previsão do regramento da Homologação de Sentença Estrangeira, nos artigos 960 a 965, integrantes do Livro III (Dos Processos nos Tribunais e dos meios de impugnação das decisões judiciais), Título I, Capítulo VI.

22. Em trabalho de nossa autoria, tivemos a oportunidade de abordar o tema, conforme se depreende a partir do seguinte trecho, *in verbis*: "Com efeito, na carta rogatória executória, o réu deverá ser instado a se manifestar no prazo de 15 (quinze) dias, podendo apresentar impugnação (artigo 8º da Resolução no 09/05), que se assemelhará, quanto à matéria de defesa arguível, à contestação do processo de homologação de sentença estrangeira (artigo 9º). Somente excepcionalmente será autorizado diferir a manifestação do réu para momento posterior à efetivação da medida, caso demonstrado que a ciência da parte comprometeria a sua eficácia, em solução idêntica à preconizada no Capítulo 5 deste trabalho para a tutela antecipada concedida pelo Superior Tribunal de Justiça em sede de homologação de sentença estrangeira. Outra demonstração da transposição das regras do procedimento de homologação de sentença estrangeira para a carta rogatória executória, consiste na previsão contida no §2º do artigo 9º da Resolução. Segundo o citado dispositivo, *poderá* Presidente do Superior Tribunal de Justiça determinar a distribuição da carta rogatória executória para julgamento pela Corte Especial, caso seja apresentada impugnação pelo réu. Embora, no processo de homologação de sentença estrangeira, o Presidente do Superior Tribunal de Justiça tenha o *dever* de determinar a sua distribuição em caso de contestação do réu (§1º do artigo 9º), forçoso convir que a possibilidade de distribuição da carta rogatória executória se deve à complexidade que esta adquire em razão da apresentação de impugnação versando sobre o juízo de delibação, o que será ponderado pelo Presidente do Superior Tribunal de Justiça antes de decidir pela distribuição. O sistema recursal previsto para o processo de homologação de sentença estrangeira, examinado em seu lineamento geral no Capítulo 2 do presente trabalho, e posteriormente aplicado ao regime da tutela antecipada no Capítulo 5, também é aplicável às cartas rogatórias executórias, em virtude do disposto no artigo 11 da Resolução no 09/05 do Superior Tribunal de Justiça, demonstrando, mais uma vez, a proximidade entre o procedimento de homologação de sentença estrangeira e o das cartas rogatórias executórias." HILL, Flávia Pereira. *A Antecipação da Tutela no Processo de Homologação de Sentença Estrangeira. Op. Cit.*

23. O artigo 35 do CPC/2015, que dispunha sobre carta rogatória, foi vetado pela Presidente da República.

A cisão da regulamentação da Carta Rogatória parece-nos equivocada por dificultar a sua leitura e a sua compreensão, pois caberá ao intérprete percorrer toda a codificação, a fim de complementar a regulamentação do instituto. Melhor seria, então, reunir toda a disciplina da carta rogatória no Livro III, que trata dos Processos nos Tribunais. Afinal, o exame da carta rogatória também é da competência do E. Superior Tribunal de Justiça.

Os §§1º e 2º do artigo 36 do CPC/2015 vêm ratificar o conceito de juízo de delibação, deixando claro que compete ao E. STJ, na carta rogatória, apenas verificar o preenchimento dos requisitos legais exigidos para que seja realizada a providência solicitada pelo Estado estrangeiro em nosso território, sendo vedado ao Judiciário brasileiro reexaminar o seu mérito[24].

Cumpre-nos, nesse momento, registrar que o E. STJ vem construindo a sua jurisprudência no sentido de reafirmar os estreitos limites do juízo de delibação, evitando, com razão, adotar expedientes que possam, em última análise, importar o rejulgamento da matéria.[25-26]

O procedimento para a concessão de *exequatur* às cartas rogatórias é regulado pelo E. STJ nos artigos 216-O a 216-X, do Regimento Interno, com a

---

24. HILL, Flávia Pereira. *A antecipação da tutela no processo de homologação de sentença estrangeira.* Rio de Janeiro: GZ Editora. 2010. pp. 29-32.

25. SENTENÇA ESTRANGEIRA. PROCESSO CIVIL. DISCUSSÃO ACERCA DA EXECUÇÃO DA CARTA DE SENTENÇA NO JUÍZO FEDERAL. NÃO CABIMENTO NESTA CORTE SUPERIOR. 1. A competência do Superior Tribunal de Justiça, quanto à homologação de sentença estrangeira, é exercer um juízo de delibação, verificando se a decisão atende aos requisitos previstos nos artigos 216-D e 216-F do Regimento Interno do STJ e do art. 15 da Lei de Introdução às Normas do Direito Brasileiro. 2. No presente caso, esta Corte Superior homologou a sentença estrangeira de divórcio, por preenchidos os requisitos legais, atendendo-se aos arts. 5º e 6º, da Resolução STJ nº 9, de 4.5.2005, *confirmando os efeitos da antecipação de tutela, que havia sido deferida tão somente para que valesse como título judicial à respectiva execução no que diz respeito aos alimentos e às visitas ao filho* (fls. 173). O inconformismo do requerente quanto à exigência da entrega de seu passaporte ao Juízo em que executada a decisão, para fins de visitação de seu filho, não autoriza a interferência desta Corte Superior, que, em tal procedimento, como já dito anteriormente, só exerce juízo de estrita delibação, de contenciosidade limitada. 3. Agravo regimental não provido. (AgRg na SEC 8.285/EX, Rel. Ministro MAURO CAMPBELL MARQUES, CORTE ESPECIAL, julgado em 06/05/2015, DJe 25/05/2015). Grifou-se.

26. HOMOLOGAÇÃO DE SENTENÇA ARBITRAL ESTRANGEIRA. CUMPRIMENTO DOS REQUISITOS FORMAIS. JUÍZO DE DELIBAÇÃO. 1. Sentença arbitral estrangeira que não viola a soberania nacional, os bons costumes e a ordem pública e que observa os pressupostos legais indispensáveis ao deferimento do pleito deve ser homologada. 2. O ato homologatório da sentença estrangeira limita-se à análise dos requisitos formais. Questões de mérito não podem ser examinadas pelo STJ em juízo de delibação, pois ultrapassam os limites fixados pelo art. 9º, caput, da Resolução STJ n. 9 de 4/5/2005. 3. A citação, no procedimento arbitral, não ocorre por carta rogatória, pois as cortes arbitrais são órgãos eminentemente privados. Exige-se, para a validade do ato realizado via postal, apenas que haja prova inequívoca de recebimento da correspondência. 4. Sentença estrangeira homologada. (SEC 8.847/EX, Rel. Ministro JOÃO OTÁVIO DE NORONHA, CORTE ESPECIAL, julgado em 20/11/2013, DJe 28/11/2013)

redação trazida pela Emenda Regimental no 18/2014. Compete ao Presidente do STJ conceder *exequatur* às cartas rogatórias, salvo se houver impugnação da parte requerida, caso em que o Presidente poderá determinar a distribuição para um dos Ministros do Tribunal, que figurará como Relator, cabendo o julgamento à Corte Especial.

O artigo 216-P do Regimento Interno do STJ traz a soberania nacional, a ordem pública e a dignidade da pessoa humana como requisitos negativos para a concessão de *exequatur*. Tais requisitos serão mais detidamente examinados ao discorrermos sobre a ação de homologação de sentença estrangeira.

O artigo 36 do CPC/2015 dispõe que será garantido o exercício do contraditório à parte requerida. De fato, o artigo 216-Q do RISTJ já atende a tal determinação ao conferir o prazo de quinze dias para que a parte requerida impugne o pedido de concessão de *exequatur*.

O Ministério Público deverá ser ouvido no prazo de dez dias, na forma do artigo 216-S do RISTSJ.

Uma vez concedido o *exequatur* pelo STJ, instaura-se a segunda fase do procedimento da carta rogatória, com a efetivação da providência solicitada pelo Estado estrangeiro perante o juízo federal do local da execução (art. 109, inciso X, CF c/c artigo 216-V, RISTJ).

Cabem embargos contra as decisões proferidas pelo Juiz Federal durante a execução da carta rogatória, os quais serão julgados pelo Presidente do STJ (artigo 216-V, §2º, RISTJ). Fica vedada apenas a oposição de embargos com vistas a rediscutir o cabimento ou o mérito da concessão do *exequatur*, que fora objeto da primeira fase da carta rogatória, processada perante o STJ (§2º do artigo 216-V, RISTJ).

Contra a decisão do Presidente do STJ que julgar os embargos, cabe agravo (artigo 216-W, RISTJ).

Após o cumprimento da carta rogatória pela Justiça Federal ou caso se verifique a impossibilidade de seu cumprimento, esta será restituída ao Presidente do STJ, cabendo-lhe remetê-la à autoridade estrangeira de origem, através do Ministério da Justiça ou das Relações Exteriores (artigo 216-X, RISTJ).

Cumpre-nos tecer um alerta, no sentido de que os julgadores estejam cientes não só das exigências legais para a concessão de *exequatur*, mas também de seus limites[27]-[28]-[29], bem como o conteúdo de novos tratados internacionais que dispensam formalidades[30], de modo a atingir, através da redução de custos

---

27. No julgado a seguir referenciado, o E. STJ afastou alegação de nulidade em carta rogatória, mediante a aplicação dos precedentes formados no julgamento de ações com viés interno. Prestigiou os princípios da ausência de nulidade sem prejuízo e da instrumentalidade das formas, evitando, assim, com razão, impor exigências mais rigorosas aos processos transnacionais do que aquelas empregadas aos processos internos. CARTA ROGATÓRIA. INTIMAÇÃO PRÉVIA. ART. 216-Q DO RISTJ. AVISO DE RECEBIMENTO ASSINADO POR TERCEIRO. INOCORRÊNCIA DE NULIDADE. I - Segundo dispõe o art. 216-Q do Regimento Interno do Superior Tribunal de Justiça, a parte interessada será intimada para, no prazo de quinze dias, impugnar o pedido de concessão do exequatur. II - No caso concreto, essa intimação foi feita pela via postal, porém o aviso de recebimento (fls. 41 e 42) foi assinado por terceiro. III - Segundo jurisprudência pacífica desta Corte, é válida "a citação postal, com aviso de recebimento e entregue no endereço correto do executado, mesmo que recebida por terceiros, o que ocorreu no caso em exame" (AgRg no AREsp n. 253.709/RJ, relator Ministro Arnaldo Esteves Lima, Primeira Turma, DJe de 13/12/2012). IV - Outrossim, conforme cediço, não há nulidade sem prejuízo (pas de nullité sans grief). Na hipótese, a parte interessada posteriormente tomou conhecimento da comissão rogatória, já que, ao cumprir o pedido de cooperação internacional, a Justiça Federal, via oficial de justiça (fl. 91), citou a parte interessada para que tomasse conhecimento da demanda proposta na Justiça rogante. Diante dessa ciência, a parte interessada teve a oportunidade de alegar eventual nulidade nos autos, mas não o fez, motivo pelo qual se entremostra inexistir vício processual gerador de prejuízo. Agravo regimental improvido. (AgRg na CR 9.824/EX, Rel. Ministro FRANCISCO FALCÃO, CORTE ESPECIAL, julgado em 15/06/2016, DJe 28/06/2016)
28. Em posicionamento semelhante ao do julgado referido na nota anterior, o E. STJ, mais uma vez, prestigiou a instrumentalidade das formas, afastando as tentativas das partes de anular a carta rogatória. CARTA ROGATÓRIA. INSTRUÇÃO DEFICIENTE. NÃO OCORRÊNCIA. DOCUMENTOS SUFICIENTES PARA A COMPREENSÃO DA CONTROVÉRSIA. INEXISTÊNCIA DE INFORMAÇÕES SOBRE AS CONSEQUÊNCIAS DA INÉRCIA. NÃO OCORRÊNCIA DE NULIDADE. PAS DE NULLITÉ SANS GRIEF. PROTOCOLO DE DEFESA DAS PARTES INTERESSADAS EM REPRESENTAÇÃO DIPLOMÁTICA OU CONSULAR. POSSIBILIDADE. ACESSO AO JUDICIÁRIO. INEXISTÊNCIA DE OFENSA À SOBERANIA OU ORDEM PÚBLICA. APRESENTAÇÃO DE IMPUGNAÇÃO PELA PARTE INTERESSADA. COMPARECIMENTO ESPONTÂNEO. DESNECESSIDADE DE REMESSA PARA A JUSTIÇA FEDERAL. I - Ao contrário do que alegam as partes agravantes, a petição inicial foi remetida integralmente (fls. 24-34) pela Justiça rogante bem como acompanhada da devida tradução (fls. 7-18). Além da petição inicial, constam dos autos outras manifestações da autora, como a emenda de fls. 14-16, e os despachos da autoridade judicial competente. Outrossim, observa-se que os documentos juntados são suficientes para que o interessado tenha ciência da ação e compreenda a controvérsia, o que afasta a alegação de cerceamento de defesa. Nesse sentido: AgRg na CR n. 8.553/EX, de minha relatoria, Corte Especial, DJe de 29/4/2015; AgRg na CR n. 9.096/EX, de minha relatoria, Corte Especial, DJe de 18/2/2015. II - O pedido de cooperação internacional não noticiou se existem consequências decorrentes da ausência de apresentação de defesa. Assim, nem mesmo se sabe se a legislação processual boliviana prevê consequências em decorrência da inércia. Caso haja essa previsão legal, aliado ao fato de essa ausência de informação trazer prejuízos, as partes interessadas devem pleitear a eventual declaração de nulidade perante a Justiça rogante, em atenção ao brocardo pas de nullité sans grief (não há nulidade sem prejuízo). III - A faculdade contida na comissão rogatória de que as ora agravantes podem protocolar as peças de defesa nas representações diplomáticas ou consulares é bastante louvável, pois pretende apenas facilitar o acesso das partes interessadas ao Judiciário da Bolívia, o que demonstra a clara inexistência de ofensa à soberania ou à ordem pública. IV - Conforme já decidiu a Corte Especial, [é] "dispensável a remessa da carta rogatória à Justiça Federal após a concessão do exequatur, quando a parte interessada é considerada citada em razão do comparecimento aos autos para apresentar impugnação" (AgRg na CR n. 8.820/EX, de minha relatoria, Corte Especial, julgado em 4/2/2015, DJe de 9/3/2015). Agravos regimentais improvidos. (AgRg na CR 9.832/EX, Rel. Ministro FRANCISCO FALCÃO, CORTE ESPECIAL, julgado em 01/06/2016, DJe 16/06/2016).
29. É importante destacar o esforço feito pelo E. STJ para flexibilizar sempre que possível os requisitos de modo a garantir o efetivo acesso à justiça. Assim, neste julgado, o E. STJ entendeu, com razão, que a ausência de tradução de apenas uma página da comissão não inviabiliza a concessão de *exequatur*, eis que perfeitamente compreensível o pedido rogatório a partir dos demais documentos colacionados. CARTA ROGATÓRIA PASSIVA. PEDIDO DE INTIMAÇÃO DE SENTENÇA. REMESSA DE DOCUMENTO NÃO TRADUZIDO.

e de tempo, o fim principal que é a promoção do efetivo acesso à justiça ao jurisdicionado envolvido em conflito transnacional. O E. STJ vem se mostrando sensível a essa realidade em seus recentes julgados.

A disciplina da carta rogatória executória, voltada ao cumprimento de decisões interlocutórias estrangeiras, será examinada juntamente com a ação de homologação, seguindo-se a sistemática prevista no CPC/2015, que reuniu a regulamentação de ambos.

5. AUXÍLIO DIRETO

A doutrina aponta que a origem do instituto encontra-se no Direito Comunitário Europeu, precisamente no chamado "auxílio judiciário mútuo", previsto no artigo 3º, inciso I, da Convenção de Auxílio Judicial Mútuo em Matéria Penal da União Europeia[31].

O CPC/2015 regula o auxílio direto nos artigos 28 a 34.

IRREGULARIDADE FORMAL QUE NÃO IMPEDE A COMPREENSÃO DA CONTROVÉRSIA. CONCESSÃO DO EXEQUATUR. AGRAVO REGIMENTAL DESPROVIDO. I – Os documentos enviados pela Justiça rogante são suficientes para que se compreendam o pedido de cooperação internacional e o seu conteúdo. II – Para a concessão do "exequatur", não é preciso que a comissão seja acompanhada de todos os documentos mencionados na petição inicial, bastando aqueles necessários à compreensão da controvérsia, como se verifica "in casu" (AgRg na CR n. 8.553/EX, relator o Ministro FRANCISCO FALCÃO, CORTE ESPECIAL, julgado em 18/3/2015, DJe de 29/4/2015). III – In casu, uma das páginas da comissão não foi traduzida, o que não impediu a compreensão do pleito rogatório e do seu conteúdo, que se resume à intimação da parte interessada para que tome conhecimento do proferimento de uma sentença pela Justiça rogante e para que recorra, caso queira. Agravo regimental desprovido. (AgRg na CR 9.854/EX, Rel. Ministro FRANCISCO FALCÃO, CORTE ESPECIAL, julgado em 18/11/2015, DJe 16/12/2015)

30. No aresto a seguir colacionado, o E. STJ refere-se a Convênio celebrado entre Brasil e Espanha, com vistas a dispensar chancela consular para fins de cumprimento de títulos judiciais. DIREITO INTERNACIONAL PRIVADO. CONSTITUCIONAL. PROCESSUAL CIVIL. SENTENÇA ESTRANGEIRA CONTESTADA. INEXECUÇÃO. CONTRATO DE TRANSPORTE. DANOS MATERIAIS. VARIG ESPAÑA (VARIG S.A.). EXCLUSÃO DAS DEMAIS PARTES. LEI DE RECUPERAÇÃO JUDICIAL (LEI 11.101/2005). PRECEDENTE. SENTENÇA JUDICIAL DA ESPANHA. DESNECESSIDADE DE CONSULARIZAÇÃO. DECRETO 166/91. COOPERAÇÃO JUDICIÁRIA. REQUISITOS FORMAIS DE HOMOLOGAÇÃO. ATENDIDOS. OFENSA. AUSÊNCIA. HOMOLOGABILIDADE. 1. Pedido de homologação de sentença proferida no estrangeiro, de cunho condenatório, relacionada à inexecução de contrato de transporte de carga, firmado por empresa da Espanha com a VARIG ESPAÑA. No caso concreto, a carga transportada houve por torna-se inservível em razão de problemas de transporte e armazenagem, gerando danos materiais. (...) 4. Em atenção ao fixado no art. 30 do Decreto 166, de 3.7.1991 (Convênio de cooperação judiciária em matéria civil, entre Brasil e Espanha), está dispensada a chancela consular dos títulos judiciais apresentados pelas autoridades judiciárias de um país ao outro.5. De acordo com o exame dos documentos juntados pela parte requerente, mostram-se atendidos os ditames fixados no art. 15 do Decreto-Lei 4.657/1942 (Lei de Introdução às Normas do Direito Brasileiro) e no RISTJ, não havendo, ainda, incursão em vedação por ofensa à soberania nacional, à dignidade da pessoa humana ou à ordem pública. Processo judicial extinto sem exame do mérito em relação à TAP – MANUTENÇÃO E ENGENHARIA S.A., à FLEX LINHAS AÉREAS S.A. e à VRG LINHAS AEREAS S.A., bem como pedido de homologação deferido contra VARIG ESPAÑA (VARIG S.A.). (SEC 8.183/EX, Rel. Ministro HUMBERTO MARTINS, CORTE ESPECIAL, julgado em 07/10/2015, DJe 19/11/2015)

31. Conforme SILVA, Ricardo Perlingeiro Mendes da. "Auxílio direto, Carta Rogatória e Homologação de Sentença Estrangeira". Repro 128. Ano 30. Outubro 2005. P. 288.

Caberá auxílio direto passivo, a ser encaminhado diretamente à autoridade central brasileira, sempre que o Estado estrangeiro solicitar a prática, por autoridade brasileira, de ato judicial sem conteúdo decisório ou de ato administrativo[32]. O artigo 28 do CPC adotou tal posicionamento ao prever que: "Cabe auxílio direto quando a medida não decorrer diretamente de decisão de autoridade jurisdicional estrangeira a ser submetida a juízo de delibação no Brasil".

Com o auxílio direto, fica dispensada, inclusive, a concessão de *exequatur* pelo STJ através de carta rogatória de 1ª categoria[33].

O cabimento de auxílio direto será, portanto, residual, tendo lugar apenas se não for necessária a atuação E. Superior Tribunal de Justiça, seja através de carta rogatória, seja através da ação de homologação.

O artigo 30 elenca, exemplificativamente, medidas que podem ser solicitadas através de auxílio direto, notadamente, obtenção e prestação de informações sobre o ordenamento jurídico e sobre processos administrativos ou jurisdicionais findos ou em curso (inciso I), colheita de provas, salvo se a medida for adotada em processo, em curso no estrangeiro, de competência exclusiva de autoridade judiciária brasileira (inciso II) ou qualquer outra medida judicial ou extrajudicial não proibida pela lei brasileira (inciso III).

---

32. O Ministério da Justiça assim apresenta o procedimento do auxílio direto, *in verbis*: "O auxílio direto diferencia-se dos demais mecanismos porque nele não há exercício de juízo de delibação pelo Estado requerido. (...) Ao contrário do que ocorre nos mecanismos tradicionais de cooperação, onde o pedido de cooperação enseja apenas um procedimento, o auxílio direto origina obrigatoriamente dois procedimentos. O primeiro deles nasce com o pedido de cooperação lavrado pela autoridade requerente e, após análise e seguimento pelas autoridades competentes, chega às autoridades do país requerido para formar o *procedimento internacional* do auxílio direto. Em busca do atendimento do pedido, devem tais autoridades buscar o início do procedimento pertinente, que pode ser judicial ou administrativo. Este segundo é um *procedimento nacional*, portanto. Assim é que o auxílio direto, na verdade, forma-se a partir da junção de dois procedimentos específicos e separados: o procedimento internacional, também chamado genericamente de pedido de cooperação ou pedido de auxílio jurídico (este último especialmente no auxílio direto em matéria penal) e o procedimento nacional. O procedimento nacional, por sua vez, pode ser um *processo administrativo, um incidente processual judicial específico*, como os pedidos do Ministério Público Federal para a obtenção de quebras de sigilo bancário no Brasil ou uma *ação judicial*, a exemplo do que ocorre com as ações de busca, apreensão e retorno movidas pela União nos termos da Convenção sobre os Aspectos Civis do Sequestro Internacional de Crianças. O julgamento do auxílio direto judicial no Brasil é entregue aos juízes federais de 1ª instância, nos termos do artigo 109 da CF, seja porque figuram como parte o Ministério Público Federal ou a União, seja porque a medida busca cumprir tratado do qual o Brasil é parte." Disponível no endereço eletrônico: http://portal.mj.gov.br/ Acesso em 07/08/2017.. Itálicos no original.

33. Há doutrinadores, como Ricardo Perlingeiro, que entendem ser cabível auxílio direto somente para atos administrativos que não dependam de atuação de autoridade judicial. "O auxílio direto entre juízes estrangeiros e nacionais ou entes públicos estrangeiros e juízes nacionais depende da atuação do STJ. Apenas os atos administrativos é que podem ser objeto de cooperação direta, ao menos enquanto não dependerem de atuação judicial nacional." SILVA, Ricardo Perlingeiro Mendes da. "Anotações...". *Op. cit.* p. 17.

Cumpre consignar que, coerentemente, a Presidente da República vetou o artigo 35, que exigia carta rogatória até mesmo para a obtenção de informações, o que esvaziaria o auxílio direto[34].

A autoridade central brasileira, a quem incumbirá receber o pedido de auxílio direto, será o Ministério da Justiça, na ausência de designação específica em tratado ou convenção (art. 26, §4º, do CPC/2015). Tratando-se de solicitação da prática de ato judicial, a autoridade central encaminhará o pedido à Advocacia-Geral da União, que, por sua vez, requererá a providência ao juízo federal do lugar em que deva ser executada (arts. 33 e 34 do CPC/2015).

O parágrafo único do artigo 33 do CPC/2015 prevê que caberá ao Ministério Público requerer em juízo a medida solicitada quando for Autoridade Central.

O artigo 31 do novo Código confere um amplo espectro de atuação à Autoridade Central brasileira, autorizando-a expressamente a se comunicar diretamente com suas congêneres no exterior e, se necessário, com outros órgãos estrangeiros responsáveis pela tramitação e pela execução de pedidos de cooperação enviados e recebidos pelo Estado brasileiro. Tal previsão é salutar, à medida que deixa claro o propósito de evitar o engessamento da autoridade central e a consequente necessidade de movimentação do Judiciário brasileiro para fins de efetivação do pedido de auxílio direto, o que destoaria completamente da essência do instituto.

Na redação final do CPC/2015, suprimiu-se previsão que constava em versão anterior do Projeto, na qual era garantido o contraditório em sede de auxílio direto, caso houvesse parte interessada, sendo esta citada para se manifestar em quinze dias. Entendemos que, embora se compreenda que o auxílio direto nem sempre possui desdobramentos em juízo, mostra-se de todo recomendável dar ciência do requerimento à parte interessada para que ela, *se quiser*, possa exercer o contraditório, aduzindo argumentos que possam vir, inclusive, a desautorizar o seu atendimento pelas autoridades brasileiras.

Assim sendo, dada a importância da garantia do contraditório para o Direito Processual contemporâneo, entendemos que o silêncio do CPC/2015 não implica o seu cerceamento, de modo que incumbe às autoridades brasileiras cientificar os interessados para que possam acompanhar e se manifestar no

34. A seguir, transcrevem-se as razões do veto presidencial ao artigo 35, *in verbis*: "Razões do veto: Consultados o Ministério Público Federal e o Superior Tribunal de Justiça, entendeu-se que o dispositivo impõe que determinados atos sejam praticados exclusivamente por meio de carta rogatória, o que afetaria a celeridade e efetividade da cooperação jurídica internacional que, nesses casos, poderia ser processada pela via do auxílio direto." Disponível no endereço eletrônico: http://jota.info/mensagem-de-veto-ao-novo-cpc. Acesso em 07/08/2017.

procedimento de cumprimento do pedido de auxílio direto, especialmente para a prática de atos em que se vislumbre maior potencial de ingerência na esfera jurídica dos interessados.

Afirmar-se peremptoriamente que o cumprimento de auxílio direto não possui qualquer caráter constritivo ou potencial lesivo mostra-se, a nosso sentir, simplista e arriscado, sendo mais adequado que, em caso de dúvida, seja resguardado o contraditório. Até mesmo porque o interessado pode, inclusive, alegar vícios formais, tais como encaminhamento por autoridade estrangeira incorreta à vista de um tratado específico em vigor.

O instituto do auxílio direto representa importante instrumento de cooperação jurídica internacional, uma vez que dispensa a atuaçaõ do E. STJ. Dessa forma, pode-se falar em uma desburocratização que resulta em um procedimento mais célere e menos formal. Vale ressaltar, ainda, que a extração de seu potencial depende da atuação do Poder Judiciário brasileiro ao extinguir cartas rogatórias em hipóteses desnecessárias e fazer uso do auxílio direto.

Felizmente, a Presidência do E. STJ tem se mostrado atenta à questão, arquivando cartas rogatórias quando despiciendo o juízo de delibação[35-36] e remetendo a realização da providência através do auxílio direto.

A consolidação desse entendimento é fundamental para a ampla utilização do instituto do auxílio direto em nosso país. As consequências são o desafogamento do E. STJ, exigindo sua atuação somente quando for necessário o juízo de delibação e imprimindo maior rapidez ao atendimento das solicitações de autoridades estrangeiras, cujo objetivo final é a garantia do acesso à justiça.

---

35. CARTA ROGATÓRIA Nº 10.853 - IT (2016/0143460-8) RELATORA: MINISTRA PRESIDENTE DO STJ. JUSROGANTE: TRIBUNAL REGIONAL FEDERAL DE BRESCIA. A.CENTRAL : MINISTERIO DA JUSTIÇA. DESPACHO. Acolho o disposto no parecer do Ministério Público Federal de fls. 92-93, os autos da presente carta rogatória devem ser arquivados pela autoridade central competente e, por conseguinte, remetidos à Secretaria de Cooperação Internacional da Procuradoria-Geral da República, que executará o pedido italiano por auxílio direto, conforme preceitua o artigo 216-O, § 2.º, do Regimento Interno do Superior Tribunal de Justiça. Brasília (DF), 20 de outubro de 2016. MINISTRA LAURITA VAZ Presidente (Ministra LAURITA VAZ, 27/10/2016)

36. CARTA ROGATÓRIA Nº 10.958 - BO (2016/0177595-6). RELATOR: MINISTRO PRESIDENTE DO STJ JUSROGANTE: JUIZADO 2º INSTRUÇÃO DE FAMÍLIA DE COCHABAMBA A.CENTRAL : MINISTERIO DA JUSTIÇA. DESPACHO. No caso, a diligência rogada por ato não decisório de juiz estrangeiro consiste apenas na localização residencial da parte interessada e, portanto não envolve a realização de nenhum ato processual. Com efeito, embora a diligência tenha sido solicitada por juiz estrangeiro no âmbito de processo judicial (fls. 2-40), o requerimento veiculado por esta carta rogatória não demanda juízo delibatório desta Corte, conforme preceitua o art. 216-O, § 2º, do Regimento Interno do Superior Tribunal de Justiça, razão pela qual determino a remessa dos autos ao Departamento de Recuperação de Ativos e Cooperação Jurídica Internacional, da Secretaria de Justiça do Ministério da Justiça, procedendo-se à devida baixa na distribuição, a fim de que a apuração, objeto desta comissão, seja concluída por meio de auxílio direto. Publique-se. Brasília, 15 de agosto de 2016. Ministro FRANCISCO FALCÃO Presidente (Ministro FRANCISCO FALCÃO, 30/08/2016).

6. HOMOLOGAÇÃO DE SENTENÇA ESTRANGEIRA

O CPC/2015 merece cumprimentos no tocante à ação de homologação de sentença estrangeira. Antes de mais nada, porque o instituto recebeu regulamentação mais detalhada do que aquela dispensada pelo CPC de 1973, o que, por si só, não se mostra pouco, tendo em vista que o aumento das relações sociais e comerciais entre cidadãos e empresas de diferentes países revela a crescente importância do tema para o Direito Processual contemporâneo e clama por normas claras e atuais[37].

O diploma processual brasileiro regulou a homologação de sentença estrangeira, juntamente com a carta rogatória executória, nos artigos 960 a 965.

De fato, o CPC/2015 optou claramente, nos artigos 963, parágrafo único, e 964, parágrafo único, por dispensar o mesmo regramento à carta rogatória executória (destinada ao exercício de juízo de delibação sobre decisões interlocutórias estrangeiras) e à ação de homologação de sentença estrangeira (voltada ao exercício do juízo de delibação sobre provimentos finais estrangeiros). Por essa razão, analisaremos, neste momento do trabalho, tanto a carta rogatória executória quanto a ação de homologação.

Reiteramos aqui nossas considerações anteriores no sentido de pugnar pelo cabimento da ação de homologação para o exercício do juízo de delibação sobre todos os provimentos jurisdicionais estrangeiros, sejam eles interlocutórios ou finais, já que a utilização formal de dois instrumentos substancialmente semelhantes não nos parece útil, complicando desnecessariamente o nosso sistema.

Em segundo lugar, o CPC/2015 tem o mérito de incorporar as duas principais inovações adotadas pela Resolução nº 09/2005 do Superior Tribunal de Justiça[38], hoje revogada pela Emenda Regimental nº 18/2014, que alterou o Regimento Interno daquele Tribunal Superior.

A primeira inovação implementada pelo STJ e acolhida no código consiste na expressa previsão, no §1º do artigo 960, do cabimento da execução de decisões interlocutórias estrangeiras, que se dará através de carta rogatória executória.

---

37. A respeito do moderno tratamento dispensado ao processo de homologação de sentença estrangeira, especialmente no tocante à homologabilidade de decisões interlocutórias estrangeiras e à concessão de tutela antecipada em processo de homologação de sentença estrangeira, remetemos o leitor para obra: HILL, Flávia Pereira. *A antecipação da tutela no processo de homologação de sentença estrangeira. Op. Cit.*
38. A Resolução 09/05 foi revogada pela Emenda Regimental 18/2014, que alterou o Regimento Interno do STJ. Íntegra atualizada do Regimento Interno encontra-se disponível no endereço eletrônico: www.stj.jus.br. Acesso em 07/08/2017.

O artigo 962 prevê textualmente o cabimento da execução de medidas urgentes estrangeiras, ainda que concedidas pelo Judiciário alienígena *inaudita altera parte*, contanto que seja garantido ao réu contraditório posterior ou diferido. Por conseguinte, a falta de manifestação prévia do réu no Estado de origem não poderá ser erigida como óbice para a concessão de *exequatur*, pelo E. STJ, à medida urgente estrangeira.

Trata-se de louvável previsão, pois resguarda a efetividade da decisão interlocutória urgente estrangeira, visto que, por vezes, a ciência do réu compromete o seu adequado cumprimento. Nessa hipótese, caso o diploma tivesse adotado entendimento diverso, exigindo o contraditório prévio, estaria esvaziando de utilidade um complexo de decisões estrangeiras e, por conseguinte, sonegando a prestação jurisdicional ao beneficiário da tutela urgente.

No §3º do artigo 962, mais uma vez agiu com acerto o legislador ao dispor que não compete ao Judiciário brasileiro se imiscuir no juízo sobre a urgência da medida, que fora exercido pelo magistrado prolator da decisão estrangeira.

O entendimento preconizado no CPC/2015 se coaduna com a moderna visão de complementaridade entre jurisdições nacionais e de cooperação e coordenação entre o Judiciário de diferentes países, com o elevado propósito de garantir ao jurisdicionado o universal acesso à justiça e a efetividade do processo[39]. Admitir o reexame, pelo Judiciário brasileiro, do juízo sobre a urgência da medida representaria transbordar o mero juízo de delibação e tratar com desconfiança e desrespeito o Judiciário estrangeiro prolator da decisão, além de atentar contra a economia processual.

O Código prevê, ainda, no artigo 27, IV, o cabimento de concessão de medida judicial de urgência. Em outras palavras, pode o Superior Tribunal de Justiça conceder medida cautelar ou antecipação de tutela em sede de processo de homologação de sentença estrangeira ou de carta rogatória executória.O CPC/2015, mais uma vez, andou bem, garantindo que, em caso de premência, possa o requerente pleitear a antecipação dos efeitos da futura homologação da decisão estrangeira, medida essa que, muitas vezes, será fundamental para garantir a tutela do direito reconhecido na decisão estrangeira homologanda. À semelhança dos demais processos judiciais que, em determinadas circunstâncias, merecem a antecipação dos efeitos da tutela jurisdicional como forma de resguardar a efetividade do provimento final, o processo de homologação de decisão estrangeira também pode adquirir tal feição, não havendo justificativa para colocá-lo à margem de tal garantia processual.

39. A esse respeito, HILL, Flávia Pereira. *O Direito Processual Transnacional como forma de acesso à justiça no século XXI: (...). Op. Cit.* Especialmente item 5.4. pp. 120-130.

Uma previsão merecedora de todos os nossos aplausos, talvez a mais inovadora e elogiável de todas, encontra-se na parte final do artigo 961. Nela, o legislador dispõe expressamente sobre a possibilidade de a lei ou o tratado dispensarem o prévio exercício de juízo de delibação pelo STJ para a execução, em nosso país, de provimentos jurisdicionais estrangeiros.

A matéria era objeto de acalantados debates, sendo sempre o nosso posicionamento no sentido ora propugnado pelo CPC/2015. A Constituição Federal de 1988, em seu artigo 105, I, "i", apenas fixou a competência do E. Superior Tribunal de Justiça para a homologação de sentenças estrangeiras e concessão de *exequatur* às cartas rogatórias *quando o juízo de delibação for cabível*. A Carta Magna não soergueu o juízo de delibação como condição inafastável para a execução de provimentos estrangeiros em nosso território, podendo, pois, o tratado ou a lei infraconstitucional dispensá-lo.

Exemplo de dispensa do juízo de delibação encontra-se no artigo 20 do Protocolo de Las Leñas[40], no âmbito do Mercosul, que prevê expressamente que as sentenças e os laudos arbitrais terão "eficácia extraterritorial" nos Estados signatários[41].

Assim sendo, agiu com extremo acerto o legislador ao deixar claro que o prévio juízo de delibação pelo E. STJ não consiste em exigência peremptória em nosso ordenamento jurídico para o cumprimento de provimentos jurisdicionais estrangeiros.

No §1º do artigo 961, o legislador manteve o entendimento já consagrado, no sentido de exigir o prévio juízo de delibação para a execução de atos estrangeiros que, em nosso país, devam ser necessariamente objeto de provimento jurisdicional. Ou seja, é necessário que o ato estrangeiro consista *materialmente* em uma decisão judicial segundo nosso ordenamento jurídico.

Desse modo, mesmo que, no país de origem, seja considerado um ato administrativo, deve-se verificar se, no Brasil, a providência almejada somente pode ser alcançada se prevista em uma sentença judicial. Em caso de resposta afirmativa, o ato administrativo estrangeiro (formalmente administrativo), deverá ser previamente homologado pelo STJ para que somente após possa ser executado em nosso território, por se tratar de um ato substancialmente jurisdicional entre nós[42].

---

40. MERCOSUL. *Protocolo de Las Leñas, de 27/06/1992.* Íntegra disponível, em português, no endereço eletrônico: www.mercosul.gov.br. Acesso em 07/08/2017.

41. Nesse sentido, HILL, Flávia Pereira. *O Direito Processual Transnacional como forma de acesso à justiça no século XXI (...). Op. Cit.* Especialmente item 7.3, pp. 349-404.

42. Para maiores esclarecimentos, remetemos o leitor para a obra. HILL, Flávia Pereira. *A antecipação da tutela no processo de homologação de sentença estrangeira.* Rio de Janeiro: GZ Editora. 2010. Especialmente item 1.5.2, pp. 36-37.

No §5º do artigo 961, agiu com extrema coerência o legislador, adotando entendimento que já apregoávamos, no sentido de dispensar expressamente a homologação de sentença estrangeira de divórcio consensual. Isso porque, desde a edição da Lei Federal no 11.441/07, tornou-se facultativa, no Brasil, a intervenção judicial para fins de decretação do divórcio consensual, podendo os interessados desfazer o vínculo conjugal através da lavratura de escritura pública, portanto, através de um ato administrativo, não-jurisdicional[43].

Se, no Brasil, o divórcio consensual não mais precisa ser decretado por sentença judicial, correlatamente a sentença estrangeira de divórcio consensual não depende de prévia homologação pelo STJ para a produção de efeitos no Brasil. Agiu com perspicácia o legislador, posicionando-se de forma coerente e harmônica com as demais normas em vigor.

O E. Conselho Nacional de Justiça editou o Provimento 53/2016, com vistas a regulamentar a averbação de sentença estrangeira de divórcio consensual pelos cartórios de Registro Civil de Pessoas Naturais no Brasil. Na referida norma, o CNJ esclarece ser autorizada a averbação direta – prescindindo de homologação pelo E. STJ – apenas do que chama de divórcio puro ou simples, ou seja, em que não há disposição sobre guarda de filhos, alimentos ou partilha de bens. É dispensável a assistência por advogado para requerer a averbação direta perante o cartório extrajudicial.

No §6º do artigo 961 prosseguiu o legislador de forma correta, dispondo que qualquer magistrado poderá examinar, em caráter principal ou incidental, a validade da sentença estrangeira de divórcio consensual, caso a questão seja suscitada em processo de sua competência. Como tal sentença estrangeira não terá sido objeto de juízo de delibação pelo E. STJ, é facultado à parte interessada arguir a invalidade da sentença estrangeira, o que será decidido pelo magistrado competente. Essa ressalva contida no diploma é relevante, pois deixa claro que a dispensa do juízo de delibação pelo STJ não pode implicar na absoluta ausência de qualquer mecanismo de controle interno da validade da sentença estrangeira de divórcio consensual. Afinal de contas, uma sentença inválida não pode produzir efeitos em nosso território.

Ad exemplum tantum, a sentença estrangeira de divórcio apresentada perante o Oficial Registrador brasileiro para instrução do processo de habilitação de casamento (artigos 1521, VI c/c 1525, V, CC/02) pode ter a sua validade impugnada pelo interessado, uma vez ciente através da publicação dos Editais de

43. HILL, Flávia Pereira. PINHO, Humberto Dalla Bernardina de. "Inventário judicial ou extrajudicial; separação e divórcio consensuais por escritura pública – primeiras reflexões sobre a Lei no 11.441/07". *In Revista Dialética de Direito Processual*. Vol. 53. Maio 2007. São Paulo: Oliveira Rocha. pp. 42-59.

Proclamas (artigos 1527 e 1528, CC/02). A impugnação será, então, submetida ao Juiz competente para decisão. Concluindo o magistrado pela invalidade da sentença estrangeira de divórcio e pela consequente subsistência do vínculo conjugal do matrimônio anterior, não estarão os noivos habilitados a se casar no Brasil (artigo 1521, VI, CC/02).

Harmoniosamente, o legislador previu, no §4º do artigo 962, que a decisão interlocutória urgente a que tenha sido dispensado o prévio juízo de delibação pelo E. STJ, seja por lei, seja por tratado, deverá ter a sua validade *expressamente* reconhecida pelo juiz federal competente para executá-la.

A contrario sensu, isso significa dizer que todos os demais provimentos jurisdicionais estrangeiros que não impliquem a concessão de medida urgente e aos quais lei ou tratado tenha dispensado a homologação pelo STJ receberão o mesmo tratamento dirigido à sentença estrangeira de divórcio consensual, ou seja, terão a sua validade decidida expressamente pelo juiz brasileiro competente para a execução somente se a parte interessada o arguir (artigo 961, §6º). Caso contrário, a validade será examinada como um antecedente lógico para a prática do ato requerido, porém não será *decidida expressamente*. Este é, a nosso sentir, o entendimento mais consentâneo com o compromisso de fomento da cooperação jurídica internacional assumido pelo CPC/2015.

O artigo 963 previu os requisitos a serem analisados pelo E. Superior Tribunal de Justiça no exercício do juízo de delibação, a fim de homologar as sentenças estrangeiras e conceder *exequatur* às cartas rogatórias. Em síntese, foram contemplados os mesmos requisitos tradicionalmente previstos em nosso ordenamento jurídico para a hipótese[44].

Merece nota o inciso VI, que dispõe sobre os requisitos negativos para a homologação da decisão estrangeira. O CPC/2015 erige como requisito negativo exclusivamente a ofensa à ordem pública.

A Lei de Introdução às Normas do Direito Brasileiro (Decreto-Lei no 4.657/42) prevê, por seu turno, no artigo 17, a observância da soberania nacional, da ordem pública e dos bons costumes para que quaisquer atos ou declarações de vontade estrangeiros tenham eficácia no Brasil.

A atual redação do Regimento Interno do STJ, trazida pela Emenda Regimental no 18/2014, é ampla, ao aludir, em seu artigo 216-F, à ordem pública, à soberania nacional e à dignidade da pessoa humana. Cumpre ressaltar que o E. STJ tem assentado, por meio de seus julgados, que a negativa de homologação

44. Para o exame de cada qual dos requisitos legais, remetemos o leitor para a seguinte obra. HILL, Flávia Pereira. *A antecipação da tutela no processo de homologação de sentença estrangeira. Op. Cit.* Especialmente item 1.5.6, pp. 43-62.

sob o argumento de violação da ordem pública, dos bons costumes e da soberania nacional deve ser feita com comedimento e responsabilidade, não podendo servir de pretexto para escamotear reprovável reexame de mérito

Entendemos que deva prevalecer a nova previsão contida no CPC, que claramente pretendeu restringir o juízo de delibação à análise da observância da ordem pública.

De fato, trata-se de matéria pertinente ao Direito Internacional Privado e ao Direito Processual Internacional, sendo certo que o novo código processual consiste na lei mais recente que, portanto, revoga as disposições anteriores em contrário. A Lei de Introdução, nessa parte, não possui *status* constitucional, sendo lei ordinária, e o Regimento Interno do STJ, por seu turno, deve ceder ante o diploma processual brasileiro, que obedeceu a todo o processo legislativo constitucional; inclusive porque, de acordo com o artigo 22, inciso I, da CF/1988, compete privativamente à União legislar sobre Direito Processual.

No mais, entendemos que o CPC/2015 Brasileiro agiu bem ao omitir a referência expressa à soberania nacional, até mesmo porque, conforme já tivemos a oportunidade de desenvolver em outra sede, o tradicional conceito de soberania nacional vem sendo revisto na modernidade[45].

A ofensa aos bons costumes, constante da Lei de Introdução, apenas obstará o cumprimento de decisões estrangeiras em nosso território se for grave o bastante para ofender a ordem pública interna.

Por fim, consideramos despicienda a referência à dignidade da pessoa humana, encontrada na atual redação do Regimento Interno do STJ.

Embora não chegue a ser digno de crítica – uma vez que, certamente, a previsão expressa almejou destacar a sua importância – o acréscimo trazido ao Regimento Interno pela Emenda Regimental no 18/2014 nos parece tecnicamente despiciendo, eis que, modernamente, não há como se conceber que a vulneração da dignidade da pessoa humana, princípio fundamental da mais elevada estatura, não implique afronta à ordem pública do país. Portanto, a rigor, a previsão da observância da ordem pública já implica a higidez da dignidade da pessoa humana. Nada pode haver de mais caro à ordem pública do que a proteção do ser humano.

O Código resguarda a competência exclusiva da Justiça brasileira no artigo 964, dispondo que não será homologada a decisão estrangeira que a afronte.

---

45. HILL, Flavia Pereira. *O Direito Processual Transnacional como forma de acesso à justiça no século XXI (...)*. Op. Cit. Especialmente Capítulo 4.

A competência exclusiva a Justiça brasileira está contemplada, por sua vez, no artigo 23 do diploma processual brasileiro[46].

O artigo 965 dispõe que o cumprimento de decisão judicial estrangeira se dará perante Juiz Federal, dependendo de pedido da parte interessada, devidamente instruído com cópia autenticada da decisão homologatória proferida pelo E. STJ, sempre que for exigido o prévio juízo de delibação. Ou seja, não há que se falar em remessa automática do STJ à Justiça Federal, prevalecendo o princípio da demanda (artigo 2º do CPC/2015).

Em louvável homenagem ao princípio da isonomia, dispensando tratamento paritário aos jurisdicionados envolvidos em litígios com feição internacional, a parte final do artigo 965 determina que será aplicável ao cumprimento de decisões estrangeiras o mesmo regramento destinado à execução de provimentos jurisdicionais pátrios.

O CPC/2015 previu expressamente, no §3º do artigo 960, a homologabilidade das sentenças arbitrais estrangeiras, a fim de sepultar quaisquer dúvidas quanto ao seu cabimento, mais uma medida digna de aplausos, tendo em vista a crescente importância dos meios alternativos de solução de conflitos no cenário internacional.

O CPC/2015 contemplou textualmente, no §4º do artigo 961, a homologabilidade de decisões estrangeiras para fins de execução fiscal, caso haja tratado ou promessa de reciprocidade, ampliando, pois, o âmbito de aplicação do instituto. Ratificamos, aqui, as nossas críticas a respeito da peremptória exigência de tratado ou reciprocidade para a promoção da cooperação jurídica internacional.

7. CONCLUSÃO

O legislador do Código de Processo Civil Brasileiro de 2015 demonstrou grande sensibilidade em relação aos modernos contornos da ciência processual ao optar por regular a cooperação jurídica internacional com maior detalhamento. Trazer o seu regramento para o bojo do Código de Processo Civil revela, desde já, a apurada percepção de que o tema, de fato, encontra-se na ordem do dia em diversos países do mundo.

Ressalvamos, como pontos de reflexão e eventual modificação, em primeiro lugar, a exigência de tratado ou reciprocidade para a promoção dos

46. A respeito dos limites à jurisdição brasileira, vide: HILL, Flávia Pereira. PAUMGARTTEN, Michele Pedrosa. SIQUEIRA, Tatiana Paula Cruz de. "Os limites da jurisdição nacional no Código de Processo Civil e a densificação do acesso à justiça". Revista de Processo. ano 41. Número 262. Dezembro 2016. pp. 23-59.

instrumentos de cooperação jurídica internacional, contida no artigo 26, que destoa do compromisso assumido no inciso II, de dispensar tratamento isonômico a todos os jurisdicionados, nacionais ou estrangeiros. Ora, garantir paritariamente o acesso à justiça a todos os jurisdicionados, sem distinção de nacionalidade ou local de residência, implica precisamente deixar de exigir, de forma categórica, tratado ou reciprocidade para a prática de atos de cooperação internacional.

Em segundo lugar, consideramos mais adequado, *de lege ferenda*, reunir o exercício do juízo de delibação pelo E. STJ para o cumprimento de provimentos jurisdicionais interlocutórios ou finais na ação de homologação, extinguindo-se, por conseguinte, a carta rogatória executória ou de 2ª categoria, diante das semelhanças substanciais entre ambas, a ponto de o CPC/2015 regulamentá-las conjuntamente.

Ressalvamos também a curiosa cisão da regulamentação da carta rogatória, que se deu, em um primeiro momento, no artigo 36 da Parte Geral, que trata da carta rogatória de 1ª categoria, e prosseguiu bem mais à frente, nos artigos 960 a 965 (Dos Processos nos Tribunais), que tratam da carta rogatória de 2ª categoria ou executória, o que dificulta o exame desse instrumento e confirma que, substancialmente, a carta rogarória executória muito se assemelha à ação de homologação de sentença estrangeira, consoante destacamos acima.

Feitas tais ressalvas pontuais, o diploma de 2015 possui o mérito de contemplar as principais inovações que vinham sendo delineadas no tocante ao tema, como é o caso da previsão do expresso cabimento da homologação de decisões interlocutórias estrangeiras, principalmente as urgentes, e da concessão de antecipação de tutela na ação de homologação de sentença estrangeira e na carta rogatória, assim como a previsão do auxílio direto, dentre outros avanços significativos.

Talvez a maior mudança inaugurada pelo CPC/2015 nesta seara seja a expressa tomada de posição quanto à não-obrigatoriedade do exercício do juízo de delibação pelo E. STJ para que provimentos jurisdicionais estrangeiros sejam executados em nosso país, podendo tratado ou lei dispensá-lo. Em caso de dispensa, as decisões alienígenas poderão ser diretamente executadas na Justiça Federal, sem qualquer procedimento prévio perante Tribunal Superior, o que merece todos os nossos elogios, por demonstrar a sensibilidade do legislador em prol da genuína promoção da cooperação internacional.

A implementação de tais avanços pelo novo Código de Processo Civil Brasileiro exerce o relevante (e histórico) papel de promover o necessário alinhamento do Brasil à moderna tendência verificada em diversos países do mundo, em prol da desburocratização da circulação de decisões judiciais entre países, sem, com isso, se descurar das garantias processuais.

A moderna ciência processual coloca a pessoa humana, o jurisdicionado, como o seu *centro gravitacional*, em função do qual devem se voltar os esforços no sentido de aprimorar o sistema processual. E, na atualidade, em que a circulação de pessoas e bens transcende, em volume crescente, as fronteiras políticas dos países, a ciência processual deve perceber e acompanhar tal evolução, sob pena de ver vulnerada a sua legitimidade.

Desse modo, sobreleva a importância do Código de Processo Civil de 2015 ao tratar da Cooperação Jurídica Internacional de forma, a um só tempo, vanguardista e garantística.

O progresso de um país e de sua população perpassa, em nossos dias, necessariamente pela forma com que o seu regramento processual e as suas instituições se posicionam em relação à circulação das decisões judiciais estrangeiras.

Garantir efetivamente o amplo acesso à justiça aos jurisdicionados já há algum tempo não pode se encerrar nos estreitos limites políticos dos países, devendo, ao revés, adquirir contornos transnacionais. E o CPC/2015, sensível a isso, avança no firme propósito de trazer respostas aos novos anseios da sociedade moderna.

Não poderíamos encerrar este trabalho sem creditar ao E. Superior Tribunal de Justiça o mérito de construir a sua jurisprudência no sentido de concretamente fomentar a cooperação jurídica internacional, seja evitando formalismos desnecessários, que transbordam as exigências legais, seja reafirmando os limites do juízo de delibação, para reconhecer que não lhe compete rejulgar a matéria já examinada pelo tribunal estrangeiro.

O sopro de vida da lei processual reside em sua diuturna aplicação pelos tribunais aos casos concretos e, particularmente quanto ao tema examinado no presente trabalho, em sua aplicação principalmente pelo E. Superior Tribunal de Justiça. Desse modo, testemunhar que esse E. Tribunal Superior encontra-se imbuído dos propósitos de interpretar e aplicar a lei processual à luz dos princípios da cooperação jurídica internacional, da economia processual e da duração razoável do processo nos traz a segurança de que os avanços empreendidos pelo legislador efetivamente alcançarão os jurisdicionados e que as inovações ganharão vida.

O Brasil ainda tem um caminho a percorrer para que as partes envolvidas em litígios transnacionais efetivamente gozem do mesmo tratamento despendido aos litigantes nacionais, mas devemos reconhecer que, em oito anos, avançamos mais do que nas cinco décadas anteriores, o que nos faz acreditar em um futuro promissor.

REFERÊNCIAS BIBLIOGRÁFICAS

ADVOCACIA-GERAL DA UNIÃO. Notícias sobre Cooperação Jurídica Internacional disponíveis no endereço eletrônico www.agu.gov.br. Consulta realizada em 22/08/2011.

ARAÚJO, Nadia de. GAMA JUNIOR, Lauro. *Sentenças estrangeiras e cartas rogatórias: novas perspectivas da cooperação internacional.* Disponível no endereço eletrônico: www.mundojuridico.com.br. Consulta realizada em 05/08/2007.

________. MARQUES, Frederico do Valle Magalhães. *Recognition of foreign judgments in Brazil: the experience of the Supreme Court and the shift to the Superior Federal Court.* Disponível no endereço eletrônico: www.dip.com.br. Consulta realizada em 05/06/2007.

BERNARDI, Vanessa de Oliveira. "Competência internacional: as soluções propostas pelo novo Código de Processo Civil". *In Revista Eletrônica de Direito Processual – REDP. Volume XIII.* Jan-jun 2014. Pp. 858-879. Disponível em: www.redp.uerj.br.

CASTRO, Amílcar de. *Direito Internacional Privado. Vol.* 2. Rio de Janeiro: Forense, 1956.

CUNHA, Oscar da. *A Homologação da Sentença Estrangeira e o Direito Judiciário Civil Brasileiro.* Rio de Janeiro: Jornal do Commercio. 1933.

DINAMARCO, Cândido Rangel. *Instituições de Direito Processual Civil. Vol. I.* 8. Ed. São Paulo: Malheiros. 2016.

______. *Fundamentos do Processo Civil Moderno. Vol. I.* 6. Ed. São Paulo: Malheiros. 2010.

DOLINGER, Jacob. TIBURCIO, Carmen. *Direito Internacional Privado. Parte Geral e Processo Internacional.* 12. Ed. Rio de Janeiro: GEN Forense. 2016. pp. 610-612

GHETTI, Carmen Rizza Madeira. *A Cooperação Jurídica Internacional e as Cartas Rogatórias Passivas.* Monografia de conclusão do Curso de Pós-Graduação *Lato Sensu* em Direito Constitucional. IDP. Brasília. 2008. 60p. Disponível no endereço eletrônico: http://bdjur.stj.gov.br/dspace/handle/2011/21374. Consulta realizada em 22/08/2011.

GRECO FILHO, Vicente. *Homologação de Sentença Estrangeira.* São Paulo: Saraiva. 1978.

HILL, Flávia Pereira. *A antecipação da tutela no processo de homologação de sentença estrangeira.* Rio de Janeiro: GZ Editora. 2010.

________. *O Direito Processual Transnacional como forma de acesso à justiça no século XXI: os reflexos e desafios da sociedade contemporânea para o Direito Processual Civil e a concepção de um título executivo transnacional.* Rio de Janeiro: GZ Editora. 2013.

___________. PINHO, Humberto Dalla Bernardina de. "Inventário judicial ou extrajudicial; separação e divórcio consensuais por escritura pública – primeiras reflexões sobre a Lei no 11.441/07". *In Revista Dialética de Direito Processual. Vol.* 53. Maio 2007. São Paulo: Oliveira Rocha. pp. 42-59.

___________. PAUMGARTTEN, Michele Pedrosa. SIQUEIRA, Tatiana Paula Cruz de. "Os limites da Jurisdição nacional no Código de Processo Civil e a densificação do acesso à justiça". *Revista de Processo.* ano 41. Número 262. pp. 23-59. Dezembro 2016.

HUCK, Hermes Marcelo. *Sentença estrangeira e "lex mercatoria": horizontes e fronteiras do comércio internacional.* São Paulo: Saraiva. 1994.

JEULAND, Emmanuel. *Droit Processuel Général.* 2.ed. Paris: Montchrestien. 2012.

LOULA, Maria Rosa Guimarães. *Auxílio direto. Novo Instrumento de Cooperação.* Rio de Janeiro: Forum. 2011.

MADRUGA, Antenor. "O Brasil e a jurisprudência do STF na Idade Média da cooperação jurídica internacional". *In Revista Brasileira de Ciências Criminais.* São Paulo. v. 13. n. 54. pp. 291-311. 2005. MINISTÉRIO DA JUSTIÇA. www.mj.gov.br

MAXIMILIANO, Carlos. *Hermenêutica e aplicação do Direito.* 19. Ed. Rio de Janeiro: Forense. 2006.

MELO, Felipe Sartório de. SOUZA, Nevitton Vieira. *A cooperação jurídica internacional e o aparente conflito de leis. In Revista Eletrônica de Direito Processual. Volume XII.* P.118. Disponível no endereço eletrônico: www.redp.uerj.br

MERCOSUL. *Protocolo de Las Leñas, de 27/06/1992.* Las Leñas. Disponível no endereço eletrônico: www.mercosul.gov.br. Acesso em 30 jan. 2013.

MINISTÉRIO DA JUSTIÇA. Cooperação Jurídica Internacional. Disponível no endereço eletrônico: http://portal.mj.gov.br/. Consulta realizada em 11/03/2015.

MOREIRA, José Carlos Barbosa. "Breves observações sobre a Execução de Sentença Estrangeira à luz das Recentes Reformas do CPC". *In Revista IOB Direito Civil e Processual Civil.* São Paulo. ano VII. n. 42. pp. 46/54. jul-ago. 2006.

__________. "A Emenda Constitucional no 45 e o processo". *In Revista Forense.* Rio de Janeiro. v. 383. ano 102. jan-fev. 2006.

_______. "Reflexos da Emenda Constitucional no 45, de 2004, no Processo Civil". *In Revista da Emerj.* Rio de Janeiro. v. 8. n. 32. pp. 31-44. 2005.

PINHO, Humberto Dalla Bernardina de. *Comentário nº 16 ao Projeto de Código de Processo Civil.* Disponível no endereço eletrônico: http://humbertodalla.blogspot.com/2010/10/comentario-016-ao-novo-cpc.html. Consulta realizada em 22/08/2011.

PROCURADORIA-GERAL DA REPÚBLICA. Notícias sobre Cooperação jurídica Internacional disponíveis no endereço eletrônico www.pgr.mpf.gov.br. Consulta realizada em 22/08/2011.

RECHSTEINER, Beat Walter. *Direito Internacional Privado*: Teoria e prática. 18. Ed. Rev. E atual. São Paulo: Saraiva. 2016.

RENTE, Eduardo Santos. "Homologação de sentenças estrangeiras: análise da jurisprudência do biênio 2009/2010". *In Revista Eletrônica de Direito Processual – REDP. Volume VIII.* Jul-dez 2011. pp. 260-290. Disponível no endereço eletrônico: www.redp.uerj.br.

SILVA, Ricardo Perlingeiro Mendes da. "Auxílio direto, Carta Rogatória e Homologação de Sentença Estrangeira". Repro 128. Ano 30. Outubro 2005. pp. 287-292.

________. "Anotações sobre o Anteprojeto de Lei de Cooperação Jurídica Internacional". Disponível no endereço eletrônico: www.uff.br. Consulta realizada em 22/08/2011.

________. "Cooperação Jurídica Internacional e auxílio direto". *In* Revista CEJ. Brasília. v. 32. pp. 75-79. Jan-mar. 2006.

SIQUEIRA, Marcelo Gustavo Silva. "A jurisdição e a cooperação internacional no projeto de lei do novo Código de Processo Civil (conforme aprovado no Senado)". *In Revista Eletrônica de Direito Processual - REDP. Volume VIII*. Jan-jun 2014. pp. 259-274. Disponível no endereço eletrônico: www.redp.uerj.br.

SUPERIOR TRIBUNAL DE JUSTIÇA. *Regimento Interno*. Disponível no endereço eletrônico: www.stj.jus.br. Consulta realizada em 18/08/2017.

TESHEINER, José Maria. "Jurisdição territorial nos Estados Unidos da América do Norte e competência internacional e de foro no Brasil". *In Revista Eletrônica de Direito Processual - REDP. Volume XIII*. Jan-jun 2014. pp. 259-274. Disponível no endereço eletrônico: www.redp.uerj.br.

TIBÚRCIO, Carmen. "As cartas rogatórias executórias no direito brasileiro no âmbito do Mercosul". *In Revista Forense*. v. 348. Rio de Janeiro. pp. 77-88. out-dez. 1999.

UNIÃO EUROPEIA. *Convenção de Auxílio Judicial Mútuo em Matéria Penal da União Europeia, de 16 de outubro de 2001*. Disponível no endereço eletrônico: http://eur-lex.europa.eu/pt/

UNIDROIT - International Institute for de Unification of Private Law. ALI - American Law Institute. *Principles of Transnational Civil Procedure*. Disponível no endereço eletrônico: www.unidroit.org. Consulta realizada em 05/10/2014.

VILLELA, Alvaro da Costa Machado. *O Direito Internacional Privado no Código Civil Brasileiro*. Coimbra: Coimbra Editora. 1922. pp. 503-504.

CAPÍTULO 7

International cooperation and evidence in the nordic, baltic, and former socialist countries; continental europe, and common law europe

Laura Ervo[1]

SUMMARY[2]

This general report covers the European countries except Southern Europe, which is grouped with Latin America and covered by another general report written by Professor Lorenzo Mateo Bujosa Vadell.

1. Professor of Law, Excellent Teacher, Örebro University, SE-701 82 Örebro, Sweden. Adjunct professor, The Universities of Turku, Helsinki and Eastern Finland. Trained on the Bench. Nota dos organizadores: texto originalmente publicado nos anais da II Conferencia Internacional & XXVI Jornadas Iberoamericanas de Derecho Procesal IIDP (Instituto Iberoamericano de Derecho Procesal) IAPL (International Association of Procedural Law). *La Prueba en el Proceso - Evidence in the Process*. Barcelona: Atelier, 2018.
2. The general report is based on the national reports written by: Dr. hab. **Kinga Flaga-Gieruszyńska** prof. US University of Szczecin, Poland, Dr. **Aleksandra Klich** University of Szczecin, Poland and Dr. **Joanna Studzińska** University of Kozminski, Warsaw, Poland. Professor, Dr. **Bart Krans**, Leiden University, the Netherlands and PhD fellow **Pauline Ribbers**, Leiden University, the Netherlands. Professor, Dr. **Anna Nylund**, University of Tromsø – The Arctic University of Norway. Dr. Senior Teaching Fellow **John Sorabji**, University College London, United Kingdom. Associate professor, Dr. **Vigita Vebraite**, Vilnius University, Lithuania.

The present report is compiled on the basis of the following national reports, which cover Europe in five blocks; namely the Scandinavian countries (by Nylund), the Baltic countries (Vebraite), continental European countries, using the Netherlands and Germany as examples (by Krans and Ribbers); common law countries, using England and Wales as examples (by Sorabji), and former socialist countries, using Poland, the Czech Republic and Slovakia as examples (by Flaga-Gieruszyńska, Klich and Studzińska).

The common description of the Convention on the Taking of Evidence Abroad in Civil or Commercial Matters, drafted in The Hague on 18 March 1970, and Council Regulation (EC) No 1206/2001 of 28 May 2001 on cooperation between the courts of the Member States in the taking of evidence in civil or commercial matters (chapters 1 and 2) is mainly based on the national report written by Krans and Ribbers.

The general report primarily covers international cooperation outside and inside the EU, using EU instruments, while additionally touching upon regional and bilateral co-operation. At the end of the report, some specific practical problems and current topics are covered separately, i.e. in particular the use of modern technology in cross-border situations.

1. GLOBAL COOPERATION – THE HAGUE 1970 CONVENTION

With regard to the taking of evidence outside the European Union, the Convention of 18 March 1970 on the Taking of Evidence Abroad in Civil or Commercial Matters is an important instrument.[3] This Convention replaced two (earlier) instruments on civil procedure[4] which had been limited to authorizing consular requests for deposition of witnesses and for authorizing bilateral agreements with regard to direct communication between States.[5] The intention of the drafters of the Convention was to simplify and expedite the process by which evidence could be gathered in transnational civil litigation.[6] A 'central' aim of the Convention is to ensure that evidence gathered abroad will be 'appropriate for use' in a civil procedure in the requesting State. To this end, the Convention

3. See in general: *Practical Handbook on the Operation of the Hague Evidence Convention*, HCCH Publications 2016. See for the full text of the Convention: www.hcch.net/en/instruments/conventions/full-text/?cid=82.
4. The 1905 and 1954 Hague Conventions on Civil Procedure.
5. Hatzimihail and Nuyts 2005, p. 22.
6. Buxbaum 2005, p. 345. Cf. Amram 1970, p. 1: 'In broad outline, the Convention seeks to: a) improve the existing system of Letters of Request; and b) enlarge the devices for the taking of evidence by increasing the powers of consuls and by introducing, on a limited basis, the concept of the commissioner; and at the same time c) preserve all existing more favourable and less restrictive practices resulting from internal law, internal rules of procedure and bilateral or multilateral conventions'.

enhances cooperation between courts in the process of getting evidence itself.[7,8] The Convention was signed during the Hague Conference on Private International Law in October 1968.[9] At the time of writing, in 2018, there are 61 Contracting Parties, including the United States of America, the Russian Federation, and the People's Republic of China.[10] With the exception of Belgium, Austria and Ireland, the other (25) EU-Member States are also Party to the Convention. The Convention distinguishes two[11] methods for the taking of evidence, i.e. on the one hand, by means of letters of request, where detailed rules are set out in Chapter I of the Convention. And on the other hand, through diplomatic officers or consular agents of a Contracting State or commissioners, where detailed rules are set out in Chapter II of the Convention.

Chapter I of the Convention (Articles 1-14) contains provisions with regard to the 'Letters of Request' (the so-called *'commissions rogatoires'*). In this chapter, rules have been laid down with regard to the designation of a Central Authority, the form and scope of the Letter of Request, the methods of transmission, the method and procedure of execution, measures of compulsion, and grounds for refusal to execute the Letter of Request.[12] Chapter II of the Convention (Articles 15-22) contains provisions with regard to the use of diplomatic officers, consular agents or commissioners to take evidence. In this chapter, rules are laid down with regard to: the circumstances under which a diplomatic officer, consular agent, or commissioner may act; the extent to which approval and consent of the State of execution may be required, the extent to which compulsion against a witness may be available, the privileges and immunities of a witness, the limits of the power of the diplomatic officer or consular agent, and the privilege of obtaining evidence through other channels in the event of the failure to obtain the evidence through the consul or commissioner.[13]

---

7. Cf. Buxbaum 2005, p. 344, with a reference to Article 9 of the Convention: 'The judicial authority which executes a Letter of Request shall apply its own law as to the methods and procedures to be followed. However, it will follow a request of the requesting authority *that a special method or procedure be followed*, unless this is incompatible with the internal law of the State of execution or is impossible of performance by reason of its internal practice and procedure or by reason of practical difficulties (...)'. Cf. Van het Kaar 2008, p. 124: the aim of the Convention is twofold: on the one hand, it aims – in comparison with the Conventions of 1905 and 1954 – to expedite and simplify the execution of letters of *commissions rogatoires*; on the other hand, it aims to extend the methods for the taking of evidence abroad.
8. Moolenaar 2004, p. 12: its 'greatest merit' – but also the biggest bone of contention – is that the Convention sets rules for the international taking of evidence for both *civil law* and *common law* jurisdictions.
9. Amram 1970, p. 1.
10. www.hcch.net/en/instruments/conventions/status-table/?cid=82. The current status of Russia and China: 'Accession giving rise to an acceptance procedure'.
11. Cf. Freudenthal 2013, p. 153: the 'third' method (Art. 17: 'In a civil or commercial matter, a person duly appointed as a *commissioner* for the purpose may, without compulsion, take evidence in (...)').
12. Amram 1970, p. 2.
13. Amram 1970, p. 2.

Chapter III of the Convention (Articles 23-42) contains general clauses with regard to, *inter alia*, the use of diplomatic channels to resolve disputes, the application of the Convention to the territories of a signatory, the time the Convention will remain in force, and the power of denunciation. Furthermore, this chapter contains specific clauses that, *inter alia*, limit the scope of Letters of Request, provide details respecting the Central Authority, regulate certain costs, and list matters where States may derogate[14] from the provisions of the Convention.[15]

In all reports, the Hague Convention is named as the main tool for cooperation outside the EU, and the system is described in a similar way to the description above written by *Krans and Ribbens*. No peculiarities or problems are reported. In the Baltic report it is pointed out that while all three Baltic countries ratified the Convention, they continue to make rather many exceptions to it.[16]

Judicial personnel of the requesting authority may be present at the execution of a Letter of Request only with prior authorisation of the Ministry of Justice. Pre-trial discovery of documents is also not allowed in either of the three countries. In fact, the Hague Convention is rarely applied in practice. Usually, courts apply EU Regulation or bilateral agreements. Other Hague Conventions, concerning e.g. service-abroad judicial and non-judicial documents or the Convention on abolishing the requirement of legalisation of foreign documents or the Convention on the civil aspects of child abduction, are applied more often in decisions or judgments of the courts.[17]

These comments/concerns from the Baltic perspective might be relevant for other countries too, even if they are not explicitly mentioned in the other reports. To highlight one such aspect, the prohibition of pre-trial discovery outside common law countries is one of the typical differences in legal systems that has *not* been harmonized in international private law so far.

2. EUROPEAN COOPERATION

2.1. Regulation

Since 1999, the European Union has been trying to enhance judicial cooperation in civil matters between Member States.[18] Thus, the Union shall develop

14. See Article 33 Convention: 'A State may, at the time of signature, ratification or accession exclude, in whole or in part, the application of the provisions of paragraph 2 of Article 4 and of Chapter II. No other reservation shall be permitted (...)'. Cf. Article 35 Convention.
15. Amram 1970, p. 2.
16. Valentinas Mikelėnas, Vytautas Nekrouis, Civilinio proceso teisė, II tomas, 2005.
17. The Baltic report written by Vigita Vebraite.
18. Cf. Tampere European Council, 'Presidency Conclusions', 15-16 October 1999, para. 28: 'In a genuine European Area of Justice individuals and businesses should not be prevented or discouraged from exercising

judicial cooperation in civil matters that have cross-border implications, based upon the principle of mutual recognition of judgments and of decisions in extrajudicial cases. Such cooperation may include the adoption of measures for the approximation of the laws and regulations of the Member States.[19] On the basis of this article, several instruments have been created and different areas of judicial cooperation can be distinguished.[20]

One of the areas of judicial cooperation concerns the subject of cross-border cooperation between national civil courts. In this area, regulations have been adopted to simplify and expedite the transmission of judicial documents between Member States, for instance in the taking of evidence in civil or commercial matters[21]. In October 1999, the European Council expressed the view that procedural rules in cross-border cases – in particular on the taking of evidence – should be developed.[22] The objective of these rules had to be the improvement of cooperation between national courts on the taking of evidence in civil or commercial matters.[23] It was, moreover, argued that this objective could be better achieved at 'Community level'.[24] The Council furthermore argued that action was necessary as it was 'often essential' for a decision in a civil or commercial matter pending before a court in a Member State to take evidence in another Member State.[25] In July 2001,[26] Council Regulation (EC) No. 1206/2001 'on cooperation between the courts of the Member States in the taking of evidence in civil or commercial matters' entered into force.[27] The primary objective of the Regulation is to expedite the execution of requests for the performance of the

their rights by the incompatibility or complexity of legal and administrative systems in the Member States'. Cf. the description by the EJTN Handbook 2016 (p. 8): '"enhanced cooperation" meaning "procedure by which Member States (minimum nine) can work together in specific areas of EU law (e.g. divorce, legal separation) without other EU country involvement, for the purpose of efficiency and expeditious performance"'.

19. Article 81 (1) TFEU.
20. Source: www.europarl.europa.eu/atyourservice/en/displayFtu.html?ftuId=FTU_4.2.5.html. Cf. A guide for legal practitioners – Judicial cooperation in civil matters in the European Union, 2015 (publications.europa.eu/en/publication-detail/-/publication/a9da11b8-0a6a-491e-8ae9-a0ff9d7e8535/language-en), Freudenthal 2004 and Leipold 2003.
21. Regulation (EC) No. 1206/2001 of 28 May 2001.
22. Regulation (EC) No. 1206/2001, recital 3.
23. Regulation (EC) No. 1206/2001, recital 5.
24. Regulation (EC) No. 1206/2001, recital 5.
25. Recital 7 of Council Regulation (EC) No. 1206/2001 with a reference to Council Regulation (EC) No. 1348/2000 of 29 May 2000 on the serving in the Member States of judicial and extrajudicial documents in civil or commercial matters.
26. Cf. Report of the European Parliament of 27 February 2001 on *the Federal Republic of Germany's initiative* with a view to the adoption of a Council Regulation on cooperation between the courts of the Member States in the taking of evidence in civil and commercial matters (A5-0073/2001) (www.statewatch.org/semdoc/assets/files/parliament/A5-0073-01.pdf).
27. Council Regulation (EC) No. 1206/2001 of 28 May 2001 on cooperation between the courts of the Member States in the taking of evidence in civil or commercial matters. Legal basis: Article 81(2)(d) TFEU.

taking of evidence.[28] Since 1 January 2004, the Regulation has been applicable within the EU. Only Denmark has opted out of the Regulation and is therefore neither bound by nor subject to its application.[29]

First and foremost, the Council Regulation seeks to improve, simplify, and accelerate co-operation between courts in the taking of evidence. The regulation provides for two ways of taking of evidence between Member States; namely the taking of evidence through the requested court and the direct taking of evidence by the requesting court. The requesting court is the court before which the proceedings are brought or contemplated. The requested court is the competent court of another Member State for the performance of the taking of evidence. The central body is responsible for supplying information and seeking solutions to any difficulties that may arise in respect of a request.[30] This tool serves to ease the taking of evidence in cross-border situations because the taking of evidence in civil proceedings is not restricted to the boundaries of a Member State. For instance, it may be necessary to hear witnesses or experts in other Member States, or the court may have to visit a scene of occurrence situated in another Member State.[31]

The Regulation applies to (1) requests for the taking of evidence; (2) requests by the court of a Member State; (3) the evidence has to be intended for use in judicial proceedings (commenced or contemplated); (4) in civil or commercial matters.[32] Importantly, the Regulation does not give a definition of 'evidence'[33] nor a definition of 'court'[34]. The notion of 'civil and commercial matters' is an autonomous concept and has to be interpreted in the light of the objectives of the Regulation and of the TFEU.[35] More specifically, the Regulation applies to litigation based on civil and commercial law, consumer law, employment law, and on competition law as far as private proceedings are concerned.[36]

28. See: 'Practice Guide for the Application of the Regulation on the Taking of Evidence', drafted by the Commission and published in 2006 (ec.europa.eu/civiljustice/evidence/docs/evidence_ec_guide_en.pdf), p. 4. Cf. Storskrubb 2008, p. 115 (and p. 114-118, 'Legislative History').
29. Council Regulation (EC) No. 1206/2001, recital 22.
30. http://eur-lex.europa.eu/legal-content/EN/TXT/?uri=LEGISSUM:l33130, visited 2018-03-02.
31. https://e-justice.europa.eu/content_taking_of_evidence-76-en.do, visited 2018-03-02 and Storskrubb 2008, pp. 114.
32. Practice Guide 2006, p. 5. Cf. Allemeersch & Houtmeyers 2015, p. 254-261.
33. According to the Practice Guide 2006 (p. 6), 'evidence' includes for instance 'hearings of witnesses of fact, of the parties, of experts, the production of documents, verifications, establishment of facts, expertise on family or child welfare'.
34. According to the Practice Guide 2006 (p. 6), the concept should be given 'a broad interpretation', 'thus including all authorities in the Member States with jurisdiction in the matters falling within the scope of the Regulation'.
35. Practice Guide 2006, p. 5.
36. Practice Guide 2006, p. 5-6: '(...) the scope of application of the Regulation includes matters which are excluded from the scope of application of the Brussels I Regulation such as in matters relating to the

It is not allowed to make a request to obtain evidence which is not intended for use in judicial proceedings, commenced or contemplated (Art. 1(2)). Moreover, the Regulation does not offer the possibility of making a reservation with regard to so-called 'pre-trial discovery' or so-called 'fishing expeditions' (i.e. the European Council has stated in a non-binding declaration that the Regulation is not applicable to pre-trial discovery or fishing expeditions).[37] And finally, the requests for taking of evidence must be filed using standard forms set out in the Annex of the Regulation (Art. 4 and 17). These forms must be drafted in the official language of the Member State of the requested court or in another language accepted by that state (Art. 5).

With regard to active legal aid,[38] Article 10(1) of the Regulation stipulates that the requested court shall execute the request without delay and, at the latest, within 90 days of receipt of the request.[39] The requested court shall execute the request 'in accordance with the law of its Member State' (Art. 10(2)). However, the requesting court may call for the request to be executed 'in accordance with a special procedure provided for by the law of its Member State'.[40] The requested court shall comply with such a requirement unless this procedure is 'incompatible' with the law of the Member State of the requested court or by reason of 'major practical difficulties' (Art. 10(3)). In addition, the requesting court may ask the requested court to use communications technology in the facilitation of the taking of evidence, 'in particular by using videoconference and teleconference' (Art. 10(4)). Articles 11 and 12 give parties and representatives[41], *inter alia*, a right to be present at the taking of evidence by the requested court. Finally, the requested court shall without delay send to the requesting court the documents establishing the execution of the request (Art. 16).

With regard to passive legal aid[42], the requesting court shall submit a request to the central body or competent authority in that Member State (Art. 17(1)). Direct taking of evidence[43] may only take place if it can be performed on

---

status or legal capacity of natural persons, rights in property arising out of a matrimonial relationship, wills and succession; bankruptcy, proceedings relating to the winding-up of insolvent companies or other legal persons, judicial arrangements, compositions and analogous proceedings'.

37. Freudenthal 2013, p. 167 refers to the 2350th meeting of the European Council (Justice, Home Affairs and Civil Protection), Brussels, 28 and 29 May 2001, 9205/01 PV/CONS 26 JAI 42.
38. Adolphsen 2015, p. 252, Hess 2010, p. 467, Von Hein 2004, p. 871.
39. Cf. Art. 15 Regulation: 'If the requested court is *not* in a position to execute the request within 90 days of receipt, it shall inform the requesting court thereof, using form G in the Annex (...)'.
40. Cf. Lebois 2003, p. 292-293.
41. Cf. Art. 12(2) Regulation: 'For the purpose of this Article, the term "representative" shall include members of the judicial personnel designated by the requesting court, in accordance with the law of its Member State (...)'.
42. Adolphsen 2015, p. 252, Hess 2010, p. 471.
43. Van het Kaar 2003, p. 290: contrary to the Hague 1970 Convention, Regulation 1206/2001 obliges Member States to accomplish the – in the Netherlands and many other Member States unknown – method of direct

'a voluntary basis' without 'the need for coercive measures' (Art. 17(2)). Within 30 days of receiving the request, the central body or competent authority of the requested Member State shall inform the requesting court if the request is accepted[44] and, if necessary, provide information about 'under what conditions according to the law of its Member State such performance is to be carried out' (Art. 17(4)).

Also in this respect the system was described in a general way in all national reports without any peculiarities being noted. Nor were any specific problems reported. We may consequently conclude that this European regulation normally does not cause any specific debate in the Member States, but rather has been found to be a practical and useful tool. On this background, European co-operation in the field of taking evidence seems to be working well.

2.2. Case law

The Court of Justice of the European Union (CJEU) has rendered four[45] cases with regard to Regulation 1206/2001.[46] These cases clarify the scope of (i.e. the Articles of) the Regulation 1206/2001.

In April 2005 (*St. Paul Dairy*), the CJEU ruled that Article 24 of the Brussels Convention[47] must be interpreted in the sense 'that a measure ordering the hearing of a witness for the purpose of enabling the applicant to decide whether to bring a case, determine whether it would be well founded and assess the relevance of evidence which might be adduced in that regard is not covered by the notion of « provisional, including protective, measures »'.[48] Therefore – under these circumstances – Regulation 1206/2001 applies.

In February 2011 (*Weryński*), the CJEU ruled that Articles 14 and 18 of the Regulation must be interpreted in the sense 'that a requesting court is not

taking of evidence; this leads not only to an intervention in their national procedural law, but also to 'a certain impetus' for harmonization.

44. See Article 17(5) of the Regulation for (three) grounds of refusal.
45. Cf. Galič 2017, p. 227: 'So far, the CJEU has had surprisingly few opportunities to clarify issues concerning the application of the EER. According to the *optimistic* viewpoint, this is an indication that the system established by this Regulation functions smoothly. The *pessimistic* standpoint, however, would be that this is either an indication that the Regulation is rarely used or that numerous controversial issues have simply been overlooked. Thus, the application of the Regulation in Member States is perhaps either simply avoided or far from uniform'.
46. Source: http://curia.europa.eu/juris/recherche.jsf?language=en (Subject-matter: '1206/2001'). See also: Galič 2016 and Kačevska 2015, p. 66-70, and cf. Betetto 2006. Cf. Opinion of Advocate-General Kokott of 18 July 2007, No. C-175/06 (*Tedesco*), ECLI:EU:C:2007:451.
47. Convention of 27 September 1968 on Jurisdiction and the Enforcement of Judgments in Civil and Commercial Matters.
48. CJEU 28 April 2005, No. C-104/03 (*St. Paul Dairy*), ECLI:EU:C:2005:255.

obliged to pay an advance to the requested court for the expenses of a witness or to reimburse the expenses paid to the witness examined'.[49] Furthermore, the Court considered that 'the relevant provisions of the Hague Convention may be relied on in order to interpret the regulation'.[50]

In September 2012 (*Lippens*), the CJEU ruled that the provisions of the Regulation must be interpreted in the sense 'that the competent court of a Member State which wishes to hear as a witness a party residing in another Member State has the option, in order to perform such a hearing, to summon that party before it and hear him in accordance with the law of its Member State'.[51] In other words, the Regulation does not provide an exclusive mechanism for obtaining evidence located abroad, but has a 'facilitating function'.[52]

In February 2013 (*ProRail*), the CJEU ruled that Articles 1(1)(b) and 17 of the Regulation must be interpreted as meaning 'that the court of one Member State, which wishes the task of taking of evidence entrusted to an expert to be carried out in another Member State, is not necessarily required to use the method of taking evidence laid down by those provisions to be able to order the taking of that evidence'.[53]

2.3. Review of Regulation 1206/2001

According to Article 23 of the Regulation, the European Commission (EC) has a duty to review the application of the Regulation. In December 2007, the EC published its first report.[54] The EC drew, *inter alia*, the following conclusions: the application has 'generally improved, simplified, and accelerated the cooperation' between national courts on the taking of evidence in civil or commercial matters.[55] With regard to the first main objective of the Regulation (i.e.

49. CJEU 17 February 2011, No. C-283/09 (*Weryński*), ECLI:EU:C:2011:85.
50. CJEU 17 February 2011, No. C-283/09 (*Weryński*), ECLI:EU:C:2011:85, para. 65.
51. CJEU 6 September 2012, No. C-170/11 (*Lippens and Others*), ECLI:EU:C:2012:540.
52. Freudenthal 2013, p. 165. Cf. Fentiman 2015, p. 662: 'That meant that it was mandatory only in cases where the evidence sought is of such a nature that it can in practice only be obtained by judicial cooperation with the courts of another EU state'.
53. CJEU 21 February 2013, No. C-332/11 (*ProRail*), ECLI:EU:C:2013:87.
54. Report from the Commission to the Council, the European Parliament and the European Economic and Social Committee on the application of the Council Regulation (EC) 1206/2001 of 28 May 2001 on cooperation between the courts of the Member States in the taking of evidence in civil or commercial matters /* COM/2007/0769 final */ (eur-lex.europa.eu/legal-content/EN/TXT/?uri=celex%3A52007DC0769). Cf. Study on the application of Council Regulation (EC) No. 1206/2001 on the taking of evidence in civil or commercial matter, MainStrat 2007 (ec.europa.eu/civiljustice/publications/docs/ final_report_ec_1206_2001_a_09032007.pdf).
55. Report EC 2007, p. 6.

to simplify the cooperation between Member States), simplification has been brought about 'mainly' through the introduction of direct court-to-court transmission, and through the introduction of standard forms.[56] With regard to the second main objective of the Regulation (i.e. to accelerate the performance of the taking of evidence), it can be concluded that 'most requests' for the taking of evidence were executed faster than before the entry into force of the Regulation, and within the 90 days (cf. Art. 10(1) Regulation).[57] Therefore, the EC stated that modifications of the Regulation were not required.

There is, however, room for improvement.[58] The EC formulated three recommendations in order to improve the application of the Regulation. Firstly, the Commission encouraged enhancing the level of familiarity with the Regulation among legal practitioners in the EU, as the Regulation was 'not yet well-enough known' among legal practitioners, a fact which leads to 'unnecessary delays and problems'.[59] Secondly, the EC was of the view that measures should be taken by Member States to ensure that the time frame of 90 days for execution of requests be complied with as this time frame was 'often not complied with'.[60] Lastly, the EC encouraged Member States to take measures to introduce the 'necessary means' to perform video conferences[61] in the context of the taking of evidence, as the 'potential of communications technology was 'by no means used to a full extent yet'.[62]

In March 2009, the European Parliament (EP) published a resolution on the cooperation between the courts of the Member States in the taking of evidence in civil or commercial matters.[63] With this resolution, the EP responded to the Commission's report. The Parliament concurred with the Commission that 'greater efforts' should be made by Member States to bring the Regulation 'sufficiently' to the attention of judges and practitioners in the Member States. In addition, it advocated the extensive use of information technology and video conferencing; urged Member States to put more resources into installing modern communications facilities in the courts and training judges to use them, and

56. Report EC 2007, p. 7.
57. Report EC 2007, p. 7.
58. Report EC 2007, p. 7.
59. Report EC 2007, p. 7, e.g. better exploiting the work of the European Judicial Network in Civil and Commercial matters.
60. Report EC 2007, p. 7.
61. Cf. the Hague 1970 Convention and the Report of the Experts' Group on the Use of Video-link and Other Modern Technologies in the Taking of Evidence Abroad (2-4 December 2015, The Hague, the Netherlands).
62. Report 2007, p. 7. The EC mentions the 'importance of the further promotion of E-Justice'.
63. 2008/2180(INI) (see:www.europarl.europa.eu/oeil/popups/ficheprocedure.do?lang=en&reference=2008/2180(INI)).

called on the Commission to produce specific proposals aimed at improving the current state of affairs. Lastly, the EP called for the submission of specific proposals to remedy the exceeded 90-day time period and to provide 'practical support' in the context of the e-Justice strategy[64] of the EU.

In December 2017, the EC started a public consultation to collect views of stakeholders in relation to the 'practical operation' of the current legal framework of cross-border judicial cooperation in civil and commercial matters with a focus on the taking of evidence.[65] The results of this consultation will be taken into consideration in the context of a possible[66] revision of the Regulation.[67] The consultation questions referred, *inter alia*, to digitalisation,[68] and the consultation period ended 2 March 2018. Received contributions will be published on the internet.

The Baltic report furthermore mentions the judgment of CJEU in case C-332/11,[69] which allows the courts to use other methods of obtaining evidence besides the methods provided by the Evidence Regulation. The fact that this case is mentioned indicates that the option of using other methods of taking evidence is well-known in Lithuania (it was mentioned in several judgments by Lithuanian courts, especially while applying electronic evidence in civil cases).[70] That said, direct taking of evidence by the requesting court is still not popular (whether electronically facilitated or not), and thus still rarely used in the Baltic States.[71]

---

64. A multiannual action that started in 2009 ('Multi-annual European e-Justice action plan 2009-2013', 2009/C 75/01) and which aims to develop the use of information and communication technologies in the administration of justice. See: eur-lex.europa.eu/legal-content/EN/TXT/?uri=LEGISSUM%3A230206_1.
65. ec.europa.eu/info/consultations/public-consultation-modernisation-judicial-cooperation-civil-and-commercial-matters-eu_ en for more information. The consultation is two-fold; the Commission collects views in relation to Regulation (EC) 1206/2001, as well as in relation to Regulation (EC) 1393/2007 on service of documents.
66. 'Consequently, this public consultation will ultimately inform the evaluation and impact assessment prepared by the Commission, which will be used to assess *whether or not* to make proposals revising the existing framework of cross-border judicial assistance in civil and commercial matters' (ec.europa.eu/info/consultations/public-consultation-modernisation-judicial-cooperation-civil-and-commercial-matters-eu_en).
67. Cf. Galič 2017, p. 227: '(...) the constant technical development as well as the changing perception of national sovereignty within the EU and its relation to individual human rights will inevitably have an impact on the future legal framework of the cross-border taking of evidence (...), due to the existing ground-breaking conceptual differences between the national laws of Member States concerning law of evidence, controversies and difficulties surrounding the cross-border taking of evidence are inevitable. This seriously diminishes legal certainty and predictability in this field of European civil procedure'.
68. Cf. the following 'draft' response by the Council of Bars and Law Societies of Europe (CCBE): www.civilistiitaliani.eu/images/notizie/Proposte_CCBE_in_materia_di_vendita-inglese.pdf.
69. CJEU 21 February 2013, No. C-332/11 (*ProRail*), ECLI:EU:C:2013:87.
70. Cf. for instance, Judgment of Kaunas regional court of 12 March 2015, Case No. 2A-356-324/2015.
71. Cf. the Baltic report written by Vebraite.

3. OTHER FORMS OF COOPERATION

3.1. Generally

Other forms of judicial cooperation with regard to the taking of evidence could be bilateral or multilateral agreements. The latter is used especially when bigger geographical areas like the Nordic or Baltic countries are covered by regional agreements whereas bilateral agreements exist between two countries. With regard to existing or future agreements on the taking of evidence between Member States, Regulation 1206/2001 stipulates that it shall, in relation to matters to which it applies, prevail over other provisions contained in bilateral or multilateral agreements or arrangements concluded by the Member States and, in particular, the Hague 1954 Convention and the Hague 1970 Convention (Art. 21(1)). The Regulation does, however, not preclude Member States from maintaining or concluding agreements or arrangements between two or more Member States to further facilitate the taking of evidence, provided that they are compatible with the Regulation (Art. 21(2)). The Hague 1970 Convention provides for an 'all-important' provision that is designed to preserve existing internal law and practice in a contracting state, which provides broader, more generous and less restrictive rules of international cooperation in the taking of evidence for the benefit of foreign courts and litigants.

With regard to judicial cooperation and (the proof of) foreign and diplomatic documents, specific Conventions (e.g. the European Convention on the Abolition of Legalisation of Documents Executed by Diplomatic Agents or Consular Officers 1968 and the Hague Convention on Abolishing the Requirement of Legalisation for Foreign Public Documents 1961) or specific rules (e.g. Art. 5(j) of the Vienna Convention on Consular Relations 1963) apply.

3.2. Regional cooperation

3.2.1. Nordic cooperation

The Nordic Agreement on Mutual Legal Assistance regarding the Service of Documents and Taking of Evidence of 26 April 1974 regulates cross-border evidence among the five Nordic countries. The agreement uses direct cooperation where the requesting court communicates directly with the other court in Danish, Norwegian or Swedish. Documents in other languages (mostly Finnish and Icelandic, but also certain Sami and Inuit languages, and Faroese) must be translated into Danish, Norwegian or Swedish. Unless the costs are significant, the court taking the evidence bears the costs of translation. However, Sweden and Finland nowadays normally apply the EU regulation in the first instance instead of the Nordic agreement.[72]

In addition, it is worth mentioning the related Act on the Obligation to Appear before the Court of Another Nordic Country in Certain Cases (349/1975), which exists between the Nordic countries. According to Section 1 of this Act, a general court may summon a person who has reached the age of eighteen years and is resident in Denmark, Iceland, Norway or Sweden and is staying in one of these countries to appear as a witness in a case pending for instance in Finland (and vice versa) if the testimony of the witness may be assumed to be of considerable significance in the clarification of the case and it is deemed to be particularly important that he or she be heard before a Finnish court. In considering the subpoenaing of a witness, consideration shall be given to the significance of the case as well as to the inconvenience that the witness may incur due to the length of the journey or other related reasons. According to Section 6 of the same act, a person who has arrived in Finland to be heard as a witness in response to a subpoena issued in accordance with the Act may not, during the period in which he or she is in Finland due to the subpoena, be charged with or punished for an offence committed before his or her arrival nor may he or she be extradited to a State other than the one from which he or she arrived, unless he or she consents to this in court or remains in the country for more than fifteen days after he or she was free to depart.

Nordic cooperation functions well due to a high level of trust, similar legal systems and a shared pragmatism. In the age of mobile telephones and Skype, witnesses and experts are sometimes heard on the telephone without involving the local court. The tone used in requests is generally informal. The above-mentioned agreement and Act provide good examples of practical cooperation in cross-border situations where legislators are clearly used to cooperating and when the societies and legal systems involved are similar enough to generate mutual trust.

3.2.2. Baltic cooperation

Before the Baltic states joined the EU; Lithuania, Latvia and Estonia had a joint international agreement on legal assistance and legal relations[73]. This agreement laid down a broad set of rules on legal assistance in civil, criminal, and family cases. Part of the agreement was devoted to the taking of evidence in other countries. Unlike the EU Regulation, the agreement contained a rule

72. http://oikeusministerio.fi/todisteiden-vastaanottaminen, visited 2018-06-01.
73. Adopted on 3 April 1994.

stipulating that the country with the duty to execute a request also had the duty to find the place of evidence if it was not known.

This Baltic regulation is another example of regional cooperation without the assistance of the EU. Thus, similar constructions are possible and practicable without any legal union as long as there is a need for and a mutual trust in this type of cooperation.

3.3. Bilateral cooperation

The Nordic countries have bilateral agreements in addition to international and regional agreements. Finland and Sweden have fewer such agreements as the EU Evidence Regulation reduces the need for bilateral cooperation within Europe. The other Nordic countries need bilateral cooperation to a greater extent. Norway has bilateral agreements with, *inter alia*, Germany and the United Kingdom. The Nordic countries also have additional national rules on judicial cooperation.

Generally, the Nordic national rules supplement the body of international rules and are subsidiary to the international rules. The absence of a bilateral or multilateral treaty does not preclude obtaining evidence in the Nordic countries. In practice, the rule applied will depend on the content of the request, the matter at hand, and the workload associated with the request.

Often these bilateral agreements are made between states where cooperation already exists and where consequently there is a need to cooperate also in the field of legal matters. This is often due to the geographical proximity of neighbouring countries with close business relations. An example of this type of agreement is the agreement between Finland and Russia,[74] which is a parallel tool inside with the Hague Convention.

Germany, for example, has entered into bilateral agreements on judicial co-operation, *inter alia*, with the United Kingdom (1928), Morocco (1985), and Tunisia (1966).[75] The Netherlands have entered into, *inter alia*, bilateral agreements on judicial co-operation with the United Kingdom (1932), Switzerland (1956), Germany (1962), and Austria (1963), while Poland and the Baltic countries have bilateral agreements especially with countries that used to belong to the former Soviet Union.

---

74. Sopimus Suomen Tasavallan ja Sosialististen Neuvostotasavaltojen Liiton [Venäjän] välillä oikeussuojasta ja oikeusavusta siviili-, perhe- ja rikosasioissa (SopS 48/1980).
75. www.hcch.net/en/states/authorities/details3/?aid=501.

In Poland, for instance, another solution has proved important for the practice related to legal assistance in relations with the authorities of non-EU countries. Both in the service of court documents and other actions for courts of foreign states without coercion, Poland will direct requests to diplomatic or consular representatives of the Republic of Poland or facilitate the help of consular offices for the transmission of documents directly to the relevant authorities of a foreign state. Moreover, in practice, when legal aid relates to a Polish citizen staying abroad, Polish courts apply a rule according to which all correspondence is sent through the consulates of the Republic of Poland[76]. Cooperation with Polish diplomatic offices is thus very widely used because they provide legal assistance to citizens of their country on the basis of a consular convention, within the scope of their competences, as well as providing legal assistance to citizens of other countries on the basis of international agreements.

It is emphasized that, in practice, cooperation with diplomatic offices is most often quick and efficient (meaning there is little need for thorough checking of legal regulations as is potentially necessary in other forms of sending requests). Of course, in practice, there is also constant contact with the Polish Ministry of Justice, which is the central body designated to transfer requests for legal assistance abroad and to Poland. In the absence of diplomatic relations with certain countries or the lack of a legal basis for submitting the request, it is only through this authority that a foreign state authority can submit a question (i.e. usually the Ministry of Foreign Affairs or the Ministry of Justice of the particular country) with a request for serving the correspondence in that country on the basis of the so-called rule of reciprocity. It is worth noting, however, that the execution of these requests is often significantly delayed or not performed at all, and that often there is no information about the reasons for the non-execution of the request.

4. SPECIFIC ISSUES

4.1. The use of modern technology

In recent years, more and more Member States have introduced changes in law that allow for the use of modern communication and information technologies in civil judicial proceedings. This automatic processing covers, for instance, taking evidence by video conferencing and other dynamic forms of transmission. These changes allow communication between the judicial authorities and parties concerned with the proceedings via new (Internet-facilitated) channels.

76. Aksamitowska- Kobos, M., *Praktyczne aspekty sporządzania i przekazywania za granicę wniosków sądów polskich o udzielenie pomocy prawnej w sprawach cywilnych – cz. I*, Monitor Prawniczy, No. 12, p. 672.

This development makes international cooperation easier than earlier. However, current national legislation should still ensure that communication via the Internet does not jeopardize the appropriate protection of sensitive data used in the course of the proceedings. Also, other principles of human rights should of course be protected.[77]

Especially in Sweden, the use of modern technologies in courts is comprehensive and technology is extensively applied to make proceedings more effective, or, in other words, quick, easy and cheap. There has been an extensive debate in Sweden whether or not the recent development and amendments in this respect are already too radical, especially when considering the potential loss of the positive psychological effects associated with face-to-face interaction. Such perceived benefits could consequently be lost when opting for electronic forms of information transfer. Accordingly, the Finnish approach to technology has been rather cautious even if Finland often follows the Swedish reforms in procedural law and despite the fact that modern technology is generally widely used in Finnish courts.[78] The limits of the usage of modern technology instead of face-to-face sessions is evidently debated at least in Sweden and Finland, even as it is recognized that the use of the technology, especially in cross-border situations, offers an easy solution especially when hearing witnesses.

To sum up, new technology is used to a varying degree in Nordic courts. Usage depends both on the technical solutions available and on attitudes. Norway has relatively low-tech courts, with limited equipment for making audio or video recordings and for using video conferences. However, attitudes towards using technology in Norway are positive, and witnesses and experts are heard regularly via telephone. Finnish courts have the equipment for making audio and video recordings, but Finland espouses a more sceptical attitude towards hearing witnesses and experts electronically and via telephone, as already described above.

In the Nordic countries, e-mail is one of the key methods of communication with the legal parties (most often the legal counsel) as it is swift and cheap. By filing a PDF copy of written evidence, a party can correspond without delay with both the opposing party and the court. Courts are thus increasingly becoming paperless, with documents and written evidence filed electronically. This is particularly important in cases involving large quantities of written evidence and simplifies the use of audio and video files. Finnish courts have a pragmatic view of using telephone or Skype as a method of hearing witnesses. Cooperative witnesses can be heard on the telephone when their presence at court is

77. https://e-justice.europa.eu/content_automatic_processing-280-en.do, visited 2018-03-02.
78. See Ervo 2016, pp. 25–28 and 36.

impracticable. Key witnesses are as a rule summoned to appear in court. From a Finnish perspective, a rule enabling the court to hear witnesses by telephone or video conference would reduce the cost and duration of cross-border taking of evidence. Telephone hearings can, of course, not be used in every situation; reluctant witnesses need to be summoned to appear in court and the identity of the witness may need to be established. Ideally, courts would have facilities for video links enabling the Finnish court to hear the witness in real time as if he or she were present in a Finnish court. Unfortunately, this is not possible due to lack of technology at some foreign courts. Sometimes, witnesses who are present in Estonia or Sweden are heard by telephone as Estonia and Sweden do not oppose this.[79]

Nordic procedural law does not regulate electronic evidence directly. Instead, existing rules are interpreted and made to fit the electronic evidence taking. This is a problem when it comes to the regulation of searching the information for relevant data to obtain relevant evidence, while simultaneously avoiding fishing expeditions. For instance, the Finnish Code of Judicial Procedure has no special provisions for evidence in electronic format and does not explicitly regulate issues arising primarily from electronic evidence.

The 2008 reform of Norwegian civil procedure introduced disclosure, strengthened the rules on taking of evidence outside court hearings and the securing of evidence before the court case has become pending (cf. chapters 27 and 28 of the Dispute Act, the Norwegian act regulating civil procedure). Particularly the rules on securing evidence are important for electronic evidence. The court may order the future defendant or a third party to allow access to or to hand over evidence. If prompt action is necessary to avoid obstruction of evidence, the court may make its ruling in *ex parte* proceedings.

Once the evidence has been secured, the parties must either agree or let the court decide on how to search the data, including deciding on, *inter alia,* which search terms to use. A third person, an inspector appointed by the court, then searches the data. The rules are designed to hinder fishing expeditions and the leaking of unnecessary documents to the prospect claimant.

In all three Baltic countries, the defendant or the witnesses in another Member State can be heard via video conference. This is done quite often in cross-border cases when the party or witness is in another EU Member State. The parties to the dispute can also give written statements about the case if they cannot participate in the court hearing in Lithuania.

79. Nylund, The national report on the Nordic countries.

The Polish legislator also allows the possibility of taking evidence using technical equipment at the request of a foreign requesting authority. According to Art. 1135, §42 of the Polish procedural law, the court may consent to the taking of evidence using technical devices. It should be emphasized that the admissibility of taking evidence with the use of modern technological solutions depends on obtaining the prior consent of the Polish court and on the nature of the evidence. It moreover must be emphasized that not all forms of evidence can be taken remotely, which is justified by natural causes[80]. It seems that the possibility of taking evidence using modern methods should be brought to bear first of all on personal means of proof, i.e. hearing persons (e.g. witnesses, parties or participants in the proceedings). Conversely, according to the wording of the above-mentioned provision, the gathering of other evidence and other activities in this way may take place if it is possible, i.e. if the nature of the evidence or activities does not preclude this. Viewed in this way, the use of technical devices is aimed at transmitting the image and sound (video conference) or sound (audio conference, teleconference) in the relations between the requesting authority and the requested Polish court, which are based in different countries[81]. This regulation coincides with the provisions of the Polish legislator in the area of taking evidence in the examination proceedings with the use of modern technological solutions. It is worth pointing out that according to Art. 235, § 2 of CCP, the court adjudicating in the case may decide that the taking of evidence (unless its character precludes it) will take place with the use of technical devices allowing the performance of this activity at a distance. The introduced changes are based on new forms of conducting evidentiary proceedings, without interfering in any way with the catalogue of means of evidence[82].

In the light of the above, the possibility of taking evidence by video conference provided for by the Polish legislator is not limited to specific evidentiary activities, e.g. hearings. Indeed the scope is much wider because it refers to the entire evidentiary proceedings and evidence taken in their course for which the use of the chosen form is possible and effective. Thus, the only limitation introduced by the legislator is the nature of the evidence that may prevent it from being taken with the use of available means of information transmission. Taking evidence through the use of modern technological solutions should be seen as an alternative way of applying the principle of directness and not as

80. Also: B. Trocha, [in:] J. Jankowski (ed.), Kodeks postępowania cywilnego, t. II, 2015, komentarz do art. 11352, Legalis 2015.
81. J. Ciszewski, Komentarz do art. 11352 KPC [in:] ed. T. Ereciński, Kodeks postępowania cywilnego. Komentarz. Tom VI. Międzynarodowe postępowanie cywilne, Lex/el. 2016.
82. Ł. Goździaszek, Zasada bezpośredniości i pisemności postępowania dowodowego w świetle nowelizacji Kodeksu postępowania cywilnego z dnia 5 grudnia 2008 r., Kwartalnik Naukowy „Prawo Mediów Elektronicznych", 2010, No. 2, p. 26.

an exception to the principle of direct evidence taking[83]. It also seems that the only factor independent of the will of the court which may limit the possibility of taking evidence at a distance is the lack of multimedia equipment to facilitate contact with the adjudicating court that is (or is supposed to be) the source of evidence. With the implementation of electronic minute-taking in common courts in Poland, we experience an increasing scale[84] of the possibilities of using e-protocol both for remote evidence taking and for its virtual presentation by the parties in the proceedings.

It seems that the introduction of the possibility of taking evidence in a way that takes into account modern technological progress is not an exception to the principle of direct taking of evidence[85]. In conclusion, the separation of the seat of the adjudicating court and the place (seat of the court) in which the source of evidence resides does *not* constitute a negation of the principle of direct evidence taking. Rather, the implementation is merely enabled through technical equipment, allowing the court to contact the source of evidence 'directly' via equipment to record sound or image and sound. The procedural action of a court that uses modern technologies should of course not be reduced to the electronic transmission of particular evidentiary actions of the parties or participants in the proceedings. The idea behind using new technologies is still to have a real contact between the adjudicating court and the source of evidence *as well as* direct taking of evidence through the use of procedural facilitations offered by modern technical solutions. Ideally, the operation of technical devices allows the court to participate in the activities *and* to conduct further analysis of the evidence. This is particularly important in relation to evidence based on personal means of evidence.

In the Czech Republic, it is possible to take evidence using videoconferencing with the participation of a court in the requesting Member State or directly by a court of that Member State. The procedure in this respect is governed by the provisions of Act No. 99/1963[86] and, in particular, the instruction of the Ministry of Justice No. 505/2001, establishing the internal and organizational regulations of district and regional courts and courts of appeal. Pursuant to §10a of instruction

83. For more on this subject, see: A. Klich, Computerization of evidence proceedings as a manifestation of state action to modernize the administration of justice in civil cases, [in:] Human rights between war and peace, vol. II, eds. M. Sitek, G. Dammacco, M. Wójcicka, Ostróda 2014, p. 299 and next.
84. In 2010, "65 courts (45 regional and 20 district) were equipped with the appropriate technology, and the equipment for videoconferencing without a recording system had another 10 courts (7 appeal and 3 district)" – cf. M. Rychert, Cyfra na Sali sądowej, „Na Wokandzie", 2010, No. 2, p. 13. As indicated above, at present, the system enabling the recording of sound or image and sound (enabling videoconferencing) is implemented in 86 courts (including 11 court of appeal, 45 regional courts and 30 district courts).
85. Also: A. Kościółek, Elektroniczne czynności procesowe w sądowym postępowaniu cywilnym, Warsaw 2011, p. 300 and next.
86. Judicial civil procedure Občanský soudní řád (No. 99/1962 Sb.).

of the Ministry of Justice No. 505/2001, the chair person of the jury (court in the composition of one judge) may use technical equipment to transmit image and sound ("videophone") to hear a witness or expert if it is justified from the point of view of protecting the rights of such persons or guaranteeing their safety or if it is necessary for reasons of security or other relevant reasons, and if it is technically possible. The videophone can only be used for hearing witnesses and experts[87]. When the chairperson of the jury (court in the composition of one judge) agrees to hear a witness or expert through a videophone, the place where the witness or expert is to appear for the hearing will be indicated in the summons. In other words, it is possible to organize a hearing in other places (e.g. in a place where experts or witnesses are present, such as a hospital or a laboratory). The basic content of the witness's testimony is recorded. In some cases, it may be necessary to record part of the interview in a literal way[88]. Alternative registration methods may also be used, such as transcribing the entire hearing by a court reporter or recording it as sound or sound and image if the law permits it or if the chairperson of the jury (court in the composition of one judge) agrees to the use of such methods.

Although Slovak law does not contain any specific provisions allowing the taking of evidence with the participation of a court from the requesting Member State, it also does not contain provisions prohibiting such participation. In accordance with procedural provisions, the court takes evidence at the hearing and, where applicable, outside the hearing (§122 of the Code of Civil Procedure (Občianský súdny poriadok))[89]. With the consent of the parties, the court may conduct an oral hearing using videoconferencing or other communication technology (§116 paragraph 6 of the Code of Civil Procedure). As a rule, the parties have the right to be present when taking evidence. There are no special procedures for the taking of evidence by videoconferencing (apart from the procedures described above). Therefore, only the provisions of the Regulation on the taking of evidence (Nariadenie o výkone dôkazu), the Code of Civil Procedure and the administrative and organizational rules for the courts apply (Spravovací a kancelársky poriadok pre súdy). Cf. the decree of the Slovak Ministry of Justice No. 543 of 11 November 2005 on the administrative and organizational rules for district courts (okresné súdy), regional courts (krajské súdy), Special Court (Špeciálny súd) and military courts (vojenské súdy).

87. https://e-justice.europa.eu/content_taking_evidence_by_videoconferencing-405-cz-pl.do?member=1
88. Country Profile taking of evidence by video-link under the Hague Convention of 18 March 1970 on the Taking of Evidence Abroad in Civil and Commercial Matters in Czech Republic, profile updated on 15 May 2017
89. https://e-justice.europa.eu/content_taking_evidence_by_videoconferencing-405-sk-pl.do?member=1

In Slovakia, the giving of evidence is usually carried out at the hearing (§122 of the Code of Civil Procedure), and hearings are usually held in court (§25 in connection with §35 of the administrative and organizational rules for the courts). Organizing a hearing in another place would be difficult for technical reasons. The devices used for video conferences also allow their recording. However, in accordance with the provisions of §116 paragraph 6 of the Code of Civil Procedure, oral hearing through videoconferencing may take place only with the consent of the parties. In the absence of consent of the parties, the general provisions of §44a of the Code of Civil Procedure, which allow the possibility of conducting a hearing with the use of sound recording equipment, will apply. The received sound recording is stored on an appropriate data carrier, which is included in the case file. Interestingly, all Slovak courts employ an administrative assistant that can be contacted to plan a video call test, hearing date, etc.

4.2. Evidence in EU Law – Intellectual Property Rights and Private Enforcement of Competition Law

EU law has recently had a significant impact on evidence in the Nordic countries. Consequently, intellectual property rights and private enforcement of competition law was discussed quite intensively in the national report covering the Nordic countries. The Antitrust Damages Action Directive (Directive 2014/104/EU of 26 November 2014) and the Intellectual Property Rights Enforcement Directive (Directive 2004/48/EC of 30 April 2004) are central instruments in the field. Denmark, Finland, and Sweden have all implemented the Antitrust Damages Directive in separate acts of parliament (Competition Damages Act). The Intellectual Property Enforcement Directive has been implemented in Finland in the Act on Preservation of Evidence in Intellectual Property Rights Matters. In Denmark and Sweden, it has been implemented by adding provisions on evidence in each of the acts regulating intellectual property rights, such as the Patent Act and the Trademark Act.

Norway has implemented the IP Rights Enforcement Directive in their Dispute Act, chapter 28A. Notably, the Antitrust Damages Directive has not been implemented due to problems of coordination with public enforcement of competition law, and Brexit has currently put negotiations on how to solve these problems on halt.

Regardless of the method of implementation, both directives are at odds with the idea of coherence of procedural rules. Nordic law has traditionally not included discovery or disclosure stipulations, and preservation of evidence has been allowed only for cases where the case will be filed in the near future and where a clear risk exists that the evidence will be lost or considerably impaired. Evidence should also be presented directly to the court, not captured before the proceedings commence or before the main hearing.

Both directives thus mark a shift *vis-à-vis* traditional doctrine on preservation of evidence and the right of the parties not to have an obligation to disclose evidence which is potentially detrimental to their cases. The directives also result in the fragmentation of national laws of evidence. EU evidence law is often implemented separately from the general rules of civil procedure, creating particular rules for certain types of cases. Hence the rules of evidence are no longer common for all kinds of proceedings. One might ask, in this connection, why intellectual property cases merit more lenient rules on disclosure and preservation than a labour or contract law case.

4.3. Systemic Problems

4.3.1. State Sovereignty

Another perspective would be to see the European and other international instruments to intensify the taking of evidence as *utensils*. The instruments are technicalities in the field of procedural law without a significant harmonizing effect, while at the same time some might argue that the evidence taking framework is against the principle of state sovereignty,[90] according to which a state has jurisdiction only in its own geographical space. The current euro-scepticism in Denmark, for instance, arguably arises from a wish to enhance such sovereignty,[91] and yet, the world and its societies are changing. State sovereignty is in many ways an outdated and no longer very useful concept. In today's modern societies, it is difficult to see a way of handling cross-border situations that is based on state sovereignty, especially when the technical development is enabling and supporting cross-border activities even in jurisdictions.

The law, especially procedural law, may be defined as instruments, too. They are ways to fix our common everyday-life problems on the planet. The law should arguably not be seen as an isolated island but rather as a bridge to contemporary society, and this connection should be alive and dynamic. This is why international instruments in taking evidence is not so much a harmonizing tool in its substantive meaning, but mostly merely a technical instrument to handle cross-border situations. Because of the very international nature of daily life in contemporary business and private lives, cross-border situations have become

90. *Vetenskapstermbanken i Finland 2.03.2018: Oikeustiede:sisäinen valtiosuvereniteetti.* http://www.tieteentermipankki.fi/wiki/Oikeustiede:sisäinen valtiosuvereniteetti, visited 2018-03-02.
91. Nylund, The national report on the Nordic countries.

regular in modern society and especially so in Europe. Therefore, European instruments and other international pragmatic tools are needed to handle legal matters without borders. This is why I see cooperation in evidence taking mainly as a *practical* necessity. Globalisation will remain a key component in people´s daily lives and business. And the juridical tools to handle disputes with cross-border characteristics must match this fact. This renders the instruments a practical issue rather than a drive for further unification or harmonization.

4.3.2. Norway, Iceland, Denmark and Brexit

For Denmark, Iceland and Norway, being outside the EU Evidence Regulation is rather unproblematic due to the Hague Conventions. The main difference is the absence of direct communication between the courts in the Hague regime. Thus, there is no political need – and only a limited practical need for Denmark – to opt-in, and for Iceland and Norway to enlarge the EFTA/Lugano civil procedure regime.[92] In addition, the Nordic Convention underpins and facilitates cooperation between the Nordic countries.

Currently, no specific issues seem likely to arise in the application of the Regulation between England and other EU Member States, but issues may well arise in the future, following Brexit in March 2019. What those issues may be will to a certain extent depend on the agreement reached between the UK and the EU upon the former's exit from the latter. It may be that the Regulation will continue to apply due to the exit agreement. On the other hand, it may be that the relationship will be governed by the 1970 Hague Convention. Whichever approach is taken, either regime is well-established and understood. On that premise, it is likely that the post-2019 approach to taking evidence in matters presently governed by the Regulation will continue relatively smoothly under either of the present instruments.

4.3.3. Common law – Continental law – (Scandinavian legal family)

Different legal systems may pose problems for cooperation. The problem of pre-trial discovery and fishing expeditions was mentioned in many of the national reports on the Northern and continental European countries, especially where the Hague Convention was invoked. Thus, for instance Germany will not execute letters of request issued for the purpose of obtaining pre-trial discovery of documents as is the practice in common law countries.

92. Nylund, The national report on the Nordic countries.

Requests for evidence for pre-trial discovery are not granted even in the Nordic countries when it requires a person to present materials other than those particularly specified in the request or documents that the person is not in possession of, or to state the existence of such documents. The declaration restricting pre-trial discovery is uniform for all five Nordic countries. The level of identification depends on the documents requested. A request to deliver all correspondence between two persons is not sufficiently identified, where a request to see all correspondence regarding a specific matter is usually sufficiently identified. The criteria are context-specific to balance combating fishing expeditions and to promote access to relevant evidence. The restriction applies to documents only, and a party may thus obtain witness evidence freely. In all other contexts, Nordic courts and authorities usually grant cooperation if the method of obtaining the evidence is not unlawful or the evidence is not procured where there is a prohibition to give evidence.[93]

Disclosure of evidence has been unknown to these systems until recently. There is a duty to provide access to evidence at the request of a party, but no duty to actively inform of the existence of such evidence. In Norwegian law, the parties to a case have a duty to inform each other, but the rule is seldom enforced.

4.4. Practical problems

In the Baltic report it was mentioned that in court practice one of the biggest problems is to locate the place of evidence. The other practical issue which was mentioned was if a participant in a proceeding is not proficient in the language of the proceedings. In such cases, an interpreter is asked to translate the proceedings at the request of such participants in the proceeding or at the initiative of the court. The state would bear the cost of translation in Lithuania. In Latvia and Estonia, financial questions regarding reimbursement of the translation depend on the particular situation. The language problems were touched upon in almost all national reports. Therefore, the variation of languages seems to be one of the main practical problems to be tackled.

A characteristic feature of the EU regulation that facilitates its application is the far-reaching standardization of requests and notifications as part of the taking of evidence. This is expressed in the absolute necessity of using numerous forms contained in the Annex to the Regulation; something which the national reports all mention as a problem.

---

93. Nylund, The national report on the Nordic countries.

Excessive delay is also a problem in cross-border proceedings. Although the Evidence Regulation has clear time limits, Finnish judges, for instance, report that some foreign courts do not observe them.

5. CONCLUSIONS

The two main regimes governing the taking of evidence in cross-border situations, namely the Hague Convention (the Convention on the Taking of Evidence Abroad in Civil and Commercial Matters of 18 March 1970) and the EU Council Regulation 1206/2001 on corporation between the courts of Member States in the taking of evidence in civil or commercial matters either seem to be working well or are rarely used in practice (either because there little interest in or a lack of national public awareness of the relevant international regulations). In all national reports, the above-mentioned two regimes were described and referred to as the main instruments, and almost no problems, variant practices or academic debates were reported. The same goes for the EU regulation except for the obvious potential problems due to Brexit and the fact that among the Nordic countries, Norway and Iceland are not Member States and Denmark is a Member State with an opt-out from cooperation in the fields of justice and home affairs.[94]

Certain practical problems concerning international cooperation in the field of laws of evidence were however identified. Thus, linguistic problems were mentioned in all national reports. One co-reporter saw delays as a problem and also highlighted bureaucracy, in the form of standardized forms in the EU, categorizing the standardized forms not as a practical tool but as a problem in one national report.

State sovereignty was not identified as a problem in a globalised, modern society where modern technology was seen as a possibility (rather than an obstacle) in all national reports that discussed the subject. Still, fundamental differences in legal systems and procedural law can cause problems. Examples included fishing expeditions and pre-trial discovery, which do not belong to the continental legal systems that were mentioned in the several national reports. So far, unification of regulation has not been possible, as the countries that use a continental system prohibit the usage of international instruments in relevant situations, just like national support is not given whenever a request covers pre-trial discovery or suspected fishing expeditions. The distinction between common law countries and civil law countries still seems to be clear as far as this difference is concerned.

94. Denmark and the Treaty on European Union [1992] OJ C 348/1992, p 1 and Protocol 22 of the Consolidated version of the Treaty on the Functioning of the European Union [2012] OJ C3296/2012 p. 47.

CAPÍTULO 8

Cooperación procesal internacional y prueba

Lorenzo M. Bujosa Vadell [1]

SUMARIO. 1. INTRODUCCIÓN. 2. LAS DIMENSIONES CONSTITUCIONALES DE LA COOPERACIÓN PROCESAL. 3.- LA PERSPECTIVA TRANSNACIONAL DEL DERECHO A LA PRUEBA. 3.1. LA NECESIDAD DE LA COOPERACIÓN INTERNACIONAL PARA LA OBTENCIÓN DE PRUEBA Y SUS MODELOS. 3.2. CUESTIONES GENERALES SOBRE COOPERACIÓN INTERNACIONAL PARA LA OBTENCIÓN DE PRUEBA. A) PANORAMA GENERAL. B) CÓDIGO BUSTAMANTE. C) CONVENCIONES INTERAMERICANAS EN EL ÁMBITO DE LA OEA. D) CONVENCIÓN SOBRE OBTENCIÓN DE PRUEBA EN EL EXTRANJERO EN MATERIAS CIVILES Y MERCANTILES. E) CONVENIO EUROPEO SOBRE ASISTENCIA MUTUA EN MATERIA PENAL. F) LA SIMPLIFICACIÓN DE LA COOPERACIÓN: EL PRINCIPIO DE RECONOCIMIENTO MUTUO. 4. ALGUNOS AVANCES ESPECÍFICOS SOBRE LA OBTENCIÓN DE LA PRUEBA EN EL PROCESO CIVIL. 5. ALGUNOS AVANCES ESPECÍFICOS SOBRE LA OBTENCIÓN DE PRUEBA EN EL PROCESO PENAL. 6. EL RETO DE LA OBTENCIÓN TRANSNACIONAL DE PRUEBA ELECTRÓNICA. 7. LA COOPERACIÓN TRANSNACIONAL PARA LA OBTENCIÓN DE PRUEBA Y EL INSTITUTO IBEROAMERICANO DE DERECHO PROCESAL: EL CÓDIGO MODELO DE COOPERACIÓN INTERJURISDICCIONAL PARA IBEROAMÉRICA. 8. COOPERACIÓN PROCESAL EN MATERIA DE PRUEBA Y TRIBUNALES INTERNACIONALES. 9. CONCLUSIONES.

1. INTRODUCCIÓN [2]

Sería incompleto un análisis del estado de la cuestión y, básicamente, de la problemática sobre la prueba en el mundo actual si no tuviéramos en cuenta la dimensión transnacional de este amplio objeto de estudio, cuya centralidad ya fue destacada en el conocido aserto de BENTHAM: "El arte del proceso no es esencialmente otra cosa que el arte de administrar las pruebas" y no necesita, en principio, de mayores argumentaciones[3]. Si algunos de los sujetos o de

1. Catedrático de Derecho Procesal. Universidad de Salamanca. Presidente del Instituto Iberoamericano de Derecho Procesal. Nota dos organizadores: texto originalmente publicado nos anais da II Conferencia Internacional & XXVI Jornadas Iberoamericanas de Derecho Procesal IIDP (Instituto Iberoamericano de Derecho Procesal) IAPL (International Association of Procedural Law). *La Prueba en el Proceso - Evidence in the Process*. Barcelona: Atelier, 2018.
2. Texto originalmente publicado nos anais da II Conferencia Internacional & XXVI Jornadas Iberoamericanas de Derecho Procesal IIDP (Instituto Iberoamericano de Derecho Procesal) IAPL (International Association of Procedural Law). La prueba en el Proceso - Evidence in the Process. Barcelona: Atelier, 2018.
3. BENTHAM, J., *Tratado de las pruebas judiciales*, Buenos Aires, 1959, p. 11. Las reservas podrían oponerse no tanto frente a la afirmación concreta de este autor clásico, sino que vendrían más bien desde una perspectiva mucho más amplia, tratando de resaltar la creciente relativización de la Jurisdicción como elemento central en un Estado Social de Derecho. No se trata sólo del fenómeno global de convergencia entre un modelo de proceso eminentemente destinado a resolver conflictos en relación con negocios privados (proceso civil) y un modelo teóricamente perfeccionado con el tiempo para un justo

los objetos materiales o jurídicos a los que se refiere el proceso cada vez con mayor frecuencia se encuentran en territorios distintos de aquellos en los que se desarrolla la propia función jurisdiccional es necesario aplicar instrumentos cooperativos sin los cuales la actividad de los tribunales se encontraría con frecuencia frustrada.

Es muy evidente esta consideración respecto a los Tribunales Internacionales Penales *ad hoc* y a la Corte Penal Internacional, que sin la imprescindible cooperación de los Estados o de las organizaciones intergubernamentales en absoluto pueden tener efectividad alguna[4], pero en cierto grado también los órganos jurisdiccionales internos, a pesar de estar acostumbrados a tratar asuntos netamente nacionales, precisan asimismo de la ayuda esencial exterior en diferentes aspectos de su actividad jurisdiccional. La amplitud del ámbito de aplicación de esta consideración es tan grande que ha aportado ya material de reflexión suficiente para numerosos encuentros científicos nacionales e internacionales y sigue planteado numerosas cuestiones y necesidades en múltiples puntos específicos.

En las páginas que siguen, naturalmente, nos fijaremos sólo en uno de esos aspectos, que sin embargo no se caracteriza por su carácter limitado, es decir, a las diversas consecuencias jurídicas que conlleva la necesidad de contar con la cooperación ajena para poder obtener las pruebas necesarias a fin de que el proceso se desarrolle con todas las garantías, pero también con la eficacia que constitucionalmente se le exige. Dejamos de lado, por tanto, otras muchas

---

enjuiciamiento de asuntos primordialmente públicos (proceso penal), problemática sobre la que conviene tener en cuenta la obra de ARMENTA DÉU, T. (Coord.), *La convergencia entre proceso civil y penal. ¿Una dirección adecuada?*, Madrid, 2013; sino que a ello hay que añadir además una actitud cada vez más generalizada de "huida de la Jurisdicción" que, en cierto modo, parte de la idea de que el proceso es un mal a evitar en la medida de lo posible, ya sea a través de acuerdos reparatorios, de conformidades, de la atribución de funciones *a priori* jurisdiccionales a otros sujetos ajenos al Poder Judicial (*Vid.* BONET NAVARRO, J., "El monitorio notarial y otras carcomas de la jurisdicción", *Diario La Ley*, núm. 9167, 27 de marzo de 2018) o de la instauración de tribunales arbitrales de inversiones que se sitúan por encima de la propia potestad jurisdiccional de los Estados, entre otras variadas manifestaciones (*Vid.* HERRERO PEREZAGUA, J.F., *Lo jurisdiccional en entredicho*, Cizur Menor, 2014). En este sentido, la resolución de los conflictos se va alejando en parte del ejercicio de la Jurisdicción, y en esa misma medida del proceso mismo y, por tanto, la actividad probatoria entendida en el sentido de BENTHAM va perdiendo *de facto* la centralidad pública a la que se refería este admirable autor.

4. Refiriéndose al Tribunal Internacional para la ex Yugoslavia, su entonces presidente A. CASSESE, pronunció, ante la Asamblea de las Naciones Unidas el 7 de noviembre de 1995, las llamativas palabras siguientes: "Our Tribunal is like a giant who has no arms and no legs. To walk and work, he needs artificial limbs. These artificial limbs are the State authorities; without their help the Tribunal cannot operate". Estas ideas, plenamente aplicables a la Corte Penal Internacional, fueron reiteradas por su autor en "On the Current Trends towards Criminal Prosecution and Punishment of Breaches of International Humanitarian Law", *European Journal of International Law*, 1998, vol. 9, num. 1, p. 7.

exigencias de cooperación que han sido y están siendo estudiadas también por el Derecho procesal contemporáneo, pero que no contribuyen directamente a la finalidad que se acaba de destacar.

De este modo, será preciso entroncar debidamente la necesidad de cooperación internacional en materia probatoria con la parte dogmática de la Constitución como un elemento funcional importante de su propia efectividad. Una vez destacada esta perspectiva constitucional, y sin que suponga contradicción con ella, es preciso delimitar las diversas cuestiones en que se desmenuza la aplicación del punto de vista supranacional al ejercicio del derecho fundamental a la prueba, con un planteamiento general al que acompañarán sin embargo numerosas referencias concretas a partir de los diversos informes nacionales que se han recibido para completar este estudio global[5]. A pesar de partir de las observaciones sobre cuestiones genéricas, en las que subyace una visión unitarista del Derecho procesal, es obligado mostrar los últimos avances en el orden jurisdiccional civil y el penal que, como es bien sabido, en el ámbito probatorio tienen notorias particularidades y por ello merecen alguna atención separada.

Pese a las limitaciones espaciales de este estudio entendemos que no abordaríamos de manera adecuada la problemática planteada si no tratáramos, aunque sean en breves párrafos, algunas de las más novedosas cuestiones de este ámbito como la relativa a la cooperación procesal internacional en materia de prueba electrónica, la cual como veremos es casi consustancial a esa actividad probatoria. Tampoco podemos dejar de considerar abreviadamente las complejidades de la ya aludida cooperación respecto a los tribunales internacionales porque desde su puesta en marcha supuso novedades sustanciales en esta problemática. Permítasenos, por otro lado, que como representante del Instituto Iberoamericano de Derecho Procesal haga una referencia específica a los esfuerzos realizados por esta organización con el fin de promover la regulación armonizada de estas materias.

5. Es un placer agradecer la inestimable ayuda que han proporcionado los diversos informes nacionales aportados para la elaboración de este artículo. Es de justicia mencionar expresamente a los siguientes juristas: Alexey ARGUNOV (Rusia); Rashri BABOOLAL-FRANK (Sudáfrica); María Virginia BARREIRO (Uruguay); Federico BUENO DE MATA (España); José Alberto CRUCETA ALMÁNZAR (República Dominicana); Marta DEL POZO PÉREZ (España); João FERNANDES MOREIRA (Portugal), Víctor GRANDA AGUILAR y Pablo HERRERA (Ecuador); Primitivo GUTIÉRREZ SÁNCHEZ (Bolivia); Toshitaka KUDO (Japón); Enrique LETELIER LOYOLA (Chile); Pilar MAESTRE CASAS (España); Juan MENDOZA DÍAZ (Cuba); Eltjon MIRASHI (Albania); Miguel Ángel PAZ RAMÍREZ (Venezuela); José Gilberto PONCE ANZOLA (Venezuela); Shimon SHETREET (Israel); Elisabetta SILVESTRI (Italia); Dimitrios TSIKRIKAS (Grecia); Lurdes VARREGOSO MESQUITA (Portugal) y Camilo ZUFELATO (Brasil).

2. LAS DIMENSIONES CONSTITUCIONALES DE LA COOPERACIÓN PROCESAL

En el contexto evidente del mundo globalizado en el que nos encontramos, a pesar de ciertas reacciones proteccionistas, es claro que el tráfico jurídico se desarrolla más allá de las fronteras, que hace ya mucho tiempo dejaron de ser muros de separación entre soberanías encerradas en sí mismas y debieron iniciar una adaptación a una realidad cambiante y mucho más fluida[6]. Todo ello se refleja, como no podría ser de otra forma, en el ejercicio de una de las potestades soberanas, derivadas por tanto de la propia Constitución, o si se prefiere otra perspectiva, que en realidad es complementaria a la anterior: en la obtención de tutela efectiva por parte de los órganos públicos específicamente organizados para ello, y revestidos de las consiguientes garantías.

Cuando el Tribunal Constitucional español trata de definir el derecho a utilizar los medios de prueba pertinentes para la defensa del artículo 24.2 de la Constitución[7] afirma "que este derecho garantiza a las partes la posibilidad de impulsar una actividad probatoria acorde con sus intereses (por todas, SSTC 173/2000, de 26 de junio, FJ 3, y 131/1995, de 11 de septiembre, FJ 2). Ahora bien, el alcance de esta garantía se encuentra delimitado por tres órdenes de consideraciones: en primer lugar, el propio tenor literal del art. 24.2 CE; en segundo lugar, su carácter de derecho constitucional de configuración legal; y, por último, su carácter de derecho procedimental"[8]. De este modo, se incluye la exigencia de "pertinencia", lo cual "implica que su reconocimiento no ampara un hipotético derecho a llevar a cabo una actividad probatoria ilimitada, en virtud de la cual las partes estarían facultadas para exigir cualesquiera pruebas que tengan a bien proponer, sino que atribuye sólo el derecho a la admisión y práctica de las que sean pertinentes, entendiendo por tales aquellas pruebas que tengan una relación con el *thema decidendi* [por todas, SSTC 147/2002, de 15 de julio, FJ 4; 70/2002, de 3 de abril, FJ 5; 165/2001, de 16 de julio, FJ 2 a); y 96/2000, de 10 de abril, FJ 2], ya que, como señaló muy tempranamente este Tribunal, la opinión contraria no sólo iría contra el tenor literal del art. 24.2 CE, sino que conduciría a que, a través de propuestas de pruebas numerosas e inútiles, se pudiese

---

6. Sigue siendo muy pertinente desde esta perspectiva, la consideración de CAPPELLETTI, M., cuando en su artículo "Appunti per una fenomenologia della giustizia nel secolo XX", *Rivista Trimestrale di Diritto e Procedura Civile*, 1978, núm. 4, 1413-1414, afirmó: "La dimensione internazionale della giustizia implica infatti, prima di ogni altra cosa, abbandono della concezione esclusivistica e monopolistica della sovranità dello Stato; essa implica, com'è eloquentemente proclamato dalla costituzione italiana del 1948, volontà dello Stato di consentire le 'limitazioni di sovranità necessarie ad un ordinamento che assicuri la pace e la giustizia fra le Nazioni'".
7. Para un examen breve y sistemático *vid.* el estudio de PICÓ y JUNOY, J., *Las garantías constitucionales del procesal*, Barcelona, 2012, pp. 177-186 y, mucho más ampliamente, su monografía *El derecho a la prueba en el proceso civil*, Barcelona, 1996.
8. Así la Sentencia del Tribunal Constitucional español núm. 1/2004, de 14 de enero (Sala Primera).

alargar indebidamente el proceso o se discutiesen cuestiones ajenas a su finalidad (AATC 96/1981, de 30 de septiembre, FJ 2; 460/1983, de 13 de octubre, FJ 6; y 569/1983, de 23 de noviembre, FJ 6), vulnerándose así el derecho de las otras partes a obtener un proceso sin dilaciones indebidas reconocido también en el art. 24.2 CE (STC 17/1984, 7 de febrero, FJ 4)."

Esta es una consideración importante respecto a las pruebas que deban obtenerse en el extranjero, pues la valoración de pertinencia debería abstraerse del lugar donde se encuentren las fuentes de prueba necesarias, siempre que, una vez introducidas en el proceso por medios válidos, puedan tener una relación con el *thema decidendi*, o lo que es lo mismo, puedan contribuir a la convicción del tribunal acerca de la narración de los hechos objeto de prueba. Existe el riesgo de que la necesidad de solicitar la cooperación de autoridades extranjeras se prevea como un factor que pueda alargar indebidamente el proceso, lo cual podría vulnerar el derecho a un proceso razonable o, en terminología constitucional española, el derecho a un proceso sin dilaciones indebidas. O por la misma razón, pudiera ocurrir que la prueba solicitada se considerara inútil al tener que pasar por las horcas caudinas del engorroso procedimiento de las comisiones rogatorias. Entendemos que eso sería desviar indebidamente el razonamiento, pues siendo verdad que en muchas ocasiones la necesidad de cooperación en materia probatoria lo que hace es paralizar el proceso, las dificultades en la obtención de la prueba no deberían hacerse recaer en quien ostenta el derecho fundamental a ejercitarla. Por ello, en nuestra opinión, lo que se deriva de la Constitución en estos casos no debe ser una degradación del contenido del derecho fundamental, sino la exigencia de arbitrar vías efectivas para la obtención de la prueba que se solicita de manera pertinente.

Es claro que en todo caso se trata de un derecho de configuración legal y, por tanto, "la garantía que incorpora ha de realizarse en el marco legal establecido en el Ordenamiento jurídico respecto a su ejercicio (SSTC 173/2000, de 26 de junio, FJ 3, y 167/1988, de 27 de septiembre, FJ 2)"[9]. Conforme a esta jurisprudencia ello implica "por un lado, desde la perspectiva de las partes procesales, que hayan solicitado la prueba en la forma y momento legalmente establecido y que el medio de prueba esté autorizado por el Ordenamiento (por todas SSTC 236/2002, de 9 de diciembre, FJ 4; 147/2002, de 15 de junio, FJ 4; 165/2001, de 16 de julio, FJ 2; y 96/2000, de 10 de abril, FJ 2); y, por otro, desde la perspectiva de los órganos judiciales, que es a quienes compete la interpretación de las normas legales aplicables sobre la admisión y práctica de los medios de prueba, que se pronuncien sobre su admisibilidad motivadamente sin incurrir en incongruencia, irrazonabilidad o arbitrariedad y que, en su caso, la

9. Continuamos guiados por la STC 1/2004, de 14 de enero.

falta de práctica de los medios de prueba admitidos no les sea imputable (por todas, SSTC 147/2002, de 15 de julio, FJ 4; 109/2002, de 6 de mayo, FJ 3; 70/2002, de 3 de abril, FJ 5; 165/2001, de 16 de julio, FJ 2; y 78/2001, de 26 de marzo, FJ 3)." Todo lo cual debe ser aplicado también a la prueba solicitada en el extranjero, por tanto, las previsibles dificultades que ello conlleve no deben implicar una inadmisibilidad de la prueba solicitada, pues sería una argumentación irrazonable la que se fundara sólo en los problemas que la cooperación internacional puede implicar. Es más, como se deriva de esta propia doctrina constitucional el tribunal debe llevar a cabo las actuaciones apropiadas para que en el momento adecuado pueda practicarse la prueba, ya que de lo contrario tal omisión podría serle imputable[10].

El tercer elemento que constitucionalmente se tiene en cuenta para considerar vulnerado el derecho fundamental a la prueba es que "quede acreditada la existencia de una indefensión constitucionalmente relevante [por todas, STC 157/2000, de 12 de junio, FJ 2 c)]; ello se traduce en la necesidad de demostrar que la actividad probatoria que no fue admitida o practicada era decisiva en términos de defensa (STC 147/2002, de 15 de julio, FJ 4), esto es, que hubiera podido tener una influencia decisiva en la resolución del pleito (STC 70/2002, de 3 de abril, FJ 5), al ser susceptible de alterar el fallo en favor del recurrente (STC 116/1983, de 7 de diciembre, FJ 3)"[11]. Desde luego es difícil una justificación *a priori* de ese carácter decisivo de una prueba que ni siquiera tenemos a mano, por estar en un Estado distinto de aquél en el que se está desarrollando el proceso. Pero, de nuevo, entendemos que las consideraciones sobre licitud, pertinencia, conducencia y necesidad de la prueba que el litigante debe exponer al órgano jurisdiccional deben desarrollarse al margen del lugar donde se encuentre la fuente probatoria. Será en caso de admitirse la prueba conforme

---

10. Como pormenoriza la STC 126/2011, de 18 de julio (Sala Segunda): "Hemos declarado, además, que corresponde a los órganos judiciales la decisión sobre la legalidad y pertinencia de las pruebas propuestas, que podrán rechazar de forma motivada cuando estimen que las mismas no son relevantes para la resolución final del asunto litigioso. En consecuencia, debe ser imputable al órgano judicial la falta de práctica de la prueba admitida o la inadmisión de pruebas relevantes para la decisión final sin motivación alguna o con una interpretación y aplicación de la legalidad arbitraria e irrazonable, debiendo entenderse que, fuera de estos supuestos, corresponde a la jurisdicción ordinaria el examen sobre la legalidad y pertinencia de las pruebas en ejercicio de la potestad jurisdiccional otorgada por el art. 117.3 CE, así como su valoración conforme a las reglas de la lógica y de la sana crítica, según lo alegado y probado, fallando en consecuencia.".
11. Como continúa diciendo el Tribunal Constitucional, en la reiterada STC 1/2004, de 14 de enero: "De ese modo, el recurrente ha de razonar en esta sede en un doble sentido. Por un lado, respecto de la relación entre los hechos que se quisieron y no se pudieron probar y las pruebas inadmitidas; de otro, argumentando que la resolución final del proceso judicial podría haberle sido favorable de haberse aceptado y practicado la prueba objeto de controversia, ya que sólo en tal caso, comprobado que el fallo pudo, acaso, haber sido otro si la prueba se hubiera admitido, podrá apreciarse también el menoscabo efectivo del derecho de quien, por este motivo, busca amparo (por todas, SSTC 147/2002, de 15 de julio, FJ 4; 79/2002, de 8 de abril, FJ 3; y 165/2001, de 16 de julio".

a las reglas generales y, por consiguiente, ordenarse su práctica cuando deban aplicarse los procedimientos legalmente aplicables para ello, incluidos los que veremos en los apartados siguientes por tener que superar obstáculos de transnacionalidad.

En definitiva, lo esencial es examinar la relevancia de la prueba respecto al sentido del fallo, y todo ello al margen de otro tipo de razonamientos espurios, que pueden tener consecuencias en la práctica, pero cuyos obstáculos debieran ser superados y no simplemente asumidos como tolerables en un Estado de Derecho. Por tanto, consideramos que para la efectividad del derecho fundamental a la prueba pertinente se derivan dos exigencias elementales desde el punto de vista que adoptamos en este análisis: en primer lugar, una dirigida a los órganos competentes del Estado para arbitrar, por sí mismas o a través de cauces convencionales, vías simplificadas y céleres de cooperación en la obtención de pruebas, y en segundo lugar, es preciso que el órgano jurisdiccional competente aplique las vías legales y convencionales que le permitan acceder a esos medios de cognición necesarios para el adecuado ejercicio de su función jurisdiccional, y que de momento se encuentran en lugares lejanos, o por lo menos fuera del ámbito en que ellos mismos puedan ejercitar directamente su potestad.

3. LA PERSPECTIVA TRANSNACIONAL DEL DERECHO A LA PRUEBA

3.1. La necesidad de la cooperación internacional para la obtención de prueba y sus modelos

Nos situamos, por tanto, anta la exigencia de obtener fuentes de prueba que se encuentran en un territorio distinto de aquél en que se está ejerciendo la potestad jurisdiccional. Suponemos que las valoraciones sobre licitud, pertinencia, conducencia y necesidad han llevado a la admisibilidad de la proposición probatoria y el obstáculo con el que nos encontramos en este punto es el del elemento de la transnacionalidad[12], que a su vez puede colocarnos en contextos diversos, que podemos agrupar en tres grandes bloques, a cada uno de los cuales habrá que agregar algunos matices.

La situación ordinaria o tradicional es la de las relaciones interestatales, en las que la jurisdicción de un Estado precisa la colaboración de los órganos

12. Justamente la Ley española 29/2015, de 30 de julio, de cooperación jurídica internacional en materia civil, en su artículo 3.3 alude a la trascendencia constitucional de este elemento: "En la interpretación y aplicación de la presente ley se procurará asegurar una tutela judicial internacionalmente efectiva de los derechos e intereses legítimos de los particulares".

competentes de otro distinto. En este modelo podemos encontrarnos con la vigencia de convenios bilatelares de cooperación, de convenios multilaterales de ámbito regional o más amplio aún, o subsidiariamente, con la aplicación de la legislación interna en función del principio de reciprocidad[13].

Un segundo modelo es el de una integración mayor que pretende superar las meras relaciones interestatales y avanzar hacia un espacio judicial único, aún con obstáculos jurídicos y fácticos difíciles de evitar, y con una construcción compleja. El ejemplo más patente es la cooperación en el ámbito de la Unión Europea por la que desde finales de los años noventa del pasado siglo se formularon los primeros pasos del Espacio de Libertad, Seguridad y Justicia[14].

Finalmente, los progresos del Derecho procesal supranacional y, especialmente, los condicionamientos de la sinuosa política internacional, permitieron la creación de órganos jurisdiccionales situados por encima de los Estados, aunque de distinta manera: los Tribunales Penales Internacionales *ad hoc* por parte del Consejo de Seguridad de las Naciones Unidas en conformidad con el capítulo VII de la Carta (Acción en caso de amenazas a la paz, quebrantamientos de la paz o actos de agresión) y la Corte Penal Internacional a partir de un tratado multilateral que conocemos como Estatuto de Roma. Estas diferencias de origen, como se dirá más adelante, influyeron notoriamente en la estructuración de las respectivas relaciones de cooperación.

En la exposición que sigue vamos a tener en cuenta básicamente los dos primeros modelos, dejando algunas referencias específicas sobre el tercer modelo para un breve apartado posterior. Aún así, son muchos los elementos que es preciso tener en cuenta para expresar con cierta precisión los rasgos generales del panorama de cooperación respecto a la obtención de pruebas. Para ello, puede ser útil exponer en primer lugar los elementos generales y dedicar, posteriormente, algún espacio a mostrar brevemente algunas novedades que se están aplicando ya tanto en el ámbito de la cooperación civil como en el de la cooperación penal.

13. Existe aún otro tipo de acuerdos, como el que señala el boliviano Primitivo GUTIÉRREZ SÁNCHEZ, que implica la relación entre un Estado y un tribunal supranacional. Así el "Acuerdo de Cooperación entre el Ministerio de Justicia y la Corte Interamericana de Derechos Humanos" de 13 de julio de 2009.

14. Punto fundamental en esta evolución fue la formulación del principio de reconocimiento mutuo de resoluciones judiciales como "piedra angular de la cooperación judicial en materia civil y penal en la Unión" en la núm. 33 de las Conclusiones de la Presidencia del Consejo Europeo de Tampere (Finlandia) que tuvo lugar durante los días 15 y 16 de octubre de 1999.

3.2. Cuestiones generales sobre cooperación internacional para la obtención de prueba

A) Panorama general

Entre las cuestiones generales nos encontramos algunos puntos fundamentales relativos a diferencias de regulación interna entre los Estados que necesitan cooperar y que pueden llevar a problemas prácticos de difícil evitación en los casos concretos. La ausencia de armonización normativa en la regulación del procedimiento probatorio en general lleva a desconfianzas que operan en sentido opuesto a una fluida colaboración entre jurisdicciones, aunque precisamente ciertas comunidades de Estados más integradas vayan tratando de superar estos condicionamientos con mayor o menor éxito. Los criterios de admisibilidad de la prueba y los límites y exclusiones probatorias, por supuesto, no son idénticos en los distintos ordenamientos, lo cual es un evidente factor de ralentización, si no de obstaculización en la obtención de pruebas desde otros Estados. A todo ello se suma una escasa atención por parte de la doctrina, sobre todo fuera del ámbito de la Unión Europea[15].

Téngase en cuenta que se trata de reconocer efectos procesales nucleares a actuaciones provenientes de órganos que, en principio, no ejercen potestad constitucional alguna desde el punto de vista del Estado requirente. Las necesidades de la realidad del tráfico jurídico cada vez más globalizado hacen que sea imprescindible una flexibilización en este sentido, justamente para beneficio común. En concreto, se trata de conceder valor probatorio a actuaciones realizadas en el extranjero[16], lo cual implica en sí mismo una auténtica revolución desde el punto de vista de la exclusividad jurisdiccional de cada uno de los Estados.

En general son muchos los textos normativos que tratan de ofrecer vías para la cooperación procesal, y entre ellas, bastantes para la obtención de

15. Así lo reconoce el Prof. ZUFELATO en su informe nacional: "De modo geral o tema da cooperação internacional em matéria processual é pouco desenvolvido pela doutrina processual brasileira. Trata-se de um tema que históricamente sempre foi ligado a órgãos do Estado, mas sem uma crítica da ciência jurídica nem mesmo processual. O mesmo vale quando essa cooperação se dá em matéria probatória". O la conclusión del Prof. MENDOZA DÍAZ: "... en Cuba el tema de la cooperación judicial internacional no ocupa los primeros planos en el campo normativo interno, ni tiene un desarrollo en la doctrina nacional. En fecha reciente se ha estado trabajando en un proyecto de reforma del proceso penal cubano, en el que se pretende incorporar un segmento normativo a esta materia, a fin de instrumentar en el plano nacional los compromisos que el país asumió al rubricar los principales instrumentos que rigen esta materia a nivel internacional en lo relativo a la lucha contra el tráfico de drogas, la corrupción y el terrorismo.".

16. Es importante puntualizar que, en las organizaciones de especial integración, en las que se reconoce una ciudadanía común -que ciertamente no sustituye a la nacional- y en ocasiones conlleva un espacio de libre circulación con sus fronteras exteriores comunes, hablar de extranjería puede sonar anticuado y, desde luego, por lo menos parcialmente superado por los avances de la integración misma. Un ejemplo claro es lo dispuesto en los artículos 20 y ss. del vigente Tratado de Funcionamiento de la Unión Europea.

algún tipo de prueba desde el extranjero. En el ámbito del continente americano, desde una perspectiva multilateral, es fundamental la referencia al *Código de Derecho Internacional Privado*, llamado "Código Bustamante", calificado justamente por el Prof. MENDOZA DÍAZ como "un instrumento primigenio en el ámbito de la cooperación judicial en la región americana". Fue elaborado por el destacado profesor cubano Antonio SÁNCHEZ DE BUSTAMENTE, y aprobado en el VI Congreso Panamericano de Derecho Internacional Privado, celebrado en La Habana en el año 1928[17]. También, en el ámbito de la OEA, la *Convención interamericana sobre exhortos o cartas rogatorias*[18] *y su protocolo facultativo, o la Convención sobre recepción de pruebas en el extranjero*[19] *y su protocolo facultativo*[20], *hechas ambas en Panamá en 1975, y también en el mismo contexto multilateral, la Convención interamericana sobre prueba e información acerca del derecho extranjero*, hecha en Montevideo en 1979[21].

Con un enfoque territorial aún más amplio, en el seno de la Conferencia de La Haya para el Derecho Internacional Privado, se elaboraron varias convenciones que directa o indirectamente atañen a esta materia. Entre ellas debe resaltarse en primer lugar, el *Convenio de La Haya de 1954 sobre procedimiento civil*, que en sus artículos del 8 al 16, dispone que la autoridad judicial de un Estado contratante de acuerdo con las disposiciones de su legislación, podrá dirigirse mediante carta rogatoria a la autoridad competente de otro Estado contratante, pidiéndole que ejecute dentro de su jurisdicción, un acto de instrucción u otros actos judiciales[22]. Por otra parte, más específicamente, el 18 de marzo de 1970 se firmó la *Convención sobre obtención de prueba en el extranjero en materias civiles y mercantiles*, en vigor desde el 7 de octubre de 1972[23].

17. Vid. https://www.oas.org/juridico/spanish/mesicic3_ven_anexo3.pdf
18. Como nos recuerda la Prof. MEROI en su informe nacional, esta convención ha sido ratificada por Argentina, Bolivia, Brasil, Chile, Colombia, Costa Rica, Ecuador, El Salvador, España, Estados Unidos, Guatemala, Honduras, México, Panamá, Paraguay, Perú, Uruguay, Venezuela
19. Ratificada por Argentina, Chile, Colombia, Costa Rica, Ecuador, El Salvador, Guatemala, Honduras, México, Panamá, Paraguay, Perú, República Dominicana, Uruguay, Venezuela.
20. Que vincula a Argentina, Ecuador, México, Uruguay, Venezuela.
21. Hay que tener en cuenta también los conocidos como "Tratados de Montevideo de Derecho Procesal Internacional" (1889 y 1940), que contienen también normas de auxilio jurídico internacional y rigen en el ámbito sudamericano (1889, ratificado por Argentina, Bolivia, Colombia, Paraguay, Perú y Uruguay; 1940, ratificado por Argentina, Paraguay y Uruguay).
22. Conforme al informe nacional del Prof. Toshitaka KUDO: "Japan is a contracting state to the Convention of 1 March 1954 on Civil Procedure (hereinafter called "CCP"), but has not signed any other regional treaty or multinational convention on taking evidence abroad, including the Convention of 18 March 1970 on the Taking of Evidence Abroad in Civil or Commercial Matters". Mientras, por otra parte, "South Africa does not possess a piece of legislation that governs the law of evidence in relation to international procedural co-operation between countries", según afirma el Prof. Rashri BABOOLAL-FRANK.
23. Vid. https://www.hcch.net/en/instruments/conventions/specialised-sections/evidence

Por otro lado, en el ámbito del Consejo de Europa es destacable el *Convenio europeo sobre asistencia mutua en materia penal*, firmado en Estrasburgo el 20 de abril de 1959, y que durante largo tiempo fue el instrumento principal para la cooperación procesal penal en Europa. Mientras que en la Unión Europea, es importante el *Reglamento 1206/2001 del Consejo, de 28 de mayo de 2001, relativo a la cooperación entre los órganos jurisdiccionales de los Estados miembros en el ámbito de la obtención de pruebas en materia civil o mercantil*[24], *así como Decisión Marco 2008/978/JAI del Consejo, de 18 de diciembre de 2008, relativa al exhorto europeo de obtención de pruebas para recabar objetos, documentos y datos destinados a procedimientos en materia penal*[25] *y la Directiva 2014/41/CE del Parlamento Europeo y del Consejo, de 3 de abril de 2014, relativa a la orden europea de investigación en materia penal*[26]. *A estos instrumentos, naturalmente, se unen numerosos convenios bilaterales que atienden a otras relaciones interestatales*[27], *así como otros multilaterales de contenido específico que tienen algunas disposiciones sobre obtención de pruebas en el extranjero*[28].

Desde el punto de vista español son dos los textos fundamentales a tener en cuenta: la Ley 29/2015, de 30 de julio, de cooperación jurídica internacional en materia civil[29] *y la Ley 23/2014, de 20 de noviembre, de reconocimiento mutuo de resoluciones penales en la Unión Europea, que operan como respectivos códigos de cooperación internacional en el ámbito procesal civil y procesal penal*[30]. *En la exposición que sigue nos basaremos fundamentalmente en algunos textos multilaterales de carácter más amplio, aunque será conveniente alguna referencia más concreta, relativa bien a las regulaciones particulares del Espacio Judicial Europeo, bien a las regulaciones nacionales.*

24. Reglamento (CE) núm. 1206/2001 del Consejo de 28 de mayo de 2001 (DOUE L 174 de 27 de junio de 2001).
25. DOUE L 350 de 30 de diciembre de 2008.
26. DOUE L 130 de 1 de mayo de 2014.
27. Así el Prof. MENDOZA DÍAZ en su informe nacional relata que "En la actualidad se reporta la existencia en Cuba de 23 tratados bilaterales de cooperación en el ámbito jurídico. La mayoría de estos acuerdos fueron rubricados en los años 80 y un gran por ciento de ellos fue con los países del extinto campo socialista. Son convenios generales de asistencia jurídica recíproca, generalmente en el campo civil, familiar y penal, mientras que otros se limitan al campo penal".
28. Por ejemplo, el conocido como Convenio de Palermo, es decir, la Convención de las Naciones Unidas contra la delincuencia organizada transnacional [art. 12.1.b) y concordantes, y especialmente, arts. 13 y del 18 al 30] o la Convención de las Naciones Unidas contra la Corrupción, abierta a la firma en la Conferencia política de Mérida (México) del 9 al 11 de diciembre de 2003 (arts. 46 a 50).
29. BOE, núm. 182, de 31 de julio de 2015
30. BOE, núm. 282, de 21 de noviembre de 2014, con la importante reforma operada por la Ley 3/2018, de 11 de junio, por la que se modifica la Ley 23/2014, de 20 de noviembre, de reconocimiento mutuo de resoluciones penales en la Unión Europea, para regular la Orden Europea de Investigación (BOE núm. 142, de 12 de junio de 2018).

B) Código Bustamante

Como establece el Código Bustamante[31]: "Toda diligencia judicial que un Estado contratante necesite practicar en otro, se efectuará mediante exhorto o comisión rogatoria cursados por la vía diplomática. Sin embargo, los Estados contratantes podrán pactar o aceptar entre sí en materia civil o criminal cualquier otra forma de transmisión" (art. 388), teniendo en cuenta que "El exhorto será redactado en la lengua del Estado exhortante y será acompañado de una traducción hecha en la lengua del Estado exhortado, debidamente certificada por intérprete juramentado" (art. 392).

El título VII es el que se refiere específicamente a la prueba, atendiendo a numerosos aspectos particulares, con unas abundantes normas sobre ley aplicable[32] (art. 398: "La ley que rija el delito o la relación de derecho objeto del juicio civil o mercantil, determina a quién incumbe la prueba"; art. 399: "Para decidir los medios de prueba que pueden utilizarse en cada caso, es competente la ley del lugar en que se ha realizado el acto o hecho que se trate de probar, exceptuándose los no autorizados por la ley del lugar en que se sigue el juicio"; art. 400: "La forma en que ha de practicarse toda prueba se regula por la ley vigente en el lugar en que se lleva a cabo"; art. 401: "La apreciación de la prueba depende de la ley del juzgador"; art. 404: "La capacidad de los testigos y su recusación dependen de la ley a que se someta la relación de derecho objeto del juicio"; art. 405: "La forma del juramento se ajustará a la ley del juez o tribunal ante quien se preste y su eficacia a la que rija el hecho sobre el cual se jura; art. 406: "Las presunciones derivadas de un hecho se sujetan a la ley del lugar en que se realiza el hecho de que nacen"; art. 407: "La prueba indiciaria depende de la ley del juez o tribunal"), así como sobre valoración de la prueba (art. 402: "Los documentos otorgados en cada uno de los Estados contratantes, tendrán en los otros el mismo valor en juicio que los otorgados en ellos, si reúnen los requisitos siguientes: 1. Que el asunto o materia del acto o contrato sea lícito y permitido por las leyes del país del otorgamiento y de aquel en que el documento se utiliza; 2. Que los otorgantes tengan aptitud y capacidad legal para obligarse conforme a su ley personal; 3. Que en su otorgamiento se hayan observado las formas y solemnidades establecidas en el país donde se han verificado los actos o contratos; 4. Que el documento esté legalizado y llene

31. Aparte de las numerosas declaraciones y reservas, es llamativo el éxito relativo de este texto normativo internacional. En 2018 ha sido ratificado sólo por: Bahamas, Bolivia, Brasil, Chile, Costa Rica, Cuba, Ecuador, El Salvador, Guatemala, Haití, Honduras, Nicaragua, Panamá, Perú, República Dominicana y Venezuela. (Cfr. http://www.oas.org/es/sla/ddi/tratados_multilaterales_interamericanos_a-31_codigo_bustamente_firmas.asp).
32. Antes, en el artículo 391 se establece que "El que reciba el exhorto o comisión rogatoria debe ajustarse en cuanto a su objeto a la ley del comitente y en cuanto a la forma de cumplirlo a la suya propia".

los demás requisitos necesarios para su autenticidad en el lugar donde se emplea"; art: 403: "La fuerza ejecutiva de un documento se subordina al derecho local")[33].

Como vemos, aunque se trata de la regla predominante, no se aplica en todos los casos la *lex fori*, lo cual conlleva necesariamente complicaciones, pues lo más sencillo sería para el tribunal aplicar siempre el Derecho del lugar en que se desarrolla proceso y, si fuera necesario, hiciera constar en la propia solicitud algunas formas específicas que estime imprescindibles para la validez de la prueba en su propio Derecho, como se previó ya en el Convenio de asistencia judicial en materia penal entre los Estados miembros de la Unión Europea, hecho en Bruselas el 29 de mayo de 2000 (art. 4.1)[34] o en el Estatuto de Roma (art. 87.4 y 99.1). Todo ello es, sin embargo, una notable excepción a la norma habitual por la que los órganos jurisdiccionales aplicarán en su actividad procesal las normas de su propio Estado, razonable además porque la práctica de la prueba se lleva a cabo precisamente para tener consecuencias en el Estado requirente.

C) Convenciones Interamericanas en el ámbito de la OEA

En el seno de la Organización de Estados Americanos se hizo en 1975 en Ciudad de Panamá la *Convención Interamericana sobre Exhortos o Cartas Rogatorias*, ratificada también por España[35]. En ella, de manera breve se regula la materia que nos ocupa, pues expresamente se refiere a la realización de actos procesales de mero trámite, tales como notificaciones, citaciones o emplazamientos en el extranjero y a la recepción y obtención de pruebas de informes en el extranjero, salvo reserva expresa al respecto.

Se permite su transmisión al órgano requerido por las propias partes interesadas, por vía judicial, por intermedio de los funcionarios consulares o agentes diplomáticos o por la autoridad central del Estado requirente o requerido según el caso[36]. Los documentos deben ser legalizados y traducidos al idioma del país de destino, aunque su legalización no es necesaria si se transmiten

---

33. Es obligado a añadir que los artículos siguientes se refieren a unas reglas especiales para la prueba de leyes extranjeras, sobre las que conforme al artículo 409: "La parte que invoque la aplicación del derecho de cualquier Estado contratante en uno de los otros, o disienta de ella, podrá justificar su texto, vigencia y sentido, mediante certificación de dos abogados en ejercicio en el país de cuya legislación se trate, que deberá presentarse debidamente legalizada" y "A falta de prueba o si el juez o el tribunal por cualquier razón la estimaren insuficiente, podrán solicitar de oficio, antes de resolver, por la vía diplomática, que el Estado de cuya legislación se trate proporcione un informe sobre el texto, vigencia y sentido del derecho aplicable (art. 410).
34. DOUE C 197, de 12 de julio de 2000.
35. BOE núm. 195, de 15 de agosto de 1987.
36. Cada Estado Parte informa a la Secretaría General de la Organización de los Estados Americanos acerca de cuál es la autoridad central competente pare recibir y distribuir exhortos o cartas rogatorias.

por vía consular o diplomática[37]. Es muy interesante la flexibilización que se permite para los tribunales de zonas fronterizas: "Los tribunales de las zonas fronterizas de los Estados parte podrán dar cumplimiento a los exhortos o cartas rogatorias previstos en esta Convención en forma directa, sin necesidad de legalizaciones" (art. 7). Se establece la norma habitual de que los exhortos o cartas rogatorias se tramitan de acuerdo con las leyes y normas procesales del Estado requerido, aunque a solicitud del órgano jurisdiccional requirente podrá otorgarse al exhorto o carta rogatoria una tramitación especial, o aceptarse la observancia de formalidades adicionales en la práctica de la diligencia solicitada, siempre que ello no fuera contrario a la legislación del Estado requerido. Por otro lado, en el trámite y cumplimiento de exhortos o cartas rogatorias las costas y demás gastos correrán por cuenta de los interesados.

Lo establecido en esta Convención no impide a los Estados parte que pertenezcan a sistemas de integración económica acordar directamente entre sí procedimientos y trámites particulares más expeditos que los previstos en esta Convención y esos acuerdos pueden ser extendidos a terceros Estados en la forma que resolvieren las partes[38]. Tampoco se entiende que restrinja las disposiciones de convenciones que en materia de exhortos o cartas rogatorias hubieran sido suscritas o que se suscribieren en el futuro en forma bilateral o multilateral por los Estados parte, o las prácticas más favorables que dichos Estados pudieran observar en la materia.

37. Conforme al artículo 8: "Los exhortos o cartas rogatorias deberán ir acompañados de los documentos que se entregarán al citado, notificado o emplazado, y que serán:
a. Copia autenticada de la demanda y sus anexos, y de los escritos o resoluciones que sirvan de fundamento a la diligencia solicitada;
b. Información escrita acerca de cuál es el órgano jurisdiccional requirente, los términos de que dispusiere la persona afectada para actuar, y las advertencias que le hiciere dicho órgano sobre las consecuencias que entrañaría su inactividad;
c. En su caso, información acerca de la existencia y domicilio de la defensoría de oficio o de sociedades de auxilio legal competentes en el Estado requirente".

38. Como recuerda Andrea MEROI, en el ámbito del MERCOSUR (Mercado Común del Sur, integrado originariamente por Brasil, Paraguay, Uruguay y Argentina; hoy también son Estados partes Venezuela y Bolivia, y estados asociados, Chile, Colombia, Ecuador, Guyana, Perú y Surinam) rigen:
- El Protocolo de Las Leñas (Cooperación y Asistencia Jurisdiccional en Materia Civil, Comercial, Laboral y Administrativa, 1992, y Acuerdo Complementario, 1997)-
- La Enmienda al Protocolo de Cooperación y Asistencia Jurisdiccional en Materia Civil, Comercial, Laboral y Administrativa (2002)
- El Acuerdo de Cooperación y Asistencia Jurisdiccional en Materia Civil, Comercial, Laboral y Administrativa entre los Estados Partes y la República de Bolivia y la de Chile (2002).
Además, se firmó un Protocolo de Santa María sobre Jurisdicción Internacional en Materia de Relaciones de Consumo (1996) que, en su artículo 9, contempla la posibilidad de que se realicen actos procesales a distancia (vgr. contestar demanda, ofrecer prueba, interponer recursos, etc.), ante los jueces del propio domicilio extranjero de la parte respectiva remitiendo la documentación pertinente al juez provincial. Pero lamentablemente, ese instrumento aún no ha entrado en vigencia.

Más específicamente, se aprobó también en Panamá en 1975 la *Convención Interamericana sobre Recepción de Pruebas en el Extranjero*[39], que condiciona el cumplimiento de los exhortos o cartas rogatorias que tuvieren como objeto la recepción u obtención de pruebas o informes en materia civil o mercantil a que la diligencia solicitada no fuere contraria a disposiciones legales en el Estado requerido que expresamente la prohíban y a que el interesado ponga a disposición del órgano jurisdiccional requerido los medios que fueren necesarios para el diligenciamiento de la prueba solicitada[40]. También aquí la ejecución se llevará a cabo conforme a las leyes y normas procesales del Estado requerido, aunque podrá aceptarse la observancia de formalidades o procedimientos especiales adicionales en la práctica de la diligencia, salvo que sean incompatibles con la legislación del Estado requerido o de imposible cumplimiento. Asimismo, los gastos para el trámite y cumplimiento de exhortos o cartas rogatorias correrán por cuenta de los interesados.

Por último, nos interesa la *Convención Interamericana sobre Pruebas e Información acerca del Derecho Extranjero*[41], de 1979, para la que se consideran medios entre otros, la prueba documental, consistente en copias certificadas de textos legales con indicación de su vigencia, o precedentes judiciales; la prueba pericial, consistente en dictámenes de abogados o expertos en la materia; y los informes del Estado requerido sobre el texto, vigencia, sentido y alcance legal de su derecho sobre determinados aspectos.

D) Convención sobre obtención de prueba en el extranjero en materias civiles y mercantiles

La Convención de 18 de marzo de 1970 es mucho más detallada en cuanto a la regulación de esta materia, no en vano se dedica específicamente a ella, elaborada desde la Conferencia de la Haya. Así se prevé, de manera más sistemática, la emisión de comisiones rogatorias para la obtención de prueba o para la realización de algún acto procesal (art. 1). Cada Estado Parte debe designar su Autoridad Central encargada de la recepción de las comisiones rogatorias -e

39. http://www.oas.org/juridico/spanish/tratados/sp_conv_interame_recep_prue_extranjero.pdf
40. Los exhortos o cartas rogatorias en que se solicite la recepción u obtención de pruebas o informes en el extranjero deberán contener la relación de los elementos pertinentes para su cumplimiento, a saber: 1. Indicación clara y precisa acerca del objeto de la prueba solicitada; 2. Copia de los escritos y resoluciones que funden y motiven el exhorto o carta rogatoria, así como los interrogatorios y documentos que fueran necesarios para su cumplimiento. 3. Nombre y dirección tanto de las partes como de los testigos, peritos y demás personas intervinientes y los datos indispensables para la recepción u obtención de la prueba; 4. Informe resumido del proceso y de los hechos materia del mismo en cuanto fuere necesario para la recepción u obtención de la prueba; 5. Descripción clara y precisa de los requisitos o procedimientos especiales que el órgano jurisdiccional requirente solicitare en relación con la recepción u obtención de la prueba, sin perjuicio de lo dispuesto en el artículo 2 párrafo primero, y en el artículo 6.
41. https://www.oas.org/dil/esp/CIDIP-II-pruebaderechoext.htm

incluso pueden designar a más de una-[42] y se establece el contenido mínimo[43], sin que sea necesaria la legalización u otro tipo de formalidades. Pero hay flexibilidad en cuanto a la determinación de los cauces de remisión (art. 27.a)[44]. El idioma utilizado debe ser el del Estado requerido, por lo menos en una traducción que acompañe a la copia de la resolución. Pero es posible aceptar una carta rogatoria en inglés o francés o una traducción a una de esas lenguas. La traducción debe ser certificada. Al recibir la solicitud la Autoridad Central puede oponer objeciones a la misma (art. 5).

42. Así, el artículo 7 de la Ley española 29/2015, de 30 de julio, de cooperación jurídica internacional en materia civil determina que la autoridad central española en materia de cooperación jurídica internacional en materia civil es el Ministerio de Justicia, y en el artículo siguiente se establecen sus funciones:
"a) Verificar la adecuación de las solicitudes que se reciban a lo previsto en los artículos 10, 11, 30 y 31 y demás normas concordantes de aplicación.
b) Prestar el auxilio y la colaboración que las autoridades judiciales competentes requieran en materia de cooperación jurídica internacional.
c) Garantizar la correcta tramitación de las solicitudes de cooperación jurídica internacional.
d) Promover el uso de las redes internas e internacionales de cooperación disponibles.
e) Proporcionar información sobre Derecho español cuando proceda con arreglo a lo previsto en el artículo 36, así como información sobre Derecho extranjero, conforme a lo dispuesto en los artículos 34 y 35.
f) Solventar en lo posible las dificultades que puedan suscitarse en el cumplimiento de las solicitudes de cooperación jurídica internacional.
g) Colaborar con las autoridades centrales de otros Estados, así como con otras autoridades españolas y extranjeras".
En otros países como Chile, según el informe nacional de Enrique LETELIER, en 2013 se centralizó la función de la Autoridad Central en la Corte Suprema, prescindiendo entonces de la tradicional intervención del Ministerio de Relaciones Exteriores; aunque por lo que corresponde a la asistencia procesal penal a partir de 2017 corresponde a la Fiscalía.

43. "A Letter of Request shall specify -
a) the authority requesting its execution and the authority requested to execute it, if known to the requesting authority;
b) the names and addresses of the parties to the proceedings and their representatives, if any;
c) the nature of the proceedings for which the evidence is required, giving all necessary information in regard thereto;
d) the evidence to be obtained or other judicial act to be performed.
Where appropriate, the Letter shall specify, inter alia -
e) the names and addresses of the persons to be examined;
f) the questions to be put to the persons to be examined or a statement of the subject-matter about which they are to be examined;
g) the documents or other property, real or personal, to be inspected;
h) any requirement that the evidence is to be given on oath or affirmation, and any special form to be used;
i) any special method or procedure to be followed under Article 9.
A Letter may also mention any information necessary for the application of Article 11.
No legalization or other like formality may be required".

44. En la regulación española el artículo 9 de la Ley 29/2015 permite que las solicitudes de cooperación jurídica internacional en materia civil se transmitan, siempre que estuvieran previstas en el ordenamiento jurídico de ambos Estados, por cualquiera de las siguientes vías:
a) Por la vía consular o diplomática.
b) A través de las respectivas autoridades centrales.
c) Directamente entre los órganos jurisdiccionales.
d) Por conducto notarial, si ello es compatible con la naturaleza del acto de cooperación.

La autoridad requirente puede solicitar ser informada del momento y el lugar en que tendrán lugar las actuaciones requeridas, con el fin de que las partes y sus representantes puedan estar presentes. E incluso puede solicitarse que personal jurisdiscente del Estado requirente esté presente en el momento de la ejecución. La ley aplicable es la del lugar en que se lleve a cabo esta actuación, aunque también aquí la autoridad requirente podrá recabar alguna forma específica, a menos que sea incompatible con el Derecho interno del Estado de ejecución o sea de aplicación imposible (art. 9)[45]. Para la ejecución de la solicitud pueden ser aplicadas medidas de coerción en la medida que lo permita el Derecho interno. Cabe la aplicación de objeciones convencionales a la práctica de la prueba, cuando la persona implicada tenga el privilegio o el deber de rehusar someterse a ella según la legislación del Estado de ejecución o según la del Estado de origen -en este último caso si en la solicitud se ha especificado la existencia de tal privilegio o deber o de otra manera se ha confirmado por la autoridad requirente a la autoridad requerida- (art. 11).

Se limitan en la Convención de 1970 los motivos de denegación, pues conforme al artículo 12 sólo cabe oponer que la actividad requerida no corresponde a los órganos jurisdiccionales en el Estado de ejecución o que éste último considera que su soberanía o su seguridad pudiera verse perjudicada. Argumento este último que puede dar lugar a interpretaciones amplias e incluso arbitrarias. Es interesante la disposición que establece la imposibilidad de denegar la ejecución únicamente con base en que en la legislación interna del Estado requerido éste último tenga jurisdicción exclusiva sobre el asunto debatido en el proceso o en que según esa misma legislación no podría ejercitarse tal pretensión[46].

El envío de los documentos resultantes de la ejecución de la solicitud se hará por la misma vía por la que se remitió la solicitud[47]. Si no ha sido posible

---

45. Esa es la determinación del artículo 13 de la Ley 29/2015: "Las solicitudes de cooperación jurídica internacional se ejecutarán sin dilación conforme a las normas procesales españolas. Excepcionalmente y a solicitud de la autoridad extranjera requirente podrán aceptarse formalidades o procedimientos especiales, si ello es compatible con la legislación española y resulta practicable".

46. La regulación nacional española, de aplicación subsidiaria, es la del artículo 14 Ley 29/2015: "1. Las autoridades judiciales españolas denegarán las solicitudes de cooperación jurídica internacional cuando:
a) El objeto o finalidad de la cooperación solicitada sea contrario al orden público.
b) El proceso de que dimane la solicitud de cooperación sea de la exclusiva competencia de la jurisdicción española.
c) El contenido del acto a realizar no corresponda a las atribuciones propias de la autoridad judicial española requerida. En su caso, ésta podrá remitir la solicitud a la autoridad competente, informando de ello a la autoridad requirente.
d) La solicitud de cooperación internacional no reúna el contenido y requisitos mínimos exigidos por esta ley para su tramitación."

47. Conforme a la legislación española, la transmisión podrá realizarse por cualquier medio que garantice la seguridad y confidencialidad de las comunicaciones y que los documentos son auténticos y legibles

la ejecución en todo o en parte deberá darse a conocer de manera inmediata y deberán explicarse las razones.

En principio, el Estado requerido no tiene derecho al reembolso de los gastos de ningún tipo, pero sí puede reclamar lo pagado a peritos o intérpretes, así como los costes ocasionados por la aplicación de procedimientos específicos reclamados por el Estado requirente y distintos a los ordinarios en el Estado requerido.

No hay que olvidar en todo ello la importancia del aseguramiento de la prueba para garantizar su genuinidad en el momento de ser apreciada y valorada por el órgano jurisdiccional competente del Estado requirente. Con ese fin se permite que en el Estado requerido se nombre a una persona específica para ello con el consentimiento del Estado requirente, con el previo conocimiento de los gastos que ello puede ocasionar[48].

E) Convenio europeo sobre asistencia mutua en materia penal

En materia penal, el Convenio de 20 de abril de 1959 es el que ha regido la cooperación en materia probatoria durante largo tiempo en Europa. Este tratado internacional se propuso conseguir la más amplia cooperación procesal respecto a las infracciones criminales que en el momento de solicitud de la asistencia recayeran dentro de la jurisdicción de las autoridades judiciales del Estado requirente (art. 1). Se excluyeron los delitos políticos y conexos y los delitos fiscales, así como las solicitudes que pudieran afectar a la soberanía, a la seguridad, al orden público o a otros intereses esenciales del Estado requerido, a criterio de este último.

También aquí el método de cooperación aplicado es el de las comisiones rogatorias[49] y, en su caso, la adición de copias de documentos, salvo que la parte requerida exija el envío de originales. La parte requirente podrá pedir expresamente que se tome declaración bajo juramento a los testigos o peritos y la parte requerida deberá llevarlo a cabo si su propio derecho no lo impide. También aquí puede solicitarse que se notifique el momento y lugar para la

---

(art. 12.3 de la Ley 29/2015) y una vez ejecutadas, las solicitudes se devolverán por la vía de transmisión utilizada para cursarlas (art. 12.4 del mismo texto legal).

48. En los artículos del 15 al 22 del Convenio de 1970 se establecen unas normas particulares para la obtención de pruebas civiles o mercantiles con el concurso de diplomáticos, funcionarios consulares o representantes específicos siempre que no se utilice la coerción y se cumplan determinadas condiciones.

49. Conforme al artículo 14: "Requests for mutual assistance shall indicate as follows:
- the authority making the request,
- the object of and the reason for the request,
- where possible, the identity and the nationality of the person concerned, and
- where necessary, the name and address of the person to be served"

Por otro lado, es preciso determinar de qué infracción criminal se trata y contener un resumen de los hechos.

ejecución de la comisión rogatoria, y que determinados funcionarios u otras personas interesadas estén presente en la práctica de la prueba. Todo ello se trasmitirá a través de los respectivos Ministerios de Justicia (art. 15)[50].

A través de una declaración, cada Estado puede condicionar la cooperación a que la conducta que motiva el proceso sea sancionable tanto en el Estado requerido como en el Estado requirente, que se trate de una infracción criminal que permita la extradición según la legislación del Estado requerido y que la ejecución de la comisión rogatoria respete el Derecho de este mismo Estado (art. 5).

Se regula la transmisión de documentos, que a nuestros efectos pueden ser citaciones para comparecer con el fin de declarar, y también la entrega temporal de personas en privación de libertad. La entrega puede ser denegada si la persona afectada no consiente, si su presencia es necesaria en el Estado requerido a efectos de un proceso penal pendiente, si la entrega va a prolongar la privación de liberta o si hay otros motivos fundados para denegarla. En todo caso, si se produce la entrega, se le aplicará el principio de especialidad.

F) La simplificación de la cooperación: El principio de reconocimiento mutuo

Ante este panorama amplio deben situarse las consideraciones sobre la construcción paulatina del Espacio Judicial Europeo por las que se ha procurado establecer ciertos estándares comunes, así como una superación de algunas de las formalidades y limitaciones de la cooperación tradicional con el fin de conseguir una simplificación y una aceleración de la obtención de asistencia procesal entre países que mantienen una relación especialmente estrecha[51]. De este modo, en el ámbito de la Unión Europea -aunque sin aplicación en todos sus Estados miembros, dado el criterio de geometría variable que ha

---

50. En la legislación albanesa, conforme explica Eltjon MIRASHI en su informe nacional, la regla general en cuanto a las Autoridades centrales es el Ministerio de Justicia (Ministria e Drejtesise), pero en caso de urgencia por cuestiones procesales y otras consideraciones pueden crearse relaciones directas entre los tribunales y órganos de fiscalía, pero con la obligación de enviar una copia de este intercambio e interrelación al Ministerio en un segundo momento. Sin embargo, la Comisión Especial para la Reforma Parlamentaria del Sistema de Justicia en 2015 criticó la falta de armonización con la Convención del Consejo de Europa.
51. *Vid.* más ampliamente *La prueba en el Espacio Europeo de Libertad, Seguridad y Justicia Penal*, del Centro de Estudios Jurídicos del Ministerio de Justicia, Cizur Menor, 2006. En su informe nacional sobre Grecia, el Prof. TSIKRIKAS señala que "The proceedings to obtain evidence abroad which are governed by the Greek procedural law and as well as proceedings governed by the Hague Evidence Convention are more complicated and time consuming than the proceedings governed by the Evidence Regulation due the necessity to send the request to a central authority, also to the Greek Ministry of Justice. On the contrary the Evidence Regulation has introduced a simpler procedure under which the requesting court has direct contact with the requested court and furthermore the requesting court may ask for permission to perform evidence itself in the requested state".

predominado- se han conseguido importantes avances tanto en armonización como en la utilización de vías directas entre órganos jurisdiccionales de los distintos Estados miembros[52], así como la limitación de motivos de denegación -en especial en el ámbito penal la desaparición del control de la doble incriminación como presupuesto para la concesión de la asistencia solicitada-.

A ello haremos referencias específicas en los epígrafes siguientes, pero es necesario recordar el objetivo del principio de reconocimiento mutuo[53], y decimos objetivo, porque es evidente que estamos lejos de su consecución completa, que implicaría reconocer y ejecutar una resolución jurisdiccional proveniente de otro Estado miembro como si se tratara de una solicitud de auxilio judicial que proceda de otro órgano jurisdiccional de nuestro propio país[54]. Son claros los avances, pero también lo han sido los obstáculos para una fluida cooperación.

Es importante, sin embargo, subrayar una importante novedad que tiene implicaciones directas en la cooperación para la obtención de prueba. Mediante la cooperación entre diversas jurisdicciones se van obteniendo una serie de datos personales que a menudo afectan a derechos fundamentales, sobre todo cuando se trata de la asistencia para procesos penales. Ello justifica una mención a la aprobación reciente del Reglamento General de Protección de Datos[55] y más específicamente la Directiva relativa a la protección de datos personales relacionados con un proceso penal[56].

---

52. De ahí que, conforme al artículo 4 de la Ley española 29/2015, de 30 de julio, de cooperación jurídica internacional en materia civil: "Los órganos jurisdiccionales españoles estarán habilitados para el establecimiento de comunicaciones judiciales directas, respetando en todo caso la legislación en vigor en cada Estado. Se entiende por comunicaciones judiciales directas aquéllas que tienen lugar entre órganos jurisdiccionales nacionales y extranjeros sin intermediación alguna. Tales comunicaciones no afectarán ni comprometerán la independencia de los órganos jurisdiccionales involucrados ni los derechos de defensa de las partes".
53. *Vid.* VAN BALLEGOOIJ, W., *The Nature of Mutual Recognition in European Law. Reexamining the notion from an individual rights perspective with a view to its further development in the criminal justice area*, Cambridge, 2015.
54. Como define la Prof. DEL POZO PÉREZ en su informe nacional: "una vez que un órgano jurisdiccional de un Estado miembro haya dictado una resolución -que contiene una determinada decisión- en el ejercicio de sus competencias, de acuerdo a su propia legislación, si la misma tiene implicaciones internacionales en el seno de la UE deberá ser aceptada de manera automática por todos los Estados miembros, debiendo producir, además, en los Estados de la UE los mismos efectos o muy similares a los que produciría en su Estado de origen".
55. Reglamento (UE) 2016/679 del Parlamento Europeo y del Consejo de 27 de abril de 2016 relativo a la protección de las personas físicas en lo que respecta al tratamiento de datos personales y a la libre circulación de estos datos y por el que se deroga la Directiva 95/46/CE (Reglamento general de protección de datos) DOUE L 119 de 4 de mayo de 2016.
56. Directiva (UE) 2016/680 del Parlamento Europeo y del Consejo de 27 de abril de 2016 relativa a la protección de las personas físicas en lo que respecta al tratamiento de datos personales por parte de las autoridades competentes para fines de prevención, investigación, detección o enjuiciamiento de infracciones

4. ALGUNOS AVANCES ESPECÍFICOS SOBRE LA OBTENCIÓN DE LA PRUEBA EN EL PROCESO CIVIL

En las páginas anteriores hemos hecho ya referencia a diferentes instrumentos normativos relativos a la obtención de pruebas en el extranjero para ser utilizadas en un proceso cuyo objeto sea de naturaleza civil o mercantil, pero puede ser útil completar esa exposición panorámica con algunos aspectos más concretos en los que será imprescindible extendernos algo más en las alusiones relativas al Espacio Judicial Europeo o a la creación de un espacio similar de integración en el ámbito de MERCOSUR. La asistencia judicial tradicional como vía para la obtención de prueba a través de Autoridades Centrales, cuando no son puntos de contacto judiciales, y de procedimientos extraordinariamente formalizados, debería quedar para aquellos casos de patente desconfianza entre jurisdicciones. Dicho de otra manera: la cooperación judicial no puede tener la consecuencia de la convalidación de vulneraciones de derechos. Pero cuando esto no es así, cuando estamos en relaciones de amistad y alta cooperación a diversos niveles entre Estados, parece lógico tratar de agilizar la eficacia del derecho fundamental a la prueba transnacional.

En este sentido el ya citado Reglamento (CE) No 1206/2001 del Consejo de 28 de mayo de 2001, relativo a la cooperación entre los órganos jurisdiccionales de los Estados miembros en el ámbito de la obtención de pruebas en materia civil o mercantil, trata de simplificar y acelerar la cooperación entre jurisdicciones para una rápida y eficaz obtención de pruebas que se encuentran en otros Estados miembros. Por ello permite la práctica de diligencias de obtención de pruebas al órgano jurisdiccional competente de otro Estado miembro, o la realización de diligencias de obtención de pruebas directamente en otro Estado miembro, y todo ello utilizando las comunicaciones directas[57]. De este modo a los órganos centrales les queda una función muy subsidiaria: "a) facilitar información a los órganos jurisdiccionales; b) buscar soluciones en caso de que una solicitud plantee dificultades; c) a modo de excepción y a instancia de un órgano jurisdiccional requirente, trasladar una solicitud al órgano jurisdiccional requerido".

---

penales o de ejecución de sanciones penales, y a la libre circulación de dichos datos y por la que se deroga la Decisión Marco 2008/977/JAI del Consejo. DOUE L 119 de 4 de mayo de 2016.

57. Artículo 2: "1.El órgano jurisdiccional ante el que se halle iniciada o se prevea incoar la causa (en lo sucesivo "el órgano jurisdiccional requirente"), remitirá directamente al órgano jurisdiccional competente de otro Estado miembro (en lo sucesivo "el órgano jurisdiccional requerido"), las solicitudes a que se refiere la letra a) del apartado 1 del artículo 1 (en lo sucesivo "las solicitudes"), a los efectos de la realización de diligencias de obtención de pruebas.

2. Cada Estado miembro elaborará una lista de los órganos jurisdiccionales competentes para la realización de las diligencias de obtención de pruebas de conformidad con el presente Reglamento. Esta lista mencionará asimismo el ámbito de competencia territorial y, en su caso, especial de dichos órganos jurisdiccionales".

Al recibir la solicitud el órgano jurisdiccional requerido ejecutará la solicitud con la mayor brevedad y, a más tardar, en los noventa días siguientes a la recepción de la solicitud. La legislación aplicable será la del Estado requerido. También aquí se permite que el órgano jurisdiccional requirente pida que la solicitud se ejecute de acuerdo con alguno de los procedimientos especiales previstos en el Derecho de su Estado miembro, mediante un formulario determinado[58].

Es posible solicitar al órgano jurisdiccional requerido que utilice los medios tecnológicos de comunicación en la realización de la obtención de pruebas, en particular la videoconferencia y la teleconferencia. Y el requerido accederá a ello, a no ser que ésta sea incompatible con el Derecho del Estado miembro del órgano jurisdiccional requerido o que existan grandes dificultades de hecho.

En caso de que así lo prevea el Derecho del Estado miembro del órgano jurisdiccional requirente, las partes y, en su caso, sus representantes tendrán derecho a estar presentes cuando el órgano jurisdiccional requerido realice las diligencias de obtención de pruebas. También los mandatarios del órgano jurisdiccional requirente, si ello es compatible con el Derecho del Estado requirente. Si fuera necesario, el órgano jurisdiccional requerido recurrirá para la ejecución de la solicitud a medidas coercitivas adecuadas en los casos y en la medida previstos por el Derecho del Estado miembro del órgano jurisdiccional requerido para la ejecución de solicitudes presentadas con el mismo fin por autoridades nacionales o por una de las partes. Cabe la obtención directa de pruebas por el órgano jurisdiccional requirente siempre que no sea necesarias medidas de coerción. Para ello debe remitirse la solicitud al órgano central o al órgano jurisdiccional competente conforme a un formulario predefinido[59].

Por su parte, la Ley 29/2015 prevé como regulación subsidiaria en España para los actos de comunicación, notificación y traslado de documentos judiciales al extranjero que los órganos jurisdiccionales españoles podrán transmitir

58. El órgano jurisdiccional requerido cumplirá dicha petición, a no ser que el procedimiento en cuestión sea incompatible con el Derecho del Estado miembro del órgano jurisdiccional requerido o que existan grandes dificultades de hecho. En caso de que el órgano jurisdiccional requerido no acceda a la petición por alguno de los motivos arriba citados, informará al órgano jurisdiccional requirente mediante el otro formulario determinado.

59. La Prof.ª MAESTRE CASAS alude al problema del carácter obligatorio y/o exclusivo del Reglamento 1206/2001. De acuerdo con el artículo 1.1, letra a), éste se va a aplicar cuando la práctica de la prueba o la asistencia jurídica es requerida en un proceso que se desarrolla en un Estado miembro y ha de realizarse en otro Estado miembro. Por tanto, regula la obtención transfronteriza de pruebas, aunque, como precisa el TJUE, no de un modo exhaustivo pues únicamente pretende facilitar dicha obtención, permitiendo el acceso a otros instrumentos que persigan el mismo objetivo (*vid.* la STJUE de 6 septiembre 2012, As. C-170/11: Lippens y otros). Esta afirmación provoca que puedan utilizarse varios mecanismos de obtención de pruebas al mismo tiempo, lo que no facilita la tarea de los órganos jurisdiccionales a la hora de decidir qué norma aplicar.

solicitudes de notificación y traslado de documentos al extranjero, bien a través de la autoridad central española, bien directamente a la autoridad competente del Estado requerido. Además, siempre que no se oponga la legislación del Estado de destino, las autoridades españolas podrán practicar las comunicaciones directamente a sus destinatarios con las necesarias garantías que permitan dejar constancia de su recepción. También se prevé la notificación y traslado de actos extrajudiciales.

Más en concreto en los artículos 29 y ss. se regula la práctica y obtención de pruebas en el extranjero para que surtan efecto en un procedimiento judicial en España, o en España para que surtan efecto en un proceso extranjero. Para ello se determinan unas especialidades en la solicitud dirigida a tomar declaración de una persona, que incluirán las preguntas que hayan de formulársele o los hechos sobre los que verse[60]; también para el caso de examen de testigos o para el examen de documentos u otros objetos, que deberán ser razonablemente identificados.

5. ALGUNOS AVANCES ESPECÍFICOS SOBRE LA OBTENCIÓN DE PRUEBA EN EL PROCESO PENAL

Respecto a la asistencia judicial en materia penal como vía para la obtención de prueba también es preciso aludir a algunos avances concretos tanto relativos a la realización de diligencias propiamente de investigación, como al aseguramiento de los elementos probatorios obtenidos. También desde este punto de vista la aplicación del principio de reconocimiento mutuo paulatinamente ha venido a superar las previsiones del Convenio del Consejo de Europa de 1959 y, además, las del Convenio celebrado por el Consejo Europeo, de conformidad con el artículo 34 del Tratado de la Unión Europea, relativo a la asistencia judicial en materia penal entre los Estados miembros de la Unión Europea, hecho en Bruselas el 29 de mayo de 2000, texto que se inscribía aún en el ámbito de las relaciones intergubernamentales de la Unión Europea.

Una primera aplicación limitada de este principio para la obtención de pruebas fue a través del llamado "exhorto europeo de obtención de pruebas"[61], entendido como una resolución judicial por la que se podían recabar

60. Es interesante el debate que puede suscitarse en este punto sobre si no sería mejor priorizar la vía de la videoconferencia y, por tanto, no adelantar el envío de las preguntas, con el fin de estimular la inmediación. En nuestra opinión, sí sería recomendable, pero no tanto para asegurar la inmediación -que puede llevar a distorsiones en la apreciación de la prueba- sino para fortalecer la contradicción y espontaneidad del debate procesal.
61. Aprobado por la Decisión Marco 2008/978/JAI del Consejo, de 18 de diciembre de 2008, relativa al exhorto europeo de obtención de pruebas para recabar objetos, documentos y datos destinados a procedimientos en materia penal. (DOUE L 350 de 30 de diciembre de 2008).

directamente objetos, documentos y datos de otro Estado miembro[62]. Antes se había regulado la aplicación transnacional de decisiones de aseguramiento de la prueba, con la finalidad de poder reclamarla en el futuro y así se mantiene en la Ley española Ley 23/2014, de 20 de noviembre, de reconocimiento mutuo de resoluciones penales[63].

Pero las medidas concretas para la obtención de prueba penal en el extranjero se contienen básicamente en la llamada "orden europea de investigación"[64], que ha implicado -a destiempo, todo sea dicho- la incorporación de un nuevo título (X) a la Ley 23/2014. Tal orden se define como una resolución penal emitida o validada por la autoridad competente de un Estado miembro de la Unión Europea, dictada con vistas a la realización de una o varias medidas de investigación en otro Estado miembro, cuyo objetivo es la obtención de pruebas para su uso en un proceso penal. También se podrá emitir una orden europea de investigación con vistas a la remisión de pruebas o de diligencias de investigación que ya obren en poder de las autoridades competentes del Estado miembro de ejecución[65].

Con ese importante objetivo, se prevé la utilización de este instrumento para el traslado temporal a España de personas privadas de libertad en el Estado de ejecución, para el traslado temporal al Estado de ejecución de personas privadas de libertad en España, para una comparecencia por videoconferencia u otros medios de transmisión audiovisual[66], para obtener información sobre cuentas bancarias y otro tipo de cuentas financieras, para obtener información

62. Cabe decir que esta norma fue derogada por el Reglamento (UE) 2016/95 del Parlamento Europeo y del Consejo de 20 de enero de 2016 por el que se derogan determinados actos en el ámbito de la cooperación policial y judicial en materia penal (DOUE L 26 de 2 de febrero de 2016). No así las normas de trasposición en el ordenamiento español como señala la Prof. DEL POZO PÉREZ en su informe nacional.
63. Se trata de la trasposición de la Decisión marco 2003/577/JAI del Consejo, de 22 de julio de 2003, relativa a la ejecución en la Unión Europea de las resoluciones de embargo preventivo de bienes y de aseguramiento de pruebas (DOUE L 196, de 2 de agosto de 2003).
64. Creada por la Directiva 2014/41/CE del Parlamento Europeo y del Consejo, de 3 de abril de 2014, relativa a la orden europea de investigación en materia penal (DOUE L 130, 1 de mayo 2014).
65. Se consideran autoridades de emisión los jueces o tribunales que conozcan del proceso penal en el que se debe adoptar la medida de investigación o que hayan admitido la prueba si el procedimiento se encuentra en fase de enjuiciamiento. Son también autoridades de emisión los Fiscales en los procedimientos que dirijan, siempre que la medida que contenga la orden europea de investigación no sea limitativa de derechos fundamentales. Y de manera harto incoherente con nuestro sistema que mantiene al Juez de Instrucción como responsable de las investigaciones penales, salvo algunas excepciones, se considera como autoridad competente en España para recibir las órdenes europeas de investigación emitidas por las autoridades competentes de otros Estados miembros al Ministerio Fiscal.
66. Como señala el magistrado José Alberto CRUCETA ALMANZAR en su informe nacional sobre la República Dominicana: "La Suprema Corte de Justicia dictó en fecha 3 de julio de 2014 la Resolución No. 2463-2014, sobre el Desarrollo de la Videoconferencia como Herramienta de Cooperación Internacional, la cual reglamenta el uso de la videoconferencia como un instrumento de recolección, conservación e incorporación de pruebas, y los procesos, a través de la cooperación jurídica internacional entre los Estados, garantizando siempre los derechos de las partes".

sobre operaciones bancarias y otro tipo de operaciones financieras, para obtener pruebas en tiempo real, de manera continua y durante un determinado periodo de tiempo, para realizar investigaciones encubiertas, para intervención de telecomunicaciones o para adoptar medidas de aseguramiento de prueba o de diligencias de investigación en relación con los medios de prueba. Por otro lado, la Ley 11/2003, de 21 de mayo, es la que regula los equipos conjuntos de investigación penal en el ámbito de la Unión Europea[67].

Como señala la Prof. ª DEL POZO PÉREZ la orden europea de investigación establece un régimen único para la obtención de pruebas y pretende ser un nuevo sistema global/general de obtención de diligencias de investigación transeuropea (que pueden valorarse como prueba anticipada o preconstituida). Las ventajas son evidentes: Evita la actual dispersión y fragmentación normativa, refuerza el principio de reconocimiento mutuo basado en la confianza y la equivalencia, acaba con la inseguridad jurídica, mantiene los avances y «buenas prácticas» de la cooperación europea y los hace vinculantes: transmisión y asistencia judicial directa y Judicialización, acelera el procedimiento, refuerza los derechos fundamentales del investigado y elimina la actual confusión entre los prácticos del Derecho.

6. EL RETO DE LA OBTENCIÓN TRANSNACIONAL DE PRUEBA ELECTRÓNICA

Las características propias de lo que conocemos genéricamente como prueba electrónica hacen que debamos referirnos a dos realidades distintas: por un lado, la prueba que utiliza los medios electrónicos para probar hechos físicos, y por otro, la prueba que utiliza los medios electrónicos para probar hechos electrónicos[68]. Es decir, por un lado, hay una realidad tradicional en la que nos encontramos con acciones u omisiones con relevancia jurídica que pueden ser probadas a través de la aplicación de algunos de los instrumentos que podemos englobar en lo que conocemos como tecnologías de información y comunicación: un ejemplo es la videoconferencia de la que ya se ha hablado anteriormente, que permite un interrogatorio de parte o una declaración testifical a distancia. Pero, por otro lado, las propias tecnologías electrónicas se convierten en un medio de realización de conductas, con trascendencia penal o no, pero a menudo con necesidad de prueba: el comercio electrónico, la ciberdelincuencia, ... Cuando hablamos de cooperación transnacional en la obtención de prueba electrónica nos referimos a ambas perspectivas, aunque es la segunda la que, como es evidente, ofrece mayores novedades.

---

67. BOE núm. 122, de 22 de mayo de 2003.
68. Cfr. BUENO DE MATA, F., *Prueba electrónica y proceso 2.0*, Valencia, 2014, p. 104.

Entre los abundantes trabajos realizados en el Consejo de Europa para facilitar la cooperación procesal destaca, sobre el punto que estamos tratando, el Convenio de Budapest[69] sobre ciberdelincuencia (STE núm. 185), que pretende una cierta armonización penal y procesal penal entre los Estados miembros y dedica su capítulo tercero justamente a la cooperación internacional, bajo el siguiente principio general: "Las Partes cooperarán entre sí en la mayor medida posible, de conformidad con las disposiciones del presente capítulo, en aplicación de los instrumentos internacionales aplicables a la cooperación internacional en materia penal, de acuerdos basados en legislación uniforme o recíproca y de su derecho interno, para los fines de las investigaciones o los procedimientos relativos a los delitos relacionados con sistemas y datos informáticos o para la obtención de pruebas electrónicas de los delitos" (art. 23). Es cierto que se trata de un texto ya antiguo, sobre todo si tenemos en cuenta los avances vertiginosos en la criminalidad electrónica, siempre por delante de la persecución jurídica, pero es fundamental tenerlo en cuenta cuando son numerosos los Estados de nuestro entorno que se están vinculando a sus preceptos[70].

Y siguiendo el propósito ya tradicional de perfeccionar las normas elaboradas por el Consejo de Europa[71], desde la Comisión Europea el pasado mes de abril ha propuesto nuevas normas de gran interés, básicamente en tres

69. Fue hecho en Budapest el 23 de noviembre de 2001, con el objeto de completar entre otros el Convenio Europeo en materia de Asistencia Penal, de 20 de abril de 1959 (STE núm. 30) y su Protocolo Adicional de 17 de marzo de 1978 (STE núm. 99). Es importante señalar que se trata de un tratado abierto a la firma de otros Estados distintos a los que integran el Consejo de Europa que hayan participado en su elaboración y, además, conforme su artículo 37.1: "Tras la entrada en vigor del presente Convenio, el Comité de Ministros del Consejo de Europa, previa consulta con los Estados Contratantes del Convenio y una vez obtenido su consentimiento unánime, podrá invitar a adherirse al presente Convenio a cualquier Estado que no sea miembro del Consejo y que no haya participado en su elaboración. La decisión se adoptará por la mayoría establecida en el artículo 20.d) del Estatuto del Consejo de Europa y con el voto unánime de los representantes con derecho a formar parte del Comité de Ministros". De este modo, este convenio vincula, entre muchos otros, a países como Argentina (desde el 1 de octubre de 2018), Australia (desde el 1 de marzo de 2013), Canadá (desde el 1 de noviembre de 2015), Chile (desde el 1 de agosto de 2017), Costa Rica (desde el 1 de enero de 2018), República Dominicana (desde el 1 de junio de 2013), Israel (desde el 1 de septiembre de 2016), Japón (desde el 1 de noviembre de 2012), Panamá (desde el 1 de julio de 2014), Paraguay (desde el 1 de noviembre de 2018) o Estados Unidos de América (desde el 1 de enero de 2007).
70. En concreto, España publicó el Instrumento de Ratificación en el Boletín Oficial del Estado núm. 226, de 17 de septiembre de 2010.
71. El Vicepresidente primero de la Comisión, Frans TIMMERMANS declaró: "Las pruebas electrónicas son cada vez más importantes en los procesos penales. No podemos permitir que los delincuentes y los terroristas exploten las tecnologías de la comunicación electrónicas y modernas para ocultar sus actividades delictivas y eludir la acción de la justicia. No debe haber lugar alguno en Europa donde puedan ocultarse los delincuentes y los terroristas, ni en línea ni fuera de línea. Con las propuestas que hoy presentamos, se establecen instrumentos sin precedentes que permitirán a las autoridades competentes no solo recabar pruebas electrónicas de manera rápida y eficaz allende las fronteras, sino también ofrecer garantías sólidas para los derechos y las libertades de todos los interesados".

sentidos[72]: en primer lugar, la creación de una orden europea de entrega de pruebas electrónicas por la que la autoridad judicial de un Estado pueda solicitar correos electrónicos y textos o mensajes en aplicaciones directamente a un prestador de servicios; en segundo lugar, la aprobación de una orden de conservación para impedir que se supriman datos específicos con el fin de que puedan ser recabados en un futuro y, en tercer lugar, la obligación de designar a un representante legal de los prestadores de servicios en la Unión para la recepción, cumplimiento y control de la aplicación de las resoluciones y órdenes emitidas por las autoridades competentes de los Estados miembros a fin de recabar pruebas en los procesos penales[73].

7. LA COOPERACIÓN TRANSNACIONAL PARA LA OBTENCIÓN DE PRUEBA Y EL INSTITUTO IBEROAMERICANO DE DERECHO PROCESAL: EL CÓDIGO MODELO DE COOPERACIÓN INTERJURISDICCIONAL PARA IBEROAMÉRICA

En una ponencia en la que se representa al Instituto Iberoamericano de Derecho Procesal es imprescindible hacer una referencia específica a los trabajos desarrollados hace algún tiempo para la elaboración de un Código Modelo de Cooperación Interjurisdiccional para Iberoamérica. La base para ello fue la constatación de dar respuesta a la exigencia de tutela judicial transnacional. Y la finalidad "la reunión de los principios fundamentales y reglas generales inherentes a la jurisdicción transnacional que, con las adaptaciones necesarias a cada Estado, sea pasibles de aplicación en todos los sistemas jurídicos que consagren un Estado de Derecho".

Así, siendo presidente del Instituto el Prof. PARRA QUIJANO en 2005 se propuso la preparación de este Código por una comisión presidida por la añorada Ada PELLEGRINI GRINOVER, siendo secretario Ricardo PERLINGIERO. El texto final fue aprobado por la Comisión de Revisión en Salvador de Bahía en septiembre de 2007, con lo que se seguía la senda de elaboración de orientaciones articuladas para la armonización normativa entre los ordenamientos de los países de nuestro ámbito geográfico.

Llama la atención la elección de la expresión "cooperación interjurisdiccional", aunque debemos decir que la compartimos, pues en el fondo se trata

72. Como señala el Prof. BUENO DE MATA en su informe sobre España: "Las autoridades de la UE son conscientes de que la Orden Europea de Investigación debe ser reforzada a través de mecanismos complementarios que recojan las particularidades de la comisión de delitos en Internet encaminados a obtener pruebas electrónicas por las distintas autoridades".
73. *Vid.* europa.eu/rapid/press-release_IP-18-3343_es.pdf

de facilitar la cooperación entre jurisdicciones que se necesitan entre sí[74], y además abre el camino hacia una despolitización de la asistencia procesal, al subrayar que quienes deben ayudarse son las jurisdicciones, no exactamente los Estados entendidos como un todo en el que se incluyen las diversas ramas del poder político, evitando así las interferencias políticas en el peor de los sentidos. Es pronto para obtener las consecuencias prácticas de esta idea, pero probablemente estemos en el buen camino.

Obviamente el Código tiene una ambición de completitud, no sólo porque se refiere a la cooperación procesal civil y a la penal, sino porque introduce diversas modalidades de asistencia procesal, con una destacada referencia a la licitud como presupuesto para la admisión de la prueba, a partir de la cual se entienden admisibles para este tipo de cooperación todos los medios de prueba obtenidos lícitamente (art. 5). Se admite la prueba por videoconferencia y el intercambio de informaciones sobre el derecho extranjero. Hay una norma de flexibilización al proponerse que no necesitan traducción los documentos que puedan ser comprendidos[75].

Específicamente sobre la cooperación penal se prevé la realización de pruebas y la obtención de informaciones, la investigación conjunta y la comparecencia temporaria de personas y serían de aplicación también a la perspectiva de obtención de pruebas en el extranjero los procedimientos regulados en el capítulo IV, de auxilio mutuo, carta rogatoria, e incluso la impugnación de la eficacia de decisiones extranjeras o de ejecución de las mismas, incluso como medidas judiciales de urgencia. Es necesario arbitrar vías para el conocimiento y la discusión de Código Modelo desde las diversas perspectivas nacionales.

Posiblemente sea pronto aún para hacer propuestas de perfeccionamiento de este interesante Código Modelo, dado el escaso tiempo transcurrido desde su aprobación y el aún limitado conocimiento que se tiene de este texto entre los juristas latinoamericanos. Es preciso el debate sin duda; pero no debemos perder de vista que algunos países que conforman el Espacio Iberoamericano ya han dado ciertos pasos para una mayor simplificación y eficiencia de la

74. Podría ser más discutible la utilización del término "interjurisdiccional" si se observa que se incluyen en el ámbito de aplicación no sólo la cooperación entre Tribunales, sino también entre órganos administrativos, y entre órganos administrativos y tribunales de diversos Estados. El punto de encuentro está, sin embargo, en que todo ello tiene un objetivo común: "lograr la efectividad de la prestación jurisdiccional transnacional" (art. 1). De todas formas, tal vez exista cierta contradicción cuando se encabeza el capítulo IV refiriéndose a los "Procedimientos de cooperación *interjurisdiccional*" y en el primero de ellos, el "auxilio mutuo", se incluye "el intercambio de actos o diligencias que no impliquen la intervención de la jurisdicción o no tengan naturaleza jurisdiccional en el Estado requerido".

75. Y se presumen auténticos, salvo prueba en contrario, los documentos tramitados por medio de autoridades centrales o por vía diplomática.

asistencia judicial, que deben ser considerados y tal vez incorporados en el modelo que el Instituto pueda ofrecer a la reflexión jurídica en nuestro entorno.

8. COOPERACIÓN PROCESAL EN MATERIA DE PRUEBA Y TRIBUNALES INTERNACIONALES

Si hay un ámbito en que es imprescindible la cooperación procesal es respecto a los tribunales internacionales que se encargan del enjuiciamiento de los más graves crímenes internacionales (genocidio; crímenes de lesa humanidad; crímenes de guerra; agresión). En estos ámbitos las fuentes de prueba se encontrarán muy probablemente en el territorio donde se han cometido tales crímenes -aunque es posible que algunas de ellas se encuentren en territorios distintos-. Esta circunstancia elemental conlleva la necesidad de que los órganos de investigación y enjuiciamiento integrados en estas instituciones complejas reclamen la entrega de los elementos probatorios a quien disponga de ellos. Recuérdese además que tanto los Tribunales Penales Internacionales *ad hoc*, como la Corte Penal Internacional[76] tienen su sede ordinaria en La Haya, por tanto, salvo que las sesiones transcurran de manera excepcional en otro lugar, será allí donde deba remitirse el acervo probatorio, sea físicamente, sea a través de transmisiones *on line*.

Sin ánimo de entrar de lleno en los problemas prácticos de la cooperación en materia probatoria con estos tribunales internacionales, sí es preciso destacar una diferencia estructural importante. Cuando es el Consejo de Seguridad de las Naciones Unidas quien crea la institución jurisdiccional se crea una relación de verticalidad con los Estados a los que se pide asistencia, de ahí que las normas de cooperación con los Tribunales penales *ad hoc* son breves, concisas y directas: se exige la cooperación desde una posición superior. Pero no es exactamente así cuando se trata de cooperar en la obtención de fuentes de prueba por la Corte Penal Internacional, pues tanto el Estatuto de Roma como las Reglas de Procedimiento y Prueba colocan la cooperación en una posición distinta, podríamos decir que intermedia entre la cooperación vertical de los Tribunales Penales para la ex Yugoslavia y para Ruanda y la cooperación horizontal de la cooperación tradicional interestatal. De ahí que en numerosos puntos la normas que regulan el proceso ante la Corte refuercen la obligación

76. Omitimos en este punto las referencias a la obtención de prueba por los llamados "Tribunales Especiales Mixtos" que combinan en su conformación a juristas nacionales y juristas extranjeros -por ejemplo el Tribunal Especial de Sierra Leona, el Tribunal Especial para el Líbano o las Salas Especiales para Camboya-, pues por sus propias características exigirían un estudio más específico, que sin embargo, no se apartaría demasiado de las exigencias de cooperación en la obtención de prueba en los tres modelos que se han expuesto en el texto.

genérica del artículo 86 del Estatuto, no con facultades coercitivas, de las que carece, sino con unas mucho más suaves medidas de negociación por las que se puedan encontrar vías más aceptables para el Estado al que se solicita la cooperación[77].

9. CONCLUSIONES

De todo ello se deducen una serie de conclusiones muchas de las cuales son claras. La primera de ellas es la inflación de fuentes normativas multilaterales y bilaterales, lo que puede llevar a una grave inseguridad[78], la cual es mucho mayor si sometemos la cooperación procesal internacional a los vaivenes de la política, como ha sucedido con tanta frecuencia.

Otro de los problemas al que ya hemos aludido es la ausencia de armonización normativa que dificulta notablemente la buena disposición hacia una efectiva cooperación. Directamente aparece como un factor que incrementa el tiempo. Pero tenemos ejemplos claros en que la dilación no ha sido en absoluto un problema, así en el informe sobre Argentina, aunque no así en el de Uruguay[79]. En algunos casos se habla derechamente de la existencia de procedimientos anticuados, y en algún otro incluso de la ausencia de trámites propiamente dichos.

También redunda en la inseguridad la fluctuación de autoridad central según el gobierno de turno, lo cual estaría relacionado con otro problema que se expresa en algunos informes nacionales: la falta de información precisa, que en los días actuales parecería fácil de resolver simplemente a través de una página web debidamente actualizada.

77. Cfr. SWART, B., "General Problems", en *The Rome Statute of the International Criminal Court: A Commentary*, [A. CASSESE, P. GAETA, J.R.W.D. JONES (eds.)], vol. II, Oxford, 2002, p. 1594.

78. La Prof. ª MEROI alude a este inconveniente y recuerda que, entre las conclusiones a las que llegó la Sección Derecho Internacional Privado sobre "Aplicación de las normas más favorables a la Cooperación Judicial Internacional" del XXV Congreso Argentino de Derecho Internacional (La Plata, Argentina, 26 y 27 de septiembre de 2013) estaba la de aplicar siempre la norma más favorable a la cooperación judicial internacional ("En el caso de pluralidad de fuentes en principio aplicables y sin perjuicio de las normas de compatibilidad y del derecho de los tratados en lo que fueren pertinentes, se deberá aplicar la norma más favorable a la cooperación judicial internacional"), lo cual sin embargo no siempre puede resultar sencillo de determinar.

79. La profesora María Virginia BARREIRO en su informe sobre Uruguay hace notar que: "Los principales problemas prácticos que se observan en el diligenciamiento de los exhortos y cartas rogatorias refieren fundamentalmente a la demora en su diligenciamiento. En algunos casos debido al incumplimiento de los requisitos formales exigidos por la normativa lo que implica la devolución del exhorto o carta rogatoria a la autoridad requirente para su corrección. En otros casos la demora esa causada en la ausencia o insuficiencia de un relato claro del expediente que permita realizar el diligenciamiento de la prueba en forma útil y productiva. Por lo que el estricto cumplimiento de los requisitos establecidos en las convenciones y acuerdos resulta fundamental para evitar dilaciones en el diligenciamiento".

En ocasiones se aprecia una evidente falta de adhesión a las normas generales, aunque en otras ello supone una flexibilización en favor de la eficacia de la cooperación, en línea con un *principio pro cooperatione*, que puede llevar incluso a admitir la asistencia judicial cuando se han incumplido los trámites legalmente aplicables.

Otro asunto que en la práctica no es menor es el relativo a quién costea los gastos de la cooperación. Mientras que las convenciones interamericanas los atribuyen al interesado, entendemos que ese criterio podría vulnerar el derecho fundamental a la prueba, que como hemos tratado de destacar incluye también a la prueba situada en el extranjero. Las dificultades económicas en la satisfacción de los gastos para la eficacia de un derecho fundamental no deben frustrar la eficacia de tal derecho. La solución es bien arbitrar sistemas adecuados y eficientes para quien tenga escasas posibilidades económicas o bien, de manera más generalizada, que sea el Estado quien directamente se haga cargo de esos gastos.

Puede facilitar mucho las cosas el camino hacia la digitalización, al que se refieren tanto el informe sobre Chile, como el de Uruguay. La disminución de demoras podría ser inmediata y a medio plazo también podría redundar en un decrecimiento de los costes. En los tiempos que corren las distancias se salvan fácilmente acudiendo a las tecnologías de información y de comunicación.

PARTE II

PROCESSO INTERNACIONAL

CAPÍTULO 9

A litispendência internacional entre as expectativas por maior interação entre países, os limites legais e a vontade das partes

Marco Antonio Rodrigues[1]
e Alex Velmovitsky[2]

SUMÁRIO: 1. LIMITES DA JURISDIÇÃO NACIONAL E O PROCESSO CIVIL INTERNACIONAL. 2. A LITISPENDÊNCIA INTERNACIONAL NA ÓTICA DA DOUTRINA CLÁSSICA. 3. RECONVENÇÃO E CONEXÃO NA LITISPENDÊNCIA INTERNACIONAL. 4. UM BRADO EM FAVOR DO EFEITO IMPEDITIVO DA LITISPENDÊNCIA INTERNACIONAL. 5. A POSSIBILIDADE DE SE AFASTAR A APLICAÇÃO DO ART. 24 DO CPC POR MEIO DE CONVENÇÃO PROCESSUAL. 6. CONCLUSÃO.

1. LIMITES DA JURISDIÇÃO NACIONAL E O PROCESSO CIVIL INTERNACIONAL

Nos tempos atuais, observa-se um evidente crescimento nas relações jurídicas de caráter transnacional. Essa constatação decorre de diversos fatores, especialmente a globalização – com o maior entrelaçamento nas relações entre pessoas e a redução das fronteiras para tanto –, a aceleração das comunicações e o fortalecimento dos blocos formados por países, como a União Europeia e o Mercosul. Tal crescimento leva, sem dúvida, a um aumento da importância do Processo Civil Internacional na pacificação dos conflitos.

No Processo Civil Internacional, há uma grande interface entre os tratados internacionais e as legislações nacionais, sendo necessário, em razão da

1. Pós-doutor em Direito pela Universidade de Coimbra. Doutor em Direito Processual (UERJ). Mestre em Direito Público (UERJ). Professor adjunto de Direito Processual Civil da UERJ. Procurador do Estado do Rio de Janeiro. Professor de cursos de pós-graduação em Direito pelo Brasil. Cursando L.L.M. em *International Dispute Resolution* na *King´s College London*. Membro da *International Association of Procedural Law*, do Instituto Iberoamericano de Direito Processual, do Instituto Brasileiro de Direito Processual e do Instituto Português de Processo Civil.
2. Mestrando em Direito Processual (UERJ). Pós-Graduado em Direito Processual Civil (PUC-RJ). Membro da Comissão de Estudos em Processo Civil da OAB-RJ. Advogado.

existência de diversos Estados por todo o planeta, estabelecer limites territoriais em relação ao exercício de jurisdição de cada um deles[3]. A jurisdição, por sua vez, atividade que decorre diretamente da soberania, é a função de julgar e pacificar os conflitos, preponderantemente realizada pelo Estado[4].

Podem existir elementos de estraneidade em uma determinada relação jurídica, consistente em um elo entre o direito material de mais de um Estado[5], como por exemplo, a nacionalidade das partes, seu domicílio ou residência, o local em que ocorreu o fato, o lugar em que deveria ser cumprida a obrigação ou local em que existem bens a serem executados. Nesse sentido, é necessário perquirir qual país é competente para julgar a demanda[6].

O Estado, a partir do seu poder de exercer jurisdição, e diante das diversas demandas que lhe são submetidas, precisa distribuí-las entre os diversos órgãos jurisdicionais internos. Muito embora a jurisdição seja una e indivisível, é exercida por meio dos diversos juízes e tribunais, a partir da fixação da competência de cada um deles para processar e julgar determinada causa[7].

A rigor, não se pode falar em competência internacional, pois não existe, no plano internacional, uma ordenação jurídica universal e absoluta que atribua aos Estados nacionais a competência de julgar determinada matéria. Muito pelo contrário, cabe a cada Estado, no exercício de sua soberania, definir os limites e a extensão de sua jurisdição, diante das demais, exercidas por outros Estados soberanos[8]. Portanto, está-se diante de jurisdição (e não competência) internacional. Ressalta-se que, por uma convenção tácita, em relação à qual aqui se adere, a doutrina, há muitas décadas, utiliza o termo competência internacional[9-10].

Uma vez que a jurisdição, do ponto de vista lógico, não possui limites, poderia um país pretender julgar qualquer litígio que lhe fosse submetido.

3. DINAMARCO, Cândido Rangel. *Instituições de direito processual civil.* 8ª ed. São Paulo: Malheiros, 2016, v. I, pp. 121-122.
4. TIBURCIO, Carmen. *Extensão e limites da jurisdição brasileira: competência internacional e imunidade de jurisdição.* Salvador: Juspodivm, 2016, p. 19.
5. ARAUJO, Nadia de. *Direito internacional privado: teoria e prática brasileira*, 6ª ed. (versão eletrônica). Porto Alegre: Revolução eBook, 2016, Item I. 2.
6. DOLINGER Jacob; TIBURCIO, Carmen. *Direito internacional privado: parte geral.* 12ª ed. Rio de Janeiro: Forense, 2016, p. 559.
7. CARNEIRO, Athos Gusmão. *Jurisdição e Competência.* 17ª ed. São Paulo: Saraiva, 2010, p. 73.
8. MESQUITA, José Ignacio Botelho de. Da competência internacional e dos princípios que a informam. *Revista de Processo.* ano 13, nº 50. São Paulo: Revista dos Tribunais, 1988, pp. 51-52.
9. TORNAGHI, Hélio. *Comentários ao código de processo civil.* São Paulo: Revista dos Tribunais, 1974. v. I, pp. 302-303; TIBURCIO, Carmen. Op. cit., p. 19.
10. Apenas pode-se falar em competência internacional na hipótese de a jurisdição ser organizada e seu exercício dividido entre os Estados soberanos, como fez o direito europeu com o Regulamento nº 1215/2012 da União Europeia. Nesse sentido, TIBURCIO, Carmen. Op. cit., p. 22.

Entretanto, o poder de tornar efetiva essa decisão sofre limitações, porque existem também outros países que não reconheceriam como válida essa decisão, negando a sua homologação. Da mesma forma, não é interessante que os juízes analisem questões completamente alheias ao ordenamento jurídico nacional, diante da ausência de finalidade prática[11].

O Estado brasileiro define as hipóteses em que exerce a jurisdição, dividindo-as entre "competência" concorrente (arts. 21 e 22, do CPC) e "competência" exclusiva (art. 23, do CPC). Em relação à competência concorrente, a lei brasileira admite que a demanda seja decidida tanto pela autoridade judiciária brasileira quanto pela estrangeira. Já em relação à competência exclusiva, a demanda pode ser, com o perdão do truísmo, decidida exclusivamente pela autoridade judiciária brasileira, com o afastamento de qualquer Justiça estrangeira [12]. Muito embora seja impossível que a lei brasileira regule a atividade dos juízes e tribunais estrangeiros, na hipótese de competência exclusiva, o que ocorre é a impossibilidade de homologação da decisão estrangeira, a qual não terá o condão de produzir nenhum efeito no território brasileiro[13].

O Código de Processo Civil de 2015 preocupou-se com diversos institutos ligados ao processo civil internacional, como é o caso dos limites da jurisdição nacional, a cooperação jurídica internacional e a homologação de sentença estrangeira. O foco do presente estudo, porém, será especialmente na litispendência internacional e nos diferentes aspectos que dela podem advir a partir do Código vigente.

2. A LITISPENDÊNCIA INTERNACIONAL NA ÓTICA DA DOUTRINA CLÁSSICA

A litispendência consiste na identidade total dos elementos identificadores da demanda (partes, causa de pedir e pedido) entre duas ou mais demandas,

---

11. ALVIM, Arruda. Competência Internacional. *Revista de Processo*, ano 2, nº. 7-9. São Paulo: Revista dos Tribunais, 1977, p. 23; BARBI, Celso Agrícola. *Comentários ao Código de Processo Civil*. 14ª ed. Rio de Janeiro: Forense, 2010. v. I, p.301.
12. DOLINGER Jacob; TIBURCIO, Carmen. Op. cit., p. 560.
13. "Finalmente para melhor compreensão do conteúdo das normas de competência internacional é preciso ressaltar que essas normas têm duplo alcance: um no plano interno e outro no plano internacional. No plano interno, elas dizem quais causas que competem à jurisdição nacional e, no plano internacional, elas dizem o que se admite e o que não se admite que os tribunais estrangeiros decidam. Evidentemente, neste último plano elas não regulam a competência dos juízes e tribunais estrangeiros, que só podem ser disciplinadas pelas leis dos Estados que esses juízes e tribunais pertençam, mas dispõe, sobre um pressuposto de homologabilidade, no Brasil, das sentenças por eles proferidas. Para que uma decisão pronunciada por uma autoridade estrangeira exista no Brasil como sentença é necessário que, em relação à causa decidida, o Brasil admita a jurisdição da autoridade judiciária estrangeira." MESQUITA, José Ignacio Botelho de. Op. cit., p.53.

o que pode ocorrer perante o mesmo foro ou mesmo no exterior[14]. No plano interno, o efeito da litispendência é a impossibilidade da propositura da mesma demanda, com a extinção do segundo processo, sem julgamento de mérito (art. 485, V, do CPC). Assim, evita-se não apenas a contradição prática entre os julgados, como também atividades processuais desnecessárias ou inúteis, já que repetidas[15]. A litispendência refere-se apenas ao processo que pende de julgamento, aquele que está em curso. Inicia-se com a propositura da ação até o momento em que em que há o trânsito em julgado[16].

Diferentemente, no plano internacional, na hipótese de competência concorrente[17], os efeitos da litispendência não são reconhecidos. Segundo o art. 24, do CPC/15, *"a ação proposta perante tribunal estrangeiro não induz litispendência e não obsta a que a autoridade judiciária brasileira conheça da mesma causa e das que lhe são conexas, ressalvadas as disposições em contrário de tratados internacionais e acordos bilaterais em vigor no Brasil"*.

É importante ressaltar que o Código de Processo Civil de 2015 repete a mesma imprecisão do diploma processual revogado, ao dizer que a ação proposta no Estado estrangeiro *"não induz litispendência"*. Como ressalta José Carlos Barbosa Moreira, na realidade, não cabe a lei brasileira regular os efeitos que se produzam perante o juiz de outro Estado, mas sim afirmar *"a irrelevância desses possíveis efeitos para nossa Justiça"* [18].

Nesse sentido, a ação ajuizada em outro Estado nacional é indiferente para o Poder Judiciário brasileiro, podendo ser proposta aqui ação idêntica, sem que a litispendência tenha o condão de obstar o prosseguimento dessa segunda ação. Tampouco, evidentemente, há prevenção do juízo estrangeiro[19].

Não se pode confundir a litispendência com os efeitos dela advindos. O diploma processual, por óbvio não impede a litispendência, um fenômeno de natureza fática[20], tanto é que podem existir duas ações idênticas em curso, uma

---

14. Sobre as teorias a respeito da identidade entre demandas, ver RODRIGUES, Marco Antonio. *A modificação do pedido e da causa de pedir no processo civil.* Rio de Janeiro: GZ, 2014, p. 35-64.
15. LUCON, Paulo Henrique dos Santos. *Relação entre demandas.* Brasília: Gazeta Jurídica, 2016, p. 85.
16. DINAMARCO, Cândido Rangel. *Instituições de direito processual civil.* 7ª ed. São Paulo: Malheiros, 2017, v. II, p. 54.
17. Na hipótese de competência exclusiva, somente o juízo brasileiro tem competência para julgar. A decisão estrangeira é inócua e não pode sequer ser homologada pela Justiça brasileira. WAMBIER, Teresa Arruda Alvim. *Pareceres.* São Paulo: Revista dos Tribunais, 2012, v. II, p.26.
18. BARBOSA MOREIRA, José Carlos. Relações entre processos instaurados, sobre a mesma lide civil, no Brasil e em país estrangeiro. *Temas de direito processual.* São Paulo: Saraiva, 1977, p.34; No mesmo sentido: TORNAGHI, Hélio. Op. cit., p.310.
19. ARMELIN, Donaldo. Competência Internacional. *Revista de Processo.* ano 1, nº 2. São Paulo: Revista dos Tribunais, 1976, p. 153.
20. TIBURCIO, Carmen. Op. cit., pp. 230.

no Brasil e outra no exterior. O que se exclui é o efeito impeditivo produzido pela litispendência, de forma que a segunda ação, proposta no território nacional, não é extinta sem resolução do mérito (art. 485, V, do CPC)[21].

Nesse sentido, dizer que a litispendência não produz efeitos significa a ausência de prevenção do juízo estrangeiro, da perpetuação de sua competência, ou mesmo da suspensão de processos em caso de prejudicialidade[22].

Cândido Rangel Dinamarco entende que é razoável que a citação válida efetuada no estrangeiro produza os efeitos substanciais de constituir o devedor em mora, interromper a prescrição e tornar a coisa litigiosa[23]. Em sentido oposto, Carmen Tiburcio, com mais razão, afirma que a própria literalidade do artigo 24, do CPC/15, não permite essa interpretação. Muito pelo contrário, apenas autoriza o ajuizamento de demanda perante o Poder Judiciário brasileiro, ainda que haja ação idêntica proposta no exterior [24].

Se uma sentença transitada em julgado no estrangeiro não produz qualquer efeito antes da homologação pelo Superior Tribunal de Justiça, o ajuizamento de ação no exterior, "mero projeto de possível sentença" [25], é absolutamente irrelevante para a Justiça brasileira, sendo possível a propositura de ação idêntica no Brasil[26].

A única exceção legal para permitir a produção de efeitos da litispendência internacional seria a existência de tratados internacionais e acordos bilaterais em vigor no Brasil, mas o Estado brasileiro não ratificou nenhum diploma nesse sentido[27].

---

21. BARBOSA MOREIRA, José Carlos. Relações entre processos instaurados, sobre a mesma lide civil, no Brasil e em país estrangeiro. Op. cit., p.38; DINAMARCO, Cândido Rangel. *Instituições de direito processual civil*. Op. cit., v. II, pp. 518-519; MARINONI, Luiz Guilherme; ARENHART, Sérgio Cruz; MITIDIERO, Daniel. Comentários ao código de processo civil. In: MARINONI, Luiz Guilherme; ARENHART, Sérgio Cruz; MITIDIERO, Daniel (org.). *Coleção comentários ao código de processo civil*. São Paulo: Revista dos Tribunais, 2016, v. I, p. 406.
22. DINAMARCO, Cândido Rangel. *Instituições de direito processual civil*. Op. Cit., v. I, p. 520.
23. Ibid., p. 521.
24. "Questiona-se, principalmente se o referido dispositivo veda também os efeitos adicionais da litispendência, sobretudo de natureza substancial, tais como a litigiosidade da coisa; a interrupção da prescrição e a constituição do devedor em mora com relação à obrigação exigida na demanda, dentre outras. Não se pode conferir tal alcance ao art.90 do CPC de 1973. Em primeiro lugar, raramente o CPC produz efeitos no direito material aplicável e, quando isso ocorre, há previsão expressa. Notadamente quando o dispositivo se refere somente de forma explícita a somente um dos efeitos da litispendência, que é impedir a propositura da ação entre mesmas partes, negando-o expressamente, é impossível interpretar de maneira tão ampla o dispositivo. Ademais, o direito material aplicável, que irá definir (ou não) os efeitos substâncias da litispendência, não é necessariamente *a lex fori*, como ocorre em matéria processual. O direito material aplicável, nas causas com elemento de estraneidade, é determinado, por exemplo, pelo art. 9º da LINB". TIBURCIO, Carmen. Op. cit., pp. 250-251.
25. ALVIM, Arruda. Op. cit., p. 21.
26. ALVIM, Arruda. Op. cit., p. 23; BARBI, Celso Agrícola. Op. cit., pp.307-308.
27. O Brasil celebrou tão somente dois tratados internacionais sobre homologação de sentença estrangeira: o Acordo de Cooperação em Matéria Civil firmado com a França e o Protocolo de Cooperação e

Após a homologação da sentença estrangeira transitada em julgado, essa passa a ter repercussão no território brasileiro. Dessa forma, em razão da autoridade da coisa julgada, o processo em curso no Brasil deve ser, de ofício ou a requerimento das partes, extinto sem julgamento do mérito (art. 485, V, do CPC)[28].

De outro lado, se a ação ajuizada no território brasileiro transitar em julgado antes da homologação da sentença estrangeira, a coisa julgada obsta, de forma definitiva, a eficácia da sentença estrangeira no território nacional, para não haver ofensa à autoridade da coisa julgada. Dessa forma, não poderá o Superior Tribunal de Justiça homologar a sentença estrangeira[29]-[30]. Portanto, conforme observa atenciosamente Carmen Tiburcio, na hipótese de litispendência internacional[31], o critério para perquirir qual decisão vai prevalecer no território brasileiro não é o de quem chega primeiro ao Poder Judiciário, mas o de quem consegue dele antes sair[32].

Note-se também que não há a litispendência em relação à mesma lide, quando há ação ajuizada no Brasil e ação de homologação de sentença estrangeira em curso no Superior Tribunal de Justiça. A ação de homologação é diferente daquela que tramitou no exterior, bem como da ação pendente de julgamento no Brasil. Ambas possuem causa de pedir e pedidos distintos[33]. No entanto, conforme sustentado acima, uma vez que a decisão de homologação transite em julgado, deve ser extinta a ação pendente no Brasil sem resolução do mérito, em razão da coisa julgada que passou a se produzir em território nacional.

3. RECONVENÇÃO E CONEXÃO NA LITISPENDÊNCIA INTERNACIONAL

A reconvenção consiste em mecanismo instituído para formulação de pretensão pelo réu dentro de processo já instaurado por iniciativa do autor [34]. O juízo competente para a demanda principal, em que há elementos de

Assistência Jurisdicional em matéria Civil, Comercial, Trabalhista e Administrativa no âmbito do Mercosul (Las Lenãs – 1992). Como será demonstrado, esses diplomas legais não dizem respeito aos efeitos da litispendência internacional.

28. BARBOSA MOREIRA, José Carlos. Relações entre processos instaurados, sobre a mesma lide civil, no Brasil e em país estrangeiro. Op. cit., p.39.
29. Ibid., p.4.
30. GRECO, Leonardo. A competência internacional da Justiça brasileira. *Revista da Faculdade de Direito de Campos.* v.7. Campos dos Goitacazes: FDC, 2000, pp. 181-182.
31. Evidentemente "ressalvadas as disposições em contrário de tratados internacionais e acordos bilaterais em vigor no Brasil".
32. TIBURCIO, Carmen. Op. cit., p. 253.
33. BARBOSA MOREIRA, José Carlos. Relações entre processos instaurados, sobre a mesma lide civil, no Brasil e em país estrangeiro. Op. cit., p.44; GRECO, Leonardo. Op. cit., pp. 181-182; TIBURCIO, Carmen. Op. cit., p. 244.
34. BONDIOLI, Luis Guilherme Aidar. *Reconvenção no processo civil.* São Paulo: Saraiva, 2009, p.5.

estraneidade, também o será para julgar a reconvenção, ainda que não tenha originalmente competência para tanto. No caso do Brasil, o juízo será competente para julgar a reconvenção, mesmo se a hipótese não estiver incluída nos artigos 21, 22 e 23, do CPC. O único limite para tanto é a efetividade da decisão[35].

É certo que a possibilidade de o réu cobrar o que lhe é devido no mesmo processo, também perante o Poder Judiciário brasileiro, não apenas facilita o seu acesso à justiça, como também coloca as partes em pé de igualdade na relação jurídica processual[36].

A conexão, por sua vez, é a semelhança entre duas ou mais ações que tenham elementos constitutivos em comum[37]. Consoante o artigo 55 do CPC, *"reputam-se conexas duas ou mais ações quando lhes for comum o pedido ou a causa de pedir"*. Existem duas questões cruciais que devem ser analisadas em relação à conexão entre as demandas internacionais: os efeitos positivo e negativo produzidos.

O efeito negativo da conexão relaciona-se ao dever de o juiz provocado em segundo lugar declinar a sua competência em favor do juiz provocado em primeiro lugar, o que se extrai do art. 55, § 1º, do CPC[38]. A esse respeito, o art. 90 do CPC é expresso em afirmar que ação intentada no Poder Judiciário estrangeiro não obsta o ajuizamento de ação conexa perante a Justiça brasileira.

E nem poderia ser diferente, se o diploma processual brasileiro não reconhece o efeito impeditivo da litispendência, também não pode haver o efeito impeditivo da conexão entre demandas, um *minus* em relação àquela [39].

Já o efeito positivo da conexão refere-se à hipótese de o juiz competente para julgar demanda principal também tornar-se competente para julgar a demanda conexa, embora originalmente não o fosse. Carmem Tiburcio e Hélio Tornaghi reconhecem essa possibilidade no processo internacional[40],pois trata-se de medida que tem como objetivo evitar decisões contraditórias.

O Superior Tribunal de Justiça já se deparou com essa questão, no julgamento do recurso especial 2170/SP[41], em que deixou claro que o legislador "não

---

35. TIBURCIO, Carmen. Op. cit., p. 228.
36. BONDIOLI, Luis Guilherme Aidar. Op. cit., p. 10.
37. LUCON, Paulo Henrique dos Santos. Op. cit., p. 80.
38. Nessa linha, à luz do CPC de 1973, RODRIGUES, Marco Antonio. *A modificação do pedido e da causa de pedir no processo civil.* Op. cit., p. 280.
39. À luz do CPC/73, também seguindo essa linha: ALVIM, Arruda. Op. cit., p. 49; MESQUITA, José Ignacio Botelho de. Op. cit., p. 61; BARBI, Celso Agrícola. Op. cit., pp. 307-308; ARMELIN, Donaldo. Op. cit., p. 154.
40. TIBURCIO, Carmen. Op. cit., p. 228. TORNAGHI, Hélio. Op. cit., p. 310.
41. "COMPETENCIA INTERNACIONAL - CAUSAS CONEXAS.A COMPETENCIA DA AUTORIDADE JUDICIARIA BRASILEIRA FIRMA-SE QUANDO VERIFICADA ALGUMA DAS HIPOTESES PREVISTAS NOS ARTIGOS 88 E 89 DO C.P.C.O DIREITO BRASILEIRO NÃO ELEGEU A CONEXÃO COMO CRITERIO DE FIXAÇÃO DA COMPETENCIA INTERNACIONAL QUE NÃO SE PRORROGARA,

previu a conexão como critério de fixação da competência internacional que não se prorrogara, por conseguinte, em função dela". O julgado é antigo e parte da premissa que o Poder Judiciário brasileiro só seria competente para julgar as hipóteses previstas nos arts. 88 e 89, do CPC/73 (correspondentes aos arts. 21 e 22, do CPC/15), de modo que o único empecilho para aplicar os efeitos positivos da conexão seria a taxatividade dos artigos do Código de Processo Civil, que definem os casos de competência internacional concorrente, no qual a competência em decorrência da conexão não está incluída.

No entanto, recentemente, o STJ alterou essa premissa e tem entendido que o rol previsto no art. 88 e 89 do CPC/73 (art. 21 e 22, do CPC/15) não é taxativo, de forma que algumas demandas são passíveis de julgamento pela autoridade judiciária brasileira, ainda que a situação jurídica não se enquadre em nenhuma das hipóteses ali previstas[42]. Portanto, mesmo que não haja nenhuma manifestação específica sobre prorrogação da competência da Justiça brasileira em razão do efeito positivo da conexão, não existiria mais óbice para a Corte considerar também essa possibilidade, ainda que a hipótese não esteja prevista no rol dos artigos 21 e 22 do CPC/15.

4. UM BRADO EM FAVOR DO EFEITO IMPEDITIVO DA LITISPENDÊNCIA INTERNACIONAL

Os países que admitem a eficácia da litispendência internacional normalmente exigem, condicionalmente, a reciprocidade de tratamento[43]. Entre a completa ausência da produção de produção dos efeitos da litispendência até o reconhecimento, por completo, de todos os seus efeitos materiais e processuais, há uma gradação diretamente proporcional à integração entre Estados nacionais[44].

O único esforço brasileiro para se estabelecer o efeito impeditivo da litispendência internacional foi o Código Bustamante (Dec. 18.871/1929), entretanto

POR CONSEGUINTE, EM FUNÇÃO DELA." STJ, REsp 2.170/SP, Rel. Ministro EDUARDO RIBEIRO, TERCEIRA TURMA, julgado em 07/08/1990, DJ 03/09/1990, p. 8842.

42. "A competência (jurisdição) internacional da autoridade brasileiranão se esgota pela mera análise dos arts. 88 e 89 do CPC, cujo rol não é exaustivo. Assim, pode haver processos que não se encontram na relação contida nessas normas, e que, não obstante, são passíveis de julgamento no Brasil. Deve-se analisar a existência de interesse da autoridade judiciária brasileira no julgamento da causa, na possibilidade de execução da respectiva sentença (princípio da efetividade) e na concordância, em algumas hipóteses, pelas partes envolvidas, em submeter o litígio à jurisdição nacional (princípio da submissão)". RO 64/SP, Rel. Ministra NANCY ANDRIGHI, TERCEIRA TURMA, julgado em 13/05/2008, DJe 23/06/2008. No mesmo sentido: REsp 1366642/SP, Rel. Ministro LUIS FELIPE SALOMÃO, QUARTA TURMA, julgado em 11/10/2016, DJe 07/11/2016.
43. ALVIM, Arruda. Op. cit., p. 35.
44. TIBURCIO, Carmen. Op. cit., p. 230.

o diploma foi revogado pelo artigo 90 do CPC/73, que dizia justamente o contrário[45]-[46].

Já foram firmados outros tratados internacionais, mas que dizem respeito à homologação de sentença estrangeira e não à litispendência internacional em si. Ao invés de incrementarem a integração entre os países, apenas estabelecem maiores restrições em relação ao artigo 90 do CPC/73 (vigente à época), atual artigo 24, do CPC/15[47]. Trata-se do Acordo de Cooperação em Matéria Civil celebrado entre Brasil e França[48] e do Protocolo de Cooperação e Assistência Jurisdicional em matéria Civil, Comercial, Trabalhista e Administrativa no âmbito do Mercosul (Las Lenãs - 1992)[49]-[50].

Em ambos, apenas há a recusa da homologação de uma sentença estrangeira, se existir processo judicial idêntico em curso no Brasil, iniciado antes do ajuizamento a demanda no exterior. Há a preferência pela jurisdição nacional, pois se considera inadequado, após o dispêndio de recursos, que seja preponderante a decisão estrangeira, tão somente porque a ação no Estado estrangeiro, ajuizada depois, alcançou o trânsito em julgado de forma mais rápida[51]-[52].

---

45. Art. 90, do CPC/73: "A ação intentada perante tribunal estrangeiro não induz litispendência, nem obsta a que a autoridade judiciária brasileira conheça da mesma causa e das que lhe são conexas".
46. MARINONI, Luiz Guilherme; ARENHART, Sérgio Cruz; MITIDIERO, Daniel. Op. cit., v. I, pp. 406-407.
47. TIBURCIO, Carmen. Op. cit., p. 252.
48. Promulgado pelo Decreto nº 3.598/2000.
49. Promulgado pelo Decreto nº 2.067/1996.
50. Ratificado também por Argentina, Paraguai e Uruguai.
51. TIBURCIO, Carmen. Op. cit., p. 252.
52. Esses tratados não reconhecem os efeitos materiais e processuais da litispendência internacional, apenas impedem a homologação da sentença estrangeira se há ação ajuizada no Brasil, anterior à ação proposta no exterior. Existem várias diferenças: (i) os efeitos da litispendência internacional promovem maior interação entre os países, enquanto esses tratados estabelecem regra mais restritiva, ao impedir a homologação da sentença estrangeira, se há ação anterior proposta no Brasil; (ii) o efeito impeditivo da litispendência obsta o prosseguimento da segunda ação no momento da propositura, já os tratados impedem tão somente a homologação da sentença estrangeira, após o trâmite das duas ações; (iii) a regra do tratado só é aplicada se há algum interesse em homologar a sentença estrangeira no território brasileiro, ao contrário do efeito impeditivo da litispendência internacional que sempre reconhecem o primeiro juízo como o único competente para julgar a demanda.

Apenas para ilustrar algumas diferenças, pode haver ação ajuizada anteriormente na Argentina, e outra idêntica no Brasil, sendo necessária a homologação da decisão argentina perante o Poder Judiciário brasileiro. A existência de ação anterior na Argentina não obsta o ajuizamento da mesma ação no Brasil. Para perquirir qual decisão vai prevalecer no Brasil, será necessário aguardar qual evento ocorrerá antes, a homologação da decisão argentina ou o trânsito em julgado da decisão brasileira. Se prevalecesse entre os países o efeito impeditivo da litispendência internacional, de pronto a justiça argentina seria competente para julgar a demanda, de modo que o desfecho das duas ações seria irrelevante para apurar qual a decisão preponderante. No caso de não haver nenhum interesse em homologar a sentença argentina no território brasileiro, a regra do tratado seria indiferente, já o efeito impeditivo da litispendência permanece relevantíssimo para determinar qual foro competente para julgar a demanda.

Nota-se que a regra provinciana do art. 24 do CPC/15, bem como os acordos internacionais firmados estão na contramão da tendência internacional[53] de se estimular a cooperação internacional e a interação jurídica maior entre os países. Embora a crítica não seja nova, Luiz Cezar Ramos já se voltou contra o dispositivo similar do CPC/73[54], atualmente tal crítica ganha mais relevo, diante da tendência mundial ainda maior de se estreitarem os laços jurídicos entre as nações.

Apenas é possível a maior integração comercial e econômica se, na mesma proporção, houver um maior intercâmbio jurídico entre os países, que prestigie a segurança jurídica e a efetividade[55]. Nesse sentido, sustenta-se que a ausência de efeitos da litispendência no território nacional seria uma postura anacrônica, incompatível com os anseios de maior cooperação econômica, num cenário de intensa globalização[56].

Da mesma forma, a ausência do efeito impeditivo da litispendência gera custos para os Poderes Judiciário nacional e estrangeiro, pois faz com que duas ações sejam processadas simultaneamente perante dois Estados diferentes para apreciar a mesma lide[57]. Além disso, há prejuízo para o jurisdicionado, que tem que constituir advogado no Brasil e no exterior[58], e os custos não são baixos.

Há também o risco de serem proferidas decisões contraditórias, o que, por si só, acarreta um enorme desgaste[59] tanto para o Poder Judiciário quanto para as próprias partes, ainda que apenas um dos julgados possa prevalecer no território brasileiro[60].

Flávia Pereira Hill defende a aplicação do efeito impeditivo da litispendência internacional à Justiça brasileira, pelo juízo de primeira instância, a partir da constatação de ação ajuizada no exterior, se há a possibilidade de a decisão ser futuramente reconhecida e executada no Brasil. Nesse sentido, o magistrado apenas suspenderia a demanda em curso no território nacional[61].

53. WAMBIER, Teresa Arruda Alvim. Op. cit., p. 27.
54. PEREIRA, Luís Cezar Ramos. A competência internacional da autoridade judiciária brasileira. *Revista dos Tribunais*. v.73, nº 596. São Paulo: Revista dos Tribunais, 1984, p. 20.
55. WAMBIER, Teresa Arruda Alvim. Op. cit., p.27.
56. HILL, Flávia Pereira. Novas perspectivas sobre a litispendência internacional. *Revista Eletrônica de Direito Processual*. v. XII, 2013, p. 174.
57. Ibid., p. 179.
58. Ibid., p. 184.
59. PEREIRA, Luís Cezar Ramos. Op. cit., p. 20. HILL, Flávia Pereira. Novas perspectivas sobre a litispendência internacional. Op. cit., p. 181.
60. A decisão brasileira se houver o trânsito em julgado antes da homologação ou a decisão estrangeira, caso ocorra o contrário.
61 HILL, Flávia Pereira. Os limites da jurisdição nacional no código de processo civil e a densificação do acesso à justiça. *Revista de Processo*. ano 41, v. 262. São Paulo: Revista dos Tribunais, 2016, pp. 54-55.

Seria possível alegar que não cabe às instâncias ordinárias reconhecer a eficácia da litispendência e extinguir a ação ajuizada no Brasil, uma vez que a competência para tanto seria do Superior Tribunal de Justiça, e apenas no caso da homologação da sentença estrangeira[62]. Esse argumento perde relevância, uma vez que o juízo de primeira instância apenas realizaria um julgamento preliminar de uma demanda de sua competência, que não teria o condão de vincular o STJ, em eventual processo de homologação[63]. Nesse sentido, não haveria usurpação da competência daquela Corte Superior.

No entanto, o reconhecimento dos efeitos da litispendência pela Justiça brasileira não pode ser admitido, não em razão da suposta usurpação da competência do STJ, mas por outro óbice intransponível, como se passa a demonstrar.

Diga-se, desde logo, que o art. 24, do CPC, admite o reconhecimento dos efeitos da litispendência internacionais, mas para tanto é necessária a celebração de tratados internacionais e acordos bilaterais com os demais países.

Fora dessa hipótese relacionada aos tratados internacionais, não é possível reconhecer os efeitos da litispendência internacional no Brasil. Admitir essa análise pelo juízo de primeira instância seria negar categoricamente o art. 24, do CPC/15. E essa proposta, *de lege ferenda*, seria inadequada.

Sob o pretexto de gerar mais coerência e evitar decisões conflitantes de duas jurisdições distintas, transfere-se o problema para o Poder Judiciário brasileiro. Isso porque alguns juízes reconheceriam os efeitos da litispendência internacional, violando em cheio a própria literalidade do dispositivo, e outros, de forma escorreita, aplicariam a regra contida no art. 24, do CPC. Por óbvio, a situação gera insegurança jurídica e falta de previsibilidade, além de ocasionar a falta de coerência do sistema.

Isso sem falar, que a existência de decisões diferentes para casos iguais não apenas fere o princípio da igualdade, como também acarreta desprestígio do próprio Poder Judiciário brasileiro, e a perplexidade da sociedade

Nesse sentido, seja qual for a proposta que se queria, *de lege ferenda*, fazer, é certo que, *de lege lata*, o ajuizamento de ação no estrangeiro é juridicamente irrelevante para o Poder Judiciário brasileiro[64].

---

62. BARBI, Celso Agrícola. Op. cit., p.307.
63. HILL, Flávia Pereira. Os limites da jurisdição nacional no código de processo civil e a densificação do acesso à justiça. Op. cit., pp. 54-55.
64. BARBOSA MOREIRA, José Carlos. Problemas relativos a litígios internacionais. *Temas de direito processual*. 5ª série. São Paulo: Saraiva, 1994, p.41.

5. A POSSIBILIDADE DE SE AFASTAR A APLICAÇÃO DO ART. 24 DO CPC POR MEIO DE CONVENÇÃO PROCESSUAL

Com o Código de Processo Civil de 2015, foi estabelecido um modelo cooperativo de processo, em que se valoriza a vontade das partes na condução do procedimento[65]. Em consequência, o art. 6º do CPC estabelece que todos os sujeitos do processo devem cooperar entre si e estimula, a todo momento, a autocomposição (arts. 3º, §3º; 334; 695; 165-175, do CPC).

Registre-se, ainda, que além de manter uma série de negócios processuais típicos já presentes no diploma processual revogado[66], o Código de Processo de 2015 estabelece a possibilidade de tantos outros[67] e prevê, no seu artigo 190, cláusula geral de negociação processual, permitindo a celebração de negócios processuais atípicos. Nesse sentido, a vontade convencional torna-se fonte de juridicidade, e, desde que cumpra os requisitos legais, tem o condão de impedir a incidência da norma legislada, de derrogá-la[68]. Esse é um dispositivo central no CPC, o qual compõe a estrutura fundamental para se compreender o novo diploma processual[69].

Em consonância não apenas com a valorização da autonomia das partes no âmbito processual, mas também com a prática corrente no comércio internacional consagrada inclusive pela Convenção de Haia sobre Acordos de Eleição de Foro de 2005[70], o art. 22, do CPC/15, admitiu expressamente a cláusula de eleição de foro na esfera internacional, uma convenção processual típica[71].

Nos contratos internacionais, diversos locais apresentam-se como possíveis foros competentes, com diferentes custos, diversas leis aplicáveis e interpretações diversas dos tribunais, gerando grande influência na maneira como será julgada a demanda. Esse grande número de possibilidade além de estimular a busca pelo tribunal mais favorável à parte, denominada de fórum

---

65. CUNHA, Leonardo Carneiro da. Comentários ao código de processo civil. In: MARINONI, Luiz Guilherme; ARENHART, Sérgio Cruz; MITIDIERO, Daniel (org.). *Coleção Comentários ao código de processo civil.* São Paulo: Revista dos Tribunais, 2016, v. III, p. 50.
66. Tais como: eleição de foto (art. 63), suspensão convencional do processo (art. 313, II), convenção sobre o ônus da prova (art. 373 §§ 3º e 4º).
67. O CPC/15 prevê novas modalidades de convenções processuais típicas, como é o caso da redução convencionada de prazos peremptórios (art. 222 §1º), da escolha do mediador e do perito (art. 168 e 417) e da delimitação consensual das questões de fato e de direito a serem apreciadas pelo juiz (art. 357, §2º).
68. CABRAL, Antonio do Passo. *Convenções processuais.* Salvador: Juspodivm, 2016, p. 147.
69. GODINHO, Robson Renault. *Negócios processuais sobre o ônus da prova no novo código de processo civil.* São Paulo: Revista dos Tribunais, 2015, p. 111.
70. A convenção entrou em vigor em 2015 no México e nos países da União Europeia. O Brasil não ratificou a convenção.
71. TIBURCIO, Carmen. Op. cit., p. 163.

shopping, acarreta uma grande insegurança, desencorajando os negócios[72] e implicando no aumento de custos.

Para se afastar desse cenário de imprevisibilidade, o acordo de eleição de foro possibilita que as partes fixem antecipadamente o foro que julgará a controvérsia, proporcionando segurança jurídica às relações internacionais e redução de custos, o que favorece as relações econômicas entre os países.

À luz do CPC/73, a doutrina defendia a possibilidade de renúncia à jurisdição brasileira[73] em razão da cláusula de eleição de foro no estrangeiro, entretanto a jurisprudência do Superior Tribunal de Justiça não era pacífica em aceitá-la[74]. Embora o STJ não reconhecesse a possibilidade de a parte renunciar à jurisdição brasileira em favor do tribunal estrangeiro, admitia plenamente a submissão das partes à arbitragem no exterior, o que, sem dúvidas, mostrava-se uma grande incoerência[75].

Para que não pairassem dúvidas, o Código de Processo Civil de 2015, nos artigos 25 e 22, II, reconhece categoricamente a possibilidade de as partes celebrarem cláusula de eleição de foro na esfera internacional. Nesse sentido, o artigo 25, do CPC, deixa claro que "*não compete à autoridade judiciária brasileira o processamento e o julgamento da ação quando houver cláusula de eleição de foro exclusivo estrangeiro em contrato internacional, arguida pelo réu na contestação*". Inegavelmente, há um incremento no acesso à justiça, pois as partes não precisam mais recorrer à arbitragem para ter certeza de que o Judiciário brasileiro não vai se intrometer indevidamente no julgamento da causa.

A cláusula de eleição de foro pode possuir efeitos positivos, em que se estabelece competência do Poder Judiciário, em casos não previstos na legislação (art. 22, II, do CPC), ou efeitos negativos, em que se exclui a competência concorrente da Justiça brasileira quando houver foro eleito no exterior (art. 25, do CPC). Evidentemente, no caso de competência exclusiva da Justiça brasileira, não é possível afastar a jurisdição do Poder Judiciário brasileiro[76], nos termos do art. 25, § 1º, do CPC.

---

72. ARAUJO, Nadia de. Op. cit., Item III. 10.1.1.

73 Admitem a possibilidade de eleição de foro: TIBURCIO, Carmen. Op. cit., pp. 161-165; BARBOSA MOREIRA, José Carlos. Problemas relativos a litígios internacionais. Op. cit., p.146; TORNAGHI, Hélio. Op. cit., p. 307. Em sentido contrário: MESQUITA, José Ignacio Botelho de. Op. cit., 1988, p.57.

74. "Apesar de válida a cláusula de eleição de foro estrangeiro para a causa originada do contrato, isso, por si só, não exclui a jurisdição brasileira concorrente para o conhecimento e julgamento de ação aqui aforada." STJ, RO 114/DF, Rel. Ministro RAUL ARAÚJO, QUARTA TURMA, julgado em 02/06/2015, DJe 25/06/2015. Admitindo a exclusão da jurisdição brasileira, quando há clausula elegendo o foro estrangeiro: STJ, EDcl no REsp 1518604/SP, Rel. Ministro PAULO DE TARSO SANSEVERINO, TERCEIRA TURMA, julgado em 02/06/2016, DJe 13/06/2016.

75. TIBURCIO, Carmen. Op. cit., p. 162.

76. BARBOSA MOREIRA, José Carlos. Problemas relativos a litígios internacionais. Op. cit., p.46; TIBURCIO, Carmen. Op. cit., p. 162.

A cláusula de eleição de foro, ao estabelecer um foro universalmente competente para julgar a lide, evita também a litispendência internacional e os problemas advindos dela.

Entretanto, as partes, ao formularem um acordo internacional, podem não conseguir chegar a um consenso em relação ao foro internacionalmente competente para julgar a demanda. Tampouco querem se sujeitar à possibilidade de ter duas ações em curso simultaneamente em dois países diferentes.

Por isso, entende-se nesse estudo que, para resolver esse problema, na hipótese de competência concorrente da Justiça brasileira, as partes, por meio de convenção processual, com base na autonomia da vontade, podem estabelecer que o efeito impeditivo da litispendência seja aplicado perante o Poder Judiciário, tanto brasileiro como estrangeiro (se assim for possível em razão das leis internas). A convenção processual afasta a aplicação do art. 24, do CPC, e faz com que o juízo de primeira instância possa extinguir a ação ajuizada na Justiça brasileira, se já há processo pendente no estrangeiro. Isso porque, em razão do acordo processual, o juízo estrangeiro provocado em primeiro lugar torna-se prevento para processar e julgar o litígio, com a exclusão da competência do juízo brasileiro.

Pode-se estabelecer os efeitos impeditivos da litispendência em relação ao Brasil, ou em relação a outros países que reconhecem a possibilidade de celebração desse acordo processual. Da mesma forma, se o outro país competente para julgar a demanda reconhece o efeito impeditivo da litispendência na sua legislação interna[77]-[78], como é o caso da França, Itália e Argentina, na hipótese da ação ajuizada anteriormente no Brasil, o processo no estrangeiro será também extinto.

Ressalte-se que tal acordo processual não fica excluído de eventual controle jurisdicional. Nos termos do art. 190, parágrafo único, do CPC, caso haja alguma nulidade, ou na hipótese *"de inserção abusiva em contrato de adesão ou em que alguma parte se encontre em manifesta situação de vulnerabilidade"*, o juiz brasileiro pode recusar aplicação à convenção processual. Portanto, volta-se ao regime do artigo 24, do CPC, segundo o qual a ação ajuizada no estrangeiro não produz efeitos perante o Poder Judiciário nacional.

Com o acordo processual sobre os efeitos da litispendência internacional, é preponderante a ação que primeiro for ajuizada seja no Brasil ou no

77. Como é o caso dos países da Comunidade Europeia, signatários da Convenção de Bruxelas e de Lugano, uma vez que o Regulamento nº 1215/2012, especificamente nos art. 33 e 34, permite o reconhecimento de litispendência em relação a um Estado não membro. TIBURCIO, Carmen. Op. cit., pp.230-238.
78. França, Itália e Argentina reconhecem o efeito impeditivo da litispendência internacional, caso eventual decisão seja homologável nos respectivos países. TIBURCIO, Carmen. Op. cit., pp.238-241.

estrangeiro. Em relação à demanda que deve ser executada no território brasileiro, a corrida é para quem chega primeiro ao Poder Judiciário, diferentemente do estabelecido pelo diploma processual que faria prevalecer quem dele antes saísse (seja o trânsito em julgado na Justiça brasileira ou a homologação da sentença estrangeira). Nota-se que o acordo processual apenas altera o critério em relação à qual decisão vai preponderar no Brasil.

É possível a celebração da convenção processual sobre os efeitos da litispendência internacional, na perspectiva da soberania. O próprio artigo 24, do CPC, na hipótese de competência concorrente, não apenas reconhece a possibilidade de o juiz estrangeiro julgar a demanda, como também admite que a decisão estrangeira seja homologada no Brasil, onde passa a produzir efeitos. Da mesma forma, o art. 24, do CPC/15, inova em relação ao efeito impeditivo da litispendência em território nacional em comparação com o antigo art. 90, do CPC/73, permitindo que sejam criadas exceções por meio de tratados internacionais e acordos bilaterais ratificados pelo Brasil.

Além disso, não há dúvidas que se trata de direito que admite autocomposição, de modo que o objeto está abrangido pelos limites estabelecidos no art. 190, do CPC. Se as partes podem transacionar em relação à competência internacional, por meio de cláusula eleição de foro, na qual definem o Poder Judiciário brasileiro como internacionalmente competente para julgar determinada demanda (art. 22, III, do CPC), com exclusão de outras jurisdições estrangeiras, ou a Justiça estrangeira como competente internacionalmente, excluindo a apreciação da Justiça brasileira sobre aquela questão, é evidente que também é possível a celebração de convenção processual em que se estabelece o efeito impeditivo da litispendência internacional. Para colocar uma verdadeira pá de cal sobre a questão, não há nenhuma diferença ontológica entre a convenção de eleição de foro e convenção processual sobre os efeitos da litispendência. Na primeira, estabelece-se anteriormente o foro internacionalmente competente para julgar a demanda, enquanto na segunda o foro é determinado a partir do ajuizamento da demanda, excluindo a competência dos demais foros.

Nesse sentido, entende-se que a convenção sobre os efeitos da litispendência internacional é plenamente admitida pelo processo civil brasileiro. Além de evitar custos desnecessários não apenas para as partes, mas também para o próprio Poder Judiciário, prestigia a segurança jurídica, na medida em que impede a existência de duas decisões conflitantes, ainda que apenas uma torne-se definitiva no território brasileiro.

Caso as partes não optem pelo acordo de eleição de foto, tampouco pela convenção sobre os efeitos da litispendência internacional, existe ainda outra convenção processual possível na hipótese de competência concorrente, o acordo de instância em relação à demanda que tramitará no Brasil. O pacto de não recorrer, ou acordo de instância é uma convenção processual por meio da qual as partes estabelecem reciprocamente a obrigação de não recorrer contra determinada decisão, de modo a definir que a demanda tramite apenas perante alguma instância[79].

Além de o recurso ser um remédio voluntário, a renúncia ao direito de recorrer é prevista expressamente pelo art. 999, do CPC, o qual não deixa dúvidas que é um ato unilateral de vontade, e por isso independente da aceitação da outra parte[80]. Portanto é possível que as partes renunciem antecipadamente, por meio do pacto de não recorrer, à fase recursal[81].

Sabe-se que, na hipótese de competência concorrente, o tribunal em que a demanda é julgada é fator que influência diretamente o resultado do processo, diante das diversas leis aplicáveis e interpretações diversas dos tribunais[82]. Na hipótese de litispendência internacional, o tempo é fator determinante para saber qual decisão vai prevalecer no território nacional, dependendo do evento que ocorre antes, ou a homologação da sentença estrangeira ou o trânsito em julgado da sentença brasileira.

A Justiça brasileira notabiliza-se pela enorme quantidade de processos e pelo alto nível de congestionamento[83], o que acarreta a morosidade do Poder Judiciário. Com efeito, se existirem dois processos idênticos, um no Brasil e outro em países em que a Justiça é mais célere, como nos Estados Unidos ou na Alemanha[84], não é difícil prever que a sentença estrangeira será homologada antes do trânsito em julgado da sentença nacional.

Dessa forma, para prestigiar a decisão brasileira e compensar a morosidade do Poder Judiciário, as partes podem celebrar acordo de instância, em que antecipadamente renunciam a todos os recursos perante a Justiça brasileira.

---

79. NOGUEIRA, Pedro Henrique. *Negócios jurídicos processuais*. 2ª ed. Salvador: Juspodivm, 2016, pp. 253-254.
80. RODRIGUES, Marco Antonio. *Manual dos recursos, ação rescisória e reclamação*. 1ª ed. São Paulo: Atlas, 2017, p.32.
81. Favoráveis ao acordo de instância: RODRIGUES, Marco Antonio. *Manual dos recursos, ação rescisória e reclamação*. Op. cit., p.32; LIPIANI, Júlia e SIQUEIRA, Marília. Negócios jurídicos processuais sobre a fase recursal. In: CABRAL, Antonio do Passo; NOGUEIRA, Pedro Henrique (org.) *Negócios processuais*, 3ª. ed. Salvador: Juspodivm, 2017, p.634; MENDES, Paulo. Negócios Processuais e o duplo grau de jurisdição. In: CABRAL, Antonio do Passo; NOGUEIRA, Pedro Henrique (org.) *Negócios processuais*, 3ª ed. Salvador: Juspodivm, 2017, p.609-609. Contrários ao acordo de instância: BARBOSA MOREIRA, José Carlos. *Comentários ao código de processo civil*. 16ª ed. Rio de Janeiro: Forense, 2011, v. V, p. 340; JORGE, Flávio Cheim. *Teoria geral dos recursos cíveis*. 8ª ed. São Paulo: Revista dos Tribunais, 2017, p. 158-158.
82. ARAUJO, Nadia de. Op. cit., Item III. 10.1.1.
83. No relatório Justiça em Números, do Conselho Nacional de Justiça, observa-se que a taxa de congestionamento do Poder Judiciário, que mede o percentual de processos que ficaram represados sem solução, comparativamente ao total tramitado no período de um ano, sempre se manteve altíssima, acima dos 70%. Disponível em http://www.cnj.jus.br/files/conteudo/arquivo/2017/09/904f097f215cf19a2838166729516b79.pdf. Acessado em 06.11.17.
84. BENEDUZI, Renato. *Introdução ao processo civil alemão*. Salvador: Juspodivm, 2015, p. 15.

Assim, obtém-se o trânsito em julgado da sentença brasileira de forma mais rápida, tendo pelo menos a chance de obstar a homologação da sentença estrangeira, o que valoriza o princípio da igualdade.

6. CONCLUSÃO

Não se pode negar que apenas é possível a maior integração comercial e econômica se, na mesma proporção, houver um maior intercâmbio jurídico entre os países que prestigie a segurança jurídica e a efetividade.

Entretanto, o legislador, de forma inequívoca, excluiu os efeitos da litispendência internacional em relação ao Poder Judiciário brasileiro. Portanto, para o juiz brasileiro, a ação ajuizada anteriormente no exterior é juridicamente irrelevante. Apenas com a homologação a decisão estrangeira tem o condão de produzir efeitos no território nacional. A única exceção à regra, estabelecida pelo próprio artigo 24 do CPC/15, é a existência de disposições em contrário de tratados internacionais e acordos bilaterais em vigor no Brasil. No entanto, os tratados internacionais em vigor no Brasil são inclusive mais restritivos à interação internacional

Para evitar a tramitação de duas ações simultaneamente no Brasil e no Estado estrangeiro, a parte pode, nos contratos internacionais, eleger foro internacionalmente competente para dirimir as demandas, como expressamente permitem os artigos 22, III e 25, do CPC/15.

No entanto, se não for viável chegar a um consenso nesse sentido, é possível estabelecer convenção processual em que se afirma o efeito impeditivo da litispendência internacional. Assim, se houver ação pendente no estrangeiro, o juiz brasileiro, deve julgar extinta sem resolução do mérito a ação proposta no território nacional.

O acordo processual evita o gasto desnecessário de recursos das partes, que teriam que atuar em dois processos em curso em países diferentes, sujeitas a qualquer uma das duas decisões. Além disso, eliminam-se as incertezas advindas do critério estabelecido pelo diploma processual para definir qual decisão prevalece no território brasileiro que é o tempo de tramitação das demandas[85]. Não é necessário esperar anos para averiguar qual processo será encerrado primeiro. Assim, há maior previsibilidade em saber de antemão, a partir da propositura da demanda, qual é o único foro internacionalmente competente para julgar a demanda.

85. Isso porque apenas o trânsito em julgado da decisão brasileira impede a homologação da decisão estrangeira, e não o mero ajuizamento da ação no território brasileiro, ainda que anterior à ação proposta no exterior.

REFERÊNCIAS

ALVIM, Arruda. Competência Internacional. *Revista de Processo*, ano 2, nº. 7-9. São Paulo: Revista dos Tribunais, 1977.

ARAUJO, Nadia de. *Direito internacional privado: teoria e prática brasileira*. 6ª ed. (versão eletrônica). Porto Alegre: Revolução eBook, 2016.

ARMELIN, Donaldo. Competência Internacional. *Revista de Processo*. ano 1, nº 2. São Paulo: Revista dos Tribunais, 1976.

BARBI, Celso Agrícola. *Comentários ao Código de Processo Civil*. 14ª ed. Rio de Janeiro: Forense, 2010. v. I.

BARBOSA MOREIRA, José Carlos. *Comentários ao código de processo civil*. 16ª ed. Rio de Janeiro: Forense, 2011, v. V.

BARBOSA MOREIRA, José Carlos. Problemas relativos a litígios internacionais. *Temas de direito processual*. 5ª série. São Paulo: Saraiva, 1994.

BARBOSA MOREIRA, José Carlos. Relações entre processos instaurados, sobre a mesma lide civil, no Brasil em país estrangeiro. *Temas de direito processual*. São Paulo: Saraiva, 1977.

BENEDUZI, Renato. *Introdução ao processo civil alemão*. Salvador: Juspodivm, 2015.

BONDIOLI, Luis Guilherme Aidar. *Reconvenção no processo civil*. São Paulo: Saraiva, 2009.

CABRAL, Antonio do Passo. *Convenções processuais*. Salvador: Juspodivm, 2016.

CARNEIRO, Athos Gusmão. *Jurisdição e Competência*. 17ª ed. São Paulo: Saraiva, 2010.

CUNHA, Leonardo Carneiro da. Comentários ao código de processo civil. In: MARINONI, Luiz Guilherme; ARENHART, Sérgio Cruz; MITIDIERO, Daniel (org.). *Coleção comentários ao código de processo civil*. São Paulo: Revista dos Tribunais, 2016, v. III.

DINAMARCO, Cândido Rangel. *Instituições de direito processual civil*. 8ª ed. São Paulo: Malheiros, 2016, v. I.

DINAMARCO, Cândido Rangel. *Instituições de direito processual civil*. 7ª ed. São Paulo: Malheiros, 2017, v. II.

DOLINGER Jacob; TIBURCIO, Carmen. *Direito internacional privado: parte geral*. 12ª ed. Rio de Janeiro: Forense, 2016.

GODINHO, Robson Renault. *Negócios processuais sobre o ônus da prova no novo código de processo civil*. São Paulo: Revista dos Tribunais, 2015.

GRECO, Leonardo. A competência internacional da Justiça brasileira. *Revista da Faculdade de Direito de Campos*. v.7. Campos dos Goitacazes: FDC, 2000.

HILL, Flávia Pereira. Novas perspectivas sobre a litispendência internacional. *Revista Eletrônica de Direito Processual*. v. XII, 2013.

HILL, Flávia Pereira. Os limites da jurisdição nacional no código de processo civil e a densificação do acesso à justiça. *Revista de Processo*. ano 41, v. 262. São Paulo: Revista dos Tribunais, 2016.

JORGE, Flávio Cheim. *Teoria geral dos recursos cíveis*. 8ª ed. São Paulo: Revista dos Tribunais, 2017.

LIPIANI, Júlia; SIQUEIRA, Marília. Negócios jurídicos processuais sobre a fase recursal. In: CABRAL, Antonio do Passo; NOGUEIRA, Pedro Henrique (org.) *Negócios processuais*, 3ª. ed. Salvador: Juspodivm, 2017.

LUCON, Paulo Henrique dos Santos. *Relação entre demandas*. Brasília: Gazeta Jurídica, 2016.

MARINONI, Luiz Guilherme; ARENHART, Sérgio Cruz; MITIDIERO, Daniel. Comentários ao código de processo civil. In: MARINONI, Luiz Guilherme; ARENHART, Sérgio Cruz; MITIDIERO, Daniel (org.). *Coleção comentários ao código de processo civil*. São Paulo: Revista dos Tribunais, 2016, v. I.

MENDES, Paulo. Negócios processuais e o duplo grau de jurisdição. In: CABRAL, Antonio do Passo; NOGUEIRA, Pedro Henrique (org.) *Negócios processuais*, 3ª ed. Salvador: Juspodivm, 2017.

MESQUITA, José Ignacio Botelho de. Da competência internacional e dos princípios que a informam. *Revista de Processo*. ano 13, nº 50. São Paulo: Revista dos Tribunais, 1988, pp. 51-52.

NOGUEIRA, Pedro Henrique. *Negócios jurídicos processuais*. 2ª ed. Salvador: Juspodivm, 2016.

PEREIRA, Luís Cezar Ramos. A competência internacional da autoridade judiciária brasileira. *Revista dos Tribunais*. v.73, nº 596. São Paulo: Revista dos Tribunais, 1984.

RODRIGUES, Marco Antonio. *A modificação do pedido e da causa de pedir no processo civil*. Rio de Janeiro: GZ, 2014.

RODRIGUES, Marco Antonio. *Manual dos recursos, ação rescisória e reclamação*. 1ª ed. São Paulo: Atlas, 2017.

TIBURCIO, Carmen. *Extensão e limites da jurisdição brasileira: competência internacional e imunidade de jurisdição*. Salvador: Juspodivm, 2016..

TORNAGHI, Hélio. *Comentários ao código de processo civil*. São Paulo: Revista dos Tribunais, 1974. v. I.

WAMBIER, Teresa Arruda Alvim. *Pareceres*. São Paulo: Revista dos Tribunais, 2012, v. II.

CAPÍTULO 10

Reconhecimento de sentença estrangeira: análise do requisito da competência da autoridade estrangeira

Daniel Gruenbaum[1]

1. INTRODUÇÃO[2]

Segundo tradicional classificação do direito internacional privado, distingue-se a competência internacional *direta* da competência internacional *indireta*.[3]

---

1. Professor Adjunto de Direito Internacional Privado da Faculdade de Direito da Universidade do Estado do Rio de Janeiro (UERJ). Advogado.
2. O presente artigo é uma versão atualizada de ideias inicialmente desenvolvidas em Daniel Gruenbaum, Competência Internacional Indireta, *Revista de Processo*, vol. 266 (abr. 2017), p. 99-151.
3. Por exemplo, STJ, j. 11.10.2016, REsp 1.366.642, Rel. Min. Luis Felipe Salomão, Dje 7.11.2016 ("as normas de competência internacional podem ser classificadas em diretas e indiretas"); Paulo Cezar Aragão, in Roberto Rosas / Paulo Cezar Aragão, *Comentários ao Código de Processo Civil*, 1988, Art. 483, n. 77, p. 194. Embora não tenha sido o primeiro a cuidar da distinção, a terminologia remonta a E. Bartin, Études sur les effets internationaux des jugements, *Journal du droit international privé et de la jurisprudence comparée*,

A competência internacional direta diz respeito aos limites da jurisdição nacional, definindo as hipóteses em que o juiz nacional deverá, em princípio, exercê-la. Trata-se, portanto, de um pressuposto processual para a constituição e desenvolvimento de processo no foro nacional (art. 485, IV CPC). No direito brasileiro, encontram-se normas sobre competência internacional direta, por exemplo, nos artigos 21 a 23 do Código de Processo Civil de 2015.

Já a competência internacional indireta não diz respeito aos limites da jurisdição nacional, mas aos limites da tolerância com o exercício da jurisdição por juiz estrangeiro. Trata-se de um dos mais tradicionais, importantes e recorrentes pressupostos para o reconhecimento de sentença estrangeira em todo o mundo.[4]

No direito brasileiro interno, a competência internacional indireta como pressuposto para homologação de sentenças judiciais estrangeiras consta atualmente do art. 963, I do Código de Processo Civil de 2015:

> "Art. 963 – Constituem requisitos indispensáveis à homologação da decisão: I – ser proferida por autoridade competente".

Assim, enquanto as normas sobre competência internacional direta dizem ao juiz nacional de que causas poderá conhecer e quais julgar, as normas sobre competência internacional indireta dizem em que hipóteses se poderá aceitar o exercício da jurisdição por juiz estrangeiro e, consequentemente, reconhecer a sentença estrangeira por ele proferida.

2. FUNDAMENTOS DA COMPETÊNCIA INTERNACIONAL INDIRETA

Cada Estado é relativamente livre para desenhar a extensão de sua jurisdição, definindo as causas que seus tribunais poderão julgar[5], em alguns casos ainda que digam respeito a pessoas residentes, bens situados ou fatos

---

1904, p. 5; posteriormente, do mesmo autor, E. Bartin, *Études sur les effets internationaux des jugements*, 1907, p. 4 (referindo-se a "compétence juridictionnelle générale directe" e "compétence juridictionnelle générale indirecte").

4. Jürgen Basedow, The law of Open Societies – Private Ordering and Public Regulation of International Relations: General Course on Private International Law, *Recueil des Cours*, t. 360 (2012), n. 332, p. 268 ("Virtually all recognition regimes therefore require that the foreign court had jurisdiction to decide the matter"); Ernst Rabel, *The Conflict of Laws: A Comparative Study*, vol. 1, 1958, p. 531 ("there is one condition universally observed, viz., that the court of judgment must have had jurisdiction in the international sense, i.e., according to the conceptions of the forum where recognition is sought"); Ernest G. Lorenzen, The Enforcement of American Judgments Abroad, 29 *Yale Law Journal* 268, 269 (1919) ("That a foreign judgment, before being entitled to execution in another country, must have been rendered by a court of competent jurisdiction is, in the nature of things, admitted by all").
5. Erwin Riezler, *Internationales Zivilprozessrecht und prozessuales Fremdenrecht*, 1949, p. 205; Ch. Fragistas, La compététence internationale en droit privé, *Recueil des Cours*, t. 104 (1961), p. 169-179; Adolfo Miaja de la Muela, Les Principes Directeur des Règles de Compétence Territoriale des Tribunaux Internes en Matière de Litiges Comportant en Élément International, *Recueil des Cours*, vol. 135 (1972), p. 34; Diego P. Fernández

ocorridos no exterior. São poucos os limites impostos diretamente pelo direito internacional, tais como a imunidade de jurisdição (*infra* item 4.4) ou a impossibilidade de atos de constrição forçada nos limites territoriais de outro Estado.[6] Mas, embora cada Estado possa definir as hipóteses de competência internacional de seus tribunais e sobre quais causas exercerão jurisdição, nenhum Estado deve supor que esse exercício será necessariamente aceito pelos demais.[7]

Em outras palavras, se cada Estado pode – como dito, dentro de limites amplos – julgar todas as causas que seu direito permitir (no direito brasileiro, por exemplo, art. 21 a 23 CPC) e o direito internacional não impedir, os demais Estados também podem decidir se reconhecerão como legítimo ou não tal exercício de poder jurisdicional. Esse controle feito por um Estado sobre o exercício do poder jurisdicional de outro Estado pode ocorrer de formas e em contextos variados.[8]

Em matéria de sentença estrangeira o controle ocorre por meio do pressuposto de que a sentença estrangeira tenha sido "proferida por autoridade competente" (art. 963, I CPC). Pelo pressuposto é analisado o que se denomina de "competência internacional indireta" da autoridade estrangeira. O termo só surgiu no início o século XX[9], mas a preocupação com o problema teórico é mais antiga, remontando aparentemente à escola holandesa de direito internacional privado do século XVII.[10] Fala-se em competência internacional "indireta" porque se trata da análise da competência internacional no momento do reconhecimento da sentença estrangeira, distinta da competência internacional direta, aquela que determina quando e em quais casos os tribunais do foro poderão exercer jurisdição.

Dessa forma, embora nenhum Estado possa, sem violação da soberania estrangeira, determinar aos tribunais estrangeiros quando julgarão ou deixarão de julgar determinada causa (competência internacional direta) – ao menos não diretamente[11] –, cada Estado pode perfeitamente dizer se considera tal exercí-

---

Arroyo, Compétence Exclusive et Compétence Exorbitante dans les Relations Privées Internationales, *Recueil de Cours*, vol. 323 (2006), p. 54.

6. Mas, com nuances, veja-se Gilles Cuniberti, Le principe de territorialité des voies d'exécution, *Journal du droit international* 2008, p. 135.

7. Haimo Schack, *Internationales Zivilverfahrensrecht*, 2014, n. 920, p. 343.

8. Assim, por exemplo, em matéria de extradição passiva, o art. 78, I da Lei n.o 6.815/80 exige "ter sido o crime cometido no território do Estado requerente ou serem aplicáveis ao extraditando as leis penais desse Estado".

9. E. Bartin, Études sur les effets internationaux des jugements, *Journal du droit international privé et de la jurisprudence comparée*, 1904, p. 5; E. Bartin, *Études sur les effets internationaux des jugements*, 1907, p. 4 (referindo-se a "compétence juridictionnelle générele directe" e "compétence juridictionnelle générele indirecte").

10. Dieter Martiny, *Handbuch des Internationalen Zivilverfahrensrechts*, Band III/1, 1984, n. 601, p. 280; Jochen Schröder, *Internationale Zuständigkeit*, 1971, p. 738. Veja-se também, para panorama mais geral, Daniel Gruenbaum, A Construção Histórica do Reconhecimento de Sentenças Estrangeiras, *Revista de Processo*, vol. 243 (2015), p. 437.

11. Questões complexas são suscitadas pelas "anti-suit injunctions", que são decisões concedidas interlocutória ou definitivamente, por meio das quais um tribunal (judicial ou arbitral) ordena que uma parte

cio legítimo para fins de reconhecimento da sentença estrangeira (competência internacional indireta).[12]

Assim, conquanto caiba ao direito português definir as causas que serão julgadas por seus tribunais, é o direito brasileiro que dirá em quais hipóteses o exercício da jurisdição pelos tribunais portugueses será aceitável para fins do reconhecimento do provimento jurisdicional estrangeiro. Inversamente, se cabe ao direito brasileiro definir a extensão da jurisdição nacional, apenas o direito português poderá dizer se tal exercício é aceitável e a sentença brasileira pode ser reconhecida em Portugal.

Enquanto a competência internacional direta é pressuposto processual de todo e qualquer processo em curso no país, sendo definida apenas no direito do Estado que exercerá jurisdição, a competência internacional indireta é pressuposto para o reconhecimento de sentenças estrangeiras, sendo definida pelo direito de cada Estado onde ele for requerido.

O pressuposto é tão importante que, segundo a Suprema Corte dos Estados Unidos[13], é um dos poucos compatíveis com a cláusula constitucional do *full*

---

não comece ou, se já começou, que não mais prossiga com um processo judicial ou arbitral pendente. Uma das justificativas apresentadas a favor de sua compatibilidade com o direito internacional seria o fato de as "anti-suit injunctions" serem dirigidas não diretamente ao tribunal estrangeiro, mas apenas à parte (efeitos *in personam*). Veja-se, em geral, Carmen Tiburcio, *Extensão e Limites da Jurisdição Brasileira: Competência Internacional e Imunidade de Jurisdição*, 2016, p. 212-219. Anote-se que o Superior Tribunal de Justiça já denegou parcialmente homologação a sentença proferida por tribunal federal nova-iorquino, na parte em que determinava ao réu a desistência de ação anulatória de cláusula compromissória proposta no Brasil, porque tal capítulo da sentença estrangeira violaria o direito ao acesso à justiça. STJ, j. 16.10.2013, SEC 854, Rel. p/ Acórdão Min. Sidnei Beneti, DJe 7.11.2013 ("Impossibilidade de homologação de parte da sentença estrangeira que determina a desistência, sob sanção, de ação anulatória movida no Brasil, dada a preservação da concorrência de jurisdição"). Não foi a primeira vez em que tribunal estrangeiro determina que uma parte termine processo pendente no Brasil. Por exemplo, IRB-Brasil Resseguros S.A. v Portobello International Limited, 874 N.Y.S.2d 79 = 59 A.D.3d 366 (N.Y.App. Div. 2009); Whitesea Shipping and Trading Corporation v El Paso Rio Clara Ltd [2009] EWHC 2552 (Comm), [2010] 1 Lloyd's Rep 648. Veja-se, contudo, que uma "anti-suit injunction" decretada por tribunal norte-americano, para proteção de eleição de foro exclusiva em favor daquele tribunal, já foi reconhecida na França, onde se entendeu não violar a ordem pública internacional: Cass. civ. 14.10.2009 – In Zone Brands, *Revue critique de droit international privé*, 2010, p. 158, com nota de H. Muit Watt.

12. Dentre outros, muito preciso, Erwin Riezler, *Internationales Zivilprozessrecht und prozessuales Fremdenrecht*, 1949, p. 205: "sobre a competência de um estado estrangeiro não tem outro estado qualquer influência. [...] Um estado pode definir que seus tribunais serão exclusivamente competentes, ele pode também negar competência a seus tribunais, mas ele não pode definir que um estado estrangeiro será competente ou exclusivamente competente. [...] Ele pode reconhecer a competência do estado estrangeiro, e para tal fim, em algumas circunstâncias, verificar, do ponto de vista do seu próprio ordenamento jurídico, se os tribunais do estado estrangeiro são competentes [...], mas ele não pode determinar a competência do estado estrangeiro" (tradução livre).

13. V.L. v. E.L, 577 U.S. ___ (2016) (per curiam) ("A State is not required, however, to afford full faith and credit to a judgment rendered by a court that 'did not have jurisdiction over the subject matter or the relevant parties'") (citações internas omitidas). Veja-se também World-Wide Volkwagen Corp. v. Woodson 444 U.S. 286, 291 (1980) ("A judgment rendered in violation of due process is void in the rendering State and is not

faith and credit, que determina o reconhecimento de sentenças e atos de um estado norte-americano em todos os demais estados da federação.[14]

Mas, previsivelmente, a competência internacional indireta está em declínio no direito da União Europeia. Isso porque, em razão do princípio da confiança mútua no espaço judiciário europeu, um Estado-membro não pode, salvo poucas exceções, controlar a competência internacional indireta do Estado-membro prolator da sentença a ser reconhecida[15] , ainda que o Estado-membro prolator tenha exercido jurisdição com base em hipótese de competência internacional não prevista no direito europeu, mas apenas no seu direito interno.[16]

3. CRITÉRIOS PARA AFERIÇÃO DA COMPETÊNCIA INTERNACIONAL INDIRETA

A questão é, então, saber o que se deve entender por "autoridade competente" (art. 963, I CPC), ou seja, quando o direito brasileiro aceita o exercício da jurisdição por juiz estrangeiro.

Certamente não se pode esperar que seja aceito o exercício de jurisdição por tribunal estrangeiro em causas compreendidas na esfera de competência internacional exclusiva do foro onde se busca o reconhecimento (*infra*, item 4.2). Aliás, tal consequência – o efeito negativo – é a principal característica de tais hipóteses de competência internacional serem classificadas como exclusivas.[17] Nesse particular, o ponto não encontra grande variação entre os sistemas jurídicos.[18]

---

entitled to full faith and credit elsewhere. [...] Due process requires that the defendant be given adequate notice of the suit [...], and be subject to the personal jurisdiction of the court [...]").

14. Constituição dos Estados Unidos, Art. IV, §1 ("Full Faith and Credit shall be given in each State to the public Acts, Records, and judicial Proceedings of every other State [...]"). Na jurisprudência da Suprema Corte, por exemplo, V.L. v. E.L, 577 U.S. ___ (2016) (per curiam) ("That Clause requires each State to recognize and give effect to valid judgments rendered by the courts of its sister States"); *Baker* v. *General Motors Corp.*, 522 U.S. 222, 233 (1998) ("A final judgment in one State, if rendered by a court with adjudicatory authority over the subject matter and persons governed by the judgment, qualifies for recognition throughout the land").

15. Por exemplo, art. 45, §30 do Regulamento (UE) n.o 1215/2012 do Parlamento Europeu e do Conselho de 12 de dezembro de 2012 relativo à competência judiciária, ao reconhecimento e à execução de decisões em matéria civil e comercial, *Jornal Oficial da União Europeia*, L 351, de 20.12.2012, p. 1 ("Regulamento (UE) n.o 1215/2012"). As exceções em que se admite o controle da competência do tribunal de origem constam do art. 45, §10, al. "e", bem como do art. 72 do Regulamento (UE) n.o 1215/2012. Veja-se também, ainda na vigência da Convenção de Bruxelas de 1968, Tribunal de Justiça da União Europeia, 28.3.2000 – Caso C-7/98 (*Krombach*), *Colectânea da Jurisprudência*, 2000, p. 1956, n. 31 ("No sistema da convenção, salvo determinadas hipóteses taxativamente enumeradas no seu artigo 28.°, primeiro parágrafo, nenhuma das quais corresponde aos factos do processo principal, o juiz requerido não pode proceder ao controlo da competência dos órgãos jurisdicionais do Estado de origem").

16. Hélène Gaudemet-Tallon, *Compétence et exécution des jugements en Europe*, 2010, n. 381-392, p. 401; Haimo Schack, *Internationales Zivilverfahrensrecht*, 2014, n. 930, p. 346.

17. Veja-se Carmen Tiburcio, *Extensão e Limites da Jurisdição Brasileira: Competência Internacional e Imunidade de Jurisdição*, 2016, p. 42; Diego P. Fernández Arroyo, Compétence Exclusive et Compétence Exorbitante dans les Relations Privées Internationales, *Recueil de Cours*, vol. 323 (2006), pp. 81, 113.

18. Diego P. Fernández Arroyo, Compétence Exclusive et Compétence Exorbitante dans les Relations Privées Internationales, *Recueil de Cours*, vol. 323 (2006), p. 100.

Fora dessa hipótese, contudo, variam substancialmente os critérios adotados pelos ordenamentos para a satisfação do pressuposto da competência internacional indireta.[19] E, para que bem se compreenda aquele adotado pelo direito brasileiro (*infra* item 4), convém antes apresentar critérios existentes em direitos estrangeiros.

3.1. Princípio do espelho (Alemanha, Argentina, Áustria, Itália)

Em alguns sistemas, a competência internacional do juiz estrangeiro é aceita na medida em que, no mesmo caso, ela também seria exercida se o juiz estrangeiro hipoteticamente aplicasse as normas de competência internacional direta do foro onde se busca o reconhecimento. Busca-se, assim, um paralelismo entre a competência internacional direta do juiz do foro e a competência internacional indireta do juiz estrangeiro: o direito nacional está disposto a aceitar o exercício da jurisdição pelo juiz estrangeiro nas mesmas hipóteses em que também determinaria o seu exercício pelo juiz nacional.

Tal foi o critério adotado no direito argentino[20], no direito italiano (tanto anterior[21], quanto atual[22]), bem como no direito austríaco (§ 80 I EO[23], § 97 II 4

19. Jürgen Basedow, The law of Open Societies – Private Ordering and Public Regulation of International Relations: General Course on Private International Law, *Recueil des Cours*, t. 360 (2012), n. 333, p. 270 ("remarkable divergences"); Paulo Cezar Aragão, in Roberto Rosas / Paulo Cezar Aragão, *Comentários ao Código de Processo Civil*, 1988, Art. 483, n. 76, p. 193 ("absoluta diversidade").
20. Art. 517, I Código Procesal Civil y Comercial de la Nación ("tribunal competente según las normas argentinas de jurisdicción internacional"); Antonio Boggiano, *Curso de Derecho Internacional Privado*, 2000, p. 294-303; Diego P. Fernández Arroyo, Compétence Exclusive et Compétence Exorbitante dans les Relations Privées Internationales, *Recueil de Cours*, vol. 323 (2006), p. 115. Veja-se também, na jurisprudência da Suprema Corte argentina, CNCiv. y Com. Fed., sala III, 22/11/05, Overseas Union Insurance Limited y otros c. Caja Nacional de Ahorro y Seguro en liquidación ("Es preciso recordar que el enfoque del problema se ha hecho sobre la base de juzgar que la jurisdicción internacional del tribunal extranjero debe ser resuelta por las reglas del Estado ante el cual se pide el reconocimiento de la sentencia").
21. Art. 737, §10, I do Código de Processo Civil italiano ("poteva conoscere della causa secondo i principi sulla competenza giurisdizionale vigenti nell'ordinamento italiano"). Veja-se também Gaetano Morelli, Circa l'indagine sulla competenza del magistrato straniero nel giudizio di delibazione, *Rivista di Diritto Internazionale*, 1927, p. 2; Gaetano Morelli, La competenza dell'autorità giudiziaria straniera nel giudizio di delibazione, *Rivista di Diritto Privato* 1934, p. 5-38.
22. Art. 64, al. "a" da Lei de Direito Internacional Privado italiana ("secondo i principi sulla competenza giurisdizionale propri dell'ordinamento italiano"). Na jurisprudência da Corte de Cassação italiana, por exemplo, Cass. 28.5.2004, n. 10378, *Rivista di Diritto Internazionale Privato e Processuale*, 2005, p. 129 ("tali principi non siano altro che quegli stessi in base ai quali, in casi corrispondenti, il giudice italino esercita la sua giurisdizione nei confronti dello straniero"). Veja-se também Elena D'Alessandro, *Il Riconoscimento delle Sentenze Straniere*, 2007, p. 12; Fabio Bortolotti, *Il Contratto Internazionale: Manuale teorico-pratico*, 2012, p. 175.
23. §80 I EO ("nach Maßgabe der im Inlande über die Zuständigkeit geltenden Bestimmungen"). Na jurisprudência da Suprema Corte austríaca: OGH 30.11.2006 – 3Ob229/06g, SZ 2006/179, esp. para. IV.2 (deferindo execução de sentença de alimentos proferida na Flórida em favor de menor austríaco lá residente); OGH 14.12.2004 – 10b21/04a, SZ 2004/174 (deferindo reconhecimento incidental no curso de inventário de adoção realizada na China – ambos adotante e adotada residentes à época em Shanghai – como questão

AußStrG[24]), onde é tradicionalmente chamado de a "fórmula de jurisdição austríaca" (*österreichische Jurisdiktionsformel*).[25]

Assim também é no direito alemão, no qual a competência internacional indireta (*Anerkennungszuständigeit*) (§328 I 1 ZPO, §109 I 1 FamFG, §343 I 2 1 InsO) é reconhecida apenas se o juiz estrangeiro, aplicando hipoteticamente as normas de competência internacional do direito alemão, também tivesse podido exercer jurisdição na mesma causa.[26] Fala-se, então, em "princípio do espelho" (*Spiegelbildprinzip*), pelo qual o direito alemão entende por legítima a competência internacional do juiz estrangeiro na medida e dentro dos limites em que a atribui aos seus próprios tribunais. A aplicação do princípio do espelho nem sempre é fácil e, em certas situações, gera um intricado labirinto de reflexos.[27]

3.1.1. O caso do algodão

Um de muitos exemplos interessantes em que o princípio do espelho foi empregado é dado pelo famoso "caso do algodão", no qual vendedores brasileiros buscaram o reconhecimento e execução na Alemanha de acórdão proferido em 25.11.1980 pelo Tribunal de Justiça do Paraná que condenara o

---

prévia necessária para que a adotada pudesse ser considerada como (única) herdeira do falecido, cujo patrimônio hereditário, de outra forma, seria vacante e passaria ao Estado austríaco); OGH 12.11.1986 – 3Ob107/86, JBl 1987, 734 (indeferindo execução – com base em tratado bilateral, mas que contém norma semelhante à §80 I EO expressamente referida pelo OGH – de sentença de alimentos proferida na Turquia em favor de esposa lá residente em face de austríaco residente na Áustria).

24. § 97 Abs 2 Z 4 AußStrG ("bei Anwendung österreichischen Rechts"). Embora com fundamento legal distinto (§ 97 Abs 2 Z 4 AußStrG), o mesmo critério previsto na § 80 I EO é seguido em matéria de sentenças estrangeiras de divórcio, de nulidade ou de declaração de validade de casamento. Na jurisprudência da Suprema Corte austríaca: OGH 23.10.2006 – 7Ob199/06z, ZfRV-LS 2006, 37 (deferindo o reconhecimento de sentença de divórcio proferida no Nueces County, Texas, onde ambas partes tinham em comum uma de suas residências); OGH 16.6.2008 – 8Ob18/08t, JBl 2009, 52, esp. para. 2.2.3 (analisando se um eventual futuro julgamento proferido em processo de divórcio em Belgrado seria reconhecível na Áustria, como um dos pressupostos do direito austríaco para acolhimento da objeção de litispendência internacional oposta pelo marido no curso de processo de divórcio paralelamente iniciado pela esposa na Áustria).
25. Precursor, Walter Jellinek, *Die Zweiseitigen Staatsverträge über Anerkennung ausländischer Zivilurteile*, 1953, pp. 87 et seq., 226 et seq. (empregando o termo, todavia, apenas para descrever o critério adotado em alguns tratados internacionais).
26. RG 21.3.1902, RGZ 51, 135; BGH 3.12.1992, BGHZ 120, 334 = IPRax 1994, 204; BGH 29.4.1999, BGHZ 141, 286; OLG Düsseldorf 7.12.2007, IPRax 2009, 517. Veja-se também Diogo P. Fernández Arroyo / Jan Peter Schmidt, Das Spiegelbildprinzip und der internationale Gerichtsstand des Erfüllungsortes, IPRax 2009, 499; Jürgen Basedow, Variationen über die spiegelbildliche Anwendung deutschen Zuständigkeitsrechts, IPRax 1994, 183; Dagmar Coester-Waltjen, Das Spiegelbildprinzip bei der Anerkennungszuständigkeit, in Theodor Baums (ed.), *Corporations, capital markets and business in the law: Liber amicorum Richard M. Buxbaum*, 2000, p. 101; Christoph Schärtl, Das Spiegelbildprinzip im Rechtsverkehr mit ausländischen Staatenverbindungen Zusatz unter besonderer Berücksichtigung des deutsch-amerikanischen Rechtsverkehrs, 2006; Christoph Kern, Anerkennungsrechtliches Spiegelbildprinzip und europäische Zuständigkeit, ZZP 2007, 31.
27. Com extensas referências, Diogo P. Fernández Arroyo / Jan Peter Schmidt, Das Spiegelbildprinzip und der internationale Gerichtsstand des Erfüllungsortes, IPRax 2009, 499, 500.

comprador alemão ao pagamento de vultosa quantia (à época, mais de dois milhões de dólares) relativa ao saldo do preço e custas de transporte da venda e exportação em 1974 de partidas de algodão para a Alemanha.[28] Embora o pedido das autoras brasileiras tenha sido provido em primeira e segunda instâncias, a Tribunal Federal alemão (BGH) entendeu que a competência internacional indireta dos tribunais brasileiros não poderia ser aceita.[29]

Por um lado, o direito alemão não conheceria da competência internacional fundada no simples fato de o contrato ser reputado celebrado no foro (art. 88, III do Código de Processo Civil de 1973, atualmente, art. 21, III do Código de Processo Civil de 2015); por outro, não se teria sido provado nas instâncias inferiores que a obrigação litigiosa teria de ser cumprida no foro (então art. 88, II CPC 1973, agora art. 21, II CPC 2015), hipótese que seria conhecida do direito alemão (§29 I ZPO).

Ademais, o Tribunal Federal decidiu que a submissão voluntária (*rügelose Einlassung*) ao foro brasileiro, porque também prevista como hipótese de competência internacional dos tribunais alemães (§ 39 ZPO), teria sido suficiente para satisfazer o pressuposto da competência internacional indireta, exceto – e aqui o ponto que gerou mais controvérsia doutrinária sobre o julgamento – quando o tribunal estrangeiro já for, de acordo com sua *lex fori*, internacionalmente competente independentemente da submissão voluntária.

Consequentemente, no caso julgado, malgrado a inegável prorrogação da jurisdição brasileira em razão da submissão voluntária da compradora alemã – que não só deixou de opor objeção à competência internacional no foro brasileiro, como participou ativamente propondo reconvenção –, ainda assim o pressuposto da competência internacional indireta não estaria satisfeito, porque a jurisdição brasileira subsistiria com base no art. 88, III CPC ainda que não tivesse havido submissão voluntária.

---

28. A respeito, Jürgen Samtleben, Sobre a execução de uma sentença brasileira na Alemanha, in Luiz Olavo Baptista / Hermes Marcelo Huck / Paulo Borba Casella (org.), *Direito e Comércio Internacional: Tendências e Perspectivas: Estudos em homenagem ao Prof. Irineu Strenger*, 1994, p. 242-248, reimpresso nas *Mitteilungen der Deutsch-Brasilianischen Juristenvereinigung*, 1994, p. 1-8, bem como em Jürgen Samtleben, *Rechtspraxis und Rechtskultur in Brasilien und Lateinamerika: Beiträge aus internationaler und regionaler Perspektive*, 2010, p. 96.

29. BGH 3.12.1992, BGHZ 120, 334 = IPRax 1994, 204 = ZZP 107 (1994), 67. Para comentários ao caso, veja-se, favorável ao resultado, Jürgen Basedow, Variationen über die spiegelbildliche Anwendung deutschen Zuständigkeitsrechts, IPRax 1994, 183; contrário ao resultado, Haimo Schack, [Comentário a BGH 3.12.1992 – IX ZR 229/91], ZZP 107 (1994), 75, bem como Haimo Schack, *Internationales Zivilverfahrensrecht*, 2014, n. 927. Para a sequência, após o acórdão recorrido ter sido cassado e o caso devolvido ao tribunal de 2ª instância, veja-se OLG Düsseldorf 25.4.1995 – 21 U 244/90, RIW 1995, 947 (denegando a homologação e execução da sentença brasileira).

Como padrão para análise da competência internacional indireta, o princípio do espelho já foi criticado sob vários aspectos[30]. Em especial, para além de soar intolerante, ao não aceitar o exercício da jurisdição por tribunal estrangeiro senão na medida em que seus próprios tribunais também a exerceriam, o princípio do espelho ignora que os interesses promovidos pelas normas de competência internacional direta são distintos e do que aqueles protegidos pela análise da competência internacional indireta[31]. De fato, como já bem afirmado, em um mundo com crescente tráfego internacional, o princípio do espelho não é um modelo promissor.[32]

3.2. Cláusula geral de conexão marcante (França, Canadá)

Em outros sistemas adota-se cláusula geral de que a competência internacional do juiz estrangeiro é aceita se a causa mantiver uma relação de pertinência suficiente com o foro estrangeiro onde julgada.

No direito francês, por exemplo, depois de certa hesitação, a Corte de Cassação, na esteira de influente obra doutrinária[33], passou a adotar tal critério. Ao decidir o célebre caso *Simitch*, a Corte de Cassação afirmou que a competência indireta do juiz estrangeiro é aceita se, além de não estar incluída na competência internacional exclusiva dos tribunais franceses, a causa apresentar uma conexão marcante ("se rattache d'une manière caractérisée") com o país estrangeiro e a escolha do foro estrangeiro não tiver sido fraudulenta ("le choix de la juridiction n'a pas été frauduleux").[34]

O que constitui uma "conexão marcante" com o foro estrangeiro não é definida com precisão no direito francês e, por não seguir critérios rígidos, é

30. Entre outros, Jürgen Basedow, Variationen über die spiegelbildliche Anwendung deutschen Zuständigkeitsrechts, IPRax 1994, 183, 187; Peter Gottwald, Grundfragen der Anerkennung und Vollstreckung ausländischer Entscheidung in Zivilsachen, ZZP 1990, 257, 271; Jan Kropholler, *Internationales Privatrecht*, 2006, p. 673; Dieter Martiny, *Handbuch des Internationalen Zivilverfahrensrechts*, Band III/1, 1984, n. 643-644, p. 296-297. Veja-se, contudo, Haimo Schack, *Internationales Zivilverfahrensrecht*, 2014, n. 924; Christoph Schärtl, Das Spiegelbildprinzip im Rechtsverkehr mit ausländischen Staatenverbindungen Zusatz unter besonderer Berücksichtigung des deutsch-amerikanischen Rechtsverkehrs, 2006, p. 30. Veja-se também Arthur Taylor von Mehren, Recognition and Enforcement of Foreign Judgments - General Theory and the Role of Jurisdictional Requirements, 167 RCADI 9, 58-61 (1980).

31. Diogo P. Fernández Arroyo / Jan Peter Schmidt, Das Spiegelbildprinzip und der internationale Gerichtsstand des Erfüllungsortes, IPRax 2009, 499, 502-503.

32. Diogo P. Fernández Arroyo / Jan Peter Schmidt, Das Spiegelbildprinzip und der internationale Gerichtsstand des Erfüllungsortes, IPRax 2009, 499, 503 ("kein zukunftsträchtiges Modell").

33. Dominique Holleaux, *Compétence du juge étranger et reconnaissance des jugements*, 1970.

34. Cass. civ. 1er 6.2.1985 - Simitch, *Revue critique de droit international privé*, 1985, p. 369 = *Journal du droit international* 1985, p. 460, nota de André Huet = Bertran Ancel and Yves Lequette, *Les grands arrêts de la jurisprudence française de droit international privé*, 2006, n. 70. Veja-se também, dentre outros, Ph. Francescakis, Le contrôle de la compétence du juge étranger après l'arrêt Simitch, *Revue critique de droit international privé* 1985, p. 243; Catherine Kessedjian, *Droit du commerce international*, 2013, n. 1150, p. 541.

aferida de forma casuística.[35] É raro na prática, porém, que se recuse o reconhecimento à sentença estrangeira por tal motivo.[36] Um dos poucos exemplos ocorre em casos de divórcios nos quais o único contato com o foro estrangeiro era residência temporária e provisória de apenas uma das partes.[37]

Atualmente, também o direito canadense segue o critério da cláusula geral de conexão marcante na análise da competência internacional indireta. A necessidade de que entre a demanda e o foro estrangeiro haja uma "real and substantial connection" passou a ser o teste aplicado no direito canadense a partir de 1990, com julgamento da Suprema Corte de caso envolvendo o reconhecimento de sentenças entre as províncias[38]. Posteriormente, em *Beals v. Saldanha*, a solução foi estendida também ao reconhecimento de sentenças estrangeiras (no caso, sentença proferida na Flórida em face de réus canadenses).[39]

3.3. Lista de foros aceitos (Suíça, Inglaterra)

Em um terceiro grupo de sistemas jurídicos, a sentença estrangeira só é reconhecida caso tenha sido proferida em um dos foros positivamente enumerados pelo direito do foro onde se busca o reconhecimento.

No direito suíço, a sentença estrangeira só pode ser reconhecida se tiver sido proferida em um dos foros exaustivamente elencados especificamente para cada matéria.[40] É verdade que, em certas matérias, os foros aceitos

---

35. Dominique Bureau / Horatia Muir Watt, *Droit international privé*, t. I, 2014, n.o 266, p. 304; Mathias Audit / Sylvain Bollée / Pierre Callé, *Droit du commerce international et des investissements étrangers*, 2014, n. 714, p. 549.
36. Mathias Audit / Sylvain Bollée / Pierre Callé, *Droit du commerce international et des investissements étrangers*, 2014, n. 714, p. 549.
37. Cass. Civ. 5.5.1998 – Mailian, *Revue critique de droit international privé* 1998, p. 662, com nota de H. Muir Watt (denegando reconhecimento a sentença da Califórnia que decretou o divórcio de dois franceses, porque a residência do marido naquele estado era temporária). No mesmo sentido, Cass. civ. 6.7.1988 – Lamaire, *Revue critique de droit international privé* 1989, p. 89. Compare-se, porém, com Cass. civ. 28.1.2003 – *M.L. c Mme G.*, *Revue critique de droit international privé* 2004, p. 398, com nota de H. Muir Watt = *Journal du droit international* 2003, p. 468, com nota de J.-M. Jacquet (residência em Israel e nacionalidade israelence das partes suficientes para estabelecer um "lien caractérisé").
38. Morguard Investments Ltd v. De Savoye, [1990] 3 S.C.R 1077; veja-se também, embora não envolvendo sentença estrangeira, *obiter* sobre 'real and substantial connection" em Hunt v. T&N plc, [1993] 4 S.C.R. 289, 325; Tolofson v. Jensen, [1994] 3 S.C.R. 1022, 1058.
39. Beals v. Saldanha, [2003] 3 S.C.R. 416, para. 28 ("the 'real and substantial connection' test should apply to the law with respect to the enforcement and recognition of foreign judgments"). Mais recentemente, Chevron Corp. v. Yaiguaje, 2015 SCC 42, para. 27 ("To recognize and enforce such a judgment, the only prerequisite is that the foreign court had a real and substantial connection with the litigants or with the subject matter of the dispute, or that the traditional bases of jurisdiction were satisfied").
40. Art. 26 da Lei de Direito Internacional Privado suíça. Assim, a lei contém regras específicas sobre competência internacional indireta em matéria, dentre outras: de divórcio (art. 65); adoção (art. 78), sucessão *causa mortis* (art. 96); propriedade intelectual (art. 111); obrigações (art. 149). Subsidiariamente, de

pelo direito suíço são generosamente enumerados; entretanto, em outras, a competência internacional indireta que o direito suíço reconhece aos tribunais estrangeiras fica atrás daquela que atribui a seus próprios tribunais.[41]

O critério adotado pelo direito suíço é bem ilustrado em um caso envolvendo o reconhecimento na Suíça de adoção proferida no Brasil, segundo o direito brasileiro.[42] Um casal suíço domiciliado na Espanha adotou em 1992 uma criança então domiciliada no Brasil, segundo o direito brasileiro. Em 1996, durante estada na Suíça, o casal e a filha se desentenderam. Os pais adotivos voltaram à Espanha, enquanto a filha permaneceu em Berna. Em 2004, após a morte de um dos pais, surgiu durante o processo de inventário questão prévia acerca da eficácia da sentença brasileira de adoção na Suíça e, consequentemente, do *status* de filha e herdeira do *de cujus*. A questão controvertida dizia respeito justamente à competência internacional indireta da autoridade judiciária brasileira para prolação da adoção.

O direito suíço só reconhece sentenças estrangeiras de adoção que tenham sido proferidas no foro do domicílio ou da nacionalidade do adotante ou casal adotantes.[43] De acordo com o Tribunal federal suíço, justificando a opção legislativa, tais foros seriam os mais adequados para aferir a adequação dos interessados para a adoção (por exemplo, personalidade e saúde) e para decidir sobre o melhor interesse da criança.[44] Adoções proferidas no foro do domicílio do adotado - ainda que sejam um cenário bastante frequente - não são reconhecíveis, de modo que, para a formação de vínculo de filiação eficaz na Suíça entre os interessados, é preciso que uma nova adoção seja proferida no país.[45]

Como no caso sob julgamento a adoção fora proferida no Brasil (foro do domicílio da criança adotada) - e não no foro do domicílio (Espanha) ou nacionalidade (Suíça) dos adotantes -, o Tribunal federal suíço afirmou que, por não

---

acordo com o rt. 26 da Lei de Direito Internacional Privado suíça, na ausência de regra específica para a matéria versada na sentença estrangeira, o seu reconhecimento só será deferido se tiver sido proferida: no foro do domicílio do réu; em matéria patrimonial, no foro validamente eleito pelas partes ou em caso de submissão voluntária do réu; ou, em caso de reconvenção, se a sentença foi proferida pelo juiz que tinha competência para a demanda principal e ambas eram conexas

41. Nesse sentido, Andreas Buscher, in Andreas Buscher (éd.), *Commentaire Romand: Loi sur le droit international privé - Convention de Lugano*, 2011, Art. 26, n. 7-9, p. 337-338.
42. Tribunal federal suíço, 25.7.2008, ATF 134 III 467.
43. Art. 78, 1º da da Lei de Direito Internacional Privado suíça. O Tribunal federal suíço já afirmou ser suficiente que a adoção tenha sido proferida no foro da nacionalidade de um dos adotantes, ainda que não seja a nacionalidade comum deles. Veja-se Tribunal federal suíço, 13.1.1994, ATF 120 II 87 (adoção proferida no Estado de Washington, nos Estados Unidos, em favor de casal suíço, sendo que um dos cônjuges possuía a dupla nacionalidade suíça e norte-americana).
44. Tribunal federal suíço, 25.7.2008, ATF 134 III 467, 471-472, consid. 4.2.
45. Kurt Siehr, *Das internationale Privatrecht der Schweiz*, p. 99; Tribunal federal suíço, 25.7.2008, ATF 134 III 467, 471-472, consid. 4.2.

estar satisfeito o pressuposto da competência internacional indireta (*Anerkennungszuständigkeit*), a sentença brasileira não poderia ser reconhecida.[46] Não sendo eficaz a adoção no direito suíço, a interessada não poderia ser considerada filha, tampouco consequentemente herdeira na Suíça.

Semelhante é o direito inglês[47], em que a competência internacional do juiz estrangeiro só é aceita em determinadas causas.[48] Mas as hipóteses são muito mais restritas do que aquelas normalmente aceitas pelo direito suíço. Com efeito, o direito inglês admite a competência internacional do juiz estrangeiro fundamentalmente ou se o réu se submeter voluntariamente ao foro estrangeiro (dentre outras formas, por meio de um acordo de eleição de foro)[49]; ou, então, se o réu estiver presente[50] (ainda que de passagem) no foro estrangeiro momento da sua citação.[51]

Em um exemplo recente, porque o réu não estava presente no foro estrangeiro, tampouco teria se submetido a ele, os tribunais ingleses se recusaram a executar sentença condenatória californiana proferida à revelia em favor da Lucasfilm Ltd. em face de pessoa domiciliada na Inglaterra que, a partir de um website, fabricava, anunciava e vendia para consumidores nos Estados Unidos

46. Tribunal federal suíço, 25.7.2008, ATF 134 III 467, 471-472, consid. 4.2.
47. O direito inglês conhece diversos regimes distintos sobre o reconhecimento de sentenças estrangeiras previstos em lei, que variam conforme a origem da sentença estrangeira. Nenhum deles é, porém, aplicável a sentenças brasileiras, que se submetem, por isso, ao regime da *common law*.
48. Lawrence Collins (gen. ed.), *Dicey, Morris and Collins on the Conflict of Laws*, 15th ed., 2012, para 14R-054 ("[...] a court of a foreign country outside the United Kingdom has jurisdiction to give a judgment *in personam* capable of enforcement or recognition as against the person against whom it was given in the following cases: First Case – If the person against whom the judgment was given was, at the time the proceedings were instituted, present in the foreign country. Second Case – If the person against whom the judgment was given was claimant, or counterclaimed, in the proceedings in the foreign court. Third Case – If the person against whom the judgment was given submitted to the jurisdiction of that court by voluntarily appearing in the proceedings. Fourth Case – If the person against whom the judgment was given had before the commencement of the proceedings agreed, in respect of the subject matter of the proceedings, to submit to the jurisdiction of that court or of the courts of that country"); J. J. Fawcett / J.M. Carruthers, *Cheshire, North & Fawcett Private International Law*, 2008, p. 516-536.
49. Feyeric v Hubbard (1902) 71 LJKB 509 (eleição de foro em favor dos tribunais belgas). Para discussão sobre como aferir a submissão do réu ao foro estrangeiro, veja-se, na Suprema Corte do Reino Unido, Rubin v Eurofinance [2012] UKSC 46, [2013] 1 AC 236, para. 160-163 (Lord Collins).
50. Adams v Cape Industries plc [1990] Ch 433, 519 (CA) ("So long as he remains physically present in that country, he has the benefit of its laws, and must take the rough with the smooth, by accepting his amenability to the process of its courts. In the absence of authority compelling a contrary conclusion, we would conclude that the voluntary presence of an individual in a foreign country, whether permanent or temporary and whether or not accompanied by residence, is sufficient to give the courts of that country territorial jurisdiction over him under our rules of private international law").
51. As duas hipóteses foram resumidas recentemente pela Suprema Corte em Rubin v Eurofinance [2012] UKSC 46, [2013] 1 AC 236, para. 6 (Lord Collins) ("Under the common law a court of a foreign country has jurisdiction to give a judgment in personam where (among other cases) the judgment debtor was present in the foreign country when the proceedings were instituted, or submitted to the jurisdiction of the foreign court by voluntarily appearing in the proceedings").

réplicas de capacetes e outros artefatos relativos à série de filmes "Guerra nas Estrelas".[52]

Note-se – e o ponto é bastante relevante para o direito brasileiro (art. 21, II e III CPC)[53] – que o direito inglês não aceita a competência internacional do juiz estrangeiro caso ela se baseie apenas na circunstância de a demanda ter se originado de fato ou ato ocorrido no foro estrangeiro[54] (por exemplo, o ato ilícito ter sido pratico no foro estrangeiro[55] ou o contrato ter sido lá descumprido[56]). Isso é tanto mais notável porque, tivesse o fato ou ato ocorrido na Inglaterra, os tribunais ingleses poderiam exercer jurisdição.[57]

O descompasso ocorre porque em sistemas jurídicos que, tal como o direito inglês, adotaram o critério da lista de competências aceitas, não há paralelismo entre as hipóteses de competência internacional direta dos tribunais do foro e as hipóteses de competência internacional indireta dos tribunais estrangeiros aceitas.[58]

Com isso, é possível que o foro denegue reconhecimento a sentença estrangeira proferida em causa na qual, hipoteticamente, fossem provocados, seus próprios tribunais exerceriam jurisdição. Em tais casos, é nítido que os

---

52. Lucasfilm Ltd v Ainsworth [2009] EWCA Civ 1328, [2010] 1 Ch 503, para. 187-195, esp. para. 192 ("It has long been recognised under our law that the mere selling of goods from country A into country B does not amount to the presence of the seller in country B. [...] The question, however, is whether for current purposes the internet or a website are fundamentally different from other matters which have enabled business persons to present themselves and their products where they are not themselves present: such as advertisements, salesmen, the post, telephone, telex and the like. We do not believe so [...]"). O julgamento da Corte de Apelação foi parcialmente reformado pela Suprema Corte, mas o ponto do reconhecimento da sentença californiana não estava abarcado pelo recurso. Veja-se Lucasfilm Ltd v Ainsworth [2011] UKSC 39, [2012] 1 AC 208, para. 7.
53. Art. 21, II e III do Código de Processo Civil de 2015 ("Art. 21. Compete à autoridade judiciária brasileira processar e julgar as ações em que: [...] II –no Brasil tiver de ser cumprida a obrigação; III – o fundamento seja fato ocorrido ou ato praticado no Brasil").
54. J. J. Fawcett / J.M. Carruthers, *Cheshire, North & Fawcett Private International Law*, 2008, p. 529; Pippa Rogerson, *Collier's Conflict of Laws*, 2013, p. 248.
55. Sirdar Gurdyal Singh v The Rajah of Faridkote [1894] AC 670, 684 (PC) ("no exception is made [...] in favour of the exercise of jurisdiction against a defendant not otherwise subject to it, by the Courts of the country in which the cause of action arose, or (in cases of contract) by the Courts of the *locus solutionis*")
56. Phillips v Batho [1913] 3 KB 25 = [1911-1913] All ER Rep 1095 (Scrutton J afirmando "the English courts will not enforce a German judgment against an Englishman for damages for breach of a contract to be performed in Germany when the Englishman was not in Germany at the issue of the process and has not submitted to the German jurisdiction, for the Englishman can be sued on the contract in his own courts, which will do justice").
57. Civil Procedure Rules, Rule 6.36 e a respectiva Practice Direction 6B, para. 3.1 (6), (7) e (9).
58. Como afirmado pela Suprema Corte do Reino Unido em Rubin v Eurofinance [2012] UKSC 46, [2013] 1 AC 236, para. 126-127 (Lord Collins) ("There is no necessary connection between the exercise of jurisdiction by the English court and its recognition of the jurisdiction of foreign courts, or its expectation of the recognition of its judgments abroad.[...] The English court does not concede jurisdiction in personam to a foreign court merely because English court would, in corresponding circumstances, have power to order service out of the jurisdiction").

tribunais do foro se arrogam mais competência internacional do que estão dispostos a aceitar de um juiz estrangeiro.[59]

3.4. Lista de foros não aceitos (Portugal, Uruguai)

Por fim, há sistemas que adotam o critério de competências excluídas ou não aceitas. São os mais generosos com a sentença estrangeira, porque, em vez de elencar quando o exercício da jurisdição pelo juiz estrangeiro será aceito, apenas enumera as causas em que o exercício, excepcionalmente, não será aceito.

O critério foi seguido pelo direito uruguaio[60], bem como pelo atual direito português.[61] Assim, por exemplo, o Supremo Tribunal de Justiça português já deferiu o reconhecimento de sentença brasileira proferida por vara de família paulistana que homologara o divórcio consensual e a partilha amigável de bens imóveis situados em Portugal, porque não estaria em causa a competência internacional exclusiva dos tribunais portugueses para as "acções relativas a direitos reais ou pessoais de gozo sobre bens imóveis sitos em território português" prevista no art. 650-A, n.o 1, alínea "a" do Código de Processo Civil português.[62]

O mesmo critério também foi adotado pelo direito brasileiro. É o que se explica a seguir.

4. COMPETÊNCIA INTERNACIONAL INDIRETA NO DIREITO BRASILEIRO

A exigência de que a sentença estrangeira ser reconhecida tenha sido proferida por "autoridade competente" é bastante tradicional no direito brasileiro.

O pressuposto não constou do Decreto n.o 6.982, de 27.7.1878 – o primeiro diploma brasileiro a tratar do reconhecimento de sentenças estrangeiras, elaborado pelo Conselheiro Lafayette Rodrigues Pereira[63]. Ele foi introduzido

---

59. Na irônica conclusão de um autor, "What is sauce for the English goose is not sauce for the foreign gander" (J. G. Foster, Some Defects in the English Rules of Conflict of Laws, *British Yearbook of International Law*, vol. 16 (1935), p. 84, 96)
60. Art. 539, §10, n.o 4 do Código General del Proceso ("Que el tribunal sentenciante tenga jurisdicción en la esfera internacional para conocer en el asunto, de acuerdo con su derecho, excepto que la materia fuera de jurisdicción exclusiva de los tribunales patrios"). Veja-se, por exemplo, Didier Opertti Bardán, Competencia Internacional y jurisdicción exclusiva, *Revista Uruguaya de Derecho Procesal*, 2003, p. 71; Ronald Herbert, El concepto de jurisdicción exclusiva en el Art. 539.1.4 del Código General del Proceso, in *Liber amicorum en homenaje al Profesor Dr. Didier Opertti Badán*, 2005, p. 239.
61. Código de Processo Civil, art. 1098o, b. Veja-se a respeito António Marques dos Santos, *Estudos de Direito Internacional Privado e de Direito Processual Civil Internacional*, 1998, p. 329.
62. Supremo Tribunal de Justiça, j. 13.1.2005 – processo n.o 04B3808, Rel. Lucas Coelho, disponível em [http://www.dgsi.pt/jstj.nsf].
63. A omissão também é anotada por Haroldo Valladão em parecer de 11.12.1938: Haroldo Valladão, Da Competência Internacional para o Divórcio, in *Estudos de Direito Internacional Privado*, 1947, p. 481

expressamente apenas posteriormente, a partir do art. 12, §4o, al. b, n.o 3 da Lei n.o 221, de 20.11.1894 ("ser a sentença proferida por juiz ou tribunal incompetente"). O pressuposto também constou do art. 80, I do Decreto n.o 3.084, de 5.11.1898 ("Que tenham sido proferidas por juiz competente [...]") e do art. 791, II do Código de Processo Civil de 1939 ("haverem sido proferidas por juiz competente [...]").

O pressuposto foi posteriormente incorporado também no art. 15, I da Lei de Introdução ao Código Civil ("haver sido proferida por juiz competente") e - apesar do silêncio do Código de Processo Civil de 1973 - também no art. 217, I do Regimento Interno do Supremo Tribunal Federal ("haver sido proferida por juiz competente"). Após a transferência de competência do Supremo Tribunal Federal para o Superior Tribunal de Justiça, o pressuposto passou a constar do art. 5o, I da Resolução n.o 9/05 do Presidente do Superior Tribunal de Justiça ("haver sido proferida por autoridade competente") e, posteriormente, do art. 216-D, I do Regimento Interno do Superior Tribunal de Justiça ("ter sido proferida por autoridade competente").

Atualmente - sem prejuízo de normas especiais de diversas convenções internacionais em vigor no Brasil[64] - a competência internacional indireta, como pressuposto para o reconhecimento de sentenças estrangeirais, está prevista no art. 963, I do Código de Processo Civil de 2015:

> "Art. 963 - Constituem requisitos indispensáveis à homologação da decisão: I - ser proferida por autoridade competente".

O pressuposto da competência internacional indireta (art. 963, I CPC), integra o mérito da ação de homologação de sentença estrangeira. Trata-se, portanto, de uma das questões substantivas a ser resolvida na ação de homologação e, sua ausência, acarreta a improcedência do pedido homologatório, por meio de decisão de mérito.[65] O pressuposto também terá que ser analisado,

64. Em convenções multilaterais, por exemplo, art. 11, al. "a" da Convenção Interamericana sobre Obrigação Alimentar (Montevidéu, 1989), promulgada pelo Decreto n.º 2.428/97; art. 20, al. "c" do Acordo de Cooperação e Assistência Jurisdicional em Matéria Civil, Comercial, Trabalhista e Administrativa entre os Estados Partes do Mercosul, a República da Bolívia e a República do Chile (Buenos Aires, 2002), promulgado pelo Decreto n.º 6.891/09. Em convenções bilaterais, por exemplo, art. 23, al. "b" do Tratado sobre Auxílio Judicial em Matéria Civil e Comercial entre a República Federativa do Brasil e a República Popular da China (Pequim, 2009), promulgado pelo Decreto n.º 8.430/15; art. 18, §1º, al. "a" do Acordo de Cooperação em Matéria Civil entre o Governo da República Federativa do Brasil e o Governo da República Francesa (Paris, 1996), promulgado pelo Decreto n.º 3.598/00; art. 18, al. "a" do Tratado Relativo à Cooperação Judiciária e ao Reconhecimento e Execução de Sentenças em Matéria Civil, entre a República Federativa do Brasil e a República Italiana (Roma, 1995), promulgado pelo Decreto n.º 1.476/95.

65. Nesse sentido, José Carlos Barbosa Moreira, *Comentários ao Código de Processo Civil*, vol. V, 2001, n. 57, p. 85; Vicente Greco Filho, *Homologação de Sentença Estrangeira*, 1978, p. 136; Pontes de Miranda, *Comentários ao Código de Processo Civil*, tomo VI, 1974, p.137; Daniel Amorim Assumpção Neves, *Novo Código de Processo Civil Comentado*, 2016, Art. 23, n. 1. p. 49.

ademais, por qualquer autoridade na hipótese de a sentença estrangeira gozar de eficácia no Brasil independentemente da ação de homologação (art. 960, §60 CPC) – por exemplo, na hipótese das sentenças estrangeiras de divórcio consensual (art. 960, §5 CPC).

A legislação nunca explicitou, contudo, o que se deve entender por "autoridade competente". A despeito do silêncio legislativo, tem-se o seguinte: em primeiro lugar, as normas estrangeiras sobre competência de seus tribunais são irrelevantes (*infra* item 4.1); em segundo lugar, o exercício da jurisdição pelo juiz estrangeiro só não será aceito em dois casos excepcionais, nomeadamente quando a causa for de competência internacional exclusiva dos tribunais nacionais (*infra* item 4.2) ou, alternativamente, quando a causa tiver sido julgada por tribunal estrangeiro em manifesto exercício de competência internacional exorbitante (*infra* item 4.3).

Nessas duas hipóteses, aos olhos do direito brasileiro, a sentença não foi "proferida por autoridade competente" (art. 963, I CPC) e, consequentemente, não poderá ser reconhecida no país, seja incidentalmente, seja em ação de homologação de sentença estrangeira.

Em todos os demais casos – mesmo aqueles de competência internacional concorrente da autoridade judiciária brasileira – o exercício da competência internacional pelo tribunal estrangeiro é em princípio aceito pelo direito brasileiro.

4.1. Irrelevância das normas estrangeiras sobre competência

A satisfação do pressuposto da competência internacional indireta (art. 963, I CPC) – como reconhece tanto a doutrina[66], quanto a jurisprudência[67] – independe das normas do direito estrangeiro sobre competência interna de

66. Flavia Savio Cristofaro, Limites da Jurisdição Nacional no Novo Código de Processo Civil, in Carmen Tiburcio (org.), *Direito Internacional*, 2015, p. 356; José Carlos Barbosa Moreira, Efectos de las Sentenciais y Laudos Arbitrales Extranjeros, Revista de Processo, vol. 79 (1995), p. 184; Paulo Cezar Aragão, in Roberto Rosas / Paulo Cezar Aragão, *Comentários ao Código de Processo Civil*, 1988, Art. 483, n. 80, p. 197; Alexandre Freitas Câmara, *Lições de Direito Processual Civil*, 2014, p. 37; Oscar Tenório, *Direito Internacional Privado*, vol. II, 1976, n.o 1.236, p. 382; Amílcar de Castro, *Direito Internacional Privado*, 1987, p. 562; Jacob Dolinger, Brazilian International Procedural Law, *Panorama of Brazilian Law*, 1992, p. 368; Jacob Dolinger, Brazilian Confirmation of Foreign Judgments, *The International Lawyer*, vol. 19 (1985), p. 856; Nadia de Araujo, *Direito Internacional Privado*, 2008, p. 316. Aparentemente contra, porém: Haroldo Valladão, *Direito Internacional Privado*, vol. III, 1978, p. 199 (análise da competência segundo a legislação estrangeira, exceto se critério do direito estrangeiro violar a ordem pública); Nelson Nery Junior / Rosa Maria de Andrade Nery, *Comentários ao Código de Processo Civil: Novo CPC – Lei 13.105/2015*, 2015, Art. 962, n. 5, p. 1903 ("autoridade competente é aquela que, dentro do ordenamento do país de onde provém a sentença, possui competência para o julgamento").

67. STJ, j. 7.6.2017, SEC 15989, Rel. Min. Og Fernandes, DJe 14.6.2017 ("A objeção relativa à autoridade competente na Espanha não pode ser acolhida, porque tem como fundamento a pretensão de discutir regra de

seus tribunais. E, em verdade, tampouco das suas normas sobre competência internacional. Isso porque o pressuposto da competência internacional indireta existe não para que o juiz brasileiro analise se a sentença estrangeira foi proferida por juiz competente à luz do direito estrangeiro[68], mas sim para que analise se o exercício da jurisdição pelo juiz estrangeiro é aceitável.

Eventual infração de regra sobre competência (interna ou internacional) à luz do direito estrangeiro deve ser (ou deveria ter sido) suscitada no foro estrangeiro, sendo irrelevante ao juiz brasileiro – que não deve agir como instância revisora da aplicação das normas estrangeiras sobre competência dos tribunais estrangeiros.[69] Afinal, o que se objetiva com o pressuposto não é verificar a regularidade da competência à luz do direito estrangeiro, mas sim e apenas se o exercício da jurisdição no caso concreto é aceitável pelo direito brasileiro para que a sentença possa aqui produzir efeitos.

4.2. Competência internacional exclusiva

O primeiro grupo de causas em que o direito brasileiro não aceita o exercício da jurisdição por tribunal estrangeiro é formado por aquelas previstas como de competência internacional exclusiva da autoridade judiciária brasileira.[70] A conclusão, que antes dependia de interpretação sistemática da legislação, agora vem prevista expressamente no art. 964, *caput* do Código de Processo Civil de 2015.[71]

---

competência territorial interna daquela Justiça"). No mesmo sentido: STJ, j. 4.9.2010, AgRg na SEC 2714, Rel. Min. Cesar Asfor Rocha, DJe 30.8.2010; STF, j.7.10.1999, SEC 5418, Rel. Min. Maurício Corrêa, DJ 24.11.2000.

68. Carlos Alberto Carmona, Capítulo VI. Da Homologação de Decisão Estrangeira e da Concessão do Exequatur à Carta Rogatória, in Teresa Arruda Alvim Wambier et al. (coord.), *Breves Comentários ao Novo Código de Processo Civil*, 2015, Art. 963, n. 1 ("O dispositivo sob exame (inc. I do art. 963) não determina (nem permite) ao STJ que examine a legislação interna do estado de onde provenha a decisão homologanda, para verificar se foram ou não cumpridas as normas de distribuição de competência").
69. Se, conforme o direito estrangeiro, o vício na competência acarretar automaticamente (independentemente de pronúncia) a nulidade da sentença estrangeira, então o pressuposto para o reconhecimento da sentença estrangeira afetado não será o da competência internacional indireta (art. 963, I CPC), mas sim o de a decisão "ser eficaz no país em que foi proferida" (art. 963, III CPC).
70. Dentre muitos, Carmen Tiburcio, *Extensão e Limites da Jurisdição Brasileira: Competência Internacional e Imunidade de Jurisdição*, 2016, p. 42; Nelson Nery Junior / Rosa Maria de Andrade Nery, *Comentários ao Código de Processo Civil: Novo CPC – Lei 13.105/2015*, 2015, Art. 23, n. 5, p. 278; José Carlos Barbosa Moreira, Problemas Relativos a Litígios Internacionais, *Revista de Processo*, vol. 65 (1992), p. 144; Jacob Dolinger, Brazilian International Procedural Law, in *Panorama of Brazilian Law*, 1992, p. 368; Leonardo Greco, *Instituições de Processo Civil*, vol. I, 2011, p. 114; Vicente Greco Filho, *Homologação de Sentença Estrangeira*, 1978, p. 140; Flavia Savio Cristofaro, Limites da Jurisdição Nacional no Novo Código de Processo Civil, in Carmen Tiburcio (org.), *Direito Internacional*, 2015, p. 355.
71. Código de Processo Civil de 2015, art. 964, *caput* ("Não será homologada a decisão estrangeira na hipótese de competência exclusiva da autoridade judiciária brasileira").

Atualmente, as causas de competência internacional exclusiva da autoridade judiciária brasileira estão fundamentalmente – embora não exaustivamente[72] – descritas no art. 23 CPC: demanda relativa a imóvel situado no Brasil (art. 23, I CPC); e inventário e partilha de bens situados no Brasil tanto *causa mortis* (art. 23, II CPC), quanto *inter vivos* (art. 23, III CPC).[73] A essas duas hipóteses devem se acrescentar outras duas: as causas em que tenha havido eleição de foro exclusivo ou convenção de arbitragem (*infra*, item 4.2.3), bem como aquelas em que o réu se beneficie de imunidade de jurisdição (*infra*, item 4.4).

Elas serão analisadas na sequência. Antes, porém, convém que deixar bem vincado o seguinte: a regra geral em matéria de competência internacional é a concorrência de foros, de modo que as hipóteses de competência internacional exclusiva são a exceção.[74] Como tal, devem ser interpretadas com cautela, especialmente porque, impedindo o reconhecimento de sentenças estrangeiras, elas têm o grande potencial para criar relações jurídicas claudicantes (*infra* item 4.2.2.2).

4.2.1. Ações relativas a imóveis situados no Brasil (art. 23, I CPC)

Uma das mais antigas hipóteses de competência internacional exclusiva é a do foro da situação do imóvel para as ações reais (*forum rei sitae*). Já os holandeses do século XVII – por exemplo, J. Voet (1647 – 1713)[75] – afirmavam que apenas os tribunais do local do imóvel detinham competência para ações reais, de modo que sentenças estrangeiras não eram reconhecidas a menos que prolatadas pelo tribunal do foro da situação do bem.[76] A conclusão é também tradicional no direito brasileiro.[77]

---

72. Há outras hipóteses de competência internacional exclusiva além daquelas previstas no art. 23 do Código de Processo Civil. Para um bom exemplo, em matéria de salvatagem marítima, veja-se o art. 7º da Lei n. 7.203/1984, que atribui competência exclusiva aos tribunais nacionais quando, cumulativamente, a assistência e salvamento ocorrerem em águas sob jurisdição nacional e existir envolvimento de embarcação brasileira nessa operação. A respeito do dispositivo, STJ, j. 1.3.2011, REsp 772.661, Rel. Min. Paulo de Tarso Sanseverino, Revista dos Tribunais, vol. 910, p. 510.
73. Art. 23 do Código de Processo Civil de 2015: "Compete à autoridade judiciária brasileira, com exclusão de qualquer outra: I – conhecer de ações relativas a imóveis situados no Brasil; II – em matéria de sucessão hereditária, proceder à confirmação de testamento particular e ao inventário e à partilha de bens situados no Brasil, ainda que o autor da herança seja de nacionalidade estrangeira ou tenha domicílio fora do território nacional; III – em divórcio, separação judicial ou dissolução de união estável, proceder à partilha de bens situados no Brasil, ainda que o titular seja de nacionalidade estrangeira ou tenha domicílio fora do território nacional".
74. Diego P. Fernández Arroyo, Compétence Exclusive et Compétence Exorbitante dans les Relations Privées Internationales, *Recueil de Cours*, vol. 323 (2006), p. 37.
75. J. Voet, *Commentarivs ad Pandectas*, lib. XLII, tit. 1 (*De Re Judicata*), n.o 41.
76. No mesmo sentido sobre a posição os holandeses do século XVII, Ernest G. Lorenzen, Huber's de Conflictu Legum, 13 *Ill. L. R.* 375, 392 (1919), republicado em Ernest G. Lorenzen, *Selected Articles on the Conflict of Laws*, 1948, p. 163.
77. E.g. Clovis Bevilaqua, *Principios Elementares de Direito Internacional Privado*, 1934, p. 422 ("uma sentença estrangeira decidindo uma contenda levantada a respeito a propriedade de um immovel situado no

Questão controversa, porém, é a extensão da competência internacional exclusiva para demandas relativas a imóveis.[78] Discute-se, em especial, se a competência internacional exclusiva dos tribunais brasileiros abarcaria apenas demandas fundadas em direitos reais relativas a imóveis situados no país ou se, ao revés, também se estenderia para as ações pessoais. A discussão vem desde o art. 89, I do Código de Processo Civil de 1973 e continuará com o art. 23, I do Código de Processo Civil de 2015, que manteve redação idêntica à do dispositivo anterior.

Ao que tudo indica, a abrangência maior prevalece na doutrina[79], embora haja ilustres defensores da posição contrária.[80] Para a professora Carmen Tiburcio, contudo, a distinção não deveria se basear no fundamento da demanda (direito real ou pessoal), mas sim nos efeitos diretos sobre o imóvel que a sentença possa produzir, de modo que seriam de competência internacional exclusiva da autoridade judiciária brasileira somente aquelas demandas que venham a influir diretamente sobre a propriedade.[81] Assim, enquanto uma ação anulatória de doação de imóvel situado no Brasil seria de competência internacional exclusiva – porque afetaria diretamente a propriedade do imóvel –, uma ação de cobrança de aluguéis poderia ser ajuizada no exterior.[82]

Brasil, não póde ser acatada na Republica").

78. Daniel Gruenbaum, Proximidade e Tolerância: Competência Internacional para Demandas relativas a Imóveis, in Carmen Tiburcio / Luís Roberto Barroso (orgs.), *O direito internacional contemporâneo: estudos em homenagem ao professor Jacob Dolinger*, 2006, p. 229.
79. Fredie Didier Jr., *Curso de Direito Processual Civil*, vol. 1, 2015, n. 10.3, p. 213; Aluísio Gonçalves de Castro Mendes / Henrique Ávila, "Capítulo I. Dos Limites da Jurisdição Nacional", in Teresa Arruda Alvim Wambier et al. (coord.), *Breves Comentários ao Novo Código de Processo Civil*, 2015; Teresa Arruda Alvim Wambier et al., Primeiros Comentários ao Novo Código de Processo Civil, 2015, Art. 23; José Carlos Barbosa Moreira, Problemas Relativos a Litígios Internacionais, *Revista de Processo*, vol. 65 (1992), p.147; Vicente Greco Filho, *Homologação de Sentença Estrangeira*, 1978, p. 141; Arruda Alvim, Competência Internacional, *Revista de Processo*, vol. 7-8, p.32; Ovídio A. Baptista da Silva, *Comentários ao Código de Processo Civil*, v.1, 2000, p. 90; Wilson de Souza Campos Batalha, *Tratado Elementar de Direito Internacional Privado*, vol. II, 1961, p.296; Donaldo Armelin, Competência Internacional, *Revista de Processo*, vol. 2, p.151; Celso Agrícola Barbi, *Comentários ao Código de Processo Civil*, vol. I, 1998, p.298. A posição do autor se mantém desde a 1a edição dos comentários, Celso Agrícola Barbi, *Comentários ao Código de Processo Civil*, vol. I, 1975, p.400.
80. Hélio Tornaghi, *Comentários ao Código de Processo Civil*, vol. I, 1974, p.308 ("Por ações relativas a imóveis devem aqui entender-se as que se referem a direitos reais ou à posse. Não basta, portanto, que o litígio verse sobre matéria relacionada a imóveis"). Também Pontes de Miranda defende, depois de mudança de posição, a interpretação restritiva. Compare-se Pontes de Miranda, *Comentários ao Código de Processo Civil*, tomo II, 1973, p.195 ("Não; o artigo falou de 'ações relativas a imóveis situados no Brasil', e não só de ações reais relativas a imóveis situados no Brasil") com Pontes de Miranda, *Comentários ao Código de Processo Civil*, 3a ed. (atual. legislativa de Sérgio Bermudes), 1995, p.226 ("Sim; o art.89, I falou de 'ações relativas a imóveis situados no Brasil', e havemos de entender ações reais relativas a imóveis situados no Brasil. Mais uma vez advertimos que ações de promessa de venda ou de outro negócio jurídico não têm de ser tratadas, salvo se com eficácia registrária, como ações sobre bens imóveis sitos no Brasil").
81. Carmen Tiburcio, *Extensão e Limites da Jurisdição Brasileira: Competência Internacional e Imunidade de Jurisdição*, 2016, p. 80-81
82. Carmen Tiburcio. *Extensão e Limites da Jurisdição Brasileira: Competência Internacional e Imunidade de Jurisdição*, 2016, p. 80-81.

No Supremo Tribunal Federal, as poucas decisões a respeito do art. 89, I do Código de Processo Civil de 1973 aparentemente tenderiam pela interpretação alargada do dispositivo, embora os casos sejam marcados por tamanhas particularidades que devem ser analisados com cautela.[83] Mais recentemente, porém, a Corte Especial do Superior Tribunal de Justiça deferiu a homologação de sentença argentina, que reconhecera a "validade de escritura de cessão dos direitos hereditários sobre imóvel no Brasil".[84]

Deve-se, de fato, questionar se as demandas fundadas em direito pessoal deveriam mesmo estar incluídas na competência exclusiva dos tribunais brasileiros. De plano afaste-se suposta lesão à soberania, que não é sequer suficiente para justificar a razão de existência da competência internacional exclusiva para demandas fundadas em direito real.[85] Ademais, nas causas versando direito pessoal, não há necessariamente regras de ordem pública internacional envolvidas, tampouco é necessária maior proximidade do juiz com o imóvel para boa administração da justiça.

Solução mais acertada é, então, a restrição da competência internacional exclusiva prevista no art. 23, I CPC às demandas fundadas em direito real. As demandas fundadas em direito pessoal e relativas a imóveis (por exemplo uma ação pauliana para tornar ineficaz a doação de imóvel) são de competência internacional concorrente e determinada pelas demais regras do sistema. Nos casos raros e excepcionais em que demandas fundadas em direito pessoal devam ser julgadas exclusivamente pelos tribunais brasileiros, há sempre a possibilidade de se invocar a lesão à ordem pública internacional no momento da homologação da sentença estrangeira.

4.2.2. Inventário e partilha de bens situados no Brasil (art. 23, II e III CPC)

A segunda hipótese de competência internacional exclusiva da autoridade judiciária brasileira é formada por causas relativas ao inventário e partilha de bens situados no Brasil, seja *causa mortis* (art. 23, II CPC), seja *inter vivos* (art. 23, III CPC). A competência internacional exclusiva não é, contudo, tão ampla quanto uma primeira leitura dos dispositivos poderia sugerir. Apenas partilhas

83. STF, j. 29.5.1979, RE 90.961, Rel. Min. Décio Miranda, RTJ 90/727; STF, j. 1.12.1987, AgRg na SE 3.989, Rel. Min. Rafael Mayer, RTJ 123/893; STF, j. 15.10.2003, AgRg no AgRg na SE 7101, rel. Min. Maurício Corrêa, DJ 14.11.2003.
84. STJ, j. 4.6.2014, SEC 696, Rel. Min. Arnaldo Esteves Lima, *DJe* 01.07.2014.
85. Diego P. Fernández Arroyo, Compétence Exclusive et Compétence Exorbitante dans les Relations Privées Internationales, *Recueil de Cours*, vol. 323 (2006), p. 86-88. Aparentemente contra, porém, Carmen Tiburcio, *Extensão e Limites da Jurisdição Brasileira: Competência Internacional e Imunidade de Jurisdição*, 2016, p.137 ("A soberania é o fundamento direto de algumas normas fixadoras da jurisdição (e.g., *forum rei sitae*) [...]").

litigiosas sobre bens situados no Brasil estão abarcadas pela competência internacional exclusiva dos tribunais brasileiros, não, porém, as partilhas consensuais ou amigáveis, as quais podem ser reconhecidas no Brasil.

4.2.2.1. Evolução jurisprudencial

O art. 89, II do CPC de 1973 previa ser de competência internacional exclusiva "proceder a inventário e partilha de bens, situados no Brasil [...]". Mas o dispositivo, a partir de consistente construção jurisprudencial das últimas décadas, passou a ser interpretado como restringindo a competência internacional exclusiva da justiça brasileira apenas às partilhas que, cumulativamente, tenham sido litigiosas e relativas a bens imóveis situados no país. Sentenças estrangeiras que meramente homologam o acordo das partes, ainda que versem sobre bens imóveis situados no Brasil, podem ser reconhecidas no Brasil.

Em primeiro lugar, a partir do final da década de 1970 e começo da de 1980, consolidou-se o entendimento de que a competência internacional exclusiva do art. 89, II CPC seria restrita a partilhas *causa mortis*.[86] Com o afastamento do art. 89, II CPC, o único fundamento para que as partilhas *inter vivos* se inserissem na competência internacional exclusiva dos tribunais brasileiros passou a ser o art. 89, I CPC. Como, contudo, o art. 89, I CPC só se refere a ações que afetem bens imóveis situados no Brasil, as partilhas *inter vivos* de bens móveis podiam ser consideradas como hipótese de competência internacional concorrente.

Em segundo lugar, a partir da metade da década de 1980, consolidou-se o entendimento de que, ainda que digam respeito a imóveis situados no Brasil, partilhas amigáveis confirmadas judicialmente no exterior não se sujeitam à competência internacional exclusiva dos tribunais brasileiros.[87]

Tal interpretação vem sendo seguida com grande tranquilidade pelo Superior Tribunal de Justiça.[88] De modo que apenas as partilhas litigiosas sobre bens

86. E.g. STF, j. 29.11.1978, AgRg na SE 2396, Rel. Min. Thompson Flores, RTJ 90/11; STF, j. 7.5.1982, AgRg na SE 2883, Rel. Min. Xavier de Albuquerque, DJ 14.5.1982; STJ, j. 9.10.1985, SE 3408, Rel. Min. Rafael Mayer, RTJ 115/1083; STF, j. 21.10.1994, SEC 4512, Rel. Min. Paulo Brossard, DJ 2.12.94; STJ, j. 8.11.2005, REsp 535.646, Rel. Min. Menezes Direito, RT 851/166. Mais recentemente, STJ, j. 2.12.2015, EDcl na SEC 11.616, Rel. Min. João Otávio de Noronha, DJe 14.12.2015 ("Homologa-se a sentença estrangeira de divórcio na qual também se decide sobre partilha de bens, havendo determinação de que seja vendida propriedade situada em território nacional, já que as disposições do inciso II do art. 89 do Código de Processo Civil aplicam-se às hipóteses de partilha por sucessão causa mortis").

87. E.g. STF, j. 21.3.1985, SE 3532, Rel. Min. Moreira Alves, RTJ 112/1006; STF, j. 9.10.1985, SE 3408, Rel. Rafael Mayer, RTJ 115/03; STF, j. 17.6.1986, SE 3633, Rel. Min. Moreira Alves, DJ 24.6.1986; STF, j. 21.10.1994, SEC 4512, Rel. Min. Paulo Brossard, DJ 2.12.94; STF, j. 1.4.2002, SE 7027, Rel. Min. Marco Aurélio, DJ 18.4.2002; STF, j. 12.6.2002, SEC 7146, Rel. Min. Ilmar Galvão, DJ 2.8.2002.

88. Dentre os mais recentes, com referências aos precedentes anteriores, veja-se, por exemplo, STJ, j. 4.10.2017, SEC 15.639, Rel. Min. Og Fernandes, DJe 9.10.2017 ("[...] a jurisprudência pátria admite que a

imóveis situados no Brasil ainda seriam de competência internacional exclusiva da autoridade judiciárias brasileira.[89] Essa firme e consistente linha jurisprudencial se mantém útil e adequada à interpretação do Código de Processo Civil de 2015.

É fato que os dispositivos do novo Código de Processo Civil – em lamentável guinada contrária a décadas de boa construção jurisprudencial – deixam claro que a competência internacional exclusiva abarca não só as partilhas *causa mortis* (art. 23, II CPC), mas também *inter vivos* (art. 23, III). Mas os dispositivos não infirmam o entendimento consolidado desde a década de 1980, e calcado em firme considerações principiológicas, de que partilhas consensuais estrangeiras podem ser reconhecidas no país, ainda que o bem se situe no Brasil.[90]

4.2.2.2. Partilhas consensuais estrangeiras e relações jurídicas claudicantes

Partilhas (*inter vivos* ou *causa mortis*) são campo fértil para os mais infelizes conflitos. Nem sempre se consegue, tal como os amantes do soneto de Drayton (1563 – 1631), simplesmente beijar e partir ("kiss and part").[91] Por isso, se os interessados chegaram a um acordo quanto à partilha, o direito brasileiro deve prestigiá-lo, ainda mais quando tenha sido chancelado por autoridade estrangeira.

Justiça estrangeira ratifique acordos firmados pelas partes, independente do imóvel localizar-se em território brasileiro"); STJ, j. 16.12.2015, SEC 9.877, Rel. Min. Benedito Gonçalves, DJe 18.12.2015 ("Não ofende o art. 89, I, do CPC nem o art. 12, § 1º, da LINDB, a sentença estrangeira que, ao decretar o divórcio, homologa acordo celebrado pelos ex-cônjuges quanto à partilha de bens imóveis situados no Brasil"); STJ, j. 3.6.2015, SEC 6.344, Rel. Min. Benedito Gonçalves, DJe 12.6.2015 ("Esta Corte entende ser válida a disposição de partilha de bens imóveis situados no Brasil na sentença estrangeira quando realizada de maneira equitativa e por consenso entre as partes. Precedentes: SEC 1.320/EX, Rel. Min. Napoleão Nunes Maia Filho, DJe de 16.10.2014; SEC 7.201/EX, Rel. Min. Herman Benjamin, DJe de 21.11.2014; SEC 5.822/EX, Rel. Min. Eliana Calmon, DJe de 28.02.2013, SEC 8.810/EX, Rel. Min. Humberto Martins, DJe de 16.10.2013, SEC 5.528/EX, Rel. Min. Sidney Beneti, DJe de 04.06.2013").

89. STJ, j. 6.5.2015, SEC 9272, Rel. Min. Luis Felipe Salomão, DJe 25.5.2015; STJ, j. 19.11.2014, SEC 9531, Rel. Min. Mauro Campbell Marques, DJe 11.12.2014; STJ, j. 12.5.2011, SEC 5270/EX, Rel. Min. Felix Fischer, RSTJ 223/84; STJ, j. 12.4.2010, SEC 2547, Rel. Min. Hamilton Carvalhido, DJe 12.05.2010.

90. Já na vigência do Código de Processo Civil de 2015, veja-se, por exemplo, STJ, j. 4.10.2017, SEC 15.639, Rel. Min. Og Fernandes, DJe 9.10.2017 ("No caso, a partilha de bens imóveis situados no Brasil, em decorrência de divórcio ou separação judicial, é competência exclusiva da Justiça brasileira, nos termos do art. 23, III, do Código de Processo Civil. Nada obstante, a jurisprudência pátria admite que a Justiça estrangeira ratifique acordos firmados pelas partes, independente do imóvel localizar-se em território brasileiro").

91. Michael Drayton, *Idea* [1619], Soneto LVI ("Since there's no help, come let us kiss and part"). O texto completo, além de disponível on-line, encontra-se, por exemplo, em Harold Bloom, *The Best Poems of the English Language*, 2004, p. 110.

Não se deve – correndo o risco de reabrir a crise jurídica pacificada no exterior – forçar que os envolvidos busquem novamente um consenso, apenas porque o bem (ou um dos bens) está situado no Brasil. A mobilidade transnacional, que já não é por si só fácil, traz questões jurídicas frequentemente complexas. O direito internacional privado deve evitar complicar a vida dos envolvidos, permitindo que as fronteiras sejam porosas não só às pessoas, mas também às posições jurídicas de que são titulares. Um meridiano não deveria determinar a verdade.[92]

A denegação de reconhecimento à sentença estrangeira fará com que um mesmo acordo e uma mesma partilha, entre as mesmas partes, seja eficaz em um país, mas ineficaz em outro. Estaremos diante, então, de uma relação jurídica claudicante. Diz-se que uma relação jurídica é claudicante (*limping legal relationship, hinkendes Rechtsverhältnis, rapport juridique boiteux*) quando é válida em um sistema jurídico, mas inválida em outro, ou quando, apesar de válida em ambos, possui efeitos distintos em cada um.[93] Elas podem surgir em virtualmente qualquer área do direito.[94] Malgrado serem às vezes inevitáveis – porque decorrem da diversidade do direito internacional privado e do direito material entre os diversos sistemas jurídicos –, elas são altamente indesejáveis.

Relações jurídicas claudicantes já foram criticadas como uma vergonha do direito internacional privado[95] e como o oposto da desejada harmonia internacional de decisões (*Entscheidungseinklang*)[96], ou seja, do ideal de que um mesmo caso tenha o mesmo resultado independentemente de onde julgado.[97] A preocupação com relações jurídicas claudicantes não é nova. Já no século XVII, Ulrich Huber afirmava que nada poderia ser mais inconveniente (*nihil foret magis incommodum*) do que negócios válidos segundo a lei de um lugar fossem considerados sem efeito em outro por conta da diferença legal.[98]

---

92. Blaise Pascal [1623-1662], *Pensées and Other Writings*, trad. Honor Levi, 1995, p. 23 ("Three degrees of latitude overthrow jurisprudence. A meridian determines the truth. It is an odd kind of justice to have a river for its boundary. Truth lies on this side of the Pyrenees, error on the other.").
93. Daniel Gruenbaum, Foreign Surrogate Motherhood: mater semper certa erat, 60 *American Journal of Comparative Law* 475, 500 (2012).
94. Com exemplos, Daniel Gruenbaum, Foreign Surrogate Motherhood: mater semper certa erat, 60 *American Journal of Comparative Law* 475, 500 (2012).
95. O. Kahn-Freund, General Problems of Private International Law, Recueil des Cours, vol. 143 (1974), p. 160 ("ultimate shame of private international law").
96. Gerhard Kegel / Klaus Schurig, *Internationales Privatrecht*, 2004, p. 140; Jan Kropholler, *Internationales Privatrecht*, 2006, p. 240-241.
97. Friedrich Carl von Savigny, *System des heutigen Römischen Rechts*, vol. 8, 1849, p. 348.
98. Ulrich Huber [1636-1694], *Praelectiones Juris Civilis*, tomi tres, pars II, lib. 1, tit. 3 (De Conflictu Legum Diversarum in Diversis Imperiis) §2 (1689) ("ita commerciis et usu gentium promiscuo nihil foret magis

Por isso, embora nem sempre possível, convém que se busque preservar ao máximo o tratamento unitário do patrimônio, reservando-se a denegação do reconhecimento a partilhas estrangeiras para situações excepcionais.

Essas considerações de cunho principiológico estão na base na evolução jurisprudencial das últimas décadas exposta mais acima e guiam a interpretação do art. 23, II e III do Código de Processo Civil de 2015, de modo que partilhas consensuais estrangeiras, ainda que relativas a bens (móveis ou imóveis) situados no Brasil, podem ser reconhecidas e produzir seus efeitos no direito brasileiro.[99]

Na remota eventualidade de o acordo homologado por sentença no exterior produzir um resultado que, no caso concreto, seja manifestamente chocante a valores e princípios essencialíssimos à ordem jurídica brasileira – e não apenas diferente daquele a que se chegaria por meio da aplicação da legislação brasileira –, então o reconhecimento da sentença estrangeira pode ser negado: não porque faleceria competência internacional indireta ao juiz estrangeiro (art. 963, I CPC), mas por violação à ordem pública internacional (art. 963, VI CPC[100] c/c art. 17 LINDB[101]).

4.2.3. Eleição de foro estrangeiro exclusivo e convenção de arbitragem

A sentença judicial estrangeira que tenha sido proferida em desrespeito a convenção de arbitragem ou acordo de eleição de foro exclusivo (brasileiro ou estrangeiro) deve em princípio ser considerada como proferida por autoridade incompetente, se a convenção de arbitragem ou acordo de eleição de foro exclusivo for válido e eficaz (subjetiva e objetivamente) e tiver sido devidamente invocado pela parte interessada no foro estrangeiro.

---

incommodum, quam si res jure certi loci validae mox alibi diversitate Juris infirmarentur [...]"). Para uma versão em inglês, Ernest G. Lorenzen, Huber's De Conflictu Legum, 13 *Ill. L. Rev.* 375, (1918-1919), reimpresso em Ernest G. Lorenzen, *Selected Articles on the Conflict of Laws*, 1948, p. 163-66.

99. Já na vigência do Código de Processo Civil de 2015, veja-se, por exemplo, STJ, j. 4.10.2017, SEC 15.639, Rel. Min. Og Fernandes, DJe 9.10.2017 ("No caso, a partilha de bens imóveis situados no Brasil, em decorrência de divórcio ou separação judicial, é competência exclusiva da Justiça brasileira, nos termos do art. 23, III, do Código de Processo Civil. Nada obstante, a jurisprudência pátria admite que a Justiça estrangeira ratifique acordos firmados pelas partes, independente do imóvel localizar-se em território brasileiro").

100. Art. 963, VI do Código de Processo Civil de 2015: "Constituem requisitos indispensáveis à homologação da decisão: [...] VI – não conter manifesta ofensa à ordem pública".

101. Art. 17 da Lei de Introdução às normas do Direito Brasileiro (LINDB): "As leis, atos e sentenças de outro país, bem como quaisquer declarações de vontade, não terão eficácia no Brasil, quando ofenderem a soberania nacional, a ordem pública e os bons costumes".

4.2.3.1. Direito estrangeiro

Essa é a posição, por exemplo, dos direitos alemão[102], francês[103], suíço[104], em vários estados dos Estados Unidos[105] (e.g. em Nova York)[106], bem do direito do Reino Unido[107], em que há disposição legal expressa prevendo que será denegado reconhecimento a sentença estrangeira proferida em violação a convenção de arbitragem ou eleição de foro em favor de foro diverso daquele que proferiu a sentença, exceto se a parte interessada se submeteu à justiça estrangeira[108] ou se o acordo for ilegal, nulo, inexequível ou inoperante.[109]

4.2.3.2. União europeia

De forma previsível, porém, solução diversa é adotada no direito da União Europeia. No regime do Regulamento Bruxelas I Reformulado[110], o reconhecimento de sentença proferida em um Estado-membro não pode ser recusado em razão de violação de acordo de eleição de foro exclusivo em favor de outro

102. Haimo Schack, *Internationales Zivilverfahrensrecht*, 2014, n. 928, p. 346; Reinhold Geimer, in Richard Zöller, *Zöller: Zivilprozessordnung*, 2012, §328 n. 133, p. 1127; Dieter Martiny, *Handbuch des Internationalen Zivilverfahrensrechts*, Band III/1, 1984, n. 706, p. 312, n. 709, p. 322.
103. Bernard Audit / Louis d'Avout, *Droit International Privé*, 2010, n. 472, p. 409; Pierre Mayer / Vincent Heuzé, *Droit international privé*, 2007, n. 378; Yvon Loussouarn / Pierre Bourel / Pascal de Vareilles-Sommières, *Droit international privé*, 2007, n. 495-6-1. Na jurisprudência, em matéria de arbitragem, Cass. civ. 5.3.1969, *Revue critique de droit international privé*, 1970, p. 546, com obs. de H. Gaudemet-Tallon.
104. Andreas Buscher, in Andreas Buscher (éd.), *Commentaire Romand: Loi sur le droit international privé - Convention de Lugano*, 2011, Art. 26, n. 22-23, p. 341; Bernard Dutoit, *Droit international privé suisse: Commentaire de la loi fédérale du 18 décembre 1987*, 2005, Art. 26, n. 3bis, p. 102; Jean-François Poudret / Sébastien Besson, *Comparative Law of International Arbitration*, 2007, n. 516, p. 450-541. Na jurisprudência, afirmando a incompetência internacional indireta de tribunal peruano que desconsiderou cláusula compromissória, Tribunal federal suíço, 19.12.1997, ATF 124 III 83, 87 consid. 5a (em alemão) = *Yearbook Commercial Arbitration*, vol. XXIV (1999), p. 727 (em inglês) = Gabrielle Kaufmann-Kohler / Antonio Rigozzi, *International Arbitration: Law and Practice in Switzerland*, 2015, p. 255 (em inglês). Veja-se também Tribunal Federal suíço, 27.5.2014 - Caso 4A_508/2013, consid. 3.1, disponível em [www.bger.ch] (em francês) e [http://www.swissarbitrationdecisions.com/res-judicata-effect-foreign-judgment] (em inglês).
105. Restatement (Third) of Foreign Relations Law (1987), §482(2)(f).
106. N.Y. C.P.L.R. § 5304(b)(6) ("A foreign country judgment need not be recognized if: [...] 6 - the proceeding in the foreign court was contrary to an agreement between the parties under which the dispute in question was to be settled otherwise than by proceedings in that court"). A respeito, em *obiter dictum*, Republic of Ecuador v. Chevron Corp., 638 F.3d 384 (2nd Cir. 2011) ("that provision appears only to apply when the parties to the foreign litigation act contrary to a prior agreement-usually a forum selection clause-between those same parties").
107. Tracomin SA v Sudan Oil Seeds Co Ltd [1983] 1 WLR 1026 = [1983] 3 All E.R. 137 (CA), confirmando Tracomin SA v Sudan Oil Seed Ltd (No 1) [1983] 1 WLR 662; Adrian Briggs, *The Conflict of Laws*, 2013, p. 179.
108. Veja-se, por exemplo, AES Ust-Kamenogorsk Hydropower Plant LLP v Ust-Kamenogorsk Hydropower Plant JSC [2011] EWCA 647, [2012] 1 WLR 910, esp. para. 182.
109. Civil Jurisdiction and Judgments Act 1982 s 32. Tracomin SA v Sudan Oil Seeds Co Ltd [1983] 1 All ER 404 (CA).
110. Regulamento (UE) n.o 1215/2012 do Parlamento Europeu e do Conselho de 12 de dezembro de 2012 relativo à competência judiciária, ao reconhecimento e à execução de decisões em matéria civil e comercial, *Jornal Oficial da União Europeia*, L 351, de 20.12.2012, p. 1.

Estado-membro, por ausência de previsão no art. 45, §1º, al. "e".[111] A ocorrência dessa situação será, porém, rara: o art. 31, §§2º e 30 do Regulamento Bruxelas I Reformulado passou a prever que, se uma demanda for proposta perante o tribunal de um Estado-Membro eleito exclusivamente, os tribunais de todos os outros Estados-Membros devem suspender eventual processo paralelo até o momento em que o tribunal eleito se declarar incompetente ou, se o tribunal eleito se declarar competente, deverão se declarar incompetentes a favor desse tribunal.

4.2.3.3. Direito brasileiro

Tanto a convenção de arbitragem quanto a eleição de foro exclusivo são negócios jurídicos que – se válidos e eficazes de acordo com o direito aplicável – em princípio afastam, em razão de sua típica eficácia negativa, a competência de qualquer outro órgão para o julgamento do mérito da causa.

Por isso, também no direito brasileiro se chega à mesma conclusão dos direitos estrangeiros internos descritos acima (*supra*, item 4.2.3.1): caso se conclua – em análise feita de acordo com as normas indicadas pelo direito internacional privado brasileiro e independentemente daquela já empreendida pela justiça estrangeira – que a convenção de arbitragem ou o acordo de eleição de foro exclusivo (brasileiro ou estrangeiro) era válido e eficaz (subjetiva e objetivamente), então a sentença estrangeira foi proferida por autoridade a quem, sob a ótica nacional, falecia competência internacional indireta e, consequentemente, o ato jurisdicional não pode ser reconhecido no país.

Assim, por exemplo, o Superior Tribunal de Justiça já denegou homologação a sentença norte-americana que condenara à revelia – após regular citação por carta rogatória[112] – a Companhia de Engenharia de Tráfego – CET RIO e o Município do Rio de Janeiro ao pagamento de indenização a sociedade estrangeira (Worldwide Parking, Inc.) em razão de descumprimento contratual, justamente porque, do contrato, constaria cláusula de eleição de foro exclusivo em favor da comarca do Rio de Janeiro.[113]

---

111. Ulrich Magnus, Gerichtsstandsvereinbarungen unter der reformierten EuGVO, in Normann Witzleb et al. (Hrsg.), *Festschrift für Dieter Martiny zum 70. Geburtstag*, 2014, p. 802; Dominique Bureau / Horatia Muir Watt, *Droit international privé*, t. I, 2014, n. 282, p. 323.

112. STF, j. 11.02.2003, CR 10267, Rel. Min. Marco Aurélio DJ 20.2.2003 ("Carta Rogatória – Citação – Eleição de Foro. Os efeitos da eleição de foro hão de ser dirimidos pela Justiça na qual proposta a ação, descabendo defini-los em carta rogatória cujo objetivo se faça restrito à citação"). O agravo regimental interposto contra a decisão do presidente do STF foi denegado pelo plenaário: STF, AgRg CR10267, Rel. Min. Marco Aurélio DJ 27.6.2003.

113. STJ, j. 17.3.2010, SEC 3.253, Rel. Min. Nilson Naves, DJe 27.5.2010.

Algumas exceções são, entretanto, concebíveis. A sentença estrangeira pode ser reconhecida, por exemplo, se a parte se submeteu voluntariamente à justiça estrangeira, sem questionar a sua jurisdição, porque aí ocorreu, ao menos para aquele processo, renúncia ao acordo; se o tribunal arbitral ou judicial eleito declinara anteriormente de sua competência, porque, neste caso, a prolação da sentença judicial evitou a denegação de justiça; se a homologação foi requerida pela própria parte que invocou em vão no foro estrangeiro a convenção de arbitragem ou acordo de eleição de foro, porque, neste ponto, não seria justo que se lhe impedisse de se beneficiar da sentença estrangeira.

Pode-se questionar qual valor os tribunais nacionais – no caso brasileiro, fundamentalmente o Superior Tribunal de Justiça – deveriam acordar à determinação do tribunal estrangeiro sobre a invalidade ou ineficácia da convenção de arbitragem. Afinal, se a parte interessada suscitou a sua existência e, mesmo assim, sobreveio sentença de mérito, então é porque, por algum motivo, o tribunal estrangeiro entendeu que a convenção de arbitragem ou acordo de eleição de foro era inválido, ineficaz ou por algum outro motivo inapto a afastar a jurisdição estrangeira.

Poderia, então, o Superior Tribunal de Justiça apreciar novamente a validade ou eficácia da convenção de arbitragem ou acordo de eleição de foro? A pergunta se justifica especialmente em razão do regime da contenciosidade limitada que tradicionalmente marca o processo de homologação, no qual é vedado ao Superior Tribunal de Justiça adentrar ao mérito da sentença estrangeira (vedação da "révision au fond")[114], revendo o que ali decidido quanto à causa (art. 36, §2º CPC).[115]

A resposta é positiva.[116] A vedação da revisão do mérito da causa julgada no exterior não impede que se verifique se os pressupostos previstos no direito brasileiro para o reconhecimento da sentença estrangeira estão satisfeitos, ainda que, para tanto, tenha-se que adentrar matéria de fato e de direito,

114. Por exemplo, SEC, j. 5.11.2008, SEC 646, Rel. Min. Luz Fux, Dje 11.12.2008 ("O juízo de delibação é meramente formal, sem o denominado Revision au fond [...]").

115. Art. 36, §2º do Código de Processo Civil de 2015 ("Em qualquer hipótese, é vedada a revisão do mérito do pronunciamento judicial estrangeiro pela autoridade judiciária brasileira"). Apesar da localização ruim (dentro de seção sobre cartas rogatórias), o dispositivo também se aplica ao reconhecimento de sentenças estrangeiras.

116. Contra, porém: Carlos Alberto Carmona, Capítulo VI. Da Homologação de Decisão Estrangeira e da Concessão do Exequatur à Carta Rogatória, in Teresa Arruda Alvim Wambier et al. (coord.), *Breves Comentários ao Novo Código de Processo Civil*, 2015, Art. 963, n. 1 ("O fato de as partes terem eleito foro no território nacional não impede a homologação de um provimento estrangeiro. É possível que no local em que a decisão foi proferida a eleição de foro estrangeiro seja ineficaz (ou seja abusiva), de modo que a autoridade local afaste a escolha, mantendo sua própria competência. O acerto de tal decisão, segundo os parâmetros locais, não pode ser objeto de perquirição durante o processo homologatório, não podendo servir de empecilho para a homologação do provimento final").

inclusive a respeito de cláusula contratual, já analisada no exterior. O que o direito brasileiro impede é a revisão do mérito decidido pela sentença estrangeira e não a análise se os pressupostos legais para o seu reconhecimento estão satisfeitos.

A competência internacional indireta é um dos requisitos legais para o reconhecimento de sentença estrangeira, de modo que o Superior Tribunal de Justiça tem o dever de apreciar – como questão de mérito própria da ação de homologação[117] – se ele está satisfeito, independentemente da conclusão a que chegou o tribunal estrangeiro. Neste ponto, o Superior Tribunal de Justiça não estará revendo o mérito da sentença estrangeira, mas decidindo acerca da satisfação de pressuposto exigido pelo próprio direito brasileiro para a sua eficácia no país. Isso vale tanto para o requisito da ausência de manifesta violação à ordem pública internacional[118], quanto para a competência internacional indireta.[119]

O art. 963, I CPC é aplicável, portanto, não só quando a incompetência da justiça estrangeira decorrer diretamente de norma sobre competência internacional exclusiva, mas também quando decorrer de acordo das partes que produza igual efeito. Neste ponto, o respeito à sentença estrangeira cede espaço ao respeito devido ao acordo das partes.

4.3. Competência internacional exorbitante

O segundo grupo de causas em que o direito brasileiro não aceita o exercício da jurisdição por tribunal estrangeiro é formado por aquelas julgadas pelo juiz estrangeiro no exercício de competência internacional exorbitante.

A vedação do reconhecimento de sentença estrangeira em hipótese de competência internacional exorbitante se presta primordialmente à proteção do réu (esteja ele domiciliado ou não no Brasil). Por isso, diferentemente do que ocorre com a competência internacional exclusiva, a competência internacional

---

117. José Carlos Barbosa Moreira, *Comentários ao Código de Processo Civil*, vol. V, 2001, n. 57, p. 85; Vicente Greco Filho, *Homologação de Sentença Estrangeira*, 1978, p. 136; Pontes de Miranda, *Comentários ao Código de Processo Civil*, tomo VI, 1974, p.137.
118. STJ, j. 16.12.2015, SEC 11.432, Rel. Min. Benedito Gonçalves, DJe 18.12.2015; STJ, j. 6.5.2015, SEC 4278, Rel. Min. Napoleão Nunes Maia Filho, DJe 14.5.2015; STJ, j. 30.3.2015, SEC 10118, Rel. Min. Og Fernandes, DJe 30.3.2015.
119. Veja-se, revendo a cláusula de eleição de foro exclusivo, no caso envolvendo a CET RIO, já referido acima, STJ, j. 17.3.2010, SEC 3.253, Rel. Min. Nilson Naves, DJe 27.5.2010 e, para os diversos despachos monocráticos do Presidente do STJ naquele caso, determinando reiteradamente à requerente a apresentação do contrato, STJ, j. 24.3.2008, SE 3253, Rel. Min. Barros Monteiro, DJe 1.4.2008; STJ, j. 5.8.2008, SE 3253, Rel. Min. Cesar Asfor Rocha, DJe 15.8.2008; STJ, j. 8.9.2008, SE 3253, Rel. Min. Cesar Asfor Rocha, DJe 19.9.2008; STJ, j. 12.11.2008, SE 3253, Rel. Min. Cesar Asfor Rocha, DJe 19.11.2008.

exorbitante não afasta o reconhecimento da sentença estrangeira quando, por exemplo, a própria parte beneficiada pela proteção requerer a sua homologação[120] ou com ela concordar.

4.3.1. Conceito

Diz-se que a competência internacional é exorbitante quando fundada em elementos insuficientes para justificar o exercício da jurisdição pelos tribunais de um Estado, seja porque a causa não guarda proximidade mínima com o foro, seja porque seria injusto, dada as circunstâncias, impor ao réu que a ele se submetesse.[121] Nesses casos excepcionais – que exemplificam o extremo oposto do princípio da proximidade[122] – o exercício da jurisdição pelo tribunal estrangeiro, tal como ocorre nas hipóteses de competência internacional exclusiva, também não é aceitável pelo direito brasileiro.

A caracterização da exorbitância é excepcional e depende de análise *in concreto*. Com efeito, dado que o direito brasileiro não adotou o critério do espelho (*supra* item 3.1), não se pode simplesmente qualificar como exorbitante determinado foro estrangeiro só porque a jurisdição foi exercida em hipótese

120. Embora menos frequente, é perfeitamente possível que o reconhecimento da sentença estrangeira seja requerido justamente pelo réu no processo estrangeiro. Isso é especialmente concebível quando a sentença for de improcedência, e o réu vitorioso desejar impedir que o autor perdedor no exterior inicie ou prossiga com idêntico processo paralelo no Brasil. Veja-se, embora o caso não envolvesse hipótese de competência internacional exorbitante, STJ, j. 17.12.2014, SEC 10.093, Rel. Min. Feliz Fischer, DJe 02.02.2015 (homologação de sentença proferida por tribunal texano, que afastou a responsabilidade da Rolls-Royce Corporation pelos danos sofridos por familiares de vítimas de acidente de helicóptero de sua fabricação, as quais iniciaram também processo no Brasil após terem perdido em 1ª instância o processo iniciado no exterior).

121. Veja-se Carmen Tiburcio, *Extensão e Limites da Jurisdição Brasileira: Competência Internacional e Imunidade de Jurisdição*, 2016, p.137 ("O princípio da proximidade é fundamental no direito internacional privado não só para determinar a lei aplicável aos litígios que tenham elementos estrangeiros, mas também para fixar a jurisdição mais adequada para decidir determinada controvérsia. É o grande fundamento das normas fixadoras da jurisdição e em razão dele hoje se aceita a essencialidade da existência de vínculos do litígio com o foro [...] e a importância de se combater ativamente os chamados foros exorbitantes, isto é, a ausência de vínculos relevantes entre a jurisdição e o litígio"). Dentre outros, Kevin M. Clermont / John R.B. Palmer, Exorbitant Jurisdiction, 58 *Maine Law Review* 474 (2006); Diego P. Fernández Arroyo, Compétence Exclusive et Compétence Exorbitante dans les Relations Privées Internationales, *Recueil de Cours*, vol. 323 (2006), p. 127 *et seq.*; Haimo Schack, *Internationales Zivilverfahrensrecht*, 2014, n. 225-226.

122. Diego P. Fernández Arroyo, Aspectos esenciales de la competencia judicial internacional en vistas de su reglamatación interamericanana, in Eduardo Picand Albónico (coord.), *Estudios de derecho internacional: libro homenaje al profesor Santiago Benadava*, vol. 2, 2008, p. 293, esp. p. 319 ("Tal proximidad es lo que confiere razonabilidad a un foro de competencia. Lo opuesto a un foro razonable es un foro exorbitante, mediante el cual un Estado atrapa bajo su jurisdicción un supuesto que no le corresponde"). Também relacionando o foro exorbitante e o princípio da proximidade, Carmen Tiburcio, *Extensão e Limites da Jurisdição Brasileira: Competência Internacional e Imunidade de Jurisdição*, 2016, p.137.

desconhecida do direito brasileiro (e.g. foro do domicílio do autor segurado ou beneficiário nas ações relativas ao contrato de seguro).[123]

Não por outro motivo, os exemplos de casos em que a homologação foi negada apenas por esse motivo são muito raros.

4.3.2. *Fundamento no direito brasileiro*

A jurisprudência brasileira nunca se referiu expressamente à noção de competência internacional exorbitante como fundamento para o indeferimento da homologação. Mas uma análise mais detalhada dos precedentes demonstra a sua existência no direito brasileiro.[124]

Em raros casos, já se indeferiu a homologação com base, sempre dentre outros argumentos, na circunstância de que o réu não teria se submetido voluntariamente à justiça estrangeira.[125] Isso não significa, porém, que o réu tenha o direito de não se submeter à jurisdição estrangeira competente mesmo devidamente citado por carta rogatória.[126]A revelia do réu não impede, por si só, o reconhecimento da sentença estrangeira (art. 963, II CPC).[127]

---

123. Embora desconhecida do direito brasileiro, não parece ser exorbitante a competência internacional concorrente atribuída, em matéria securitária, ao foro do domicílio do autor segurado ou beneficiário do seguro. Por exemplo, no direito espanhol, art. 22 quinquies, al. "e", 1ª frase, da Ley Orgánica 6/1985, de 1 de julio, del Poder Judicial ("En materia de seguros, cuando el asegurado, tomador o beneficiario del seguro tuviera su domicilio en España"). Veja-se também, no direito da União Europeia, o art. 11, §1º, al. "b" do Regulamento (UE) n.o 1215/2012 ("Noutro Estado-Membro, em caso de ações intentadas pelo tomador de seguro, o segurado ou um beneficiário, no tribunal do lugar em que o requerente tiver o seu domicílio").

124. Veja-se, na doutrina, por exemplo, Vicente Greco Filho, *Homologação de Sentença Estrangeira*, 1978, p. 140 (referindo-se a "critérios reconhecidos como razoáveis pela ordem jurídica brasileira"); Carmen Tiburcio, *Extensão e Limites da Jurisdição Brasileira: Competência Internacional e Imunidade de Jurisdição*, 2016, p.137 (referindo-se à "importância de se combater ativamente os chamados foros exorbitantes").

125. O primeiro precedente a respeito parece ser STF, j. 4.4.1974, SE 2.114, Rel. Min. Bilac Pinto, *RTJ* 87/384. Posteriormente, STF, j. 23.4.1975, SE 2.227, Rel. Min. Cordeiro Guerra, *RTJ* 74/337; STF, j. 4.9.1985, SE 3448, Rel. Min. Cordeiro Guerra, RTJ 155/611; STF, j. 26.2.1986, SE 3534, Rel. Min. Sydney Sanches, RTJ 117/57; STF, j. 8.5.1986, SE 3587, Rel. Min. Octavio Gallotti, RTJ 117/996. Na doutrina, Jacob Dolinger, Brazilian International Procedural Law, *Panorama of Brazilian Law*, 1992, p. 368; Carmen Tiburcio, *Extensão e Limites da Jurisdição Brasileira: Competência Internacional e Imunidade de Jurisdição*, 2016, p. 42. Mais recentemente, o Superior Tribunal de Justiça abordou o tema: STJ, j. 28.5.2009 SEC 1763, Rel. Min. Arnaldo Esteves Lima, *DJe* 25.06.2009. Mas o precedente do STJ é bastante peculiar: para denegar a homologação, além de se referir à necessidade de submissão do réu, o acórdão se funda, primeiro, na ausência de citação por rogatória; e, segundo, na suposição de que o art. 7o LINDB fundaria a competência internacional exclusiva da justiça brasileira. Este último fundamento, contudo, confunde o problema da lei aplicável com o da competência internacional, na medida em que o art. 7o LINDB é regra de conexão que em nada diz respeito à competência internacional da justiça brasileira, muito menos à competência internacional exclusiva.

126. O ponto já foi muito bem demonstrado por José Ignácio Botelho de Mesquita, Da competência internacional e dos princípios que a informam, *Revista de Processo*, vol. 50 (1988), p. 70.

127. Veja-se STJ, j. 17.6.2009, SEC 3183, Rel. Min. Luiz Fux, Dje 6.8.2009; STJ, j. 16.12.2015, SEC 13561, Rel. Min. Raul Araújo, DJe 2.2.2016.

Em verdade, a preocupação com a submissão à jurisdição estrangeira busca evitar que réu domiciliado no Brasil seja obrigado a comparecer à justiça estrangeira em causa que não guarde pertinência alguma com o foro estrangeiro (um foro exorbitante, portanto) e não de protegê-lo de qualquer processo instaurado contra a sua vontade no exterior.

A preocupação com foros exorbitantes – de todo correta – não acarreta por isso a faculdade de o réu domiciliado no Brasil escolher se submeter ou não à justiça estrangeira a seu talante e conforme a sua conveniência particular.[128] Isso criaria uma hipótese de competência internacional exclusiva em favor do foro do domicílio réu no Brasil que, além de desproporcional, iria de encontro à previsão do art. 22, I CPC 2015, o qual – tal como fizeram o art. 12 da LINDB e art. 88, I CPC 1973 – qualifica o foro do domicílio do réu no Brasil precisamente como hipótese de competência internacional concorrente.[129]

Justamente por isso, o Supremo Tribunal Federal afirmou no célebre caso Naji Nahas que, apesar da recusa do réu domiciliado no Brasil em se submeter à justiça norte-americana, haveria no caso uma hipótese de "submissão necessária" do réu ao foro estrangeiro em razão de suas atividades lá empreendidas (e.g. celebração de contrato, cometimento de ilícito).[130] A construção dessa hipótese de "submissão necessária" demonstra, portanto, que a preocupação do Tribunal não é propriamente com a submissão efetiva do réu ao foro estrangeiro, mas apenas com o exercício exorbitante da jurisdição pelo tribunal estrangeiro (algo inexistente naquele caso).

E, de fato, o Superior Tribunal de Justiça vem homologando com tranquilidade sentenças estrangeiras proferidas à revelia em face de réus domiciliados no país, desde que citados por carta rogatória. Em todos os casos, foi irrelevante a circunstância de o réu domiciliado no Brasil não ter se submetido à justiça estrangeira, quedando-se revel. Já se homologou, por exemplo, sentença proferida por tribunal em Turim que, após regular citação por carta rogatória, condenou à revelia sociedade com sede em Belo Horizonte ao pagamento de

---

128. Veja-se José Ignácio Botelho de Mesquita, Da competência internacional e dos princípios que a informam, *Revista de Processo*, vol. 50 (1988), p. 70 ("sendo o tribunal competente segundo a lei do seu próprio Estado, não tem o réu o direito de recusar a sua jurisdição – salvo, evidentemente, se a competência internacional, pelas leis do mesmo Estado do tribunal, depender da submissão espontânea do réu estrangeiro ou domiciliado fora de seu território"). Veja-se também STJ, j. 16.12.2015, SEC 13561, Rel. Min. Raul Araújo, DJe 2.2.2016; STJ, j. 20.5.2015, SEC 10076, Rel. Min. Og Fernandes, DJe 2.6.2015.
129. Veja-se, por exemplo, STF, j. 24.11.1994, SEC 4738, Rel. Min. Celso de Mello, DJ 7.4.1995 ("a circunstância de o Réu, em processo instaurado perante Tribunal estrangeiro, ser brasileiro e eventualmente domiciliado no Brasil não atua como causa de exclusão da competência jurisdicional da autoridade alienígena, eis que a nacionalidade e o domicílio do Réu em território brasileiro não se qualificam como elementos de conexão definidores da competência internacional exclusiva ou absoluta da justiça nacional").
130. STF, j. 11.12.1996, SEC 4.415, Rel. Min. Francisco Rezek, RTJ 166/451.

cerca de €70.000 mais juros, referente ao saldo em aberto do preço de maquinário que comprara de sociedade italiana, por contrato celebrado à distância.[131] Da mesma forma, já se homologou sentença proferida por tribunal em Londres que, igualmente após regular citação por carta rogatória, condenou à revelia sociedade com sede no Recife e seu presidente (também domiciliado no Recife) ao pagamento de cerca de US$6.000.000,00 a sociedade limitada inglesa, em razão de garantias prestadas em diversas transações de venda futura e de opções de compra/venda de açúcar em mercados de *commodities* no exterior.[132]

Se o direito internacional privado brasileiro quisesse proteger o réu domiciliado no Brasil de todo e qualquer processo instaurado no exterior contra a sua vontade – opção facilmente criticável[133] –, então a hipótese seria de competência internacional exclusiva. E essa foi, de fato, a opção do art. 15 da então Introdução ao Código Civil de 1916, o qual previa – em razão de emenda introduzida pelo Conselheiro Ruy Barbosa no Senado ao texto vindo da Câmara[134] – ser "competentes sempre os tribunais brasileiros nas demandas contra as pessoas domiciliadas ou residentes no Brasil, por obrigações contraídas ou responsabilidades assumidas neste ou noutro país". Por conta desse dispositivo e do advérbio "sempre", tanto a doutrina[135], quanto a jurisprudência[136] entendiam possuir o foro do domicílio do réu no Brasil competência internacional exclusiva.

Felizmente, tal opção foi de longa data abandonada pelo direito brasileiro, não tendo sido seguida pelo art. 12, I da Lei de Introdução ao Código Civil (1942), nem pelo art. 88, I do Código de Processo Civil de 1973, tampouco agora pelo art. 22, I do Código de Processo Civil de 2015, os quais classificam o foro do domicílio do réu no Brasil como hipótese de competência concorrente.

---

131. STJ, j. 16.12.2015, SEC 13561, Rel. Min. Raul Araújo, DJe 2.2.2016 ("A simples verificação da revelia no processo estrangeiro não configura ofensa à soberania nacional ou à ordem pública (LINDB, art. 17; RISTJ, art. 216-F), a obstar a homologação da sentença estrangeira, sobretudo se a citação da pessoa jurídica domiciliada no Brasil foi devidamente realizada por carta rogatória, respeitando-se o contraditório e a ampla defesa no processo alienígena".

132. STJ, j. 20.5.2015, SEC 10076, Rel. Min. Og Fernandes, DJe 2.6.2015.

133. E.g. Diego P. Fernández Arroyo, Compétence Exclusive et Compétence Exorbitante dans les Relations Privées Internationales, *Recueil de Cours*, vol. 323 (2006), p. 102.

134. O histórico legislativo do art. 15 da Introdução ao Código Civil foi resumida em detalhes por Haroldo Valladão em parecer de 11.12.1938, Haroldo Valladão, Da Competência Internacional para o Divórcio, in *Estudos de Direito Internacional Privado*, 1947, p. 481-487.

135. Eduardo Espínola / Eduardo Espínola Filho, *Tratado de Direito Civil Brasileiro*, vol. VIII, 1942, p. 70; Haroldo Valladão, Da Competência Internacional para o Divórcio, in *Estudos de Direito Internacional Privado*, 1947, p. 488-489.

136. STF, j. 14.5.1941, SE 1007, Rel. Min. Octavio Kelly, *Colectânea de Acórdãos*, n. 31, p. 107 ("Nega-se homologação à sentença da justiça portuguesa, proferida contra réu, brasileiro, domiciliado e residente no Brasil. A jurisprudência não reconhece válida a eleição do foro estrangeiro, nem a submissão tácita do réu ao mesmo, no correr da lide").

A conclusão de que sentenças estrangeiras só seriam homologadas no Brasil quando o réu aqui domiciliado se dignasse se submeter voluntariamente à justiça estrangeira transformaria a competência internacional que se quis concorrente em exclusiva. E o país correria o risco de se transformar em um porto seguro para réus que - apesar de contatos da causa com o exterior - poderiam se proteger da jurisdição estrangeira albergados no valhacouto nacional.

A proteção do réu contra processos instaurados em foros com o qual a causa não guarda mínima proximidade é feita, portanto, não pela exigência de sua submissão voluntária à justiça estrangeira - ou pela criação de hipóteses de submissão necessária -, mas por meio da previsão de que o exercício da jurisdição por tribunal estrangeiro não será aceito pelo direito brasileiro se fundada em hipótese de competência internacional exorbitante.

4.3.3. Exemplos de foros exorbitantes

Somente no caso concreto, ante a falta de conexões da causa com foro estrangeiro (por exemplo, das partes, do pedido ou de algum elemento da causa de pedir da demanda), é que se pode afirmar que o exercício da jurisdição pelo tribunal estrangeiro se baseou em hipótese de competência internacional exorbitante. São casos excepcionais e bastante infrequentes, raras vezes enfrentados pela justiça brasileira em sede de reconhecimento de sentença estrangeira. Não obstante, é possível ilustrar o tema com três exemplos de foros que - via de regra e ausentes outros elementos de proximidade -, não costumam guardam pertinência necessária com a causa e, portanto, são potencialmente exorbitantes.

4.3.3.1. Nacionalidade do autor

Primeiro exemplo de foro por vezes classificado como exorbitante é aquele fundado apenas na nacionalidade das partes, especialmente na do autor.[137] O exemplo mais famoso é dado pelos artigos 14 e 15 do Código Civil francês, os quais preveem a competência internacional residual dos tribunais franceses nas hipóteses, respectivamente, de o autor ou de o réu ser francês.

Por mais de cem anos, afirmou-se, com base nos dois dispositivos, que a nacionalidade francesa fundava hipótese de competência internacional exclusiva da justiça francesas, de modo que, salvo se houvesse renúncia tácita ou expressa ao benefício, não se reconheciam sentenças estrangeiras proferidas

137. Diego P. Fernández Arroyo, Compétence Exclusive et Compétence Exorbitante dans les Relations Privées Internationales, *Recueil de Cours*, vol. 323 (2006), p. 141.

em tais casos, tampouco se acatava a objeção de litispendência internacional. A partir, contudo, do julgamento do caso *Prieur* pela Corte de Cassação, a competência internacional do foro do réu francês (art. 15 do Código Civil) passou a ser considerada concorrente.[138] O mesmo ocorreu com o foro do autor francês (art. 14 do Código Civil), a partir do caso *Fercometal*.[139]

A nacionalidade da parte – especialmente a do autor – como fundamento para o exercício da jurisdição é especialmente problemática para causas cíveis e comerciais. Parece ser pouco defensável autorizar o exercício da jurisdição se a única conexão da causa com o foro for a nacionalidade do autor. E, de fato, já se afirmou que o art. 15 do Código Civil francês (que confere competência internacional aos tribunais franceses em causas nas quais o autor seja francês) seria simplesmente "indefensável".[140]

Já em causas relativas ao direito de família, a nacionalidade não necessariamente será critério que levará à competência internacional exorbitante do foro estrangeiro, especialmente quando se tratar da nacionalidade comum das partes.[141]

4.3.3.2. Mera presença do réu no foro (transient/tag jurisdiction)

Segundo exemplo de foro exorbitante é o exercício da jurisdição em razão da mera presença física – ainda que efêmera – do réu no território do foro no momento da sua citação (*transient* ou *tag jurisdiction*). A hipótese, que é comumente criticada pela doutrina[142], mas sobrevivente na prática, é resquício da concepção outrora dominante nos sistemas jurídicos do círculo da *common law* de que a jurisdição se fundaria no poder físico do tribunal sobre o réu e de que só poderia ser exercida se ele fosse citado enquanto estivesse fisicamente presente no foro.[143]

---

138. Cass. civ. 23.5.2006 – Prieur, *Revue critique de droit international privé* 2006, p. 871, com nota de H. Gaudemet-Tallon = *Journal du droit international* 2007, p. 1377, com nota de C. Chalas = Bertrand Ancel / Yves Lequette, *Les grands arrêts de la jurisprudence française de Droit International Privé*, 2006, n.o 87.

139. Cass. 22.5.2017 – Fercometal, *Revue critique de droit international privé* 2007, p. 610, com nota de H. Gaudemet-Tallon = *Journal du droit international* 2007, p. 956, com nota de B. Ancel e H. Muir Watt.

140. F. A. Mann, The Doctrine of Jurisdiction in International Law, *Recueil des cours*, vol. 111 (1964), p. 80 ("an almost unique provision which has been much criticised and can only be described as indefensible").

141. Veja-se, por exemplo, o art. 30, §10, al. "a" do Regulamento (CE) n.° 2201/2003 do Conselho, de 27 de Novembro de 2003, relativo à competência, ao reconhecimento e à execução de decisões em matéria matrimonial e em matéria de responsabilidade parental e que revoga o Regulamento (CE) n.° 1347/2000, *Jornal Oficial da União Europeia*, n.o L 338, de 23.12.2003, p. 1 ("Bruxelas IIbis") ("São competentes para decidir das questões relativas ao divórcio, separação ou anulação do casamento, os tribunais do Estado-Membro: [...] b) Da nacionalidade de ambos os cônjuges").

142. A. A. Ehrenzweig, The Transient Rule of Personal Jurisdiction: The "Power" Myth and *Forum Conveniens*, 65 *Yale Law Journal* 289 (1956).

143. Exemplificada na (atualmente ultrapassada) frase de Justice Holmes em McDonald v Mabee, 243 US 90, 91 (1917): "The foundation of jurisdiction is physical power".

Para se compreender bem a relação entre citação e exercício do poder jurisdicional, deve-se lembrar de que, tradicionalmente, a citação do réu ocorria com a entrega do então chamado *writ of summons*, pelo qual, em nome do rei ou da rainha, o réu era ordenado a comparecer perante o juiz em determinado dia e hora. Como o *writ* era feito em nome do rei, a sua entrega pessoal ao réu só poderia ocorrer dentro dos domínios reais, de modo que sua presença no território era fundamental.[144]

Embora conhecida de outros sistemas (por exemplo, Canadá)[145], inclusive sistemas jurídicos mistos (Escócia)[146], a *transient jurisdiction* é especialmente estudada a partir das experiências do direito na Inglaterra e nos Estados Unidos.

No direito inglês, há mais de quatro séculos se admite que a citação do réu durante sua presença ainda que temporária no território é suficiente para fundar a competência internacional dos tribunais ingleses[147]. A norma continua válida até os dias atuais[148] – exceto, por óbvio, nas hipóteses cobertas pelas regras de jurisdição do direito da União Europeia.[149] Assim, os tribunais ingleses já puderam exercer jurisdição pela simples circunstância de o réu, embora domiciliado no exterior, ser citado enquanto hospedado por poucos dias em hotel em Londres[150] ou enquanto assistia às corridas de cavalo no hipódromo de Ascot.[151]

---

144. Veja-se Symeon C. Symeonides, *American Private International Law*, 2008, p. 29; Trevor C. Hartley, *International Commercial Litigation*, 2009, p. 77-78.

145. Chevron Corp. v. Yaiguaje, 2015 SCC 42, para. 83 ("If service is properly effected on a person who is in the forum at the time of the action, the court has jurisdiction regardless of the nature of the cause of action").

146. Civil Jurisdiction and Judgments Act 1982, sch 8, rule 2 (a): "Subject to rules 3 (jurisdiction over consumer contracts), 4 (jurisdiction over individual contracts of employment), 5 (exclusive jurisdiction) and 6 (prorogation), a person may also be sued– (a) where he has no fixed residence, in a court within whose jurisdiction he is personally cited".

147. Cartwright v Pettus, 22 Eng.Rep. 916 (1675). Tratava-se de caso relativo a terras na Irlanda, no qual se reconheceu a jurisdição dos tribunais ingleses para a ação pessoal em razão da presença do réu na Inglaterra. O trecho relevante é aquele no qual o editor do repositório relata o Lord Chancellor ter afirmado que "as to the Profits the Bill was good, the Person being in *England*, for they are in the Personality".

148. Adrian Briggs, *The Conflict of Laws*, 2013, p. 112; J. J. Fawcett / J. M. Carruthers, *Cheshire, North & Fawcett: Private International Law*, 2008, p. 355.

149. Veja-se, por exemplo, art. 5º, §2º c/c art. 76 do Regulamento (UE) n.o 1215/2012. A lista a que se referem os dispositivos foi publicada no *Jornal Oficial da União Europeia*, C 4, de 9.1.2015, p. 2 e, das regras de competência nacionais afastadas, consta, para o Reino Unido "no ato que inicia a instância notificado ao requerido que se encontra temporariamente no Reino Unido".

150. Colt Industries Inc v Sarlie, [1966] 1 WLR 440, [1966] 1 All ER 673 (QB). Tem-se aqui, contudo, boa ilustração da importância de a exorbitância da competência internacional ser analisado *in concreto*. No caso, tratava-se de citação do réu para processo de execução na Inglaterra de sentença estrangeira proferida nos Estados Unidos. É sustentável que, nessa situação, o exercício da jurisdição não seria exorbitante, mas plenamente justificável pelo exato motivo de que o que se buscava era justamente a execução de sentença estrangeira naquele foro onde o réu fora citado.

151. Maharanee of Baroda v. Wildenstein, [1972] 2 QB 283, [1972] 2 WLR 1077, [1972] 2 All ER 689 (CA).

Também nos Estados Unidos se admite a *tag jurisdiction*.[152] Em um dos mais peculiares exemplos, a citação do réu dentro de um avião no exato momento em que, de passagem, sobrevoava o território do Arkansas foi considerada suficiente para fundar o exercício da jurisdição pelos tribunais daquele Estado[153]. De maneira semelhante, a competência internacional dos tribunais federais em Nova York para julgar demanda proposta em face de Radovan Karadžić, em razão de atrocidades cometidas durante os conflitos na ex-Iugoslávia, foi fundada em sua citação enquanto estava no lobby do hotel onde hospedado em Manhattan.[154]

A constitucionalidade da *transient jurisdiction* foi expressamente confirmada pela Suprema Corte na década de 1990, em um caso no qual o réu, residente no Estado de New Jersey, fora citado para ação de divórcio proposta pela esposa perante os tribunais californianos quando estava presente no Estado para fazer negócios e visitar suas filhas.[155]

Mas a *tag jurisdiction* aparentemente não pode mais ser exercida em face de sociedades. Isso porque a Suprema Corte já decidiu que – exceto se a demanda disser respeito a alguma atividade do réu no foro (*specific personal jurisdicion*) – a competência internacional geral (*general personal jurisdiction*) só é compatível com a cláusula constitucional do *due process* se os contatos da sociedade com o estado forem tão contínuos e sistemáticos que a sociedade ali esteja "em casa" (*essentially at home*).[156]

Nesse sentido, em ação de indenização proposta na Califórnia pelos herdeiros (alguns domiciliados na Califórnia) de passageiros mortos em 2010 em

152. Restatement of the Law (Second) of Conflict of Laws (1988), § 28.

153. Grace v MacArthur, 170 F. Supp 442, 443 (E.D. Ark. 1959) ("the Court is persuaded that in the case a person moving in interstate commerce across the State of Arkansas in a regular commercial aircraft, flying in the regular navigable airspace above the State, is within the 'territorial limits' of the State and is amenable to service"). Veja-se também Amusement Equipment, Inc. v. Mordelt, 779 F.2d 264 (5th Cir. 1985); Leab v. Streit, 584 F.Supp. 748 (S.D.N.Y.1984); Donald Manter Company v. Davis, 543 F.2d 419 (1st Cir. 1976).

154. Kadic v Karadzic, 70 F3d 232, 246 (2d Cir 1995).

155. Burnham v Superior Court of California, 495 US 604, 610-611 (1990) ("Among the most firmly established principles of personal jurisdiction in American tradition is that the courts of a State have jurisdiction over nonresidents who are physically present in the State. The view developed early that each State had the power to hale before its courts any individual who could be found within its borders, and that, once having acquired jurisdiction over such a person by properly serving him with process, the State could retain jurisdiction to enter judgment against him, no matter how fleeting his visit").

156. Daimler AG v. Bauman 134 S. Ct. 746, 754 (2014) ("a court may assert jurisdiction over a foreign corporation 'to hear any and all claims against [it]' only when the corporation's affiliations with the State in which suit is brought are so constant and pervasive 'as to render [it] essentially at home in the forum State'") (citações internas omitidas); Goodyear v. Brown 131 S. Ct. 2846, 2850 (2011) ("A court may assert general jurisdiction over foreign (sister-state or foreign-country) corporations to hear any and all claims against them when their affiliations with the State are so 'continuous and systematic' as to render them essentially at home in the forum State").

acidente aéreo em Cuba, a Corte Federal de Apelação para o Nono Circuito decidiu que um tribunal californiano não pode exercer jurisdição sobre a empresa francesa projetista e fabricante do avião apenas porque o seu vice-presidente de marketing estava, quando do recebimento da citação em nome da empresa, fisicamente naquele estado para uma conferência.[157]

Como se percebe, o exercício da jurisdição com base na mera presença do réu no momento da citação tem o potencial de trazer aos tribunais do foro um número grande de causas que com ele não guardem muita pertinência. Não por outro motivo, justamente para mitigar os excessos da extensão dessa e de outras hipóteses de competência internacional, foi desenvolvida a doutrina do *forum non conveniens*[158]: satisfeitos determinados pressupostos, o tribunal, embora detenha jurisdição, tem a faculdade de não a exercer para que o caso seja apreciado em um foro estrangeiro que, ponderados alguns fatores, é considerado como mais adequado.[159]

4.3.3.3. Presença de bens do réu no foro (forum patrimonii)

Terceiro exemplo de foro exorbitante é o exercício da jurisdição em razão da mera presença de bens do réu no foro (*forum patrimonii*), ainda que a causa não lhes diga respeito.[160] O exemplo mais tradicional é o art. 23 do Código de Processo Civil alemão (ZPO), que prevê a competência do foro da situação do bem para conhecer de qualquer demanda de cunho patrimonial – ainda que não relacionada com o bem – em face de réu não domiciliados na Alemanha.[161] Uma galocha esquecida no quarto de hotel em Berlim, narra-se, teria sujeitado o desatento hóspede russo a um processo naquele foro no valor de 100.000 marcos.[162]

157. Martinez v. Aero Caribbean, 764 F.3d 1062 (9th Cir. 2014) ("ATR is not subject to personal jurisdiction in California. Burnham does not authorize tag jurisdiction over corporations, and ATR's contacts with California are insufficient to support general jurisdiction").
158. Com amplo panorama e referências, veja-se Carmen Tiburcio, *Extensão e Limites da Jurisdição Brasileira: Competência Internacional e Imunidade de Jurisdição*, 2016, p. 193 – 205.
159. No direito inglês, Spiliada Maritime Corp. v Consulex Ltda, [1987] AC 460; Connelly v RTZ Corp plc, [1998] AC 854; Lubbe v Cape plc [2000] 1 WLR 1545 (HL). Nos EUA, Gulf Oil Corp. v. Gilbert, 330 US 501 (1947); Piper Aircraft Co. v. Reyno, 454 US 235 (1982).
160. Por isso, afirma-se com razão que o grande problema do *forum patrimonii* é a ausência de conexão entre o foro e o litígio, Diego P. Fernández Arroyo, Compétence Exclusive et Compétence Exorbitante dans les Relations Privées Internationales, *Recueil de Cours*, vol. 323 (2006), p. 157. Veja-se também Frank Vischer, General Course on Private International Law, *Recueil des Cours*, t. 232 (1992), p.213.
161. Com mais referências, Haimo Schack, *Internationales Zivilverfahrensrecht*, 2014, n. 366 – 376, p. 143-148; Max Vollkommer, in Richard Zöller (ed.), *Zöller: Zivilprozessordnung*, 2012, §23, p. 139 – 142.
162. L. Collins, Provisional and Protective Measures in International Litigation, *Recueil des Cours*, vol. 234 (1992), p. 39

Mas outro caso ilustra o seu potencial: em 1975, a Nigéria, tendo em vista o início de um intenso programa de construção, celebrou com fornecedores de todo o mundo diversos contratos de fornecimento de cimento, que seria recebido no porto de sua capital. Ocorre que o porto de Lagos não comportava o calado dos navios, tampouco tinha condições de desembarcar os carregamentos de cimento. Formou-se uma fila no sul do oceano Atlântico enquanto a Nigéria tentava terminar os contratos. Os fornecedores, então, iniciaram diversos processos contra a Nigéria pelo descumprimento dos contratos.[163] Em deles foi iniciado com base no art. 23 ZPO na Alemanha por uma sociedade de Liechtenstein contra o Banco Central nigeriano, pelo simples fato de o Banco Central nigeriano manter uma conta correte em filial do Deutsche Bank em Frankfurt am Main.

Em primeira instância, o *Landgerich Frankfurt* incialmente afastou a possibilidade de o Banco Central gozar de imunidade de jurisdição diante de a demanda ser relativa ao descumprimento de letras de câmbio por ele sacadas para pagamento dos fornecedores.[164] A questão era, portanto, saber se se poderia exercer jurisdição sobre a causa mesmo sem o réu estar domiciliado no foro, nem lá ser o local de pagamento das letras de câmbio, tampouco o local do cumprimento do contrato de fornecimento. O tribunal, em decisão irrecorrida, respondeu afirmativamente.[165]

Mais recentemente, porém, o Tribunal Federal alemão (BGH) restringiu o escopo do art. 23 ZPO.[166] Decidiu o Tribunal que o exercício da jurisdição com base na presença de bens do réu no foro depende, adicionalmente, de conexão suficiente da causa com a Alemanha, e não apenas a existência de bens naquele foro.[167] O Tribunal não especificou, porém, quais seriam tais elementos que justificariam a conexão com a Alemanha.

---

163. Andreas F. Lowenfeld, International Litigation and the Quest for Reasonableness, *Recueil des Cours*, vol. 245 (1994), p.96.
164. A imunidade de jurisdição foi também negada nos processos iniciados por outros fornecedores nos Estados Unidos e na Inglaterra. Vejam-se, nos Estados Unidos, Texas Trading & Milling Corp. v. Federal Republic of Nigeria, 647 F. 2d. 300 (2d Cir. 1981) e, na Suprema Corte dos Estados Unidos, Verlinden B.V. v. Central Bank of Nigeria, 461 US 480 (1983). Na Inglaterra, em um caso decidido antes da entrada em vigor do *State Immunity Act*, Trendtex Trading Corporation v. Central Bank of Nigeria, [1977] QB 529 (CA).
165. LG Frankfurt, 2.12.1975, NJW 1976, 1044 (em alemão) = 16 *International Legal Materials* 501 (1977) (em inglês).
166. Os fatos do caso não são simples. Inicialmente, a autora era construtora cipriota, que iniciara processo na Inglaterra em face de um banco turco. Os tribunais ingleses, porém, extinguiram o processo, acatando a defesa do banco réu de que a Inglaterra seria "forum non conveniens" (Muduroglu v TC Ziraat Bankasi [1986] QB 1225 (CA)). Posteriormente, a construtora cedeu parte de seus créditos para um de seus diretores, o qual iniciou ação contra o banco turco na Alemanha. Veja-se L. Collins, Provisional and Protective Measures in International Litigation, *Recueil des Cours*, vol. 234 (1992), p. 40; Andreas F. Lowenfeld, International Litigation and the Quest for Reasonableness, *Recueil des Cours*, vol. 245 (1994), p.98.
167. BGH 2.7.1991, BGHZ 115, 90.

4.4. Imunidade de jurisdição

Dentre outros beneficiários, o direito internacional confere aos Estados, seus bens e agentes – bem como por vezes também entes com personalidade jurídica própria que compõem a sua administração[168] – imunidade de jurisdição perante tribunais estrangeiros em certos casos.[169] A depender do beneficiário, as normas sobre imunidade de jurisdição podem no Brasil decorrer do direito internacional costumeiro (e.g. imunidade dos Estados)[170] ou do direito internacional convencional (e.g. imunidade dos agentes diplomáticos[171], dos agentes consulares[172], de organizações internacionais[173]).

Qualquer que seja seu beneficiário, a imunidade de jurisdição do réu suscita três problemas sucessivos em matéria de homologação de sentença estrangeira. *Primeiro*, com relação ao próprio processo de homologação de sentença estrangeira, quando se questiona se o Estado estrangeiro (ou outro beneficiário) goza de imunidade de jurisdição perante os tribunais nacionais para a ação de homologação.[174] *Segundo*, com relação aos pressupostos para o

---

168. Por exemplo, Rogers v. Petroleo Brasileiro, S.A., 673 F.3d 131 (2d Cir. 2012), um caso em que se reconheceu a imunidade de jurisdição da Petróleo Brasileiro S.A. – Petrobras (sociedade de economia mista federal) perante os tribunais norte-americano, porque, naquele caso específico, não estariam presentes na causa nenhuma das exceções à imunidade previstas no *Foreign Sovereign Immunities Act*, em especial, a exceção por "commercial activity" (28 U.S.C. § 1605(a)(2)). Para outros casos, porém, negando a imunidade, U.S. Fidelity & Guar. Co. v. Braspetro Oil Servs., Co., 199 F.3d 94 (2d Cir. 1999); Transcor Astra Group S.A. v. Petroleo Brasileiro S.A.-Petrobras, 409 F. App'x 787 (5th Cir. 2011).

169. Veja-se Carmen Tiburcio, *Extensão e Limites da Jurisdição Brasileira: Competência Internacional e Imunidade de Jurisdição*, 2016, p. 257 et seq. Veja-se também Jacob Dolinger / Carmen Tiburcio, *Direito Internacional Privado: Parte Geral e Processo Internacional*, 2016, p. 579 – 602; Carmen Tiburcio, As Novas Tendências da Imunidade de Jurisdição no Direito Internacional e Brasileiro, in Carmen Tiburcio / Luís Roberto Barroso, *Direito Constitucional Internacional*, 2013, p. 421; Ana Cristina de Paulo Pereira / Rodrigo Cerveira Cittadino, A Relativização das Imunidades de Jurisdição e Execução de Estado Estrangeiro: o caso da dívida soberana argentina, in Carmen Tiburcio (org.), *Direito Internacional*, 2015, p. 73.

170. STF, j. 31.5.1989, Apelação Cível 9696 (Caso Genny de Oliveira), Rel. Min. Sydney Sanches, RTJ 133/159, especialmente o voto-vista do Min. Francisco Rezek ("Essa imunidade não está prevista nos textos de Viena, não está prevista em nenhuma forma escrita do direito internacional público. Ela resulta, entretanto, de uma antiga e sólida regra costumeira do Direito das Gentes"). Também fundando a imunidade de jurisdição dos Estados para processo de conhecimento no direito internacional costumeiro, veja-se também STJ, j. 9.12.2015, RO 60, Rel. p/ Acórdão Marco Buzzi, DJe 19.2.2016.

171. Convenção de Viena sobre Relações Diplomáticas (1961), promulgada pelo Decreto n.º 56.435/65.

172. Convenção de Viena sobre Relações Consulares (1963), promulgada pelo Decreto n.º 61.078/67.

173. E.g. Convenção sobre Privilégios e Imunidades das Nações Unidas, promulgada pelo Decreto n.º 27.784/50; Convenção sobre Privilégios e Imunidades das Agências Especializadas das Nações Unidas, promulgada pelo Decreto n.º 52.288/63; Acordo Básico de Assistência Técnica com a Organização das Nações Unidas, suas Agências Especializadas e a Agência Internacional de Energia Atômica, promulgado pelo Decreto n.º 59.308/66. A respeito da imunidade de jurisdição do Programa das Nações Unidas para o Desenvolvimento (PNUD/ONU), mesmo em matéria trabalhista, veja-se STF, j. 24.6.2014, AgRg no RE 599.076, Rel. Min. Ricardo Lewandowski, DJe 13.8.2014; STF, j. 15.5.2013, RE 578.543, Rel. p/ acórdão Min. Teori Zavascki, DJe 26.5.2014; STF, j. 15.5.2013, RE 597.368, Rel. p/ acórdão Min. Teori Zavascki, DJe 26.5.2014.

174. Corte Internacional de Justiça, Jurisdictional Immunities of the State (Germany v. Italy: Greece intervening), Judgment, *I.C.J. Reports* 2012, p. 99, esp. p. 151-152, para. 130 ("It follows from the foregoing that the court seised of an application for exequatur of a foreign judgment rendered against a third State has to ask

reconhecimento, quando se questiona se a imunidade de jurisdição de que deveria ter gozado o réu no foro estrangeiro impede a homologação da sentença estrangeira. *Terceiro*, relativo à imunidade de execução, quando se questiona se os bens do executado podem ser usados para a satisfação do crédito. No presente artigo, só interessa o segundo problema.

4.4.1. Pressuposto do reconhecimento afetado pela imunidade

Um primeiro tema a ser tratado diz respeito à identificação do pressuposto da homologação de sentenças estrangeiras afetado pela ausência de jurisdição do tribunal estrangeiro por força da imunidade de jurisdição. Há três soluções teoricamente concebíveis. Pode-se entender que a ausência de jurisdição deve ser analisada: (i) como parte do pressuposto da competência internacional indireta (art. 963, I CPC); (ii) como parte do pressuposto da ausência de manifesta violação à ordem pública internacional (art. 963, VI CPC c/c art. 17 LINDB); ou (iii) como pressuposto autônomo implícito para a homologação de sentença estrangeira. São poucos as referências diretas sobre a questão.

Por um lado, há quem entenda se tratar de um requisito próximo ao da ordem pública, mas autônomo[175], ou de pressuposto autônomo, mas decorrente indiretamente da competência internacional e da ordem pública internacional.[176] Por outro lado, o Superior Tribunal de Justiça, em sede de carta rogatória, tratou claramente a hipótese como de violação da soberania nacional.[177]

Ao menos para fins da homologação de sentença estrangeira, a distinção não possui grande relevo prático: qualquer que seja a classificação teórica que se faça a respeito do pressuposto afetado, parece pouco promissora a sorte da sentença estrangeira quando proferida em desrespeito à imunidade de jurisdição.

---

itself whether the respondent State enjoys immunity from jurisdiction – having regard to the nature of the case in which that judgment was given – before the courts of the State in which exequatur proceedings have been instituted. In other words, it has to ask itself whether, in the event that it had itself been seised of the merits of a dispute identical to that which was the subject of the foreign judgment, it would have been obliged under international law to accord immunity to the respondent State").

175. Dieter Martiny, *Handbuch des Internationalen Zivilverfahrensrechts*, Band III/1, 1984, n. 566, p. 262.

176. BGH, 26.6.2003, BGHZ 155, 279 (em alemão) = NJW, 2003, 3488 (em alemão) = 43 *International Legal Materials* 1030 (2003) (em inglês e alemão).

177. STJ, j. 5.12.2011, CR 3324, Rel. Min. Humberto Martins, DJe 16.12.2011. Veja-se também STF, j. 9.4.2001, CR 9697, Rel. Min. Carlos Velloso, DJ 24.4.2001, p. 26: tratava-se da decisão monocrática do então Presidente do Supremo Tribunal Federal, Min. Carlos Velloso, que denegou *exequatur* a carta rogatória expedida por tribunal norte-americano para citação da República Federativa do Brasil para ação cobrança de títulos da dívida brasileira emitidos em 1902 e 1911. A manifestação da Advocacia Geral da União afirmava que a imunidade de jurisdição do Estado brasileiro criaria hipótese de competência internacional exclusiva da justiça brasileira. O parecer da Procuradoria Geral da República, contudo, afirmou brevemente que se trataria de violação à soberania, concluindo que assistiria razão ao Advogado-Geral da União. A decisão monocrática, sem se manifestar expressamente sobre a divergência de fundamentos (competência internacional exclusiva ou violação da soberania), apenas acolheu o parecer da PGR e indeferiu o *exequatur*.

4.4.2. *Impossibilidade de reconhecimento*

Os tribunais nacionais – no caso brasileiro, fundamentalmente o Superior Tribunal de Justiça por ocasião da ação de homologação de sentença estrangeira – podem se deparar com uma sentença proferida em face do próprio Estado brasileiro, seus agentes ou entidades, ou em face de algum outro beneficiário (por exemplo, Estado estrangeiro).

Como demonstra o recente e abundante contencioso formado em torno do inadimplemento dos títulos argentinos[178], credores vitoriosos em um foro perseguirão bens do Estado condenado não só no foro onde proferida a condenação (Estado Unidos[179]), mas em diversos foros estrangeiro (e.g. França[180], Inglaterra[181], Suíça[182]).

Ora, se o tribunal estrangeiro julgou causa contrariamente à imunidade de jurisdição que o direito internacional conferiria ao réu (seja ele o Estado brasileiro, Estado estrangeiro, ou outro beneficiário), então – por força do próprio direito internacional – a sentença estrangeira não pode ser reconhecida no foro.[183] O reconhecimento de uma sentença estrangeira proferida em violação ao direito internacional muito provavelmente também constituiria violação ao direito internacional.[184]

---

178. Com vastas referências, Ana Cristina de Paulo Pereira / Rodrigo Cerveira Cittadino, A Relativização das Imunidades de Jurisdição e Execução de Estado Estrangeiro: o caso da dívida soberana argentina, in Carmen Tiburcio (org.), *Direito Internacional*, 2015, p. 73; Mathias Audit, Sovereign Bonds and National Relativism: Can New York Law Contracts Safely Cross the Atlantic?, *Capital Markets Law Journal*, 2014, p. 177; Caroline Kleiner, L'affaire du siècle: NML c/ République d'Argentine ou la 'contribution' des fonds vautours au droit international, in Vincent Heuzé et al. (org.), *Mélanges en l'honneur du Professeur Pierre Mayer*, 2015, p. 391.

179. EM Ltd vs. Republic of Argentina, 473 F.3d 463 (2nd Cir 2007) (afirmando imunidade de execução com relação aos créditos mantidos pelo Banco Central Argentino perante o Federal Reserve Bank of New York). Veja-se também, afirmando que o Foreign Sovereign Immunities Act of 1976 não confere à Argentina imunidade de jurisdição nos Estados Unidos com relação a ordem para informar a localização de seus bens fora dos Estados Unidos, Republic of Argentina v. NML Capital Ltd., 134 S. Ct. 2250 (2014) ("There is no third provision forbidding or limiting discovery in aid of execution of a foreign-sovereign judgment debtor's assets"). Para um resumo do julgamento, veja-se a nota publicada em 128 *Harvard Law Review* 381 (2014).

180. Cass. civ. 28.9.2011 – 09-72.057, *Journal du droit international*, 2012, p. 668, com comentário de G. Cuniberti (afirmando imunidade de execução); Cass. civ., 28.3.2013 – 10-25.938, 11-10.450, 11-13.323, *Revue critique du droit international privé*, 2013, p. 671, com note de H. Muir Watt (afirmando imunidade de execução).

181. NML Capital Ltd v Argentina [2011] UKSC 31, [2011] 2 AC 495 (negando imunidade de jurisdição).

182. Tribunal Federal suíço, 12.7.2010, ATF 136 III 279.

183. Nesse sentido, Ralf Michaels, Recognition and Enforcement of Foreign Judgments, in *Max Planck Encyclopedia of Public International Law (MPEPIL)*, 2009, n. 12; Haimo Schack, *Internationales Zivilverfahrensrecht*, 2014, n. 919, p. 342-343; Dieter Martiny, *Handbuch des Internationalen Zivilverfahrensrechts*, Band III/1, 1984, n. 160, p. 76, n. 567, p. 263. Veja-se também ainda, *a contrario*, art. 20, §10, al. "a", da Convenção Europeia sobre Imunidade de Jurisdição (Basileia, 1972).

184. Ralf Michaels, Recognition and Enforcement of Foreign Judgments, in *Max Planck Encyclopedia of Public International Law (MPEPIL)*, 2009, n. 12. Veja-se também Corte Internacional de Justiça, Jurisdictional

O tribunal do foro nacional não está, contudo, vinculado às conclusões acerca da imunidade de jurisdição a que chegou o tribunal estrangeiro, devendo analisá-la novamente de acordo com as normas internacionais.[185] Ou seja, o Superior Tribunal de Justiça deve avaliar, por conta própria, se o réu deveria ter gozado de imunidade perante a justiça estrangeira à luz do direito internacional.

4.4.3. Exemplos

A impossibilidade de reconhecimento de sentença estrangeira proferida em desconsideração à imunidade de jurisdição de que gozaria o réu já foi ilustrada em alguns países.

No direito alemão, enfrentou-se a questão, por exemplo, por ocasião do reconhecimento da sentença grega proferida no célebre caso relativo ao massacre perpetrado por uma unidade da Waffen-SS na vila grega de Distomo em 10 de junho de 1944, quando mais de 200 pessoas foram mortas em represália à morte de 18 soldados alemães pela resistência grega. O caso suscita inúmeras questões[186], mas aqui convém que se restrinja à do reconhecimento da sentença grega na Alemanha. O Tribunal Federal alemão indeferiu o reconhecimento da sentença em razão justamente da imunidade de jurisdição do Estado alemão que, segundo o Tribunal, teria sido desrespeitada pelos tribunais gregos.[187]

No direito inglês, o art. 31 da *Civil Jurisdiction and Judgments Act 1982*[188] prevê que uma sentença proferida em face de um Estado estrangeiro[189] por um

Immunities of the State (Germany v. Italy: Greece intervening), Judgment, *I.C.J. Reports* 2012, p. 99, esp. p. 151-152, para. 130 (citado acima).

185. Corte Internacional de Justiça, Jurisdictional Immunities of the State (Germany v. Italy :Greece intervening), Judgment, *I.C.J. Reports* 2012, p. 99, esp. p. 151-152, para. 130 (citado acima); Suprema Corte do Canadá, Kuwait Airways v. Iraq, 2010 SCC 40, [2010] 2.S.C.R. 571, para. 22. No mesmo sentido, Haimo Schack, *Internationales Zivilverfahrensrecht*, 2014, n. 919, p. 343; Dieter Martiny, *Handbuch des Internationalen Zivilverfahrensrechts*, Band III/1, 1984, n. 590, p. 272.

186. Veja-se Caroline Medeiros e Silva, Imunidade de Jurisdição de Estado Estrangeiro versus Crimes contra a Humanidade, in Carmen Tiburcio (org.), *Direito Internacional*, 2015, p. 163; Daniel Gruenbaum, A imunidade de jurisdição do Estado alemão em matéria civil para ações decorrentes de atos praticados durante a Segunda Guerra Mundial, *Revista de Direito do Estado*, v. 10 (2008), p. 387.

187. BGH, 26.6.2003, BGHZ 155, 279 (em alemão) = NJW 2003, 3488 (em alemão) = 43 *International Legal Materials* 1030 (2003) (em inglês e alemão).

188. *Civil Jurisdiction and Judgments Act 1982* s. 31 (1): " A judgement given by a court of an overseas country against a state other than the United Kingdom or the state to which that court belongs shall be recognised and enforced in the United Kingdom if, and only if – (a) it would be so recognised and enforced if it had not been given against a state; and (b)that court would have had jurisdiction in the matter if it had applied rules corresponding to those applicable to such matters in the United Kingdom in accordance with sections 2 to 11 of the State Immunity Act 1978".

189. Para discussão sobre a situação de a sentença estrangeira ser proferida em face do Reino Unido, veja-se Hazel Fox / Philippa Webb, *The Law of State Immunity*, 2013, p. 216.

tribunal de outro Estado estrangeiro só será reconhecida na Inglaterra se, além de satisfazer os pressupostos regulares para o reconhecimento de sentenças estrangeiras em geral, a causa se enquadrar em uma das isenções de imunidade previstas nos artigos 2 a 11 do *State Immunity Act 1978*.[190] Assim, por exemplo, no caso dos títulos argentinos, a Suprema Corte do Reino Unido entendeu que a condenação de US$ 284.184.632,3 obtida por credor em Nova York[191] poderia ser reconhecida na Inglaterra, porque a República da Argentina teria, por meio de cláusula contratual constante dos títulos, se submetido à jurisdição nova-iorquina e renunciado à imunidade de jurisdição.[192]

No direito brasileiro, não se conhece de julgado que tenha enfrentado diretamente o ponto. Mas há manifestações tanto do Superior Tribunal de Justiça, quanto do Supremo Tribunal Federal em matéria de cartas rogatórias passivas, em casos nos quais se denegou o *exequatur* por conta da imunidade de jurisdição de que gozaria o Estado brasileiro.[193]

5. CONSIDERAÇÕES FINAIS

As principais conclusões a que se chegou no presente texto podem ser resumidas da seguinte forma:

a) A competência internacional indireta – atualmente prevista no art. 963, I do Código de Processo Civil de 2015 – é um dos mais tradicionais, importantes e recorrentes pressupostos para o reconhecimento de sentença estrangeira em todo o mundo.

b) A satisfação do pressuposto independe das normas do direito estrangeiro sobre competência (interna ou internacional) dos tribunais estrangeiros.

c) A aceitação do exercício da jurisdição por tribunal estrangeiro é a regra. No direito brasileiro, o pressuposto da competência internacional indireta (art. 963, I CPC 2015) em princípio só não está satisfeita em dois casos excepcionais. Primeiro, quando a causa for de competência internacional exclusiva dos tribunais nacionais. Segundo, quando a causa

190. A respeito, por exemplo, Hazel Fox / Philippa Webb, *The Law of State Immunity*, 2013, p. 215 – 222; Adrian Briggs, *Jurisdiction and Judgments*, 2015, n. 7.95, p. 765.

191. NML v. Republic of Argentina, No. 05 Civ 2434, 2006 WL 1294853 (SDNY, May 10 2006).

192. NML Capital Ltd v Argentina [2011] UKSC 31, [2011] 2 AC 495. Lê-se no voto de Lord Phillips (para. 49): "State immunity cannot be raised as a bar to the recognition and enforcement of a foreign judgment if, under the principles of international law recognised in this jurisdiction, the state against whom the judgment was given was not entitled to immunity in respect of the claim".

193. STJ, j. 5.12.2011, CR 3324, Rel. Min. Humberto Martins, DJe 16.12.2011. Veja-se também STF, j. 9.4.2001, CR 9697, Rel. Min. Carlos Velloso, DJ 24.4.2001, p. 26.

tiver sido julgada por tribunal estrangeiro em manifesto exercício de competência internacional exorbitante.

d) As causas de competência internacional exclusiva da autoridade judiciária brasileira estão fundamentalmente – embora não exaustivamente – descritas no art. 23 CPC: i) ações fundadas em direito real relativas a imóveis situados no Brasil (art. 23, I CPC); ii) inventário e partilha litigiosos de bens situados no Brasil tanto *causa mortis* (art. 23, II CPC), quanto *inter vivos* (art. 23, III CPC). As partilhas consensuais ou amigáveis, homologadas por autoridade estrangeira, não estão abarcadas, porém, pela competência internacional exclusiva, e a sentença estrangeira pode ser reconhecida no Brasil, ainda que diga respeito a bem situado no Brasil.

e) Sentença judicial estrangeira que tenha sido proferida em desrespeito a convenção de arbitragem ou acordo de eleição de foro exclusivo (brasileiro ou estrangeiro) deve em princípio ser considerada como proferida por autoridade incompetente, se a convenção de arbitragem ou acordo de eleição de foro exclusivo for válido e eficaz (subjetiva e objetivamente) e tiver sido devidamente invocado pela parte interessada no foro estrangeiro.

f) A competência internacional é exorbitante quando fundada em elementos tidos como insuficientes para justificar o exercício da jurisdição pelos tribunais de um Estado, seja porque a causa não guarda proximidade mínima com o foro, seja porque seria injusto, dada as circunstâncias, impor ao réu que a ele se submetesse. Nesses casos excepcionalíssimos, o exercício da jurisdição pelo tribunal estrangeiro, tal como ocorre nas hipóteses de competência internacional exclusiva, também não é aceitável pelo direito brasileiro. A caracterização da exorbitância é, contudo, a exceção e depende de análise *in concreto*. Como o direito brasileiro não adotou o critério do espelho, não se pode simplesmente afirmar ser exorbitante o exercício da jurisdição só porque exercida em hipótese desconhecida do direito brasileiro.

Se o tribunal estrangeiro julgou uma causa contrariamente à imunidade de jurisdição que o direito internacional confere ao réu (seja ele o Estado brasileiro, Estado estrangeiro, ou outro beneficiário), então – por força do próprio direito internacional – a sentença estrangeira não pode ser reconhecida no foro.

CAPÍTULO 11

Reconhecimento de decisões arbitrais estrangeiras e Código de Processo Civil de 2015

José Antonio Fichtner[1],
Sergio Nelson Mannheimer[2]
e André Luís Monteiro[3]

SUMÁRIO: 1. INTRODUÇÃO. 2. NORMATIVA APLICÁVEL À HOMOLOGAÇÃO DE DECISÕES ARBITRAIS ESTRANGEIRAS: REFORÇO À TEORIA DO MONISMO RADICAL. 3. INOVAÇÕES E POLÊMICAS. 3.1. HOMOLOGAÇÃO DE PROVIMENTO QUE DECIDE A RESPEITO DA JURISDIÇÃO DOS ÁRBITROS. 2. HOMOLOGAÇÃO DE SENTENÇA ARBITRAL PARCIAL ESTRANGEIRA. 3. RECONHECIMENTO DE DECISÕES QUE CONCEDEM TUTELA PROVISÓRIA NA ARBITRAGEM: RELEVANTE INOVAÇÃO TÉCNICA, DESAFIO PRÁTICO E PROPOSTAS DE SOLUÇÃO. 4. CONCLUSÃO.

1. INTRODUÇÃO[4]

Desde a época do Império o ordenamento jurídico brasileiro disciplina especificamente o reconhecimento de decisões estrangeiras – o Decreto Imperial

---

1. Membro da Comissão de Juristas nomeada pelo Senado Federal para elaboração do Anteprojeto de Reforma da Lei de Arbitragem brasileira. Mestre em Direito pela Universidade de Chicago. Bacharel em Direito pela Pontifícia Universidade Católica do Rio de Janeiro. Coordenador Técnico do LL.M Litigation da Fundação Getúlio Vargas. Professor da Escola de Direito da Fundação Getúlio Vargas. Professor de Direito Processual Civil da Pontifícia Universidade Católica do Rio de Janeiro. Professor Convidado da Escola da Magistratura do Estado do Rio de Janeiro. Membro do Instituto Brasileiro de Direito Processual, do Comitê Brasileiro de Arbitragem e da Associação Latino-Americana de Arbitragem (ALARB). Ex-Procurador do Estado do Rio de Janeiro. Sócio de Andrade & Fichtner Advogados.
2. Mestre em Direito pela Universidade de Heidelberg. Bacharel em Direito pela Universidade do Estado do Rio de Janeiro. Procurador (aposentado) do Estado do Rio de Janeiro. Professor Convidado da Escola da Magistratura do Estado do Rio de Janeiro. Ex-Conselheiro da Agência Reguladora de Serviços Públicos Concedidos do Estado do Rio de Janeiro (ASEP/RJ). Membro do Comitê Brasileiro de Arbitragem, da Comissão de Arbitragem da OAB/RJ e do Subcomitê de Arbitragem do CESA – Centro de Estudos das Sociedades de Advogados. Sócio de Andrade & Fichtner Advogados.
3. *Visiting Scholar* na *School of International Arbitration* da *Queen Mary – University of London*. *Junior Academic Visitor* na *University of Oxford* (*Commercial Law Centre – Harris Manchester College*, 2016-2017). Doutor (2017) e Mestre (2012) em Direito Processual Civil pela Pontifícia Universidade Católica de São Paulo. Pós-graduado em Direito Empresarial, com especialização em Processo Civil, pela Fundação Getúlio Vargas (2008). Especialista em Arbitragem pela GVLaw (2009). Especialista em Direito Econômico pela Universidade do Estado do Rio de Janeiro (2009). Especialista em Direito Societário e Mercado de Capitais pela Fundação Getúlio Vargas (2009). Bacharel em Direito pela Universidade Federal do Rio de Janeiro (2005). Membro do Instituto Brasileiro de Direito Processual e do Comitê Brasileiro de Arbitragem. Advogado de Andrade & Fichtner Advogados.
4. Os autores agradecem ao jovem advogado Ian Paulo Ferreira pelo auxílio na pesquisa.

nº 6.982/1878 (*regula a execução das sentenças, civeis ou commerciaes, dos Tribunaes estrangeiros*) foi o primeiro diploma legislativo a tratar do assunto. E tal como já haviam feito o Código de Processo Civil de 1939 (arts. 785 a 797) e o Código de Processo Civil de 1973 (arts. 483 e 484), o Código de Processo Civil de 2015 – Lei nº 13.105/2015 – dedicou um capítulo específico para tratar do que denominou "*Da homologação de decisão estrangeira e da concessão do exequatur à carta rogatória*", o que fez nos arts. 960 ao 965.

Desnecessário repisar a importância da livre circulação de decisões – judiciais e arbitrais – ao redor do mundo, especialmente diante do recrudescimento mais e mais intenso do tráfego de investimentos, pessoas, bens, tecnologias, culturas etc. José Carlos Barbosa Moreira chega a dizer, a esse respeito, que "adquire sabor de truísmo a observação de que a relevância dos atos jurídicos nem sempre se exaure nos limites territoriais do Estado onde são praticados"[5].

A postura mais ou menos receptiva de um determinado país diante de um julgado estrangeiro representa o valor que ele dá à efetividade da tutela jurisdicional e à troca internacional de riquezas. Carlos Alberto Carmona, outorgando *status* constitucional à matéria para além da alínea "i" do inciso I do art. 105[6], afirma com autoridade ímpar que a facilitação do recebimento de decisões estrangeiras no Brasil resulta "em uma maior valoração do princípio constitucional da cooperação entre os povos (art. 4º, IX, da CF)"[7]. Destaque-se que este princípio, ademais, na seara processual, foi expressamente adotado pelo Código de Processo Civil de 2015 (cf., especialmente, arts. 26 e 27).

Como se verá no próximo item, o Código de Processo Civil de 2015 não se limitou a reger a homologação de decisões *judiciais* estrangeiras, mas também disciplinou, ao menos em parte e subsidiariamente, o reconhecimento de decisões *arbitrais* proferidas fora do território nacional, não obstante a Convenção de Nova Iorque de 1958 (Decreto nº 4.311/2002) e a Lei de Arbitragem brasileira (Lei nº 9.307/1996) – complementadas pelo Regimento Interno do Superior Tribunal de Justiça (arts. 216-A a 216-X) – já consubstanciassem um corpo de normas bastante completo a respeito do assunto.

O texto ora apresentado não pretende exaurir o tema do reconhecimento de decisões arbitrais estrangeiras no Código de 2015[8], nem tampouco apresen-

---

5. BARBOSA MOREIRA, José Carlos. *Comentários ao código de processo civil*. 16. ed. Rio de Janeiro: Forense, 2012, p. 50.
6. O mencionado dispositivo estatui o seguinte: "Compete ao Superior Tribunal de Justiça: I – processar e julgar, originariamente: (...) i) a homologação de sentenças estrangeiras e a concessão de *exequatur* às cartas rogatórias".
7. CARMONA, Carlos Alberto. *Breves comentários ao Código de Processo Civil de 2015*. Coords.: Teresa Arruda Alvim Wambier, Fredie Didier Jr., Eduardo Talamini e Bruno Dantas. São Paulo: RT, 2015, p. 2.131.
8. Para um exame mais profundo do tema da homologação de sentença arbitral estrangeira, pede-se vênia para remeter o leitor a outros trabalhos de nossa autoria: FICHTNER, José Antonio. MONTEIRO, André

tar uma completa análise dos julgados do Superior Tribunal de Justiça sobre esta temática[9], mas apenas levantar e, na medida do possível, enfrentar, algumas questões relacionadas à homologação de decisões arbitrais estrangeiras.

2. NORMATIVA APLICÁVEL À HOMOLOGAÇÃO DE DECISÕES ARBITRAIS ESTRANGEIRAS: REFORÇO À TEORIA DO MONISMO RADICAL

O *caput* do art. 960 do Código de 2015 estatui que "a homologação de decisão estrangeira será requerida por ação de homologação de decisão estrangeira, salvo disposição especial em sentido contrário prevista em *tratado*". Em seguida, o parágrafo segundo desse mesmo dispositivo dispõe que "a homologação obedecerá ao que dispuserem os *tratados* em vigor no Brasil e o Regimento Interno do Superior Tribunal de Justiça". A seu turno, o parágrafo terceiro do art. 960, específico sobre a disciplina arbitral, afirma que "a homologação de decisão arbitral estrangeira obedecerá ao disposto em *tratado* e em lei, aplicando-se, subsidiariamente, as disposições deste Capítulo".

Há três aspectos a explorar a partir desse dispositivo: a) a supremacia dos tratados internacionais sobre o direito interno infraconstitucional (critério da hierarquia), b) a prevalência da Lei de Arbitragem sobre o Código de Processo Civil de 2015 (critério da especialidade) e c) a regulamentação do procedimento de reconhecimento de decisão arbitral estrangeira pelo Regimento Interno do Superior Tribunal de Justiça. Nenhum deles é exatamente novo, pois todos já estavam presentes na vigência do Código de 1973, mas o Código de Processo Civil de 2015 reforçou e estruturou esses conceitos, afastando eventuais dúvidas que pudessem surgir diante da nova lei.

Primeiramente, é preciso dizer que o texto legal possui a mesma inspiração já consagrada no art. 34 da Lei de Arbitragem brasileira, segundo a qual "a sentença arbitral estrangeira será reconhecida ou executada no Brasil de conformidade com os *tratados* internacionais com eficácia no ordenamento interno e, na sua ausência, estritamente de acordo com os termos desta Lei". Em outras palavras, o Código de Processo Civil de 2015 reforçou, ao menos no que

Luís. Aspectos processuais da ação de homologação de sentença arbitral estrangeira no Brasil. *Temas de arbitragem*: primeira série. Rio de Janeiro: Renovar, 2010, p. 227 a 275 e FICHTNER, José Antonio. MONTEIRO, André Luís. As causas de denegação da homologação da sentença arbitral estrangeira no Brasil. *Temas de arbitragem*: primeira série. Rio de Janeiro: Renovar, 2010, p. 277 a 346.

9. Em relação à jurisprudência do Superior Tribunal de Justiça sobre a homologação de sentenças arbitrais estrangeiras, permita-se referência a outro de nossos trabalhos: FICHTNER, José Antonio. MONTEIRO, André Luís. A jurisprudência do Superior Tribunal de Justiça na homologação de sentenças arbitrais estrangeiras: um importante capítulo na luta pela efetividade da jurisdição. *Novos temas de arbitragem*. Rio de Janeiro: FGV, 2014, p. 359 a 401.

tange à disciplina arbitral, a adoção pelo Brasil da teoria do monismo radical[10], já anteriormente prevista na Lei de Arbitragem brasileira[11].

Isso significa que o regramento previsto em tratados internacionais prevalece – segundo o critério da hierarquia – sobre o direito interno infraconstitucional em tema de homologação de decisões arbitrais estrangeira[12]. É inequívoco que, no regime atual, as normativas da Lei de Arbitragem e do novo diploma processual civil são aplicáveis à espécie. O que se quer dizer é que o legislador, no entanto, ostensivamente previu a possibilidade de o Estado brasileiro, discricionariamente, assinar tratados sobre a matéria com disposições conflitantes em relação à lei interna, assegurando, nesta hipótese, a prevalência das normas internacionais às quais o Brasil tenha aderido. Ou seja, nestes casos, a Lei de Arbitragem brasileira e o Código de Processo Civil de 2015 não se aplicarão no que contrariarem a disciplina prevista em tratado internacional versando sobre este tema[13].

---

10. A respeito do que significa monismo radical, vale a leitura da explicação de Paulo Borba Casella: "No sistema brasileiro, o monismo encontra, igualmente, duas vertentes: radical e moderada. O radical pregaria a primazia do tratado sobre a ordem jurídica interna, e o moderado procederia à equiparação hierárquica do tratado à lei ordinária, subordinando-o à Constituição e à aplicação do critério cronológico, em caso de conflito com norma superveniente" (CASELLA, Paulo Borba. Introdução. Ratificação pelo Brasil da Convenção de Nova Iorque de 1958 – Internacionalização do direito e relações entre direito internacional e direito interno. *A arbitragem comercial internacional*: a convenção de Nova Iorque e o direito brasileiro. Coords.: Arnoldo Wald e Selma Ferreira Lemes. São Paulo: Atlas, 2011, p. 32).
11. Reconhecendo a adoção da teoria do monismo radical neste art. 34 da Lei de Arbitragem brasileira – praticamente reproduzido pelo parágrafo terceiro do art. 960 do Código de Processo Civil de 2015 –, confira-se a seguinte doutrina: RECHSTEINER, Beat Walter. Sentença arbitral estrangeira — aspectos gerais de seu reconhecimento e de sua execução no Brasil. *Revista de arbitragem e mediação*. São Paulo: RT, a. 2, n. 5, abr./jun. de 2005, p. 44; MARTINS, Pedro Batista. A recepção nacional às sentenças arbitrais prolatadas no exterior. *Aspectos fundamentais da lei de arbitragem*. MARTINS, Pedro Batista. LEMES, Selma Ferreira. CARMONA, Carlos Alberto. Rio de Janeiro: Forense, 1999, p. 440; DOLINGER, Jacob. TIBURCIO, Carmen. *Direito internacional privado*: arbitragem comercial internacional. Rio de Janeiro: Renovar, 2003, p. 42 e VERÇOSA, Fabiane. A (des?)necessidade de homologação de laudos arbitrais estrangeiros após a entrada em vigor, no Brasil, da Convenção de Nova Iorque. *Revista de direito bancário, do mercado de capitais e da arbitragem*. São Paulo: RT, a. 6, n. 22, out./dez. de 2003, p. 393. Também já tivemos a oportunidade de nos manifestar neste sentido: FICHTNER, José Antonio. MONTEIRO, André Luís. As causas de denegação da homologação da sentença arbitral estrangeira no Brasil. *Temas de arbitragem*: primeira série. Rio de Janeiro: Renovar, 2010, p. 282 a 285.
12. Importante lembrar, como faz Beat Walter Rechsteiner, que "a jurisprudência do Supremo Tribunal Federal é segura em afirmar que um tratado incorporado ao ordenamento jurídico doméstico não pode violar normas da Constituição Federal (cf., entre outros, STF, RHC 79.785-RJ, RTJ, 183/1010-1030, e STF, ADIn (MC) 1.480 — DF, TP, RTJ, 179/493-565)" (RECHSTEINER, Beat Walter. Sentença arbitral estrangeira — aspectos gerais de seu reconhecimento e de sua execução no Brasil. *Revista de arbitragem e mediação*. São Paulo: RT, a. 2, n. 5, abr./jun. de 2005, p. 44).
13. Não obstante elencando a lei e, depois, os tratados – quando, na verdade, preferimos indicar os tratados e, depois, a lei –, Teresa Arruda Alvim Wambier, Maria Lúcia Lins Conceição, Leonardo Ferres da Silva Ribeiro e Rogerio Licastro Torres de Mello também enxergam com facilidade a subsidiariedade da incidência do Código de Processo Civil de 2015 em relação à homologação das sentenças arbitrais estrangeiras: "Esta disciplina se aplica subsidiariamente à homologação de sentença arbitral proferida no exterior, sendo aplicadas em primeiro lugar a lei e as disposições de tratados internacionais de que o Brasil seja parte" (WAMBIER, Teresa Arruda Alvim. CONCEIÇÃO, Maria Lúcia Lins. RIBEIRO, Leonardo Ferres

A vontade do legislador – na acepção vulgar dessa expressão, sem que se tome parte da doutrina subjetivista[14] – de privilegiar o tratamento internacional foi tão evidente que se fez questão de registrar a palavra "tratado", em sentido estrito, em três oportunidades num mesmo dispositivo (*caput*, parágrafo segundo e parágrafo terceiro, todos do art. 960), sempre lhe dando prevalência sobre a normativa interna infraconstitucional. Assim, a fonte normativa infraconstitucional primária do reconhecimento de decisões arbitrais estrangeiras no Brasil são os tratados ratificados pelo país. Desnecessário lembrar que o tratado mais relevante nessa matéria ratificado pelo Brasil é a Convenção de Nova Iorque de 1958 (Decreto nº 4.311/2002)[15].

Especifique-se que o regramento previsto nos tratados internacionais prevalece inclusive sobre a legislação infraconstitucional produzida em período posterior à assinatura do tratado pertinente, pois essa prevalência está calcada no critério da hierarquia (e não no critério da temporalidade). Como se sabe, o critério da hierarquia sobrepõe-se ao critério da temporalidade no que tange à solução de possíveis antinomias normativas (conflito de normas) – *lex posterior inferiori non derogat priori superiori*[16]. Com efeito, ainda que o Código de Processo Civil de 2015 ou alguma futura norma infraconstitucional de caráter interno traga alguma disposição contrariando o previsto em tratados internacionais ratificados anteriormente pelo Brasil, continuará prevalecendo a normativa consagrada nesses tratados internacionais, pouco importando, desta forma, se esses tratados são anteriores à modificação da legislação

---

da Silva. MELLO, Rogerio Licastro Torres de. *Primeiros comentários ao Código de Processo Civil de 2015*. São Paulo: RT, 2015, p. 1.357).

14. A respeito das doutrinas subjetivista (*voluntas legislatoris*) e objetivista (*voluntas legis*), recomenda-se a seguinte bibliografia: ENGISCH, Karl. *Introdução ao pensamento jurídico*. 8. ed. Tradução de J. Baptista Machado. Lisboa: Fundação Calouste Gulbenkian, 2001, p. 165-197; LARENZ, Karl. *Metodologia da ciência do direito*. 3. ed. Tradução de José Lamego. Lisboa: Fundação Calouste Gulbenkian, 1997, p. 445-450; FERRAZ JR., Tercio Sampaio. *Introdução ao estudo do direito*. 6. ed. São Paulo: Atlas, 2011, p. 230-234; DINIZ, Maria Helena. *Compêndio de introdução à ciência do direito*. 21. ed. São Paulo: Saraiva, 2010, p. 434-438.

15. Também assim, Vera Cecilia Monteiro de Barros e Paula de Magalhães Chisté: "Já com relação à homologação das decisões arbitrais estrangeiras, em harmonia com o disposto no art. 34, caput, da Lei nº 9.307/1996 ('Lei Brasileira de Arbitragem' ou 'LBA'), o § 3º do art. 960 do CPC/2015 estabelece que se observará ao disposto em tratado e em lei, aplicando-se subsidiariamente as disposições do CPC. Diante de tais dispositivos, verifica-se que o regime geral de homologação de sentenças arbitrais estrangeiras no Brasil é o da Convenção sobre Reconhecimento e Execução de Sentenças Arbitrais Estrangeiras de Nova Iorque de 1958 ('CNI'), internalizada no ordenamento jurídico nacional com a promulgação do Decreto nº 4.311, de 23 de julho de 2002" (BARROS, Vera Cecilia Monteiro de. CHISTÉ, Paula de Magalhães. *Código de processo civil anotado*. Coords.: José Rogério Cruz e Tucci, Manoel Caetano Ferreira Filho, Ricardo de Carvalho Aprigliano, Rogéria Fagundes Dotti e Sandro Gilbert Martins. São Paulo/Curitiba: AASP/OABPR, 2015, p. 1.506).

16. A respeito dos critérios da hierarquia, da especialidade e da temporalidade para fins de resolução do problema do conflito de normas no tempo, sugere-se a leitura da obra de Maria Helena Diniz (DINIZ, Maria Helena. *Conflito de normas*. 9. ed. São Paulo: Saraiva, 2009, passim).

infraconstitucional interna. Prevalece o critério hierárquico, até por força da previsão legal explícita.

Na hipótese de promulgação, pelo Brasil, de novos tratados, tais tratados revogam automaticamente as disposições do direito interno em sentido contrário, tanto pelo critério da hierarquia quanto pelo critério da temporalidade, ao menos em relação ao reconhecimento de decisões arbitrais alienígenas. A opção pela prevalência dos tratados nesta matéria é uma escolha acertada, pois privilegia o tratamento uniforme do tema internacionalmente, traz segurança jurídica aos atores internacionais em relação ao Brasil e impede que o trato da homologação das decisões arbitrais estrangeiras sofra possíveis oscilações em razão das modificações no plano interno[17].

O segundo ponto a considerar é que o parágrafo terceiro do art. 960 também expressamente afirma que "a homologação de decisão arbitral estrangeira obedecerá ao disposto em tratado e em *lei*, aplicando-se, *subsidiariamente, as disposições deste Capítulo*". Isso significa que, depois de observada a disciplina prevista em tratados internacionais, a homologação de decisões arbitrais estrangeiras no Brasil observará o disposto na Lei de Arbitragem brasileira e apenas subsidiariamente o Código de Processo Civil de 2015. A palavra "lei" prevista neste dispositivo deve ser entendida como fazendo referência à Lei de Arbitragem brasileira (Lei nº 9.307/1996), de forma que ela prevalece sobre o novo estatuto processual civil pelo critério da especialidade.

Não se trata, como se disse, de uma novidade. A Lei de Arbitragem brasileira já dizia, desde a sua entrada em vigor, no art. 34, que "a sentença arbitral estrangeira será reconhecida ou executada no Brasil de conformidade com os tratados internacionais com eficácia no ordenamento interno e, na sua ausência, *estritamente de acordo com os termos desta Lei*", bem como, no art. 36, que "aplica-se à homologação para reconhecimento ou execução de sentença arbitral estrangeira, *no que couber*, o disposto nos *arts. 483 e 484 do Código de Processo Civil*". Ou seja, o próprio texto legal sempre consagrou a prevalência

17. A partir do texto do *caput* do art. 960 do Código de 2015, Vera Cecilia Monteiro de Barros e Paula de Magalhães Chisté entendem, inclusive, que o "citado dispositivo, mostrando certa tendência à modernização do sistema, permite que os tratados isentem provimentos estrangeiros do processo de homologação" (BARROS, Vera Cecilia Monteiro de. CHISTÉ, Paula de Magalhães. *Código de processo civil anotado*. Coords.: José Rogério Cruz e Tucci, Manoel Caetano Ferreira Filho, Ricardo de Carvalho Aprigliano, Rogéria Fagundes Dotti e Sandro Gilbert Martins. São Paulo/Curitiba: AASP/OABPR, 2015, p. 1.505. Da mesma forma, transcreva-se a posição de Carlos Alberto Carmona: "A brecha foi bem aproveitada pelo legislador ao redigir o caput do art. 960 do NCPC, deixando claro que tratados poderão isentar provimentos estrangeiros do procedimento homologatório. Da mesma forma – embora isso não conste deste dispositivo mencionado – a lei poderá dispensar certos provimentos estrangeiros de homologação, como afirma o caput do art. 958 do NCPC" (CARMONA, Carlos Alberto. *Breves comentários ao Código de Processo Civil de 2015*. Coords.: Teresa Arruda Alvim Wambier, Fredie Didier Jr., Eduardo Talamini e Bruno Dantas. São Paulo: RT, 2015, p. 2.132).

da normativa contida na Lei de Arbitragem sobre aquela disposta no Código Processual, não obstante fosse possível chegar a essa mesma conclusão mesmo na ausência de previsão explícita, bastando a aplicação do critério da especialidade na solução de conflitos normativos, em regra prevalecente sobre o critério da temporalidade[18].

Isso significa que nenhuma futura alteração no Código de Processo Civil de 2015 a respeito da homologação de decisões arbitrais estrangeiras que esteja em confronto com a disciplina da Lei de Arbitragem brasileira poderá representar derrogação ou ab-rogação desta última. As eventuais e futuras alterações do Código de Processo Civil de 2015 somente afetarão o reconhecimento de decisões arbitrais estrangeiras naqueles temas em que não houver regulamentação por tratado internacional, não houver regulamentação pela Lei de Arbitragem brasileira e forem, de fato, compatíveis com o sistema de homologação de decisões arbitrais idealizado pela norma internacional e pela norma especial. Excetuando-se essas hipóteses, as eventuais e futuras modificações no Código de 2015 serão de todo irrelevantes na seara arbitral[19]. Dessa forma, a própria lei faz prevalecer o brocardo latino segundo o qual *lex posterior generalis non derogat priori speciali*.

Por fim, cumpre destacar o espaço reservado pelo Código de 2015 para regulamentação do procedimento da homologação de decisões estrangeiras – judiciais e arbitrais – pelo Regimento Interno do Superior Tribunal de Justiça. O parágrafo segundo do art. 960 afirma que "a homologação obedecerá ao que dispuserem os tratados em vigor no Brasil e o Regimento Interno do Superior Tribunal de Justiça".

Mais uma vez, não se trata de uma inovação, pois o art. 36 da Lei de Arbitragem brasileira já dizia que "aplica-se à homologação para reconhecimento ou execução de sentença arbitral estrangeira, no que couber, o disposto nos arts. 483 e 484 do Código de Processo Civil" e o parágrafo único deste art. 483 do Código de 1973 estatuía que "a homologação obedecerá ao que dispuser o Regimento Interno do Supremo Tribunal Federal [leia-se, após a Emenda Constitucional nº 45/2004, Regimento Interno do Superior Tribunal de Justiça]".

---

18. DINIZ, Maria Helena. *Conflito de normas*. 9. ed. São Paulo: Saraiva, 2009, p. 50.
19. Importante registrar que o Código de Processo Civil de 2015 e suas possíveis alterações futuras poderão se sobrepor à Convenção de Nova Iorque e à Lei de Arbitragem brasileira em uma especial hipótese: representarem direito mais favorável ao reconhecimento de decisões arbitrais estrangeiras. Essa possibilidade está prevista no item 1 do art. VII da Convenção de Nova Iorque: "1. As disposições da presente Convenção não afetarão a validade de acordos multilaterais ou bilaterais relativos ao reconhecimento e à execução de sentenças arbitrais celebrados pelos Estados signatários nem privarão qualquer parte interessada de qualquer direito que ela possa ter de valer-se de uma sentença arbitral da maneira e na medida permitidas pela lei ou pelos tratados do país em que a sentença é invocada". Trata-se da chamada cláusula do direito mais favorável.

Despiciendo dizer que o Regimento Interno do Superior Tribunal de Justiça deve regular apenas o procedimento para o reconhecimento de decisões arbitrais estrangeiras, não podendo estatuir, por exemplo, causas de denegação que não estejam previstas em tratado internacional ou, na ausência de tratado, na Lei de Arbitragem brasileira[20].

3. INOVAÇÕES E POLÊMICAS

3.1. Homologação de provimento que decide a respeito da jurisdição dos árbitros

Cumpre enfrentar neste item a possibilidade de homologação de decisão arbitral que versa sobre a jurisdição dos árbitros. O assunto, registre-se, é pouco explorado pela doutrina de um modo geral.

Lembre-se, primeiramente, que o processo arbitral se inicia a partir de uma convenção de arbitragem, gênero do qual são espécies a cláusula compromissória e o compromisso arbitral, tal como bem descrito pelos arts. 3º, 4º e 9º da Lei de Arbitragem brasileira. A diferença básica entre essas duas espécies de convenção de arbitragem é que a cláusula compromissória é celebrada em momento anterior ao surgimento do conflito, normalmente por meio de uma cláusula razoavelmente simples inserida no contrato-base que regerá as relações substanciais entre as partes. O compromisso arbitral, a seu turno, é firmado após o surgimento da lide, na maioria das vezes por meio de um instrumento autônomo, contendo necessariamente diversas disposições a respeito da arbitragem, como, por exemplo, nome dos árbitros, objeto da arbitragem, local de prolação da sentença[21].

---

20. Comungando dessa posição, transcreva-se a lição de Vera Cecilia Monteiro de Barros e Paula de Magalhães Chisté: "Cabe destacar que, no que diz respeito às sentenças arbitrais estrangeiras, além dos requisitos indicados nos arts. 216-C, 216-D e 216-F do Regimento Interno do STJ, a contestação poderá versar sobre os temas enumerados no art. V da CNI e arts. 38 e 39 da LBA. Só é lícito ao julgador conhecer as questões que possam impedir a homologação da sentença arbitral vinculadas às circunstâncias taxativas previstas nas referidas normas jurídicas, nada mais. A 'inteligência da decisão', prevista no parágrafo único do art. 216-H do Regimento não se aplica às decisões arbitrais, uma vez que a restrição das questões invocáveis ao pedido de homologação resulta da determinação expressa do art. 38, caput, da LBA e art. V da CNI" (BARROS, Vera Cecilia Monteiro de. CHISTÉ, Paula de Magalhães. *Código de processo civil anotado*. Coords.: José Rogério Cruz e Tucci, Manoel Caetano Ferreira Filho, Ricardo de Carvalho Aprigliano, Rogéria Fagundes Dotti e Sandro Gilbert Martins. São Paulo/Curitiba: AASP/OABPR, 2015, p. 1.507).

21. A Corte Especial do Superior Tribunal de Justiça já teve oportunidade de traçar essa diferença, em acórdão bem ementado: "As duas espécies de convenção de arbitragem, quais sejam, a cláusula compromissória e o compromisso arbitral, dão origem a processo arbitral, porquanto em ambos ajustes as partes convencionam submeter a um juízo arbitral eventuais divergências relativas ao cumprimento do contrato celebrado. A diferença entre as duas formas de ajuste consiste no fato de que, enquanto o compromisso arbitral se destina a submeter ao juízo arbitral uma controvérsia concreta já surgida entre as partes, a cláusula compromissória objetiva submeter a processo arbitral apenas questões indeterminadas e

Por um lado, quando, numa relação jurídica, surge um conflito entre as partes que formalmente celebraram o contrato-base – e, por conseguinte, a cláusula compromissória – e esta modalidade de convenção de arbitragem está bem redigida e tecnicamente perfeita, as possibilidades de surgimento de insurgências de qualquer uma dessas partes em relação ao método de resolução de disputas ficam drasticamente reduzidas. Neste caso, a divergência entre as partes, em regra, se concentrará no próprio mérito do conflito, isto é, se houve ou não inadimplemento, se o material utilizado na obra atendia ou não às especificações técnicas ou contratuais, se houve ou não descumprimento do acordo de acionistas etc.

Por outro lado, mesmo quando a cláusula compromissória está técnica e perfeitamente redigida, se o conflito se instaura entre partes que não são formalmente as mesmas que celebraram o contrato-base (caso em que será necessário fazer uso da técnica conhecida como transmissão e/ou extensão da cláusula compromissória), ou se o litígio surge por conta de um contrato satélite que não possui a cláusula compromissória mas que é conexo com aquele contrato-base que possui a cláusula compromissória (situação na qual se exigirá a aplicação da tese dos contratos conexos e/ou da teoria dos grupos de contratos) ou quando o requerente pretende incluir nas alegações iniciais um pedido que extravase o escopo do termo de arbitragem (por exemplo, pleiteando genericamente a anulação de deliberações assembleares tomadas posteriormente à celebração do termo de arbitragem), as chances de que esta arbitragem comece com a discussão prévia e preliminar sobre a própria viabilidade da arbitragem crescem exponencialmente.

Trata-se de casos em que se debate a própria existência, validade, eficácia e escopo da convenção de arbitragem, matéria que normalmente compete aos árbitros, dentro da aplicação do conhecido princípio da competência-competência, consoante o previsto no parágrafo único do art. 8º e no *caput* do art. 20, ambos da Lei de Arbitragem, bem como da parte final do inciso VII do art. 485 do Código de Processo Civil de 2015.

Nestes casos, depois de observado o pleno contraditório entre as partes, o tribunal arbitral poderá ter que, eventualmente, expedir um provimento a respeito de sua própria jurisdição, ou seja, deverá emitir um provimento em que examine a regularidade da convenção de arbitragem, a adequada manifestação de vontade das partes em se submeter à arbitragem, a possibilidade de submissão daquele determinado objeto àquela específica arbitragem (alcance da convenção de arbitragem), a possibilidade de submissão em tese da

futuras, que possam surgir no decorrer da execução do contrato" (STJ, Corte, SEC. nº 1.210/GB, Min. Fernando Gonçalves, j. em 20.06.2007, D.J. de 06.08.2007).

matéria à via arbitral (arbitrabilidade objetiva), a possibilidade de submissão daquela parte específica à arbitragem (arbitrabilidade subjetiva).

Em tais casos, esse comando decisório, em regra, é tomado em momento anterior à oportunidade outorgada às partes para desenvolver seus argumentos de mérito do caso. E esse *modus operandi* é assim feito de modo a concentrar a atividade das partes e dos árbitros sobre essa questão da jurisdição arbitral. Às vezes, a questão da jurisdição dos árbitros é tão complexa – o que se observa, notadamente, em casos envolvendo grupos de contratos e grupos de empresas – que é preciso que o tribunal arbitral estabeleça fases estanques, por meio da bifurcação do procedimento arbitral. Trata-se de medida que serve para averiguar no mais breve tempo possível a viabilidade da arbitragem, pois, caso se entenda que não é possível solucionar o caso por arbitragem, essa decisão liberará as partes para buscar tempestivamente a tutela jurisdicional perante o Poder Judiciário.

É importante destacar, como se mencionou *en passant* anteriormente, que, salvo na ocorrência de vícios muito graves, notadamente aqueles que afetem drasticamente a própria base da manifestação de vontade de contratar, ou casos flagrantes em que fique desde logo patente a inarbitrabilidade do litígio, aferíveis *ictu oculi*, é da competência do tribunal arbitral – e não do Poder Judiciário – examinar prioritariamente essas alegações de inviabilidade da arbitragem ou de ausência de jurisdição dos árbitros[22]. Trata-se do denominado princípio da competência-competência (*Kompetenz-Kompetenz*), consagrado no parágrafo único do art. 8º e no *caput* do art. 20, ambos da Lei de Arbitragem brasileira, bem como na parte final do inciso VII do art. 485 do Código de Processo Civil de 2015[23]. Ao Poder Judiciário cabe examinar, como regra geral, esta

22. Pede-se nova vênia ao leitor para fazer referência a trabalho do primeiro autor em que esta questão foi abordada de forma bem objetiva. Trata-se do texto intitulado "Alegação de convenção de arbitragem no Novo CPC", publicado na edição do dia 17.09.2015 do Informativo Migalhas. Transcreva-se um trecho para melhor exame: "Assim que é hora de se pensar na utilização do que aqui poderíamos chamar de 'exceção de pré-conhecimento', fundada na existência de convenção de arbitragem. Tal instrumento permitirá que o juiz, impossibilitado de conhecer de ofício da existência da convenção, por se tratar de direito disponível, possa, a partir de requerimento da parte, extinguir o processo, sem julgamento do mérito. É bom que se registre, para afastar quaisquer dúvidas sobre o que aqui propomos, que, nessa oportunidade, o juiz se limitará a verificar a *existência* da convenção de arbitragem. Concluindo positivamente, caberá aos árbitros enfrentar as questões inerentes à validade e à eficácia da convenção de arbitragem, matérias próprias da jurisdição dos árbitros, em razão do princípio da competência-competência (art. 8º, p.ú., da Lei de Arbitragem)".

23. Segundo Gary Born, o princípio da competência-competência representa a "authority of an arbitral tribunal to consider and decide disputes over the arbitrators' own jurisdiction, including disputes over the existence, validity, legality and scope of the parties' arbitration agreement" (BORN, Gary B. *International commercial arbitration*. 2nd. ed. The Hague: Kluwer, 2014, p. 1.046). Trata-se, consoante a lição de Julian D. Lew, Loukas A. Mistelis e Stefan M. Kröll, de "a legal fiction granting arbitration tribunals the power to rule on their own jurisdiction" (LEW, Julian D. MISTELIS, Loukas A. KRÖLL, Stefan M. *Comparative international commercial arbitration*. The Hague: Kluwer, 2003, p. 332). A Corte Especial do Superior Tribunal de Justiça

matéria em momento posterior ao dos árbitros, especificamente no âmbito da ação de anulação da sentença arbitral, tal como preveem os arts. 32 e 33 da Lei de Arbitragem.

A princípio, porém, poder-se-ia dizer que o provimento do tribunal arbitral que, no exercício do princípio da competência-competência, resolve a questão atinente à jurisdição dos árbitros teria natureza meramente endoprocessual, razão pela qual estaria afastada a possibilidade de submetê-lo ao processo de homologação de decisão arbitral estrangeira, especialmente no caso de decisão que confirma a jurisdição dos árbitros. Isso porque, conforme narra André de Albuquerque Cavalcanti Abbud, "as sentenças que não se pronunciam sobre o mérito, mas apenas sobre o processo, normalmente, têm eficácia restrita ao âmbito interno deste e, portanto, não podem ser objeto de homologação"[24]. Nessa linha de entendimento, José Carlos Barbosa Moreira afirma que, em regra, "não se concebe a necessidade (nem, pois, a admissibilidade) de homologação de sentença cuja eficácia seja toda intraprocessual: assim, v.g., a que anule o processo estrangeiro por defeito insanável"[25]. A impossibilidade de reconhecimento de decisões meramente endoprocessuais, conforme narrado acima, é doutrina corrente no Brasil.

Todavia, no caso do provimento que examina a jurisdição dos árbitros, a questão deve receber solução diversa, segundo nosso entendimento. Primeiramente, trata-se de decisão que produz efeitos externos ao processo arbitral em que foi proferida. Observe-se que, no caso da decisão do tribunal arbitral que *negue jurisdição* sobre determinado caso, este provimento terá natureza de *sentença terminativa*, mas ainda assim é capaz de *produzir efeitos extraprocessuais*. Isso porque essa decisão, por um lado, impossibilita as partes de iniciarem nova arbitragem e, por outro lado, permite que as partes busquem tutela jurisdicional perante o Poder Judiciário. Em ambas as hipóteses, a decisão proferida na arbitragem impacta outras jurisdições e outros processos[26].

---

já teve oportunidade de entender, mais de uma vez, que "ante a cláusula arbitral, de rigor a submissão da alegação de nulidade primeiramente ante o próprio tribunal arbitral, como resulta de sentença estrangeira homologanda, que atende ao princípio *Kompetenz Kompetentz*, sob pena de abrir-se larga porta à judicialização nacional estatal prematura, à só manifestação unilateral de vontade de uma das partes, que, em consequência, teria o poder de, tão somente *ad proprium nutum*, frustrar a arbitragem avençada" (STJ, Corte, SEC. nº 854/EX, Min. Sidnei Beneti, j. em 16.10.2013, D.J. de 07.11.2013). Idem: STJ, 3. T., REsp. nº 1.355.831/SP, Min. Sidnei Beneti, j. em 19.03.2013, D.J. de 22.04.2013; STJ, 1. S., MS. nº 11.308/DF, Min. Luiz Fux, j. em 09.04.2008, D.J. de 19.05.2008.

24. ABBUD, André de Albuquerque Cavalcanti. *Homologação de sentenças arbitrais estrangeiras*. São Paulo: Atlas, 2008, p. 119-120.

25. BARBOSA MOREIRA, José Carlos. *Comentários ao código de processo civil*. 16. ed; Rio de Janeiro: Forense2012, p. 67.

26. Conforme defendem Philippe Fouchard, Emmanuel Gaillard e Berthold Goldman, "a decision on jurisdiction, the applicable law or the principle of liability, for example, is a final decision on one aspect of the

A capacidade de gerar efeitos em outros processos – judiciais ou arbitrais – faz com que a decisão dos árbitros que negue jurisdição sobre determinado caso seja passível de homologação. Comungando desse entendimento, Julian D. Lew, Loukas A. Mistelis e Stefan M. Kröll lecionam que "any decision denying jurisdiction should invariably be in the form of a final award so that it can be recognised under the New York Convention"[27]. Também nesse sentido, Carlos Alberto Carmona expressamente afirma que "se os árbitros afirmam não ter jurisdição, proferirão desde logo uma sentença arbitral terminativa, que extinguirá o processo sem julgamento de mérito", sendo certo que, continua o autor, "poderá haver interesse em submeter o provimento à oficialização", isto é, ao processo de reconhecimento da decisão[28].

A verdade é que, na arbitragem, toda decisão que possui aptidão para gerar efeitos fora do processo em que foi proferida já é classificada, em regra, como sentença e o caso da decisão dos árbitros que examina a própria jurisdição é, classicamente, referida como sentença parcial – instituto que se examinará mais em detalhes no próximo item. *Em resumo, pode-se dizer que a sentença arbitral terminativa em que os árbitros neguem jurisdição a determinado caso concreto é passível de homologação perante o Superior Tribunal de Justiça.*

No caso do provimento do tribunal arbitral que *reconheça a sua jurisdição* para julgar determinado caso concreto, a resposta parece ser a mesma, isto é, pela plena possibilidade de sua homologação. *Também neste caso se trata de provimento que produz efeitos externos. Assim, a decisão dos árbitros que declare que determinada convenção de arbitragem é válida pode ser homologada para que produza efeitos no Brasil, de maneira a impedir que se discuta novamente, em outro processo, a validade desta convenção de arbitragem.* Da mesma maneira, uma decisão do tribunal arbitral que entenda possuir jurisdição sobre determinada parte que, não obstante não tenha assinado a convenção de arbitragem, tenha participado efetivamente das negociações do contrato e da execução das obrigações dele derivadas, pode ser reconhecida no Brasil para fins de impedir que esta mesma parte possa instaurar ações judiciais versando sobre o mesmo objeto dessa arbitragem.

Gary Born, a respeito do provimento do tribunal arbitral que confirma possuir jurisdição – denominado pelo autor de *jurisdictional award* –, entende que "the better view is that positive jurisdictional rulings are properly characterized

---

dispute" (FOUCHARD, Philippe. GAILLARD, Emmanuel. GOLDMAN, Berthold. *International commercial arbitration*. Edited by Emmanuel Gaillard and John Savage. The Hague: Kluwer, 1999, p. 738).

27. LEW, Julian D. MISTELIS, Loukas A. KRÖLL, Stefan M. *Comparative international commercial arbitration*. The Hague: Kluwer, 2003, p. 334.

28. CARMONA, Carlos Alberto. *Breves comentários ao Código de Processo Civil de 2015*. Coords.: Teresa Arruda Alvim Wambier, Fredie Didier Jr., Eduardo Talamini e Bruno Dantas. São Paulo: RT, 2015, p. 2.139.

as awards, generally subject to annulment, recognition and enforcement like other awards, but national court authority on the subject remains divided"[29]. Veja-se que o autor qualifica esses pronunciamentos que reconhecem jurisdição sobre determinado caso de sentenças e defende a sua plena homologabilidade. Também assim, Julian D. Lew, Loukas A. Mistelis e Stefan M. Kröll entendem que "since such preliminary awards have to be recognised under the New York Convention this may also extend to other Member States of the Convention"[30]. As *preliminary awards*, mencionadas acima pelos autores, se referem também aos pronunciamentos sobre a jurisdição dos árbitros.

No Brasil, Carlos Alberto Carmona considera que "apenas os provimentos meramente terminativos, confinados aos fins do próprio processo (endoprocessuais) é que serão afastados do processo homologatório", razão pela qual "os demais, desde que produzam efeitos extraprocessuais, poderão ser objeto de homologação"[31]. O autor também faz uso da alteração promovida pelo Código de Processo Civil de 2015 em relação ao regime então disposto no Regimento Interno do Superior Tribunal de Justiça, em que se substituiu a exigência de a decisão homologanda "ter transitado em julgado" (art. 216-D, III, RISTJ) por "ser eficaz no país em que foi proferida" (art. 963, III, NCPC), para, a partir disso, defender que "a nova orientação permite, assim, com certa tranquilidade, a execução no Brasil de (...) sentenças (ou provimentos) arbitrais que tratem de jurisdição (validade ou limites da convenção arbitral)"[32]. Cumpre transcrever, ainda, outra passagem do autor em que ele resume bem seu pensamento:

> "A doutrina que se formou no século passado deixava clara a impossibilidade de homologar provimentos cuja eficácia fosse integralmente endoprocessual, o que punha de lado as sentenças terminativas e as decisões que tratassem de questões processuais. *Mas as decisões sobre a jurisdição dos árbitros, como é fácil de perceber, não constituem provimentos de eficácia meramente interna ao processo, já que provocarão efeitos externos.* Pense-se

---

29. BORN, Gary B. *International commercial arbitration*. 2nd. ed. The Hague: Kluwer, 2014, p. 3.018.
30. LEW, Julian D. MISTELIS, Loukas A. KRÖLL, Stefan M. *Comparative international commercial arbitration*. The Hague: Kluwer, 2003, p. 336.
31. CARMONA, Carlos Alberto. *Breves comentários ao Código de Processo Civil de 2015*. Coords.: Teresa Arruda Alvim Wambier, Fredie Didier Jr., Eduardo Talamini e Bruno Dantas. São Paulo: RT, 2015, p. 2.139.
32. CARMONA, Carlos Alberto. *Breves comentários ao Código de Processo Civil de 2015*. Coords.: Teresa Arruda Alvim Wambier, Fredie Didier Jr., Eduardo Talamini e Bruno Dantas. São Paulo: RT, 2015, p. 2.137. Examinando também essa mudança, confira-se o entendimento de Vera Cecilia Monteiro de Barros e Paula de Magalhães Chisté: "O terceiro requisito é que a decisão seja eficaz no país em que foi proferida. Com relação a tal requisito, verifica-se que o legislador não faz referência ao trânsito em julgado e se utiliza de um conceito diverso de estabilidade, da decisão eficaz, que é aquela que desde logo está apta a produzir efeitos" (BARROS, Vera Cecilia Monteiro de. CHISTÉ, Paula de Magalhães. *Código de processo civil anotado*. Coords.: José Rogério Cruz e Tucci, Manoel Caetano Ferreira Filho, Ricardo de Carvalho Aprigliano, Rogéria Fagundes Dotti e Sandro Gilbert Martins. São Paulo/Curitiba: AASP/OABPR, 2015, p. 1.511).

> na hipótese de uma decisão arbitral reconhecendo a validade de cláusula compromissória: a parte vencedora pode ter interesse em homologar tal decisão no Brasil, de modo a evitar, por exemplo, que a parte vencida tente propor demanda judicial sob a afirmação de nulidade absoluta da convenção arbitral"[33].

Observe-se que a doutrina processual civil no Brasil nunca descartou completamente a possibilidade de homologação de decisões não relacionadas ao mérito da causa, ou seja, decisões qualificadas como endoprocessuais, a princípio. José Carlos Barbosa Moreira expressamente explica que "não se exclui de modo absoluto, contudo, a homologabilidade de decisão estranha ao mérito, até porque é perfeitamente concebível que se tenha de executar no Brasil sanção pecuniária por ilícito processual, acaso imposta à parte em interlocutória, ou então algum capítulo acessório, qual a condenação em custas e/ou em honorários de advogado, que não se liga necessariamente a um pronunciamento *de meritis*"[34]. *Essa lição, segundo nos parece, também pode ser aproveitada para fins de defender a homologabilidade dos provimentos do tribunal arbitral que versem sobre a jurisdição arbitral, pois, apesar de não tratarem do mérito da causa, produzem efeitos externos e são tomados com a finalidade de resolver em definitivo a matéria*[35].

Cumpre lembrar também um segundo fundamento para se defender que as decisões que confirmam a jurisdição do tribunal arbitral sobre determinado caso são passíveis de homologação perante o Superior Tribunal de Justiça. *É que se trata de provimento que, normalmente, assume a forma de sentença parcial na arbitragem.* Philippe Fouchard, Emmanuel Gaillard e Berthold Goldman explicam que "the parties may decide that the arbitrators shall rule on a particular aspect of a dispute (such as jurisdiction, the governing law or liability) by making a separate award, referred to as a partial award"[36]. Observe-se que os autores, ao elencarem os exemplos de sentença parcial, se referem expressamente à decisão que trata da *jurisdiction* dos árbitros.

Da mesma maneira, Julian D. Lew, Loukas A. Mistelis e Stefan M. Kröll ensinam que "such partial award will be a ruling, for example, on issues of

33. CARMONA, Carlos Alberto. *Breves comentários ao Código de Processo Civil de 2015*. Coords.: Teresa Arruda Alvim Wambier, Fredie Didier Jr., Eduardo Talamini e Bruno Dantas. São Paulo: RT, 2015, p. 2.139.
34. BARBOSA MOREIRA, José Carlos. *Comentários ao código de processo civil*. 16. ed; Rio de Janeiro: Forense2012, p. 67.
35. Julian D. Lew, Loukas A. Mistelis e Stefan M. Kröll defendem, em síntese, que "the finality of the award, partial or otherwise, therefore seems have been the determining factor as to whether the award should be upheld by the courts" (LEW, Julian D. MISTELIS, Loukas A. KRÖLL, Stefan M. *Comparative international commercial arbitration*. The Hague: Kluwer, 2003, p. 698-699).
36. FOUCHARD, Philippe. GAILLARD, Emmanuel. GOLDMAN, Berthold. *International commercial arbitration*. Edited by Emmanuel Gaillard and John Savage. The Hague: Kluwer, 1999, p. 740.

jurisdiction, applicable law, or liability or quantification of damages"[37]. Também assim, Alan Redfern e Martin Hunter chegam ao ponto de dizer, sobre a sentença parcial, que "one obvious example that has already been given is where an issue of jurisdiction is involved: a partial award on such an issue may shorten, or at least simplify, the proceedings considerably"[38].

Também na doutrina brasileira há esta percepção. Carlos Alberto Carmona ensina que "trata-se de decisão arbitral que por vezes assume a forma de sentença arbitral parcial, na qual os árbitros afirmam que têm jurisdição sobre determinada causa, ou fixam o limite de sua jurisdição"[39]. Da mesma forma, Renata Alvares Gaspar, listando os casos de sentença parcial, esclarece que "as sentenças parciais seriam aquelas que decidem, de forma definitiva e por separado, as questões relativas à competência dos árbitros ou tribunal arbitral, o Direito aplicável no procedimento arbitral, os princípios de responsabilidade das partes, entre outros"[40]. *Ora, considerando que o provimento dos árbitros que decide positivamente sobre sua própria jurisdição possui, segundo a doutrina acima retratada, natureza de sentença parcial, não há porque negar a possibilidade de seu reconhecimento pelo Superior Tribunal de Justiça.*

Há, por fim, um último fundamento a permitir a homologação de decisões que versem sobre a jurisdição do tribunal arbitral. Não há nenhuma disposição na Convenção de Nova Iorque ou na Lei de Arbitragem brasileira que represente qualquer empecilho a essa possibilidade. *O Código de Processo Civil de 2015, a seu turno, até facilitou esse entendimento, pois deixou de fazer menção apenas à sentença estrangeira como ato homologável para se referir genericamente às decisões estrangeiras, de maneira que, ainda que se entenda que o provimento dos árbitros que verse sobre sua própria jurisdição não tenha natureza de sentença, isso em nada inviabiliza a sua homologação como decisão estrangeira pelo Superior Tribunal de Justiça.*

Em resumo, entendemos plenamente possível a homologação de pronunciamento do tribunal arbitral que decida sobre sua própria jurisdição, seja para confirmá-la, seja para negá-la.

---

37. LEW, Julian D. MISTELIS, Loukas A. KRÖLL, Stefan M. *Comparative international commercial arbitration.* The Hague: Kluwer, 2003, p. 632.
38. BLACKABY, Nigel. PARTASIDES, Constantine. REDFERN, Alan. HUNTER, Martin. *Redfern and Hunter on international arbitration.* 6th. ed. The Hague: Oxford University Press, 2015, p. 508
39. CARMONA, Carlos Alberto. *Breves comentários ao Código de Processo Civil de 2015.* Coords.: Teresa Arruda Alvim Wambier, Fredie Didier Jr., Eduardo Talamini e Bruno Dantas. São Paulo: RT, 2015, p. 2.139.
40. GASPAR, Renata Alvares. *Reconhecimento de sentenças arbitrais estrangeiras no Brasil.* São Paulo: Atlas, 2009, p. 98.

3.2. Homologação de sentença arbitral parcial estrangeira

Gary Born leciona que "a 'partial award' is an arbitral decision that finally disposes of part, but not all, of the parties' claims in an arbitration, leaving some claims for further consideration and resolution in future proceedings in the arbitration"[41]. Alan Redfern e Martin Hunter, por sua vez, num sentido bem prático, explicam que "a partial award is an effective way of determining matters that are susceptible to determination during the course of the proceedings, and which, once determined, may save considerable time and money for all involved"[42]. Trata-se de decisão que, examinando uma parcela da causa, decide-a em definitivo.

Não obstante o tema da sentença parcial tenha adotado ares de novidade no âmbito do processo judicial nos últimos anos, o instituto é consagrado há bastante tempo na seara arbitral. Prova disso é que a sentença parcial na arbitragem é prevista em diversas legislações estrangeiras (por exemplo: Inglaterra[43], Suíça[44], Bélgica[45], Espanha[46], Portugal[47]) e em praticamente todos os regulamentos de arbitragem de instituições estrangeiras (v.g.: CCI[48], LCIA[49], ICDR[50]).

No Brasil, a Lei de Arbitragem brasileira somente passou a prever explicitamente a sentença parcial com a edição da Lei nº 13.129/2015 (Reforma da Lei de Arbitragem). O texto atual do parágrafo primeiro do art. 23 da Lei nº 9.307/1996

41. BORN, Gary B. *International commercial arbitration.* 2nd. ed. The Hague: Kluwer, 2014, p. 3.014.
42. BLACKABY, Nigel. PARTASIDES, Constantine. REDFERN, Alan. HUNTER, Martin. *Redfern and Hunter on international arbitration.* 6th. ed. The Hague: Oxford University Press, 2015, p. 508.
43. Confira-se o item 2 do art. 47 do Arbitration Act de 1996: "The tribunal may, in particular, make an award relating (...) to a part only of the claims or cross-claims submitted to it for decision".
44. Para arbitragens internacionais, trata-se do art. 188 da Loi fédérale sur le droit international privé: "Sauf convention contraire, le tribunal arbitral peut rendre des sentences partielles". Para arbitragens domésticas, veja-se o art. 383 do Code de procédure civile: "Sentences incidentes et partielles. Sauf convention contraire des parties, le tribunal arbitral peut limiter la procédure à des questions ou des conclusions déterminées".
45. Leia-se o §1º do art. 1.713 do Code Judiciaire: "Le tribunal arbitral statue définitivement ou avant dire droit par une ou plusieurs sentences".
46. Trata-se do ítem 1 do art. 37 da Ley nº 60/2003: "Salvo acuerdo en contrario de las partes, los árbitros decidirán la controversia en un solo laudo o en tantos laudos parciales como estimen necesarios".
47. Transcreva-se, nesse sentido, o item 2 do art. 42º da Nova Lei de Arbitragem Voluntária: "Salvo convenção das partes em contrário, os árbitros podem decidir o fundo da causa através de uma única sentença ou de tantas sentenças parciais quantas entendam necessárias".
48. O Regulamento de 2017 da Câmara de Comércio Internacional estabelece, nas definições presentes no item V do art. 2º, que "o termo 'sentença arbitral' aplica-se, *inter alia*, a uma sentença arbitral interlocutória, parcial ou final".
49. As LCIA Arbitration Rules de 2014 preveem, no art. 26.1, que "the Arbitral Tribunal may make separate awards on different issues at different times, including interim payments on account of any claim or cross-claim (including Legal and Arbitration Costs)".
50. O item 1 do art. 29 do Regulamento de Arbitragem Internacional da ICDR estatui que "além de proferir a sentença arbitral final, o tribunal arbitral poderá proferir decisões liminares, interlocutórias, parciais, ordens, decisões e resoluções".

dispõe, de maneira bastante direta e objetiva, que "os árbitros poderão proferir sentenças parciais". Apesar disso, o instituto já era admitido há bastante tempo e possui larga aceitação nos regulamentos de arbitragem das câmaras arbitrais brasileiras (por exemplo, CCBC[51], CIESP[52], CAMARB[53], FGV[54]).

A sentença parcial possui uma enorme aplicabilidade prática, pois permite que, por exemplo, diante de um caso em que o requerente tenha feito dois pedidos – um versando sobre questão eminentemente de direito e outro a demandar larga produção de prova pericial –, o tribunal arbitral, por meio de uma sentença parcial, conceda desde logo o pedido maduro para julgamento e postergue o exame do outro pedido para o momento que se seguir ao encerramento da fase instrutória.

O mesmo ocorre caso o requerido se abstenha de impugnar, quantitativa ou qualitativamente, todos os pedidos feitos pelo requerente, ocasião na qual também será bastante útil a prolação de sentença parcial. Pense-se na hipótese mais simples de o requerente pedir a condenação do requerido a ressarci-lo do valor de R$ 1.000.000,00 (um milhão de reais) e o requerido alegar que deve apenas R$ 300.000,00 (trezentos mil reais). Este último valor, a partir da resposta do requerido, torna-se incontroverso e permite a prolação de sentença parcial. Lembre-se, ainda, da possibilidade de reconhecimento da prescrição de parcela da pretensão ou da decadência de parcela do direito subjetivo pleiteado perante o tribunal arbitral.

Em todas essas hipóteses acima aventadas, essa decisão, por se tratar de sentença parcial e não de uma mera decisão concessiva de tutela provisória, será acobertada pela coisa julgada material – o que significa, também, que o tribunal arbitral não poderá alterá-la por ocasião da prolação da sentença final – e permitirá, desde logo, na hipótese de não cumprimento voluntário, a execução definitiva desta parcela da causa perante o Poder Judiciário. *O instituto da sentença parcial é um instrumento fundamental para a efetiva concretização dos princípios constitucionais do acesso à justiça e da duração razoável do processo, previstos respectivamente nos incisos XXXV e LXXVIII da Constituição.*

---

51. O Regulamento de 2012 da CCBC, no art. 10.2, é bem objetivo ao dizer que "a sentença arbitral poderá ser parcial ou final".
52. O Regulamento de Arbitragem de 2013 da Câmara de Conciliação, Mediação e Arbitragem CIESP/FIESP dispõe, no art. 15.9, que "o Tribunal Arbitral poderá proferir sentença parcial, após a qual dará continuidade ao procedimento com instrução restrita à parte da controvérsia não resolvida pela sentença parcial".
53. No art. 10.9, o Regulamento de Arbitragem da CAMARB de maneira bastante didática preceitua que "o Tribunal Arbitral poderá proferir sentença parcial antes da decisão final da arbitragem".
54. O Regulamento da Câmara FGV de Conciliação e Arbitragem prevê, no art. 54, que "o tribunal arbitral está autorizado, por iniciativa própria ou a pedido das partes, a prolatar sentenças parciais ou relativas a questões incidentais no curso do procedimento".

Ademais, a sentença parcial possui a relevante função prática de ir, passo a passo, reduzindo o objeto do processo e a atenção do julgador àquilo que realmente ainda impõe a análise mais profunda do que é controvertido entre as partes. A sentença parcial, sob o ponto de vista da estratégia processual, ainda funciona como importante incentivo econômico, impactando diretamente a distribuição dos ônus sucumbenciais a partir do comportamento das partes no processo arbitral.

Recentemente, Superior Tribunal de Justiça, no julgamento do Recurso Especial nº 1.519.041, tendo como Relator o Min. Marco Aurélio Bellizze, teve a oportunidade de decidir, à unanimidade, que "no âmbito do procedimento arbitral, nos termos da Lei n. 9.307/96 (antes mesmo das alterações promovidas pela Lei n. 13.129/2015), inexiste qualquer óbice à prolação de sentença arbitral parcial"[55].

Registre-se que o Tribunal também entendeu, a nosso ver corretamente, que "a ação anulatória destinada a infirmar a sentença parcial arbitral – único meio admitido de impugnação do *decisum* – deve ser intentada de imediato, sob pena de a questão decidida tornar-se imutável, porquanto não mais passível de anulação pelo Poder Judiciário, a obstar, por conseguinte, que o Juízo arbitral profira nova decisão sobre a matéria", pois "compreendendo-se sentença arbitral como gênero, do qual a parcial e a definitiva são espécies, o prazo previsto no aludido dispositivo legal aplica-se a estas, indistintamente"[56]. *Atualmente, portanto, pode-se dizer que o instituto da sentença parcial indubitavelmente está consolidado na arbitragem brasileira*[57].

Sublinhadas estas noções gerais a respeito do instituto, vale examinar com um pouco mais de profundidade a questão da possibilidade de homologação no Brasil de sentença arbitral parcial pelo Superior Tribunal de Justiça. É o que se passa a examinar.

A Convenção de Nova Iorque não trata das sentenças parciais, ao menos diretamente, pois utiliza em todo o seu texto apenas a palavra "sentença", sem maiores adjetivações ou complementações. Nesse sentido, vale mencionar especialmente a primeira parte do item 1 do art. I, que dispõe que "a presente Convenção aplicar-se-á ao reconhecimento e à execução de *sentenças arbitrais*

55. STJ, 3. T., REsp. nº 1.519.041/RJ, Min. Marco Aurélio Bellizze, j. em 01.09.2015, D.J. de 11.09.2015.
56. STJ, 3. Turma, REsp. nº 1.519.041/RJ, Min. Marco Aurélio Bellizze, j. em 01.09.2015, D.J. de 11.09.2015.
57. Com a vênia do leitor, vale dizer que tivemos a oportunidade de enfrentar algumas questões relacionadas à sentença parcial nos seguintes trabalhos: FICHTNER, José Antonio. MONTEIRO, André Luís. Sentença parcial de mérito na arbitragem. Temas de arbitragem: primeira série. Rio de Janeiro: Renovar, 2010, p. 148-188 e FICHTNER, José Antonio. MANNHEIMER, Sergio Nelson. MONTEIRO, André Luís. A sentença parcial na Reforma da Lei de Arbitragem brasileira. A Reforma da Arbitragem. MELO, Leonardo de Campos. BENEDUZI, Renato Resende (Coord.). Rio de Janeiro: Forense, 2016, p. 535-552.

estrangeiras proferidas no território de um Estado que não o Estado em que se tencione o reconhecimento e a execução de tais *sentenças*, oriundas de divergências entre pessoas, sejam elas físicas ou jurídicas".

Ademais, o item 2 deste mesmo dispositivo da Convenção estabelece que "entender-se-á por '*sentenças arbitrais*' não só as sentenças proferidas por árbitros nomeados para cada caso mas também aquelas emitidas por órgãos arbitrais permanentes aos quais as partes se submetam". Cumpre trazer à lembrança, ainda, a alínea "a" do item 1 do art. IV, segundo a qual "a fim de obter o reconhecimento e a execução mencionados no artigo precedente, a parte que solicitar o reconhecimento e a execução fornecerá, quando da solicitação (...) a *sentença original* devidamente autenticada ou uma cópia da mesma devidamente certificada". Observe-se que em nenhuma das três previsões há menção expressa à sentença parcial, mas apenas à nomenclatura genérica "sentença".

Se, por um lado, o texto convencional não é explícito em admitir a homologação de sentenças parciais, por outro lado, ao intérprete não é lícito extrair disso uma vedação ao reconhecimento de decisões parciais. Esta é a razão pela qual a doutrina internacional, apesar de reconhecer a inexistência de menção legal específica, conclui que "as a general rule, partial awards may be enforced under the New York Convention", tal como leciona Dirk Otto[58]. A resposta definitiva sobre a possibilidade ou não de homologação de sentença arbitral parcial será encontrada no ordenamento jurídico interno do Estado receptor, ou seja, do Estado em que se pretende a produção de efeitos da decisão arbitral (*host State*).

Examinando-se o Direito brasileiro, via-se que o Código de Processo Civil de 1973 não fazia nenhuma menção à possibilidade de homologação de decisões parciais. O art. 483 do mencionado diploma processual dispunha apenas que "a *sentença* proferida por tribunal estrangeiro não terá eficácia no Brasil senão depois de homologada pelo Supremo Tribunal Federal". A Lei de Introdução às Normas do Direito Brasileiro também não auxiliava nessa matéria, pois fazia menção apenas à expressão "*sentença* proferida no estrangeiro", em seu art. 15. A Resolução nº 09/2005 da Presidência do Superior Tribunal de Justiça, não obstante os avanços que representou em tema de reconhecimento de decisões alienígenas, não enfrentou explicitamente a questão. Reproduzindo essa previsão, o Regimento Interno do Superior Tribunal de Justiça – após a modificação empreendida pela Emenda Regimental nº 18/2014 – também não se dedicou ostensivamente ao assunto.

---

58. OTTO, Dirk. Article IV. Interim and partial awards, interim measures. *Recognition and enforcement of foreign arbitral awards*: a global commentary on the New York Convention. Edited by Herbert Kronke, Patricia Nascimento, Dirk Otto and Nicola Christine Port. The Netherlands: Kluwer, 2010, p. 156.

Não obstante a omissão legislativa, a doutrina especializada já vinha advogando pela plena admissibilidade da homologação de sentença arbitral parcial. Nesse sentido, André de Albuquerque Cavalcanti Abbud considera que "também inserem-se na ideia de sentença arbitral estrangeira, para fins de reconhecimento, os chamados laudos parciais em sentido estrito, isto é, aqueles que julgam apenas parte dos pedidos formulados pelas partes, e não todo o mérito do processo arbitral, assim admitidos em alguns sistemas jurídicos e regulamentos arbitrais"[59]. Da mesma forma, Renata Alvares Gaspar entende que "qualquer sentença arbitral parcial estrangeira não poderá – ou deverá – encontrar grandes obstáculos para ser homologada, uma vez cumprida com os demais requisitos legais estabelecidos"[60]. Este também sempre foi o nosso pensamento, isto é, nunca houve qualquer empecilho legal ou regimental que impossibilitasse a homologação de sentenças arbitrais parciais no Brasil.

O legislador do Código de Processo Civil de 2015 não aproveitou para tratar explicitamente da homologação de sentença parcial estrangeira, seja ela arbitral ou judicial. Seguindo a linha daqueles que já propugnavam pela possibilidade de homologação de sentença arbitral parcial, Carlos Alberto Carmona, comentando o novo diploma processual civil, afirma não crer que "haja dúvidas importantes sobre a possibilidade de homologar, no Brasil, uma sentença parcial, já que a decisão estará enquadrada entre os provimentos definitivos (ou seja, que decidem o mérito)"[61].

Também entendemos que na ordem jurídica vigente, a despeito da omissão legal, é possível a homologação de sentença arbitral parcial pelo Superior Tribunal de Justiça. Primeiramente, nenhum dos diplomas legislativos que poderiam regular a matéria – Convenção de Nova Iorque, Lei de Arbitragem, Código de Processo Civil de 2015 e Regimento Interno do Superior Tribunal de Justiça – cria qualquer obstáculo ao reconhecimento dessas decisões parciais.

Ademais, a identidade de gênero, para fins de homologação, entre a sentença parcial e a sentença final não deixa dúvidas de que inexistem razões plausíveis para se criar entre elas uma diferença de tratamento. Ambas decidem o mérito da causa, ambas são definitivas, ambas são tomadas a partir de cognição exauriente, ambas são acobertadas pela autoridade da coisa julgada, ambas permitem a execução definitiva, ambas são eficazes. *Ora, se assim é, não faria sentido que se permitisse a homologação da sentença arbitral final e se negasse a*

59. ABBUD, André de Albuquerque Cavalcanti. *Homologação de sentenças arbitrais estrangeiras*. São Paulo: Atlas, 2008, p. 120.
60. GASPAR, Renata Alvares. *Reconhecimento de sentenças arbitrais estrangeiras no Brasil*. São Paulo: Atlas, 2009, p. 102.
61. CARMONA, Carlos Alberto. *Breves comentários ao Código de Processo Civil de 2015*. Coords.: Teresa Arruda Alvim Wambier, Fredie Didier Jr., Eduardo Talamini e Bruno Dantas. São Paulo: RT, 2015, p. 2.139.

homologação da sentença arbitral parcial. Não há, neste ponto, diferença ontológica entre essas decisões que justifique um tratamento diferenciado.

Cumpre ressaltar também – e este argumento vale também para a Resolução nº 09/2005 e o Regimento Interno, ambos do Superior Tribunal de Justiça – que se o Código de Processo Civil de 2015 permite o reconhecimento de medidas de urgência concedidas no exterior – *ex vi* do art. 962 –, *a fortiori* deve recepcionar sentenças arbitrais parciais proferidas fora do território brasileiro. *Ora, se o sistema de homologação se contenta, para fins de reconhecimento, com decisões tomadas à base de cognição sumária, certamente que não existem motivos para negar a homologação de sentença parcial formada a partir de cognição exauriente.*

Do contrário, criar-se-ia a absurda situação em que a parte a quem aproveitasse a sentença parcial teria menor proteção – perante o sistema jurídico brasileiro – do que aquela beneficiada pela concessão de uma medida provisória, o que não se pode admitir como sistema. Incide, no caso, a máxima *a maiori, ad minus.*

Por fim, é importante dizer que o sistema jurídico brasileiro criou verdadeira equiparação de efeitos entre as decisões judiciais e as decisões arbitrais, o que fica claramente retratado nos arts. 18 e 31 da Lei de Arbitragem e no art. 515, inciso VII, do Código de Processo Civil de 2015 – que reproduziu o art. 475-N, inciso IV, do Código de 1973. Dessa forma, considerando que o Código de Processo Civil de 2015 permite, consoante o art. 356, o chamado julgamento parcial do mérito e, inclusive, a execução definitiva da parcela relacionada a esse julgamento, não parece estar de acordo com o sistema a criação de obstáculos a que provimentos arbitrais que examinem parcela do mérito encontrem resistência em serem reconhecidas e, em seguida, executados em território nacional.

Leonardo de Campos Melo – referindo-se também à sentença parcial – dá notícia de que "although the SCJ [leia-se: Superior Tribunal de Justiça] has not yet expressly decided whether or not it would recognize interlocutory awards per se, it seems that the court in Paladin PM Homes Brazil Investors v. Molnar Construtora e Incorporadora Ltda. (SEC No. 8.847/FR) took an important step in this direction"[62]. No caso, a requerida alegou que teria havido "cisão no julgamento de mérito, tendo em vista a prolação de duas sentenças com a antecipação de algumas questões, em evidente quebra da sistemática da concentração dos atos processuais".

---

62. MELO, Leonardo de Campos. *Recognition and enforcement of foreign arbitral awards in Brazil:* a practitioner's guide. The Hague: Kluwer, 2015, p. 35.

A Corte Especial do Superior Tribunal de Justiça, mesmo sem afirmar expressamente a possibilidade de homologação de sentença arbitral parcial, entendeu que "sentença arbitral estrangeira que não viola a soberania nacional, os bons costumes e a ordem pública e que observa os pressupostos legais indispensáveis ao deferimento do pleito deve ser homologada"[63]. Ainda que o Tribunal não tenha enfrentado especificamente o tema, o fato é que reconheceu uma sentença arbitral parcial, apesar da oposição manifestada pela parte requerida da ação de homologação.

Diga-se, por fim, que poderá haver hipóteses em que decisões processuais, notadamente, por exemplo, as que excluam ou incluam, em exame de legitimidade, partes da arbitragem, viabilizem o exercício de direitos destas partes perante o Poder Judiciário, razão pela qual a possibilidade de homologação de sentenças parciais pode não estar limitada àquelas que examinam o mérito da causa.

Diante do exposto, entendemos que é plenamente possível a homologação de sentença arbitral parcial perante o Superior Tribunal de Justiça, bastando que sejam atendidos os demais requisitos de homologação previstos na Convenção de Nova Iorque. Como se trata de sentença – ainda que parcial –, o instrumento adequado para requerer a produção de seus efeitos em território brasileiro é a ação de homologação de sentença arbitral estrangeira.

3.3. Reconhecimento de decisões que concedem tutela provisória na arbitragem: relevante inovação técnica, desafio prático e propostas de solução

O Código de Processo Civil de 2015 traz interessante novidade ao estatuir, no art. 962, que "é passível de execução a decisão estrangeira concessiva de medida de urgência". *Trata-se de dispositivo que permite o reconhecimento e a execução no Brasil de decisões estrangeiras concessivas de tutela provisória, tenham elas natureza satisfativa, cautelar ou coercitiva (ou executória), bem como conteúdo declaratório, constitutivo, condenatório, mandamental ou executivo lato sensu.*

A nova disciplina permite até mesmo a efetivação de decisões concessivas de tutela provisória que tenham sido deferidas *inaudita altera parte* no processo de origem, consoante decorre da clara previsão do parágrafo segundo desse mesmo dispositivo, consoante o qual "a medida de urgência concedida sem audiência do réu poderá ser executada, desde que garantido o contraditório em momento posterior". Esse dispositivo pode ser plenamente conjugado com a previsão do parágrafo terceiro do art. 961, que estabelece que "a autoridade

63. STJ, Corte, SEC. nº 8.847/EX, Min. João Otávio de Noronha, j. em 20.11.2013, D.J. de 28.11.2013.

judiciária brasileira poderá deferir pedidos de urgência e realizar atos de execução provisória no processo de homologação de decisão estrangeira".

Com efeito, diante de uma decisão concessiva de tutela provisória, a parte interessada pode requerer não apenas o reconhecimento dessa decisão perante o Superior Tribunal de Justiça como, inclusive, solicitar a concessão de medida de urgência no âmbito deste processo de internalização, de maneira que a decisão passe a produzir imediatos efeitos no território nacional. Trata-se de uma inovação muito importante para fins de privilegiar a efetividade da tutela jurisdicional internacional em relação às decisões judiciais estrangeiras, pois preenche uma lacuna realmente importante para fins de concretização da efetividade da tutela jurisdicional internacional.

Em primeiro lugar, a nova regulamentação encerra uma polêmica de décadas no âmbito do processo de reconhecimento de decisões estrangeiras. Isso porque antiga jurisprudência do Supremo Tribunal Federal, apoiada em clássica doutrina, entendia que "referentemente às cartas rogatórias de natureza executória, são insuscetíveis de receber o *exequatur*"[64]. Mesmo mais recentemente podem ser encontradas decisões no sentido de que "o Supremo Tribunal Federal pacificou exegese no sentido de não admitir, em princípio, a possibilidade jurídica de concessão do *exequatur* para efeito de realização, em território brasileiro, de diligências de natureza executória"[65].

64. STF, Pleno, SE nº 3.421, Min. Oscar Correa, j. em 05.09.1984, D.J. de 05.10.1984. Para uma descrição mais detalhada desta fase da jurisprudência do Supremo Tribunal Federal, consulte-se esta passagem e as seguintes da obra de André de Albuquerque Cavalcanti Abbud: "Ocorre, no entanto, que a via da carta rogatória esteve sempre restrita à internalização de atos de cunho meramente ordinatório ou instrutório a serem praticados no Brasil, tais como citações, intimações, notificações, vistorias, oitiva de testemunhas etc. Segundo a antiga e pacífica jurisprudência da Suprema Corte, estava absolutamente excluída a possibilidade de que decisões ensejadoras da prática de atos executórios no país, tais como arrestos, sequestros, penhora de bens etc., receberem o *exequatur* em carta rogatória, a fim de que fossem cumpridos no território nacional" (ABBUD, André de Albuquerque Cavalcanti. *Homologação de sentenças arbitrais estrangeiras*. São Paulo: Atlas, 2008, p. 236). Retratando essa mesma situação, confira-se a explanação de Carlos Alberto Carmona: "É regra antiga de nosso direito a impossibilidade de cumprimento de decisões concessivas de medidas cautelares por simples carta rogatória. A doutrina admitia a possibilidade de execução das sentenças cautelares, mas não a execução das medidas interlocutórias, o que naturalmente criava considerável dificuldade para aqueles que precisavam de tutela de urgência" (CARMONA, Carlos Alberto. *Breves comentários ao Código de Processo Civil de 2015*. Coords.: Teresa Arruda Alvim Wambier, Fredie Didier Jr., Eduardo Talamini e Bruno Dantas. São Paulo: RT, 2015, p. 2.141).

65. STF, Presidência, CR. nº 10.706, Min. Maurício Corrêa, j. em 06.02.2004, D.J. de 13.02.2004. Idem: "Com efeito, nosso ordenamento repele as cartas rogatórias executórias" (STF, Presidência, CR. nº 10.594, Min. Nelson Jobim, j. em 04.11.2004, D.J. de 12.11.2004). Também assim: "(...) são insuscetíveis de cumprimento, no Brasil, cartas rogatórias de caráter executório, ressalvadas as expedidas com fundamento em acordos ou convenções internacionais de cooperação jurisdicional" (STF, Presidência, CR. nº 11.427, Min. Nelson Jobim, j. em 16.08.2004, D.J. de 26.08.2004). O Superior Tribunal de Justiça, após receber a competência para homologação de sentenças estrangeiras e concessão de *exequatur* a cartas rogatórias pela Emenda Constitucional nº 45/2004, teve a oportunidade de registrar essa jurisprudência do Pretório Excelso: "A jurisprudência do Supremo Tribunal Federal pautava-se no sentido da impossibilidade de concessão de *exequatur* para atos executórios e de constrição não-homologados por sentença estrangeira" (STJ, Corte,

O fundamento desse entendimento consistia no fato de que a carta rogatória não poderia servir para internalizar decisões que, na verdade, demandariam cognição mais profunda no âmbito da ação de homologação de sentença estrangeira, o que acabava condicionando o reconhecimento dessas decisões à existência de sentença estrangeira transitada em julgado[66]. Não obstante essa posição fosse consolidada na jurisprudência do Supremo Tribunal Federal e contasse com forte apoio doutrinário, Vicente Greco Filho, já em 1978, propunha uma mudança de orientação, defendendo que "no sistema do Direito anterior brasileiro, não eram admitidas rogatórias com função executiva, apesar da omissão do texto expresso de lei a respeito", mas, continuava o autor, "hoje (...) não vemos sustentação legal ou doutrinária para a manutenção de tal entendimento"[67].

A situação somente começou a se alterar com a promulgação da Emenda Constitucional nº 45/2004 – que transferiu ao Superior Tribunal de Justiça a competência para homologação de sentenças estrangeiras e a concessão de *exequatur* – e a edição da Resolução nº 09/2005 da Presidência desta Corte, em que o art. 7º passou a dispor que "as cartas rogatórias podem ter por objeto atos decisórios ou não decisórios", previsão essa repetida no parágrafo primeiro do art. 216-O da versão mais recente do Regimento Interno do Superior Tribunal de Justiça[68]. *O Código de Processo Civil de 2015, portanto, positiva na lei a alteração deste entendimento, permitindo, mais do que nunca, a concessão de exequatur a decisões judiciais estrangeiras concessivas de tutela provisória.*

No universo da arbitragem, a nova disciplina também preenche um vazio normativo relevante, pois nem a Convenção de Nova Iorque nem a Lei de Arbitragem brasileira preveem, explicitamente, a possibilidade de reconhecimento

CR. nº 438/BE, Min. Luiz Fux, j. em 15.08.2007, D.J. de 24.09.2007). O entendimento inicial da Suprema Corte, como se vê neste segundo acórdão acima transcrito, depois passou a ser levemente flexibilizado diante da excepcional existência de tratado internacional que previsse a concessão de *exequatur* a cartas rogatórias executórias. Mas a regra geral continuava sendo a impossibilidade de concessão de *exequatur* a cartas rogatórias de caráter executório.

66. Nesse sentido, André de Albuquerque Cavalcanti Abbud: "Essa firme posição, reiterada inúmeras vezes, lastreava-se no argumento de que a concessão do *exequatur* a medidas de caráter executório ofenderia a ordem pública nacional. Isso porque a autorização a que decisões interlocutórias dessa espécie fossem efetivadas no país violaria o sistema legal de reconhecimento de sentenças. Se a liberação de quaisquer efeitos do julgado estrangeiro aqui estava subordinada à homologação deste, não se poderia dar cumprimento a medidas destinadas a fazer valer aqui parte ou alguns desses efeitos, de forma oblíqua, por meio da carta rogatória, antes e independentemente da homologação da sentença deles veiculadora" (ABBUD, André de Albuquerque Cavalcanti. *Homologação de sentenças arbitrais estrangeiras*. São Paulo: Atlas, 2008, p. 236-237).
67. GRECO FILHO, Vicente. *Homologação de sentença estrangeira*. São Paulo: Saraiva, 1978, p. 129.
68. Também assim, transcreva-se a lição de André de Albuquerque Cavalcanti Abbud: "A Resolução nº 09/2005 do STJ foi a porta de entrada para reconhecimento de medidas de cunho executivo (em sentido amplo) no país, pela via da carta rogatória (ABBUD, André de Albuquerque Cavalcanti. *Homologação de sentenças arbitrais estrangeiras*. São Paulo: Atlas, 2008, p. 238).

de decisões concessivas de tutela provisória. Em relação ao direito convencional, Dirk Otto explica que "there is a consensus that the New York Convention does not address nor cover the enforcement of interim measures, but at the same time does not restrict national laws from providing assistance to arbitration, such as by permitting procedural and/or interim orders of arbitration tribunals to be enforced"[69]. Na doutrina brasileira, André de Albuquerque Cavalcanti Abbud também constata que "a esse respeito, a Convenção de Nova Iorque é absolutamente silente (no que é irmanada pela Lei nº 9.307/96)"[70].

Com efeito, o Código de Processo Civil de 2015 trouxe uma interessante novidade ao permitir o reconhecimento de decisões arbitrais estrangeiras concessivas de tutela provisória, o que abarca medidas satisfativas, cautelares ou coercitivas (ou executórias), bem como de conteúdo declaratório, constitutivo, condenatório, mandamental ou executivo lato sensu.

Há, porém, um problema procedimental que representa um desafio à implementação prática dessa novidade técnica na seara da arbitragem. Isso porque, repetindo a previsão genérica contida no parágrafo primeiro do art. 960[71], o parágrafo primeiro do art. 962 dispõe que "a execução no Brasil de *decisão interlocutória* estrangeira concessiva de medida de urgência dar-se-á *por carta rogatória*".

O Código de 2015, desta forma, manteve uma tradicional dualidade de instrumentos processuais a depender da natureza do ato decisório que se queira reconhecer, fixando a *ação de homologação* para as *sentenças* estrangeiras e a *carta rogatória* para as *decisões interlocutórias* estrangeiras. Em outras palavras, se, por um lado, o ato homologando for sentença, o instrumento adequado para o reconhecimento é a ação de homologação de sentença estrangeira; se, por outro lado, o ato homologando for decisão interlocutória – o que abarca a decisão que concede tutela provisória –, o instrumento adequado para o reconhecimento é a carta rogatória.

Ocorre, porém, que, no âmbito da arbitragem, a circulação de cartas rogatórias é matéria bastante complexa, simplesmente porque este instrumento processual se destina, classicamente, à comunicação entre Estados soberanos. Observe-se, por exemplo, que o inciso II do art. 237 do próprio Código de Processo Civil de 2015 estabelece que "será expedida carta (...) rogatória, para que *órgão*

---

69. OTTO, Dirk. Article IV. Interim and partial awards, interim measures. *Recognition and enforcement of foreign arbitral awards*: a global commentary on the New York Convention. Edited by Herbert Kronke, Patricia Nascimento, Dirk Otto and Nicola Christine Port. The Hague: Kluwer, 2010, p. 157.
70. ABBUD, André de Albuquerque Cavalcanti. *Homologação de sentenças arbitrais estrangeiras*. São Paulo: Atlas, 2008, p. 235.
71. Transcreva-se o texto legal do art. 960, §1º: "A decisão interlocutória estrangeira poderá ser executada no Brasil por meio de carta rogatória".

jurisdicional estrangeiro pratique ato de cooperação jurídica internacional, relativo a processo em curso perante *órgão jurisdicional brasileiro*"[72]. Qualquer tentativa de equiparar a expressão "órgão jurisdicional estrangeiro" a "tribunal arbitral constituído em arbitragem sediada no exterior" se esvazia diante dos requisitos da carta rogatória especificados no art. 260 do mesmo Código, em que se fala de "juízes", "despacho judicial" e "assinatura do juiz"[73].

A doutrina não discrepa do entendimento de que a carta rogatória é um instrumento de comunicação entre Estado soberanos, ou seja, entre pessoas jurídicas de direito público externo (art. 42 do Código Civil), tal como previsto no Código de Bustamante[74]. Cláudio Finkelstein e Marina Amaral Egydio de Carvalho entendem que "por meio da carta rogatória permite-se que o *juiz de um Estado* emita uma ordem de citação ou cumprimento de diligências para ser cumprida em um *outro Estado*"[75]. Luiz Guilherme Marinoni, Sérgio Cruz Arenhart e Daniel Mitidiero explicam que "as cartas rogatórias podem ser ativas ou passivas", sendo certo que "essas são aquelas enviadas por *autoridades judiciárias estrangeiras* para cumprimento no Brasil; aquelas, as expedidas pelos *órgãos jurisdicionais nacionais* para cumprimento em outros países"[76].

---

72. A respeito da expressão "cooperação jurídica internacional", prevista neste art. 237, o próprio Código de 2015 lhe traça os contornos no art. 37, segundo o qual "o pedido de cooperação jurídica internacional oriundo de *autoridade brasileira* competente será encaminhado à autoridade central para posterior envio ao *Estado requerido* para lhe dar andamento".

73. O texto integral do art. 260 do Código de 2015 é o seguinte: "São *requisitos* das cartas de ordem, precatória e *rogatória*: I – a indicação dos *juízes* de origem e de cumprimento do ato; II – o inteiro teor da petição, do *despacho judicial* e do instrumento do mandato conferido ao advogado; III – a menção do ato processual que lhe constitui o objeto; IV – o encerramento com a *assinatura do juiz*".

74. O texto do art. 388 do Código de Bustamante (Decreto nº 18.871/1929) é o seguinte: "Toda *diligencia judicial* que um *Estado contractante* necessite praticar em outro será effectuada mediante carta rogatoria ou commissão rogatoria, transmittida por via diplomatica. Comtudo, os *Estados contractantes* poderão convencionar ou acceitar entre si, em materia civel ou commercial, qualquer outra forma de transmissão".

75. FINKELSTEIN, Cláudio. CARVALHO, Marina Amaral Egydio de. Homologação de sentença estrangeira e execução de carta rogatória no Brasil. *Revista de direito constitucional e internacional*. São Paulo: RT, jan./mar. de 2005, v. 50. Disponível em: http://www.revistadostribunais.com.br. Acessado em: 10.05.2018. Os autores ainda explicam o seguinte: "A noção de carta rogatória está diretamente ligada ao conceito de jurisdição. Isso porque a jurisdição de um país será plena apenas dentro do seu território. Trata-se de prerrogativa concedida a partir do conceito de soberania. Quando se está diante de um ato que deva ser cumprido fora dos limites territoriais de um Estado, será necessário obter autorização da jurisdição do local donde esse ato deve ser cumprido" (FINKELSTEIN, Cláudio. CARVALHO, Marina Amaral Egydio de. Homologação de sentença estrangeira e execução de carta rogatória no Brasil. *Revista de direito constitucional e internacional*. São Paulo: RT, jan./mar. de 2005, v. 50. Disponível em: http://www.revistadostribunais.com.br. Acessado em: 10.05.2018).

76. MARINONI, Luiz Guilherme. ARENHART, Sérgio Cruz. MITIDIERO, Daniel. *Código de Processo Civil de 2015 comentado*. São Paulo: RT, 2015, p. 267. Também assim, confira-se o entendimento de Paulo Osternack Amaral: "A carta rogatória é uma solicitação de cooperação jurídica internacional emitida por um *órgão judicial* a uma *autoridade judicial* de outro país" (AMARAL, Paulo Osternack. *Breves comentários ao Código de Processo Civil de 2015*. Coords.: Teresa Arruda Alvim Wambier, Fredie Didier Jr., Eduardo Talamini e Bruno Dantas. São Paulo: RT, 2015, p. 683). Cite-se, ainda, a posição de Teresa Arruda Alvim Wambier, Maria Lúcia Lins Conceição, Leonardo Ferres da Silva Ribeiro e Rogerio Licastro Torres de Mello: "As cartas rogatórias, por

Como se não bastasse esta complexidade técnica, decorrente do próprio conceito da carta rogatória, há evidentes dificuldades práticas para que este instrumento possa ser utilizado na arbitragem. As cartas rogatórias, em regra, são transportadas de um Estado para outro por via diplomática, salvo no caso de existir tratado internacional que preveja outra forma de transmissão. Trata-se, portanto, de um procedimento entre Estados, por meio de suas representações internacionais. Ora, parece evidente, conforme já havíamos notado anteriormente[77], que "o árbitro não pode contar com o serviço diplomático estatal para fazer circular suas decisões interlocutórias arbitrais, já que ele não é representante do Estado em que a decisão arbitral é proferida"[78].

Em resumo, pode-se dizer que o árbitro não integra e nem representa nenhum Estado soberano, razão pela qual ele não possui a faculdade de expedir uma carta rogatória e, certamente, encontraria dificuldades em contar com o auxílio diplomático do Estado em que foi proferida a decisão arbitral para fazê-la chegar a outro Estado[79].

Antes mesmo da edição do Código de Processo Civil de 2015, a doutrina arbitralista já vinha se preocupando com o tema e com os obstáculos que a via

sua vez, destinam-se à requisição, pelo órgão jurisdicional brasileiro, da prática de atos processuais à *Justiça de outro país*" (WAMBIER, Teresa Arruda Alvim. CONCEIÇÃO, Maria Lúcia Lins. RIBEIRO, Leonardo Ferres da Silva. MELLO, Rogerio Licastro Torres de. *Primeiros comentários ao Código de Processo Civil de 2015*. São Paulo: RT, 2015, p. 444). Confira-se, por fim, a posição de José Miguel Garcia Medina: "A carta rogatória é meio de comunicação entre *órgãos jurisdicionais brasileiro e estrangeiro*, podendo ter por objeto a realização de citação, intimação, notificação judicial, colheita de provas, obtenção de informações e de cumprimento de decisão interlocutória, sempre que o ato estrangeiro constituir decisão a ser executada no Brasil" (MEDINA, José Miguel Garcia. *Código de Processo Civil de 2015 comentado*. 3. ed. São Paulo: RT, 2015, p. 103).

77. A este respeito, em ordem cronológica, desde o momento em que o Projeto de Código de Processo Civil de 2015 foi aprovado pela primeira vez no Senado Federal até a sua promulgação, permita-se fazer referência aos seguintes ensaios: FICHTNER, José Antonio. MANNHEIMER, Sergio Nelson. MONTEIRO, André Luís. Repercussões do anteprojeto e do substitutivo ao projeto de Código de Processo Civil de 2015 na arbitragem. *Revista brasileira de arbitragem*. Curitiba: IOB, 2011, v. 29, p. 7-42; FICHTNER, José Antonio. MANNHEIMER, Sergio Nelson. MONTEIRO, André Luís. Cinco pontos sobre a arbitragem no projeto do Código de Processo Civil de 2015. *Revista de processo*. São Paulo: RT, 2012, n. 205, p. 307-331; FICHTNER, José Antonio. MANNHEIMER, Sergio Nelson. MONTEIRO, André Luís. A arbitragem e o projeto de Código de Processo Civil de 2015. *Novos temas de arbitragem*. Rio de Janeiro: FGV, 2014, p. 446 e ss.
78. FICHTNER, José Antonio. MANNHEIMER, Sergio Nelson. MONTEIRO, André Luís. A arbitragem e o projeto de Código de Processo Civil de 2015. *Novos temas de arbitragem*. Rio de Janeiro: FGV, 2014, p. 446.
79. A doutrina que até então já se manifestou sobre estes dispositivos tem se limitado a analisar a repercussão da novidade em relação às decisões *judiciais* estrangeiras, sem se ater às decisões *arbitrais* estrangeiras. Nesse sentido: MARINONI, Luiz Guilherme. ARENHART, Sérgio Cruz. MITIDIERO, Daniel. *Código de Processo Civil de 2015 comentado*. São Paulo: RT, 2015, p. 897; MEDINA, José Miguel Garcia. *Código de Processo Civil de 2015 comentado*. 3. ed. São Paulo: RT, 2015, p. 1.291; WAMBIER, Teresa Arruda Alvim. CONCEIÇÃO, Maria Lúcia Lins. RIBEIRO, Leonardo Ferres da Silva. MELLO, Rogerio Licastro Torres de. *Primeiros comentários ao Código de Processo Civil de 2015*. São Paulo: RT, 2015, p. 1.356; NERY JUNIOR, Nelson. NERY, Rosa Maria de Andrade. *Comentários ao código de processo civil*. São Paulo: RT, 2015, p. 1.902; CARMONA, Carlos Alberto. *Breves comentários ao Código de Processo Civil de 2015*. Coords.: Teresa Arruda Alvim Wambier, Fredie Didier Jr., Eduardo Talamini e Bruno Dantas. São Paulo: RT, 2015, p. 2.141.

da carta rogatória representava no caso de decisões arbitrais. Renata Alvares Gaspar, após defender a possibilidade de internalização da decisão interlocutória proferida pelo árbitro[80], reconhece, todavia, que "somos absolutamente conscientes de que esta proposta demanda uma interpretação extensiva do conceito clássico de cartas rogatórias"[81]. Também assim, André de Albuquerque Cavalcanti Abbud, após defender a possibilidade de reconhecimento de decisões provisórias decretadas pelo tribunal arbitral[82], afirma que "de nada adianta, talvez, ao órgão arbitral, valer-se da via da carta rogatória para postular o reconhecimento de *provisional measures* estrangeiras no Brasil"[83].

As soluções imaginadas para contornar o problema apresentam, cada qual, uma dificuldade. Primeiramente, poder-se-ia prever essa possibilidade em tratado internacional, mas não há tratado internacional da abrangência da Convenção de Nova Iorque prevendo essa hipótese e nem parece haver um movimento nesse sentido, razão pela qual essa hipótese pode ser desde logo descartada pela sua improbabilidade prática. Poder-se-ia imaginar também a criação de procedimentos adequados à transmissão de decisões arbitrais no âmbito do Ministério das Relações Exteriores e do Ministério da Justiça, mas corre-se o risco de se entender pela extrapolação do poder regulamentar, haja vista os termos restritos do Código de 2015, sempre relacionando a carta rogatória com Estados soberanos e processos judiciais.

Poder-se-ia pensar, também, na hipótese de o árbitro requerer ao Estado em que houver sido proferida a decisão arbitral concessiva de uma medida de urgência o envio da carta rogatória ao Estado em que a decisão precisa ser executada. Essa alternativa, porém, ainda não foi testada na prática – ao menos ao que sabemos – e não conta com previsão legal ou regulamentar específica, o que sugere alguma dificuldade. Novamente, volta-se ao problema decorrente do fato de que o árbitro não representa propriamente nenhum Estado soberano.

80. Neste ponto, a autora afirma o seguinte: "Assim exposta a questão e à parte de qualquer outra matização cabível sobre o tema apresentado, o certo é que, no Brasil, ademais das sentenças arbitrais definitivas, as medidas cautelares proferidas por tribunais judiciais e arbitrais estrangeiros deverão sofrer *exequaturização* do STJ, para que possam produzir todos os seus efeitos no território nacional" (GASPAR, Renata Alvares. *Reconhecimento de sentenças arbitrais estrangeiras no Brasil*. São Paulo: Atlas, 2009, p. 96).
81. GASPAR, Renata Alvares. *Reconhecimento de sentenças arbitrais estrangeiras no Brasil*. São Paulo: Atlas, 2009, p. 95.
82. O autor, nesse sentido, considera que "torna-se possível postular o cumprimento de medidas urgentes proferidas em processos estrangeiros por via da carta rogatória, advenham elas de processos judiciais ou arbitrais" (ABBUD, André de Albuquerque Cavalcanti. *Homologação de sentenças arbitrais estrangeiras*. São Paulo: Atlas, 2008, p. 239).
83. ABBUD, André de Albuquerque Cavalcanti. *Homologação de sentenças arbitrais estrangeiras*. São Paulo: Atlas, 2008, p. 240.

Veja-se, sobre este último aspecto, que o árbitro ou o tribunal arbitral podem não ser sequer cidadãos de quaisquer desses Estados soberanos. Imagine-se uma arbitragem sediada na Bélgica, entre uma empresa americana e uma empresa alemã, em que o árbitro seja francês e pretenda-se fazer cumprir uma decisão arbitral no Brasil, onde está sendo executado o contrato de construção celebrado por aquelas empresas. Será que os Estados soberanos envolvidos – no caso, Bélgica e Brasil – emprestariam sua atividade diplomática para em conjunto providenciar o cumprimento dessa decisão arbitral concessiva de medida de urgência? Trata-se de hipótese, no mínimo, pouco ortodoxa.

Também poder-se-ia pensar na hipótese de o árbitro requerer diretamente à Justiça Federal a execução no Brasil da medida de urgência concedida, na forma do inciso X do art. 109 da Constituição da República e do art. 965 do novo diploma processual civil. Parece-nos que, muito provavelmente, essa iniciativa seria entendida como uma tentativa de contornar o processo de reconhecimento de decisões estrangeiras perante o Superior Tribunal de Justiça, consagrado na Constituição, na Convenção de Nova Iorque, na Lei de Arbitragem, no Código de Processo Civil e no Regimento Interno do Superior Tribunal de Justiça, o que não parece muito fácil de se superar, ao menos de *lege lata*[84]. Não se pode privar o Superior Tribunal de Justiça de exercer o *giudizio di delibazione* sobre estas medidas, tal como lhe impõe a Constituição.

Há ainda uma alternativa modernamente concebida. Como se sabe, o Código de Processo Civil de 2015 passou a prever o instituto da carta arbitral[85],

84. Propondo de *lege ferenda*, mas reconhecendo as dificuldades, confira-se o entendimento de André de Albuquerque Cavalcanti Abbud: "Por derradeiro, registra-se que, a fim de garantir plena efetividade às decisões cautelares e antecipatórias emitidas no curso de arbitragem sediada no exterior, o ideal seria que fosse possível ao tribunal arbitral postular, imediata e diretamente, o cumprimento forçado – ou mesmo a decretação – da medida de urgência no Estado ad quem. Essa hipótese, todavia, parece estar longe de ganhar concretude" (ABBUD, André de Albuquerque Cavalcanti. *Homologação de sentenças arbitrais estrangeiras*. São Paulo: Atlas, 2008, p. 240).

85. Vale lembrar que o instituto da carta arbitral foi inserido no Código de 2015 a partir de uma proposta legislativa elaborada pela parceria entre o Grupo de Pesquisa em Arbitragem da PUC/SP e a Comissão de Arbitragem da OAB/RJ e encaminhada ao Senado Federal pelas mãos do senador Regis Fichtner em 2010. O Grupo de Pesquisa em Arbitragem da PUC/SP, naquele momento, era liderado pelo professor Francisco José Cahali e coordenado por Valeria Galíndez e pelo terceiro autor deste ensaio, André Luís Monteiro, bem como conta com um conselho consultivo formado por professores de destaque nas áreas de direito civil, direito processual civil e direito internacional privado. Integraram o Grupo de Pesquisa, além do líder e dos dois coordenadores, os acadêmicos Daniel Bushatsky (secretário), Antonio Carlos Nachif Correia Filho, Flávia Gomes, Gledson Marques de Campos, Júlia Schledorn de Camargo, Juliana Cristina Gardenal, Maithe Lopez, Priscila Caneparo, Renata Paccola Mesquita, Shirley Graff, Thais Matallo Cordeiro e Welder Queiroz dos Santos. Na Comissão de Arbitragem da OAB/RJ, é de se destacar a relevante participação de Joaquim de Paiva Muniz, Leonardo Corrêa e Ronaldo Cramer. A proposta que deu vida à carta arbitral contou com o apoio do Comitê de Arbitragem do Cesa, sob a coordenação de Giovanni Nanni, e do Instituto Brasileiro de Direito Empresarial (Ibrademp).

mencionando-o nos arts. 69, §1º[86]; 189, IV[87]; 237, IV[88]; 260, §3º[89]; e 267[90]. Desses dispositivos, importa destacar o inciso IV do art. 237, segundo o qual "será expedida carta (...) arbitral, para que órgão do Poder Judiciário pratique ou determine o cumprimento, na área de sua competência territorial, de ato objeto de pedido de cooperação judiciária formulado por juízo arbitral, inclusive os que importem efetivação de tutela provisória". A Reforma da Lei de Arbitragem também inseriu a carta arbitral no texto da Lei nº 9.307/1996 por meio do art. 22-C, segundo o qual "o árbitro ou o tribunal arbitral poderá expedir carta arbitral para que o órgão jurisdicional nacional pratique ou determine o cumprimento, na área de sua competência territorial, de ato solicitado pelo árbitro".

Como se observa, a carta arbitral destina-se a servir de instrumento de comunicação entre o árbitro e o Poder Judiciário, de modo a concretizar o princípio da cooperação entre ambos. Os novos dispositivos mencionam que o árbitro ou o tribunal arbitral expedirá a carta arbitral ao "órgão do Poder Judiciário" ou "órgão jurisdicional nacional" para que ele "pratique ou determine o cumprimento" de "ato objeto de pedido de cooperação judiciária formulado por juízo arbitral" ou "ato solicitado pelo árbitro". *Com efeito, pode-se pensar na possibilidade de a carta arbitral ser admitida como este instrumento de cooperação para que o árbitro ou tribunal arbitral que tenha proferido, em qualquer lugar fora do território brasileiro, decisão arbitral concessiva de tutela provisória possa solicitar ao Superior Tribunal de Justiça a concessão de exequatur, de forma a determinar o seu cumprimento em território nacional.*

Observe-se que essa solução não parece conflitar com o texto legal ou com a sistemática legal e constitucional a respeito da matéria. O art. 22-C da Lei de Arbitragem se aplica para qualquer processo arbitral em que se pretenda a prática de atos processuais no Brasil, tenha ele algum elemento de estraneidade ou não, seja a sede da arbitragem fixada no Brasil ou no exterior. Isso

86. Confira-se o texto legal: "Art. 69. §1º. As cartas de ordem, precatória e arbitral seguirão o regime previsto neste Código".
87. Transcreva-se a letra da lei: "Art. 189. Os atos processuais são públicos, todavia tramitam em segredo de justiça os processos: (...) IV – que versem sobre arbitragem, inclusive sobre cumprimento de carta arbitral, desde que a confidencialidade estipulada na arbitragem seja comprovada perante o juízo".
88. O dispositivo em comento estabelece o seguinte: "Art. 237. Será expedida carta: (...) IV – arbitral, para que órgão do Poder Judiciário pratique ou determine o cumprimento, na área de sua competência territorial, de ato objeto de pedido de cooperação judiciária formulado por juízo arbitral, inclusive os que importem efetivação de tutela provisória".
89. O texto legal prescreve o seguinte: "Art. 260. §3º. A carta arbitral atenderá, no que couber, aos requisitos a que se refere o caput e será instruída com a convenção de arbitragem e com as provas da nomeação do árbitro e de sua aceitação da função".
90. O dispositivo em comento estabelece o seguinte: "Art. 267. O juiz recusará cumprimento a carta precatória ou arbitral, devolvendo-a com decisão motivada quando: I – a carta não estiver revestida dos requisitos legais; II – faltar ao juiz competência em razão da matéria ou da hierarquia; III – o juiz tiver dúvida acerca de sua autenticidade".

significa que o árbitro, mesmo proferindo a decisão fora do território nacional, poderá expedir a carta arbitral ao Superior Tribunal de Justiça solicitando o reconhecimento e execução da medida provisória concedida.

Registre-se, ainda, que a utilização da carta arbitral nesta hipótese permite o reconhecimento e execução de decisão arbitral que tenha concedido tutela provisória sem impor um procedimento muito complexo. Por fim, esta sugestão mantém incólume a prerrogativa constitucional do Superior Tribunal de Justiça de exercer o exame perfunctório da medida por meio da concessão do *exequatur* – o que não ocorreria caso se pretendesse que o árbitro requeresse a execução da medida diretamente perante a Justiça Federal. Reconheça-se, porém, uma dificuldade consistente na ausência de normas regulamentares complementares para utilização da carta arbitral nesta hipótese, tal como existe para a carta rogatória, emitidas pelo Ministério das Relações Exteriores e pelo Ministério da Justiça. Mas talvez isso possa ser construído pela doutrina e pela jurisprudência do Superior Tribunal de Justiça.

Por fim, vale repetir uma proposta que já tivemos oportunidade de defender em outro trabalho, no sentido de que "deve-se admitir o ajuizamento, diretamente pela parte interessada, de ação de homologação de decisão interlocutória arbitral estrangeira"[91].

Deve-se admitir não apenas o uso da carta arbitral pelo árbitro como também a utilização direta da ação de homologação para que a parte interessada possa requerer o reconhecimento e a execução de decisão arbitral estrangeira concessiva de tutela provisória no Brasil. Isso passaria, evidentemente, por uma atenuação da literalidade do parágrafo primeiro do art. 960 e do parágrafo primeiro do art. 962, ambos do Código de Processo Civil de 2015, o que, contudo, neste caso, não nos parece impossível, haja vista que o objetivo é apenas criar um procedimento que permita o reconhecimento dessas decisões arbitrais no Brasil e assim concretizar a efetividade da tutela jurisdicional internacional, corolário do princípio do acesso à justiça garantido no art. 5º, inciso XXXV, da Constituição da República, e a cooperação jurídica internacional, amplamente adotada no âmbito do Código de Processo Civil de 2015.

Caberá, porém, ao Superior Tribunal de Justiça examinar a situação e, eventualmente, consagrar umas das duas propostas aqui feitas na prática arbitral, o que certamente contribuirá para integrar ainda mais o Brasil no tráfego internacional de decisões jurisdicionais, permitindo a execução de tais atos jurisdicionais de uma maneira mais ágil e eficaz. *Independentemente do caminho*

91. FICHTNER, José Antonio. MANNHEIMER, Sergio Nelson. MONTEIRO, André Luís. A arbitragem e o projeto de Código de Processo Civil de 2015. *Novos temas de arbitragem*. Rio de Janeiro: FGV, 2014, p. 446.

a ser adotado, o que não se pode admitir é que estas decisões arbitrais concessivas de tutela provisória não sejam reconhecidas no Brasil por alguma dificuldade formal, pois o mais importante nesta matéria é privilegiar o respeito às decisões estrangeiras, o princípio processual da instrumentalidade das formas e, desta forma, concretizar a efetividade da tutela jurisdicional internacional, corolário do princípio do acesso à justiça garantido no art. 5º, inciso XXXV, da Carta Magna, e a cooperação jurídica internacional.

4. CONCLUSÃO

O presente texto destinou-se a lançar algumas breves anotações sobre o tema do reconhecimento de decisões arbitrais estrangeiras, especialmente a partir da nova disciplina traçada pelo Código de Processo Civil de 2015. Espera-se, com isso, contribuir para o desenvolvimento da arbitragem no Brasil e provocar profícuo debate a respeito do tema da homologação de decisões arbitrais estrangeiras.

CAPÍTULO 12

Notas sobre a cláusula de eleição de foro estrangeiro

Bernardo Latgé[1]

SUMÁRIO: 1. INTRODUÇÃO; 2. A DELIMITAÇÃO DA JURISDIÇÃO NACIONAL: COMPETÊNCIA CONCORRENTE E EXCLUSIVA; 3. A POSIÇÃO DA JURISPRUDÊNCIA SOBRE O AFASTAMENTO DA JURISDIÇÃO BRASILEIRA; 4. A CLÁUSULA DE ELEIÇÃO DE FORO E O NOVO CÓDIGO DE PROCESSO CIVIL; 5. A VALIDADE DA CLÁUSULA DE ELEIÇÃO DE FORO ESTRANGEIRA; 6. O CONTROLE EXERCIDO PELO MAGISTRADO; 7. CONCLUSÃO.

1. INTRODUÇÃO

Durante muito tempo, pairou controvérsia no âmbito da comunidade jurídica a respeito da possibilidade de as partes afastarem a jurisdição brasileira e escolherem a de outro país para dirimir litígios decorrentes de negócios jurídicos entre elas celebrados. Com efeito, a jurisprudência dos tribunais nacionais oscilava acerca da eficácia desta espécie de ajuste, havendo forte corrente que sustentava o entendimento de que, diante do monopólio estatal da jurisdição e da soberania do Estado, todas regras a respeito da chamada "competência internacional"[2] seriam cogentes, não podendo ser afastadas pelas partes[3].

Ademais, em virtude de uma concepção publicística do processo[4], que relegava pouco espaço para a autonomia das partes no âmbito da relação

1. Mestrando em Direito Processual na Faculdade de Direito da Universidade do Estado do Rio de Janeiro – UERJ. Advogado.
2. O termo "competência internacional" era utilizado no Código de Processo Civil de 1973 em contraposição à expressão "competência interna", para designar o capítulo que regulamentava as causas que devem ser julgadas exclusivamente pelo Poder Judiciário brasileiro e aquelas que podem ser processadas tanto no Brasil quanto no exterior. O termo, no entanto, era criticado pela doutrina, conforme se colhe da lição de Daniel Amorim Assumpção Neves: "A temática da chamada 'competência internacional' na verdade encontra-se com nome inadequado. As regras do art. 89 do CPC, em especial, que criam hipóteses de competência exclusiva do juízo brasileiro, não retiram propriamente a competência do juízo estrangeiro, mas sua jurisdição. As limitações impostas pelos arts. 88 e 89 do CPC traçam objetivamente limites da jurisdição dos tribunais brasileiros, e não somente sua competência." (NEVES, Daniel Amorim Assumpção. *Competência no processo civil.* Rio de Janeiro: Forense, 2010. p. 90). O novo Código de Processo Civil corrigiu esse equívoco de nomenclatura, mas o fato é que a expressão "competência internacional", a despeito de sua impropriedade, se consagrou na praxe forense.
3. AMARAL, Guilherme Rizzo. *Comentários ao novo CPC.* São Paulo: Revista dos Tribunais, 2015. pp. 86-87.
4. Até pouco tempo, poucos e esparsos eram os estudos a respeito dos efeitos dos atos de disposição das partes no processo, sendo de se ressaltar os estudos de José Carlos Barbosa Moreira e Leonardo Greco (BARBOSA MOREIRA, José Carlos. *Convenções das partes sobre matéria processual.* In: Temas de Direito

processual[5], entendia-se que o Estado deveria alcançar, pelo processo, escopos públicos (pacificação social e aplicação do direito objetivo), que se sobrepõem a interesses privados, o que leva à aplicação imperativa da regra legislada, considerada a única fonte da norma processual[6]. As normas processuais, notadamente aquelas definidoras da jurisdição nacional, seriam de ordem pública e, portanto, cogentes e inderrogáveis.

Assim, não obstante fosse uma realidade a utilização de cláusulas de eleição de foro estrangeiro[7] em contratos internacionais envolvendo partes brasileiras, havia grande insegurança acerca de sua eficácia no território nacional, em vista dessa concepção publicística de parte da jurisprudência pátria, que não admitia o afastamento pelas partes da jurisdição nacional em qualquer das hipóteses definidas no Código de Processo Civil.

Curiosamente, no entanto, admitia-se que particulares afastassem a jurisdição brasileira caso resolvessem submeter suas controvérsias à arbitragem, o que acabava por contrariar a lógica do sistema. Isso porque se colocava a estranha situação de que, por vontade das partes, a mesma causa pudesse ser submetida a um Tribunal Arbitral internacional, mas não ao Poder Judiciário de um Estado estrangeiro. Ou seja, violava-se a isonomia, pois, como o instituto da arbitragem não se afigura apropriado para todo e qualquer tipo de causa, várias controvérsias se viam impedidas de ser julgadas por um órgão estrangeiro, a despeito da vontade das partes nesse sentido.

A doutrina já há muito vinha defendendo a validade das cláusulas de eleição de foro estrangeiro[8]. Mesmo porque, nas hipóteses de competência

---

Processual, terceira série. São Paulo: Saraiva, 1984. p. 89 e ss. GRECO, Leonardo. *Os atos de disposição processual – primeiras reflexões*. In Revista Eletrônica de Direito Processual, v. 1, n. 1, 2007. Disponível em: http://www.e-publicacoes.uerj.br/index.php/redp/article/view/23657/16714. Acesso em: 17.07.2017.

5. Sobre o tema, leciona Leonardo Greco que "a concepção publicística do processo relegou a segundo plano a reflexão sobre os limites da autonomia da vontade das partes a respeito da multiplicidade de questões que podem ser suscitadas no processo ou, simplesmente, considerá-la sempre dependente da aprovação ou homologação do juiz, vigilante guardião dos fins sociais e do interesse público a serem atingidos e preponderantemente tutelados. Os fundamentos de direito público das normas processuais rejeitaram a ideia de que a autonomia da vontade das partes pudesse constituir uma de suas fontes." (GRECO, Leonardo. *Instituições de processo civil, volume I*. Rio de Janeiro: Forense, 2015. p. 59).
6. CABRAL, Antonio do Passo. *Convenções Processuais*. Salvador: Jus Podivm, 2016. p. 104-1123.
7. Fabiano Carvalho aponta para a impropriedade do termo *cláusula de eleição de foro*, que acabou ficando consagrado na praxe forense. De acordo com o autor, "a palavra 'foro' significa território, e é frequentemente empregada na teoria da competência. Na hipótese do *caput* do art. 25, 'foro' está conectado com jurisdição estatal. Logo 'cláusula de eleição de foro' pode ser lida como 'cláusula de eleição de jurisdição'." (CAVALHO, Fabiano. Art. 22. In: BUENO, Cassio Scarpinella. *Comentários ao código de processo civil – volume 1 (arts. 10 a 317)*. São Paulo: Saraiva, 2017. p. 322).
8. Nesse sentido: "Com certa frequência, as partes de contrato com elementos internacionais fazem inserir no respectivo instrumento uma 'cláusula' (na verdade, um negócio jurídico distinto) em que se elege a Justiça de determinado país como foro próprio para o julgamento de quaisquer litígios porventura oriundos do contrato. O direito brasileiro admite, em princípio, pactos desse gênero, seja quando designam

concorrente, o próprio Código de Processo Civil de 1973 não excluía a jurisdição de outros países. Além disso, é digno de nota que esta espécie de ajuste já possui sua validade internacionalmente reconhecida, estando em consonância com diversos tratados e convenções internacionais, do que é exemplo o próprio Protocolo de Buenos Aires sobre Jurisdição em Matéria Internacional, que foi ratificado e internalizado pelo Brasil[9].

E, mais do que estar em consonância com a legislação processual interna e com o direito internacional, a validade da cláusula de eleição de foro decorre do próprio reconhecimento de que hoje se vive em uma sociedade globalizada, internacionalmente interligada, em que as relações processuais não mais se limitam ao tradicional arquétipo processual individuo-individuo dentro do mesmo território[10]. Muito ao contrário, cada vez mais, assiste-se um fenômeno de intercambio entre cidadãos e entidades de diversos países, os quais, por sua vez, resultam em conflitos que não mais envolvem apenas elementos de um Estado nacional.

Foi nesse contexto, portanto, que, prestigiando a autonomia das partes na condução da relação processual, o novo Código de Processo Civil trouxe um dispositivo específico autorizando expressamente às partes afastarem a jurisdição brasileira, mediante a celebração de cláusulas de eleição de foro.

2. A DELIMITAÇÃO DA JURISDIÇÃO NACIONAL: COMPETÊNCIA CONCORRENTE E EXCLUSIVA

Como destaca Flávia Pereira Hill, "diante da solução de conflitos internacionais, o Judiciário de um país poderia, em tese, dispor-se a solucionar toda e qualquer controvérsia internacional. Isso, porém, poderia fragilizar o exercício da jurisdição, pois não haveria meios para fazer cumprir algumas decisões que produzissem efeitos fora do território nacional"[11].

Assim, de modo a garantir efetividade à tutela concedida pelo Poder Judiciário nacional, os Estados-nação limitam o exercício de sua jurisdição às

---

a Justiça brasileira em hipótese não legalmente como de sua competência, seja quando indicam alguma justiça estrangeira, em hipótese incluída na competência (não exclusiva!) da Justiça brasileira." (BARBOSA MOREIRA, José Carlos. *Problemas relativos aos litígios internacionais*. In: Temas de Direito Processual, 5a série, 1994. p. 295).

9. Confira-se, a esse respeito, o Decreto Legislativo no 129/1995 e o Decreto no 2.095/1996.

10. HILL, Flávia Pereira. *O direito processual transnacional como forma de acesso à justiça no século XXI*: os reflexos e desafios da sociedade contemporânea para o direito processual civil e a concepção de um título executivo transnacional. Rio de Janeiro: LMJ Mundo Jurídico, 2013. pp. 53-58.

11. HILL, Flávia Pereira; Paumharttem, Michele Pedrosa; DE SIQUEIRA, Tatiana Paula Cruz. *Os limites da jurisdição nacional no Código de Processo Civil e a densificação do acesso à justiça*. Revista de Processo, vol. 262, dezembro de 2016, p. 23-59.

"causas que possam ser solucionadas e cuja decisão possa ser reconhecida e cumprida onde deva produzir seus efeitos"[12]. Com efeito, é necessário que poder de julgar do Estado se adeque à sua capacidade de conceder eficácia à decisão proferida[13].

Além disso, a depender do interesse estatal na solução da controvérsia, a legislação interna do Estado pode definir hipóteses em que o litígio deve ser submetido exclusivamente ao Poder Judiciário nacional, e aquelas em que se justifica reconhecer jurisdição também de Estado estrangeiro, concorrentemente à jurisdição nacional.

Nesse sentido, a legislação processual brasileira define as hipóteses de competência internacional da jurisdição brasileira, estabelecendo os casos em que o Poder Judiciário pátrio possui competência exclusiva, e os casos em que a competência é concorrente, isto é, quando a causa poderá ser submetida tanto à autoridade nacional, quanto à jurisdição de outro Estado[14].

No Código de Processo Civil de 1973, as hipóteses de competência concorrente se encontravam reguladas no art. 88[15], que dispunha que a autoridade judiciária brasileira poderia julgar causas em que (i) o réu, qualquer que seja sua nacionalidade, estivesse domiciliado no Brasil; (ii) no Brasil tivesse de ser cumprida a obrigação; e (iii) a ação se originasse de fato ocorrido ou praticado no Brasil.

O novo Código de Processo Civil manteve a competência concorrente da autoridade brasileira para processar e julgar as causas mencionadas acima (art. 21)[16], acrescentando, em seu art. 22[17], outras três hipóteses: (iv) a ação de

12. HILL, Flávia Pereira; Paumharttem, Michele Pedrosa; DE SIQUEIRA, Tatiana Paula Cruz. *Os limites da jurisdição nacional no Código de Processo Civil e a densificação do acesso à justiça*. Op. Cit. p. 26.
13. DE ARAÚJO, Nádia. *O Código de Processo Civil e a Arbitragem Internacional*. Revista de Arbitragem e Medição vol. 46, julho – setembro de 2015, pp. 277-286.
14. DE ARAÚJO, Nádia. *Direito internacional privado*: teoria e prática brasileira. Rio de Janeiro: Renovar, 2008. p. 223 e ss.
15. Confira-se o art. 88 do Código de Processo Civil e 1973: "Art. 88. É competente a autoridade judiciária brasileira quando: I – o réu, qualquer que seja a sua nacionalidade, estiver domiciliado no Brasil; II – no Brasil tiver de ser cumprida a obrigação; III – a ação se originar de fato ocorrido ou de ato praticado no Brasil. Parágrafo único. Para o fim do disposto no nº I, reputa-se domiciliada no Brasil a pessoa jurídica estrangeira que aqui tiver agência, filial ou sucursal.".
16. Confira-se o art. 21 do Código de Processo Civil: "Art. 21. Compete à autoridade judiciária brasileira processar e julgar as ações em que: I – o réu, qualquer que seja a sua nacionalidade, estiver domiciliado no Brasil; II – no Brasil tiver de ser cumprida a obrigação; III – o fundamento seja fato ocorrido ou ato praticado no Brasil. Parágrafo único. Para o fim do disposto no inciso I, considera-se domiciliada no Brasil a pessoa jurídica estrangeira que nele tiver agência, filial ou sucursal.".
17. Confira-se o art. 22 do Código de Processo Civil: "Art. 22. Compete, ainda, à autoridade judiciária brasileira processar e julgar as ações: I – de alimentos, quando: a) o credor tiver domicílio ou residência no Brasil; b) o réu mantiver vínculos no Brasil, tais como posse ou propriedade de bens, recebimento de renda ou obtenção de benefícios econômicos; II – decorrentes de relações de consumo, quando o consumidor tiver domicílio ou residência no Brasil; III – em que as partes, expressa ou tacitamente, se submeterem à jurisdição nacional.".

alimentos quando o credor tiver domicílio ou residência no Brasil, ou quando o réu mantiver vínculos com o país; (v) as demandas decorrentes de relação de consumo, quando o consumidor tiver domicílio ou residência no Brasil; e (vi) as causas em que as partes, expressa ou tacitamente, se submetem à jurisdição nacional.

É assente na doutrina[18] e na jurisprudência[19] que, nessas hipóteses de competência concorrente, as partes poderão aforar a demanda perante a autoridade brasileira ou a jurisdição de outro Estado-nação (evidentemente, se esse outro Estado também se julgar competente). Não obstante, caso a demanda seja ajuizada no estrangeiro, a sentença proferida deverá levada à homologação pelo Superior Tribunal de Justiça para que possa produzir efeitos em território nacional[20].

As hipóteses de competência exclusiva da autoridade brasileira, por sua vez, se encontravam definidas no art. 89 da legislação processual de 1973, estando hoje presentes no art. 23 do novo Código de Processo Civil[21]. São elas: (i) as ações relativas à imóveis situados no Brasil; (ii) a confirmação de testamento particular e o inventario e a partilha de bens situados no Brasil; e (iii) a partilha de bens situados no Brasil decorrente de divórcio, separação judicial ou mesmo dissolução de união estável.

Nesses casos, é vedado ao jurisdicionado levar a contenda para apreciação por autoridade estrangeira, na medida em que eventual decisão proferida por aquele juízo será ineficaz perante o território brasileiro, não havendo possibilidade de sua internalização no ordenamento pátrio, mediante processo de homologação[22]-[23].

---

18. Por todos cite-se: MARINONI, Luiz Guilherme; MITIDIERO, Daniel. *Comentários ao Código de Processo Civil: artigos 10 ao 69*. São Paulo: Editora Revista dos Tribunais, 2016. (Coleção Comentários ao Código de Processo Civil; v. 1 / coordenação MARINONI, Luiz Guilherme; ARENHART, Sérgio Cruz. MITIDIERO, Daniel). pp. 402-403.
19. Por todos, cite-se: STJ, SEC 4.127/EX, Rel. Ministra Nancy Andrighi, Rel. p/ Acórdão Ministro Teori Albino Zavascki, Corte Especial, j. 29.08.2012, DJe 27.09.2012.
20. O procedimento de homologação de sentença estrangeira se encontra regulado nos arts. 960 e ss. do Código de Processo Civil e nos arts. 216-A a 216-X do Regimento Interno do Superior Tribunal de Justiça.
21. Confira-se o art. 23 do novo Código de Processo Civil: "Art. 23. Compete à autoridade judiciária brasileira, com exclusão de qualquer outra: I – conhecer de ações relativas a imóveis situados no Brasil; II – em matéria de sucessão hereditária, proceder à confirmação de testamento particular e ao inventário e à partilha de bens situados no Brasil, ainda que o autor da herança seja de nacionalidade estrangeira ou tenha domicílio fora do território nacional; III – em divórcio, separação judicial ou dissolução de união estável, proceder à partilha de bens situados no Brasil, ainda que o titular seja de nacionalidade estrangeira ou tenha domicílio fora do território nacional.".
22. O art. 964 do Código de Processo Civil estabelece que: "Não será homologada a decisão estrangeira na hipótese de competência exclusiva da autoridade judiciária brasileira".
23. Nas palavras de Vanessa de Oliveira Bernardi: "nestas hipóteses, apenas o judiciário brasileiro seria competente para julgar, sendo inadmissível a homologação de sentença estrangeira sobre os assuntos previstos." (BERNARDI, Vanessa de Oliveira. *A jurisdição nacional sob o viés do novo Código de Processo Civil.*

Portanto, apenas quando a matéria em questão envolver hipótese de competência concorrente é que o litígio pode ser solucionado por autoridade estrangeira, porquanto, conforme reconhecido pelo Superior Tribunal de Justiça, a deliberação do juiz estrangeiro acerca de matéria de competência exclusiva prevista na legislação processual interna "implica em inegável ofensa à autoridade do Poder Judiciário Brasileiro, ferindo, por conseguinte, a soberania nacional"[24].

3. A POSIÇÃO DA JURISPRUDÊNCIA SOBRE O AFASTAMENTO DA JURISDIÇÃO BRASILEIRA

Do que se viu acima, já há muito o sistema processual brasileiro reconhece eficácia de decisão proferida por autoridade estrangeira no território nacional, desde que a matéria por ela apreciada se inclua nas hipóteses de competência concorrente e que o pronunciamento passe pelo devido processo de homologação no âmbito do Superior Tribunal de Justiça. Deveras, como, para estas matérias, a legislação processual reconhece jurisdição ao Brasil e a outros Estados-nação, seria permitido às partes ajuizar sua demanda em outro país e posteriormente buscar a execução do título estrangeiro (homologado) perante os Tribunais nacionais.

Seguindo essa linha de raciocínio, seria dado as partes afastarem a jurisdição brasileira em determinadas hipóteses, remetendo a solução de sua controvérsia para o Poder Judiciário de outro Estado nação, mediante a celebração da chamada cláusula de eleição de foro estrangeiro.

No entanto, eficácia desta espécie de ajuste é controvertida no âmbito dos Tribunais nacionais. A toda evidência, como se adiantou na introdução do presente ensaio, dominados por uma concepção publicística do processo, os Tribunais vêm resistindo em reconhecer que as partes, no exercício de sua autonomia da vontade, têm o poder de escolher que sua causa seja julgada pelo Poder Judiciário de outro país.

O Superior Tribunal de Justiça em inúmeras oportunidades decidiu por afastar cláusulas de foro estrangeiro celebradas pelos jurisdicionados, prestigiando a jurisdição nacional. O entendimento firmado era no sentido de que as regras definidoras da jurisdição nacional seriam de ordem pública e, portanto, cogentes e inderrogáveis. Nessa linha, ainda que se estivesse diante de uma hipótese de competência internacional concorrente, a celebração de cláusula de

---

DIDIER JR., Fredie (coord.). *Novo CPC doutrina selecionada*, v. 1: parte geral. Salvador: Jus Podivm, 2016. p. 840).

24. STJ, SEC 7.171/EX, Rel. Ministra Nancy Andrighi, Corte Especial, j. 20.11.2013, DJe 02.12.2013.

eleição de foro pelas partes não seria apta a afastar a jurisdição do Estado brasileiro para apreciar a controvérsia. Conforme reconhecido pela Corte, "apesar de válida a cláusula de eleição de foro estrangeiro para a causa originada do contrato, isso, por si só, não exclui a jurisdição brasileira concorrente para o conhecimento e julgamento de ação aqui aforada"[25].

Ademais, também era comum se invocar o princípio da inafastabilidade da jurisdição, que impõe ao Estado a obrigação de solucionar as lides que lhe são apresentadas com vistas à consecução da paz social, como argumento de reforço pela impossibilidade do afastamento a jurisdição brasileira pelas partes do processo[26].

Assim, segundo esse entendimento da jurisprudência, tratando-se de matéria sujeita à regra de competência internacional concorrente, embora possa vir a se reconhecer que outro Estado possui jurisdição sobre o caso, uma vez ajuizada a ação dentro dos limites do território nacional, o Poder Judiciário brasileiro não poderia se furtar a apreciar a controvérsia, ainda que as partes tenham elegido outro foro como o competente para julgar o litígio.

É verdade que essa posição encontrava resistência na doutrina e até mesmo em alguns julgados proferidos por órgãos do Poder Judiciário[27]. Nessa esteira, é possível encontrar arestos até mesmo do Superior Tribunal de Justiça prestigiando a aplicação da cláusula de eleição de foro estrangeiro em detrimento da inflexibilidade e rigidez da soberania do Estado brasileiro[28].

Mesmo porque a própria legislação processual, ao distinguir hipóteses de competência exclusiva e de competência concorrente, já previu os casos em que não é permitido ao jurisdicionado litigar na jurisdição estrangeira e aqueles em que isto é permitido. Assim, se é dado às partes buscar autoridade não

---

25. STJ, AgRg no AREsp 679.421/RJ, Rel. Ministro Marco Buzzi, Quarta Turma, j. 17.03.2016, DJe 31.03.2016. Na mesma linha: STJ, EDcl nos EDcl no REsp 1.159.796/PE, Rel. Ministra Nancy Andrighi, Terceira Turma, j. 15.03.2011, DJe 25.03.2011.
26. Nesse sentido: STJ, REsp 1168547/RJ, Rel. Ministro Luis Felipe Salomão, Quarta Turma, j. 11.05.2010, DJe 07.02.2011.
27. Luciano Benetti Timm bem aponta que "existem também julgados do Tribunal de Justiça do Rio Grande do Sul (TJRS, AgIn 70.005.228.440, 19a Câm. Civ., rel. Luís Augusto Coelho Braga, julgado em 08.04.2003), do extinto 1.o Tribunal de Alçada de São Paulo (1.o TACivSP, ApCív 733.139-1) e, direta ou indiretamente, do Tribunal de Justiça do Rio de Janeiro (ApCív 5.097/94, de 06.12.1994; AgInt 7.195/2001) admitindo a exclusividade da eleição de foro, sendo esse o posicionamento que parece mais adequado ao comércio internacional e a segurança por ele exigido." (TIMM, Luciano Benetti. *A cláusula de eleição de foro versus a cláusula arbitral em contratos internacionais:* qual é a melhor opção para a solução de disputas entre as partes. Revista de Arbitragem e Mediação, vol. 10, julho a setembro de 2006. pp. 20-38). No mesmo sentido: STJ, REsp 242.383/SP, Rel. Ministro Humberto Gomes de Barros, Terceira Turma, j. 03.02.2005, DJ 21.03.2005; STJ, REsp 1.177.915/RJ, Rel. Ministro Vasco Della Giustina (Desembargador Convocado do TJ/RS, Terceira Turma, j. 13.04.2010, DJe 24.08.2010.
28. A propósito, confira-se: STJ, REsp 505.208/AM, Rel. Ministro Carlos Alberto Mnezes Direito, Terceira Turma, j. 19.08.2003, DJ 13.10.2003.

nacional para processar e julgar sua controvérsia, não há razão para vedar que elas procedam a essa escolha antes da instauração do litígio, mediante a celebração de cláusula de eleição de foro estrangeiro.[29]

Ademais, como aponta Carmen Tiburcio, "sendo possível a homologação de sentenças estrangeiras nas hipóteses do art. 88 do CPC, já se admite que as partes excluam a jurisdição nacional naqueles casos e recorram ao judiciário estrangeiro. Parece não haver sentido em que homologar sentenças estrangeiras e se recusar a reconhecer a eleição do foro estrangeiro nas mesmas hipóteses"[30].

Acresça-se, ainda, que há muito se admite que as partes afastem a jurisdição nacional, mediante a celebração de cláusulas compromissórias, para submeter suas controvérsias a arbitragens internacionais. Não há sentido em autorizar que as partes optem por um tribunal arbitral situado em local neutro ou com grande *expertise* em certa matéria e vedar que essas mesmas partes, em lugar de se valer do instituto da arbitragem, busquem tribunais estrangeiros para apreciar seus litígios[31].

Contudo, não obstante os argumentos acima, o fato é que a doutrina e até mesmo esses julgados não haviam sido capazes afastar por completo a vacilante jurisprudência sobre a matéria, que não raras vezes se posicionava no sentido de que, mesmo se tratando de hipótese de competência concorrente, a existência de cláusula de eleição de foro não tem o condão de afastar a jurisdição do Estado brasileiro, caso a demanda venha a ser aqui proposta.

Era hora, portanto, de o legislador se manifestar e superar a jurisprudência até então presente no âmbito dos tribunais nacionais[32], esclarecendo, de forma expressa, que não há vedação no ordenamento brasileiro a que as partes afastem a jurisdição nacional através do negócio jurídico processual de eleição de foro estrangeiro. E não havia oportunidade melhor para tanto senão a positivação dessa ideia no novo Código de Processo Civil.

---

29. TIBURCIO, Carmen. *A eleição de foro estrangeiro e o judiciário brasileiro*. Revista e Arbitragem e Mediação, vol. 21, abril a junho de 2009, p. 108.
30. TIBURCIO, Carmen. *A eleição de foro estrangeiro e o judiciário brasileiro*. Op. Cit. pp. 108-109.
31. TIMM, Luciano Benetti. *A cláusula de eleição de foro versus a cláusula arbitral em contratos internacionais:* qual é a melhor opção para a solução de disputas entre as partes. Op. Cit. p. 31.
32. Sobre o tema da superação legislativa, confira-se trecho do voto proferido pelo Ministro Luiz Fux no julgamento da Ação Direta de Inconstitucionalidade nº 5.105, de onde se extrai que "há diversos precedentes de reversão legislativa a decisões do Supremo Tribunal Federal, seja por emenda constitucional, seja por lei ordinária, que per se desautorizariam a concepção de última palavra definitiva; Essa práxis dialógica, além de não ser incomum na realidade interinstitucional brasileira, afigura-se perfeitamente legítima – e, por vezes, desejável –, estimulando prodigioso ativismo congressual, desde que, é claro, observados os balizamentos constitucionais." (STF, ADI 5105, Rel. Ministro Luiz Fux, Tribunal Pleno, j. 01.10.2015, DJe 16.03.2016).

4. A CLÁUSULA DE ELEIÇÃO DE FORO E O NOVO CÓDIGO DE PROCESSO CIVIL

A cláusula de eleição de foro em contratos internacionais é uma necessidade da sociedade contemporânea, sobretudo nos dias de hoje em que se está diante do fenômeno da globalização e em que há um intenso intercambio entre indivíduos e entidades de diferentes países. Com efeito, desse intercambio entre pontos de diversos ordenamentos jurídicos surgem relações jurídicas, que, por sua vez, em muitos casos, acabam por originar litígios.[33]

Nesse passo, uma vez surgido o litígio, resta saber quem será o responsável pelo seu julgamento. É que, a despeito de possuírem particularidades próprias, os diferentes sistemas processuais nacionais primam por garantir ao jurisdicionado efetivo acesso à justiça[34], sendo possível que diferentes Estados reconheçam possuir jurisdição para resolver aquela controvérsia.

Essa falta de uniformidade entre as regras de competência nos mais diversos países acaba por provocar, na prática, a busca pelas partes do foro competente que lhe é mais favorável para o julgamento da questão (*forum shopping*)[35], causando insegurança às relações jurídicas e comerciais. De fato, a possibilidade de concorrência de jurisdição dá ensejo a uma verdadeira "corrida maluca" entre os litigantes[36], já que, muitas vezes, um dos ordenamentos jurídicos competentes pode possui regras mais favoráveis ou desfavoráveis para um dos litigantes.

A convenção de arbitragem[37], já há muito aceita no direito brasileiro, pode ser uma ferramenta muito útil para evitar o *forum shopping.*[38] No entanto, a

33. A esse respeito: "Vive-se hoje em um mundo globalizado e instantâneo. As pessoas físicas e jurídicas não mais circunscrevem as suas relações às fronteiras de um único Estado, e do ponto de vista das atividades comerciais e pessoais essas fronteiras são, por vezes, irrelevantes. A maioria dos indivíduos, sem mesmo se dar conta, vê-se envolvida em situações transnacionais, quando se compra um objeto de um *site* sediado no estrangeiro. No plano pessoal, famílias inteiras passam a viver no exterior, de forma temporária – durante uma viagem de turismo –, ou definitiva – por força de migração voluntária ou forçada, como no caso dos refugiados. É preciso disciplinar todas essas relações jurídicas, sendo esta a finalidade do DIPr: dar soluções aos problemas advindos das relações privadas internacionais." (DE ARAÚJO, Nadia. *Direito Internacional Privado*: teoria e prática brasileira. Op. Cit. pp. 31-32).

34. HILL, Flávia Pereira. *O direito processual transnacional como forma de acesso à justiça no século XXI*: os reflexos e desafios da sociedade contemporânea para o direito processual civil e a concepção de um título executivo transnacional. Op. Cit. p. 50.

35. HILL, Flávia Pereira; Paumharttem, Michele Pedrosa; DE SIQUEIRA, Tatiana Paula Cruz. *Os limites da jurisdição nacional no Código de Processo Civil e a densificação do acesso à justiça*. Op. Cit. p. 43.

36. TIMM, Luciano Benetti. *A cláusula de eleição de foro versus a cláusula arbitral em contratos internacionais:* qual é a melhor opção para a solução de disputas entre as partes. Op. Cit. p. 26.

37. À semelhança do que sucede na França, a legislação brasileira abrange na convenção de arbitragem tanto a cláusula compromissória, quanto o compromisso arbitral (CARMONA, Carlos Alberto. *Arbitragem e processo*: um comentário à Lei nº 9.307/96. São Paulo: Atlas, 2009. p. 16).

38. Além da necessidade de se evitar o *fórum shopping,* José Antonio Fichtner e Giselle Weber enumeram "uma série de fatores que, no cenário de um litígio transnacional, envolvendo pessoas ou obrigações

arbitragem não é um instrumento adequado para todo e qualquer litígio, sobretudo tendo em vista os elevados custos envolvidos. Ou seja, o instituto da arbitragem não afasta o risco de que determinadas causas sejam submetidas a uma jurisdição desfavorável, por opção da contraparte litigante.

Desse modo, com vistas a conferir segurança a essas relações jurídicas não abrangidas pela arbitragem e a permitir que as partes planejem e gerenciem potenciais litígios dela decorrentes[39], o art. 25 do novo Código de Processo Civil estabelece a possibilidade de que elas celebrarem cláusulas de eleição de foro estrangeiro, afastando o poder da autoridade nacional sobre sua controvérsia. De acordo com o mencionado dispositivo, "não compete à autoridade judiciária brasileira o processamento e o julgamento da ação quando houver cláusula de eleição de foro exclusivo estrangeiro em contrato internacional, arguida pelo réu na contestação".

A norma, como se vê, prevê apenas a possibilidade do afastamento convencional da jurisdição brasileira ("efeito negativo" da cláusula de eleição de foro). No entanto, não há nada que vede as partes de estipularem que apenas o Poder Judiciário nacional é que detém jurisdição para apreciar sua controvérsia, afastando a jurisdição de outros Estados (o que a doutrina costuma chamar de "efeitos positivos" da cláusula de eleição de foro estrangeiro).[40] Essa hipótese, aliás, está em consonância com o art. 22, III, do novo Código de Processo Civil, que estabelece que compete à autoridade brasileira processar e julgar as ações "em que as partes, expressa ou tacitamente, se submeterem à jurisdição nacional"[41].

relacionadas com o Brasil, levam o titular do poder decisório a optar pela realização da arbitragem internacional no Brasil, ou, ao contrário a evitar o contexto brasileiro." Confira-se: FICHTNER, José Antonio; WEBER, Giselle. *Arbitragens Transnacionais e sua Compatibilização com o Sistema Jurídico Brasileiro.* MANNHEIMER, Sergio Nelson [coord.]. Revista de Direito da Associação dos Procuradores do Novo Estado do Rio de Janeiro, vol XVIII. Rio de Janeiro: Lumen Juris, 2006. pp. 97-114).

39. POLIDO, Fabricio Bertini Pasquot. Art. 25. In: STRECK, Lenio Luiz; NUNES, Dierle; CUNHA, Leonardo (orgs.). *Comentários ao Código de Processo Civil.* São Paulo: Saraiva, 2016. p. 80.

40. A esse respeito: "Teoricamente, as partes podem atuar tanto inserindo hipótese não prevista na norma interna sobre o exercício da função jurisdicional (efeitos positivos) quanto afastando a jurisdição, em hipótese prevista na legislação local, com escolha de foro estrangeiro para conhecer do litígio (efeitos negativos)." (DOLINGER, Jacob; TIBURCIO, Carmen. *Direito internacional privado.* Rio de Janeiro: Forense, 2016. p. 570). No mesmo sentido: (MEDINA, José Miguel Garcia. *O novo Código de Processo Civil Comentado.* São Paulo: Revista dos Tribunais, 2015. p. 98).

41. Fabiano Carvalho explica que "a expressão 'submeterem à jurisdição nacional', empregada pelo Código, coaduna-se com o princípio da submissão. O princípio da submissão consiste na aceitação voluntária dos litigantes – ou pelo menos de um deles – em se submeter à jurisdição de um Estado, mesmo no silencio de normas relativas à jurisdição nacional. Segundo a doutrina internacionalista, a submissão poderá ser expressa ou tácita. É evidente que a submissão expressa mais conhecida é a cláusula de eleição de foro, mas aí não se esgota." (CAVALHO, Fabiano. Art. 22. In: BUENO, Cassio Scarpinella. *Comentários ao código de processo civil – volume 1 (arts. 10 a 317).* Op. Cit. p. 316).

A positivação da cláusula de eleição de foro representa inegável avanço, na medida em que vem a superar forte posição da jurisprudência que se mostrava refratária ao afastamento, pelas partes, da jurisdição nacional. Trata-se do reconhecimento de que as partes, enquanto destinatárias da prestação jurisdicional, possuem autonomia e podem ter o interesse de submeter seu litígio ao Poder Judiciário de outro Estado, o que, em muitos casos, se revela uma verdadeira necessidade.

De fato, imagine-se um contrato internacional, firmado por uma entidade nacional e outra estrangeira, cuja execução dependa de elementos que envolvam um terceiro Estado-nação. É natural que a entidade estrangeira não queira que eventuais litígios decorrentes daquele ajuste sejam submetidos ao Poder Judiciário brasileiro, ao mesmo tempo em que a entidade nacional também pode possuir restrições ou desconfiança em litigar perante a autoridade estrangeira. A celebração de uma cláusula de eleição de foro, portanto, permite que partes selecionem um país com jurisdição neutra para solucionar eventuais litígios decorrentes daquele contrato (que poderá, inclusive, ser aquele onde será cumprida a obrigação).

A celebração de cláusulas de eleição de foro ainda tem a vantagem de impedir o ajuizamento de processos paralelos entre as partes de diferentes jurisdições. Isso porque, tendo em vista a inexistência de litispendência no plano internacional (art. 24 do CPC)[42], as partes poderiam, em tese, ajuizar a demanda perante qualquer das autoridades que possuam competência concorrente para dirimir aquele litígio. Diante da existência de uma cláusula de eleição de foro estrangeiro, não há como ocorrer essa situação, visto que apenas a autoridade escolhida pelas partes é que poderá processar e julgar a controvérsia, excluindo-se a jurisdição das demais.

A limitação da possibilidade do ajuizamento da demanda a um único foro também garante às partes maior previsibilidade nos custos decorrentes do litígio[43]. Afinal, cada Estado-nação, no exercício de sua soberania, tem a competência para disciplinar não só as regras procedimentais dos processos que correrão perante sua jurisdição, mas também para estabelecer os custos a ela inerentes. Na ausência da cláusula de eleição de foro, as partes poderiam

42. Confira-se o art. 24 do Código de Processo Civil: "Art. 24. A ação proposta perante tribunal estrangeiro não induz litispendência e não obsta a que a autoridade judiciária brasileira conheça da mesma causa e das que lhe são conexas, ressalvadas as disposições em contrário de tratados internacionais e acordos bilaterais em vigor no Brasil. Parágrafo único. A pendência de causa perante a jurisdição brasileira não impede a homologação de sentença judicial estrangeira quando exigida para produzir efeitos no Brasil.".

43. CAVALHO, Fabiano. Art. 22. In: BUENO, Cassio Scarpinella. *Comentários ao código de processo civil – volume 1 (arts. 10 a 317)*. Op. Cit. p. 322.

ajuizar a ação perante qualquer país que se julgasse competente para dirimir o litígio, nos quais, entretanto, o custo de litigar poderia ser distinto.

É preciso ressaltar, no entanto, que a eleição de foro não pressupõe a aplicação da lei material do Estado-nação eleito, mas apenas e tão somente das regras procedimentais[44]. Desse modo, a "ausência de uma cláusula específica de eleição de lei aplicável ao litígio (ou na proibição da autonomia da vontade em alguns países), poderá resultar na aplicação das normas conflituais do país do fórum eleito, para solucionar conflito aparente de normas no espaço e, consequentemente, um sistema legal indesejado pelas partes"[45].

Nos termos do Código de Processo Civil, a cláusula de eleição de foro estrangeiro deve constar de instrumento escrito e fazer referência expressa ao negócio jurídico a que está vinculada.[46] Somente os litígios que porventura decorrerem daquele negócio jurídico é que estarão sujeitos à jurisdição eleita pelas partes, não sendo válidas cláusulas de eleição de foro genéricas e indeterminadas.

Sem embargo, não parece haver qualquer necessidade de a cláusula de eleição de foro ser celebrada concomitantemente com o negócio jurídico a que se relaciona. Essa possibilidade, inclusive, encontra paralelo na arbitragem, em que às partes é permitido remeter a controvérsia a um tribunal arbitral mesmo após já estar em curso demanda perante o Poder Judiciário, através da figura do compromisso arbitral[47].

---

44. Note-se que, diferentemente do que sucede com a cláusula de eleição de foro, na arbitragem não haverá a aplicação das regras procedimentais do país eleito como sede, pois "as partes são, pois, pela própria Lei de Arbitragem, livres para estabelecer o procedimento arbitral a ser seguido na arbitragem, inexistindo disposição legal que determine a aplicação, *automática e obrigatória*, do Código de Processo Civil ao processo arbitral, nem direta e nem subsidiariamente." (FICHTNER, José Antonio; MANNHEIMER, Sergio Nelson; MONTEIRO, André Luís. *A questão da aplicabilidade de técnicas instrutórias estrangeiras na arbitragem brasileira*. FICHTNER, José Antonio; MANNHEIMER, Sergio Nelson; MONTEIRO, André Luís. Novos temas de arbitragem. Rio de Janeiro: Editora FGV, 2014. p. 190).
45. TIMM, Luciano Benetti. *A cláusula de eleição de foro versus a cláusula arbitral em contratos internacionais:* qual é a melhor opção para a solução de disputas entre as partes. Op. Cit. pp. 21-22.
46. Nesse sentido, confira-se o § 1º do art. 63 do Código de Processo Civil, aplicável às cláusulas de eleição de foro estrangeiro por forca do art. 25, § 2º, do mesmo diploma legal: "§ 1º A eleição de foro só produz efeito quando constar de instrumento escrito e aludir expressamente a determinado negócio jurídico.".
47. De acordo com o art. 90 da Lei 9.307/1996: "Art. 9º O compromisso arbitral é a convenção através da qual as partes submetem um litígio à arbitragem de uma ou mais pessoas, podendo ser judicial ou extrajudicial. § 1º O compromisso arbitral judicial celebrar-se-á por termo nos autos, perante o juízo ou tribunal, onde tem curso a demanda. § 2º O compromisso arbitral extrajudicial será celebrado por escrito particular, assinado por duas testemunhas, ou por instrumento público.". Pedro A. Batista Martins leciona que "O compromisso, historicamente, sempre foi o veículo da efetiva instituição da arbitragem. Seus efeitos se processam, praticamente, de forma instantânea, dado que com ele as partes estão a submeter a questão controversa à arbitragem. O compromisso surge depois de deflagrada a disputa. Ao contrário do que ocorre com a cláusula de arbitragem que se projeta para o futuro, onde o conflito é meramente potencial, podendo ou não acontecer." (MARTINS, Pedro A. Batista. *Apontamentos sobre a Lei de Arbitragem*. Rio de Janeiro: Forense, 2008. p. 61).

De outro lado, como já se viu acima, a legislação veda que a cláusula de eleição de foro verse sobre matérias sujeitas à competência exclusiva do Poder Judiciário nacional (art. 25, § 10, do Código de Processo Civil)[48], restringido sua aplicação às hipóteses de competência concorrente internacional. Nesse diapasão, não podem as partes afastar a jurisdição brasileira e eleger autoridade estrangeira para processar e julgar, por exemplo, demandas relativas à imóveis situados no Brasil ou inventários e partilhas de bens situados no país.

De acordo com o *caput* do art. 25 do Código de Processo Civil, a aplicação da cláusula de eleição de foro estrangeiro também pressupõe a existência de um *contrato internacional*. José Augusto Fontoura Costa e Ramon Alberto dos Santos apontam que a compreensão do que seja um contrato internacional deve ser observada com cautela, "pois é ausente no direito brasileiro uma disposição legal clara e específica limitadora das diferenças entre o que é um contrato estritamente interno e o que é um contrato internacional"[49]. Não obstante os inúmeros conceitos existentes, para os fins do art. 25 acima mencionado, pode-se entender como *contratos internacionais* aqueles que envolvam algum elemento estrangeiro e que possuam vínculos com um ou mais sistemas jurídicos distintos.

Uma vez celebrada, a cláusula de eleição de foro internacional vincula as partes e seus herdeiros e sucessores, conforme determina o art. 63, § 20, do Código de Processo Civil, podendo seu descumprimento ser invocado em sede de contestação[50], demonstrando-se, por exemplo, que o Poder Judiciário brasileiro não detém jurisdição para processar e julgar a controvérsia. Sem embargo, por se tratar de um acordo disponível, essa vinculação não é absoluta, podendo a parte deixar de invocar a existência da cláusula ao oferecer sua contestação, caso em que estará anuindo com que a demanda seja processada pela autoridade nacional[51]. É que "a falta de alegação atrai a preclusão,

---

48. Confira-se o art. 25, § 1º, do Código de Processo Civil: "Art. 25. Não compete à autoridade judiciária brasileira o processamento e o julgamento da ação quando houver cláusula de eleição de foro exclusivo estrangeiro em contrato internacional, arguida pelo réu na contestação. § 1º Não se aplica o disposto no caput às hipóteses de competência internacional exclusiva previstas neste Capítulo.". Essa regra encontra-se em consonância com o enunciado no 335 da Súmula do Supremo Tribunal Federal, que afirma que "é válida a cláusula de eleição do fôro para os *processos oriundos do contrato*".

49. COSTA, José Augusto Fontoura; DOS SANTOS, Ramon Alberto. *Contratos internacionais e a eleição de foro estrangeiro no novo Código de Processo Civil.* Revista de Processo, vol. 253, março de 2016. p. 110.

50. O art. 25 do Código de Processo Civil estabelece que a cláusula de eleição de foro deve se invocada na *contestação*. Não obstante, o termo *contestação* deve ser entendido de forma ampla, abrangido outras espécies de defesa, como é o caso dos embargos à execução. Até porque o próprio art. 917, V, do Código permite que se alegue, em sede de embargos, a incompetência do juízo da execução.

51. Em interessante abordagem, Marcelo Miller defende que essa regra seria um "mecanismo de resilição bilateral tácita da cláusula de eleição de foro em favor da jurisdição brasileira: se, a despeito da cláusula, uma das partes propõe a ação no Brasil, e a outra, em sua contestação, não argui o afastamento da jurisdição brasileira, o preceito dispõe estar a causa por esta alcançada." (MILLER, Marcelo. Art. 25.

de modo que o Estado brasileiro passa a ter jurisdição. Na linguagem técnica, prorroga-se a jurisdição brasileira"[52].

5. A VALIDADE DA CLÁUSULA DE ELEIÇÃO DE FORO ESTRANGEIRA

As cláusulas de eleição de foro, inclusive aquelas denominadas "internacionais", representam verdadeiros negócios jurídicos processuais, que tem por objetivo alterar regras processuais de competência e jurisdição. Nesta qualidade, como todo negócio jurídico, as cláusulas de eleição de foro estão sujeitas a determinados requisitos, cuja inobservância resulta em sua inexistência, invalidade ou ineficácia.

É que, conquanto tenham por escopo produzir efeitos jurídicos em um processo judicial, as convenções processuais, dentre as quais as cláusulas de eleição de foro, não deixam de ser negócios jurídicos em sentido *lato*, devendo observar os requisitos gerais dessa modalidade previstos no Código Civil[53].

É verdade que as cláusulas de eleição de foro, enquanto negócios jurídicos processuais, possuem autonomia em relação ao contrato de direito material em que inseridas[54], mantendo sua higidez mesmo em caso de resolução ou invalidação desse instrumento. Também é verdade que tais acordos, por se destinarem a produzir efeitos em uma relação jurídica processual, possuem determinadas particularidades próprias, inerentes aos atos processuais; ou seja, ao lado dos requisitos previstos na legislação civil, os acordos também estão sujeitos à observância das normas processuais.

CABRAL, Antonio do Passo; CRAMER, Ronaldo. *Comentários ao novo Código de Processo Civil*. Rio de Janeiro: Forense, 2015. p. 77).

52. CAVALHO, Fabiano. Art. 22. In: BUENO, Cassio Scarpinella. *Comentários ao código de processo civil – volume 1 (arts. 10 a 317)*. Op. Cit. p. 323.

53. YARSHELL, Flávio Luiz. *Convenção das partes em matéria processual: rumo a uma nova era?*. CABRAL, Antonio do Passo; NOGUEIRA, Pedro Henrique [coord.]. Negócios processuais. Salvador: Jus Podivm, 2015. p. 76.

54. A autonomia das convenções processuais é bem evidenciada em uma de suas espécies, que é a convenção de arbitragem. Com efeito, o art. 8º da Lei 9.307/1993 determina que "a cláusula compromissória é autônoma em relação ao contrato em que estiver inserta, de tal sorte que a nulidade deste não implica, necessariamente, a nulidade da cláusula compromissória". Sobre o tema: "A cláusula compromissória recebe da Lei natural autonomia em relação ao contrato em que vier inserida. E é natural que assim seja, até porque a nulidade (ou anulabilidade) do contrato poderá ser submetida à decisão dos árbitros, tudo a pressupor a separação da cláusula do restante do contrato. Por consequência, se um contrato nulo (por não ter seguido a forma prevista em lei, ou porque seu objeto seja ilícito) afetasse a cláusula compromissória nele encaixada, os árbitros nunca teriam competência para decidir sobre questões ligadas exatamente à nulidade do contrato. Seria então muito fácil afastar a competência dos árbitros, pois bastaria que qualquer das partes alegasse matéria ligada à nulidade do contrato para que surgisse a necessidade de intervenção do juiz togado." (CARMONA, Carlos Alberto. *Arbitragem e processo*: um comentário à Lei nº 9.307/1996. São Paulo: Atlas, 2009. p. 173). Especificamente no que diz respeito à cláusula de eleição de foro, Carmen Tiburcio destaca que esse ajuste é negócio jurídico distinto do principal (TIBURCIO, Carmen. *Extensão e limites da jurisdição brasileira*: competência internacional e imunidade de jurisdição. Salvador: Jus Podivm, 2016. p. 170).

Desse modo, o controle de validade das cláusulas de eleição de foro (enquanto convenções processuais) deverá ser feito também sob a ótica do direito processual, não sendo possível, por exemplo, a invalidação de ajustes que, a despeito de não preencherem todos os requisitos exigidos pela legislação, (i) tenham seu vício posteriormente convalidado; (ii) tenham ao final atingido seu objetivo; e (iii) não tenham gerado prejuízos para qualquer das partes ou terceiros. Mais do que isto, em virtude da aplicação da sistemática processual, o exame acerca da validade das cláusulas de eleição de foro deverá ser feito pelo magistrado de maneira cooperativa com as partes, à luz das garantias fundamentais do processo.

O que sucede, portanto, é que o controle da validade das cláusulas de eleição de foro estará sujeito à incidência tanto das normas de direito material, quanto daquelas de direito processual (isto é, haverá uma *corregulação entre normas materiais e processuais*[55]).

Nessa ordem de ideias, deverá o magistrado, primeiramente, verificar se a cláusula de eleição de foro atende aos requisitos da legislação de direito material, apurando (i) se conta com manifestação livre e desimpedida dos conventes[56], respeitando o autoregramento da vontade; (ii) se as partes eram capazes quando firmaram a cláusula; (ii) se o objeto da cláusula é lícito, possível e determinado; e (iii) se a cláusula observou a forma prescrita ou não defesa em lei.

Com efeito, é evidente que a validade da cláusula depende de que a autonomia da parte para firmar o negócio e para dispor sobre o seu conteúdo e alcance esteja livre de pressões e decorra da própria vontade do indivíduo, após estar devidamente informado do conteúdo e das consequências do ajuste[57].

Do mesmo modo, a legislação de direito material exige, para que a cláusula seja possa ser considerada válida, que a parte possua aptidão para os atos da vida civil. Registre-se, no entanto, que, como a cláusula de eleição de foro

55. CABRAL, Antonio do Passo. *Convenções Processuais*. Op. Cit. pp. 251-253.

56. Antonio do Passo Cabral registra que as convenções processuais poderão decorrer não apenas de comportamentos comissivos, mas também de omissões (CABRAL, Antonio do Passo. *Convenções Processuais*. Op. Cit. p. 259-262). É que, em certos casos, o condicionamento de condutas também pode decorrer de omissões. São as chamadas omissões conclusivas (CABRAL, Antonio do Passo. *Nulidades no processo moderno: contraditório, proteção da confiança e validade prima facie dos atos processuais*. Rio de Janeiro: Forense, 2010. p. 323). Especificamente quanto às cláusulas de eleição de foro, é possível extrair uma declaração de vontade de um comportamento omissivo no caso do réu que deixa de invocar a cláusula para suscitar a incompetência do juízo ao apresentar sua contestação.

57. Marco Paulo Denucci Di Spirito explica que "não se pode considerar existente o negócio jurídico processual quando constatada, objetivamente, a burla aos deveres de informação e transparência na fase de formação do pacto" (DI SPIRITO, Marco Paulo Denucci. *Controle de formação e controle de conteúdo do negócio jurídico processual*. Revista de Direito Privado, vol. 63, junho a setembro de 2015. pp. 125-193).

estrangeiro é um negócio destinado a produzir efeitos em um processo, sua validade também dependerá de que a parte possua capacidade para estar em juízo[58], já que tal é um pressuposto processual. Deveras, se o negócio produzirá efeitos no processo, parece intuitivo que a parte que o celebrou – e que, portanto, sofrerá os seus efeitos na relação processual – também necessita ter as aptidões para estar em juízo[59].

No que diz respeito à licitude e determinação do objeto, a legislação processual é expressa no sentido de que as cláusulas de eleição de foro estrangeiro devem recair sobre as matérias sujeitas à competência internacional concorrente, não podendo versar sobre hipóteses de competência exclusiva.

Naturalmente, ao celebrarem um negócio jurídico processual, as partes devem sempre agir de acordo com os princípios da boa-fé[60] e da cooperação, não podendo almejar objetivo vedado pela legislação. Tais princípios – agora expressamente positivados na legislação processual (arts. 5o e 6o do Código de Processo Civil) – exige das partes uma conduta leal e ética, limitando o autorregramento da vontade no equilíbrio entre autonomia dos litigantes e os interesses públicos presentes no processo.

Nessa perspectiva, também não serão lícitas cláusulas de eleição de foro celebradas em condições anti-isonomicas entre os convenentes. O ordenamento jurídico estabelece que o magistrado deve assegurar a paridade de armas entre as partes[61], não sendo justo que eventual convenção processual dificulte o exercício do direito do hipossuficiente, que não firmou o negócio devidamente informado ou que não tinha poder para negociar com sua contraparte.[62]

---

58. CABRAL, Antonio do Passo. *Convenções Processuais*. Op. Cit. pp. 276-278.

59. Vale registrar, contudo, que, embora a validade das convenções processuais dependa da capacidade de estar em juízo, parece ser consenso na doutrina a desnecessidade de que a parte esteja assistida por advogado no momento da celebração do ajuste. Isso porque, conforme leciona Antonio do Passo Cabral, o ato negocial em si não é postulatório. A assistência de advogado somente se faz necessária quando a convenção é celebrada no âmbito do próprio processo judicial ou quando há a necessidade de fazer cumprir o acordo, casos em que haverá a necessidade concomitante da prática de um ato postulatório (CABRAL, Antonio do Passo. *Convenções Processuais*. Op. Cit. pp. 278-280).

60. De acordo com Marco Antonio dos Santos Rodrigues, "o processo justo envolve não apenas a observância das regras formais do processo, mas também que se observe seu aspecto ético, iniciando-se pelo comportamento das partes". Assim, "a análise da aplicação de normas processuais não pode ser despida de valor nem descontextualizada da realidade a que se destina: a boa-fé traz eticidade à aplicação do Direito, sendo verdadeiro critério de interpretação, informando o sentido das normas" (RODRIGUES, Marco Antonio dos Santos. *A modificação do pedido e da causa de pedir no processo civil*. Rio de Janeiro: GZ Editora, 2014. pp. 175-177).

61. DE ABREU, Rafael Sirangelo. *A igualdade e os negócios processuais*. CABRAL, Antonio do Passo; NOGUEIRA, Pedro Henrique [coord.]. Negócios processuais. Salvador: Jus Podivm, 2015. pp. 193-214.

62. A título exemplificativo, Gustavo Tepedino e Milena Donato Oliva entendem que, a princípio, a cláusula de eleição de foro em contratos de consumo se afigura abusiva, a menos que o próprio consumidor a ela dê efetividade, comprovando que ela não prejudica o seu direito. Isso porque, a cláusula de eleição de foro acarretaria renúncia ao direito processual previsto no art. 101, I, do Código de Defesa do Consumidor

Tanto assim é que o próprio parágrafo único do art. 190 do Código de Processo Civil estabelece expressamente que o magistrado recusará a aplicação de convenção processual inserida de forma abusiva em contrato de adesão ou "em que alguma parte se encontre em manifesta situação de vulnerabilidade". No mesmo sentido, o art. 63, § 30, do diploma processual, permite ao juiz reputar ineficaz a cláusula de eleição de foro quando verificar que ela decorre de abusividade. Evidentemente, a análise a respeito do cumprimento do princípio da isonomia deve ser feita caso a caso, à luz das circunstâncias da hipótese especifica[63]; mesmo porque, se afigura perfeitamente possível que a parte hipossuficiente tenha sido beneficiada com a celebração da cláusula de eleição de foro estrangeiro.

O objeto das cláusulas de eleição de foro, igualmente, não poderá atingir a esfera jurídica de terceiros, pois as partes somente possuem legitimidade para dispor sobre suas próprias situações jurídicas, assim como para alterarem a competência do processo que participem. Nesse sentido, não serão lícitos acordos que disponham sobre direitos de terceiros, somente podendo as partes convencionarem sobre a competência e jurisdição dos litígios que se referirem a elas próprias.

Já a forma da cláusula de eleição de foro deverá ser escrita, por expressa determinação do art. 63, § 10, do Código de Processo Civil. Mais do que constar de documento escrito, a cláusula deverá fazer expressa menção ao negócio jurídico a que se refere. De fato, como já se viu acima, não serão consideradas válidas cláusulas de eleição de foro estrangeiro genéricas e indeterminadas, sendo preciso especificar quais litígios que estarão sujeitos à jurisdição eleita pelas partes.

6. O CONTROLE EXERCIDO PELO MAGISTRADO

Uma vez celebrada a cláusula de eleição de foro estrangeiro, deve o juiz observá-la, fazendo valer a norma negocial escolhida pelas partes para regrar a relação jurídica processual em que se inserem. Com efeito, é dever do magistrado aplicar o ordenamento jurídico, aí incluídas as normas decorrentes de negócios jurídicos processuais firmados pelas partes, seja quando a regra do

– qual seja, o ajuizamento da ação no foro do domicílio do consumidor –, além de dificultar a defesa de seus direitos, o que seria vedado pelo o art. 51 do mesmo diploma legal (TEPEDINO, Gustavo; OLIVA, Milena Donato. *Controle de abusividade da cláusula de eleição de foro*. Revista de Direito do Consumidor, vol. 109, janeiro e fevereiro de 2012, pp. 194-198.

63. Note-se que a isonomia e a vulnerabilidade devem ser analisadas sempre a partir da relação estabelecida entre o sujeito ou o direito litigioso e a outra parte (NOGUEIRA, Pedro Henrique. *Breves comentários ao Novo Código de Processo Civil*. São Paulo: Editora Revista dos Tribunais, 2015. ALVIM, Teresa Arruda. *et. al.* [coord.]. p. 594).

acordo se destinar a conformar as regras processuais, seja para dar cumprimento à avença nos casos em que os sujeitos tiverem que adimplir.

No entanto, antes fazer valer as disposições da cláusula de eleição de foro estrangeiro celebrada pelas partes, o magistrado deve proceder a uma análise acerca de sua validade. É que, enquanto representante do Estado no exercício da jurisdição, cabe a ele exercer o papel de controle dos negócios jurídicos processuais, impedindo a aplicação de normas que atentem contra o ordenamento jurídico.

Tanto assim é que o próprio Código de Processo Civil, em seu art. 190, parágrafo único, dispõe que "de ofício ou a requerimento, o juiz controlará a validade das convenções previstas neste artigo, recusando-lhes aplicação somente nos casos de nulidade ou de inserção abusiva em contrato de adesão ou em que alguma parte se encontre em manifesta situação de vulnerabilidade".

Especificamente no que diz respeito à cláusula de eleição de foro, o Código de Processo Civil determina que, "antes da citação, a cláusula de eleição de foro, se abusiva, pode ser reputada ineficaz de ofício pelo juiz, que determinará a remessa dos autos ao juízo do foro de domicílio do réu" (art. 63, § 30, do Código de Processo Civil).

Frise-se que não se trata de um controle a respeito da conveniência ou do próprio mérito da cláusula de eleição de foro, mas apenas e tão somente a respeito de sua validade. Em outros termos, o magistrado deverá apreciar a validade da cláusula, controlando a extensão em que a vontade das partes pode modificar as regras de competência e jurisdição, não lhe sendo lícito adentrar no mérito do ajuste.

Nesse sentido, Gustavo Tepedino e Milena Donato Oliva esclarecem que, na apreciação da abusividade, o juiz não deve considerar o elemento internacional ou as razões subjetivas que teriam determinado o exercício do direito. A sua tarefa consiste em examinar, à luz de dados objetivos, se a celebração da cláusula atende aos parâmetros de validade e se não prejudica os direitos fundamentais das partes, como o acesso à justiça e o exercício do direito de defesa de alguma delas.[64]

Note-se que o § 30 do art. 63 do Código de Processo Civil estabelece que o juiz poderá controlar a validade da cláusula de eleição de foro "de ofício",

64. TEPEDINO, Gustavo; OLIVA, Milena Donato. *Controle de abusividade da cláusula de eleição de foro.* Revista de Direito do Consumidor, vol. 109, janeiro e fevereiro de 2012, p. 193.

desde que o faça antes da citação do réu. Não obstante, à exceção de situações extremas (como de notória vulnerabilidade), é pouco recomendável que o magistrado tome a iniciativa de invalidar, de ofício, a convenção, sem aguardar a manifestação do réu, já que este é o único que realmente poderá definir a conveniência ou não de manter a competência contratual. Daí que Humberto Theodoro Júnior aponta "o acerto da orientação dada pelo art. 63, § 30, que só admite a declinação sem ouvir o réu quando reconhecer a abusividade do foro de eleição no despacho da petição inicial, ou seja, antes da citação. Uma vez integrado o réu à relação processual, não mais poderá [o juiz] fazê-lo sem antes ensejar oportunidade de manifestação ao demandado"[65].

De fato, após citado o réu, o magistrado apenas poderá afastar a cláusula de eleição de foro se provocado pelo réu, na medida em que este poderá preferir litigar perante aquele foro, a despeito de eventual vício na convenção. Aplica-se, nesta hipótese, o preceito de que, não havendo prejuízo ao demandado, não poderá o juiz pronunciar a nulidade da cláusula de foro de eleição.

De qualquer forma, não sendo caso de invalidação da cláusula de eleição de foro estrangeiro, o juiz terá o dever de aplicar a norma negocial, prestigiando a vontade das partes, que assim optaram por regulamentar seu litígio com vistas a obter a tutela jurisdicional da forma que lhes parece mais adequada e eficiente.

7. CONCLUSÃO

O novo Código de Processo Civil inegavelmente prestigiou a autonomia das partes, garantindo ao jurisdicionado, nas hipóteses de competência internacional concorrente, o direito de escolher a jurisdição a que submeterá o seu litígio. Espera-se que, com a positivação do instituto na legislação, seja afastada a insegurança que até então pairava acerca da eficácia da cláusula de eleição de foro no ordenamento jurídico nacional, unificando-se a jurisprudência no sentido de sua validade. Não obstante, é certo que, enquanto negócio jurídico processual, a cláusula de eleição de foro estrangeiro está sujeita ao controle de validade pelo magistrado, que, à luz das circunstâncias do caso concreto, deverá analisar se sua aplicação não ofende às normas internas do Estado brasileiro, notadamente às garantias fundamentais do processo.

65. THEODORO JÚNIOR, Humberto. *Curso de direito processual civil – Teoria geral do direito processual civil, processo de conhecimento e procedimento comum* – vol. I. Rio de Janeiro: Forense, 2015. p. 256.

REFERÊNCIAS BIBLIOGÁFICAS

AMARAL, Guilherme Rizzo. *Comentários ao novo CPC*. São Paulo: Revista dos Tribunais, 2015.

ALVIM, Teresa Arruda. *et. al.* (coord.). *Breves comentários ao Novo Código de Processo Civil*. São Paulo: Editora Revista dos Tribunais, 2015.

BARBOSA MOREIRA, José Carlos. *Convenções das partes sobre matéria processual*. In: Temas de Direito Processual, terceira série. São Paulo: Saraiva, 1984. p. 89 e ss.

________. *Problemas relativos aos litígios internacionais*. In: Temas de Direito Processual, 5a série, 1994.

BERNARDI, Vanessa de Oliveira. *A jurisdição nacional sob o viés do novo Código de Processo Civil*. DIDIER JR., Fredie (coord.). *Novo CPC doutrina selecionada, v. 1:* parte geral. Salvador: Jus Podivm, 2016. p. 839-859.

BUENO, Cassio Scarpinella. *Comentários ao código de processo civil – volume 1 (arts. 10 a 317)*. São Paulo: Saraiva, 2017.

CABRAL, Antonio do Passo. *Convenções Processuais*. Salvador: Jus Podivm, 2016.

________. *Nulidades no processo moderno: contraditório, proteção da confiança e validade prima facie dos atos processuais*. Rio de Janeiro: Forense, 2010.

CABRAL, Antonio do Passo; CRAMER, Ronaldo. *Comentários ao novo Código de Processo Civil*. Rio de Janeiro: Forense, 2015.

CARMONA, Carlos Alberto. *Arbitragem e processo*: um comentário à Lei nº 9.307/1996. São Paulo: Atlas, 2009.

COSTA, José Augusto Fontoura; DOS SANTOS, Ramon Alberto. *Contratos internacionais e a eleição de foro estrangeiro no novo Código de Processo Civil*. Revista de Processo, vol. 253, março de 2016. pp. 109-127.

FICHTNER, José Antonio; MANNHEIMER, Sergio Nelson; MONTEIRO, André Luís. *A questão da aplicabilidade de técnicas instrutórias estrangeiras na arbitragem brasileira*. FICHTNER, José Antonio; MANNHEIMER, Sergio Nelson; MONTEIRO, André Luís. Novos temas de arbitragem. Rio de janeiro: Editora FGV, 2014. pp. 173-206.

FICHTNER, José Antonio; WEBER, Giselle. *Arbitragens Transnacionais e sua Compatibilização com o Sistema Jurídico Brasileiro*. MANNHEIMER, Sergio Nelson [coord.]. Revista de Direito da Associação dos Procuradores do Novo Estado do Rio de Janeiro, vol XVIII. Rio de Janeiro: Lumen Juris, 2006. pp. 97-114.

GRECO, Leonardo. *Instituições de processo civil, volume I*. Rio de Janeiro: Forense, 2015.

________. *Os atos de disposição processual – primeiras reflexões*. In Revista Eletrônica de Direito Processual, v. 1, n. 1, 2007. Disponível em: http://www.e-publicacoes.uerj.br/index.php/redp/article/view/23657/16714.

DE ARAÚJO, Nádia. *Direito internacional privado*: teoria e prática brasileira. Rio de Janeiro: Renovar, 2008.

________. *O Código de Processo Civil e a Arbitragem Internacional*. Revista de Arbitragem e Medição vol. 46, julho – setembro de 2015, pp. 277-286.

DI SPIRITO, Marco Paulo Denucci. *Controle de formação e controle de conteúdo do negócio jurídico processual*. Revista de Direito Privado, vol. 63, junho a setembro de 2015. pp. 125-193.

DE ABREU, Rafael Sirangelo. *A igualdade e os negócios processuais*. CABRAL, Antonio do Passo; NOGUEIRA, Pedro Henrique (coord.). Negócios processuais. Salvador: Jus Podivm, 2015. pp. 193-214.

DOLINGER, Jacob; TIBURCIO, Carmen. *Direito internacional privado*. Rio de Janeiro: Forense, 2016.

HILL, Flávia Pereira. *O direito processual transnacional como forma de acesso à justiça no século XXI*: os reflexos e desafios da sociedade contemporânea para o direito processual civil e a concepção de um título executivo transnacional. Rio de Janeiro: LMJ Mundo Jurídico, 2013.

HILL, Flávia Pereira; Paumharttem, Michele Pedrosa; DE SIQUEIRA, Tatiana Paula Cruz. *Os limites da jurisdição nacional no Código de Processo Civil e a densificação do acesso à justiça*. Revista de Processo, vol. 262, dezembro de 2016, p. 23-59.

MARINONI, Luiz Guilherme; MITIDIERO, Daniel. *Comentários ao Código de Processo Civil*: artigos 10 ao 69. São Paulo: Editora Revista dos Tribunais, 2016. (Coleção Comentários ao Código de Processo Civil; v. 1 / coordenação MARINONI, Luiz Guilherme; ARENHART, Sérgio Cruz. MITIDIERO, Daniel).

MARTINS, Pedro A. Batista. *Apontamentos sobre a Lei de Arbitragem*. Rio de Janeiro: Forense, 2008.

MEDINA, José Miguel Garcia. *O novo Código de Processo Civil Comentado*. São Paulo: Revista dos Tribunais, 2015.

NEVES, Daniel Amorim Assumpção. *Competência no processo civil*. Rio de Janeiro: Forense, 2010.

RODRIGUES, Marco Antonio dos Santos. *A modificação do pedido e da causa de pedir no processo civil*. Rio de Janeiro: GZ Editora, 2014.

STRECK, Lenio Luiz; NUNES, Dierle; CUNHA, Leonardo (orgs.). *Comentários ao Código de Processo Civil*. São Paulo: Saraiva, 2016.

TEPEDINO, Gustavo; OLIVA, Milena Donato. *Controle de abusividade da cláusula de eleição de foro*. Revista de Direito do Consumidor, vol. 109, janeiro e fevereiro de 2012, p. 187-205.

TIBURCIO, Carmen. *A eleição de foro estrangeiro e o judiciário brasileiro*. Revista e Arbitragem e Mediação, vol. 21, abril a junho de 2009, pp. 84-113.

________. *Extensão e limites da jurisdição brasileira*: competência internacional e imunidade de jurisdição. Salvador: Jus Podivm, 2016.

TIMM, Luciano Benetti. *A cláusula de eleição de foro versus a cláusula arbitral em contratos internacionais:* qual é a melhor opção para a solução de disputas entre as partes. Revista de Arbitragem e Mediação, vol. 10, julho a setembro de 2006. pp. 20-38.

THEODORO JÚNIOR, Humberto. *Curso de direito processual civil – Teoria geral do direito processual civil, processo de conhecimento e procedimento comum – vol. I.* Rio de Janeiro: Forense, 2015.

YARSHELL, Flávio Luiz. *Convenção das partes em matéria processual: rumo a uma nova era?.* CABRAL, Antonio do Passo; NOGUEIRA, Pedro Henrique [coord.]. Negócios processuais. Salvador: Jus Podivm, 2015. pp. 63-80.

STJ, AgRg no AREsp 679.421/RJ, Rel. Ministro Marco Buzzi, Quarta Turma, j. 17.03.2016, DJe 31.03.2016.

STJ, EDcl nos EDcl no REsp 1.159.796/PE, Rel. Ministra Nancy Andrighi, Terceira Turma, j. 15.03.2011, DJe 25.03.2011.

STJ, REsp 242.383/SP, Rel. Ministro Humberto Gomes de Barros, Terceira Turma, j. 03.02.2005, DJ 21.03.2005.

STJ, REsp 505.208/AM, Rel. Ministro Carlos Alberto Mnezes Direito, Terceira Turma, j. 19.08.2003, DJ 13.10.2003.

STJ, REsp 1.168.547/RJ, Rel. Ministro Luis Felipe Salomão, Quarta Turma, j. 11.05.2010, DJe 07.02.2011.

STJ, REsp 1.177.915/RJ, Rel. Ministro Vasco Della Giustina (Desembargador Convocado do TJ/RS, Terceira Turma, j. 13.04.2010, DJe 24.08.2010.

STJ, SEC 4.127/EX, Rel. Ministra Nancy Andrighi, Rel. p/ Acórdão Ministro Teori Albino Zavascki, Corte Especial, j. 29.08.2012, DJe 27.09.2012.

STJ, SEC 7.171/EX, Rel. Ministra Nancy Andrighi, Corte Especial, j. 20.11.2013, DJe 02.12.2013.

CAPÍTULO 13

A competência da Justiça Federal para o auxílio direto no CPC/2015: uma análise à luz do artigo 109, III, da CRFB/88

Odilon Romano Neto[1]

SUMÁRIO: 1. INTRODUÇÃO; 2. ASPECTOS GERAIS DA COOPERAÇÃO JURÍDICA INTERNACIONAL NO CPC/2015. 3. BREVES CONSIDERAÇÕES SOBRE A ESTRUTURA DO JUDICIÁRIO BRASILEIRO, A JUSTIÇA FEDERAL E SUA COMPETÊNCIA; 4. EVOLUÇÃO HISTÓRICA DA REGRA DE COMPETÊNCIA DO ARTIGO 109, III, DA CRFB/88; 5. OS TRATADOS INTERNACIONAIS E SUA CLASSIFICAÇÃO EM TRATADOS-LEI E TRATADOS-CONTRATO; 6. A INTERPRETAÇÃO DO ARTIGO 109, III, DA CRFB/88 E SUA VINCULAÇÃO AOS TRATADOS-CONTRATO; 7. A REGRA DE COMPETÊNCIA DO ARTIGO 109, III, DA CRFB/88 NA JURISPRUDÊNCIA; 8. A REGRA DO ARTIGO 34 DO CPC/2015 COMO MANIFESTAÇÃO DA REGRA DO ARTIGO 109, III, DA CRFB/88; 9. CONCLUSÃO; 10. BIBLIOGRAFIA.

1. INTRODUÇÃO

Dentre as inovações trazidas pelo CPC/2015 destaca-se, no campo do processo civil internacional, a existência de um capítulo integralmente destinado à regulação da cooperação jurídica internacional, inovando em relação ao CPC/1973, que tratava do tema de forma bastante limitada.

Até a edição do CPC/2015 não havia um diploma legal que regulasse de forma abrangente e unificada os mecanismos de cooperação jurídica internacional, cujo tratamento era fragmentado em atos normativos legais e infralegais, destacando-se a Lei de Introdução às Normas do Direito Brasileiro (Decreto-lei nº 4.657/42), o regimento interno do Supremo Tribunal Federal, resoluções do Superior Tribunal de Justiça ou portarias do Ministério da Justiça.

1. Mestre e Doutor em Direito Processual pela Universidade do Estado do Rio de Janeiro. Membro do Instituto Brasileiro de Direito Processual (IBDP) e da Comissão de Acompanhamento das Reformas da Legislação Processual Civil da AJUFE. Coordenador da Comissão dos Juizados Especiais da Escola da Magistratura Regional Federal da 2ª Região (EMARF). Juiz Federal nas Turmas Recursais dos Juizados Especiais Federais do Rio de Janeiro

Os atos de cooperação jurídica internacional são realizados com fundamento em tratados ou na reciprocidade entre Estados, cumprindo a sua execução no âmbito interno, quando necessária a intervenção do Judiciário brasileiro, à Justiça Federal, com fundamento no que dispõe o artigo 109 da Constituição da República, em seus incisos III e X.

No que diz respeito ao cumprimento de cartas rogatórias, a fixação da competência da Justiça Federal não oferece maior dificuldade, ante a expressa previsão do artigo 109, X, da CRFB/88, disposição constitucional com explícita manifestação no artigo 965 do CPC/2015.

A competência da Justiça Federal para a execução de atos de cooperação jurídica internacional na forma de auxílio direto, contudo, agora expressamente prevista no artigo 34 do CPC/2015, demanda justificação mais aprofundada, a fim de se demonstrar que este dispositivo encontra fundamento na Constituição da República, na medida em que, como reconhece a doutrina, a competência da Justiça Federal é fixada em caráter taxativo nos artigos 108 e 109 da CRFB/88,[2] de forma que a regra do artigo 34 do CPC/2015, sob pena de considerar-se inconstitucional, deve necessariamente encontrar fundamento em algum desses dispositivos, eis que não é dado ao legislador infraconstitucional ampliar a competência da Justiça Federal.

Ao que nos parece, o fundamento de validade do artigo 34 do CPC/2015 é o artigo 109, III, da CRFB/88, que confere competência à Justiça Federal para processar e julgar causas fundadas em tratados internacionais de que o Brasil seja parte.

Desta forma, o presente trabalho tem por objetivo, a partir de subsídios à interpretação do artigo 109, III, da CRFB/88, demonstrar que a regra de competência contida no artigo 34 do CPC/2015 tem em tal dispositivo constitucional o seu fundamento de validade, afastando assim questionamentos quanto à constitucionalidade da regra de competência veiculada no CPC/2015.

2. ASPECTOS GERAIS DA COOPERAÇÃO JURÍDICA INTERNACIONAL NO CPC/2015

O Código de Processo Civil de 2015, inovando em relação Código de 1973, contém um capítulo destinado ao regramento da cooperação jurídica internacional, especificamente em seus artigos 26 a 41, a qual pode ter por fundamento

2. Por todos: MENDES, Aluisio Gonçalves de Castro. *Competência cível da Justiça Federal*. 2ª edição revista, atualizada e ampliada. São Paulo: Revista dos Tribunais, 2006, p. 48.

tratados internacionais dos quais o Brasil seja parte ou, ainda, a reciprocidade entre os Estados envolvidos (art. 26, *caput* e §1º).[3-4]

A cooperação jurídica internacional tem por objeto, dentre outras, as providências arroladas de forma exemplificativa no artigo 27 do CPC/2015, quais sejam, citação, intimação e notificação judicial e extrajudicial, colheita de provas e obtenção de informações, homologação e cumprimento de decisões, concessão de medidas judiciais de urgência e assistência jurídica internacional. A finalidade da cooperação jurídica internacional, por meio dessas medidas exemplificativamente previstas no CPC/2015 é, como sintetiza André de Carvalho Ramos, "facilitar o acesso à justiça".[5] Para além do acesso à justiça, pode-se afirmar que a cooperação jurídica internacional busca proporcionar uma tutela jurisdicional efetiva nas hipóteses em que esta depender da prática de atos em Estado estrangeiro.

O cumprimento dessas e de outras providências relacionadas à cooperação jurídica internacional deve, naturalmente, observar as garantias constitucionais do processo, algumas delas reproduzidas nos três primeiros incisos do artigo 26 (devido processo legal, igualdade de tratamento entre nacionais e estrangeiros, acesso à justiça, assistência judiciária aos necessitados, publicidade dos atos processuais como regra). Adicionalmente, o seu cumprimento está condicionado a que não se trate a demanda originária no estrangeiro de causa para a qual a legislação brasileira reserve competência internacional exclusiva da autoridade judiciária brasileira (artigo 964, *caput* e parágrafo único, do CPC/2015).

A recepção e a transmissão dos pedidos de cooperação internacional serão realizadas por intermédio de uma autoridade central que, na falta de designação específica, será o Ministério da Justiça, nos termos do que prevê o artigo 26, IV e §4º do CPC/2015.[6]

---

3. MARINONI, Luiz Guilherme; ARENHART, Sérgio Cruz; MITIDIERO, Daniel. *Novo curso de processo civil*. Volume 2. São Paulo: Revista dos Tribunais, 2015, p. 55.
4. O Código apenas dispensa a existência de reciprocidade para a homologação de sentenças estrangeiras, conforme previsão do §2º de seu artigo 26.
5. RAMOS, André de Carvalho. Estrutura da cooperação jurídica internacional e o novo direito internacional privado. In: PAGLIARINI, Alexandre Coutinho; CHOUKR, Fauzi Hassan (Coords.). *Cooperação jurídica internacional*. Belo Horizonte: Fórum, 2014, p. 164.
6. No âmbito do Ministério da Justiça, o papel de autoridade central é desempenhado pelo Departamento de Recuperação de Ativos e Cooperação Jurídica Internacional, órgão integrante da Secretaria Nacional de Justiça e Cidadania. Outros órgão, contudo, funcionam como autoridade central em tratados específicos, consoante se colhe da relação apresentada por André Luís Monteiro e Fabiane Verçosa: "(i) Procuradoria-Geral da República: é a autoridade central no âmbito da Convenção sobre Prestação de Alimentos no Estrangeiro, da ONU, de 1956; e (ii) Secretaria de Direitos Humanos da Presidência da República: desempenha o papel de autoridade central quanto às seguintes convenções internacionais de que o Brasil é Estado-Parte: Convenção da Haia sobre os Aspectos Civis do Sequestro Internacional de Crianças, de

À autoridade central cabe dar cumprimento aos trâmites burocráticos dos pedidos de cooperação e também servir de ligação entre o Brasil e o Estado estrangeiro.[7] Também cabe à autoridade central acompanhar o cumprimento das medidas solicitadas pelo Brasil ao Estado estrangeiro e vice-versa, buscando imprimir-lhes maior celeridade e efetividade.[8] Tais atribuições estão expressamente previstas no CPC/2015, segundo o qual a autoridade central brasileira "comunicar-se-á diretamente com suas congêneres e, se necessário, com outros órgãos estrangeiros responsáveis pela tramitação e pela execução de pedidos de cooperação enviados e recebidos pelo Estado brasileiro" (artigo 31). A autoridade central, portanto, como indica sua própria designação é o órgão, em cada país, que centraliza os pedidos de cooperação jurídica internacional, sendo o elo entre os países envolvidos.

Sob o aspecto procedimental, prevê o Código que a cooperação jurídica internacional pode se realizar por intermédio de carta rogatória (artigos 35 e 36) ou por meio de auxílio direto (artigos 28 a 34), sendo que no primeiro caso a sua operacionalização depende de um prévio juízo de delibação perante o Superior Tribunal de Justiça, o que é dispensado no auxílio direto.

A cooperação jurídica internacional instrumentalizada por meio de cartas rogatórias se submete a um prévio juízo de delibação pelo Superior Tribunal de Justiça (artigo 105, I, *i*, da CRFB/88, alínea incluída pela Emenda Constitucional nº 45/2005), para apenas então ser efetivamente executada pelo juízo federal de primeiro grau (artigo 109, X, CRFB/88 e artigo 965 do CPC/2015).

Já o auxílio direto, previsto de forma inovadora no novo Código (artigos 28 a 34),[9] dispensa o juízo prévio de delibação do Superior Tribunal de Justiça. Embora haja discussão acerca da constitucionalidade do auxílio direto no direito brasileiro,[10] o CPC/2015, alinhando-se à doutrina e à jurisprudência que o admitem, previu o seu emprego nas hipóteses em que a medida requerida "não decorrer diretamente de decisão de autoridade jurisdicional estrangeira a ser submetida a juízo de delibação no Brasil" (artigo 28), sendo tais medidas

---

1980; Convenção Interamericana de Restituição Internacional de Menores, de 1989; e Convenção da Haia Relativa à Proteção das Crianças e à Cooperação em Matéria de Adoção Internacional, de 1993" (MONTEIRO, André Luís; VERÇOSA, Fabiane. Comentários aos artigos 26 a 34 do CPC/2015. In: WAMBIER, Teresa Arruda Alvim *et alli* (coords.). *Breves comentários ao novo código de processo civil.* São Paulo: Revista dos Tribunais, 2015, p. 118).

7. NERY JUNIOR, Nelson; NERY, Rosa Maria de Andrade. *Comentários ao código de processo civil.* São Paulo: Revista dos Tribunais, 2015, pp.284/285.
8. Disponível em: http://www.justica.gov.br/sua-protecao/cooperacao-internacional/autoridade-central-1; Acesso em 21/10/2017.
9. A doutrina ressalta, contudo, que formas de auxílio direto já eram encontradas no Brasil, do que é exemplo a própria Convenção sobre Prestação de Alimentos no Estrangeiro da ONU de 1956 (Decreto 56.826/1965) (MONTEIRO, André Luís; VERÇOSA, Fabiane. *Op. cit.*, p. 121).
10. BUENO, Cassio Scarpinella. *Novo código de processo civil anotado.* São Paulo: Saraiva, 2015, pp. 63/64.

relacionadas, de forma não exaustiva, em seu artigo 30 (obtenção e prestação de informações sobre o ordenamento jurídico ou sobre processos administrativos e judiciais findos ou em curso, colheita de provas, dentre outras).

Como ressaltam Jacob Dolinger e Carmen Tiburcio, a principal diferença entre a cooperação jurídica internacional por meio de cartas rogatórias e aquela objeto de auxílio direto é que, no caso das rogatórias, há uma prévia decisão da autoridade estrangeira, razão pela qual deve tal decisão submeter-se ao juízo de delibação perante o Superior Tribunal de Justiça. No auxílio direto, diferentemente, não há uma prévia decisão de autoridade estrangeira, mas uma solicitação da autoridade estrangeira, no sentido de que a "autoridade brasileira competente, judicial ou não (CPC/2015, art. 32), decida, de acordo com as leis brasileiras, sobre a viabilidade da diligência (CPC/2015, art. 28)".[11]

Nas hipóteses em que admitido o auxílio direito passivo, a autoridade central brasileira encaminhará o pedido formulado pelo Estado estrangeiro à Advocacia-Geral da União (artigo 33 do CPC/2015), órgão com capacidade postulatória, que requererá as medidas necessárias ao juízo federal do lugar onde deva ser executada (artigo 34 do CPC/2015). Se o Ministério Público for a autoridade central, nos termos do Tratado, ele próprio requererá as medidas necessárias ao juízo competente (artigo 33, parágrafo único, do CPC/2015).

3. BREVES CONSIDERAÇÕES SOBRE A ESTRUTURA DO JUDICIÁRIO BRASILEIRO, A JUSTIÇA FEDERAL E SUA COMPETÊNCIA

A disciplina geral do Poder Judiciário brasileiro tem sede na Constituição da República, em especial no capítulo terceiro de seu Título IV (que trata da organização dos Poderes), direcionado à organização do Poder Judiciário (artigos 92 a 126). Para tal Poder é contemplada uma estrutura organizacional bastante complexa, integrada por uma ampla gama de órgãos jurisdicionais[12] que se articulam em um sistema de Justiças (conjunto de órgãos aos quais a Constituição atribuiu genericamente o mesmo rol de competências) que se organizam em

---

11. DOLINGER, Jacob; TIBURCIO, Carmen. *Direito internacional privado.* 13ª edição, revista, atualizada e ampliada com a colaboração de Felipe Albuquerque. Rio de Janeiro: Forense, 2017, p. 629.
12. Diferentemente do que se passa em diversos países europeus, com destaque para a França, no Brasil não há a dualidade entre contencioso administrativo e contencioso judicial, de modo que todos os juízes integram uma única carreira, a Magistratura, e todos os juízos integram a estrutura do Poder Judiciário, caracterizando-se como órgãos jurisdicionais (DINAMARCO, Cândido Rangel. *Instituições de direito processual civil.* Volume I. 5ª edição, revista e atualizada. São Paulo: Malheiros, 2005, p. 378). Não obstante, é de se destacar que há na estrutura do Poder Judiciário brasileiro alguns órgãos de caráter nitidamente administrativo e que não exercem função jurisdicional, dentre os quais se destaca o Conselho Nacional de Justiça, criado pela Emenda Constitucional nº 45/04.

instâncias (ou graus de jurisdição), sob a égide e condução geral de um tribunal de superposição, o Supremo Tribunal Federal.[13]

Em uma visão simplificadora, pode-se dizer que a Constituição da República prevê a existência, no âmbito da União,[14] de Justiças especializadas, quais sejam, a Justiça Eleitoral, a Justiça do Trabalho e a Justiça Militar, além de uma Justiça Federal comum, ao lado das quais coexistem, no âmbito de cada Estado da Federação, Justiças Estaduais comum e, eventualmente, também Militar.[15]

Cada uma dessas macroestruturas ou Justiças é integrada por órgãos de primeiro grau jurisdição (juízos estaduais, federais, eleitorais, do trabalho ou militares), por órgãos de segundo grau de jurisdição (Tribunais de Justiça, Tribunais Regionais Federais, Tribunais Regionais Eleitorais, Tribunais Regionais do Trabalho e Tribunais Militares), além de Tribunais Superiores com eles diretamente articulados (Superior Tribunal de Justiça, Tribunal Superior Eleitoral, Tribunal Superior do Trabalho e Superior Tribunal Militar). Todas essas Justiças, por sua vez, vinculam-se a um tribunal de superposição e guardião da Constituição da República, o Supremo Tribunal Federal.

Dentre as Justiças da União destaca-se, para os fins do presente trabalho, a Justiça Federal, cuja estrutura e competência são disciplinadas nos artigos 106 a 110 da CRFB/88, integrada em primeiro grau pelos juízes federais,[16] e em segundo grau pelos Tribunais Regionais Federais. A competência originária e recursal dos Tribunais Regionais Federais é disciplinada no artigo 108 da CRFB/88, ao passo que a competência dos juízes federais é disciplinada no artigo 109 do texto constitucional.

A competência da Justiça Federal, como exposto inicialmente, é prevista de forma taxativa no texto constitucional. O legislador infraconstitucional não pode ampliar a competência da Justiça Federal, razão pela qual todas as normas de

13. Afastando-nos de parcela da doutrina nacional (dentre outros, DINAMARCO, Cândido Rangel. *Op. cit.*, p. 379), preferimos não incluir o Superior Tribunal de Justiça como tribunal de superposição geral, atribuindo tal qualificação unicamente ao Supremo Tribunal Federal, na medida em que a corte de uniformização infraconstitucional se articula unicamente com as Justiças comuns estadual e federal, sem ligação com as Justiças do Trabalho, Eleitoral ou Militar (artigo 105, incisos II e III, da CRFB/88).
14. Pode-se incluir, também no rol das Justiças da União, a Justiça local do Distrito Federal e Territórios, prevista no artigo 22, XVII, da CRFB/88.
15. Voltada ao julgamento de policiais e bombeiros militares, conforme dispõe a CRFB/88 no artigo 125, §§3º e 4º.
16. De maneira mais técnica, poderíamos falar em juízos federais de primeiro grau de jurisdição. Em primeiro grau de jurisdição, os juízos federais são monocráticos, ordinariamente denominados Varas Federais; não obstante, ao lado dessa estrutura descrita no artigo 106 da CRFB/88, também há que se destacar a existência do microssistema dos Juizados Especiais Federais, integrado pelos Juizados Especiais Federais (primeiro grau), pelas Turmas Recursais (segundo grau) e pela Turma Nacional de Uniformização de Jurisprudência (órgão de superposição dos juizados especiais federais, com função uniformizadora), além de Turmas Regionais de Uniformização que eventualmente venham a ser criadas.

competência da Justiça Federal previstas em lei devem encontrar fundamento nos artigos 108 ou 109 da Constituição da República.

A competência da Justiça Federal de primeiro grau tem no artigo 109, I, da CRFB/88 a sua regra geral: os juízes federais são competentes para processar e julgar causas em que a União, entidade autárquica[17] ou empresa pública federal sejam interessadas na condição de autoras, rés, assistentes ou opoentes, salvo exceções dispostas na própria Constituição. O critério central que define a competência da Justiça Federal, portanto, é a *condição das pessoas*,[18] ou mais especificamente, a qualidade de um dos atores processuais (União, autarquias e empresas públicas federais). É um critério de determinação de competência *ratione personae*.

Não obstante, ao lado dessa regra geral de competência, outras são encontráveis no texto constitucional e que determinam a competência da Justiça Federal independentemente da presença, como parte ou interveniente na relação processual, de algum ente estatal federal. Destaca-se, para os fins deste trabalho, a regra prevista no inciso III do artigo 109 da Constituição ("Aos juízes federais compete processar e julgar as causas fundadas em tratado ou contrato da União com Estado estrangeiro ou organismo internacional"), qualificável como um *critério material* de competência.

A doutrina e a jurisprudência nacionais pouco se dedicaram a essa regra de competência, o que nos levou, influenciado por ideias propostas pela Professora Carmen Tibúrcio,[19] a desenvolver pesquisa, inicialmente como monografia apresentada como trabalho final da disciplina Processo Civil Internacional, por ela ministrada, e posteriormente na forma de artigo,[20] buscando estabelecer parâmetros que pudessem contribuir para a sua compreensão, bem como orientar sua aplicação pelos operadores do direito, sobretudo pelos juízes federais e estaduais que se deparem no cotidiano forense com ações cujo pedido ou causa de pedir encontre suporte em tratado ou contrato celebrado pela União.

No presente trabalho, retomam-se algumas das premissas desenvolvidas no estudo anterior, com o fim de evidenciar que o artigo 34 do CPC/2015, ao dispor sobre a competência da Justiça Federal para os atos de colaboração

17. A jurisprudência, tanto do Supremo Tribunal Federal, quanto do Superior Tribunal de Justiça, tem equiparado as fundações públicas federais às autarquias federais, para fins de fixação da competência da Justiça Federal.
18. DINAMARCO, Cândido Rangel. *Op. cit.*, p. 492.
19. TIBÚRCIO, Carmen. Aula proferida no dia 20/10/2009, na disciplina *Processo Civil Internacional*, integrante do Programa de Pós-Graduação em Direito da Universidade do Estado do Rio de Janeiro.
20. ROMANO NETO, Odilon. Competência da Justiça Federal fundada em tratados internacionais. In: *Revista Eletrônica de Direito Processual*. Volume V. Rio de Janeiro: UERJ. Ano 4, janeiro a junho de 2010.

jurídica internacional na forma de auxílio direto, é uma manifestação da regra de competência do artigo 109, III, da CRFB/88, da qual colhe seu fundamento de validade.

4. EVOLUÇÃO HISTÓRICA DA REGRA DE COMPETÊNCIA DO ARTIGO 109, III, DA CRFB/88

A Justiça Federal no Brasil foi criada após a proclamação da República, por meio do Decreto nº 848, de 11/10/1890,[21] sendo posteriormente incorporada à Carta Constitucional de 1891, que dela tratou em seus artigos 55, 57, 58 e 60. A Constituição imperial de 1824 era, com efeito, omissa quanto à existência de uma Justiça Federal, o que é natural, na medida em que a estrutura do Estado não era federativa, mas unitária e, portanto, incompatível com a concepção de uma Justiça Federal.[22]

A regra relativa à competência da Justiça Federal para apreciar causas fundadas em contratos ou tratados internacionais celebrados pela União surge entre nós, assim, no próprio Decreto nº 848/1890, consoante disposto em seu artigo 15, alínea *f*, com a peculiaridade de que tal competência apenas se caracterizava se figurasse, como autor, um *estrangeiro*.[23]

Tal regra foi incorporada à Constituição Republicana de 1891, que a reproduziu praticamente sem alterações em seu artigo 60, alínea *f*. A única modificação dizia respeito à denominação do órgão judicial, eis que, diversamente do Decreto nº 848/1890, a Constituição não utilizava o termo *juízes de secção*,[24] mas *juízes ou tribunais federais*. A regra de competência, em si própria, foi preservada sem alterações. Manteve-se, em especial, a exigência de que o autor fosse um *estrangeiro*.

Posteriormente, a Consolidação das Leis referentes à Justiça Federal, aprovada pelo Decreto 3.084, de 05/11/1898, reproduziu, em seu artigo 57, alínea *f*, a

21. PONCIANO, Vera Lúcia Feil. *Justiça Federal*: Organização, competência, administração e funcionamento. Curitiba: Juruá, 2009, p. 63.
22. Constituição Imperial de 1824: "Art. 1º. O IMPÉRIO do Brazil é a associação Política de todos os Cidadãos Brazileiros. Elles formam uma Nação livre, e independente, que não admite com qualquer outra laço algum de união, ou federação, que se opponha à sua independência."; "Art. 2º. O seu território é dividido em Províncias na fórma em que actualmente se acha, as quaes poderão ser subdivididas, como pedir o bem do Estado."
23. Art. 15. Compete aos juízes de secção processar e julgar: [...] f) as acções movidas por estrangeiros e que se fundem quer em contractos com o Governo da União, quer em convenções ou tratados da União com outras nações;
24. Na vigência da Constituição Republicana de 1891, os juízes federais eram conhecidos como *juízes seccionais* (FERREIRA, Pinto. *Curso de direito constitucional*. 9ª edição, ampliada e atualizada. São Paulo: Saraiva, 1998, p. 431).

competência dos juízes seccionais para processar e julgar "as acções movidas por estrangeiros e fundadas, quer em contractos com o Governo da União, quer em convenções ou tratados da União com outras nações".

A Constituição de 1934, por sua vez, manteve, em seu artigo 81, alínea *f*, a competência da Justiça Federal de primeiro grau, sendo de se destacar, no entanto, que diferentemente do texto constitucional e respectiva legislação infraconstitucional precedentes, não mais previu a exigência de que a ação fosse proposta por um estrangeiro,[25] exigência que também deixou de figurar nos subsequentes textos constitucionais que trataram da regra de competência.

Extinta a Justiça Federal, em razão do Estado Novo de Getúlio Vargas,[26]-[27] a regra de competência de que ora tratamos naturalmente desapareceu na Constituição da República de 1937, podendo-se afirmar, de forma geral, que a competência antes exercida pelos juízes federais de primeiro grau passou a ser exercida pelos juízes estaduais das capitais dos Estados, com recurso diretamente para o Supremo Tribunal Federal (artigos 108 e 109 da CR/1937).

A Constituição da República de 1946 reintroduziu a Justiça Federal na estrutura do Poder Judiciário, embora de forma parcial, ao criar um tribunal de segundo grau, o Tribunal Federal de Recursos,[28]-[29] permanecendo com os juízes estaduais a jurisdição em primeiro grau,[30] razão pela qual também essa Carta Constitucional foi silente quanto à regra de competência sob análise.

O restabelecimento pleno da Justiça Federal se deu em 1965, com o Ato Institucional nº 02,[31] seguido pela edição da Lei 5.010/66, que tratou da estrutura, organização e competência da Justiça Federal. Referido Ato Institucional alterou a Constituição Federal de 1946, de forma a restabelecer a Justiça Federal de primeiro grau, delimitando sua competência e, no que diz respeito ao ponto objeto de estudo, dispôs serem os juízes federais competentes para processar

25. Artigo 81. Aos Juízes Federais compete processar e julgar, em primeira instância: [...] f) as causas movidas com fundamento em contrato ou tratado do Brasil com outras nações.
26. PONCIANO, Vera Lúcia Feil. *Op. cit.*, p. 63.
27. Constituição da República de 1937: "Artigo 90. São órgãos do Poder Judiciário: a) o Supremo Tribunal Federal; b) os Juízes e Tribunais dos Estados, do Distrito Federal e dos Territórios; c) os Juízes e Tribunais militares".
28. Artigo 94, II, da CF/1946.
29. De se ressaltar que a Lei nº 33, de 13 de maio de 1947, previu em seu artigo 5º, que dos nove membros do Tribunal Federal de Recursos, até três serão escolhidos dentre os "antigos Juízes regionais ou substitutos da extinta Justiça Federal".
30. CAVALCANTI, Themístocles Brandão. *A constituição federal comentada*. Volume II. 3ª edição. Rio de Janeiro: José Konfino Editor, 1956 (1956) – p. 292.
31. O Ato Institucional nº 02/65 manteve expressamente a Constituição Federal de 1946 e as Constituições Estaduais, bem como as respectivas emendas, nelas introduzindo alterações.

e julgar "as causas fundadas em tratado ou em contrato da União com Estado estrangeiro ou com organismo internacional".[32]

De se observar que o Ato Institucional nº 02/65 foi o primeiro ato normativo que, ao tratar da regra de competência, fez referência a organismos internacionais. Ademais, a redação nele estabelecida revelou-se até o momento definitiva, na medida em que atos normativos posteriores, inclusive a própria Constituição da República de 1988, em seu artigo 109, III, apenas o reproduziram.[33]

Como se observa, a competência da Justiça Federal de primeiro grau para processar e julgar causas fundadas em tratados ou contratos celebrados pela União com Estados estrangeiros ou com organismos internacionais está presente em nosso ordenamento, sem alterações significativas, desde a criação da Justiça Federal, no ano de 1890, até a atual Constituição Republicana, registrando-se sua ausência apenas nas Constituições Federais de 1937 e de 1946 (na redação anterior ao Ato Institucional nº 02/1965), ante a supressão da Justiça Federal de primeiro grau da estrutura judiciária.

No tocante à evolução do texto ao longo dos anos, verifica-se que a limitação originalmente existente, no sentido de que deveria figurar no pólo ativo um estrangeiro, foi suprimida a partir da Constituição Federal de 1934 e, ainda, que a menção a tratados ou contratos celebrados com organismos internacionais passou a figurar a partir da modificação feita à Constituição Federal de 1946 pelo Ato Institucional nº 02/1965.

5. OS TRATADOS INTERNACIONAIS E SUA CLASSIFICAÇÃO EM TRATADOS-LEI E TRATADOS-CONTRATO

A regra de competência contida no artigo 109, III, da CRFB/88 faz referência a *tratados ou contratos* celebrados pela União com Estado estrangeiro ou com organismo internacional, de forma que a adequada interpretação do texto constitucional exige a compreensão do que venha a ser um tratado ou um contrato internacional. Nesse ponto, o artigo 1º da Convenção de Viena de 1969 sobre Direito dos Tratados dispõe que tratado é "um acordo internacional celebrado entre Estados em forma escrita e regido pelo direito internacional, que conste, ou de um instrumento único ou de dois ou mais instrumentos conexos, qualquer que seja sua denominação específica".

---

32. Com efeito, o artigo 6º do Ato Institucional nº 02/1965 alterou o artigo 94, II, da Constituição de 1946, passando a prever novamente uma Justiça Federal de primeiro grau, em cuja competência se inseria, nos termos da nova redação do artigo 105, §3º, c, da Constituição de 1946, o julgamento das causas fundadas em tratados ou contratos da União com Estado estrangeiro ou com organismo internacional.
33. Com idêntica redação se encontra a regra na Lei 5.010/66 (artigo 10, III), na Constituição Federal de 1967 (artigo 119, III) e na Emenda Constitucional nº 01/1969 (artigo 125, III).

Conceito similar é adotado no artigo 2º da Convenção de Viena sobre Direito dos Tratados entre Estados e Organizações Internacionais ou entre Organizações Internacionais, celebrada no ano de 1986, segundo o qual tratado é o acordo internacional "regido pelo Direito Internacional e celebrado por escrito: i) entre um ou mais Estados e uma ou mais organizações internacionais; ou ii) entre organizações internacionais, quer este acordo conste de um único instrumento ou de dois ou mais instrumentos conexos e qualquer que seja sua denominação específica".

É importante atentar para a parte final dos conceitos adotados pelas normas convencionais acima referidas, segundo as quais um acordo internacional celebrado entre Estados ou organizações internacionais que adote a forma escrita e seja regulado pelo direito internacional é um tratado internacional, *independentemente de qual seja a sua denominação específica.*

São, portanto, tratados internacionais quaisquer acordos formais concluídos entre pessoas jurídicas de direito internacional público, independentemente da denominação que a eles haja sido atribuída pelos Estados que dele são parte, consoante leciona Francisco Rezek:[34]

> A análise da experiência convencional brasileira ilustra, quase que à exaustão, as variantes terminológicas de *tratado* concebíveis em português: *acordo, ajuste, arranjo, ata, ato, carta, código, compromisso, constituição, contrato, convenção, convênio, declaração, estatuto, memorando, pacto, protocolo* e *regulamento.* Esses termos são de uso livre e aleatório, não obstante certas preferências denunciadas pela análise estatística.

Dessarte, uma primeira observação deve ser feita com relação ao disposto no texto constitucional: o artigo 109, III, da Constituição da República de 1988, ao se referir a *tratado ou contrato internacional* celebrado entre a União e Estado estrangeiro ou organização internacional, está se referindo a uma única realidade jurídica, qual seja, o tratado internacional, acordo formal celebrado entre a República Federativa do Brasil e algum Estado estrangeiro ou organização internacional.[35]

Embora o conteúdo dos tratados seja praticamente infinito, a ponto de renomados juristas afirmarem que "os tratados só podem ser definidos pelo seu

34. REZEK, J. Francisco. *Direito internacional público (curso elementar).* 10ª edição inteiramente revista e atualizada. São Paulo: Saraiva, 2007, p. 16.
35. Nesse sentido é o entendimento de Aluisio Gonçalves de Castro Mendes: "Portanto, ao utilizar-se da expressão 'tratado', despiciendas são as palavras 'contrato', 'União', 'Estado estrangeiro' e 'organismo internacional', pois a primeira seria espécie do gênero e as demais indicariam os únicos atores possíveis na cena convencional, lendo-se República Federativa do Brasil em vez de União" (MENDES, Aluisio Gonçalves de Castro. *Op. cit.*, p. 104).

aspecto formal",[36] pensamos que assiste razão à Professora Carmen Tibúrcio,[37] ao afirmar que a tradicional distinção feita em doutrina, sob o aspecto material dos tratados,[38] entre tratado-lei e tratado-contrato, pode ser útil à interpretação da regra de competência estabelecida na Constituição da República.[39]

Segundo leciona a doutrina, tratados-lei seriam aqueles cuja finalidade é criar normas jurídicas aceitas pelos Estados, pela via convencional, como normas de conduta, como direito positivo a ser aplicado em seu âmbito interno, enquanto "fonte do direito internacional público e nos quais se manifestaria a vontade coletiva de conteúdo idêntico", estabelecendo "uma situação jurídica impessoal e objetiva", servindo, portanto, à "codificação do direito internacional público".[40] São tratados que "criam disposições gerais, normalmente entre diversos Estados, e visam à fixação de normas gerais de conduta, em caráter abstrato".[41] Assemelham-se às leis, daí decorrendo a denominação a eles atribuída.

Diferentemente dos tratados-lei, os tratados-contrato não têm por fim criar normas de conduta social, mas finalidades diversas, de cunho negocial ou cooperativo, tais como acordos de comércio, de aliança ou cessão territorial,[42] voltando-se à criação de "situações jurídicas subjetivas".[43]. São tratados que criam para os Estados signatários "direitos e obrigações recíprocas", daí porque a doutrina ressalta sua "maior relevância no plano internacional, constituindo negócios entre Estados"[44-45]

---

36. MELLO, Celso Duvivier de Albuquerque. *Curso de direito internacional público*. Volume I. 15ª edição revista e aumentada. Rio de Janeiro: Renovar, 2004, p. 212.
37. TIBÚRCIO, Carmen. Aula proferida no dia 20/10/2009. *Cit*.
38. Na medida em que se apoia no conteúdo do tratado, é apontado pela doutrina como um critério *material* de classificação (MELLO, Celso Duvivier de Albuquerque. *Op. cit*., p. 219).
39. Com efeito, embora parcela da doutrina aponte para um desprestígio de tal critério classificatório, ao entendimento de que ele careceria de rigor científico, alinhamo-nos ao pensamento de Celso Duvivier de Albuquerque e de Carmen Tibúrcio, que nele vislumbram utilidade, seja porque "apresenta valor no tocante à aplicação das regras de interpretação, isto é, nos tratados-contratos recorre-se mais às negociações anteriores à conclusão dos tratados" (MELLO, Celso Duvivier de Albuquerque. *Op. cit*., p. 219), seja porque, conforme adiante se abordará, contribui para a compreensão da regra de competência inserta no artigo 109, III, da Constituição da República e também nos textos constitucionais que o precederam (TIBÚRCIO, Carmen. Aula proferida no dia 20/10/2009. *Cit*).
40. MELLO, Celso Duvivier de Albuquerque. *Op. cit*., pp. 219/220.
41. TIBÚRCIO, Carmen. A competência da Justiça Federal em matéria de direito internacional: notas sobre o art. 109, III, da Constituição Federal. In: *Revista da Escola da Magistratura Regional Federal 2ª Região*. Volume 15. Rio de Janeiro: EMARF – TRF 2ª Região, agosto de 2011, p. 102.
42. REZEK, J. Francisco. *Op. cit*., p. 28.
43. MELLO, Celso Duvivier de Albuquerque. *Op. Cit*., p. 219.
44. TIBÚRCIO, Carmen. A competência da Justiça Federal [...]. *Cit*., p. 102.
45. Sobre a distinção entre tratados-lei e tratados-contrato desenvolvemos análise com maior profundidade em anterior estudo sobre o tema (ROMANO NETO, Odilon. Competência da Justiça Federal fundada em tratados internacionais. *Cit*.).

Assim, se de um lado os tratados-lei buscam definir regras de conduta, sendo dotados de um cunho normativo geral, de outro os tratados-contrato têm finalidade de outra natureza, estabelecendo em geral algum tipo de cooperação entre os Estados signatários (comercial, jurídica, dentre outras).

6. A INTERPRETAÇÃO DO ARTIGO 109, III, DA CRFB/88 E SUA VINCULAÇÃO AOS TRATADOS-CONTRATO

A doutrina, de modo geral, não tem dedicado maior atenção à regra segundo a qual a Justiça Federal é competente para processar e julgar causas fundadas em tratado ou contrato celebrado pela União com Estado estrangeiro ou organismo internacional, destacando-se significativa parcela da doutrina que se limita a enumerá-la, ao lado de outras hipóteses em que competente a Justiça Federal.[46]

Não obstante, desde a introdução da regra no ordenamento brasileiro, alguns doutrinadores têm buscado definir critérios que permitam determinar o seu alcance o orientar a sua aplicação.

Sob a Constituição Republicana de 1891, Pedro Lessa defendeu que a referência ao *estrangeiro* presente em seu artigo 60, *f*, tinha por finalidade "declarar formalmente a competência da justiça federal brasileira para decidir as causas propostas por estrangeiros contra a União",[47] com o que se pretendia fortalecer o Estado brasileiro perante credores internacionais, mostrando-lhes que, se necessário, poderiam ajuizar ações em face da União na Justiça Federal, para a cobrança do que lhes fosse devido. Sob tal regramento, portanto, seria indiferente a natureza ou espécie do tratado, bastando para a fixação da competência da Justiça Federal que figurasse no pólo ativo um estrangeiro, no pólo passivo a União e que seu pedido tivesse por causa de pedir um tratado ou contrato internacional.[48]

---

46. A título exemplificativo: CENEVIVA, Walter. *Direito constitucional brasileiro*. 3ª edição. São Paulo: Saraiva, 2003, p. 281; FERREIRA, Pinto. *Op. cit.*, p. 431; FERREIRA FILHO, Manoel Gonçalves. *Curso de direito constitucional*. 22ª edição. São Paulo: Saraiva, 1995, p. 220; KIMURA, Alexandre Issa. *Constituição Federal de 1988*: Apontamentos doutrinários e jurisprudenciais. São Paulo: Editora Juarez de Oliveira, 2001, p. 289; MORAES, Alexandre de. *Direito constitucional*. 24ª edição. São Paulo: Atlas, 2009, pp. 573/574; SILVA, José Afonso da. *Curso de direito constitucional positivo*. 15ª edição. São Paulo: Malheiros, 1998, p. 563; ZIMMERMANN, Augusto. *Curso de direito constitucional*. 4ª edição. Rio de Janeiro: Lumen Juris, 2006, p. 559.
47. LESSA, Pedro. *Do Poder Judiciário*. Edição fac-similar. Brasília: Senado Federal, 2003, pp. 217 e ss.
48. "Pouco importa a natureza, ou a especie do tratado, ou convenção. Diante dos termos amplos da Constituição, à justiça federal não é licito restringir a sua competencia a certas especies de tratados, ou convenções. Em quaesquer ajustes internacionaes é sempre possivel incluir clausulas, ou estipulações, de que se originem interesses individuaes, que, protegidos assim por actos que têm força legal, são direitos subjectivos, garantidos pelo preceito constitucional que óra analysamos, *preceito que expressamente*

Entendimento semelhante foi defendido por Carlos Maximiliano Pereira dos Santos, segundo o qual o constituinte teria buscado, de um lado, assegurar o direito de ação ao estrangeiro que contratasse com o Governo Brasileiro e, de outro, resguardar o Brasil no plano internacional, na medida em que "a denegação de justiça ou uma sentença clamorosamente iníqua perturbam as relações internacionaes a cargo do Governo Federal. Também é elle o responsavel pelo que tratou. Logicamente, à magistratura nacional impende resolver os litígios que interessam à tranquillidade e à honra do Brasil". [49]

Parece-nos que a interpretação proposta pelos autores é, sob dois aspectos, passível de crítica, eis que é por um lado demasiadamente ampliativa, e por outro lado extremamente restritiva.

Com efeito, ao admitir a competência da Justiça Federal para o julgamento de demandas lastreadas em qualquer espécie de tratado internacional, conferem os autores interpretação demasiadamente ampla ao dispositivo constitucional, que tem por consequência atrair para a Justiça Federal quaisquer causas entre particulares que tenham fundamento em tratado internacional, o que não parece compatível com o próprio papel desempenhado pela Justiça Federal.

Por outro lado, revela-se restritivo em demasiado o entendimento de referidos autores, ao exigir a presença obrigatória da União como ré. A Constituição Republicana de 1891 já previa a competência da Justiça Federal para processar e julgar "todas as causas propostas contra o Governo da União ou Fazenda Nacional, fundadas em disposições da Constituição, leis e regulamentos do Poder Executivo, ou em contratos celebrados com o mesmo Governo" (artigo 60, *b*), de forma que a adoção de tal interpretação restritiva tornaria superflua a regra que fixa a competência da Justiça Federal para julgamento de causas fundadas em tratados internacionais.[50]

A presença necessária de um estrangeiro no pólo ativo, contudo, deixou de figurar na regra de competência a partir da Constituição de 1934, com o que também perdeu atualidade a exigência feita pela doutrina referida, no sentido de que a União figurasse no pólo passivo. A lição dos autores, no entanto,

obriga a nação brasileira a responder como ré perante a sua justiça, a justiça da União, sempre que fôr citada por um estrangeiro para as acções que menciona esta parte do artigo 60" (Ibidem, p. 220).

49. SANTOS, Carlos Maximiliano Pereira dos. *Comentários à constituição brasileira de 1891*. Brasília: Senado Federal, 2005, pp. 629/630.

50. Esse era, de certa forma, o pensamento de Pontes de Miranda, sob o regramento da Constituição de 1967, eis que não exigia que a União figurasse na relação processual para incidência da regra de competência do artigo 125, III, da Constituição Federal de 1967 (redação da EC nº 01/1969). Ao contrário, ao que defendia o eminente professor, a regra de competência incidia justamente quando a União estava ausente, uma vez que, estando presente, a competência da Justiça Federal já estaria configurada nos termos do inciso I do mesmo artigo 125 (PONTES DE MIRANDA, Francisco Cavalcante. *Comentários à constituição de 1967*. 2ª edição. São Paulo: Revista dos Tribunais, 1974, pp. 215/216).

continua atual, na parte em que a justificam no propósito de resguardar o Estado brasileiro no plano internacional, atribuindo-se a uma Justiça da União o julgamento das causas que tivessem por fundamento tratado ou contrato internacional a que se obrigou o Brasil a cumprir.

Em comentário à Constituição Federal brasileira de 1967, o professor português Marcelo Caetano afirmou que a competência resultante de tratados, convenções ou contratos internacionais se verifica quando "envolvam interesses superiores da Nação (como os crimes políticos ou contra a organização do trabalho ou decorrentes de greve)".[51] O critério do *interesse superior da nação*, apesar do elevado grau de indeterminação, teve alguma repercussão na jurisprudência brasileira.[52]

Também Vera Ponciano, em obra sobre a organização e a competência da Justiça Federal, defende, com base em voto do Ministro Sydney Sanches no Conflito de Jurisdição nº 6.528/RJ, que o dispositivo constitucional "deve ser interpretado de forma restrita, de modo a ser aplicado tão-somente nas questões internacionais de maior expressão, relativas, por exemplo, à própria soberania". [53]

No entanto, não chega a autora – assim como não o fez o Ministro em seu voto – a desenvolver um critério que permita identificar quais seriam essas questões internacionais de maior expressão, reportando-se aos fundamentos lançados pelo Supremo Tribunal Federal, no sentido de que, para fixação da competência da Justiça Federal, *seria necessário que a ação versasse especificamente sobre algum dispositivo do tratado ou contrato internacional.*

Os critérios lastreados em *interesses superiores da nação* ou em *questões internacionais de maior expressão* sem dúvida avançam na tentativa de se conferir interpretação mais restritiva à regra de competência, evitando-se a ampliação indiscriminada da competência da Justiça Federal. Por outro lado, apesar de seu valor, são critérios de difícil operacionalidade, dado seu grau de indeterminação.

Como distinguir os tratados que veiculem *interesses superiores* de outros tratados que não os veiculem? Como definir quais seriam as *questões internacionais de maior expressão*? Seria lícito dizer que um tratado internacional não veicule um *interesse superior* do Estado brasileiro ou, ainda, uma *questão internacional de maior expressão* para o Estado brasileiro? Se assim o for, por que

---

51. CAETANO, Marcelo. *Direito constitucional*. Vol. II (Direito constitucional brasileiro). 2ª edição revista e atualizada. Rio de Janeiro: Forense, 1987, p. 431.
52. STF. Tribunal Pleno. Conflito de Jurisdição nº 6.528/RJ. Rel. Min. Sydney Sanches. J. 19/02/1987. DJ 27/03/1987, p. 5161.
53. PONCIANO, Vera Lúcia Feil. *Op. cit.*, pp. 74/75.

razão foi tal tratado firmado? São perguntas às quais a doutrina que defende tais critérios não ofereceu resposta satisfatória e que tornam complexo e inseguro o emprego dos critérios sugeridos.

Também em linha restritiva segue Vladimir Souza Carvalho, para quem "todo cuidado é pouco para se evitar uma interpretação extensivamente ampla do termo tratado", que poderia inclusive justificar a competência da Justiça Federal para toda e qualquer ação cambial, na medida em que o Brasil é signatário da Convenção de Genebra, relativa à Lei Uniforme sobre Letra de Câmbio e Nota Promissória, o que não se afiguraria compatível com o perfil da Justiça Federal.[54] A *ratio* da regra, segundo o autor, é a preservação do Estado brasileiro no plano internacional, sendo competente a Justiça Federal em razão de seu interesse político na observância do tratado ou contrato. [55]

Apesar de críticas aos critérios adotados, concordamos com a doutrina que defende a interpretação restritiva da regra de competência presente na Constituição, a fim de que a admissão indiscriminada de demandas fundadas em tratados internacionais não leve à hipertrofia da Justiça Federal, desvirtuando-a de seu perfil constitucional de atuar como Justiça voltada ao julgamento de causas em que figurem como partes entes federais, preservando a autonomia entre os entes federativos.

Servindo-nos de argumento lançado em voto pelo Ministro do Supremo Tribunal Federal Thompson Flores, em clássico julgamento sobre o tema, "nem seria possível compreender que todas as ações cambiais, tudo o que se discutisse em juízo sobre título desse gênero fosse atribuído a uma Justiça especializada, como a Federal. É conclusão que jamais se pode extrair da Constituição". [56]

Antônio César Bochenek, após análise da jurisprudência do STF e do STJ, conclui, no que parece ser útil para compreensão da regra, que serão da competência da Justiça Federal as causas "que tenham por objeto essencial obrigações derivadas de disposições contidas no próprio tratado, ou seja, as causas que tenham o tratado ou contrato internacional como fundamento legal do pedido".[57]

---

54. CARVALHO, Vladimir Souza. *Competência da justiça federal.* 7ª edição revista e atualizada. Curitiba: Juruá, 2008, p. 169.
55. "Lógico que a ação tramite na Justiça Federal. A União reserva a esta o poder de conhecer tais demandas, porque é da exclusiva atribuição da União manter relações com Estados estrangeiros, nos termos do art. 21, I, da Constituição Federal atual. A preocupação é eminentemente internacional, dentro da política de boas relações que deve manter com a comunidade mundial, dando à sua própria justiça, a Justiça Federal, o processamento e julgamento de ações fundadas em contrato internacional celebrado ou abraçado pelo Brasil" (*Ibidem*, p. 171).
56. STF. 3ª Turma. Conflito de Jurisdição 4.663/SP. Rel. Min. Eloy da Rocha. J. 17/05/1968. DJ 13/02/1969, p. 380.
57. BOCHENEK, Antônio César. *Competência cível da justiça federal e dos juizados especiais cíveis.* São Paulo: Revista dos Tribunais, 2004, p. 128.

Os critérios de se reservar à Justiça Federal o julgamento das ações em que controvertidas disposições do próprio tratado, como defendido no Conflito de Jurisdição nº 6.528 ou, ainda, de ações que apontem como específica causa de pedir disposição do próprio tratado, como defendido por Bochenek, embora contem com a maior adesão na doutrina, não parecem – a despeito de seu inegável valor – atender plenamente ao propósito buscado pelos intérpretes da regra, que é o de evitar o desvirtuamento da Justiça Federal, pela absorção de um grande número de demandas em que não figure qualquer ente federal como parte ou interveniente.

Com efeito, uma vez que os tratados, após incorporação ao direito interno, passam a ser aplicados como atos normativos internos, parece-nos inafastável a conclusão de que a aplicação dos critérios propostos deslocará para a Justiça Federal todas as ações que neles tenham causa de pedir, como por exemplo, as próprias execuções cambiais relativas a títulos regrados pela Lei Uniforme.

Se o tratado veicula o regramento da matéria sobre a qual recai a controvérsia, não seria difícil às partes moldarem a causa de pedir de forma a direcioná-la a dispositivo do tratado, deslocando a competência para a Justiça Federal. Dessarte, embora reconhecendo valor ao critério proposto, pensamos que ele é insuficiente para adequada interpretação e aplicação da regra de competência.

Avançando na compreensão da questão, estudo mais amplo foi desenvolvido por Aluisio Gonçalves de Castro Mendes, segundo o qual tanto o Decreto 848/1890, quanto a Constituição de 1891 previam tal regra de competência mediante a combinação de um critério material (causa fundada em tratado ou contrato) e um critério pessoal (ações propostas por estrangeiros), o último abandonado a partir da Constituição Federal de 1934.[58] Assentada essa premissa, buscou definir o alcance da regra:[59]

> O alcance da regra inserta no inciso III do art. 109 é muito restrito e de difícil compreensão, como decorrência da interpretação dada pelo Supremo Tribunal Federal ao dispositivo. Cabe relembrar que se a causa envolver a União de um lado e Estado estrangeiro ou organismo internacional de outro, a competência será da Suprema Corte, por força do art. 102, I, e. Da mesma forma, se o litígio envolve Município ou pessoa domiciliada ou residente no País num pólo e no contrário, Estado estrangeiro ou organismo internacional, a competência da Justiça Federal já estava assegurada com base no art. 109, II, da Lei Magna. Não se esquecendo,

58. MENDES, Aluisio Gonçalves de Castro. *Op. cit.*, p. 102.
59. *Ibidem*, p. 104.

também, independentemente das duas hipóteses antes mencionadas, da abrangente regra disposta no inciso I. **Restaram, ao que parece, apenas os conflitos fundados em tratados, envolvendo as pessoas nacionais e estrangeiras de direito privado, mas, neste caso, desde que a Justiça brasileira seja competente, concorrente ou exclusivamente, pela ordem, nos termos dos arts. 88 e 89 do Código de Processo Civil.** (grifo nosso)

Assim, segundo o professor fluminense, a regra de competência do artigo 109, inciso III, da Constituição da República, pressupõe causa entre pessoas jurídicas de direito privado, nacionais ou estrangeiras, fundadas em tratados internacionais.

Além disso, aproxima-se o autor do que nos parece ser o critério mais operacional para a interpretação do dispositivo constitucional, ao invocar as lições de Francisco Rezek e Celso de Albuquerque Mello a respeito da distinção entre tratados-lei e tratados-contrato, embora não chegue a enunciar expressamente que tal distinção estaria na base da aplicação da regra de competência.[60]

Com efeito, a partir das ideias apresentadas inicialmente pelo Professor Aluisio Gonçalves de Castro Mendes, nas lições acima e, principalmente, propostas pela Professora Carmen Tibúrcio,[61] elaboramos anterior estudo, inicialmente na forma de monografia de final de disciplina no Mestrado em Direito Processual da UERJ e posteriormente em artigo publicado na Revista Eletrônica de Direito Processual daquela instituição,[62] no qual desenvolvemos e defendemos a proposta de que a interpretação da regra de competência do artigo 109, III, da Constituição da República se desse a partir da distinção entre tratado-lei e tratado-contrato, de forma a reservar a competência da Justiça Federal apenas para as causas fundadas em tratados da última espécie.

Com efeito, ao reservar à Justiça Federal o julgamento apenas das causas fundadas em tratados-contrato, alcança-se satisfatoriamente o resultado de se evitar a hipertrofia da Justiça Federal, na medida em que, não tendo tais tratados a pretensão de estabelecer regras de conduta gerais, o número de situações jurídicas individuais que emergirão de sua aplicação é significativamente menor.

De outra parte, sendo tais tratados voltados principalmente à cooperação entre Estados, eventual descumprimento do quanto neles estabelecido afeta a imagem do Estado brasileiro no plano internacional de uma maneira muito mais

60. *Ibidem*, p. 103.
61. TIBÚRCIO, Carmen. Aula proferida no dia 20/10/2009. *Cit.*
62. ROMANO NETO, Odilon. Competência da Justiça Federal fundada em tratados internacionais. *Cit.*

direta do que o eventual descumprimento de um tratado-lei por um particular que deixe de se submeter à regra de conduta nele estabelecida.

Justifica-se, em especial com relação aos tratados-contrato, a fixação da competência da Justiça Federal, preservando-se o interesse político do Estado brasileiro no seu cumprimento, tal qual defendido pela quase totalidade da doutrina nacional, que vê nessa preservação a razão subjacente à regra de competência atualmente inserta no artigo 109, III, da Constituição da República.

Desta forma, em conformidade com o que concluímos em anterior estudo, as causas fundadas em tratados internacionais que se inserem na competência da Justiça Federal, nos termos do artigo 109, III, da Constituição da República, são as causas fundadas em tratados-contrato. Causas fundadas em tratados-lei remanescem na competência residual da Justiça Estadual ou, eventualmente, se inserem na competência de alguma Justiça Especializada (como convenções internacionais em matéria trabalhista).

Analisando-se, à luz desse critério distintivo, a jurisprudência dos Tribunais Superiores brasileiros a respeito da aplicação da norma do artigo 109, III, da Constituição da República, observamos que, na maioria das vezes ele foi observado, ainda que de maneira não expressa, como passamos a tratar na seção seguinte do presente estudo.

7. A REGRA DE COMPETÊNCIA DO ARTIGO 109, III, DA CRFB/88 NA JURISPRUDÊNCIA

As discussões no Judiciário acerca da aplicação da regra de competência hoje presente no artigo 109, III, da CRFB/88 tiveram início a partir de execuções cambiais propostas após a incorporação da Convenção de Genebra de 1930 ao direito interno, com o que adotamos a Lei Uniforme sobre Letra de Câmbio e Nota Promissória.[63] Confrontado com o tema, o Supremo Tribunal Federal, no Conflito de Jurisdição 4.663/SP,[64] reconheceu a competência da Justiça Estadual para processar e julgar execuções cambiais, mesmo após a incorporação da Convenção de Genebra ao direito interno brasileiro.[65]

63. Aprovada pelo Decreto Legislativo 54, de 08/09/1964 e promulgada pelo Decreto 57.663, de 24 de janeiro de 1966.

64. STF. 3ª Turma. Conflito de Jurisdição 4.663/SP. Rel. Min. Eloy da Rocha. J. 17/05/1968. DJ 13/02/1969. No mesmo sentido: STF. 1ª Turma. Conflito de Jurisdição 4.967/MG. Rel. Min. Aliomar Baleeiro. J. 25/03/1969. DJ 27/06/1969.

65. Prevaleceu, no julgamento, o argumento lançado no voto do Ministro Relator Eloy da Rocha, no sentido de que "na ação executiva cambial não há questão fundada em tratado ou contrato da União com Estado estrangeiro ou organismo internacional, nem se descobre, nela, ainda imediatamente, interêsse interestatal".

Em referido julgado, embora não se tenha estabelecido um critério claro para a determinação da competência da Justiça Federal, nos termos do então vigente artigo 119, III, da Constituição de 1967, pode-se extrair que a simples introdução de normas de direito positivo por meio de um tratado internacional não é o suficiente para atrair a competência da Justiça Federal. Em outras palavras, se o tratado se limita à introdução de normas de direito positivo (tratado-lei), a competência em princípio permanece com a Justiça Estadual, eis que não há controvérsia sobre o tratado internacional.

O entendimento adotado pelo Supremo Tribunal Federal, portanto, é compatível com o critério ora proposto, eis que a Convenção de Genebra de 1930 é qualificada como um tratado-lei, na medida em que veicula uma pretensão normativa geral, estabelecendo requisitos formais e materiais de títulos de crédito, local de pagamento, regulando endosso, aceite e aval, além de outras questões.

A mesma compreensão foi adotada pelo Supremo Tribunal Federal em relação a ações indenizatórias propostas em face de empresas de transporte aéreo internacional, com fundamento na Convenção de Varsóvia de 1929 e no Protocolo de Haia de 1955.[66] Embora a Corte Suprema tenha entendido inicialmente pela competência da Justiça Federal, com fundamento nos incisos IX ("questões de direito marítimo e navegação, inclusive aérea") e III ("causa fundada em tratado ou contrato internacional") do artigo 125 da Emenda Constitucional nº 01/69,[67] a posição que ao final prevaleceu, após a Emenda Constitucional nº 07/1977, foi a da competência da Justiça Estadual.[68]

Com efeito, ao julgar o Conflito de Jurisdição nº 6.528/RJ,[69] o STF reconheceu que após a Emenda Constitucional nº 07/1977 a competência para processar e julgar ações indenizatórias propostas em questões relativas a

66. Incorporados ao ordenamento jurídico nacional respectivamente pelos Decretos 20.704, de 24/11/1931, e 56.463, de 15 de junho de 1965.
67. STF. 2ª Turma. RE 70.864/SP. Rel. Min. Bilac Pinto. RTJ 57/72. O caso versava sobre ação proposta por usuário em face da companhia aérea, em razão do extravio de mercadorias transportadas. Segundo entendimento adotado neste julgado, seria competente a Justiça Federal, porque a questão inequivocamente se qualificaria como de navegação aérea (inciso IX do artigo 125) e, adicionalmente, porque o "contrato firmado entre as partes para o transporte de mercadorias teve por base os atos internacionais citados [Convenção de Varsóvia e Protocolo de Haia]" (inciso III do artigo 125).
68. Referida emenda constitucional retirou da Justiça Federal a competência para julgar "questões de direito marítimo e navegação, inclusive aérea", reservando-lhe unicamente competência criminal ("crimes cometidos a bordo de navios e aeronaves").
69. STF. Tribunal Pleno. CJ 6.528/RJ. Rel. Min. Sydney Sanches. J. 19/02/1987. DJ 27/03/1987, p. 5161. O caso tratava de responsabilidade civil por extravio de bagagem. O Ministro Relator Sydney Sanches, em seu voto, consignou que "apenas quando a relação jurídica versar propriamente algum dispositivo de tratado ou de contrato de União com estados estrangeiros ou organismo internacional, apenas nestes casos é que a competência se deslocará para a Justiça Federal".

transporte aéreo internacional passou a ser da Justiça Estadual, não se sustentando a competência da Justiça Federal unicamente com fundamento no artigo 125, III, da Emenda Constitucional nº 01/1969, ao qual haveria de se dar interpretação restritiva.[70]

Não obstante, foi no julgamento do Conflito de Jurisdição 6.147/RS,[71] também relativo à questão do transporte aéreo internacional, que o Supremo Tribunal Federal, acolhendo o voto do Ministro Relator Xavier de Albuquerque, no sentido de fixar a competência da Justiça Estadual, estabeleceu um critério para distinguir quais, dentre as demandas fundadas em tratado, inserem-se na competência da Justiça Federal, servindo-se da oposição entre tratado-lei e tratado-contrato:

> Na Constituição de 1946, em sua primitiva redação, norma semelhante atribuía à competência do Supremo Tribunal Federal o julgamento, em recurso ordinário, das causas fundadas em tratado ou contrato da União com Estado estrangeiro (art. 101, II, b). Resultou ela de emenda que o saudoso e insigne Milton Campos justificou, na Constituinte, com a explicação de que a matéria ficava mais bem colocada na competência do Supremo Tribunal Federal, porque podia envolver questões da maior gravidade, que dissessem até respeito à soberania de países estrangeiros (José Duarte, A Constituição Brasileira de 1946, II/311).
>
> Creio que será muito para, se acaso possível, hipótese de causa fundada em tratado-lei, que guarda semelhante conotação. **E penso que a norma tem pertinência com o tratado-contrato, e aplicação quando este constituir a própria fonte do direito discutido na causa.**" (grifos nossos)

Como se observa, nesse julgado essencial ao estudo do tema, o Supremo Tribunal Federal entendeu que a regra do artigo 125, III, da EC nº 01/69, correspondente ao atual artigo 109, III, da CRFB/88, apenas seria aplicável se a demanda fosse fundada em um *tratado-contrato*, atribuindo-se à Justiça Estadual aquelas fundadas em *tratado-lei*.

Também o Tribunal Federal de Recursos conferiu interpretação restritiva ao dispositivo constitucional, chegando a editar enunciado de súmula no sentido de que, após a Emenda Constitucional nº 07/1977, é da competência da Justiça

70. PONCIANO, Vera Lúcia Feil. *Op. cit.*, pp. 74/75.
71. STF. Tribunal Pleno. Conflito de Jurisdição nº 6.147/RS. Rel. Min. Xavier de Albuquerque. J. 29/03/1979. DJ 19/04/1979, p. 3063. O entendimento em questão foi reafirmado no julgamento do RE 92.813/DF (STF. 2ª Turma. RE 92.813/DF. Rel. Min. Décio Miranda. J. 05/08/1980. DJ 22/08/1980, p. 6154.

Estadual o julgamento de ações indenizatórias relativas a transporte aéreo internacional, ainda que lastreadas na Convenção de Varsóvia de 1929.[72]

Tanto a Convenção de Varsóvia, quanto o subsequente Protocolo de Haia são qualificáveis como tratados-lei, de forma que o Supremo Tribunal Federal e o Tribunal Federal de Recursos, após a Emenda Constitucional nº 07/77 e coerentemente com o entendimento adotado com relação às ações executivas cambiais, consolidaram sua jurisprudência na linha do critério proposto, o qual foi inclusive adotado de forma expressa em pelo menos um julgado, o Conflito de Jurisdição 6.147/RS.

Em matéria de dano ambiental causado por vazamentos de óleo, o Superior Tribunal de Justiça, orientando-se em sentido diverso do assentado pelo STF em relação às execuções cambiais, tem reconhecido a competência da Justiça Federal, nas hipóteses em que ações civis públicas indenizatórias por dano ambiental estiverem fundamentadas na Convenção Internacional sobre Responsabilidade Civil em Danos Causados por Poluição de Óleo, celebrada em Bruxelas no ano de 1969.[73]

Com efeito, em pelo menos cinco oportunidades (ED no CC 2374/SP,[74] ED no CC 2473/SP,[75] CC 3389/SP,[76] CC 10.445/SP[77] e CC 16.953/SP[78]), o Superior Tribunal de Justiça afirmou a competência da Justiça Federal, nos termos do artigo 109, III, da Constituição da República. Embora referido tratado possa ser qualificado como um tratado-lei, ainda assim a competência, ao que entende o STJ, seria da Justiça Federal, no que se afasta do critério distintivo que o STF acolheu.

De se observar, contudo, que nenhum dos julgados referidos preocupou-se em estabelecer um critério distintivo entre a situação neles analisada (responsabilidade pelo vazamento de óleo) e aquelas relativas às ações versando responsabilidade civil do transportador aéreo e aplicação da Lei Uniforme, nas quais a jurisprudência do STF não reconheceu deter competência a Justiça Federal. A distinção não foi tratada com profundidade na fundamentação, da qual

72. Súmula 21. Após a Emenda Constitucional nº 7 de 1977, a competência para o processo e julgamento das ações de indenização, por danos ocorridos em mercadorias, no transporte aéreo, é da Justiça Comum Estadual, ainda quando se discuta a aplicação da Convenção de Varsóvia relativamente ao limite da responsabilidade do transportador (aprovação em 29/11/1979 e publicação no Diário de Justiça de 20/08/1981).

73. Aprovada pelo Decreto Legislativo 74/76, promulgada pelo Decreto 79.437/77 e regulamentada pelo Decreto 83.540/79.

74. STJ. 1ª Seção. EDcl no CC 2374/SP. Rel. Min. Antônio de Pádua Ribeiro. J. 20/04/1993. DJ 10/05/1993, p. 8584.

75. STJ. 1ª Seção. EDcl no CC 2473/SP. Rel. Min. Antônio de Pádua Ribeiro. J. 20/04/1993. DJ 10/05/1993, p. 8584.

76. STJ. 1ª Seção. CC 3389/SP. Rel. Min. Hélio Mosimann. J. 25/05/1993. DJ 21/06/1993, p. 12330.

77. STJ. 1ª Seção. CC 10.445/SP. Rel. Min. Demócrito Reinaldo. J. 13/09/1994. DJ 10/10/1994, p. 27058.

78. STJ. 1ª Seção. CC 16.953/SP. Rel. Min. Ari Pargendler. J. 26/06/1996. DJ 19/08/1996, p. 28.417.

se colhe ter sido suficiente à fixação da competência da Justiça Federal o fato de haver se lastreado a demanda em dispositivos da convenção.

Não obstante, julgados mais recentes da Corte Superior, relativos a pretensões indenizatórias de pescadores artesanais em razão da proibição da pesca em decorrência de vazamento de óleo, parecem apontar para um amadurecimento da questão, com uma tendência – embora não explícita – de alinhamento ao critério adotado pelo STF, reconhecendo-se a competência da Justiça Estadual.[79]

Outra situação em que o tema sob discussão tem aplicação reconhecida pela jurisprudência diz respeito a ações propostas por empresas estrangeiras para proteção de nome comercial com notoriedade internacional, independentemente de registro no Brasil, fundamentando a pretensão na Convenção da União de Paris (e posteriores revisões), celebrada em 1883 e incorporada ao direito interno brasileiro pelo Decreto 9.233, de 28 de junho de 1884. A jurisprudência, nesses casos, vem reconhecendo a competência da Justiça Federal, entendimento sedimentado ainda pelo Tribunal Federal de Recursos.[80]

A jurisprudência do STJ acerca da matéria revela que esta Corte vem igualmente reconhecendo a competência da Justiça Federal nesses casos, embora sem abordar o tema explicitamente, apenas assumindo como válidos os julgados oriundos da primeira e segunda instâncias da Justiça Federal,[81] de modo que não resta claro se a competência da Justiça Federal tem sido reconhecida com fundamento no artigo 109, III, da CRFB/88 ou, se, ao contrário, deve-se ao fato de no processo figurar como parte o Instituto Nacional de Propriedade Industrial – INPI, autarquia federal (artigo 109, I, CRFB/88).

De toda forma, ainda que na situação acima o critério proposto não transpareça de forma tão evidente, parece-nos que a jurisprudência relativa à competência para a proteção do nome comercial também pode ser compreendida à luz da distinção entre tratado-lei e tratado-contrato.

---

79. Nesse sentido: STJ. 4ª Turma. REsp 1.187.097/PR. Rel. Min. Marco Buzzi. J. 16/04/2013. DJe 25/04/2013; STJ. 3ª Turma. REsp 1.181.954/PR. Rel. Min. Nancy Andrighi. J. 27/08/2013. DJe 04/09/2013. Os acórdãos tentam estabelecer uma distinção em relação aos julgados anteriores do STJ, no sentido de que nos casos mais recentes a causa não seria fundada na convenção internacional, mas na legislação ambiental, que prevê a responsabilidade objetiva do poluidor. A distinção, no entanto, não parece ter consistência. O segundo acórdão, relatado pela Ministra Nancy Andrighi, com maior clareza, parece apontar para um equívoco no entendimento anteriormente adotado pelo STJ, ao dar uma interpretação ampliativa ao artigo 109, III, da CRFB/88.
80. TFR. CNJ 1587/MG. Rel. Min. Moacir Catunda. DJU 26/06/1974, p. 4479 *apud* CARVALHO, Vladimir Souza. *Op. cit.*, p. 170.
81. STJ. 4ª Turma. REsp 555.086/RJ. Rel. Min. Jorge Scartezzini. J. 14/12/2004. DJ 28/02/05, p. 327; STJ. 3ª Turma. MC 5714/RJ. Rel. para acórdão Min. Antônio de Pádua Ribeiro. DJ 02/06/03, p. 294; STJ. 3ª Turma. REsp 246652/RJ. Rel. Min. Castro Filho. DJ 16/04/2007, p. 180; STJ. 3ª Turma. REsp 703754/RJ. Rel. Min. Ari Pargendler. DJ 23/04/2007, p. 257.

Embora a Convenção da União de Paris celebrada em 1883 seja predominantemente um tratado-lei (regula em caráter geral o privilégio de invenção e respectivos prazos de duração, patentes e modelos de utilidade, causas de caducidade e outras matérias), em alguns aspectos, notadamente no que diz respeito à proteção do nome comercial,[82] apresenta-se a Convenção como um tratado-contrato, na medida em que assume o Estado brasileiro no plano internacional a obrigação de cooperação na proteção do nome comercial, adotando providências administrativas relativas à invalidação de registros efetuados em desconformidade com os termos da convenção, justificando-se, portanto, como tem reconhecido a jurisprudência, a competência da Justiça Federal.

Outra situação em que vem sendo reconhecida a competência da Justiça Federal diz respeito às ações de alimentos propostas com fundamento na Convenção sobre a Prestação de Alimentos no Estrangeiro celebrada em Nova Iorque no ano de 1956 e da qual o Brasil é signatário,[83] talvez um dos mais antigos exemplos de auxílio direto incorporados ao direito positivo brasileiro.

É bem verdade, consoante destaca Vera Ponciano,[84] que a jurisprudência do STJ tem reconhecido a competência da Justiça Federal não em razão de se encontrarem tais ações de alimento fundadas em tratado internacional (artigo 109, III, CF/88), mas em razão de figurar como autoridade central o Ministério Público Federal (artigo 109, I, CF/88).[85] Essa linha de fundamentação, contudo, não exclui a circunstância de que se trata de causa fundada em tratado internacional da espécie tratado-contrato, um contrato de colaboração jurídica internacional que se desenvolve na forma de auxílio direto, o que igualmente serve como fundamento para a fixação da competência da Justiça Federal.

Por fim, cabe mencionar que a jurisprudência também vem reconhecendo à Justiça Federal competência para processar e julgar ações de busca e apreensão de menores que tenham por fundamento a Convenção sobre os Aspectos Civis do Sequestro Internacional de Crianças, concluída em Haia, em 25 de outubro de 1980 e promulgada pelo Decreto 3.413/2000,[86] embora os fundamentos

---

82. Art. 6º bis. (1) Os países da União comprometem-se a recusar ou invalidar o registro, quer administrativamente, se a lei do país o permitir, quer a pedido do interessado e a proibir o uso de marca de fábrica ou de comércio que constitua reprodução, imitação ou tradução, suscetíveis de estabelecer confusão, de uma marca que a autoridade competente do país do registro ou do uso considere que nele é notoriamente conhecida como sendo já marca de uma pessoa amparada pela presente Convenção, e utilizada para produtos idênticos ou similares. O mesmo sucederá quando a parte essencial da marca notoriamente conhecida ou imitação suscetível de estabelecer confusão com esta (Convenção de Paris, com a revisão de Estocolmo de 14 de julho de 1967, promulgada entre nós pelo Decreto 75.572/75).
83. Aprovada pelo Decreto Legislativo 10/58, promulgada pelo Decreto 56.826/65 e posteriormente corroborada pelo artigo 26 da Lei 5.478/68.
84. PONCIANO, Vera Lúcia Feil. *Op. cit.*, p. 74.
85. Assim, por exemplo: STJ. CC 20.175/SP. Rel. Min. Carlos Alberto Menezes Direito. DJU 07/12/1998, p. 38.
86. STJ. CC 64.120. Rel. Min. Castro Filho. DJ de 25/10/2006. Em seu voto, o Ministro Relator transcreveu em parte a decisão do juízo federal de primeiro grau suscitante do conflito (Vara Federal de Guarapuava/PR),

para a fixação de tal competência nem sempre tenha sido a circunstância de se tratar de demanda fundada em tratado internacional (artigo 109, III, CRFB/88).[87]

Tanto a Convenção e Nova Iorque a respeito de prestação de alimentos no estrangeiro, quanto a Convenção de Haia sobre Sequestro Internacional de Crianças são qualificáveis como tratado-contrato, eis que o Brasil nelas assume no plano internacional o dever de cooperação jurídica, por meio de suas instituições intermediárias ou autoridades centrais, relativamente aos temas objeto das convenções, razão pela qual a competência da Justiça Federal, tal qual vem sendo reconhecida por nossos tribunais, pode ser justificada sob tal perspectiva no artigo 109, III, da CRFB/88.

Vista em seu conjunto, portanto, a jurisprudência nacional, embora não de maneira integral, vem preponderantemente se orientando no sentido de que as causas fundadas em tratados-lei são da competência da Justiça Estadual, ao passo que as causas fundadas em tratado-contrato, sobretudo aquelas caracterizáveis como causas lastreadas em tratados de cooperação jurídica internacional, mediante auxílio direto, inserem-se na competência da Justiça Federal, nos termos do artigo 109, III, da CRFB/88.[88] Essa orientação jurisprudencial parece mais presente nos julgados do Supremo Tribunal Federal, embora sobressaiam, em menor medida, também nos do Superior Tribunal de Justiça.

8. A REGRA DO ARTIGO 34 DO CPC/2015 COMO MANIFESTAÇÃO DA REGRA DO ARTIGO 109, III, DA CRFB/88

Os tratados de cooperação jurídica internacional, como já exposto, têm por objetivo proporcionar uma tutela jurisdicional efetiva em um contexto de globalização, em que cidadãos de diferentes Estados mantêm relações negociais,

---

o qual afirmou a competência da Justiça Federal para julgamento de ações dessa natureza, porque "o Estado Brasileiro tem o dever de prestar assistência para a pacificação do conflito. Daí surge o interesse da União e a conseqüente competência da Justiça Federal para o processamento dos feitos, nos termos do artigo 109, incisos I e III, da Constituição Federal".

87. Assim, fundamentando a decisão de atribuição de competência à Justiça Federal na conexão entre as ações em tramitação na Justiça Federal e Estadual, refira-se o CC 64.012/TO (STJ. 2ª Seção. Rel. Min. Carlos Alberto Menezes Direito. DJ 09/11/2006, p. 250) e o CC 100345/RJ (STJ. 2ª Seção. Rel. Min. Luis Felipe Salomão. J. 11/02/2009. DJ de 18/03/2009). É de se ressaltar que nesses julgados, foram elementos preponderantes para a determinação da competência da Justiça Federal o fato de a União ser autora no processo que tramitava na Justiça Federal (artigo 109, I, CRFB/88) ou haver manifestado interesse em intervir no processo em tramitação perante a Justiça Estadual (Súmula nº 150 do STJ), bem como a conexão entre essas ações e as que tramitavam perante a Justiça Federal. A regra de competência tratada no artigo 109, III, da Constituição da República, ou não chega a ser expressamente invocada, ou o é como *obiter dictum*.

88. Apenas parecem destoar dessa linha de entendimento os julgados do Superior Tribunal de Justiça relativos à competência para apreciar ações por danos ambientais fundadas na Convenção de Bruxelas sobre vazamento de óleo.

familiares ou de qualquer outra natureza, a exigir, nas hipóteses de conflitos, mecanismos a proporcionar uma *tutela transnacional efetiva*.[89]

Como bem se extrai do artigo 27 do CPC/2015, o objeto dos tratados de cooperação jurídica internacional é disponibilizar mecanismos para a realização de atos processuais em um Estado, a pedido de outro Estado, tais como citações, intimações, notificações judiciais ou extrajudiciais, obtenção de informações ou colheita de provas, concessão de medidas de urgência e cumprimento de decisões judiciais estrangeiras, dentre outras. Prestam-se também os tratados de cooperação jurídica internacional a viabilizar o intercâmbio de informações e a adoção de medidas judiciais ou extrajudiciais necessárias à tutela de direitos ou interesses dos cidadãos dos Estados-parte (artigo 30).[90]

Não há, nos tratados que regulam a cooperação jurídica internacional, o propósito de estabelecer regras de direito positivo com o fim de pautar a conduta dos cidadãos, mas sim de estabelecer mecanismos de *colaboração* entre os Estados signatários. Portanto, os tratados de cooperação jurídica internacional de que trata o CPC/2015 nos artigos 26 a 41 são, segundo o critério de classificação antes analisado, tratados-contrato, o que determina a competência da Justiça Federal para o cumprimento de medidas judiciais a eles afetas, nos termos do já analisado artigo 109, III, da CRFB/88.

Para além disso, como também já observado, a autoridade central brasileira na grande parte dos tratados de cooperação jurídica internacional dos quais o Brasil é signatário é o Ministério da Justiça, por meio do Departamento de Recuperação de Ativos e Cooperação Jurídica Internacional, embora outras instituições também exerçam pontualmente este papel, tais como a Procuradoria-Geral da República (Convenção de Nova Iorque sobre alimentos estrangeiros de 1956) e a Secretaria de Direitos Humanos da Presidência da República (Convenção sobre Sequestro Internacional de Crianças).[91]

---

89. DONIZETTI, Elpídio. *Curso didático de direito processual civil.* 20ª edição revista, atualizada e ampliada. São Paulo: Atlas, 2017, p. 179.
90. Assim, em complementação ao rol exemplificativo contido no CPC/2015, podemos referir os exemplos elencados pela professora Carmen Tibúrcio, segundo a qual a cooperação jurídica internacional compreende ainda "a obtenção de certificados que comprovem a pobreza de pessoas físicas que estejam domiciliadas no exterior, de informações sobre famílias que desejam adotar crianças no exterior, de depoimentos de testemunhas que se encontrem no exterior ou de documentos localizados alhures, de perícia contábil em pessoa jurídica estrangeira ou informações sobre o teor e a vigência do direito estrangeiro" (TIBURCIO, Carmen. As cartas rogatórias executórias no direito brasileiro no âmbito do Mercosul: Jurisprudência recente. In: *Temas de direito internacional.* Rio de Janeiro: Renovar, 2006, p. 159).
91. MONTEIRO, André Luís; VERÇOSA, Fabiane. Comentários ao artigo 26 do CPC/2015. In: WAMBIER, Teresa Arruda Alvim *et alli* (coords.). *Breves comentários ao novo código de processo civil.* São Paulo: Revista dos Tribunais, 2015, p. 118.

É a autoridade central, então, ordinariamente por intermédio da Advocacia-Geral da União, quem requererá perante o Judiciário brasileiro as providências judiciais objeto do pedido de auxílio direto formulado por Estado estrangeiro (artigo 33 do CPC/2015). Eventualmente, também a Procuradoria-Geral da República pode exercer tal papel, como no já referido caso do ajuizamento de ação de alimentos com base na Convenção de Nova Iorque de 1956. São órgãos que funcionam como legitimados extraordinários na formulação do requerimento de providências judiciais.

Assim, em qualquer caso, a competência para julgamento da causa será da Justiça Federal, seja porque os legitimados extraordinários são em regra órgãos da União (artigo 109, I, da CRFB/88), seja porque – e esse nos parece o principal fundamento – a causa foi ajuizada com base no tratado internacional de cooperação jurídica a que o Brasil se comprometeu a dar cumprimento (art. 109, III, CRFB/88). É a regra que se cristalizou no artigo 34 do CPC/2015.

9. CONCLUSÃO

A regra de competência prevista no artigo 109, III, da Constituição da República deve ser interpretada à luz da distinção entre tratados-lei e tratados-contrato, reservando-se à Justiça Federal apenas o julgamento das causas que tenham por fundamento os tratados-contrato, haja vista que o objetivo da regra de competência é justamente preservar o Estado brasileiro no plano internacional.

Os tratados cujo objeto é a cooperação jurídica internacional são inequivocamente tratados-contrato, na medida em que por meio deles os Estados signatários assumem a obrigação de colaborar entre si na execução de providências judiciais e extrajudiciais necessárias a uma tutela jurisdicional efetiva por parte dos Judiciários dos respectivos Estados signatários.

Exatamente por isso não se vislumbra inconstitucionalidade no artigo 34 do CPC/2015, haja vista que o dispositivo não promove qualquer ampliação da competência da Justiça Federal para além das hipóteses previstas na Constituição da República. Ao contrário, referido dispositivo do CPC/2015 é clara manifestação da regra competência do artigo 109, III, da Constituição da República, em harmonia com a interpretação que a jurisprudência vem predominantemente conferindo ao texto constitucional.

10. BIBLIOGRAFIA

BOCHENEK, Antônio César. *Competência cível da justiça federal e dos juizados especiais cíveis*. São Paulo: Revista dos Tribunais, 2004.

BUENO, Cassio Scarpinella. *Novo código de processo civil anotado*. São Paulo: Saraiva, 2015.

CAETANO, Marcelo. *Direito constitucional*. Vol. II (Direito constitucional brasileiro). 2ª edição revista e atualizada. Rio de Janeiro: Forense, 1987.

CARVALHO, Vladimir Souza. *Competência da justiça federal*. 7ª edição revista e atualizada. Curitiba: Juruá, 2008.

CAVALCANTI, Themístocles Brandão. *A constituição federal comentada*. Volume II. 3ª edição. Rio de Janeiro: José Konfino Editor, 1956.

CENEVIVA, Walter. *Direito constitucional brasileiro*. 3ª edição. São Paulo: Saraiva, 2003.

DINAMARCO, Cândido Rangel. *Instituições de direito processual civil*. Volume I. 5ª edição, revista e atualizada. São Paulo: Malheiros, 2005.

DOLINGER, Jacob; TIBURCIO, Carmen. *Direito internacional privado*. 13ª edição, revista, atualizada e ampliada com a colaboração de Felipe Albuquerque. Rio de Janeiro: Forense, 2017.

DONIZETTI, Elpídio. *Curso didático de direito processual civil*. 20ª edição revista, atualizada e ampliada. São Paulo: Atlas, 2017.

FERREIRA, Pinto. *Curso de direito constitucional*. 9ª edição, ampliada e atualizada. São Paulo: Saraiva, 1998.

FERREIRA FILHO, Manoel Gonçalves. *Curso de direito constitucional*. 22ª edição. São Paulo: Saraiva, 1995.

KIMURA, Alexandre Issa. *Constituição Federal de 1988*: Apontamentos doutrinários e jurisprudenciais. São Paulo: Editora Juarez de Oliveira, 2001.

LESSA, Pedro. *Do Poder Judiciário*. Edição fac-similar. Brasília: Senado Federal, 2003.

MARINONI, Luiz Guilherme; ARENHART, Sérgio Cruz; MITIDIERO, Daniel. *Novo curso de processo civil*. Volume 2. São Paulo: Revista dos Tribunais, 2015.

MELLO, Celso Duvivier de Albuquerque. *Curso de direito internacional público*. Volume I. 15ª edição revista e aumentada. Rio de Janeiro: Renovar, 2004.

MENDES, Aluisio Gonçalves de Castro. *Competência cível da justiça federal*. 2ª edição revista, atualizada e ampliada. São Paulo: Revista dos Tribunais, 2006.

MONTEIRO, André Luís; VERÇOSA, Fabiane. Comentários aos artigos 26 a 34 do CPC/2015. In: WAMBIER, Teresa Arruda Alvim *et alli* (coords.). *Breves comentários ao novo código de processo civil*. São Paulo: Revista dos Tribunais, 2015.

MORAES, Alexandre de. *Direito constitucional*. 24ª edição. São Paulo: Atlas, 2009.

NERY JUNIOR, Nelson; NERY, Rosa Maria de Andrade. *Comentários ao código de processo civil*. São Paulo: Revista dos Tribunais, 2015.

PONCIANO, Vera Lúcia Feil. *Justiça Federal*: Organização, competência, administração e funcionamento. Curitiba: Juruá, 2009.

PONTES DE MIRANDA, Francisco Cavalcante. *Comentários à constituição de 1967*. 2ª edição. São Paulo: Revista dos Tribunais, 1974.

RAMOS, André de Carvalho. Estrutura da cooperação jurídica internacional e o novo direito internacional privado. In: PAGLIARINI, Alexandre Coutinho; CHOUKR, Fauzi Hassan (Coords.). *Cooperação jurídica internacional*. Belo Horizonte: Fórum, 2014.

REZEK, J. Francisco. *Direito internacional público (curso elementar)*. 10ª edição inteiramente revista e atualizada. São Paulo: Saraiva, 2007.

ROMANO NETO, Odilon. Competência da Justiça Federal fundada em tratados internacionais. In: *Revista Eletrônica de Direito Processual*. Volume V. Rio de Janeiro: UERJ. Ano 4, janeiro a junho de 2010.

SANTOS, Carlos Maximiliano Pereira dos. *Comentários à constituição brasileira de 1891*. Brasília: Senado Federal, 2005.

SILVA, José Afonso da. *Curso de direito constitucional positivo*. 15ª edição. São Paulo: Malheiros, 1998.

TIBURCIO, Carmen. Aula proferida no dia 20/10/2009, na disciplina *Processo Civil Internacional*, integrante do Programa de Pós-Graduação em Direito da Universidade do Estado do Rio de Janeiro.

______. As cartas rogatórias executórias no direito brasileiro no âmbito do Mercosul: Jurisprudência recente. In: *Temas de direito internacional*. Rio de Janeiro: Renovar, 2006.

______. A competência da Justiça Federal em materia de direito internacional: notas sobre o art. 109, III, da Constituição Federal. In: *Revista da Escola da Magistratura Regional Federal 2ª Região*. Volume 15. Rio de Janeiro: EMARF – TRF 2ª Região, agosto de 2011

ZIMMERMANN, Augusto. *Curso de direito constitucional*. 4ª edição. Rio de Janeiro: Lumen Juris, 2006.

CAPÍTULO 14

O *forum non conveniens* e o Processo Civil Brasileiro: limites e possibilidade

Ravi Peixoto[1]

SUMÁRIO: 1. INTRODUÇÃO; 2. FORUM SHOPPING; 3. FORUM NON CONVENIENS; 4. A DOUTRINA DO FORUM NON CONVENIENS E A SUA CARACTERIZAÇÃO NO DIREITO ESTRANGEIRO; 4.1. ESTADOS UNIDOS DA AMÉRICA; 4.2. INGLATERRA; 4.3. AUSTRÁLIA; 5. FUNDAMENTOS E CRÍTICAS DA DOUTRINA DO FORUM NON CONVENIENS – UMA AVALIAÇÃO INICIAL DO TEMA; 6 A SITUAÇÃO DO TEMA NO BRASIL; 7. CRITÉRIOS PARA A APLICAÇÃO DO FORUM NON CONVENIENS; 8 EM BUSCA DE CRITÉRIOS COMPATÍVEIS COM O PROCESSO CIVIL BRASILEIRO; 9 CASOS DE APLICAÇÃO DO FORUM NON CONVENIENS; 9.1. COMPETÊNCIA INTERNACIONAL CONCORRENTE; 9.2. A COMPETÊNCIA NO PROCESSO COLETIVO; 9.3. A CLÁUSULA DE FORO DE ELEIÇÃO E A SUA ABUSIVIDADE; 10 CONCLUSÃO; REFERÊNCIAS.

1. INTRODUÇÃO

O presente texto possui como objeto de estudo o tema do *forum non conveniens*, o qual, embora seja bastante difundido em diversos ordenamentos jurídicos, em especial aqueles do *common law*, ainda não possui destaque no direito processual brasileiro, embora já conte com algumas decisões e estudos doutrinários sobre o tema. Quando se fala do *forum non conveniens*, a discussão se dirige à verificação *in concreto* da competência adequada a um determinado caso concreto.

A dificuldade para que este tema seja discutido no Brasil é relacionada com um problema prévio, qual seja, o tradicional entendimento de que basta que a competência esteja prevista em lei para que seja adequada. Em outros termos, a competência adequada seria a mesma coisa que a competência prevista em lei, não se admitindo qualquer flexibilidade. Esse ponto de vista tem forte conexão com a ideia de um juiz natural rígido, em que a adequação é verificada apenas em abstrato, jamais em concreto.

---

1. Doutorando em direito processual pela UERJ. Mestre em Direito pela UFPE. Membro da Associação Norte e Nordeste de Professores de Processo (ANNEP), do Centro de Estudos Avançados de Processo (CEAPRO), da Associação Brasileira de Direito Processual (ABDPRO) e do Instituto Brasileiro de Direito Processual (IBDP). Procurador do Município do Recife. Advogado. Endereço eletrônico: ravipeixoto@gmail.com.

No entanto, essa visão rígida do juiz natural pode gerar diversas dificuldades para os litigantes, em especial, na questão da competência concorrente internacional. Se há a possibilidade de ingresso de uma demanda no Brasil, Alemanha e Rússia, uma visão muito rígida pode se tornar incapaz de lidar com um eventual abuso no direito de escolha da parte autora.

O desafio no estudo do *forum non conveniens* no processo civil brasileiro advém da completa omissão no tratamento legislativo do tema, bem como da própria rejeição do STJ em sequer admitir a sua possibilidade, fazendo com que os estudos se centrem no plano doutrinário. O propósito desse texto é o de, dialogando com a doutrina estrangeira e brasileira, propor critérios para a sua admissão e utilização sob o prisma do ordenamento jurídico pátrio.

2. *FORUM SHOPPING*

O *forum shopping* é um termo utilizado, ao menos, desde a década de 20 do século passado,[2] e pode ser definido como a possibilidade de escolha da competência nos casos em que ela seja concorrente, em que há alguma espécie de vantagem estratégica para o autor. Inúmeros fatores podem ser levados em conta para a escolha, tais como a conveniência, os custos financeiros, o conhecimento de que, em determinado local, as indenizações são fixadas em patamar mais elevado, a duração do processo, dentre quais outras particularidades que levem a alguma vantagem para a parte.[3]

Ele pode ser doméstico, em que a possibilidade de escolha está dentro de um mesmo país, como transnacional, caso em que é possível à parte escolher ajuizar a ação em dois ou mais países.[4] Também é possível que os dois conceitos estejam presentes na mesma situação, ou seja, que haja concorrência de foros internacionais e, dentro de um mesmo país, a concorrência entre vários foros.

Há quem diga que só haveria *forum shopping* nas situações em que: i) existem competências concorrentes e ii) os foros diversos devem ter sistemas legais heterogêneos, do contrário, as partes teriam pouco interesse em mudar a escolha entre um e outro.[5] De fato, em termos de direito internacional, a escolha entre diferentes foros pode mudar bastante o sucesso ou não do litígio,

2. JUENGER, Friedrich K. Forum shopping, domestic and international. *Tulane Law Review*, v. 63, 1989, p. 553-554)
3. MALOY, Richard. Forum shopping? What's wrong with that? 24 *QLR* 25, 2005-2006, p. 27.
4. WHYTOCK, Christopher A., The evolving forum shopping system. *Cornell Law Review*, v. 96 , 2011, p. 485.
5. Idem, ibidem, p. 486.

eis que as regras processuais e materiais de cada país são extremamente diferentes.[6] Mesmo em alguns países, em que o sistema federativo é mais adequadamente distribuído entre diversos entes pode haver considerável mudança do direito aplicável (tanto do ponto de vista processual, quanto material), o que não é, na maioria das vezes, o caso do Brasil.

No entanto, não parece adequado falar em *forum shopping* apenas quando há mudança do direito aplicável, bastando pensar em um país de dimensões continentais como o Brasil, em que a parte, por alguma regra de competência, propõe ação no Acre, quando poderia fazê-lo no Rio Grande do Sul, em que autor e réu são domiciliados e o foro seria igualmente competente. Aqui há uma nítida liberdade de escolha e que é relevante estrategicamente, embora não se altere o direito.

Também há quem diga que só há *forum shopping* quando há uma espécie de abuso na escolha do foro.[7] Critica-se o conceito adotado porque ele não teria função, confundindo-se com uma mera escolha de foro. Não se vislumbra qualquer problema ou inutilidade em um conceito mais aberto. Tem-se as possibilidades de escolhas de foro dentro dos limites do exercício desse direito, que, eventualmente, pode ser limitado. Não parece adequado que ele apenas seja utilizado quando signifique um abuso de direito. Ao contrário, tem-se uma opção estratégica legítima na maioria dos casos.

Por outro lado, há quem amplie o conceito, usando exemplos de organizações internacionais com o mesmo objeto (p. ex., a proteção de baleias), em que cada uma regula o tema de forma diferente e que a escolha de qual organização se utilizar seria o exercício do *forum shopping*.[8] Mais ainda, seria incluído no conceito até as diferentes escolhas entre métodos diversos de disputa (a exemplo de processo judicial, arbitragem, autocomposição etc).[9]

É preciso que se analise esse tema do ponto de vista da autonomia da vontade dos sujeitos processuais e dentro dos limites que as escolhas estratégicas permitem a sua escolha dentre vários foros igualmente competentes. Ou seja, devem se evitar preconceitos na sua utilização, pois nem sempre essa

---

6. Atualmente se reconhece que tanto aspectos processuais como materiais são essenciais na escolha de diferentes foros (MONDRÉ, Aletta. *Forum Shopping in international disputes*. Basingstoke: Palgrave Macmillan, 2015, p. 19).
7. PETSCHE, Markus A. *What's wrong with forum shopping? an attempt to identify and assess the real issues of a controversial practice*. Disponível em: https://works.bepress.com/markus_petsche/6/. Acesso às 12h, do dia 22 de julho de 2017, p. 6; JUENGER, Friedrich K. Forum shopping, domestic and international... cit., p. 553; MALOY, Richard. Forum shopping? what's wrong with that?... cit., p. 28.
8. GILLESPIE, Alexander. Forum Shopping in international environmental law: The IWC, CITES, and the management of cetaceans. *Ocean Development & International Law*, v. 33, issue 1, 2002.
9. MONDRÉ, Aletta. *Forum Shopping in international disputes*... cit., p.20.

possibilidade de escolha está relacionada com alguma espécie de abuso de direito por parte do autor.[10] O desafio é justamente o de equilibrar a possibilidade de escolha estratégica com os direitos fundamentais do réu.[11] É para verificar o outro lado da questão, ou seja, o exercício abusivo do *forum shopping*, que o texto passa agora a focar na doutrina do *forum non conveniens*.

3. *FORUM NON CONVENIENS*

O *forum non conveniens* é a possibilidade do controle da competência quando o foro escolhido é um juízo inconveniente ou inadequado, buscando a escolha de um foro neutro, sem que uma das partes seja excessivamente prejudicada. Trata-se, então, de um limitador do *forum shopping*. A lógica é a de que, em abstrato, existe mais de um foro competente, mas, por algum motivo, desenvolvido por cada ordenamento jurídico, aquele escolhido não é o adequado.

Essa doutrina possui origem controversa, havendo quem identifique suas primeiras manifestações em decisões de Corte escocesas no século XVII[12], muito embora estudos específicos afirmem que tais decisões não podem ser encaradas como exemplo de aplicação do *forum non conveniens*, eis que tratavam não da adequação ou não o exercício da competência, mas sim da existência ou não de jurisdição da Escócia sobre aquela demanda, caso em que a decisão que marcaria efetivamente o início de tal doutrina seria o caso *M'Morine v. Cowie*, julgado em 1845.[13] Modernamente, o marco relevante seria a publicação do artigo Paxton Blair, em 1929,[14-15] em que houve expressa utilização do termo *forum non conveniens* influenciando, inclusive, decisões da Suprema Corte Norte-Americana, que passou a acolher a doutrina.

10. Essa situação pejorativa é destacada por Friedrich Juenger (Forum shopping, domestic and international. cit., p. 553) e por Markus A. Petsche como sendo a prevalente (*What's wrong with forum shopping? an attempt to identify and assess the real issues of a controversial practice*... cit., p. 1.
11. CABRAL, Antonio do Passo. *Juiz natural e eficiência processual*: flexibilização, delegação e coordenação de competências no processo civil. Universidade do Estado do Rio de Janeiro: Tese apresentada ao concurso de Professor Titular de Processo Civil, 2017, p. 589.
12. BARRETT JR, Edward. The doctrine of forum non conveniens. *California Law Review*, v. 35, 1947, p. 387; BRAND, Ronald A. Comparative forum non conveniens and the Hague Convention on Jurisdiction and Judgments. *Texas International Law Journal*, v. 37, 2002, p. 468. Também reconhecendo a origem escocesa: ZHENJIE, Hu. Forum non conveniens: an unjustified doctrine. *Netherlands International Law Review*, v. XLVIII, 2001, p. 145
13. ARZANDEH, Ardavan. The origins of the Scottish forum non conveniens doctrine. *Journal of Private International Law*, v. 13, n. 1, 2017, p. 138-150.
14. BLAIR, Paxton, The doctrine of forum non conveniens in Anglo-American Law. *Columbia Law Review*, v. 29, n. 1, jan.-1929.
15. Reconhecendo a importância desse texto: BARRETT JR, Edward. The doctrine of forum non conveniens... cit., p. 388; WILSON, John R.. Coming to america to file suit: foreign plaintiffs and the forum non conveniens barrier in transnational litigation. *Ohio State Law Journal*, v. 65, n. 3, 2004, p. 673.

Há, na sua utilização, certa discricionariedade do Poder Judiciário em aceitar ou rejeitar a demanda, o que seria um dos motivos para sua não admissão no *civil law*[16]. Esses países, em geral, optam por um sistema de competências mais rígido e se limitam a se utilizar de soluções envolvendo a litispendência quando surge o problema de litigância paralela em diversos foros. Ignora-se a doutrina do *forum non conveniens* para resolver o problema de outra maneira.[17]-[18]

Em geral, é uma doutrina que vem sendo amplamente utilizada no *common law*,[19] após sua origem escocesa (que, curiosamente, possui uma natureza híbrida – entre *civil law* e *common law*)[20], no entanto, nem sempre é admitida nos países do *civil law*, a exemplo da França[21] e Brasil,[22] embora seja possível identificar aplicações do *forum non conveniens* na Alemanha, embora nem sempre com a utilização desses termos[23], no Japão, na Província de Quebec, no Canadá[24] e na Holanda.[25]

---

16. JUENGER, Frederich K. Forum non conveniens – who needs it? TARUFFO, Michele (coord). *Abuse of procedural rights*: comparative standards of procedural fairness. The Hague/London/Boston: Kluwer Law International, 1998, p. 366; PICARDI, Nicola. Il giudice naturale – principio fondamentale a livello europeo. DIDIER JR., Fredie (org). *Teoria do processo – panorama doutrinário mundial*. Salvador: Juspodivm, 2010, v. 2, p. 672-673.
17. BRAND, Ronald A. Comparative forum non conveniens and the Hague Convention on Jurisdiction and judgments... cit., p. 468; BRAND, Ronald. Challenges to forum non conveniens. *International Law and Politics*, v. 45, 2013, p. 1.004.
18. No Brasil, no caso de competência concorrente internacional, não há a extinção do processo pela litispendência internacional. Inclusive, pode haver um processo em território estrangeiro ou mesmo de homologação de sentença concomitante com um processo em trâmite no território brasileiro (art. 24, CPC).
19. Para além dos países mencionados nesse texto, a doutrina é utilizada igualmente no Canadá, Taiwan e Israel (LUPOI, Michele Angelo. Convenzione di Bruxelles ed esercizio discrezionale della giurisdizione. *Rivista trimestrale di diritto e procedura civile*. Milão: Giuffrè, v. 49, n. 3, set.-1995, p. 999).
20. Esse ponto foi percebido por Renato Beneduzi em: *Forum non conveniens*. PEIXOTO, Ravi; MACEDO, Lucas Buril de; FREIRE, Alexandre (coords). *Novo CPC – Doutrina selecionada*. 2ª ed. Salvador: Juspodivm, 2016, v. 1, p. 788, nota de rodapé n. 6.
21. Em 2011, a Corte de Cassação Francesa negou aplicabilidade da doutrina do *forum non conveniens* (TIBURCIO, Carmen. *Extensão e limites da jurisdição brasileira*. Salvador: Juspodivm, 2016, p. 203, com descrição da decisão na nota de rodapé n. 732)
22. MOREIRA, José Carlos Barbosa. Problemas relativos a litígios internacionais. *Temas de direito processual – quinta séries*. São Paulo: Saraiva, 1994, p. 145. Mais de 20 anos depois, embora já exista relativa produção doutrinária sobre o tema, como será demonstrado nesse texto, a doutrina do *forum non conveniens* ainda não é admitida pelo STJ.
23. No entanto, a sua admissão não é tão ampla quanto a existente nos países do *common law*: REUS, Alexander. Judicial discretion: a comparative view of the doctrine of forum non conveniens in the United States, the United Kingdom, and Germany. *Loyola of Los Angeles International and Comparative Law Review*, v. 16, 1994, p. 491 e ss.
24. GABUARDI, Carlos A. Entre la jurisdicción, la competencia y el forum non conveniens. *Boletín Mexicano de Derecho Comparado*, v. XLI, n. 121, jan./abr.-2008, p. 91.
25. VERHEUL, J. P. The Forum (Non) Conveniens in English and Dutch Law and under some international conventions. *The International and Comparative Law Quarterly*, v. 35, n. 2, abr.-1986, p. 416-418.

4. A DOUTRINA DO *FORUM NON CONVENIENS* E A SUA CARACTERIZAÇÃO NO DIREITO ESTRANGEIRO

4.1. Estados Unidos da América

Nos EUA, como já destacado, tem-se o texto de Blair em 1929 e, posteriormente, em 1947, a Suprema Corte Norte-Americana admitiu essa doutrina em dois casos: *Gulf Oil Corp. v. Gilbert* e *Koster v. (American) Lumbermens Mutual Casualty Co.* Nesses dois casos, em especial o primeiro, houve a delimitação inicial dos requisitos para a declinação do exercício da competência, tendo por base a ideia de abuso do direito,[26] em que apenas deveria ser utilizada de forma excepcional. Para a utilização do *forum non conveniens* nesse caso, a Suprema Corte deu a entender que a ação teria sido ajuizada com objetivo de assediar o réu.

No acórdão que julgou o caso *Gilbert* foram feitas relevantes considerações acerca dos interesses público e privados. Do ponto de vista privado, os argumentos seriam: i) acesso às provas; ii) o local em que aconteceu o fato e iii) outras questões que se relacionem com a lealdade do processo no foro escolhido. Do ponto de vista público, foram utilizados os seguintes argumentos: i) evitar o acúmulo de processos em poucos foros; ii) incumbir as Cortes a ter de aplicar o direito estrangeiro de forma frequente e iii) incumbir os cidadãos com trabalho de júri adicional.[27]

Em uma decisão algumas décadas depois ocorreu uma importante guinada jurisprudencial. No caso *Piper Aircraft Co. v. Reyno*, julgado em 1981, teria havido fixação dos seguintes requisitos: i) o tribunal deve decidir se há uma jurisdição alternativa *adequada* e se esta poderá julgar o caso; ii) deve adotar forte presunção de que o foro escolhido pelo autor é adequado, embora essa presunção não precise ser adotada no caso de autores estrangeiros; iii) o tribunal deve sopesar os interesses privados e iv) o tribunal deve sopesar também os interesses públicos, se por acaso eles favorecem o julgamento do caso no foro estrangeiro. Ainda nessa decisão, foi afirmado que a doutrina seria utilizada mesmo que o direito estrangeiro fosse menos favorável ao autor, afinal, se apenas fosse admitida sua utilização se o direito estrangeiro fosse mais desfavorável, provavelmente essa doutrina jamais seria utilizada.

No entanto, o mais importante foi a flexibilização na utilização da doutrina, eis que houve o abandono da questão do abuso de direito para focar no tema

---

26. WHYTOCK, Christopher A. The evolving forum shopping system... cit., p. 500.
27. WILSON, John R.. Coming to america to file suit: foreign plaintiffs and the forum non conveniens barrier in transnational litigation... cit., p. 675-676.

da *conveniência*. Não era mais uma alegação excepcional de abuso do direito, facilitando bastante sua utilização pelo réu.[28]

É importante destacar que essas discussões nos EUA são focadas na justiça federal e apenas nas situações em que o foro alternativo é no estrangeiro. Na justiça estadual, há liberdade para que cada estado decida se a doutrina do *forum non conveniens* é aplicável e quais os seus requisitos.[29] No caso da justiça federal, há regulação expressa no 28 U.S.C §1404(a), regulando a possibilidade de uma Corte Federal transferir o processo para outra Corte Federal baseado na conveniência das partes e das testemunhas, sendo ainda mencionado o interesse da justiça.[30] Portanto, ao contrário das situações em que o foro mais adequado é no estrangeiro, em que não há regulação por meio de nenhum texto normativo, nos EUA existe regulamento para os casos em que o foro alternativo faz parte da justiça federal norte-americana.[31]

4.2. Inglaterra

Na Inglaterra, após um início um pouco vacilante acerca da aplicação do *forum non conveniens*, havendo certa resistência pelas Cortes inglesas, ele acabou sendo aceito.[32] Até 1974, essa doutrina apenas era admitida com base na argumentação de que a escolha seria opressiva, o que veio a mudar no caso *Atlantic Star*.[33] A decisão paradigmática sobre o tema foi *Spiliada Maritime Corp. v. Cansulex Ltda*. Nesse precedente, foram identificados, de forma geral, os seguintes requisitos: i) o réu deve comprovar que há um foro mais adequado; ii) para verificar esse foro mais adequado, deve haver a análise de fatores como: ii.i) a disponibilidade das testemunhas; ii.ii) a lei que governa as transações relevantes e iii) os locais em que as partes residem ou fazem seus negócios, mas seria irrelevante o argumento de que o valor da indenização seria menor na

---

28. Idem, ibidem, p. 678-679.
29. STERNBERG, Daniel S. (2013) Res Judicata and forum non conveniens in international litigation. *Cornell International Law Journal*, v. 46, n. 1, 2013, p. 212.
30. "For the convenience of parties and witnesses, in the interest of justice, a district court may transfer any civil action to any other district or division where it might have been brought."
31. LII, Michael T., An empirical examination of the adequate alternative forum in the doctrine of forum non conveniens. *Richmond Journal Of Global Law & Business*, v. 8, n. 4, 2009, p. 516. A doutrina aponta que são duas situações diversas, havendo precedentes afirmando, por exemplo, que a transferência baseada na 28 U.S.C §1404(a) não poderia gerar mudança no direito aplicável ao caso, situação diversa da existente quando há utilização da doutrina do *forum non conveniens* (MARCUS, Richard L; REDISH, Martin H.; SHERMAN, Edward F.; PFANDER, James E. *Civil procedure*: a modern approach. 5ª ed. St. Paul: West Publishing Co., 2008, p. 841).
32. WEILER, Joseph H. H.. Forum non conveniens. An English Doctrine? *The Modern Law Review*, v. 41, n. 6, nov.-1978, p. 739. Há uma decisão de 1936 admitindo essa doutrina: St. Pierre v. South American Stores (Gath and Chaves) Ltd. Per Scott L.J. I 1936] 1 K.B. 382, 398.
33. ZHENJIE, Hu. Forum non conveniens: an unjustified doctrine, p. 146.

jurisdição estrangeira; iv) não havendo foro mais adequado, não se admite a teoria e v) se há algum foro *prima facie* mais adequado, caberá ao autor provar que existem circunstâncias relacionadas à justiça que requerem que o processo permaneça onde está.[34]

No caso *Lubbe v. Cape PLC*, julgado em 2000 houve novo desenvolvimento sobre o tema, afirmando-se o seguinte: i) cabe ao réu não apenas comprovar que a Inglaterra não é o foro natural ou apropriado, mas também que há um outro disponível que seja claramente mais apropriado; ii) mesmo que reconheça haver outro, o autor pode requerer que permaneça caso existam circunstâncias relacionadas à justiça substancial que requeiram a permanência da causa na Inglaterra. Mesmo questões de interesse público só poderiam ser admitidas se estivessem relacionadas com os interesses privados das partes em uma adequada solução da causa.

Esse entendimento vem sendo reiterado em casos mais recentes, embora pareça estar havendo um excesso de discricionariedade na análise da aptidão de a Corte estrangeira ter aptidão ou não de julgar o caso adequadamente, não focando a decisão propriamente em questões de competência, mas na qualidade da Corte e do sistema jurídico estrangeiro.[35]

No entanto, mesmo com essa maior abertura, houve uma recente limitação na utilização dessa doutrina. Em 1992, a Corte Inglesa de Apelação afirmou que, nos casos que sejam baseados na convenção de Bruxelas e na Convenção de Lugano não são admitidos os poderes discricionários inerentes à doutrina do *forum non conveniens*, ao menos quando envolvam países da União Europeia.[36] Em 2005 a Corte Europeia de Justiça, no caso *Owusu v. Jackson*, afirmou que, nos casos baseados nas convenções mencionadas, não se admitiria a utilização dessa doutrina, mesmo que o foro alternativo seja em estados da União Europeia.[37]

4.3. Austrália

Na Austrália, a tendência dos demais países no tratamento do *forum non conveniens* não foi, em tese, seguida, ou seja, mantém-se a formulação tradicional que está relacionada com o abuso do direito.

---

34. BRAND, Ronald A. Comparative forum non conveniens and the Hague Convention on Jurisdiction and Judgments...cit., p. 471-472.
35. Focando nessa problemática: ARZANDEH, Ardavan. Should the Spiliada test be revised? *Journal of Private International Law*, v. 10, n. 1, 2014.
36. ZHENJIE, Hu. Forum non conveniens: an unjustified doctrine, p. 147.
37. Com mais detalhes sobre essa decisão, inclusive com crítica aos fundamentos adotados, cf.: CUNIBERTI, Gilles, Current Developments – Private International Law, I. Forum non conveniens and the Brussels Convention. *The International and Comparative Law Quarterly*, v. 54, n. 4, out.-2005.

Esse ponto de vista foi consolidado em 1990 na decisão *Voth v. Manilda Flour Mills Pty. Ltd.* Nesse julgado, foram considerados os seguintes argumentos: i) a parte que ajuizou a ação de forma regular em uma determinada jurisdição teria *prima facie* o direito de permanecer na competência escolhida; ii) apenas se admite a recusa do processamento da demanda se tiver havido uma utilização abusiva, vexatória ou opressiva do processo e o fundamento dessa recusa dever ser o de evitar uma situação injusta entre as partes de um determinado caso e iii) a mera alegação de balanço da conveniência ou de que um foro seria mais apropriado não seria fundamento adequada para a declinação da competência. Em resumo, a utilização da doutrina do *forum non conveniens* apenas seria admitida em situações excepcionais.

Em diversos outros casos, o tema voltou a ser discutido, com alguma vacilação jurisprudencial da Suprema Corte Australiana, chegando a haver certa aproximação com a doutrina utilizada na Inglaterra, mas, nos casos mais recentes, a tendência passeou a ser novamente focada no abuso do direito.[38]

Entretanto, é importante destacar que há quem afirme que, na verdade, o entendimento jurisprudencial australiano seria bastante semelhante ao inglês. Ao analisar de forma comparativa o teste realizado pela Corte dos Lordes Inglesa e o caso *Voth* (bem como outros), embora a forma de expressar a doutrina seja diversa, afinal, uma faz menção a um teste de abuso do direito e a outra a uma questão de conveniência, no fim das contas, *os elementos utilizados para avaliar se a competência era adequada foram os mesmos e com pesos semelhantes.* A única diferença constatada entre as duas visões seria a de que a australiana focaria na capacidade ou não da Corte local em analisar o caso concreto e a Inglesa analisaria a aptidão ou não da Corte estrangeira em julgar o caso concreto e que, mesmo essa particularidade seria mais linguística do que efetivamente capaz de gerar precedentes diversos.[39]

5. FUNDAMENTOS E CRÍTICAS DA DOUTRINA DO *FORUM NON CONVENIENS* – UMA AVALIAÇÃO INICIAL DO TEMA

A doutrina do *forum non conveniens* tem por base a permissão de que, mesmo sendo garantido pela lei uma determinada escolha do litigante, o juiz teria discricionariedade para recusar o processamento da demanda. É nítida aqui uma aposta no controle judicial das competências previstas abstratamente

38. GRAY, Anthony. *Forum non conveniens* in Australia: a comparative analysis. *Common Law World Review*, v. 38, 2009, p. 223-226.
39. Para verificar tal ponto de vista, cf.: ARZANDEH, Ardavan. Reconsidering the Australian Forum (Non) Conveniens doctrine. *International and Comparative Law Quarterly*, v. 65, n. 2, 2016.

para que se possa buscar uma solução melhor para o caso concreto,[40] o que é exatamente uma das maiores críticas a essa doutrina.[41]

Na discussão acerca do *forum non conveniens*, são mencionados doutrinariamente duas espécies de interesse: a) interesses privados, eis que a escolha do fórum é relacionada com as expectativas do autor e igualmente com a verificação dos custos envolvidos em cada demanda[42] ; b) interesses públicos, havendo certa dificuldade na admissão do interesse do país em analisar aquelas causa e a verificação dos gastos envolvidos. Do ponto de vista do Judiciário, a Suprema Corte Americana admite tal espécie de argumentos, mas o judiciário Inglês e o Australiano não.[43] Parte da doutrina afirma que argumentos de interesse público seriam inadmissíveis, pois não se deve verificar o interesse do Estado em atuar sobre aquele caso. Apenas seriam admissíveis argumentos de justiça e efetividade do ponto de vista dos interesses das partes.[44]

O argumento da eficiência poderia levar em conta tanto a aptidão do judiciário de julgar adequadamente a causa, como a sua aptidão de *efetivar* a decisão tomada.[45] A proteção ao abuso, embora tenha perdido em força em detrimento da eficiência, continua a ser levada em conta.

Há alguns argumentos que, embora sejam mencionados nas discussões, não parecem ser legítimos para se admitir a utilização do *forum non conveniens*: a) congestionamento do judiciário, eis que não se justifica tal espécie de interesse público[46] e, além disso, pensando no caso de variabilidade do direito com o reconhecimento da incompetência, não seria adequado alterar os direitos das partes devido a argumentos de congestionamento do judiciário[47]; b) proteção dos litigantes domésticos em detrimento de autores estrangeiros, face a tendência de garantir, em maior quantidade de casos, a permanência do litigante nacional e não do estrangeiro, sob o argumento de que haveria abuso do litigante estrangeiro, pois seria mais fácil litigar nos EUA[48]; c) a avaliação do direito material, que, além de impertinente com a doutrina, é bastante impraticável.[49]

Outra crítica é da falta de efetivos argumentos que permitam o afastamento de regras legais, que permitem uma escolha do demandante, tendo por

40. PETSCHE, Markus. *A critique of the doctrine of forum non conveniens*. Disponível em: https://works.bepress.com/markus_petsche/8/. Acesso às 10h, do dia 01 de agosto de 2017, p. 6.
41. ZHENJIE, Hu. *Forum non conveniens*: an unjustified doctrine. Cit., p. 155.
42. PETSCHE, Markus. *A critique of the doctrine of forum non conveniens*.., p. 9.
43. Idem, ibidem, p. 9.
44. Idem, ibidem, p. 10.
45. Idem, ibidem, p. 10.
46. Idem, ibidem, p. 14.
47. GRAY, Anthony. *Forum non conveniens* in Australia: a comparative analysis... cit., p. 235-236.
48. PETSCHE, Markus. *A critique of the doctrine of forum non conveniens*.., cit., p. 17.
49. Idem, ibidem, p. 19.

base uma doutrina que sequer possui fundamento legal específico.[50] Esse seria um argumento ainda mais forte nos países do *civil law* em que a competência possui uma organização detalhada, sem a utilização de conceitos jurídicos indeterminados, ao contrário do que acontece, por exemplo, nos EUA, em que há a criação de uma espécie de jurisdição exorbitante, ao se fazer menção a termos como "contatos mínimos" ou "regras transitórias".[51]

Além disso, cada país adota critérios diferentes, o que a torna ainda mais insegura,[52] dificultando a promoção da segurança jurídica e da previsibilidade das partes na questão da competência, em detrimento de uma organização mais rígida e específica existente nos países do *civil law*.[53] O problema dos critérios diversos pode gerar situações em que nenhum foro se considere o natural e sequer existiria, no plano internacional, uma Corte que possa impor a um determinado foro que julgue a causa.[54]

Mesmo em relação aos critérios legítimos, alega-se que é difícil que essa doutrina venha a ser útil. Questões como a verificação da aptidão para a efetivação da decisão, a produção de provas como as testemunhas, dependem de uma incursão, ainda que breve, no mérito da demanda. No caso da execução, iria pressupor uma análise inclusive de possíveis foros estrangeiros,[55] com a necessidade de verificação da exequibilidade da decisão.[56] Fora a possibilidade de haver conflito entre vários critérios, possibilidade que pode vir a ocorrer.[57]

Enfim, é perceptível que esse tema, embora utilizado em diversos países não é avesso a críticas nem do ponto de vista de sua admissibilidade, existindo diversos questionamentos quanto aos seus critérios de aplicação. Todos esses pontos de vista devem ser analisados à luz do ordenamento jurídico brasileiro, de forma a verificar de que forma tal doutrina pode ser admitida e quais critérios podem vir a ser utilizados.

6. A SITUAÇÃO DO TEMA NO BRASIL

No direito brasileiro, ao contrário do que se verifica no *common law*, a competência é distribuída de forma rígida e prévia pelo direito positivo, não

50. ZHENJIE, Hu. Forum non conveniens: an unjustified doctrine... cit., p. 154.
51. REUS, Alexander. Judicial discretion: a comparative view of the doctrine of forum non conveniens in the United States, the United Kingdom, and Germany... cit., p. 501.
52. ZHENJIE, Hu. Forum non conveniens: an unjustified doctrine. Cit., p. 154.
53. REUS, Alexander. Judicial discretion: a comparative view of the doctrine of forum non conveniens in the United States, the United Kingdom, and Germany... cit., p. 503.
54. ZHENJIE, Hu. Forum non conveniens: an unjustified doctrine... cit., p. 156.
55. PETSCHE, Markus. *A critique of the doctrine of forum non conveniens*... cit., p. 20-21.
56. TIBURCIO, Carmen. *Extensão e limites da jurisdição brasileira*... cit., p. 206.
57. PETSCHE, Markus. *A critique of the doctrine of forum non conveniens*... cit., p. 21.

cabendo, em tese, nenhuma margem para um controle concreto de sua adequação. A violação das regras de competência fixadas abstratamente seria vista como uma espécie de violação do juiz natural, que é uma garantia das partes.[58]

Isso significa que, no Brasil, se a legislação prevê competências concorrentes, o autor poderia escolher livremente perante qual juízo demandará. Não haveria qualquer limitação a esse direito, ao contrário do que ocorre no *common law*. Ao juiz competiria apenas verificar, *em abstrato*, se é competente, sem qualquer margem de discricionariedade.

O Superior Tribunal de Justiça já teve a oportunidade de abordar a admissibilidade dessa doutrina, recusando-a nas duas oportunidades.

A primeira oportunidade foi na medida cautelar 15.398, da relatoria da ministra Nancy Andrighi.[59] No referido caso concreto, duas empresas fizeram um acordo para que as causas decorrentes de um determinado contrato pudessem *também* ser propostas na Inglaterra, com a aplicação do respectivo direito. E foi naquele país que foi ajuizada inicialmente a demanda. No entanto, uma das empresas foi derrotada na justiça inglesa e, não satisfeita com o resultado, optou por se utilizar da justiça brasileira. O tribunal local, embora reconhecendo tratar-se de hipótese de competência concorrente, a qual não impede, em tese, o conhecimento de causa idêntica no Brasil, entendeu que esse raciocínio não deveria ser tão simples. Afirmou que deveria prevalecer a jurisdição inglesa porque, no momento que se propôs a demanda em Londres e a parte contrária não se insurgiu, com a aceitação da jurisdição inglesa, tornou-se clara e definitiva aquela escolha, não podendo, apenas pela conveniência da Agravada, que se viu perdedora na Corte Inglesa, a busca da prestação jurisdicional sobre fatos já julgados, a pretexto da concorrência da jurisdição.

A ministra Nancy Andrighi argumentou no sentido de que, embora não se tenha feito menção à doutrina do *forum non conveniens* na decisão do tribunal local, teria sido esse o seu fundamento para a extinção do processo. No entanto, embora tenha reconhecido a existência de tal doutrina, não haveria fundamento legal para sua admissão no processo civil brasileiro, eis que, no caso da competência concorrente não há litispendência e igualmente que, para que a sentença estrangeira tenha eficácia no Brasil, haveria necessidade de homologação pelo STJ. O tribunal local, ao extinguir o processo, teria usurpado a competência do STJ, permitindo, mesmo antes de transitado em julgado o pedido de homologação, a eficácia da sentença estrangeira no Brasil.

---

58. Fazendo menção a esse ponto de vista adotado no Brasil: BENEDUZI, Renato. *Forum non conveniens*... cit., p. 801.

59. STJ, 3ª T., MC 15.398/RJ, Rel. Min. Nancy Andrighi, j. 02/04/2009, DJe 23/04/2009.

Em 2016, no recurso especial 1.633.275/SC o STJ voltou a abordar o tema. No caso, duas empresas litigavam acerca do cumprimento de um contrato e foi ajuizada ação no Brasil, alegando a ré que o foro mais adequado para processar a demanda seria o da Argentina. Havia cláusula de eleição de foro, escolhendo o foro do Brasil como uma das possibilidades, sendo ainda aplicável as disposições do Protocolo de Buenos Aires.

No tocante à doutrina do *forum non conveniens*, houve novamente recusa a sua aceitação, eis que não haveria norma específica a autorizá-la, considerando-se que, no caso concreto "seria extremamente questionável o declínio da jurisdição em favor de outro país na situação ora examinada, sobretudo diante da existência de cláusula de eleição de jurisdição plenamente válida, bem como do disposto no art. 5º, XXXV, da CF/88, que elenca como garantia constitucional o livre acesso ao Poder Judiciário".[60]

Este texto não coaduna com as premissas do STJ, no sentido de que a ausência de texto normativo que preveja, de forma expressa, a adoção do *forum non conveniens* no Brasil impediria o desenvolvimento dessa doutrina. A proposta é a de admitir a sua inserção no ordenamento jurídico brasileiro a partir de uma releitura do princípio do juiz natural e de outras normas fundamentais processuais.

A proposta da adoção da teoria do *forum non conveniens* ao direito brasileiro teria por base uma nova compreensão do juiz natural para além de uma visão extremamente rígida e focada na suficiência, para um adequado funcionamento do sistema, de competência rígidas com vedação de qualquer discricionariedade. O novo ponto de vista teria por base um juiz natural mais flexível, que, embora permita maior maleabilidade das competências, não violaria a segurança jurídica, eis que ainda haveria a exigência de que haja a garantia de objetividade, impessoalidade, invariabilidade e por meio da permissão de controle e de participação dos interessados.[61]

O Brasil, ao contrário dos países do *common law*, trabalha com a competência de forma bastante detalhada, com um sem número de regras que tratam dessa temática. Em face de tal constatação, mesmo se admitindo a doutrina do *forum non conveniens* ela tende a ser menos útil do que no *common law*. Isso porque se, nesses países, não há uma regulamentação estrita da competência, havendo apenas regras gerais com ampla utilização de conceitos jurídicos indeterminados,[62] a própria admissão de critérios discricionários para

60. STJ, 3ª T., REsp 1.633.275/SC, Rel. Min. Ricardo Villas Bôas Cueva, j. 08/11/2016, DJe 14/11/2016
61. CABRAL, Antonio do Passo. Juiz natural e eficiência processual... cit., p. 597,
62. "No sistema inglês, a «adequação» ou a «maior qualificação» do juiz é avaliada com referência ao caso concreto e a avaliação discricionária do juiz se torna o fundamento para confirmar ou negar a

a recusa do exercício da competência é mais simples. Afinal, a própria fixação da competência depende do preenchimento de conceitos jurídicos indeterminados. A função do *forum non conveniens* no processo brasileiro seria a de complementação das regras de competência abstrata constantes da lei, nas situações em que essas não fossem suficientes para que haja uma competência *adequada* em determinadas situações concretas.[63]

Para pensar em sua função é possível uma comparação com outro instituto: o ônus da prova, que, no regime do CPC/1973, era sempre estático. Ou seja, ao autor competia a prova dos fatos constitutivos do seu direito e ao réu a prova dos fatos impeditivos, modificativos e extintivos do direito do autor (art. 333). Na grande maioria dos casos, essa regra funcionava sem qualquer problema, mas em algumas situações específica, havia violação de direitos fundamentais das partes, quando existia uma situação de desigualdade tal que, para o autor, o ônus da prova dos fatos constitutivos do seu direito era uma prova diabólica. Nesses casos, a jurisprudência afastava a incidência do art. 333 do CPC/1973 e *dinamizava* o ônus da prova, fazendo com que o réu, caso fosse identificado que detinha melhores condições probatórias, deveria arcar com os encargos probatórios.[64] A ideia do *forum non conveniens* é a de atuar quando a competência fixada abstratamente viole direitos fundamentais do réu e, por isso, tenha de ser flexibilizada.

De toda forma, é preciso enfrentar o fundamento normativo, afinal, apontar a releitura do juiz natural não significa muita coisa; é necessário indicar ao menos diretrizes de um novo conceito. Além disso, outros elementos normativos podem complementar a adoção do *forum non conveniens*.

A construção tradicional do princípio do juiz natural, ao menos no Brasil, parte de uma ideia de determinabilidade a *priori* das competências, exigindo-se que, independentemente das particularidades do caso concreto, seja possível individuar previamente os juízes por meio de leis gerais. A ideia seria a de um juiz pré-constituído, em que a sua identificação é realizada mediante critérios

competência. Nos sistemas jurídicos continentais da Europa (...) a identificação vem efetuada, ao contrário, sobre critérios objetivos, certos e previsíveis, não dependendo das particularidades do caso concreto". Tradução livre de: "Nel sistema inglese, l' «adeguatezza» o la «maggiore qualificazione» del giudice va valutata con riferimento al singolo caso da decidere e la valutazione discrezionale del giudice diventa così il fondamento per affermare o negare la giurisdizione. Nei sistemi giuridici eurocontinentali (...) l'identificazione viene effettuata, al contrato, sulla base di criterio oggettivi, certi e prevedibili, prescindendo dalle peculiarità del singolo caso". (PICARDI, Nicola. Il giudice naturale – principio fondamentale a livello europeo).

63. Com raciocínio semelhante: GRAY, Anthony. *Forum non conveniens* in Australia: a comparative analysis... cit., p. 210.

64. Com mais detalhes sobre esse tema, cf.: PEIXOTO, Ravi; MACÊDO, Lucas Buril de. *O ônus da prova e sua dinamização*. Salvador: Juspodivm, 2014.

abstratos e prévios[65], obedecendo, portanto, uma "rígida especificação legal, abstrata e prévia",[66] havendo quem afirme expressamente que haveria a vedação de elementos discricionários na fixação da competência.[67] A ideia geral é a de vetar qualquer abertura ao uso de conceitos jurídicos indeterminados na determinação da competência. Esse ponto de vista se daria pelo excesso de apego a uma legalidade estrita e na crença da capacidade do legislador de exaurir na legislação todas as hipóteses e critérios de atribuição de competência.[68]

Ocorre que, mesmo sob esse paradigma, diversos institutos possuem por base fixações de atribuições discricionárias de competência, a exemplo do desaforamento, o incidente de deslocamento de competência, o incidente de assunção de competência, a escolha da causa-piloto para afetação ao microssistema de julgamento de casos repetitivos, a decisão sobre o juízo que decidirá as medidas de urgência na pendência de um conflito de competência e a reunião e a separação de processos por razões discricionárias.[69]

Esses e outros exemplos destacam que o conteúdo tradicional do juiz natural não está em consonância com diversos novos institutos e atenta contra a ideia de eficiência processual. A proposta é a de realização de uma releitura que preserve o núcleo essencial do juiz natural e não ignore as exigência de um processo mais eficiente e, dentre tais alterações, seria a permissão de competências baseadas em conceitos jurídicos indeterminados.[70]

Esse novo conceito de juiz natural teria maior flexibilidade e adaptabilidade, permitindo, em certas situações, que a competência adequada seja fixada a partir das peculiaridades do caso concreto. O que se exige é que haja objetividade, impessoalidade e invariância,[71] na medida em que, mesmo havendo maior flexibilidade na delimitação da competência, que sejam evitadas decisões solipsistas e em desacordo com as particularidades do caso concreto e com o

---

65. TALAMINI, Eduardo; WAMBIER, Luiz Rodrigues. *Curso avançado de processo civil.* 16 ed. São Paulo: RT, 2016, v. I, p. 78; SANTOS, Clilton Guimarães dos. Competência no novo código de processo civil. SANTANA, Alexandre Ávalo; ANDRADE NETO, José de. (coords). *Novo CPC*: análise doutrinária sobre o novo direito processual brasileiro. Campo Grande: Contemplar, 2016, v. I, p. 222; CUNHA, Leonardo Carneiro da. *Jurisdição e competência.* 2ª ed. São Paulo: RT, 2013, p. 60-62; NERY JR., Nelson. *Princípios do processo na constituição federal.* 9ª ed. São Paulo: RT, 2009, p. 131.
66. MARINONI, Luiz Guilherme; MITIDIERO, Daniel; ARENHART, Sergio Cruz. *Novo curso de processo civil.* São Paulo: RT, 2015, v. 2, p. 57.
67. GRINOVER, Ada Pellegrini. O princípio do juiz natural e sua dupla garantia. WAMBIER, Teresa Arruda Alvim, WAMBIER, Luiz Rodrigues (coords). *Doutrinas Essenciais de Processo Civil.* São Paulo: RT, v. I, 2011, versão eletrônica, tópico 4.2.
68. CABRAL, Antonio do Passo. *Juiz natural e eficiência processual...* cit., p. 272.
69. Todos os exemplos mencionados em: CABRAL, Antonio do Passo. *Juiz natural e eficiência processual...* cit., p. 186-211. O exemplo da reunião de processos com base em critérios discricionários, em especial o art. 55, §3º, do CPC é utilizado por Renato Beneduzi como fundamento para a adoção do *forum non conveniens* no processo brasileiro (BENEDUZI, Renato. *Forum non conveniens...* cit., p. 802-803).
70. CABRAL, Antonio do Passo. *Juiz natural e eficiência processual...* cit., p. 308.
71. Idem, ibidem, p. 308 e ss.

ordenamento jurídico. Portanto, seria possível a admissão da utilização do princípio da competência adequada[72] permitindo que, em certas situações, para além da previsão da competência abstratamente adequada, seja possível também o controle *in concreto*, desde que satisfeitos certos requisitos. O objetivo seria o de conciliar a previsibilidade das competências previstas na legislação com a construção de maior eficiência de um controle caso a caso, permitindo que a decisão seja tomada pelo órgão jurisdicional com melhores condições.

Também podem ser mencionados como fundamentos do *forum non conveniens*, o devido processo legal, mais especificamente, o princípio da adequação judicial, que conduz também a atividade judicial. Por mais que o legislador organize as competências em abstrato, nas situações em que, concretamente, elas acabem permitindo uma violação de direitos fundamentais processuais das partes, poderia haver uma adaptação das regras abstratas da competência.

Uma vez admitida essa doutrina, cabem singelas observações quanto à consequência de seu acolhimento no caso concreto. Caso ela seja utilizada na competência interna, deve haver remessa dos autos ao juízo adequado, sem a extinção do processo; no caso da competência internacional, isso não é possível, devendo haver a extinção do processo, cabendo à parte ajuizar novo processo na jurisdição adequada.

7. CRITÉRIOS PARA A APLICAÇÃO DO *FORUM NON CONVENIENS*

No Brasil, não há nenhum texto normativo prevendo a recusa discricionária da competência e, por consequência, mesmo que admitida a utilização do *forum non conveniens*, há o desafio do desenvolvimento de critérios à sua aplicação. Isso porque, mesmo acolhendo a interpretação de um juiz natural mais flexível, permitindo uma leitura mais aberta das regras de competência, ainda assim, é imprescindível que seja garantida certa calculabilidade aos jurisdicionados ao ajuizarem as respectivas demandas. A recusa da admissão do processamento de uma demanda cuja competência está abstratamente prevista em lei deve ter por base fundamentos objetivos, vedando que haja arbítrio no exercício do poder jurisdicional. Além disso, eventuais requisitos devem ser plenamente compatíveis com o ordenamento jurídico brasileiro.

Para que haja esse desenvolvimento, ter-se-á, como base, o estudo de Antonio do Passo Cabral sobre o tema, autor que realizou o estudo mais detalhado sobre os possíveis requisitos de tal doutrina. Em sua análise, acabam sendo abarcados outros critérios utilizados pela doutrina brasileira a que se fará menção.

---

72. DIDIER JR., Fredie. *Curso de direito processual civil.* 19 ed. Salvador: Juspodivm, 2017, v. I, p. 233; BRAGA, Paula Sarno. Competência adequada. *Revista de Processo*. São Paulo: RT, n. 219, 2013.

A ideia básica do autor é a de buscar um equilíbrio, buscando um âmbito de proteção das garantias processuais envolvidas, comparando a competência proposta com as possíveis, de forma a verificar em qual o poder jurisdicional seria mais capaz de tutelar as garantias das partes. Esse equilíbrio seria buscado por meio de um balanceamento entre os interesses públicos e privados envolvidos. [73]

Do ponto de vista dos interesses públicos, a análise seria dos seguintes elementos: i) efeitos sistêmicos da distribuição no juízo acessado; ii) a exequibilidade das respectivas decisões; iii) as dificuldades administrativas, estruturais e o acervo do juízo, analisando a existência ou não do congestionamento pelo número excessivo de processo e iv) a complexidade da matéria.[74]

Do ponto de vista privado, temos a verificação se há prejuízo ao réu baseado nas seguintes variáveis:

i) Doutrina do *minimum contacts*, evitando-se foros exorbitantes, ou seja, que não possuem nenhuma proximidade com os fatos em causa, podendo levar ao aumentos das despesas e da duração do processo[75] O exemplo utilizado é o das ações coletivas, eis que, de acordo com o art. 93, II, do CDC, em tese, um dano de âmbito regional na região sudeste do país poderia ser questionado por meio de uma ação coletiva no Amazonas. Essa seria uma hipótese de utilização da doutrina do *forum non conveniens* pela inexistência de qualquer contato entre o foro abstratamente competente e os fatos da causa.[76]

ii) Boa-fé no ajuizamento da demanda[77] – para a aplicação desse critério, exige-se a demonstração de que o autor agiu de forma deliberada em se utilizar do *forum shopping* de forma abusiva, por meio de demandas vexatórias, opressivas ou que causem prejuízo ao demandado. Um aspecto que sempre deve ser observado é o de verificar essa boa-fé no início do processo, para evitar que o réu seja arrastado a um processo em que os seus direitos não serão adequadamente tutelados.[78]

---

73. CABRAL, Antonio do Passo. *Juiz natural e eficiência processual*... cit., p. 600.

74. CABRAL, Antonio do Passo. *Juiz natural e eficiência processual*... cit., p. 600-601. Muito embora não delimite quais seriam, mas admite igualmente a utilização de argumentos de interesse da jurisdição: NERY JR, Nelson. Competência no Processo Civil Norte-Americano: o instituto do Forum (non) Conveniens. *Revista dos Tribunais*, São Paulo: RT, n. 781, 2000, versão digital, tópico 3.

75. CABRAL, Antonio do Passo. *Juiz natural e eficiência processual*.. cit., p. 604. Há também quem faça menção à doutrina do *minimum contacts*, embora sem utilizar-se dessa nomenclatura específica: BRAGA, Paula Sarno. Competência adequada... cit., tópico 3.1.

76. CABRAL, Antonio do Passo. *Juiz natural e eficiência processual*.. cit., p. 605.

77. Trabalhando com a boa-fé: BENEDUZI, Renato. *Forum non conveniens*... cit., p. 807; DIDIER JR., Fredie. *Curso de direito processual civil*... cit., p. 233; BRAGA, Paula Sarno. Competência adequada... cit., tópico 3.1. Fazendo menção apenas ao exercício abusivo do direito de escolha como base para o desenvolvimento da doutrina do *forum non conveniens*: MEDINA, José Miguel Garcia. *Direito processual civil moderno*. 2ª ed. São Paulo: RT, 2016, p. 164.

78. CABRAL, Antonio do Passo. *Juiz natural e eficiência processual*... cit., p. 607.

iii) O momento de ajuizamento e as demandas prematuras ou afobadas –Aqui, o objetivo é o de evitar as chamadas "demandas torpedo", nas quais um dos litigantes, buscando evitar o foro natural, ajuíza uma primeira demanda em outro foro que lhe seja mais conveniente. O exemplo utilizado é quando uma parte inadimplente se antecipa a uma possível demanda condenatória por meio do ajuizamento de uma ação declaratória negativa. Para verificar se essa ação foi utilizada com abuso do direito, tem se verificado o interesse das partes em cada uma das demandas – o propósito útil – para analisar a sua admissibilidade.[79]

Esse critério, embora utilizado pelo autor como autônomo à boa-fé, não há como vislumbrá-lo como detentor de natureza autônoma. Trata-se, na verdade, de um desdobramento da boa-fé.

iv) Maior possibilidade de exercício da ampla defesa pelo réu – apenas seria admitido o controle da opção do autor caso seja possível ao juiz a verificação de que os direitos processuais do réu foram excessivamente prejudicados, ou se o autor, por ter melhores condições (estrutura, recursos financeiros) para ajuizar a demanda em outro foro menos prejudicial ao demandado, optou por aquele juízo apenas para dificultar-lhe a defesa.[80] Verifica-se, por meio desse requisitos, se o direito à prova por parte do réu é prejudicado pela escolha do foro pelo autor, por exemplo, pelo domicílio das testemunhas e o local onde as provas estão localizadas.[81]

v) Custo financeiro e o tempo necessário para a decisão – a questão do custo deve ter por base uma série de elementos, tais como as despesas de traslado que se toma até a sede do juízo, o desconhecimento de advogados no local em que foi ajuizada a demanda e que poderiam dificultar a defesa do réu. Um outro elemento seria a duração razoável do processo, desde que esta seja empiricamente comprovável. De qualquer forma, este critério deve ser avaliado em relação a quão avançado está o processo, evitando gerar um atraso ainda maior e, além disso, não deve atuar como fator único, pois o autor poderia escolher outros foros que lhe sejam mais vantajosos, embora mais lentos.[82]

vi) Foro do domicílio do réu ou juízo próximo à da sua residência – deve haver um balanceamento entre o interesse do autor no foro por ele

79. CABRAL, Antonio do Passo. *Juiz natural e eficiência processual...* cit., p. 609; BENEDUZI, Renato. *Forum non conveniens...* cit., p. 807-808.
80. CABRAL, Antonio do Passo. *Juiz natural e eficiência processual...* cit., p. 610-611.
81. CABRAL, Antonio do Passo. *Juiz natural e eficiência processual...* cit., p. 610; TIBURCIO, Carmen. *Extensão e limites da jurisdição brasileira...* cit., p. 207.
82. CABRAL, Antonio do Passo. *Juiz natural e eficiência processual...* cit., p. 612.

escolhido e os prejuízos para a defesa do réu. Há de se perceber que a competência, em geral, é do domicílio do réu, eis que, ao contrário do demandante, que tem o prazo prescricional para preparar a sua ação, o réu tem prazo bem mais exíguo para se defender. Além disso, em seu domicílio, será mais fácil o acesso do réu a um advogado.[83]

vii) Concordância do réu com o foro escolhido pelo autor – deve se buscar indícios de que o réu consinta com o ajuizamento no foro escolhido pelo autor.[84] Não há aqui negócio jurídico prévio, mas sim a busca de indícios, a exemplo da propositura de demandas preparatórias no foro escolhido pelo autor, a exemplo do procedimento de produção de prova (art. 381 e ss., CPC).

8. EM BUSCA DE CRITÉRIOS COMPATÍVEIS COM O PROCESSO CIVIL BRASILEIRO

Como visto, a doutrina brasileira, muitas vezes inspirada nas construções estrangeiras, vem desenvolvendo diversos critérios para a utilização da doutrina do *forum non conveniens*. Um aspecto que não pode ser ignorado é o de que, no Brasil, ao contrário do que ocorre no *common law*, a competência é regulada de forma detalhada e as hipóteses de competência concorrente não possuem, de forma expressa, nenhum limite no direito de escolha do autor. Para que se vislumbre a possibilidade de limitação de tais direitos, impõe-se um cuidado no exercício de um direito garantido por lei.

A única forma se fazê-lo sob o âmbito do processo brasileiro parece ser a partir da atuação dos direitos fundamentais processuais como limitadores do direito de escolha do autor. A partir desse ponto de vista, já são excluídos argumentos voltados ao interesse público, tal qual ocorre nos EUA, havendo uma maior aproximação com a Austrália e a Inglaterra. O foco deve ser tão apenas nos interesses privados das partes fundados nos direitos fundamentais processuais.

A atuação do *forum non conveniens* deve ocorrer apenas em situações excepcionais.[85] Isso porque é necessário o respeito ao direito de escolha do autor e da própria escolha legislativa na inserção de competências concorrentes, ou seja, apenas quando o direito de escolha do autor seja abusivo ou quando a escolha legislativa não seja minimamente adequada tendo por base a situação concreta é que pode haver a declinação da competência pelo juiz.

---

83. Idem, ibidem, p. 613.
84. Idem, ibidem, p. 614.
85. Também nesse sentido, embora não com os mesmos requisitos para a aplicação dessa doutrina: NERY JR, Nelson. Competência no Processo Civil Norte-Americano: o instituto do Forum (non) Conveniens... cit., tópico 3; GASPARETTI, Marco Vanin. *Competência internacional*. São Paulo: Saraiva, 2011, p. 84.

A primeira grande base é a do princípio da boa-fé, mas que jamais atuará de forma isolada, como se verá. Ele pode ser definido *como uma norma de conduta, impondo aos participantes de determinada relação jurídica que atuem de forma leal, respeitando a confiança legítima dos outros participantes.*[86]Ao se analisar essa construção a partir da teorização normativa desenvolvida por Marcelo Neves,[87] a tendência da atuação da boa-fé é que ela funcione geralmente como um princípio, ao atuar na construção de regras que exijam uma atuação leal no tráfego jurídico. O sentido primordial dessa modalidade de boa-fé é a regra de conduta, que qualifica uma norma de comportamento leal.[88] Como destaca Menezes Cordeiros, em um nível instrumental, "ela reduz a margem de discricionariedade da actuação privada, em função de objetivos externos".[89]

Verifica-se nesse momento a conduta do autor na sua escolha do foro, se houve prejuízo ao réu no exercício do seu direito. Exemplos disso são as mencionadas "demandas torpedo". No entanto, como já destacado, a boa-fé não deve atuar de forma isolada, até porque, para se verificar se ela foi ou não violada, impõe-se a investigação da situação em que o réu se encontra diante do direito de escolha do foro concorrente por parte do autor. Essa investigação deve ser feita a partir dos direitos fundamentais processuais do(s) réu(s), quais sejam, principalmente o do contraditório e da ampla defesa, aqui naturalmente englobado o direito à prova.

Deve ser analisado se, no local de escolha do autor é possível preservar, do ponto de vista do réu, um núcleo mínimo do contraditório e da ampla defesa, permitindo que ele atue adequadamente, a questão da facilidade na contratação do advogado e, especialmente, o local dos elementos probatórios, pois a depender de onde ocorreram os fatos e onde estejam as testemunhas, a escolha do autor pode acabar por reduzir a quase nada o direito à prova do réu. Mesmo o critério mencionado pela doutrina de buscar indícios de aceitação, por parte do réu, do foro escolhido pelo autor, estaria englobado pelo contraditório e pela ampla defesa. Afinal, parece possível presumir que, se o réu ajuizou anteriormente uma ação de produção probatória antecipada ou mesmo uma ação de tutela antecipada requerida em caráter antecedente, caso uma demanda venha a ser ajuizada contra ele no mesmo foro, não haverá

86. MARTINS-COSTA, Judith. *A boa fé no direito privado*. São Paulo: RT, 2000, p. 412; MENEZES CORDEIRO, António Manuel da Rocha e. *Da boa fé no direito civil*. Coimbra: Almedina, 2011, p. 632-660; SILVA, Clóvis V. do Couto e. *A obrigação como um processo*. Rio de Janeiro: FGV, 2006, p. 33; CABRAL, Antonio do Passo. O contraditório como dever e a boa-fé processual objetiva. *Revista de Processo*. São Paulo: RT, v. 126, ago.-2005, versão digital, n. 7, p. 11.

87. NEVES, Marcelo. *Entre Hidra e Hércules*: princípios e regras constitucionais. São Paulo: Martins Fontes, 2013, passim.

88. MARTINS-COSTA, Judith. *A boa fé no direito privado*... cit., p. 412.

89. MENEZES CORDEIRO, António Manuel da Rocha e. *Da boa fé no direito civil*... cit., p. 649.

qualquer prejuízo aos seus direitos fundamentais processuais. Isso porque ele próprio já se utilizou daquele foro para discutir, de alguma forma, o tema objeto da atual demanda em que venha a se discutir a adequação da competência.

De qualquer forma, a análise da preservação dos direitos fundamentais do réu não pode ser realizada de maneira que haja o reconhecimento da incompetência se houver qualquer dificuldade no seu exercício. Isso porque também é necessário respeitar o direito de escolha do autor, que, naturalmente, irá escolher aquele foro que lhe seja mais favorável e isso não pode ser desconsiderado quando houve análise acerca da adequação da competência. Em outros termos, os direitos fundamentais do réu apenas podem fundamentar a aplicação do *forum non conveniens* quando não haja preservação do seu núcleo mínimo. Trata-se da maneira mais adequada de preservar tanto o direito de escolha do autor, como de preservar a própria escolha legislativa, que, ao prever, em diversas situações, competência concorrentes, pressupôs que todas elas seriam igualmente adequadas, ao menos em abstrato. A teoria do *forum non conveniens* operaria nos espaços que foram ignorados pelo legislador, atuando dentro das particularidades dos casos concretos.

9. CASOS DE APLICAÇÃO DO *FORUM NON CONVENIENS*

9.1. Competência internacional concorrente

Os arts. 21 e 22 do CPC regulam as causas que admitem processamento tanto no Brasil quanto no exterior. Ou seja, são competentes a autoridade judiciária brasileira e também a estrangeira, sem exclusão de nenhuma das duas. São as hipóteses da chamada competência concorrente internacional. Em tese, o autor possui um poder de escolha ilimitado,[90] ou seja, é possível que uma mesma demanda possa ser ajuizada no Brasil, na Inglaterra ou na Rússia e, ao menos do ponto de vista brasileiro, a escolha estaria sob o completo domínio do demandante. Nos casos da competência concorrente, a causa pode ser processada tanto perante a autoridade judiciária nacional quanto perante a estrangeira. Dito isto, é possível que se verifique a propositura concomitante de ações idênticas no Brasil e no exterior.

90. Aparentemente nesse sentido: MARTINS, Ives Gandra da Silva. Jurisdição internacional. Ajuizamento de ação no Brasil por força da aplicação da teoria do forum non conveniens por parte da justiça americana – Hipótese que não se enquadra nos arts. 88 e 89 do CPC. Inexistência de jurisdição no Brasil. Indeferimento de inicial. Inocorrência de citação e de composição da lide. Falta de legítimo interesse dos pretensos réus para recorrer. *Revista dos Tribunais*. São Paulo: RT, v. 855, jan.-2007, versão eletrônica, tópico 3; RECHSTEINER, Beat Walter. *Direito internacional privado* – teoria e prática. 15 ed. São Paulo: Saraiva, 2012, versão digital, cap. 3, tópico a.

Prevendo situações como está, o art. 24 do CPC afirma expressamente que não há litispendência entre ação proposta no Brasil e no estrangeiro e nem obsta o conhecimento da mesma causa e das que lhe são conexas.[91]-[92] Essa situação, de acordo com Barbosa Moreira, não significa propriamente que não haja litispendência, mas tão somente que ela é irrelevante para o juiz brasileiro, consagrando o que ele denomina de princípio da "preferência pela jurisdição nacional".[93] Apenas haverá um óbice à demanda ajuizada no Brasil, caso venha a transitar em julgado primeiro o processo de homologação de decisão estrangeira.

A doutrina do *forum non conveniens* tem especial utilidade no tema da competência internacional, eis que não seria adequado tamanha abertura para essa escolha no ajuizamento de demandas em países diferentes quando for possível identificar que um deles ou tem maior capacidade para resolver a questão ou mesmo quando já há uma demanda devidamente instaurada.

Há quem trate de hipóteses da exclusão da jurisdição brasileira por uma doutrina assemelhada ao *forum non conveniens*, denominada de *princípio da efetividade*. Seriam situações em que, em abstrato, há competência, mas faltaria interesse jurídico ao Estado em processar aquela demanda. De acordo com Ignacio Botelho de Mesquita, com base no mencionado princípio, seriam excluídas da competência internacional os casos em que:

> a) as que demandem aplicação de Direito estrangeiro e não sejam suscetíveis de execução no território nacional; b) as que demandem aplicação do Direito nacional mas a sentença dada não seja suscetível de homologação no país onde deva ser executada (...) e c) as execuções sobre bens situados fora do território nacional

---

91. Afirma Arruda Alvim que, "Antes da homologação, a sentença estrangeira não deve valer como sentença eficaz, perante a jurisdição nacional, onde poderá ver homologada; poderá ser considerada, no entanto, como mero fato". (Competência internacional. WAMBIER, Teresa Arruda Alvim, WAMBIER, Luiz Rodrigues (coords). *Doutrinas Essenciais de Processo Civil*. São Paulo: RT, v. II, 2011, versão eletrônica, tópico 1). Embora não haja aprofundamento, a ideia parece ser a da utilização da sentença como meio de prova, o que parece ser uma possibilidade viável. Com mais vagar sobre o tema, embora não focando na questão da relação entre litígios internacionais, cf.; MACÊDO, Lucas Buril de. Coisa julgada sobre fato? Análise comparativa com o *collateral estoppel* de sua possibilidade de *lege lata* ou de *lege ferenda*. *Revista de Processo*. São Paulo: RT, v. 260, out.-2015, versão eletrônica, tópico 5.3.

92. Para uma crítica à opção legislativa brasileira, por atentar contra a economia processual, desconsiderando a coordenação e a complementaridade entre jurisdições nacionais, cf.: PINHO, Humberto Dalla Bernardina de; HILL, Flávia Pereira. Medidas estruturantes nas ferramentas de cooperação jurídica internacional. ARENHART, Sérgio Cruz; JOBIM, Marco Félix (coords). *Processos estruturais*. Salvador: Juspodivm, 2017, p. 253.

93. MOREIRA, José Carlos Barbosa. Problemas relativos a litígios internacionais... cit., p. 141-142; MOREIRA, José Carlos Barbosa. Relações entre processos instaurados, sobre a mesma lide civil, no Brasil e em país estrangeiro. *Temas de direito processual* – primeira série. 2ª ed. São Paulo: Saraiva, 1988, p. 38.

> ou referentes a obrigações de cujo título não conste o Brasil como lugar do cumprimento da obrigação.[94]

A construção do autor foi alvo de críticas, eis que a utilização de hipóteses envolvendo a lei aplicável e a competência internacional gerariam uma confusão inadequada, confundindo objetos distintos. Mais ainda, não seria adequado que hipóteses de aplicação do direito estrangeiro levassem, por si só, à recusa da autoridade brasileira em analisar a demanda, pois seria o mesmo que negar o direito internacional privado. Por fim, a mera execução do bem no exterior não afastaria, por si só, a jurisdição nacional, eis que ela pode ter aptidão para produzir efeitos no estrangeiro.[95]

A lógica por trás do princípio da efetividade tem por base a aptidão ou não da *executoriedade* da decisão a ser proferida, seja no Brasil, seja no exterior, evitando-se um desgaste de tempo e dinheiro sem que o processo tenha qualquer aptidão para produzir efeitos.[96] Um aspecto que não pode ser ignorado é a tutela pretendida pelo autor, eis que, pode ocorrer, por exemplo, de não haver qualquer pretensão de que a decisão seja executada, mas apenas de obtenção de uma tutela declaratória. Em tais situações, a eventual inaptidão do processo produzir efeitos concretos no Brasil pode não servir de fundamento para que haja negação ao processamento da demanda. Mesmo nas situações em que haja pedido de tutela condenatória e inaptidão para a execução do julgado, é possível admitir-se que o juiz intime previamente o autor para se manifestar acerca de tal situação, permitindo que ele emende a inicial, requerendo tão somente uma tutela declaratória.

De acordo com Renato Beneduzi, um aspecto da utilização da doutrina do *forum non conveniens* na competência internacional seria a dependência de que o outro foro houvesse se reconhecido previamente como competente para julgar aquela demanda específica. Isso porque, como não existe no direito internacional o instrumento do conflito negativo de competência para evitar a denegação de justiça, para que isso seja evitado, a aplicação do *forum non conveniens* dependeria de que houvesse o prévio ajuizamento da outra demanda e que aquele juízo houvesse se considerado como competente.[97]

Esse posicionamento não é o mais adequado, eis que acaba por colocar nas mãos do autor o domínio acerca do cabimento da alegação de *forum non conveniens* por parte do réu. Afinal, se a sua aplicação dependeria do prévio

94. MESQUITA, José Ignacio Botelho de. Da competência internacional e dos princípios que a informam. *Revista de Processo*. São Paulo: RT, abr./jun.-1988, p. 59-60.
95. TIBURCIO, Carmen. *Extensão e limites da jurisdição brasileira*... cit., p. 206, nota de rodapé n. 740,
96. TIBURCIO, Carmen. *Extensão e limites da jurisdição brasileira*... cit., p. 206-207.
97. BENEDUZI, Renato. Forum non conveniens... cit., 814-815.

ajuizamento da outra demanda – e mais, do prévio reconhecimento de que o foro possui competência adequada – o autor que objetiva prejudicar o réu poderia simplesmente não ajuizar previamente a outra demanda. Bastaria que ele ajuizasse a demanda no foro que lhe é mais favorável e, mesmo que gere prejuízos significativos aos direitos fundamentais processuais do réu, o juiz seria obrigado a se reconhecer como competente. Portanto, por mais que a existência de outra demanda, em foro que já tenha se reconhecido como competente possa ser um dos elementos no reconhecimento do *forum non conveniens* na competência internacional, ele não pode ser tido como um pressuposto à sua utilização.

Caso já existam os dois processos, seria possível estabelecer critérios para a questão da alegação do *forum non conveniens*, evitando as dificuldades mencionadas por Renato Beneduzi. Caso esta fosse reconhecida, a extinção do processo poderia ser condicionada à garantia de que o réu, que alegou a ausência de competência adequada não alegasse o *forum non conveniens* também na jurisdição estrangeira[98], sob pena de violação à boa-fé objetiva, com imposição de multa ou até de consideração de que há *venire contra factum proprium*. Inclusive, o juiz poderia, na decisão, determinar a suspensão do processo com base no art. 313, V, *a*, do CPC, eis que a análise do mérito da causa dependeria do reconhecimento ou não da competência pelo juiz estrangeiro.

Outro critério desenvolvido pela doutrina seria no sentido de que a demanda no Brasil não fosse imediatamente extinta por incompetência. O juiz deveria suspender o processo com base no art. 265, III, do CPC/1973 (sem correspondente no CPC/2015), para esperar a decisão estrangeira de aceitação ou não da competência, pelo prazo de um ano (art. 265, §5º, CPC/1973; art. 313, §4º, CPC/2015). Caso não houvesse decisão, o processo deveria voltar a tramitar, no entanto, caso o juiz estrangeiro se reconhecesse como competente, ou o autor não viesse a ajuizar a ação nesse prazo, o processo deveria ser extinto sem resolução do mérito pela falta de interesse do autor (art. 267, VI, CPC/1973; art. 485, VI, CPC/2015).

Esse argumento tem um problema prévio, qual seja, a ausência de previsão de suspensão do processo pela alegação de incompetência no CPC/2015. Não parece viável a utilização do art. 313, V, *a*, do CPC/2015, pois nessa situação sequer haveria um processo instaurado previamente. Além disso, não parece viável que a extinção seja baseada na falta de interesse do autor, afinal, interesse há no julgamento da demanda, apenas houve o ajuizamento no foro incompetente. [99]

A única possibilidade de reconstrução dessa argumentação seria vislumbrar uma suspensão negocial do processo (art. 313, II, CPC/2015) pelas partes e pelo

98. Com essa sugestão: LUPOI, Michele Angelo. Convenzione di Bruxelles ed esercizio discrezionale della giurisdizione... cit., p. 1.002.
99. GASPARETTI, Marco Vanin. *Competência internacional*... cit., p. 83-84.

juiz, de forma a permitir o ajuizamento da demanda pelo autor no estrangeiro. Note-se que seria uma suspensão negocial e que dependeria da concordância de todas as partes e cujo prazo máximo seria de seis meses (art. 313, §4º, CPC/2015). Ultrapassado esse prazo sem ajuizamento da outra demanda, caberia ao juiz extinguir o processo pelo *forum non conveniens*, no entanto, se devidamente ajuizada a demanda, o prazo poderia ser ampliado, eis que, para a hipótese do art. 313, V, *a*, o prazo máximo será de um ano (art. 313, §4º, CPC/2015).

9.2. A competência no processo coletivo

De acordo com o art. 2º, da Lei da ACP, será competente para a ação civil pública "o foro do local onde ocorrer o dano, cujo juízo terá competência funcional para processar e julgar a causa".[100] Essa tendência foi seguida por outras legislações que tratam do processo coletivo, a exemplo do art. 209 do ECA, o art. 93 do CDC e o art. 80 do Estatuto do Idoso. Havendo dano em mais de uma localidade, *todas elas são igualmente competentes*, podendo o autor escolher em qual foro ingressar.

Devido a omissão no tratamento da competência quando o dano seja regional ou nacional na Lei da ACP, em face do microssistema da tutela coletiva, há utilização do art. 93 do CDC. Segundo esse texto normativo, será competente a justiça local: i) "no foro do lugar onde ocorreu ou deva ocorrer o dano, quando de âmbito local" (art. 93, I) e ii) "no foro da Capital do Estado ou no do Distrito Federal, para os danos de âmbito nacional ou regional, aplicando-se as regras do Código de Processo Civil aos casos de competência concorrente" (art. 93, II). No caso de dano de âmbito nacional, em tese, todas as capitais dos Estados-membros e do Distrito Federal possuem competência concorrente para processar e julgar a ação coletiva.[101]

A doutrina do *forum non conveniens* tem utilidade justamente nos casos em que os danos sejam regionais ou nacionais e a amplitude de escolhas do autor são maiores. Um desastre ecológico que atinja os estados do sul e sudeste tem caráter nacional, abrangendo mais de uma região do território brasileiro, o que levaria, em tese, à possibilidade de ajuizamento de ação civil pública em qualquer capital. Seria, então, viável que a discussão sobre esse tema fosse realizada em Rio Branco, no Acre, embora não tenha existido nenhum dano

100. Destaca-se que, na verdade, trata-se de competência territorial absoluta e não de competência funcional, como bem esclareceu Barbosa Moreira (A expressão "competência funcional" no art. 2º da Lei da Ação Civil Pública. *Temas de direito processual* – nona série. São Paulo: Saraiva, 2007). Não por acaso tanto o texto normativo do ECA tanto do Estatuto do Idoso, mais recentes, deixaram de utilizar a nomenclatura de competência funcional.

101. STJ, 2ª Seção, CC 26.842/DF, Rel. Min. Waldemar Zveiter, Rel. p/ Acórdão Min. Cesar Asfor Rocha, j. 10/10/2001, DJ 05/08/2002. Na doutrina: DIDIER JR., Fredie; ZANETI JR., Hermes. *Curso de direito processual civil*. 11 ed. Salvador: Juspodivm, 2017, v. 4, p. 137.

naquele Estado. A lógica aqui, seria a aplicação das condicionantes da doutrina do *forum non conveniens* para limitar as escolhas do autor, vedando que a ação seja ajuizada em foro que viole os direitos fundamentais do réu.[102]

9.3. A cláusula de foro de eleição e a sua abusividade

O CPC autoriza que as partes realizem negócio jurídico processual com o propósito de alteração da competência em razão do território e do valor (art. 63, *caput*). Destaque-se que essa possibilidade já existia no CPC/1973 (art. 111), mas apenas para a alteração da competência interna, que agora abrange igualmente a possibilidade de cláusula de eleição de foro exclusivo estrangeiro, desde que seja hipótese de jurisdição concorrente e inserida em contrato internacional (art. 25, *caput*, CPC/2015).[103]

A questão do *forum non conveniens* aqui é inserida por meio da possibilidade de reconhecimento da ineficácia da cláusula de eleição de foro no caso de sua abusividade.[104] Ela pode ser reconhecida de ofício antes da citação do réu (art. 63, §3º, CPC) e, após praticado o referido ato, cabe ao réu alegar essa abusividade na contestação, sob pena de preclusão (art. 64, §4º, CPC). Reconhecida pelo juiz, haverá a remessa dos autos ao juízo do foro de domicílio do réu (art. 64, §3º, CPC). Importante destacar que a ineficácia dessa cláusula de eleição de foro é aplicável igualmente àquela em que o negócio é relativo a contrato internacional e o foro é escolhido de forma exclusiva no estrangeiro (art. 25, §2º, CPC).

Por mais que a situação seja ligeiramente diversa da situação tradicional de reconhecimento do *forum non conveniens*, eis que, no caso, ao invés de alteração de foro escolhido abstratamente pelo legislador, a inadequação é de um negócio jurídico celebrado pelas partes, ainda assim, é possível a atração da mencionada doutrina.[105] Isso porque a ideia de abusividade deve ser preenchida pelos requisitos da doutrina do *forum non conveniens*, ou seja, a cláusula deve ser reputada ineficaz quando houve violação da boa-fé por parte do autor na escolha de um foro que viole direitos fundamentais do réu.

102. Defendendo a aplicação do princípio da competência adequada aos processos coletivos: Na doutrina: DIDIER JR., Fredie; ZANETI JR., Hermes. *Curso de direito processual civil...* cit., p. 139.
103. Essa alteração veio sanar uma situação de vacilação jurisprudencial, que ora aceita essa espécie de foro, ora a rejeitava. Sobre o tema: BERNARDI, Vanessa de Oliveira. A jurisdição nacional sob o viés do novo código de processo civil. PEIXOTO, Ravi; MACÊDO, Lucas Buril de; FREIRE, Alexandre (coords). *Doutrina selecionada* – parte geral. Salvador: Juspodivm, 2015, v. I, p. 693-696; MENDES, Aluisio Gonçalves Castro; ÁVILA, Henrique. Comentários ao art. 25. DIDIER JR., Fredie; TALAMINI, Eduardo; WAMBIER, Teresa Arruda Alvim; DANTAS, Bruno (coords). *Breves comentários ao Novo Código de Processo Civil*. São Paulo: RT, 2015, p. 110-111.
104. No mesmo sentido: NERY JR, Nelson. Competência no Processo Civil Norte-Americano: o instituto do Forum (non) Conveniens... cit., tópico 3;
105. BRAGA, Paula Sarno. Competência adequada... cit., tópico 3.2.a.

10. CONCLUSÃO

A doutrina do *forum non conveniens*, embora já aplicada há algumas décadas pelos países do *common law*, ainda é um tema que ainda requer um considerável desenvolvimento (e aceitação) no direito processual brasileiro. Um dos motivos para a ausência de maiores desenvolvimentos provavelmente decorre da recusa em admitir a sua utilização por parte do STJ.

No entanto, o ordenamento jurídico brasileiro parece apto a acolher essa doutrina a partir de uma releitura do princípio do juiz natural, tornando-o mais flexível do que a construção doutrinária clássica. Sua função seria a de flexibilizar as hipóteses de competências concorrentes, de forma a concretizar o princípio da competência adequada, evitando o ajuizamento de demandas em foros que limitem demasiadamente os direitos fundamentais do réu. É apenas com o desenvolvimento de requisitos minimamente objetivos e compatíveis com o direito brasileiro que se afigura possível a construção de uma teoria do *forum non conveniens* brasileira, que naturalmente se inspira nos estudos estrangeiros, mas que vai se desenvolver de forma autônoma.

Em sendo viável a construção de uma competência adequada para além daquela indicada de forma prévia e abstrata pelo legislador, passa-se a verificar a sua eventual utilidade no processo brasileiro. Três situações se destacam, quais sejam: i) a competência internacional concorrente, em que se torna possível controlar um *forum shopping* outrora praticamente sem limites; ii) a competência concorrente para o ajuizamento de ações coletivas, forçando seu ajuizamento em um foro mais próximo de onde ocorreu o dano e iii) no controle da convenção de foro, caso em que a abusividade, elemento já previsto pela legislação como apto para o bloqueio de sua eficácia, seja preenchido pelos requisitos a aplicação da teoria do *forum non conveniens*.

REFERÊNCIAS

ALVIM, Arruda. Competência internacional. WAMBIER, Teresa Arruda Alvim, WAMBIER, Luiz Rodrigues (coords). *Doutrinas Essenciais de Processo Civil*. São Paulo: RT, v. II, 2011, versão eletrônica.

ARZANDEH, Ardavan. Reconsidering the Australian forum (non) conveniens doctrine. *International and Comparative Law Quarterly*, v. 65, n. 2, 2016.

______. Should the Spiliada test be revised? *Journal of Private International Law*, v. 10, n. 1, 2014.

______. The origins of the Scottish forum non conveniens doctrine. *Journal of Private International Law*, v. 13, n. 1, 2017.

BARRETT JR, Edward. The doctrine of forum non conveniens, *California Law Review*, v. 35, 1947.

BENEDUZI, Renato. *Forum non conveniens.* PEIXOTO, Ravi; MACEDO, Lucas Buril de; FREIRE, Alexandre (coords). *Novo CPC – Doutrina selecionada.* 2ª ed. Salvador: Juspodivm, 2016, v. 1.

BERNARDI, Vanessa de Oliveira. A jurisdição nacional sob o viés do novo código de processo civil. PEIXOTO, Ravi; MACÊDO, Lucas Buril de; FREIRE, Alexandre (coords). *Doutrina selecionada* – parte geral. Salvador: Juspodivm, 2015, v. I.

BLAIR, Paxton, The doctrine of forum non conveniens in Anglo-American Law, *Columbia Law Review*, v. 29, n. 1, jan.-1929.

BRAGA, Paula Sarno. Competência adequada. *Revista de Processo.* São Paulo: RT, n. 219, 2013.

BRAND, Ronald A. Challenges to forum non conveniens. *International Law and Politics*, v. 45, 2013.

______. Comparative forum non conveniens and the Hague Convention on Jurisdiction and Judgments. *Texas International Law Journal*, v. 37, 2002.

CABRAL, Antonio do Passo. *Juiz natural* e *eficiência processual*: flexibilização, delegação e coordenação de competências no processo civil. Universidade do Estado do Rio de Janeiro: Tese apresentada ao concurso de Professor Titular de Processo Civil, 2017.

______. O contraditório como dever e a boa-fé processual objetiva. *Revista de Processo.* São Paulo: RT, v. 126, ago.-2005, versão digital.

CUNHA, Leonardo Carneiro da. *Jurisdição e competência.* 2ª ed. São Paulo: RT, 2013.

CUNIBERTI, Gilles, Current Developments – Private International Law, I. Forum non conveniens and the Brussels Convention. *The International and Comparative Law Quarterly*, v. 54, n. 4, out.-2005.

DIDIER JR., Fredie. *Curso de direito processual civil.* 19 ed. Salvador: Juspodivm, 2017, v. I.

DIDIER JR., Fredie; ZANETI JR., Hermes. *Curso de direito processual civil.* 11 ed. Salvador: Juspodivm, 2017, v. 4.

GABUARDI, Carlos A. Entre la jurisdicción, la competencia y el forum non conveniens. *Boletín Mexicano de Derecho Comparado*, v. XLI, n. 121, jan./abr.-2008.

GASPARETTI, Marco Vanin. *Competência internacional.* São Paulo: Saraiva, 2011.

GILLESPIE, Alexander. Forum Shopping in international environmental law: The IWC, CITES, and the management of cetaceans. *Ocean Development & International Law*, v. 33, issue 1, 2002.

GRAY, Anthony. *Forum non conveniens* in Australia: a comparative analysis. *Common Law World Review*, v. 38, 2009.

GRINOVER, Ada Pellegrini. O princípio do juiz natural e sua dupla garantia. WAMBIER, Teresa Arruda Alvim, WAMBIER, Luiz Rodrigues (coords). *Doutrinas Essenciais de Processo Civil.* São Paulo: RT, v. I, 2011, versão eletrônica.

JUENGER, Friedrich K. Forum non conveniens – who needs it? TARUFFO, Michele (coord). *Abuse of procedural rights*: comparative standards of procedural fairness. The Hague/London/Boston: Kluwer Law International, 1998.

______. Forum shopping, domestic and international. *Tulane Law Review*, v. 63, 1989.

LII, Michael T., An Empirical Examination of the adequate alternative forum in the doctrine of forum non conveniens, *Richmond Journal Of Global Law & Business*, v. 8, n. 4, 2009.

LUPOI, Michele Angelo. Convenzione di Bruxelles ed esercizio discrezionale della giurisdizione. *Rivista trimestrale di diritto e procedura civile*. Milão: Giuffrè, v. 49, n. 3, set.-1995.

MACÊDO, Lucas Buril de. Coisa julgada sobre fato? Análise comparativa com o collateral estoppel de sua possibilidade de lege lata ou de lege ferenda. *Revista de Processo*. São Paulo: RT, v. 260, out.-2015, versão eletrônica.

MALOY, Richard. Forum shopping? What's wrong with that? 24 *QLR* 25, 2005-2006.

MARCUS, Richard L; REDISH, Martin H.; SHERMAN, Edward F.; PFANDER, James E. *Civil procedure*: a modern approach. 5ª ed. St. Paul: West Publishing Co., 2008.

MARINONI, Luiz Guilherme; MITIDIERO, Daniel; ARENHART, Sergio Cruz. *Novo curso de processo civil*. São Paulo: RT, 2015, v. 2.

MARTINS, Ives Gandra da Silva. Jurisdição internacional. Ajuizamento de ação no brasil por força da aplicação da teoria do forum non conveniens por parte da justiça americana – Hipótese que não se enquadra nos arts. 88 e 89 do CPC. Inexistência de jurisdição no Brasil. Indeferimento de inicial. Inocorrência de citação e de composição da lide. Falta de legítimo interesse dos pretensos réus para recorrer. *Revista dos Tribunais*. São Paulo: RT, v. 855, jan.-2007, versão eletrônica.

MARTINS-COSTA, Judith. *A boa fé no direito privado*. São Paulo: RT, 2000.

MEDINA, José Miguel Garcia. *Direito processual civil moderno*. 2ª ed. São Paulo: RT, 2016.

MENDES, Aluisio Gonçalves Castro; ÁVILA, Henrique. Comentários ao art. 25. DIDIER JR., Fredie; TALAMINI, Eduardo; WAMBIER, Teresa Arruda Alvim; DANTAS, Bruno (coords). *Breves comentários ao Novo Código de Processo Civil*. São Paulo: RT, 2015.

MENEZES CORDEIRO, António Manuel da Rocha e. *Da boa fé no direito civil*. Coimbra: Almedina, 2011.

MESQUITA, José Ignacio Botelho de. Da competência internacional e dos princípios que a informam. *Revista de Processo*. São Paulo: RT, abr./jun.-1988.

MONDRÉ, Aletta. *Forum Shopping in international disputes*. Basingstoke: Palgrave Macmillan, 2015.

MOREIRA, José Carlos Barbosa. A expressão "competência funcional" no art. 2º da Lei da Ação Civil Pública. *Temas de direito processual* – nona série. São Paulo: Saraiva, 2007.

______. Problemas relativos a litígios internacionais. *Temas de direito processual – quinta séries*. São Paulo: Saraiva, 1994.

______. Relações entre processos instaurados, sobre a mesma lide civil, no Brasil e em país estrangeiro. *Temas de direito processual* – primeira série. 2ª ed. São Paulo: Saraiva, 1988

NEVES, Marcelo. *Entre Hidra e Hércules*: princípios e regras constitucionais. São Paulo: Martins Fontes, 2013.

NERY JR, Nelson. Competência no Processo Civil Norte-Americano: o instituto do Forum (non) Conveniens. *Revista dos Tribunais*, São Paulo: RT, n. 781, 2000, versão digital.

_____. *Princípios do processo na constituição federal.* 9ª ed. São Paulo: RT, 2009.

PEIXOTO, Ravi; MACÊDO, Lucas Buril de. *O ônus da prova e sua dinamização.* Salvador: Juspodivm, 2014.

PETSCHE, Markus A. *A critique of the doctrine of forum non conveniens.* Disponível em: https://works.bepress.com/markus_petsche/8/. Acesso às 10h, do dia 01 de agosto de 2017.

_____. *What's wrong with forum shopping? an attempt to identify and assess the real issues of a controversial practice.* Disponível em: https://works.bepress.com/markus_petsche/6/. Acesso às 12h, do dia 22 de julho de 2017.

PICARDI, Nicola. Il giudice naturale – principio fondamentale a livello europeo. DIDIER JR., Fredie (org). *Teoria do processo – panorama doutrinário mundial.* Salvador: Juspodivm, 2010, v. 2.

PINHO, Humberto Dalla Bernardina de; HILL, Flávia Pereira. Medidas estruturantes nas ferramentas de cooperação jurídica internacional. ARENHART, Sérgio Cruz; JOBIM, Marco Félix (coords). *Processos estruturais.* Salvador: Juspodivm, 2017.

RECHSTEINER, Beat Walter. *Direito internacional privado* – teoria e prática. 15 ed. São Paulo: Saraiva, 2012, versão digital.

REUS, Alexander. Judicial discretion: a comparative view of the doctrine of forum non conveniens in the United States, the United Kingdom, and Germany. *Loyola of Los Angeles International and Comparative Law Review*, v. 16, 1994.

SANTOS, Clilton Guimarães dos. Competência no novo código de processo civil. SANTANA, Alexandre Ávalo; ANDRADE NETO, José de. (coords). *Novo CPC*: análise doutrinária sobre o novo direito processual brasileiro. Campo Grande: Contemplar, 2016, v. I.

SILVA, Clóvis V. do Couto e. *A obrigação como um processo.* Rio de Janeiro: FGV, 2006.

STERNBERG, Daniel S. (2013) Res Judicata and forum non conveniens in International Litigation, *Cornell International Law Journal*, v. 46, n. 1, 2013.

TALAMINI, Eduardo; WAMBIER, Luiz Rodrigues. *Curso avançado de processo civil.* 16 ed. São Paulo: RT, 2016, v. I.

TIBURCIO, Carmen. *Extensão e limites da jurisdição brasileira.* Salvador: Juspodivm, 2016.

VERHEUL, J. P. The forum (non) conveniens in English and Dutch Law and under some international conventions. *The International and Comparative Law Quarterly*, v. 35, n. 2, abr.-1986.

WEILER, Joseph H. H.. Forum non conveniens. An English Doctrine? *The Modern Law Review*, v. 41, n. 6, nov.-1978.

WHYTOCK, Christopher A., The evolving forum shopping system, *Cornell Law Review*, v. 96, 2011.

WILSON, John R.. Coming to America to file suit: foreign plaintiffs and the forum non conveniens barrier in transnational litigation. *Ohio State Law Journal*, v. 65, n. 3, 2004.

ZHENJIE, Hu. Forum non conveniens: an unjustified doctrine. Netherlands International Law Review, v. XLVIII, 2001.

CAPÍTULO 15

Aspectos relevantes da homologação de decisão estrangeira

Rodrigo Frantz Becker[1]

SUMÁRIO: INTRODUÇÃO. 1. PROCEDIMENTO DE HOMOLOGAÇÃO. 2. LEGITIMIDADE. 3. OBJETO DA HOMOLOGAÇÃO. 4. REQUISITOS PARA A HOMOLOGAÇÃO. 5. COMPETÊNCIA EXCLUSIVA PARA HOMOLOGAÇÃO E COMPETÊNCIA PARA CUMPRIMENTO DA DECISÃO HOMOLOGADA. 6. CONCLUSÃO

INTRODUÇÃO

A homologação de decisão estrangeira pode ser entendida como um processo de natureza jurisdicional necessário à validação e certificação de sentenças proferidas por tribunais de outros países para que sejam devidamente reconhecidas e executadas em território nacional.

A ideia de homologar uma decisão alienígena passa, obrigatoriamente, pela noção de soberania dos Estados. Isso por que os Países têm como premissa a compreensão de que as leis e as decisões a serem cumpridas em seus territórios devem ser aquelas editadas e proferidas pelos próprios Estados.

É por essa razão que Oscar da Cunha, em obra festejada no Brasil, afirma que o instituto da homologação de decisão estrangeira possui dupla finalidade: i) solver e amparar as relações privadas que a sentença estrangeira regula; e ii) resguardar a ordem pública e a soberania do Estado que a homologa[2].

A partir do estudo e comentários acerca dos artigos do Código de Processo Civil de 2015 (arts. 960-965)[3], bem como de precedentes que tratam sobre o

1. Advogado da União. Mestre em Direito pela UnB. Diretor da Escola Superior de Advocacia da OAB/DF. Professor da Graduação e da Pós-Graduação do IDP em Brasília e Goiânia e da Pós-Graduação da Atame. Ex-Procurador-Geral da União. Membro-fundador e Vice-Presidente da ABPC (Associação Brasiliense de Direito Processual Civil). Membro da ABDPro (Associação Brasileira de Direito Processual)
2. CUNHA, Oscar da. A homologação da sentença estrangeira e o direito judiciário civil brasileiro. Rio de Janeiro: Jornal do Commercio, 1933, p. 49.
3. Capítulo VI – DA HOMOLOGAÇÃO DE DECISÃO ESTRANGEIRA E DA CONCESSÃO DO EXEQUATUR À CARTA ROGATÓRIA – Do Título I – DA ORDEM DOS PROCESSOS E DOS PROCESSOS DE COMPETÊNCIA ORIGINÁRIA DOS TRIBUNAIS – do Livro III – DOS PROCESSOS NOS TRIBUNAIS E DOS MEIOS DE IMPUGNAÇÃO DAS DECISÕES JUDICIAIS – do CPC/2015.

tema, o presente artigo possui o escopo de analisar o processo de homologação de decisões estrangeiras no Brasil.

Antes de incursionar pelo procedimento propriamente dito, vale uma observação: o CPC/73 utilizava a expressão "homologação de sentença estrangeira", porquanto se pressupunha a possibilidade de se homologar essa espécie (sentença) de provimento jurisdicional. Com o CPC/15, o § 1º do art. 960 traz agora expressamente a possibilidade de homologar também decisões interlocutórias, daí por que é de se elogiar a escolha do legislador pelo título "homologação de decisão estrangeira", que, ainda que informalmente não seja utilizado, tecnicamente se mostra correto.

Ademais, nem todo provimento jurisdicional exarado pelos tribunais estrangeiros denomina-se sentença, razão pela qual foi acertada a escolha do legislador ao modificar a nomenclatura da ação[4].

1. PROCEDIMENTO DE HOMOLOGAÇÃO

Para que as decisões estrangeiras possam produzir efeitos e serem executadas em um País, elas "passam por uma fase de 'reconhecimento' antes de sua execução em espécie, já que seria impossível pretender executar um ato judicial emanado de outro Estado, sem que ele seja antes objeto de reconhecimento pela jurisdição doméstica"[5].

Interessante notar que alguns Países exigem, para o reconhecimento da decisão estrangeira, que haja algum tratado específico sobre o tema com o Estado de onde se origina a sentença. É que ocorre nos Países Baixos, Noruega, Áustria, Indonésia e Tailândia[6]. Por outro lado, na França, a título de ilustração, a decisão estrangeira, após a revisão dos requisitos formais e materiais, é substituída por outra proferida pela judiciário local[7].

No Brasil, contudo, não há essas exigências, bastando que a decisão possua alguns requisitos formais, que constituem, por si só, requisitos do próprio pedido de homologação. Nesse passo, a homologação de decisão estrangeira pode ser entendida como uma ação propriamente dita, que não se confunde com a ação originária no Estado estrangeiro, da qual provêm a decisão a ser chancelada no Brasil. Não por menos que o *caput* do art. 960 do CPC/15, dispõe

4. WAMBIER, Luiz Rodrigues e TALAMINI, Eduardo. Curso Avançado de Processo Civil, vol. 2. São Paulo: Editora Revista dos Tribunais, 16ª edição, 2016, p. 678.
5. BASSO, Maristela. Curso de direito internacional privado. São Paulo: Atlas, 2009, p. 278.
6. PEREIRA, Marcela Harumi Takahashi. Homologação de sentença estrangeira: Aspectos gerais e o problema da falta de fundamentação no exterior. Rio de Janeiro: Renovar, 2009, p. 30.
7. WAMBIER, Luiz Rodrigues e TALAMINI, Eduardo. Ob. cit., p. 677-678.

que "a homologação de decisão estrangeira será requerida por ação de homologação de decisão estrangeira, salvo disposição especial em sentido contrário prevista em tratado".

Em verdade, a base legal da homologação está regulamentada no art. 105, I, "i", da Constituição Federal, nos seguintes termos:

> Art. 105. Compete ao Superior Tribunal de Justiça:
>
> I – processar e julgar, originariamente:
>
> (...)
>
> i) a homologação de sentenças estrangeiras e a concessão de *exequatur* às cartas rogatórias; [8]

Daí se extrai que a competência para a homologação de sentença estrangeira no Brasil, após a EC 45/2004, é do Superior Tribunal de Justiça.

No mesmo sentido, outras normas disciplinam, ou, ao menos, são utilizadas para a compreensão da decisão estrangeira no Brasil:

a) Código de Processo Civil;

b) Art. 15 da Lei de Introdução às Normas do Direito Brasileiro;

c) Código de Bustamante;

d) Protocolo de Las Leñas;

Por fim, o regimento interno do Superior Tribunal de Justiça, com as alterações realizadas pela emenda regimental 18 de 2014, é o diploma que dispõe sobre o procedimento e as regras a serem seguidos para a tramitação da homologação da decisão estrangeira no âmbito daquela Corte.

O procedimento da ação está regulado inicialmente no art. 960 do CPC/15, que traz as seguintes diretrizes:

> Art. 960. A homologação de decisão estrangeira será requerida por ação de homologação de decisão estrangeira, salvo disposição especial em sentido contrário prevista em tratado.
>
> § 1º A decisão interlocutória estrangeira poderá ser executada no Brasil por meio de carta rogatória.
>
> § 2º A homologação obedecerá ao que dispuserem os tratados em vigor no Brasil e o Regimento Interno do Superior Tribunal de Justiça.

8. Inserido pela Emenda Constitucional nº 45/2004.

> § 3º A homologação de decisão arbitral estrangeira obedecerá ao disposto em tratado e em lei, aplicando-se, subsidiariamente, as disposições deste Capítulo.

O Código de Processo Civil parece ter dispensado a homologação da decisão estrangeira quando houver tratado que autorize a não utilização de tal homologação, conforme se observa do *caput* do art. 960, ao asseverar que, salvo disposição especial em sentido contrário prevista em tratado, será necessário o procedimento de homologação[9].

Conforme mencionado anteriormente, o advento da Emenda Constitucional 45/2004, tida como uma minirreforma judiciária, trouxe algumas modificações, dentre as quais destaca-se a alteração da competência para processar e julgar a homologação de decisão estrangeira, que passou do Supremo Tribunal Federal para o Superior Tribunal de Justiça, conforme art. 105, I, da Constituição Federal.

De fato, a partir de um estudo da essência da homologação, passando pela sua aplicação no direito brasileiro, chega-se à competência do STJ para seu processamento e julgamento, na forma do seu regimento interno (arts. 216-A a 216-N).

Dentro do STJ, os aspectos procedimentais e formais são fundamentais para, passo seguinte, aprofundar no estudo de como o Tribunal interpreta os mais variados temas inerentes à homologação, sobretudo os requisitos necessários para se admitir que uma decisão estrangeira tenha sua validade e exequibilidade atestada no Brasil.

Ademais, a análise da jurisprudência desta Corte sobre o tema é ponto essencial do artigo para demonstrar a efetiva utilização e aplicação da homologação de decisão estrangeira no direito brasileiro.

Como referido expressamente no art. 961, § 2º, do CPC/15, a decisão estrangeira poderá ser homologada parcialmente, se o STJ entender que apenas parte dela atende aos requisitos de sua homologação. Essa é a dicção também do art. 216-A, § 2º, do Regimento Interno do Superior Tribunal de Justiça.

No § 3º do mesmo dispositivo do CPC, é regulada a hipótese de ser concedida tutela provisória de urgência, e ainda, autorizada a realização de atos de execução provisória no processo de homologação de decisão estrangeira.

---

9. NEVES, Daniel Amorim Assumpção. Novo Código de Processo Civil comentado artigo por artigo. Salvador: Editora Juspdivm, 2016, p. 1554.

Interessante notar que a lei não especifica qual tutela de urgência pode ser concedida, razão pela qual, interpretando-se a expressão utilizada pelo código, extrai-se que tanto a antecipada quanto a cautelar são admitidas.

O dispositivo, ao autorizar a concessão de tutelas de urgência, apenas determina que o STJ conceda tais tutelas, mas elas serão cumpridas pelo juízo federal, da mesma forma que ocorre quando se pretende cumprir o mérito da decisão homologada pelo Superior Tribunal de Justiça, conforme o art. 965 do diploma processual.

Essa previsão já existia de forma semelhante na resolução nº 9/2005, do STJ, revogada posteriormente pela emenda 18/2014. O art. 4º, § 3º, da referida resolução disciplinava a possibilidade de ser deferida tutela antecipada no âmbito do processo de homologação.

Nesse ponto, conforme analisa Flávia Hill[10], é desnecessária a previsão do cabimento de tutela antecipada nesses processos, pois esse cabimento decorre da própria natureza do instituto das tutelas de urgência, que deve ser permitido ao jurisdicionado em todos os processos judiciais. Muito embora o entendimento tenha sido exarado numa análise da resolução revogada, é perfeitamente aplicável à atual redação.

A competência para a análise do pedido de tutela de urgência é do Presidente do STJ, porquanto é dele a competência prévia para análise dos pedidos de homologação[11], a menos que seja ela contestada, hipótese em que será distribuída a um dos ministros que compõem a Corte Especial[12], que passará, assim, a ter competência para analisar as referidas medidas.

Na linha da doutrina processual, não pode a tutela ser concedida de ofício[13], mas pode ser deferida a qualquer tempo. Contra essa decisão, é cabível agravo interno para Corte Especial do Superior Tribunal de Justiça[14].

Do que se viu até aqui, tem-se que a homologação de decisão estrangeira deve ser requerida perante o Superior Tribunal de Justiça, por meio de uma ação específica, com procedimento próprio, regulado principalmente na Constituição e no CPC, com a possibilidade de haver homologação parcial, bem como concessão de tutela urgência durante o processo.

---

10. HILL, Flávia Pereira. A antecipação de tutela no processo de homologação de sentença estrangeira. Rio de Janeiro: GZ ed., 2010, p. 181.
11. Art. 216-A do Regimento Interno do Superior Tribunal de Justiça.
12. Art. 216-K do Regimento Interno do Superior Tribunal de Justiça.
13. HILL, Flávia Pereira. Ob. cit., p. 208-209.
14. Art. 216-M do Regimento Interno do Superior Tribunal de Justiça.

2. LEGITIMIDADE

A problemática acerca da legitimidade para requerer a homologação da decisão estrangeira ocorre desde a dicção do art. 3º da Resolução 9/2005 do STJ, que dispunha que poderia a homologação ser requerida pela "parte interessada".

Posteriormente, o art. 216-C do RISTJ, incluído pela Emenda Regimental 18 de 2014, do STJ, retirou a expressão "parte interessada" e deixou apenas "parte requerente".

O novo CPC seguindo a mesma linha referiu-se apenas à "parte" como legitimada para requerer a homologação, excluindo a palavra "interessada" da lei, certamente pela dúvida que causava tal palavra.

Indubitável, dessa forma, que o pedido de homologação pode ser deduzido por qualquer das partes do processo originário (ou aos seus sucessores), que tramitou no Estado estrangeiro.

Nesse caso, a legitimidade e o interesse se fundem, na medida em que não há necessidade de se comprovar o interesse de agir na homologação, quando se trata da própria parte na ação que deu origem à sentença.

Pode-se afirmar, assim, que a homologação de decisão estrangeira, diferentemente da regra do sistema processual brasileiro[15], adota a teoria da individuação da causa de pedir, em que não precisa o autor demonstrar a causa remota (situação de fato), bastando comprovar a causa próxima (relação jurídica), consubstanciada na própria figuração do autor como parte na ação intentada no estrangeiro.

Há quem defenda, ainda, a legitimidade do terceiro interessado para a homologação[16]. O próprio STJ tem acórdão confirmando esse entendimento, em que afirma que "o pedido de homologação pode ser proposto por qualquer pessoa interessada nos efeitos da sentença estrangeira" [17].

Interessante destacar, nesse aspecto, que o acórdão do STJ, citando Barbosa Moreira, partiu da premissa de que a homologação de decisão estrangeira é uma verdadeira ação e, por isso, se submete às mesmas características dessa, inclusive no tocante à legitimidade, sobretudo no que se refere à extensão subjetiva dos efeitos da sentença e da coisa julgada na ação originária.

15. O CPC adota, para o processo de conhecimento, a teoria da substanciação, em que a parte deve comprovar a existência da causa de pedir próxima e remota, ou, em termos legais, os fatos e fundamentos jurídicos que embasam a pretensão.
16. PEREIRA, Marcela Harumi Takahashi. Ob. Cit, p. 30.
17. SEC 3.035/FR, Rel. Min. Fernando Gonçalves, Corte Especial, DJe 31/08/2009.

Por fim, também o Ministério Público Federal pode requerer a homologação, notadamente nos casos de alimentos, na qualidade de Instituição Intermediária, nos termos do art. 2º da Convenção de Nova York Sobre Prestação de Alimentos no Estrangeiro promulgada pelo Decreto nº 56.826/1965, bem como da Lei nº 5.478/1965, que dispõe sobre a ação de alimentos no Brasil[18].

3. OBJETO DA HOMOLOGAÇÃO

O artigo 961 do CPC/15 traz a regulamentação de quais atos podem ser objeto de homologação, daí por que se pode afirmar que ele possui conteúdo normativo, que se distancia de uma cláusula aberta, que possibilitaria definição pelo judiciário.

Como já se viu, muito embora a expressão que dê título à ação seja "homologação de decisão estrangeira", certo é que não apenas as sentenças ou decisões interlocutórias propriamente ditas são passíveis de homologação, mas sim todo ato, ainda que não-judicial, e que pela lei brasileira tenha natureza de decisão, é passível de homologação, como condição de eficácia no território nacional. Essa é a exegese que se extrai do § 1º do referido dispositivo, que dispõe que "é passível de homologação a decisão judicial definitiva, bem como a decisão não judicial que, pela lei brasileira, teria natureza jurisdicional".

Vale conferir julgado do STJ, ainda sob a égide do CPC/73, que admitiu a homologação de ato não-judicial, mas que na essência poderia ser considerado uma sentença:

> SENTENÇA ESTRANGEIRA CONTESTADA. DIVÓRCIO CONSENSUAL PROCESSADO PERANTE PREFEITURA JAPONESA. HOMOLOGAÇÃO CONCEDIDA.
>
> 1. É possível a homologação de pedido de divórcio consensual realizado no Japão, o qual é dirigido à autoridade administrativa competente. Nesse caso, não há sentença, mas certidão de deferimento de registro de divórcio, passível de homologação pelo Superior Tribunal de Justiça.
>
> 2. Homologação concedida.[19]

Também aquela Corte homologou "documento proveniente de autoridade pública administrativa, quando no estado estrangeiro o ato é por ela realizado legalmente"[20].

18. SEC 9.952/EX, Rel. Min. Benedito Gonçalves, Corte Especial, DJe 17/11/2014.
19. SEC 4.403/EX, Rel. Min. Arnaldo Esteves Lima, Corte Especial, DJe 14/10/2011.
20. SEC 8.581/EX, Rel. Min. Gilson Dipp, Corte Especial, DJe 29/09/2014

Quanto às decisões arbitrais estrangeiras, o novo CPC deixa expresso que elas podem ser homologadas pela autoridade judicial competente no Brasil, desde que observem o disposto em tratado e em lei[21], aplicando-se, subsidiariamente, as disposições deste Capítulo. Nessa linha, já afirmou o STJ, inclusive, que o fato de o laudo arbitral não poder ser executado no país de origem não pode ser óbice à homologação:

> "2. O fato de o laudo arbitral não ser exequível no país de origem não é óbice à homologação, pois dispõe a Lei de Arbitragem, em seu art. 35, que: "Para ser reconhecida ou executada no Brasil, a sentença arbitral estrangeira está sujeita, unicamente, à homologação do Supremo Tribunal Federal".
>
> 3. Concluindo o Tribunal Arbitral não ter competência para examinar as pretensões relativas aos contratos submetidos à Arbitragem em Londres, não cabe a este Superior Tribunal de Justiça, em juízo delibatório de homologação, julgar nulo o laudo arbitral, sob pena de invadir a competência do Tribunal Arbitral. Ademais, a análise dessa pretensão demanda incursão no mérito das regras contratuais estabelecidas entre as partes, o que não é permitido neste procedimento homologatório."[22]

Ademais, a Lei nº 12.036/2009 revogou o parágrafo único do artigo 15 da Lei de Introdução às Normas do Direito Brasileiro, que dispunha que "não dependem de homologação as sentenças meramente declaratórias do estado das pessoas". Portanto, também essa espécie de sentença deve ser objeto de homologação.

Por outro lado, alguns atos não têm sido aceitos pelo STJ para homologação quais sejam: i) títulos extrajudiciais; ii) ato cujo conteúdo não tenha natureza jurisdicional. Vale ressaltar que tais decisões se deram ainda quando em vigor o CPC/73, mas que, na essência, devem se manter com a vigência do novo

---

21. Os artigos 34, 35 e 36, da Lei nº 9.307/96, tratam do tema:
Art. 34. A sentença arbitral estrangeira será reconhecida ou executada no Brasil de conformidade com os tratados internacionais com eficácia no ordenamento interno e, na sua ausência, estritamente de acordo com os termos desta Lei.
Parágrafo único. Considera-se sentença arbitral estrangeira a que tenha sido proferida fora do território nacional.
Art. 35. Para ser reconhecida ou executada no Brasil, a sentença arbitral estrangeira está sujeita, unicamente, à homologação do Supremo Tribunal Federal.
Art. 35. Para ser reconhecida ou executada no Brasil, a sentença arbitral estrangeira está sujeita, unicamente, à homologação do Superior Tribunal de Justiça. (Redação dada pela Lei nº 13.129, de 2015)
Art. 36. Aplica-se à homologação para reconhecimento ou execução de sentença arbitral estrangeira, no que couber, o disposto nos arts. 483 e 484 do Código de Processo Civil. (na redação do CPC/73).
22. SEC 9.880/EX, Rel. Min. Maria Thereza de Assis Moura, Corte Especial, DJe 27/05/2014.

CPC, na medida em que não se alterou, nesse ponto, a lei anterior, de forma a fazer com a que a interpretação pudesse ser alterada.

Nesse passo, o Superior Tribunal de Justiça entendeu que a mera certidão de casamento era inviável de ser homologada no Brasil, porquanto "tratando-se de casamento entre estrangeiros realizado no exterior, não há previsão legal sequer de sua averbação no cartório de registro civil brasileiro (Lei n. 6.015, de 31 de dezembro de 1973)" [23].

O STJ julgou, ainda, inviável a homologação de um documento que não era nem sentença estrangeira nem título judicial, mas tão somente um início de procedimento de execução[24].

A doutrina diverge acerca da possibilidade de se homologar sentenças penais, e, ainda, sentenças de Tribunais Internacionais.

No primeiro caso, Paulo Henrique Portela[25] afirma que, em regra só se podem homologar sentenças cíveis, não se podendo homologar sentenças penais para fins propriamente penais[26]. O mesmo autor prossegue, contudo, ressaltando a possibilidade de se homologar a sentença penal estrangeira, no tocante aos seus efeitos cíveis, conforme disposto no art. 790 do CPP.

Já na segunda hipótese não há notícia de qualquer tentativa de se homologar no Brasil uma sentença proferida por Tribunal Internacional. Isso se dá pela baixa produção de sentenças desses Tribunais, acrescida ao fato de que esse número é menor ainda quando se trata de sentença de interesse de brasileiros, que seriam aqueles com mais disposição em homologá-las no Brasil.

Ademais, as Cortes Internacionais são estabelecidas pelos Estados, por meio de tratados, para decidir sobre temas de interesse comum, com base no direito internacional, não estando vinculadas a nenhuma soberania em particular[27], que atrairia a necessidade de homologação.

Saliente-se que o Brasil é signatário dos tratados internacionais que reconhecem a validade e a competência dos Tribunais Internacionais, e isso, por si só, já poderia conferir validade e eficácia a essa sentença.

Passo seguinte, o § 4º do art. 961 do CPC/15 traz hipótese nova na legislação, autorizando a homologação de decisão estrangeira para fins de execução

23. AgRg na SE 7.376/EX, Rel. p/ Acórdão Min. Presidente do STJ, Corte Especial, DJe 23/02/2012
24 ARAÚJO, Nádia de. Direito Internacional Privado: Teoria e Prática Brasileira. Rio de Janeiro: Renovar, 2008, p. 315, citando a SEC 855 do STJ.
25. PORTELA, Paulo Henrique Gonçalves. Direito internacional público e privado: incluindo noções de direitos humanos e de direito comunitário. 3ª edição. Salvador: JusPodivm, 2011, p. 571.
26. Poderia haverá homologação dos efeitos civis da sentença penal.
27. PORTELA, Paulo Henrique Gonçalves. Ob. cit. p. 573.

fiscal, desde que prevista em tratado ou em promessa de reciprocidade apresentada à autoridade brasileira. Isso poderá ser útil caso se pretenda que alguém no Brasil seja compelido a pagar tributo cobrado por ação judicial no estrangeiro.

Além disso, o artigo autoriza que se produza efeitos no Brasil a sentença estrangeira de divórcio consensual, independentemente de homologação pelo Superior Tribunal de Justiça. É de se destacar que esse Tribunal já havia mitigado os requisitos para a homologação de divórcio consensual, afirmando que "embora não conste da documentação juntada certidão expressa, o trânsito em julgado da sentença homologada pode ser inferido pelas características do procedimento de divórcio consensual"[28].

Como forma de dar efetividade ao disposto na hipótese acima, competirá a qualquer juiz examinar a validade da decisão, em caráter principal ou incidental, quando essa questão for suscitada em processo de sua competência.

Vale ressaltar a crítica da doutrina quanto a essa possibilidade conferida ao juiz em caráter principal, na medida em que deveria haver, nesse caso, uma ação discutindo os efeitos do divórcio consensual para que fosse ele o objeto principal da ação. Portanto, não se trataria de decisão sobre a validade, em caráter principal, mas sempre de forma incidental, pois a ação principal deve ter como fundamento primordial os efeitos desse divórcio.

Conforme explica Daniel Assumpção, "a validade da decisão estrangeira de divórcio consensual é uma questão prejudicial, já que o juiz não tem como decidir sobre os efeitos do divórcio no Brasil sem antes decidir se a decisão é ou não válida"[29].

Por seu turno, o art. 962 do CPC/15 autoriza que seja executada decisão do exterior concessiva de medida de urgência sem cognição exauriente, que deverá ser realizada por carta rogatória.

Da mesma forma que ocorre quando se analisa a homologação de decisão estrangeira, o juízo brasileiro, por ser delibatório, não pode incursionar pelo mérito da decisão, razão pela qual lhe é vedado analisar se há ou não a urgência indicada pela decisão.

De acordo com o § 2º do referido dispositivo, a medida de urgência concedida sem audiência do réu poderá ser executada, desde que garantido o contraditório em momento posterior. Esse dispositivo deve ser lido em conjunto com art. 216-Q, § 1º, do RISTJ, que dispõe que "a medida solicitada por carta

28. SEC 562/EX, Rel. Min. Laurita Vaz, Corte Especial, DJe 06/11/2014.
29. NEVES, Daniel Amorim Assumpção, ob. cit., p. 1558.

rogatória poderá ser realizada sem ouvir a parte requerida, quando sua intimação prévia puder resultar na ineficiência da cooperação internacional".

Já o § 4º do art. 962 regula as hipóteses em que é dispensada a homologação para que a sentença estrangeira produza efeitos no Brasil. Nesses casos, a decisão concessiva de medida de urgência dependerá, para produzir efeitos, de ter sua validade expressamente reconhecida pelo juiz competente para dar-lhe cumprimento.

Dessa forma, a medida urgente será executada diretamente perante o juízo competente para o seu cumprimento, ao qual caberá o reconhecimento de sua validade para a posterior produção de efeitos[30].

4. REQUISITOS PARA A HOMOLOGAÇÃO

No Brasil, o juízo homologatório das decisões estrangeiras adota o sistema delibatório. Isso significa que há vedação ao exame do mérito da decisão proferida no exterior. Na homologação "são examinados os requisitos externos, as formalidades da decisão, seus pressupostos, que devem estar coerentes com os parâmetros do Direito do país em que a decisão deverá ser cumprida"[31].

Portanto, uma vez que o STJ recebe um pedido homologatório, deve ele se atentar aos requisitos formais do pedido, sem incursionar propriamente pelo mérito da decisão. Todavia, como veremos em seguida, esse critério não é absoluto, sobretudo quando se trata de averiguar se a decisão estrangeira ofende a soberania ou a ordem pública[32].

A jurisprudência do STF, quando tinha competência para julgar a homologação de decisão estrangeira, direcionava-se no sentido de não haver óbice à homologação o fato de transitar, no Brasil, um processo com o mesmo objeto do processo no estrangeiro.

O Superior Tribunal caminha no mesmo rumo, afirmando que não há sentido em suspender o trâmite da homologação, pois um dos óbices para se impedir tal homologação seria a prévia existência de sentença transitada em julgado no Brasil. Destarte, para a Corte, suspender a homologação até que a

30. PEREZ, Marcela Melo *in* Comentários ao novo Código de Processo Civil, Coordenação Antônio do Passo Cabral e Ronaldo Cramer. Rio de Janeiro: Forense, 2015.

31. DEL'OLMO, Florisbal de Souza. Curso de direito internacional privado. 7ª edição. Rio de Janeiro: Forense, 2009, p. 75.

32. O STJ fez essa mesma observação: a Corte Especial reiterou que, nas homologações de sentença estrangeira, compete ao STJ verificar o preenchimento dos requisitos formais descritos nos arts. 5º e 6º da Res. n. 9/2005-STJ, e não o mérito da causa, ressalvado o exame dos aspectos atinentes à ordem pública, soberania nacional, contraditório, ampla defesa e devido processo legal (SEC 3.932-GB, Rel. Min. Felix Fischer).

sentença seja proferida implicaria adiantar fato ainda inexistente, para dele extrair efeitos que presentemente não teria[33].

Nesse sentido, afirmou o STJ que, cuidando-se de competência internacional concorrente, a tramitação de ação no Brasil ou no exterior que possua o mesmo objeto da sentença estrangeira homologanda não impede o processo de homologação, sendo certo, ainda, que a suspensão do andamento deste feito ofenderia o disposto no art. 24 (antigo art. 90 do CPC/73) do Código de Processo Civil[34]. Esse entendimento foi abrangido pelo novo CPC, que expressamente fez constar no art. 24, parágrafo único, que "a pendência de causa perante a jurisdição brasileira não impede a homologação de sentença judicial estrangeira quando exigida para produzir efeitos no Brasil".

Os requisitos para a homologação de decisão estrangeira estão disciplinados no art. 963 do CPC/15, nos seguintes termos:

> Art. 963. Constituem requisitos indispensáveis à homologação da decisão:
>
> I – ser proferida por autoridade competente;
>
> II – ser precedida de citação regular, ainda que verificada a revelia;
>
> III – ser eficaz no país em que foi proferida;
>
> IV – não ofender a coisa julgada brasileira;
>
> V – estar acompanhada de tradução oficial, salvo disposição que a dispense prevista em tratado;
>
> VI – não conter manifesta ofensa à ordem pública.
>
> Parágrafo único. Para a concessão do *exequatur* às cartas rogatórias, observar-se-ão os pressupostos previstos no caput deste artigo e no art. 962, § 2º.

Analisemos separadamente tais requisitos:

I. que a sentença tenha sido proferida por autoridade competente;

A competência em questão se verifica pela análise dos arts. 21, 22 e 23 do Código de Processo Civil, que tratam da competência internacional:

> Art. 21. Compete à autoridade judiciária brasileira processar e julgar as ações em que:
>
> I – o réu, qualquer que seja a sua nacionalidade, estiver domiciliado no Brasil;

33. AgRg na SEC 854-EX, Rel. originário Min. Luiz Fux, Rel. para acórdão Min. Nancy Andrighi.
34. SEC 9.880/EX, Rel. Min. Maria Thereza de Assis Moura, Corte Especial, DJe 27/05/2014.

> II - no Brasil tiver de ser cumprida a obrigação;
>
> III - o fundamento seja fato ocorrido ou ato praticado no Brasil.
>
> Parágrafo único. Para o fim do disposto no inciso I, considera-se domiciliada no Brasil a pessoa jurídica estrangeira que nele tiver agência, filial ou sucursal.
>
> Art. 22. Compete, ainda, à autoridade judiciária brasileira processar e julgar as ações:
>
> I - de alimentos, quando:
>
> a) o credor tiver domicílio ou residência no Brasil;
>
> b) o réu mantiver vínculos no Brasil, tais como posse ou propriedade de bens, recebimento de renda ou obtenção de benefícios econômicos;
>
> II - decorrentes de relações de consumo, quando o consumidor tiver domicílio ou residência no Brasil;
>
> III - em que as partes, expressa ou tacitamente, se submeterem à jurisdição nacional.
>
> Art. 23. Compete à autoridade judiciária brasileira, com exclusão de qualquer outra:
>
> I - conhecer de ações relativas a imóveis situados no Brasil;
>
> II - em matéria de sucessão hereditária, proceder à confirmação de testamento particular e ao inventário e à partilha de bens situados no Brasil, ainda que o autor da herança seja de nacionalidade estrangeira ou tenha domicílio fora do território nacional;
>
> III - em divórcio, separação judicial ou dissolução de união estável, proceder à partilha de bens situados no Brasil, ainda que o titular seja de nacionalidade estrangeira ou tenha domicílio fora do território nacional.

Do exame dos dispositivos, tem-se que o art. 23 regula a competência exclusiva da jurisdição brasileira, de modo que apenas se admite que o Poder Judiciário nacional trate dos temas ali insertos.

Nesse passo, o STJ tem deixado de homologar sentenças estrangeiras que tratem dos assuntos inseridos no art. 23 do CPC (antigo art. 89 do CPC/73), utilizando a técnica de homologar apenas parcialmente[35] tais sentenças quando constante também assunto diverso:

35. A autorização para homologação parcial está no art. 4º, § 2º, da Resolução 9/2005, do STJ. O novo CPC também trará dispositivo específico admitindo a homologação parcial da sentença estrangeira.

> A exclusividade de jurisdição relativamente a imóveis situados no Brasil, prevista no art. 89, I, do CPC, afasta a homologação de sentença estrangeira na parte em que incluiu bem dessa natureza como ativo conjugal sujeito à partilha. 5. Pedido de homologação de sentença estrangeira parcialmente deferido, tão somente para os efeitos de dissolução do casamento e da partilha de bens do casal, com exclusão do imóvel situado no Brasil." [36]

Já os demais artigos citados tratam da competência concorrente em que se admite que a ação possa ser conhecida tanto aqui como no estrangeiro.

Ademais, é importante destacar que a autoridade competente nem sempre é judiciária, na medida em que são passíveis de homologação as decisões estrangeiras não judiciais, que a lei brasileira reconheça a qualidade de jurisdicionais, conforme regula o art. 961, § 1º, do CPC.

II. que as partes tenham sido validamente citadas, ainda que se tenha legalmente verificado a revelia;

Trata-se de requisito fundamental, porquanto não se pode admitir que o Brasil conceda *exequatur* a uma sentença estrangeira proferida em processo no qual uma das partes não teve a oportunidade de se defender. E a oportunidade de se defender ocorre quando há a citação válida no processo.

Analisando mais detidamente esse requisito, ressalta ele que as partes devam ter sido citadas, ainda que se tenha legalmente reconhecido a revelia. O dispositivo corrigiu equívoco do CPC anterior, em que a disposição legal disciplinou mais do que precisava quando referia que deveria haver "citação válida ou revelia" no processo no exterior.

É que só há revelia, se tiver havido antes citação válida. A figura da revelia pressupõe citação válida. Por tal razão, era desnecessária a parte final desse requisito, que foi corrigido com o novo CPC.

Todavia, também esse requisito sofre mitigação pelo Superior Tribunal de Justiça. Trata-se de uma mitigação lógica, consubstanciada na desnecessidade de se preencher tal formalidade quando o requerente da homologação é o réu da ação que tramitou no exterior.

Confira-se o precedente:

> Dispensa-se a comprovação da citação válida quando é o próprio réu no processo original que requer a homologação da sentença estrangeira. Ademais, ambas as partes se manifestaram no processo, por meio de advogado, e foram ouvidas em juízo. Nesse

36. SEC nº 5.302/EX, Corte Especial, Relatora Ministra Nancy Andrighi, DJe 07/06/2011.

sentido: SEC 2259/CA, Corte Especial, Rel. Min. José Delgado, DJe 30/06/2008, e SEC 3535/IT, Corte Especial, Rel. Min. Laurita Vaz, DJe de 16/2/2011."[37]

E nem poderia ser diferente. Se o réu da ação vem ao Brasil requerer a homologação é porque reconhece a validade da sentença proferida no exterior, notadamente em razão da nulidade de uma sentença proferida sem que haja citação válida do réu.

III. ser eficaz no país em que foi proferida;

No regramento anterior, entendia-se que a decisão deveria ter transitado em julgado para que pudesse ser homologada no Brasil. Esse requisito já estava sumulado pelo Supremo Tribunal Federal há muito tempo, nos seguintes termos: "Não se homologa sentença proferida no estrangeiro sem prova do trânsito em julgado"[38].

No Código de Processo Civil de 2015 substituiu-se o trânsito em julgado pela eficácia. Isso por que aquele requisito já era mitigado pelo Superior Tribunal de Justiça, que entendia que, de fato, o que importava é que a decisão pudesse ser cumprida, ou em outras palavras, que fosse eficaz. Como ensina Nádia de Araújo, ainda no CPC/73, "o trânsito em julgado significa que a sentença estrangeira é final, segundo o direito local"[39].

Todavia, o STJ já entendia que a comprovação do trânsito em julgado prevista no regramento sobre a homologação não exigia certidão específica com termo equivalente ao previsto no processo civil brasileiro, podendo ser feita por outros meios idôneos[40], demonstrando que não era a formalidade que prevalecia, mas a possibilidade de ser eficaz a decisão.

O Superior Tribunal de Justiça teve a oportunidade de apontar como prova suficiente do trânsito em julgado de sentença oriunda da Espanha, independentemente de certidão formal, o mero carimbo com a expressão "se encuentra firme" ou "es firme" constante nos autos de origem[41], assim como já decidiu, em relação a sentença oriunda dos Estados Unidos da América, que a aposição de carimbo nos autos com a expressão "filed" (arquivado) também constitui prova do trânsito em julgado[42]. Em ambos os casos, o que importou foi o fato de as decisões serem passíveis de cumprimento.

37. Superior Tribunal de Justiça, SEC nº 5.270/EX, Corte Especial, Relator Ministro Felix Fischer, DJe 14/06/2011
38. Súmula 420 do STF.
39. ARAÚJO, Nádia de. Ob. cit., p. 322.
40. SEC 9.953/EX, Rel. Min. João Otávio de Noronha, Corte Especial, DJe 28/11/2013.
41. SEC 7.017/EX, Rel. Min. Humberto Martins, Corte Especial, DJe 04/06/2014.
42. SEC 5.242/EX, Rel. Min. Eliana Calmon, Corte Especial, DJe 25/10/2013.

Por derradeiro, o STJ mitigou também esse requisito, ao afirmar que é possível a homologação de sentença estrangeira de divórcio, ainda que não exista prova de seu trânsito em julgado, na hipótese em que, preenchidos os demais requisitos, tenha sido comprovado que a parte requerida foi a autora da ação de divórcio, e que o provimento judicial a ser homologado teve caráter consensual (SEC 7.746-US, Rel. Min. Humberto Martins, julgado em 15/5/2013).

IV. não ofender a coisa julgada brasileira

Diferentemente do art. 24 do CPC, que regula a hipótese de estar em andamento uma causa perante a jurisdição brasileira, o presente requisito diz respeito à coisa julgada já ocorrida no Brasil referente ao mesmo objeto da decisão estrangeira que se pretende homologar.

Nessa hipótese, a lei veda a homologação, em respeito à coisa julgada, protegida pela Constituição Federal.

V. que haja tradução oficial, salvo disposição que a dispense prevista em tratado

Dispensa-se a tradução oficial nas hipóteses em que o procedimento da homologação de sentença estrangeira foi iniciado por requisição diplomática, e nos casos das sentenças oriundas de Portugal ou outro país cujo idioma oficial seja a língua portuguesa[43].

Além disso, já decidiu o STJ que "a tradução parcial de documentos não exigidos em lei e dispensáveis para o objeto deste feito não impede a homologação da sentença estrangeira"[44].

VI. não ofender a ordem pública.

A questão acerca da impossibilidade de se homologar sentença estrangeira que ofenda a ordem pública é complexa e de escassos trabalhos doutrinários.

Marcela Harumi Takahashi Pereira faz interessante análise da posição das Cortes Superiores Italiana e Francesa acerca da possibilidade de se homologar sentença estrangeira sem fundamentação. Afirma ela que há uma certa convergência entre a jurisprudência francesa e a italiana quanto ao reconhecimento de sentenças estrangeiras sem fundamentação, porquanto ambos os países consideram tais sentenças compatíveis com a ordem pública internacional[45].

---

43. SEC 11.138/EX, Rel. Min. Mauro Campbell Marques, Corte Especial, DJe 04/08/2015.
44. SEC 6.069/EX, Rel. Min. Cesar Asfor Rocha, Corte Especial, DJe 16/12/2011.
45. PEREIRA, Marcela Harumi Takahashi. Ob. Cit., p. 118.

Esse ponto é melhor estudado quando se retorna à competência anterior e passa-se a analisar a antiga jurisprudência do Supremo Tribunal Federal.

Em 1974, na SEC 2114, o Min. Bilac Pinto afirmou que não havia precedente no qual se tivesse exigido que a sentença estrangeira possuísse a estrutura disciplinada pela lei processual brasileira, razão pela qual não via óbice à homologação[46].

Já em 1980, o Min. Antônio Neder, na SEC 2521[47], entendeu que "não é homologável a sentença estrangeira desmotivada. O art. 458, II, do Código de Processo Civil brasileiro, é norma de ordem pública, e com ela deve harmonizar-se o julgado estrangeiro para que tenha eficácia no Brasil". Todavia, em seguida, julgando recurso contra essa decisão, o próprio relator reconsiderou-a para homologar a sentença, afirmando que deveria se observar a ordem pública local de onde a sentença foi proferida.

Posteriormente, o fundamento referente ao caráter de norma de ordem pública do antigo art. 458, II, do CPC, foi adotado pelo Supremo Tribunal Federal na SEC 2766 (Rel. Min. Oscar Corrêa), e na SEC 3262 (Rel. Min. Djaci Falcão), para indeferir a homologação.

Interessante notar o caráter de "norma de ordem pública" atribuído pelo STF ao antigo art. 458, II, do CPC, que trata da fundamentação das sentenças, e que, por tal razão, pode ser um norte para se definir o alcance do requisito de que não se homologará no Brasil sentença estrangeira que ofenda a ordem pública.

Nas SECs 3977 e 3976, o STF, em 1988 e 1989, continuou na linha de análise do art. 458, II, citado acima, e não homologou laudo arbitral que carecia de fundamentação[48].

Todavia, em 1992, o Supremo Tribunal Federal, mudou radicalmente sua posição para passar a entender que a sentença desmotivada deve ser homologada, quando satisfaça as formalidades necessárias à execução no lugar em que foi proferida (SEC 4590, Rel. Min. Marco Aurélio)[49].

A razão exposta pelo STF para modificar seu entendimento anterior foi a interpretação do art. 217, III, do RISTF, para afirmar que ele exige da sentença que atenda às formalidades necessárias na origem, e portanto, desonera-a de obedecer à lei processual brasileira.

46. PEREIRA, Marcela Harumi Takahashi. Ob. Cit., p. 133.
47. PEREIRA, Marcela Harumi Takahashi. Ob. Cit., p. 135.
48. PEREIRA, Marcela Harumi Takahashi. Ob. Cit., p. 148-152.
49. PEREIRA, Marcela Harumi Takahashi. Ob. Cit., p. 156-158.

Essa posição permaneceu nas SEC 3397, Rel. Min. Francisco Rezek, SEC 4469, Rel. Min. Marco Aurélio, SEC 5157, Rel. Min. Neri da Silveira, SEC 5661, Rel. Min. Marco Aurélio, e SEC 5418, Rel. Min. Maurício Corrêa, todas proferidas nos anos 90.

A mudança do STF se manteve até a modificação da competência para homologar as sentenças estrangeiras, que passou ao STJ, em 2004, com a EC 45.

No Superior Tribunal de Justiça há notícia de poucos acórdãos que analisaram o aspecto da falta de fundamentação.

No ponto, já decidiu o STJ que "não há que se falar em ausência de fundamentação se os argumentos apresentados pela parte foram rejeitados em debates orais no sistema de julgamento norte-americano, notadamente quando a sentença expõe exaustivamente as razões de decidir"[50], trazendo interessante abordagem sobre a oralidade no judiciário.

Também afirmou aquela Corte, em outras oportunidades, que a falta de fundamentação não pode ensejar uma incursão sobre o mérito da pretensão, a partir de análises do juízo delibatório exercido pelos Tribunais alienígenas[51].

Por seu turno, é difícil encontrar na jurisprudência do STJ precedente específico que tenha indeferido a homologação, em razão de ofensa à ordem pública, talvez pelo subjetivismo que norteia essa expressão.

Todavia, há notícia de uma decisão, pelo menos, que deixou de deferir a homologação, por falta de devida fundamentação na decisão estrangeira que configuraria uma violação à ordem pública:

> Não há motivação suficiente (princípio de ordem pública) na decisão estrangeira de fixação de alimentos sem a utilização de parâmetro apto a dar suporte ao quantum estabelecido, tendo por base apenas "noção arbitrária de eqüidade", com maltrato à regra do ônus da prova que obriga a mulher a demonstrar a capacidade de ganho real do alimentante. 4. Sentença estrangeira homologada apenas quanto ao reconhecimento da paternidade, com exclusão da verba alimentar."[52]

Também aquele Tribunal afirmou que a internalização de provimento alienígena, que conferiu amplos poderes ao administrador para liquidar uma empresa, poderia prejudicar o plano de recuperação judicial dessa empresa no Brasil, ofendendo a ordem pública. Confira-se o precedente:

50. SEC 12.143/EX, Rel. Min. RAUL ARAÚJO, CORTE ESPECIAL, DJe 19/04/2017.
51. SEC 8.267/EX, Rel. Min. ARI PARGENDLER, CORTE ESPECIAL, DJe 26/11/2013.
52. SEC nº 880/IT, Corte Especial, Relator Min. Fernando Gonçalves, DJ 06/11/2006

> 1. Em sede de juízo delibatório, não se discute o mérito da sentença estrangeira que decretou a quebra da empresa, tampouco a questão de fundo do feito antecedente à falência.
>
> 2. A homologação do provimento alienígena ofenderia a ordem pública na medida em que frustraria o objetivo da recuperação judicial ao qual submetida a empresa requerida.
>
> 3. A validação de sentença de quebra de empresa que representa quase que a totalidade das ações da empresa aqui sediada desrespeitaria o disposto no art. 3º da Lei nº 11.101/2005, ofendendo, por conseguinte, a soberania nacional.
>
> 4. Pedido de homologação indeferido.[53]

Destaque-se que o objetivo desse artigo não é aprofundar no ponto específico da homologação das sentenças estrangeiras sem motivação. Vale, contudo, trazer a divergência doutrinária sobre essa questão, pesquisada por Marcela Takahashi Pereira[54], ao afirmar que "Barbosa Moreira e Araújo (Nádia de) fazem-lhe simples alusão, sem assumirem uma posição categórica. Rechsteiner é dúbio. Apenas Dollinger e Aragão examinam-no com profundidades."

Prossegue a autora afirmando que Ernani Fidélis dos Santos, Miranda Guimarães e José Rogério Cruz e Tucci concluem não ser possível a homologação da sentença estrangeira desmotivada. Por outro lado, majoritariamente, Guido Magnani, Jean Derrupé, Paulo Cezar Aragão, a própria Marcela Takahashi Pereira dentre outros, afirmam ser possível a homologação nesses casos, porquanto o que importa é verificar a harmonia da sentença com o direito do local onde foi proferida[55].

Todavia, vale um sucinto comentário sobre tudo o que foi examinado acima, nesse tópico: muito embora a posição majoritária citada por Marcela Takahashi Pereira, penso que a doutrina minoritária é a que melhor se situa.

É que, de fato, o caráter de "norma de ordem pública" atribuído pelo STF ao antigo art. 458, II, do CPC/73, que trata da fundamentação das sentenças, é o efetivo norte para se definir o alcance do requisito de que não se homologará no Brasil sentença estrangeira que ofenda a ordem pública.

A doutrina estrangeira é válida para o estudo, mas não se pode perder de vista que a norma brasileira deve prevalecer em todos os sentidos, notadamente porque a sentença, após homologada, será executada e produzirá

53. SEC 11.277/EX, Rel. Min. Maria Thereza de Assis Moura, Corte Especial, DJe 01/07/2016.
54. PEREIRA, Marcela Harumi Takahashi. Ob. Cit., p. 181-182.
55. PEREIRA, Marcela Harumi Takahashi. Ob. Cit., p. 182-202.

efeitos em território brasileiro, daí por que a fundamentação é relevante para se adequar ao ordenamento nacional.

Ainda sobre a ofensa à ordem pública, o Superior Tribunal de Justiça, analisando sentença arbitral estrangeira, entendeu que a imparcialidade de árbitro que participou do julgamento no exterior é violadora do conceito de ordem pública. A ementa do julgado, no que importa, foi exarada nos seguintes termos:

> "3. Ofende a ordem pública nacional a sentença arbitral emanada de árbitro que tenha, com as partes ou com o litígio, algumas das relações que caracterizam os casos de impedimento ou suspeição de juízes (arts. 14 e 32, II, da Lei n. 9.307/1996).
>
> 4. Dada a natureza contratual da arbitragem, que põe em relevo a confiança fiducial entre as partes e a figura do árbitro, a violação por este do dever de revelação de quaisquer circunstâncias passíveis de, razoavelmente, gerar dúvida sobre sua imparcialidade e independência, obsta a homologação da sentença arbitral.
>
> 5. Estabelecida a observância do direito brasileiro quanto à indenização, extrapola os limites da convenção a sentença arbitral que a fixa com base na avaliação financeira do negócio, ao invés de considerar a extensão do dano."[56]

Veja-se que o ponto fundamental que justificou a decisão foi o fato de haver parcialidade do árbitro, caracterizada por suspeição ou impedimento, demonstrando uma faceta diversa do conceito de ordem pública para abranger também problemas de ordem formal na montagem da decisão a ser homologada.

Como se verifica, este é o requisito mais divergente quanto ao seu conteúdo, sobretudo em razão de ser ele aberto na interpretação, trazendo dificuldades quanto a sua aplicabilidade e ao estabelecimento de parâmetros.

5. COMPETÊNCIA EXCLUSIVA PARA HOMOLOGAÇÃO E COMPETÊNCIA PARA CUMPRIMENTO DA DECISÃO HOMOLOGADA

O Código de Processo Civil de 2015 acolheu o entendimento do Superior Tribunal de Justiça, exarado quando em vigor o CPC/73, afirmando que "não será homologada a decisão estrangeira na hipótese de competência exclusiva da autoridade judiciária brasileira"[57].

---

56. SEC 9.412/EX, Rel. Ministro FELIX FISCHER, Rel. p/ Acórdão Ministro JOÃO OTÁVIO DE NORONHA, CORTE ESPECIAL, DJe 30/05/2017

57. Art. 964. Não será homologada a decisão estrangeira na hipótese de competência exclusiva da autoridade judiciária brasileira. Parágrafo único. O dispositivo também se aplica à concessão do exequatur à

Desde o antigo Código que o STJ deixava de homologar sentenças estrangeiras que tratassem dos assuntos inseridos no art. 23 do CPC/15 (antigo art. 89 do CPC/73), utilizando a técnica de homologar apenas parcialmente[58] tais sentenças quando constante também assunto diverso:

> A exclusividade de jurisdição relativamente a imóveis situados no Brasil, prevista no art. 89, I, do CPC, afasta a homologação de sentença estrangeira na parte em que incluiu bem dessa natureza como ativo conjugal sujeito à partilha. 5. Pedido de homologação de sentença estrangeira parcialmente deferido, tão somente para os efeitos de dissolução do casamento e da partilha de bens do casal, com exclusão do imóvel situado no Brasil." [59]

A questão parece objetiva e sem grandes questionamentos. Todavia, o próprio STJ tem mitigado, eventualmente, esse entendimento quando se trata de sentença que, muito embora diga respeito a imóveis situados no Brasil, apenas homologa acordo de vontade das partes.

É o que ocorre, por exemplo, quando há acordo celebrado pelos ex-cônjuges quanto à partilha de bens situados no Brasil, ou ainda, nos casos de testamento:

> 1. A jurisprudência desta Corte e do STF autoriza a homologação de sentença estrangeira que, decretando o divórcio, convalida acordo celebrado pelos ex-cônjuges quanto à partilha de bens situados no Brasil, assim como na hipótese em que a decisão alienígena cumpre a vontade última manifestada pelo de cujus e transmite bens também localizados no território nacional à pessoa indicada no testamento. [...]"[60]

Veja-se que, em ambas as hipóteses citadas no acórdão acima, não se trata de invasão do tribunal estrangeiro na competência exclusiva brasileira, mas de mera homologação de acordo de vontades das partes. Portanto, como essa vontade seria a mesma perante tribunal brasileiro ou estrangeiro, não teria sentido deixar de homologar a sentença, porque, nesse ponto, ela foi exarada no exterior.

O CPC/15 ampliou, ainda, esse óbice à concessão do *exequatur* à carta rogatória, conforme dispõe o parágrafo único do art. 964.

---

carta rogatória.

58. A autorização para homologação parcial está no art. 4º, § 2º, da Resolução 9/2005, do STJ. O novo CPC também trará dispositivo específico admitindo a homologação parcial da sentença estrangeira.
59. SEC nº 5.302/EX, Corte Especial, Relatora Ministra Nancy Andrighi, DJe 07/06/2011.
60. Superior Tribunal de Justiça. SEC nº 3532/EX, Corte Especial, Relator Ministro Castro Meira, DJe 01/08/2011.

Quanto à competência para cumprimento da decisão homologada, tem-se que a decisão proferida pelo Superior Tribunal de Justiça tem força constitutiva quando "emitida formal e materialmente de acordo com os princípios do nosso ordenamento jurídico"[61]. Dessa forma, pode-se afirmar que a natureza da decisão ou do acórdão que homologa a sentença estrangeira é constitutiva[62].

Assim que homologada a sentença, e transitado em julgado o processo, forma-se um título executivo, que deve ser cumprido perante a Justiça Federal competente, de acordo com as regras de competência dispostas no CPC/15[63].

Destarte, nos termos do art. 515, VIII e IX, do Diploma Processual, por se tratar de um título judicial, o cumprimento de sentença seguirá na Justiça Federal conforme o procedimento regulado nos arts. 513 a 538 do Código de Processo Civil.

Vale destacar que, na Justiça Federal, a competência será do juízo cível, nos termos do art. 516, III, e seu parágrafo único[64], cabendo ao autor a escolha da seção judiciária, desde que opte pelo local de domicílio do executado, de onde estão os bens do devedor, ou de onde deva ser cumprida a obrigação.

6. CONCLUSÃO

A homologação de decisão estrangeira não é uma ação nova no ordenamento jurídico brasileiro. Todavia, com o Código de Processo Civil de 2015 ganhou novos contornos, ainda que não tenha sido desfigurada nem modificada na essência, com a adição de alguns aspectos processuais relevantes, notadamente aqueles vindos da jurisprudência.

Percebe-se, de tudo isso, que a homologação de decisão estrangeira representa não apenas uma ação para dar concretude e eficácia ao conteúdo disposto em atos (judiciais e não-judiciais) praticados no exterior, mas uma ação para refletir e solidificar a ideia de soberania que envolve as nações em todo o mundo.

A partir da análise da legitimidade, da competência, do procedimento e dos requisitos para a homologação, pretendeu-se pincelar diversos aspectos, inclusive aqueles controvertidos, que dão a ideia da essência e da importância de referida ação para o direito brasileiro.

---

61. SEC 802/US, Rel. Min. José Delgado, Corte Especial, DJ 19/09/2005.
62. HILL, Flávia Pereira. Ob cit., p. 186.
63. Art. 965. O cumprimento de decisão estrangeira far-se-á perante o juízo federal competente, a requerimento da parte, conforme as normas estabelecidas para o cumprimento de decisão nacional. Parágrafo único. O pedido de execução deverá ser instruído com cópia autenticada da decisão homologatória ou do exequatur, conforme o caso.
64. Enunciado 440 do Fórum Permanente de Processualista Civis.

BIBLIOGRAFIA

AMARAL, Guilherme Rizzo. Comentários às alterações do novo CPC. São Paulo: editora Revista dos Tribunais, 2015.

ARAÚJO, Nádia de. Direito Internacional Privado: Teoria e Prática Brasileira. Rio de Janeiro: Renovar, 2008.

BASSO, Maristela. Curso de direito internacional privado. São Paulo: Atlas, 2009, p. 278.

BASTOS, Marcio Thomaz. Exposição de Motivos que precedeu o projeto que deu origem à Lei no 11.232/2005.

COSTA, Eduardo José da Fonseca *in* Comentários ao novo Código de Processo Civil, Coordenação Antônio do Passo Cabral e Ronaldo Cramer. Rio de Janeiro: Forense, 2015.

CUNHA, Oscar da. A homologação da sentença estrangeira e o direito judiciário civil brasileiro. Rio de Janeiro: Jornal do Commercio, 1933, p. 49.

DEL'OLMO, Florisbal de Souza. Curso de direito internacional privado. 7ª edição. Rio de Janeiro: Forense, 2009.

HILL, Flávia Pereira. A antecipação de tutela no processo de homologação de sentença estrangeira. Rio de Janeiro: GZ ed., 2010.

MEDINA, José Miguel Garcia. Direito Processual Civil Moderno. São Paulo: Revista dos Tribunais, 2016.

NEVES, Daniel Amorim Assumpção. Novo Código de Processo Civil comentado artigo por artigo. Salvador: Editora Juspodivm, 2016.

PEREIRA, Marcela Harumi Takahashi. Homologação de sentença estrangeira: Aspectos gerais e o problema da falta de fundamentação no exterior. Rio de Janeiro: Renovar, 2009.

PEREZ, Marcela Melo *in* Comentários ao novo Código de Processo Civil, Coordenação Antônio do Passo Cabral e Ronaldo Cramer. Rio de Janeiro: Forense, 2015.

PORTELA, Paulo Henrique Gonçalves. Direito internacional público e privado: incluindo noções de direitos humanos e de direito comunitário. 3ª edição. Salvador: JusPodivm, 2011.

WAMBIER, Luiz Rodrigues e TALAMINI, Eduardo. Curso Avançado de Processo Civil, vol. 2. São Paulo: Editora Revista dos Tribunais, 16ª edição, 2016.

CAPÍTULO 16

A nova jurisdição civil e os tratados internacionais de direitos humanos: uma perspectiva de diálogo

Thiago Aleluia Ferreira de Oliveira[1]

SUMÁRIO: DELIMITAÇÃO DO TEMA. 1 INTERNACIONALIZAÇÃO DOS DIREITOS HUMANOS E O CONTROLE DE CONVENCIONALIDADE. 2 DIREITOS HUMANOS E A RELAÇÃO ENTRE DIREITO INTERNACIONAL E DIREITO INTERNO: ALTERNATIVAS À TRADICIONAL NOÇÃO DE HIERARQUIA NORMATIVA. 3 OS TRATADOS INTERNACIONAIS DE DIREITOS HUMANOS COMO FONTE DO DIREITO PROCESSUAL CIVIL. CONSIDERAÇÕES FINAIS. REFERÊNCIAS BIBLIOGRÁFICAS

DELIMITAÇÃO DO TEMA

Neste artigo, toma-se como objeto de reflexão os tratados internacionais de direitos humanos na perspectiva das novas disposições do Código de Processo Civil de 2015.

Incorporando o debate internacional em prol da consolidação dos direitos humanos e impulsionado pelos novos desafios trazidos pela sociedade globalizada, o Código de Processo Civil de 2015 redefine a teoria das fontes e a tradicional relação entre jurisdição, soberania e território do Estado-nação, ao dispor expressamente, em seu art. 13, que a jurisdição civil será regida, de forma prevalente, por tratados e convenções internacionais.

As disposições do referido comando legal atribuem aos normativos internacionais uma posição privilegiada frente à processualística civil interna, ou seja, um caráter supralegal, reforçando a base jurídica do chamado controle de convencionalidade no ordenamento nacional, instituída no julgamento do RE

1. Especialista e Mestre em Direito Público. Doutorando em Direito Internacional na UERJ. Formação complementar em Diplomado Internacional "Pluralismo Jurídico" pela Academia de La Magistratura do Peru. Instrutor da Escola Judiciária do Tribunal de Justiça do Piauí-EJUD. Vice-Diretor e Professor da Escola Superior da Magistratura do Estado do Piauí- ESMEPI. Juiz de Direito do TJPI. E-mail: othiagoaleluia@gmail.com.

466.343 do Supremo Tribunal Federal. Na esfera do sistema regional de proteção de direitos humanos americano, tal controle constitui um instrumento eficaz para o respeito, a salvaguarda e concretização dos direitos descritos nos tratados internacionais de direitos humanos, com destaque ao Pacto de San José da Costa Rica.

Nada obstante, cumpre registrar que, no âmbito dos direitos humanos, não há sobreposição de normas nacionais e internacionais; tampouco revogação de uma pela outra, ganhando relevo a ideia anticonflitual de coordenação entre plúrimas fontes legislativas, em que se privilegia alternativa harmonizadora, nas quais as normas jurídicas dialogam, por meio da via do controle de convencionalidade, tendo como norte o critério hermenêutico da primazia da norma mais favorável à tutela dos direitos humanos (princípio *pro homine*).

Em face da relevância e atualidade do tema sob o contexto jurídico e social, notadamente a partir do novo regramento processual civil, que tratou de implementar significativas modificações normativas no que se refere ao tratamento dedicado aos tratados internacionais no cenário jurídico, com reflexos no cotidiano de muitos cidadãos, e principalmente da evidência dos debates divergentes que permeiam as doutrinas processualista e humanista, o presente trabalho privilegia os seguintes objetivos: analisar as novas disposições do Código de Processo Civil de 2015 à luz da hermenêutica protetiva dos direitos humanos; evidenciar o controle de convencionalidade dos tratados internacionais de direitos humanos em uma perspectiva harmonizadora e dialógica.

Para tanto, inicialmente, serão tecidas considerações referentes à internacionalização dos direitos humanos e à operacionalização do controle de convencionalidade na proteção desse segmento de direitos. Nessa linha de ideias, perquire-se ainda o status jurídico dos tratados internacionais de direitos humanos, expondo, ao mesmo tempo, a discussão em torno da relação entre o direito internacional e o direito interno no presente domínio de proteção.

Por fim, em largos delineamentos, abordar-se-á a inclusão dos tratados internacionais, sobretudo, envolvendo direitos humanos, como fonte do direito processual civil, a partir dos influxos da sociedade globalizada e das novas exigências internacionais no campo da tutela dos direitos humanos

A comunidade jurídica é convidada a refletir sobre a jurisdição civil e os paradigmas sobre os quais assenta o processo, no contexto do atual Estado Constitucional e Humanista contemporâneo, em que a proteção da pessoa humana alcança notável primazia. O trabalho pretende, assim, abordar premissas contributivas para o fomento de debates e reflexões em relação ao tema a partir da nova disciplina do Código de Processo Civil de 2015 sob a ótica da doutrina nacional e estrangeira e em cotejo com a jurisprudência da Corte

Interamericana e do Supremo Tribunal Federal, na perspectiva dialógica do controle de convencionalidade.

1. A INTERNACIONALIZAÇÃO DOS DIREITOS HUMANOS E O CONTROLE DE CONVENCIONALIDADE

A internacionalização dos direitos humanos deu origem a um sistema de proteção universal, com fundamento na primazia do valor da dignidade humana, paradigma e referencial ético a orientar a ordem internacional contemporânea[2]. Nesse movimento, formaram-se os sistemas regionais de proteção (europeu, interamericano e africano) e múltiplos instrumentos normativos.

Corroborando a tese de que a proteção dos direitos humanos transcende o domínio estatal, estruturaram-se distintos organismos jurisdicionais supranacionais, com destaque aos tribunais regionais de proteção dos direitos humanos, como a Corte Interamericana.

Esse fenômeno, desde muito tempo, é analisado por Cappelleti[3], que faz referência à dimensão transnacional da jurisdição constitucional, que se contrapõe à tradicional concepção exclusiva de soberania dos Estados nacionais, ao analisar, sobretudo, a Convenção Europeia de Direitos Humanos, que entabulou, de forma pioneira, a Comissão e Corte Europeia de Direitos Humanos, como órgãos jurisdicionais supranacionais.

A partir desse delineamento, a busca de efetividade desses direitos passou a compor a agenda dos Estados. Conforme o escólio doutrinário de Norberto Bobbio, "o problema fundamental em relação aos direitos do homem, hoje, não é tanto o de justificá-los, mas o de protegê-los"[4].

É nesse contexto que emerge o controle judicial de convencionalidade, na esfera do sistema regional de proteção de direitos humanos americano, como instrumento eficaz para o respeito, a salvaguarda e concretização dos direitos descritos no Pacto de San José da Costa Rica[5], fruto da construção pretoriana da Corte Interamericana.

---

2. PIOVESAN, Flavia. *Direitos Humanos e o Direito Constitucional Internacional*. São Paulo: Saraiva, 14ª ed., 2013, p. 185.
3. CAPPELLETTI, Mauro. *La Justicia Constitucional (Estudios de Derecho Comparado)*, México, UNAM, 1987, p. 239.
4. BOBBIO, Norberto, *Era dos Direitos*, trad. Carlos Nelson Coutinho, Rio de Janeiro, Campus, 1988.p.25.
5. SAGÜES, Nestor Pedro. *Obligaciones internacionales y control de convencionalidad. Estudios Constitucionales*, ano 8, n. 1, p. 118, 2010. Disponível em: < <http://www.cecoch.cl/docs/pdf/revista_ano8_1_2010/articulo_4.pdf>. Acesso em: 15 de junho de 2015.

Por meio desse controle, as normas locais devem guardar compatibilidade com as normas internacionais, possibilitando a coesão da ordem pública internacional, sob o critério dos direitos humanos[6].

Susana Albanese[7] leciona que o controle de convencionalidade constitui garantia da aplicação harmônica do direito vigente, na seara das fontes internas, internacionais ou supranacionais. Se bem instrumentalizada, segundo Sagues[8], tal ferramenta contribui para assegurar a prevalência do ordenamento jurídico internacional de direitos humanos e edificar um *ius commune* nessa matéria.

Não obstante o seu notável desenvolvimento no continente americano, foi na França, especificamente na década de 1970, que ocorreu a primeira utilização da expressão *controle de convencionalidade*[9]. Precisamente, na decisão 74-54 DC de 15 de janeiro de 1975[10], em que se questionava se uma lei vigente, relativa à interrupção voluntária da gravidez (*Interruption Volontaire de Grossesse*) estaria em desconformidade com a garantia do "direito à vida", tal como disposto no art. 2º da Convenção Europeia de Direitos Humanos.

No âmbito do sistema interamericano, os casos *Tibi vs. Equador* e do caso *Myrna vs. Guatemala* constituíram as vigas fundamentais para a edificação do controle de convencionalidade na Corte Interamericana. Em ambas as decisões expostas, o controle de convencionalidade foi citado apenas em voto singular do juiz Sérgio Garcia Ramirez[11].

---

6. RAMOS, André de Carvalho.*Tratados internacionais: novos espaços de atuação do Ministério Público*. Boletim Científico da Escola Superior do Ministério Público da União, Brasília, ano 2, n. 7, p. 86, abr./jun. 2003.
7. ALBANESE, Susana. *La internacionalización del derecho constitucional y la constitucionalización del derecho internacional*. In: ALBANESE, Susana (coord.). El control de convencionalidad. Buenos Aires: Ediar, 2008. p. 15.
8. SAGUES, Nestor Pedro. *El control de convencionalidad em el sistemainteramericano, y sus anticipos em elámbito de losderechos económico-sociales: concordâncias e diferencias com el sistema europeo*. Disponível em: ‹http://www.juridicas.unam.mx›. Acesso em 15 de junho de 2015.p.406.
9 É importante ressaltar, segundo Sagues, que o controle de convencionalidade já tem sido realizado há certo tempo pelo Tribunal de Justiça das Comunidades Europeias (hoje, Tribunal de Justiça da União Europeia), situado em Luxemburgo, como no caso *Van Gend en Loos*, em 1963, Costa v. ENEL (1964) e y Simmenthal (1968). Nessa última decisão, firmou-se o entendimento de que os juízes ordinários estariam obrigados a garantir a plena eficácia das leis comunitárias, negando a aplicação de normas que lhes sejam contrárias. SAGUES, Nestor Pedro. *El control de convencionalidad em el sistemainteramericano, y sus anticipos em elámbito de losderechos económico-sociales: concordâncias e diferencias com el sistema europeo*. Disponível em: ‹http://www.juridicas.unam.mx›. Acesso em 15 mai. 2018.
10 Conseil Constitutionnel: Décision nº 74-54 DC du 15 janvier 1975. *Loi relative à l'interruption volontaire de la grossesse*; Dubout, Edouard: "De la primauté 'imposée' à la primauté 'consentie' – Les incidences de l'inscription du principe de primauté dans le traité établissant une Constitution pour l'Europe", Docteur en Droit public, CREDHORouen, p. 17. Disponível em: ‹http://www.afdc.fr/congresmtp/textes3/DUBOUT.pdf›. Acesso em 10 de setembro de 2018.
11 SAGUES, Nestor Pedro. *El control de convencionalidad em el sistemainteramericano, y sus anticipos em elámbito de losderechos económico-sociales: concordâncias e diferencias com el sistema europeo*. Disponível em: ‹http://www.juridicas.unam.mx›. Acesso em 15 de junho de 2015.

Porém, no caso *Almonacid Arellano e outros vs. Chile*[12], em 26 de setembro de 2006, o controle de convencionalidade passou a ser incorporado ao corpo da sentença proferida pelo pleno da Corte Interamericana de Direitos Humanos. Nesse julgado, após a Corte afiançar que os juízes e tribunais internos estão sujeitos ao império da lei e, portanto, obrigados a aplicar as disposições vigentes do ordenamento jurídico de cada país, assentou o entendimento de que, quando um Estado ratifica um tratado internacional, como a Convenção Americana de Direitos Humanos, tais juízes, como integrantes aparato estatal, também estão a ela submetidos, obrigados a velar por todos os efeitos das disposições da Convenção.

Na espécie, evidencia-se o papel da Convenção como estandarte hermenêutico a ser respeitado e salvaguardado pelos órgãos jurisdicionais ordinários, convertendo-se os juízes nacionais em verdadeiros "guardiões" da convencionalidade.[13]

Inaugurou-se, assim, formalmente, dentro do marco de vigência da Convenção Americana de Direitos Humanos (Pacto de San Jose de Costa Rica), a doutrina do Controle de Convencionalidade em plagas americanas. É também o caso a partir do qual se verifica ser intenção da Corte Interamericana que o controle de convencionalidade por parte dos tribunais locais seja considerado como verdadeira questão de ordem pública internacional[14].

Pouco tempo depois, no caso *Trabajadores Cesados del Congreso vs. Perú*[15], decidido em 24 de novembro de 2006, a Corte aprofundou seu entendimento sobre o controle de convencionalidade, aperfeiçoando o instituto. Assim, definiu-se que juízes e tribunais nacionais deveriam realizar o controle de convencionalidade de ofício, garantindo melhor produção de efeitos da Convenção Americana de Direitos Humanos.

A partir desses casos, Valério Mazzuoli[16] adverte que a negativa do Poder Judiciário em controlar a convencionalidade, sob o argumento de não ter sido

---

12. Corte IDH. Caso *Almonacid Arellano y otros Vs. Chile*. Excepciones Preliminares, Fondo, Reparaciones y Costas. Sentencia de 26 de septiembre de 2006. Serie C No. 154. http://www.corteidh.or.cr/docs/casos/articulos/seriec_154_esp.pdf. Acesso em: 15 de junho de 2015.
13. MAC GREGOR, Eduardo Ferrer. *El control difuso de convencionalidad en el Estado constitucional*, en Fix-Zamudio, Héctor y Valadés, Diego (coords.), Formación y perspectiva del Estado Mexicano, México, El Colegio Nacional-UNAM, 2010, p. 186.
14 MAZZUOLI, Valério de Oliveira. *Curso de Direitos Humanos*. Rio de Janeiro: Forense, 2014.p.175.
15. No caso *Trabajadores cesados del congreso*, envolvendo a demissão arbitrária de duzentos e cinquenta e sete trabalhadores, a Corte condenou República peruana pela afronta ao devido processo legal e à proteção judicial. CORTE IDH. Caso Trabajadores Cesados del Congreso (Aguado Alfaro y otros) Vs. Perú. Excepciones Preliminares, Fondo, Reparaciones y Costas. Sentencia de 24 de Noviembre de 2006. Serie C No. 158. Disponível em: http://www.corteidh.or.cr/docs/casos/articulos/seriec_174_esp.pdf. Acesso em 15 de junho de 2015.
16. MAZZUOLI, Valério de Oliveira. *O controle jurisdicional de convencionalidade das leis*. 2. ed. São Paulo: Revista dos Tribunais, 2011.p.86.

solicitado pelas partes, é motivo suficiente para acarretar a responsabilidade internacional do Estado por violação de direitos humanos.[17]

Tal labor, desenvolvido pela Corte Interamericana, é subsidiário e complementar, na medida em que se inicia quando todos os controles jurisdicionais nacionais tenham falhado e não exista alternativa, senão recorrer ao amparo interamericano para obter a proteção de um direito ameaçado ou violado.

Dentre os protagonistas, o controle de convencionalidade pode ser exercido pela Corte Interamericana como pelos juízes nacionais, dando origem à dupla abordagem: controle de convencionalidade em sede internacional (concentrado) e controle de convencionalidade em sede nacional (difuso)[18].

Quanto ao material controlante, é formado pela Convenção Americana de Direitos Humanos, pelos parâmetros hermenêuticos fixados pela Corte Interamericana, o jus cogens e pelos demais tratados ratificados, que integram o bloco de convencionalidade[19]. Nesse ponto, Sagues[20] lembra que essa Corte tem afirmado como obrigatória tese semelhante à regra estadunidense do *stare decisis*[21], conferindo valor aos seus precedentes, tal qual fez a Supreme Court dos Estados Unidos da América, cuja doutrina também foi construída sem autorização expressa em texto constitucional.

Em outras palavras, o aludido Tribunal Interamericano percebe a si próprio como uma espécie de Tribunal Constitucional transnacional[22], responsável por exercer um controle concentrado de convencionalidade cujos efeitos atinge a todos: Estados litigantes e não litigantes. Tal entendimento se contrapõe ao adotado pela Corte Internacional de Justiça, que não reconhece a jurisprudência como fonte do direito[23].

---

17. HITTERS, Juan Carlos. *Control de constitucionalidad y control de convencionalidad: comparación (criterios fijados por la Corte Interamericana de Derechos Humanos).* Estudios Constitucionales, año 7, n. 2, Universidad de Talca, 2009, p. 124-125.

18 Idem. *Obligaciones internacionales y control de convencionalidad.* Estudios constitucionales, Santiago de Chile, Centro de Estudios Constitucionales de Chile, Universidad de Talca, año 8 núm. 1, 2010, p.120.

19. HITTERS, Juan Carlos. *Control de constitucionalidad y control de convencionalidad: comparación (criterios fijados por la Corte Interamericana de Derechos Humanos).* Estudios Constitucionales, año 7, n. 2, Universidad de Talca, 2009, p. 120.

20 SAGÜÉS, Néstor Pedro. *Obligaciones internacionales y control de convencionalidad. Estudios constitucionales, Santiago de Chile, Centro de Estudios Constitucionales de Chile, Universidad de Talca, año 8 núm. 1, 2010, p.124.*

21. Há doutrinadores brasileiros que defendem a existência de um *stare decisis* interamericano por conta dos efeitos horizontais (dentro da própria Corte) e verticais (para fora da Corte em relação aos Estados), que decorre desse particular controle de convencionalidade no sistema interamericano, tanto na função consultiva, como na contenciosa. Cf. VAL, Eduardo Manuel et al. *Corte Interamericana de direitos humanos e os tribunais brasileiros no controle difuso de convencionalidade*, mimeo, 2016.

22. FERREIRA, Siddharta Legale. *A CORTE INTERAMERICANA DE DIREITOS HUMANOS COMO TRIBUNAL CONSTITUCIONAL TRANSNACIONAL.* 2017. 456 f. Tese (Doutorado) – Curso de Pós-graduação em Direito, Universidade do Estado do Rio de Janeiro, Rio de Janeiro, 2017, p.163.

23. O arts. 38 e 59 do Estatuto da Corte Internacional de Justiça, originários da "norma guia" da antecedente Corte Permanente de Justiça Internacional deixam claro que a decisão da Corte somente será obrigatória

Dentro do referido bloco de convencionalidade, segundo a Corte, o Pacto de San José equivaleria a uma Constituição supranacional atinente a Direitos Humanos, razão pela qual, todos os poderes públicos e esferas nacionais, bem como as respectivas legislações federais, estaduais e municipais de todos os estados aderentes estão obrigados a respeitá-la e a ela se adequar.

No Brasil, a Convenção Americana sobre Direitos Humanos foi assinada na Conferência Especializada de 22 de novembro de 1969, contudo, somente foi aceita a jurisdição contenciosa da Corte Interamericana de Direitos Humanos em 10 de dezembro de 1998[24].

Em que pese a valorosa jurisprudência da Corte Interamericana outorgar ao corpus iuris interamericano uma superior hierarquia em face do material controlado nacional: decreto, regulamento, sentenças judiciais, resoluções, atos administrativos, leis, inclusive, a própria constituição, cumpre advertir que, na esfera de direitos humanos, como será exposto no próximo tópico, não é adequada a adoção de uma solução apriorística e aplicável a todas as hipóteses, seja de precedência doméstica ou internacional. Para tanto, antes de adentrar ao âmago dessa controvérsia, impende investigar previamente a natureza dos tratados internacionais de direitos humanos no ordenamento jurídico nacional.

2. DIREITOS HUMANOS E A RELAÇÃO ENTRE DIREITO INTERNACIONAL E DIREITO INTERNO: ALTERNATIVAS À TRADICIONAL NOÇÃO DE HIERARQUIA NORMATIVA

A proteção dos Direitos Humanos projeta-se em dois planos: o interno, por meio do sistema normativo estatal, e o internacional, que se efetiva por intermédio de seus atos e fontes, desdobrando-se em sistema global e regionais (europeu, interamericano e africano).

Na atualidade, predomina a tutela dos Direitos Humanos por meio dos tratados internacionais. Segundo Cançado Trindade[25], os tratados internacionais de direitos humanos, por definirem proteção aberta e eficaz, detêm status peculiar em relação aos ordenamentos jurídicos domésticos.

Por sua vez, o direito internacional não estabelece sistema geral regulador da introdução de normas internacionais de Direitos Humanos no direito interno. A tarefa de disciplinar o procedimento, o alcance e natureza jurídica é

para as partes litigantes e a respeito do caso em questão.

24. Certamente essa data foi escolhida em homenagem ao cinquentenário da Declaração Universal dos Direitos Humanos, assinada em 10 de dezembro de 1948.
25. TRINDADE, Antonio Augusto Cançado. Tratado de Direito internacional de Direitos Humanos. Vol I, 2ª ed. Porto Alegre: Sérgio Antonio Fabris Editor, 2003, p. 41.

reservada ao legislador constituinte, o que, por óbvio, resulta em incorporação mais ou menos flexível[26].

Ocorre que, no Brasil, a Constituição Federal de 1988, alinhada à tradição brasileira precedente, não dispõe expressamente a respeito da posição hierárquica dos tratados internacionais (comuns ou de proteção aos direitos humanos) incorporados ao ordenamento doméstico[27], deixando tal encargo à doutrina e à jurisprudência pátrias. Nesse ponto identificam-se diversas controvérsias que o legislativo poderia evitar[28].

O estudo do estatuto normativo interno dos tratados internacionais de direitos humanos exige a definição do chamado bloco de constitucionalidade e de convencionalidade[29].

A gênese da concepção de bloco de constitucionalidade repousa no direito constitucional francês, a partir da decisão n. 71-44 DC, de 16.07.71, do Conselho Constitucional francês, relativa à liberdade de associação, que fixou as bases do valor jurídico do Preâmbulo da Constituição de 1958. Ademais, seu texto preconizou o respeito à Declaração dos Direitos do Homem e do Cidadão de 1789 e ao Preâmbulo da Constituição de 1946, no que tange aos princípios fundamentais reconhecidos pelas leis da República.

Na França, considera-se o referido julgado como revolucionário[30], eis que deu origem à construção do conceito de bloco de constitucionalidade. Em trabalho específico sobre o tema, Louis Favoreu[31] ressalta a decisão do *Conseil Constitutionnel* por haver consagrado o valor constitucional do Preâmbulo, por alargar a noção de conformidade com a Constituição, aplicando os princípios fundamentais reconhecidos pelas Leis da República, ao mesmo tempo que afirma o papel do Conselho como protetor das liberdades fundamentais e promove a liberdade de associação à esfera constitucional. No caso em tela, a decisão fortalece tanto a Constituição de 1958, como e principalmente um "bloco" de normas e princípios materialmente constitucionais.

---

26. ALCALÁ, Humberto Nogueira. Los Tratados Internacionales en el Ordenamiento Jurídico Chileno en *Revista Chilena de Derecho* de La Pontificia Universidad Católica de Chile. Vol. 23 n. 2-3, maio-agosto, 1996, Tomo I, p.345.
27. Com exceção dos tratados internacionais sobre direitos humanos aprovados conforme o rito especial previsto no § 3º do art. 5º da CRFB/88, já que neste caso a Magna Carta estabelece expressamente que possuem status de emenda constitucional.
28. MAZZUOLI, Valério de Oliveira. *Curso de Direito Internacional Público*. 9. ed. São Paulo: RT, 2015, p.406.
29. O tema já foi desenvolvido no tópico anterior.
30. RANÇOIS LUCHAIRE, in "La Décision du 16 de Juillet 1971", publicada no Annuiare International de Justice Constitutionelle, vol. VII, 1991, Economica/PUAM, Paris, 1993, pág. 7
31. FAVOREU, Louis. El bloque de la constitucionalidad. *Revista del Centro de Estudios Constitucionales*, n. 4, p. 45, jan./mar. 1990.

Valendo-se da noção de *bloco de legalidade*, difundido no direito francês, Favoreu[32] desenvolve o conceito de bloco de constitucionalidade, para designar o conjunto de princípios e regras, os quais detêm força constitucional como parâmetros para o controle de constitucionalidade, ainda que não expressos na Constituição. Para o citado pesquisador, a aglutinação das normas que integram o bloco de constitucionalidade fortalece a Constituição, congrega direitos capazes de alcançar por inteiro o espírito da Constituição, em especial, os direitos humanos, de modo harmônico e coerente.

Em outros termos, o bloco de constitucionalidade ultrapassa a Constituição escrita, proclamando valores maiores que devem nortear a aplicação das normas constitucionais expressas[33], como, por exemplo, lei infraconstitucional ou tratado internacional.

A noção de bloco de constitucionalidade tem sido paulatinamente incorporada por diversos países, inclusive do continente americano. No entanto, diante da subsistente imprecisão, inúmeras são as leituras sobre "o que" pode ser entendido como elemento integrante do bloco de constitucionalidade[34].

Seguindo a tendência mundial da globalização e internacionalização do Direito, as Constituições latino-americanas[35] trazem cláusulas constitucionais abertas[36], que possibilitam a integração entre a ordem constitucional e a ordem internacional, especialmente no campo dos direitos humanos, ampliando e expandindo o bloco de constitucionalidade, como forma de tornar mais densa e clara a compreensão de princípios ou regras constitucionais positivas[37].

---

32. Ibidem, p.46.

33 COELHO, Bernardo Leôncio Moura. O bloco de constitucionalidade e a proteção à criança. *Revista de Informação Legislativa*, Brasília, v. 31, n. 123, p. 263, jul./set. 1994.

34. REY CANTOR, Ernesto. El bloque de constitucionalidad: aplicación de tratados internacionales de derechos humanos. *Estudios Constitucionales*, Santiago, ano 4, n. 2, p. 303, nov./dez. 2006. Disponível em: ‹http://redalyc.uaemex.mx/pdf/820/82040114.pdf›. Acesso em 10 mai. 2018.

35. Nesse aspecto, vale dizer que quase todas as constituições da América latina, contém cláusulas abertas, a saber, Argentina (Artigo 33), Bolívia (Artigo 33), Brasil (Artigo 5, §2º) Colômbia (Artigo 94), Costa Rica (Artigo 74), Equador (Artigo 19), Guatemala (Artigo 44), Honduras (Artigo 63), Nicarágua (Artigo 46), Paraguai (Artigo 45), Peru (Artigo 3), Uruguai (Artigo 72) e Venezuela (Artigo 22).

36. A inclusão de cláusulas abertas sobre direitos humanos nas Constituições Latinoamericanas, sem dúvida, tem sua origem remota no texto da Emenda IX da Constituição dos Estados da América (1791), em que dispõe que "a enumeração de certos direitos na Constituição não deve ser construída com a negação a outra disposição da mesma essência". BREWER-CARÍAS, Allan R. La aplicación de los tratados internacionales sobre derechos humanos en el orden interno de los países de América Latina. **Revista IIDH,** San José, v. 46, n. 1, p.219-271, jun./dez. 2007. Semestral. Disponível em: ‹http://www2.iidh.ed.cr/BibliotecaWeb/Varios/Documentos.Interno/BD_125911109/revista_46.pdf›. Acesso em: 01 fev. 2018.

37. PIOVESAN, Flavia. *Direitos Humanos e o Direito Constitucional Internacional*. São Paulo: Saraiva, 14ª ed., 2013, p.451.

Sobre o tema, Rey Cantor[38], ao considerar que os direitos humanos integram o bloco de constitucionalidade, reconhece que as normas não são utilizadas apenas para fins da definição de parâmetro para o controle de constitucionalidade, mas, principalmente, a servir de paradigma para a tutela de direitos constitucionais.

Em relação ao Brasil, a Constituição de 1988, em seu art. 5º, § 2º, ao consagrar que os direitos e garantias, inclui os direitos decorrentes dos princípios e do regime a ela aplicável e os direitos enunciados em tratados internacionais ratificados pelo país, apresenta cláusula de abertura ao sistema internacional, permitindo a ampliação do bloco de constitucionalidade.

Em abono desse entendimento, Flávio Piovesan[39] afiança que a Constituição de 1988 inova, ao inserir, entre os direitos constitucionalmente tutelados, os direitos previstos nos tratados internacionais de que o Brasil seja signatário. Ao realizar tal incorporação, a Carta confere aos direitos internacionais hierarquia especial, qual seja, a de norma constitucional, integrando, portanto, o bloco de constitucionalidade.

Nada obstante a abertura promovida pelo constituinte de 1988 e a tendência de os países latino-americanos atribuírem status constitucional aos tratados de direitos humanos[40], o Supremo Tribunal Federal tem dispensado a esses documentos tratamento cauteloso, não os integrando no bloco de constitucionalidade.

A trajetória jurisprudencial do STF sugere três importantes correntes acerca da hierarquia dos tratados internacionais de direitos humanos à luz do direito pátrio: a) paridade hierárquica legal; b) paridade hierárquica supralegal e infraconstitucional; c) hierarquia constitucional.

Inicialmente, é importante trazer a lume a advertência de Celso de Albuquerque Mello[41], no sentido que, durante décadas, predominava no STF, o entendimento jurisprudencial que consagrava o primado do direito internacional, destacando, dentre outros, o caso da União v. Cia. Rádio Internacional do Brasil (1951); Pedido de Extradição n.º 7 (1914), Apelação Cível n.º 7.872 (1943). Em ambos, a Corte Excelsa assentou que um tratado não é revogado por uma lei interna posterior.

---

38. REY CANTOR, Ernesto. El bloque de constitucionalidad: aplicación de tratados internacionales de derechos humanos. *Estudios Constitucionales*, Santiago, ano 4, n. 2, p. 316, nov./dez. 2006. Disponível em: <http://redalyc.uaemex.mx/pdf/820/82040114.pdf>. Acesso em 10 mai. 2018
39. PIOVESAN, Flávia *Temas de direitos humanos*. 4. ed. São Paulo: Saraiva, 2010. p.48.
40. MAZZUOLI, Valério de Oliveira. *Curso de Direito Internacional Público*. 9. ed. São Paulo: RT, 2015, p.942.
41. MELLO, Celso Duvivier de Albuquerque. *Curso de direito internacional público*. 15.ed. ver. e aum. Rio de Janeiro: Renovar, 2004.

A partir de 1977, deflagra-se, no âmbito do STF, a corrente da paridade hierárquica entre as leis e os tratados internacionais, de maneira que, em caso de conflito entre ambos, prevalece a norma mais recente, aplicando-se a regra *lex posterior derogat legi priori*. Esse entendimento acerca da possibilidade de treaty override – revogação do tratado (expressa ou tacitamente) pela lei posterior incompatível – ainda prevalece na jurisprudência do Tribunal Constitucional pátrio, no que tange aos tratados internacionais comuns[42].

O *leading* case foi o julgamento do RE n. 80.004/SE[43], ocorrido em 01/06/1977, de relatoria do Ministro Xavier de Albuquerque[44]. A discussão versava sobre o conflito entre o Decreto-lei nº 427, de 22 de janeiro de 1 969, que estabeleceu o registro obrigatório da nota promissória na repartição fiscal, sob pena de nulidade, e a Lei Uniforme sobre Letras de Câmbio e Notas Promissórias, aprovada pela Convenção de Genebra, anteriormente ratificada pelo Estado brasileiro e com vigência reconhecida pelo próprio STF.

O ponto fulcral da cizânia residia na pretensão de nulidade do Decreto-lei nº 427169, que exigia o registro da nota promissória na repartição fiscal não previsto na Lei Uniforme sobre Letras de Câmbio e Notas Promissórias, aprovada pela Convenção de Genebra, anteriormente ratificada pelo Estado brasileiro e com vigência reconhecida pelo próprio STF. Nesse julgamento, prevaleceu o voto-vista do Ministro Cunha Peixoto, acompanhado pelos demais membros da Corte, Cordeiro Guerra, Rodrigues Alckmin, Thompson Flores e Cunha Peixoto, no sentido de que tratado revoga lei interna anterior, da mesma forma que lei posterior revoga tratado concluído primeiro, segundo a fórmula *lex posterior derogat priori*.

A tese da legalidade ordinária dos tratados internacionais restou corroborada em julgados posteriores, a exemplo da Medida Cautelar em ADI n. 1.480/DF255, Relator Ministro Celso de Mello (04/09/1997); do RE n. 206.482-3/SP, Relator Ministro Maurício Corrêa (27/05/1998); do HC n. 77.053/SP256, Relator Ministro Maurício Corrêa (04/09/1998); do HC n. 81.319/GO, Relator Ministro Celso de Mello (24/04/2002). Ela se preservou firme na jurisprudência do Supremo Tribunal Federal até 03/12/2008.

Por sua vez, no que tange aos tratados internacionais sobre direitos humanos, com o advento da Constituição de 1988, o debate ganhou novas variáveis e maior complexidade, em razão do disposto no § 2º do artigo 5º da Constituição

42. MAZZUOLI, Valério de Oliveira. *Curso de Direito Internacional Público*. 9. ed. São Paulo: RT, 2015, p.407.
43. BRASIL. Supremo Tribunal Federal. Recurso Extraordinário n.º 80.004/SE. Relator Min. Xavier de Albuquerque, 1978. Disponível em: http://redir.stf.jus.br/paginadorpub/paginador.jsp?docTP=AC&docID=175365. Acesso em 26 mai. 2018.
44. O Min.Xavier de Albuquerque foi posteriormente substituído pelo relator designado, Min. Cunha Peixoto.

de 1988 e, sobretudo, com a introdução do § 3º ao mesmo artigo 5º, por via da Emenda Constitucional n.º 45 de 2004, outorgando um *status* jurídico especial e diferenciado a estes tratados internacionais no ordenamento jurídico brasileiro.

A cláusula de abertura do § 2º do art. 5º da CRFB/88, ao permitir a recepção de outros direitos materialmente fundamentais, acarretou acalorada discussão doutrinária e jurisprudencial, admitindo distintas exegeses sobre o dispositivo e, por consequência, diferentes posições sobre a hierarquia dos tratados.

Antônio Augusto Cançado Trindade[45], autor da proposta, em 1987, à Constituinte, de inserção do atual § 2º ao art. 5º da Constituição, confere ênfase ao caráter constitucional dos direitos humanos presentes nos tratados e entende que tais direitos e garantias equiparam-se efetivamente aos direitos protegidos no rol do art. 5º.

Em torno da porfia, Flávia Piovesan[46] (2013) e Valério Mazzuoli[47] (2015) defendem a tese de que, por força do § 2º do art. 5º da CRFB/88, todos os tratados internacionais de direitos humanos, independentemente do quórum de aprovação, são materialmente constitucionais e, portanto, compõem o bloco de constitucionalidade brasileiro.

Doutro norte, em que pese o esforço do constituinte derivado[48] em pôr fim às controvérsias no tocante à hierarquia dos tratados de direitos humanos, o quórum qualificado trazido pelo §3º do art. 5º, via Emenda Constitucional n.º 45, só aumentou o debate e as críticas. Com tal dispositivo, os tratados que antes poderiam ser incorporados automaticamente, segundo a leitura do §2º do art. 5º, agora passam a seguir a processualística das emendas constitucionais, dificultando o ingresso de normas de direitos humanos na ordem jurídica nacional.

O Supremo Tribunal Federal, no julgamento do RE 466.343-SP[49], foi instado a manifestar-se sobre o assunto, ao enfrentar a polêmica em torno da possibilidade de prisão civil do depositário infiel, notadamente sobre a prisão civil do devedor na alienação fiduciária em garantia, equiparado ao depositário.

---

45. TRINDADE, Antonio Augusto Cançado. *Tratado de Direito internacional de Direitos Humanos*. Vol I, 2ª ed. Porto Alegre: Sérgio Antonio Fabris Editor, 2003, p. 31.
46 Cf. PIOVESAN, Flávia *Direitos Humanos e o Direito Constitucional Internacional*. 14ª ed.,São Paulo: Saraiva, 2013.
47. Cf. MAZZUOLI, Valério de Oliveira. *Curso de Direitos Humanos*. Rio de Janeiro: Forense, 2014.
48. A inspiração do legislador constitucional brasileiro talvez tenha sido o art. 79, §§ 1 ° e 2°, da Lei Fundamental alemã, que dispõe que os tratados internacionais, sobretudo os relativos à paz (com a observação de que a Lei Fundamental alemã não se refere expressamente aos tratados "sobre direitos humanos" como faz o texto constitucional brasileiro), podem complementar a Constituição, desde que aprovados por dois terços dos membros do Parlamento Federal e dois terços dos votos do Conselho Federal. MAZZUOLI, Valério de Oliveira. *Curso de Direito Internacional Público*. 9. ed. São Paulo: RT, 2015. p.917.
49. BRASIL. Supremo Tribunal Federal. Recurso Extraordinário n. 466.343. Relator Min. Cezar Peluso. Disponível em: http://redir.stf.jus.br/paginadorpub/paginador.jsp?docTP=AC&docID=595444. Acesso em 29 ago 2015.

Em decisão histórica, liderada pelo Ministro Gilmar Mendes[50], reconheceu-se o status supralegal aos tratados de direitos humanos, no caso, a Convenção Americana de Direitos Humanos[51], afastando o art. 652 do Código Civil de 2002, que possibilitava a prisão civil do depositário infiel.

Em seu voto vencedor, o citado Ministro entendeu que a prisão civil não se coadunava com os valores assegurados pelo Estado Constitucional, que compartilha com as demais entidades soberanas, em contextos internacionais e supranacionais, o dever de efetiva proteção dos direitos humanos.

Ainda sobre o tema, acrescentou que não seria válida, entretanto, a equiparação dos tratados internacionais às normas de status constitucional, porque a EC 45/04, ao incluir o §3º, constitui declaração eloquente de que não se pode conferir status constitucional àqueles tratados ratificados pelo Brasil anteriormente à mudança constitucional e não submetidos ao processo legislativo especial de aprovação no Congresso Nacional. Nesse diapasão, esclarece que a citada alteração constitucional realçou o caráter especial dos tratados de direitos humanos em relação aos demais tratados de reciprocidade entre os Estados pactuantes, conferindo-lhes *locus* privilegiado no ordenamento jurídico, afastando a jurisprudência outrora formada de equiparação de todos os tratados com as normas ordinárias.

A partir dessa interpretação de supralegalidade, os tratados internacionais de direitos humanos, no direito brasileiro, passaram a ser situados em nível hierárquico intermediário: abaixo da Constituição, mas acima de toda legislação infraconstitucional. Sob essa perspectiva, tais instrumentos internacionais têm o condão de paralisar a eficácia jurídica de toda e qualquer disciplina normativa infraconstitucional com ela conflitante. Esse entendimento, inclusive, culminou com a edição da Súmula vinculante 25 do Supremo Tribunal Federal: "É ilícita a prisão civil de depositário infiel, qualquer que seja a modalidade de depósito".

Em que pese a densidade da retro discussão, cumpre esclarecer que, no âmbito dos direitos humanos, revela-se superada a discussão sobre a primazia do direito internacional ou do direito interno e ganha relevo a ideia anticonflitual de coordenação entre plúrimas fontes legislativas, uma vez que esse domínio de proteção tem por foco a tutela do ser humano, independentemente de qual seja a fonte normativa.

A busca de harmonização dos ordenamentos jurídicos, notadamente, na seara dos direitos humanos, é contrária às noções de hierarquia: não há

50. Em debate no plenário, a Ministra Carmen Lúcia e os Ministros Ricardo Lewandowski, Joaquim Barbosa, Carlos Ayres Britto e Marco Aurélio também acompanharam o voto do Ministro Gilmar Mendes.
51. Art. 7º, 7 da Convenção Americana de Direitos Humanos.

sobreposição de normas constitucionais e convencionais; tampouco revogação de uma pela outra, eis que se privilegia alternativa harmonizadora, em que as normas jurídicas dialogam, por força do direito internacional e de importantes segmentos da sociedade, com respaldo em comandos constitucionais dos respectivos países, os quais impõem verdadeira mudança de paradigma, conferindo ênfase à primazia da que for mais favorável à tutela dos direitos, em razão do princípio *pro homine*, previsto no art. 29, alínea b, da Convenção Americana de Direitos Humanos.

O conteúdo do princípio (geral) do direito internacional *pro homine* confere prevalência à norma que casuisticamente tutele melhor os interesses da pessoa em demanda[52]. O que se pretende é, no caso concreto, assegurar ao ser humano a aplicação do preceito mais protetivo aos direitos. A decisão emergirá do diálogo entre as fontes "em conflito".

Lançando luzes sobre a temática, Anne-Marie Slaughter (2004) lembra que o processo de globalização contemporâneo tendeu a propiciar uma espécie de comunicação transjudicial, em que juízes podem dialogar por meio de suas decisões, o que vem a promover, assim mútuas influências.

Nesse diálogo entre cortes, aumenta-se a fertilização cruzada entre o direito interno e o direito internacional, com vistas a encontrar solução racional para eventual e aparente conflito de normas[53].

Assim, há de se privilegiar a porosidade das ordens internacional e interna, de modo a possibilitar sua interação harmônica, dialógica, através da noção de acoplamento estrutural ou de entrelaçamento transversal dos ordenamentos, buscando potencializar a proteção dos direitos dos indivíduos. O que deve prevalecer é a norma mais favorável às vítimas, seja ela norma de direito internacional ou de direito interno, pois importa mais o *como* se protege, isto é, a intensidade da proteção, do que o *locus* ou a fonte de onde se origina a tutela.

Nesse contexto, o controle de convencionalidade, como instrumento importante desta interação em tema de direitos humanos, deve assumir função harmonizadora, de diálogo entre as distintas fontes de direito e ordens jurídicas, norteada pelo princípio *pro homine*.

Fixadas essas premissas, calha perscrutar a nova disciplina do Código de Processo Civil de 2015, no tocante ao regimento dos tratados internacionais, sobretudo, de direitos humanos, no contexto do atual Estado Constitucional

52. Cf. MAZZUOLI. Valerio de Oliveira. Tratados internacionais de direitos humanos e direito interno, cit., p.151.
53. RAMOS. André de Carvalho. Pluralidade das ordens jurídicas: uma nova perspectiva na relação entre o Direito Internacional e o Direito Constitucional. Revista da Faculdade de Direito (USP) , v. 106/7, 2012, p. 514.

e Humanista contemporâneo, em que a proteção da pessoa humana alcança notável primazia.

3. OS TRATADOS INTERNACIONAIS DE DIREITOS HUMANOS COMO FONTE DO DIREITO PROCESSUAL CIVIL

O Direito Processual foi instituído com o fito de resolver lides predominantemente internas, isto é, envolvendo sujeitos oriundos do mesmo país em que a controvérsia será solucionada e atinentes a relações jurídicas que envolvem questões domésticas, aplicando o direito nacional. Isso se deve ao fato de o Direito Processual, enquanto ciência social, voltar-se a satisfazer às demandas da sociedade de seu tempo, conforme as características apresentadas em certo momento histórico[54].

No entanto, especialmente a partir de meados do século XX, verifica-se um incremento acelerado do volume de relações estabelecidas além dos limites territoriais dos Estados, passando a sociedade a ostentar contornos que transcendem os critérios de nacionalidade.

Pessoas físicas e jurídicas passaram a pactuar relações comerciais, profissionais e familiares ao redor do mundo. Passou-se a falar em negócios internacionais, cadeia internacional de produção e até mesmo em famílias transnacionais, cujos membros são de distintas nacionalidades.

Tal fenômeno ficou conhecido como globalização[55]. Trata-se, segundo Taruffo[56], de um termo multifacetado, mas que já afeta todas as áreas do direito.

---

54. DALLA, Humberto; HILL, Flávia Pereira. A NOVA FRONTEIRA DO ACESSO À JUSTIÇA: A JURISDIÇÃO TRANSNACIONAL E OS INSTRUMENTOS DE COOPERAÇÃO INTERNACIONAL NO CPC/2015. ***Revista Eletrônica de Direito Processual***, [s.l.], v. 18, n. 2, 16 ago. 2017, p.262. Disponível em:<http://www.e-publicacoes.uerj.br/index.php/redp/article/view/30026/21000>. Acesso em: 18 fev. 2018.

55. "La globalizzazione esige una significativa delocalizzazione della funzione giurisdizionale, che viene a perdere progressivamente i connotati di strumento applicativo del diritto oggettivo sostanziale, a favore di un compito di servizio di risoluzione delle controversie. Al contempo, l'omogeneità e la fungibilità dei sistemi giudiziari costituiscono, per il momento, solo il punto di destinazione di un cammino certamente avanzato, che ha segnato passi importanti, ma che è lungi dall'essersi perfezionato. Si nota così una discrasia fra le finalità del mondo della comunicazione e del commercio globalizzati, da un lato, e la concreta dimensione del dare giustizia, dall'altro. La realtà giudiziaria è ancora fortemente legata alla dimensione nazionale del diritto e costituisce, forse, uno dei segmenti della società più vincolato a profili tradizionali." BIAVATI, Paolo. Deroghe alla giurisdizione statuale e fungibilità dei sistemi giudiziari. *Rivista Trimestrale di Diritto e Procedura Civile*, Ano 2009, p. 540.

56. "The label "globalization" has become so "loose and possibly rhetorical" and has acquired so many meanings that any attempt to define its contents would be meaningless. Yet, multifaceted and ambiguous as it is, the real phenomenon is under our eyes more every day, and therefore more every day it makes sense to analyze it trying at least to identify some of the effects that it provokes on the administration of justice all around the world. If we assume that the law in general, or at least many areas of the law - if not all - have been, are being or will soon be globalized, then it is meaningful to discuss a topic dealing with the "globalization of procedural justice". It is not enough, however, to introduce such a label-that might also

Nessa nova sociedade em que os cidadãos se comunicam, interagem, trocam ideias e estabelecem relações de diferentes ordens (comerciais, profissionais e pessoais) independentemente dos tradicionais conceitos de Estado-nação, os horizontes são mais amplos do que os de outrora.

Diante disso, o vetusto paradigma interno sobre o qual o Direito Processual fora criado mostrou-se insuficiente e inócuo a sanar as demandas transnacionais[57].

Paralelo a isso, o século XX também foi marcado por trágicas consequências para a humanidade, advindas de conflitos mundiais, em especial, a Segunda Guerra, que deixou um rastro enorme de destruição e mácula aos valores mais essenciais do ser humano. A partir de então, deflagrou-se uma crescente internacionalização dos direitos fundamentais, denominados no plano internacional como "direitos humanos".

Sob a égide da reconstrução dos direitos humanos, no Pós Guerra, de uma parte, identifica-se a emergência do "Direito Internacional dos Direitos Humanos", e, por outra, a nova concepção do Direito Constitucional ocidental, aberto a princípios e a valores. Existe uma ampla convergência axiológica entre o constitucionalismo estatal e a proteção internacional dos direitos humanos.

Na seara internacional, desenvolve-se um sistema normativo internacional de proteção dos direitos humanos, como se fosse uma espécie de constitucionalismo global[58], destinado a proteger direitos fundamentais e restringir o poder do Estado, através da elaboração de um arcabouço internacional de proteção de direitos. A partir disso, adquire relevo a limitação da soberania

---

be loose and rhetorical – without trying to deal with some of the most relevant issues that immediately arise from that label". TARUFFO, Michele. Globalizing procedural justice. Some general remarks, in Revista de Processo, vol. 237, nov/2014, São Paulo: *Revista dos Tribunais*, p. 459.

57. "Dal punto di vista del diritto, uno degli effetti principali della globalizzazione è quindi l'attenuazione del legame fra la persona e un dato territorio. Ovviamente, mi riferisco ad un profilo tendenziale, perché non tutto il mondo è soggetto in modo uniforme a questi fenomeni: accanto ad aree, se così mi posso esprimere, fortemente globalizzate, altre ve ne sono che tuttora sfuggono, in misura più o meno accentuata, a questo sviluppo. Tuttavia, nell'area dei paesi ad economia industriale, di cui l'Italia fa parte, l'elemento sopra riferito è reale e verificabile. È questo l'àmbito in cui si deve muovere oggi il diritto e, in specie, per quanto concerne il mio contributo odierno, il diritto giudiziario. Sempre schematizzando, mi pare che siano tre le linee su cui la globalizzazione produce effetti: la tendenza a favorire regole omogenee di diritto sostanziale, attraverso un potenziato riconoscimento della volontà delle parti; la caduta del legame fra territorio, legge applicabile e giurisdizione competente; infine, il rafforzamento delle spinte alla privatizzazione della giustizia." BIAVATI, Paolo. Deroghe alla giurisdizione statuale e fungibilità dei sistemi giudiziari. *Rivista Trimestrale di Diritto e Procedura Civile*, Ano 2009, p. 524.

58 CANOTILHO, José Joaquim Gomes, *Direito constitucional e teoria da Constituição*, 5. ed. – Coimbra: Almedina, 2002, p. 121. Na visão de Canotilho, o constitucionalismo global abrange não somente o clássico paradigma das relações horizontais entre Estados, mas no novo paradigma fulcrado: nas relações Estado/povo, na emergência de um Direito Internacional dos Direitos Humanos e na tendencial elevação da dignidade humana a pressuposto ineliminável de todos os constitucionalismos.

nacional, reconhecendo que os indivíduos têm direitos ínsitos à sua existência, os quais devem ser tutelados.

Desde então, formou-se um sistema de proteção universal, cujos alicerces se assentam na dignidade humana, paradigma e referencial ético a orientar a ordem internacional. Sob essa perspectiva, estruturaram-se os sistemas regionais de proteção (europeu, interamericano e africano) e múltiplos instrumentos normativos, com destaque aos tribunais regionais de proteção dos direitos humanos, como a Corte Interamericana de Direitos Humanos. Com essas premissas, desenvolve-se a percepção de um modelo de Estado Humanista[59] a partir da preponderância do Direito Internacional dos Direitos Humanos.

Nesse ambiente adquire particular relevo o controle judicial de convencionalidade, como instrumento eficaz para o respeito, a garantia e efetivação dos direitos descritos nos tratados internacionais de direitos humanos, com destaque ao Pacto de San José da Costa Rica.

No campo interno, adveio um processo de reconstitucionalização da Europa que redefiniu o lugar da Constituição, a influência do direito constitucional sobre as instituições contemporâneas e o papel do Poder Judiciário[60]. O Estado Constitucional instaurado trouxe não apenas novas constituições, mas também um novo modelo, inspirado pela experiência americana[61]: o da supremacia da Constituição, em que os direitos fundamentais são imunizados em relação ao processo político majoritário.

Assim, a Constituição passa a ocupar o vértice do ordenamento jurídico, dotada de normatividade, com força vinculante e obrigatória e efeitos irradiantes para todos os ramos do direito, inclusive, processual[62]. Como consequência, os direitos fundamentais passaram a ocupar uma posição central na interpretação

59. MAZZUOLI, Valério de Oliveira; GOMES, Luiz Flávio. *Direito supraconstitucional. Do absolutismo ao Estado Constitucional e Humanista de Direito.* São Paulo: RT, 2010, p.195.

60 Cf. BRANDÃO, Rodrigo. *Supremacia judicial versus diálogos constitucionais: a quem cabe a última palavra sobre o sentido da Constituição?* Rio de Janeiro: Lumen Juris, 2012.

61. A ideia de controle de constitucionalidade no constitucionalismo moderno foi inaugurada nos Estados Unidos, a partir do célebre precedente jurisprudencial firmado em 1803 pelo *chief* justice John Marshall quando do julgamento do caso Marbury v. Madison pela Suprema Corte daquele país, por haver estabelecido seus principais marcos teóricos. BARROSO, Luis Roberto. *Controle de Constitucionalidade do direito brasileiro* – exposição sistemática da doutrina e análise crítica da jurisprudência. São Paulo: Saraiva, 2004.p.10.

62. "On assiste actuellement, sous l'influence conjuguée des normes supra-nationales et des auteurs tant français qu'étrangers qui s'intéressent à ce mouvement d'internationalisation et de constitutionalisation des procédures (et qui le conceptualisent), à la constitutionalisation des procédures (et qui le conceptualisent), à la création progressive, mais inéluctable, d'une science de la procédure, d'un nouveau droit processuel envisagé comme un droit commun à tous les types de contentieux". GUINCHARD, Serge (Org.). CHAINAIS, Cécile. DELICOSTOPOULOS, Constantin S. DELICOSTOPOULOS, Ioannis S. DOUCHY-OUDOT, Mélina. FERRAND, Frédérique. LAGARDE, Xavier. MAGNIER, Véronique. FABRI, Hélène Ruiz. SINOPOLI, Laurence. SOREL, Jean-Marc. Droit Processuel. Droits fondamentaux du process. 6. ed. Paris: Dalloz. 2011, p. 32.

e aplicação das normas processuais. A esse novo direito constitucional, intitula-se de neoconstitucionalismo.

Tal modelo normativo, nas lições de Luís Roberto Barroso[63], tem como pressuposto básico, além de outras características, a centralidade dos direitos fundamentais, de modo que o seu caráter ideológico é de concretização efetiva de tais direitos, reafirmando a força normativa da Constituição e a sua consequente densificação. Nessa senda, o processo e a legislação infraconstitucional, portanto, buscam os seus fundamentos de legitimidade e correção na Carta Magna.

Diante desses marcos teóricos, o Direito Processual interno passa a ser irrigado, de forma gradual, por *standards* comuns oriundos de fontes constitucionais e internacionais, emergindo institutos, como o neoprocessualismo[64] e o direito processual transnacional[65].

Serge Guinchard[66] destaca o surgimento de uma "dimensão mundial do processo", a partir da busca pela valorização dos direitos humanos e direitos fundamentais processuais em diferentes países. Para o autor francês, isso comprova que, em nossos dias, o humanismo processual prevalece sobre o legalismo procedimental.

Além disso, a celebração de tratados internacionais tutelando tais garantias, aliada à jurisprudência coerente e harmônica dos tribunais internacionais, dentre os quais se destaca a Corte Interamericana de Direitos do Homem, através do controle de convencionalidade, contribuíram indiscutivelmente para a sua valorização em distintas nações e para a atribuição de contornos semelhantes às garantias fundamentais.

Desta forma, países de diversos continentes passaram a interpretar suas leis processuais internas e a instituir novas normas processuais conforme os direitos humanos e as garantias fundamentais do processo. Isso desencadeou uma natural aproximação entre os sistemas jurídico-processuais dos países[67].

---

63 BARROSO, Luís Roberto Neoconstitucionalismo e constitucionalização do direito: o triunfo tardio do direito constitucional no Brasil. *Revista da Escola Nacional da Magistratura*, Brasília, v. 1, n. 2, p. 41, out. 2006. Disponível em:< http://bdjur.stj.gov.br/dspace/handle/2011/18540>. Acesso em: 05 mar. 2018.

64. O Neoprocessualismo nada mais é do que o reflexo do constitucionalismo contemporâneo sobre a ciência processual. Cf. CAMBI, Eduardo. *Neoconstitucionalismo e neoprocessualismo.*Panóptica, Vitória, ano 1, n. 6, fev.2007. Disponível em: ‹http://www.panoptica.org/seer/index.php/op/article/view/59‹. Acesso em: 18 de mai 2018.

65. Direito Processual Transnacional implica a releitura da tradicional concepção do princípio da soberania, passando-se a deitar o olhar, prevalentemente, sobre o indivíduo, o jurisdicionado. Cf. HILL, Flávia Pereira. *O Direito Processual Transnacional como forma de acesso à justiça no século XXI*. Rio de Janeiro: GZ Editora, 2013.

66. GUINCHARD, Serge (Org.). Op. cit., p. 4.

67. DALLA, Humberto; HILL, Flávia Pereira. A NOVA FRONTEIRA DO ACESSO À JUSTIÇA: A JURISDIÇÃO TRANSNACIONAL E OS INSTRUMENTOS DE COOPERAÇÃO INTERNACIONAL NO CPC/2015. ***Revista Eletrônica de Direito Processual,***

Esse evento vem se desenvolvendo e progredindo, consoante Nicolò Trocker[68], embora encontre um forte óbice: o orgulho e o apego dos Estados nacionais a seus respectivos sistemas jurídicos internos e o propósito de reafirmarem a jurisdição de seus tribunais nacionais em face do que considerariam "ingerência estrangeira" e que, na realidade, constitui uma cooperação jurídica internacional.

Atento a esses fenômenos, o legislador nacional, a partir do novo código de processo civil, reviu o conceito de soberania classicamente talhado sob um viés puramente doméstico, instituindo um sistema transnacional voltado a garantir paz e justiça em um mundo inegavelmente globalizado. Nesse sentido, mitiga-se a tradicional relação entre jurisdição, soberania e território do Estado-nação, permitindo que tratados e convenções internacionais prevaleçam sobre o direito interno. Há uma solução apriorística e aplicável a todas as hipóteses.

É o que se deflui de seu art. 13, "in litteris":

> Art. 13. A jurisdição civil será regida pelas normas processuais brasileiras, ressalvadas as disposições específicas previstas em tratados, convenções ou acordos internacionais de que o Brasil seja parte.

No caso, a expressa previsão de que os tratados e convenções internacionais também são fontes do direito revolucionou o processo civil, pois consagrou o viés humanista decorrente do direito internacional no direito instrumental civil. Além disso, tal previsão propiciou integrar os delineamentos dessa nova realidade ao direito interno, sintonizando-o com a internacionalização dos direitos humanos em plena era dos direitos universais ancorados no neoconstitucionalismo.

Tratando do tema, Cássio Scarpinella Bueno[69] assevera que o referido dispositivo aborda, de forma inédita, a influência de outras fontes do direito no processo civil, não sendo mais atribuição exclusiva do Código de Processo Civil regular o direito instrumental brasileiro. No caso, ficou clara a intenção do legislador de adequar a jurisdição civil às exigências internacionais por meio de regras processuais que aparecem delineadas na nova processualística.

As disposições do referido comando legal incorporam o mesmo entendimento fixado no RE 466.343, quando o STF atribuiu caráter supralegal aos

[s.l.], v. 18, n. 2, 16 ago. 2017, p.275. Disponível em:‹http://www.e-publicacoes.uerj.br/index.php/redp/article/view/30026/21000›. Acesso em: 18 fev. 2018.

68. TROCKER, Nicolò. *La formazione del Diritto Processuale Europeo*. Turim: G. Giappichelli Editore. 2011, p. 349.

69. BUENO, C. S. *Novo Código de Processo Civil Anotado*. São Paulo: Saraiva, 2015, p.51.

tratados internacionais de direitos humanos, afastando o art. 652 do Código Civil de 2002, que possibilitava a prisão civil do depositário infiel.

A despeito da boa intenção do legislador nacional na outorga de caráter privilegiado aos normativos internacionais, tal qual o faz a jurisprudência a Corte Interamericana, ainda que em grau distinto[70], vale ter presente, como já repisado, que, na esfera dos direitos humanos, apresenta-se superada a noção de disputa entre ordem jurídica nacional e a internacional, cedendo lugar à relação de reciprocidade, de modo a conferir prioridade à harmonia e à garantia da máxima proteção aos direitos dos indivíduos.

No atual domínio de proteção, problemas envolvendo direitos humanos ou fundamentais tornam-se concomitantemente relevantes para mais de uma ordem jurídica (estatal, regional, supranacional ou internacional), de modo que a busca por soluções unicamente em uma dessas esferas já não pode ser considerada como eficaz na resolução de dilemas de tão elevada monta[71]. Assim, não há sobreposição de normas constitucionais e convencionais; tampouco revogação de uma pela outra, eis que se privilegia alternativa harmonizadora, em que as normas jurídicas dialogam, por força do direito internacional e de importantes segmentos da sociedade[72].

Com as transformações na arquitetura global e a intensificação da interação econômica, social e cultural, cada vez mais a jurisdição enfrenta a exigência do diálogo com as demais ordens jurídicas do sistema internacional e mais do que isso, busca sustentação social para a proteção dos direitos de todos.

Assim, juízes de diferentes países precisam se conscientizar de que pertencem a uma "comunidade global", no seio da qual surge uma "comunidade de tribunais". Cabe aos magistrados fomentar a mútua influência entre as diversas culturas jurídicas e a convergência de esforços para o deslinde de problemas jurídicos e a solução dos litígios transnacionais[73], principalmente envolvendo direitos humanos.

---

70. A Corte Intermamericana, como visto no primeiro tópico, outorga um caráter supraconstitucional aos tratados. Cf. CORTE IDH. *Caso Gomes Lund y otros (Guerrilha do Araguaia) Vs. Brasil*. Excepciones Preliminares, Fondo, Reparaciones y Costas. Sentencia de 24 de noviembre de 2010. Serie C.

71. TRINDADE, A. A. Cançado. *Tratado de direito internacional dos direitos humanos*. Porto Alegre: Sérgio Antonio Fabris Editor, 2013, p. 434.

72. MARTINS, Flávio; OLIVEIRA. Thiago. O CONTROLE DE CONVENCIONALIDADE E OS DIALÓGOS INTERJURISDICIONAIS COM A CORTE INTERAMERICANA DE DIREITOS HUMANOS. In: VI ENCONTRO INTERNACIONAL DO CONPEDI – COSTA RICA, 2017, San José, COSTA RICA. Direitos humanos, direito internacional e direito constitucional: judicialização, processo e sistemas de proteção I. Florianópolis: CONPEDI/UNA/UCR/IIDH/IDD/UFPB/UFG/Unilasalle/UNHwN, 2017. p. 245-259.

73. CAPONI, Remo. "Transnational litigations and elements of fair trial". In Revista Eletrônica de Direito Processual. Ano 9. Volume 16. Jul-Dez 2016. pp 508, 510 e 517. Disponível no endereço eletrônico: http://www.e-publicacoes.uerj.br/index.php/redp/issue/view/1138. Acesso em: 27 mai. 2018.

Debruçando-se sobre o tema, Valério Mazzuoli[74] defende que, nos casos em que "direitos humanos" estiverem em jogo, deve ser utilizada uma solução mais fluída, em que todas as normas jurídicas dialogam, por força do próprio direito internacional, impondo a primazia daquela mais favorável à tutela dos direitos, em razão do princípio *pro homine*, previsto no art. 29, alínea b, da Convenção Americana de Direitos Humanos. In litteris:

> Nenhuma disposição da presente Convenção pode ser interpretada no sentido de: b. limitar o gozo e exercício de qualquer direito ou liberdade que possam ser reconhecidos em virtude de leis de qualquer dos Estados-partes ou em virtude de Convenções em que seja parte um dos referidos Estados.

O conteúdo do princípio (geral) do direito internacional *pro homine* confere prevalência à norma que casuisticamente tutele melhor os interesses da pessoa em demanda[75]. O que se pretende é, no caso concreto, assegurar ao ser humano a aplicação do preceito mais protetivo aos direitos. A decisão emergirá do diálogo entre as fontes "em conflito".

Em lição sobre a temática, Mônica Pinto[76] sustenta que o princípio *pro homine*, também conhecido como *favor persona*, é um critério hermenêutico que exige que se interpretem os direitos humanos de maneira mais extensiva, no tocante à proteção, participação.

Como afirma Trindade[77], o ser humano tem ocupado o centro das reflexões do direito no plano internacional, tendo em vista que é necessária a humanização do Direito, analisando o homem como possuidor de dignidade plena, incondicionada.

Essa relação dialógica entre as ordens jurídicas, sob a égide dos direitos humanos, no sistema interamericano, materializa-se nos diálogos entre o Judiciário nacional e a Corte Interamericana de Direitos Humanos, através da via do denominado Controle de Convencionalidade.

Diante dessa concepção harmonizadora, impende fazer uma releitura das disposições previstas no art. 13 do CPC, para o fim de outorgar maior prevalência, nas relações processuais, à norma que reconheça mais amplamente os direitos humanos, independentemente da fonte de ordem da obrigação que se

---

74. MAZZUOLI, Valério de Oliveira. *Curso de Direito Internacional Público*. 9. ed. São Paulo: RT, 2015, p.75.
75. Cf. MAZZUOLI. Valerio de Oliveira. *Tratados internacionais de direitos humanos e direito interno*, cit., p.151.
76. PINTO, MONICA. *El principio pro homine. Criterios de hermenêutica y pautas para La regulación de los derechos humanos*. In: La aplicación de los tratados de derechos humanos por los tribunales locales. Editorial del Puerto, Buenos Aires, Ediar, Centro de Estudios Legales y Sociales, 1977, p.163.
77. TRINDADE, Antonio Augusto Cançado. *A humanização do direito internacional*. Belo Horizonte: Del Rey, 2006, p.17.

trate. Isto porque, nessa seara, importa mais o *como* se protege, a intensidade da proteção, do que o *locus* ou a fonte de onde se origina a tutela.

Interpretando a teleologia do aludido comando legal, Wambier e demais autores[78] laboram conclusão semelhante:

> Então, este salvo não significa que as normas constantes de tratados, convenções ou acordos internacionais sobre o processo devam prevalecer sobre as brasileiras. Isto quer dizer que, sendo, estes tratados, convenções e acordos, normas brasileiras também, e da mesma hierarquia, devem-se utilizar critérios de interpretação para ver qual prevalece no caso concreto.

De forma exemplificativa, é o direito ao defensor. Se, de uma banda, a Convenção Americana sobre Direitos Humanos atribui a toda pessoa, dentro do processo, o "direito irrenunciável de ser assistido por um defensor proporcionado pelo (art. 8.º, 2, e, Convenção Americana sobre Direitos Humanos), a Constituição do Brasil de 1988, por outro banda, assinala ser a Defensoria Pública "instituição essencial à função jurisdicional do Estado, incumbindo-lhe a orientação jurídica e a defesa, em todos os graus, dos necessitados" (art. 134, caput, da CF/1988.

Desta forma, o direito ao "defensor", disposto na norma constitucional brasileira, é, em tese, mais amplo do que o previsto na norma convencional, pois salvaguarda o cidadão dentro ou fora do processo, inclusive na esfera administrativa e ainda lhe outorga, na legislação infraconstitucional, o direito a simples orientação jurídica, sem necessidade do "litígio judicial" (Lei complementar n. 80/1994).

Do ponto de vista processual, o novo código de processo civil, nos artigos 9 e 10, colhe a ideia de que o contraditório deve ser entendido como uma garantia de *participação com influência* e *de não-surpresa*, já há bastante tempo defendida pela doutrina[79], de maneira a garantir que haja, no processo judicial, um contraditório pleno, efetivo, substancial, prévio à edificação das decisões judiciais, e destinado fundamentalmente a assegurar que o resultado do processo decorra de um processo comparticipativo, cooperativo, em que todos os seus atores laboram juntos (embora pleiteando resultados diversos) no qual, democraticamente, será construído[80]. Tal garantia processual disposta

---

78. WAMBIER, Teresa Arruda Alvim; CONCEIÇÃO, Maria Lucia Lins; RIBEIRO, Leonardo Ferres da Silva; MELLO, Rogerio Licastro Torres de. *Primeiros Comentários ao novo Código de Processo Civil: Artigo por Artigo*, 1 ed. São Paulo: Revista dos Tribunais, 2015, p.72.
79. Cf. NUNES, Dierle José Coelho. *Comparticipação e policentrismo – Horizontes para a democratização processual civil.* Belo Horizonte: tese, 2008, pp. 171-176.
80. CÂMARA, Alexandre Freitas. *O novo CPC e o princípio do contraditório.* Disponível em:› www.justificando.com/2015/04/17/o-novo-cpc-e-o-principio-do-contraditorio/+&cd=1&hl=pt-BR&ct=clnk&gl=br›. Acesso em

no normativo doméstico é claramente mais ampla do que a prevista no art. 8º da Convenção Americana de Direitos Humanos que contempla um mero contraditório formal.

Em ambos casos, eventual "conflito" entre as normas poderia ser facilmente resolvido pelo critério hermenêutico *pro homine*,

Numa palavra final, não há hierarquia entre as normas processuais nacionais e aquelas previstas em tratados, convenções ou acordos internacionais, devendo prevalecer a que melhor proteja os direitos humanos. É nessa perspectiva de diálogo, via controle de convencionalidade, que devem ser interpretadas as propaladas disposições do código de processo civil de 2015.

CONSIDERAÇÕES FINAIS

No transcurso da Segunda Guerra Mundial, as parcas conquistas em prol da proteção dos indivíduos foram massacradas pelas atrocidades do holocausto. A trágica morte de milhões de seres humanos foi o estopim para que a sociedade internacional ficasse alerta para a necessidade de criação de normas internacionais de proteção aos indivíduos, independentemente de suas origens, com o fito de evitar que as agruras daquele conflito jamais se repetissem.

O Estado Constitucional (neoconstitucionalismo) e o direito internacional dos direitos humanos ganharam força nesse mesmo período histórico, irradiando-se nas constituições do Pós-guerra e nos tratados internacionais.

No âmbito interno, brota-se uma nova concepção do Direito Constitucional ocidental, aberto a princípios e a valores, tendo o judiciário como grande protagonista na efetivação dos direitos fundamentais e na instrumentalização do controle de constitucionalidade. Esse fenômeno da constitucionalização do direito se espraiou, inclusive, para o Direito Processual. Por corolário, os direitos fundamentais passaram a ocupar uma posição central na interpretação e aplicação das normas processuais.

Na esfera internacional, inicia-se um sistema normativo internacional de proteção dos direitos humanos, como se fosse uma espécie de constitucionalismo global, destinado a proteger direitos fundamentais e restringir o poder do Estado, através da elaboração de um arcabouço internacional de proteção de direitos e da criação de Tribunais de Direitos Humanos, como a Corte Interamericana. Como sinal de reforço ao compromisso assumido na esfera

21 mai. 2018.

internacional, os Estados intensificaram a assinatura de instrumentos internacionais que zelavam pela proteção dos direitos humanos e, inclusive, transportaram tais normas ao seu ordenamento doméstico.

Incorporando esse debate internacional e impulsionado pelos novos desafios trazidos pela sociedade globalizada, o novo Código de Processo Civil redefine a teoria das fontes e a tradicional relação entre jurisdição, soberania e território do Estado-nação, propiciando uma maior abertura de seu sistema à proteção dos direitos humanos, na medida em que dispõe expressamente, em seu art. 13, que a jurisdição civil será regida, de forma prevalente, por tratados e convenções internacionais. Essa disposição reforça a base jurídica do chamado controle de convencionalidade no ordenamento nacional, instituída no julgamento do RE 466.343 do Supremo Tribunal Federal, que tem sua gênese na jurisprudência da Corte Interamericana de Direitos Humanos.

Embora louvável a conduta do legislador nacional em atribuir status privilegiado às normas internacionais (supralegal), tal qual o faz a jurisprudência a Corte Interamericana, ainda que em grau distinto (supraconstitucional), cumpre advertir que, no campo dos direitos humanos, ao revés, revela-se superada a noção de disputa entre ordem jurídica nacional e a internacional, cedendo lugar à relação de reciprocidade, de modo a conferir prioridade à harmonia e à garantia da máxima proteção aos direitos dos indivíduos.

Assim, quando existentes antinomias entre normas internas e internacionais de direitos humanos, não há solução apriorística e aplicável a todos os casos, devendo ser utilizada uma solução mais fluída, em que todas as normas jurídicas dialogam, impondo a primazia daquela mais favorável à tutela dos direitos, por força do critério hermenêutico *pro homine*, previsto no art. 29, alínea b, da Convenção Americana de Direitos Humanos.

Nesse contexto, a aplicação consentânea da nova disciplina do Código de Processo Civil emergirá da perspectiva de diálogo entre as fontes "em conflito", via controle de convencionalidade, tendo como norte a aplicação da norma mais favorável aos direitos humanos, seja de cunho nacional ou internacional.

REFERÊNCIAS BIBLIOGRÁFICAS

ALBANESE, Susana. *La internacionalización del derecho constitucional y la constitucionalización del derecho internacional.* In: ALBANESE, Susana (coord.). El control de convencionalidad. Buenos Aires: Ediar, 2008.

ALCALÁ, Humberto Nogueira. Los Tratados Internacionales en el Ordenamiento Jurídico Chileno en *Revista Chilena de Derecho* de La Pontificia Universidad Católica de Chile. Vol. 23 n. 2-3, maio-agosto, 1996, Tomo I.

BARROSO, Luís Roberto Neoconstitucionalismo e constitucionalização do direito: o triunfo tardio do direito constitucional no Brasil. *Revista da Escola Nacional da Magistratura*, Brasília, v. 1, n. 2, p. 41, out. 2006. Disponível em:‹ http://bdjur.stj.gov.br/dspace/handle/2011/18540›. Acesso em: 05 mar. 2018.

BIAVATI, Paolo. Deroghe alla giurisdizione statuale e fungibilità dei sistemi giudiziari. *Rivista Trimestrale di Diritto e Procedura Civile*, 2009.

BOBBIO, Norberto, *Era dos Direitos*, trad. Carlos Nelson Coutinho, Rio de Janeiro, Campus, 1988.

BRANDÃO, Rodrigo. *Supremacia judicial versus diálogos constitucionais: a quem cabe a última palavra sobre o sentido da Constituição?* Rio de Janeiro: Lumen Juris, 2012.

BREWER-CARÍAS, Allan R. La aplicación de los tratados internacionales sobre derechos humanos en el orden interno de los países de América Latina. *Revista IIDH*, San José, v. 46, n. 1, p.219-271, jun./dez. 2007. Semestral. Disponível em: ‹http://www2.iidh.ed.cr/BibliotecaWeb/Varios/Documentos.Interno/BD_125911109/revista_46.pdf›. Acesso em: 01 fev. 2018.

BUENO, C. S. *Novo Código de Processo Civil Anotado*. São Paulo: Saraiva, 2015.

CÂMARA, Alexandre Freitas. *O novo CPC e o princípio do contraditório*. Disponível em:› www.justificando.com/2015/04/17/o-novo-cpc-e-o-principio-do-contraditorio/+&cd=1&hl=pt-BR&ct=clnk&gl=br›. Acesso em 21 mai. 2018.

CAMBI, Eduardo. *Neoconstitucionalismo e neoprocessualismo*.Panóptica, Vitória, ano 1, n. 6, fev.2007. Disponível em: ‹http://www.panoptica.org/seer/index.php/op/article/view/59‹. Acesso em: 18 mai. 2018.

CANOTILHO, José Joaquim Gomes, *Direito constitucional e teoria da Constituição*, 5. ed. – Coimbra: Almedina, 2002.

CAPONI, Remo. "Transnational litigations and elements of fair trial". In Revista Eletrônica de Direito Processual. Ano 9. Volume 16. Jul-Dez 2016. pp 508, 510 e 517. Disponível no endereço eletrônico: http://www.e-publicacoes.uerj.br/index.php/redp/issue/view/1138. Acesso em: 27 mai. 2018.

CAPPELLETTI, Mauro. *La Justicia Constitucional* (Estudios de Derecho Comparado), México, UNAM, 1987.

COELHO, Bernardo Leôncio Moura. O bloco de constitucionalidade e a proteção à criança. *Revista de Informação Legislativa*, Brasília, v. 31, n. 123, p. 263, jul./set. 1994.

CONSEIL CONSTITUTIONNEL: Décision nº 74-54 DC du 15 janvier 1975. *Loi relative à l'interruption volontaire de la grossesse*; Dubout, Edouard: "De la primauté 'imposée' à la primauté 'consentie' – Les incidences de l'inscription du principe de primauté dans le traité établissant une Constitution pour l'Europe", Docteur en Droit public, CREDHO-Rouen. Disponível em: ‹http://www.afdc.fr/congresmtp/textes3/DUBOUT.pdf›. Acesso em 10 mai. 2018.

CORTE IDH. Caso *Almonacid Arellano y otros Vs. Chile*. Excepciones Preliminares, Fondo, Reparaciones y Costas. Sentencia de 26 de septiembre de 2006. Serie C No. 154. CORTE IDH.

__________. *Caso Gomes Lund y otros (Guerrilha do Araguaia) Vs. Brasil*. Excepciones Preliminares, Fondo, Reparaciones y Costas. Sentencia de 24 de noviembre de 2010. Serie C.

__________.Caso Trabajadores Cesados del Congreso (Aguado Alfaro y otros) Vs. Perú. Excepciones Preliminares, Fondo, Reparaciones y Costas. Sentencia de 24 de Noviembre de 2006. Serie C No. 158

DALLA, Humberto; HILL, Flávia Pereira. A NOVA FRONTEIRA DO ACESSO À JUSTIÇA: A JURISDIÇÃO TRANSNACIONAL E OS INSTRUMENTOS DE COOPERAÇÃO INTERNACIONAL NO CPC/2015. *Revista Eletrônica de Direito Processual*, [s.l.], v. 18, n. 2, 16 ago. 2017, p.262. Disponível em:<http://www.e-publicacoes.uerj.br/index.php/redp/article/view/30026/21000>. Acesso em: 18 fev. 2018.

FAVOREU, Louis. El bloque de la constitucionalidad. *Revista del Centro de Estudios Constitucionales*, n. 4, p. 46, jan./mar. 1990.

FERREIRA, Siddharta Legale. *A CORTE INTERAMERICANA DE DIREITOS HUMANOS COMO TRIBUNAL CONSTITUCIONAL TRANSNACIONAL*. 2017. 456 f. Tese (Doutorado) – Curso de Pós-graduação em Direito, Universidade do Estado do Rio de Janeiro, Rio de Janeiro, 2017.

GUINCHARD, Serge (Org.). CHAINAIS, Cécile. DELICOSTOPOULOS, Constantin S. DELICOSTOPOULOS, Ioannis S. DOUCHY-OUDOT, Mélina. FERRAND, Frédérique. LAGARDE, Xavier. MAGNIER, Véronique. FABRI, Hélène Ruiz. SINOPOLI, Laurence. SOREL, Jean-Marc. *Droit Processuel. Droits fondamentaux du process*. 6. ed. Paris: Dalloz. 2011.

HILL, Flávia Pereira. *O Direito Processual Transnacional como forma de acesso à justiça no século XXI*. Rio de Janeiro: GZ Editora, 2013.

HITTERS, Juan Carlos. *Control de constitucionalidad y control de convencionalidad: comparación (criterios fijados por la Corte Interamericana de Derechos Humanos)*. Estudios Constitucionales, año 7, n. 2, Universidad de Talca, 2009.

MAC GREGOR, Eduardo Ferrer. *El control difuso de convencionalidad en el Estado constitucional*, en Fix-Zamudio, Héctor y Valadés, Diego (coords.), Formación y perspectiva del Estado Mexicano, México, El Colegio Nacional-UNAM, 2010.

MARTINS, Flávio; OLIVEIRA. Thiago. O CONTROLE DE CONVENCIONALIDADE E OS DIALÓGOS INTERJURISDICIONAIS COM A CORTE INTERAMERICANA DE DIREITOS HUMANOS. In: VI ENCONTRO INTERNACIONAL DO CONPEDI – COSTA RICA, 2017, San José, COSTA RICA. Direitos humanos, direito internacional e direito constitucional: judicialização, processo e sistemas de proteção I. Florianópolis: CONPEDI/UNA/UCR/IIDH/IDD/UFPB/UFG/Unilasalle/ UNHwN, 2017. p. 245-259.

MAZZUOLI, Valério de Oliveira. *Curso de Direito Internacional Público*. 9. ed. São Paulo: RT, 2015.

__________. *Curso de Direitos Humanos*. Rio de Janeiro: Forense, 2014.

_________. *O controle jurisdicional de convencionalidade das leis.* 2. ed. São Paulo: Revista dos Tribunais, 2011.

_________. GOMES, Luiz Flávio. *Direito supraconstitucional. Do absolutismo ao Estado Constitucional e Humanista de Direito.* São Paulo: RT, 2010.

MELLO, Celso Duvivier de Albuquerque. *Curso de direito internacional público.* 15.ed. ver. e aum. Rio de Janeiro: Renovar, 2004.

NUNES, Dierle José Coelho. *Comparticipação e policentrismo – Horizontes para a democratização processual civil.* Belo Horizonte: tese, 2008.

PINTO, MONICA. *El principio pro homine. Criterios de hermenêutica y pautas para La regulación de los derechos humanos.* In: La aplicación de los tratados de derechos humanos por los tribunales locales. Editorial del Puerto, Buenos Aires, Ediar, Centro de Estudios Legales y Sociales, 1977.

PIOVESAN, Flávia. *Direitos Humanos e o Direito Constitucional Internacional.* 14ª ed.,São Paulo: Saraiva, 2013.

_________. Temas de direitos humanos. 4. ed. São Paulo: Saraiva, 2010.

RAMOS, André de Carvalho. Pluralidade das ordens jurídicas: uma nova perspectiva na relação entre o Direito Internacional e o Direito Constitucional. Revista da Faculdade de Direito (USP) , v. 106/7, 2012.

._________. Tratados internacionais: novos espaços de atuação do Ministério Público. Boletim Científico da Escola Superior do Ministério Público da União, Brasília, ano 2, n. 7, p. 86, abr./jun. 2003.

RANÇOIS, LUCHAIRE, in *"La Décision du 16 de Juillet 1971"*, publicada no Annuiare International de Justice Constitutionelle, vol. VII, 1991, Economica/PUAM, Paris, 1993.

REY CANTOR, Ernesto. El bloque de constitucionalidad: aplicación de tratados internacionales de derechos humanos. *Estudios Constitucionales*, Santiago, ano 4, n. 2. nov./dez. 2006. Disponível em: ‹http://redalyc.uaemex.mx/pdf/820/82040114.pdf›. Acesso em 10 de mai. 2018.

SAGUES, Nestor Pedro. *El control de convencionalidad em el sistemainteramericano, y sus anticipos em elámbito de losderechos económico-sociales: concordâncias e diferencias com el sistema europeo.* Disponível em: ‹http://www.juridicas.unam.mx›. Acesso em 15 mai. 2018.

TARUFFO, Michele. Globalizing procedural justice. Some general remarks, in Revista de Processo, vol. 237, nov/2014, São Paulo: *Revista dos Tribunais.*

TRINDADE, Antonio Augusto Cançado. *A humanização do direito internacional.* Belo Horizonte: Del Rey, 2006.

_________. *Tratado de Direito internacional de Direitos Humanos.* Vol I, 2ª ed. Porto Alegre: Sérgio Antonio Fabris Editor, 2003.

TROCKER, Nicolò. *La formazione del Diritto Processuale Europeo*. Turim: G. Giappichelli Editore. 2011.

WAMBIER, Teresa Arruda Alvim; CONCEIÇÃO, Maria Lucia Lins; RIBEIRO, Leonardo Ferres da Silva; MELLO, Rogerio Licastro Torres de. Primeiros Comentários ao novo Código de Processo Civil: Artigo por Artigo, 1 ed. São Paulo: Revista dos Tribunais, 2015.

CAPÍTULO 17

A autonomia da vontade como expressão democrática do exercício jurisdicional: a cláusula de eleição de foro na harmonização jurídica multilateral e regional e no Código de Processo Civil Brasileiro de 2015

Valesca Raizer Borges Moschen[1],
Hermes Zaneti Junior[2]
e Daniela Bermudes Lino[3]

SÚMÁRIO: 1. INTRODUÇÃO; 2. CLÁUSULA DE ELEIÇÃO DE FORO E SEUS PRESSUPOSTOS; 3. A CONVENÇÃO DE HAIA DE 30 DE JUNHO DE 2005 E ÂMBITO DE APLICAÇÃO; 4. PILARES FUNDAMENTAIS DA CONVENÇÃO DE HAIA DE 30 DE JUNHO DE 2005: A PRORROGAÇÃO DO FORO CONTRATUAL, DECLÍNIO DE COMPETÊNCIA DOS TRIBUNAIS NÃO ELEITOS E RECONHECIMENTO DE SENTENÇA ESTRANGEIRA; 5. CONVENÇÃO DE HAIA E O PROTOCOLO DE BUENOS AIRES SOBRE JURISDIÇÃO EM MATÉRIA CONTRATUAL DO MERCOSUL; 6. O CÓDIGO DE PROCESSO CIVIL BRASILEIRO (ART. 25 DA LEI 13.105, DE 16 DE MARÇO DE 2015) COMO NOVO CENÁRIO DA ELEIÇÃO DE FORO NA PERSPECTIVA BRASILEIRA; 7 CONSIDERAÇÕES FINAIS; 8 REFERÊNCIAS BIBLIOGRÁFICAS.

1. Professora Associada do Departamento de Direito da Universidade Federal do Espírito Santo (UFES), Coordenadora do Programa de Pós-Graduação *Stricto Sensu* de Direito da UFES, Doutora em Direito pela Universidade de Barcelona.
2. Professor Adjunto do Departamento de Direito da Universidade Federal do Espírito Santo (UFES). Doutor em Direito pela Universidade Federal do Rio Grande do Sul (UFRG) e pela Scuola Dottorale Tullio Ascarelli. Uiversità degli Studi di Roma Tre, UNIROMA3, Itália.
3. Mestranda em Direito Processual pela Universidade Federal do Espírito Santo. Pesquisadora vinculada ao Grupo de Pesquisa Fundamentos do Processo Civil Contemporâneo – FPCC/UFES e ao Laboratório de Processo e Constituição – LAPROCON.

1. INTRODUÇÃO

O Estado Democrático Constitucional, sustentado pelo pilar da tutela dos direitos, ou seja, a garantia das liberdades e dos direitos sociais fundamentais, impõe uma necessária revisão e transformação no conceito de jurisdição, tradicionalmente atrelado ao Estado e a vontade concreta da lei como atributo da soberania. A concepção de jurisdição como "função do Estado que tem como escopo a atuação da vontade concreta da lei por meio da substituição, pela atividade de órgãos públicos, da atividade de particulares ou de outros órgãos públicos, já no afirmar a existência da vontade da lei, já no torná-la, praticamente, efetiva"[4], contradiz, assim, os alicerces teóricos do Estado contemporâneo. A jurisdição não pode ser mais considerada como atividade *substitutiva* do Estado dirigida a atuar a vontade concreta da lei, quer seja em razão das alterações da teoria da interpretação jurídica, pela qual se chega ao consenso no sentido de que texto e norma não se confundem e que atividade de interpretação, por consequência, tem um ineliminável papel (re)construtivo do ordenamento jurídico[5], quer seja pelo fato de que o Estado paulatinamente vem abrindo mão do seu espaço na centralidade do direito, por permitir a maior autonomia das partes na escolha de meios alternativos para a solução de conflitos e/ou do foro competente para julgar uma eventual e futura lide. Trata-se da abertura do ordenamento jurídico para a ocorrência de negócios processuais, hoje reconhecidos de maneira expressa na legislação processual civil brasileira (CPC/15, arts. 22, III, 25 e 190), e que nos permitem perceber que o Estado qualifica a sua jurisdição ao definir uma esfera de autonomia para as partes onde antes imperava o direito público de ordem cogente e indisponível.

A tensão entre a autonomia da vontade e o mecanismo institucional heterocompositivo de resolução de controvérsias refere-se ao fenômeno histórico marcado por dois fatores, segundo Caponi[6]: a história dos fatos e o pensamento jurídico.

A história dos fatos elucida que o Estado moderno, do século XVII ao século XVIII, se apropriou da função de fazer justiça e de reivindicar para si o monopólio da legislação em matéria processual, na tentativa de remediar a degeneração do processo romano-canônico e consolidar as suas fronteiras territoriais.

4. CHIOVENDA, Giuseppe. *Instituições de direito processual civil.* Vol. II. Trad. J. Guimarães Menegal e notas de Enrico Tullio Liebman. São Paulo: Saraiva, 1943 [*Istituzioni di Diritto Processuale Civile*, 1933/1934], p11
5. ZANETI JR., Hermes. *O Valor Vinculante dos Precedentes. O Modelo Garantista (MG) e a Redução da Discricionariedade Judicial. Uma Teoria dos Precedentes Normativos Formalmente Vinculantes.* Salvador: Jus Podivm, 2015, p. 142; PINO, Giorgio. *Diritti e Interpretazzione. Il Ragionamento Giuridico nell Stato Costituzionale.* Bologna: Il Mulino, 2010, p. 15
6. CAPONI, Remo. Autonomia privada e processo civil: os acordos processuais. *Revista de Processo.* vol. 228. p. 359. São Paulo: Ed. RT, fev. 2014, p. 359

Com isso, não há como resolver conflitos sem o aparato estatal e sua legislação. Por outro viés, o plano da história do pensamento jurídico, originado na Alemanha na metade do século XIX, conduz a mudança de proteção judiciária dos direitos. Abandona-se o *ius privatum* em detrimento à clara escolha em favor da colocação do direito processual civil no *ius publicum*.[7]

A visão atual considera fundamental a autonomia privada em busca de solução de controvérsias, em decorrência da eficácia concreta dos direitos dos cidadãos característica do Estado Democrático contemporâneo. Reconhece-se às partes certo poder de disposição em relação ao próprio processo e a muitos dos seus atos, mediante os quais o agente regula, segundo o seu interesse, a composição ou o desenvolvimento do processo, reservando em grande parte à intervenção judicial um caráter subsidiário e assistencial. Isso denota a importância das partes, como destinatárias da prestação jurisdicional, em influir no local onde será julgado um conflito, a atividade-meio e, em certas circunstâncias, as formas que o próprio julgador deve adotar para alcançar a tutela jurisdicional[8].

No âmbito do comércio internacional, a definição da jurisdição competente para solucionar eventual lide é autorizada através do exercício da autonomia da vontade, isto é, as partes de certo contrato internacional, por sua própria vontade, elegem determinada jurisdição para solucionar futuros conflitos oriundos daquele contrato, disposto em cláusula denominada de *eleição de foro (choice of forum) ou pactum de foro prorrogando*. Não obstante tal prática, a efetiva aplicação das cláusulas de eleição de foro ainda gera um conjunto de incertezas.

Inúmeras são as questões que se colocam em torno do tema, dentre as quais: o tribunal contratualmente eleito pode não conhecer da lide? Deve um tribunal declinar em favor do outro eleito pelas partes? A eventual sentença proferida pelo tribunal eleito deve ser reconhecida no tribunal derrogado? Tais questionamentos se referem a maior ou menor sensibilidade dos Estados nacionais quanto ao reconhecimento da autonomia privada na submissão de uma controvérsia a uma dada jurisdição.

No panorama do direito processual civil se observam duas grandes tendências, que muitas vezes resultam contrapostas: a) o *multiculturalismo*, que propõe uma particular atenção no confronto de culturas diferentes no interior

---

7. CAPONI, Remo. "Autonomia privada e processo civil: os acordos processuais", p. 359
8. GRECO, Leonardo. "Os atos de disposição processual – primeiras reflexões". *Revista Eletrônica de Direito Processual*. p. 7. Rio de Janeiro, out.-dez. 2007, p. 7

de um mesmo contexto social[9] e b) a *uniformidade* de um número crescente de fenômenos jurídicos, utilizados de formas diversas e por diferentes sujeitos[10]. Neste sentido, este artigo analisa a cláusula de eleição de foro como negócio jurídico processual firmado pelas partes em contrato internacional, desde a ótica da sua sistematização internacional, levada a cabo no âmbito multilateral pela Convenção de Haia de 2005, sobre as cláusulas de eleição de foro e, no ibero-americano, particularmente no Mercosul, pelo Protocolo de Buenos Aires sobre Jurisdição Internacional em matéria contratual, procurando demonstrar a necessidade de uniformização com respeito ao multiculturalismo.

Com efeito, o intuito de enforcar problemas de *implementação* que poderiam ser recorrentes na eventual entrada em vigor da mencionada Convenção, este texto destaca, em primeiro lugar, as dificuldades inerentes à derrogação de foro para que, posteriormente, permita-se analisar as respostas sugeridas pela Convenção, a fim de tratar a matéria de modo uniforme. Logo, desenvolve-se, também, a análise do regime existente no processo de integração do Mercosul. Finalmente, observa-se a reforma processual trazida pelo Código de Processo Civil (CPC), que traz novo paradigma ao Estado brasileiro quanto a jurisdição escolhida pelas partes para resolução de conflitos transnacionais.

2. CLÁUSULA DE ELEIÇÃO DE FORO E SEUS PRESSUPOSTOS

O *pactum de foro prorrogando* refere-se à convenção firmada entre partes de uma relação comercial oriunda de contrato internacional, em que conferem competência à jurisdição de determinado Estado para solucionar disputas futuras entre elas, quando estas não elegem outros meios de resolução de disputas, como a arbitragem. Esse mecanismo, por meio da autonomia da vontade, exclui inúmeras jurisdições em detrimento daquela eleita por livre vontade privada. Trata-se de ato extraprocessual de disposição expresso no contrato firmado entre partes, mas destinado a produzir efeitos exclusivamente no processo judicial, momento em que for proposta ação jurisdicional, de modo a conceder competência ao Estado escolhido pelos contraentes.

Contudo, não se olvida que a existência de limites entre a autonomia das partes e a escolha da jurisdição esbarra em três fatores: a) disponibilidade do direito material; b) respeito ao equilíbrio entre as partes e à paridade de armas, para que uma delas, em razão de atos de disposição, não se beneficie

9. TARUFFO, Michele, *Dimensioni Transculturali della Giustizia Civile: sui Confini Scritti sulla Giustizia Civile, Bolonha*:Il Molino, 2002, p.11
10. TARUFFO, Michele, *Dimensioni Transculturali della Giustizia Civile: sui Confini Scritti sulla Giustizia Civile*, 2002, p. 14

de sua particular posição de vantagem em relação à outra quanto ao direito de acesso aos meios de ação e de defesa; e c) preservação da observância dos princípios e garantias fundamentais do processo no Estado Democrático de Direito.[11]

Estabelecidas essas premissas, a questão principal da efetividade das cláusulas de eleição de foro consiste em verificar se a vontade das partes é ou não idônea para influenciar o exercício da jurisdição, na composição de uma determinada lide. O problema da idoneidade encontra-se tanto na possibilidade de prorrogação da jurisdição, quanto em sua derrogação, uma vez que a mencionada submissão contratual da jurisdição pode ser vista a partir de dois ângulos distintos, um positivo e outro negativo[12]. Dessa forma, será positiva a jurisdição eleita, na medida em que amplia a competência do órgão jurisdicional para receber causa que, originariamente, não lhe competia. E, contrariamente, negativa, quanto à possibilidade de privação do exercício jurisdicional como conseqüência da vontade das partes[13].

No último caso, a eleição de foro levará, necessariamente, ao declínio do exercício jurisdicional por parte de um Estado em favor de outro, eleito pelas partes contratualmente. Os limites e as possibilidades da aplicação das cláusulas de eleição de foro se inserem no debate paradoxal sobre o interesse do Estado eleito em conhecer a lide e o exercício da autonomia privada, consistente em submeter certa controvérsia ao foro contratual em face dos eventuais limites estatais para derrogação.

Todavia, ao perceber o não reconhecimento por um ordenamento jurídico nacional, da possibilidade de subtração de uma controvérsia da esfera de sua jurisdição, poderá trazer como efeito a possibilidade de serem estabelecidos procedimentos paralelos, em juízos concorrentes, e o não reconhecimento de eventual sentença proferida em foro contratualmente eleito. O resultado de tais efeitos coloca em xeque a efetividade da solução judicial adotada pelo foro

11. GRECO, Leonardo. "Os atos de disposição processual – primeiras reflexões", p. 7
12. MORELLI, Gaetano, *Derecho Processal Civil Internacional*, Ediciones Jurídicas Europa-América, Buenos Aires, 1953, p. 199.
13. Carmen Tiburcio refere-se a sete tipos de cláusulas de eleição de foro: eleição de foro com exclusividade; eleição de foro (sem menção expressa de exclusividade); eleição de foro sem exclusividade; eleição de foro alternativo; eleição de foro com exclusão de um determinado; eleição de qualquer foro; eleição de foro unilateral. Os dois primeiros tipo são equiparados no processo civil internacional, possuindo efeitos positivos e negativos. O terceiro tipo possui efeitos positivos, mas não negativos; O quarto tipo possui efeitos positivos entre os foros eleitos, mas não há efeitos negativos; O quinto tipo possui efeitos negativos quanto ao foro mencionado, mas não possui efeitos positivos; O sexto tipo seria um sem-sentido (não produz efeitos positivos ou negativos); O sétimo tipo produz efeitos somente em relação a uma das partes. (TIBURCIO, Carmen. *Extensão e limites da jurisdição brasileira: competência internacional e limites da jurisdição*. Salvador: JusPodivm, 2016, p.166-170)

contratual, colaborando, em última instância, para a insegurança jurídica nas relações negociais internacionais.

Decerto, preocupada com a vontade dos atores do comércio exterior, a comunidade internacional desenvolve mecanismos com o intuito de desenvolver o comércio e inversões internacionais, mediante a promoção de maior segurança jurídica aos negócios que extrapolam as fronteiras dos Estados. Para tanto, em 30 de Junho de 2005, 45 países aprovaram a elaboração da Convenção de Haia sobre acordos de eleição de foro, instrumento fundamental para conferir força à vontade contratual quanto a escolha da jurisdição. Vale destacar, ainda, a nível regional, o Protocolo de Buenos Aires sobre Jurisdição Internacional em matéria contratual, norma primordial para soluções de problemas entre os países do Mercosul. À luz desses instrumentos normativos, passa-se a verificar a importância da unificação internacional quanto à adoção da cláusula de eleição de foro para o desenvolvimento e segurança das relações comerciais, em especial atenção à tutela dos direitos de liberdade privados.

3. A CONVENÇÃO DE HAIA DE 30 DE JUNHO DE 2005 E ÂMBITO DE APLICAÇÃO

A Convenção sobre acordos de eleição de foro adotada no âmbito da Conferência de Haia sobre Direito Internacional Privado representa importante, senão, o principal instrumento de regulamentação multilateral da matéria. Após árdua e longa negociação em busca da harmonização de regras relativas à competência judicial internacional em 30 de junho de 2005 foram definidas importantes regras de harmonização na matéria de eleição de foro[14].

A Convenção teve origem a partir dos trabalhos de Arthur Taylor Von Menhen[15], cujo objetivo inicial consistia em estabelecer regras uniformes sobre competência internacional e o reconhecimento de sentença estrangeira. No entanto, por inúmeras razões, tal proposta não prosperou e entre os muitos motivos de insucesso, destaca-se a dificuldade em acomodar distintas estruturas jurídicas dos sistemas da *civil law* e *common law*[16].

---

14. Sobre a história e o desenvolvimento da Convenção de Haia de 2005 ver: TEITZ, Louise Ellen, "The Hague Choice of Court Convention: Validating Party Autonomy and Provering" na Alternative to Arbitration. *The Ammerican Journal of Comparative Law*, vol 53, pág. 544, 2005; NANDA, Ved P., "The Landmark 2005 Hague Convention on Choice of Court Agreements", *Texas International Law Journal*, vol. 42, 2007, pág. 775 e 776.
15. Mentor intelectual do Projeto de Convenção que teve o seu primeiro *draft* em 1996. Ver, *Rappport Explicatif de Trevor Hartley & masato Dogauchi.* Convention du 30 de juin 2005 sur lês accords d'election de for. Bureau Permanent de la Conference , HCCH, p.16.
16. Sobre as dificuldades de se estabelecer uma convenção sobre competência internacional. Ver: ARROYO, Diego F., "Competência Judicial Internacional: cuestiones e elementos para uma reglamentación internacional, *Libro em Homenaje al Profesor Santiago Benadava*, 1.II, Santiago, 2008, p.117-152.

Em 2002, mediante consenso entre os Estados, ficou decidido que as partes seguiriam negociando não mais uma convenção geral sobre competência internacional e reconhecimento de sentenças, mas, a Convenção se pautou em harmonizar as regras de eleição de foro para os contratos internacionais de comércio. Em 2004, o *draft* da convenção se formalizou como o texto básico para a conferência diplomática de junho de 2005, quando, finalmente, foi apresentado na vigésima sessão da Conferência de Haia[17]. O texto final, aprovado em 30 de junho de 2005, se estrutura em 34 artigos e 5 capítulos. A Convenção se constitui sobre a pauta do *princípio da cooperação internacional* e sua aplicação está definida a partir de três âmbitos precisos: a) material; b) espacial; e c) temporal.

No *âmbito material*, o artigo primeiro da Convenção se aplica aos acordos exclusivos de foro em matéria civil e comercial. A partir desta constatação, duas questões são postas: primeira, relativa à definição dos acordos exclusivos e, outra, referente à determinação da amplitude das matérias civis e comerciais. No primeiro caso, o artigo terceiro da Convenção define os acordos exclusivos de eleição de foro aqueles celebrados por escrito ou por quaisquer meios de comunicação, como eletrônico[18], que são para ulterior consulta; e que designe o conhecimento de eventual litígio entre as partes aos tribunais de um Estado contratante. A Convenção define a independência do acordo exclusivo de eleição de foro das demais estipulações contratuais.[19]

Quanto à determinação das matérias civis e comerciais, a Convenção de Haia é clara ao afirmar a aplicação aos contratos *businnes to businnes* de comércio internacionais, excluindo os contratos de consumo, de trabalho e de outras matérias constantes no artigo 2.2. No entanto, as exceções do referido artigo só serão aplicáveis quando os temas excluídos apareçam como matéria principal ou de fundo em uma eventual controvérsia. Não obstante a enumeração taxativa do artigo 2.2, totalizando dezoito temas, os Estados poderão declarar unilateralmente as matérias que lhe sejam sensíveis, excluindo-as da aplicação da Convenção, conforme dispõe o artigo 21. Tal prerrogativa demonstra a difícil tarefa em se compaginar, de um lado, os interesses dos Estados nacionais e, de outro, a necessária derrogação de jurisdição em favor da autonomia contratual,[20] porém denota a preocupação da Convenção em harmonizar respeitando o multiculturalismo naquilo que os Estados entenderem ser relevante nas suas experiências locais.

---

17. Ver *Rappport Explicatif de Trevor Hartley & masato Dogauchi*. Convention du 30 de juin 2005 sur lês accords d'election de for. Bureau Permanent de la Conference , HCCH.
18. Opção inspirada na Lei Modelo da UNCITRAL sobre Comércio Eletrônico.
19. Art. 3 d), da Convenção.
20. Ver comentários em KASSEDJIAN, Catherine," La Convenction de La Haya du 30 de Juin 2005 sur l`election de for", *Journal du Droit International*, 2006, vol.3, p.815.

No *âmbito espacial*, a aplicação da Convenção deve observar duas vertentes: primeira, referente à relação jurídica em si mesma, neste caso, o domicílio das partes consiste no elemento determinador da internacionalidade; e, segunda, quando se analisa a necessidade de cooperação internacional para a efetividade da sentença proferida pelo tribunal eleito. No primeiro caso, opta-se por uma definição negativa da internacionalidade das relações contratuais. Considera-se internacional e, consequentemente, aplicar-se-á a convenção, "*salvo quando as partes sejam residentes em um mesmo Estado contratante e a relação entre elas e os demais elementos relevantes do litígio, qualquer que seja o lugar do tribunal eleito, estejam conectados unicamente ao Estado de seu domicílio*" (art. 1.2). No segundo caso, a internacionalidade se determina quando existe a necessidade de reconhecimento e homologação da decisão prolatada pelo tribunal eleito.

Além disso, ainda no *âmbito espacial*, devem-se considerar as regras de desconexão entre a Convenção e os outros instrumentos legais regionais e internacionais. Contudo, vale observar que é princípio geral da Conferência de Haia a cooperação internacional, sendo assim, se possível, a aplicação da convenção será compatível com outros tratados em vigor nos Estados contratantes. No artigo 26 duas situações distintas são apresentadas: primeira, de caráter geral, cuja regra primordial refere-se ao conflito entre a Convenção e outro tratado internacional em vigor em um Estado contratante, neste caso, deverá ser aplicada a Convenção, se uma das partes residir num Estado contratante da Convenção e que não seja parte do outro tratado (art. 26.2). Por outro lado, o eventual conflito de fontes entre o instrumento regional e a Convenção, esta estabeleceu como regra geral a aplicação das normas de natureza regional, quando as partes residem nos Estados membros do acordo regional.[21]

Por fim, no *âmbito temporal*, dispõe o artigo 16 duas hipóteses de aplicação temporal: a primeira se relaciona ao tribunal eleito, somente se aplica a Convenção aos acordos firmados depois dela; e a segunda, referente ao tribunal eventualmente acudido, condiciona a aplicação da Convenção aos procedimentos judiciais iniciados após a entrada em vigor no Estado do tribunal acudido. A doutrina[22] chama atenção ao afirmar, com razão, que "*la doublé régle prévue a l'article 16 est néfaste pour la sécurité juridique aux entreprises*", pois permite que não seja aplicada a mesma disposição, para uma mesma causa,

21. Esta regra entra em conflito com outros instrumentos regionais existentes no âmbito da União Européia, particularmente, com o Regulamento 44/2001 e no Mercosul, com a alínea b) do artigo 1º do Protocolo de Buenos Aires sobre Jurisdição Internacional em Matéria Comercial. Ver críticas em KESSEDJIAN, Catherine, "La Convention de La Haya du 30 juin 2005 sur l'election de for",.op, cit, p.821 e 822
22. KESSEDJIAN, Catherine. "La Convention de La Haya du 30 juin 2005 sur l'election de for.", op.cit, p.820.

entre as mesmas partes, em função da data de ratificação da Convenção nos Estados envolvidos.

Relativamente às possibilidades trabalhadas pela Convenção em prol da harmonização das regras destinadas à efetividade das cláusulas de eleição de foro, as principais obrigações para as partes estão previstas nos seus capítulos segundo e terceiro. Perceba-se que o capítulo segundo se destaca por agrupar disposições sobre a competência do tribunal eleito, as obrigações dos tribunais escolhidos, além das disposições sobre medidas cautelares.[23]

4. PILARES FUNDAMENTAIS DA CONVENÇÃO DE HAIA DE 30 DE JUNHO DE 2005: A PRORROGAÇÃO DO FORO CONTRATUAL, DECLÍNIO DE COMPETÊNCIA DOS TRIBUNAIS NÃO ELEITOS E RECONHECIMENTO DE SENTENÇA ESTRANGEIRA

O pilar central da Convenção reside na obrigação prevista no parágrafo segundo de seu artigo quinto que determina o dever do tribunal eleito pelas partes de conhecer da lide[24]. Afasta-se, deste modo, a possibilidade da utilização da doutrina *forum non conveniens*, bastante usual nos países da *common law*,[25] que permite ao magistrado abrir mão de sua competência ao afirmar ser mais conveniente outro tribunal.

O caráter discricionário da conveniência do foro é característica inerente da doutrina do *forum non conveniens* cuja aplicação deve se dar em cada caso concreto. A liberdade do juiz se fundamenta na finalidade teleológica do instituto de se preocupar, principalmente, com o julgamento justo[26]. A regra geral se consubstancia no respeito a eleição do foro acordada pelas partes. Contudo, e tendo como paradigma a doutrina norte-americana e inglesa[27], há considerável carga subjetiva na análise da conveniência do foro. O juiz se pauta nos fatores que tornam o processo eficiente, célere e menos custoso; a influência que o resultado do litígio causará na comunidade do próprio foro; além de outros elementos eminentemente subjetivos.

---

23. Quanto a medidas cautelares, as obrigações previstas na Convenção não exigem e nem impedem a sua consecução, denegação e/ou o cesse dessas emitidas por um Estado contratante. A rigor, a Convenção é clara em determinar no seu art. 7º que "*as medidas provisionais e cautelares não são regidas pelo presente convênio*".
24. Art. 5, 2), da Convenção.
25. Particularmente, no sistema norte-americano que se desenvolveu nos últimos vinte anos, a doutrina *forum non conviniens* era como verdadeiro filtro jurisdicional "de segundo nível", conforme dispõe LUPOI, Michele Angelo, *Conflitti Transnazionali di Giurisdizioni*, Tomo I, Giuffré: Milano, 2002, p.189.
26. COUND, John J. et al. *Civil Procedure, cases and material*. 6 ed. St. Paul, Minn., West Pblishing Co., 1993.
27. Sobre os limites da aceitação da prorrogação de jurisdição, a raiz da utilização da doutrina do *forum non conviniens*, são ilustrativas as análises de LUPOI, Michele Angelo, *Confliti Transnazionali di Giurisdizioni*, Tomo I, Giuffrè: Milão, 2002,p.573.

Especialmente nos Estados Unidos, a tensão entre a discricionariedade do juiz na análise da conveniência do foro e a autonomia das partes em escolher contratualmente uma jurisdição já resultou em diferentes posicionamentos dos tribunais norte-americanos, sintetizados pela doutrina[28] em três linhas: a) a seleção do foro exclui a análise do *forum non conveniens (forum selection precludes forum non conveniens analysis)*; b) a seleção do foro exclui apenas as considerações sobre os fatores privados de conveniência, permitindo-se considerações sobre os fatores públicos *(forum selection precludes only consideration of private convenience fators)* e c) a seleção do foro é apenas um elemento na análise do *forum non conveniens (forum selection is merely one element in forum non conveniens analysis)*. Essa análise subjetiva na conveniência do foro, no entanto, acaba por sacrificar a previsibilidade das transações internacionais.

Nesse contexto, a Convenção, a fim de se evitar margem de discricionariedade ao julgador de um tribunal eleito, sobretudo, com o intuito de aplicar uniforme e obrigatória as condições e regras determinadas na Convenção, eliminou a possibilidade de o juiz eleito declinar de sua jurisdição em favor de outro que interpretasse mais conveniente. Dessa maneira, uma vez eleito o foro contratual, o juiz somente poderá declinar de sua jurisdição em caso de nulidade do acordo de eleição de foro, conforme as regras internas – *lex fori* -[29], ou quando, *com exceção do lugar da situação do tribunal eleito, não exista vínculo algum entre esse Estado e as partes ou o litígio*[30]. Neste caso, além de afastar a doutrina do *forum non conviniens*, a convenção afastou, também, a utilização do *foro exorbitante*[31].

Diante desse panorama, afere-se a razoabilidade ou não de um foro através do princípio da *proximidade* ou da *conexão substancial* da causa. Isso significa que, para o desiderato de determinar quando um Tribunal possui jurisdição, analisa-se a existência de mínimo contato razoável entre o caso analisado e o país sede do Tribunal.[32] Desse modo, faz-se necessário que exista genuína e substancial conexão entre o caso e o tribunal. O standard da conexão substancial tem sido bastante aceito em disputas internacionais. A administração deste

28. BUXBAUM, Hannah L., "Forum Selection in International Contract Litigation: The Role of Judicial Discretion.". *12 Willamette J. Int'l L. & Dispute Resolution 185 (2004); Indiana Legal Studies Research Paper* No. 8, p.185-210, p.197-199

29. Art. 5, parágrafo 1º, da Convenção.

30. Art. 19, da Convenção.

31. Os foros exorbitantes se caracterizam por acumularem grande volume de competência internacional por parte de seus Tribunais. Nos foros exorbitantes o perigo reside na conexão entre as hipóteses de competência com o intuito de benefíciar aos nacionais do Estado competente. Ver, ALL, Paula Maria. "Las normas de jurisdicción internacional en el sistema argentino de fuente interna", *Decita* n. 04. Fundação Boiteux. 2005.

32. Ver, ALL, Paula Maria. "Las normas de jurisdicción internacional en el sistema argentino de fuente interna", *Decita* n. 04. Fundação Boiteux. 2005.

princípio envolve, necessariamente, elementos de *practical judgement and self-restraint,*[33] uma vez que a jurisdição exorbitante e abusivamente exercida pelos tribunais de um país compromete sua responsabilidade internacional e afeta os valores constitucionais, o acesso à justiça e a ampla defesa[34].

Não se pode deixar de evidenciar, também, que, entre as obrigações definidas pela Convenção aos Estados, vislumbra-se o declínio de competência dos Tribunais dos Estados não eleitos contratualmente para conhecerem da causa em favor do foro estrangeiro.[35] O dever de declinar em favor do foro contratual é uma das principais obrigações determinadas pela Convenção e objetiva a diminuição das possibilidades de litígios paralelos e concorrentes, fenômeno conhecido como *lis pendens* (litispendência)[36].

Com base nesse ponto, o tema da litispendência toma diferentes contornos, de acordo com a análise dos distintos sistemas jurídicos. No caso da *common law*, a existência de litígios com o mesmo objeto material não comporta, em si, consequências *maléficas* no exercício da jurisdição de cada Estado envolvido[37]. No mesmo sentido, necessariamente a regra temporal de solução do conflito entre jurisdições concorrentes não é a naturalmente utilizada pelos países da *common law*, haja vista o sistema inglês, onde em decisões consagradas, como *Bushby v Munday*, a Corte solucionou o conflito jurisdicional, acatando a jurisdição do segundo Estado demandado[38]. Vale esclarecer que a Convenção, entretanto, estabelece, como um dos limites para o reconhecimento de sentença originária de um Estado contratante eleito a incompatibilidade com uma resolução previamente ditada por outro Estado ou por ele, num litígio entre as mesmas partes, com o mesmo objeto (causa de pedir e pedido).[39]

---

33. MOSCHEN, Valesca R. Borges e GUERRA, Marcel Victor M., "Processo Civil Transnacional: A Caminho de uma Sistematização dos Princípios de Competência Internacional: Reflexos de um Novo Paradigma Axiológico Face à Crise Metodológica Positivista", In: *Anais do XVIII Encontro Nacional do CONPEDI*, Fundação Boiteux, 2009.
34. VESCOVI, Eduardo. *Derecho Procesal Civil Internacional*, Montevidéu, Ed. Idea, 2000, p. 17
35. Art. 6., da Convenção.
36. Doutrina aplicada em muitos países da *civil law*, incluindo países de sistemas mistos, como o Escocês, e supõe que um tribunal suspenda ou decline de conhecer uma determinada lide quando outro tribunal já exerceu ou vem exercendo sua jurisdição em processo com a mesma causa de pedir. O artigo 5º, parágrafo segundo, da Convenção, limita tal possibilidade. Ver, *Explanatory Report - HARTLEY, Trevor and DOGAUCHI, Masato*, Permanent Bureau of the Conference,. HCCH, 2007.
37. A diferença de concepção da litispendência entre os dois sistemas jurídicos é fato notório e marcante no tratamento jurisprudencial sobre a matéria. Ver: FAWCETT, James, *Reform and Development os Private International Law - Essays in Honour of sir Peter North*, Oxford:Oxford University Press, 2002, p. 310- 311, citando a decisão *Cohen v Rothfield* (1919) 1KB 410 -414, na qual a própria Corte afirmou que *não seria prima facie vexatório que o demandante inicie uma ação na Inglaterra e outra no exterior.*
38. (1861) 56ER 908 (5 Madd 297).
39. Art. 09 , ii) f) e g). Nas regras propostas pelo artigo 22, da Convenção, determinadoras das declarações recíprocas sobre acordos não exclusivos de eleição de foro, exclui a obrigação de reconhecimento por parte dos Estados contratantes, em casos de decisões proferidas por outro tribunal frente ao qual o

A obrigação de declínio prevista no artigo sexto não deve ser considerada quando houver a nulidade formal do acordo de eleição, analisada no âmbito da legislação do tribunal eleito[40]; os limites de ordem pública[41]; a existência de causas excepcionais fora de controle das partes impeditivas de uma razoável execução e o reconhecimento da decisão (hipótese de *hardship*[42]).

O terceiro e fundamental pilar da Convenção refere-se à obrigação por parte dos Estados contratantes em reconhecerem e executarem as sentenças proferidas pelo Estado eleito pelas partes, de forma que a denegação apenas pode ocorrer em hipóteses especificadas pela própria Convenção Tal preceito, chave para a efetividade da segurança jurídica no âmbito dos processos transnacionais[43], está previsto no artigo oitavo[44], da Convenção.

Entre as supostas causas que isentam do cumprimento da obrigação prevista no artigo supra referido estão: os limites da ordem pública processual, tais como, a necessidade de que a decisão tenha a natureza de coisa julgada, assim, permite-se a denegação do reconhecimento quando o prazo e as possibilidades para interposição de recursos ainda não estiverem esgotados; da mesma forma, quando a sentença não seja apta a produção de efeitos no Estado de origem; quando o demandado não tenha sido notificado com tempo suficiente para exercer o seu direito de defesa, ou, quando este tenha sido notificado de maneira incompatível com os princípios fundamentais sobre notificação de documentos do Estado de sua localização[45] e, ainda, quando a sentença seja fruto de fraude em relação ao procedimento de sua realização.

Noutro giro, no rol de exceções ao dever de reconhecimento de sentença prolatada pelo tribunal contratual estão: a nulidade do acordo de eleição[46]; os

litígio pode ter sido apresentado e, ainda, em caso de existência de um litígio pendente entre as mesmas partes em outro Estado sobre o mesmo objeto e a mesma causa. O reconhecimento será devido apenas se o tribunal de origem da decisão for o primeiro ao que as partes acudiram.

40. Art. 6. alínea a). Entretanto, no caso da análise da capacidade das partes contratuais, será esta realizada em base a *lex fori* do Tribunal acudido, conforme prescreve o art. 6 alínea b) da Convenção.
41. A convenção na alínea c), do artigo 6, trabalha como possibilidades de exceções na aplicação da obrigação de declinar por parte de um tribunal acudido, quando tal fato seja de manifesta injustiça ou contrário a ordem pública do Estado acudido.
42. *Explanatory Report – Trevor Harthely & Masato Dougauchi*, op.cit..
43. Neste sentido, a Convenção segue a regra costumeira de processo civil internacional, e determina que nenhuma revisão de fundo poderá ser procedida quando do reconhecimento e execução de sentença proferida pelo tribunal eleito, art. 8.2.
44. Una resolución dictada por un tribunal de un Estado contratante que haya sido designado en un acuerdo exclusivo de elección de foro, será reconocida y ejecutada en los demás Estados contratantes conforme a lo dispuesto en el presente Capítulo. El reconocimiento o la ejecución solo podrá denegarse por las causas establecidas en el presente convenio.
45. Artigo 8. Itens 3 e 4, e artigo 9, alíneas i) e ii).
46. Muito embora a nulidade do acordo seja analisada através da *lex fori* do tribunal contratual, tal análise será realizada pelo tribunal requerido ao reconhecer a sentença, art. 9. alínea a).

limites da ordem pública do Estado requerido; as limitações de reconhecimento de sentenças aptas a tal reconhecimento, proferidas no Estado requerido ou noutro Estado, em certo litígio entre as mesmas partes, o mesmo objeto (causa de pedir e pedido), limitando a possibilidade de litispendência[47].

5. CONVENÇÃO DE HAIA E O PROTOCOLO DE BUENOS AIRES SOBRE JURISDIÇÃO EM MATÉRIA CONTRATUAL DO MERCOSUL

O Poder Judiciário dos Estados membros do Mercosul tem revisto litígios vinculados a mais de uma ordem jurídica, justamente pelo aumento do volume das relações comerciais entre seus membros. Isso denota que mais de uma jurisdição está apta a intervir no caso concreto, diante de causas pluriconectadas, necessitando definir a jurisdição competente para dirimir controvérsias.

Nesse cenário, o Protocolo de Buenos Aires de 1994 constitui marco normativo do Mercosul sobre jurisdição internacional em matéria contratual, por meio do qual as partes, em contrato civil e/ou comercial, podem eleger o foro competente para conhecer de uma possível e futura demanda.

No artigo 4[48], o referido diploma normativo afirma que, nos conflitos que decorram dos contratos internacionais em matéria civil ou comercial, serão competentes os tribunais do Estado-Parte em cuja jurisdição os contratantes tenham acordado submeter-se por escrito, sempre que tal ajuste não tenha sido obtido de forma abusiva.

Sendo assim, a diferença entre os dois textos convencionais, Haia e Mercosul, reside especialmente nas *regras de desconexão* previstas nos dois instrumentos. Haia exige, para a sua aplicação, a residência das partes no Estado contratante e o Protocolo de Buenos Aires, por seu turno, permite *dupla conexão: a residência de uma das partes e/ou a indicação do foro em um dos Estados membros do Mercosul.* Tal descompasso pode gerar certo impasse quando da definição, por parte dos Poderes Judiciários nacionais, de quais dos instrumentos serão aplicados.

Além disso, verificam-se outras diferenças entre os dois documentos, por exemplo, as exceções existentes na Convenção de Haia referentes ao seu âmbito de aplicação são mais extensas do que as previstas no Protocolo. Neste mesmo sentido, a obrigação do tribunal eleito em não conhecer do litígio encontra-se implícita no Protocolo e expressa na Convenção.

---

47. Art. 9, alíneas e), f) e g).
48. En los conflictos que originen de los contratos internacionales en materia civil o comercial serán competentes los tribunales de los Estados-partes en cuya legislación los contratantes tengan acordado se someter por escrito, siempre que tal ajuste no tenga sido obtenido de forma abusiva.

Não obstante a maior incidência de relações jurídicas pluriconectadas, desde o ponto de vista dos ordenamentos jurídicos dos Estados partes do Mercosul, ainda há certa reticência em relação ao reconhecimento da autonomia da vontade na escolha da jurisdição competente. Cite-se que o Protocolo de Buenos Aires, apesar de vigente no Brasil desde 1996 (Decreto 2025) só foi utilizado como fundamento pelo Superior Tribunal de Justiça uma única vez[49], no Recurso Especial 1.633.275/SC[50], julgado no final de 2016.

6. O CÓDIGO DE PROCESSO CIVIL BRASILEIRO (ART. 25 DA LEI 13.105, DE 16 DE MARÇO DE 2015) COMO NOVO CENÁRIO DA ELEIÇÃO DE FORO NA PERSPECTIVA BRASILEIRA

Como defendido neste texto, admite-se a autonomia da vontade das partes como critério de determinação da jurisdição competente, por meio das denominadas cláusulas de eleição de foro. A doutrina[51] manifesta que os contratos internacionais de comércio, em poucas hipóteses, têm dispensado a chamada cláusula atributiva de jurisdição, mas tal mecanismo esbarra em seus efeitos, que não têm sido respeitados no Brasil. Desse modo, afastar o exercício da função jurisdicional quando haveria, em princípio, interesse do Estado em exercer a sua jurisdição é tema conturbado para o Poder Judiciário brasileiro.

Na verdade, nesse cenário, parte da doutrina brasileira de corte mais privatista e progressista entende, como elucida a professora Carmen Tiburcio[52], que está dentro dos âmbito dos direitos fundamentais de liberdade das partes, em matérias disponíveis, renunciar ao benefício da jurisdição estatal, sendo que a tutela processual visa à tutela dos direitos e não o interesse do Estado em afirmar a sua jurisdição: "[...] quando as partes fixam um foro diverso daquele previsto em lei, é como se ambas, sabendo que pode surgir uma controvérsia, renunciassem a esse benefício".

Todavia, juristas de corte mais publicista e conservador, por atrelarem fortemente a noção de jurisdição ao exercício da soberania, como José Ignácio Botelho de Mesquita entendem que "as normas que definem a extensão da

49. Nádia de Araújo, em uma de suas obras, refere-se ao Protocolo de Buenos Aires tendo destacado, à época, que o STJ ainda não havia julgado caso do Protocolo. (ARAÚJO, Nádia de. Direito Internacional Privado: Teoria e Prática Brasileira. 1 ed. Porto Alegre: Revolução, eBook, 2016). É possível a realização de pesquisa no sistema eletrônico de jurisprudências do STJ com o termo "Protocolo de Buenos Aires" para verificar que foi esse o primeiro acórdão envolvendo o Protocolo de Buenos Aires no STJ.
50. REsp 1633275/SC, Rel. Ministro Ricardo Villas Bôas Cueva, DJe 14/11/2016.
51. STRENGER, Irineu, *Contratos internacionais do comércio*, 2.ed., São Paulo: Editora dos Revista dos Tribunais, 1992, p.254
52. TIBURCIO, Carmen. *Temas de Direito Internacional*. Rio de Janeiro: Renovar, 2006, p.86

jurisdição de um Estado são normas fundadas na soberania nacional e, por isso, não se acham submetidas à vontade das partes interessadas".[53]

Diante destas duas correntes doutrinárias, a construção dos entendimentos relativos à validade das cláusulas de eleição de foro funda-se a partir da análise do caso concreto, conforme preenchidos os requisitos de validade do negócio processual realizado e respeitadas as normas cogentes do ordenamento jurídico às quais as partes e o contrato estejam submetidos.[54]

Frente a inexistência de uma *communis opinium doctorum* na doutrina brasileira, têm-se observado certo recrudescimento das decisões judiciais nacionais no sentido de se restringir a autonomia da vontade na escolha do foro competente, quando há competência concorrente da Justiça nacional[55]. Nesse

---

53. Continua o autor, afirmando que "Os limites da jurisdição nacional não podem, por isso, ser ampliados, nem restringidos, por vontade das partes. As partes podem modificar a competência dos tribunais, mas não podem modificar a extensão da jurisdição nacional. Assim, a propositura da ação perante juiz internacionalmente incompetente, mesmo sem oposição do réu, não prorroga a competência internacional desse juiz; do mesmo modo, a propositura de ação perante autoridade judiciária de um Estado internacionalmente competente para a causa não previne a jurisdição deste contra a autoridade de outro Estado que pelas leis do primeiro, também seja (concorrentemente) competente para a mesma causa. Salvo convenção em contrário, é inoperante a litispendência estrangeira (CPC, art. 90), de modo que a mesma causa pode ser simultaneamente proposta perante as autoridades judiciárias de dois Estados diferentes. As normas de competência internacional são, pois, normas de ordem pública. Por isso mesmo, não se aplica à competência internacional a conhecida classificação da competência interna que a difere em competência absoluta e relativa." MESQUITA, José Ignácio Botelho de. Da competência internacional e dos princípios que a informam. Revista de Processo, n. 50, São Paulo: Saraiva, 1988, p. 51-71.

54. Conforme defendido por Barbosa Moreira: "Com certa frequência, as partes de contrato com elementos internacionais fazem inserir no respectivo instrumento uma 'cláusula' (na verdade, negócio jurídico distinto) em que se elege a Justiça de determinado país como o foro próprio para o Julgamento de quaisquer litígios porventura oriundos do contrato. O direito brasileiro admite, em princípio, pactos deste gênero, seja quando designam a Justiça brasileira em hipótese não prevista legalmente como de sua competência, seja quando indicam alguma Justiça estrangeira, em hipótese incluída na competência (não exclusiva!) da Justiça brasileira. Examina-se, naturalmente, a validade do pacto de eleição, no caso concreto." (grifo nosso) (BARBOSA MOREIRA, José Carlos, Temas de Direito Processual, 5ª série. São Paulo: Saraiva, 1988, p.146)

55. Como chama atenção ALMEIDA. Ricardo R. Breves Reflexões sobre a eleição de foro estrangeiro e a competência concorrente do judiciário brasileiro, *In*: RODAS, João Grandino. *Contratos Internacionais.* 3.ed., São Paulo:Revista dos Tribunais, 2002, p. 297 e ss. Nessa temática, a título ilustrativo, a jurisprudência brasileira se posicionava de modo restritivo à validade da cláusula de eleição de foro, principalmente, quando havia competência concorrente com jurisdições de outros Estados. Exemplo claro desse posicionamento refere-se à decisão do Superior Tribunal de Justiça no Recurso Especial nº 804.306/SP, que discutiu a validade de cláusula de eleição de foro *vis a vis* a competência da justiça brasileira. A questão trouxe à tona os seguintes pontos: validade da cláusula de eleição de foro em contrato de adesão, bem como se a cláusula de eleição de foro seria suficiente para afastar a competência prevista no artigo 88, do Código de Processo Civil - CPC, relativo à competência concorrente da justiça brasileira. Quanto a primeira questão, decidiu a Corte que, as cláusulas de eleição de foro nos contratos de adesão são válidas, conforme enuncia a Súmula 335, do Supremo Tribunal Federal, desde que *não haja abusividade e prejuízo para a defesa*. Em relação à derrogação da justiça brasileira quando ocorra algum dos pressupostos estabelecidos no artigo 88, do CPC, a Corte se posicionou, também, favorável à decisão monocrática, da seguinte forma: "*É cabível a jurisdição nacional porque aqui deveria ser cumprida na obrigação*". A validade de escolha da jurisdição brasileira não deveria, por conseguinte, estar baseada na alegação de ser no

sentido, o Superior Tribunal de Justiça, durante a vigência do CPC/73, não conseguiu delinear um posicionamento claro sobre a admissibilidade da eleição de foro estrangeiro em hipótese de jurisdição concorrente brasileira. Na maioria dos casos[56], a Corte se posicionou contrariamente à cláusula de eleição de foro estrangeiro, sob o antigo argumento de que as regras de jurisdição não podem ser afastadas pela vontade das partes.

Mas surgem novos ares a partir do Código de Processo Civil de 2015.

O Código Brasileiro de Processo Civil (CPC) é um novo paradigma no cenário nacional, tendo em vista que se fundamenta na cooperação jurídica internacional e recepciona a cláusula de eleição de foro, elementos necessários ao desenvolvimento da segurança jurídica das relações comerciais transnacionais.

O Código pela primeira vez inovou ao trazer na Parte Geral, Livro II – Da Função Jurisdicional, o Título II tratando Dos Limites da Jurisdição Nacional e da Cooperação Internacional. O capítulo primeiro trata dos limites da jurisdição nacional nos artigos 21 a 24, do NCPC. Tais dispositivos se referem aos limites da competência concorrente e exclusiva das autoridades judiciárias brasileiras. Quanto à concorrente, o novo diploma manteve as hipóteses doo Código de 1973, antigo artigo 88[57], mas inovou, no artigo 22, ao adicionar expressamente a possibilidade da extensão da competência nacional aos casos de alimentos, quando o credor for residente no Brasil e/ou quando mantenha vínculo pessoal com o Brasil e nos casos de relação de consumo. Criou-se uma nova classe de regra de conexão com a jurisdição nacional, uma conexão especial, privilegiando a proteção aos hipossuficientes, contrariando, inclusive, a regra de conexão geral de domicílio do réu, prevista no Código de 1973 e reiterada no de 2015, no artigo 21.

No que se refere à competência exclusiva, manteve as hipóteses existentes no Código de 1973, introduzindo, entretanto a possibilidade de interpretação de certo confronto entre a jurisprudência consolidada que permite a homologação de sentenças em caso de partilha *inter vivos* consensuais quanto a bens imóveis situados no Brasil, e a nova redação que estabelece a jurisdição exclusiva

---

território brasileiro o cumprimento da obrigação, pressuposto do inciso segundo, do artigo 88, sob pena de transformar de "concorrente" à "exclusiva" a competência na lei aludida, em desprestígio do princípio da autonomia das partes na escolha do foro competente.

56. Cite-se alguns: RO 114/DF, Rel. Min. Raul Araújo, Dje de 25/06/2015; EDcl nos EDcl no REsp 1159796/PE, Rel. Min. Nancy Andrighi, DJe de 25/03/2011; REsp 1.168.547/RJ, Rel. Min. Luis Felipe Salomão, DJe de 07/02/2011, entre outros. Mas o STJ já admitiu a cláusula de eleição de foro estrangeiro: REsp 1518604/SP, Rel. Min. Paulo de Tarso Sanseverino, DJ 29/03/2016.

57. Art. 88. É competente a autoridade judiciária brasileira quando: I – o réu, qualquer que seja a sua nacionalidade, estiver domiciliado no Brasil; II – no Brasil tiver de ser cumprida a obrigação; III – a ação se originar de fato ocorrido ou de ato praticado no Brasil.

da justiça brasileira em "divórcio, separação judicial ou dissolução de união estável proceder à partilha de bens situados no Brasil, ainda que o titular seja de nacionalidade estrangeira ou tenha domicílio fora do território nacional[58]".

Manteve-se, outrossim, a regra da inexistência de litispendência internacional no artigo 24, de modo que a ação proposta por tribunal estrangeiro *não obstará a autoridade judiciária nacional de conhecer da mesma causa.* Contudo, diante da influência da Convenção de Haia e com os demais instrumentos em vigor no Brasil, como o Protocolo de Buenos Aires e Código de Bustamante, a inovação se encontra no final do referido artigo quando menciona: *ressalvadas as disposições em contrário de tratados internacionais e acordos bilaterais em vigor no Brasil.* Nota-se claramente a intenção do legislador em determinar que o país deve estar em sintonia com as normas transnacionais, para aprimoramento dos mecanismos de resolução de disputas internacionais, o que lhe permitirá reconhecer a litispendência em determinados casos, evitando o modelo de inexistência de litispendência que atualmente poderá resultar no "sofá para dois" (*divano per due*).

Ainda como motivador desse novo cenário, encontra-se o dispositivo mais importante do capítulo I, o artigo 25 do CPC/15[59].

O enunciado prescritivo expressa de forma clara e inconteste que *não caberá à autoridade judiciária brasileira o processamento e julgamento de ações quando existir cláusula de eleição de foro exclusivo estrangeiro.* Dessa forma, derroga-se a competência brasileira quando as partes tenham convencionado, no contrato ou separadamente, outro foro para dirimir suas eventuais controvérsias. Nota-se que o comando normativo do atual diploma processual impõe ao Judiciário nacional a obrigatoriedade de declarar-se incompetente para o julgamento de ações em que as partes elegeram foro estrangeiro. Em outras palavras, as decisões judiciárias não podem continuar desprestigiando a autonomia da vontade das partes, entendendo que competência concorrente é equivalente à competência exclusiva. Por isso, desde que o réu alegue em contestação, não cabe à autoridade judiciária processar ação quando houver eleição de foro estrangeiro.

Por outra leitura, se o Estado brasileiro é competente para julgar ações em que as partes, expressa ou tacitamente, se submeterem à jurisdição nacional, ou seja, as partes podem eleger, por meio da cláusula de eleição de foro, o

---

58. Art. 23 II do CPC Brasileiro.
59. Art. 25. Não compete à autoridade judiciária brasileira o processamento e o julgamento da ação quando houver cláusula de eleição de foro exclusivo estrangeiro em contrato internacional, arguida pelo réu na contestação. § 1o Não se aplica o disposto no caput às hipóteses de competência internacional exclusiva previstas neste Capítulo.§ 2o Aplica-se à hipótese do caput o art. 63, §§ 1o a 4o.

Brasil para julgar demandas internacionais, como dispõe o inciso III, do artigo 22, do NCPC, este também deve observar, pelo princípio da reciprocidade e da cooperação internacional, a exclusão de sua competência quando houver cláusula de foro estrangeiro[60].

Dado o exposto, no Direito Processual Civil brasileiro atual, vige plenamente o princípio da liberdade contratual, enterrando-se, do ponto de vista dogmático, a antiga jurisprudência e doutrina da jurisdição brasileira como direito público e atributo exclusivo da soberania. Fora da ineficácia da cláusula de eleição de foro por abusividade (art.63 do CPC[61]), é obrigatório o respeito à eleição escrita de foro estrangeiro, ainda que em uma das hipóteses de concorrência brasileira. Abre-se espaço, assim, para o processo convencional, isto é, o processo em que se permite a escolha da jurisdição e de algumas regras por meio de acordo das partes (art. 190, CPC/2015).

Neste novo cenário, inaugurado com o atual diploma processual brasileiro, o discurso muda, quase subitamente, face ao reconhecimento da admissibilidade de eleição de foro contratual para dirimir conflitos internacionais, quando estes não colidem com disposições cogentes do Código de Processo Civil. Isso evidencia a sintonia do legislador com a Convenção de Haia de 30 de junho de 2005 e o Protocolo de Buenos Aires, elementos fundamentais para a segurança jurídica nas relações comerciais brasileiras, no compasso das mais recentes transformações do Direito Transnacional.

7. CONSIDERAÇÕES FINAIS

A cláusula de eleição de foro é negócio jurídico processual firmado entre as partes de uma relação contratual internacional, quando elegem competente a jurisdição de determinado Estado para solucionar disputas futuras entre os contraentes. Trata-se de ato de disposição extraprocessual, expressa no contrato firmado entre partes e destinado a produzir efeitos exclusivamente no processo judicial.

60. ARAÚJO, Nádia de. Conferência de Haia de direito internacional privado em debate: convenção de Haia de 2005 inspira o projeto de Código de Processo Civil com norma de cláusula de eleição de foro em contratos internacionais. Disponível em: ‹http//haiaemdebate.blogspot.com›. Acesso em: 23 de junho de 2012

61. Art. 63. As partes podem modificar a competência em razão do valor e do território, elegendo foro onde será proposta ação oriunda de direitos e obrigações. § 1o A eleição de foro só produz efeito quando constar de instrumento escrito e aludir expressamente a determinado negócio jurídico. § 2o O foro contratual obriga os herdeiros e sucessores das partes. § 3o Antes da citação, a cláusula de eleição de foro, se abusiva, pode ser reputada ineficaz de ofício pelo juiz, que determinará a remessa dos autos ao juízo do foro de domicílio do réu. § 4o Citado, incumbe ao réu alegar a abusividade da cláusula de eleição de foro na contestação, sob pena de preclusão.

No cenário atual, o Código de Processo Civil é elemento fundamental para que o instituto de foro estrangeiro seja de fato reconhecido e respeitado pela jurisprudência brasileira, a fim de que o Poder Judiciário não se imiscua em demandas, quando houver eleição de foro estrangeiro para solução de conflitos transnacionais. Dessa maneira, o CPC se coaduna com as Convenções e tratados internacionais sobre jurisdição internacional de contratos comerciais, principalmente, com a Convenção da Haia de 2005 sobre as cláusulas de eleição de foro, peça fundamental para a promoção da segurança jurídica do comércio exterior brasileiro.

A proclamada efetividade das decisões judiciárias nos litígios internacionais, originária do exercício da autonomia da vontade, encontra importante suporte normativo na referida convenção e, hoje, no CPC. Este diploma contribui para a ratificação da Convenção de Haia, passo importante para a cultura jurídica nacional, na qual a dicotomia entre o exercício da autonomia da vontade *versus* o reconhecimento de derrogação da jurisdição é considerado ainda entrave à soberania nacional.

Para o Mercosul, a ratificação da convenção acrescentaria no seu universo jurídico um suporte maior para a regulamentação da competência internacional, ao privilegiar a autonomia da vontade na escolha do foro competente em litígio internacionais, corroborando a consagração da segurança jurídica para as relações comerciais internacionais e regionais.

Não obstante a inserção notória do Estado brasileiro nos processos de internacionalização, e da consequente integração de seu território à mobilidade das relações jurídicas internacionais e regionais, o sistema de regras definidoras de competência internacional, inaugurado pelo CPC/15, coaduna-se com as tendências contemporâneas relativas à matéria. Nesse sentido, espera-se uma mudança de postura da jurisprudência nacional sobre a temática, especialmente no STJ, uma vez que, embora em crescimento, as decisões que discutem a competência brasileira em causas pluriconectadas vêm sendo pouco flexíveis à derrogação de jurisdição.

O Código de Processo Civil traz folego novo ao permitir a aproximação do ordenamento jurídico brasileiro às realidades e às necessidades das relações jurídicas contemporâneas e do desenvolvimento do comércio internacional.

8. REFERÊNCIAS BIBLIOGRÁFICAS

ALL, Paula Maria. Las normas de jurisdicción internacional en el sistema argentino. In: *Litígio judicial internacional, De Cita - Direito do Comércio Internacional temas de atualidades*, 04.2005, p.422 a 444.

ALMEIDA. Ricardo R., "Breves Reflexões sobre a eleição de foro estrangeiro e a competência concorrente do judiciário brasileiro", *Contratos Internacionais/* Coordenador João Grandino Rodas, 3.ed., São Paulo:Revista dos Tribunais, 2002.

ARAÚJO, Nádia de. *Direito Internacional Privado: Teoria e Prática Brasileira.* 1 ed. Porto Alegre: Revolução, eBook, 2016

______. Conferência de Haia de direito internacional privado em debate: convenção de Haia de 2005 inspira o projeto de Código de Processo Civil com norma de cláusula de eleição de foro em contratos internacionais. Disponível em: ‹http//haiaemdebate.blogspot.com›. Acesso em: 23 de junho de 2012.

ARROYO, Diego F., "Competência Judicial Internacional: cuestiones e elementos para uma reglamentación internacional, *Libro em Homenaje al Profesor Santiago Benadava*, 1.II, Santiago, 2008

BARBI, Celso Agrícola. *Comentários ao Código de Processo Civil*, São Paulo: Forense, 1994.

BARBOSA MOREIRA, José Carlos, *Temas de Direito Processual*, 5ª série. São Paulo: Saraiva, 1988.

BRAND, Ronald. Forum Selection and Forum Rejection in US Courts: One Rationale for a Global Choice of Court Convention. In *Reform and development of private international law/* Festschrift for Sir Peter North, James Fawcett, ed., Oxford University Press, 2002.

BUXBAUM, Hannah L., "Forum Selection in International Contract Litigation: The Role of Judicial Discretion.". *12 Willamette J. Int'l L. & Dispute Resolution 185 (2004); Indiana Legal Studies Research Paper* No. 8, p.185-210

CHIOVENDA, Giuseppe. *Instituições de direito processual civil.* Vol. II. Trad. J. Guimarães Menegal e notas de Enrico Tullio Liebman. São Paulo: Saraiva, 1943 [*Istituzioni di Diritto Processuale Civile*, 1933/1934].

CAPONI, Remo. Autonomia privada e processo civil: os acordos processuais. *Revista de Processo.* vol. 228. p. 359. São Paulo: Ed. RT, fev. 2014.

CARNEIRO, Athos Gusmão, *Jurisdição e competência*, 14 ed., São Paulo: Saraiva, 2005.

CINTRA, Antonio Carlos Araújo; GRINOVER, Ada Pelegrini; DINAMARCO, Cândido Rangel. *Teoria Geral do Processo.* 19. ed. São Paulo: Malheiros, 2003.

CHAGAS, Bárbara Seccato Ruis; MAZZEI, Rodrigo. Breve diálogo entre os negócios jurídicos processuais e a Arbitragem. *Revista de Processo.* Vol. 237. p. 223. São Paulo: Ed. RT. nov. 2014.

COUND, John J. et al. *Civil Procedure, cases and material.* 6 ed. St. Paul, Minn., West Pblishing Co., 1993.

FAWCETT, James, *Reform and Development os Private International Law – Essays in Honour of sir Peter North*, Oxford:Oxford University Press, 2002

FRIEDENTHAL, Jack H. KANE, Mary Kay & MILLER, Arthur R. *Civil Procedure.* St. Paul, Minnesota, West Publishing Co. 1985.

GARRO, Alejandro M., Forum non conveniens: disponibilidad y adecuación en los foros latinoamerianos desde uma perspectiva comparada. *De Cita - Direito do Comércio Internacional temas de atualidades,* 04.2005, p.174 a 206.

GRECO, Leonardo. "Os atos de disposição processual - primeiras reflexões". *Revista Eletrônica de Direito Processual.* p. 7. Rio de Janeiro, out.-dez. 2007.

GRECCO F., Vicente, *Direito processual civil brasileiro,* 11ªed. São Paulo: Saraiva, 1991.

KESSEDJIAN, Catherine. *"La Convention de La Haya du 30 juin 2005 sur l'election de for". Journal du droit international, Journal du Droit International,* 2006, vol.3, p.813-850.

LORENZO, Sixto Sánches; ROZAS, José Carlos Fernandez;. *Derecho Internacional Privado,* Civitas:Madrid, 1999.

LUPOI, Michele Angelo, *Conflitti Transnazionali di Giurisdizioni,* Tomo I, Giuffré: Milano, 2002

MAZZUOLI, Valério de Oliveira, *Curso de Direito Internacional Público,* São Paulo: Editora Revista dos Tribunais, 2008.

MESQUITA, José Ignácio Botelho de. *Da competência internacional e dos princípios que a informam.* Revista de Processo, n. 50, São Paulo: Saraiva, 1988, p. 51 a 71.

MORELLI, Gaetano, *Derecho Processal Civil Internacional,* Ediciones Jurídicas Europa-América, Buenos Aires, 1953.

MOSCHEN, Valesca R. Borges e GUERRA, Marcel Victor M., "Processo Civil Transnacional: A Caminho de uma Sistematização dos Princípios de Competência Internacional: Reflexos de um Novo Paradigma Axiológico Face à Crise Metodológica Positivista", In: *Anais do XVIII Encontro Nacional do CONPEDI,* Fundação Boiteux, 2009.

NANDA, Ved P., "The Landmark 2005 Hague Convention on Choice of Court Agreements", *Texas International Law Journal,* vol. 42, 2007

PINO, Giorgio. *Diritti e Interpretazzione. Il Ragionamento Giuridico nell Stato Costituzionale.* Bologna: Il Mulino, 2010.

RECHSTEINER, Beat W., *Direito Internacional Privado: teoria e prática,* 11.ed., ver., São Paulo:Saraiva, 2007.

RIVAS, Eugenia G. *La doctrina de "fórum non conveniens".* Disponível em ‹http://www.bma.org.mx/publicaciones/elforo/2002/2-Semestre/doctrina%20forum.doc. ›Acesso em 01.08.2008.

SANTOS, Moacyr Amaral. *Comentários ao Código de Processo Civil,* 10. ed. Forense, v. 1, n. 501. 1976.

SOARES, Guido Fernando Silva. *A competência internacional do Judiciário brasileiro e a questão da autonomia da vontade das partes.* In: Baptista, Luiz Olavo, HUCK, Hermes Marcelo e CASELLA, Paulo Borba (coords.). *Direito e comércio internacional: estudos em homenagem a Irineu Strenger.* São Paulo: LTr, 1994.

STRENGER, Irineu, *Contratos internacionais do comércio,* 2.ed., São Paulo: Editora dos Revista dos Tribunais, 1992.

TARUFFO, Michele, *Dimensioni Transculturali della Giustizia Civile: sui Confini Scritti sulla Giustizia Civile, Bolonha*:Il Molino, 2002

TEITZ, Louise Ellen, "The Hague Choice of Court Convention: Validating Party Autonomy and Provering" na Alternative to Arbitration. *The Ammerican Journal of Comparative Law*, vol 53, pág. 544, 2005;

TIBURCIO. Carmen. *Extensão e limites da jurisdição brasileira: competência internacional e limites da jurisdição*. Salvador: JusPodivm, 2016,

_____. *Temas de Direito Internacional*. Rio de Janeiro: Renovar, 2006.

VESCOVI, Eduardo. *Derecho Procesal Civil Internacional*, Montevidéu, Ed. Idea, 2000.

ZANETI JR., Hermes. *O Valor Vinculante dos Precedentes. O Modelo Garantista (MG) e a Redução da Discricionariedade Judicial. Uma Teoria dos Precedentes Normativos Formalmente Vinculantes*. Salvador: Jus Podivm, 2015.

PARTE III

DIREITO COMPARADO

CAPÍTULO 18

Gerenciamento de casos (case management) na Europa: uma abordagem moderna da justiça civil

C.H. van Rhee[1]

SUMÁRIO: 1. INTRODUÇÃO; 2. NIKOLAUS THADDÄUS (VON) GÖNNER (1764-1827) E SUAS PROZESSMAXIMEN; 3. PHILIPS WIELANT (1441/42-1520) E SEU MANUAL DE PROCESSO CIVIL; 4. PAPEL DO JUIZ E DAS PARTES A PARTIR DO SÉCULO XIX; 5. REGRAS EUROPEIAS DE PROCESSO CIVIL; 6. OBSERVAÇÕES FINAIS; REFERÊNCIAS BIBLIOGRÁFICAS.

1. INTRODUÇÃO

A terminologia *"Case Management"* (gerenciamento de casos) entrou em voga nos estudos europeus de direito comparado como resultado das reformas promovida por Lord Woolf em 1998 na Inglaterra e no País de Gales[2]. Essas reformas despertaram grande interesse na comunidade acadêmica. Notou-se que, assim como ocorrera décadas atrás com muitas jurisdições europeias de *Civil Law*, agora a maior jurisdição europeia de *Common Law* estava se afastando da ideia que dominara o processo civil por pelo menos dois séculos: de que às partes era dado organizar seus processos da maneira que lhes conviesse na medida em que o processo civil trataria da proteção de direitos e deveres privados sobre os quais se poderia livremente dispor.

Essa ideia teria sido inicialmente formulada pelo jurista alemão Karl (von) Grolman (1175-1829) em 1800[3], conforme elucida Falk Bomsdorf em sua tese de PhD de 1969 submetida à Faculdade de Direito de Kiel e publicada em 1971. De acordo com esse mesmo autor, a tese de Grolman influenciara o jurista bávaro NikolausThaddäus (von) Gönner (1764-1827) quando este formulou duas

---

1. Professor da Universidade de Maastricht, Países Baixos. Trad. de Daine Gonçalves Ornellas Lima, Hermes Zaneti Jr. e Marco Antonio Rodrigues.
2. Van Rhee 2005, 20. Vejam-se também Woolf 1995 e Woolf 1996.
3. Grolman 1800. Confiram-se Bomsdorf 1971, 123, e Chorus 1987 e 1992.

Maximen ou princípios fundamentais do processo civil alguns anos depois: o *Verhandlungsmaxime* (algo como o *'adversarial principle'*, entre nós, o princípio do dispositivo), que, em sua visão, dominava o *gemeine Prozess* (procedimento comum) de várias jurisdições alemãs; e o *Untersuchungsmaxime* (que equivaleria, mas não exatamente, ao *'inquisitorial principle'*, o nosso princípio do inquisitório), que supostamente dominava o processo civil na Prússia, como resultado de reformas processuais no século XVIII[4].

No presente artigo, discutirei, na parte 1, os dois princípios processuais fundamentais distinguidos por Gönner. Após, na parte 2, analisarei, a título de exemplo, um tratado holandês do início da Idade Moderna versando sobre o direito processual civil formulado pelo jurista flamengo Philips Wielant (1441/42-1520), com ênfase no papel do juiz e das partes no contencioso cível. Nesta parte, demonstrarei que o modelo de processo civil baseado na experiência processual romano-canônica (o ancestral da maior parte dos sistemas processuais civis da Europa) adotou uma abordagem equilibrada do papel do juiz e das partes, uma abordagem que está presente ao longo de toda literatura processual civil do início da modernidade. Na sequência, parte 3, apresentarei uma breve visão geral do desenvolvimento europeu no que diz respeito ao papel do juiz e das partes na litigância cível do século XIX até o começo do século XXI. E, finalmente, tratarei, na parte 4, do atual trabalho do *European Law Institute* e do *Unidroit* na elaboração das normas modelo de processo civil européias, mais especificamente sobre as regras versando sobre o papel do juiz e das partes (e seus advogados). Um dos objetivos deste artigo é mostrar como as sugestões feitas pelo grupo de trabalho responsável pela elaboração das normas que regem a participação do juiz e das partes se encaixam adequadamente na evolução que começou ao tempo da introdução do modelo processual romano-canônico nas Cortes seculares, no fim da Idade Média e começo da Idade Moderna.

2. NIKOLAUS THADDÄUS (VON) GÖNNER (1764-1827) E SUAS *PROZESSMAXIMEN*

De acordo com seus contemporâneos, Nikolaus Thaddäus Gönner não era uma pessoa muito agradável. Bomsdorf resume as impressões de seus contemporâneos da seguinte forma: "Sie sind einig in der Kenzeichnung Gönners als eines begabten, aber durch Missgunst und Eitelkeit, masslosen Ehrgeiz und ungehemmte Machtgier sich um die Früchte seines Talents bringenden Mannes" ("Eles concordavam na caracterização de Gönner como um homem talentoso

4. Sobre o processo civil da Prússia no século XVIII, veja-se Bomsdorf 1971, 65-96.

que destrói os frutos de seu próprio talento devido a inveja, vaidade, ambição ilimitada e apetite desenfreado por poder")[5].

Gönner foi nomeado professor de direito em Bamberg em 1789, na Ingolstadt em 1799, universidade que foi transferida para Landshut em 1800. Em sua abordagem do direito ele pode ser caracterizado como um jurista do direito natural tardio (*"law of reason"* ou *Vernunftrecht*, na Alemanha)[6]. Sua metodologia de pesquisa acadêmica não era muito sofisticada. Ele usaria a lei em vigor como ponto de partida ou fonte de inspiração para o desenvolvimento de princípios mais ou menos amplos que, a seu ver, regulavam a lei, fazendo-o independentemente das fontes que tomava como ponto de partida. Ele não testaria se esses princípios de fato coincidiriam ao final com a situação atual do sistema legal do qual se utilizara. Isso é igualmente verdadeiro para os princípios processuaisfundamentais aqui discutidos.[7]

Gönner desenvolveu suas ideias sobre as contraditórias *Verhandlungsmaxime* (*"adversarial principle"* - princípio do dispositivo) e *Untersuchungmaxime* (*"inquisitorial principle"* - princípio do inquisitório) em seu *Handbuch des deutschen gemeinen Prozesses* (Manual de Processo Civil Alemão), publicado no começo do século XIX[8]. O princípio do dispositivo era resumido por esse autor na sentença *"Nichts von Amtswegen"*, ou, em inglês "Nothing *ex officio*" ("nada *ex officio*")[9]. Referia-se a um procedimento que era puramente adversarial. Isso significa que num processo civil o juiz poderia apenas agir a partir do requerimento das partes e não possuía poderes para atuar de ofício. Considerando que a chamada *Dispositionsmaxime* (controle da parte no que pertinente à propositura da ação, seu prosseguimento e extinção) não havia sido criada à época de Gönner (teria sido fruto do trabalho de Ortloff e de von Canstein na segunda metade do século XIX)[10], ele definiu o *Verhandlungsmaxime* de modo amplo: ele não apenas estabelecia que as partes estariam a cargo dos contornos fáticos e provas em seus processos, isto é, que seriam as partes que determinariam os fatos que seriam levados em consideração, mas também que as partes poderiam decidir se desejavam ou não iniciar, continuar ou encerrar a ação[11].

De acordo com Gönner, o princípio inquisitório (*Untersuchungsmaxime*) era o oposto do princípio do dispositivo (*Verhandlungsmaxime*) e significava que o juiz deveria sempre agir de ofício no processo civil. O princípio originou um

5 Bomsdorf 1971, 112.
6 Bomsdorf 1971, 112-113.
7 Bomsdorf 1971, 121ff.
8 Gönner 1801-1803.
9 Bomsdorf 1971, 127.
10 Bomsdorf 1971, 161.
11. Bomsdorf 1971, 129-130.

procedimento inquisitorial, na medida em que a determinação e investigação do substrato factual da ação judicial era, em última instância, tarefa do juiz. Ao contrário do princípio do dispositivo, o princípio do dispositivo não era compreendido em sentido amplo. O princípio, como proposto por Gönner, não compreendia o que mais tarde seria chamado de *Offizialmaxime*, i.e. o princípio de que a ação judicial poderia ser iniciada *ex officio* por uma autoridade estatal[12]. Isso se devia ao fato de que também no modelo procedimental da Prússia (sobre o qual Gönner desenvolveu seu *Untersuchungsmaxime*), a deflagração da ação civil em juízo era considerada uma responsabilidade das partes.

Deve-se notar aqui que, diferentemente do que um observador moderno esperaria, Gönner entendia que os dois princípios refletiam a ideia de que o processo civil seria um assunto privado atinente às partes no sentido de que os dois sistemas procedimentais permitiam a livre disposição de direitos e deveres privados. A única diferença era a que num procedimento, dominado pelo princípio dispositivo, as partes permaneciam no controle do desenvolvimento de seus processos até o julgamento, enquanto que, no outro procedimento, dominado pelo princípio do inquisitivo as partes transferiam ao juiz o poder de investigar o objeto no momento em que iniciavam a ação. Mesmo assim, considerou-se que o juiz agiria no interesse privado das partes, não possuindo o dever explícito de encontrar a verdade substancial (i.e. *"real"*).[13]

Como demonstrado por Bomsdorf, as conclusões de Gönner *não* eram baseadas em uma pesquisa acadêmica sólida, muito embora a noção de que o princípio do dispositivo deveria prevalecer no processo civil tenha sido preponderante a partir do século XIX (talvez até pelo fato de que a definição desse princípio tenha sido modificada por juristas posteriores, especialmente desde que a regra *"Nada de ofício"* foi alterada, no sentido de admitir muitas exceções justificadas à regra, sem levar à revogação do próprio princípio)[14]. Bomsdorf afirma que as exceções aos dois princípios tanto no procedimento comum (*gemeine Prozess*), quanto no processo civil da Prússia eram tão variadas que dificilmente se poderia afirmar que esses sistemas seriam dominados por qualquer um dos dois princípios[15].A única coisa que se poderia concluir era que o juiz, no modelo procedimental da Prússia, possuía outros, e frequentemente mais extensos, poderes no que pertinente à investigação do caso do que no modelo do *gemeines Recht* (esses poderes estendidos fizeram-se necessários também, inicialmente, pela abolição dos advogados no contencioso cível da Prússia), mas nenhum dos modelos procedimentais poderia ser classificado

12. Bomsdorf 1971, 127.
13. Bomsdorf 1971, 129.
14. Bomsdorf 1971, 170 ss.
15. Bomsdorf 1971, 131ss.

como puramente inquisitorial ou puramente dispositivo ("*adversarial*") no sentido de que o juiz ou as partes dominavam o desenvolvimento do processo civil. Na verdade, tanto o juiz quanto as partes contribuíam para o seu desenvolvimento no *gemeine Prozess* e no modelo procedimental prussiano e isso é igualmente verdadeiro para todos os modelos processuais civis históricos ou atuais na Europa. A classificação desses modelos, tanto como dispositivos ("adversarial", dominados pelo *Verhandlungsmaxime*), ou inquisitoriais (dominados pelo *Untersuchungsmaxime*) é sem sentido e o hábito, especialmente visto na doutrina norte-americana, de classificar o direito processual civil continental como inquisitorial deve, portanto, ser rechaçado. O que importa é o estudo dos poderes específicos do juiz e das partes nas várias etapas do processo civil e sua força correlata. Parece que, *de lege ferenda*, tais poderes *não* devem ser moldados por uma aplicação estrita de um dos modelos teóricos primeiramente distinguidos por Gönner (e essa observação é importante quando discutiremos, posteriormente neste artigo, as Regras Modelo Européias de Direito Processual - *European Rules of Civil Procedure*- que estão atualmente sendo desenvolvidas num projeto do *European Law Institute* e do *Unidroit*). Uma abordagem moderna do processo civil exige que ele seja considerado por uma perspectiva mais ou menos prática (justiça, eficiência, celeridade e baixo custo), combinada com as funções que ele deve desempenhar atualmente (ou em nossos tempos modernos). Essas funções não são, em minha opinião, limitadas à proteção de direitos e deveres privados livremente disponíveis das partes, como será esclarecido na Seção 3 deste artigo. Essa é, na minha opinião, não uma nova abordagem do processo civil, mas uma abordagem que dominou o direito processual civil por séculos, uma abordagem que dominou o processo civil mesmo após a invenção do *Verhandlungs* - e *Untersuchungsmaximen* no começo do século XIX, como demonstrado por Bomsdorf.[16]

3. PHILIPS WIELANT (1441/42-1520) E SEU MANUAL DE PROCESSO CIVIL

Por volta de 1519, pouco antes de sua morte, o jurista flamengo Philips Wielant (1441/42-1520) finalizou a última versão manuscrita de seu manual de processo civil que mais tarde (após impresso) se tornaria conhecido como *Practijke Civile* ou "Prática Cível"[17]. Esse manuscrito sobre o processo civil na tradição romano-canônica foi originalmente escrito em holandês[18] e pode ter sido

16. Bomsdorf 1971, 23 ss.

17. Sicking & Van Rhee 2009, 7-8. A primeira edição impressa é datada como Antuérpia, 1558, e foi publicada por Hans de Laet, e a segunda edição, modificada, é datada como Antuérpia, 1573, publicada por Hendrik van der Loe. A edição modificada de 1573 seria reimpressa muitas vezes até 1646 (ver, Schaap 1927, 111 ss.). A reimpressão moderna é Wielant, 1968.

18. Traduções francesas circularam como manuscritos. Ver Sicking & Van Rhee 2009.

destinado à jovens advogados que estavam aprendendo a litigar, observando a prática do tribunal no Conselho de Flandres, uma das cortes superiores regionais dos Países Baixos, à época. O manuscrito também contém numerosos comentários comparativos, especialmente relacionados a duas Cortes Superiores, o *"Parlement de Paris"*, em França, e o *Grand Conseil de Malines*, nos Países Baixos. O tratado de Wielant teria exercido grande influência sobre toda Europa em razão de ter sido traduzido para o latin por Joos de Damhouder (1507-1581), que o publicou em seu próprio nome sob o título *Praxis rerum civilium*, Antuérpia, 1566[19].

Para se ter uma visão clara do papel das partes e do juiz no processo civil como refletido pelo tratado de Wielant, é necessário ler todo texto, já que o manuscrito não contém uma parte geral, onde essas respectivas posições sejam explicadas detalhadamente. Isso não surpreende, na medida em que seu trabalho obviamente não poderia conter uma parte geral dedicada aos princípios fundamentais do processo já que estes princípios ainda não haviam sido inventados. Aqui eu não tentarei prover uma lista abrangente de todos os aspectos relevantes do trabalho de Wielant, já que esta seção serve apenas para ilustrar a minha afirmação de que a abordagem do papel do juiz e das partes em litígios cíveis foi equilibrada na história jurídica europeia e por vezes surpreendentemente moderna.

Wielant explica que, para que se permita ao juiz aplicar a lei, deve-lhe ser solicitado a fazê-lo pelo requerente: o juiz apenas poderá atuar quando o autor submeter sua demanda, por meio da petição inicial[20]. Ele então afirma que em muitos tribunais (mas, aparentemente, não na mais alta corte dos Países Baixos, conhecida como "Grande Conselho de Malines", uma vez que esta é a corte central)[21], a petição inicial (e, portanto, o requerente) determina as questões as quais o juiz deverá apreciar[22]. Mesmo as custas não podem ser julgadas se não forem solicitadas por uma das partes[23]. Entretanto, o juiz tem poderes para tentar realizar um acordo sem que isso seja solicitado pelas partes, porque tentar conciliar é parte de seu ofício[24].

Os poderes do juiz em relação aos adiamentos de audiência (prazos) são os seguintes. É efetuada uma diferenciação entre adiamentos ordinários e extraordinários[25]. Adiamentos ordinários são prescritos em lei para propósitos

19. Damhouder 1566.
20. Wielant 1573, iv.iii.1.
21. Wielant 1573, ix.iii.1-3.
22. Wielant 1573, iv.iii.2.
23. Wielant 1573, iv.ix.1.
24. Wielant 1573, viii.ix.1.
25. Wielant 1573, iv.xv.2.

específicos e não podem ser recusados se requeridos pelas partes, a menos que o juiz apresente razões para não concedê-los[26]. Se essas razões existirem, entretanto, o juiz poderá decidir. O magistrado também poderá decidir em relação a adiamentos extraordinários. Estes adiamentos são concedidos apenas por discricionariedade do juiz, que, ao fazê-lo, deve ser cuidadoso, observa Wielant, isso porque é parte de sua função abreviar a duração dos processos[27]. Esta última afirmação pode, contudo, ser questionada, já que também consta no tratado de Wielant que o progresso do processo está em grande parte sob o controle das partes: não haverá nenhum avanço se o processo não for "apresentado" pelas partes, o que significa que deve ser feito um oportuno requerimento para designação de audiência ou para que seja dado andamento para a próxima etapa procedimental a ser cumprida[28].

O juiz exerce mais poderes no que diz respeito às testemunhas: elas são arguidas pelo juiz (geralmente por um juiz delegado ou comissionado)[29], embora normalmente com perguntas formuladas pelas partes[30]. O juiz, contudo, não está adstrito a essas perguntas.

As partes também determinam quando o processo está pronto para ser julgado. A fase instrutória será fechada se ambas as partes renunciarem a fornecer argumentos orais ou escritos adicionais, apenas a partir deste momento o juiz poderá encerrar a fase instrutória[31]. Após esse encerramento da fase instrutória, o juiz pode exercer alguns poderes *ex officio* para obter informações adicionais. Pode interrogar as partes, por exemplo, caso detalhes adicionais sejam necessários para julgar o caso[32].

O julgamento não é proferido automaticamente, mas deve ser solicitado pela parte interessada, geralmente por mais de uma vez[33]. E após a obtenção da sentença, o processo precisa ser executado, e é novamente a parte interessada que deve tomar a iniciativa neste sentido. A parte interessada pedirá uma cópia executável da sentença, ele buscará um oficial de justiça (*huissier*) para iniciar o processo de execução e todas as medidas adicionais a serem tomadas deverão ser iniciadas (e pagas) por essa parte[34].

---

26. Wielant 1573, iv.xv.3.
27. Wielant 1573, iv.xv.4.
28. Wielant 1573, vii.vii.1.
29. Wielant 1573, vi.xv.6.
30. Wielant 1573, vi.xv.8.
31. Wielant 1573, viii.i.1-2.
32. Wielant 1573, viii.1.4.
33. Van Rhee 1997, 188-190
34. Wielant 1573, x.i-x.

É esse modelo de procedimento que, obviamente, com modificações (às vezes com modificações consideráveis como na Prússia), foi predominante no continente europeu no início do século XIX, quando Gönner formulou seus princípios processuais e quando, em 1806, um dos principais códigos processuais civis do século XIX entrou em vigor, isto é, o "*Code de Procédure Civile*" francês. É a esse Código, e aos desenvolvimentos subsequentes na Europa, que agora vamos voltar nossa atenção.

4. PAPEL DO JUIZ E DAS PARTES A PARTIR DO SÉCULO XIX

Como demonstrei acima[35], é o Código de Processo Civil francês de 1806 que dominaria o pensamento processual civil durante a maior parte do século XIX. Este Código não foi um trabalho muito inovador, uma vez que se baseava na famosa *Ordinance* de 1667 do Rei Luis XIV, que visava a introduzir um modelo processual uniforme para todo o reino francês[36]. Antes disso, cada tribunal tinha seu próprio conjunto de regras processuais ("estilo" ou "*stilus curiae*", como também era conhecido), geralmente baseadas na lei romano-canônica, mas com variações. Do fato de o Código de 1806 não ser muito inovador também parece decorrer o fato de que Eustache-Nicolas Pigeau (1750-1818), membro do comitê de redação do Código de 1806 e autor de tratados processuais, não precisar mudar muito fortemente a estrutura de seu livro intitulado *La Procédure civile du Châtelet de Paris et de toutes les juridictions ordinaires du Royaume* (Processo Civil do Châtelet de Paris e todas as jurisdições ordinárias do Reino), publicado em 1773, usando como base de seu tratado sobre o Código de 1806, intitulado *La Procédure civile des Tribunaux de France démontrée par principes, et mise en action par des formules* (Processo civil dos tribunais da França, demonstrado por princípios, e posta em prática através de fórmulas), publicado em 1807[37]. No entanto, é geralmente aceito que o Código de 1806 enfatizou mais do que a *Ordinance* de 1667 o papel das partes no contencioso cível. As partes eram responsáveis pela preparação escrita do processo por meio de suas petições e o juiz só seria envolvido em um estágio tardio, após isso ter sido realizada a fase oral do procedimento[38]. Uma frase recorrente no Código de 1806 é que *la partie la plus diligente* ou a parte mais diligente da ação civil deve adotar medidas processuais específicas[39]. A ideia geral subjacente ao novo Código Processual Civil era que duas partes que eram teoricamente iguais em força se enfrentariam da maneira que preferissem, com limitada interferência do juiz (embora

35. Van Rhee 2005.
36. Code Louis 1996.
37. Wijffels 2005, 39-40.
38. Bomsdorf 1971, 229-232.
39. E. g. artigos 47, 80, 109, 199, 204, 231, 286, 297, 299, 307, 321, 658, 666, 719, 761 e 966.

o juiz mantivesse muitos de seus poderes que também estavam presentes na maioria dos outros sistemas de direito processual civil na Europa continental). Foi essa ideia de contencioso cível - mais tarde qualificada como liberal[40] - que se adequaria a boa parte do século XIX. Ele se espalharia para outras jurisdições europeias quando introduziu codificações inspiradas no modelo francês. Também o encontramos no Código de Processo Civil alemão de 1877 e a maré só viraria no final do século XIX, sob a influência do Código Austríaco de Processo Civil de 1895.

Como é sabido, a ZPO austríaca foi redigida pelo jurista austríaco Franz Klein (1854-1926)[41]. Klein desaprovou especialmente a *Verhandlungsmaxime* como entendida no final do século XIX, e isso fica claro a partir de sua série seminal de artigos publicados no *Juristischen Blättern*, em 1890, mais tarde publicados como livro com o título *Pro Futuro*[42]. Klein considerava a *Verhandlungsmaxime* muito prejudicial porque, na sua opinião, isso significava que as partes controlariam os fatos do caso, o que lhes permitia fornecer inverdades ao tribunal[43]. Ele defendeu uma posição mais forte do juiz no que diz respeito ao substrato factual da ação civil, deixando, no entanto, e o que agora é chamado de *Dispositionsmaxime*, em grande medida, como tinha sido sempre na história do processo civil continental (assim as partes permaneceram no controle do início do processo, além de decidirem sobre sua continuação e encerramento).

A preferência de Klein por um juiz que teria poderes ampliados no que concerne ao estabelecimento dos fatos e da prova se devia à sua ideia de que o processo civil não era um assunto privado das partes na ação, que tinha maiores repercussões sociais[44]. Esta foi, em grande medida, uma nova ideia na história do processo civil continental. O Código Austríaco de Processo Civil de 1895 elaborado por Klein introduziu amplos poderes para o juiz, no que se refere aos fatos da ação civil, a fim de permitir ao juiz estabelecer a verdade substantiva (o que foi considerado de amplo interesse da sociedade). Quando se olha para o Código Austríaco de Processo Civil a partir de uma perspectiva moderna (usando terminologia moderna), pode-se afirmar que nele os poderes de gestão de casos do juiz foram aumentados no sentido de que a ele agora (também) era confiada a instrução substantiva do processo (*materielle Prozessleitung*) e que as partes tinham de auxiliar o tribunal no desempenho de tal função (por exemplo, *Wahrheitspflicht*).

40. Van Rhee 2005.
41. Sobre Klein, veja-se Sprung 1988, e Marinelli, Bajons & Böhm 2015.
42. Klein 1891.
43. Klein 1891, 13.
44. Klein 1891.

Foi este modelo austríaco que dominaria os desenvolvimentos em muitas jurisdições ao longo do século XX (embora a influência austríaca não fosse reconhecida nem admitida), primeiro na Alemanha (reformas sob influência austríaca nos anos 1910, 1920 e 1930)[45], posteriormente nos estados que pertenceram ao Império Austro-Húngaro (onde o modelo processual de Klein era frequentemente distorcido ao extremo no período após a Cortina de Ferro e a ascensão do Comunismo) e na França devido a juristas influenciados por ideias austríacas e alemãs como Henri Motulsky (1905-1971), que foi fundamental para mudar a direção do processo civil francês e que era membro da comissão encarregada de redigir o novo Código de Processo Civil francês de 1975[46]. Mais tarde, mudanças também foram introduzidas em outros lugares. Nas reformas na Inglaterra e no País de Gales, que resultaram nas *Civil Procedure Rules* de 1998, são tardias e as referências às ideias de Klein não estão presentes nos documentos oficiais[47], mas é óbvio que também na Inglaterra e País de Gales os poderes de *case management* (gerenciamento de casos) do juiz também aumentaram significativamente[48]. Em alguns países europeus, as mudanças na abordagem tradicional levaram mais tempo para entrar em vigor. A Bélgica editou um novo Código de Processo Civil e Organização dos Tribunais em 1967 sem aparentemente ter reconsiderado os poderes do juiz e das partes na condução do processo, enquanto a Holanda também foi lenta na introdução de mudanças, embora propostas de reforma de longo alcance, inspiradas pelo modelo austríaco, terem sido feitas no início do século XX (mas sem sucesso)[49].

Atualmente, na segunda década do século XXI, parece que a maioria das jurisdições europeias abraçou a nova abordagem da litigância civil, embora obviamente com diferenças locais. Existe uma ampla aceitação quando se trata de ampliar os poderes de *case management* (gerenciamento de casos) do juiz no que diz respeito aos aspectos mais organizacionais ou procedimentais do processo civil (incluindo prazos), algo que foi qualificado como gerenciamento de casos "formal", mas às vezes é mais hesitante no que se refere aos chamados *material or substantive case management powers* (poderes materiais ou substantivos do gerenciamento de casos), i.e., quando se trata do material de fato e/ou jurídico do caso (fatos, provas e regras jurídicas aplicáveis). Isso é verdadeiro mesmo em jurisdições de *Civil Law* onde o princípio *iura novit curia* é amplamente aceito (diferentemente das jurisdições da *Common Law*, onde o direito aplicável é tradicionalmente explicitamente defendido). Isso se deve ao

45. Bomsdorf 1971, 263ff.
46. Ferrand 2012.
47. Vejam-se Woolf 1995 e Woolf 1966.
48. Confira-se Andrews 2013.
49. Van Rhee 2000.

fato de que o brocardo *iura novit curia* não é interpretado uniformemente no continente europeu e muitas vezes as partes tem atribuídos para si consideráveis deveres na qualificação jurídica da sua disputa.

5. REGRAS EUROPEIAS DE PROCESSO CIVIL

Na Europa, tem-se defendido um juiz mais ativo há algum tempo, como demonstrado na seção anterior. A novidade é que essa atividade atualmente é frequentemente enquadrada no contexto mais amplo de um dever de cooperação. É nesse contexto que a terminologia "gerenciamento de processos judiciais" (*judicial case management*) deve ser entendida em várias jurisdições, notadamente em França, onde um genuíno *principe de coopération* foi desenvolvido pela doutrina[50]. Chegamos agora a um estágio em que a gestão de processos judiciais, em seu sentido moderno, está presente em muitas jurisdições europeias, embora sua intensidade possa variar. Isso não quer dizer que a abordagem moderna do contencioso cível baseada na gestão judicial de casos e na cooperação tenha sido aceita em todos os Estados europeus, já que, especialmente em alguns antigos países socialistas, o juiz ativo encontra resistência devido ao papel exercido durante o período socialista. Isto fica muito claro, por exemplo, no novo Código de Processo Civil ucraniano de 2017, onde a ênfase está na natureza adversarial do litígio civil. No entanto, o Conselho da Europa tem defendido um papel ativo para o juiz. Em uma Recomendação de 1984[51], já se previa no artigo 3º o seguinte:

O tribunal deve, pelo menos durante a audiência preliminar, mas se possível ao longo de todo o processo, desempenhar um papel ativo para garantir o rápido andamento do feito, respeitando os direitos das partes, incluindo o direito à igualdade de tratamento. ...

A gestão de processos judiciais também está presente no Princípio 14 dos chamados Princípios do Processo Civil Transnacional, que não foram elaborados especificamente para a Europa, mas para o litígio comercial internacional em escala global (sob a égide do *American Law Institute* e do *Unidroit*)[52]. O Princípio 14.1, por exemplo, diz o seguinte:

Começando o mais cedo possível, o tribunal deve administrar ativamente o processo, exercendo a discricionariedade para resolver a disputa de forma justa, eficiente e com velocidade razoável. ...

50. Van Rhee 2017.
51. Recomendação nº R (84) 5 do Comitê de Ministros dos Estados Membros sobre Princípios do Processo Civil designado para a Melhora do Funcionamento da Justiça.
52. ALI/UNIDROIT 2006.

Esses poderes de gerenciamento de caso são exercidos dentro de um contexto em que as partes também desempenham um papel proeminente na gestão do processo, como é comprovado, por exemplo, pelo Princípio 11.2, que enfatiza responsabilidades compartilhadas a esse respeito:

As partes compartilham com o tribunal a responsabilidade de promover uma resolução justa, eficiente e razoavelmente rápida do processo. ...

A cooperação das partes com o tribunal é mencionada no Princípio 7.2:

As partes têm o dever de cooperar e o direito de consulta razoável em relação à calendarização dos atos processuais. ...

Ainda não está claro, contudo, se a cooperação significa que as partes também devem cooperar entre si. Se olharmos para a maneira como o *principe de coopération* é explicado em França, a cooperação entre as partes não parece estar prevista. Segundo o professor Loïc Cadiet, o *principe de coopération* resume os primeiros 13 *principes directeurs du procès* (princípios orientadores do processo) do Código de Processo Civil francês. Estes 13 princípios tratam dos respectivos papéis das partes e do juiz na litigância cível e cobrem uma extensa gama de questões que muitas vezes têm uma longa história (algumas delas têm origens medievais, e outras surgem nos trabalhos de Henri Motulsky)[53].

Deve-se lembrar, aqui, que nem todos os doutrinadores franceses concordam com a existência de um princípio de cooperação no sentido amplo, como entendido pelo professor Cadiet. Segundo alguns autores, o *principe de coopération* é muito mais limitado e diz respeito apenas às disposições que estabelecem que as partes devem tentar um acordo antes de se socorrerem do Judiciário (artigos 56 e 58, Código Francês de Processo Civil) e disposições que têm de auxiliar o juiz na instrução do seu processo (implementação de medidas de investigação, *mésures d'instruction*) (artigo 11, Código Francês de Processo Civil)[54]. Se for este o caso, o princípio francês não difere muito do *Kooperationsmaxime* alemão, o que implica que as partes e o tribunal cooperam "*zum Zwecke einer effektiven, raschen Streiterledigun*" (com o objetivo de uma resolução rápida e eficaz do litígio)[55].

É neste contexto que, atualmente, o recém-fundado *European Law Institute* e o *Unidroit* iniciaram, em 2014, um projeto para esboçar normas europeias de processo civil[56]. Estas regras são explicitamente elaboradas para os Estados-Membros da União Europeia, uma vez que se considera que facilitarão a

53. Cadiet 2005.
54. Van Rhee 2017.
55 Rosenberg, Schwab, Gottwald 2004, par. 77, nº de margem 5.
56. Uzelac 2017.

aplicação do direito substantivo da UE e reforçarão as quatro liberdades (livre circulação de pessoas, bens, serviços e capitais). Deve-se lembrar aqui que a maioria das leis da UE têm que ser aplicada através dos tribunais nacionais dos Estados-membros, já que não existe um sistema de tribunais federais europeus na União Europeia. Depender dos tribunais nacionais também significa depender de uma variedade de modelos processuais civis nacionais, o que parece impedir a criação de condições equitativas para os cidadãos e as empresas na UE. Embora muitas vezes se considere que a União Europeia só seria competente para legislar em questões relativas a casos transfronteiriços, estou convencido de que as Regras também podem influenciar o processo civil em casos puramente nacionais, em primeiro lugar porque (como veremos) as regras destinam-se a formular as *melhores práticas no âmbito do processo civil* e, em segundo lugar, porque *o conceito de casos transfronteiriços pode estar sujeito a uma reinterpretação*. Embora iniciativas de proposição de normas europeias e melhores práticas na área de processo civil também tenham sido tomadas em outros contextos (por exemplo, pela Comissão da UE), vou me concentrar aqui apenas nas regras que vêm sendo formuladas pela ELI/UNIDROIT.

Dentro do contexto do projeto, vários grupos de trabalho estão atualmente elaborando normas sobre vários tópicos procedimentais[57] e espera-se que em 2019 um conjunto consolidado de normas seja publicado. O autor da presente contribuição é co-coordenador de um grupo de trabalho envolvido na elaboração de normas que dizem respeito às obrigações do juiz, das partes e de seus advogados (juntamente com o Professor Alan Uzelac, de Zagreb), e neste momento o grupo de trabalho produziu uma proposta de inclusão no projeto consolidado. Embora a proposta em si não possa ser apresentada aqui, por ser ainda confidencial, algumas das principais ideias do grupo de trabalho responsável pela proposta serão discutidas[58].

O ponto de partida, obviamente, não eram os princípios processuais tradicionais como as *Dipositions* - e o *Verhandlungsmaximen*. Como exposto na Seção 2 desta contribuição, esses princípios não são instrumentais para a compreensão do processo civil. O objetivo do grupo de trabalho era produzir regras que fossem equilibradas em sua abordagem aos poderes do juiz e das partes, possibilitando *cooperação, qualidade, eficiência, rapidez e baixos custos*, levando em consideração tanto os interesses das partes quanto o interesse social nos processos, que se tornaram foco da atenção, devido a Franz Klein.

57. Uzelac 2017.
58. O texto que se segue é baseado, por vezes literalmente, no texto que foi produzido como um esforço conjunto do grupo de trabalho.

Quando discutimos os poderes do juiz, das partes e de seus advogados, tornou-se claro que uma distinção poderia ser feita entre deveres e obrigações no processo civil: deveres devem ser observados e resultarão em penalidades se isso não for feito, enquanto obrigações não resultam em penalidades, mas em consequências prejudiciais para a parte envolvida no que diz respeito ao resultado do caso. No entanto, a distinção entre deveres e obrigações nem sempre é fácil e, por conseguinte, o grupo de trabalho decidiu finalmente utilizar a terminologia "obrigações" e não incorporar uma distinção terminológica nas normas propostas. Obviamente, do ponto de vista teórico, isso é problemático, mas funciona na prática.

Isso significa que a divisão dispositivo-inquisitorial é evitada: *as partes também têm o dever de cooperar entre si.* Isso é novo no sentido de que o princípio da cooperação é usualmente entendido como regulando apenas a relação entre o tribunal e as partes, mas na compreensão do grupo de trabalho não há razões pelas quais as partes não devam ter a obrigação de cooperar entre si. Afinal, o litígio não é mais considerado uma batalha entre dois antagonistas. A ideia subjacente das normas é que não há uma divisão de trabalho mutuamente exclusiva entre os vários participantes de uma ação civil, existem apenas obrigações compartilhadas. Isso significa que, além das partes, o tribunal também tem certas obrigações relativas aos fatos e provas, enquanto as partes compartilham a responsabilidade pela avaliação das questões de direito relevantes junto ao juiz. Os advogados devem apoiar as partes no cumprimento de suas obrigações, mas suas funções vão além, uma vez que eles também devem observar os deveres profissionais normalmente encontrados em códigos de conduta, aos quais as normas se referem quando necessário.

As normas propostas são agrupadas em cinco títulos. A parte 1 trata do dever de cooperação leal[59]. Este dever conduzirá a interpretação de todas as regras subsequentes. Portanto, serve como uma espécie de objetivo geral.

A parte 1 é seguida por quatro partes específicas: cada parte contém normas separadas sobre as obrigações do tribunal, das partes e seus advogados, bem como uma seção sobre sanções para a violação de obrigações processuais. Como resultado, as sanções são mencionadas em todas as partes das normas. Isso se deve ao fato de não existirem normas únicas e uniformes sobre sanções, uma vez que os vários intervenientes e elementos das obrigações processuais exigem vários tipos e formas de sanções. As sanções podem ser consequências negativas relacionadas à condução processual ou sanções positivas, como multas.

59. Essa parte foi elaborada por W. Rechberger e C.H. van Rhee.

A parte 2 trata das obrigações relativas à administração e ao *management and planning of the procedings* (planejamento do procedimento)[60]. Sugere-se que os juízes na implementação de suas tarefas judiciais de gerenciamento de casos sejam monitorados pelo tribunal, uma vez que o desempenho adequado de tais tarefas não afeta a independência e a imparcialidade dos juízes na tomada de decisões. Os próprios tribunais poderiam ser monitorados por um Conselho do Poder Judiciário ou por órgão semelhante que seja independente do Ministério da Justiça.

É dever da Corte organizar o curso do procedimento de forma a orientar a todos os participantes do processo para um resultado que seja adequado, equilibrado e justo. Estabelece-se que o juiz tem responsabilidade pela gestão ativa e eficaz dos processos, mas isto sempre em cooperação com as partes. Tal obrigação se concretiza em várias ordens e atividades de gerenciamento de casos, e pelo monitoramento contínuo de se as obrigações das partes, dos advogados e de outros participantes do processo estão sendo observadas. Evidentemente, o monitoramento contínuo não implica que a Corte precise verificar o andamento do caso diariamente – isso significa apenas que durante todo o processo o magistrado deve observar se os cronogramas processuais e as etapas e ações processuais, que foram acordadas ou determinadas pelo juízo, estão sendo executados, tomando as medidas apropriadas, se necessário. O juiz organiza o fluxo de trabalho de tal forma que o tempo e os recursos suficientes estejam disponíveis para decidir casos individuais. Também deve garantir que não sejam gastos mais tempo e recursos do que o necessário ou proporcional em cada caso, de modo que haja tempo e recursos suficientes para os outros processos. O gerenciamento ativo de processos sob a direção do magistrado também assume o dever de consultar as partes e, sempre que possível, garantir um acordo sobre a forma, o conteúdo e o cronograma de determinadas etapas do processo. O dever de ativamente gerenciar os casos autoriza os juízes a discutir abertamente esses assuntos com as partes. Uma audiência de gerenciamento do caso é o momento apropriado para isso. Em suas decisões de gestão de casos, o julgador deve sempre levar em conta a natureza, o valor e a complexidade dos procedimentos em questão, garantindo que os procedimentos sejam proporcionais ao valor e à importância do processo.

As partes têm o dever de promover a resolução justa, eficiente, rápida e proporcional da sua disputa. Eficiente, rápido e proporcional são conceitos relacionados e parcialmente sobrepostos. Proporcionalidade refere-se ao fato de que diferentes tipos de casos podem requerer um uso diferente de recursos e tempo. Este dever das partes, que em grande parte coincide com a obrigação

60. Essa parte foi elaborada por J. Sorabji.

de cooperar de boa-fé entre si e com o tribunal, existe durante todo o processo, mas também na fase pré-processual e durante a execução. Tal dever pode ser positivo, no sentido de que uma parte é obrigada a agir, ou negativo, no sentido de que uma parte deve abster-se de determinado comportamento indesejável. Obviamente, a obrigação de empreender todos os esforços razoáveis para obter uma solução consensual está ligada a este dever. Implica também que as partes devem contribuir para a gestão adequada do processo, como, por exemplo, durante uma audiência inaugural para gerenciamento do caso, quando um calendário processual pode ser elaborado pelas partes e pelo juiz.

A parte 3 é dedicada à determinação dos fatos e provas (identificação de pontos controvertidos em matéria fática)[61]. As partes devem fornecer fatos e provas e auxiliar na determinação adequada dos fatos controvertidos. Eles precisam fornecer ao juiz informações sobre os fatos sempre que isso for considerado necessário. Uma audiência de instrução é a melhor ocasião para isso, mas não excluímos outras possibilidades. A apresentação de fatos e provas é principalmente um dever das partes e deve ser efetuada o mais cedo possível, de preferência antes mesmo que a ação seja iniciada, ainda na fase pré-processual. Uma apresentação posterior de fatos e provas após os estágios iniciais do processo só é permitida por razões justificadas.

Além das partes, o magistrado tem certas responsabilidades no que diz respeito a fatos e provas. Na medida do necessário, deve discutir os aspectos factuais do caso com as partes e questioná-las para que expliquem oportunamente todos os fatos a serem considerados, especialmente para suplementar informações insuficientes sobre suas alegações, para identificar provas e fazer alegações relevantes. O juiz deve gerir o processo de tal forma que todas as questões relevantes no caso sejam identificadas e possam ser decididas de forma completa e apropriada. Para isso, ele pode rever a ordem de apresentação e decidir sobre o uso de determinados meios de prova e outras questões correlatas.

As normas também determinam que o juiz pode considerar fatos que aparecem nos autos, mas que não tenham sido usados pelas partes para construir seu argumento ou obter provas por sua própria iniciativa, se isso for necessário para o devido julgamento do caso. Essa posição segue a tradição, comum a muitas jurisdições europeias, de permitir que a discricionariedade judicial intervenha ativamente em questões de fato e probatórias, a fim de eliminar a injustiça ou o abuso no processo. No entendimento dos redatores do projeto, esses poderes serão usados apenas excepcionalmente.

61. Essa parte foi esboçada por B. Karolczyk.

Quando o juiz está satisfeito com os fatos e as provas encerra a fase instrutória. Após esse encerramento, somente excepcionalmente poderá solicitar ou permitir fatos e evidências adicionais necessários para esclarecer as respectivas posições das partes.

A Parte 4 trata do direito aplicável[62]. As normas estabelecem que tanto o magistrado quanto as partes devem contribuir para a determinação do arcabouço legal adequado para o julgamento do caso. As partes têm a obrigação de apresentar as teses jurídicas, o que deve ser feito pormenorizadamente. Isto ocorre em vários sistemas legais continentais, onde as partes são obrigadas a fornecer uma qualificação jurídica adequada quando submetem suas peças inaugurais. Obviamente, isso também é do interesse das partes, uma vez que os fatos específicos que devem ser defendidos dependem da qualificação jurídica, do que é reivindicado. A regra *iura novit curia*, conhecida na Europa Continental, não justifica uma atitude passiva das partes a esse respeito. Em nossa opinião, a única implicação desta regra é que a Corte tem a responsabilidade final de estabelecer a base jurídica correta do pedido. Isso significa que o tribunal pode considerar as questões de direito por sua própria iniciativa, se isso for necessário para a tomada correta de decisões, mas obviamente essas questões precisam ser discutidas com as partes.

Finalmente, a Parte 5 trata do dever do magistrado de promover a resolução consensual de conflitos[63]. A regra principal é que as partes devem cooperar ativamente com o juiz na tentativa de resolver sua disputa consensualmente, tanto antes quanto depois do início do processo. As regras não discutem tipos específicos de resolução consensual de conflitos, uma vez que isso estava fora do escopo do grupo de trabalho.

Nossas regras foram elaboradas com base em diversas fontes. O ponto de partida são os Princípios de Procedimento Civil Transnacional do ALI/UNIDROIT, especialmente (mas não apenas) os Princípios 11 e 14. Além disso, as Recomendações do Conselho da Europa (especialmente a Recomendação nº. R (84) 5, sobre processo civil), precedentes do Corte de Justiça da União Europeia e da Corte Europeia dos Direitos do Homem, o Projeto Storme, de 1994, sobre a Aproximação do Direito Judiciário na União Europeia, os Códigos Modelo, como o *Código Modelo Ibero-Americano*, as leis nacionais dos Estados-Membros da União Europeia e vários Códigos profissionais de conduta foram levados em consideração. Obviamente, também levamos em consideração a história jurídica compartilhada pelos sistemas de direito processual na Europa, como espero ter demonstrado neste artigo.

62. Essa parte foi esboçada por E. Jeuland.
63. Elaboraram essa parte A. Uzelac e E. Silvestri.

6. OBSERVAÇÕES FINAIS

O processo civil moderno tem uma longa história. Uma das características desta história é que uma abordagem equilibrada pode ser testemunhada em relação às obrigações do juiz, das partes e de seus advogados. Os extremos nunca existiram na prática, embora o *Verhandlungs* e o *Untersuchungsmaximen* criados por Gönner possam dar uma impressão diferente. Parece, no entanto, que mesmo que estas *Maximen* possam ter causado algum dano no estudo do processo civil, elas não influenciaram a prática tanto quanto se poderia supor. As obrigações do juiz, das partes e dos seus advogados podem ser melhor interpretadas no contexto do moderno princípio de cooperação. O juiz e as partes cooperam para produzir um resultado aceitável, um julgamento que se refira aos fatos, como eles realmente ocorreram. Essa cooperação também deve existir quanto à norma jurídica aplicável ao caso concreto. O brocardo *iura novit curia* não deveria servir como ponto de partida, como é sugerido nas *Prozessmaximen* de Gönner, quando estamos moldando o direito processual civil do futuro. A observação de um genuíno princípio da cooperação resultará em julgamentos justos que serão pronunciados após um processo que seja rápido e, ao mesmo tempo, eficiente e de baixo custo.

BIBLIOGRAFIA

ALI/UNIDROIT, Principles of Transnational Civil Procedure, Cambridge: Cambridge University Press, 2006.

N. Andrews, Andrews on Civil Processes. Vol. 1: Court Proceedings, Cambridge: Intersentia, 2013.

F. Bomsdorf, Prozessmaximen und Richtswirklichkeit. Verhandlungs – und Untersuchungsmaxime im deutschen Zivilprozess – Vomgemeinen Rechtbiszur ZPO, Berlin: Duncker & Humblot, 1971.

L. Cadiet, The New French Code of Civil Procedure (1975), in: C.H. van Rhee (ed.), European Traditions in Civil Procedure, Antwerp/Oxford: Intersentia, 2005.

J.M.J. Chorus, De lijdelijkheid van de rechter: historie van eenbegrip, Inaugurelerede Leiden, Deventer: Kluwer, 1987.

J.M.J. Chorus, The Judge's Role in the Conduct of Civil Proceedings. Some Continental and Scottish Ideas from before 1800, in: D.L. Carey Miller and D.W. Meyers (eds.), Comparative and Historical Essays in Scots Law. A Tribute to Professor Thomas Smith QC, Edinburgh: Butterworths, 1992, p. 32-46.

Code Louis, Vol. 1. Ordonnance civile 1667 (Testi e documenti per la storia del processo), Milan: Giuffrè, 1996.

J. de Damhouder, Praxis rerum civilium, Antwerp: J. Bellarus, 1566

F. Ferrand, L' Influence de la procédure civile allemande sur la doctrine de Henri Motulsky, Procédures, Mars 2012, 36 ff.

N.T. (von) Gönner, Handbuch des deutschen gemeinen Prozesses, 4 Vols., Erlangen: Palm, 1801-1803.

Karl Grolman, Theorie des gerichtlichen Verfahrens in bürgerlichen Rechtsstreitigkeiten, Gießen: Heyer, 1800.

F. Klein, Pro Futuro. Betrachtungen über Probleme der Civilprozessreform in Oesterreich, Leipzig und Wien: Franz Deuticke, 1891.

M. Marinelli, E.-M. Bajons, P. Böhm (eds.), Die Aktualität der Prozess- und Sozialreform Franz Kleins, Vienna: Verlag Österreich, 2015.

C.H. van Rhee, Litigation and Legislation. Civil Procedure at First Instance at the Great Council for the Netherlands in Malines, Brussels: Rijksarchief, 1997.

C.H. van Rhee, Ons tegenwoordig sukkelproces. Nederlandse opvattingen over de toekomst van het burgerlijk procesrecht rond 1920, Tijdschrift voor Rechtsgeschiedenis, 2000, p. 331-346.

C.H. van Rhee (ed.), European Traditions in Civil Procedure, Antwerp [etc.]: Intersentia, 2005.

C.H. van Rhee, Principe de coopération, in: E. Jeuland, S. Lalani (eds.), Recherche lexicographique en procédure civile, Paris 2017, p. 207-214.

L. Rosenberg, K.H. Schwab, P. Gottwald (eds.), Zivilprozessrecht, Munich: Verlag C.H. Beck, 2004.

H.P. Schaap, Philips Wielant en diens corte instructie omme jonghe practisienen in civile zaken, Haarlem: Tjeenk Willink en Zoon, 1927.

L.H.J. Sicking, C.H. van Rhee, Briève instruction en causes civiles (Filips Wielant Verzameld Werk II), Brussels: Academie van Wetenschappen, 2009.

R. Sprung, Der Lebensweg Franz Kleins (24. April 1854 bis 6. April 1926), in: H. Hofmeister (ed.), Forschungsband Franz Klein (1854-1926). Leben und Wirken, Vienna: Manz, 1988, p. 13-28.

A. Uzelac, Towards European Rules of Civil Procedure. Rethinking Procedural Obligations, Hungarian Journal of Legal Studies. Acta Juridica Hungarica 2017, 3-18.

Ph. Wielant, PractijkeCivile, Antwerp: Hendrick van der Loe, 1573.

Ph. Wielant, Practijke Civile, Heruitgave verzorgd door Dr. Eg.I. Strubbe, Fontes Iuris Batavi Rariores 3, Amsterdam: Uitgeverij Graphic, 1968.

A. Wijffels, French Civil Procedure (1806-1975), in: C.H. van Rhee (ed.), European Traditions in Civil Procedure, Antwerp [etc.]: Intersentia, 2005, 25-47.

H. Woolf, Access to Justice: Interim Report, London: HMSO, 1995.

H. Woolf, Access to Justice: Final report, London: HMSO, 1996.

CAPÍTULO 19

Derecho de defensa y primera notificación al demandado: los estándares mínimos europeos[1]

Fernando Gascón Inchausti[2]

1. ACCESO A LA JUSTICIA, DEFENSA DEL DEMANDADO Y PRIMERA NOTIFICACIÓN EN EL PROCESO CIVIL

La constitucionalización de la posición jurídica de los justiciables, singularmente en el plano supranacional, se asienta sobre la base de dos ejes claros, «acceso a la justicia» y «juicio justo». Ambas nociones, claramente deducibles desde hace más de sesenta años del artículo 6.1 del Convenio Europeo de

1. Una versión inicial del presente trabajo se publicó, también en lengua española, con el título «La primera notificación al demandado como garantía de la justicia del proceso civil: en busca de estándares mínimos desde la legislación y la jurisprudencia europea», en *Derecho, Justicia, Universidad. Liber amicorum de Andrés de la Oliva Santos* (coords. I. Díez-Picazo Giménez / J. Vegas Torres, Ed. Universitaria Ramón Areces, Madrid, 2016) Vol. I, 1329-1364.
2. Catedrático de Derecho Procesal. Universidad Complutense de Madrid.

Derechos Humanos (en adelante, CEDH)[3], mantienen su validez en el mucho más reciente artículo 47 de la Carta de los Derechos Fundamentales de la Unión Europea (en adelante, CDFUE)[4] y en la jurisprudencia que los interpreta. Desde ahí, se han venido proyectando sobre aquellas constituciones nacionales que incluyen disposiciones equivalentes en sus catálogos de derechos fundamentales –como el artículo 24 de la nuestra– y, de forma persistente, sobre la interpretación que hacen los tribunales constitucionales y los tribunales ordinarios de los Estados que forman parte de los ámbitos regionales en que operan el CEDH y la CDFUE.

Una faceta del «derecho a la tutela judicial efectiva» en el ámbito civil que puede considerarse presente en ambos preceptos es el derecho a que la primera notificación al demandado se efectúe de modo que le permita defender adecuadamente su posición jurídica. Como es de sobra sabido, en todo proceso civil el momento crítico para el derecho de defensa del demandado es aquél en que tiene por primera vez conocimiento de la existencia del proceso y en el que nace la carga de comparecer y defenderse. De la forma en que esa notificación se haga –o no llegue a hacerse– depende que el juicio sea justo o no para él, al tiempo que se derivan consecuencias que pueden afectar a la validez de todo el proceso. Si la primera notificación no se efectúa, o si no se efectúa de manera que efectivamente permita al demandado defenderse, no habrá igualdad de armas, ni verdadera contradicción ni, en definitiva, justicia del propio proceso. Por eso, una «adecuada» primera notificación al demandado es el contrapunto a las múltiples garantías asociadas al derecho de acceso del demandante, pues resulta igual de necesaria para la defensa del demandado como para el derecho del demandante a una sentencia sobre el fondo: supone, en esa medida, un claro punto de unión entre los dos elementos nucleares de «acceso a la justicia» y «juicio justo» que emanan de los artículos 6.1 CEDH y 47 CDFUE. En efecto, sólo cuando la carga de la comparecencia surge de forma correcta –a través de la puesta en conocimiento de la existencia de la demanda– podrá desarrollarse válidamente un proceso que permita la satisfacción del derecho de acción del demandante. En este sentido, resulta importante destacar cómo, en la práctica, el cumplimiento de los requisitos de la primera notificación puede

3. Artículo 6.1 CEDH: «Toda persona tiene derecho a que su causa sea oída equitativa, públicamente y dentro de un plazo razonable, por un Tribunal independiente e imparcial, establecido por la Ley, que decidirá los litigios sobre sus derechos y obligaciones de carácter civil o sobre el fundamento de cualquier acusación en materia penal dirigida contra ella (...)»

4. Artículo 47 CDFUE: «*Derecho a la tutela judicial efectiva y a un juez imparcial.* Toda persona cuyos derechos y libertades garantizados por el Derecho de la Unión hayan sido violados tiene derecho a la tutela judicial efectiva respetando las condiciones establecidas en el presente artículo. Toda persona tiene derecho a que su causa sea oída equitativa y públicamente y dentro de un plazo razonable por un juez independiente e imparcial, establecido previamente por la ley. Toda persona podrá hacerse aconsejar, defender y representar. (...)»

acabar incidiendo de forma directa sobre la eficacia de las sentencias y demás resoluciones judiciales, tanto a nivel interno como, sobre todo, en el plano transfronterizo. Una primera notificación defectuosa, o una ausencia de notificación pueden ser motivo válido para impugnar una resolución judicial, incluso aunque aparentemente sea firme; además, puede convertirse en un óbice para el reconocimiento y la ejecución en el extranjero, como se verá también seguidamente.

Con estas páginas pretendo, en particular, analizar el modo en que esta especial importancia de la primera notificación al demandado es reconocida por el legislador europeo, que le ha dedicado una singular atención normativa; y también se pretende analizar, desde un punto de vista jurisprudencial, el modo en que el TEDH y el TJUE se han enfrentado a esta singularidad. De ambos bloques –normativo y jurisprudencial– resulta posible extraer unos estándares mínimos europeos en relación con esta garantía procesal que, sin duda, pueden servir de punto de partida para el desarrollo legislativo europeo y, en un futuro quizá no tan lejano, para la armonización de los ordenamientos procesales nacionales[5].

2. LA CUESTIÓN EN LA JURISPRUDENCIA DEL TEDH

2.1. El enfoque general

El derecho a un juicio justo proclamado en el artículo 6.1 CEDH (o, si se prefiere una terminología más apegada al tenor literal del precepto, el derecho a un proceso equitativo) se construye a partir de una suma de factores, entre los que se hallan, en lo que a efectos de este trabajo importa, el derecho a la

5. En relación con esta cuestión, pueden verse, entre muchos otros, S. Huber, *Entwicklung transnationaler Modellregeln für Zivilverfahren -am Beispiel der Dokumentenvorlage* (Mohr Siebeck, Tubinga, 2008); E. Storskrubb, *Civil Procedure and EU Law. A Policy Area Uncovered* (OUP, 2008); M. Tulibacka, "Europeanization of civil procedures: in search of a coherent approach", 46 *Common Market Law Review* (2009-5) 1527-1565; X.E. Kramer / C.H. van Rhee (eds.), *Civil Litigation in a Globalising World* (Asser-Springer, La Haya, 2012); R. Mańko, "Europeanisation of civil procedure. Towards common minimum standards?", *In-Depth Analysis - European Parliamentary Research Service* - PE 559.499 (2015); M. Weller / C. Althammer (eds.), *Mindeststandards im europäischen Zivilprozessrecht* (Mohr Siebeck, Tubinga, 2015); B. Hess (ed.), *Die Anerkennung im Internationalen Zivilprozessrecht - Europäisches Vollstreckungsrecht* (Gieseking, Bielefeld, 2014); B. Hess / M. Bergstrom / E. Storskrubb (eds.), *EU Civil Justice. Current Issues and Future Outlook* (OUP, 2016); A. Nylund / B. Krans, *The European Union and National Civil Procedure* (Intersentia, Cambridge, 2016); E. Silvestri, "Towards A European Code of Civil Procedure? Recent Initiatives for the Drafting of European Rules of Civil Procedure", accessible en academia.edu; B. Hess, "Ein einheitliches Prozessrecht?", 6 *International Journal of Procedural Law* (2016-1) 55-85; M. Tulibacka / M. Sanz / R. Blomeyer, *Common minimum standards of civil procedure (European Added Value. Assessment. Annex I)*, European Parliamentary Research Service, PE 581.385 (2016); M. Hazelhorst, *Free Movement of Civil Judgments in the European Union ant the Right to a Fair Trial* (Asser-Springer, La Haya, 2017), con una bibliografía exhaustiva y actualizada sobre la materia.

igualdad de armas y el derecho a un proceso contradictorio[6]. La igualdad de armas, a su vez, se ha venido interpretando por el TEDH como la exigencia de que ambas partes tengan una oportunidad razonable de «presentar su caso», es decir, de defender su posición jurídica, en condiciones que no supongan desventaja para la parte contraria. En cuanto al principio de contradicción o de confrontación (*right to adversarial proceedings*), suele señalar el Tribunal que lo integran, a su vez, diversas vertientes: el derecho a conocer toda alegación y toda prueba presentada que pueda influir en la decisión del tribunal, así como a cuestionarla; el derecho a disponer de tiempo suficiente para familiarizarse con la prueba antes de que se practique ante el tribunal; y el derecho a la proposición y la práctica de pruebas. Debe recordarse, además, que tanto la igualdad de armas como el carácter contradictorio del proceso se deben medir en términos generales, esto es, lo que hace el TEDH es controlar si el proceso en su conjunto ha sido o no respetuoso con esas garantías.

En todo caso, la jurisprudencia del TEDH en relación con el artículo 6.1 CEDH es tan prolija y abundante que resulta en rigor inabarcable. Consciente de ello, el Tribunal elabora y/o auspicia con cierta regularidad la publicación de estudios, guías y compilaciones de sus propias resoluciones[7]. En estos análisis sorprende la escasa «visibilidad» que, dentro del derecho a un juicio justo, merece el modo en que el demandado tiene conocimiento de la existencia del proceso, sobre todo cuando se constata que no es una materia que haya quedado desatendida por el TEDH, que siempre ha subrayado su relevancia y que le ha dispensado la tutela correspondiente cuando se le han planteado casos de infracción.

En general, cuando se suscitan cuestiones asociadas a las notificaciones el Tribunal suele hacer proclamaciones genéricas, relativas a todos los actos de comunicación[8]: existen, pues, una serie de principios comunes y aplicables, por supuesto, a la primera notificación de la existencia del proceso, pero también, v.g., a la citación para acudir a una vista oral (cuando la inasistencia conduce a un perjuicio para la posición procesal)[9], a la notificación de la sentencia (que

6. Por eso, la igualdad de armas se vincula fuertemente también al carácter contradictorio del proceso. En términos generales, cfr. *Ruiz-Mateos c. España* (as. 12952/87), sentencia de 23 de junio de 1993 (§§ 63 y ss.).
7. Entre los más recientes, cfr. D. Vitkauskas / G. Dikov, *Protecting the right to a fair trial under the European Convention on Human Rights. Council of Europe human rights handbooks*, Consejo de Europa, Estrasburgo, 2012; European Court of Human Rights, *Guide on Article 6. Right to a Fair Trial (Civil Limb)*, Consejo de Europa, 2013. Puede verse también el estudio auspiciado en 2011 desde la Agencia de los Derechos Fundamentales de la Unión Europea, *Access to justice in Europe: an overview of challenges and opportunities*, Luxemburgo, 2011. Desde una perspectiva más académica, cfr. C. Milione, *El derecho a la tutela judicial efectiva en la jurisprudencia del Tribunal Europeo de Derechos Humanos*, Valencia, 2015.
8. *Ioannis Pagageorgiou c. Grecia* (as. 45847/09), sentencia de 24 de octubre de 2013.
9. *Teuschler c. Alemania* (as. 47636/99), decisión de 4 de octubre de 2001; *Strizhak c. Ucrania* (as. 72269/01), sentencia 8 de noviembre de 2005.

impide recurrirla)[10] o a la notificación de un embargo o de una medida ejecutiva equivalente, gracias a la cual se puede reaccionar frente a la ejecución forzosa antes de que se produzcan transmisiones forzosas e irreversibles[11].

El Tribunal analiza las consecuencias asociadas a la ausencia de notificación o a la notificación irregular bajo el prisma del artículo 6.1 CEDH y lo enfoca en la noción de «acceso a la justicia» si el perjudicado ha sido el demandante[12] o en la noción de «proceso justo» si se ha visto afectado el demandado. En este segundo caso, resulta habitual referirse tanto a la lesión del carácter contradictorio (*adversarial*) del proceso, como a la infracción del principio de igualdad; es igualmente frecuente aludir a la vinculación con el derecho de defensa[13]. De hecho, también se señala la vulneración de este principio en perjuicio del demandante cuando se trata de defectos en la práctica de notificaciones que se producen una vez que el proceso ya está en marcha y que otorgan ventajas indebidas a cualquiera de las partes[14].

El análisis del Tribunal suele partir de dos afirmaciones constantes. (i) La primera, que el artículo 6 CEDH no impone el modo concreto en que deben producirse las notificaciones judiciales[15], por lo que tampoco compete al Tribunal determinar cuáles son los métodos válidos de notificación, frente a otros que no lo serían. Se admite así la existencia en este punto de algo parecido a lo que, en la terminología del Derecho de la Unión Europea, sería la «autonomía procesal» de los Estados miembros. (ii) Por ello, en segundo término, recuerda siempre el Tribunal que su tarea consiste en valorar en cada caso concreto la incidencia del modo en que se practicó la comunicación –o en que no se practicó– sobre el acceso a la justicia o sobre la justicia del proceso[16]. Éste es el enfoque, como luego veremos, con que se abordan los problemas que generan las notificaciones «ficticias» (como nuestros edictos) o con limitados visos de ser eficaces.[17]

10. *Díaz Ochoa c. España* (as. 423/03), sentencia de 22 de junio de 2006; *Bogonos c. Rusia* (as. 68798/01), decisión de 5 de febrero de 2004.
11. *Tsironis c. Grecia* (as. 44584/98), sentencia de 6 de diciembre de 2001; *Société Anonyme Thaleia Karydi Axte c. Grecia* (as. 44769/07), sentencia de 5 de noviembre de 2009.
12. *Samoilă c. Rumanía* (as. 19994/04), sentencia de 16 de julio de 2015 (§ 35); *Bogonos c. Rusia; Lay Lay Company Limited c. Malta* (as. 30633/11), sentencia de 23 de julio de 2013 (§ 60).
13. *Ozgur-Karaduman c. Alemania* (as. 4769/02), decisión de 26 de junio de 2007; *Weber c. Alemania* (as. 30203/03), decisión de 2 de octubre de 2007.
14. *Almeida Santos c. Portugal* (as. 50812/06), sentencia de 6 de octubre de 2009 (§ 40).
15. *Bogonos c. Rusia; Hennings c. Alemania* (as. 12129/86), sentencia de 23 de noviembre de 1992; *Teuschler c. Alemania; Lay Lay Company Limited c. Malta* (§ 60).
16. *Bogonos c. Rusia; Hennings c. Alemania* (§ 27); *Lay Lay Company Limited c. Malta* (§ 60).
17. *Díaz Ochoa c. España*, respecto de nuestra notificación edictal; *Samoilă c. Rumanía*, en un caso de notificaciones a través de los medios de comunicación; *S.C. Raisa M. Shipping S.R.L. c. Rumanía* (as. 37576/05), sentencia de 8 de enero de 2013, para una notificación colgando la cédula en la puerta de la sede social o del domicilio del destinatario.

2.2. Los elementos relevantes para el análisis

Partiendo de estas premisas, se ha ido fraguando una línea jurisprudencial bastante clara en relación con la relevancia que la correcta práctica de los actos de comunicación reviste en relación con el respeto al artículo 6.1 CEDH, y que se asienta sobre el deber del Tribunal de ponderar dos elementos básicos:

a) De un lado, por supuesto, se ha de analizar la concreta actuación del tribunal o del profesional que tenga encomendada la práctica del acto de comunicación (*huissier de justice, bailiff* o equivalente): en este punto, el Tribunal señala de forma insistente que los tribunales nacionales tienen el deber de desarrollar el máximo esfuerzo para asegurarse de que la notificación llega a su destinatario[18], como manifestación concreta del deber que tienen las autoridades nacionales de asegurarse de que las exigencias del «juicio justo» se cumplan en cada caso concreto[19]. De hecho, el Tribunal insiste a menudo en la idea de que no es suficiente con que se hayan respetado las reglas legales internas, especialmente cuando ofrecen varias posibilidades alternativas (algunas más ágiles, quizá, pero tal vez más inseguras que otras), sino que lo relevante es la exigencia de la máxima diligencia tanto en la identificación del domicilio del destinatario como en conseguir que la notificación le llegue del modo más eficaz.

b) El otro elemento que se ha de ponderar es la actitud del destinatario o, si se prefiere, el nivel de diligencia o de negligencia que haya mostrado a la hora de recibir notificaciones[20]. Para el Tribunal, por tanto, se puede hacer responsable al destinatario de su ignorancia del proceso o de una concreta actuación procesal, cuando el fracaso en la notificación le sea imputable (incluso, quizá, aunque la diligencia del tribunal no haya sido máxima): esto sucede, v.g., cuando, estando enfermo[21] o teniendo previsto ausentarse por viaje durante largo tiempo[22], no se encomienda a nadie la gestión del correo, o cuando no informa de un cambio de domicilio. De hecho, es habitual que el Tribunal use como canon valorativo en este punto algo así como la «predecibilidad» de la notificación o del propio proceso, esto es, que el destinatario fuera ya

---

18. *Díaz Ochoa c. España* (§ 46); *S.C. Raisa M. Shipping S.R.L. c. Rumanía* (§ 30); *Brée c. Rumanía* (as. 43515/12), decisión de 3 de diciembre de 2013; *Miholapa c. Letonia* (as. 61655/00), sentencia de 31 de mayo de 2007 (§ 31); *Övuş c. Turquía* (as. 42981/04), sentencia de 13 de octubre de 2009 (§ 48).
19. *Dombo Beheer B.V. c. Países Bajos* (as. 14448/88), sentencia de 27 de octubre de 1993 (§ 33).
20. *Hennings c. Alemania* (§ 26); *Teuschler c. Alemania; Loueslati c. Francia* (as. 36141/03), sentencia de 20 de noviembre de 2008 (§ 55); *Salinga c. Alemania* (as. 22543/93), decisión del comité de 7 de diciembre de 1994.
21. Como sucedió en *Teuschler c. Alemania.*
22. Como en *Tsironis c. Grecia.*

consciente de la existencia o de la inminencia del proceso y no hubiera sido diligente –prudente, si se quiere– para asegurarse de la recepción de notificaciones[23].

El modo en que el Tribunal pondera estos elementos varía en cada caso concreto. Es habitual, de hecho, que el Tribunal tenga en cuenta también, como elemento para su valoración, las apreciaciones que se hicieron en vía interna cuando se denunció la violación del derecho de defensa debido a la infracción de las reglas sobre notificación[24]. Cuando la existencia de mala fe –o, al menos, la ausencia de buena fe– resulta patente del expediente, sucede que el Tribunal apura los argumentos en uno u otro sentido y así, v.g., puede llegar a exigir al Estado concernido que acredite a plena satisfacción que se practicó la notificación de forma eficaz[25] o, a la inversa, puede considerar como negligencia insalvable en el destinatario de la notificación una conducta que tampoco sería considerada tan grave por un tercer observador imparcial. En términos generales, no obstante, el juicio de ponderación suele ir acompañado de un elemento recurrente, el rechazo al formalismo excesivo en la interpretación de las normas sobre notificación, especialmente cuando están en juego métodos de notificación que no aseguran la constancia de la recepción por el destinatario[26].

Es evidente que los defectos en la primera notificación muestran sus consecuencias con toda crudeza cuando el demandado no llega a tener conocimiento de la existencia del proceso y queda en situación de rebeldía. El análisis de los problemas que se generan entonces a la luz del artículo 6.1 CEDH ha sido objeto de un reenfoque importante en dos recientes sentencias del Tribunal, recaídas respectivamente en 2014 y 2015 en los asuntos *Dilipak y Karakaya c. Turquía*[27] y *Aždajić c. Eslovenia*[28]. En el primero de ellos se abrió paso una tesis que se ha visto confirmada ya en el segundo: a la hora de efectuar la ponderación de intereses en cada caso concreto, el Tribunal optó por utilizar el mismo canon que venía aplicándose de forma tradicional en su jurisprudencia a los procesos penales en ausencia[29]. Al igual que sucede con los procesos penales, tampoco

23. Cfr. *Tsironis c. Grecia* (§ 40), *Díaz Ochoa c. España* (§ 50) o *Société Anonyme Thaleia Karydi Axte c. Grecia* (§ 25).
24. *Samoilă c. Rumanía* (§§ 42-44); *Díaz Ochoa c. España* (§ 50); *Nunes Dias c. Portugal* (as. 69829/01 y 2672/03), decisión de 10 de abril de 2003.
25. *Strizhak c. Ucrania* (§ 39); *Popova c. Rusia* (as. 23697/02), sentencia de 21 de diciembre de 2006 (§§ 37-40).
26. *Samoilă c. Rumanía* (§ 39); *S.C. Raisa M. Shipping S.R.L. c. Rumanía* (§ 29); *Díaz Ochoa c. España* (§ 50); *Sovtransavto Holding c. Ucrania* (as. 48553/99), sentencia de 25 de julio de 2002 (§ 81).
27. *Dilipak y Karakaya c. Turquía* (as. 7942/05 y 24838/05), sentencia de 4 de marzo de 2014 (§§ 80 y ss.).
28. *Aždajić c. Eslovenia* (as. 71872/12), sentencia de 8 de octubre de 2015 (§§ 50 y ss.).
29. En este sentido, cfr. *Colozza c. Italia* (as. 9024/80), sentencia de 12 de febrero de 1985; *Einhorn c. Francia* (as. 71555/01), decisión de 16 de octubre de 2001; *Krombach c. Francia* (as. 29731/96), sentencia de 13 de febrero de 2001; *Sejdovic c. Italia* (as. 56581/00), sentencia (Gran Sala) de 1 de marzo de 2006; *Brozicek c. Italia* (as. 10964/84), sentencia de 19 de diciembre de 1989; *Somogyi c. Italia* (as. 67972/01), sentencia de 18 de mayo de 2004; *Hermi c. Italia* (as. 18114/02), sentencia 18 de octubre de 2006; *Da Luz Domingues Ferreira*

los procesos civiles en ausencia –o en rebeldía– resultan *per se* contrarios a las disposiciones del CEDH, puesto que el derecho a ser oído puede ser válidamente renunciado, si se dan ciertas condiciones. Son los requisitos de esa renuncia, fraguados para el proceso penal, los que se trasladan al ámbito civil en *Dilipak y Karakaya*, dando lugar a un cambio de enfoque:

a) Es necesario, en primer término, asegurarse de que el sujeto que renuncia a ser oído es consciente de la existencia del proceso, de modo que se encuadra aquí el análisis antes expuesto acerca de si la primera notificación se produjo y fue eficaz para el destinatario.

b) Pero se añade una segunda exigencia: que, conforme al ordenamiento nacional del Estado en cuestión, esté prevista una vía eficaz para permitir que quien no haya tenido conocimiento de la existencia del proceso pueda obtener un nuevo examen del caso en términos que le permitan defender plenamente su posición jurídica, una vez conozca de la existencia de la sentencia dictada en rebeldía.

En consecuencia, tras *Dilipak y Karakaya* y *Aždajić*, el análisis en el caso concreto se puede acabar haciendo en dos etapas. Primero, se ha de comprobar el carácter involuntario de la rebeldía del demandado: a tal fin, se habrá de examinar el modo en que las autoridades nacionales trataron de notificar la existencia del proceso al demandado, con los mismos cánones de máxima exigencia y de máximo esfuerzo, especialmente en dos aspectos: la identificación del domicilio real del destinatario y el empleo de procedimientos de notificación que sean eficaces. En esta fase del análisis cabe suponer que también se puede valorar el grado de influencia que haya podido tener la eventual falta de diligencia del destinatario a la hora de haberse acabado tramitando el proceso en rebeldía. La constatación, tras este examen, de que la rebeldía del demandado fue involuntaria, sin embargo, no determina automáticamente la existencia de una vulneración del artículo 6.1 CEDH, sino que obliga a activar el segundo nivel de análisis, relativo a las posibilidades conforme al derecho interno de lograr una revocación –*lato sensu*– de la sentencia dictada en rebeldía y al modo en que reaccionaron las autoridades nacionales cuando el demandado juzgado en rebeldía trató de servirse de ellas, incluida la censura a los formalismos excesivos al interpretar las reglas legales en perjuicio del demandado rebelde.

Sólo si el análisis fracasa en ambos niveles de salvaguarda podrá decirse que se ha visto lesionado el derecho a un juicio justo del demandado. Por eso, la «nueva» doctrina del TEDH en este punto se ha vuelto más exigente: una

---

c. Bélgica (as. 50049/99), sentencia de 24 de mayo de 2007,; *Popovitsi c. Grecia* (as. 53451/07), sentencia de 14 de enero de 2010.

lesión en el primer nivel (notificación incorrecta o no practicada) no resulta relevante si el sistema procesal interno permitía al rebelde servirse de vías eficaces para revocar la resolución y lograr un nuevo enjuiciamiento del asunto, pero que éste no usó. Debe advertirse, pues, que la diligencia del demandado destinatario de la primera notificación se valora dos veces: primero, para determinar si el fracaso de la notificación le fue de alguna manera imputable; pero, tras *Dilipak y Karakaya* y *Aždajić*, puede volver a valorarse en sede de reacción frente a la sentencia dictada en rebeldía, pues si le fuera imputable no haber hecho uso de las vías internas para obtener su revocación, no se entenderá lesionado su derecho a un juicio justo, por muy mal que se hubiera practicado la notificación. Como se verá seguidamente, este enfoque, más duro para el demandado, alinea la doctrina del TEDH con la que llevaba ya tiempo aplicando el TJUE en materia de exequátur y está también consolidada en la legislación de la UE.

3. LA CUESTIÓN EN LA LEGISLACIÓN DE LA UNIÓN EUROPEA Y EN LA JURISPRUDENCIA DEL TRIBUNAL DE JUSTICIA: PUNTOS DE PARTIDA

Como es bien sabido, el artículo 52.3 CDFUE establece la equivalencia -cuando menos- entre el sentido y alcance de los derechos de la Carta y del CEDH que se correspondan entre sí. Esto, a su vez, lleva aparejado el recurso que el propio TJUE hace a la jurisprudencia del TEDH cuando se ve en la tesitura de aplicar y de interpretar el contenido de los derechos reconocidos en la Carta que coincidan con los ya proclamados en el CEDH[30]. Además, es importante tener en cuenta que, en general, el TEDH manifiesta una plena confianza hacia el Derecho de la Unión Europea, incluido el Derecho Procesal Civil Europeo. A juicio del Tribunal se da la presunción de que cuando un Estado se limita a cumplir con las obligaciones derivadas de su pertenencia a una organización internacional (v.g., las que dimanan de su condición de Estado miembro de la Unión Europea), también está cumpliendo con el CEDH si la organización internacional en cuestión otorga a los derechos fundamentales una protección equivalente a la del propio Convenio (como ocurre con la Unión Europea)[31]. En este sentido,

30. Cfr. STJUE de 17 de diciembre de 2015, C-419/14, *WebMindLicenses* (§ 70); STJUE de 5 de octubre de 2010, C-400/10 PPU, *McB.* (§ 53) y STJUE de 15 de noviembre de 2011, C-256/11, *Dereci y otros* (§ 70).
31. La doctrina de la "presunción de cumplimiento" se introdujo en el asunto *Bosphorus c. Irlanda* [Gran Sala] (as. 45036/98, sentencia de 30 de junio de 2005, en un caso relacionado con la aplicación del Reglamento del Consejo 990/93 sobre comercio con la República Federal del Yugoslavia), y se ratificó más tarde en *M.S.S. c. Bélgica y Grecia* [Gran Sala] (as. 30696/09, sentencia de 21 de enero de 2011, en un caso relativo al Reglamento Dublín II sobre asilo) y en *Michaud c. Francia* (as. 12323/11, sentencia de 6 de diciembre de 2012, definitiva el 6 de marzo de 2013, en relación con la aplicación de la legislación de la UE en materia de blanqueo de capitales y el deber de los abogados de denunciar las transacciones sospechosas de sus clientes).

en los asuntos *Povse c. Austria*[32] y *Avotinš c. Letonia*[33] el TEDH ha extendido el ámbito de la "doctrina Bosphorus de presunción de protección equivalente" a las normas europeas en materia procesal civil.[34]

En lo que ahora interesa, la equivalencia entre el artículo 47 CDFUE y el artículo 6.1 CEDH ha sido ya reconocida por el TJUE en varias ocasiones[35], lo que comporta la posibilidad de servirse de la doctrina del Tribunal de Estrasburgo a la hora de definir el alcance no sólo del propio artículo 47 CDFUE, sino también de los reglamentos y directivas vigentes en materia procesal civil, a través de los cuales se activan diversas facetas del derecho a la tutela judicial efectiva. En esta línea de equiparación, y sólo a título de ejemplo, el TJUE ha proclamado que dentro del artículo 47 CDFUE, y como parte integrante del principio de tutela judicial efectiva, se incluyen el principio de igualdad de armas[36] y el de contradicción[37].

Ahora bien, debe advertirse que el enfoque de la cuestión experimenta una variación significativa cuando se pasa al ámbito de la Unión Europea, pues se halla mediatizada por la necesidad de que esté en juego la aplicación del Derecho de la Unión Europea (art. 51 CDFUE): sólo entonces entra en juego la CDFUE (artículo 47 incluido) y sólo entonces, también, se activa la competencia del

32. Asunto 3890/11, decisión de 18 de junio de 2013.
33. [Gran Sala] Asunto 17502/07, sentencia de 23 de mayo de 2016 (en § 103, de hecho, el Tribunal se refiere a lo establecido en el artículo 52.3 CDFUE como uno de los fundamentos sobre los que se sostiene la presunción).
34. En relación con las consecuencias de esta decisión cfr., entre otros, F. Gascón Inchausti, "El Derecho Procesal Civil Europeo *comparece* ante el Tribunal Europeo de Derechos Humanos: Reflexiones a partir de las resoluciones recaídas en los asuntos *Povse c. Austria* y *Avotiņš c. Letonia*", 6 *Cuadernos de Derecho Transnacional* (2014-2) 91-111: M. Requejo Isidro, "Exequaturverfahren und EMRK: Die EuGVVO vor dem EGMR", *IPRax* (2015-1), 69-75; o G. Cuniberti, "Abolition de l'exequatur et présomption de protection des droits fondamentaux. À propos de l'affaire Povse c/ Autriche", *Revue critique de droit international privé* (2014-2), 303-327.
35. Cfr. en este sentido las Explicaciones sobre la Carta de los Derechos Fundamentales (DO C 303 de 14 de diciembre de 2007), donde se precisa cómo en el artículo 47 CDFUE el derecho a un tribunal no se aplica únicamente a litigios relativos a derechos y obligaciones de carácter civil (como sucede, en cambio, en el artículo 6.1 CEDH). Por eso, puede decirse que el artículo 47 CDFUE garantiza, cuando menos, la misma protección deducible del artículo 6.1 CEDH a todos los derechos y libertades que dimanen del Derecho de la Unión Europea. En relación con esta equivalencia entre artículo 6.1 CEDH y artículo 47 CDFUE cfr. también la STJUE de 6 de septiembre de 2012, C-619/10, *Trade Agency* (§ 52); la STJUE de 22 de diciembre de 2010, C-279/09, *DEB* (§ 32) y la STJUE de 6 de noviembre de 2012, C-199/11, *Otis y otros* (§ 47).
36. STJUE de 17 de julio de 2014, C-169/14, *Sánchez Morcillo y Abril García* (§ 48).
37. Cfr. STJUE de 23 de octubre de 2014, asunto C-437/13, *Unitrading*, § 21: «De la jurisprudencia del Tribunal de Justicia resulta también que, en lo que atañe a los procedimientos judiciales, habida cuenta del principio de contradicción, que forma parte del derecho de defensa a que se refiere el artículo 47 de la Carta, las partes en un proceso deben tener derecho a conocer y discutir todos los escritos y alegaciones presentados al juez para influir en su decisión. En efecto, basar una resolución judicial en hechos y documentos de los cuales las propias partes, o una de ellas, no han podido tener conocimiento, y sobre los cuales no han podido, por tanto, presentar sus observaciones, supondría vulnerar el derecho fundamental a la tutela judicial efectiva (sentencia ZZ, EU:C:2013:363, apartado 55 y 56 y jurisprudencia citada)».

Tribunal de Justicia. Por el momento, el Derecho de la Unión Europea no regula de forma general cómo debe practicarse la primera notificación al demandado en todo tipo de proceso civil, sino que su competencia legislativa en esta materia está condicionada, *ex* artículo 81 TFUE, por la necesidad de que los litigios tengan carácter transfronterizo, asumiendo, por otra parte, que el significado del término «transfronterizo» no es siempre uniforme.

En consecuencia, el TJUE interviene, de forma singular, cuando se plantean cuestiones prejudiciales en las que está involucrada la aplicación de normas aprobadas por las instituciones de la UE que, a su vez, contemplan litigios civiles con algún elemento transfronterizo intraeuropeo: no se analiza en general el funcionamiento y la patología de los sistemas nacionales de notificación, sino los de la primera notificación cuando está en juego el Derecho de la UE.

Ocurre, sin embargo, que tanto la legislación de la UE como la jurisprudencia del TJUE tienen una *vis expansiva* sobre la normativa interna que, a la larga, acaba desplegando, *de iure* o *de facto*, efectos armonizadores cada vez más perceptibles. Y ocurre también, y sobre todo, que el incremento exponencial del Derecho de la Unión Europea y de los ámbitos materiales cubiertos por él limita de forma cada vez más evidente el alcance del llamado principio de «autonomía procesal» de los Estados miembros, con lo que el margen del acción del TJUE acaba siendo cada vez más grande[38].

> La síntesis –esperable, por otra parte– de cuanto cabe decir en esta materia se puede considerar condensada en la sentencia *Alder*[39], donde se señala expresamente cómo los objetivos de mejorar y acelerar la transmisión de documentos judiciales entre los Estados miembros (propia del Reglamento 1393/2007 sobre notificaciones –RN, en lo sucesivo–)[40] «no pueden alcanzarse debilitando, de la manera que sea, el derecho de defensa de sus destinatarios, que se deriva del derecho a un proceso equitativo consagrado en los artículos 47, párrafo segundo, de la Carta de los Derechos Fundamentales de la Unión Europea y 6, apartado 1,

38. En virtud de este principio compete a los Estados miembros la regulación de todos aquellos aspectos procedimentales que, aun pudiendo guardar relación con el Derecho de la Unión, no están expresamente regulados por aquél, aunque con sujeción a los dos límites claros que se deducen del principio de equivalencia (que las normas internas que complementan el Derecho de la UE no sean menos favorables que las que regulan situaciones similares sometidas al Derecho interno) y del principio de efectividad (que las normas internas no hagan imposible en la práctica o excesivamente difícil el ejercicio de los derechos conferidos por el Derecho de la Unión). En la jurisprudencia más reciente, cfr. la STJUE de 8 de mayo de 2014, C-604/12, *N.* (§ 41); STJUE de 7 de diciembre de 2010, C-439/08, *VEBIC* (§ 64); STJUE de 27 de febrero de 2014, C-470/12, *Pohotovosť*, (§ 46).

39. STJUE de 19 de diciembre de 2012, asunto C-325/11, *Alder*, § 35.

40. Reglamento 1393/2007, de 13 de noviembre de 2007, relativo a la notificación y al traslado en los Estados miembros de documentos judiciales y extrajudiciales en materia civil o mercantil (DOUE L 324 de 10 de diciembre de 2007).

del Convenio Europeo para la Protección de los Derechos Humanos y de las Libertades Fundamentales, firmado el Roma el 4 de noviembre de 1950».

Desde estas premisas, resulta razonable analizar el tratamiento que recibe la primera notificación al demandado en la legislación europea y en la jurisprudencia del TJUE distinguiendo dos niveles: de un lado, el de las normas europeas que se ocupan de regular directamente el desarrollo de procesos civiles declarativos transfronterizos; de otro, el de las normas a través de las cuales se otorga eficacia transfronteriza a resoluciones judiciales dictadas al término de procesos regidos por la normativa procesal nacional.

4. LA PRIMERA NOTIFICACIÓN AL DEMANDADO EN LOS PROCESOS CIVILES DE FACTURA EUROPEA: LOS ESTÁNDARES MÍNIMOS EN LOS PROCESOS CIVILES «EUROPEOS»

Por el momento son tres los procedimientos civiles de factura plenamente europea, es decir, regulados como tales por el legislador de la Unión Europea: el proceso monitorio europeo, el proceso europeo de escasa cuantía[41] y la orden europea de retención de cuentas[42]. Los tres están pensados para superar

41. El proceso monitorio europeo está regulado en el Reglamento 1896/2006, de 12 de diciembre de 2006 –en adelante, RPME– (DOUE L 399 de 30 de diciembre). El proceso europeo de escasa cuantía, por su parte, es objeto de regulación en el Reglamento 861/2007, de 11 de julio de 2007 –en adelante, RPEEC– (DOUE L 199 de 31 de julio). Ambos han sido objeto de modificación por el Reglamento 2015/2421, de 16 de diciembre de 2015 (DOUE L 341 de 24 de diciembre), aplicable desde el 14 de julio de 2017 (téngase en cuenta que el objetivo principal ha sido la reforma del RPEEC y que la reforma del RPME ha afectado primordialmente a aquellos aspectos en que ambos textos se interrelacionan). En relación con ambos instrumentos, cfr., entre otros, X.E. Kramer, "The European Small Claims Procedure: Striking the Balance between Simplicity and Fairness in European Litigation", *Zeitschrift für europäisches Privatrecht* (2008-2) 355-373; F. Gascón Inchausti, "La nouvelle procédure européenne pour le règlement des petits litiges", IV *Annuaire de Droit Européen,* (2008) 979-1004; A. Brokamp, *Das Europäische Verfahren für geringfügige Forderungen* (Mohr Siebeck, Tubinga, 2008); F. Fiorini, "Facilitating cross-border debt recovery–the European payment order and the small claims regulations", 57 *International and Comparative Law Quarterly* (2008), 449-465; B. Hess / D. Bittmann, "Die Verordnungen zur Einführung eines Europäischen Mahnverfahrens und eines Europäischen Verfahrens für geringfügige Forderungen—ein substantieller Integrationsschritt im Europäischen Zivilprozessrecht" *IPRax* (2008) 305-314; C Crifò, *Cross-Border Enforcement of Debts in the EU* (Kluwer Law International, Alphen aan den Rin, 2008); L. Gómez Amigo, *El proceso monitorio europeo* (Aranzadi, Cizur Menor, 2008); M.I. González Cano, *Proceso monitorio europeo* (Tirant lo Blanch, Valencia, 2008); F. Gascón Inchausti, "Un nuevo instrumento para la tutela de los consumidores y de los créditos transfronterizos: el proceso europeo de escasa cuantía", 14 *Ius et Praxis* (2008-1) 167-197; R. Miquel Sala, *El proceso europeo de escasa cuantía* (Aranzadi, Cizur Menor, 2009); M.I. González Cano, *Proceso europeo de escasa cuantía* (Tirant lo Blanch, Valencia, 2009); F. López Simó / F. Garau Sobrino (dirs.), *Comentarios al Reglamento por el que se establece un proceso europeo de escasa cuantía* (Dykinson, Madrid, 2010).

42. La orden europea de retención de cuentas está regulada en el Reglamento 655/2014, de 15 de mayo de 2014 –en adelante, ROERC– (DOUE L 189 de 27 de junio de 2014). Al respecto, cfr. E. Guinchard, "De la première saisie conservatoire européenne. Présentation du règlement nº 655/2014 instituant une procédure d'ordonnance européenne de saisie conservatoire des comptes bancaires", *Revue trimestrielle de droit euorpéen* (oct-dec 2014), 922-926; B. Hess/K. Raffelsieper, "Die Europäische Kontenpfändungsverordnung:

las barreras de la litigación transfronteriza y se ofrecen a los justiciables como herramientas procesales alternativas a las que puedan brindar las legislaciones nacionales cuando se trata de la reclamación del cobro de créditos pecuniarios líquidos, vencidos y exigibles (proceso monitorio europeo) o, en términos más genéricos, de litigios civiles o mercantiles de valor reducido (proceso europeo de escasa cuantía)[43] o, por último, para asegurar la ejecución sobre cuentas bancarias (orden europea de retención de cuentas).

En el caso del proceso monitorio europeo y del proceso europeo de escasa cuantía el «valor añadido» consiste en la eficacia ejecutiva directa de la resolución que ponga fin al proceso, sin procedimiento de exequátur y sin controles en el Estado de destino acerca de los términos en que se desarrolló el proceso en el Estado de origen. La tutela del derecho de defensa del demandado se articula normativamente en ambos procesos siguiendo una estructura similar: de un lado, se establecen reglas que abordan específicamente el modo en que debe comunicarse al demandado la existencia del proceso; de otro, se añade una disposición de salvaguarda, que permita la «revisión» en caso de que se acredite la imposibilidad para el demandado de defenderse por causa que no le haya sido imputable.

Tratándose de la orden europea de retención de cuentas la situación es diferente, puesto que no está concebida como un procedimiento autónomo que conduzca a una posible resolución definitiva sobre la pretensión, sino únicamente como una medida cautelar alternativa que pretende simplificar el aseguramiento de cuentas bancarias en relación con procesos declarativos o ejecutivos (futuros o en curso). En consecuencia, la cuestión de la notificación al deudor se plantea de manera diferente.

4.1. Los métodos «europeos» de notificación en el proceso monitorio europeo y en el proceso europeo de escasa cuantía

Como se verá seguidamente, ni en el RPME ni en el RPEEC regula el legislador europeo de modo directo y completo un procedimiento concreto de

---

Eine überfällige Reform zur Effektuierung grenzüberschreitender Vollstreckung im Europäischen Justizraum", *IPRax* (2015-1) 46-52; C. Senés Motilla, *La orden europea de retención de cuentas* (Aranzadi, Cizur Menor, 2015); E. Jeuland, "La clef de voûte du droit judiciaire européen: le règlement nº 655/2014 du 15 mai 2014 créant une procédure d'ordonnance européenne de saisie conservatoire des comptes bancaires", 6 *International Journal of Procedural Law* (2016-2) 282-295; T. Domej, "Europäische vorläufige Kontenpfändung: der erste Schritt einer langen Reise", *GPR - Zeitschrift für das Privatrecht der Europäischen Union* (2017-2); I. Antón Juárez, "La orden europea de retención de cuentas: ¿adiós a la dificultad que plantea el cobro de la deuda transfronteriza en la UE?", 9 *Cuadernos de Derecho Transnacional* (2017-1) 5-48.

43. En la redacción inicial del RPEEC esa cuantía se cifra en 2000 euros, excluidos intereses, gastos y costas. Tras la reforma, el umbral se ha elevado a los 5000 euros.

notificación del requerimiento europeo de pago o de la demanda, sino que opera a través de una suerte de hibridación. De partida, el legislador europeo se apoya sobre la legislación procesal nacional del Estado donde la notificación haya de practicarse, pero la somete a ciertos mínimos o exigencias: de entre los posibles procedimientos de notificación previstos internamente, sólo podrán utilizarse aquéllos que respondan a alguna de las modalidades o métodos que el propio legislador europeo considera aceptables –y que, en esa medida, señalan el canon europeo sobre cuáles son los mínimos razonables en este punto–.

a) En el proceso monitorio europeo

En el proceso monitorio europeo el primer documento que debe notificarse al demandado es el requerimiento europeo de pago: a partir de su comunicación al demandado surge para éste la carga de pagar o de oponerse, si no quiere que pase a tener fuerza ejecutiva. Su derecho de defensa en este ámbito, por tanto, está ligado a un efectivo conocimiento por su parte de la expedición del requerimiento europeo de pago.[44]

El RPME distingue dos grandes categorías a la hora de enunciar los métodos de notificación nacional aceptables, según que permitan o no la obtención de acuse de recibo por parte del demandado (o de su representante, pues a todos los efectos se equiparan ambos sujetos, en virtud del artículo 15).

Son cuatro las formas de notificación con acuse de recibo que contempla el artículo 13 RPME:

> a) la notificación personal acreditada por acuse de recibo, en el que conste la fecha de recepción, firmado por el demandado; b) la notificación personal acreditada por un documento, firmado por la persona competente que la haya realizado, en el que declare que el demandado recibió el documento o que se negó a recibirlo sin motivo legítimo y en el que conste la fecha de la notificación; c) la notificación por correo acreditada mediante acuse de recibo, en el que conste la fecha de recepción, firmado y reenviado por el demandado; y d) la notificación por medios electrónicos como telecopia o correo electrónico, acreditada mediante acuse de recibo, en el que conste la fecha de recepción, firmado y reenviado por el demandado.

Ninguno de estos métodos parece *a priori* problemático, en la medida en que un acuse de recibo, salvo circunstancias sobrevenidas extraordinarias, demuestra que el deudor conoce la existencia del proceso y está en condiciones

44. Al respecto. cfr. M. Velicogna / G. Lupo / E.A. Ontanu, "Simplifying Access to Justice in Cross-Border Litigation, the National Practices and the Limits of the EU Procedures. The Example of the Service of Documents in the Order for Payment Claims", 7 *International Journal of Procedural Law* (2017-1), 93-129.

de activar su diligencia para defenderse. Pero ha de quedar claro, en todo caso, que es la legislación nacional la que debe ajustarse a todos los extremos que exige el RPME para entender bien practicada la notificación.

El artículo 14 RPME, por su parte, se ve obligado a dar cabida a una serie de métodos de notificación sin acuse de recibo del demandado, asumiendo que no siempre será posible lograr una notificación directa al demandado con acuse de recibo válido. Se trata de las siguientes:

> a) notificación personal, en el domicilio del demandado, a personas que vivan en la misma dirección que este, o que estén empleadas en ese lugar; b) en caso de un demandado que sea trabajador por cuenta propia, o de una persona jurídica, notificación personal, en el establecimiento comercial del demandado, a personas empleadas por él; c) depósito del requerimiento en el buzón del demandado; d) depósito del requerimiento en una oficina de correos o ante las autoridades públicas competentes y notificación escrita de dicho depósito en el buzón del demandado, si en la notificación escrita consta claramente el carácter judicial del escrito o el hecho de que tiene como efecto jurídico hacer efectiva la notificación y, por tanto, constituir la fecha de inicio del cómputo de los plazos pertinentes; e) notificación por correo sin acuse de recibo cuando el demandado esté domiciliado en el Estado miembro de origen; f) por medios electrónicos con acuse de recibo acreditado mediante una confirmación automática de entrega, siempre que el demandado haya aceptado expresamente con anterioridad este medio de notificación.

Aunque no se diga expresamente, parece que va en el espíritu del Reglamento que se intenten los métodos con acuse de recibo antes de acudir directamente a aquéllos en que ha considerarse hecha la notificación a pesar de la ausencia de acuse de recibo; de hecho, los segundos son a menudo desenlaces posibles de procedimientos de notificación que en principio serían aptos para producir un acuse de recibo. Ha de advertirse, por otra parte, que el RPME se apoya también aquí en la legislación procesal interna preexistente en el Estado donde debe practicarse la notificación. Por eso, el artículo 14.1 RPME no crea métodos nuevos de notificación allí donde antes no existían; aunque algunos nos resulten extraños, parece claro que en este punto el legislador europeo ha tenido en cuenta las legislaciones y las prácticas nacionales y ha dado cabida a aquéllas que le parecían más defendibles –o, tal vez, menos indefendibles–. No obstante, demuestra su preocupación por la defensa del demandado añadiendo ciertas cautelas, de carácter general o particular. En general, no considerará admisible ninguno de estos métodos de notificación si no se conoce con certeza el domicilio del demandado (art. 14.2 RPME). Y en particular, establece cuáles han de ser las únicas vías válidas para dar fe de la notificación realizada con arreglo a lo permitido en las letras a), b) c) y d) del artículo 14.1: i) un acuse de recibo de la persona que haya recibido la notificación en los supuestos a) y b); o ii) un documento firmado por la persona competente que haya efectuado la notificación, en el que consten hasta tres extremos: la forma utilizada para la notificación; la fecha de la notificación; y si la notificación se ha hecho a persona distinta del demandado, el nombre de esa persona y su relación con el demandado.

b) En el proceso europeo de escasa cuantía

En su redacción inicial (en vigor hasta el 14 de julio de 2017), el artículo 13 RPEEC establecía como método de notificación preferente el envío por correo con acuse de recibo donde conste la fecha de recepción.[45] Cuando no era posible, la notificación podía hacerse por cualquiera de los procedimientos establecidos en los artículos 13 o 14 del Reglamento sobre el título ejecutivo europeo[46], que coinciden a su vez con las previsiones del RPME.

La reforma del proceso europeo de escasa cuantía operada en 2015, sin embargo, ha modificado estas previsiones, con la finalidad de dar cabida a una regulación mucho más detallada de la primera notificación por vía electrónica. Así, a partir del 14 de julio de 2017, en el primer nivel de preferencia legislativa para notificar demandas (nuevo art. 13.1 RPEEC) se situan el correo postal con acuse de recibo en que conste la fecha de recepción o, en igualdad de condiciones, los medios electrónicos que también generen un acuse de recibo en que conste la fecha de recepción.

> En particular, la admisibilidad de proceder directamente a una primera notificación de la demanda por medios electrónicos se supedita a dos requisitos: i) Que los medios electrónicos estén disponibles técnicamente y sean admisibles con arreglo a las normas procesales del Estado miembro en el que se sustancie el proceso europeo de escasa cuantía y, en caso de que la parte destinataria de la notificación tenga su domicilio o residencia habitual en otro Estado miembro, también con arreglo a las normas procesales de ese otro Estado miembro. ii) Que la parte destinataria de la notificación haya dado previamente su consentimiento expreso a que los documentos se le notifiquen por medios electrónicos o cuando, con arreglo a las normas procesales del Estado miembro

45. En relación con los peligros que comportaba esta version inicial cfr. C. Crifò, "Europeanisation, Harmonisation and Unspoken Premises: The Case of Service Rules in the Regulation on a European Small Claims Procedure (Reg. NO. 861/2007)", 30 *Civil Justice Quarterly* (2011-3), 283-303.
46. Reglamento 805/2004, de 21 de abril de 2004 –RTEE, en adelante– (DOUE L 143 de 30 de abril).

en que dicha parte esté domiciliada o resida habitualmente, esta tenga la obligación legal de aceptar ese medio concreto de notificación.

Y, en un segundo nivel -es decir, cuando no resulte posible proceder a la notificación por alguno de esos métodos-, el artículo 13.4 RPEEC remite a cualquiera de los medios de notificación establecidos en los artículos 13 y 14 RPME a los que ya se ha hecho referencia

c) El contenido de la primera notificación

Como puede apreciarse, tanto en el RPME como en el RPEEC el apoyo en los ordenamientos nacionales es limitado y está condicionado a que las previsiones legales internas cumplan con determinadas exigencias en cuanto al modo de practicarse la notificación y/o de acreditar su correcta práctica. Por eso, puede verse en ambos textos el germen de la definición legal de unos métodos estándar de notificación compatibles con el artículo 47 CDFUE[47], en la medida en que el propio legislador europeo reconoce de forma invariable que sus normas superan el test de *fundamental rights friendliness.* Lo novedoso de la reforma del RPEEC, en este punto, es la apuesta por la notificación electrónica, ofreciendo una plasmación legal de lo que, en este momento, se consideran como mejores prácticas en materia de notificación electrónica -o, al menos, como condiciones mínimas para una práctica adecuada de las notificaciones electrónicas-.

Ahora bien, no es suficiente con que la primera notificación se lleve a cabo conforme a métodos que permitan cerciorarse de que su destinatario las recibe o de que, en todo caso, se le pone en la mejor condición para llegar a recibirla, sino que el derecho de defensa también impone ciertas exigencias en cuanto al contenido de la primera notificación: el destinatario ha de poder deducir de lo que se le haga llegar que se enfrenta a un proceso judicial y también cuáles son sus opciones de actuación inmediatas, así como las consecuencias asociadas al no levantamiento de las cargas procesales que recaen sobre él.

Sobre la base de lo que se avanzó en su momento al aprobar los artículos 16 y 17 RTEE, el estado de evolución de la legislación europea ha alcanzado estándares elevados. El ejemplo más reciente se puede hallar en el considerando 23 del Reglamento 2015/2421 por el que se reforman el RPME y el RPEEC: «Para mejorar la protección del demandado, los formularios normalizados previstos

47. En este sentido, se señala en la STJUE de 4 de septiembre de 2014, C-119/13 y C-120/13, *eco cosmetics* y *Raiffeisenbank St. Georgen* que «de incumplirse los requisitos mínimos, se pondría en peligro el equilibrio entre los objetivos perseguidos por el Reglamento nº 1896/2006, de rapidez y eficacia, por una parte, y de respeto del derecho de defensa, por otra» (§ 37).

en el Reglamento (CE) no 861/2007 deben contener información sobre las consecuencias para el demandado en caso de que no conteste a la demanda o no asista a una vista oral cuando se le cite, en particular la relativa a la posibilidad de que pueda dictarse o ejecutarse una sentencia en su contra y la responsabilidad por las costas y gastos procesales. Los formularios normalizados también deben contener información sobre el hecho de que la parte ganadora puede no estar en condiciones de recuperar las costas procesales en la medida en que se haya incurrido en ellas innecesariamente o resulten desproporcionadas en relación con la cuantía de la demanda.»

Otro ejemplo, también reciente, se deduce del artículo 26.2 RB I bis[48], en virtud del cual, en los procesos en que el demandado es el tomador del seguro, el asegurado, un beneficiario del contrato de seguro, la persona perjudicada, el consumidor o el trabajador, el tribunal sólo podrá considerar que se ha producido sumisión tácita si se ha informado al demandado de su derecho a impugnar la competencia del órgano jurisdiccional y de las consecuencias de comparecer o no. De forma indirecta, el legislador europeo[49] establece cómo, al menos en los casos de asimetría extraprocesal entre demandante y demandado, el derecho de defensa requiere un nivel elevado de información a este último cuando se practica la primera notificación.

d) El idioma

Ni el RPME ni el RPEEC se ocupan directamente del idioma en que ha de practicarse la primera notificación al deudor (proceso monitorio europeo) o al demandado (proceso europeo de escasa cuantía). En supuestos transfronterizos, no obstante, debe considerarse aplicable lo dispuesto en el artículo 8 del Reglamento de notificaciones[50], de modo que los formularios y documentos adjuntos más relevantes deberían traducirse al idioma oficial del Estado miembro en que tuviera su domicilio el destinatario o a un idioma que éste entienda. Una notificación defectuosa –también desde el punto de vista del idioma– podría conducir a la nulidad de las actuaciones procesales subsiguientes.[51]

---

48. Reglamento 1215/2012, de 12 de diciembre de 2012 relativo a la competencia judicial, el reconocimiento y la ejecución de resoluciones judiciales en materia civil y mercantil (refundición) (DOUE L 351 de 20 de diciembre de 2012).
49. Inducido por la STJUE de 20 de mayo de 2010, C-111/09, *Česká podnikatelská pojišťovna*.
50. Cfr., por todos, P. *Schlosser*/ B. Hess, *EU-Zivilprozessrecht* (4ª ed., C.H. Beck, Munich, 2015) 370, 372 (para el proceso monitorio europeo), 406 (para el proceso europeo de escasa cuantía); tambiéno E.A. Ontanu / E. Pannebakker, "Tackling Language Obstacles in Cross-Border Litigation: the European Order for Payment and the European Small Claims Procedure Approach", 5 *Erasmus Law Review* (2012-3) 169-186.
51. Semejante consecuencia puede deducirse de la sentencia *eco cosmetics and Raiffeisenbank St. Georgen*, en la que el TJUE estableció con claridad que el incumplimiento de los estándares mínimos en materia de notificación podría incluso invalidar la declaración de ejecutabilidad de un requerimiento europeo

4.2. La garantía de revisión

Como ha señalado el TJUE, para que el derecho de defensa del demandado se encuentre debidamente tutelado no basta con establecer normas que aseguren que la notificación se practique en términos tales (de forma y de contenido) que permitan al demandado reaccionar debidamente, sino que además han de estar previstos remedios excepcionales en caso de que el sistema no haya producido los efectos que estaba llamado a desempeñar. En efecto, aunque se exija que el demandado tenga un domicilio conocido y que se utilicen métodos de notificación relativamente seguros, no puede excluirse que el proceso se acabe tramitando sin que el demandado haya conocido su existencia por causa que no le sea imputable. Por eso es imprescindible que existan sistemas de escape, a los que el legislador europeo alude con el término de «revisión» y que se definen siempre de manera muy restrictiva, para evitar posibles abusos que rompieran el equilibrio entre el acceso a la justicia del actor y el derecho de defensa del demandado.

a) En el proceso monitorio europeo

En concreto, el artículo 20.1 RPME establece el esqueleto de un proceso especial de «revisión» del *requerimiento europeo de pago* al que –en lo que ahora importa– puede acudir el demandado si ya ha expirado el plazo de oposición, en dos situaciones diversas:

i) Cuando el requerimiento de pago se le haya notificado por alguno de los mecanismos que no permiten la obtención de un acuse de recibo del destinatario (art. 14 RPME) y la notificación no se haya efectuado con la suficiente antelación para permitirle organizar su defensa, sin que pueda imputársele responsabilidad en ello. Por supuesto, cabe entender incluidos aquí los supuestos en que la notificación no se ha recibido en absoluto, pero el demandado ha tenido a pesar de todo noticia de la emisión del requerimiento de pago (v.g., cuando se han embargado sus cuentas en ejecución de aquél).

ii) Aunque se hayan respetado las exigencias ordinarias de notificación, cuando el demandado no haya podido oponerse impugnando el crédito por razones de fuerza mayor o debido a circunstancias extraordinarias ajenas a su responsabilidad (v.g., y por poner un ejemplo extremo, porque el demandado sufrió un accidente de tráfico cuando se dirigía

---

de pago [en sentido crítico, cfr. B. Hess/K. Raffelsieper, "Schuldnerschutz bei fehlender Zustellung eines EU-Mahnbescheids: Regelungslücken der EuMahnVO", *IPRax* (2015-5) 401-403]. Es cierto que el Tribunal solo proyectó su análisis sobre los estándares mínimos establecidos en los artículos 13 a 15 RPME; el fundamento de su decisión, sin embargo, debería resultar también de aplicación a la cuestión del idioma en asuntos transfronterizos.

al despacho de su abogado a informarle de la recepción del requerimiento europeo de pago).

En ambos casos, la admisibilidad de la pretensión de revisión estará sujeta a un requisito temporal: que el demandado reaccione «con prontitud». Se trata de una regla demasiado indefinida, que queda al arbitrio de los legisladores o de los tribunales nacionales.[52] En efecto, como se ha apuntado ya, el artículo 20.1 RPME no diseña un procedimiento completo de revisión, sino que obliga a los Estados miembros a permitir que, si se da alguna de las circunstancias previstas, se pueda obtener la consecuencia establecida en el artículo 20.3 RPME: que el requerimiento europeo de pago se declare nulo y sin efecto, con las consecuencias adicionales que de ello deriven (v.g., sobre la ejecución en curso, que debería sobreseerse).

Por otra parte, es posible que, por incorrecta aplicación de un tribunal nacional, se haya otorgado fuerza ejecutiva a un requerimiento europeo de pago a pesar de que éste no se hubiera notificado al deudor de modo conforme con los artículos 13 a 15 RPME; este supuesto no está cubierto por la previsión del artículo 20, pero el Tribunal de Justicia[53] se ha encargado de señalar que si esa irregularidad se pone de manifiesto después de la declaración de fuerza ejecutiva del requerimiento europeo de pago, el demandado debe tener la posibilidad de denunciarla y si se demuestra debidamente, ello debe entrañar la invalidez de dicha declaración de fuerza ejecutiva.

b) En el proceso europeo de escasa cuantía

En el ámbito del *proceso europeo de escasa cuantía* la estructura del precepto sobre revisión (art. 18) era inicialmente prácticamente idéntica a la del RPME. Sin embargo, el Reglamento 2015/2421 ha optado por reformarlo, precisamente para armonizar aquellos aspectos que, en el sistema del RPME, quedan abiertos, aprovechando las mejoras que ya se habían explorado en el Reglamento sobre alimentos. Así, de cara al futuro, la *best rule* para el legislador europeo en relación con este problema es la siguiente:

52. El Tribunal de Justicia también ha establecido que esta posibilidad de revisión solo resulta aplicable si el demandado no formula en plazo su escrito de oposición (STJUE de 10 de marzo de 2016, C-94-14, *Flight Refund*, § 70); se trata de un criterio congruente con lo que el propio Tribunal había establecido con anterioridad al señalar que "la posibilidad de revisión del requerimiento contemplada en el artículo 20 del Reglamento nº 1896/2006, no debe tener como consecuencia conferir al demandado una segunda posibilidad de oponerse a la petición" (STJUE de 22 de octubre de 2015, C-245/14, *Thomas Cook Belgium*, § 48).

53. Sentencia *eco cosmetics* y *Raiffeisenbank St. Georgen*.

i) Según el nuevo artículo 18.2 RPEEC, el sujeto legitimado para solicitar la revisión será el demandado que no se haya personado en la causa. Los motivos se simplifican, en la medida en que deja de tenerse en cuenta el método de notificación seguido: a) habrá revisión si al demandado no se le hubiera notificado el formulario de demanda o si no se le hubiese citado a una vista oral en tiempo oportuno y de forma que se le permitiese preparar su demanda; b) también habrá revisión si al demandado le hubiese resultado imposible contestar a la demanda por causa de fuerza mayor o por circunstancias extraordinarias ajenas a su responsabilidad. Ahora bien, el derecho a la revisión no llega a nacer si el demandado no hubiese recurrido la sentencia, cuando hubiera podido hacerlo: y esto sucederá, de ordinario, si la propia sentencia se le notificó; en tal caso, nace la carga de servirse del procedimiento ordinario de recursos frente a la resolución y no la vía extraordinaria de la revisión.

ii) El legislador europeo también ha zanjado las dificultades que provocaba la dimensión temporal del derecho a la revisión. El nuevo artículo 18.3 RPEEC establece un plazo único de 30 días, improrrogable, que empezará a contarse desde la fecha en que el demandado tuvo efectivamente conocimiento del contenido de la sentencia y pudo reaccionar. Como fecha tope para ese cómputo se establece la de la primera medida de ejecución que tenga por efecto la inalienabilidad de los bienes del demandado, en su totalidad o en parte[54].

iii) En cuanto a los efectos, si la petición de revisión se estima la sentencia será declarada nula de pleno derecho (con las consecuencias que de ello se deriven). Se matiza, no obstante, que el demandante conservará el beneficio de cualquier interrupción de los plazos de prescripción o caducidad –cuando sea de aplicación conforme a la normativa nacional–, pues cabe suponer que no le será imputable el fracaso inicial de la notificación.

Éstos son, por tanto, los mínimos imprescindibles para que la revisión cumpla con las exigencias del derecho de defensa. Sigue sin definirse, en todo caso, la tramitación del procedimiento, que será cuestión en manos de los

54. Tampoco cabe ahora detenerse en un análisis exhaustivo de la disposición, aunque cabe plantearse si el *dies a quo* lo marca la práctica de la medida ejecutiva o, tal vez, el conocimiento por el demandado de la práctica de esa primera medida ejecutiva; téngase en cuenta que el mismo problema que motivó la ineficacia de la notificación de la demanda puede también conducir a la ineficacia de la comunicación de la existencia del proceso de ejecución.

legisladores nacionales: el nuevo artículo 25.1 h) RPEEC señala el deber de los Estados miembros de comunicar, hasta el 13 de enero de 2017, los procedimientos de solicitud de revisión previstos en el artículo 18 y los órganos jurisdiccionales competentes para conocer de ésta.

4.3. La primera notificación al deudor de una orden europea de retención de cuentas

El ROERC ha seguido en este punto un enfoque diferente, mucho más flexible. En vez de establecer sus propios mecanismos y estándares de notificación, el artículo 28 ha optado por apoyarse en las previsiones nacionales, incluso cuando el deudor está domiciliado en otro Estado. La orden europea de retención de cuentas se expide siempre *inaudita parte debitoris* (art. 11), pero el deudor ha de tener siempre la posibilidad de impugnarla en virtud de alguno de los motivos establecidos en el artículo 33. Estas solicitudes de revocación o de modificación de la orden sólo serán posibles si al deudor se la ha notificado la orden en sí: se trata, pues, del momento crucial para el derecho de defensa del deudor. Al amparo del artículo 28 pueden darse tres situaciones diversas.

i) El deudor está domiciliado en el Estado miembro de origen: en tal caso, la notificación se efectuará de conformidad con el Derecho de dicho Estado miembro. Se trata de una regla lógica, siempre que se asuma que los mecanismos internos de notificación aseguran de forma plena o con muy alta probabilidad la recepción por el destinatario. Los medios extraordinarios de impugnación asociados a una notificación defectuosa habrán de ser, por tanto, también los previstos en la legislación del Estado miembro de origen. El Reglamento, sin embargo, no exige de forma expresa que estén previstos, sino que más bien parece dar por descontado que el deudor podrá servirse de ellos.

ii) El deudor está domiciliado en un Estado miembro distinto del Estado miembro de origen: en tal caso, el tribunal que dicte la orden o el acreedor –en función de quién sea el responsable de proceder a la notificación en el Estado miembro de origen– transmitirá los documentos que han de entregarse al deudor a la autoridad competente del Estado miembro en el que tenga su domicilio el deudor. Dicha autoridad adoptará sin demora las medidas necesarias para que se efectúe la notificación al deudor, de acuerdo con el Derecho del Estado miembro en que esté domiciliado. Se trata, pues, de una notificación puramente interna, cuya admisibilidad, de nuevo, se funda en la fiabilidad del método de notificación utilizado.

No existe, por tanto, una genuina notificación transfronteriza, sino más bien una cooperación entre el tribunal que dicta la orden o el acreedor, en el Estado de origen, y la autoridad encargada de proceder a la notificación en el Estado donde el deudor está domiciliado. Esta cooperación se ciñe a la transmisión de documentos y se aborda por el artículo 29 de un modo muy abierto y flexible ("por cualquier medio adecuado"). No obstante, como garantía adicional, se señala que la autoridad encargada de la notificación habrá de informar al tribunal que dictó la orden o al acreedor -dependiendo de quién le hubiera transmitido los documentos- del resultado de la notificación al deudor.

iii) El deudor está domiciliado en un tercer Estado: en tal caso, y por razones obvias, el ROERC establece que la notificación se efectuará con arreglo a las normas relativas a la notificación internacional aplicables en el Estado miembro de origen.

Tal vez como compensación por su ausencia de intervención normativa en este punto, el artículo 33 ROERC establece una serie de garantías adicionales en relación con la notificación de la orden al deudor: la orden de retención se revocará si no se notificó al deudor en el plazo de 14 días a partir de la retención de su cuenta o cuentas o si los documentos notificados al deudor no cumplían los requisitos lingüísticos establecidos [art.33.1 b) y c) ROERC]. Esta consecuencia, sin embargo, solo debería operar en casos muy excepcionales, dado que el artículo 33.3 establece un mecanismo de subsanación, pensado precisamente como remedio básico en caso de falta de notificación: la subsanación se tendrá por producida en un plazo de 14 días a partir de la fecha en que se haya informado al acreedor de la solicitud de impugnación por el deudor, bien solicitando al órgano responsable de la notificación que se notifiquen los documentos al deudor en el domicilio indicado por éste en su impugnación,[55] bien poniendo los documentos a disposición del deudor en el tribunal del Estado miembro de origen en que el deudor haya indicado que acepta recogerlos -declaración que también puede hacer en su impugnación (art. 33.5)-.

Estas reglas sobre subsanación sólo resultan de aplicación si fue el tribunal de origen quien se ocupó de la notificación de la orden de retención de cuentas. En caso de que fuera el acreedor quien hubiera sido responsable de llevar

55. Y en tal caso la notificación se hará por correo certificado con acuse de recibo a la dirección que el deudor tiene el deber de indicar para formular su escrito de impugnación (art. 33.3 ROERC).

a cabo la notificación, la falta de notificación solo podrá subsanarse si el acreedor demuestra que adoptó todas las medidas que se le exigían para efectuar la notificación: no se trata, por ello, de una auténtica subsanación, sino más bien de una forma de demostrar que la notificación se llevó a cabo correctamente. Pero es importante subrayar que, en estos casos, el estándar mínimo radica en la exigencia al acreedor de "adoptar todas las medidas".

Al margen del método de notificación, existe una garantía adicional en relación con el idioma: la orden de retención y la solicitud de orden de retención formulada por el acreedor que no estén redactadas en la lengua oficial del Estado miembro en el que tenga su domicilio el deudor o, en otra lengua que este comprenda, habrán de acompañarse de una traducción o una transcripción a alguna de esas lenguas (arts. 28.5 y 49.1 ROERC). Al deudor también habrán de entregársele copias de los documentos aportados por el acreedor al tribunal para obtener la orden; sin embargo, como regla, no habrán de traducirse a no ser que el tribunal decida, de forma excepcional, que resulta necesaria para qué este pueda ejercer sus derechos. El incumplimiento de este requisito tiene consecuencias equivalentes a las anudadas a la ausencia de notificación: la orden será revocada a no ser que el acreedor subsane el defecto aportando las traducciones requeridas [art. 33.1 c) y 4 ROERC].

5. NORMAS QUE REGULAN DE MODO INDIRECTO LA PRIMERA NOTIFICACIÓN AL DEMANDADO: LA REBELDÍA EN EL ESTADO DE ORIGEN COMO MOTIVO DE DENEGACIÓN DEL RECONOCIMIENTO Y LOS ESTÁNDARES MÍNIMOS EN LOS PROCESOS CIVILES «NACIONALES»

Cuando regula «su» proceso monitorio, «su» proceso de escasa cuantía y «su» orden de retención de cuentas el legislador europeo tiene la libertad de establecer los estándares mínimos para asegurar el derecho de defensa del demandado en litigios transfronterizos. Debe reconocerse, no obstante, que estos procedimientos tienen una incidencia práctica bastante reducida y que el impacto de sus previsiones es, por tanto, limitado. No se detiene aquí, sin embargo, la capacidad del legislador europeo de influir en esta materia, a pesar del límite de la dimensión transfronteriza de la actividad procesal susceptible de regular: también lo hace cuando establece los requisitos para que una resolución judicial, dictada por un tribunal de un Estado miembro con arreglo a su propia normativa interna, pueda desplegar efectos en otro Estado miembro –surge entonces el factor transfronterizo que vuelve a legitimar la acción normativa europea–. Y lo hace el legislador europeo de varias formas: al definir las causas de denegación del reconocimiento y de la ejecución o el exequátur de una resolución (conforme al RB I bis[56], el RB II bis[57], el Reglamento de sucesiones[58] o los nuevos reglamentos en materia de regímenes económicos matrimoniales[59] y efectos patrimoniales de las uniones registradas[60]); pero también al diseñar los términos en que se puede expedir un certificado de título ejecutivo europeo. De cualquiera de las maneras en que proceda, el legislador europeo establece unas exigencias mínimas de respeto al derecho de defensa del demandado en el Estado de origen, que permite un control indirecto de la normativa procesal nacional y del modo en que la aplican los tribunales nacionales, con una repercusión práctica enorme: el legislador europeo, con el refuerzo posterior del TJUE, sanciona los estándares mínimos que deben respetarse en los procesos judiciales internos si se aspira a que sus resultados puedan tener eficacia transfronteriza -y, por tanto, que sean «competitivos»-.

---

56 En relación con los cambios aportados por el Reglamento Bruselas I bis, cfr. entre otros, P. Beaumont / E. Johnston, "Can *Exequatur* Be Abolished in Brussels I whilst Retaining a Public Policy Defence?", 6 *Journal of Private International Law* (2010-2) 249-279; J.P. Béraudo, "Regards sur le nouveau règlement Bruxelles I sur la compétence judiciaire, la reconnaissance et l'exécution des décisions en matière civile et commerciale", *Journal du droit international* (2013-3) 741-763; F. Cadet, "Le nouveau règlement Bruxelles I ou l'itinéraire d'un enfant gâté", *Journal du droit international* (2013-3) 765-790; M. de Cristofaro, "The Abolition of Exequatur Proceedings.: Speeding Up the Free Movement of Judgments while Preserving the Rights of the Defense", 1 *International Journal of Procedural Law* (2011-2) 432-456; A. Dickinson / E. Lein (eds.), *The Brussels I Regulation Recast* (OUP, 2015); T. Domej, "Die Neufassung der EuGVVO. Quantensprünge im europäischen Zivilprozessrecht", 78 *Rabelszeitschrift* (2014) 508-550; A. Frackowiak-Adamska, "Time for a European «full faith and credit clause»", 52 *Common Market Law Review* (2015-1) 191–218; F. Gascón Inchausti, *Reconocimiento y ejecución de resoluciones extranjeras en el nuevo Reglamento Bruselas I bis* (Tirant, Valencia, 2016); X.E. Kramer, "Cross-Border Enforcement in the EU: Mutual Trust versus Fair Trial? Towards Principles of European Civil Procedure", 1 *International Journal of Procedural Law* (2011-2) 202-230; O. Lopes Pegna, "Il regime di circolazione delle decisioni nel regolamento (UE) n. 1215/2012 («Bruxelles I-*bis*»)", *Rivista di diritto internazionale* (2013-4) 1206-1220; P.A. Nielsen, "The New Brussels I Regulation", 50 *Common Market Law Review* (2013) 503-528; A. Nuyts, "La refonte du règlement Bruxelles I", 102 *Revue critique de droit international privé* (2013-1) 1-63; M. Pohl, "Die Neufassung der EuGVVO - im Spannungsfeld zwischen Vertrauen und Kontrolle", *IPRax* (2013-2) 109-114; L.J. Timmer, "Abolition of Exequatur under the Brussels I Regulation: Ill Conceived and Premature?", 9 *Journal of Private International Law* (2013-1) 129-147.

57. Reglamento 2201/2003 de 27 de noviembre de 2003 relativo a la competencia, el reconocimiento y la ejecución de resoluciones judiciales en materia matrimonial y de responsabilidad parental (DOUE L 338 de 23 de diciembre de 2003).

58. Reglamento 650/2012 de 4 de julio de 2012 relativo a la competencia, la ley aplicable, el reconocimiento y la ejecución de las resoluciones, a la aceptación y la ejecución de los documentos públicos en materia de sucesiones mortis causa y a la creación de un certificado sucesorio europeo (DOUE L 201 de 27 de julio de 2012).

59. Reglamento 2016/1103 de 24 de junio de 2016 por el que se establece una cooperación reforzada en el ámbito de la competencia, la ley aplicable, el reconocimiento y la ejecución de resoluciones en materia de regímenes económicos matrimoniales (DOUE L 183 de 8 de julio de 2016).

60. Reglamento 2016/1104 de 24 de junio de 2016 por el que se establece una cooperación reforzada en el ámbito de la competencia, la ley aplicable, el reconocimiento y la ejecución de resoluciones en materia de efectos patrimoniales de las uniones registradas (DOUE L 183 de 8 de julio de 2016).

El Reglamento de Alimentos[61] constituye una suerte de peldaño intermedio entre los genuinos procesos transfronterizos europeos y los mecanismos para la supresión del exequátur. En efecto, el Reglamento no crea un proceso declarativo europeo con arreglo al cual sustanciar las reclamaciones transfronterizas de alimentos (y, por ello, no pertenece a la familia del proceso monitorio europeo, del proceso europeo de escasa cuantía y de la orden europea de retención de cuentas). Pero las resoluciones dictadas en un Estado miembro que esté vinculado por el Protocolo de La Haya de 2007 serán ejecutivas en cualquier otro Estado miembro sin necesidad de declaración previa de ejecutividad y sin que posibilidad de hacer valer en el Estado de ejecución la cláusula de orden público o la rebeldía involuntaria en el proceso de origen.

5.1. La rebeldía involuntaria del demandado como causa de denegación de la ejecución o del exequátur

De forma tradicional, uno de los motivos que permiten denegar la eficacia transfronteriza a una resolución judicial es que ésta se haya dictado en «rebeldía involuntaria» del demandado –*lato sensu*–. En la actualidad, este motivo opera como causa de denegación del reconocimiento o de la ejecución en sí de una resolución extranjera, cuando resulte de aplicación el RB I bis[62]; seguirá siendo, en cambio, un motivo de denegación del exequátur si resulta aplicable el RB II bis [art. 22 b)[63]], el RS[64] [art. 40 b)], el Reglamento sobre regímenes económicos matrimoniales [art. 37 b)[65]] y el Reglamento sobre efectos patrimoniales de las uniones registradas [art. 37 b)[66]] Bajo cualquiera de estos enfoques, lo

61. Reglamento 4/2009 de 18 de diciembre de 2008 relativo a la competencia, la ley aplicable, el reconocimiento y la ejecución de las resoluciones y la cooperación en materia de obligaciones de alimentos (DOUE L 7 de 10 de enero de 2009).
62. Cfr. con detenimiento F. Gascón Inchausti, *Reconocimiento y ejecución de resoluciones extranjeras en el nuevo Reglamento Bruselas I bis* (Tirant lo Blanch, Valencia, 2015).
63. «Las resoluciones en materia de divorcio, separación judicial o nulidad matrimonial no se reconocerán: (...) b) si, habiéndose dictado en rebeldía del demandado, no se hubiere notificado o trasladado al mismo el escrito de demanda o un documento equivalente de forma tal y con la suficiente antelación para que el demandado pueda organizar su defensa, a menos que conste de forma inequívoca que el demandado ha aceptado la resolución».
64. «Las resoluciones no se reconocerán: b) si se dictasen en rebeldía del demandado sin que se le haya entregado a este la cédula de emplazamiento o documento equivalente, de forma tal y con tiempo suficiente para que pudiera defenderse, a menos que no hubiera recurrido contra dicha resolución cuando hubiera podido hacerlo».
65. "Se denegará el reconocimiento de una resolución: (b) cuando la resolución se haya dictado en rebeldía del demandado, si no se le hubiere notificado la demanda o documento equivalente con tiempo suficiente y de forma tal que le permitiera preparar su defensa, salvo que el demandado no hubiera recurrido contra dicha resolución cuando hubiera podido hacerlo".
66. Su tenor literal es idéntico al del artículo 37 b) del Reglamento sobre regímenes económicos matrimoniales.

relevante es cómo el legislador europeo controla la legislación y la praxis nacional en materia de primera notificación al demandado por esta vía indirecta en sede de eficacia transfronteriza.

El canon más elaborado en este punto -nuevamente, la *best rule* a los ojos del legislador europeo- es el artículo 45.1 b) RB I bis, que contempla la denegación de la ejecución «cuando la resolución se haya dictado en rebeldía, si no se entregó al demandado cédula de emplazamiento o documento equivalente de forma tal y con tiempo suficiente para que pudiera defenderse, a menos que no haya recurrido contra dicha resolución cuando pudo hacerlo».

Como puede apreciarse, la regulación de este motivo de denegación de la ejecución es restrictiva y busca limitar su aplicación a los casos de rebeldía no voluntaria del demandado en que se ponga de manifiesto una lesión real del derecho de defensa. Por eso, son dos las variables que deben manejarse para su puesta en práctica: de un lado, el modo en que se comunicó en origen al demandado la existencia del proceso abierto frente a él; de otro, el eventual margen del que hubiera podido disponer el demandado rebelde para corregir su rebeldía involuntaria en el Estado de origen.

a) El modo en que se practicó la primera notificación al demandado

A diferencia de lo que sucedía en versiones anteriores, la nueva redacción incorporada al artículo 45.1 b) RB I bis ha introducido un cambio que no está exento de repercusiones prácticas. En el texto refundido ya no se exige que la entrega de la cédula se haya producido «de forma regular», sino que, de manera más genérica, se quiere que se haya producido «de forma tal (...) que pueda defenderse». El legislador ha pretendido con ello poner el énfasis en que el enfoque del precepto es la salvaguarda del derecho de defensa del demandado en el Estado de origen y no tanto -o no sólo- el respeto a la normativa nacional o internacional con arreglo a la que se llevó a cabo la notificación.

> Durante la vigencia de la regulación anterior la jurisprudencia se distrajo en buena medida analizando qué era «regular» y qué no lo era, especialmente en los casos -ciertamente delicados- en que el demandado había de ser notificado en un Estado diferente de aquél en que se tramitaba el proceso de origen y se hacía necesario tener en cuenta también la normativa supranacional -especialmente el Convenio de La Haya de 1965-[67]. De hecho, en la sentencia *Debaecker* el Tribunal de Justicia tuvo que recordar que el control de regularidad estaba al servicio del respeto del

67. Sentencia *Klomps*, § 15; STJUE de 11 de junio de 1985, 49/84, *Debaecker*, § 12; sentencia *Lancray*, § 14; STJUE de 13 de octubre de 2005, C-522/03, *Scania Finance France*, § 28.

derecho de defensa[68]. Además, el Tribunal ya había señalado en numerosas ocasiones que el órgano judicial requerido podía verificar de forma autónoma si la notificación había sido regular, al margen de las apreciaciones que hubiera debido efectuar el tribunal de origen antes de dictar sentencia en rebeldía[69]. Esto generaba la incómoda paradoja de que la misma actuación era valorada de forma diversa por tribunales distintos y se daba primacía a la valoración efectuada por aquel tribunal para el que la normativa aplicada era extranjera... En el fondo, esta facultad de apreciación autónoma atribuida al tribunal de la ejecución es imprescindible porque lo que se controla, de verdad, es el respeto al derecho de defensa, y la regularidad de la notificación no es sino el mejor modo que encontró el legislador del CB[70] y del RB I para aludir a ello y para establecer los límites dentro de los cuales era razonable efectuarlo.

Pero lo cierto es que la regularidad formal de la notificación –con arreglo al ordenamiento del Estado de origen, al Convenio de La Haya de 1965 o al RN– no es por sí sola garantía suficiente para el derecho de defensa. Puede presumirse, de ordinario, que el respeto a esas reglas garantiza una altísima probabilidad de que el demandado se encuentre efectivamente en condiciones de defenderse adecuadamente, pero siempre existe un margen de error que merece ser debidamente tratado. Y también cabe contar con la posibilidad de que circunstancias excepcionales y sobrevenidas a una notificación regular sean las que impidan después al demandado defenderse eficazmente[71]. A la inversa, a ciertas irregularidades menores tampoco se les puede asignar un valor decisivo a la hora de entender que el demandado se vio privado de su derecho de defensa[72] ni deberían, por ello, ser obstáculo para el reconocimiento y la ejecución.

68. En concreto, el Tribunal se expresó en los siguientes términos: «el número 2 del artículo 27 ha de interpretarse en el sentido de que pretende proteger, en la fase de reconocimiento de una decisión dictada en otro Estado contratante, el derecho de defensa del demandado en rebeldía, *incluso si se respetan las normas de dicho Estado contratante sobre entrega y notificación*» (§ 12).

69. STJUE de 10 de octubre de 1996, C-78/95, *Hendrikman*, § 18; sentencia *Scania Finance France*, § 29; STJUE de 15 de julio de 1982, 228/81, *Pendy Plastic*, § 13; sentencia *Klomps*, § 21. De modo especial debe tenerse en cuenta en este punto la sentencia *Trade Agency* (§§ 35 y 45), que reconoce abiertamente el poder del juez requerido de discrepar del contenido de la certificación emitida por el tribunal de origen en relación con la regularidad de la notificación.

70. Como es de sobra sabido, el Convenio de Bruselas de 27 de septiembre de 1968 relativo a la competencia judicial, el reconocimiento y la ejecución de resoluciones en materia civil y mercantil (CB) fue el antecesor del Reglamento 44/2001, de 20 de diciembre de 2000 (RB I), precedente a su vez del vigente RB I bis.

71. Sentencia *Debaecker*, § 20.

72. STJUE de 14 de diciembre de 2006, C-283/05, *ASML*, § 47.

Al eludir la referencia a la regularidad de la notificación se simplifica el análisis que debe efectuar el tribunal requerido, que queda centrado en lo relevante: si realmente la notificación practicada ha permitido al demandado defenderse de manera adecuada y eficaz en el proceso de origen, lo que incluye, de forma singular, haber dispuesto de tiempo suficiente para preparar esa defensa. Puede así decirse que, en cierta medida, la nueva redacción del precepto «constitucionaliza» su alcance, adaptándolo a las exigencias del artículo 47 CDFUE. Por eso, es obvio que debe mantener su vigencia la doctrina jurisprudencial que confiere al tribunal de la ejecución la facultad de realizar una apreciación distinta de la efectuada por el tribunal de origen acerca de si, por la forma y los tiempos en que se le comunicó al demandado la existencia del proceso, pudo éste defenderse en términos respetuosos con las exigencias constitucionales.

Además de la forma, es necesario que la primera notificación se haya practicado «con tiempo suficiente para defenderse», y esto permite al tribunal de la ejecución discrepar de la apreciación que pudiera haber efectuado al respecto el tribunal de origen. El Tribunal de Justicia sostiene desde siempre que la regularidad de la notificación y el tiempo suficiente para defenderse son dos exigencias diversas, gracias a las cuales puede considerarse suficientemente protegido el derecho de defensa del demandado en el proceso de origen: aunque la notificación haya sido correcta, procede la denegación de la ejecución si no se ha producido con tiempo suficiente para defenderse, y viceversa[73]. Debe reconocerse, no obstante, que el cambio de redacción del precepto ha centrado el enfoque de los casos de rebeldía en la valoración general y ponderada acerca de si el demandado realmente pudo defenderse eficazmente en el proceso de origen. Y, dadas las amplias facultades valorativas que ha de tener al respecto el tribunal de la ejecución, puede llegarse a la conclusión de que el factor tiempo cada vez más será una variable -muy relevante sin duda, pero una variable más- dentro del análisis global de las facultades defensivas.

b) La posibilidad de haber reaccionado en el Estado de origen

Junto a la constatación de una efectiva lesión del derecho de defensa del demandado condenado en rebeldía, el segundo elemento sobre el que descansa la regulación de este motivo de denegación de la ejecución es el margen de que haya dispuesto el demandado para corregir su rebeldía involuntaria en el Estado de origen: no podrá denegarse la ejecución por este motivo si, a pesar del carácter defectuoso *lato sensu* de la primera notificación, el demandado pudo recurrir la resolución dictada en rebeldía y no lo hizo.

---

73. STJUE de 16 de junio de 1981, C-166/89, *Klomps*, § 15; STJUE de 3 de julio de 1990, C-305/88, *Lancray*, §§ 13-16; STJUE de 12 de noviembre de 1992, C-123/91, *Minalmet*, § 13.

> Esta restricción fue introducida con ocasión de la elaboración del RB I, pues durante la vigencia del CB no estaba prevista y, de hecho, en varias ocasiones el Tribunal de Justicia reconoció que procedía denegar el exequátur aunque el rebelde hubiera podido recurrir la sentencia en origen[74] –o incluso aunque la hubiera impugnado[75]–, con el argumento de que no es lo mismo impugnar una resolución dictada en rebeldía que defenderse antes de que sea dictada[76].

El RB I y ahora el RB I bis, en cambio, se decantan por una visión más restrictiva, centrada, como se ha señalado ya reiteradamente, en el respeto al derecho de defensa del demandado en el Estado de origen: si el demandado dispone de la posibilidad de impugnar en el Estado de origen la sentencia dictada en rebeldía en su contra, tiene la carga de hacerlo, pues de lo contrario cabe presumir que ha consentido la restricción a su derecho procesal de defensa y ello, por lógica, debería impedirle invocarlo ante el tribunal de la ejecución. Desde este punto de vista, pues, la regla evita el abuso, que podría dar lugar a una suerte de «rebeldía estratégica sobrevenida»[77]. Podría tal vez decirse que, con ello, el demandado rebelde «pierde» la primera instancia en el Estado de origen: pero no es siempre cierto, pues todo dependerá, obviamente, del régimen procesal interno y de si permite o no, en función del caso, una retroacción completa del proceso a su momento inicial.

Por otro lado, debe recordarse que la expresión "recurrir contra la resolución" empleada por el artículo 45.1 b) RB I bis ha de ser interpretada de forma autónoma; cuanto más amplio sea su entendimiento, más pesada será la carga para el demandado de reaccionar en el Estado de origen[78]. El Tribunal de Justicia, de hecho, ha señalado recientemente que el mecanismo de revision contemplado por el artículo 19.4 RN ha de considerarse incluido dentro del artículo 45.1 b) RB I bis:[79] el estándar de diligencia exigible al demandado rebelde ante los tribunales del Estado de origen resulta así significativamente elevado, puesto que no le resultaría posible oponerse a la ejecución si ha tenido la posibilidad de solicitar una revisión al amparo del citado precepto del RN.[80]

---

74. Sentencia *Minalmet*, *passim*.
75. Sentencia *Klomps*, § 13.
76. Sentencia *Minalmet*, § 19.
77. Cfr. en este sentido el apartado 38 de la sentencia *ASML*.
78. STJUE de 7 de julio de 2016, C-70/15, *Lebek* (§ 32).
79. Sentencia *Lebek*, § 49.
80. El Tribunal de Justicia, sin embargo, considera que se trata de un estándar admisible: "En estas circunstancias, la presentación de una demanda tendente a la exención de la preclusión no puede considerarse una nueva actuación que vaya más allá de la diligencia normal en la defensa de los derechos del demandado rebelde" (sentencia *Lebek*, § 45).

El Tribunal de Justicia, no obstante, también admite una salvedad: si el demandado rebelde formula una solicitud de revisión al amparo del artículo19.4 RN que fue desestimada (aunque se cumplían los requisitos), entonces la sentencia dictada en rebeldía no debería ser reconocida y la ejecución debería denegarse.[81] El problema, por supuesto, radica en el hecho de que el tribunal del Estado de ejecución se verá obligado a valorar si la solicitud de revision formulada al amparo del artículo 19.4 RN fue indebidamente rechazada en el Estado de origen.[82]

Y, en términos generales, esta forma de ordenar la defensa del demandado resulta más razonable y coherente con la noción de espacio judicial común: las restricciones al derecho de defensa que se hayan irrogado al demandado en el Estado de origen deben tratar de corregirse, en la máxima medida posible, en el Estado de origen (y en él debe confiarse para que lo haga[83]); y es que lo realmente distorsionante es que sea el juez del Estado de ejecución quien deba someter a valoración el respeto al derecho de defensa del demandado en el proceso de origen. De ahí el carácter residual que se busca atribuir a la denegación de la ejecución por rebeldía del demandado.

En todo caso, el precepto sí que arroja sobre el tribunal de la ejecución la carga de determinar si efectivamente el demandado «pudo haber recurrido» la resolución dictada en rebeldía. El Tribunal de Justicia, en la sentencia *ASML* se ha encargado de aclarar, al respecto, que para poder recurrir la resolución es necesario haber conocido no ya su propia existencia, sino también su contenido, lo que comporta (acreditar) que ésta le ha sido entregada o notificada (es decir, es precisa cierta «oficialidad» en el modo en que el demandado ha llegado a conocer la resolución). Siendo así, debe darse a la notificación de la resolución el mismo tratamiento que a la notificación de la cédula de emplazamiento: es necesario, pues, que haya sido entregada al demandado de forma tal y con

81. Sentencia *Lebek*, § 47.
82. La sentencia *Lebek* no aborda una posible tercera situación, que podría plantearse si el plazo para formular una solicitud de revisión al amparo del artículo 19.4 RN no se hubiera agotado aún en el momento en que se solicita la ejecución en otro Estado miembro. Si se diera esta situación, el demandado siempre podría formular su petición de revisión en el Estado de origen y acudir a renglón seguido en el Estado de ejecución a lo previsto en el artículo 44.2 RB I bis, que permite al tribunal suspender la ejecución si la ejecutividad de la resolución ha quedado suspendida en el Estado de origen; la plena efectividad de esta estrategia, por supuesto, requiere que la pendencia de una petición de revisión al amparo del artículo 19.4 RN comporte en el Estado de origen esa suspensión de la ejecutividad de la resolución.
83. Por eso, en la STJUE de 28 de abril de 2009, C-420/07, *Apostolides*, el Tribunal señala que «se respeta el derecho de defensa que el legislador comunitario desea salvaguardar mediante el artículo 34, número 2, del Reglamento nº 44/2001 cuando el demandado ha recurrido efectivamente contra la resolución dictada en rebeldía y dicho recurso le ha permitido alegar que la cédula de emplazamiento o el documento equivalente no le habían sido entregados de forma regular y con tiempo suficiente para que pudiera defenderse» (§ 78).

tiempo suficiente como para que pueda impugnarla de manera eficaz, con arreglo al sistema procesal del Estado de origen. No es precisa, eso sí, «una entrega o notificación regular en todos los sentidos, sino que basta con un conocimiento del contenido de la resolución con tiempo suficiente para defenderse» (...), «de modo que una mera irregularidad formal que no lesione el derecho de defensa no debe bastar para excluir la aplicación de la excepción al motivo que justifica la no aplicación o la no ejecución»[84].

No deja, así, de haber un margen para la apreciación autónoma por parte del tribunal de la ejecución y, con ello, de discrepancia frente a lo que el tribunal de origen pudiera haber consignado en el certificado expedido al amparo del artículo 53 RB I bis.

Está claro, pues, que si los Estados miembros quieren ofrecer a sus justiciables un sistema judicial que produzca sentencias susceptibles de ser eficaces en el resto del territorio de la UE no les queda más remedio que asegurarse de que sus procedimientos de notificación permiten a los demandados tomar conocimiento de la existencia del proceso de forma adecuada para defenderse; y, además, deben ofrecerles vías que les permitan reaccionar ante sus propias autoridades en caso de que la notificación no haya sido formulada correctamente.

Este doble enfoque, atento no sólo al modo en que se practicó la notificación, sino también al margen de reacción disponible para el demandado en el Estado de origen, es similar al adoptado por el TEDH, especialmente tras el cambio operado a partir del asunto *Dilipak y Karakaya c. Turquía*. Debe advertirse, eso sí, que el TEDH es en este punto más exigente, pues reclama la existencia de remedios eficaces en el Estado de origen, mientras que el RB I bis se conforma con la exigencia de haber formulado recurso ordinario frente a la sentencia dictada en rebeldía, si fuera posible.[85] A efectos prácticos, no obstante, debe tenerse en cuenta que otras normas de la UE sí que establecen la exigencia de que existan mecanismos para obtener la revisión de resoluciones dictadas en rebeldía, como el artículo 19.4 RN, el artículo 20.1 RPME, el artículo 18 RPEEC o el articulo 19 RTEE, como se verá seguidamente.

84. Sentencia *ASML*, §§ 46 y 47.
85. Esta apreciación puede resultar de interés en un futuro escenario de falta de aplicación de los reglamentos europeos en el Reino Unido tras la finalización de las negociaciones del "Brexit": dado que el Reino Unido seguirá siendo parte del CEDH, el cumplimiento de los estándares establecidos por el TEDH debería considerarse también indicio suficiente de cumplimiento de los estándares europeos, en caso de que esa cuestión fuera relevante a la hora de decidir acerca de la eficacia de una resolución judicial británica en un Estado miembro de la UE –en especial, si se trata de una resolución dictada en rebeldía–.

5.2. Los requisitos para la expedición de un certificado de título ejecutivo europeo

El RTEE permite certificar como título ejecutivo europeo determinadas resoluciones o documentos públicos que reflejan un crédito dinerario, líquido y vencido que, además, sea un crédito no impugnado[86]. El artículo 3.1 RTEE determina cuándo un crédito se considera «no impugnado»: a) cuando el deudor ha aceptado expresamente el crédito, bien sea allanándose en un proceso judicial, bien sea celebrando con el acreedor una transacción judicial o firmando un documento público con fuerza ejecutiva en los que reconoce la existencia del crédito; b) cuando el deudor nunca ha impugnado el crédito en el marco de un proceso judicial (v.g., porque ha permanecido en rebeldía);[87] c) cuando el deudor no ha comparecido ni ha sido representado en la vista relativa a dicho crédito después de haberlo impugnado inicialmente en el marco del proceso, siempre que este comportamiento equivalga a una aceptación tácita del crédito o de los hechos alegados por el acreedor de acuerdo con la legislación del Estado de origen.

La expedición de un certificado de título ejecutivo europeo permite obtener su ejecución de modo directo en cualquier otro Estado miembro, sin necesidad de pasar por un procedimiento de exequátur y, sobre todo, sin que resulte posible en el proceso de ejecución que el deudor alegue -ni que el tribunal aprecie- como óbice para la ejecución la infracción de orden público o la existencia de rebeldía involuntaria en el proceso de origen. Esta supresión de controles en el Estado de ejecución obliga a desplazarlos -adelantándolos, si se quiere- al Estado de origen. Por eso, si el crédito ostenta la condición de no impugnado por los motivos b) o c) antes señalados, el RTEE exige que se verifique que el proceso en el Estado de origen ha respetado unas exigencias mínimas. Estas normas mínimas de procedimiento, que desarrolla el Capítulo III RTEE (arts. 12 a 19), garantizan que la inactividad del deudor se deba a su

86. Cfr., por todos, F. Gascón Inchausti, *El título ejecutivo europeo para créditos no impugnados* (Aranzadi, Cizur Menor, 2005); F.J. Garcimartín Alférez, *El título ejecutivo europeo* (Civitas, Madrid, 2006); F. Ramos Romeu, *El título ejecutivo europeo* (Civitas, Madrid, 2006); C. Senés Motilla, "El título ejecutivo europeo para créditos no impugnados", en *Derecho Procesal Civil Europeo. III. Tutela judicial del crédito en la Unión Europea* (dir. A. de la Oliva Santos) (Aranzadi, Cizur Menor, 2011) 31-124.

87. El Tribunal de Justicia ha aclarado esta cuestión en su sentencia de 16 de junio de 2016, C-511/14, *Pebros Servizi*: una sentencia dictada en rebeldía puede certificarse como título ejecutivo europeo aunque la falta de comparecencia del demandado no comporte una aceptación por su parte de la acción ejercitada frente a él ni conduzca en consecuencia a una estimación automática de la demanda (como sucede, por ejemplo, en los ordenamientos italiano y español).: "la ausencia de impugnación por parte del deudor a que se refiere la letra b) del apartado 1 del artículo 3 de dicho Reglamento puede consistir en la incomparecencia en la vista o en la omisión de respuesta a la invitación del órgano jurisdiccional a presentar alegaciones por escrito." (§§ 39-40).

voluntad y no a su desconocimiento o a las mermas de elementos básicos para su defensa. Cubren, por ello, los siguientes ámbitos:

a) El modo en que se realiza la primera comunicación al deudor de la existencia del proceso

El RTEE exige que la primera notificación al demandado se efectúe de algún modo que: a) garantice que el deudor ha recibido la notificación personalmente, porque hay acuse de recibo[88]; b) si no hay notificación personal con acuse de recibo, que al menos la notificación se haya hecho de alguna manera que asegure con alto grado de probabilidad que la recepción se producirá[89]. Se trata con ello de excluir la certificación como título ejecutivo europeo de resoluciones dictadas tras procesos en que la primera notificación se haya hecho de forma ficticia: por eso, se aclara también la imposibilidad de usar los métodos de notificación sin acuse de recibo cuando no se conoce con certeza el domicilio del demandado (art. 14.2 RTEE).

b) La información que se le debe dar al deudor en la primera notificación

Además de que la demanda se le haya notificado personalmente o de un modo razonablemente «seguro», el RTEE exige que en esta primera notificación el deudor reciba la información necesaria para poder defenderse correctamente[90]. Esto cubre dos ámbitos: i) información relativa al crédito en sí, con identificación de quién reclama, qué reclama, frente a quién y por qué lo reclama (art. 16 RTEE); ii) información relativa a los requisitos para impugnar el crédito: qué debe hacer el deudor para defenderse (v.g., contestar por escrito a la demanda o acudir a una vista oral), en qué plazo o en qué término, ante qué órgano jurisdiccional, si debe o no asistirle un abogado (art. 17 RTEE).

El incumplimiento de alguna de las exigencias anteriores (es decir, en relación con el modo o con el contenido de la primera notificación) puede considerarse subsanado de dos maneras (art. 18 RTEE): i) si se ha notificado la resolución de forma correcta, siempre que con ello se le haya abierto al deudor un plazo de recurso que éste no haya aprovechado; ii) cuando la conducta del deudor en el proceso evidencia que sí tuvo conocimiento de su existencia y de la información precisa para defenderse.

---

88. El artículo 13 RTEE admite cinco modalidades, prácticamente idénticas a las recogidas después en el artículo 13 RPME, a las que ya se ha hecho referencia antes.
89. De nuevo el artículo 14 RTEE se adelantó en este punto a lo que después se incorporó en el artículo 14 RPME, incluida la manera de dejar constancia de la práctica de la notificación.
90. Como señala el propio considerando 12 del RTEE, se establecen con ello «normas mínimas (...) con objeto de que el deudor esté informado, con el tiempo suficiente y de manera tal que pueda preparar su defensa».

c) La existencia de mecanismos de revisión

Además de todo lo anterior, es preciso (art. 19.1 RTEE) que en el Estado de origen estén previstos mecanismos de «revisión» de la resolución dictada en términos similares a los contemplados por el artículo 20 RPME: i) cuando la notificación se practicó sin acuse de recibo y no se hubiera efectuado con la suficiente antelación para permitirle organizar su defensa, sin que pueda imputársele responsabilidad por ello; ii) cuando el deudor no hubiere podido impugnar el crédito por razones de fuerza mayor o debido a circunstancias extraordinarias ajenas a su responsabilidad. En ambos casos se exige que el demandado actúe «con prontitud». El TJUE ha tenido ocasión reciente de aclarar, en el asunto *Imtech Marine Belgium*[91], que sólo encaja en esta noción de mecanismo de revisión un instrumento legal que permita llevar a cabo una revisión plena de la resolución dictada en rebeldía, tanto desde el punto de vista jurídico como fáctico.

Como puede verse, el sistema del RTEE anticipó en el tiempo los estándares mínimos que después se han consagrado en el RPME y en el RPEEC. La diferencia, claro está, se halla en el diferente modo de operar: en el RTEE el legislador no regula directamente el modo en que deben practicarse las notificaciones, sino que se establecen las condiciones mínimas en que deben haberse practicado al amparo de la legislación procesal nacional; de modo indirecto, pues, arroja sobre los legisladores nacionales una carga doble: i) que conforme a su legislación procesal sea posible practicar una primera notificación que cubra las exigencias de los artículos 13 a 17 –sin perjuicio de que conforme a la legislación procesal también sean posibles notificaciones menos seguras–; ii) que en su sistema procesal existan cauces de revisión que cubran, cuando menos, todos los supuestos descritos en el artículo 19.1 RTEE (aunque, obviamente, el artículo 19.2 RTEE aclara que nada impide a los legisladores nacionales permitir el acceso a la revisión en condiciones más ventajosas para el demandado). Un legislador nacional que no quiera privar a los justiciables que litiguen ante sus tribunales de las ventajas que comporta la expedición de un título ejecutivo europeo deberá asegurarse de que su normativa procesal es compatible con los estándares mínimos marcados por el RTEE, aunque nada le impide tampoco seguir ofreciendo herramientas de notificación que no se puedan considerar suficientemente garantistas del derecho de defensa, como sucede con las llamadas «notificaciones ficticias».

---

91. STJUE de 17 de diciembre de 2015, C-300/14, *Imtech Marine Belgium*. También ha aclarado en esta resolución el Tribunal que el artículo 19 RTEE no impone a los Estados miembros la obligación de establecer en su Derecho interno un procedimiento específico de revisión, siempre que los existentes conforme a su legislación interna cumplan con las exigencias del Reglamento.

5.3. El caso especial de las notificaciones ficticias

En efecto, uno de los puntos críticos a la hora de hallar el equilibrio entre el derecho de defensa del demandado y el derecho de acceso a la justicia del actor se plantea en los procesos tramitados en rebeldía debido a la notificación ficticia de la existencia del proceso (v.g., por edictos), practicada ante la imposibilidad de llevar a cabo una notificación personal o con receptor subsidiario, que suele ir asociada o bien a un desconocimiento del domicilio del demandado o bien a una absoluta imposibilidad de practicar cualquier notificación ordinaria en el lugar que aparentemente constituye el domicilio del demandado.[92]

El legislador procesal europeo se puede «permitir el lujo» de excluir las notificaciones ficticias de su catálogo de procedimientos admisibles de notificación en el RPME, en el RPEEC y en el RTEE, según se ha encargado de señalar expresamente el TJUE en el asunto *G./De Visser*[93]. También, como se apuntará seguidamente, excluye la utilización del RN para practicar notificaciones ficticias de alcance transfronterizo. Pero se lo puede permitir porque el proceso monitorio europeo y el proceso europeo de escasa cuantía no dejan de ser alternativas que se ofrecen a los justiciables, del mismo modo que tampoco es el sistema del título ejecutivo europeo la única vía para lograr la eficacia extraterritorial de una resolución judicial.

Ahora bien, el problema no puede eludirse en el plano del control que cabe hacer en sede de reconocimiento y ejecución, pues no puede evitarse que se hayan utilizado métodos de notificación ficticia en el proceso de origen y de lo que se trata es de determinar si su empleo puede considerarse como una causa para la denegación de eficacia transfronteriza, al amparo sobre todo de lo previsto en el artículo 45.1 b) RB I bis y de sus equivalentes en otros textos normativos europeos.

El punto de partida en la jurisprudencia del TJUE es que el recurso a la notificación ficticia al demandado no es incompatible ni con el sistema del RB I bis ni con el artículo 47 CDFUE, siempre que se hayan realizado todos los actos de averiguación pertinentes y se haya desplegado –aunque infructuosamente– la máxima diligencia para evitar servirse de ella[94]. Para el Tribunal de Justicia es

92. En relación con esto cfr. también A. Anthimos, "Fictitious Service of Process in the EU", VIII *Czech Yearbook of International Law* (2017), 3-34.

93. De forma expresa, el Tribunal aclaró entonces que este tipo de resoluciones no se pueden certificar como título ejecutivo europeo porque faltaría la cualidad de «no impugnado» en el crédito, en el sentido de «no impugnado por quien dispuso de una oportunidad real de impugnarlo», que es el que justifica la eficacia reforzada que se asigna al título ejecutivo europeo

94. STJUE de 17 de noviembre de 2011, C-327/10, *Hypoteční banka* (§§ 52-54); STJUE de 15 de marzo de 2012, C-292/10, *G / De Visser* (§§ 56-58); STJUE de 11 de septiembre de 2014, C-112/13, *A / B*, (§ 60). Cfr. también los artículos 28 RB I bis y 19.2 RN.

evidente que en estos casos el deudor no puede defenderse realmente[95], pero advierte siempre que esta restricción al derecho de defensa debe ponderarse con el derecho de acceso a la justicia del demandante, que no podría obtener tutela judicial en los casos en que no resulta posible emplazar al demandado por causas que no le son imputables a aquél.

Ahora bien, la eficacia transfronteriza de las sentencias dictadas en rebeldía a resultas de notificaciones ficticias no deja de suscitar reparos para el Tribunal de Justicia, precisamente porque no ha habido defensa real –ni siquiera en los modelos procesales que asignan de oficio a un abogado la defensa del demandado no localizable–. Aunque la postura del Tribunal de Justicia al respecto no es explícita, parece estar llegando recientemente a una especie de solución salomónica: es admisible la notificación ficticia para que el proceso se desarrolle válidamente y se llegue a dictar sentencia (por equilibrio entre defensa del demandado y tutela judicial efectiva del demandante), pero se abre la puerta a una denegación de la ejecución en estos casos que, paradójicamente, se fundaría en la misma infracción del derecho de defensa que se ha considerado «salvable» para la tramitación del proceso declarativo[96].

A mi juicio, esta conclusión no debería poder generalizarse: resulta incoherente considerar constitucionalmente aceptable una notificación ficticia sólo a los efectos de que pueda dictarse sentencia, con el argumento del derecho a la tutela judicial efectiva del actor, para a renglón seguido considerar que dicha sentencia, sin embargo, no debería ser ejecutada en otro Estado, por la sencilla razón de que el derecho a la tutela judicial efectiva también abarca la efectividad y la ejecución de las resoluciones judiciales. Resultaría incomprensible generalizar la regla de que las sentencias dictadas en rebeldía del demandado derivada de un primer emplazamiento ficticio no podrán ser ejecutadas en otro Estado miembro, a pesar de que sí podrían serlo en el Estado en que se dictaron, al amparo precisamente de un texto normativo que busca reforzar la eficacia del derecho a la tutela judicial efectiva en su vertiente de derecho a la ejecución en supuestos transfronterizos.

La clave, realmente, no debe estar en el dato en sí de que el primer emplazamiento fue ficticio, sino en el dato –que también es relevante en supuestos puramente internos– de si el recurso a la notificación ficticia estuvo realmente

95. En términos similares, cfr. el TEDH en *Díaz Ochoa c. España* (§§ 48-51).

96. Así se insinuó por vez primera en la sentencia *Hypoteční banka* (§ 53), en la que se subraya de forma general que el demandado, «en caso de que se le haya privado de la facultad de defenderse eficazmente, tendrá la posibilidad de ejercitar su derecho de defensa oponiéndose, con arreglo artículo 34, punto 2, del Reglamento nº 44/2001, al reconocimiento de la sentencia dictada en su contra». El argumento fue retomado al pie de la letra en el asunto *G / De Visser* (§ 57). Y parece consolidarse de modo un poco más explícito en el asunto *A / B* (§ 60).

justificado y que antes de acudir a ella de verdad «se realizaron todas las averiguaciones que exigen los principios de diligencia y de buena fe para encontrar a dicho demandado»[97]. Y es que, a instancia del ejecutado, el tribunal ejecutor puede llegar a la conclusión de que no fue realmente así, a pesar de que el tribunal de origen sí hubiera considerado procedente la notificación ficticia. Rectamente analizada, ha de ser ésta la conclusión que se derive de la jurisprudencia del Tribunal de Justicia: que se puede verificar en ejecución si, al margen de la regularidad formal y del cumplimiento *a priori* de los requisitos que establece la legislación del Estado de origen para ordenar un primer emplazamiento ficticio[98], realmente el recurso a esta modalidad de notificación, atendidas todas las circunstancias que se le acrediten al tribunal ejecutor, no fue respetuoso con el derecho de defensa del demandado, pues no existió un agotamiento real de las posibilidades de efectuar una notificación personal[99]. Se daría –entonces sí– la paradoja de que, efectivamente, la notificación ficticia legitima la sentencia en origen, pero no la ejecución en otro Estado miembro; pero sería una paradoja lógica y razonable, derivada de la lesión al derecho de defensa, que quizá no pueda corregirse ya en el Estado de origen –o tal vez sí–, pero que no se extiende al Estado de ejecución.

> El tribunal ejecutor, por tanto, ha de efectuar una ponderación de intereses sobre la base de la información que se le ofrezca, sin olvidar dos extremos: de un lado, que no todas las notificaciones ficticias son iguales[100]; de otro, que el propio Tribunal de Justicia también ha considerado relevante en esta ponderación el grado de imputabilidad al demandado en el hecho de que no haya tenido conocimiento de la existencia del proceso[101]. Si se agota realmente la diligencia para localizar al demandado, pero sin éxito, es más sostenible imputarle a él la merma en su derecho de defensa, de modo que no podría después invocar su desconocimiento de la existencia del proceso para obtener una denegación

97. Sentencia *Hypoteční banka*, § 52; sentencia *G / De Visser*, § 59.
98. Sentencia *Debaecker*, § 12. A mi juicio, desde esta óptica, resultaría cuestionable la ejecución en otros Estados miembros de sentencias dictadas en nuestro país a resultas de procesos tramitados en rebeldía derivada de un primer emplazamiento por edictos practicado, en los términos de los artículos 157.2 y 164 I LEC, ante la simple constatación de que el demandado se hallaba ya inscrito en el Registro Central de Rebeldes Civiles: no puede decirse que en estos casos se haya producido un agotamiento de la máxima diligencia en la averiguación del domicilio real del demandado.
99. En este sentido, en la sentencia *Trade Agency* el Tribunal, de forma más moderada, señaló que las modalidades de notificación forman parte de las indicaciones útiles de las que puede servirse el tribunal para comprobar si el demandado pudo defenderse (§ 37).
100. En la sentencia *Debaecker* se señaló que «la probabilidad de que el demandado tenga conocimiento efectivamente de la notificación y de que haya dispuesto del tiempo necesario para preparar su defensa puede variar considerablemente según el sistema de notificación ficticia previsto por cada ordenamiento jurídico» (§ 11).
101. Sentencia *Debaecker*, § 32.

> de la ejecución de la sentencia en otro Estado miembro. Por eso, no debe resultar posible ofrecer una solución uniforme, pues la solución no debería ser siempre y en todo caso la denegación de la ejecución.

Junto a este control de diligencia en cuanto al recurso a la notificación ficticia, cabría añadir, en aplicación de la doctrina más reciente del TEDH y del propio sistema normativo europeo cuando aborda el tema de forma directa, otra variable: el aseguramiento de que el ordenamiento procesal del Estado de origen ofrece al demandado rebelde instrumentos suficientes para lograr la «revisión» de la resolución dictada en rebeldía, que tengan en cuenta de modo singular el hecho de que se empleó un sistema de notificación ficticia[102].

5.4. La situación en el Reglamento de Alimentos

Según se ha apuntado ya antes[103], las nuevas soluciones establecidas en el RPEEC tras su modificación en 2015 ya habían sido avanzadas con anterioridad por el artículo 18 del Reglamento de Alimentos. La ejecución directa de las resoluciones dictadas en su ámbito de aplicación, sin previo exequátur, no queda condicionada al cumplimiento de unos estándares mínimos en relación con el modo en que se efectúa la primera notificación al demandado. Ahora bien, el Reglamento sí que ha considerado necesario mantener una salvaguarda que compense la imposibilidad de denegar la ejecución por infracción al orden público o en los casos de rebeldía involuntaria en el proceso declarativo en el Estado de origen: su ordenamiento debe disponer de mecanismos de revisión que permitan al demandado rebelde impugnar la resolución en cuestión.

> Lo que dispone el artículo 18 del Reglamento de Alimentos es prácticamente identico a lo que después se incluyó en el RPEEC al modificarlo: se trata, pues, de su precursor, con dos pequeñas diferencias: (i) el plazo para reaccionar con prontitud es de 45 días (en lugar de los 30 previstos en el RPEEC); (ii) si la petición de revisión es estimada, el acreedor no solo conservará las ventajas derivadas de la interrupción o suspensión de los plazos de prescripción o caducidad, sino que también conservará el derecho de solicitar el pago retroactivo de alimentos que se le hubieren reconocido por el proceso inicial.

---

102. Además, la pendencia de este proceso de revisión en el Estado de origen no es indiferente para el proceso de ejecución en el Estado de ejecución, al menos si el demandado que impugna la resolución consigue que el juez de origen suspenda la ejecutividad de ésta mientras se tramita el proceso extraordinario de revisión (art. 44.2 RB I bis).

103. Cfr *supra*, 4.2 b).

6. LA TUTELA DEL DERECHO DE DEFENSA DEL DEMANDADO EN EL ÁMBITO DE LAS NOTIFICACIONES TRANSFRONTERIZAS

El estudio del panorama normativo y jurisprudencial en la UE no estaría completo sin tener en cuenta el modo en que se tutela el derecho de defensa del demandado en el ámbito de las notificaciones transfronterizas y, de forma más precisa, cuando el demandado tiene su domicilio en un Estado miembro distinto de aquél en que se ha iniciado el proceso. En este punto, el régimen de garantías se deduce del RN, que se encarga de establecer las vías para proceder de forma válida a una notificación transfronteriza[104]; pero también se integra por lo establecido en otros preceptos que se ocupan del tratamiento procesal en caso de incomparecencia del demandado domiciliado en otro Estado miembro.

6.1. Exigencias en cuanto a la forma, el idioma y el receptor de la notificación

El RN no diseña, en cuanto tales, mecanismos procesales de notificación transfronteriza de carácter europeo, sino que se apoya en la legislación procesal interna de los Estados miembros y se ciñe, de ordinario, a establecer el modo en que los documentos (la demanda o equivalente) se trasladan desde el organismo de remisión del Estado de origen al organismo de recepción en el Estado de notificación. Una vez recibidos los documentos en el Estado de notificación, se aplicarán en principio sus normas procesales sobre actos de comunicación, salvo que el emisor haya solicitado que se lleve a cabo de alguna forma particular que no sea incompatible con el Derecho interno del Estado requerido (art. 7 RN). Como regla, pues, no existe armonización ni se establecen estándares mínimos europeos, salvo en dos aspectos:

a) De un lado, existe una salvaguarda general, contenida en el artículo 1.2 RN, que impide su aplicación cuando el domicilio de la persona a la que haya de notificarse o trasladarse el documento sea desconocido[105]. Se quiere evitar con ello que el sistema pueda utilizarse como premisa para un posterior recurso a notificaciones ficticias, pues no siempre se pueden considerar compatibles con el derecho de defensa[106].

---

104. Cfr. por todos Aguilera Morales, M. / Cubillo López, I., "Transmisión de documentos judiciales y extrajudiciales a efectos de notificación y traslado", en *Derecho Procesal Civil Europeo. II. Acceso a la Justicia y auxilio judicial en la Unión Europea* (dir. A. de la Oliva Santos) (Aranzadi, Cizur Menor, 2011) 175-249.
105. Sentencia *Alder*, § 24; STJUE de 11 de noviembre de 2015, C-223/14, *Tecom Mican* y *Arias Domínguez*, § 51.
106. Cfr. en este sentido la sentencia *Alder* (§§ 32 y 40), dado que en esos casos «no se garantiza a ese destinatario el conocimiento del documento judicial ni de su traducción en tiempo oportuno para preparar su defensa» (§ 41).

b) De otro, se añade una garantía singular y especialmente valiosa, directamente vinculada al carácter transfronterizo del caso: el idioma.[107] En efecto, en virtud del artículo 8.1 RN el destinatario tiene derecho a negarse a aceptar el documento –frustrando con ello el éxito de la notificación– si no está redactado o traducido a una lengua que entienda o a la lengua oficial del Estado miembro en que se practica la notificación[108]; al practicar la notificación se le informará de este derecho[109], que podrá hacer valer bien en el mismo momento de la notificación, bien devolviendo el documento al organismo receptor en el plazo de una semana.

El Tribunal de Justicia ha aclarado en el auto *Alta Realitat* que el tribunal de origen no está en modo alguno facultado para limitar el ejercicio del derecho a rechazar la notificación, v.g., estableciendo a priori que el demandado entiende el idioma en que están redactados los documentos (al efecto de no exigir una traducción previa a la notificación).[110] Por supuesto, en caso de que el destinatario haya hecho uso del derecho a rechazar la notificación al amparo del artículo 8 RN, el tribunal de origen está facultado para valorar si se cumplen los requisitos para ello, es decir, si efectivamente entiende o no el idioma. Para efectuar esa valoración, cabe esperar que el tribunal de origen se sirva de toda la información pertinente que esté a su disposición.[111] Si el tribunal llega a la conclusión de que el demandado no tenía derecho a rechazar la notificación podrá aplicar las consecuencias previstas en su legislación nacional[112], siempre que se respete la efectividad del Derecho de la UE; pero, en principio, el tribunal podría ordenar la reanudación del proceso, asumiendo que el destinatario ha podido realmente conocer el contenido de la demanda.

Se trata de una norma que, claramente, aporta un *plus* de garantía para el derecho de defensa del demandado, pues le asegura una comprensión desde

---

107. Cfr., por todos, A. Stadler, "Practical Obstacles in Cross-Border Litigation and Communication between (EU) Courts", 5 *Erasmus Law Review* (2012-3) 151-167.
108. El ámbito objetivo de este derecho fue matizado por la STJUE de 8 de mayo de 2008, C-14/07, *Weiss und Partner*: cubre, por supuesto, el escrito de demanda o equivalente, pero no aquellos documentos anexos que tengan una función meramente probatoria y no resulten indispensables para comprender el objeto y la causa de la demanda.
109. Esta información es imprescindible, como recuerda la STJUE de 16 de septiembre de 2015, C-519/13, *Alpha Bank Cyprus*, aunque su omisión resulta en todo caso subsanable.
110. Auto *Alta Realitat*, §§ 53-55, 74-75.
111. Auto *Alta Realitat*, §§ 57, 77.
112. El RN no establece cuáles han de ser esas consecuencias, que quedan así remitidas a la legislación procesal nacional (Auto *Alta Realitat*, §§ 82-83).

el principio de aquello que está en juego[113]. Y debe tenerse en cuenta que este valor añadido se aplica de forma general si la notificación es transfronteriza, aunque el proceso en sí pueda no serlo, y tanto si el proceso en cuestión es un proceso «europeo» como si se trata de un proceso regido en su integridad por el Derecho procesal nacional del Estado de origen.

Al margen de lo anterior, el RN admite tres modalidades adicionales para la notificación transfronteriza. La primera es la notificación por medio de los agentes diplomáticos o consulares que el Estado de emisión tenga en el Estado requerido (art. 13 RN), que ha de hacerse sin coacción y que los Estados pueden limitar a los casos en que el destinatario sea nacional del Estado miembro de origen. La segunda es la notificación por correo enviado directamente desde el Estado de origen, mediante carta certificada con acuse de recibo o equivalente (art. 14 RN), muy frecuente en la práctica de ciertos Estados miembros.[114] Y la tercera consiste en que el litigante interesado solicite que la notificación se practique directamente por medio de los agentes judiciales, funcionarios u otras personas competentes del Estado miembro requerido, cuando tal notificación o traslado directos estén permitidos conforme al Derecho interno de ese Estado miembro (art. 15 RN). Lo relevante es que en los tres casos, además del carácter personal de la notificación, se mantiene la aplicación de la «garantía lingüística» (art. 8.4 RN), de modo que se asegura una equivalencia en la protección del derecho de defensa del demandado destinatario[115].

---

113. Insiste en ello la sentencia *Alpha Bank Cyprus*, en la que se recuerda que, para salvaguardar el derecho de defensa, «no sólo es preciso procurar que el destinatario de un documento lo reciba realmente sino también que se le permita conocer y comprender de forma efectiva y completa el sentido y el alcance de la acción ejercida contra él de manera que pueda ejercer eficazmente sus derechos en el Estado miembro de origen» (§ 32).

114. La noción de transmisión "equivalente" al correo certificado con acuse de recibo ha sido abordada por la sentencia *Henderson* (§§ 80) de manera un tanto imprecisa: "cabe calificar de «equivalente» todo medio de notificación o traslado de un documento judicial –y de prueba de éste– que ofrezca garantías comparables a las del envío por correo de una carta certificada con acuse de recibo. Más concretamente, el modo alternativo de transmisión del documento debe presentar el mismo nivel de certeza y de fiabilidad que una carta certificada con acuse de recibo tanto en lo que atañe a la recepción del documento por su destinatario como en lo relativo a las circunstancias de esa recepción."

115. En la sentencia *Henderson* el Tribunal de Justicia señaló que su doctrina –construida pensando primordialmente en los mecanismos ordinarios de notificación transfronteriza al amparo del RN– debería resultar también aplicable a las notificaciones directas (§ 59). En este sentido, el artículo 8.5 RN establece el modo en que se ha de informar al destinatario de su derecho a la traducción: si se trata de una notificación efectuada por agentes diplomáticos o consulares, deberán éstos informar al destinatario en el momento mismo en que se efectúe la notificación (y será a ellos a quienes habrá que devolver el documento rechazado); si se hace por correo, la autoridad emitente habrá de incluir entre la documentación la información al destinatario de que puede negarse a aceptar el documento (y en este caso el documento rechazado deberá enviarse a la autoridad emitente).

c) El RN no aborda de forma específica quién puede ser considerado un receptor válido de la notificación. Se trata de una cuestión en la que una remisión genérica a la legislación nacional no resulta problemática cuando se trata de aplicar los mecanismos generales del sistema, que implican la actuación de autoridades emisoras y receptoras. Pero cuando se trata de aplicar la notificación directa del artículo 14 -y no solo en este caso- se pone de manifiesto con claridad que está en juego la determinación de si el documento que da comienzo al proceso fue notificado de modo tal que puede considerarse que el demandado realmente llegó a tener conocimiento de su existencia. En consecuencia, el Tribunal de Justicia se ha atrevido en la sentencia *Henderson* a establecer unos estándares mínimos para determinar qué persona, distinta del destinatario, puede considerarse como receptor válido del documento que da comienzo al proceso. Y esos estándares se han extraído del artículo 14.1 a) RTEE: "la facultad de un tercero para recibir un documento judicial en lugar del destinatario del mismo sólo puede aplicarse en el caso de personas adultas que se encuentren en la residencia del destinatario, ya se trate de miembros de su familia que vivan en la misma dirección que éste o de personas empleadas por él en dicha dirección."[116] Adicionalmente, el Tribunal recuerda que esta regla establece una presunción que admite prueba en contrario: aunque la notificación parezca correcta -porque el documento ha sido entregado a un tercero receptor válido-, "el destinatario del documento sigue teniendo la posibilidad de acreditar, por todos los medios de prueba admisibles ante el tribunal que conozca del asunto en el Estado miembro de origen, que no pudo tener conocimiento efectivo del hecho de que se hubiera incoado contra él un procedimiento judicial en otro Estado miembro, ni identificar el objeto y la causa de la demanda, ni disponer de tiempo suficiente para preparar su defensa. Incumbe al referido tribunal valorar la pertinencia de tales pruebas teniendo debidamente en cuenta todas las circunstancias del caso concreto."[117]

De este modo, el Tribunal de Justicia ha establecido con claridad un estándar mínimo europeo en relación con los receptores válidos de las notificaciones en contextos transfronterizos, que sirve para lograr un equilibrio entre el derecho de acceso del demandante -en virtud del cual la primera notificación al demandado no puede suponer un obstáculo insuperable para un desarrollo ágil del proceso- y el derecho de defensa del demandado -que se vería lesionado si no tuviera conocimiento de la existencia del proceso-. El estándar, de

116. Sentencia *Henderson*, § 95.
117. Sentencia *Henderson*, § 98.

hecho, exigiendo que los terceros receptores sean adultos, bien miembros de su familia o empleados, puede parecer incluso más elevado que el existente en algunos ordenamientos procesales nacionales.[118]

6.2. Garantías adicionales en caso de rebeldía: la suspensión del proceso

Por otra parte, la combinación entre el artículo 19 RN y el artículo 28 RB I bis[119] aporta una serie de garantías adicionales. En efecto, el artículo 28 RB I bis, aunque está ubicado en sede de tratamiento procesal de la competencia internacional, pretende asegurar en sus apartados 2, 3 y 4 que el demandado ha sido emplazado correctamente y con tiempo suficiente para poder defenderse en los casos en que el actor haya interpuesto su demanda ante los tribunales de un Estado miembro distinto de aquél en que el demandado tiene su domicilio. Se trata, por ello, de una regla pensada para reforzar el derecho de defensa de la parte demandada y que también representa, en esa medida, un desarrollo concreto del derecho a la tutela judicial del artículo 47 CDFUE[120].

El punto de partida para la aplicación de estas salvaguardas es siempre el mismo: mientras se desarrolle el procedimiento de notificación internacional y no llegue la constancia de su correcta cumplimentación, el proceso quedará en suspenso[121]. La duración de esta suspensión puede ser diversa en función de si en el caso concreto resultan de aplicación determinados preceptos del RN, del Convenio de La Haya de 1965 o no resulta aplicable ninguno de ellos.

En principio, el artículo 28.3 RB I bis se remite al artículo 19 RN[122], que contempla la hipótesis de que la demanda se haya notificado al demandado en otro Estado a través de sus mecanismos y este sujeto, sin embargo, no haya comparecido al proceso. Pues bien, el artículo 19.2 RN establece que los Estados miembros podrán permitir a sus tribunales, en estos casos de incomparecencia del demandado, que le den curso al proceso a pesar de no haber recibido comunicación alguna acreditativa de la notificación de la demanda al demandado, si se dan ciertos requisitos: a) la demanda ha sido remitida según alguno de los modos previstos por el RN; b) ha transcurrido, desde la fecha de envío de

118. Aunque la mayoría de las legislaciones nacionales exigen que los receptors de una notificación en sustitución de su destinatario sean mayores de edad, existen algunas excepciones: en ciertos países la edad mínima son 14 años (España, Hungría, Italia), 15 años (Luxemburgo y Finlandia) o 16 años (Bélgica).

119. O sus equivalentes en otros ámbitos materiales, como el artículo 18 RB II bis, el artículo 16 RS o, nuevamente, el artículo 16 de los reglamentos sobre regímenes económicos matrimoniales y sobre efectos patrimoniales de las uniones registradas.

120. Cfr. STJUE de 21 de junio de 2012, C-514/10, *Wolf Naturprodukte*, § 29.

121. Como insiste en recordar la sentencia *ASML* (§ 30).

122. La Sentencia *Alder* se encarga de recordar que esta previsión forma parte de las previsiones establecidas en desarrollo del derecho de defensa (§ 39).

la demanda, un plazo que el juez apreciará en cada caso particular y que será, al menos, de seis meses; y c) no obstante las diligencias oportunas ante las autoridades competentes o entidades del Estado miembro requerido, no se ha podido obtener certificación alguna que acredite la práctica de la notificación.

La suspensión del proceso, por tanto, podrá comportar un retraso de hasta seis meses, aunque el fracaso en el procedimiento de notificación internacional no siempre impedirá el desarrollo del proceso. Transcurridos los seis meses, el tribunal podrá dar curso al proceso: si se considera competente, el proceso proseguirá; en cambio, si no se considera competente, habrá de reanudar el proceso a los solos efectos de declararse de oficio incompetente y sobreseer el litigio, según le exige el artículo 28.1 RB I bis.

Puede apreciarse, pues, que el artículo 19.2 RN parece legitimar la sustanciación de procesos transfronterizos en rebeldía, aun a sabiendas de que esta rebeldía puede ser involuntaria debido al desconocimiento del proceso por parte del demandado. Por eso, como se verá seguidamente, han de estar previstas cláusulas de salvaguarda.

> Lo mismo sucede en los casos en que la notificación internacional se haya practicado al amparo del CLH 1965: el artículo 28.4 RB I bis se remite al artículo 15 CLH, que contempla una facultad prácticamente idéntica a la anterior –en la que, visiblemente, se inspiró el legislador europeo al redactar el artículo 19 RN–.[123]

Puede suceder, sin embargo, que no resulte de aplicación ninguno de los preceptos anteriores, por dos posibles motivos: a) en general, porque resulte desconocido el domicilio del demandado, dado que en tal caso no se aplicarán ni el RN (art. 1.2) ni el CLH (art. 1 II); b) aunque dicho domicilio sea conocido, porque el proceso se esté desarrollando ante los tribunales de un Estado que no permita proveer en estos supuestos sin haberse cerciorado de que la notificación se practicó. En estos casos, no quedará más remedio que aplicar la norma genérica prevista en el apartado 2 del artículo 28, que obliga al tribunal a suspender el procedimiento en tanto no se acredite que el demandado ha podido recibir el escrito de demanda o documento equivalente con tiempo suficiente para defenderse o que se ha tomado toda diligencia a tal fin. La consecuencia, por tanto, puede ser la paralización indefinida del proceso, con la paradoja de que cuando resulte posible darle curso, puede que sea a los solos efectos de que el tribunal aprecie de oficio su falta de competencia; o, al

123. En aplicación de este apartado la sentencia *Scania Finance France* señala que, cuando a la notificación internacional le sea de aplicación el Convenio de La Haya, la regularidad de la notificación de la cédula de emplazamiento a un demandado en rebeldía ha de apreciarse exclusivamente a la luz de las disposiciones de dicho Convenio. Cfr. también, con anterioridad, la sentencia *Pendy Plastic*.

contrario (y más probable), una duración más breve de la suspensión del proceso que si hubieran de aplicarse el RN o el CLH, que podría alzarse en cuanto se constatara que se ha tomado toda diligencia para notificar al demandado, aunque haya sido infructuosamente.

6.3. Garantías adicionales en caso de rebeldía: la demanda para la exención de la preclusión

Al margen de lo anterior, tampoco puede olvidarse que el artículo 19.4 RN da cabida a una «demanda de exención de la preclusión» que guarda semejanza con la «revisión» contemplada en el RPME o en el RPEEC en cuanto a su carácter excepcional y a la situación de partida que permite acudir a ella[124]. En efecto, el precepto parte de la premisa de que la demanda o documento equivalente debió remitirse a otro Estado miembro a efectos de notificación y, a pesar de las garantías antes aludidas, se ha acabado dictando resolución en rebeldía. En tal caso, el demandado podrá forzar una reapertura del litigio si ya no cabe recurso y, además, se dan las dos siguientes condiciones: i) el demandado, sin mediar culpa de su parte, no tuvo conocimiento de la demanda en tiempo oportuno para defenderse ni de la sentencia en tiempo oportuno para recurrirla; y ii) las alegaciones del demandado aparecen provistas, en principio, de algún fundamento.

Nuevamente aquí se omite cualquier referencia al procedimiento, salvo en lo relativo a los plazos: la demanda de exención de la preclusión sólo será admisible si se formula dentro de un plazo razonable a partir del momento en que el demandado tuvo conocimiento de la resolución; los Estados miembros, en todo caso, están facultados para fijar un plazo específico, siempre que no sea inferior a un año a contar desde la fecha de la resolución.

La diferencia con los mecanismos de revisión del RPME y del RPEEC se manifiesta en relación con los efectos del procedimiento de exención de la preclusión: si prospera, no se anula sin más la resolución, sino que se retrotraen las actuaciones al momento en que corresponde al demandado contestar a la demanda –o, en su caso, acudir a una primera vista oral para defender su posición jurídica–.

124. Con una excepción en su ámbito material: no se aplicará a resoluciones relativas al estado o capacidad de las personas (art. 19.5 RN).

7. CONCLUSIONES

Cuando el TEDH aborda la cuestión de la primera notificación al demandado lo hace siempre desde un enfoque constante, el de verificar a título principal si el procedimiento sustanciado ante un tribunal nacional ha vulnerado o no el derecho de defensa y el derecho a un juicio justo del demandado: no puede ser de otro modo, dada la función y la posición institucional del Tribunal y el modo en que se plantea la tutela que puede dispensar. En cambio, el TJUE –también él por su posición institucional– tiene oportunidad de ofrecer a esta cuestión la pluralidad de enfoques que esta materia recibe en la legislación de la Unión Europea: v.g., si la sentencia dictada en rebeldía debe producir efectos transfronterizos; si debe tener fuerza ejecutiva un requerimiento europeo de pago; si el demandado en un proceso europeo de escasa cuantía tiene derecho a obtener la revisión de una resolución firme dictada en rebeldía frente a él; o si puede el demandado rechazar la notificación que le informa de la incoación de un proceso frente a él en otro Estado miembro debido a la falta de comprensión por su parte de su contenido. Ahora bien, aunque el ángulo y el método de análisis pueden ser en parte distintos, lo cierto es que la jurisprudencia del TEDH en relación con el artículo 6.1 CEDH, la legislación emanada de la Unión Europea y la jurisprudencia del TJUE en relación con la legislación europea y con el artículo 47 CDFUE asumen un esquema de garantías mínimas que es prácticamente idéntico y que puede sintetizarse del modo siguiente:

a) Los procedimientos de notificación deberían estar diseñados a través de un sistema de escalas, de modo que: i) prevalezca la notificación personal, sea electrónica o no, que pueda dar acuse de recibo o acreditación de éxito equivalente; ii) resulte subsidiario el uso de métodos «menos seguros» –es decir, sin acuse de recibo, pero con razonables probabilidades de éxito–; y iii) sean absolutamente subsidiarios y excepcionales los mecanismos de notificación ficticia, en cuyo empleo debe eludirse cualquier tipo de automatismo.

b) El contenido de la primera notificación y el idioma en que está redactada la demanda y los documentos adjuntos básicos han de permitir que su destinatario identifique los elementos definitorios del litigio y se encuentre en condiciones de poder defenderse adecuadamente.

c) Al practicar la primera notificación y, en particular, al optar por el procedimiento que debe seguirse, al ejecutarlo y al definir su contenido e idioma, debe exigirse la máxima diligencia a las autoridades nacionales; es razonable, asimismo, que las autoridades nacionales estén en condiciones de ofrecer prueba o acreditación del empleo por su parte de la máxima diligencia a la hora de tratar que la primera notificación sea recibida en términos idóneos por su destinatario.

d) Tanto los legisladores como los tribunales deben exigir una diligencia razonable al destinatario, en términos que han de medirse en función de las circunstancias de cada caso concreto. Esta diligencia le es exigible al destinatario en dos momentos diversos y a dos fines distintos: i) en primer lugar, al recibir o no la notificación, en la medida en que el fracaso de una notificación personal o con receptor subsidiario pueda deberse a abuso o negligencia inexcusable por su parte; ii) en segundo término, al reaccionar o no frente a la sentencia o frente al proceso, una vez se llegue a tener conocimiento de su existencia, pues a una pasividad a la hora de servirse de los remedios previstos por el ordenamiento para poner de manifiesto el defecto se le puede atribuir eficacia subsanadora respecto de las supuestas lesiones del derecho de defensa.

e) Los ordenamientos procesales deben disponer de remedios adecuados para corregir disfunciones en la práctica de la primera notificación que hayan mermado o anulado el derecho de defensa del demandado y que no le sean imputables. Esta exigencia es el contrapunto necesario a la admisibilidad de métodos de notificación sin acuse de recibo del demandado y, en todo caso, debe estar prevista para dar cabida a situaciones excepcionales.

f) Debe efectuarse una constante ponderación entre el derecho de defensa del demandado y el derecho de acceso a la justicia del demandante, de suerte que no se llegue a un exceso en la atribución o en la interpretación de garantías de uno u otro lado, que pueda a su vez servir de base para dar amparo a conductas fraudulentas o evasivas.

CAPÍTULO 20

Treaty-making between public authority and private interests: the genealogy of the convention on the recognition and enforcement of foreign arbitral awards

Florian Grisel[1]

SUMMARY: ABSTRACT; 1. THE ICC: THE ARCHETYPE OF A TRANSNATIONAL INSTITUTION; 2. THE ROLE OF THE ICC IN THE GENESIS OF THE NEW YORK CONVENTION; 3. A TRANSNATIONAL NETWORK OF EXPERTS AND THE UNFOLDING OF THE UN CONFERENCE.

ABSTRACT

The bulk of the literature on transnational governance focuses on the bottom-up emergence of private rules, neglecting top-down processes such as treaty making. This article seeks to remedy this gap, using original archival material to show how a transnational network of experts associated with the International Chamber of Commerce influenced the negotiations of the United Nations Conference on the Recognition and Enforcement of Foreign Arbitral Awards (1958) and its final content. In doing so, this article will analyse the ways in which the complex allegiances developed within the International Chamber of Commerce enabled it to match public authority and private interests in a transnational legal process where states no longer held a monopoly.

> Transnational situations, then, may involve individuals, corporations, states, organizations of states, or other groups. A private

---

1. Chargé de recherche, Centre national de la recherche scientifique, Université Paris Ouest Nanterre La Défense, Paris, France; Senior Lecturer in Transnational Law, King's College London, London, United Kingdom Email: <email address?>. This article benefited from massive amounts of useful suggestions made by Charlotte Collin, Thomas Granier, Jérôme Sgard, Alec Stone Sweet, Patrick Weil and the participants to the Barcelona Workshop on Global Governance, the Law and Society Association Annual Meetings, and the international arbitration seminar at McGill University. All errors remain mine.

> American citizen, or a stateless person for that matter, whose passport or other travel document is challenged at a European frontier confronts a transnational situation. … Equally one could mention the International Chamber of Commerce exercising its privilege of taking part in a conference called by the Economic and Social Council of the United Nations.
>
> – Philip C. Jessup, *Transnational Law*

International commercial arbitration is commonly seen as a paradigm of a global phenomenon that is non-hierarchical, self-regulated and transnational.[2] One of its cornerstones[3] is the United Nations Convention on the Recognition and Enforcement of Foreign Arbitral Awards (New York Convention), an international treaty that limits the grounds upon which a losing party can resist enforcement of an arbitral award before national courts.[4] In particular, the courts of the 156 state parties to the New York Convention cannot review arbitral awards in enforcement proceedings, except on the grounds listed under its Article V.[5]

The New York Convention was signed two years after Philip Jessup coined the phrase 'transnational law' in his Storrs Lectures at Yale University.[6] This phrase was meant to designate legal situations that arise beyond nation states but do not wholly fit into traditional legal categories. Jessup particularly sought to address the weaknesses of international law theory by challenging the traditional approach, in which international lawyers downplay the influence of private interests in international governance and prefer emphasizing the pre-eminence of states in this process. As Janet Koven Levit points out, 'international legal scholars have largely overlooked bottom-up lawmaking in favour of more traditional top-down stories'.[7]

Reacting against this tendency, however, legal scholars have increasingly paid attention to the rise of bottom-up law-making in recent years, focusing

---

2. See, e.g., E. Gaillard, *Legal Theory of International Arbitration* (2010).
3. See, e.g., A.J. van den Berg, *The New York Arbitration Convention of 1958* (1981); Reisman and Richardson, 'The Present – Commercial Arbitration as a Transnational System of Justice: Tribunals and Courts: An Interpretation of the Architecture of International Commercial Arbitration', in A.J. van den Berg (ed.), *Arbitration: The Next Fifty Years* (2012) 17.
4. See United Nations Convention on the Recognition and Enforcement of Foreign Arbitral Awards (New York Convention) 1958, 330 UNTS 3. On the New York Convention, see Contini, 'International Commercial Arbitration: The United Nations Convention on the Recognition and Enforcement of Foreign Arbitral Awards', 8 *American Journal of Comparative Law* (1959) 283; Sultan, 'The United Nations Arbitration Convention and United States Policy', 53 *American Journal of International Law* (1959) 808.
5. *Ibid.*, Art. V.2(b).
6. P. Jessup, *Transnational Law* (1956). On the lasting influence of Jessup's work on the theory of transnational law, see Zumbansen, 'Transnational Law', in J. Smits (ed.), *Encyclopedia of Comparative Law* (2006) <first page?>.
7. Koven Levit, 'A Bottom-Up Approach to International Lawmaking: The Tale of Three Trade Finance Instruments', 30 *Yale Journal of International Law* (2005) 125, at 173.

on the emergence of non-state rules arising from usage, guidelines, or general standards. For instance, some authors have highlighted with great relevance the birth of 'islands of transnational governance' through international arbitration,[8] while others have shown how private standards increasingly regulate international finance.[9] However, most authors have neglected to analyse and illustrate how Jessup's analysis might also apply to traditional top-down processes such as treaty making.[10] The present article seeks to fill this gap in the literature by focusing on the genealogy of the New York Convention.

The notions of transnational legal process and transnational legal networks will serve as guidelines for our study of the New York Convention. The notion of a transnational legal process has been defined as the 'theory and practice of how public and private actors - nation-states, international organizations, multinational enterprises, non-governmental organizations, and private individuals - interact in a variety of public and private, domestic and international fora to make, interpret, enforce, and ultimately, internalize rules of transnational law'.[11] Because of their multi-faceted nature, transnational legal processes are the ideal place for transnational legal networks to unfold and operate. These networks are composed of individuals or entities whose allegiances - public or private, national or international - are unclear and who ultimately cross traditional boundaries in order to bypass embedded social and power structures.[12]

Against this backdrop, the present study will show how private interests heavily influenced the negotiations leading to the New York Convention. These negotiations have been partly documented in the past, but authors have missed - or ignored - a significant portion of the available archives that relate to private interests.[13] This article utilizes the *travaux préparatoires* of the New York Convention as well as the relevant archives of the United Nations (UN) and the French Ministry of Foreign Affairs in order to reveal a previously unknown story relating to the genesis of the New York Convention and the diplomatic conference that took place under the aegis of the UN in New York from 20 May to 10 June 1958 (the UN Conference). On the basis of this archival material, it will be argued that

8. Stone Sweet, 'Islands of Transnational Governance', in M. Shapiro and A. Stone Sweet (eds), *On Law, Politics and Judicialization* (2002) 323; see also Y. Dezalay and B.G. Garth, *Dealing in Virtue: International Commercial Arbitration and the Construction of a Transnational Legal Order* (1996).
9. T. Buthe and W. Mattli, *The New Global Rulers: The Privatization of Regulation in the World Economy* (2011).
10. See, however, S.K. Sell, *Private Power, Public Law: The Globalization of Intellectual Property Rights* (2003).
11. Hongju Koh, 'Transnational Legal Process', 75 *Nebraska Law Review* (1996) 181, at 183–184.
12. See in this regard Halliday and Shaffer, 'Transnational Legal Orders', in T.C. Halliday and G. Shaffer (eds), *Transnational Legal Orders* (2015) 3.
13. See, e.g., C. Tsai, 'La Chambre de Commerce Internationale - Un Groupe de Pression International, Son Action et Son Rôle dans l'Elaboration, la Conclusion et l'Application des Conventions Internationales Etablies au Sein des Organisations Intergouvernementales à Vocation Mondiale, 1945–1969' (PhD dissertation, Université Catholique de Louvain, 1972, on file with Bibliothèque Nationale de France).

private interests de facto acted in a strategic, coordinated manner during the genesis of the New York Convention and achieved what had been rejected as provocative by national governments shortly before. The key character in this story is the ICC, a private institution headquartered in Paris and particularly active in the field of international commercial arbitration. The key moment is a meeting of private interests and public authority that occurred during the UN Conference on 26 May 1958. Three main themes emerge from our analysis: the transnational character of the ICC, its pre-eminent role during the genesis of the New York Convention and the support provided to it by a transnational network of experts during the UN Conference.

1. THE ICC: THE ARCHETYPE OF A TRANSNATIONAL INSTITUTION

The ICC was created in the aftermath of World War I, and its formal organization did not wholly fit traditional separations between 'public' and 'private', 'national' and 'international'. Indeed, the ICC has combined private and public elements in order to pursue its global mission. The primary purpose of the ICC has been to promote global peace by private means; its founders described themselves as 'merchants of peace',[14] and the ICC characterized itself as a 'private institution for public welfare'.[15] In its current constitution, the ICC still refers to 'greater global prosperity and peace among nations' as its 'fundamental objective'.[16] In addition, the ICC, whose formal legal status is a local association under French law (*Association loi de 1901*), also federates an international network of national committees composed of prominent business representatives in every member country.[17] These national committees act as local missions for the ICC and, to that end, maintain close relationships with trade associations, unions and national governments. The number of these national committees has grown from 20 in 1924,[18] to 32 in 1935,[19] to 90 in 2015.[20] The ICC is therefore a local entity that spans several countries based on a loose network of national committees.

As part of its efforts to promote peace, the ICC quickly turned towards arbitration as an effective means to solve international business disputes. In 1923,

14. See, e.g., G.L. Ridgeway, *Merchants of Peace: Twenty Years of Business Diplomacy through the International Chamber of Commerce 1919–1938* (1938).
15. International Chamber of Commerce (ICC), *International Commercial Arbitration: Commercial Hints* (1935), at 7.
16. ICC Constitution, June 2012, available at www.iccwbo.org/constitution/ (last visited 14 May 2015).
17. On the history and organization of the ICC, see G.L. Ridgeway, *Merchants of Peace: Twenty Years of Business Diplomacy through the International Chamber of Commerce 1919–1938* (1938).
18. ICC, *The Arbitration of the International Chamber of Commerce* (1924), at 11–12.
19. ICC, *supra* note 14, at 13.
20. ICC, 'National Committees and Groups', available at www.iccwbo.org/about-icc/organization/national-committees-and-groups/ (last visited 15 May 2015).

the ICC created a Court of Arbitration composed of eight to ten business experts for each country member.[21] This Court of Arbitration does not settle business disputes by itself but, rather, supervises and administers the arbitral process.[22] For instance, the ICC Court of Arbitration appoints arbitrators and fixes time limits within which arbitral awards shall be rendered.[23] The ICC has progressively become the central organization in this field, and its caseload has steadily expanded throughout the 20th century.

The ICC has also become the platform through which a unique network of arbitration experts meet, discuss objectives and calculate strategic options. For instance, the ICC Committee on International Commercial Arbitration (also named the Commission on International Commercial Arbitration or the Commission on International Arbitration), which was created in 1921, gathers arbitration experts who have developed a powerful, forward-looking strategy for the development of arbitration in general. Finally, the ICC became the first non-governmental organization to obtain general consultative status at the UN Economic and Social Council (ECOSOC) in 1946.[24] As will be seen below, the consultative status of the ICC and the transnational network of experts gathered around its Committee on International Commercial Arbitration played an instrumental role in the genesis of the New York Convention.

2. THE ROLE OF THE ICC IN THE GENESIS OF THE NEW YORK CONVENTION

A) The ICC Preliminary Draft Convention (1953)

After World War II, the ICC encouraged the creation of a new regime for the enforcement of arbitral awards. Until then, the main legal instrument supporting the enforcement of arbitral awards at the international level had been the Convention on the Execution of Foreign Arbitral Awards (Geneva Convention), which suffered from two main shortcomings.[25] The first arose from the impossibility of enforcing an award that had not become 'final in the country in which it has been made'.[26] Hence, a party who wished to enforce an award had to establish that the award was final in the country where it had been rendered, which necessitated double *exequatur* proceedings. These proceedings were initiated

21. ICC, *supra* note 17, at 6.
22. *Ibid.*
23. *Ibid.*, at 6-7.
24. United Nations Economic and Social Council (ECOSOC), List of Non-Governmental Organizations in Consultative Status with the Economic and Social Council as of 1 September 2013, UN Doc. E/2013/INF/6, 4 October 2013. On the international activities of the ICC, see Haight, 'Activities of the International Chamber of Commerce and Other Business Groups', 54 *American Society of International Law Proceedings* (1960) 200.
25. See Convention on the Execution of Foreign Arbitral Awards (Geneva Convention) 1927, 92 LNTS 310.
26. *Ibid.*, Art. 1(d).

both at the seat of the arbitration (in order to make sure that the award was indeed final) and at the place of enforcement (in order to enforce the award and seize assets located in a country other than the place of arbitration), significantly lengthening the time involved in the process.[27]

The second shortcoming of the Geneva Convention arose from the obligation for an award to conform to the 'law governing the arbitration procedure' in order to be enforceable, which undermined the autonomy of arbitral awards in the context of national legal systems.[28] In order to create a new framework for the enforcement of arbitral awards, the ICC first explored the possibility of drafting 'an international uniform legislation aimed at simplifying recourse to arbitration', as discussed at its Quebec Congress, held in 1949.[29] The ultimate goal was to create uniform conditions for the enforcement of arbitral awards by issuing a model law (instead of promoting uniformity through an international treaty). As emphasized by the ICC during the Quebec Congress, '[a]s long as the laws governing arbitration vary from one country to another, there will be uncertainty as to the validity of arbitration clauses and the possibility of enforcing arbitral awards in a foreign country'.[30]

For this reason, the ICC worked in coordination with the International Institute for the Unification of Private Law, which in the late 1930s prepared a draft Uniform Law on Arbitration in Respect of International Relations of Private Law, aimed at unifying the grounds for the enforcement of arbitral awards across national systems.[31] However, the ICC progressively came to the conclusion that this draft Uniform Law was impracticable since it would require the modification of a large number of national laws in order to be effective.[32] The ICC therefore explored other options (as noted in two reports discussed at the ICC Commission on International Commercial Arbitration in May 1950).[33] One particular option explored by the ICC was the adoption of 'an international convention stipulating that all signatory countries enforce an international commercial award properly certified ... as though it were a judgment of that court'.[34] In June 1951, at its Lisbon Congress, the ICC accordingly adopted a resolution calling states to amend or replace the Geneva Convention:

---

27. See E. Gaillard and J. Savage (eds), *Fouchard Gaillard Goldman on International Commercial Arbitration* (1999), at 122.
28. Geneva Convention, *supra* note 24, at Art. 1(c).
29. ICC, Resolutions Adopted by the Twelfth Congress of the International Chamber of Commerce, Quebec, 13–17 June 1949 (1949), at 85.
30. *Ibid.*
31. See Preliminary Draft of a Uniform Law on Arbitration in Respect of International Relations of Private Law (Preliminary Draft Convention), reprinted in International Institute for the Unification of Private Law (ed.), *Unification of Law: A General Survey of Work for the Unification of Private Law: Drafts and Convention* (1948) 187.
32. 12th May – Committee on Arbitration Law, World Trade, June 1950, at 7–8.
33. *Ibid.*
34. *Ibid.*

> The I.C.C. welcomes a continuation of studies for the unification of arbitration laws in all countries, on the basis of the draft proposed by the International Institute for the Unification of Private Law, but recognizes the complexities and difficulties of the subject. The I.C.C. considers that pending completion of these studies an immediate effort should be made (whether by amendment of the Geneva Convention of 1927 or by a new Convention) to remove the main defect which militates against the effectiveness of international arbitration and to permit the immediate enforcement of international arbitral awards. The I.C.C. calls on all governments concerned to cooperate towards that end.[35]

Attached to the ICC resolution was a report entitled International Commercial Arbitration and Freedom of Contract, submitted by Edwin S. Herbert on behalf of the ICC Commission on International Commercial Arbitration,[36] which contained an in-depth criticism of the Geneva Convention. In particular, the ICC criticized the issue mentioned above, which arose from the 'reference in the Convention to the law of the country'.[37] The ICC recommended in its preliminary draft that the award should be rendered in accordance with the procedural rules agreed upon by the parties (as opposed to the procedural rules arising from a national law) in order to be enforceable.[38] The goal was to ensure the autonomy of the arbitral process in regard to national laws. This second line of criticism was, as we will see, a powerful force behind the adoption of the New York Convention.

Following this resolution, the ICC gathered a sub-committee chaired by Jean Robert, a prominent member of its Court of Arbitration, in order to design a 'draft convention on the execution and enforcement of international awards'.[39] Along with its chairman, two members of this sub-committee turned out to be particularly important for the fate of the New York Convention: René Arnaud and Pieter Sanders. René Arnaud was a French citizen who joined the newly created ICC in 1920 and attained the position of Secretary General of the French National Committee in 1933.[40] Pieter Sanders was a Dutch citizen, who founded the Nederlands Arbitrage Instituut in Rotterdam after World War II and co-edited a specialized review in the field of arbitration (*Arbitrale Rechtspraak*).[41] He also acted as arbitrator in the ICC proceedings[42] and became a member of the ICC

35. ICC, *International Commercial Arbitration and Freedom of Contract* (1951), at 6.
36. *Ibid.*
37. *Ibid.*, at 7.
38. *Ibid.*, at 8.
39. The members of this sub-committee were: Jean Robert (Chairman), René Arnaud, Ernest Barda, Charles Carabiber, Robert Marx, James Mordan, Pieter Sanders and Max Shoop.
40. ICC, *Un Demi-Siècle au Service de la Chambre de commerce Internationale* (1969).
41. For a summary of Sanders' career, see Sandrock, 'For Pieter Sanders' 100th Birthday: European company – New York Convention – UNCITRAL', 111 *Zeitschrift für Vergleichende Rechtswissenschaft* (2012) 259.
42. See, e.g., the ICC award rendered by Pieter Sanders as sole arbitrator in March 1951. *D. v. A.*, Award of 6 March 1951, reprinted in 365 *Arbitrale Rechtspraak* (1951) 508.

Commission on International Commercial Arbitration in 1949.[43] His name gained prominence with the New York Convention, and he was later dubbed its 'father'. In reality, Pieter Sanders' contribution to the New York Convention cannot be isolated from the transnational network of experts to which he belonged, as will be seen further later in this article.

The Preliminary Draft Convention was finalized and adopted by the ICC Committee on International Commercial Arbitration in March 1953.[44] In this draft, the ICC sought to address the two main shortcomings of the Geneva Convention. First, the ICC deleted the reference to the 'final' character of the award as a condition for its enforceability. The goal of this deletion was to defeat double *exequatur* proceedings.[45] Second, Article III(b) of the ICC Preliminary Draft provided that the arbitral procedure should be conducted 'in accordance with the agreement of the parties or, *failing agreement between the parties in this respect*, in accordance with the law of the country where arbitration took place'.[46] This language aimed at giving priority to the parties' agreement (over the law of the place of arbitration). In this regard, the ICC also promoted, through its Preliminary Draft Convention, the idea of an international award arising out of the autonomy of the parties' will and independent from domestic laws.

B) A Backlash from States at the UN: The ECOSOC Draft (1955)

The ICC submitted the Preliminary Draft Convention to the UN in October 1953.[47] In October 1954, ECOSOC appointed a committee composed of delegates of eight countries to review the ICC Preliminary Draft Convention.[48] None of the state delegates at the ECOSOC Committee were experts in the field of international arbitration save for Benjamin Wortley, the representative of the United Kingdom.[49] In March 1955, the ECOSOC Committee met for two weeks.[50] During these meetings, the state representatives expressed their strong disagreement with the ICC Preliminary Draft, notably with the notion of 'international award'. As a consequence, with one abstention, the Committee unanimously adopted its own draft convention.[51]

43. Sandrock, *supra* note 40.
44. ICC, *Enforcement of International Arbitral Awards: Report and Preliminary Draft Convention Adopted by the Committee on International Commercial Arbitration at Its Meeting of 13th March 1953* (1953).
45. *Ibid.*, at 11.
46. *Ibid.*, at 13 (emphasis added).
47. ECOSOC, Statement Submitted by the International Chamber of Commerce, a Non-Governmental Organization Having Consultative Status in Category A, UN Doc. E/C.2/273/Add.1, 25 February 1954.
48. See *Nouvelles de la CCI*, October 1954, at 1. These countries were Australia, Belgium, Egypt, Ecuador, India, United Kingdom, Sweden and the Soviet Union.
49. ECOSOC, Report of the Committee on the Enforcement of International Arbitral Awards, UN Doc. E/2704, 28 March 1955, at 2.
50. See *Nouvelles de la CCI*, April 1955, at 1.
51. ECOSOC, *supra* note 49, at 5.

This draft Convention on the Recognition and Enforcement of Foreign Arbitral Awards (ECOSOC Draft) (and not international arbitral awards as the ICC had wished) reintroduced finality as a condition for the enforceability of an award under its Article III(b).[52] The explanatory note to the ECOSOC Draft justified this move away from the ICC Preliminary Draft Convention by asserting the need to protect the losing party:

> The ICC Draft had omitted from the conditions of enforcement the condition that an arbitral award must be final. In order to properly safeguard the rights of the losing party, the Committee decided to reintroduce the requirement of finality which had been included in the Geneva Convention (Article 1(d)). This provision prescribes that in the country where the award was made, the award must be 'final and operative' and in particular, that its enforcement must not have been suspended. The expression 'final and operative' was intended by the Committee to mean that an award must be a definitive adjudication of all matters at issue, and must have full legal force and effect.[53]

In addition, the ECOSOC Draft modified the language of the ICC Preliminary Draft Convention concerning the rules applicable to the arbitral procedure. Its Article IV(g) introduced a hierarchy between the law of the place of arbitration and the procedural laws agreed on by the parties, in favour of the former law.[54]

The combined effect of Articles III(b) and IV(g) of the ECOSOC Draft was to reintroduce the two main shortcomings of the Geneva Convention, namely the risk of double *exequatur* and the lack of autonomy of the arbitration procedure towards domestic laws. The ECOSOC Draft therefore departed from the direction set by the ICC Preliminary Draft Convention and marked an attempt by the states to keep tight control over international commercial arbitration. As a consequence, the ICC faced the following choice with respect to the ECOSOC Draft: it could either express its disagreement with the ECOSOC Draft and continue to support its own preliminary draft convention, or it could choose to support the ECOSOC Draft and propose amendments thereto.

---

52. *Ibid.*, at 1, Annex: 'To obtain the recognition and enforcement mentioned in the precedent article it will be necessary that in the country where the award was made, *the award has become final and operative*, and in particular, that its enforcement has not been suspended' (emphasis added).
53. *Ibid.*, at 9.
54. *Ibid.*, at 2, Annex: '[E]ither the composition of the arbitral authority or the arbitral procedure was not in accordance with the agreement of the parties *to the extent that such agreement was lawful in the country where the arbitration took place*, or, failing such agreement between the parties in this respect, was not in accordance with the law of the country where the arbitration took place' (emphasis added).

C) The Diplomatic Path Chosen by the ICC: Amendments to the ECOSOC Draft (1958)

From October until December 1957, the ICC initiated discussions within its Commission on International Arbitration on the best strategy to adopt in this regard. Two main positions emerged from these discussions. Some members of the ICC Commission on International Arbitration leaned towards a diplomatic position. Pieter Sanders, for example, expressed the view that he 'did not see any possibility ... of going further than the Draft of the ECOSOC' and that he 'did not think it at all advisable to propose amendments exceeding the scope of this Draft, which was much more limited than the draft of the ICC'.[55] Other members advocated for a more aggressive position. Jean Robert, for example, advised that the substance of the ICC Preliminary Draft Convention should be preserved, with the ECOSOC Draft being kept as a basis for negotiations.[56]

The UN occasionally intervened in these debates and lobbied in favour of the first position.[57] In a report sent to the UN headquarters, a UN official emphasized that the ICC should take into account the strong governmental opposition to the ICC Preliminary Draft Convention:

> I intervened to suggest, in a purely personal capacity, that if the ICC come to the New York Conference to insist upon its original draft and to oppose the ECOSOC draft as a whole there would be a serious risk of the whole idea of a new convention running into heavy water since it was patent that governmental opinion was hostile to certain aspects of the ICC draft, such as the concept of an 'international award' which may be regarded as a purely doctrinal and academic approach to the problem of the enforcement of arbitral awards.[58]

However, the more aggressive position eventually prevailed at the ICC. In October 1957, the ICC Committee on International Arbitration – through its

55. Summary Record of the Meeting of Oct. 10, 1957 of the ICC Commission on International Arbitration and Commercial Law (Summary Record), ICC Doc. 420/84, 18 December 1957 (on file with the United Nations [UN] Archives).
56. *Ibid.*
57. For instance, in a letter dated 3 April 1957, the director of the General Legal Division at the UN (Oscar Schachter) thanked a UN legal advisor (Lazare Kopelmanas) for indicating to the ICC that '[Kopelmanas] considered their idea of international arbitral awards theoretical and their proposal as to severance of arbitral awards from the national law as not practical enough' (Letter from Oscar Schachter, Director, General Legal Division, Legal Department, United Nations, to Lazare Kopelmanas, Legal Adviser, United Nations Economic Commission for Europe, 3 April 1957 (on file with the UN Archives). At a meeting held in October 1957, a UN official urged the ICC to compromise its position and support the ECOSOC Draft.
58. Letter from André Tunc, Legal Adviser, Economic Commission for Europe, to Oscar Schachter, Director, General Legal Division, United Nations, 22 October 1957, enclosing the report from the European Commission for Europe on a meeting held by the ICC Commission on International Arbitration and Commercial Law on 9–11 October 1957, at 5 (on file with the UN Archives).

Chairman Edwin S. Herbert – decided that it would lay out amendment proposals to the ECOSOC Draft and push for the positions set out by the ICC in its Preliminary Draft Convention:

> The CHAIRMAN [Herbert], in resuming the general discussion, thought that they were unanimously agreed on the goal at which the ICC should aim, but not on the method for attaining it, in view of the fact that the Conference might pronounce in favour of the ECOSOC Draft. He therefore proposed that the Working Party's document expounding the ICC's views should be redrafted so as to (1) explain the reasons why the ICC continued to refer to reforms it had itself suggested; (2) suggest the possibility of deciding in favour of the ECOSOC Draft, saying what progress might be possible in this case; (3) set forth the amendments which, in the opinion of the ICC, would be necessary if the ECOSOC Draft was to be effective in the more limited field it was designed to cover.[59]

It is noteworthy that Pieter Sanders eventually endorsed the strategy recommended by the ICC (as will be seen further below), despite having previously expressed his opposition to making 'amendments exceeding the scope of th[e] [ECOSOC] draft'.[60]

Following these meetings, the ICC released its proposed amendments to the ECOSOC Draft in a special issue of its gazette, published in April 1958,[61] which was distributed at the outset of the UN Conference.[62] In these proposed amendments, the ICC accepted the terminology of 'foreign' awards (instead of 'international' awards) and focused its criticisms on two provisions of the ECOSOC Draft, namely its Articles III(b) and IV(g). As noted above, Article III(b) was the most controversial provision of the ECOSOC Draft since it reintroduced the possibility of double *exequatur*. The ICC did not argue for its full deletion but, rather, adopted a middle course, recommending that the finality of the award become a negative ground for the losing party to resist enforcement rather than a positive condition for the winning party to obtain enforcement of the award.[63]

Another criticism from the ICC concerned Article IV(g) of the ECOSOC Draft. The ICC criticized the reference made in this article to the lawfulness of the parties' agreement regarding the 'composition of the arbitral authority or the arbitral procedure' under the law of the country where the arbitration took place.

59. Summary Record, *supra* note 55.
60. *Ibid.*
61. *Nouvelles de la CCI*, Special Issue, April 1958.
62. *Nouvelles de la CCI*, May–June 1958, at 1.
63. In other words, the winning party seeking enforcement of an award would not have to prove that this award was final. Instead, the losing party would have to prove that the award was *not* final in order to successfully resist enforcement. See *Nouvelles de la CCI*, Special Issue, *supra* note 61, at 3.

According to the ICC, this language would allow the losing party to engage in dilatory tactics before the domestic courts at the seat of the arbitration and accordingly recommended its deletion.[64] It therefore appears that the ICC softened its initial position by accepting the ECOSOC Draft as a basis for the negotiations. However, the amendments proposed by the ICC in April 1958 sought to address the two main shortcomings of the Geneva Convention. As will be seen below, these two proposed amendments were eventually adopted at the UN Conference and strongly influenced the eventual shape of the New York Convention.

3. A TRANSNATIONAL NETWORK OF EXPERTS AND THE UNFOLDING OF THE UN CONFERENCE

The standard account of the UN Conference, which took place from 20 May until 10 June 1958, highlights the key role played by Pieter Sanders in the elaboration of the New York Convention.[65] According to this account, on 26 May 1958, Sanders introduced a new text as a basis for negotiations (in lieu of the ECOSOC Draft) on behalf of the Netherlands. The mythology of the New York Convention relates that Sanders drafted his proposal on a portable Hammond typewriter while sitting in his father-in-law's garden in a New York suburb at the end of the first week of the UN Conference and presented it at the beginning of the second week, thus preventing the conference from running aground.[66]

The interpretation of events proposed in this article differs in three regards. First, Sanders was not the solitary white knight often praised in the arbitration circles but, rather, the acting soldier of an invisible network of experts, with an exact understanding of how the debate had previously developed at the ICC. Second, Sanders' strategic initiative can be interpreted as a reflection of the view that, after governments had rejected the 1953 ICC Preliminary Draft, they had no vision of the way ahead. Third, a close reading of the New York Convention shows that this text was in fact much closer to the position of the ICC than is usually assumed.[67]

A) A Transnational Network of Experts Gathered around the ICC

Beyond the negotiations that were playing out at the UN Conference in New York, another game was underway between transnational experts whose bonds and allegiances were more complex and less visible. The ICC sent a team of five

64. *Ibid.*, at 3-4.
65. See Sandrock, *supra* note 40; M.R.P. Paulsson, *The 1958 New York Convention in Action* (2016), at 5-6.
66. *Ibid.*
67. See, e.g., Briner and Hamilton, 'The Creation of an International Standard to Ensure the Effectiveness of Arbitration Agreements and Foreign Arbitral Awards', in E. Gaillard and D. di Pietro (eds), *Enforcement of Arbitration Agreements and International Arbitral Awards: The New York Convention in Practice* (2008) 3.

delegates, led by Edwin Herbert (the chairman of the ICC Commission on International Commercial Arbitration), to attend the conference. Frédéric Eisemann, the Secretary General of the ICC, was also part of the ICC delegation.[68] However, these delegates did not have the power to amend or vote on the ECOSOC Draft as they represented a consultative organization and not a state.

At the same time, some state delegates, who did have the power to amend or vote, belonged to the same network of experts as the ICC delegates. Among these state delegates were René Arnaud, representing France, and Sanders, representing the Netherlands.[69] As noted above, both men had been closely involved in the elaboration of the ICC Preliminary Draft and had attended several meetings at the ICC in anticipation of the UN Conference. Other state delegates belonged to the same transnational network of experts as Arnaud and Sanders,[70] including Ottoarndt Glossner (Germany), Benjamin Wortley (United Kingdom), Mario Matteucci and Eugenio Minoli (both from Italy).[71] All of these experts knew each other[72] and belonged to the same professional network.[73]

The case of René Arnaud is illustrative of the complex identity of these experts. Between 1954 and 1958, the ICC nurtured close relationships with the French Ministry of Foreign Affairs through Arnaud. For instance, Arnaud sent numerous letters to the ministry, communicating, for instance, the ICC Preliminary Draft Convention in 1954[74] and comments on the ECOSOC Draft in 1955.[75] In addi-

---

68. See G.W. Haight, *Convention on the Recognition and Enforcement of Foreign Arbitral Awards – Summary Analysis of Record of United Nations Conference May-June 1958* (1958), at 107.
69. *Ibid.*, at 105.
70. See Glossner, 'From New York (1958) to Geneva (1961): A Veteran's Diary', in United Nations (UN) (ed.), *Enforcing Arbitration Awards under the New York Convention: Experience and Prospects* (1999–2000) 5, at 6.
71. *Ibid.*
72. The network was not only transnational but also grounded in mutual respect and admiration. For instance, one can find four members of the network (Benjamin Wortley, Eugenio Minoli, Ottoarndt Glossner and Frédéric Eisemann) among the authors of a *Festschrift* edited by Pieter Sanders in 1967 in honour of Martin Domke, another attendee at the UN Conference. In another *Festschrift* edited for Eugenio Minoli in 1974, two other members of the network (Frédéric Eisemann and Pieter Sanders), as well as Martin Domke, contributed chapters. Finally, two members of the network (Ottoarndt Glossner and Pieter Sanders) wrote chapters in a *Festschrift* published shortly thereafter in the honour of Frédéric Eisemann, and two other members (René Arnaud and Pierre-Jean Pointet) were listed among the subscribers.
73. Glossner, for example, became the chairman of the ICC Commission on International Commercial Arbitration in 1960; Wortley sat on the committee that drafted the International Institute for the Unification of Private Law's (UNIDROIT) Uniform Law on Arbitration in Respect of International Relations of Private Law in 1940 and was part of the ECOSOC Committee in 1955; Matteucci was the Secretary General and later president of UNIDROIT, which issued the above-mentioned Uniform Law; and Minoli participated in the ICC Congress held in Naples in May 1957.
74. See letter from René Arnaud, Director of the French National Committee of the ICC, to the French Minister of Foreign Affairs, 18 February 1954 (on file with the archives of the French Ministry of Foreign Affairs).
75. See letter from René Arnaud, Director of the French National Committee of the ICC, to Vincent Boustra, Director of the Secretariat for Conferences, French Ministry of Foreign Affairs, 20 September 1955 (on file with the archives of the French Ministry of Foreign Affairs).

tion, the ICC held several meetings at the ministry during this time period. These meetings were generally organized by the French National Committee of the ICC, often by Arnaud himself. Through these contacts, the ICC lobbied the ministry in favour of its positions. When the ministry considered a potential delegate for France at the upcoming New York Conference, it suggested Arnaud. The appointment raised doubts within the French government, however, because the views developed by the ICC were potentially against French national interests. For instance, the French Ministry of Justice argued that the French delegate should be a high civil servant or a senior judge, rather than an ICC official, and suggested the appointment as delegate of a judge at the Cour de cassation, Georges Holleaux.[76] A compromise was eventually found, and both Holleaux and Arnaud ended up representing France at the UN Conference.[77] As an example of the overlap between private and public interests – perhaps anecdotal but nevertheless telling – the ICC paid the expenses incurred by Arnaud when he represented France at the UN Conference, while France paid for the expenses incurred by Holleaux.[78]

B) The Crystallization of Public and Private Interests through the 'Dutch Proposal' (27 May 1958)

The influence of this network became clear when Sanders introduced his famous proposal during the UN Conference. The discussions based on the ECOSOC Draft were unsuccessful during the first week of the conference (from 20 May until 24 May 1958). Sanders himself recalled that '[on] all the real substantive matters, we hardly made any progress at all [during that first week]'.[79] In this context, Sanders introduced the new amendments as the 'Dutch proposal' on 26 May 1958.[80] Interestingly, the Dutch proposal was in line with the amendment proposals made by the ICC in April 1958. In particular, the Dutch proposal introduced the lack of 'finality' of the award as a negative condition to be proved by the losing party resisting enforcement.[81] The Dutch proposal also deleted the

76. See letter from the French Minister of Justice to the French Minister of Foreign Affairs, 23 April 1958 (courtesy translation) (on file with the archives of the French Ministry of Foreign Affairs).
77. Georges Holleaux fell sick on 31 May 1958, and René Arnaud was the sole French delegate thereafter. See letter from René Arnaud, Director of the French National Committee of the ICC, to Jean du Boisberranger, French Ministry of Foreign Affairs, 10 June 1958 (on file with the archives of the French Ministry of Foreign Affairs).
78. See note from the Direction of the United Nations and International Organizations, French Ministry of Foreign Affairs to the General Direction of Personnel, French Ministry of Foreign Affairs, 7 May 1958) (on file with the archives of the French Ministry of Foreign Affairs).
79. Interview by the International Bar Association (Marlene de Wouters) with Pieter Sanders, in Schiedam, Netherlands (2007), available at www.arbitration-icca.org/historic-treasures/profsanders.html (last visited 18 May 2015).
80. See Sanders, 'The Making of the Convention', in UN, *supra* note 70, ‹first page?›.
81. ECOSOC, *Netherlands: Amendments to the Draft Convention*, UN Doc. E/Conf.26/L.17, 26 May 1958.

reference to the lawfulness of the parties' agreement in the country where the arbitration took place under a new Article IV(c).[82]

When Sanders introduced the Dutch proposal at the UN Conference on 26 May 1958, the reaction from the other participants was even more significant. The proposal met the immediate approval of the delegates from Italy (Mario Matteucci), France (Georges Holleaux) and the United Kingdom (Benjamin Wortley), who were joined by Switzerland (Pierre-Jean Pointet) and the ICC (George Haight).[83] All of these delegates praised the Dutch proposal in turn.[84] The delegates from Italy, the United Kingdom and the ICC suggested that the Dutch proposal should be used as a basis for negotiations (thus replacing the ECOSOC Draft).[85] The president of the conference, a Dutch national, then successfully called for a vote on whether the Dutch proposal should serve as a working basis for the UN Conference.[86]

C) The Influence of the ICC on the Final Text of the New York Convention

The Dutch proposal had a tremendous impact on the fate of the ensuing negotiations. As pointed out above, the text proposed by Sanders replaced the ECOSOC Draft as the basis for negotiations among states. As a result of this diplomatic move, the final text of the New York Convention was very close in substance to the position laid down by the ICC in April 1958. For instance, Vladimir Fabry, a UN official who attended the UN Conference, noted in private correspondence that '[a]s a matter of fact, except for avoiding the term "international award", [the UN Convention] goes in many respects even further than the original ICC draft'.[87]

More specifically, the final text of the New York Convention sought to address the two main shortcomings of the Geneva Convention. First, the final text followed the proposal made by the ICC in April 1958, as reflected in the Dutch proposal, according to which the losing party should prove that an award is not final in order to resist enforcement of this award (as opposed to the winning party proving that the award is final in order to obtain enforcement). The language of the New York Convention went even further than the Dutch proposal by

82. *Ibid.*
83. ECOSOC, *Summary Record of the Eleventh Meeting*, UN Doc. E/Conf.26/Sr.11, 12 September 1958, at 5–12.
84. *Ibid.*, at 7–12.
85. *Ibid.*, at 5–12.
86. *Ibid.*, at 13.
87. ECOSOC, *supra* note 83, at 2. Eugenio Minoli, one of the Italian delegates, also commented that 'the Conference decided in favour of a compromise undoubtedly nearer to the wishes of the ICC and of all those to whom arbitration appears to be an expression of legal regulation pertaining to the individual, rather than an institution coming under the legislation of the State.' See Minoli, 'The New York Convention on the Recognition and Enforcement of Foreign Arbitral Awards', ‹volume?› *Unification of Law Yearbook* (1958) 156, at 161.

replacing the word 'final' with the word 'binding' in Article V(1)(e).[88] Second, the reference to the lawfulness of the parties' agreement under the law of the country where the arbitration took place was deleted from the final text of the New York Convention, reflecting almost literally the ICC Preliminary Draft Convention.[89]

Finally, the influence of the ICC can be seen in Article V(1)(b) of the New York Convention, which provides that recognition and enforcement may be refused if '[t]he party against whom the award is invoked was not given proper notice of the appointment of the arbitrator or of the arbitration proceedings *or was otherwise unable to present its case*'.[90] The italicized words are very close to Article IV(c) of the ICC Preliminary Draft Convention.[91] The final amendment to this provision was proposed by Sanders on the last day of the negotiations.[92] Here again, Sanders appears to have reiterated the position of the ICC.[93]

As a conclusion, the New York Convention illustrates how networks of experts can emerge and operate successfully at a transnational level and how top-down processes such as treaty making cannot be insulated from the outreach of transnational law. In particular, the transnational network of experts united around the ICC in the 1950s efficiently served the needs of international commercial arbitration (and those of the ICC) by promoting a new legal instrument that later became its cornerstone. The success of this network was served by its very complexity. In particular, the multi-faceted nature of the allegiances developed within the network and the overlap of public and private interests among its members channelled the positive influence of the ICC on the treaty negotiations carried out at the UN Conference. By uniting its members beyond traditional delimitations, this network was able to match private interests and public authority in a process where states no longer held a monopoly.

88. New York Convention, *supra* note 3, Art. V(1)(e): 'The award has not yet become *binding* on the parties, or has been set aside or suspended by a competent authority of the country in which, or under the law of which that award was made' (emphasis added).
89. *Ibid.*, Art. V(1)(d), which indeed provided that enforcement may be refused if '[t]he composition of the arbitral authority or the arbitral procedure was not in accordance with the agreement of the parties, or, *failing such agreement*, was not in accordance with the law of the country where the arbitration took place'. The closeness of this language with the ICC Preliminary Draft Convention, *supra* note 30, is clear when considering Art. III(b) of this preliminary draft: '[T]he composition of the arbitral authority and the arbitral procedure shall have been in accordance with the agreement of the parties, or, *failing agreement between the parties in this respect*, in accordance with the law of the country where arbitration took place.'
90. New York Convention, *supra* note 3, Art. V(1)(b) (emphasis added).
91. ICC Preliminary Draft Convention, *supra* note 30, Art. IV(c) of the provided that an award should not be enforced if 'the party against whom it is sought to use the award was not given notice of the arbitration proceedings in sufficient time *to enable him to present his case*' (emphasis added).
92. ECOSOC, *Summary Record of the Twenty-Third Meeting*, UN Doc. E/Conf.26/Sr.23, 12 September 1958, 15.
93. This was noted by a UN official who attended the UN Conference, see ECOSOC, *supra* note 83, at 6: 'This extension of the ground for refusal was actually suggested by the ICC and formally introduced by Mr. Sanders.'

CAPÍTULO 21

Procedural proportionality and flexibility in England and Brazil

John Sorabji

SUMMARY: 1. INTRODUCTION; 2. STRUCTURAL PROPORTIONALITY; 3. PROCEDURAL CASE TRACKS; 4. ACTIVE COURT-BASED CASE MANAGEMENT; 5. RULE COMPLIANCE AND EFFECTIVE CASE MANAGEMENT; 6. FLEXIBLE FORMS OF PROCESS IN ENGLAND AND BRAZIL; 7. BRAZIL AND ENGLAND: LESSONS FOR THE FUTURE; 8. CONCLUSION.

1. INTRODUCTION

In 1999, England and Wales (England) introduced a new civil procedural code following the Woolf Reforms of the mid-1990s[1]: The Civil Procedure Rules (CPR).[2] In 2016, Brazil effected its own civil procedure reforms, the centrepiece of which was also a new civil procedural code: Codigó de Processo Civil (CPC).[3] Both sets of reforms articulated fundamental shifts in the approach to the civil process. In England, there was both a shift in means by which process was carried out and a shift in the purpose for which it was to be carried out. The first of the two aspects saw the removal of party-control over the pace of litigation, and its replacement with active court-controlled case management.[4] Rather than being free to set the pace and extent of process available to them, parties were now to assist the court in carrying out its management function.[5] A co-operative partnership model of procedural management was thus introduced with echoes of the approach introduced in Austria following the Franz Klein reforms in the 19th Century.[6]

---

1. H. Woolf, Access to Justice: Interim Report to the Lord Chancellor on the Civil Justice System in England and Wales (HMSO) (1995); H. Woolf, Access to Justice: Final Report to the Lord Chancellor on the Civil Justice System in England and Wales (HMSO) (1996).
2. CPR r.1.1(1) (SI 3132/1998). It came into force on 26 April 1999. See further, J. Sorabji, *English Civil Justice after the Woolf and Jackson Reforms – A Critical Analysis* (Cambridge, 2014).
3. Code of Civil Procedure (Brazil) (March 16, 2015, via Act No. 13,105/2015). It came into force on 18 March 2016. See T. Arruda Alvim & F. Didier Jr, *CPC Brasilerio – Brazilian Code of Civil Procedure*, (JusPodivm, 2017) for a parallel Brazilian – English text of the new Code.
4. CPR r.1.4; r.3.1.
5. CPR r.1.3.
6. S. Frodl, The heritage of the Franz Klein reform of Austrian civil procedure in 1895-1896, C J Q 2012, 31(1), 43.

In addition to changing how procedure was to be managed, the English reforms effected a more important principled reform. They revised the purpose for which it was to be managed. A new philosophy of litigation[7], one centred on procedural proportionality, was, and now does, underpin the civil process and informs the manner in which courts manage proceedings. This new philosophy was articulated within a purposive, interpretative, provision at the outset of the CPR in CPR r.1: its overriding objective.[8] Rather than civil procedure's aim being to secure justice on the merits, as had been established in modern times following England's late 19th Century procedural reforms, its aim was to '*deal with cases justly*', and following amendments effected in 2013, to '*deal with cases justly and at proportionate cost*' i.e., its aim was to secure proportionate justice.[9] This, as the English Court of Appeal in acknowledged *Re L (a child)* [2013] EWCA Civ 1778, had two aspects: individual proportionality; and, collective proportionality.[10]

The former refers to the aim of ensuring that the court ensures that a proper balance is struck between the costs of a single claim and the value or benefit to the parties of achieving a substantively accurate decision. It is intended to ensure that substantive justice is achieved through a process that ensures that that is achieved at a cost and in a time that is proportionate to the value of the claim. Thus, it imposes, as Sir Rupert Jackson put it, a cost-benefit analysis focused on the individual claim;[11] one that acknowledges that in doing so the quality of justice in the individual case may be reduced as less process, less evidence, less argument etc. may increase the prospect of adjudicative error. The latter, collective proportionality's focus is not the individual claim, although it too requires individual claims' access to be process to be limited.[12] It requires access to the court's time and resources to be rationed so that no claim utilises more than an equitable, a proportionate, share of them. This is to ensure that

7. *Three Rivers District Council and Others v Governor and Company of the Bank of England (No 3)* [2003] 2 A.C. 1 at [153], where it was stated that the CPR marked an 'important shift in judicial philosophy [away] from the traditional philosophy that previously dominated the administration of justice.'
8. For a detailed discussion, see: J. Sorabji (2014); J. Sorabji, *English civil justice: another attempt at a new approach to justice*, Revista de Processo, Ano 40, 243 (2015) 81.
9. CPR r.1.1; Although note that the explicit reference to proportionality of costs was implicit within the overriding objective as originally drafted. The addition of explicit reference to it was to signal its importance to those individuals who had not fully appreciated its importance or prominence within the CPR system; see Lord Dyson MR, *The application of the amendments to the Civil Procedure Rules*, (2014) 33 C.J.Q. 124 at 126-128.
10. J. Sorabji (2014) at 161ff; Lord Neuberger MR, *A New Approach to Civil Justice: From Woolf to Jackson* in G. Meggitt (ed), *Civil Justice Reform – What has it achieved?*, (Sweet & Maxwell, 2010); *Re L (a child)* [2013] EWCA Civ 1778 at [12].
11. R. Jackson, Review of Civil Litigation Costs: Final Report, (TSO, 2009) at 36.
12. Lord Dyson MR (2014).

all litigants are able to secure equitable access to the court and judgment. As Lord Woolf expressed it, this aspect of proportionality was intended

> '*to . . . preserve access to justice for all users of the system it is necessary to ensure that individual users do not use more of the system's resources than their case requires. This means that the court must consider the effect of their choice on other users of the system.*'[13]

In this way, it too can reduce the quality of justice in any particular case through justifying a reduction in evidence, and so on, before the court.[14] More significantly, it can justify the court refusing to proceed to judgment if a particular claim has been mishandled by the parties so badly that it has gone beyond a proportionate share of the court's resource,[15] such that any more access to process would have a detrimental effect on other litigants' right of access. Lord Dyson MR explained this as follows,

> '*The CPR whether they refer to the procedural case tracks, court control of expert evidence, time limits within which to serve claims or directions that specify when evidence should be exchanged and so on, serve to provide a just framework. That framework is intended to ensure that all litigants have fair access to the courts and a fair opportunity to proceed to judgment.*
>
> *Obviously that framework must be adapted to the circumstances of the immediate case. Flexibility and discretion within that framework are always necessary. In this respect, the use of the phrase "so far as practicable" is of some significance. Such flexibility must however be applied so as to achieve two things. These are (i) to ensure that parties do not expend more than proportionate costs in conducting their own litigation and (ii) to ensure that parties do not expend more of the court's time and resources than is proportionate given the need to ensure that all other court-users can have fair access to the courts within a reasonable time.*
>
> *This may mean that in some cases parties will have to be denied the opportunity to adduce certain evidence if they have failed to exchange in accordance with case management directions. Doing so may be justified in order to ensure that they do not expend more than proportionate costs on their own litigation. Equally, this might be justified in order to ensure that all other court-users have fair access.*

---

13. Woolf (1996) at 24.
14. A point noted critically by S. Issacharoff, Too much lawyering, Too little law: Comments on 'Access to Justice', in A. Zuckerman & R. Cranston (ed), Reform of Civil Procedure: Essays on 'Access to Justice', (Clarendon Press) (1995) at 251.
15. *Flaxmann-Binns v Lincolnshire County Council* [2004] 1 WLR 2232 at [41]; or, as Ralph Gibson LJ in Vinos v Marks & Spencer Plc put it, 'Justice to the defendant and to the interests of other litigants may require that a claimant who ignores time limits prescribed by the rules forfeits the right to have his claim tried.'

> *In others it may mean that a claim that could otherwise continue to trial might have to come to a premature end due, for instance, to a failure to comply with an 'unless order'.*
>
> ...
>
> *Doing the proper administration of justice goes beyond the immediate parties to litigation. It requires the court to consider the needs of all litigants, all court-users. This idea finds expression in the overriding objective.'*[16]

As such doing justice on the merits was not to be understood as *'something distinct from, and superior to, the overriding objective.'* On the contrary doing *'justice in each set of proceedings is to ensure that proceedings are dealt with justly and at proportionate cost. Justice in the individual case is now only achievable through the proper application of the CPR consistently with the overriding objective.'*[17]

The introduction of active court-based case management was thus not intended simply to enable the court to better promote the achievement of justice on the merits in individual cases. It was intended to further the overriding objective and thus to ensure that both individual and collective proportionality were achieved in the pursuit of justice. It was to manage proceedings in the public interest, so that the administration of justice as carried out effectively and in such a way that each claim before the courts was allotted a proportionate, an equitable share of process, and that it was managed consistently with that allocation. Equally, it was to be managed so as to ensure that the time and cost of those proceedings was proportionate to its value. It was thus intended to both secure the historic aim of increasing access to justice by removing, or at least reducing, cost and delay barriers to the court, and to enable the effective marshalling and distribution of the court's resources across all court users[18]; a point recently emphasised by the Court of Appeal in both *Mitchell MP v News Group Newspapers Limited* [2013] EWCA Civ 1537; [2014] 1 W.L.R. 795 and *Denton v White* [2014] EWCA Civ 906; [2014] 1 W.L.R. 3926.[19]

16. Lord Dyson MR (2014) at 126-127.
17. Ibid at 131.
18. On this point see, for instance, *Ropac Ltd v Inntrepreneur Pub Co. (CPC) Ltd* [2001] L.&T.R. 10 at [30].
19. The same developments can be seen in Australia, where the High Court of Australia emphasised in *AON v Australian National University* [2009] HCA 27, (2009) 239 C.L.R. 175, the centrality of public interest issues to the effective management of civil process. The clearest articulation of the nature of this reform and its relationship with distributive justice and the need to ensure effective access for all court users is however given in A. Jensel, *Jensel's Civil Court's Practice*, (AusAID, 2010) at 28, where the effective of the CPR's introduction is explained as follows, *''Proportionality principle – This is associated with the philosophical theories of `distributive justice', . . . The central theme of the Woolf report was that a sense of proportionality should guide the management of litigation – to apply the limited resources available within the civil justice system in such a way as to meet the greatest need . . .'* ‹http://www.paclii.org/vu/Vanuatu_Civil_Court_Practices/Full_Chapter_PDF/Chapter_2_Civil_Procedure_Rules.pdf› (accessed on November 19, 2017).

This paper looks at how the CPR, and particularly, its approach to case management seeks to ensure that individual claims are both prosecuted economically and efficiently, thus reducing cost and delay to justice for the individual litigants, and to secure the wider public interest i.e., to secure the effective rationing of the court's resources across all potential claims. In particular, it does so through looking at: first, the implementation of structural proportionality (which itself instantiated both individual and collective proportionality) via procedural case tracks and case management; secondly, the need to ensure case management is carried out effectively pursuant to the need to promote proportionality; and, the development of flexible forms of case management, which reintroduces a greater degree of party autonomy into the civil justice system, whilst maintaining effective court control of process. Finally, it draws parallels between England's new flexible forms of process and the introduction of contract procedure[20] into Brazil's new CPC. It does so in order to highlight two features of the English experience of reform: the difficulty in securing an effective change in procedural culture to enable new forms of process to work effectively as intended, and how this element of Brazilian procedure taken with developments in England may point the way towards wider developments in pursuit of greater proportionality in civil justice in Brazil and more widely.

2. STRUCTURAL PROPORTIONALITY

A commitment to procedural proportionality, and particularly to matching the nature and extent of process to the nature and value of specific claims, has been an aspect of English civil justice since at least the mid-19th Century. County Courts, dealing with lower value and less complex claims, with a simplified form of process were established in 1846[21] and continue to operate for lower value (albeit what amounts to lower increases regularly)[22]. Specialist small claims proceedings have equally been an established feature of County Court procedure since the 1980s,[23] and more generally summary judgment, default judgment and procedural strike out procedures have long been a feature of both County Court and High Court practice.[24] The Woolf reforms, and CPR, transformed this historic commitment to proportionality into a leading procedural design principle, just

20. CPC art. 190, art. 200.
21. The County Courts (England) Act 1846, now see County Courts Act 1984; County Court Rules (CCR) (SI 1687/1981), which governed procedure in the County Courts until the CPR's introduction.
22. For the current jurisdictional limits on the County Court see, The County Court Jurisdiction Order 2014, s.3(SI 503/2014) (as amended).
23. N. Andrews, *Andrews on Civil Processes*, (2013) Vol. 1 at 94; County Courts Act 1959, s.92 (as amended by the Administration of Justice Act 1977, s.17); see further CCR Ord. 19, r.5 in R. Gregory (ed), *The County Court Practice 1983* (1983) and CCR ord. 19, rr.1-10 in P. Thompson (ed), *The County Court Practice 1994* (1994).
24. See now, CPR r.3.4, Pt 12, Pt 24.

as it transformed it into the leading principle governing the civil justice system's operation.[25] It did this in two fundamental ways: first, by introducing procedural case tracks; and secondly, through effective court-based cast management.

3. PROCEDURAL CASE TRACKS

The Woolf reforms identified a lack of procedural flexibility in court procedures, both in the County Courts and High Court, as a cause of unnecessary cost and delay in the pursuit of justice on the merits. While there had been, as noted above, a degree of proportionality in procedural design from the 1840s, it operated at a macro level i.e., in terms of a hierarchical court system with one set of procedural rules applying in the County and High Court. Thus a very low value claim in the County Court prior to the 1980s would have received the same County Court process as the highest value claim hear in that court. The same applied in the High Court. There was no real room for the application of proportionality at the micro level i.e., at the level of individual cases, within each of the courts. As the Woolf reforms put it, with reference to the High Court's rules, (the Rules of the Supreme Court or RSC), *'the same procedures to all cases regardless of financial weight, complexity or importance'*.[26] Procedural case tracks were intended to implement proportionality through structural change at the micro level. They were to ensure that process was to match each claim; a point emphasised by the Woolf Reforms, where it was stressed in respect of one of the procedural case tracks that proportionality underpinned its introduction.[27]

Three procedural case tracks were introduced in the CPR: the small claims track, as a replacement for the existing County Court small claims procedure; a fast track; and a multi-track. All three tracks were available in the County Court. Only the multi-track was, and is, available in the High Court. Allocation to track depended on what can be described as the value-plus model. Allocation is determined primarily by claim value. Claims with a value up to £10,000 (originally £5,000), unless they are personal injury claims for which the value is up to £1,000 are allocated to the small claims track. Claims with a value above £10,000 and up to £25,000 are allocated to the fast track. Claims about £25,000 are allocated to the multi-track.[28] Allocation according to value is not automatic; value is a significant factor but not a determinative one.[29] Allocation on that basis is 'normal'[30].

25. C. Hanycz, More Access to Less Justice: Efficiency, Proportionality and Costs in Canadian Civil Justice Reform, 27 CJQ (2008) 98, 105ff.
26. H. Woolf (1995) at 19.
27. H. Woolf (1995) at 28, 'Proportionality underlies the whole concept of the fast track.'
28. CPR Pt 26.
29. H. Woolf (1996) at 19.
30. See, for instance, CPR rr.26.6(3), 26.6(4), 26.7(1).

However, claims within the various value bands can be allocated to other tracks on the basis of the: nature of the remedy sought; the complexity of the issues involved in the proceedings; the amount of oral evidence required; the views and circumstances of the parties.[31] In addition to the three tracks that were introduced in 1999, a fourth, and intermediate, track may well be introduced. This new track, to apply to claims between £25,000 and £100,000, i.e., to fall between the fast track and a newly restricted multi-track, was recommended in reform proposals made in 2013.[32] The proposal reflecting the need to apply a more proportionate form of process than that available on the multi-track by way of standard to claims of the specified value. It is an acknowledgment that the present three track system is not sufficiently tailored to properly promote proportionality.[33]

The three tracks provide differing levels of access to process. On the small claims track, in order to ensure that litigation cost is proportionate to the value of the claim, access to process is pared back significantly. For instance, there is limited documentary disclosure; parties only having to disclose such documents as they rely upon. Expert evidence is severely restricted. There is limited, standardised, case management. Trial are limited in duration; the general rule being that they will last for an hour and for no more than three hours. Trials are also informal. They are intended to be carried out without the use of legal representation by the parties, and the trial judge ordinarily will adopt an investigative approach to conducting the hearing i.e., questioning the parties and witnesses directly. Cost recovery is also limited and fixed in advance by the rules of court.[34] Fast track procedure is also limited in scope, albeit not to as great a degree as on the small claims track. Again though case management is ordinarily standardised. Evidence, particularly expert evidence which as a general rule is restricted to a single expert witness, is limited. Trials are to take no longer than a day, and again there is a degree of control over recoverable costs.[35] On the multi-track the full range of procedure is available.[36] Its application on a case-by-case basis is determined by the court, thus matching process to the particular claim to a greater degree than on the small claims or fast tracks.[37]

---

31. CPR r.26.8(1).
32. R. Jackson, Review of Civil Litigation Costs – Supplemental Report – Fixed Recoverable Costs, (Judicial Office, 2017) at 99ff.
33. R. Jackson (2017) at 99, 'Recent evidence shows that the cost of litigating lower value cases in the multi-track remains disproportionate to the value of such cases.'
34. See CPR Pt. 27.
35. See CPR Pt 28.
36. See CPR Pt 29.
37. For a detailed discussion of the three tracks see. A. Zuckerman, *Zuckerman on Civil Procedure – Principles of Practice*, (Sweet & Maxwell, 2014), chapter 12.

Through their introduction, the CPR was to ensure that not only were different cases treated differently i.e., low value, simple cases would have access to less process than high value, complex cases, but that similar cases were to be treated similarly i.e., all low value, simple cases would obtain the same level of process. In this way the case tracks gave concrete effect to the requirement specified to be part of the overriding objective, and its commitment to proportionality, of ensuring that claims were dealt with so as to save expense (by not exposing low value claims to the expense of full scale disclosure etc.), by ensuring that claims are dealt with expeditiously and fairly (by enabling simple cases to be dealt with at a quicker pace than more complex cases through the application of the right level of process to the claim), and by ensuring that no claim had costs over and above those proportionate to it being imposed on the parties.[38] As such they seek to implement the commitment to individual proportionality. Just as significantly they sought to implement the commitment to collective proportionality, through ensuring that the court allotted no more than a proportionate amount of its resources to any specific claim while taking account of the needs of other court users.[39] The manner in which they were to do so was through the small claims and fast track setting out default approaches to case management, and ones which were determined by the Civil Procedure Rule Committee, which is responsible for devising and promulgated the CPR (subject to Parliamentary approval)[40], which provided claims allocated to them with a proportionate process. It was to do so on the multi-track through ensuring that case management was tailored, consistently with the overriding objective, to the individual claim. The procedural case tracks are thus the primary means through which proportionality is implemented through the CPRs' structure.[41] They are the primary means through which as May LJ put it in *Adoko v Jemal*, the CPR is able,

> *'. . . so far as is practicable, [to] allot to individual cases an appropriate share of the court's resources while taking account of the need to allot resources to other cases.'*[42]

Procedural templates may, as Zuckerman rightly points out, ensure that the court does not have to devise a unique '*bespoke procedure*' for each claim, something which would itself waste '*excessive procedural resources*'.[43] No matter how well devised however, and how well they ensure that the court does not

38. CPR r.1.1(2).
39. As required by the overriding objective: CPR r.1.1(2)(e).
40. Civil Procedure Act 1997, ss.2 & 3.
41. That it did so was not without criticism, see J. Sorabji (2014) at 191ff for a discussion.
42. (CA 22 June 1999) at (7), case management, see below, being the other means by which this is to be achieved.
43. A. Zuckerman (2014) at 633.

need to devise bespoke procedures for individual claims, they are not a sufficient means to ensure proportionate, timely and economical justice is achieved. Just as substantive law is not self-effecting, neither is procedural law. It needs to be properly implemented, to be managed. And it equally needs to be tailored to the individual case within the ambit of proportionate resource allocation provided for at the macro level by the case tracks. It is in respect of these points that active court-based case management plays its central role.

4. ACTIVE COURT-BASED CASE MANAGEMENT

Party control of the pre-trial process was, historically, a fundamental aspect of English civil justice's commitment to the principle of party autonomy.[44] The second significant structural change effected by the CPR, following the Woolf Reforms, was the replacement of party control with court-control of pre-trial procedure.[45] The court was not simply to take over the management of claims. It was to manage them consistently with the overriding objective, and hence both aspects of proportionality.[46] As Lord Clarke MR put it in describing case management,

> *'Taken together, the overriding objective [in CPR Pt 1] and active judicial case management [notably CPR r.3.1] seek to ensure that each case is afforded no more than a proportionate amount of judicial and party resources, that the real issues in dispute are identified and concentrated upon by the court and the parties, and that the claim is dealt with expeditiously.'*[47]

In other words, the court was to manage claims so as to ensure the proportionate allocation of its resources to individual claims (collective proportionality) and to ensure that the parties utilised no more than a proportionate amount of their own resources (individual proportionality) in the pursuit of the determination of the real issues in dispute i.e., the merits. This was to be achieved in three ways.

First, effective case management was to be achieved through the allocation of claims to the appropriate case track. The court is to achieve, where a claim is defended, this through taking account of information the parties are required to provide it following the completion of the pleading process. This information

44. N. Andrews, A New Civil Procedural Code for England: Party-Control "Going, Going, Gone", C.J.Q. 2000, 19, 37.
45. CPR rr. 1.2, 1.3, 1.4, Pt 3.
46. H. Woolf (1995) at 18 & 52; Kesslar v Moore & Tibbits [2005] PNLR 17 at (27).
47. A. Clarke, *The Supercase – Problems and Solutions: Reflections on BCCI and Equitable Life* (29th March 2007) (Annual KPMG Forensic Lecture) (copy on file with the author).

is provided via what are known as Directions Questionnaires.[48] Prior to this, the court will have provisionally allocated the claim to a specific track based on information contained in the parties' statements of case.[49] Secondly, it is to be achieved through giving and managing specific case management directions operative within the track to which the claim has been allocated. For claims allocated to the small claims track, due to the nature of cases allocated to it, standard directions will ordinarily be made and will be made upon allocation to track.[50] Standard directions provide that

> *'each party shall, at least 14 days before the date fixed for the final hearing, file and serve on every other party copies of all documents (including any expert's report) on which he intends to rely at the hearing; and any other standard directions set out in Practice Direction 27[51];'[52]*

Special directions, deviating from the norm, may also be made in appropriate cases.[53] For claims allocated to the fast track, the court will give directions concerning the scope of documentary disclosure, expert evidence, and provision by the parties of witness evidence.[54] It does so in order to enable the pre-trial case management process to be carried out effectively within 30 weeks from allocation i.e., to enable a trial to take place by that time.[55] Directions will also specify when the trial is to take place. Again, standard directions are used, subject to the possibility of revision by the court.[56] Claims allocated to the multi-track, as noted above, have access to the full panoply of procedure, and the court will either give appropriate directions based on information contained within the Directions Questionnaire or will do so following a case management conference with the parties.[57] The possibility exists in any

48. See A. Zuckerman (2014) at 634-636.
49. CPR r.26.3(1).
50. CPR r.27.4(1).
51. These being, that '1 Each party must deliver to every other party and to the court office copies of all documents on which he intends to rely at the hearing no later than [ ] [14 days before the hearing]. (These should include the letter making the claim and the reply.); 2 The original documents must be brought to the hearing.; 3 [Notice of hearing date and time allowed.]; 4 The parties are encouraged to contact each other with a view to trying to settle the case or narrow the issues. However the court must be informed immediately if the case is settled by agreement before the hearing date.; 5 No party may rely at the hearing on any report from an expert unless express permission has been granted by the court beforehand. Anyone wishing to rely on an expert must write to the court immediately on receipt of this Order and seek permission, giving an explanation why the assistance of an expert is necessary.': see CPR PD27 Annex B
52. CPR r.27.4(1).
53. CPR r.27.4(1)(b).
54. CPR r.28.2(1).
55. CPR PD28 para.3.12.
56. CPR PD28 Appendix.
57. CPR r.29.2.

case, irrespective of track allocation, for directions once made to be varied or revised at a later stage.

Through track allocation and the ability, within the bounds of allocation, to give and tailor case management directions to the needs of specific cases the court is able to achieve two things. First, it can – at a macro level – ensure that claims are provided a form of process comparable to that afforded to other, comparable claims. It ensures that claims of similar types are allocated a proportionate amount of the courts resources, and that accordingly – according to their value, importance etc., they are each afforded an equitable distribution of those resources. Secondly, it enables the court to ensure – at a micro level – that each claim is managed consistently with the aim if ensuring that justice is capable of being achieved at proportionate cost and time to the parties.

Case management directions may provide the means through which the court can ensure that track allocation is not as blunt an instrument for the promotion of proportionality as it might otherwise be. It does not on its own ensure that claims are managed effectively. It is one thing to tailor process so that each claim has management directions sufficient to enable the parties to achieve proportionate justice. It is another to ensure that the parties comply with those directions. Such compliance being essential if each claim is not to stray beyond both an equitable share of the court's resources and beyond proportionate time and cost to the parties. Compliance with such directions has not however, historically, been a feature of English civil justice. On the contrary, the traditional approach to non-compliance with case management obligations, and procedural obligations generally, has been one of party-complacency and judicial leniency. Non-compliance was historically forgiven, as any other approach was understood to frustrate the court's historic objective of achieving justice on the merits.[58] It is in this respect that the CPR introduced a third means of securing effective case management, and through it proportionate justice's achievement: a strict approach to non-compliance.

5. RULE COMPLIANCE AND EFFECTIVE CASE MANAGEMENT

The use of procedural case tracks and effective case management, pursuant to the overriding objective, was intended, as Lord Woolf put it, to enable the CPR to

58. J. Sorabji (2014) at 67-74; A. Zuckerman, The continuing management deficit in the administration of civil justice, C.J.Q. 2015, 34(1) 1; A. Zuckerman, Litigation Management under the CPR: A Poorly-used Management Infrastructure, in D. Dwyer (ed), The Civil Procedure Rules Ten Years On (OUP, 2009).

> *'. . . preserve access to justice for all users of the system [and as such it becomes] necessary to ensure that individual users do not use more of the system's resources than their case requires. This means that the court must consider the effect of their choice on other users of the system.'*[59]

Difficulties would arise for this aim if parties did not, however, ensure that – in so far as inevitable error or changes of circumstance reasonably and justifiably necessitated – that they complied with procedural obligations arising under case management directions. Historically, the courts had taken a lenient approach to non-compliance. Discretion was exercised according to a test that was focused on ensuring that, as far as possible, non-compliance would be forgiven by the court where a fair trial on the merits remained possible and any prejudice caused by the default to the non-defaulting party could be compensated in costs paid by the defaulting party. The question of prejudice, caused by the default or non-compliance, to the effective operation of the system as a whole did not feature as an aspect of the test. Its sole focus was the parties' and the need to ensure that justice on the merits in their case was achieved. This test was one established following the introduction of the RSC in the 1870s through a series of decisions of the English Court of Appeal, most particularly: *Tildesley v Harper* 10 ChD 393; *Cropper v Smith* (1884) 26 Ch D 700[60]; and, *Collins v The Vestry of Paddington* (1879 – 1880) LR 5 QBD 368. Where parties understood that the court would focus on the question of whether a fair trial remained possible and whether prejudice was compensatable, the expectation arose relief would be granted, albeit never to the level of certainty due to the fact that the court was applying a discretion and factors particular to any specific default may result in relief from default not being granted. As Zuckerman has correctly argued, this expectation underpinned the fact that the approach to procedural rule-following prior to the CPRs introduction was one where the rules lacked any real normative force.[61] What culture there was, was one of non-compliance.

59. H. Woolf (1996) at 24.
60. The classic statement of the test is that of Bowen LJ in *Cropper v Smith* (1884) 26 Ch D 700 at 710-11, '. . . the object of the Courts is to decide the rights of parties, and not to punish them for mistakes they make in the conduct of their cases by deciding otherwise than in accordance with their rights . . . I know of no kind of error or mistake which, if not fraudulent or intended to overreach, the Court ought not to correct, if it can be done without injustice to the other party. Courts do not exist for the sake of discipline, but for the sake of deciding matters in controversy, . . . It seems to me that as soon as it appears that the way in which a party had framed his case will not lead to a decision of the real matter in controversy, it is as much a matter of right on his part to have it corrected, if it can be done without injustice . . .'. It could always be done without injustice if a payment of costs could remedy any prejudice, as *'costs were the universal panacea'*.
61. A. Zuckerman, *Civil Procedure*, (Butterworths, 2003) at 31; A. Zuckerman, *Compliance with Process Obligations and Fair Trial*, in M. Andenas, N. Andrews, R Nazzini, *The Future of Transnational Civil Litigation* (British Institute of International and Comparative Law, 2004).

This gave rise to a problem. Effective case management requires there to be effective compliance with procedural obligations. A culture of procedural complacency, where rules have little to no normative force, cannot secure effective compliance. Without effective compliance, it is simply not possible to provide for effective case management. Where parties do not comply with court orders and directions, as was understood to be the case under the CPR's predecessor,[62] cases are not capable of being managed within their allotted ration of court resources, as defaulting parties make otherwise unnecessary applications to the court. Those applications both require those claims to go beyond an equitable share of the court's resources. They equally, through causing other claims to be postponed in order to accommodate them, increase the cost and delay to judgment of other claims. Thus they ensure that the pursuit of their own claim is not pursued consistently with the need to secure collective proportionality, but they equally ensure that other claims incur costs and delays that will have a negative impact on their ability to be prosecuted consistently with the need to secure individual proportionality in their own cases.

In addition to these problems, they result in cases being prosecuted at greater than proportionate time and cost for other reasons. First, where rules are generally not complied with, it will become a matter of routine for parties to apply for relief from the consequences of their non-compliance e.g., for extensions of time to comply with procedural obligations such as the time within which they are required to serve their claim on their opponent. This, itself, has two consequences. It breeds a litigant culture where delay is endemic. With no effective incentive to comply with procedural obligations in due time, litigants – and particularly their legal representatives – will fail to act expeditiously. They will take as much time as they can to get away with. It will also create unnecessary and additional cost. Those costs will arise from the need to make, prepare for and contest hearings at which extensions of time to comply with obligations and other such applications for relief will be made. Such applications will equally take time to be heard as they need to be accommodated within the court's timetable, which in itself will result in additional unnecessary delay being incurred. Given the procedural advantage that successfully contesting an application for relief could bring, for instance, through ensuring that a claim that was not served in time became susceptible to a successful limitation defence, such applications were, of course, also fiercely contested and subject to appeal. And again, unnecessary and otherwise avoidable cost and delay is the consequence.[63]

62. It being understood that court orders, directions and procedural requirements were 'flouted on a vast scale' under the RSC; see H. Woolf (1995) at 8.
63. H. Woolf (1995) at 7-8.

To render case management effective these problems also needed to be eliminated. If not, then all that would have happened when the CPR was introduced was that the court would, for the first time, be in control of the procedural timetable, but it would still be at the mercy of a procedural culture that did not allow for the effective application of that timetable. As long as the justice on the merits-based approach to relief from the consequences of non-compliance prevailed the existing procedural culture would however prevail: case management, and the pursuit of proportionality, would be a dead letter. The procedural culture did not however change, despite sporadic attempts by the English Court of Appeal to effect such a change. Justice on the merits prevailed.[64] As Sir Rupert Jackson, during his review in 2009 of continued prevalence of excess costs in the English civil justice system notwithstanding the CPR's introduction, concluded

> *'. . . courts at all levels have become too tolerant of delays and non-compliance with orders. In so doing they have lost sight of the damage which the culture of delay and non-compliance is inflicting upon the civil justice system. The balance therefore needs to be redressed.'*[65]

The conclusion was correct, albeit the cause was misidentified. It was not the case that the courts had, since 1999, become too tolerant. On the contrary, a pre-existing culture of tolerance had been maintained, and with it or rather underpinning it, was a procedural culture that was based on the justice on the merits approach articulated by Bowen LJ in *Cropper v Smith* (1884) 26 Ch D 700.

In 2013 a further round of procedural reform was carried out.[66] One aspect of those reforms was a renewed emphasis on the need to secure compliance with case management directions. Significantly, this was underpinned by a clear understanding and promotion of the idea that the overriding objective, and its commitment to securing proportionality, was now to guide the court and parties' approach to procedure. Relief from sanctions, amongst other applications, were no longer to be governed by Bowen LJ's party and merits-focused approach.[67] They were to be dealt with by reference to the overriding objective, and particularly the need to ensure that claims were managed consistently with

64. J. Sorabji (2014), chapters 5 – 7; J. Sorabji, *English civil justice: another attempt at a new approach to justice*, Revista de Processo, Ano 40, 243 (2015) 81.
65. R. Jackson, *Review of Civil Litigation Costs: Final Report* (TSO) (December 2009) at 397 ‹http://www.judiciary.gov.uk/publications/review-of-civil-litigation-costs-final-report/›.
66. R. Jackson (2009).
67. Denton v TH White Ltd & Others [2014] EWCA Civ 906; [2014] 1 WLR 3926 at [81], where it was explained in the context of relief from the consequences of non-compliance, that while some '. . . judges have adopted what might be said to be the traditional approach of giving pre-eminence to the need to decide the claim on the merits. That approach should have disappeared following the Woolf reforms. there is certainly no room for it in the post-Jackson era.'

the aim of promoting individual and collective proportionality and not securing justice on the merits above all else.[68] As explained by the Court of Appeal in a case which in 2016 demonstrated how far this approach had become embedded as it confirmed it applied to applications to amend pleadings, i.e., beyond relief from sanctions and hence a generally application approach, amendment required strong justification to be permitted. This was the case because the overriding objective required the court not only to consider, as previously, the impact of its procedural decisions on the immediate parties to litigation, but importantly the needs of '*other litigants in other cases before the court and the court's duty to allocate a proportionate share of the court's resources to any particular case.*'[69] Indeed as the High Court explained it in *Su-Ling v Goldman Sachs International* [2015] EWHC 759 (Comm), in a summary of the principles to relief from non-compliance and amendment,

> '*a much stricter view is taken nowadays of non-compliance with the Civil Procedure Rules and directions of the Court. The achievement of justice means something different now. Parties can no longer expect indulgence if they fail to comply with their procedural obligations because those obligations not only serve the purpose of ensuring that they conduct the litigation proportionately in order to ensure their own costs are kept within proportionate bounds but also the wider public interest of ensuring that other litigants can obtain justice efficiently and proportionately, and that the courts enable them to do so.*'[70]

The point was further explained in *Georgiev v Kings College Hospital NHS Foundation Trust Appeal* [2016] EWHC 104 (QB), when it was stressed that

> '*The task of a court faced with an application to amend has changed. Gone are the days when amendments were nodded through on the basis that there was no prejudice to the other side which could not be compensated in costs. Today prejudice to the administration of justice generally is a consideration equally to be taken into account. The exigencies of listing and the demands of other litigants are such that courts now carefully case-manage the cases before them and require litigants to keep to the timetables which are set. Where the parties seek adjustments to those timetables the overriding objective dictates whether, and if so what, adjustments may be permitted.*'[71]

68. Mitchell v News Group Newspapers Ltd [2013] EWCA Civ 1537; [2014] WLR 795; Denton v TH White Ltd & Others [2014] EWCA Civ 906; [2014] 1 WLR 3926; Prince Abdulaziz v Apex Global Management Ltd & Anor (Rev 2 [2014] UKSC 64, [2014] WLR 4495.
69. The Prudential Assurance Company Ltd v HM Revenue and Customs [2016] EWCA Civ 376 at [21].
70. [2015] EWHC 759 (Comm) at [38].
71. [2016] EWHC 104 (QB) at [8]ff.

The building blocks to properly implement effective case management within the ambit of the three procedural case tracks are thus finally in place. Experience suggests the new approach is likely to be successful. When a similarly strict approach, again intended to implement proportionality through eliminating a culture of procedural complacency, was implemented it succeeded. That attempt focused on a discrete area of case management: service of process. Through a consistent series of appellate decisions, each of which reinforced the need to both comply with procedural time limits through setting out a narrow discretion to give relief from sanction for non-compliance, the procedural culture changed.[72] Parties and their lawyers changed their behaviour, complying with their procedural obligations.[73] Having put in place three mechanisms, two structural (procedural case tracks and case management) and one procedural (compliance), to implement a commitment to proportionality as a leading procedural principle, recent reforms have taken this further. These reforms have taken a step back towards greater party autonomy. It is to those I now turn, as those reforms are not only comparable to recent reforms introduced in Brazil via the CPC, they – with effective case management and effective party compliance with case management directions – are capable of promoting greater proportionality in procedure. As such they are reforms that ought properly to promote greater efficiency and economy in the pursuit of justice. They are reforms that suggest that England and Brazil, notwithstanding their differing procedural heritages and approaches, are moving towards a common approach to delivering justice.

6. FLEXIBLE FORMS OF PROCESS IN ENGLAND AND BRAZIL

It has taken eighteen years of experience for England's civil justice system to finally reach the stage where it is operating case management within its track allocation system as intended, in the sense that it is properly embedding an effective culture of rule-compliance. Within that time further reforms have had to be introduced to deal with the continuing problem of excess litigation cost, which case management has failed to cure.[74] Those reforms, both to litigation funding mechanisms which fall outside the remit of the civil process but which added sharply to the cost of litigation and to case management through the introduction of methods by which the court could prospectively manage the costs of litigation, are still to be evaluated.[75] Separately from those reforms, En-

72. A point recently emphasised in Freeborn v Marcal (t/a Dan Marcal Architects) [2017] EWHC 3046 (TCC).
73. A point explicitly acknowledged in Hoddinott v Persimmon Homes (Wessex) Ltd [2007] EWCA Civ 1203 at [59]
74. R. Jackson (2009).
75. The reforms were introduced via the Legal Aid, Sentencing and Punishment of Offenders Act 2012 and through parallel reforms to the CPR; for a discussion see S. Sime & D. French, Blackstone's Guide to The

glish procedure has recently introduced a further set of, innovative, procedural reforms aimed at enabling litigants, in high-value, multi-track, specialist commercial and financial litigation, to tailor procedure to the individual needs of their case. The reforms are particularly focused on enabling parties to reduce the length and cost of proceedings, thus they promote procedural proportionality. Given their focus on high value, complex litigation, the reforms are particularly important: they provide the means to enable proceedings, which by their very nature tend to utilise significant party and court resources, to be prosecuted more economically and efficiently. The reforms have three elements: first, a shorter trial procedure[76]; secondly, a flexible trial procedure[77]; and, finally, a financial markets test case procedure[78].

Under the first two forms of innovation – both of which are intended to introduce a degree of procedural choice and party design common to alternative dispute resolution methods into civil procedure –, parties can opt-out of the normally applicable procedure. By consent, and subject to court approval, they can tailor the process to their own needs. In essence they are as follows:

> *'. . . The Shorter Trial Procedure provides for a fixed length trial of a maximum of four days, with the trial to be held within ten months of issue of proceedings. Claims are docketed and subject to limits on time to comply with procedural obligations and on disclosure and evidence.*
>
> *. . . The Flexible Trial Procedure enables the normal process to be adapted to the parties' needs. It aims at facilitating agreement on modifications, and limits, to disclosure, expert and other evidence and submissions.*
>
> *Both are intended to provide parties and their lawyers the opportunity to adopt a form of process that best serves their needs in the pursuit of judgment. Looked at in a broader context they are an innovation which seeks to bring the procedural flexibility of various forms of alternative dispute resolution within the formal court setting. As such they are intended to enable parties to ensure that procedural rules that are already well- adapted to their needs, can be individually tailored to an even greater extent.'*[79]

Civil Justice Reforms 2013, (OUP, 2013). It is anticipated that the reforms will be evaluated in 2018.

76. CPR PD51N.
77. CPR PD51N.
78. CPR PD51M.
79. CPR PD51N; Lord Thomas CJ, *Commercial justice in the global village: the role of commercial courts*, at [35] ‹https://www.judiciary.gov.uk/wp-content/uploads/2016/02/LCJ commerical-justice-in-the-global-village-DIFC-Academy-of-Law-Lecture-February-2016.pdf›.

The third form of innovation differs from the shorter and flexible trial schemes. It is not focused on providing a tailored form of process. It promotes proportionality, and equally economy and efficiency, in a more indirect way. It has been described as follows:

> *'Its aim is to provide a procedure through a transparent court process for the resolution of market issues in which there is no immediately relevant authoritative English law guidance, but where such guidance is urgently needed. This enables parties to bring proceedings, where there is no present cause of action, before the court to seek declaratory relief. It is, to return to an earlier innovation, fire-prevention rather than fire-fighting. It enables parties to resolve a market uncertainty before it has reached the stage where damage is accruing as a consequence of that uncertainty. It does so through enabling all the arguments, on as far as possible agreed facts, to be put before the court by the opposing interests in relation to the issue, albeit at a time when they are not yet in dispute. As part of this innovative process and to achieve authoritative certainty, in matters of particular urgency or importance, the court may sit as a two judge court, with one judge a judge of the Financial List and one from the Court of Appeal. It thus provides a further way in which the courts can properly develop the law in the commercial and financial arena with absolute and transparent authority.'*[80]

In essence then it provides a means by which parties can, even though there is no dispute between them, bring a claim seeking a declaration of rights. Such a claim will by its very nature be one that can be resolved more economically and efficiently than one where there is a live dispute. It will involve legal argument, and agreed facts. As such it will not involve detailed, lengthy and expensive documentary disclosure, as would be expected where a dispute has arisen. Equally, it will not involve lengthy examination of witness evidence. Both the pre-trial case management phase of proceedings and the trial will, ordinarily, be expected to be shorter than would normally be the case. Consequently, such claims can be prosecuted to judgment far more proportionality than would be possible in a high-value, complex financial markets dispute. Proportionality, economy and efficiency, are also promoted by this mechanism in another way. Its aim is to secure definitive guidance, via a judgment which has precedential value. As such it is intended to reduce the possibility of future litigation by providing legal certainty on the specific points considered by the court under the process. As these are points on which there is no prior extant judgments, i.e., they are novel points of law, construction etc., they relate to matters where the

80. Lord Thomas CJ, (2016) ibid at [45].

shadow of the law is weak, at best, and non-existent at worst. There is thus no strong basis on which market actors can settle disputes using ADR, as the framework of legal decisions necessary to render negotiation, mediation, early neutral evaluation etc., effective is missing. Equally, as there are no extant authoritative court judgments on those points, any litigation that would otherwise arise would, as noted above, require the court and parties to deploy the full range of process and its attendant time and costs on managing claims to trial, judgment and – no doubt, appeal, second appeal and quite possibly a tertiary appeal before the United Kingdom Supreme Court. The Financial Markets Test Case scheme obviates the need for this to arise, just as it promotes greater efficacy in ADR. Taken together this scheme, in tandem with the shorter and flexible trial schemes, promotes greater proportionality, within the multi-track; an aspect of case management where significant gains can be made in terms of increasing the availability of the court's resources for other litigants through reducing those expended upon claims that would otherwise utilise a significant resource allocation.

Recent developments in Brazil under the CPC have much in common with the promotion of case management and the three recent procedural innovations in England. While a civil law jurisdiction, its new and highly innovative procedural code has both adopted many features that are well-established in common-law jurisdictions. Importantly, it too has introduced a form of process that, like the English shorter and flexible trials scheme, builds on experience gained from alternative dispute resolution processes. In terms of the former, the CPC introduces a range of specific case management powers in Brazilian civil procedure. Those include power to control the process for the production of evidence and to control procedural time limits; both of which are now to be controlled by the court being provided with the power to vary those processes and time limits (albeit the latter in terms of setting the procedural timetable operates on the basis of a partnership between court and party as party consent is required).[81] As in England, these powers enable the court to hold case management conferences in a newly created pre-trial, procedural phase of proceedings,[82] in order, with the parties, to plan the process applicable to individual claims, to vary those timetables as necessary, and rectify procedural error. They thereby provide a basis upon which the court can tailor the process to the needs of the specific case and can, in principle, ensure that each claim is managed economically, efficiently and most importantly with greater proportionality than in the past. As Cabral explains it,

81. CPC art.139, art.191. Power is also provided to permit joinder of parties, see CPC art.55 and 69.
82. CPR art.357.

> *'The overall intention is to grant the judge powers to manage the proceedings, assuring greater adaptability and flexibility of the formalities, which can result in a more suitable and efficient judicial process, in step with the calls for an effective access to justice.'*[83]

In itself this is a radical step for Brazilian civil procedure. The more radical step however is the new Code's second innovative feature: contract procedure.[84] As the greater flexibility of ADR processes influenced the development of the flexible and shorter trial schemes in England, the ability through which arbitral parties can determine the form and extent of process to apply to their arbitration underpins contract procedure.[85] It is a form of optional process whereby parties, by mutual consent, can modify their procedural *'burdens, powers, faculties and duties'*[86] As such the parties, as in England, may alter the nature of the case management process, and specifically the amount of process due to their claim. They can, in this way, determine the nature and length of the pre-trial case management phase of the process, the extent to which documentary evidence and other evidence should be available, and perhaps most importantly the nature of any recoverable costs. And most significantly, and in this while it is not explicit in England there is in principle no reason why the same approach could not be taken there,[87] the parties could – as for arbitration – agree to the procedure in advance of any dispute i.e., they could agree to it within the terms of any contract they may enter into. As such, as Cabral rightly points out, the procedure is capable of providing parties with certainty and predictability in respect of any potential dispute and do so in advance. As he puts it, *'The judicial process begins, so to speak, long before the proceedings in court'*.[88] Thus the shadow of the law and its effect on party conduct in carrying out their substantive contract is enhanced. Equally, by incorporated ADR within the terms of the contract procedure, the parties can make provision for consensual processes to be carried out prior to filing any dispute with the court. As with the English comparator the CPC's contract procedure provides the basis to go beyond standard case management, and track allocation, in the pursuit of procedural economy, efficiency and proportionality.

---

83. A. Cabral, *New trends and perspectives on case management: proposals on contract procedure and case assignment management*, (Introductory report given at International Association of Procedural Law/China Law Society Conference, Tianjin, China, 8 November 2017) at 6 (copy on file with the author).
84. CPC art.190, art. 191, art. 200.
85. A. Cabral op. cit. at 16.
86. T. Alvim, R. Barioni & G. Peres, cited in J. Sorabji, Managing Claims – General Report, (International Association of Procedural Law/China Law Society Conference, Tianjin, China, 8 November 2017) at 66.
87. Such an agreement would however be subject to court approval when proceedings were, if they were, ultimately issued.
88. A. Cabral op. cit. at 16.

7. BRAZIL AND ENGLAND: LESSONS FOR THE FUTURE

The development of both flexible forms of procedure in England and Brazil's contract procedure raise a number of issues for both generally and specifically for Brazil's new procedural code.

First, that two such disparate systems, one the originator of the common-law adversarial process, the other a fundamentally civilian system, have both not only introduced case management – which in itself is unremarkable given the prevalence world wide of the use of such mechanisms – but have devised forms of procedure which allow for the modification of procedural obligations, duties, rights may suggest the start of broader procedural reforms. It may, for instance, mark the beginning of a wider trend amongst both the common law and civilian systems of procedural innovation, which until now has been broadly confined to the United States of America, where the Civil Justice Reform Act 1990 promotes the development of procedural innovation.[89]

Secondly, and more significantly it may form the start of a wider trend towards placing a greater onus on litigants, through providing them with the power to do so, to devise a form of process that best suits the needs of their claim. This is not to suggest that it marks the beginning of a trend where procedure moves back to a position where party autonomy was a dominant operative principle in procedural terms. It is not to say that parties are to once more to be handed control of the process. On the contrary, it is to suggest that the parties are to devise forms of process which are both consistent with constitutional norms, such as the right to open justice,[90] the right to a reasoned judgment, and procedural principals, such as those of economy, efficiency and proportionality (in both its senses outlined above). Any agreed process must then be carried out consistently with active case management i.e., the parties must co-operate with the court as it manages the proceedings consistently with the process agreed by the parties. It ought to be expected that should the parties agree to a form of process that was contrary to constitutional norms or, in England for instance was contrary to the overriding objective, the court acting consistently with its overarching duty to further the overriding objective would interpret the provisions in the Flexible and Shorter Trials scheme such as to enable it to reject any agreement to a form of process or restriction on the ordinarily applicable process contrary to the overriding objective. The same ought to be expected in Brazil.[91]

---

89. For a discussion see, L. Robel, *Fractured Procedure: The Civil Justice Reform Act of 1990*, Stanford Law Review (1994) [Vol.46] 1447.
90. *JIH v News Group Newspapers* [2011] EWCA Civ 42 at [21].
91. As noted by Alwim et al, op. cit. courts *'will not accept a procedural contract when it disregards public rights or a legal provision that cannot be waived by its own rules, such as the Consumer Protection Code.'*

In the light of this we may be seeing the start of reforms that do not re-introduce or introduce a form of unbound adversarial process, where the parties are the dominus litus and the court is a passive actor, but rather introduce a new form of party control, one that enables parties to set the procedural agenda within a prescribed procedural framework, which is then managed by the court: rather than Prometheus Unbound, Prometheus is designing his own procedural chains. Moreover, having handed this form of procedural design to the parties, it ought to be assumed that greater pressure will then fall on the court to manage claims effectively, otherwise the new power's aim and intention will be frustrated. Heightened expectations of effective management consequent on this may well then lead to greater calls for judicial and court reforms if they are unable to deliver their half of the equation.

Thirdly, these developments may, with their links to and influence from differing methods of ADR, point towards an increasing age of procedural pluralism. The general historical trend for much of the late 19th and 20th centuries, particularly in the common-law world was a move away from a pluralistic approach to process towards the development of trans-substantive procedure. The US Federal Rules of Procedure and England's RSC exemplify this trend; the former not only forming a single uniform Federal Code but equally being presented and viewed as a model around which State procedural codes could coalesce, the latter being a single code of procedure for a newly created single High Court.

The procedural pendulum has however been moving away from a trans-substantive approach for some time. The US Federal Rules are subject to local variations.[92] The CPR, the RSC's successor and apex of England's trans-substantive movement as it also replaced the CCR, the County Courts' code of procedure thus rendering for the first time a single code for all civil courts in England[93], is now subject to multiple variations and specialist sub-codes within it e.g., the specialist rules applicable to the Commercial Court, the Technology and Construction Court.[94] More significantly, England's development of an entirely online civil court, which is ultimately intended to encompass the majority of low to middle value civil claims and which will have its own discrete online code of procedure will, in effect, reintroduce a second code of civil procedure i.e., the old CCR will be reintroduced in modern, computerised and simplified form.[95] Both

92. J. Oakley & A. Coon, *The Federal Rules in State Courts: A Survey of State Court Systems of Civil Procedure*, 61 Wash. L. Rev. 1367 (1986); M. La Belle, *The Local Rules of Patent Procedure*, 47 Ariz. St. L.J. 63 (2015).
93. See fn 21, above.
94. CPR Pts 58, 60.
95. For a discussion of this see the papers in the Online Solutions Court Special Edition of the Civil Justice Quarterly: (2017) CJQ (36); and see, CPR PD 51R (Online Court Pilot); CPR PD 51S (The County Court Online Pilot).

the Flexible and Shorter Trial scheme and contract procedure provide the basis for procedural variation to go further than the formal rule-making process has so far permitted. It moves procedural variation to something which operates on a case-by-case basis for those proceedings that can utilise the new mechanisms. This raises two further points.

First, a move towards party-based procedural variation could lead to greater party satisfaction with the process. This could be achieved both through involving the parties in procedural design, enabling them to take a degree of responsibility for the process than previously possible. Procedure thus becomes something the parties choose, rather than something than is done to them by the State. Greater participation could thus lead to greater satisfaction.[96] Secondly, and more worryingly it could further the erroneous view that civil justice systems are simply State-provided means to deliver consumer services, in this case dispute resolution, to individuals. Providing greater means for parties to tailor procedure to their own needs could be viewed as a further example of an increasing shift towards a market state view of the civil justice system;[97] a view that the State need not provide the means to vindicate rights but simply needs to provide one framework amongst an array of competing public and private frameworks for dispute resolution.[98] On such a view litigants as consumers should not only, as is increasingly the case, not be provided for State-funded legal aid to prosecute or defend claims, and now should – as any consumer should be able to in an efficient market – choose the dispute resolution mechanism that best suits them. Both Flexible and Shorter Trial and contract procedures could be viewed in such terms. The promotion of these, and other forms of, procedural pluralism will therefore call for consideration by policy-makers, governments and courts to ensure that, as the United Kingdom Supreme Court has recently done, re-emphasise and explain the proper role of civil courts within democratic states.[99]

Finally, and this point is particularly pertinent to Brazil's recent introduction of the CPC, experience from England suggests that procedural innovation is not implemented effectively within a short period of time. Nor is it implemented

---

96. Participation being an acknowledged factor underpinning satisfaction with process and an appreciation of its procedural fairness; see for instance, T. Tyler, *What is procedural Justice?: Criteria used by citizens to assess the fairness of legal procedures*, Law and Society Review (1988) (22) (No. 1) 103
97. For a discussion of the nature of the market state see: P. Bobbitt, *The Shield of Achilles* (Allen Lane) (2002); P. Bobbitt, *Terror and Consent – The Wars for the Twenty-First Century* (Penguin, 2009); P. Bobbitt, *The Garments of Court & Palace*, (Atlantic Books) (2013).
98. For a criticism of the move towards a market-focused understanding of civil justice see: H. Genn, Judging Civil Justice, (Cambridge) (2010); T. Farrow, Civil Justice, Privatization, and Democracy, (University of Toronto Press, 2014).
99. R (UNISON) v Lord Chancellor [2017] UKSC 51 at [66]ff.

straightforwardly. On the contrary, the account outlined at the outset of this paper suggests that the opposite is more likely to be the case. New procedures, especially those which differ significantly from those they replace, take a significant period of time and concerted effort by judges and lawyers – the entire legal community – to implement effectively. As Zander rightly pointed out in respect of England's introduction of case management in 1999, new skills take time to learn, particularly when they radically differ from old skills.[100] The failure to secure a consistent approach to compliance with case management and other procedural obligations in England post-1999 exemplifies this difficulty. If the Brazilian courts are to ensure the new CPC's new case management powers and contract procedure operate effectively, they are likely to have to take a consistent approach to the exercise of those powers and a similar approach to non-compliance as the English courts have since 2013 finally started to do. If they do not, they run the risk of rendering the new forms of case management and procedure dead letters: as nothing more than law on the page rather than the law in action.

Linked to this, and of crucial importance, is what approach the Brazilian courts are going to take to the purpose underpinning the new forms of case management and procedure. The fundamental problem that undermined the efficacy of case management within England's new procedural case tracks from 1999 to 2013 was a widespread failure to appreciate that procedure's purpose had changed; that process was not to be carried out consistently with the aim of securing justice on the merits in individual cases, but that it was to be carried out consistently with and in order to achieve the CPR's overriding objective of dealing with cases justly. That overriding objective had as its central tenet proportionality, and through it the need to operate the civil justice system so that its resources were distributed equitably across all claims. As such the commitment to securing justice on the merits was tempered significantly by proportionality. A failure to understand that and its consequences undermined the CPR's ability to implement case management optimally. If Brazil's new procedures are to enable justice to be achieved more economically, efficiently, and most importantly, proportionately then the question of the relationship between justice on the merits and those principles will need to be resolved.

Given England's experience if it is resolved in favour of justice on the merits, as in England from 1999-2013, Brazil's new procedures may not result in any real change in procedural culture or approach. It is not enough to promote procedural pluralism. To render new procedures properly effective requires a clear

---

100. M. Zander, *The Woolf Report: Forwards or Backwards for the New Lord Chancellor?* C.J.Q. 1997, 16, at 10-11.

understanding of the aims underpinning those processes and of how they are intended to operate. Assuming there is that understanding, the courts must then take a consistent approach to case management to ensure that those aims are realised throughout the civil justice system. The question for the CPC is whether there is that understanding and whether a consistent approach to the operation of its new provisions will take hold. That such an approach may engender the courts having to take difficult decisions that, in some cases, limit or perhaps deny their ability to achieve justice on the merits in individual cases may make it difficult to secure such a consistent approach. That they will be doing so in order to secure justice for the majority of other cases by rationing procedure and access to judgment in individual cases ought to focus both parties and the courts' minds on the needs to utilise the new forms of process properly, to co-operate with the court as required and, most significantly, to comply with their procedural obligations. Given that, at least in terms of contract procedure, those obligations will be ones that they, the parties, have themselves devised and agreed ought to suggest a greater willingness to comply. It is hoped that this will be the case.

8. CONCLUSION

In 1999 England embraced court-based case management, the use of procedural case tracks and, underpinning both, a new procedural aim. That aim, and the new forms of process, were intended to enable courts to improve access to justice by ensuring that the litigation process was more economically efficient and proportionate. Importantly, it was to do so by rationing access to procedure, such that each claim was allocated an equitable share of the court's overall resources. It failed to implement this new system effectively as it failed to appreciate that its new aim required it to take a stricter approach to the grant of relief from the consequences of party failure to comply with case management obligations. This issue began to be resolved in 2013. In 2016 Brazil introduced the CPC, in which it too introduced case management and an innovative, flexible, form of contract procedure; England having also adopted a similar set of flexible procedural reforms in 2015. For Brazil, the immediate question will be whether its new procedures will work as intended. In approaching that question, lessons can be learnt from England and its failure to make case management within its case tracks work effectively. For both Brazil and England, and possibly for other countries that follow their lead in promoting procedural pluralism, there is a wider question: to what extent can they ensure that the new forms of process, which hand greater autonomy to parties in terms of process design, work as intended and within constitutional and procedural norms.

Experience suggests that if they are to do so, the courts will need to clearly articulate how they are to operate, the goals they are intended to achieve, and – most importantly – hold parties to the processes they have designed and the obligations they entail. If they do so, then greater procedural proportionality is realisable. Time will tell.

CAPÍTULO 22

Strengthening civil justice cooperation: the quest for model rules and common minimum standards of Civil Procedure in Europe

Xandra E. Kramer[1]

SUMMARY: 1. INTRODUCTION ; 2. EUROPEANISATION OF CIVIL PROCEDURE: STATE OF AFFAIRS AND SHORTCOMINGS; 2.1. THE THREEFOLD HARMONISATION OF CIVIL PROCEDURE IN THE EU; 2.2. STATE OF THE ART AND CHALLENGES: COHERENCE AND IMPLEMENTATION; 3. THE EUROPEAN PARLIAMENT'S COMMON STANDARDS OF CIVIL PROCEDURE; 4. THE ELI/UNIDROIT EUROPEAN RULES OF CIVIL PROCEDURE; 4.1. REGIONALISATION OF THE ALI-UNIDROIT PRINCIPLES: EUROPE AND LATIN AMERICA; 4.2. FROM TRANSNATIONAL PRINCIPLES TO EUROPEAN RULES OF CIVIL PROCEDURE; 4.3. APPROACH AND MAIN CHALLENGES OF THE EUROPEAN RULES OF CIVIL PROCEDURE; 5. JUDICIAL COOPERATION, EUROPEANISATION, AND GLOBALISATION OF CIVIL JUSTICE;

1. INTRODUCTION

The new Brazilian Code of Civil Procedure, which is the central topic of this book, not only modernises domestic civil procedure but it also invigorates the rules on international judicial cooperation. In Europe, civil procedure is in a constant state of flux as well. While many European countries are reforming their civil procedure rules with the aim of improving efficiency and reducing costs through increased case management, introducing rules on ADR, and modernising procedure by implementing information and communication technology, European law is gradually coming more dominantly into play. Since the extended

1. Professor of Private Law, Erasmus School of Law, Erasmus University Rotterdam, and Professor of Private International Law Faculty of Law, Economics, and Governance, Utrecht University (The Netherlands). This research has received funding from the European Research Council (ERC) under the European Union's Horizon 2020 research and innovation programme (grant agreement No 726032), ERC consolidator project 'Building EU Civil Justice: challenges of procedural innovations – bridging access to justice'; see <www eucivijustice.eu>.

competence of the EU legislator in 1999, civil procedure in the Member States has been increasingly affected and complemented by EU legislation.[2]

The primary aim of EU legislation in the area of civil procedure is to support judicial cooperation in civil matters between the Member States, as is clear from Article 81 of the Treaty on the Functioning of the European Union (TFEU).[3] On the basis of this provision, a series of regulations has been adopted. These are primarily rules that traditionally belong to private international law, including rules on international jurisdiction and on the recognition and enforcement of judgments. In addition, a number of other EU instruments touching upon essential parts of civil procedure are in place. These include three Regulations introducing autonomous European civil procedures, as well as a number of sector-specific instruments focusing primarily on consumer law, and which are based on Article 114 TFEU. These legislative instruments result in the gradual harmonisation of procedural laws. However, the core of civil procedure is still regulated at the national level, and practice diverges significantly in Europe.

The focus of the present EU justice programme – the EU Justice Agenda for 2020 – is on the strengthening of mutual trust, which is considered 'the bedrock' of EU justice policy with the primary purpose of enhancing judicial cooperation.[4] To give body to mutual trust in reality, there has been a shift from adopting new legislation to the proper implementation and application of the existing rules. In recent years, the idea of establishing common minimum standards of civil procedure law to support mutual trust and judicial cooperation has gained ground, as is evident from a number of studies commissioned by the European Commission,[5] and by a Resolution on common minimum standards by the European

2. See *inter alia* Burkhard Hess and Xandra Kramer (eds), *From Common Rules to Best Practices in European Civil Procedure* (Nomos/Hart Publishing 2017); Burkhard Hess, Maria Bergström and Eva Storskrubb (eds), *EU Civil Justice: Current Issues and Future Outlook* (Hart Publishing 2016); Xandra Kramer, *Procedure Matters: Construction and Deconstructivism in European Civil Procedure* (Erasmus Law Lectures 33 (Inaugural Lecture), Eleven International Publishing 2013); Z Vernadaki, 'Civil Procedure Harmonization in the EU: Unravelling the Policy Considerations' (2013) 9 Journal of Contemporary European Research 298-312; M Tulibacka, 'Europeanisation of Civil Procedures: In Search of a Coherent Approach' (2009) 46 Common Market Law Review 1527.
3. See for an overview of civil justice cooperation: XE Kramer, 'Judicial Cooperation in Civil Matters', in: PJ Kuijper, F Amtenbrink, D Curtin, B De Witte, A McDonnell and S Van den Bogaert (eds), *The Law of the European Union* (Kluwer Law International Law 2018) 721-740.
4. European Commission, 'The EU Justice Agenda for 2020 – Strengthening Trust, Mobility and Growth within the Union' COM (2014) 144 final, point 3.
5. European Commission, 'An evaluation study of national procedural laws and practices in terms of their impact on the free circulation of judgments and on the equivalence and effectiveness of the procedural protection of consumers under EU consumer law – Report prepared by a Consortium of European universities led the MPI Luxembourg for Procedural Law' (2017) JUST/2014/RCON/PR/CIVI/0082. These will be published in two volumes in 2018. An earlier study focused on the service of documents: A Simoni and G Pailli (DMI in consortium with the University of Florence and the University of Uppsala), *Final Report: Study*

Parliament adopted in 2017.[6] A major venture that ties in with this is the joint project of the European Law Institute (ELI) and the International Institute for the Unification of Private Law (Unidroit), entitled 'From Transnational Principles to European Rules of Civil Procedure'.[7] This project builds on the 2004 ALI-Unidroit Principles of Transnational Civil Procedure, and its intention is to expand and adjust these for the purpose of the European region, with the aim of creating model rules of European civil procedure. To date, initiatives to expand the ALI-Unidroit rules to other regions as well, including to South America, have not taken off, although there appears to be some interest in such a project.[8] The European framework on judicial cooperation and the envisaged model rules are without doubt more far-reaching than the model rules in South America as established under the auspices of the Ibero-American Institute of Civil Procedure.[9]

This paper will discuss the European Parliament's initiative for establishing common minimum standards and the ELI/Unidroit European Rules of Civil Procedure. The question is to what extent these can contribute to the required coherence in European civil procedure and to improving judicial cooperation in civil matters. A detailed analysis of these comprehensive initiatives is not possible in the context of this paper. Before zooming in on these initiatives, the developments in European harmonisation and the challenges it poses will be discussed, providing the context within which these projects take place.

2. EUROPEANISATION OF CIVIL PROCEDURE: STATE OF AFFAIRS AND SHORTCOMINGS

2.1. The Threefold Harmonisation of Civil Procedure in the EU

Private law has been subject to gradual harmonisation in the European Union since the 1970s. Since then, many directives and regulations have been established, most notably in the areas of consumer law, product liability, competition law, and intellectual property. The ambition to establish a European

---

on the Service of Documents: Comparative legal analysis of the relevant laws and practices of the Member States (JUST/2014/JCOO/PR/CIVI/0049, European Commission 2016).

6. Committee on Legal Affairs (European Parliament), 'Report with recommendations to the Commission on common minimum standards of civil procedure in the EU' 2015/2084(INL)).
7. See the project websites of ELI: ‹www.europeanlawinstitute.eu/projects/current-projects-contd/article/from-transnational-principles-to-europeanrules-of-civil-procedure/?tx_ttnews%5BbackPid%5D=179508&cHash=f55b9b03751e4ae4f928b654d7329d96› and of Unidroit: ‹www.unidroit.org/work-in-progress-studies/current-studies/transnational-civil-procedure›.
8. Governing Council UNIDROIT, 'Draft Triennial Work Programme 2014-2016' (Rome, 8-10 May 2013). See further Section 4.1.
9. The Código Procesal Civil Modelo para Iberoamérica (1988) and the Código Modelo de Procesos Colectivos para Iberoamérica (2004), available at ‹www.iibdp.org/es/codigos-modelo.html›. Information kindly provided by Antonio Gidi.

Civil Code, academically inspired since the 1990s,[10] has been tempered in more recent years. Although it was suggested in 1994 that private international law might 'fade into history' once substantive private law were to 'rule the world',[11] this expectation did not materialise. On the contrary, private international law is an essential and one of the most dynamic areas of law in the EU.[12] The first strand of harmonisation of civil procedure involves the regulations dealing with questions of international litigation, encompassing in particular international jurisdiction, the recognition and enforcement of judgments, the cross-border service of documents, and the taking of evidence. These do not harmonise civil procedure as such, but coordinate and bridge the diverging EU jurisdictions and rules through traditional private international law instruments, as do the Hague Conference on Private International Law conventions at the global level.

The second strand of unification consists of a number of instruments that have introduced pan-EU civil procedures or that aim at harmonising specific topics of civil procedure. These include the Regulations on a European Order for Payment Procedure, a Small Claims Procedure, and an Account Preservation Order[13] as well as the Mediation Directive.[14] What these have in common is that their scope of application is limited to *cross-border cases*. These are generally defined as cases in which at least one of the parties is domiciled or habitually resident in a Member State other than the Member State of the court or tribunal seized for the dispute.[15] This limitation results from Article 81 TFEU, enabling the EU legislator to establish instruments in cases 'having cross-border implications'.

A third category of harmonised EU rules consists of what are termed sectorial or sector-specific rules that introduce harmonised rules for a specific substantive area. These include notably two instruments on Consumer ADR and

10. See in particular AS Hartkamp and others (eds), *Towards a European Civil Code* (4th edn, Kluwer Law International 2010) of which the first edition originates from 1994.
11. TM de Boer, 'Substantive Law and Private International Law' in: AS Hartkamp and others (eds), *Towards a European Civil Code* (1st edn, Ars Aequi Libri/Nijhoff 1994) 53.
12. Many regulations have been established, also more recently in the area of international family law. The European Parliament in particular has made efforts to increase coherence of private international law, and even to possibly establish a European Code of Private International Law. On the state of affairs and this project, see XE Kramer, 'European Private International Law: The Way Forward, In-depth analysis European Parliament (JURI Committee)', in: *Workshop on Upcoming Issues of EU Law. Compilation of In-Depth Analyses.* (European Parliament Brussels 2014) 77-105 <http://papers.ssrn.com/sol3/papers.cfm?abstract_id=2502232>.
13. Regulation (EU) 2015/2421 of 16 December 2015 amending Regulation (EC) No. 861/2007 establishing a European Small Claims Procedure and Regulation (EC) No. 1896/2006 creating a European order for payment procedure [2015] OJ L341/1; Regulation (EU) 655/2014 of 15 May 2014 establishing a European Account Preservation Order to facilitate cross-border debt recovery in civil and commercial matters [2014] OJ L189/59.
14. Council Directive 2008/52/EC of 21 May 2008 on certain aspects of mediation in civil and commercial matters [2008] OJ L136/3.
15. See *e.g.* Article 3 of Council Regulation (EC) 1896/2006 of 12 December 2016 on creating a European Order for Payment Procedure [2006] OJ L399.

Consumer ODR,[16] and a non-binding Recommendation on Collective Redress.[17] A number of other sectorial instruments that regulate largely substantive issues also contain procedural rules on *inter alia* provisional measures, evidence, and seizure. These include a directive on the Enforcement of Intellectual Property Rights[18] and a directive on Damages for Competition Law Claims.[19] In April 2018, as part of a 'New Deal for Consumers', a proposal for representative actions for the protection of the collective interests of consumers was put forward.[20]

2.2. State of the Art and Challenges: Coherence and Implementation

At present, European civil justice is one of the most vital areas of European law. The overriding objective is to invigorate judicial cooperation, based on the principle of mutual trust, with the aim of enhancing access to justice for EU citizens. Apart from creating legislative instruments, the European Commission has invested in practical tools to increase access to information and procedures for practitioners, citizens, and businesses, in particular through the e-Justice portal[21] ('one stop to justice') and in training programmes for judges.[22] The European Network in Civil and Commercial Matters (EJN) plays an important role in strengthening judicial cooperation between the Member States.[23]

Meanwhile, over twenty instruments have been established that focus solely on or include important rules on civil procedure. Nevertheless, civil procedure in the European legal order still relies primarily on a decentralised system

16. Directive 2013/11/EU of 21 May 2013 on alternative dispute resolution for consumer disputes and amending Regulation (EC) No. 2006/2004 and Directive 2009/22/EC (Directive on consumer ADR) [2013] OJ L165/63.
Regulation (EU) 524/2013 of 21 May 2013 on online dispute resolution for consumer disputes and amending Regulation (EC) No. 2006/2004 and Directive 2009/22/EC (Regulation on consumer ODR) [2013] OJ L165/1.
17. Commission Recommendation 2013/396/EU of 11 June 2013 on common principles for injunctive and compensatory collective redress mechanisms in the Member States concerning violations of rights granted under Union Law [2013] OJ L201.
18. Council Directive 2004/48/EC of 29 April 2004 on the enforcement of intellectual property rights [2004] OJ 2004 L195/16.
19. Directive 2014/104/EU of 26 November 2014 on certain rules governing actions for damages under national law for infringements of the competition law provisions of the Member States and of the European Union [2014] OJ L349/1.
20. European Commission, 'The EU Justice Agenda for 2020 – Strengthening Trust, Mobility and Growth within the Union' COM (2014) 144 final, point 3. European Commission, 'Proposal for a directive on representative actions for the protection of the collective interests of consumers, and repealing Directive 2009/22/EC' COM (2018) 184 final.
21. See ‹http://e-justice.europa.eu/home.do› accessed 7 May 2018.
22. See Article 81(2)(g) of the Treaty on the Functioning of the European Union [2012] OJ C326/47; European Commission, 'Communication on judicial training in the European Union' COM (2006) 356; European Commission, 'Building trust in EU-wide justice – a new dimension to European Judicial training' COM (2011) 551 final. Annual reports on the progress are available through the e-Justice Portal, see page on 'European judicial training'.
23. ‹https://e-justice.europa.eu/content_ejn_in_civil_and_commercial_matters-21-en.do›.

of dispute resolution. Even in those areas where EU civil procedure law is in place, these rules are applied by the Member States' national courts, and they function within the domestic legal environment.[24] The principles of subsidiarity and proportionality prohibit legislation that does not have a legitimate aim within the EU legal order (e.g. enforcement of consumer rights, promoting access to justice) or that goes beyond what is necessary to achieve the designated goals of a proposed instrument.[25]

The Member States have generally been hesitant when it comes to legislation on civil procedure.[26] Many instruments in the area of civil justice have been debated intensely in the Council and the European Parliament, and a number of instruments proposed by the European Commission either never made it into law or their scope was severely restricted. For instance, on a number of occasions the Commission has proposed extending the scope of legislation based on Article 81 TFEU to domestic cases, but unsuccessfully so far.[27] In addition, uniform European procedures, including the procedures for a European Order for Payment, Small Claims and Account Preservation Order, are optional. The claimant can choose to initiate either an existing national procedure in the Member States where the claim is brought or the available European procedure.[28] The European procedures thus co-exist, and – to some extent – compete with available domestic civil procedures. An issue that has been debated intensely in the EU is collective redress. Attempts to establish a broad, binding instrument have failed owing to great divergences in the EU, an inability to reach a compromise on the basic concepts, and a fear of the claimed excesses of the US class action system. Thus far, the efforts have resulted only in a non-binding Recommendation,[29] although as mentioned in the previous subsection, in April 2018 a propos-

24. The Court of Justice of the European Union (CJEU) plays an important role in the interpretation of these rules through its preliminary rulings, but the rules are in the first instance applied by the national courts, and function within the domestic legal order.
25. Article 5 of the Treaty on the Functioning of the European Union [2012] OJ C326/47 and Protocol (No 2) on the Application of the Principles of Subsidiarity and Proportionality of the Consolidated version of the Treaty on the Functioning of the European Union [2008] OJ C115.
26. Vernadaki (n 2) 299.
27. XE Kramer, 'European Procedures on Debt Collection: Nothing or Noting? Experiences and Future Prospects' in: B Hess, M Bergström and E Storskrubb (eds), *EU Civil Justice: Current Issues and Future Outlook* (Hart Publishing 2016) 97 at 100-101, 118-119; E Storskrubb, *Civil Procedure and EU Law. A Policy Area Uncovered* (OUP 2008) 41-43.
28. See e.g. Council Regulation (EC) 861/2007 of 11 July 2007 establishing a European Small Claims Procedure [2007] OJ L199, art 1.
29. See for extensive analyses *inter alia* E Lein and others, *Collective Redress in Europe: Why and How?* (BIICL 2015). See also S Voet, 'European Collective Redress: A Status Quaestionis' (2014) 4 International Journal of Procedural Law 97-128; and from a primarily Dutch perspective: XE Kramer, 'Securities Collective Action and Private International Law Issues in Dutch WCAM Settlements: Global Aspirations and Regional Boundaries' (2014) 27(2) Global Business & Development Law Journal 235 at 241-248 <http://papers.ssrn.com/sol3/papers.cfm?abstract_id=2480079>.

al for a directive on representative actions for the protection of the collective interests of consumers was put forward.[30]

The specifics of the EU supranational order, the limited competence of the EU legislator, and the reluctance of the Member States have resulted in ad hoc piecemeal legislation. Both legislative technique and scope differ greatly. Some instruments are direct binding regulations, while others are directives – either relying on minimum or maximum harmonisation – that require national implementation, or are non-binding instruments. Some legislative acts apply to most civil and commercial matters (horizontal instruments), while others are limited to a specific type of case (sectorial instrument). Some instruments apply to both domestic and cross-border cases, while others are limited to the latter. In addition, a number of instruments, in particular those introducing uniform civil procedures are only optional. Moreover, a number of Member States are not bound by or only take part on the basis of 'opt in' participation in cross-border civil instruments owing to their special position in relation to judicial cooperation measures (Denmark, the United Kingdom, and Ireland).[31] This mishmash of EU civil procedure legislation can be characterised as a legislative form of unintentional deconstructivism,[32] and – along with application problems in the Member States – has so far only to a limited extent contributed to increasing access to justice and to strengthening the enforcement of EU law.

With a view to evaluating the application of civil procedure instruments in general, and in particular with regard to consumer law, in 2016 and 2017 a large-scale evaluation study commissioned by the European Commission was carried out by an international consortium.[33] The first part of this extensive research report, based on national reports from all the Member States and a large data collection, focuses on mutual trust and on the free circulation of judgments. It studies the application of a series of instruments regarding cross-border litigation along with a number of other procedural law issues, with the aim of evaluating the extent to which differences between the rules and practice in the Member States affect mutual trust and therefore judicial cooperation. The conclusion is that no systemic deficiencies exist, although targeted measures are required to improve the functioning of the European instruments and to

30. See para 2.2 and n 20.
31. It goes without saying that it will no longer be bound at all after the United Kingdom leaves the EU.
32. XE Kramer, *Procedure Matters: Construction and Deconstructivism in European Civil Procedure* (Erasmus Law Lectures 33 (Inaugural Lecture), Eleven International Publishing 2013) 23-26 <http://papers.ssrn.com/sol3/papers.cfm?abstract_id=2372713>
33. European Commission, 'An evaluation study of national procedural laws and practices in terms of their impact on the free circulation of judgments and on the equivalence and effectiveness of the procedural protection of consumers under EU consumer law – Report prepared by a Consortium of European universities led the MPI Luxembourg for Procedural Law' (2017) JUST/2014/RCON/PR/CIVI/0082.

enhance the cross-border litigation system as a whole.[34] However, the second part of the study, dedicated to the procedural protection of consumers, concludes that national procedural laws have serious inequalities and shortcomings in applying EU consumer law, and recommends an instrument on procedural consumer protection.[35]

3. THE EUROPEAN PARLIAMENT'S COMMON STANDARDS OF CIVIL PROCEDURE

The European Parliament has been very active in the area of private international law, commissioning a number of studies to increase the coherence of the present framework or even to arrive at a European Code of Private International Law.[36] In more recent years, the European Parliament has shifted its attention to civil procedure in particular.[37] In 2015, its research service department issued a report on the Europeanisation of civil procedure, mapping the current state of affairs, competence issues, and ongoing projects, including the ELI-Unidroit project, and sketching ways forward to achieve common minimum rules of civil procedure.[38] Subsequently, a study was launched to calculate an Added Value 'costs on non-Europe' in relation to the absence of civil procedure rules, as it has done before in other areas, including private international law. These cost studies are always somewhat speculative, however, and this is complicated particularly for the broad area of civil procedure, where EU rules are still largely absent. This study was complemented by a research paper on common minimum standards of civil procedure,[39] and followed by an in-depth analysis.[40]

---

34. ibid no. 35.
35. ibid no. 36.
36. See the studies commission by the European Parliament: XE Kramer, M de Rooij, V Lazić, EN Frohn and RJ Blauwhoff, *A European framework for private international law: current gaps and future perspectives* (study, European Parliament 2012); XE Kramer, *Current gaps and future perspectives in European private international law: towards a code on private international law?* (briefing note, European Parliament 2012); XE Kramer, 'European Private International Law: The Way Forward' in: *Workshop on Upcoming Issues of EU Law. Compilation of In-Depth Analyses* (European Parliament 2014) 77-105; J von Hein and G Rühl, 'Towards a European code on private international law?' in: *Cross-border activities in the EU: Making life easier for citizens* (Workshop for the JURI Committee, European Parliament 2015) 8-53.
37. See Robert Bray, 'Common Rules and Best Practices From the Perspective of the European Parliament' in: Burkhard Hess and Xandra Kramer (eds), *From common rules to best practices in European Civil Procedure* (Nomos/Hart 2018) 35. This section is in part based on Burkhard Hess and Xandra Kramer 12-15.
38. European Parliamentary Research Service (Rafał Mańko), *Europeanisation of civil procedure, Towards common minimum standards?* (in-depth analysis, European Parliament 2015) <www.europarl.europa.eu/RegData/etudes/IDAN/2015/559499/EPRS_IDA%282015%29559499_EN.pdf>.
39. M Tulibacka, M Sanz and R Blomeyer, *Common minimum standards of civil procedure* (European Added Value Assessment Annex I Research paper, European Parliament 2016).
40. B Hess, *Harmonized Rules and Minimum Standards in the European Law of Civil Procedure* (In-depth analysis, European Parliament 2016). See also Udo Bux, *The European Law Institute/UNIDROIT Civil Procedure Projects as a Soft Law Tool to Resolve Conflicts of Law* (In-Depth Analysis, European Parliament 2016).

After publication of a document on the legal basis of such common rules,[41] a draft was released early in 2017, calling upon the Commission to table a Directive on common minimum standards of civil procedure.[42] The European Parliament adopted this resolution a few months later.[43] The annexed draft Directive consists of 28 provisions containing minimum standards on the commencement, conduct, and conclusion of civil proceedings before Member States' courts and tribunals.[44] According to the Explanatory Statement, these minimum procedural standards aim to 'contribute to the modernisation of national proceedings, to a level playing field for businesses, and to an increased economic growth via effective and efficient judicial systems, while facilitating citizens' access to justice in the EU'.[45] Article 1 of the proposal refers to the approximation of civil procedure objective of ensuring 'full respect for the right to a fair trial as recognised in Article 47 of the Charter and in Article 6 of the ECHR'. In line with a number of other instruments laying down several minimum standards for specific cases, these rules are not intended to replace the national rules of civil procedure, but to serve as minimum rules only that allow for 'more protective and effective national procedural rules'.[46]

What is striking when reading these provisions is that some provide fundamental principles of civil procedure or judicial organisation at a fairly abstract level, reiterating existing sources, including for instance on effective judicial protection, the right to oral hearings, reasoned decisions, public hearings, and judicial independence and impartiality.[47] Other provisions are more detailed, for instance on provisional measures – a rule that is placed at the beginning with some fundamental rules in a section entitled 'fair and effective outcomes' – on service of documents, and the direction of proceedings.[48] It also includes rules on litigation costs, the loser-pays principle, legal aid, and litigation funding,[49] which are either new or only dealt with implicitly in European civil procedure so far, or that are more extensively and differently treated in other instruments, such as in the Legal Aid Directive.[50]

---

41. Committee on Legal Affairs (Rapporteur: Emil Radev), *Working document on establishing common minimum standards for civil procedure in the European Union – the legal basis* (European Parliament 2015).
42. European Parliament Recommendation 2015/2084(INL) of 10 February 2017 on common minimum standards of civil procedure in the EU [2017].
43. European Parliament Recommendation 2015/2084(INL) of 6 June 2017, on common minimum standards of civil procedure in the EU [2017]. The procedure was closed on 4 July 2017.
44. See ibid Annex to the motion for a resolution: Recommendations for a Directive of the European Parliament and of the Council on common minimum standards of civil procedure in the EU (hereafter: Directive minimum standards).
45. See ibid Explanatory Statement.
46. See ibid Explanatory Statement and European Parliament (n 42) art 2.
47. See ibid arts 4, 5, 8, 22, and 23 (of the proposed Directive minimum standards).
48. See ibid arts 6, 9, and 17 (of the proposed Directive minimum standards).
49. See ibid arts 13- 16 (of the proposed Directive minimum standards).
50. Council Directive 2002/8/EC of 27 Jan. 2003 to improve access to justice in cross border disputes by establishing minimum common rules relating to legal aid for such disputes [2002] OJ L26/41.

From a policy and legislative perspective, this initiative of the European Parliament is the most ambitious one to date in the area of civil procedure. The rules apply to cross-border cases only, but these are widely defined to cover parties domiciled in different countries, the performance of the contract, the place in which the harmful event occurred, or the place of enforcement being in another country, or EU law being applicable.[51] Contrary to earlier, mostly sector-specific instruments containing what can be considered minimum standards of civil procedure,[52] this draft Directive aims at creating a horizontal framework. Moreover, it extends to all civil and commercial matters, including family matters and other specific topics that are excluded from most other regulations in this area. It remains to be seen whether the European Commission will take up this initiative. It does tie in with questions posed in the large-scale evaluation study it had carried out, and it is therefore likely that there will be a follow-up in one way or the other.[53]

4. THE ELI/UNIDROIT EUROPEAN RULES OF CIVIL PROCEDURE

4.1. Regionalisation of the ALI-Unidroit Principles: Europe and Latin America

The ALI-Unidroit Principles of Transnational Civil Procedure consist of a set of 31 Principles covering key topics of civil procedure.[54] They are complemented by rules that provide more details on the implementation, but these were not officially adopted by the institutes. The ALI-Unidroit Principles are geared primarily to transnational commercial disputes aimed at reducing uncertainty and promoting fairness in transnational litigation. The ALI-Unidroit Principles are a considerable achievement in their breadth, eloquence, and conciseness, and in bridging some of the divergences that exist among the different civil justice systems.

However, in terms of being a model for national or supranational legislators, courts, and tribunals, and within academic debates, the influence of these

51. See European Parliament (n 42) arts 1 and 3 (of the proposed Directive minimum standards).
52. See, for instance, Council Regulation (EC) 805/2004 of 21 April 2004 on creating a European Enforcement Order for uncontested claims [2004] OJ L143/15, arts 12-19; Directive 2013/11/EU of 21 May 2013 on alternative dispute resolution for consumer disputes and amending Regulation (EC) No 2006/2004 and Directive 2009/22/EC (Directive on consumer ADR) [2013] OJ L165/63.
53. See Hess and Kramer; Hess, Bergström and Storskrubb; Kramer; Vernadaki; Tulibacka (n 1).
54. See <www.unidroit.org/instruments/transnational-civil-procedure>. The PTCP drafts and final product have been commented upon extensively, among others in the Uniform Law Review 2001 (4) and 2004 (4). See also ALI/Unidroit, *Principles of Transnational Civil Procedure* (Cambridge University Press 2006), accompanied by Rules and further explanations by the Reporters (Hazard, Taruffo, Stürner and associate reporter, Gidi). A concise analysis is also offered by reporter M Taruffo, 'Harmonisation in a Global Context: the ALI/Unidroit Principles', in: XE Kramer and CH van Rhee, *Civil Litigation in a Globalising World* (Asser Press/ Springer 2012) 208-219.

Principles has been limited. The nature of and the limited party autonomy in civil procedure outside the scope of arbitral proceedings are likely indebted to this.[55] To promote the Principles and to implement regional models, Unidroit has sought collaboration with regional organisations[56] – most prominently, with the European Law Institute, leading to the official adoption of the ELI-Unidroit project on European Rules of Civil procedure early in 2014. At the same time, other collaborations were sought, most importantly in the South American region. It is reported that following consultation with the Asociación Americana de Derecho Internacional Privado (ASADIP) that possibilities might exist for future collaboration on a project similar to that of ELI-Unidroit.[57]

4.2. From Transnational Principles to European Rules of Civil Procedure

The ELI-Unidroit project is currently the most comprehensive project in this field aiming at creating model rules of European civil procedure.[58] While it keeps the breadth of the ALI-Unidroit Principles, it is designed to include far more detailed Rules adapted to the European region. The project kicked off with an exploratory workshop in October 2013, during which a range of topics was explored and methodological issues were discussed.[59] In February 2014, the ELI Council approved the project, and the collaboration with Unidroit was formalised. The point of departure was to build upon the ALI/Unidroit Principles with the goal of achieving the regional development of these Principles. During the exploratory workshop, Geoffrey Hazard and Antonio Gidi, representing the American Law Institute, expressed their support of the project, but rightly warned of the complexity, and of the different responses it might provoke.[60] They suggested selecting the most efficient rule with an open mind, and not defining the scope too rigidly from the outset. In the closing remark, Rolf Stürner, one of the other reporters of the ALI-Unidroit working group and closely involved in the work of ELI-Unidroit, argued that the project should not be limited to cross-border cases. In addition, Stürner stressed that reaching comparative compromises is not

55. F Ferrand, 'Les Principes ALI/UNIDROIT de procedure civile pour les litiges transnationaux en matière commerciale/The ALI/UNIDROIT Civil Procedure Principles for transnational disputes in commercial cases' (2006) RDAI/IBLJ 21, 22; SI Strong, 'Limits of Procedural Choice of Law' (2014) 3 Brooklyn Journal of International Law 1028-1121 pleads for increasing procedural choice.
56. See Introduction and Governing Council Unidroit 2013 (n 7); UNIDROIT Governing Council 'Report C.D. (93) 14' (93rd session of the Governing Council of UNIDROIT, Rome, 7-10 May 2014) nos. 72-82.
57. UNIDROIT Governing Council 'Report Unidroit Governing Council 2016 C.D. (93) 15' (95th session of the Governing Council of UNIDROIT, Rome, 18-20 May 2016) 31.
58. The present author was a member and reporter of the working group on Provisional Measures, and, together with Prof. Loic Cadiet, is co-reporter of the horizontal Structure working group.
59. See also the websites of ELI and Unidroit for background information (n 3).
60. Initial report of the ELI-Unidroit 1st Exploratory Workshop (Vienna, 18-19 October 2013) 1 <www.europeanlawinstitute.eu/fileadmin/user_upload/p_eli/Projects/ELI-UNIDROIT_Workshop_initial_report.pdf>.

always the best approach, and he underlined the need to involve academics, judges, and other practitioners.[61] Only a few attendants raised any criticism as to the desirability and potential of European rules of civil procedure.

As specified in the initial project report, the rules are intended to promote the effectiveness, efficiency, and reliability of civil procedure.[62] The ALI-Unidroit Principles serve as a starting point, and are to be developed taking into account in particular: (i) the European Convention on Human Rights and the Charter of Fundamental Rights of the European Union; (ii) the wider acquis of binding EU law; (iii) the common traditions in the European countries; (iv) the Storme Commission's work;[63] and (v) other pertinent European sources.

A steering Committee consisting of members of Unidroit and ELI was established, and the first three working groups were set up in the first half of 2014. The three topics that were considered appropriate as pilot projects are (1) *Service and Due Notice of Proceedings*; (2) *Provisional and Protective Measures*; and (3) *Access to Information and Evidence*. These topics largely correspond to Principles 5, 8, and 16 of the ALI-Unidroit Principles. The three working groups were given the task of conducting pilot studies to 'test the viability of the methodological approach and overall project design', while 'the goal remains to cover, as a minimum, the full range of issues addressed in the 2004 ALI-UNIDROIT Principles'.[64] Each working group consists of two reporters, and around four to six other members with different jurisdictional and professional backgrounds.

In the course of 2014, two further working groups were established, on (4) *Obligations of the Parties, Lawyers, and Judges*, and (5) *Res Judicata and Lis Pendens*. These were inspired by Principles 11 and 28 of the ALI/Unidroit Principles. Progress was discussed at two joint meetings, the second of which took place at the European Parliament, which from the outset has shown great interest in the project. In November 2015, these five working groups presented their preliminary drafts during a public conference at the European Law Academy.[65]

At the end of 2015, it was decided to establish three additional working groups, two focusing on content (6) *Costs*, and (7) *Judgments*, and an overarching working group on (8) *Structure*. In the ALI-Unidroit Principles, the primary provisions on costs are included in Principle 25. The enforceability of judgments is regulated by Principle 26, while a number of other Principles are also relevant

61. ibid 2.
62. ibid 2.
63. M Storme (ed), *Rapprochement du Droit Judiciaire de L'Union européenne/Approximation of Judiciary Law in the European Union* (Martinus Nijhoff Publishers 1994).
64. Initial report (n 59) 2.
65. Conference 'Building European Rules of Civil Procedure', Trier, 26-27 November 2015.

for judgments. The topic of costs is particularly sensitive in the EU, as it is closely interwoven with the judicial organisation, which is a national matter. Principle 9 deals with the Structure of the Proceedings, dividing the procedure largely into three stages – a pleading, an interim, and a final phase – and providing a flexible scheme to secure efficient proceedings. The structure of the proceedings was also one of the topics of the first exploratory workshop,[66] but the main purpose of this horizontal working group is to coordinate the drafts and to integrate these into a complete set of model rules, as well as to oversee linguistic issues.[67] Finally, although law and practice diverge fundamentally in Europe, it was decided to also include appellate proceedings in the project, leading to the setting up of a working group on (9) *Appeals* in 2017.

Most of the substantive work will be finalised in 2018. The working groups will have produced their final drafts, and the most important parts of the work will be presented at a public conference at the European Law Academy in Trier in November 2018. But it is only realistic to think that the project will continue well into 2019 before a complete set of model rules of European Rules of Civil Procedure can be finalised.

4.3. Approach and Main Challenges of the European Rules of Civil Procedure

A broad project that covers in principle the full scope of civil procedure, and involving over forty working group members from academia and practice coming from all over Europe (including non-EU Member States), has multiple challenges. This section will address four issues: (i) the scope of the rules; (ii) the methodology and approach; (iii) the internal and external coherence; and (iv) language issues.

(i) The scope of the Rules

At the beginning of the project, the scope of the envisaged European Rules of Civil Procedure was left somewhat open. A key issue was whether it should focus on cross-border cases, as do the ALI-Unidroit Principles, or whether the project should also encompass domestic cases. Discussions soon led to the conclusion that both cross-border and domestic cases should be included.[68] Extending the scope to domestic cases evidently increases the relevance of the rules and better secures coherence of civil procedure as a whole. At the same

66. XE Kramer, 'The Structure of Civil Proceedings and Why It Matters: Exploratory Observations on Future ELI-UNIDROIT European Rules of Civil Procedure' (2014) 2 Uniform Law Review 218-238 <http://papers.ssrn.com/sol3/papers.cfm?abstract_id=2480052>.
67. The Structure working group consists of Loic Cadiet (France), Xandra Kramer (the Netherlands) (co-reporters), Rolf Stürner (Germany), and John Sorabji (United Kingdom).
68. See also Section 4.2.

time, it makes the project more challenging, and may affect how the rules are received by the legal community and national legislators in light of the reluctance regarding the European harmonisation of civil procedure. However, for a soft law project this should not be an obstacle. On the contrary, the broad scope is an important asset of the project in comparison to existing EU legislation and the European Parliament's initiative. The project is not limited to EU Member States and the some working group members are from other European countries. The substantive scope has been a point of discussion as well. While the ALI-Unidroit Principles apply to commercial litigation only, this limitation is not evident for the European project, as the EU has been very active outside the area of commercial law as well. The tentative rule formulated by the Structure working group provides that the rules apply to the resolution of domestic and cross-border disputes in civil and commercial matters, whatever the nature of the court. This tentative rule excludes disputes regarding the status or legal capacity of natural persons, family disputes, and insolvency proceedings. This is in part based on the scope of many of the key EU Regulations, most notably the Brussels I-bis Regulation.[69] While there is no objection that some of the rules, for instance those on the service of documents and evidence, also apply to these issues – as the EU Service and Evidence Regulation and the Hague Conventions do – the particularities of these matters make the design and application of the procedural framework more problematic.[70]

(ii) Methodology and approach

To a large extent, the working groups have been given the freedom to decide on the most appropriate working method. The composition and size of the working groups differ somewhat, but each group secures good jurisdictional coverage and a mix of professional backgrounds (academics and practitioners). Some groups have had frequent meetings involving all group members in the actual drafting, while other groups have relied mostly on the reporters' drafting. The working groups have proceeded on a collaborative basis allowing for intensive discussions and an exchange of ideas.

The approach taken by the working groups diverges somewhat, and did so particularly in the first half of the project when the Structure working group had not yet been established. While it was clear from the outset that the ALI-Unidroit Principles serve as the starting point, some working groups have drawn more from these principles than others. This can in part be explained by the fact that

69. Regulation (EU) 1215/2012 of 12 December 2012 on jurisdiction and the recognition and enforcement of judgements in civil and commercial matters (recast) [2012] OJ L351/1.
70. For instance, as regards provisional measures, the protection of children requires a specific regulatory framework.

for some of the topics these Principles are a valuable basis, whereas for others – and this especially goes for some of the later working groups – the Principles offer little guidance. The working groups have taken into account EU legislation and other important European and international sources, including for instance on arbitration. Most working groups have done extensive comparative research, and in any case the different backgrounds of the members ensure that diverse national approaches have been considered. Some working groups have stayed close to the existing binding EU instruments – either by incorporating or referring to them – while others have been more ambitious in adding to or amending the instruments where they considered that to be an improvement.

During the project, two joint ELI-Unidroit meetings per year were held, and the Steering Committee, reporters, members, and external observers discussed drafts in a collaborative way and, as far as possible, coordinated the work. These and other meetings have resulted in a gradual convergence of the approaches, and in a constant revision and improvement of the drafts. In the second half of the project, the Structure working group has played a role in unifying the drafting of the rules by providing a format for the structuring of the rules, of the sources, and of the comments to the rules.

(iii) Internal and external coherence of the Rules

The primary task of the horizontal Structure working group is to secure the internal coherence of the Rules drafted by the eight other working groups. There is some overlap between the working groups, and the drafting style has to be brought into line. In mid-2017, the work commenced to draft an overall structure of the work, and to integrate the final drafts of the first three working groups into this structure, followed by those of the later working groups in 2018. From these drafts, it emerged that some recurring rules on the cooperation between the parties and the courts, on proportionality, and on settlement endeavours are best placed at the beginning, serving as general principles. In addition, some of the working group rules have to be laid out in different sections of the overall structure. Apart from resolving disparities and restructuring the rules, achieving uniformity in the drafting of the rules is an important and challenging task. The groups' drafting techniques diverge somewhat, and to avoid too much detail in the rules, some text is merged into the comments. To ensure that the future model rules are as complete as possible, several rules including fundamental rights of civil procedure – based to a large extent on European and international sources and the rules of the working groups – will be included.

Furthermore, it is essential that the model rules take proper account of the EU acquis and other pan-European or international sources of law. However, the EU acquis should not restrain the drafters from taking a different approach where appropriate. The ELI-Unidroit Rules should also contribute to the modernisation of civil procedure, and thereby reflect new developments and best law-making and practices. Of particular importance in this regard are securing the efficiency of civil proceedings by means of case management, supporting out-of-court and in-court settlement of disputes, and facilitating information and communication technology.

From the outset, ELI and Unidroit have involved external institutional observers, including the European Commission and the Hague Conference on Private International Law. These have played an important rules-related role in pointing to the interaction with the EU legislation and global private international law conventions. Where appropriate and instructed by the Structure working group, the working groups have included a separate section for cross-border cases, distinguishing between those governed by EU law and those involving third countries. The involvement of external observers and institutions is also important to further the acceptance of the Rules by the European and global legal community.

(iv) Language issues

The rules are drafted in English and in French. Most working groups have to a large degree worked in these two languages simultaneously, even though the group discussions and first drafts were in English. This guarantees that terms used are appropriate in both languages, and in some cases a translation into French has resulted in adapting the English language version. While it is the primary responsibility of the individual working groups to provide the two language versions, the Structure working group has also been charged with the overseeing of linguistic issues and ensuring a consistent use of concepts and terms throughout the work. For this purpose, it is envisaged that including a list of definitions will be useful, although any attempt to define concepts has its inherent flaws.

5. JUDICIAL COOPERATION, EUROPEANISATION, AND GLOBALISATION OF CIVIL JUSTICE

The legislative activities in the area of civil justice in Europe over the past twenty years have resulted in an impressive number of instruments aimed at improving access to justice and judicial cooperation. The mix of horizontal approaches and sector-specific instruments, the connection with substantive EU law in certain areas, the limitation to cross-border cases of many instruments, and the optional nature of some of the instruments have resulted in a patchwork of rules regarding European civil procedure. To support judicial cooperation in civil matters, to enhance mutual trust, and to offer a more systemic approach to European civil procedure, the activities by the European Parliament in the past few years and the soft law project of ELI/Unidroit are of importance. The European instruments and even the autonomous European civil procedures to a great extent rely on domestic civil procedure rules, and on the functioning of national systems. Both initiatives provide a horizontal framework embedding fundamental principles of civil procedure in combination with more detailed provisions on key issues of procedure that rely on insights of best laws and practices in Europe.

The initiative of the European Parliament for a directive on Minimum Standards is explicitly placed in the context of enhancing judicial cooperation and mutual trust in the European Judicial Area.[71] The free movement of judicial decisions and other forms of judicial cooperation between the Member States, including the service of documents and the taking of evidence, requires a certain level of trust between the authorities and the legal systems involved. This directive is intended as a first step towards the convergence of civil procedure and establishing a balance between fundamental procedural rights of parties.[72] At the same time, it aims to secure a minimum level of quality of civil proceedings, to increase efficiency, and to aid the modernisation of national proceedings. As for earlier instruments initiated by the European Commission, the desire to contribute to a level playing field for businesses and to increase economic growth are also mentioned.[73] Though there is some support for the assumption that better civil procedures support economic growth,[74] it should be stressed that civil justice and the protection of fundamental rights should be considered primarily as an end in itself.[75] The strong focus on fundamental rights that are addressed in a more concrete way than Article 6 ECHR and Article 47 of the EU Charter, and that are in part 'operationalised' by further provisions, is to be welcomed in this regard. As discussed earlier, the draft also has its flaws.[76] The regulatory concept underlying the proposed Directive and the meaning of 'common minimum

71. Committee on Legal Affairs (European Parliament) (n 5) 4-7.
72. ibid 7.
73. ibid 5.
74. Bernd Hayo and Stefan Voight, 'The Relevance of Judicial Procedure for Economic Growth' (2014) CESifo Economic Studies 490-524 (including data of 67 countries and using 10 indicators for a good legal procedure). See, e.g. for the Netherlands: BCJ van Velthoven, *The value of the judicial infrastructure for the Dutch economy* (Research Memorandum Council for the Judiciary 2005) 18; Frans van Dijk and Horatius Dumbrava, 'Judiciary in Times of Scarcity: Retrenchment and Reform' (2013) International Journal for Court Administration 16; Frans van Dijk, 'Improved Performance of The Netherlands Judiciary: Assessment Of The Gains For Society' (2014) International Journal For Court Administration 83-99. See on this Xandra Kramer and Shusuke Kakiuchi, 'Relief in Small and Simple Matters in an Age of Austerity' in: H Pekcanitez, N Bolayir and C Simil (eds), *XVth International Association of Procedural Law World Congress* (Oniki Levha Yayıncılık 2016) 221, 121.
75. Hess and Kramer (n 1) 24.
76. See Section 3.

standards' are unclear.[77] In part, fundamental rights are reiterated from the sources mentioned, and these provisions are mixed with detailed rules on a number of selected topics. It remains to be seen whether this initiative will be taken up by the European Commission; in any event, however, it is to be hoped that the framework will be improved.

In a number of ways, the envisaged ELI-Unidroit European Rules of Civil Procedure go further than the European Parliaments' initiative. They cover not only cross-border but also domestic cases, and they address a wide array of important issues of civil procedure in much greater detail and in a more systematic way. The size and ambition of the project, and their reliance on a huge variety of European, international, and national sources, also pose challenges. As for any soft law instrument, but considering in particular the intrinsic national orientation of civil procedure and limited party autonomy, the question remains as to what the legislative and practical impact will be. To a great extent, these rules are intended to serve as guidelines or models for better law-making and good practice, and, as such, they can inspire national legislators. Should these rules be adopted as a model for legislation at the pan-European level, the question is to what degree would they influence law and, in particular, practice at the grass-roots level. Civil procedure and litigation behaviour are largely embedded in national legal culture and practice, and European legislative instruments addressing civil procedure have thus far had limited influence on the actual practice in the Member States. Consequently, the contribution to improving cross-border judicial cooperation would be limited as well.

Nevertheless, the need to connect the dots of civil procedure in Europe, to enforce EU law effectively, and to increase the efficiency and quality of civil litigation in European countries gives rise to the hope that these rules will receive wide recognition. The involvement of many academics, practitioners, and European and international institutions will also contribute to the acceptance by the legal community. In addition, the European project draws particular attention to the valuable work being done by the ALI-Unidroit working group. The project can also serve as a model for similar endeavours in other regions of the world, including South America. It is absolutely certain that the collaborative work resulting in an extensive set of rules on European civil procedure has enriched international procedural law scholarship, and will inspire the global civil justice community.

77. See also Hess and Kramer (1) 26.

CAPÍTULO 23

Arresto de contas bancárias no espaço europeu de justiça – novo procedimento europeu de supressão do *exequatur*

Lurdes Varregoso Mesquita[1]

SUMÁRIO: 1. CONSIDERAÇÕES INTRODUTÓRIAS; 2. MOTIVAÇÃO E CONTEXTO DA CRIAÇÃO DO PROCEDIMENTO EUROPEU ESPECÍFICO PARA O ARRESTO DE CONTAS BANCÁRIAS; 3. DECISÃO EUROPEIA DE ARRESTO DE CONTA (DEAC) – NOÇÃO E EFEITOS; 4. ÂMBITO DE APLICAÇÃO DO REGULAMENTO 655/2014; 5. OPORTUNIDADE DA PRETENSÃO; 6. COMPETÊNCIA DO TRIBUNAL – REGRAS DE COMPETÊNCIA PARA EMISSÃO DA DEAC E PARA APRECIAÇÃO DA IMPUGNAÇÃO DA DECISÃO; 7. FUNDAMENTOS DA PRETENSÃO; 8. EFEITOS DA DEAC; 9. EQUILÍBRIO DO REGIME DA DEAC E (DES)PROTECÇÃO DO DEVEDOR; 9.1. PROCESSO EX PARTE; 9.2. EXIGÊNCIA DE CONSTITUIÇÃO DE GARANTIA AO CREDOR; 9.3. ISENÇÃO DE CERTOS MONTANTES; 9.4. PRAZOS NO PROCEDIMENTO DA DEAC; 9.5. VIAS DE «RECURSO» E PROTECÇÃO DO DEVEDOR; 10. CONCLUSÕES; 11. REFERÊNCIAS BIBLIOGRÁFICAS.

1. CONSIDERAÇÕES INTRODUTÓRIAS

A União Europeia tem apostado, desde o Tratado de Amesterdão, na criação de mecanismos que auxiliam a cobrança transfronteiriça de dívidas de natureza civil e comercial. Não só surgiram procedimentos europeus que culminam com uma decisão imediatamente exequível no espaço europeu, sem necessidade de mais procedimentos de atribuição de *exequatur* – assim sucede na injunção europeia e no processo europeu para as acções de pequeno montante[2] – como tem sido aperfeiçoado e flexibilizado o processo de reconheci-

1. Doutora em Direito, Professora Adjunta do Departamento de Direito da Escola Superior de Gestão do Instituto Politécnico do Cávado e do Ave e Professora Auxiliar Convidada do Departamento de Direito da Universidade Portucalense Infante D. Henrique.
2. Cfr. Regulamento (CE) n.º 1896/2006 do Parlamento Europeu e do Conselho, de 12 de Dezembro de 2006, que cria um procedimento europeu de injunção de pagamento (JO L 399 de 30/12/2006) e Regulamento (CE) n.º 861/2007 do Parlamento Europeu e do Conselho, de 11 de Julho de 2007, que estabelece um processo europeu para as acções de pequeno montante (JO L 199 de 31/07/2007). Assim também sucede no título executivo europeu, aprovado pelo Regulamento (CE) n.º 805/2004 do Parlamento Europeu e do Conselho de 21 de Abril de 2004 (JO L 143 de 30/04/2004).

mento e execução de sentenças estrangeiras, em especial na última revisão do Regulamento Bruxelas I, em vigor desde janeiro de 2015[3].

O modelo europeu de medida cautelar de arresto de conta bancária, criado pelo Regulamento (UE) n.º 655/2014 do Parlamento Europeu e do Conselho, de 15 de maio[4], é mais um passo neste sentido[5]. Desde de 18 de janeiro de 2017[6], é possível, em processos de natureza transfronteiriça, obter uma decisão europeia de arresto de conta bancária com efeito executório imediato, através da qual se congela o saldo da conta bancária do devedor, titulada noutro Estado-Membro, de modo a facilitar e tornar eficaz a cobrança além-fronteiras de dívidas. Este tipo de mecanismos, mais ágeis, são essenciais para eliminar os custos inerentes ao contexto transfronteiriço e promover a integração europeia, de forma a encurtar as barreiras jurídicas. O princípio do reconhecimento mútuo e a livre circulação de decisões judiciais, designadamente cautelares, em especial em zonas territorialmente confinantes, incrementam e desenvolvem as relações económicas e comerciais, seja entre empresas, seja ao nível do consumidor final, nas regiões fronteiriças.

3. Regulamento (UE) n.º 1215/2012 do Parlamento Europeu e do Conselho, de 12 de Dezembro de 2012, relativo à competência judiciária, ao reconhecimento e à execução de decisões em matéria civil e comercial (JO L 351 de 20/12/2012). Este diploma é também designado Regulamento Bruxelas I (bis).
4. De ora em diante, as referências a este diploma europeu serão feitas, abreviadamente, por Regulamento 655/2014; as indicações normativas sem referência expressa à sua fonte são normas do referido Regulamento 655/2014.
5. Para análise dos antecedentes deste Regulamento, em especial na fase em que se discutia a proposta apresentada pela Comissão, ver MARTÍN DIZ, F., *La Orden Europea de Embargo de Activos Bancarios*, *in* "Cooperación judicial civil y penal en el nuevo escenario de Lisboa" (coord. ARANGUENA FANEGO, C.), Ed. Comares, Granada, 2011, pp. 133-147; *Protección Procesal del Crédito Transfronterizo en la Unión Europea: Propuesta de Orden de Embargo de Activos Bancarios*, Revista de Derecho Comunitario Europeo, num. 30, 2008, pp. 381-418; SENÉS MOTILLA, C., *El Embargo Telemático de Cuentas Bancarias (Propuesta de regulación en Derecho Europeo)*, *in* "La e-justicia en la Unión Europea" (desarrollo en el ámbito europeo y en los ordenamientos nacionales) (coords. DE LA OLIVA SANTOS, A., GASCÓN INCHAUSTI, F. y AGUILERA MORALES, M.), Ed. Aranzadi Thomson Reuters, Cizur Menor (Navarra), 2012, pp. 91-111; *El Embargo de Cuentas Bancarias (Aplicación en el proceso español y propuesta de Derecho europeo)*, *in* "El Derecho procesal español en el Siglo XX a golpe de tango", Liber Amicorum, en homenaje y para celebrar su LXX cumpleaños (Dir. MONTERO AROCA, J.), Ed. Tirant Lo Blanch, Valencia, 2013, pp. 861-883; MIQUEL SALA, R., *La futura orden europea de retención de cuentas para simplificar el cobro transfronterizo de deudas en materia civil y mercantil*, Cuadernos de Derecho Transnacional, octubre 2012, vol. 4, núm. 2; MESQUITA, L. V., *A (des)protecção do devedor na proposta de criação do procedimento europeu específico para o arresto de contas bancárias*, *in* "Estudos em Homenagem ao Prof. Doutor José Lebre de Freitas", Coimbra Editora, 2013, pp. 9991-1020. Sobre o Regulamento (UE) n.º 655/2014, cfr. SENÉS MOTILLA, C., *La Orden Europea de Retención de Cuentas (Reglamento [UE] 655/2014)*, www.dictumabogados.com, núm. 34, 14 de octubre de 2014; CORDÓN MORENO, F. J., "La Orden Europea de Retención de Cuentas (Reglamento 655/2014) desde la perspectiva de un proceso seguido en España", www.gomezacebo-pombo.com , julho de 2014; VILAS ÁLVAREZ, D., *El Reglamento por el que se crea una Orden Europea de Retención de Cuentas y Mercantiles: claves de su elaboración*, La Ley mercantil, n.º 6, 2014.
6. Cfr. art. 54.º do Regulamento 655/2014.

Não é suficiente actuar apenas no reconhecimento e execução de sentenças estrangeiras. A eficácia da cobrança além-fronteiras passa também pela existência de medidas cautelares que não se confinem aos ordenamentos internos, de modo a diminuir o risco de incobrabilidade e, reflexamente, a incentivar a economia e o investimento.

O desenvolvimento do mercado interno da União Europeia e o crescimento da actividade empresarial além-fronteiras dependem da diminuição do risco de cobrança, do aumento do grau de confiança dos comerciantes na justiça e da existência de medidas que desencorajem o incumprimento. Ora, a serem amenizados os problemas inerentes à cobrança transfronteiriça – o que sucederia com uma medida cautelar que não conhecesse fronteiras – beneficiariam, essencialmente, as empresas que exercem actividade e prestam serviços no espaço europeu, os consumidores e os titulares de direito a alimentos.

2. MOTIVAÇÃO E CONTEXTO DA CRIAÇÃO DO PROCEDIMENTO EUROPEU ESPECÍFICO PARA O ARRESTO DE CONTAS BANCÁRIAS

É premente colocar o credor a salvo dos efeitos negativos da mobilidade do capital, que fragilizam a sua garantia patrimonial, agravados pelos atrasos associados ao penoso caminho de obtenção de arrestos nacionais de saldos de contas bancárias, seguidos da respectiva execução em cada Estado de destino. Torna-se quase impossível obter decisões e respectivos efeitos executórios, em tempo útil, se os activos forem sendo transferidos de Estado-Membro em Estado-Membro.

Os estudos[7] que antecederam a aprovação do Regulamento 655/2014 concluíram que a efectiva cobrança transfronteiriça de uma dívida envolve obstáculos que a arrastam no tempo e a tornam demasiado onerosa para o credor, em benefício do devedor. Atente-se nalgumas das dificuldades relacionadas, nesse contexto, com a obtenção de medidas provisórias de arresto de activos do devedor quando estão em causa litígios transfronteiriços: i) os vários ordenamentos jurídicos dos Estados-Membros da União Europeia sujeitam a emissão de decisões de arresto a requisitos que são variáveis e que propiciam o *fórum shopping*; ii) em virtude da falta de transparência, há Estados-Membros em que é quase impossível o credor recolher informações sobre a localização da conta bancária do devedor; iii) os custos com a obtenção e execução de uma decisão

7. Cfr. *Final Report – Impact Assessment on a Draft Legislative Proposal on the Attachment of Bank Accounts*, Centre for Strategy & Evaluation Services (CSES), Londres, Janeiro de 2011. O resumo do referido relatório foi publicado pela Comissão (SEC(2011) 938 final, 25.7.2011) e o texto integral pode ser consultado em http://ec.europa.eu/justice/civil/files/bank_attachments_en.pdf .

de arresto de contas bancárias em situações transfronteiriças são mais elevados; iv) as divergências entre os vários sistemas nacionais de execução provocam problemas aos credores, sobretudo ao nível da necessária celeridade em executar essas decisões, causando ineficácia das medidas provisórias.

Desde o Conselho Europeu de Tampere (1999) que o legislador europeu manifestou a intenção de criação de um instrumento que pudesse minorar as consequências negativas resultantes do retardamento da execução transfronteiriça, concretamente tendo em vista a salvaguarda da garantia patrimonial do credor. Por sua vez, o princípio do reconhecimento mútuo – pedra angular da cooperação judiciária em matéria civil – abrangia também as medidas cautelares que permitissem apreender activos de fácil dissipação. No Projecto de medidas para aplicação do princípio de reconhecimento mútuo das decisões judiciais em matéria civil e mercantil[8] já se mencionava como objectivo: a *adopção de medidas cautelares a nível europeu permitindo que uma decisão proferida num Estado-Membro contenha a autorização para tomar, em todo o território da União, medidas cautelares relativamente aos bens do devedor*[9].

Posteriormente, em 2007, o Parlamento Europeu aprovou uma Resolução sobre essa matéria[10], favorável à criação de um procedimento europeu transfronteiras para congelar as contas bancárias e de apoio à introdução de regras europeias uniformes, independentes e complementares das disposições nacionais de execução dos Estados-Membros, as quais constituiriam um processo europeu autónomo, coerente e de fácil utilização, que seria accionado antes mesmo do início do processo principal, ainda que aplicável apenas a casos transfronteiriços. Ficou afastada, assim, a hipótese de harmonização das legislações nacionais dos Estados-Membros em matéria de arresto de saldos bancários, e avançou-se com um procedimento europeu uniforme e de aplicação directa.

A citada Resolução foi antecedida do Estudo sobre a melhoria da execução das decisões judiciais na União Europeia[11], apresentado pela Comissão em 2004,

---

8. Aprovado pelo Conselho e Comissão, a 30 de Novembro de 2000 (JO C 12, de 15.01.2001).
9. JO C 12, de 15.01.2001, p. 5.
10. Resolução do Parlamento Europeu, de 25 de Outubro de 2007, acerca do Livro Verde sobre uma maior eficácia na execução das decisões judiciais na União Europeia: penhora de contas bancárias (2007/2026(INI)), JO C 263E, 16.10.2008.
11. Este estudo foi elaborado pelo Prof. Dr. B. Hess e trata a forma de tornar a execução das decisões judiciais na União Europeia mais eficaz, abordando, designadamente, as questões da transparência dos activos de um devedor, da penhora de contas bancárias, da execução provisória e medidas de protecção. Cfr. Study n.º JAI/A3/2002/02, on *Making more efficient the enforcement of judicial decisions within the European Union: Transparency of a Debtor's Assets Attachment of Bank Accounts Provisional Enforcement and Protective Measures* (Version of 2/18/2004) de Prof. Dr. Burkhard Hess, Director of the Institute of Comparative and Private International Law University of Heidelberg, disponível em: http://ec.europa.eu/justice_home/doc_centre/civil/studies/doc/enforcement_judicial_decisions_180204_en.pdf.

e de uma audição pública através do Livro Verde sobre uma maior eficácia na execução das decisões judiciais na União Europeia: penhora de contas bancárias[12] e [13].

Mais tarde, quando a União Europeia elabora o programa plurianual relativo ao desenvolvimento de um espaço de liberdade, segurança e justiça, para o período de 2010 a 2014, o Programa de Estocolmo[14], sob o título "Uma Europa aberta e segura que sirva e proteja os cidadãos" e centrado nos interesses e necessidades dos cidadãos, reitera o interesse na avaliação da necessidade e viabilidade de medidas provisórias, inclusive cautelares, para impedir o desaparecimento de bens antes da execução de um pedido. A aplicação do referido Programa de Estocolmo deu lugar à solicitação, pelo Parlamento Europeu (Resolução de 25 de Novembro de 2009), de "propostas com vista a um sistema europeu simples e autónomo para a penhora de contas bancárias e o congelamento temporário de depósitos bancários"[15].

Finalmente, com fundamento no art. 81.º, n.º 2, do Tratado sobre o Funcionamento da União Europeia e invocando os princípios da subsidiariedade e proporcionalidade, foi apresentada a proposta de Regulamento do Parlamento Europeu e do Conselho que cria uma decisão europeia de arresto de contas para facilitar a cobrança transfronteiriça de créditos em matéria civil e comercial[16], que veio a dar lugar à aprovação do Regulamento 655/2014.

Nessa altura, o legislador europeu tinha uma de três vias: i) manter o statu quo depois da revisão do Regulamento 44/2001, o que já trazia a abolição do

12. COM (2006) 618 final, 24.10.2006.
13. Nesta fase, a versão portuguesa ainda utilizava, erradamente, o termo «penhora». Aliás, o Parecer do Comité Económico e Social Europeu sobre o «Livro Verde sobre uma maior eficácia na execução das decisões judiciais na União Europeia: Penhora de contas bancárias» (JO C 10/2, 15.1.2008) apontava uma crítica neste sentido, chamando a atenção que os termos utilizados para a identificação dos conceitos que por seu turno iriam definir a natureza da providência de carácter processual a criar, deviam obedecer a critérios de extremo rigor e precisão técnico-jurídica em qualquer das línguas comunitárias. Ora, sucedia que, pelo menos em cinco versões linguísticas, a designação utilizada pela Comissão para identificar a providência cautelar eventualmente desejável não era unívoca nem equivalente e podia conduzir a algumas confusões de carácter técnico-jurídico quanto à sua natureza jurídica. A correcção das traduções, em face da natureza jurídica da medida, devia ser assegurada para evitar incertezas baseadas apenas na desadequada terminologia usada. Com efeito, o termo «attachment», mesmo no seu sentido técnico-jurídico, era ambíguo, podendo designar quer o que em português se designa por «penhora» quer por «arresto». Mesmo em inglês, para a natureza jurídica da medida prevista melhor seria utilizar o termo «arrestment» ou «freezing order», para bem distinguir da figura do «garnishment». Por outro lado, apenas a tradução italiana «sequestro conservativo» traduzia correctamente o carácter preventivo e conservatório da medida; a «saisie» francesa com a explicação adicional de poder ser «délivrée par un tribunal siégeant en référé», cumpria o objectivo; já o «embargo» espanhol afigurava-se insuficiente para caracterizar o destino da medida.
14. JO C 115/01, 4.5.2010.
15. Número 95.
16. COM(2011) 445 final, 25.7.2011.

exequatur; ii) criar uma decisão europeia de arresto de contas, surgindo assim um novo procedimento europeu de natureza cautelar; iii) harmonizar as regras nacionais respeitantes ao arresto de contas bancárias no âmbito de processos transfronteiriços, através de uma directiva. Avaliada a situação – designadamente o impacto económico, social, sobre os Estados-Membros, sobre os direitos fundamentais – o legislador optou pela criação da decisão europeia de arresto de contas bancárias, usando o método do regulamento.

Resumindo as conclusões da avaliação de impacto das várias soluções possíveis, constata-se que[17]:

- Mantendo-se o *statu quo*, em nada se alteraria o cenário já esboçado sobre as consequências negativas inerentes às dificuldades de cobrança e de constituição de garantias além-fronteiras. Além disso, haveria uma influência negativa que provocaria maiores desistências na cobrança, impedindo as empresas e os consumidores de extraírem o máximo partido do mercado único.

- A segunda solução proporcionaria uma maior facilidade na cobrança de dívidas com incidência transfronteiriça, que se revestiria de maior eficácia, com garantia do efeito surpresa sobre o devedor e com menores custos. Não só os agentes acorreriam em maior medida à cobrança, como se verificaria um efeito propedêutico de desincentivo ao incumprimento crónico. O impacto económico e social seria também positivo, sem que com isso fossem postos em causa os direitos fundamentais. Por outro lado, a implementação da medida não envolveria custos significativos para os Estados-membros e, sendo o instrumento alternativo e apenas aplicável a situações plurilocalizadas, não ficariam afectadas as tradições jurídicas.

- A terceira opção, por sua vez, também contribuiria para consolidar o direito à acção, não desrespeitaria os direitos fundamentais e traria igualmente um impacto económico positivo, mas não tão expressivo. Sabe-se que o método directiva é menos eficaz na harmonização dos procedimentos e, por isso, poderiam continuar a persistir diferenças entre os procedimentos. De resto, esse mesmo factor levaria a que se mantivesse a necessidade de o credor constituir mandatário e ser assessorado, sem que se diminuíssem os custos judiciais, que em termos relativos são mais onerosos para as pequenas e médias empresas e para os particulares. Esta solução, no entanto, colocaria os Estados-Membros numa situação de maior esforço na sua implementação (em recursos e custos) e corresponderia a uma maior intrusão nas tradições jurídicas nacionais.

---

17. Cfr. Resumo da avaliação de impacto que acompanha o documento Proposta de Regulamento do Parlamento Europeu e do Conselho que cria uma decisão europeia de arresto de contas para facilitar a cobrança transfronteiriça de créditos em matéria civil e comercial, (SEC(2011)) 938 final, 25.7.2011, pp. 4-8.

3. DECISÃO EUROPEIA DE ARRESTO DE CONTA (DEAC) – NOÇÃO E EFEITOS

Obter o arresto de uma conta bancária do devedor no estrangeiro pelos meios tradicionais, implica o percurso seguinte: requerer o arresto no tribunal de origem, conforme as normas do direito interno; declarado o arresto, por decisão judicial do Estado de origem[18], obter os documentos necessários, nos termos do art. 42.º, n.º 2[19], do Regulamento 1215/2012; executar o arresto no Estado de destino, conforme a situação da conta bancária de que o devedor é titular e de acordo com a respectiva legislação interna. A revisão do Regulamento Bruxelas I consagrou a supressão do *exequatur* e a decisão judicial de arresto, desde que cumpridas as condições previstas no diploma europeu, também será automaticamente executória no Estado onde se encontra a conta a arrestar. Embora esteja agora mais facilitada a tarefa, está longe de ser um percurso célere e eficaz. Para além disso, a declaração de arresto ter condicionantes próprias conforme o Estado de origem, com tratamento desigual entre os cidadãos europeus. Por outro lado, nos casos de dimensão transfronteiriça, em especial se o credor tiver intenção de arrestar várias contas localizadas em diferentes Estados-Membros, a situação complica-se.

A Decisão Europeia de Arresto de Conta (DEAC) ganha aqui o seu espaço. É um procedimento de direito processual civil europeu – autónomo – e tudo o que para ele está especificamente previsto prevalece sobre o direito interno, sendo que este direito aplicar-se-á sempre que Regulamento fizer remissão expressa – e são muitas as questões relegadas para o ordenamento jurídico de cada Estado-membro – isso acarretará consequências de tratamento desigual. Porém, o procedimento não podia ser exaustivo e é imperativo cumprir o princípio da subsidiariedade.

Assim, como alternativa às medidas de arresto nacionais[20] e de aplicação exclusiva em processos transfronteiriços relativos a créditos pecuniários em matéria civil e comercial, surge como uma medida que, através de um único

---

18. O Regulamento Bruxelas I (bis) assume que o conceito de "decisão", para efeitos de reconhecimento e execução de sentenças estrangeiras, *abrange as medidas provisórias, incluindo as medidas cautelares, decididas por um tribunal que, por força do presente regulamento, é competente para conhecer do mérito da causa. Não abrange as medidas provisórias, incluindo as medidas cautelares, impostas por esse tribunal sem que o requerido seja notificado para comparecer a menos que a decisão que contém a medida seja notificada ao requerido antes da execução* (art. 2.º, al. a).
19. Designadamente: cópia da decisão que satisfaça as condições necessárias para atestar a sua autenticidade; certidão emitida nos termos do artigo 53.º (conforme formulário do anexo I ao diploma – certidão de decisão em matéria civil e comercial) que contenha uma descrição da medida e ateste que: i) o tribunal é competente para conhecer do mérito da causa, ii) a decisão é executória no Estado-Membro de origem; e, quando a medida tiver sido decretada sem que o requerido tenha sido notificado para comparecer (como sucede no arresto) o comprovativo da notificação da decisão.
20. A opção pelo carácter alternativo dos instrumentos de cobrança do Direito Processual Civil Europeu tem sido a regra, sobretudo para atender ao princípio da subsidiariedade.

procedimento, impedirá o levantamento ou a transferência de fundos que o devedor possua numa conta bancária no território da União Europeia (art. 1.º.1 e 2). É decretado o arresto do saldo de uma conta bancária através da decisão do tribunal de um Estado-Membro, sendo que o valor pode ser retido sobre uma conta titulada pelo devedor numa entidade bancária noutro ou noutros Estados-Membros.

A DEAC tem carácter meramente cautelar e, por isso, o seu efeito é apenas o congelamento da conta ou contas do devedor até ao montante requerido e pelo período de vigência da medida (nos termos do art. 20.º) mas não permite, naturalmente, que se faça o pagamento. Assim, em termos imediatos o credor apenas (mas não de somenos importância) consegue a constituição de uma garantia do pagamento do crédito arrestado. O efectivo pagamento, por sua vez, está condicionado pelo recurso à competente execução. Por outro lado, considerando que podem surgir situações de credores concorrentes, visto que sobre a conta em causa pode recair mais do que um arresto ou arrestos e penhoras, o efectivo pagamento também dependerá da ordem de prioridade que é dada à DEAC, sendo que para esse fim o legislador europeu remete para a legislação nacional. O art. 32.º prevê que a DEAC confere a mesma posição na ordem de prioridade dos credores que um instrumento de efeito equivalente previsto na legislação do Estado-Membro onde a conta bancária se encontre.

Estamos na presença de mais um caso de supressão do *exequatur*, à semelhança do que sucede por exemplo com a injunção europeia e com a decisão proferida no âmbito do processo europeu para as acções de pequeno montante. De acordo com o art. 22.º, uma DEAC emitida num Estado-Membro é reconhecida e tem força executória noutro Estado-Membro sem que seja necessário qualquer outra declaração adicional sobre a sua executoriedade e sem que possa ser deduzida oposição a esse reconhecimento.

Não obstante, emitida a DEAC, o que ocorrerá através de formulário próprio (art. 19.º) quando a decisão de arresto deva ser executada noutro Estado-Membro – documento que constituirá o título de circulação automática no espaço europeu – os seus efeitos podem não ser definitivos (art. 20.º). Por um lado, estão previstos casos de revogação ou alteração da decisão (arts. 33.º, 34.º, 35.º) e, por outro, admite-se que a DEAC seja substituída por uma medida de execução de efeito equivalente nos termos da legislação nacional, caso em que só vigora até ocorrer essa substituição. De facto, o regime previsto contempla a possibilidade de o credor accionar o arresto no tribunal nacional – o que se justifica para maior eficácia na constituição de uma garantia – sendo que nesse caso deve ser dada informação, quando se requer a DEAC, sobre pedidos paralelos pendentes noutro tribunal (art. 16.º).

A tramitação do procedimento baseia-se, essencialmente, em formulários-tipo[21]: desde o requerimento da DEAC, à própria DEAC, à declaração do banco sobre informação da conta e ao requerimento de revisão da DEAC (cfr. arts. 8.º.1, 19.º.1, 23.º.3, 36.º.1, 37.º). Esta metodologia, que vem sendo comum nos procedimentos europeus de segunda geração, tem sido uma opção que assenta na celeridade e facilidade de acesso ao procedimento, na melhor forma encontrada para a sua harmonização e na simplicidade e compatibilidade que proporciona, sobretudo no que respeita à circulação do título nas várias línguas. Além disso, como não é (e sempre que não é) obrigatória a representação por advogado ou por outro profissional forense (art. 41.º), o legislador europeu julga adequado este *modus operandi*.

O legislador aposta na celeridade, simplicidade e acessibilidade também quando prevê que o requerimento possa ser apresentado através de quaisquer meios de comunicação, incluindo electrónicos (arts. 8.º.4). Do mesmo modo, a declaração que o banco emite e transmite à autoridade competente, sobre se e em que medida os fundos existentes na conta do requerido foram arrestados, pode ser feita através de meios de comunicação electrónicos seguros (art. 25.º.2).

4. ÂMBITO DE APLICAÇÃO DO REGULAMENTO 655/2014

O Regulamento 655/2014 tem o seu âmbito de aplicação material praticamente decalcado do Regulamento Bruxelas I[22], com as adaptações resultantes do facto de estarem em causa apenas quantias pecuniárias. Aplica-se a créditos pecuniários – pagamento de um montante específico ou determinável – em matéria civil e comercial[23], com excepção de créditos relacionados com direitos patrimoniais resultantes de regimes matrimoniais ou equiparáveis, bem como de testamentos e sucessões; da segurança social; da arbitragem (art. 2.º. 1 e 2). Também estão excluídos os créditos sobre devedores em processos de

21. Cfr. Regulamento de Execução (UE) 2016/1823 da Comissão, de 10 de outubro de 2016, que estabelece os formulários a que se refere o Regulamento (UE) n.º 655/2014 do Parlamento Europeu e do Conselho que estabelece um procedimento de decisão europeia de arresto de contas para facilitar a cobrança transfronteiriça de créditos em matéria civil e comercial.

22. Tem sido esta a referência em todos os instrumentos de cobrança europeus ditos de segunda geração. Designadamente, no Regulamento (CE) n.º 805/2004 do Parlamento Europeu e do Conselho de 21 de Abril de 2004, que cria o título executivo europeu para créditos não contestados (JO L 143 de 30/04/2004); no Regulamento (CE) n.º 1896/2006 do Parlamento Europeu e do Conselho, de 12 de Dezembro de 2006, que cria um procedimento europeu de injunção de pagamento (JO L 399 de 30/12/2006) e no Regulamento (CE) n.º 861/2007 do Parlamento Europeu e do Conselho, de 11 de Julho de 2007, que estabelece um processo europeu para as acções de pequeno montante (JO L 199 de 31/07/2007).

23. O conceito de «matéria civil e comercial» tem uma interpretação autónoma, adequada aos cânones da União Europeia, e não exclusivamente consentânea com os ordenamentos jurídicos internos de cada Estado-Membro. Por isso, por exemplo, fica abrangida a matéria laboral.

insolvência, isto é, como esclarece o Considerando 8 do Regulamento, *não pode ser proferida uma decisão de arresto contra o devedor, uma vez que lhe tenha sido instaurado um processo de insolvência na aceção do Regulamento (CE) n.º 1346/2000 do Conselho. Por outro lado, a exclusão deverá permitir que a decisão de arresto seja utilizada para garantir a recuperação de pagamentos prejudiciais efetuados pelo devedor a terceiros.*

Não estão também contempladas, em especial, as matérias fiscais, aduaneiras e administrativas (art. 2.º.1). Por outro lado, ficam a salvo as contas a coberto de regimes de impenhorabilidade (art. 2.º.3 e 4).

Quanto à aplicação territorial, o Regulamento 655/2014 vincula os Estados-Membros da União Europeia. Porém, de acordo com os Protocolos anexos ao Tratado da União Europeia e ao Tratado que institui a Comunidade Europeia de acordo com os quais esses países não participavam nas medidas decorrentes do Título IV do TCE (em vigor à data), a Dinamarca, o Reino Unido e a Irlanda têm regimes de excepção nestas matérias. Tendo em conta a informação dos Considerandos 49, 50 e 51 do Regulamento, a Irlanda fica abrangida (opt-in), mas ao Reino Unido e à Dinamarca o diploma europeu não é aplicável.

Por outro lado, a DEAC não pode ser requerida em qualquer tipo de litígio. Apenas poderá ser requerida relativamente a questões que, à data em que o pedido é apresentado, possam ser consideradas com incidência transfronteiriça (art. 2.º.1). Na definição de «processos transfronteiriços» (art. 3.º), o critério subjacente é o da não coincidência entre o Estado-Membro no qual é mantida a conta a arrestar e o do tribunal onde dá entrada o respectivo requerimento, de acordo com as regras de competência aplicáveis (art. 6.º) ou entre aquele e o do domicílio do credor. Ou seja, para que possa requerer o arresto transfronteiriço, o credor tem de apresentar o pedido no tribunal que julgue competente, de acordo com os critérios do art. 6.º do diploma, e esse tribunal não poderá ser coincidente com o do Estado-Membro onde se encontra a conta que se pretende arrestar. E este Estado-Membro também não pode ser coincidente com aquele em que o credor tem o seu domicílio. Compreende-se, qualquer das referidas coincidências determinam que se possa recorrer a uma medida interna e executável sem ónus acrescidos para o requerente.

5. OPORTUNIDADE DA PRETENSÃO

Há dois momentos em que o credor pode requerer a DEAC: antes da obtenção de um título executivo e após a obtenção de um título executivo (art. 5.º).

O credor pode requerer o arresto antes de dar início ao processo judicial declarativo principal, durante o decurso do processo – até ser pronunciada a decisão judicial ou homologada ou celebrada uma transacção judicial - ou, ainda, após estar na posse de um título executivo que foi obtido no Estado de origem mas que ainda não tem força executória no Estado de execução; ou, então, depois de já ter um título que possa ser executado no Estado de destino - por ser automaticamente executório ou por ter sido declarado executório nesse Estado-Membro. A obtenção da DEAC neste segundo momento serve para o credor conseguir a melhor eficácia da execução e pode ser uma vantagem não só quando o credor tem consciência de que no Estado de execução este processo é lento, mas ainda quando se pretende utilizar este mecanismo também para determinar em que Estado-Membro o devedor dispõe de meios financeiros que justifiquem a acção executiva. Esta última vantagem existe porque o procedimento de obtenção da DEAC tem a si associada a possibilidade de o credor realizar um pedido de obtenção de informações sobre a(s) conta(s) bancárias tituladas pelo devedor, nos termos do art. 14.º.

Os títulos executivos a que o diploma se refere são as decisões judiciais, as transacções judiciais e os instrumentos autênticos, na acepção que lhes é dada pelos conceitos autónomos que o próprio diploma apresenta[24] e que, salvo ligeiras modificações, em tudo correspondem aos que se usam no diploma que versa sobre o reconhecimento e a execução de decisões estrangeiras em matéria civil e comercial. Dada a coerência legislativa, a densificação desses conceitos já não carece de considerações adicionais e pode ser feita por referência aos estudos já existentes a esse propósito[25].

Tendo em conta que os referidos dois momentos para requerer a emissão da DEAC se distinguem pela existência ou não do acertamento do direito invocado em documento dotado de força executória no Estado de destino, é justificável a diferença de tratamento - menos rígido no segundo momento - quanto à necessidade de alegação e prova dos factos que fundamentem a pretensão (arts. 7.º.2 e 8.º.2, al. h). Por outro lado, quando o pedido de emissão da DEAC antecede a instauração do processo principal, este deve ser proposto no prazo de 30 dias a contar da data em que se apresentou o pedido, ou no prazo de 14 dias a contar da data da concessão da decisão de arresto, consoante a que

---

24. Considera-se «Decisão judicial», qualquer decisão proferida por um tribunal dos Estado-Membro, independentemente da designação que lhe for dada, incluindo uma decisão relativa à determinação das custas do processo pelo secretário do tribunal (art. 4.º.8); «Transacção judicial», uma transacção homologada por um tribunal de um Estado-Membro ou celebrada perante um tribunal de um Estado-Membro durante a tramitação do processo (art. 4.º.9) e «Instrumento autêntico», um documento exarado ou registado como instrumento autêntico num Estado-Membro e cuja autenticidade: (a) se relacione com a assinatura e o conteúdo do instrumento, e (b) tenha sido confirmada por uma autoridade pública ou outra autoridade habilitada para o fazer (art. 4.º.10).
25. Cfr., designadamente, o nosso estudo sobre o título executivo europeu: *O Título Executivo Europeu como Instrumento de Cooperação Judiciária Civil na União Europeia - Implicações em Espanha e Portugal*, Almedina, 2012, pp. 337-378.

ocorrer em último lugar, sob pena de a DEAC poder ser revogada ou levantado o arresto (art. 10.º. 1 e 2). A pedido do devedor, o tribunal pode igualmente prorrogar esse prazo, por exemplo para que as partes possam regularizar o crédito, devendo as mesmas ser informadas em conformidade.

6. COMPETÊNCIA DO TRIBUNAL – REGRAS DE COMPETÊNCIA PARA EMISSÃO DA DEAC E PARA APRECIAÇÃO DA IMPUGNAÇÃO DA DECISÃO

A matéria da competência é composta por normas relativas à determinação do tribunal competente para a emissão da DEAC, por um lado, e por normas que regulam a competência para apreciar a impugnação da decisão, por outro. São estas últimas que, em especial, importam para aferir a maior ou menor protecção do devedor. No entanto, não deixaremos de enunciar as primeiras, a fim de dar conta das principais características do procedimento.

Refere o Considerando 13 do Regulamento: *A fim de assegurar uma relação estreita entre o processo relativo à decisão de arresto e o processo relativo ao mérito da causa, a competência internacional para proferir a decisão deverá ser dos tribunais do Estado-Membro cujos tribunais sejam competentes para decidir sobre o mérito da causa. Para efeitos do presente regulamento, o conceito de processos relativos ao mérito da causa deverá abranger todos os processos destinados a obter um título executório para o crédito subjacente, incluindo, por exemplo, processos sumários relativos a injunções de pagamento e processos do tipo «procédure de référé» existentes em França (processo de medidas provisórias). Se o devedor for um consumidor domiciliado num Estado-Membro, a competência para proferir a decisão deverá caber unicamente aos tribunais desse Estado-Membro.*

a) Se o pedido é formulado quando o credor já está na posse de um título executivo

Tratando-se de decisão judicial ou uma transacção judicial, são competentes para proferir uma decisão de arresto para o crédito especificado na decisão judicial ou na transacção judicial os tribunais dos Estados-Membros em que a decisão judicial foi proferida ou em que a transacção judicial foi homologada ou celebrada. A competência é aferida por referência ao critério do foro conexional. Se o credor tiver obtido um instrumento autêntico, são competentes para proferir uma decisão de arresto para o crédito especificado nesse instrumento os tribunais designados para esse efeito no Estado-Membro em que o instrumento foi exarado (art. 6.º. 3 e 4).

b) Se o requerimento da DEAC é apresentado antes do processo declarativo

Se considerarmos os casos em que a DEAC é requerida antes de o credor dispor de um título executivo com força executória além-fronteiras, são competentes para proferir uma decisão de arresto os tribunais do Estado-Membro que sejam competentes para conhecer do mérito da causa de acordo com as regras relevantes aplicáveis em matéria de competência (art. 6.º.1). Porém, se o devedor for um consumidor que celebrou um contrato com o credor para uma finalidade que possa ser considerada alheia à sua actividade comercial ou profissional, só são competentes para proferir uma decisão de arresto destinada a garantir um crédito respeitante a esse contrato os tribunais do Estado-Membro onde o devedor tem domicílio.

Relativamente à competência para a apreciação dos mecanismos de impugnação da DEAC, o regime sobre as «vias de recurso contra a DEAC» consagra fundamentos de impugnação que determinam como competente, para a sua apreciação, o Estado-Membro de origem (art. 34.º) e outros que são remetidos para o Estado-Membro de execução (art. 35.º). O legislador entende que a competência para decidir dos recursos contra a decisão de arresto deverá ser dos tribunais do Estado-Membro em que a decisão foi proferida. A competência para decidir dos recursos contra a execução da decisão deverá ser dos tribunais ou, quando aplicável, das autoridades de execução competentes do Estado-Membro de execução. (Considerando 34).

7. FUNDAMENTOS DA PRETENSÃO

Quanto aos fundamentos, o Regulamento não se afasta das razões que, na generalidade dos ordenamentos jurídicos, justificam uma providência cautelar de arresto. Comungando dos mesmos propósitos, exige-se a demonstração fundada do *fumus boni iuris* e do *periculum in mora* (art. 7.º.1 e 2). Diz o art.7.º. 1: O tribunal profere a decisão de arresto quando o credor tiver apresentado elementos de prova suficientes para o convencer de que há necessidade urgente de uma medida cautelar sob a forma de uma decisão de arresto, porque existe um risco real de que, sem tal medida, a execução subsequente do crédito do credor contra o devedor seja frustrada ou consideravelmente dificultada (cfr., ainda, art. 8.º.2, al. j).

Contudo, a prova da probabilidade séria da existência do direito só é exigida caso o credor não possua título executivo que tenha força executória no Estado-Membro de origem e seja reconhecido no Estado-Membro de execução de acordo com a legislação europeia aplicável (arts. 7.º.2 e 8.º.2.h).

Para que seja emitida uma DEAC, o requerente deve alegar e provar, sempre: – a necessidade urgente da emissão da medida, fundada no risco real de que, sem a mesma, a execução subsequente do crédito do credor contra o devedor seja frustrada ou consideravelmente dificultada. Não estando munido de título, o credor deve apresentar também elementos de prova suficientes para convencer o tribunal de que é provável que obtenha ganho de causa no processo principal contra o devedor, fazendo uma descrição de todas as circunstâncias relevantes invocadas como fundamento do crédito e, quando aplicável, dos juros pedidos, (arts. 7.º.2 e 8.º.2.h). Até aqui, nada de muito diferente em relação ao que se exige para a declaração de um arresto.

Porém, para conseguir o congelamento das contas e impedir qualquer transferência de fundos até que seja proferida uma decisão judicial, o credor deve ainda convencer o tribunal da probabilidade séria da existência do direito de crédito que pretende ver garantido, logo, de que há grandes possibilidades quanto à procedência da acção judicial a propor ou a decorrer, e, ainda, de que se encontra em risco a execução da decisão judicial porque há indícios de que o devedor pode retirar ou dissipar os seus activos.

8. EFEITOS DA DEAC

Quanto aos seus efeitos, a DEAC tem carácter meramente cautelar e, por isso, o seu efeito é apenas o congelamento da conta ou contas do devedor até ao montante requerido e pelo período de vigência da medida (nos termos do art. 20.º) mas não permite, naturalmente, que se faça o pagamento. Assim, em termos imediatos o credor apenas (mas não de somenos importância) consegue a constituição de uma garantia do pagamento do seu crédito. O efectivo pagamento, por sua vez, está condicionado pelo recurso à competente execução. Por outro lado, considerando que podem surgir situações de credores concorrentes, visto que sobre a conta em causa pode recair mais do que um arresto ou arrestos e penhoras, o efectivo pagamento também dependerá da ordem de prioridade que é dada à DEAC, sendo que para esse fim o legislador europeu remete para a legislação nacional. O art. 32.º prevê que a DEAC confere a mesma posição na ordem de prioridade dos credores que um instrumento de efeito equivalente previsto na legislação do Estado-Membro onde a conta bancária se encontre.

Por fim, a DEAC representa mais um caso de supressão do *exequatur*, à semelhança do que sucede por exemplo com a injunção europeia, com a decisão proferida no âmbito do processo europeu para as acções de pequeno montante e com o título executivo europeu. Efectivamente, de acordo com o art. 22.º, uma DEAC emitida num Estado-Membro é reconhecida e tem força executória noutro Estado-Membro sem que seja necessário qualquer outra declaração adicional sobre a sua executoriedade e sem que possa ser deduzida oposição a esse reconhecimento.

Uma vez emitida a DEAC, o que ocorrerá através de formulário próprio (art. 19.º) sempre que a decisão de arresto deva ser executada noutro

Estado-Membro[26] - documento que constituirá o título de circulação automática no espaço europeu - os seus efeitos podem não ser definitivos (art. 20.º). Por um lado, estão previstos casos de revogação ou alteração da decisão (arts. 33.º, 34.º, 35.º) e, por outro, admite-se que a DEAC seja substituída por uma medida de execução de efeito equivalente nos termos da legislação nacional, caso em que só vigora até ocorrer essa substituição. De facto, o regime previsto contempla a possibilidade de o credor accionar o arresto no tribunal nacional - o que se justifica para maior eficácia na constituição de uma garantia - sendo que nesse caso deve ser dada informação, quando se requer a DEAC, sobre pedidos paralelos (art. 16.º).

9. EQUILÍBRIO DO REGIME DA DEAC E (DES)PROTECÇÃO DO DEVEDOR

Conhecidas as linhas gerais da proposta que permitirá aos credores obter uma DEAC, é importante aferir do equilíbrio da mesma quanto aos interesses do credor *versus* os direitos do devedor e, sobretudo, avaliar de que modo este poderá estar salvaguardado perante eventuais abusos do «pretenso» titular do crédito invocado.

Os aspectos relacionados com a protecção do devedor foram os mais controversos no âmbito da criação de um procedimento cautelar executório no espaço europeu[27]. Ficou claro que se exigia um procedimento cujos contornos procurassem um equilíbrio adequado entre o interesse do credor em obter uma decisão quando necessário e o interesse do devedor em prevenir abusos da decisão de arresto (Considerando 14). Esta ideia é ainda reiterada quando o legislador afirma que o procedimento associado à DEAC deve oferecer garantias suficientes contra eventuais abusos da decisão de arresto e

26. De acordo com as regras de competência, há casos em que podem coincidir o Estado de emissão e o Estado de execução.

27. Esta preocupação já se expunha na citada Resolução do Parlamento Europeu, de 25 de Outubro de 2007. Já aí se dizia que *como garantias do devedor deverão existir salvaguardas para impedir que essas «ordens» possam abranger mais contas do que o necessário para o crédito em causa; deve haver um equilíbrio delicado entre o direito do credor à recuperação da dívida e a garantia de uma protecção adequada do demandado; e, deve ter-se em conta a responsabilidade do credor pelos prejuízos causados ao devedor por uma «ordem de penhora» injusta. Por outro lado, por razões de segurança e certeza jurídicas, o credor deve ser obrigado a iniciar o processo principal dentro de um prazo determinado, embora deva ser possível prolongar a sua validade quando esteja em curso um procedimento judicial, com a condição de que esse procedimento seja efectuado com a devida diligência. O devedor, por sua vez, deverá ser protegido de forma a evitar que a sua reputação fique injustamente manchada e a garantir a manutenção de um montante mínimo para a sua subsistência, bem como a garantir-lhe o direito que lhe assiste de interpor recurso e de pôr fim à «penhora» através da prestação de uma garantia. No mesmo sentido, seria aconselhável prever a prestação de uma garantia pelo credor, quando não seja apresentado um título juridicamente vinculativo, cujo valor seria determinado pelo montante que estivesse em causa na «ordem de penhora».*

o direito do devedor a um tribunal imparcial deve ser salvaguardado (Considerandos 17, 18 e 19).

Vejamos alguns traços do procedimento que alinham ora em defesa do credor e dos objectivos da DEAC, ora em favor do devedor, na salvaguarda das suas garantias, para aferir do equilíbrio entre estes interesses.

9.1. Processo *ex parte*

Tendo em conta os objectivos da medida cautelar, a DEAC é emitida num processo *ex parte*, ou seja, *o devedor não é notificado do pedido de uma decisão de arresto nem ouvido antes de esta ser proferida.* (art. 11.º). Estamos perante uma cedência ao princípio do contraditório e ao princípio *fair trail*, na vertente do direito a um processo equitativo.

O princípio do contraditório não pode ser considerado absoluto quando confrontado com um interesse que se entende prevalecente e desde que não seja definitivamente afastado mas apenas relegado para momento posterior à tomada de uma decisão, o que no caso da DEAC está assegurado pela consagração de «vias de recurso contra a DEAC» à disposição do requerido (arts. 33.º a 35.º). É assim que acontece em vários casos na nossa legislação interna, inclusive no caso da providência cautelar de arresto e também assim tem sido a orientação da jurisprudência europeia, designadamente no chamado acórdão *Gambazzi*[28], onde se afirmou: "É verdade que os direitos fundamentais, como o respeito dos direitos de defesa, não surgem como prerrogativas absolutas, podendo comportar restrições. Contudo, estas restrições devem corresponder efectivamente a objectivos de interesse geral prosseguidos pela medida em causa e não constituir, à luz do fim prosseguido, uma violação manifesta e desmesurada dos direitos assim garantidos" (Número 29).

Assim, a aparente vantagem que é concedida ao credor não só não constitui incontornável violação do princípio do contraditório, como não provoca desequilíbrio absoluto de posições visto que há mecanismos de correcção, *a posteriori*. Desde logo, o requerido será notificado da decisão de arresto e de todos os documentos apresentados pelo requerente imediatamente após a aplicação da decisão e poderá requerer a sua revisão (arts. 28.º, 33.º a 35.º). Além disso, o devedor tem a possibilidade de libertar os fundos que tem na conta arrestada se oferecer uma garantia alternativa (art. 38.º).

---

28. Acórdão do Tribunal de Justiça, de 2 de Abril de 2009, *Marco Gambazzi* contra *Daimler Chrysler Canada Inc.* e *CIBC Mellon Trust Company* (Processo C-394/07) disponível em http://curia.europa.eu/juris/document/document.jsf?docid=73644&doclang=PT (consultado a 10 de outubro de 2017).

Poder-se-á dizer, no entanto, que optar por um processo *inaudita parte* pode conduzir a posições abusivas do credor no que respeita ao uso deste instrumento, mas, como se verá, o legislador também foi sensível a isso e criou formas de desincentivo à utilização incontrolada da DEAC, exigindo que o credor, em certas circunstâncias, preste caução (art. 12.º).

9.2. Exigência de constituição de garantia ao credor

Uma das preocupações associadas à criação de um procedimento que permite ao credor obter uma DEAC, sobretudo porque pode recorrer a ela antes de o direito se encontrar acertado e declarado em documento com força executória e porque lhe assiste a vantagem do efeito surpresa sobre o devedor, é a utilização abusiva desse mecanismo, por exemplo com o único intuito de pressionar o devedor.

Naturalmente, a garantia da tutela dos direitos do devedor espera-se que seja sempre salvaguardada pela bondade da decisão que o tribunal vem a proferir. De todo o modo, na medida em que a prova exigida é, como não podia deixar de ser dada a natureza cautelar da providência, a da mera probabilidade séria da existência do direito invocado, o tribunal pode confrontar-se com dúvidas em relação aos interesses em discussão. Assim sendo, para procurar um equilíbrio, antes de emitir uma DEAC, *o tribunal exige-lhe que constitua uma garantia num montante suficiente para prevenir a utilização abusiva do procedimento previsto no presente regulamento e para assegurar a eventual indemnização do devedor por quaisquer prejuízos por este sofridos em resultado da decisão de arresto, na medida em que o credor seja responsável por tais danos, nos termos do artigo 13.º* (art. 12.º).

Afigura-se uma boa solução e regista-se a intenção de protecção do devedor.

9.3. Isenção de certos montantes

Em nome da defesa da dignidade humana e do direito à vida, a execução da DEAC não pode afectar montantes que ponham em causa os direitos fundamentais. Dispõe o art. 31.º que *os montantes que são impenhoráveis ao abrigo da lei do Estado-Membro de execução dispõem ficam isentos de arresto nos termos do presente regulamento.*

Esta é, sem dúvida, uma medida que protege os devedores. No confronto entre os interesses do credor na satisfação do seu crédito – mesmo encontrando-se efectivamente declarado – e o direito que assiste a qualquer cidadão de não ser privado dos meios que lhe proporcionam o mínimo de subsistência, é este que prevalece.

No contexto dos «montantes isentos de arresto», o legislador volta a articular a concretização da medida com a legislação dos ordenamentos internos. A concretização da ordem de arresto determinada pela DEAC respeitará esses limites e a entidade competente fa-lo-á de acordo com as normas do ordenamento onde a medida está a ser executada. Por isso, teremos a protecção do devedor, efectivamente, mas na exacta medida em que o seja pelo ordenamento interno do Estado de execução.

9.4. Prazos no procedimento da DEAC

Os objectivos da DEAC impõem, tal como sucede na providência cautelar de arresto, que o seu procedimento seja considerado um processo urgente, com as consequências inerentes a tal circunstância. O mesmo pressuposto determina que sejam estipulados prazos curtos, para que a DEAC não perca a sua oportunidade e seja emitida de forma célere e em tempo útil.

Vejamos:

- É atribuída prioridade ao procedimento sempre que vigorar o carácter de urgência para a decisão nacional equivalente no Estado-Membro de execução (art. 32.º).
- Quanto ao prazo que o tribunal tem para decidir sobre o pedido de arresto, o mesmo varia conforme o momento em que tenha sido requerido. Caso o credor já tenha obtido uma decisão judicial, uma transacção judicial ou um instrumento autêntico, o tribunal profere a sua decisão até ao final do quinto dia útil depois de o credor ter apresentado ou, se aplicável, completado o seu pedido. Se o requerimento é feito antes de o credor ter obtido uma decisão judicial, uma transacção judicial ou um instrumento autêntico, o tribunal profere a sua decisão até ao final do décimo dia útil depois de o credor ter apresentado ou, se aplicável, completado o seu pedido, salvo se o tribunal entender necessário realizar a audição da parte/credor, o que deve fazer sem demora, e profere a sua decisão até ao final do quinto dia útil a contar da realização da audição (art. 18.º – *Prazos para decidir sobre o pedido de decisão de arresto*).
- Sobre a execução da decisão de arresto, o art. 23.º, n.º 2, refere que *todas as autoridades envolvidas devem agir sem demora*.
- Por sua vez, o banco ao qual é dirigida a DEAC, aplica-a sem demora após ter recebido a decisão ou, quando a lei do Estado-Membro de

execução assim o preveja, a correspondente instrução no sentido de aplicar a decisão, procedendo-se ao arresto do montante especificado na decisão, congelando a conta até ao montante em causa, mas respeitando os regimes de isenção, se aplicáveis (art. 24.º.1).

- O banco ou outra entidade responsável pela execução da decisão no Estado-Membro de execução tem até ao final do terceiro dia útil após a aplicação da decisão de arresto para emitir a declaração relativa ao arresto de fundos, ou seja, emite a declaração de cumprimento, sobre se e em que medida a ordem de arresto foi efectuada, notificando disso a autoridade competente; embora se ressalve que, se, em circunstâncias excepcionais, o banco ou outra entidade não puder emitir tal declaração no prazo de três dias úteis, emite-a logo que possível, e até ao final do oitavo dia útil a seguir à aplicação da decisão (art. 25.º.1).
- Após a declaração de cumprimento, a autoridade competente tem até ao final do primeiro dia útil para a comunicar ao tribunal que proferiu a decisão e, por correio registado com aviso de recepção ou por meios electrónicos equivalentes, ao credor (art. 25.º.3).
- A decisão sobre a interposição do recurso é proferida sem demora, no prazo de 21 dias depois de o tribunal ou, se o direito nacional assim determinar, a autoridade de execução competente ter recebido todas as informações necessárias para tomar a sua decisão (art. 36.º.4).

Quando as entidades envolvidas no procedimento de emissão e aplicação da DEAC (tribunal, autoridade de emissão e autoridade competente), a quem são impostos prazos na realização dos seus actos, não os conseguirem realizar conforme estipulado no Regulamento, o legislador confere alguma flexibilidade e determina que, ultrapassado o prazo fixado, o tribunal ou a autoridade devem tomar as medidas necessárias para cumprir essas disposições assim que seja possível (art. 45.º). O atraso, no entanto, tem que ter fundamento, pois, a pedido de uma das partes, o tribunal ou a autoridade em causa podem ter que apresentar a respectiva justificação.

No modo como são definidos os prazos nota-se uma preocupação com a celeridade do processo que, até à concretização da DEAC, correm a favor do credor, mas na fase de recurso defendem o devedor.

9.5. Vias de «recurso» e protecção do devedor

Salienta-se, como questão prévia, que o legislador usa uma terminologia imprecisa nas disposições dos arts. 33.º a 36.º quando aí consagra das denominadas «vias de recurso». Trata-se, na verdade, de mecanismos próprios e autónomos de impugnação ou reacção contra a medida de arresto decretada ou contra a execução.

Assim, emitida a DEAC e congelada a conta ou contas bancárias do devedor, o requerido é notificado, nos termos do art. 28.º. Entra-se, a partir daí, na fase em que o devedor pode fazer uso dos meios de impugnação que lhe assistem, nos termos dos arts. 33.º a 35.º. Sendo que esses mecanismos distinguem-se quanto aos fundamentos, quanto aos efeitos e quanto ao Estado-Membro onde são accionadas.

São remetidos para o tribunal de origem (tribunal que emitiu a DEAC), essencialmente, os pedidos de revogação ou alteração da DEAC por motivo relacionado com falta de fundamento para a sua emissão – por exemplo, alegação de factos que contrariem a existência ou o montante do crédito ou o risco de dissipação de activos – ou com a alteração de circunstâncias (art. 33.º).

Por outro lado, é no Estado de execução que se ataca a DEAC por razões relacionadas, nomeadamente, com os montantes isentos de execução, com a perda ou suspensão do efeito executório do título executivo ou por contrariar a ordem pública (art. 34.º). Nestes casos, o pedido é o de reduzir, fazer cessar ou pôr fim à DEAC.

Acrescente-se, ainda, que sobre as decisões proferidas em sede de procedimento de revisão pode ser interposto recurso, regulado pela legislação nacional (art. 37.º).

Por fim, encontra-se expressamente prevista a possibilidade de recurso pela mão do requerente relativamente a uma decisão negativa, o que aliás vem no sentido que a doutrina defendia[29]. Assim, o requerente que veja recusada a emissão da DEAC pode recorrer da decisão do tribunal ou da autoridade de emissão no prazo de 30 dias a contar da notificação da mesma (art. 21.º).

Emitida a DEAC e congelada a conta ou contas bancárias do devedor, o requerido é notificado, nos termos do art. 28.º. Entra-se, a partir daí, na fase em que o devedor pode fazer uso dos mecanismos de defesa que lhe assistem, nos termos dos arts. 33.º a 37.º, onde estão previstos mecanismos próprios e autónomos de reacção contra a medida. O recurso pode ter por objecto um pedido de alteração ou revogação da DEAC, caso em que o devedor a pretende

29. Esta questão não era pacífica, por exemplo, no regime jurídico do título executivo europeu. Mas a possibilidade de se interpor recurso da decisão que negasse a emissão de um título executivo europeu já era defendida por diversos autores. Cfr. GARCIMARTÍN ALFÉREZ, F. J., *El Título Ejecutivo Europeo*, Navarra, 2006, pp. 169 e 170; GARCIMARTÍN ALFÉREZ, F. J.; PRIETO JIMÉNEZ, M. J., *La Supresión del Exequatur en Europa: El Título Ejecutivo Europeo*, "La Ley", n.º 6151, 2004, p. 1628; MARINHO, C. M., *Textos de Cooperação Judiciária Europeia em Matéria Civil e Comercial*, Coimbra, 2008, pp. 154-156; RODRÍGUEZ VÁZQUEZ, M. A., *El Título Ejecutivo Europeo*, Madrid, 2005, p. 68.

atacar a montante; ou, o recurso visa uma limitação, alteração ou declaração de caducidade da DEAC na fase de execução da decisão.

As vias de recurso, que dão lugar ao procedimento de revisão da DEAC, distinguem-se quanto aos fundamentos, quanto aos efeitos e quanto ao Estado-Membro onde são accionadas. Os arts. 33.º e 34.º indicam as vias de recurso de que dispõe o devedor. O art. 35.º prevê outras vias de recurso de que dispõem tanto o devedor como o credor. Assim, se o fundamento constitui alguma objecção contra a decisão de arresto, deve dirigir-se o requerimento ao tribunal competente do Estado-Membro onde a decisão de arresto foi proferida (Estado de origem). Se os fundamentos são contra a execução da decisão de arresto, deve apresentar-se o requerimento ao tribunal ou, se o direito nacional assim estabelecer, à autoridade de execução competente no Estado-Membro de execução onde a conta arrestada se encontra localizada.

São remetidos para o tribunal de origem (tribunal que emitiu a DEAC), essencialmente, os pedidos de revisão da DEAC cujo motivo esteja relacionado com falta de fundamento para a sua emissão - por exemplo, alegação de factos que contrariem a existência ou o montante do crédito ou o risco de dissipação de activos - ou com a não propositura da acção principal no prazo estipulado (art. 33.º.1). Reconhecem-se, designadamente, os fundamentos seguintes, no que concerne à falta de cumprimento do Regulamento 655/2014: incumprimento do âmbito previsto no art. 2.º; falta de requisitos de qualificação do processo como transfronteiriço, conforme estipula o art. 3.; violação das regras de competência para proferir a decisão de arresto (art. 6.º); não verificação da necessidade urgente da decisão de arresto, porque não existe o risco de que a execução subsequente do crédito do credor seja frustrada ou consideravelmente dificultada (art. 7.º.1); falta ou insuficiência dos elementos de prova para o credor demonstrar que é provável que obtenha ganho de causa no processo principal (art. 7.º.2); falta de cumprimento do dever de propositura do processo relativo ao mérito da causa no prazo fixado pelo tribunal (art. 10.º); não ter sido exigido, ao credor, que constituísse uma garantia ou a constituísse num montante superior ao determinado pelo tribunal (art. 12.º).

Por outro lado, é no Estado de execução que se ataca a DEAC por razões relacionadas, nomeadamente, com as circunstâncias que põem em causa o regime e as condições de execução da decisão previstas no Regulamento (art. 34.º). Designadamente: certos montantes da conta arrestada são impenhoráveis nos termos do artigo 31.º. 3, do Regulamento, ou os montantes impenhoráveis não foram tidos em conta, ou não o foram correctamente, na aplicação da decisão de arresto nos termos do artigo 31.º.2; a conta arrestada não cabe no âmbito de aplicação do Regulamento 655/2014; a execução da decisão judicial, transacção judicial ou instrumento autêntico que o credor visava obter com a decisão de arresto foi recusada no Estado-Membro de execução; a executoriedade da decisão judicial cuja execução o credor visava obter com a decisão de arresto foi suspensa no Estado-Membro de origem; a declaração relativa ao arresto de fundos e/ou os outros documentos referidos no artigo 28.º. 5, não foram notificados no prazo de 14 dias a contar do arresto da(s) conta(s); o crédito cuja execução o credor visava obter com a decisão de arresto foi pago no todo ou em parte; a decisão judicial relativa ao mérito da causa negou provimento ao crédito cuja execução o credor visava obter com a decisão de arresto; a decisão judicial relativa ao mérito da causa, a transacção judicial ou o instrumento autêntico cuja execução o credor visava obter com a decisão de arresto foi revogado ou, conforme o caso, anulado; a execução da decisão de arresto é manifestamente contrária à ordem pública do Estado-Membro de execução o crédito.

Acrescente-se, ainda, que sobre as decisões proferidas em sede de procedimento de revisão pode ser interposto recurso, regulado pela legislação nacional (art. 37.º).

Por fim, com base num princípio da modificabilidade, para além dos motivos anteriormente enunciados, as partes podem, em qualquer momento, requerer ao tribunal de origem a alteração ou a revogação da DEAC com fundamento no facto de as circunstâncias que estiveram na base da emissão da decisão de arresto se terem, entretanto, alterado, incluindo o facto de ter sido proferida uma decisão quanto ao fundo que indefere o pedido cuja execução a decisão de arresto pretendia assegurar, ou de o requerido ter pago o montante pedido ou de ambos terem acordado em liquidar o crédito (art. 35.º, que consagra outras vias de recurso de que dispõem o devedor e o credor). Também o tribunal que proferiu a decisão de arresto pode, caso a lei do Estado-Membro de origem o permita, por sua própria iniciativa, alterar ou revogar a decisão, quando as circunstâncias se tenham alterado. Por sua vez, o credor pode requerer ao tribunal competente do Estado-Membro de execução ou, se o direito nacional assim determinar, à autoridade de execução competente nesse Estado-Membro, que altere a execução da decisão de arresto de modo a ajustar a isenção aplicada nesse Estado-Membro nos termos do artigo 31.º, por já terem sido aplicadas outras isenções de montante suficientemente elevado a uma ou várias contas mantidas num ou em vários outros Estados-Membros e de esse ajustamento ser portanto apropriado.

Uma última referência, nesta matéria das vias de recurso, para dizer que no diploma proposto, ao contrário do que sucedia no Regulamento 805/2004, já se afirma expressamente a possibilidade de recurso pela mão do requerente relativamente a uma decisão negativa, o que aliás vem corroborar o que a doutrina já defendia. Assim, o requerente que veja recusada a emissão da DEAC pode recorrer da decisão do tribunal ou da autoridade de emissão no prazo de 30 dias a contar da notificação da mesma (art. 21.º).

10. CONCLUSÕES

- A União Europeia continua a apostar no desenvolvimento do espaço europeu de justiça como instrumento de garantia de direitos fundamentais dos cidadãos mas também como veículo de consolidação e segurança das relações comerciais, tão necessária ao desenvolvimento económico.
- A criação da decisão europeia de arresto de contas bancárias em matéria civil e comercial é mais um instrumento que servirá o projecto da União Europeia em matéria de cooperação judiciária civil e comercial, sobretudo porque complementa as medidas já existentes e cumpre os objectivos da supressão do *exequatur*, garantindo a efectiva realização de um crédito reconhecido ou a reconhecer.
- Quanto à ponderação do equilíbrio entre os vários interesses em causa, a apreciação geral é positiva. Os objectivos da medida encontram-se cumpridos, designadamente a constituição de uma garantia do cumprimento de um crédito que opera através do efeito surpresa, com ajustada celeridade, com transparência e cooperação entre as entidades envolvidas, quer na emissão quer na execução da ordem de arresto. Por outro lado, os direitos do devedor apenas ficam temporariamente comprimidos, mas voltam à sua plenitude quando passam a poder ser exercidos, sem que fique em causa a utilidade da medida requerida. Além do mais, o regime proposto é especialmente sensível a um conjunto de indivíduos (consumidores, trabalhadores e segurados) que normalmente se apresentam como parte mais frágil nas relações jurídicas em que intervêm. Nesses casos, a proposta apresenta um regime que imprime uma maior flexibilidade nas regras de competência, procurando evitar que os mesmos fiquem onerados com a carga da mobilidade extraterritorial e, por essa razão, se resignem e, consequentemente, não exerçam o seu direito de acção ou o seu direito de contraditório. Assim, admite-se, excepcionalmente, que o tribunal competente seja o do seu domicílio.
- Porém, não obstante os esforços do legislador europeu, o êxito da medida – como aliás tem acontecido nos procedimentos europeus de segunda geração – estará também condicionado pela boa articulação

com a legislação interna dos Estados-Membros e pelo eficiente funcionamento dos respectivos sistemas, bem como das entidades envolvidas[30]. A isto acresce, ainda, os problemas normalmente associados à terminologia técnico-jurídica e respectiva tradução que por vezes cria desfasamentos e equívocos indesejáveis. Por isso, esperamos que os Estados-Membros e, em especial, o legislador português, sejam sensíveis a esta realidade e procurem corresponder com medidas internas de adaptação e articulação com os procedimentos europeus. Em Portugal não se tem dado a devida atenção a estas matérias e continuamos num completo autismo, deixando os profissionais forenses num completo vazio e exigindo-lhes um redobrado esforço na aplicação concreta de medidas como a injunção europeia, o processo europeu as acções de pequeno montante, o título executivo europeu e, agora o arresto europeu de contas bancárias. Ora, isso só pode conduzir a um desincentivo à utilização desses meios e, reflexamente, ao coarctar do direito à acção.

- Apesar de estes procedimentos serem criados através de regulamentos europeus de aplicação directa, tem de haver consciência de que não se trata de regimes absolutamente auto-suficientes. Em grande parte dos Estados-Membros, como por exemplo na Bélgica, na Holanda e em Espanha, têm sido aprovados diplomas que tratam especificamente a aplicação interna dos instrumentos europeus de cobrança, mas, infelizmente, não tem sido essa a postura do nosso legislador.

30. Até 18 de julho de 2016, de acordo com o art. 50.º, os Estados-Membros comunicam à Comissão várias informações necessárias à aplicação do Regulamento, designadamente: a) Os tribunais designados como sendo competentes para proferir decisões de arresto (artigo 6.º. 4); b) A autoridade designada como competente para obter informações sobre contas (artigo 14.º); c) Os métodos para obter informações sobre contas previstos no seu direito nacional (artigo 14.º. 5); d) Os tribunais para os quais pode ser interposto recurso (artigo 21.º); e) A autoridade ou autoridades designadas como competentes para a recepção, transmissão e notificação da decisão de arresto e de outros documentos nos termos do presente regulamento (artigo 4.º, ponto 14); f) A autoridade competente para executar decisões de arresto nos termos do Capítulo 3; g) Em que medida o direito nacional permite o arresto de contas conjuntas ou de contas de mandatários (artigo 30.º); h) As regras aplicáveis aos montantes impenhoráveis segundo o direito nacional (artigo 31.º); i) Se, nos termos do respectivo direito nacional, os bancos têm direito a cobrar taxas pela aplicação de decisões nacionais equivalentes ou por prestar informações de contas e, em caso afirmativo, qual das partes é responsável provisoria e finalmente por pagar essas taxas (artigo 43.º); j) A tabela de taxas ou outro conjunto de regras que estabeleça as taxas aplicáveis cobradas por qualquer autoridade ou outro órgão envolvido no tratamento ou na execução da decisão de arresto (artigo 44.º); k) Se o direito nacional confere uma qualquer prioridade às decisões nacionais equivalentes (artigo 32.º); l) Os tribunais ou, quando aplicável, a autoridade de execução, competentes para efeitos de decidir de um recurso (artigo 33.º.1, artigo 34.º.1 ou 2); m) Os tribunais nos quais deve dar entrada o recurso, o prazo, se tiver sido fixado, em que esse recurso deve dar entrada nos termos do direito nacional, e o facto a partir do qual o prazo deve ser contado (artigo 37.º); n) Uma indicação das custas judiciais (artigo 42.º); e o) As línguas aceites para a tradução dos documentos (artigo 49.º. 2).

11. REFERÊNCIAS BIBLIOGRÁFICAS

Doutrina

BORRÁS, A., *Hacia la Supresión del Exequatur en Europa in* "Cooperación Jurídica Internacional en Materia Civil. El Convenio de Bruselas", Cuadernos de Derecho Judicial, IV, 2001.

CORDÓN MORENO, F. J., "La Orden Europea de Retención de Cuentas (Reglamento 655/2014) desde la perspectiva de un proceso seguido en España", www.gomezacebo-pombo.com , julho de 2014.

DOMÍNGUEZ RUIZ, L., *La Orden Europea de Retención de Cuentas*, Revista de Derecho Civil, n.º 4, vol. I, núm. 4, 2014, pp. 243-256;

________. *Reclamación de deudas transfronterizas*, Ed. Aranzadi Thomson Reuters, Cizur Menor (Navarra), 2013.

GARAU SOBRINO, F. F., *Lecciones de Derecho Procesal Civil Internacional*, Palma, 2003.

GARCIMARTÍN ALFÉREZ, F. J., *El Título Ejecutivo Europeo*, Navarra, 2006.

GARCIMARTÍN ALFÉREZ, F.J.; PRIETO JIMÉNEZ, M. J., *La Supresión del Exequatur en Europa: El Título Ejecutivo Europeo*, "La Ley", n.º 6151, 2004.

GASCÓN INCAHUSTI, F., *Medidas cautelares de proceso civil extranjero (Artículo 24 del Convenio de Bruselas)*, Ed. Comares, Granada, 1998;

________. *Medidas cautelares (artículo 31 RBI)*, in "Derecho procesal civil europeo". Volumen I. Competencia judicial internacional, reconocimiento y ejecución de resoluciones extranjeras en la Unión Europea (Dir. DE LA OLIVA SANTOS, A.), Ed. Aranzadi Thomson Reuters, Cizur Menor (Navarra), 2012, pp. 309-341.

GONZÁLEZ BEILFUSS, C., *in El Proyecto de Medidas para la Aplicación del Principio de Reconocimiento Mutuo de las Resoluciones Judiciales en Materia Civil y Mercantil*, Revista Española de Derecho Internacional, 2000.

GUZMÁN ZAPATER, M., *Un Elemento Federalizador para Europa: el Reconocimiento Mutuo en el Ámbito del Reconocimiento de Decisiones Judiciales*, Revista de Derecho Comunitario Europeo, 2001.

HESS, B. (coord.), *Estudo sobre a melhoria da execução das decisões judiciais na União Europeia* (Study n.º JAI/A3/2002/02, on *Making more efficient the enforcement of judicial decisions within the European Union: Transparency of a Debtor's Assets Attachment of Bank Accounts Provisional Enforcement and Protective Measures* (Version of 2/18/2004) de Prof. Dr. Burkhard Hess, Director of the Institute of Comparative and Private International Law University of Heidelberg) disponível em:

http://ec.europa.eu/civiljustice/publications/docs/enforcement_judicial_decisions_180204_en.pdf (consultado a 10 de abril de 2016).

MADURO, M. P., *A Constituição Plural - Constitucionalismo e União Europeia*, Lisboa, 2006.

MARINHO, C. M., *Textos de Cooperação Judiciária Europeia em Matéria Civil e Comercial*, Coimbra, 2008.

MARTÍN DIZ, F., *La Orden Europea de Embargo de Activos Bancarios*, *in* "Cooperación judicial civil y penal en el nuevo escenario de Lisboa" (coord. ARANGUENA FANEGO, C.), Ed. Comares, Granada, 2011, pp. 133-147;

_______. *Protección Procesal del Crédito Transfronterizo en la Unión Europea: Propuesta de Orden de Embargo de Activos Bancarios*, Revista de Derecho Comunitario Europeo, num. 30, 2008, pp. 381-418.

MESQUITA, L. V., O *Título Executivo Europeu como Instrumento de Cooperação Judiciária Civil na União Europeia – Implicações em Espanha e Portugal*, Almedina, 2012.

_______. *A (des)protecção do devedor na proposta de criação do procedimento europeu específico para o arresto de contas bancárias*, *in* "Estudos em Homenagem ao Prof. Doutor José Lebre de Freitas", Coimbra Editora, 2013, pp. 9991-1020.

MIQUEL SALA, R., *La futura orden europea de retención de cuentas para simplificar el cobro transfronterizo de deudas en materia civil y mercantil*, *in* Cuadernos de Derecho Transnacional, octubre 2012, vol. 4, núm. 2.

Paz Martín, J., *El Espacio Judicial Europeo en materia civil y la "quinta libertad comunitaria": La reforma del modelo Bruselas I*, Civitas. Revista española de derecho europeo, nº. 36, 2010, pp. 565-588.

PINHEIRO, L. L., *Direito Internacional Privado. Competência Internacional e Reconhecimento de Decisões Estrangeiras*, Vol. III., Coimbra, 2002.

RODRÍGUEZ VÁZQUEZ, M. A., *El Título Ejecutivo Europeo*, Madrid, 2005.

SÁNCHEZ JIMÉNEZ, M. A., *Ejecución de Sentencias Extranjeras en España: Convenio de Bruselas de 1968 y Procedimiento Interno*, Granada, 1998.

SENÉS MOTILLA, C., *La Orden Europea de Retención de Cuentas (Reglamento [UE] 655/2014)*, www.dictumabogados.com, núm. 34, 14 de octubre de 2014;

_______. *El Embargo de Cuentas Bancarias (Aplicación en el proceso español y propuesta de Derecho europeo)* *in* "El Derecho procesal español en el Siglo XX a golpe de tango", *Liber Amicorum*, en homenaje y para celebrar su LXX cumpleaños (Dir. MONTERO AROCA, J.), Ed. Tirant Lo Blanch, Valencia, 2013, pp. 861-883;

_______. *El Embargo Telemático de Cuentas Bancarias (Propuesta de regulación en Derecho Europeo)*, *in* "La e-justicia en la Unión Europea" (desarrollo en el ámbito europeo y en los ordenamientos nacionales) (coords. DE LA OLIVA SANTOS, A., GASCÓN INCHAUSTI, F. y AGUILERA MORALES, M.), Ed. Aranzadi Thomson Reuters, Cizur Menor (Navarra), 2012, pp. 91-111.

VILAS ÁLVAREZ, D., *El Reglamento por el que se crea una Orden Europea de Retención de Cuentas y Mercantiles: claves de su elaboración*, La Ley mercantil, n.º 6, 2014.

Jurisprudência

Acórdão do Tribunal de Justiça, de 2 de Abril de 2009, *Marco Gambazzi* contra *Daimler Chrysler Canada Inc.* e *CIBC Mellon Trust Company* (Processo C-394/07) disponível em http://curia.europa.eu/juris/document/document.jsf?docid=73644&doclang=PT (consultado a 10 de abril de 2016).

Documentos da União Europeia

- Projecto de medidas para aplicação do princípio de reconhecimento mútuo das decisões judiciais em matéria civil e mercantil, aprovado pelo Conselho e Comissão, a 30 de Novembro de 2000 (JO C 12, de 15.01.2001).
- Livro Verde sobre uma maior eficácia na execução das decisões judiciais na União Europeia: «penhora» de contas bancárias (COM (2006) 618 final, 24.10.2006).
- Resolução do Parlamento Europeu, de 25 de Outubro de 2007, acerca do Livro Verde sobre uma maior eficácia na execução das decisões judiciais na União Europeia: penhora de contas bancárias (2007/2026(INI)), JO C 263E, 16.10.2008).
- Resolução do Parlamento Europeu, de 25 de Novembro de 2009, de aplicação do Programa de Estocolmo para adopção de "propostas com vista a um sistema europeu simples e autónomo para a penhora de contas bancárias e o congelamento temporário de depósitos bancários" (número 95) disponível em http://www.europarl.europa.eu/sides/getDoc.do?pubRef=-//EP//NONSGML+TA+P7-TA-2009-0090+0+DOC+PDF+V0//PT (consultado a 10 de abril de 2016).
- Programa de Estocolmo, sob o título "Uma Europa aberta e segura que sirva e proteja os cidadãos" (JO C 115/01, 4.5.2010).
- Final Report – Impact Assessment on a Draft Legislative Proposal on the Attachment of Bank Accounts, Centre for Strategy & Evaluation Services (CSES), Londres, Janeiro de 2011 (resumo publicado pela Comissão (SEC(2011) 938 final, 25.7.2011) e texto integral consultado em: http://ec.europa.eu/justice/civil/files/bank_attachments_en.pdf (10 de abril de 2016).
- Proposta de Regulamento do Parlamento Europeu e do Conselho que cria uma decisão europeia de arresto de contas para facilitar a cobrança transfronteiriça de créditos em matéria civil e comercial (COM(2011) 445 final, 25.7.2011).

CAPÍTULO 24

Special case management by judges, or special statutory provisions, for handling proceedings with foreign parties?

Marco de Cristofaro

SUMMARY: 1. THE PROBLEM; 2. SECURITY FOR COSTS; 3. COUNSEL AND LANGUAGE; 4. SERVICE; 5. EX OFFICIO CONTROLS UPON EFFECTIVENESS OF SERVICE AND UPON JURISDICTION.

1. THE PROBLEM

1. – It is obvious that being involved in proceedings in front of a foreign Court is quite different, under many aspects, from being involved in proceedings in front of one's own State Courts. In order to summarize such differences, Prof. Schlosser – in a very thorough assertion – focused the following items: «*foreign language to be used in court (including the particularly irritating judicial vocabulary), foreign rules of procedure, very often also foreign law with respect to the substance of the matter, the necessity of having counsel both at home and abroad, the concern that judges abroad may be biased in favour of their compatriot, particularly if the latter is posing as the victim of his opponent's fraudulent conduct, and uncertainty regarding the financial expenditures of the proceedings*»[1].

The balance between the parties will be often influenced by those items, and that is the reason why the parties very often struggle on endless battles on jurisdiction, in order to achieve not only advantages regarding the law applicable to the matter, but mainly a strategic field position as far as the procedural issues are concerned: language, reasonable time-length of proceedings, counsel and costs, "quality and reliability" of the justice system, remedies and provisional measures, appeals. The major importance of procedural law issues is even more striking if one takes into account the fact that in some jurisdictions, like in

1. Schlosser, *Jurisdiction in International Litigation: The Issue of Human Rights in Relation to National Law and to the Brussels Convention*, *Riv. dir. internaz.*, 1991, 11 f.

England, even the question of assessment of damages – in contrast to the question of liability – is to be governed by the *lex fori*: since «*the rules which exclude damage from the scope of liability on the grounds that it does not fall within the ambit of the liability rule or does not have the prescribed causal connection with the wrongful act, or which require that damage should have been reasonably foreseeable, are all rules which determine whether there is liability for the damage in question*», while «*whether the claimant is awarded money damages (and if so, how much) or, for example, restitution in kind, is a question of remedy*» or procedure[2].

The difficulties arising for the party who has been sued abroad explain the enactment of measures in order to restore a level playing field between the parties. In particular those measures aim at a participation of the foreign party to the proceedings which shall not be hindered by any sort of discrimination and which has to be as much as possible effective. Since the issue of the due process is involved, also, the following remarks will make plain that effective due process standards may be best warranted if legislative enactments – rather than discretionary powers of the courts – shelter foreign parties from discriminatory provisions or from the risk of recklessness violations of the right to be heard. In addition, we will notice that, as far as the European legal order is concerned, thanks to legislative enactments or to multilateral conventions or to the case law of the ECJ, nowadays there is substantially one uniform law all over Europe in the matter of the treatment a foreign parties in judicial proceedings.

2. SECURITY FOR COSTS

As far as the security for costs is concerned, European law has been harmonized by virtue of a series of judgments of the ECJ, dating back to the mid Nineties, where the principle has been established, that statutory provisions of national law which impose the burden of security for costs only upon foreign claimants violate Article 6 of the EC Treaty (now, after amendment, Article 12 EC). In a former judgment, facing a (German) provision imposing a security for costs to foreign parties, the ECJ deemed it incompatible with the principle of the free movement of services[3]; in following cases however, as we said before, the ECJ focused a more general issue, holding that, as far as a claim relating to the free movement of goods and services is concerned, the imposition of a security for

2. House of Lords, July 5th, 2006, *Harding v Wealands*, [2006] UKHL 32 (per Lord Hoffman, No 24), reversing [2004] EWCA Civ 1735, upon the argument that Part III of the Private International Law (Miscellaneous Provisions) Act 1995 abolished only the so called "double actionability rule" (dating back to *Philips v Eyre* [1870] LR 6 QB 1), but left untouched any other rule of law.
3. Judgment of July 1st, 1993, C-20/92, *Hubbard v Hamburger* [1993] ECR I-3777 (concerning § 110 of the German Code of Civil Procedure).

costs for foreign parties is a clear measure of direct discrimination on the basis of nationality[4].

This case law forced the countries whose statutory provisions were involved in those judgments to modify their national law in order to adapt it to the rulings of the ECJ (Austria, Germany and Sweden: see *eg*, for Germany, the amended text of § 110 of the *Zivilprozessordnung*). Other countries felt the need to amend their national law in order to prevent further holdings of incompatibility by the ECJ (see for England, nowadays, Part 25, Section 13 of the CPR). In a third group of countries, long before the judgments of the ECJ, statutory provisions about security for costs were already abolished or, like in Italy, whose Code of Civil Procedure anyway from the beginning did not discriminate between residents and non residents (Article 98 It. c.p.c. focused only the probability of a non compliance with the costs judgment, irrespective of the claimant's domicile), those provisions were declared incompatible *per se* with the principles of equality and of access to justice by the Constitutional Court[5].

In a different perspective, also from the standpoint of a discrimination of the foreign defendant and not of the foreign claimant, the ECJ declared the incompatibility with Article 12 of the EC Treaty of the provision of the German Code of Civil Procedure (§ 916) pursuant to which the mere fact of the domicile abroad of the defendant was a sufficient ground for the claimant to obtain an *Arrest*, *ie* an interim measure which allows the seizure of the defendant's goods. The rationale of this provision was that the domicile abroad of the defendant justifies a pre-emptive strike of the creditor, in order to avoid in the future the need and the complications of enforcing abroad the eventually successful judgment. According to the ECJ, instead, within the context of the Brussels Judgments Conventions, whose effect was to reduce to the minimum the cases of non enforcement of judgment among the Contracting States, the threat of an enforcement denial becomes so negligible that the factual outcome of the German provision was actually to discriminate foreign defendants upon the mere fact that they come from abroad, and therefore upon the fact that they are predominantly foreign citizens (hence the violation of the principle of non discrimination on the basis of nationality established by Article 6 – now 12 – EC Treaty)[6].

---

4. See the three consecutive judgments September 26th, 1996, C-43/95 *Data Delecta and Forsberg v MSL Dynamics Ltd* [1996] ECR I-4661 (concerning Swedish legislation); March 20th, 1997, C-323/95, *Hayes v Kronenberger* [1997] ECR I-1711 (concerning once again § 110 of the German Code of Civil Procedure); October 2nd, 1997, C-122/96, *Saldanha and MTS v Hiross Holding* [1997] ECR I-5325 (concerning Austrian legislation).
5. Constitutional Court, November 29th, 1960.
6. Judgment of February 10th, 1994, C-398/92, *Mund &Fester v Hatrex*, [1994] ECR I-467. See however, relating to this judgment, the strong criticism by Schack, *Rechtsangleichung mit der Brechtstante des EuGH – vom Fluch eines falsch verstandenen Diskriminierungsverbots*, 108 *ZZP* [1995], 46 f.

It must be stressed anyway that, duly respecting the institutional framework of the European Union and therefore the limits of its competence, the ECJ did not declare security for costs provisions inadmissible at all in the relationships among European citizens or companies; the Court has objected to the use of such instrument as far as it is applicable only to natural or legal persons not domiciled in the forum State, or as far as it is applicable to such parties in a way which is different – and therefore discriminatory – in comparison with proceedings in which natural or legal persons domiciled within the territory of the Court are involved.

National legislation may still provide also for security for costs regarding only foreign parties as far as they come from outside the EU (so English and German Codes of Civil Procedure)[7]: although a similar approach conflicts with the Transnational Principles and Rules of Civil Procedure, which – respectively in Principle 3.3 and in Rule 32.9 – provide that «*a person should not be required to provide security for costs ... solely because that person is not a national or resident in the forum State*». On the other hand, there is still the possibility that the imposition of a security for costs upon a non-national or non-resident – to be evaluated under the same standards governing nationals and residents of the forum State – raises objections in the context of international litigation under different points of view, distinct from the principle of non discrimination.

In the case *Pordea*[8], for example, the French Supreme Court denied enforcement to an English costs judgment which condemned the French claimant to the costs of proceedings for not having previously complied with an abnormous – according to French standards – security for costs order (up to £ 25.000). The French Supreme Court argued that a so senselessly high level of security for costs determines an unacceptable and prohibitive obstacle for the claimant in order to enjoy its fundamental right to access to justice[9]. The subsequent judgment condemning the claimant to bear the costs of the proceedings based also on a violation of public policy, and therefore should not be enforced in France, since the claimant has been practically prevented at all from pleading his case

7. So § 110 of the *Zivilprozessordnung*, according to which claimants may be required a security for costs, on application of the defendant, as far as they have no domicile in a EU or EFTA State (or in a State with which there is a particular international agreement which guarantees the enforcement abroad of the costs judgment, shall the claimant lose the law suit); to a large extent identical is Section 13, Part 25, CPR, which provides that the Court may make an order for security for costs, on application of the defendant, when the claimant is resident out of the jurisdiction, but for the case in which the claimant is resident in a Brussels Contracting State, in a Lugano Contracting State or in a 44/2001 Regulation State (para. 2).
8. Cour de cassation, March 16th, 1999, *Revue critique droit international privé*, 2000, 223, comment by Droz, *Variations Pordea (À propos de l'arrêt de la cour de cassation; 1re Chambre civile, du 16 mars 1999)*, *Revue critique droit international privé*, 2000, 181; *Clunet*, 1999, 773, comment by Huet.
9. See Cappelletti-Garth, *Access to justice*, 6 Volumes, Milan, 1978-1979; Cappelletti, *Access to justice and the Welfare State*, Florence, 1981.

because of the excessive amount of the security for costs[10]. Hence a special case management rule for Courts dealing with application for security for costs against a foreign claimant: the discretionary power conferred to the Court in assessing the amount of the security[11] must be exercised with caution and good sense, since the determination of a too high security could significantly diminish the prospects of recognition and enforcement abroad of the ensuing judgment.

3. COUNSEL AND LANGUAGE

a) Whether a party should be permitted the assistance of its regular counsel in front of a foreign forum, although in that forum the counsel is not admitted to practice, is an utmost controversial question of international civil procedure. National legal orders tend to be rather restrictive on the matter and therefore - as an instrument for protecting the legal professionals of the forum State - mostly exclude the possibility of foreign counsel (*ie*: counsel not admitted to the bar in the forum State); and against this overall prohibition not even the discretionary powers of the courts could help.

The European legislation instead, yet since the mid '70s, established the possibility for lawyers of the Member States to enjoy the effective exercise of freedom to provide services and the effective pursuit of their activities across Europe. Directive No 249/77 also obliged each Member State to recognize as lawyers the persons practising the profession in other Member States (Article 1) and to permit that activities relating to the representation of a client in legal proceedings shall be pursued under the conditions laid down for lawyers established in the host-State, with the exception of any conditions requiring residence, or registration with a professional organisation, in that State (Article 4, para. 1).

It is provided though that for the pursuit of activities relating to the representation of a client in legal proceedings, a Member State may require foreign lawyers to work in conjunction with a lawyer who practises before the judicial authority in question and who would, where necessary, be answerable to that authority (Article 5): but this specific restriction does not impair the right of

10. The decisive ground for non recognition also was not the sum borne by the costs judgment (£ 20.000), but the too high security for costs. Huet, *Clunet* 1999, 777, drives the attention to the fact that, on the same day, the *Cour de cassation* did enforce another English costs judgment for a much higher sum than in *Pordea*-case (nearly £ 50.000), without addressing the public policy issue, since at the outset of the proceedings there had not been any security for costs order.
11. See § 112 of the *Zivilprozessordnung*, which provides for the free evaluation of the Court (*nach freiem Ermessen*) in assessing the amount of the security. See further Part 25, Section 12, CPR, which entrusts the Court with the determination of the amount of the security (and of the manner in which and the time in which it must be given) without establishing any more specific criteria for the assessment of this issues.

lawyers admitted to the bar in one Member State to provide services on a temporary basis[12] in other Member States[13] and does not impair the right of a party not merely to be assisted by its regular counsel even if the lawyer is not admitted to the bar in the forum State, but also to have its regular counsel attending and actively participating in all hearings in the dispute. The right of a party to be assisted by its regular counsel is so strongly fulfilled, that the ECJ recognized also that the party which has been successful in a dispute and which has been represented by a lawyer established in another Member State shall obtain reimbursement, from the unsuccessful party, also of the fees of the lawyer practising before the court seised and to whom the successful party has had recourse: since, otherwise, the impossibility of recovery of that costs would be liable to make the transfrontier provision by a lawyer of his services less attractive and would have a deterrent effect capable of affecting the competitiveness of lawyers in other Member States[14].

The aim of the Principles of Transnational Civil Procedure (Principle 4.1) regarding to the availability of regular counsel in foreign proceedings is also secured within the EU, and on its very best through the principle of the full recovery of all of the ensuing costs[15]. There is though, as always, a significant limit: European statutory rules apply only in so far as lawyers from other Member States are concerned, hence they do not help if a party pretends to be assisted by a lawyer coming from the so-called outer World.

b) One of the non undermined corollary of the *lex fori* principle is that the proceedings are to be conducted in the language of the court. National legal orders do not provide ordinarily for any translation of documents and oral communications in other languages, but for the special cases in which there

---

12. The pursuing of a professional activity on a stable and continuous basis in another Member State, where the "foreign lawyer" holds himself out from an established professional base to, amongst others, nationals of that State, comes instead under the different chapter relating to the right of establishment and not under the chapter relating to freedom of services: ECJ, November 30th, 1995, C-55/94, *Gebhard v Consiglio dell'Ordine degli Avvocati e Procuratori di Milano*, [1995] ECR I-4165.
13. Nor do impair this right more general restrictions to the freedom to provide services established by national legislations. Those latter restrictions – in order to be deemed compatible with the EU Treaty – must fulfil the well-known following four conditions: they must be applied in a non-discriminatory manner, must be justified by imperative requirements in the general interest, must be suitable for securing the attainment of the objective which it pursues and must not go beyond what is necessary in order to attain it; if restrictions justified by overriding reasons in the general interest are involved, they are further permissible only if that interest is not already safeguarded by the rules to which the provider of the service is subject in the Member State where he is established. See ECJ, December 12th, 1996, C-3/95, *Reisebüro Broede v Sandker*, [1996] ECR I-6511.
14. ECJ, December 11th, 2003, C-289/02, *AMOK Verlags v A&R Gastronomie*, [2003] ECR I-15059.
15. See also the commentary to Rule 32 of the Rules of Transnational Civil Procedure: "If it was reasonably appropriate that a party retain more than one firm of lawyers, those fees and expenses may be recovered".

is the need to protect a language minority. Regarding the language issue, not even the European legislation could play any role, in so far as exceptionally the special provisions on language minorities do not call into question with great caution the broad principle of non discrimination[16]. This is quite obvious: on the one hand there are more than 20 official languages of the EU and it would prove excessively burdensome and impractical to force the translation of any document of the proceedings in the language of the foreign party to the proceedings; on the other hand, the choice of one single "common" language, eg English, is a politically unachievable ambition!

As far as the translation of documents is concerned, though, one exception is admitted with regard to the notice of the proceedings. Furthering the protection of the defendant's rights in comparison with the 1965 Hague Service Convention, the EU Regulation No 1393/2007 (the "Service Regulation") provides, in its Article 8, that the addressee has the right to refuse to accept the document to be served, at the time of service or by returning the document to the receiving agency within one week, if it is not in the language of the Member State addressed or in a language which the addressee understands[17]. If the claimant

16. See for instance, as far as Italy and the German-speaking minority of Southern Tirol are concerned, ECJ, November 24th, 1998, C-274/96, *Bickel and Franz*, [1998] ECR I-7637, which – on the premises that the right conferred by national rules to have criminal proceedings conducted in a language other than the principal language of the State concerned falls within the scope of the EC Treaty and must comply with Article 6 thereof – stated that Article 6 (now 12) of the Treaty precludes national rules which, in respect of a particular language other than the principal language of the Member State concerned, confer on citizens whose language is that particular language and who are resident in a defined area the right to require that criminal proceedings be conducted in that language, without conferring the same right on nationals of other Member States travelling or staying in that area, whose language is the same. See further the English CPR's Practice Direction relating to the use of the Welsh language in cases in the civil courts in Wales.

17. The Regulation of 2007 has slightly but significantly changed the law drawn by the "original" service Regulation No 1348/2000. The latter, on the one hand, allowed a translation into a language which the addressee understood only in so far as it was the official language of the Member State of transmission (also not every language understood by the addressee, *ie* English in ordinary commercial transactions, was relevant); on the other hand, did not provided for the possibility of a "late" refusal of service (which is now allowed by Regulation No 1393/2007 within the maximum time limit of a week after the service of the untranslated document).
See a correct relaxation of the language requirements in ECJ, May 8th, 2008, C-14/07, *Weiss und Partner*, [2008] ECR I-3367, according to which: "the addressee of a document instituting the proceedings which is to be served *does not have the right to refuse to accept that document*, provided that it enables the addressee to assert his rights in legal proceedings in the Member State of transmission, *where annexes are attached to that document consisting of documentary evidence which is not in the language* of the Member State addressed or in a language of the Member State of transmission which the addressee understands, but which has a purely evidential function and is not necessary for understanding the subject-matter of the claim and the cause of action"; and, further and especially, according to which "the addressee of a document served *may not in any event* rely on that provision in order to refuse acceptance of annexes to the document which are not in the language of the Member State addressed or in a language of the Member State of transmission which the addressee understands *where the addressee concluded a contract in the course of his business in which he agreed that correspondence was to be conducted in the language of*

has not effected the translation of the document instituting the proceedings in a language which the addressee understands[18], also, the ensuing service will be held invalid, and so will be the proceedings themselves.

In that case, though, the sender may still remedy the lack of translation[19]. To ascertain the effects of the remedying translation, pursuant to the ECJ, it is important to ensure that the rights of the various parties to the case are accorded maximum, and balanced, protection. Therefore, the applicant must be able to benefit, as regards the date, from the effect of the initial service in so far as he has displayed diligence in regularising the document by sending a translation as soon as possible. It follows from this that the relevant date for statute of limitation purposes, provided the latter condition of diligence is fulfilled, will be the day of the initial service. On the other hand, effective protection of the document's addressee means taking into account, in his regard, only the date on which he was able not only to have knowledge of, but also to understand, the document served, that is to say the date on which he received the translation of it[20]. Hence here governs the same double-date system which has been enshrined in Article 9 of the Regulation and which has been since long time accepted by Italian law as the basis for the determination of the effects of service of documents both abroad[21] and in purely domestic situations[22].

---

the Member State of transmission and the annexes concern that correspondence and are written in the agreed language" (italics added).

18. To this purpose, "the fact that the addressee of a document served has agreed in a contract concluded with the applicant in the course of his business that correspondence is to be conducted in the language of the Member State of transmission does not give rise to a presumption of knowledge of that language, but *is evidence which the court may take into account in determining whether that addressee understands the language* of the Member State of transmission" (italics added): *Weiss und partner*, para. 79-88.
19. Since, "if that refusal could never be remedied, the sender's rights would be prejudiced in such a way that he would never take the risk of serving an untranslated document, thereby undermining the usefulness of the Regulation and, in particular, its provisions relating to the translation of documents, which contribute to the objective of ensuring that documents are transmitted rapidly": ECJ, November 8th, 2005, C-443/03, *Leffler v Berlin Chemie*, [2005] ECR I-9611, para. 42.
20. *Leffler*, para. 66-67, recommending (para. 52): "It is also for the national court to ensure that the rights of the parties to the case are safeguarded, in particular the ability of a party to whom a document is addressed to have sufficient time to prepare his defence or the right of a party who sends a document not to suffer, for example in urgent proceedings where the defendant fails to appear, the adverse consequences of a refusal to accept an untranslated document which purely seeks to delay matters and manifestly constitutes an abuse, when it can be proved that the addressee of that document understands the language of the Member State of transmission in which the document is written".
21. So Italian Constitutional Court, February 2nd, 1978, No 10, *Foro italiano*, 1978, I, 550, comment by Proto Pisani, which established that service is effected for the sender as soon as the activities lying in the sender's sphere of liability have been accomplished (*ie* as soon as the sender hands the document to the public authority entrusted with service) and is effected for the addressee only in the moment in which he receives the document, being this the only way to preserve the right to be heard without affecting the claimant's right to an effective judicial protection.
22. So Italian Constitutional Court, November 26th, 2002, No 477, *Foro italiano*, 2003, I, 13, comment by Caponi; further Italian Constitutional Court, January 14th, 2010, No 3.

The need for a translation of documents, in order to give the defendant notice of the proceedings, has proved of the utmost relevance also as far as recognition and enforcement under Regulation No 44/2001 (the "Brussels-I Regulation) are concerned[23]. Pursuant with the Regulation, a judgment given in default of appearance shall be denied recognition and enforcement if the defendant was not served with the document which instituted the proceedings or with an equivalent document in sufficient time and in such a way as to enable him to arrange for his defence, unless the defendant failed to commence proceedings to challenge the judgment when it was possible for him to do so. The ECJ stated that the possibility for a defendant to bring proceedings to challenge a default judgment against him presupposes that the defendant was in fact acquainted with its contents, and this can happen only if the judgment was served on him in sufficient time to enable him to arrange for his defence before the courts of the State in which the judgment was given, the mere fact that the person concerned is aware of the existence of that judgment being insufficient in that regard[24]. If the judgment has not been served on him, the defendant has no opportunity to bring proceedings enabling him to assert his rights, but, since the defendant shall be able to acquaint himself with grounds of the default judgment in order to challenge them effectively[25], it follows that for this purpose the judgment must be served in original and in a translation in one of the language set out in Article 8 of the "Service Regulation"[26].

Warranting much safer results than those achievable through judicial discretion and measures of case management, European law ensures also the effective knowledge by the addressee of the contents of the documents served on him, thus securing that the defendant fully takes knowledge of the proceedings

---

23. See ECJ, December 14th, 2006, C-283/05, *ASML v SEMIS*, [2006] ECR I-12041.
24. *ASML*, para. 34.
25. *ASML*, para. 35 and 46. See further ECJ, April 28th, 2009, C-420/07, *Apostolides v Orams*, [2009] ECR I-0000, para. 78: "the rights of the defence that the Community legislature wished to safeguard by Article 34(2) of Regulation No 44/2001 are respected where the defendant did in fact commence proceedings to challenge the default judgment and those proceedings enabled him to argue that he had not been served with the document which instituted the proceedings or with the equivalent document in sufficient time and in such a way as to enable him to arrange for his defence".
26. This conclusion is not set forth by the ECJ's judgment, but it emerges in Advocate General Léger's opinion, para. 66: "As provided in Regulation No 1348/2000, a defendant in default must be able to accept service of that judgment in a language he understands. As stated in Article 8 of that Regulation, a defendant in default must be informed that he may refuse to accept the judgment to be served if it is in a language other than the official language of the Member State addressed or, if there are several official languages in that Member State, the official language or one of the official languages of the place where service is to be effected, or a language of the Member State of transmission which the addressee understands". Pursuant to the opinion of Advocate General Léger (para. 67), "at the time the judgment is served the defendant should also be informed of the remedies available for challenging it", since "the condition that a person should be able to exercise a remedy also means, in my view, that he should be aware what remedies are available to challenge the judgment enforcement of which is sought".

and enjoys his right to be heard. European law therefore complies with the requirements set forth in Principles and Rules of Transnational Civil Procedure, and especially with Principle 5.1 and Rule 7.3, pursuant to which the formal notice of the commencement of the proceedings "must be in the language of the forum and either in the language of the person to whom the notice is addressed or in the language or languages in which the transaction in dispute was conducted". Once more, though, this achievement concerns in principle only parties which are resident in the European Union, since the Hague Service Convention does not provide for any language requirements. Anyway, the translation of the document instituting the proceedings will be necessary for the claimant, even if the defendant is resident in a non EU-State, at least in order to enjoy the free circulation of the ensuing judgment in the European Union. Only service of a document complying with the language requirements of Article 8 of the "Service Regulation" amounts to service in sufficient time and in such a way as to enable the defendant to arrange for his defence, and therefore only service complying with these conditions will allow enforcement of the judgments on an European wide scale pursuant to Article 34 point 2 of the "Brussels-I Regulation". If the claimant wants to be sure that the judgment will not be denied recognition, he will take care of the translation even if the defendant is a Third State resident, so that also the latter will take advantage of rules set forth in principle only for the benefit of EU players.

c) Of course, there is also the need of specific rules regarding translation in so far as the situations in which a witness must be heard who does not speak the official language of the forum or the situations in which the relevant documents to the case are in a language different from that of the forum are concerned. In such cases nearly all national legal orders provide for the appointment of an interpreter, in order to let the court understand the witnesses or the documents[27]. The interpreter acts usually as a court expert (Article 122-123 of Italian Code of Civil Procedure; §§ 185 and 189 of the German Statute on the organization of the courts), and this ensures the goal of Rule 8.3 of Transnational Civil Procedure, that the translation is made in the most possible neutral way.

27. See, eg, Articles 122-123 of the Italian Code of Civil Procedure, pursuant to which Italian is the mandatory language of the courts and the court is always obliged to appoint an interpreter as far as a party or a witness speaks a foreign language; Article 23 of the French *nouveau code de procedure civile*, pursuant to which – on the premise that French is the official language of the forum State – "*Le juge n'est pas tenu de recourir à un interprète lorsqu'il connaît la langue dans laquelle s'expriment les parties*" (ie: the court is not obliged to appoint an interpreter as far as it understands the language spoken by the parties); substantially the like are §§ 184-185 of the German Statute on the organization of the courts (*Gerichtsverfassungsgesetz*); the assumption that English is the language of the court underlies also the England rules on the use of the Welsh language in the civil courts in Wales.

4. SERVICE

a) Being service the specific method to ensure that a judgment is not rendered unless the defendant has not had an opportunity of defending himself before the court seised, it is obvious that service of documents abroad is a matter regulated by legislation. The importance of the issue forced States to stipulate specific international Treaties on the matter, the most recent being the already mentioned Hague Service Convention. This convention has been replaced within the relationships among EU Member States by the "Service Regulation" (now Regulation No 1393/2007, which replaced Regulation No 1348/2000).

Those supranational provisions do not leave significant opportunity for judicial discretion to canvass specific rules by way of case management. Most of all, in a recent judgment the ECJ has established the exhaustive nature of, and the mandatory recourse to, supranational provisions, as far as service abroad is concerned, where a relevant international convention had been applicable between the State in which the judgment was given and the State in which enforcement is sought: thus repealing the argument pursuant to which the methods of service provided for by the national laws of the States concerned may still apply, as long as their use is not expressly excluded by the conventions concluded between those States[28].

Yet the ECJ's decision was rendered in the matter of interpretation of the ground for non recognition of Article 27, point 2, of the Brussels Convention, and its primary ruling concerns the denial of enforcement where the service of the claim form did not took place in the light of the provisions of the international instrument regulating the issue[29]. The judgment addresses though more general issues relating not only to the requisites for enforcement, but to the whole matter of service abroad. According to the ECJ, the right to a fair hearing pretends that a document instituting the proceedings is served in the most possible effective way, in order to protect the rights of a defendant who fails to enter an appearance: the same rationale underlying Principle 5.1 and Rule 7.1 of Transnational Civil Procedure. It is also exclusively by reference to the provisions of Article 15 of the Hague Service Convention[30], to which the third paragraph of

28. ECJ, October 13th, 2005, C-522/03, *Scania Finance France v Rockinger Spezialfabrik*, [2005] ECR I-8639.
29. See the official holding of the judgment: "Article 27(2) of the Brussels Convention and the first paragraph of Article IV of the Protocol must be interpreted as meaning that, where a relevant international convention is applicable between *the State in which the judgment is given and the State in which recognition is sought*, the question whether the document instituting the proceedings was duly served must be determined in the light of the provisions of that convention, without prejudice to the use of direct transmission between public officers where the State in which recognition is sought has not officially objected, in accordance with the second paragraph of Article IV of the Protocol" (italics added).
30. Or, nowadays, Article 19, para. 1-3, of the "Service Regulation".

Article 20 of the Brussels Convention refers[31], that the court of the State in which judgment was given and the court of the State in which enforcement is sought have to determine whether the document instituting the proceedings has been duly served.

The infamous substitute method of service of the *signification au parquet* of French law, according to which service to a foreign resident is effected by the handing of the document to the *public procureur*, the attorney general of the court[32], and therefore is considered as having not taken place abroad at all, has been finally banned by the ECJ, after having already been regarded by English courts as irrelevant in order to determine whether the foreign court was first seised for the purpose of *lis alibi pendens*[33]. All over Europe, also, the recourse to substitute methods of service is in principle disallowed, because incompatible with the need for protection of the defendant's right[34]. It may still happen, especially in common law jurisdiction, that the court allows service by an alternative method (*eg* to the solicitors of the party, even though the solicitor has not been authorised to accept service on behalf of a party pursuant to *CPR Rule* 6.4(2)). Applications for an order permitting service by an alternative method must state a "good reason" though, and it has been held that there is no such good reason where the alternative method of service is only the way for the claimant to seise the English court first in light of *lis alibi pendens* provisions[35].

b) The protection of the defendant's right to a fair hearing requires not only an effective service, but also that defendant has been served in sufficient time as to enable him to arrange for his defence. In international litigation the time within which response by the defendant is required shall be adequate, and for this purpose national statutory provisions normally provide for special time limits as far as the defendant is domiciled abroad. Italian law allows the defendant no less than 130 days for a response, and that renders unsurprising that the average length of Italian proceedings is far beyond the limits of the

31. Now third and fourth paragraph of Article 26 of the "Brussels-I Regulation".
32. This was the method of service of which the *Scania Finance France* availed itself in front of French courts in the case brought to the ECJ.
33. Irrespective of the *lex fori* approach (specifically Greek law), only the effective reception of the document by the addressee determines which proceedings have been instituted first: Court of Appeal, February 5th, 2004, per Lord Mance, Lord Evans-Lombe and Lord Thorpe, *Tavoulareas v Tsavliris*, [2004] EWCA Civ 48. See already High Court of Justice, Chancery Division, July 9th, 2001, *Phillips v Symes*, [2001] EWHC Ch 395.
34. See the holding of the Italian Constitutional Court in its already mentioned judgment of February 2nd, 1978, No 10 (*supra*, note 22), where it allowed the recourse to the *signification au parquet* method only as far as neither international convention nor the diplomatic channel proved sufficient to let the addressee receive the documents to be served. In the light of the Constitutional Court judgment it is not unsurprising that Italy did not take advantage of the possibility, envisaged in Article 15, para. 2, of the Hague Convention and in Article 19, para. 2, of the "Service Regulation" (see *infra*, note 38).
35. Court of Appeal, October 24th, 2001, per Lord Rix, *Knauf UK GmbH v Wellkisten und Papierfabriken Fritz Peters & Co. KG*, [2001] EWCA Civ 1570.

reasonable time pursuant to Article 6 of the European Convention of Human Rights. But, even without such inflation, even English *CPR, Rules* 6.22 and 6.23, allow 7 days more to the defendant to file an acknowledgment of service (ordinarily to be filed within 14 days) or to file a defence (ordinarily to be filed within 28 days, if the defendant filed an acknowledgment of service), in so far as the claim form has been served in Scotland, Northern Ireland or in the European territory of another Lugano Convention or "Brussels-I Regulation" State[36]. Even the German Code of Civil Procedure, pursuant to §§ 274-277, while providing for a minimum of 4 weeks between service of the claim form and the filing of the defence (*Klageerwiderung*), commits to the president of the court the determination of special and lengthier time limits if the claim form is to be served abroad. Both German and English law, though, allow a period of time for filing a defence, if the defendant is resident abroad, which is much shorter than the 60 days envisaged - by way of example - by Rule 13.1 of Transational Civil Procedure[37].

5. EX OFFICIO CONTROLS UPON EFFECTIVENESS OF SERVICE AND UPON JURISDICTION

a) The protection of the rights of a defendant becomes effective also through a series of *ex officio* controls which courts must accomplish in the early stages of the proceedings, according to uniform law provisions applying on a European wide scale, in case the defendant has not filed any defence or acknowledgment of service. In so far as the right to a fair process is at issue, here again the discretionary powers of courts must abide by the primate of legislation, because only statutory rules may adequately secure the human rights requirements underlying the fair and due process standards.

Article 19 of the "Service Regulation" deals specifically with the case of a defendant resident outside the forum State and not entering an appearance, and provides that in such situation judgment shall not be given until it is established that the choice not to file a defence was a conscious one on the part of the defendant, and it was not due to the fact that the document instituting the proceedings was not actually delivered by a method provided for by the

36. Shall service be effected in other non European territories of the Convention or Regulation States, there are 17 days more for filing an acknowledgment of service or for filing a defence. If service has to be effected elsewhere, the relevant period of time is determined in the Table annexed to Practice Direction 6B, which eg allows 22 days for the United States, 23 for Japan, 24 for China and 25 for Australia.

37. Whose comment reads: "It is generally understood that the time should be such as to impose an obligation of prompt action, but should not be so short as to create unfair risk of prejudice. Therefore, a period of 60 days in which to respond generally should be sufficient. However, if the defendant is at a remote location, *additional time may be necessary and should be granted as of course*" (italics added).

Regulation nor in sufficient time to enable the defendant to defend[38]. Further, when a judgment has been entered against a defendant who has not appeared, the judge shall have the power to relieve the defendant from the effects of the expiration of the time for appeal from the judgment, if the defendant, without any fault on his part, did not have any knowledge of the document instituting the proceedings in sufficient time to defend, nor knowledge of the judgment in sufficient time to appeal, provided that the defendant has disclosed a *prima facie* defence to the action on the merits and has filed an application for relief within a reasonable time after he did acquire knowledge of the judgment[39].

The *ex officio* control upon effectiveness of service of the document instituting the proceedings, the ensuing prohibition of a default judgment[40] and, eventually, the mandatory relieve from the expiration of the time for appeal from the judgment, if the defendant shows that he did not have any knowledge of the proceedings, are uniform law not only within the EU. Article 19 of the "Service Regulation" is identical to Article 15-16 of the 1965 Hague Service Convention, and therefore the same set of rules has to be applied, on the one hand, by European courts with regard to addressee who are resident outside the EU but in a Hague Service Convention's contracting State, on the other hand, by courts of the latter States (*eg* United States, Japan, Canada, China). Among the contracting States of the Hague Service Convention as well as among the Member States of the "Service Regulation", also, there are statutory provisions which safeguard the interests envisaged also by Principle 15.3 and Rule 15.3 of Transnational Civil Procedure, as far as the prohibition of default judgment in case that notice has not been properly transmitted and that the party did not have sufficient time to

38. Para. 2 of Article 19 provides though that each Member State is free to make it known that, notwithstanding the absence of proof of actual delivery, the judge may give judgment if: the document was transmitted by one of the methods provided for in the Regulation; and a period of time of no less than six months, considered adequate by the judge in the particular case, has elapsed since the date of the transmission of the document; and every reasonable effort has been made to obtain a certificate of service through the competent authorities or bodies of the Member State addressed.
Very similar are the provisions of Article 20 of the Brussels Convention and Article 26 of the "Brussels-I Regulation": those Articles provide though explicitly that they do not apply, as far as Article 15 of the Hague Service Convention or as far as Article 19 of the "Service Regulation" are applicable.
39. Each Member State may make it known that such application will not anyway be entertained if it is filed after the expiration of a certain period of time, which shall in no case though be less than one year following the date of the judgment.
40. The necessity to refrain from a default judgment, where the defendant has not been reached by service in due time in order to permit a sound preparation of his defence, is focused also by the most recent ECJ's judgment *ASML* (*supra*, note 20), para. 30: "In the original proceedings in the State in which the judgment was given, it follows from the combined application of Articles 26(2) of Regulation No 44/2001 and Article 19(1) of Regulation No 1348/2000, that the court hearing the case must stay the proceedings so long as it is not shown that the defendant has been able to receive the document which instituted the proceedings or an equivalent document in sufficient time to enable him to arrange for his defence, or that all necessary steps have been taken to this end".

respond are concerned; and by Rule 34.1.1., as far as the nullification of a judgment which was procured without notice to the party seeking relief is concerned. Even in the Principle and Rules, though, the preservation of such interests is not committed to the discretionary powers of the courts, but to mandatory rules.

b) Pursuant to Article 19 of the Brussels Convention and Article 25 of the "Brussels Regulation", courts shall undertake another control *ex officio*, when the defendant failed to enter an appearance. The court shall control and declare on its own motion that it has no jurisdiction unless its jurisdiction is derived from the "Brussels" provisions. Jurisdiction is an issue of significant role in due process considerations: this is true also for civil law countries, which pay much attention to ascertain fairly balanced heads of jurisdiction over foreign defendants. Hence the civil law countries pretend a control *ex officio* upon jurisdiction, if the defendant did not enter an appearance, in order to prevent the rendering of a decision if jurisdiction is not in fact established upon a substantial connection between the forum State and the party or the transaction or occurrence in dispute.

To the contrary, English law provides that a control over the court's jurisdictions takes place only upon defendant's application, within 14 days after filing an acknowledgment of service (CPR, Rule 11). If the defendant has not filed an appearance, at English law, it is not the case for a control *ex officio* upon the court's jurisdiction, but for the rendering of a default judgment. This is a very spread approach in common law countries, and therefore not even the Principles and Rules of Transnational Civil Procedure do provide for a control *ex officio* upon court's jurisdiction where the defendant has not filed an appearance, and provide instead for the rendering of a default judgment.

In this context, also, the European civil law approach offers more guarantees to the defendant, whose protection against the exercise of jurisdiction even in cases of violation of specific mandatory rules (exclusive jurisdictional grounds; jurisdiction in matters of insurance, consumer or labour contracts)[41] does not presuppose an acknowledgment of service but is warranted by the court itself through the *ex officio* control upon jurisdiction. We run here into a sort of

41. As far as default judgments against consumers are concerned, a control *ex officio* upon the jurisdictional basis of the decision rendered by the court is provided for, although in the later stage of certification, also by the European Enforcement Order Regulation No 805/2004: pursuant to its Article 6, a judgment on an uncontested claim shall be certified as a European Enforcement Order, if the debtor is a consumer, only if the judgment was given in the Member State of the debtor's domicile. Of course a control *ex officio* upon jurisdiction must be undertaken also within the context of the European Order for Payment Procedure (Regulation No 1896/2006), as it is implicit in the *ex parte* nature of the first tier of the proceedings (Article 6).

sublimation of the special rules valid only for proceedings with foreign party: the European civil law approach protects in such a high grade the defendant, in so far as his right to be heard is at stage, that they do pretend to consider his default as a virtual presence and even a dispute of the jurisdiction of the court seised, as if he was taking part to the proceedings, although he actually failed to enter any defence.

CAPÍTULO 25

O Direito Alemão e a homologação de sentenças arbitrais anuladas ou confirmadas na sede

Renato Resende Beneduzi[1]

SUMÁRIO: 1. INTRODUÇÃO: 2. A CONCEPÇÃO DÉLOCALISÉE FRANCESA; 3. DISCRICIONARIEDADE E NOÇÃO DE JUSTIÇA NO COMMON LAW 4. AFERIÇÃO DA ANERKENNUNGSFÄHIGSKEIT DA DECISÃO JUDICIAL QUE ANULA O LAUDO ARBITRAL; 5. O PROBLEMA DA HOMOLOGABILIDADE AUTÔNOMA DE "AWARD JUDGMENTS"; 6. APLICAÇÃO DESTAS IDEIAS NO DIREITO BRASILEIRO; 7. BIBLIOGRAFIA.

1. INTRODUÇÃO

Entendeu o Superior Tribunal de Justiça, em *leading case* decidido recentemente por sua Corte Especial (caso "EDF International")[2], pelo "*não cabimento de homologação de sentença estrangeira arbitral suspensa ou anulada por órgão judicial do país onde a sentença arbitral foi prolatada*" ao fundamento, essencialmente, de que "*não se pode olvidar que o procedimento homologatório não acrescenta eficácia à sentença estrangeira, arbitral ou não, mas somente libera a eficácia nela contida, internalizando seus efeitos em nosso País, não servindo, pois, a homologação de sentença para retirar vícios ou dar interpretação diversa à decisão do Estado estrangeiro*".

Como a Constituição confere competência exclusiva ao Superior Tribunal de Justiça para decidir sobre a homologação de sentenças (judiciais e arbitrais) estrangeiras (CF, art. 105, I, "i"), cuja Corte Especial, neste caso, deliberou por unanimidade, são poucas, ao menos em um futuro próximo, as chances de

---

1. Professor, na graduação e na pós-graduação, da Pontifícia Universidade Católica do Rio de Janeiro (PUC-RIO). Doutor em Direito pela Ruprecht-Karls-Universität Heidelberg. Mestre em Direito Processual pela Faculdade de Direito da Universidade de São Paulo (USP). Visiting Fellow na Universidade de Oxford (academic visitor; Institute of European and Comparative Law), em 2014. Ricercatore post-dottorato na Università degli Studi di Firenze, em 2016. Advogado.
2. SEC 5.782/EX, Rel. Ministro JORGE MUSSI, CORTE ESPECIAL, julgado em 02/12/2015, DJe 16/12/2015.

reversão deste entendimento. Na doutrina, no entanto, a questão está longe de ser considerada pacífica[3-4-5].

As diversas críticas que se fizeram à interpretação dada pelo Superior Tribunal de Justiça aos arts. V, 1, "e", da Convenção de Nova York, 5, I, "e", da Convenção do Panamá, e 38, VI, da Lei de Arbitragem, têm em comum a censura à sua alegada *inflexibilidade*, à sua evidente inadequação nos casos em que se reconhece a ocorrência de *"influências indevidas sobre o Poder Judiciário do país-sede"*[6-7]. Esta decisão, em outras palavras, teria articulado *"uma regra muito ampla e rígida, incapaz de acomodar, adequadamente, possíveis nuances apresentadas por casos futuros"*[8]. O argumento desenvolvido para fundamentar estas críticas, entretanto, não é sempre o mesmo, embora eles possam ser reunidos em dois grandes grupos: o daqueles que adotam, em maior ou menor medida, o enfoque francês, e o daqueles que optam pelo enfoque prevalente em países do *common law*. A teoria alemã que serve de fundamento para explicar o reconhecimento em certos casos de sentenças arbitrais anuladas na sede, salvo engano, parece não ter ainda despertado o interesse da doutrina e da jurisprudência no Brasil. A pretensão deste artigo é apresentá-la.

---

3. Em sentido contrário ao entendimento do STJ: *Gama Jr.*, Metamorfose (do bem): teoria e prática da homologação de sentenças arbitrais estrangeiras no Superior Tribunal de Justiça, Revista de Direito da Associação dos Procuradores do Novo Estado do Rio de Janeiro 18 (2006), p. 170; *Wald*, Homologação de sentença arbitral estrangeira anulada pela Justiça local no país da sede da arbitragem, in: Arbitragem: Temas contemporâneos (Lemes/Balbino), p. 57; e *Northfleet*, Homologação de sentença estrangeira contestada 5.782 (legal opinion), Revista de Arbitragem e Mediação 35 (2012), p. 279. Mais recentemente: *Recena Costa*, Caso EDF International (Sentença Estrangeira Contestada No 5.782): Decisão Correta, Precedente Equivocado, texto publicado em 31.3.16 no blog do CBAr, e *Bonato/Madeira*, Homologação de sentença arbitral estrangeira anulada na origem: uma análise do caso EDF International S/A x Endesa Latinoamericana S/A e YPF S/A no sistema brasileiro e no direito comparado, Revista Brasileira de Arbitragem 55 (2017), p. 57. Para uma resenha deste julgamento, em que o escritório Sergio Bermudes, de que o autor deste artigo é sócio, atuou na defesa de uma das partes: *Campos Melo/Robalinho*, Brazil refuses recognition of na ICC Award set aside in Argentina, texto publicado em 8.3.16 no blog do CBAr.
4. O acórdão do STJ refere-se expressamente a *Carmona*, Arbitragem e Processo (3a ed. 2009), p. 474, *Cahali*, Curso de arbitragem, mediação e conciliação (2001), p. 371 e *Cretella Neto*, Comentários à lei de arbitragem brasileira (2a ed. 2007), p. 214. No mesmo sentido, por exemplo: *Olavo Baptista*, Sentença Arbitral Declarada Nula no Local Onde Proferida (parecer), Revista Brasileira de Arbitragem 37 (2013), p. 7 e *Rezek*, Perspectivas da sentença arbitral anulada em foro judiciário, Revista de Arbitragem e Mediação 50 (2016), p. 165.
5. Sobre a competência do Superior Tribunal de Justiça para a homologação de sentenças arbitrais estrangeiras: *Lemes*, O Superior Tribunal de Justiça – STJ e o reconhecimento de sentença arbitral estrangeira à luz da Convenção de Nova Yorque de 1958, Revista Vasca de Derecho Procesal y Arbitraje, v. 1 (2007), p. 131.
6. *Northfleet*, Homologação de sentença estrangeira contestada 5.782 – legal opinion, Revista de Arbitragem e Mediação 35 (2012), p. 289.
7. Em situações, em outras palavras, em que ocorre "flagrante injustiça – especialmente quando a parte vencida na arbitragem é uma entidade local que explora a falta de independência dos órgãos judiciários no país-sede para anular, de forma ilegítima, a sentença arbitral" (*Recena Costa*, Caso EDF International (Sentença Estrangeira Contestada No 5.782): Decisão Correta, Precedente Equivocado, texto publicado em 31.3.16 no blog do CBAr).
8. *Recena Costa*, ibidem.

2. A CONCEPÇÃO *DÉLOCALISÉE* FRANCESA

Tem se desenvolvido na França, como se sabe, uma concepção de todo particular do que significa a arbitragem internacional[9]-[10], que influencia de modo determinante o modo como os tribunais franceses tratam o problema da homologação de sentenças arbitrais anuladas na sede. No famoso caso Putrabali, a *Cour de Cassation* chegou ao extremo de afirmar que *"la sentence internationale, qui n'est rattachée à aucun ordre juridique étatique, est une décision de justice internationale dont la régularité est examinée au regard des règles applicables dans le pays où sa reconnaissance et son exécution sont demandées"* para, em seguida, concluir que o direito francês da arbitragem internacional *"ne prévoit pas l'annulation de la sentence dans son pays d'origine comme cause de refus de reconnaissance et d'exécution de la sentence rendue à l'étranger"*[11].

A lógica, em outras palavras, é de que a sentença internacional é uma *decisão de justiça internacional* que não se vincula a nenhuma ordem jurídica estatal, razão pela qual o direito francês, pura e simplesmente, não considera a anulação da sentença em seu país de origem como fundamento para a rejeição da homologação[12]-[13]. Arnoldo Wald, por exemplo, esforçando-se embora para

9. Para uma definição da teoria da deslocalização, nas palavras de um dos seus maiores defensores: *Gaillard*, Aspects philosophiques du droit de l'arbitrage international (2008), p. 60. Para um panorama recente deste debate no Brasil: *Correia Filho*, The theories of international arbitration and related practical issues: the Brazilian approach (particularly the recent leading case on recognition of annulled awards) vis- à-vis the "delocalization trend"), Revista Brasileira de Arbitragem 52 (2016), p. 26.

10. Para uma análise detalhada do que deve significar uma "ordre juridique arbitral": *Levy*, Les abus de l'arbitrage commercial international (2015), p. 87.

11. "A sentença internacional, que não é vinculada a nenhuma ordem jurídica estatal, é uma decisão de justiça internacional cuja regularidade é examinada à luz das regras aplicáveis no país onde o seu reconhecimento e sua execução são demandados". Por isso, o direito francês da arbitragem internacional "não prevê a anulação da sentença no seu país de origem como causa de recusa do reconhecimento e da execução da sentença proferida no estrangeiro" (Arrêt n° 1021 du 29 juin 2007 – Cour de cassation – Première chambre civile).

12. Como resumem Matthieu de Boisséson e Marcela Tarré Bernini, "Para confirmar a decisão da Corte de Apelação nos dois casos, a Corte de Cassação consolida a posição da jurisprudência francesa já estabelecida no caso Hilmarton e em outras decisões outras anteriores, segundo a qual um juiz francês pode analisar um pedido de reconhecimento ou execução de uma sentença arbitral proferida fora da França, sem levar em conta a anulação ou a suspensão de tal sentença em seu país de origem. Dito isto, a importância dessas decisões está menos na solução dada, que não foi inovadora, e mais na motivação apresentada para tal solução, que resume da melhor maneira possível a concepção francesa da arbitragem internacional. A Corte de Cassação acrescenta a ideia de que "a sentença internacional, que não se vincula a nenhuma ordem jurídica estatal, é uma decisão de justiça internacional, cuja regularidade é examinada à luz de regras aplicáveis no país onde seu reconhecimento e execução são solicitados". Até este momento, a jurisprudência anterior se baseava na ausência de vínculo exclusivo da sentença internacional com a ordem jurídica do local da sede, de maneira puramente negativa. A partir dos casos Putrabali, o vínculo da sentença internacional passa a ser positivo com o país onde a mesma deverá ser executada" (*Boisséson/Bernini*, A homologação de sentença arbitral estrangeira anulada no país de origem: o caso EDF International (SEC 5.872/ex) e a jurisprudência francesa, Revista de Arbitragem e Mediação 50 (2016), p. 602).

13. Neste mesmo sentido: "Embora nem sempre tenha sido assim, no atual estágio, o direito francês é claro: embora uma sentença arbitral anulada (ou cujos efeitos tenham sido suspensos) no foro da sede do

não restringir seu argumento a este aspecto, é eloquente ao afirmar que *"a ordem pública internacional transcende a ordem jurídica de cada Estado e traduz princípios presentes em diversos campos, como, por exemplo, na estruturação das relações econômicas internacionais e na criação de convenções e tratados de direito internacional privado uniformizado (como é o caso, por exemplo, da Convenção de Nova Yorque), de forma a garantir a unicidade das instituições e os sentimentos de justiça e moralidade na comunidade internacional"*[14]. Daí por que ele conclui, agregando ao argumento francês considerações sobre ordem pública[15], que *"destarte, impedir-se-á que uma decisão anulatória injustificada, contrária à ordem pública internacional, venha a constituir óbice à produção de efeitos pela sentença arbitral no país de acolhimento da sentença arbitral"*[16].

O raciocínio é envolvente, e sedutora a ideia de que existe uma justiça internacional, uma ordem jurídica arbitral internacional desconectada dos diversos ordenamentos jurídicos estatais. Pedir do Superior Tribunal de Justiça que tome esta premissa por verdadeira, no entanto, para apenas depois deliberar sobre a homologação do laudo arbitral estrangeiro, é pedir muito. Um pouco *avant-garde* demais, e não apenas para a realidade brasileira[17]-[18]. O Superior Tribunal de Justiça não se arriscaria a abrir esta verdadeira Caixa de Pandora[19], com suas diversas implicações – algumas delas graves e difíceis de antecipar – para a própria noção de soberania nacional.

tribunal arbitral não possa ser reconhecida segundo o regime da Convenção de Nova Iorque (art. V, § 1.º, e), ela o será no regime de direito comum francês, que não prevê no art. 1.502 do Novo Código de Processo Civil a anulação ou suspensão da sentença arbitral como hipótese de não homologação e, por isso, é neste ponto mais favorável ao reconhecimento de laudos arbitrais anulados (art. VII,§ 1.º)" (*Casella/Gruenbaum*, homologação de sentença arbitral estrangeira anulada, Revista de Arbitragem e Mediação 9 (2006), p. 221).

14. *Wald*, Homologação de sentença arbitral estrangeira anulada pela Justiça local no país da sede da arbitragem, in: Arbitragem: Temas contemporâneos (Lemes/Balbino), p. 67.
15. A rigor desnecessárias, porque, segundo o argumento francês, a anulação na sede é pura e simplesmente irrelevante, independentemente de qualquer outra qualificação.
16. *Wald*, ibidem, p. 72.
17. Com uma visão crítica à teoria prevalente na França: *Chaaban*, La reconnaissance des sentences arbitrales annulées dans le pays du siège: émergence d`un ordre juridique arbitral?: in L'arbitrage détaché des lois étatiques (2012), p. 83.
18. No Brasil: "Ao desconsiderar a anulação como um fator relevante, a perspectiva "transnacional" rompe com a "arquitetura normativa" implementada pela Convenção. Esse sistema aloca competências diversas à jurisdição primária (i.e. o país-sede da arbitragem) e às demais jurisdições, ditas secundárias, nas quais a sentença pode vir a ser executada. A jurisdição primária exerce uma função precípua de controle e supervisão, tendo competência exclusiva para apreciar ações anulatórias; às jurisdições secundárias, por sua vez, cabe fazer cumprir a sentença arbitral estrangeira, exceção feita apenas às situações taxativas que autorizam recusar a homologação (Artigo V(1) e (2))" (*Recena Costa*, Caso EDF International (Sentença Estrangeira Contestada No 5.782): Decisão Correta, Precedente Equivocado, texto publicado em 31.3.16 no blog do CBAr). Também *Barros*, Os artigos V e VII da Convenção de Nova Yorque e a homologação de sentença arbitral estrangeira anulada, in: Estudos de direito internacional, vol. 20 (2010), p. 369.
19. *Levy*, ibidem, p. 148.

3. DISCRICIONARIEDADE E NOÇÃO DE JUSTIÇA NO COMMON LAW

São muitos os países que integram a tradição jurídica do *common law*, e por isso frequentemente imprecisas as generalizações que ignoram as particularidades de cada um destes sistemas jurídicos. Este é também o caso na homologação de sentenças arbitrais estrangeiras anuladas na sede, que não é tratada de modo idêntico em países como os Estados Unidos e a Inglaterra e País de Gales. A preocupação com o respeito à *comity*[20] entre países parece maior nos precedentes norte-americanos, por exemplo, como ilustra o caso Chromalloy[21]-[22], enquanto o direito inglês parece colocar mais ênfase na determinação de quando um caso é suficientemente excepcional para justificar o reconhecimento da sentença a despeito de sua anulação (i.e., nas palavras da *High Court*, aquele em que seu resultado ocorre *"in breach of natural justice"*[23]).

Os desenvolvimentos recentes da jurisprudência destes países sobre o assunto revelam, no entanto, que os fundamentos acabam, em larga medida, por sobrepor-se. No caso *Getma*, por exemplo, a *Court of Appeals for the D.C. Circuit* referiu-se à violação de *"basic notions of morality and justice"*[24], enquanto a *Court of Appeals for the Second Circuit*, no caso *Thai-Lao Lignite*, observou que a decisão das cortes da Malásia *"did not rise to the level of violating basic notions of justice such as the Court here should ignore comity considerations"*[25]. O desafio, como resume a *Court of Appeals for the Second Circuit*, é exatamente *"reconcile two settled principles that militate in favor of opposite results: a district court's discretion to confirm an arbitral award, and the comity owed to a foreign court's ruling on the validity of an arbitral award rendered in that country"*[26].

Justice e *discretion* de um lado e *comity* de outro são talvez os conceitos-chave deste enfoque em relação às consequências da anulação da sentença arbitral estrangeira na sede para o juízo da homologação. Não por outra razão, são normalmente autores americanos e ingleses que interpretam o art. V, 1, "e", da Convenção de Nova York como uma *faculdade* da jurisdição em que se pede o reconhecimento[27]. E isso, essencialmente, como consequência do emprego pela

20. Veja *W.S. Kirkpatrick & Co., Inc. v. Environmental Tectonics Corp., Int'l*, 493 U.S. 400.
21. Como explica *Born*, International comercial arbitration, vol. III (2a ed. 2014), p. 3631.
22. Sobre a resistência das cortes inglesas ao emprego do conceito *comity* neste contexto: *Velden*, Finality in litigation: the law and practice of preclusion - Res judicata (merger and estoppel), abuse of process and recognition of foreign judgments (2017), p. 231.
23. *Nikolay Viktorovich Maximov v. Open Joint Stock Company [2017] EWHC 1911 (Comm).*
24. *Getma International v. Republic of Guinea, Civil Action No. 2014-1616 (D.C. 2015).*
25. *Thai-Lao Lignite (Thailand) Co., Ltd. v. Government of the Lao People's Democratic Republic*, 997 F.Supp.2d 214, 2014 WL 476239 (S.D.N.Y. 2014).
26. *Corporación Mexicana de Mantenimiento Integral, S. de R.L. de C.V. v. Pemex*, 962 F.Supp.2d 642 (S.D.N.Y. 2013).
27. *Redfern/Hunter*, On international arbitration (2009), p. 639

Convenção do verbo modal *may* na versão inglesa de seu texto[28]. É bem verdade que outros autores enveredam, em sua argumentação, pela cláusula de direito mais favorável (art. 7 da Convenção)[29]. E também verdade que, nas palavras de Lord Collins, *"there is no arbitrary discretion: the use of the word "may" was designed to enable the court to consider other circumstances, which might on some recognisable legal principle affect the prima facie right to have an award set aside"*[30]. Feitas estas ressalvas, no entanto, é seguro dizer que todos estes argumentos giram em torno da ideia de que, nas palavras de Jan Paulsson,*"the refusal is discretionary"*[31]. E isso animado por um *"pro-enforcement bias"*[32] que nada mais seria do que uma decorrência do próprio *"pro-arbitration bias"*[33] que deveria permear a interpretação das regras aplicáveis a este instituto.

Os autores brasileiros que encaram esta questão a partir do enfoque típico do *common law*, como não poderia deixar de ser, argumentam exatamente a partir do conceito de discricionariedade[34]. Guilherme Recena Costa, por exemplo, após fazer a ressalva de que *"a discricionariedade não é exercida de maneira irrefletida"*, reconhece que *"as cortes no país de execução devem respeitar, em princípio, decisões anulatórias estrangeiras, negando exequatur ao laudo arbitral anulado"*. Em seguida, no entanto, argumenta que elas não podem *"vendar os olhos diante de flagrante injustiça–especialmente quando a parte vencida na arbitragem é uma entidade local que explora a falta de independência dos órgãos judiciários no país-sede para anular, de forma ilegítima, a sentença arbitral"*. Por este motivo, *"em situações excepcionais, o STJ pode e deve homologar sentenças arbitrais anuladas no país de origem"*[35].

Esta solução parece acertada, porque oferece um arcabouço teórico compatível com a ideia de que em alguns casos excepcionais – ou muito excepcionais

---

28. Por exemplo: *Andrews*, On civil processes, vol. II (2013), p. 390. Para uma análise mais detalhada desta controvérsia semântica, comparando as diversas versões do texto da Convenção: *Almeida*, Interpretação da Convenção de Nova Yorque: o problema da discricionariedade no reconhecimento e execução de sentença arbitral estrangeira, Revista de Arbitragem e Mediação 48 (2016), p. 133 e *Petrochilos*, Enforcing Awards Annulled in Their State of Origin under the New York Convention, The International and Comparative Law Quarterly 48 (1999), p. 857.
29. Sobre o ponto: *Park*, Duty and Discretion in International Arbitration, The American Journal of International Law 93 (1999), p. 811.
30. *Dallah Real Estate and Tourism Holding Company (Appellant) v The Ministry of Religious Affairs, Government of Pakistan (Respondent) [2010] UKSC 46*
31. *Paulsson*, Delocalisation of international Commercial Arbitration: When and why it matters, The International and Comparative Law Quarterly 32 (1983), p. 60.
32. *Merkin/Flannery*, Arbitration Act 1996 (5a ed. 2014), p. 394.
33. *Carter/Fellas*, International comercial arbitration in New York (2010), p. 383-
34. Por exemplo: *Almeida*, Interpretação da Convenção de Nova Yorque: o problema da discricionariedade no reconhecimento e execução de sentença arbitral estrangeira, Revista de Arbitragem e Mediação 48 (2016), p. 157.
35. Recena Costa, ibidem.

– a sentença arbitral anulada deve ser mesmo assim reconhecida. Discricionariedade e sensação ou noção de justiça são conceitos, no entanto, vistos com certa desconfiança pelo direito brasileiro, especialmente quando tomados em conjunto. Sintomático, neste sentido, o título que Georges Abboud deu recentemente a artigo em que comentou um acórdão do Tribunal de Justiça do Estado do Rio de Janeiro: *"onde a discricionariedade começa, o direito termina"*[36]. A desconfiança é injustificada, embora os limites deste artigo não permitam que se estenda aqui esta discussão[37], mas suficiente para dificultar a recepção no Brasil do binômio *discretion/natural justice* como fundamento para lidar-se com o pedido de homologação de sentenças arbitrais anuladas na sede. A doutrina alemã, diferentemente, oferece um critério mais *objetivo* para chegar ao mesmo resultado e, por isso, talvez mais compatível com a nossa maneira de pensar.

4. AFERIÇÃO DA ANERKENNUNGSFÄHIGSKEIT DA DECISÃO JUDICIAL QUE ANULA A SENTENÇA ARBITRAL

O direito alemão regula de modo diverso a execução da sentença arbitral nacional (*inländischer Schiedsspruch*) da execução da sentença arbitral estrangeira (*ausländischer Schiedsspruch*). O critério para distingui-las é o territorial (*Territorialitätsgrundsatz*)[38]. Será nacional, assim, conforme § 1025 ZPO, a sentença arbitral proferida por tribunal arbitral que *efetivamente* tiver sede na Alemanha, e estrangeira aquela que não o tiver. Emprega-se o advérbio "efetivamente" nesta definição porque determinante não é, a rigor, o lugar que as partes *indicam* como sede, mas sim aquele que *realmente* é a sede[39].

Enquanto a execução das sentenças arbitrais nacionais dependerá, nos termos do disposto no § 1060 ZPO, de uma declaração judicial prévia de executividade (*Vollstreckungserklärung*)[40], a das sentenças estrangeiras seguirá o disposto no § 1061 ZPO. Como esclarece expressamente este dispositivo, aplicam-se ao reconhecimento e execução de sentenças arbitrais estrangeiras as regras da Convenção de Nova York, mesmo se não-signatário o país no qual se

---

36. *Abboud*, Onde a discricionariedade começa, o direito termina: comentário ao voto proferido por Alexandre Freitas Câmara sobre penhora on-line, Revista de Processo 251 (2016), p. 161.
37. Veja-se também: *Arruda Alvim*, Existe a "discricionariedade" judicial?, Revista de Processo 70 (1993), p. 232, Bedaque, Discricionariedade judicial, Revista Forense 354 (2001), p. 187 e, recentemente, *Bellocchi*, A fundamentação das decisões judiciais e sua natureza (não) discricionária, Revista de Processo 268 (2017), 113.
38. Sobre a *Verfahrenstheorie*, substituída na Alemanha pelo *Territorialitätsgrundsatz* (ou ainda *Territorialitätsprinzip*): *Münch*, Münchener Kommentar zur Zivilprozessordnung, vol. 3 (2013), p. 506. Para um relato histórico sobre os debates em torno destas teorias: *Ernemann*, Zur Anerkennung und Vollstreckung ausländischer Schiedssprüche nach § 1044 ZPO (1979), p. 42.
39. *Schütze*, Schiedsgericht und Schiedsverfahren (6a ed. 2016), p. 164.
40. *Rosenberg/Schwab/Gottwald*, Zivilprozessrecht (17a ed. 2010), p. 1064.

encontrar a sede da arbitragem, sem prejuízo do disposto em outros tratados de que parte a Alemanha (§ 1061(1) ZPO).

A competência para julgar o pedido de reconhecimento será dos tribunais de 2a instância (*Exequaturgerichte*), que devem se limitar, ao decidir, à *delibação* da sentença arbitral estrangeira (sem *révision au fond*) [41]. Deferido o reconhecimento, a sentença torna-se executável na Alemanha. Caso contrário, a decisão, de natureza declaratória, não constitutiva, limita-se a *declarar* o não-reconhecimento (§ 1061 (2) ZPO). Ao juízo da homologação, com efeito, não se permite nunca anular a sentença arbitral[42]. Entre as causas que determinam a recusa (*Versagungsgründe*) encontra-se, no que presentemente interessa, exatamente a anulação da sentença na sede *anterior* à decisão sobre a homologação. Esta ressalva é relevante porque, se a anulação – que só pode ocorrer na sede – for *posterior* ao reconhecimento, ela torna-se uma causa de *anulação* da sentença (*Aufhebungsgrund*) já homologada (§ 1061 (3) ZPO). Não se trata, assim, do desfazimento da homologação, que transitou em julgado, mas de autêntica anulação de uma sentença já devidamente internalizada[43]. É interessante lembrar que também o devedor pode adiantar-se e pedir judicialmente a declaração, *negativa*, de que a sentença arbitral não deve ser homologada na Alemanha, sem a necessidade de aguardar pelo pedido de homologação do credor[44].

A opinião sustentada na Alemanha, tradicionalmente, é a de que a razão pela qual a sentença arbitral foi anulada na sede é irrelevante (*"grundsätzlich unbeachtlich"*[45]), porque ao juízo da homologação não se reconheceria nenhuma discricionariedade (*Ermessen*)[46] para reconhecer a sentença a despeito da ocorrência de alguma das causas de anulação[47-48-49]. O controle dos tribunais alemães deveria, segundo este raciocínio, limitar-se apenas a aferir se a anulação foi decidida pelo órgão competente, i.e., no país em que a arbitragem

41. *Schütze*, Schiedsgericht und Schiedsverfahren (6a ed. 2016), p. 168.
42. *Schlosser*, Kommentar zur Zivilprozessordnung (Stein/Jonas), vol. 10 (23a ed. 2014), p. 473.
43. *Münch*, Münchener Kommentar zur Zivilprozessordnung, vol. 3 (2013), p. 513.
44. *Kreindler/Wolff/Rieder*, Arbitration in Germany (2016), p. 365. Também *Münch*, ibidem, p. 512.
45. *Adolphsen*, Münchener Kommentar zur Zivilprozessordnung, vol. 3 (4a ed. 2013), p. 556.
46. Sobre o conceito de *Ermessen* e sua relevância para a homologação de sentenças arbitrais anuladas, em sentido contrário à opinião dominante: *Boor*, Der aufgehobene ausländische Schiedsspruch als 'rechtliches nullum': Eine kritische Analyse auf der Grundlage des Vefassungs- und Völkerrechts (2016), p. 87.
47. Por exemplo, *Schwab/Walter*, Schiedsgerichtbarkeit (7a ed. 2005), p. 261 e *Adolphsen*, Münchener Kommentar zur Zivilprozessordnung, vol. 3 (4a ed. 2013), p. 556.
48. Na jurisprudência, por exemplo: BGH Beschluss des III. Zivilsenats vom 21.5.2008 – III ZB 14/07.
49. Como explica *Weinacht*, se uma parte concorda com a realização da arbitragem em determinado lugar, deveria ela também suportar os riscos inerentes àquele sistema jurídico, entre eles o de anulação (*Weinacht*, Die Vollstreckung ausländischer Schiedssprüche nach ihrer Annullierung im Herkunftstaat, ZVglRWiss 98 (1999), p. 172)

teve sede (jurisdição primária[50])[51]. A anulação em outras jurisdições, consequentemente, diversas daquela da sede, não teria nenhuma relevância para o julgamento do pedido de reconhecimento[52]-[53].

Respeitável parcela da doutrina sustenta hoje a ideia, diferentemente, de que não é apenas a incompetência do juízo da anulação que autoriza o reconhecimento da sentença arbitral anulada. A regra, a bem da verdade, continuaria sendo a de que a homologação deve ser recusada quando a sentença arbitral tiver sido anulada no país da sede[54]. Exceto, e este é o ponto central, quando *a própria sentença anulatória não puder ser reconhecida na Alemanha* conforme § 328 ZPO[55]. A homologabilidade da sentença anulatória torna-se, deste modo, uma *questão prejudicial* do processo de reconhecimento da sentença arbitral. Enquanto o ônus de comprovar a anulação na sede é do requerido na homologação, o de provar a *Anerkennungsunfähigskeit* (insuscetibilidade de homologação) [56] da sentença anulatória é do requerente[57].

A recusa em dar reconhecimento à sentença anulatória não consiste, consequentemente, em um ato *discricionário* do Poder Judiciário, nem tampouco depende do reconhecimento de que tenha havido uma violação de *noções básicas de justiça*. O § 328 ZPO descreve, em seus incisos, os critérios a que a homologação de sentenças judiciais estrangeiras deve se submeter (por exemplo, a observância da ordem pública alemã - material ou processual - conforme § 328 (4) ZPO). Reconhecida, em caráter incidental (*inzidenter*), a ocorrência de

50. Sobre a distinção entre jurisdições primária (primary) e secundária (secondary): *Reisman*, Systems of control in international adjudication and arbitration (1992), p. 113.
51. E não de acordo com a nacionalidade do direito processual escolhido pelas partes como aplicável à arbitragem. Esta seria uma decorrência lógica da opção do direito alemão pelo *Territorialitätsgrundsatz*, que substituiu a *Verfahrenstheorie* para a determinação da nacionalidade da própria sentença arbitral. Para mais detalhes: *Adolphsen*, Münchener Kommentar zur Zivilprozessordnung, vol. 3 (4a ed. 2013), p. 557. Também *Rosenberg/Schwab/Gottwald*, Zivilprozessrecht (17a ed. 2010), p. 1068, *Schlosser*, Kommentar zur Zivilprozessordnung (Stein/Jonas), vol. 10 (23a ed. 2014), p. 525 e *Darwazeh*, Article V (1), in: Kronke/Nacimiento (eds), Recognition and enforcement of foreign arbitral awards: a global commentary on the New York Convention (2010), p. 319.
52. Sobre este problema: *Niehaber*, Die Anerkennung und Vollstreckung im Sitzstaat aufgehobener Schiedssprüche (2003), p. 18.
53. Para mais detalhes sobre o problema do *parallel entitlement*, confira-se o próximo item.
54. „Die Aufhebung sei ohne weiteres für die deutschen staatlichen Gerichte verbindlich, denn die Aufhebung richte sich ganz nach fremdem Recht" (*Lachmann*, Handbuch für die Schiedsgerichtspraxis (3a ed. 2008), p. 626).
55. Por exemplo: *Boor*, Der aufgehobene ausländische Schiedsspruch als 'rechtliches nullum': Eine kritische Analyse auf der Grundlage des Vefassungs- und Völkerrechts (2016), p. 251, *Lachmann*, Handbuch für die Schiedsgerichtspraxis (3a ed. 2008), p. 626, *Schlosser*, Kommentar zur Zivilprozessordnung (Stein/Jonas), vol. 10 (23a ed. 2014), p. 525, *Schütze*, Schiedsgericht und Schiedsverfahren (6a ed. 2016), p. 171, *Zöller*, Zivilprozessordnung: Kommentar (30a ed. 2013), p. 267, e *Steger*, Die Präklusion von Versagungsgründen bei der Vollstreckung ausländischer Schiedssprüche (2015), p. 279.
56. Em contraposição à Anerkennungsfähigskeit (suscetibilidade de homologação).
57. *Schwab/Walter*, Schiedsgerichtbarkeit (7a ed. 2005), p. 467.

uma das causas de recusa do reconhecimento (*Versagungsgründe für die Anerkennung*), esta anulação torna-se sem efeito na Alemanha[58]. A questão, assim, coloca-se em termos de eficácia interna (na Alemanha) da sentença judicial anulatória estrangeira, não de sua validade intrínseca à luz do direito aplicável na sede. Ineficaz a anulação, a sentença arbitral pode vir a ser homologada seguindo as regras normais – como se anulação não tivesse havido[59].

Esta questão, infelizmente, não foi ainda decidida em caráter definitivo pelo *Bundesgerichtshof* (BGH), embora existam decisões em ambos os sentidos dos tribunais locais[60]. Em acórdão de 2013, com efeito, o BGH entendeu desnecessária (*nicht klärungsbedürftig*), naquele momento, a solução definitiva desta controvérsia (i.e., sobre a incidência do § 328 ZPO para o reconhecimento, em caráter incidental, dos efeitos das sentenças judiciais estrangeiras que anulam a sentença arbitral na sede). O BGH reconheceu em *dictum*, no entanto, ainda majoritária a opinião tradicional[61]. Aliás, este argumento – a *Anerkennungsunfähigskeit* (insuscetibilidade de homologação[62]) da sentença anulatória – foi justamente o fundamento que se valeu a Justiça holandesa no famoso caso Yukos para julgar procedente a homologação[63]-[64].

O resultado prático da aplicação desta teoria desenvolvida na Alemanha – homologação da sentença arbitral estrangeira, a despeito da sua anulação na sede, com fundamento no não-reconhecimento incidental da sentença anulatória em razão, por exemplo, da violação da ordem pública alemã (processual ou

---

58. *Schütze*, Die Bedeutung eines ausländischen Urteils über die Wirksamkeit eines Schiedsspruchs für dessen Exequierung im Inland, in: Jahrbuch für die Praxis der Schiedsgerichtsbarkeit, vol. 3 (1989), 121.
59. Embora existam autores alemães que sustentam a possibilidade de reconhecimento a despeito da anulação com fundamento na interpretação do verbo modal *"may"* empregado no texto da Convenção. Por exemplo: *Niehaber*, Die Anerkennung und Vollstreckung im Sitzstaat aufgehobener Schiedssprüche (2003), p. 320.
60. Para um panorama geral da jurisprudência alemã atual: *Solomon*, Interpretation and Application of the New York Convention in Germany, in: *Bermann* (ed), Recognition and Enforcement of Foreign Arbitral Awards: The Interpretation and Application of the New York Convention by National Courts (2017), p. 329.
61. „Zwar ist umstritten, ob die Regelung über die Anerkennung ausländischer Urteile in § 328 Abs. 1 ZPO auf Entscheidungen ausländischer Gerichte, durch die ein Schiedsspruch aufgehoben worden ist, Anwendung findet, das heißt, ob das über die Anerkennung des Schiedsspruchs befindende Gericht inzidenter zu prüfen hat, ob dem aufhebenden Urteil in einem Verfahren nach § 328 ZPO die Anerkennung zu versagen wäre" (Beschluss des III. Zivilsenats vom 23.4.2013 – III ZB 59/12).
62. Em contraposição à Anerkennungsfähigskeit (suscetibilidade de homologação).
63 "Indien de vonnissen van de Russische burgerlijke rechter tot vernietiging van de arbitrale vonnissen in Nederland niet kunnen worden erkend, heeft te gelden dat bij de beoordeling van het verzoek tot verlenen van verlof tot tenuitvoerlegging van de arbitrale vonnissen geen rekening wordt gehouden met de vonnissen tot vernietiging van die arbitrale vonnissen" (Gerechtshof Amsterdam – decisão de 28-04-2009).
64. Para uma descrição detalhada deste caso e suas ramificações: *Velden*, Finality in litigation: the law and practice of preclusion – Res judicata (merger and estoppel), abuse of process and recognition of foreign judgments (2017), p. 428. Sobre a jurisprudência holandesa sobre o problema da homologação de sentenças arbitrais anuladas na sede: *Schlosser*, Kommentar zur Zivilprozessordnung (Stein/Jonas), vol. 10 (23a ed. 2014), p. 525.

material)[65] - não deixa de ser o mesmo, em linhas gerais, daquele a que chegam as cortes americanas e inglesas ao combinar os conceitos de *discretion* e de *natural justice* ou *basic notions of justice*[66]. Mas a solução alemã, como já se disse, parece mais compatível com a maneira de pensar do direito brasileiro.

5. O PROBLEMA DA HOMOLOGABILIDADE AUTÔNOMA DE "AWARD JUDGMENTS"

Questão que recebeu da doutrina brasileira menor atenção, conexa embora àquela da homologação de sentenças arbitrais anuladas na sede, ainda que com ela não se confunda, é a relativa à possibilidade de homologação de uma sentença *judicial* estrangeira que confirma uma sentença *arbitral* estrangeira (espécie de *award judgment*[67]). Pense-se no recente caso Abengoa[68]-[69]. Nos Estados Unidos, jurisdição da sede da arbitragem, pediu-se o *declaratory relief* de que a sentença arbitral não poderia ser reconhecida e executada no país. Este pedido foi indeferido[70]. Poderia o interessado requerer no Brasil a homologação desta sentença judicial norte-americana, e pretender com fundamento nela a execução da sentença arbitral *confirmada* na sede?

O problema torna-se especialmente relevante nas jurisdições em que se reconhece a assim chamada *doctrine of merger*, de acordo com a qual a sentença arbitral *funde-se* com a decisão judicial que a confirma[71]. Com isso se quer

65. A violação da ordem pública encaixa-se nas hipóteses de recusa da homologação de sentenças judiciais estrangeiras conforme § 328 (4) ZPO.
66. Esta convergência é visível, por exemplo, quando se lê o tentative draft no. 2 do Restatement (Third) US Law of International Commercial Arbitration. Lembre-se que, na tradição americana, estes restatements não se propõem apenas a descrever o direito como ele é, mas também, ainda que sem exageros, de induzi-lo a caminhar em certa direção. Seu §4 - 16, com efeito, estipula que "even if a Convention award has been set aside by a competent authority, a court of the United States may confirm, recognize, or enforce the award if the judgment setting it aside is not entitled to recognition under the principles governing the recognition of judgments in the court where such relief is sought, or in other extraordinary circumstances". Ao *entitle to recognition* alemão soma-se o recurso à *discretion* típico da tradição do common law com a alusão final a "or in other extraordinary circumstances".
67. "The ancillary nature of award judgments means that they relate to, and depend on, the prior adjudication in the award. They do not decide afresh the merits of the underlying dispute put before the arbitrators. Rather, award judgments focus on the validity of the award and its effects in the forum" (*Scherer*, Effects of foreign judgments relating to international arbitral awards: is the 'judgment route' the wrong way, Journal of International Dispute Settlement 4 (3) (2013), p. 606).
68. SEC 9.412/EX, Rel. Ministro FELIX FISCHER, Rel. p/ Acórdão Ministro JOÃO OTÁVIO DE NORONHA, CORTE ESPECIAL, julgado em 19/04/2017, DJe 30/05/2017.
69. Em que atuou o escritório Sergio Bermudes, do qual o autor deste artigo é sócio.
70. A decisão de 1o grau (judge Rakoff), que negou o pedido de declaração, foi confirmada pelo Court of Appeals for the Second Circuit (Adriano Ometto Agricola Ltda v. ASA Bioenergy Holding, Abengoa Bioenergia & other Abengoa affiliates).
71. Para mais detalhes, por exemplo: *Mosk/Nelson*, The Effects of Confirming and Vacating an International Arbitration Award on Enforcement in Foreign Jurisdictions, Journal of International Arbitration 18 (2001), p. 466. Em relação especificamente ao direito inglês: *Velden*, Finality in litigation: the law and practice of

dizer que com esta fusão (*merger*) a sentença arbitral deixaria de poder ser homologada autonomamente? O interessado poderia escolher qual das duas homologar (*parallel entitlement*)? Ou só poderia pedir a homologação da sentença arbitral, sendo irrelevantes para o país em que se pede a homologação as conclusões do Judiciário da sede sobre a validade da sentença arbitral?

Estas questões são de enorme interesse prático exatamente porque, admitindo-se a possibilidade de homologação da sentença judicial confirmatória, apenas dela ou também dela, e posterior execução de seu conteúdo *fundido* ao da sentença arbitral que ela confirmou, ocorreria que *"the control by the enforcing court is limited to the jurisdiction of the foreign court (not the arbitral tribunal), the proceedings in the foreign country (not the arbitration proceedings) and any possible violation of public policy by the judgment (not by the award)"*[72]. Como ilustra mais uma vez o caso Abengoa, o seu resultado final poderia ter sido diferente se o Superior Tribunal de Justiça fosse chamado a decidir sobre a delibação da sentença judicial e de *seus requisitos* (entre eles a imparcialidade dos juízes), não da sentença arbitral e dos requisitos dela (entre eles a imparcialidades dos árbitros). Em outras palavras, *"by divorcing the foreign judgment from the award that it confirms, the parallel entitlements approach may lead to the counterintuitive result of allowing plaintiffs to satisfy awards under state law that would otherwise be unenforceable under the New York Convention"*[73].

Mesmo sem *merger*, de todo modo, a homologação da sentença judicial confirmatória poderia levar o interessado a arguir a vinculação da Justiça brasileira à coisa julgada material – inclusive sobre questões prejudiciais – formada na demanda em que se decidiu na sede pela confirmação da sentença arbitral. Por consequência, a delibação posterior da sentença arbitral perderia todo sentido prático porque ela acabaria por ser internalizada *pegando carona* na homologação da sentença judicial que a teria confirmado e escapando assim ao controle efetivo da Justiça brasileira[74].

A possibilidade de homologação da sentença judicial estrangeira confirmatória, em síntese, acabaria por comprometer o poder-dever do Superior Tribunal

---

preclusion – Res judicata (merger and estoppel), abuse of process and recognition of foreign judgments (2017), p. 29. Ainda *Roth*, Recognition by Circumvention: Enforcing Foreign Arbitral Awards as Judgments under the Parallel Entitlements Approach, Cornell Law Review 92 (2007), p. 581.

72. *Scherer*, Effects of foreign judgments relating to international arbitral awards: is the 'judgment route' the wrong way, Journal of International Dispute Settlement 4 (3) (2013), p. 613.

73. *Roth*, ibidem, p. 581.

74. Em sentido contrário: "On balance, I find the objections to allowing award-creditor to elect between an award enforcement and a judgment enforcement route to be overstated. No solid reason has been given for denying a party the privilege of choosing between enforcing a foreign award qua award, on the one hand, and enforcing a judgement of the arbitral situs confirming the award, qua judgment, on the other" (*Bermann*, International Arbitration and Private International Law (2017), p. 625).

de Justiça de controlar efetivamente a homologabilidade da própria sentença arbitral, protegida pelo biombo da sentença judicial que a tenha confirmado no estrangeiro. Como observa Scherer, *"this leaves the enforcing court in the awkward position of not being able to control the most basic tenets of international arbitration, such as the validity of the arbitral tribunal, and having to leave those issues to the exclusive control of the foreign court"* [75]. Uma solução evidentemente contrária à noção de soberania nacional e ao próprio espírito da Convenção de Nova York.

Superando um precedente de 1984, o BGH alemão, em 2009, desenvolvendo o fundamento da inadmissibilidade do *Doppelexequatur* (duplo *exequatur*) de sentenças arbitrais, decidiu pela irrelevância, para a homologação e execução de sentenças arbitrais estrangeiras no país, daquilo que cortes estrangeiras (inclusive da sede e mesmo onde aplicável a *doctrine of merger*) decidiram sobre a sua validade. Estas decisões judiciais, em outras palavras, produziriam efeitos apenas no país em que prolatadas, sem que possam vir a ser reconhecidas e executadas na Alemanha[76]. O determinante para a homologação da sentença arbitral é, assim, exclusivamente, a sua conformidade à ordem pública e aos demais requisitos de homologabilidade exigidos pelo país em que o reconhecimento é requerido, independentemente do que tenham dito as cortes da sede e independentemente também da homologabilidade *per se* da sentença judicial confirmatória: *"Hierauf hätte allerdings der Urteilsstaat keinerlei Einfluss, weil hierfür allein der ordre public des Anerkennungsstaates maßgeblich wäre"*[77]. Esta solução parece a mais acertada também para o Brasil.

Faça-se apenas o registro da opinião sustentada por Christian Steger em sua tese de doutorado, recentemente publicada (2015). Para ele, embora não se deva admitir a existência de preclusão em sentido estrito (*Präklusion im eingentlichen Sinne*) entre o decidido sobre a validade da sentença arbitral na sede e o processo de homologação na Alemanha, ao menos *de lege lata*, seria mesmo assim possível admitir a ocorrência de preclusão em alguns casos (mas apena quando *ativo* o comportamento da parte contra quem se pretende fazer incidir a preclusão) com fundamento na violação da boa-fé objetiva (*"Präklusion bei einem Verstoß gegen Treu und Glauben"*)[78].

---

75. Scherer, ibidem, p. 615.
76. "Letztendlich will die Exequaturentscheidung des Erststaates, auch wenn sie der doctrine of merger folgt, wie jede andere Exequaturentscheidung nur eine territorial begrenzte Wirkung entfalten, nämlich für das Gebiet des Staates, für den sie den Schiedsspruch für vollstreckbar erklärt oder in einem eigenen Titel umsetzt. Diese Entscheidung ist aber schon ihrem Inhalt nach nicht geeignet, in einem anderen Staat für vollstreckbar erklärt zu werden (MünchKomm- ZPO/Gottwald, aaO § 722 Rn. 23; Dolinar in Festschrift für Schütze aaO S. 187, 193 ff, 203)" (BGH Urteil des IX. Zivilsenats vom 2.7.2009 - IX ZR 152/06).
77. "...o Estado da sentença não teria, no entanto, qualquer influência, porque determinante seria apenas a ordem pública do Estado do reconhecimento" (BGH Urteil des IX. Zivilsenats vom 2.7.2009 - IX ZR 152/06).
78. „Ein Verstoß gegen Treu und Glauben kann im Anerkennungs- und Vollstreckbarerklärungsverfahren eines Schiedsspruchs dazu führen, dass eine Partei mit Versagungsgründen präkludiert wird. Nach Erlass eines

6. APLICAÇÃO DESTAS IDEIAS NO DIREITO BRASILEIRO

Entendeu o Superior Tribunal de Justiça, no caso EDF, que *"o procedimento homologatório não acrescenta eficácia à sentença estrangeira, arbitral ou não, mas somente libera a eficácia nela contida, internalizando seus efeitos em nosso País, não servindo, pois, a homologação de sentença para retirar vícios ou dar interpretação diversa à decisão do Estado estrangeiro"*. A esta opinião, tradicional no direito brasileiro, é possível contrapor-se outra, segundo a qual a homologação serviria para *atribuir* eficácia, *suo iure*, à sentença estrangeira[79]. São teses contrapostas, mas que, em termos práticos, podem conduzir ao mesmo resultado: a sentença estrangeira não deve ser homologada, porque a) ela teria perdido sua eficácia quando de sua anulação na sede, e aí não haveria nada a importar (segundo a lógica da opinião tradicional); ou porque b) o direito brasileiro não poderia atribuir-lhe eficácia em razão de sua anulação – em um exercício de autocontenção de seu poder de dar efeito à sentença arbitral estrangeira (segundo a lógica da opinião alternativa).

Nestes dois casos, de todo modo, é possível aplicar a lógica alemã para explicar a possibilidade de reconhecimento no Brasil de sentenças arbitrais anuladas na sede: a) se a sentença anulatória não pode ser reconhecida no Brasil, porque viola, por exemplo, a ordem pública nacional, a sentença arbitral não terá perdido sua eficácia *aos olhos* do ordenamento jurídico brasileiro, razão pela qual ela pode ser regularmente internalizada mediante o processo de homologação (segundo a lógica da opinião tradicional); ou b) a impossibilidade de reconhecimento no Brasil da sentença anulatória fará com que não exista empecilho legal a que o ordenamento jurídico atribua eficácia jurídica à sentença arbitral estrangeira (segundo a lógica da opinião alternativa).

A chave, em síntese, será sempre o reconhecimento *incidental*, no processo de homologação da sentença arbitral estrangeira, de que a sentença anulatória proferida na sede é *anerkennungsunfähig* (i.e., insuscetível de homologação ela própria), o que faz com que, aos olhos do ordenamento jurídico brasileiro, não exista a causa jurídica (a anulação na sede) que serviria de fundamento para a

---

Schiedsspruchs kann ein aktives Verfahren einer Partei, dass der anderen Partei gegenüber zum Ausdruck gebracht worden ist, eine Treuwidrig begründen, wenn die andere Partei auf dieses Verhalten in vernünftiger Weise vertrauen durfte, wobei das vernünftige Vertrauen anhand eines objektiven Horizonts zu bestimmen ist. Setzt die eine Partei sich nun Widerspruch zu ihrem ursprünglichen Verhalten, kann darin ein Verstoß gegen Treue und Glauben liegen" *Steger*, Die Präklusion von Versagungsgründen bei der Vollstreckung ausländischer Schiedssprüche (2015), p. 279.

79. "Vale observar, a esta altura, que em doutrina se defrontam duas concepções diversas do reconhecimento: a primeira o vê como extensão dos efeitos da sentença ao território de outro Estado ('importação de eficácia'); a segunda, como atribuição à sentença de efeitos iguais ao que surtiria julgado nacional de conteúdo idêntico" (*Barbosa Moreira*, Comentários ao Código de Processo Civil, vol. 6 (15a ed. 2010), p. 63.

recusa da homologação da sentença arbitral. A homologabilidade da sentença anulatória torna-se assim uma questão prejudicial para o julgamento da homologação da sentença arbitral[80]. A decisão na sede que *confirma* a validade da sentença arbitral, ademais, não poderá ser autonomamente reconhecida, nem a maneira com que ela resolver as questões relevantes para a apuração da validade deverá vinculará os juízes brasileiros em processos futuros.

O desafio, na esteira do que defendeu Daniel Levy[81], é distinguir o *uso* do *abuso*. É necessário, em outras palavras, enfrentar o abuso (anulações abusivas na sede) sem comprometer o uso (em regra, a anulação na sede deve mesmo impossibilitar a homologação em outro país). Defender a regra, sem permitir a exceção, como fez o Superior Tribunal de Justiça, é tão equivocado quanto fazer da exceção a regra, e desmoralizar assim a arquitetura de controle estabelecida pela Convenção de Nova York.

7. BIBLIOGRAFIA

Abboud, Onde a discricionariedade começa, o direito termina: comentário ao voto proferido por Alexandre Freitas Câmara sobre penhora on-line, Revista de Processo 251 (2016).

Adolphsen, Münchener Kommentar zur Zivilprozessordnung, vol. 3 (4a ed. 2013).

Almeida, Interpretação da Convenção de Nova Yorque: o problema da discricionariedade no reconhecimento e execução de sentença arbitral estrangeira, Revista de Arbitragem e Mediação 48 (2016).

Andrews, Neil. On civil processes, vol. II (2013).

Arruda Alvim, Teresa. Existe a "discricionariedade" judicial?, Revista de Processo 70 (1993).

Barbosa Moreira, José Carlos. Comentários ao Código de Processo Civil, vol. 5 (17a ed. 2010)

Barros, Vera. Os artigos V e VII da Convenção de Nova Yorque e a homologação de sentença arbitral estrangeira anulada, in: Estudos de direito internacional, vol. 20 (2010).

Bedaque, Discricionariedade judicial, Revista Forense 354 (2001).

Bellocchi, Márcio. A fundamentação das decisões judiciais e sua natureza (não) discricionária, Revista de Processo 268 (2017).

80. Esta solução, embora não exatamente com os mesmos contornos, foi defendida por *Abbud*, Homologação de sentenças arbitrais estrangeiras (2008), p. 183, (*Casella/Gruenbaum*, homologação de sentença arbitral estrangeira anulada, Revista de Arbitragem e Mediação 9 (2006), p. 249.

81. « En rendant plus flexibles les conceptions de l'arbitrage international, la doctrine de l'abus de droit le fortifiera, évitant que la rigidité de ses constructions ne le fragilise » (*Levy*, Les abus de l'arbitrage commercial international (2015), p. 39).

Bermann, George. International Arbitration and Private International Law (2017).

Boisséson/Bernini. A homologação de sentença arbitral estrangeira anulada no país de origem: o caso EDF International (SEC 5.872/ex) e a jurisprudência francesa, Revista de Arbitragem e Mediação 50 (2016).

Bonato/Madeira. Homologação de sentença arbitral estrangeira anulada na origem: uma análise do caso EDF International S/A x Endesa Latinoamericana S/A e YPF S/A no sistema brasileiro e no direito comparado, Revista Brasileira de Arbitragem 55 (2017).

Boor, Felix. Der aufgehobene ausländische Schiedsspruch als 'rechtliches nullum': Eine kritische Analyse auf der Grundlage des Vefassungs- und Völkerrechts (2016).

Born, Gary. International comercial arbitration, vol. III (2a ed. 2014).

Cahali, Francisco. Curso de arbitragem, mediação e conciliação (2001).

Campos Melo/Robalinho, Brazil refuses recognition of na ICC Award set aside in Argentina, texto publicado em 8.3.16 no blog do CBAr.

Carmona, Carlos Alberto. Arbitragem e Processo (3a ed. 2009).

Carter/Fellas. International comercial arbitration in New York (2010).

Casella/Gruenbaum. homologação de sentença arbitral estrangeira anulada, Revista de Arbitragem e Mediação 9 (2006).

Chaaban, Rana. La reconnaissance des sentences arbitrales annulées dans le pays du siège: émergence d`un ordre juridique arbitral?: in L'arbitrage détaché des lois étatiques (2012).

Correia Filho, Antonio Carlos. The theories of international arbitration and related practical issues: the Brazilian approach (particularly the recent leading case on recognition of annulled awards) vis- à-vis the "delocalization trend"), Revista Brasileira de Arbitragem 52 (2016).

Cretella Neto, José. Comentários à lei de arbitragem brasileira (2a ed. 2007).

Darwazeh, Nadia. Article V (1), in: Kronke/Nacimiento (eds), Recognition and enforcement of foreign arbitral awards: a global commentary on the New York Convention (2010).

Ernemann, Andreas. Zur Anerkennung und Vollstreckung ausländischer Schiedssprüche nach § 1044 ZPO (1979).

Gaillard, Emmanuel. Aspects philosophiques du droit de l'arbitrage international (2008).

Gama Jr., Lauro. Metamorfose (do bem): teoria e prática da homologação de sentenças arbitrais estrangeiras no Superior Tribunal de Justiça, Revista de Direito da Associação dos Procuradores do Novo Estado do Rio de Janeiro 18 (2006).

Kreindler/Wolff/Rieder. Arbitration in Germany (2016).

Lachmann, Jens-Peter. Handbuch für die Schiedsgerichtspraxis (3a ed. 2008).

Lemes, Selma. O Superior Tribunal de Justiça - STJ e o reconhecimento de sentença arbitral estrangeira à luz da Convenção de Nova Yorque de 1958, Revista Vasca de Derecho Procesal y Arbitraje, v. 1 (2007).

Levy, Daniel. Les abus de l'arbitrage commercial international (2015).

Merkin/Flannery. Arbitration Act 1996 (5a ed. 2014).

Mosk/Nelson. The Effects of Confirming and Vacating an International Arbitration Award on Enforcement in Foreign Jurisdictions, Journal of International Arbitration 18 (2001).

Münch, Joachim. Münchener Kommentar zur Zivilprozessordnung, vol. 3 (2013).

Niehaber, Volker. Die Anerkennung und Vollstreckung im Sitzstaat aufgehobener Schiedssprüche (2003).

Northfleet, Ellen Gracie. Homologação de sentença estrangeira contestada 5.782 (legal opinion), Revista de Arbitragem e Mediação 35 (2012).

Olavo Baptista, Luiz. Sentença Arbitral Declarada Nula no Local Onde Proferida (parecer), Revista Brasileira de Arbitragem 37 (2013).

Park, William. Duty and Discretion in International Arbitration, The American Journal of International Law 93 (1999).

Paulsson, Jan. Delocalisation of international Commercial Arbitration: When and why it matters, The International and Comparative Law Quarterly 32 (1983).

Petrochilos, Georgios. Enforcing Awards Annulled in Their State of Origin under the New York Convention, The International and Comparative Law Quarterly 48 (1999).

Recena Costa, Guilherme. Caso EDF International (Sentença Estrangeira Contestada No 5.782): Decisão Correta, Precedente Equivocado, texto publicado em 31.3.16 no blog do CBAr.

Redfern/Hunter. On international arbitration (2009).

Reisman, Michael. Systems of control in international adjudication and arbitration (1992).

Rezek, Francisco. Perspectivas da sentença arbitral anulada em foro judiciário, Revista de Arbitragem e Mediação 50 (2016).

Rosenberg/Schwab/Gottwald. Zivilprozessrecht (17a ed. 2010).

Roth, Martin. Recognition by Circumvention: Enforcing Foreign Arbitral Awards as Judgments under the Parallel Entitlements Approach, Cornell Law Review 92 (2007).

Scherer, Maxi. Effects of foreign judgments relating to international arbitral awards: is the 'judgment route' the wrong way, Journal of International Dispute Settlement 4 (3) (2013).

Schlosser, Peter. Kommentar zur Zivilprozessordnung (Stein/Jonas), vol. 10 (23a ed. 2014).

Schütze, Rolf. Die Bedeutung eines ausländischen Urteils über die Wirksamkeit eines Schiedsspruchs für dessen Exequierung im Inland, in: Jahrbuch für die Praxis der Schiedsgerichtsbarkeit, vol. 3 (1989).

_________. Schiedsgericht und Schiedsverfahren (6a ed. 2016).

Schwab/Walter. Schiedsgerichtbarkeit (7a ed. 2005).

Solomon, Dennis. Interpretation and Application of the New York Convention in Germany, in: *Bermann* (ed), Recognition and Enforcement of Foreign Arbitral Awards: The Interpretation and Application of the New York Convention by National Courts (2017).

Steger, Christian. Die Präklusion von Versagungsgründen bei der Vollstreckung ausländischer Schiedssprüche (2015).

Velden, Jacob. Finality in litigation: the law and practice of preclusion – Res judicata (merger and estoppel), abuse of process and recognition of foreign judgments (2017).

Wald, Arnoldo. Homologação de sentença arbitral estrangeira anulada pela Justiça local no país da sede da arbitragem, in: Arbitragem: Temas contemporâneos (Lemes/Balbino).

Weinacht, Felix. Die Vollstreckung ausländischer Schiedssprüche nach ihrer Annullierung im Herkunftstaat, ZVglRWiss 98 (1999).

Zöller, Richard. Zivilprozessordnung: Kommentar (30a ed. 2013).

CAPÍTULO 26

O Direito Processual Civil Internacional no Código de Processo Civil Português de 2013

Rui Manuel Moura Ramos

SUMÁRIO: 1. INTRODUÇÃO; 2. PONTO DE SITUAÇÃO; 3. A COMPETÊNCIA INTERNACIONAL; 3.1. A REGRA SOBRE A COMPETÊNCIA INTERNACIONAL; 3.2. OS FACTORES ATRIBUTIVOS DE COMPETENCIA INTERNACIONAL AOS TRIBUNAIS PORTUGUESES; 3.3. A COMPETENCIA EXCLUSIVA DOS TRIBUNAIS PORTUGUESES; 4. O RECONHECIMENTO DE SENTENÇAS ESTRANGEIRAS; 4.1. OS TERMOS DA REFORMA; 4.2. APRECIAÇÃO; 5. CONCLUSÕES.

1. INTRODUÇÃO

Em 1 de Setembro de 2013[1] entrou em vigor na ordem jurídica portuguesa um novo Código de Processo Civil, aprovado pela Lei n.º 41/2013, de 26 de Junho[2], e que, revogando expressamente o Decreto-Lei n.º 44.129, de 28 de Dezembro de 1961[3], substitui assim o diploma que, apesar de sucessiva[4] e profundamente alterado ao longo do último meio século, se mantivera como o texto fundamental da nossa ordenação processual civil. Tal como sucedia com este último diploma e com os que o antecederam[5], o novo Código ocupa-se igualmente das questões de direito processual civil internacional, designadamente das matérias da competência internacional e do reconhecimento das sentenças estrangeiras. É o sentido das novas disposições que iremos analisar nas breves considerações que se seguem, e que se destinam a averiguar em que

1 Artigo 8.º da Lei n.º 41/2013, de 26 de Junho.

2. Cfr. o respectivo artigo 1.º.

3. Cfr. o artigo 4.º, alínea a), da lei referida na nota 1. O diploma mencionado em texto dispunha, no seu artigo 3.º, que "Todas as modificações que de futuro se façam sobre matéria contida no Código de Processo Civil serão inscritas no lugar próprio deste diploma, mediante a substituição dos artigos alterados, a supressão das disposições que devam ser eliminadas ou o adicionamento dos preceitos que se mostrem necessários".

4. Desde logo a partir do Decreto-Lei n.º 47.690, de 11 de Maio de 1967, publicado, como se recordará, na sequência da entrada em vigor do Código Civil de 1966.

5. Vejam-se os artigos 61.º, 65.º, 99.º e 100.º, e 1094.º a 1102.º do Código de 1961, 62.º, 65.º, 99.º e 100.º, e 1100.º-1106.º do Código de 1939 (aprovado pelo decreto-lei n.º 29.637, de 28 de Maio desse ano), e 1087.º a 1091.º do Código de 1876.

medida o nosso legislador terá reflectido de novo (e, no caso afirmativo, em que termos), sobre estas matérias, que não têm deixado de ocupar nos tempos mais recentes, quer os seus homólogos estrangeiros, quer as organizações internacionais, quer a doutrina, tendo aliás vindo a ser objecto de significativos desenvolvimentos.

A circunstância de o texto a este propósito contido no Código agora revogado ter entretanto sofrido algumas reformas e de nós nos termos já debruçado sobre uma delas[6] leva a que tomemos como ponto de referência das nossas considerações não o estado do direito consagrado em 1961 mas antes aquele que resultou dessa outra reforma[7], momento em que aliás o legislador reflectiu de algum modo sobre esta questão, procurando aperfeiçoar o direito pátrio e alinhá-lo de certo modo com algumas importantes evoluções do direito convencional nesta matéria. É pois basicamente ao sistema que entre nós se consagrou com a reforma de 1995/1996, e que vigorou a partir de 1 de Janeiro de 1997, que nos iremos referir como *tertium comparationis*, o que também se compreende pela circunstância de as alterações nele introduzidas posteriormente a esta data[8] não terem afectado grandemente a estrutura que naquela altura ele havia assumido.

2. PONTO DE SITUAÇÃO

Começaremos por esclarecer, em breves palavras, o ponto de partida em que se colocou o nosso legislador. Resulta claro, a este propósito, que ele se situou abertamente no quadro de uma reforma do processo civil, em que as questões da disciplina das relações plurilocalizadas não podem deixar de ter lugar sem que constituam porém o ponto essencial da reflexão empreendida. Daí que a perspectiva seguida o tenha levado a não questionar o próprio lugar ocupado pelas matérias tratadas, que continuam a preencher no nosso ordenamento processual o mesmo espaço que entre nós tradicionalmente[9] tem sido o seu.

Não se ignora que distinta tem sido a opção recentemente tomada por alguns direitos estrangeiros. Deste modo, e na esteira de um posicionamento doutrinal que tem afirmado a conveniência de um tratamento integrado das

6. Falamos da resultante dos Decretos-lei n.º 329-A/95, de 12 de Dezembro, e 180/96, de 25 de Setembro, que comentámos em «A Reforma do Direito Processual Civil Internacional», Ano 130.º, *Revista de Legislação e de Jurisprudência* (1997-1998), N.ºs 3879 a 3881, respectivamente p. 162-168, 199-201, e 231-239.
7. A mencionada na nota anterior.
8. E que se ficaram a dever, como veremos, sobretudo ao Decreto-Lei n.º 38/2003, de 8 de Março, e à Lei n.º 52/2008, de 28 de Agosto.
9. Desde 1876, como resulta do que referimos *supra*, na nota 5.

questões de competência internacional, de determinação do direito aplicável e de reconhecimento das sentenças estrangeiras[10], um certo número de Estados têm inserido estas matérias em códigos ou leis especiais de direito internacional privado, assim sublinhando a unidade de sentido reconhecida aos problemas de competência jurisdicional e de competência legislativa. Foi o que aconteceu em primeiro lugar com a Lei federal suíça sobre o direito internacional privado, de 18 de Setembro de 1987[11], e, para falarmos só da Europa[12], com

---

10. A este propósito, cfr. em particular a construção de Paolo Picone sobre a referência ao ordenamento competente, desenvolvida em vários dos seus trabalhos (essencialmente em «La méthode de la référence à l'ordre juridique compétent en droit international privé», 197 *Recueil des Cours* (1986-II), p. 231-419, *Ordinamento Competente e Diritto Internazionale Privato*, Padova, 1986, Cedam, «Les méthodes de coordination entre ordres juridiques en droit international privé. Cours général de droit international privé», 276 *Recueil des Cours* (1999), p. 11-296 (119-142), *La Riforma Italiana del Diritto Internazionale Privato*, Padova, 1998, Cedam, p. 3-53 e 477-514, e «Diritto internazionale privato comunitario e pluralità dei metodi di coordinamento tra ordinamenti», *in Diritto Internazionale Privato e Diritto Comunitário* (a cura di Paolo Picone), Padova, 2004, Cedam, p. 485-525), e entre nós, Lima Pinheiro, «A triangularidade do direito internacional privado - Ensaio sobre a articulação entre o Direito de Conflitos, o Direito da Competência Internacional e o Direito de Reconhecimento», *in Estudos em Homenagem à Professora Doutora Isabel de Magalhães Collaço*, v. I, Coimbra, 2002, Almedina, p. 311-378.
11. Que, após incluir, nas disposições comuns, regras sobre a competência, nas relações internacionais, das autoridades judiciais e administrativas suíças (artigos 2 a 12) trata em seguida do direito aplicável (artigos 13 a 18) e do reconhecimento e execução de decisões estrangeiras (artigos 23 a 30), para adoptar depois esta mesma metodologia nas distintas matérias incluídas nos dez capítulos (pessoas físicas, direito do casamento, filiação, tutela e demais medidas de protecção, direito sucessório, direitos reais, direito das obrigações, direito das sociedades, falência e concordata, e arbitragem internacional) que compõem o que poderíamos chamar de "parte especial". Sobre esta lei, cfr. *Message concernant une loi fédérale sur le droit international privé (loi de DIP)*, de 10 de Novembro de 1982, Patocchi & Geisinger, *Code de Droit International Privé Suisse Annoté*, Lausanne, 1995, Éditions Payot, Bernard Dutoit, *Commentaire de la loi fédérale du 18 décembre 1987*, Troisième édition revue et augmentée, Bâle, 2001, Helbing & Lichtenhahn, e o *Zurcher Kommentar zum IPRG*, 2.erganzte und verbesserte Auflage, Zurich, 2004, Schulthess.
12. No continente americano podem salientar-se os casos do Peru, em que o Código Civil, de 24 de Julho de 1984, contém, no seu Livro X (Direito Internacional Privado), para além de disposições gerais (artigos 2046 a 2056) e de regras sobre a determinação da lei aplicável (artigos 2068 a 2101), a disciplina da competência jurisdicional (artigos 2057 a 2067) e do reconhecimento e da execução das sentenças judiciais estrangeiras (artigos 2102 a 2111), do Quebec, em que o Código Civil, de 18 de Dezembro de 1991, inclui, no seu Livro X (dedicado ao direito internacional privado), um título III, dobre a competência internacional das autoridades do Quebec (artigos 3134 a 3154) e um título IV sobre o reconhecimento e a execução das decisões estrangeiras e a competência das autoridades estrangeiras (artigos 3155 a 3168) [sobre esta lei, cfr. Patrick H. Glenn, «Codification of Private International Law in Quebec», *RabelsZ* 60 (1996), p. 231-268], da Venezuela, cuja Lei de direito internacional privado de 6 de Agosto de 1998, depois de regular as disposições gerais e as várias matérias (domicílio, pessoas, família, bens, obrigações, sucessões, forma e prova dos actos) da parte especial, disciplina ainda a jurisdição e a competência (artigos 39 a 52), a eficácia das sentenças estrangeiras (artigos artigos 53 a 55) e o procedimento (artigos 56 a 62); sobre esta lei, vejam-se Gonzalo Parra-Aranguren, «La loi vénézuélienne de 1998 sur le droit international privé», *Rev. crit. dr. internat. privé* 88 (1999), p. 209-226, os comentários doutrinais inseridos no vol. II de *Ley de Derecho Internacional Privado de 6 de Agosto de 1998 (Antecedentes, Comentarios, Jurisprudencia). Libro Homenaje a Gonzalo Parra-Aranguren*, Caracas, 2001, Tribunal Supremo de Justicia, p. 31-511, e, para os respectivos antecedentes, *ibidem*, v. I, p. 61-193, do Panamá, em que o Código de Direito Internacional Privado, aprobado pela Lei de 8 de Maio de 2014 (184 artigos) regula as questões de direito procesual civil internacional, de determinação da lei aplicável, da nacionalidade e da condição jurídica dos estrangeiros no Panamá, da República Dominicana, onde a Lei n.º 544-14, de direito internacional privado, de 15 de Outubro de 2014, regula em particular a competencia internacional, a determinação do direito

a lei romena n.º 105, de 22 de Setembro de 1992, sobre a regulamentação das relações de direito internacional privado[13], com a lei italiana, n.º 218, de 31 de Maio de 1995[14], de reforma do sistema italiano de direito internacional privado, com a lei eslovena sobre o direito internacional privado e o direito processual civil internacional, de 8 de Julho de 1999[15], com o Código belga de direito internacional privado, de 16 de Julho de 2004[16], o Código búlgaro de direito interna-

---

aplicável e o reconhecimento das decisões estrangeiras [sobre esta lei, cfr. J. C. Fernandez Rozas, «Le nouveau droit international privé de la République dominicaine», *Revue critique de droit international privé*, 104 (2015), p. 303-329], e da Argentina, onde o novo Código de Direito Civil e Comercial, adoptado pela lei n.º 27077, de 16 de Dezembro de 2014, se ocupa igualmente, para além da determinação da lei aplicável, das questões de competencia internacional e da cooperação internacional (cfr. Diego P. Fernandez Arroyo, «A new autonomous dimensión for the argentinian private international law system», 16 *Yearbook of Private International Law* (2014/2015), p. 411-428.

E em África, veja-se o Código de Direito Internacional Privado da Tunísia (aprovado pela lei n.º 98/97, de 27 de Novembro de 1998), que disciplina no seu título II a competencia internacional das autoridades tunisinas (artigos 3 a 10) e no título III o *exequatur* das sentenças estrangeiras (artigos 11 a 25), para só depois tratar da lei aplicável (artigos 26 a 76); sobre esta lei, cfr. Mohamed El Arbi Achem, «Le code tunisien de droit international privé», *Rev. crit. dr. internat. privé* 88 (1999), p. 227-244.

13. Além das regras relativas à determinação da lei aplicável às relações de direito internacional privado, esta lei contém, num capítulo XII (artigos 148 a 181) normas de processo nesta matéria, que se referem à competência jurisdicional, à lei aplicável ao processo, à condição do estrangeiro parte nesse processo, aos efeitos das sentenças estrangeiras, às transacções judiciárias e à arbitragem de direito internacional privado (sobre esta lei, cfr. Octavian Capatina, «Das neue roumanische Internationale Privatrecht», *RabelsZ* 58 (1994), p. 465-528.

O Código Civil romeno de 2011 (aprovado pela lei 287/2009) revogaria no entanto a parte desta lei relativa aos conflitos de leis, inserindo-a neste código (Livro VII – Disposições de Direito Internacional Privado, artigos 2557 a 2663). Ver Catalina Avasilensei, «La codification des conflits de lois dans le nouveau code civil roumain: une nouvelle forme en attente d'un contentieux?», *Rev. crit. dr. internat. privé* 101 (2012), p. 247-275, e Catalina Avasilensei/Luana Elena Piciarca, «Regard sur les conflits de juridictions dans le nouveau Code de procédure civile roumain», 103 *Rev. crit. DIP* (2014), p. 43-70.

14. Esta lei tem por objecto, nos termos do seu artigo 1, a determinação do âmbito da jurisdição italiana (título II – artigos 3 a 12), o estabelecimento dos critérios para a determinação do direito aplicável (título III – artigos 13 a 63) e a disciplina da eficácia das sentenças e actos estrangeiros (título III – artigos 6 a 70). Ver a propósito AAVV, *La Riforma del Sistema di Diritto Internazionale Privato e Processuale*, Milano, 1996, Giuffrè, Paolo Mengozzi, *La riforma del diritto internazionale privato italiano: la legge 31 maggio 1995, n. 218*, II edizione, Napoli, 1997, Editoriale Scientifica, Fausto Pocar (com la collaborazione di Costanza Honorati), *Il nuovo diritto internazionale privato italiano*, Milano, 1997, Giuffrè editore, e Paolo Picone, *La riforma italiana del diritto internazionale privato* (*cit. supra*, nota 10).

15. Para além do capítulo I, contendo as disposições gerais (artigos 1 a 12), e do capítulo II, sobre a lei aplicável (artigos 13 a 47), esta lei (cfr., para o respectivo texto, a *RabelsZ* 66 (2002), p. 748-776), contém um terceiro capítulo sobre a competência dos tribunais e de outras autoridades da República eslovena (artigos 48 a 93) e um quarto capítulo dedicado ao reconhecimento e execução de sentenças estrangeiras, quer judiciais (artigos 94 a 103), quer arbitrais (artigos 104 a 107), e onde se encontram ainda inseridas disposições (artigos 108 a 111) sobre o processo de reconhecimento e de execução. Para uma visão de conjunto, cfr. Miroslava Gec-Korosec, «Die Reform des slowenischen Internationalen Privat- und Verfahrensrechts und seine Anpassung an das Recht der Europaischen Union», *RabelsZ* 66 (2002), p. 748-776.

16. O Código regula (artigo 2), nas situações internacionais, e sob reserva da aplicação dos tratados internacionais e do direito da União europeia ou de disposições contidas em leis particulares, a competência das jurisdições belgas, a determinação do direito aplicável, e as condições de eficácia na Bélgica das decisões judiciais e actos autênticos estrangeiros em matéria civil e comercial. Sobre este texto, cfr. Jean-Yves Carlier, «Le Code belge de droit international privé», *Rev. crit. dr. internat. privé* 94 (2005), p. 11-45,

cional privado, de 4 de Abril de 2005[17], o Código turco de direito internacional privado e de processo civil internacional, de 27 de Novembro de 2007[18], a Lei de direito internacional privado da República Checa de 25 de Janeiro de 2012[19], e a Lei de direito internacional privado de Montenegro de 2014[20]. E se é verdade que se não pode falar, a este respeito, de um tendência linear, que se tenha imposto decisivamente[21], o certo é que o movimento a que nos referimos não

---

Stéphanie Francq, «Das belgische IPR-Gesetzbuch», *RabelsZ* 70 (2006), p. 235-278, e, para uma análise detalhada desta codificação, a obra colectiva (editada por J. Erauw, M. Fallon, E. Guldix, J. Meeussen, M. Pertegás, H. van Houtte, N. Watté e P. Wautelet) *Le Code de Droit International Privé Commenté*, Antwerpen/Oxford/Brussel, 2006, Intersentia/Bruylant.

17. Para além das disposições gerais, este Código [ver o texto na *RabelsZ* 71 (2007), p. 457-493] regula, após as disposições gerais (artigos 1 a 3), em três partes distintas, a competência internacional dos tribunais e outras autoridades búlgaras (artigos 4 a 38), o direito aplicável (artigos 39 a 116) e o reconhecimento e execução de sentenças estrangeiras (artigos 117 a 124). Cfr. as análises de Christa Jessel-Holst, «The Bulgarian Private International Law Code of 2005», 9 *Yearbook of Private International Law* (2007), p. 375-385, e Jordanka Zidarova/Vessela Stancela-Minceva, «Gesetzbuch uber das Internationale Privatrecht der Republick Bulgarien», *RabelsZ* 71 (2007), p. 398-456.
18. O Código é composto de duas partes, a primeira (artigos 1 a 39) dedicada ao direito internacional privado, e a segunda (artigos 40 a 63) às regras de direito processual civil internacional (aí incluídas as relativas à competência internacional dos tribunais turcos --- artigos 40 a 49 – e ao reconhecimento e execução das sentenças judiciais e arbitrais estrangeiras – artigos 50 a 63). Cfr. o respectivo texto a p. 583-604 do v. 9 (2007) do *Yearbook of Private International Law*, e, *ibidem*, a p. 313-341, o estudo de Guloren Tekinalp, «The 2007 Turkish Code concerning Private International Law and International Civil Procedure», e Tugrul Ansay, «Anatomien des neuen turkischen IPR-Gesetzes», *RabelsZ* 74 (2010), p. 393-416.
19. A nova lei checa de direito internacional privado [lei 91/2012, de 25 de Janeiro de 2012, que substitui a lei de direito internacional privado e processual de 1963 (lei 97/1963)] insere-se numa completa recodificação do direito privado (que incluiu um novo Código Civil e um Código das Sociedades Comerciais) que entrou em vigor em 1 de Janeiro de 2014, e contem, em nove partes, para além das disposições gerais (parágrafos 1 a 5), as normas gerais de direito processual civil internacional (parágrafos 6 a 19, sendo as questões de competência internacional reguladas nos parágrafos 6 a 13 e o reconhecimento de sentenças judiciais estrangeiras nos parágrafos 14 a 19), as normas gerais de direito internacional privado (parágrafos 20 a 28), as normas relativas às questões da parte especial do direito privado (parágrafos 29 a 101), as normas relativas à cooperação judiciária com Estados terceiros (parágrafos 102 a 110), a disciplina do processo de insolvência (parágrafos 111 a 116), as regras sobre a arbitragem e o reconhecimento de sentenças arbitrais estrangeiras (artigos 117 a 122), as disposições finais e transitórias (parágrafos 123 e 124), e a entrada em vigor (parágrafo 125). Sobre este diploma, cfr., Monika Pauknerovna/Magdalena Pfeiffer, «The new act on private international law in the Czech Republic: Starting points and perspectives within the European Union», *in* 10 *Journal of Private International Law* (2014), N.º 2, p. 205-226, e Petra Uhlirova, «New Private International Law in the Czech Republic», 16 *Yearbook of Private International Law* (2014/2015), p. 469-510.
20. Trata-se da Lei 1/2014, que para além das questões de conflito de leis (parte geral e parte especial), se ocupa ainda da competência internacional dos tribunais montenegrinos e do reconhecimento das sentenças estrangeiras. Cfr., a propósito, Maja Kostic-Mandic, «The new private international law act of Montenegro», 16 *Yearbook of Private International Law* (2014/2015), p. 429-439.
21. Em sentido contrário podem apontar-se as recentes (ambas de 2011) reformas polaca [Lei de Direito Internacional Privado de 4 de Fevereiro de 2011, 13 *Yearbook of Private International Law* (2011), p. 641-656; para uma introdução à sua análise, cfr. Tomasz Pajor, «Introduction to the New Polish Act of Private International Law», *ibidem*, p. 381-388, e «La nouvelle loi polonaise de droit international privé. Présentation générale», *Rev. crit. de DIP* 101 (2012), p. 5-13, e Ulrich Ernst, «Das polnische IPR-Gesetz von 2011 – Mitgliedstaatliche Rekodification in Zeiten supranationaler Kompetenzwahrnehmung», *RabelsZ* 76 (2012),

deixou de se alargar ao domínio do próprio direito internacional privado da União Europeia, sendo que vários dos instrumentos aprovados no seu âmbito dele se podem considerar expressão[22].

---

p. 597-638] e holandesa [Lei de 19 de Maio de 2011, relativa ao Livro 10 (Direito Internacional Privado) do Código Civil Holandês, *ibidem*, p. 656-694, e Stephan Rammeloo, «The Long Road towards Codification of Netherlands Private International Law: Book 10 Civil Code (Draft Bill)», *The European Legal Forum*, Issue 4/2010, p. I-181 -- I-190, Mathijs H. Ten Wolde, «Codification and consolidation of Dutch Private International Law: The Book 10 Civil Code of the Netherlands», *ibidem*, p. 389-411, e A. (Teun) V. M. Struyken, «The Codification of Dutch Private International Law – A brief introduction to Book 10 BV», *RabelsZ*, 78 (2014), p. 592-614], que se reportam apenas às questões de conflito de leis, sem se ocuparem pois dos aspectos de direito processual civil internacional.

Também no Brasil, persiste a separação entre as questões de direito processualcivil internacional, reguladas hoje no Código de Processo Civil de 2015 (aprovado pela Lei 13.105, de 16 de Março de 2015), onde encontramos a matéria dos limites da jurisdição nacional e da cooperação internacional [que constitui o objecto do título II do Livro II (Da Função Jurisdicional) da Parte Geral (artigos 21 a 41)] assim como a do reconhecimento das sentenças estrangeiras [no Capítulo VI (Da homologação de decisão estrangeira e da concessão de *exequatur* à carta rogatória) do Título I (Da orden dos procesos e dos procesos de competencia originária dos tribunais) do Livro III (Dos procesos nos tribunais e dos meios de impugnação das decisões judiciais) da Parte Especial (artigos 960 a 965)], e as de conflitos de leis, que continuam a ser objecto da Lei de Introdução às Normas de Direito Brasileiro (assim foi designada pela lei n.º 12.376, de 30 de Dezembro de 2010, a Lei de Introdução ao Código Civil de 4 de Setembro de 1942).

Uma solução intermédia é seguida pela Lei albanesa de direito internacional privado de 2 de Junho de 2011 (lei n.º 10 428), que, afastando-se significativamente da anterior (a lei n.º 3920, de 4 de Dezembro de 1964), regula, com detalhe (artigos 1 a 70), as questões de conflito de leis, tanto no domínio da parte geral como no da parte especial (sujeitos; casamento e família; sucessões; direitos de propriedade; obrigações contratuais; e obrigações extracontratuais), tratando depois da competência internacional dos tribunais albaneses (artigos 71 a 81), de questões de processo (artigos 82 a 86) e das disposições transitórias (artigos 87 a 89). Mas já não se ocupa do reconhecimento das sentenças estrangeiras, que continua a ser regulado no Código de Processo Civil. Sobre aquela lei, cfr. Aida Gugu Bushati, «The Albanian Private International Law of 2011», 15 *Yearbook of Private International Law* (2013/2014), p. 509-528.

22. Assim os Regulamentos (CE), do Conselho, N.º 1346/2000, de 29 de Maio de 2000, relativo aos processos de insolvência [hoje substituído pelo Regulamento (UE), N.º 2015/848, do Parlamento Europeu e do Conselho, de 20 de Maio de 2015, sobre a mesma matéria], e N.º 4/2009, de 18 de Dezembro de 2008, relativo à competência, à lei aplicável, ao reconhecimento e à execução das decisões e à cooperação em matéria de obrigações alimentares [sobre este texto, cfr. Moura Ramos, «As obrigações alimentares no direito internacional privado da União Europeia», *in Estudos de Direito Internacional Privado da União Europeia*, Coimbra, 2016, Imprensa da Universidade de Coimbra, p. 145-182], e (UE), Nº 650/2012, do Parlamento Europeu e do Conselho, de 4 de Julho de 2012, relativo à competência, à lei aplicável, ao reconhecimento e execução das decisões, e à aceitação e execução dos actos autênticos em matéria de sucessões e à criação de um Certificado Sucessório Europeu [sobre este texto, cfr. Moura Ramos, «O direito internacional privado das sucessões na União Europeia», *in Estudos de Direito Internacional Privado da União Europeia*, *ibidem*, p. 237-286], N.º 2016/1103, do Conselho, de 24 de Junho de 2016, que implementa a cooperação reforçada no domínio da competência, da lei aplicável, do reconhecimento e da execução de decisões em matéria de regimes matrimoniais, e N.º 2016/1104 do Conselho, da mesma data, que implementa a cooperação reforçada no domínio da competência, da lei aplicável, do reconhecimento e da execução de decisões em matéria de efeitos patrimoniais das parcerias registadas [sobre estes dois últimos instrumentos cfr. Moura Ramos, «Os efeitos patrimoniais do casamento e das parcerias registadas no direito internacional privado da União Europeia», *Boletim da Faculdade de Direito*, v. XCIII (2017), t. I, p. 1-55] procedem já à regulação conjunta das três dimensões a que em texto nos referimos.

Não existem quaisquer elementos que nos façam pensar, muito antes pelo contrário, que o legislador português tenha realmente considerado esta opção, que cremos impôr-se decisivamente no quadro de uma adequada disciplina das relações privadas plurilocalizadas. Ao contrário, tudo nos leva a concluir que foram bem outras (e distintas) as prioridades e preocupações que estiveram na origem da presente reforma, onde o direito processual civil internacional terá sido considerado um aspecto menor, mau grado a relevância que tem recentemente vindo a ser-lhe reconhecida e os desenvolvimentos que tem alcançado, no plano convencional como no do direito da União Europeia. Diremos assim que o legislador, a quem interessava sobretudo a reforma do processo civil pátrio, terá (ao menos inconscientemente) mantido a posição tradicionalmente seguida entre nós, deixando eventualmente para um diferente (e na verdade mais próprio) momento (o da reforma do direito internacional privado) a questão de saber se a disciplina do conflito de leis não deve, como defendemos, passar a ser vista de forma integrada com a das questões de conflito de jurisdições.

Recordado este ponto de partida, passaremos em seguida a ocupar-nos das alterações relativas à competência internacional (I), para analisar em seguida as modificações introduzidas em sede de reconhecimento de sentenças estrangeiras (II). Após o que intentaremos a formulação de breves conclusões.

3. A COMPETÊNCIA INTERNACIONAL

Consideraremos, a este propósito, em primeiro lugar a regra sobre a competência internacional, para nos determos em seguida sobre os factores da sua atribuição aos tribunais portugueses[23], após o que trataremos do elenco das competências exclusivas destes tribunais.

3.1. A regra sobre a competência internacional

Uma das alterações decorrentes do regime do novo código encontra-se na regra do actual artigo 59.º, que prevê que "sem prejuízo do que se encontre estabelecido em regulamentos europeus e em outros instrumentos internacionais, os tribunais portugueses são internacionalmente competentes quando se verifique algum dos elementos de conexão referidos nos artigos 62.º e 63.º ou quando as partes lhes tenham atribuído competência nos termos do artigo 94.º".

23. Estas regras dirigem-se aos tribunais judiciais. Sobre os termos da sua aplicação à ordem dos tribunais administrativos, cfr., ainda que face a distintos preceitos, Paula Costa e Silva, «Jurisdição e competência internacional dos tribunais administrativos: a propósito do Acórdão do STA n.º 4/2010», *in Cadernos de Justiça Administrativa*, N.º 84 (Novembro/Dezembro 2010), p. 3-13.

Em relação ao texto cuja vigência se iniciou em 1997, há desde logo que sublinhar a introdução da menção[24], puramente narrativa[25] e pedagógica, mas que de algum modo se pode compreender dado o número e a importância dos instrumentos de direito internacional (e sobretudo de direito da União Europeia[26]) que há que ter em consideração neste domínio, que sublinha a prioridade na aplicação de que gozam estes últimos. Além disso, atente-se em que, pela primeira vez, a regra que consagra o princípio da autonomia da vontade é igualmente objecto desta remissão, surgindo assim este último em pé de igualdade com os demais factores atributivos de competência dos tribunais portugueses[27], o que resulta da referência que agora se faz não só aos artigos 62.º e 63.º como também ao artigo 94.º[28]. A norma de remissão contida no actual artigo 59.º passa assim a ser completa e a reportar-se a todos os factores atributivos da competência dos tribunais portugueses, e não, como até agora sucedia, apenas aos de natureza objectiva[29].

---

24. Que remonta já ao Decreto-Lei n.º 38/2003, de 8 de Março, mas que neste surgia nos artigos 65.º (a propósito dos factores de atribuição da competência internacional) e 65-A.º (ao definir-se a competência exclusiva dos tribunais portugueses) e não no artigo 61.º (correspondente ao que presentemente comentamos), como se afiguraria mais lógico e passou a ocorrer com o presente texto.
Para a análise daquele diploma naquele que foi o seu objecto essencial, cfr. Paula Costa e Silva, *A Reforma da Acção Executiva*, 3ª edição, Coimbra, 2003, Coimbra Editora.
25. Atento o disposto, respectivamente, no artigo 8.º, n.ºs 2 e 4, da Constituição da República, e no artigo 7.º, n.º 3, do Código Civil. Sobre o tipo de normas referido em texto, cfr. Erik Jayme, *Narrative Normen im Internationalen Privat- und Verfahrensrecht*, 1993, Eberhard-Karls-Universitat Tubingen.
26. Cfr., para além dos actos mencionados *supra*, na nota 22, os Regulamentos (CE) N.º 2201/2003, do Conselho, de 27 de Novembro de 2003, relativo à competência, ao reconhecimento e à execução de decisões em matéria matrimonial e em matéria de responsabilidade parental e que revoga o Regulamento (CE) N.º 1347/2000, e (UE) N.º 1215/2012, do Parlamento Europeu e do Conselho, de 12 de Dezembro de 2012, relativo à competência judiciária, ao reconhecimento e à execução de decisões em matéria civil e comercial (que reformulou o Regulamento (CE) N.º 44/2001, do Conselho, de 22 de Dezembro de 2000, sobre o mesmo objecto). Sobre estes textos, respectivamente, cfr. Moura Ramos, «Um novo regime do divórcio internacional na União Europeia», *in Estudos de Direito Internacional Privado da União Europeia* (*cit. supra*, nota 22), p. 183-236 (189-208 e 223-227), e «Competência judicial e execução das decisões na União Europeia. A reformulação do Regulamento *Bruxelas I* pelo Regulamento (UE) n.º 1215/2012, de 12 de Dezembro de 2012», *ibidem*, p. 287-327.
Saliente-se que a influência destes textos se não limitou ao plano da competência internacional. Assim Stefania Bariatti, «Critères de compétence européens et domaine de la compétence territoriale des juridictions nationales», *in Droit International Privé*, Année 2012-2014, Paris, 2015, Éditions A. Pedone, p. 249-277.
27. Como o apresentávamos no nosso estudo citado *supra*, na nota 6, a p. 23 da separata (Coimbra, 1998, Coimbra Editora).
28. A anterior redacção do artigo 61.º (correspondente ao actual artigo 59.ª) permaneceu intocada "(Os tribunais portugueses têm competência internacional quando se verifique alguma das circunstâncias mencionadas no artigo 65.º") a bem dizer desde o Código de 1939 até ao Código de 2013, com a única diferença de a disposição pertinente daquele ser a do artigo 62.º.
29. A omissão desta referência ao princípio da autonomia da vontade no texto de 1939, como nos que se lhe seguiram, pode ter ficado a dever-se à circunstância de tal princípio apenas implicitamente se poder fazer decorrer do artigo 99.º (à altura), que se limitava a proibir os pactos proibitivos de jurisdição dos tribunais portugueses, salvo se os pactuantes fossem estrangeiros e tratando-se de obrigações que, devendo ser cumpridas em território estrangeiro, não se referissem a bens sitos em Portugal.

3.2. Os factores atributivos de competencia internacional aos tribunais portugueses

Mau grado a referência contida na epígrafe do artigo 62.º (factores de atribuição da competência internacional), os tribunais portugueses são internacionalmente competentes[30] por força não só dos princípios consagrados nas três regras deste artigo como no que dá corpo ao artigo 94.º. Deles trataremos brevemente, em seguida, analisando a evolução do nosso direito quanto à sua consagração e regime no lapso temporal que consideramos.

Um destes princípios é o da autonomia da vontade[31], actualmente consagrado no número 1 do artigo 94.º, que dispõe que «as partes podem convencionar qual a jurisdição competente para dirimir um litígio determinado, ou os litígios eventualmente decorrentes de certa relação jurídica, contanto que a relação controvertida tenha conexão com mais do que uma ordem jurídica». Trata-se da expressa admissão dos chamados acordos de eleição do foro (*pactum de foro eligendo*), cuja celebração a lei rodeia de particulares requisitos[32], de

---

Muito embora a nossa doutrina defendesse, desde o Código de 1876, a admissibilidade dos pactos atributivos de jurisdição aos tribunais portugueses, os pactos privativos não eram considerados válidos, quer no seu aspecto negativo [tendo permanecido isolada a posição de Palma Carlos, «Sobre a validade da renúncia à jurisdição dos tribunais portugueses», 48 *Gazeta da Relação de Lisboa* (16 de Setembro de 1934), N.º 10, p. 145-148, e *Código de Processo Civil Anotado*, Lisboa, 1940, Procural, p. 319-321], quer no seu aspecto positivo [assim, Machado Villela, *Tratado Elementar (Teórico e Prático) de Direito Internacional Privado*, Livro II - Aplicações, Coimbra, 1922, Coimbra Editora, p, 188-191, e, à face do Código de 1939, J. Alberto dos Reis, *Comentário ao Código de Processo Civil*, vol. I, Coimbra, 1945, Coimbra Editora, p. 292-295, e Barbosa de Magalhães, *Estudos sobre o novo Código de Processo Civil*, 2º volume, *Da competência internacional*, Coimbra, 1947, Coimbra Editora, p. 39 e 424-431]. Só a partir de 1965 se passou a admitir o efeito positivo destes últimos pactos [Baptista Machado, «Pactos privativos de jurisdição (Anotação ao acórdão do Supremo Tribunal de Justiça de 7 de Maio de 1965)», 12 *Revista de Direito e de Estudos Sociais* (1965), N.º 3, p. 59-77 (64-77)], isto é, a sua relevância indirecta, em sede de competência internacional indirecta dos tribunais estrangeiros, vindo o princípio da vontade a ser plenamente consagrado ("As partes podem convencionar qual a jurisdição competente para dirimir um litígio determinado, ou os litígios eventualmente decorrentes de certa relação jurídica, contanto que a relação objecto do litígio tenha conexão com mais de uma ordem jurídica"), na sua dupla acepção, com a Lei n.º 21/78, de 3 de Maio. Mas o legislador nunca retirou consequências de tal facto, em termos de o equiparar aos demais princípios nesta matéria, na formulação da regra de remissão do (então) artigo 61.º, só o tendo feito presentemente, com o artigo 59.º do novo Código.

30. *Vide supra*, n.º 3.
31. Sublinhando o paralelismo da sua consagração nos conflitos de jurisdições como nos conflitos de leis, veja-se já Alessandro Migliazza, *La rilevanza dell'accordo private sul richiamo a norme e a procedimenti estranei*, Milano, 1963, Giuffrè. E para a expressão que aquela consagração viria a obter no domínio que presentemente nos interessa, veja-se, por último, a obra de Carlos Alberto Arrue Montenegro, *L'Autonomie de la Volonté dans le Conflits de Juridictions*, Paris, 2011, L. G. D. J.
32. Que vêm enumerados no número 3 daquele artigo. Nos termos desta disposição, aquela eleição deve "a) Dizer respeito a um litígio sobre direitos disponíveis; b) Ser aceite pela lei do tribunal designado; c) Ser justificada por um interesse sério de uma das partes, desde que não envolva inconveniente grave para a outra; d) Não recair sobre matéria da exclusiva competência dos tribunais portugueses; e) Resultar de acordo escrito ou confirmado por escrito, devendo nele fazer-se menção expressa da jurisdição competente."

verificação cumulativa, e que o nosso direito acolheu, nos termos latos que actualmente conhecemos, com a Lei n.º 21/78, de 3 de Maio[33]. De acordo com este regime[34], nos litígios que apresentem conexão com mais do que uma ordem jurídica (e que não carecem de ter qualquer ligação ao território nacional), as partes podem, dentro dos limites referidos[35], que, recorde-se, e exceptuando o necessário respeito pela competência exclusiva dos tribunais portugueses[36], são os mesmos para os pactos atributivos e para os pactos privativos, determinar a competência da jurisdição portuguesa como de qualquer outra. Competência que pode ser exclusiva ou meramente alternativa com a dos nossos tribunais, quando esta exista, presumindo-se agora, que, em caso de dúvida, seja exclusiva[37].

Um outro princípio, este tradicional no nosso direito[38], é o da coincidência (com a competência territorial), presente na alinea a) do artigo 62.º, onde

---

Saliente-se ainda que o número 4 do mesmo artigo refere que "para efeitos do disposto no número anterior, considera-se reduzido a escrito o acordo constante de documento assinado pelas partes, ou o emergente de troca de cartas, telex, telegramas ou outros meios de comunicação de que fique prova escrita, quer tais instrumentos contenham directamente o acordo quer deles conste cláusula de remissão para algum documento em que ele esteja contido".

33. A presente consagração do princípio, conquanto tenha sofrido alguns aperfeiçoamentos de redacção, não se afasta significativamente, para além do ponto que será referido em texto, do enunciado introduzido em 1978 (artigo 1.º da lei citada na nota 29). Sobre este regime e a sua inserção na evolução do regime da figura no nosso direito, cfr. R. C. Radtke, «Internationale Zustandigkeitsvereinbarungen nach portugiesischen Recht», *Recht der internationale Wirtschafts – Aussenwirtschaftsdienst der Betriebsberaters*, 1984, p. 270-282, e Maria Vitória Ferreira da Rocha, «Competência internacional e autonomia privada: Pactos privativos e atributivos de jurisdição no direito português e na Convenção de Bruxelas de 27-9-1968», *RDE* 13 (1987), p. 161-234 (176-212).
34. Cuja formulação actual é que lhe foi dada pelo Decreto-Lei n.º 329-A/95, de 12 de Dezembro. Ver o nosso estudo «A Reforma do Direito Processual Civil Internacional» (*cit. supra*, nota 6), p. 23-30, e Lebre de Freitas, *Código de Processo Civil Anotado*, vol. I, Coimbra, 1999, Coimbra Editora, p. 177-185.
35. *Supra*, nota 32.
36. Vide *infra*, n.º 5.
37. É o novo Código que assim se afasta da solução até agora consagrada (que era no sentido de tal competência se presumir alternativa), adoptando assim a solução acolhida na Convenção de Bruxelas (artigo 17, parágrafo 1) e nos Regulamentos comunitários que se lhe seguiram. Sublinhando ser esse o sentido típico da eleição do foro, cfr. Lima Pinheiro, *Direito Internacional Privado, vol. III – Competência Internacional e Reconhecimento de Decisões Estrangeiras*, 2ª edição refundida, Coimbra, 2012, Almedina, p. 304-314, Moura Vicente, «Competência Judiciária e Reconhecimento de Decisões Estrangeiras no regulamento (CE) N.º 44/2001», *in Direito Internacional Privado. Ensaios*, vol. I, Coimbra, 2002, Almedina, p. 291-324 (315), Sofia Henriques, *Os Pactos de Jurisdição no Regulamento (CE) N.º 44 de 2001*, Coimbra, 2006, Coimbra Editora, p. 85-87, e, por último, Rui Pereira Dias, *Litigância societária internacional no direito da União Europeia: os pactos de jurisdição societários*, Agosto de 2015, Universidade de Coimbra.
38. A nossa doutrina [Machado Vilela, «Notas sobre a competência internacional no novo Código de processo civil», 17 e 18 *Boletim da Faculdade de Direito* (1942), p. 7-24 da separata, J. Alberto dos Reis, *Comentário ao Código de Processo Civil* (*cit. supra*, nota 29), p. 119-121, e Barbosa de Magalhães, *Estudos sobre o novo Código de Processo Civil*, 2º volume, *Da competência internacional* (*cit. supra*, nota 29), p. 28-29 e 36-37] é unânime ao filiar esta solução nos decretos n.º 12.353, de 23 de Setembro de 1926, e 13.979, de 25 de Julho de 1927, de onde passaria para o decreto n.º 21.287, de 26 de Maio de 1932, e para o Código de Processo Civil de 1939, pretendendo ademais o primeiro daqueles autores que ela consagraria a orientação do direito pátrio, quer no domínio das Ordenações (o antigo direito) quer nos textos de legislação do novo

se refere que os tribunais portugueses são internacionalmente competentes «quando a acção possa ser proposta em tribunal português segundo as regras de competência territorial estabelecidas na lei portuguesa». O que tem sido entendido[39] no sentido de que a jurisdição dos tribunais portugueses se poderá exercer, nas relações plurilocalizadas, quando se verifiquem, em relação a Portugal, em cada uma das situações neles previstas, os vários elementos de conexão referidos nos artigos 70.º a 81.º do mesmo Código[40]. Tais elementos de conexão exprimem assim, quanto a cada uma das matérias previstas em tais disposições, uma relação de proximidade[41] que, no entender do nosso legis-

---

direito que precederam o Código Civil (Machado Vilela, «Notas sobre a competência internacional no novo Código de processo civil», *cit.*, p. 26-34 da separata).

39. Assim também Machado Vilela, «Notas sobre a competência internacional no novo Código de processo civil» (*cit. supra*, nota 38), p. 45-46, J. Alberto dos Reis, *Comentário ao Código de Processo Civil* (*cit. supra*, nota 29), p. 120-121, Barbosa de Magalhães, *Estudos sobre o novo Código de Processo Civil*, 2º volume, *Da competência internacional* (*cit. supra*, nota 29), p. 45-46, e Lima Pinheiro, *Direito Internacional Privado, vol. III - Competência Internacional e Reconhecimento de Decisões Estrangeiras* (*cit. supra*, nota 37), p. 280-289. Diferentemente, Miguel Teixeira de Sousa («O novo regime do direito português sobre a competência internacional legal», *in Estudos sobre o Novo Processo Civil*, 2ª edição, Lisboa, 1997, Lex, p. 91-106) sustenta que este critério (que prefere apelidar como da exclusividade), apenas poderia valer para os casos de competência exclusiva dos tribunais portugueses (previstos hoje no artigo 63.º -- *vide infra*, n.º 5). E invoca, em favor desta interpretação, não só o elemento literal da norma como também um argumento teleológico: um alcance mais lato deste princípio seria desprovido de efeito útil na medida em que a competência territorial arrastaria sem mais a competência internacional (p. 99). Tal decorreria da dupla funcionalidade que haveria de reconhecer-se à competência territorial (no direito alemão, neste sentido, cfr. Haimo Schack, *Internationales Zivilverfahrensrecht*, 4. Auflage, Munchen, 2006, Verlag C. H. Beck, p. 86-87). Propendemos a pensar, no entanto, que, devendo ser definida (e pelas ordens jurídicas internas, uma vez que a ordem internacional ainda não atingiu o grau de maturidade para o poder fazer) "a porção de jurisdição que têm os tribunais de um país relativamente às relações jurídicas de natureza internacional" (Barbosa de Magalhães, *op. cit.* p. 5), tal cabe às regras de competência internacional, apenas após a sua actuação se suscitando, no interior de cada ordem jurídica, um problema de competência territorial (que pode ou não ser solucionado por aplicação de critérios semelhantes aos que foram utilizados para resolver a questão da competência internacional. Em sentido semelhante, veja-se também Lebre de Freitas, *Código de Processo Civil Anotado*, vol. I (*cit. supra*, nota 34), p. 132, e Paula Costa e Silva, «Algumas alterações de fundo no sistema processual civil», 28 *Cadernos de Direito Privado* (Outubro/Dezembro de 2009), p. 23-37, a p. 33, na nota 25.

40. Nestes preceitos, a competência aparece em certos casos referida aos próprios tribunais (como acontece, no artigo 70.º, com o foro da situação dos bens), surgindo porém as mais das vezes ligada à matéria em questão [cumprimento das obrigações, no artigo 71.º, divórcio e separação, no artigo 72.º, acções de honorários, no artigo 73.º, diversas questões de direito marítimo (regulação e repartição de avaria grossa, perdas e danos por abalroação de navios, salários por salvação ou assistência de navios e extinção de privilégios sobre navios) nos artigos 74.º a 77.º], e, em determinados casos (procedimentos cautelares e diligências antecipadas, no artigo 78.º, e notificações avulsas, no artigo 79.º), ao tipo de providência requerida em juízo. Prevê-se ainda, com carácter residual, a competência do tribunal do domicílio do réu para todos os casos não objecto de previsão específica (artigo 80.º), regra esta cuja operação tem lugar nos termos especialmente previstos quando o demandado for o Estado ou outra pessoa colectiva (artigo 81.º), e regulam-se as situações de pluralidade de demandados e cumulação de pedidos (artigo 82.º). Expressamente no sentido referido de que a regra geral de competência territorial só intervém fora dos casos previstos nas regras de competência especiais, cfr. também Baptista Machado, «La compétence internationale en droit portugais», 41 *Boletim da Faculdade de Direito* (1965), p. 97-115 (106)

41. No sentido de que o princípio de proximidade desempenha um papel fundamental na elaboração das regras de competência internacional directa, como de resto na sua correcção, veja-se Paul Lagarde, «Le

lador, torna a jurisdição portuguesa um *forum proprium* para a resolução dos litígios em causa nas relações plurilocalizadas.

Diversamente, a alínea b) do mesmo artigo retoma o princípio da causalidade («ter sido praticado em território português o facto que serve de causa de pedir na acção ou algum dos factos que a integram»), igualmente tradicional no nosso direito, mas que recentemente havia sido afastado pela Lei n.º 52/2008, de 28 de Agosto[42]. E fá-lo com o alcance lato que anteriormente merecera expressa consagração legislativa[43], e que correspondia de resto ao entendimento doutrinal e jurisdicional corrente do texto onde antecipadamente havia sido acolhido[44], não se tendo assim o legislador revelado sensível às críticas (ou sugestões de aperfeiçoamento) que lhe haviam sido dirigidas[45].

Finalmente, na alínea c) do artigo 62.º surge-nos o princípio da necessidade[46] («Quando o direito invocado não possa tornar-se efectivo senão por meio de acção proposta em território português ou se verifique para o autor dificuldade apreciável na propositura da acção no estrangeiro, desde que entre o objecto do litígio e a ordem jurídica portuguesa haja um elemento ponderoso de conexão, pessoal ou real»), ininterruptamente acolhido na nossa ordem jurídica, ainda que com diferentes formulações[47], desde

---

príncipe de proximité dans le droit international privé contemporain. Cours général de droit international privé», *Recueil des Cours*, 196 (1986-I), p. 9-237 (128-168). Sublinhando contudo a insuficiência deste princípio para justificar, nos litígios múltiplos, as regras de compência jurisdicional, cfr. Catherine Kessedjian, «Le príncipe de proximité vingt ans après», *in Le droit international privé: esprit et méthodes. Mélanges en l'honneur de Paul Lagarde*, Paris, 2005, Dalloz, p. 507-521 (516-521).

42. Trata-se da Lei sobre a Organização e Funcionamento dos Tribunais Judiciais, cujo artigo 160.º (54.ª alteração ao Código de Processo Civil) revogou, entre outras disposições, a anterior alínea c) do artigo 65.º daquele Código. Cfr. ainda Lima Pinheiro, *Direito Internacional Privado, vol. III – Competência Internacional e Reconhecimento de Decisões Estrangeiras* (*cit. supra*, nota 37), p. 278-280.
43. Com o Decreto-Lei n.º 329-A/95, de 12 de Dezembro.
44. Note-se que, nos decretos dos anos vinte mencionados *supra*, na nota 38, como no Código de 1939, este princípio se referia apenas à prática em território português do "acto ou facto de que a acção *directamente* emerge" (sublinhado nosso). A doutrina e a jurisprudência entendiam porém que tal significava que, sendo complexa a causa de pedir, bastaria a circunstância de um dos factos que a integram ter ocorrido em território português (assim por exemplo Anselmo de Castro, *Lições de Processo Civil*, II, Coimbra, 1970, Almedina, p. 412-414, e Antunes Varela/J. Miguel Bezerra/Sampaio e Nora, *Manual de Processo Civil*, Coimbra, 1984, Coimbra Editora, p. 192-193).
45. E que visavam, *grosso modo*, limitar a sua actuação. Assim, Ferrer Correia/Ferreira Pinto, «Breve apreciação das disposições do anteprojecto do Código de processo civil que regulam a competência internacional dos tribunais portugueses e o reconhecimento das sentenças estrangeiras», *RDE* 13 (1987), p. 9-10 da separata, e Ferrer Correia, «Le système portugais sur la compétence internationale (directe)», *in Études de Droit International en l'Honneur de Pierre Lalive*, Bâle, 1993, Helbing & Lichtenhahn, p. 49-59 (52).
46. Para os termos da sua consagração noutros sistemas jurídicos, cfr. Valentin Rétornaz/Bart Volders, «Le for de nécessité: tableau comparatif et évolutif», *Rev. crit. DIP* 97 (2008), p. 225-261, e Lucas Roorda/Cedric Ryngaert, «Business and Human Rights Litigation in Europe and Canada: The Promises of Forum of Necessity Jurisdiction», *RabelsZ*, v. 80 (2016), 4, p. 783-816.
47. Para nos ficarmos pelas mais recentes (e para além das que têm apenas um impacto puramente redaccional) referiremos apenas que enquanto para o Decreto-Lei n.º 329-A/95 a competência dos tribunais

1927[48]. Sendo um princípio subsidiário, como o qualifica a nossa doutrina[49], com ele se procura evitar uma denegação de justiça provocada pela falta de garantia judiciária, implicando por isso, para ser accionado, uma referência de pressuposição às regras de competência internacional directa [ou seja, a tomada em consideração (*Berucksichtigung, prise en considération*)] dos outros sistemas com os quais a situação se possa achar em contacto[50].

Sendo estes os princípios desencadeadores da competência internacional dos tribunais portugueses actualmente reconhecidos no nosso direito processual civil internacional comum, há assim que concluir que o novo Código manteve o afastamento quer da regra de retorsão[51] levado a cabo pela reforma operada pelo Decreto-Lei n.º 38/2003, quer da expressa consagração, com carácter geral, da regra *actor sequitur forum rei*, que resultara do Decreto-Lei n.º 329-A/95 e a que viria a ser posto termo pelo artigo 160.º da Lei n.º 52/2008, de 28 de Agosto[52]. Se a primeira destas decisões não nos suscita qualquer reserva, atento o carácter exorbitante que havia de se reconhecer à competência resultante daquela primeira regra[53], sobretudo nos termos em que aí se encontrava consa-

---

portugueses podia ser desencadeada ainda quando não fosse exigível ao autor a sua propositura no estrangeiro, o Decreto-Lei n.º 38/2003, de 8 de Março, viria a admiti-la também nos casos em que tal constituísse para o autor dificuldade apreciável. Veja-se também Lima Pinheiro, *Direito Internacional Privado, vol. III - Competência Internacional e Reconhecimento de Decisões Estrangeiras* (*cit. supra*, nota 37), p. 289-296.

48. Decreto n.º 13.979, de 25 de Julho de 1927, onde constituía o n.º 4 do artigo 5.º.
Para a sua origem, cfr. Machado Vilela, «Notas sobre a competência internacional no novo Código de processo civil» (*cit. supra*, nota 38), p. 60-64.

49. Assim, J. Alberto dos Reis, *Comentário ao Código de Processo Civil* (*cit. supra*, nota 29), p. 139, e Barbosa de Magalhães, *Estudos sobre o novo Código de Processo Civil*, 2º volume, *Da competência internacional* (*cit. supra*, nota 29), p. 38.
Sobre o que tem sido a sua aplicação entre nós, veja-se o último autor citado, a p. 393-408.

50. Assim também A. Ferrer Correia/R. M. Moura Ramos, *Um caso de competência internacional dos tribunais portugueses*, Lisboa, 1991, Edições Cosmos, p. 40-41.

51. Assim Machado Vilela, «Notas sobre a competência internacional no novo Código de processo civil» (*cit. supra*, nota 38), p. 57-60, e J. Alberto dos Reis, *Comentário ao Código de Processo Civil* (*cit. supra*, nota 29), p. 137-138. Suscitando reservas sobre essa eliminação, cfr. Moura Vicente, «A competência internacional no Código de Processo Civil revisto: Aspectos gerais», *in Aspectos do novo Processo Civil*, Lisboa, Lex, p. 71-92, a p. 87.

52. *Cit. supra*, nota 42.

53. Cfr. esse expresso reconhecimento no artigo 3, segundo parágrafo, 11.º travessão, da Convenção de Bruxelas de 27 de Setembro de 1968 sobre a competência judiciária e a execução das decisões em matéria civil e comercial, na versão posterior à convenção de adesão de 1996, no décimo oitavo travessão do Anexo I do Regulamento 44/2001, do Conselho, de 22 de Dezembro de 2000, relativo à competência judiciária, ao reconhecimento e à execução das decisões em matéria civil e comercial (posteriormente substituído pelo Regulamento 1215/2012, do Parlamento Europeu e do Conselho, de 12 de Dezembro de 2012, sobre a mesma questão), e no décimo oitavo travessão, também do Anexo I, da Convenção de Lugano de 30 de Outubro de 2007 sobre a competência judiciária e a execução das decisões em matéria civil e comercial. Sobre a noção de competências exorbitantes, cfr. Diego P. Fernandez Arroyo, «Exorbitant and exclusive grounds of jurisdiction in european private international law: Will they ever survive?», *in Festschrift fur Erik Jayme* (hrsg. von Heinz-Peter Mansel / Thomas Pfeiffer / Herbert Kronke / Christian Kohler / Rainer Hausmann), Band I, Munchen, 2004, Sellier. European Law Publishers, p. 169-186 (170-171),

grada[54], já o mesmo se não dirá da não inclusão no Código, com alcance geral, do critério do domicílio do réu[55].

Na verdade, não vemos qualquer razão para afastar o reconhecimento desta regra[56], em sede de competência internacional, uma vez que o domicílio do demandado assegura sempre, em qualquer matéria, uma ligação à ordem jurídica de qualquer Estado susceptível de desencadear o exercício da sua jurisdição nas relações plurilocalizadas. E que, ao ser limitado nos termos em que o era, uma vez que excluía as acções que dissessem respeito a direitos reais ou pessoais de gozo sobre imóveis sitos no estrangeiro[57], assegurava uma regulação perfeitamente satisfatória e congruente com os interesses que inspiram a determinação da competência internacional[58]. Propenderíamos assim a manter, como princípio fundamental da competência internacional dos tribunais portugueses o critério do domicílio do demandado[59].

---

e «Compétence exclusive et compétence exorbitante dans les relations privées internationales», *Recueil des Cours* 323 (2006), p. 9-259 (127-170).

54. Assim Moura Ramos, «A Reforma do Direito Processual Civil Internacional» (*cit. supra*, nota 6), p. 19-21.
55. Introduzido pela reforma levada a cabo pelo Decreto-Lei n.º 329-A/95. Vejam-se Moura Ramos, «A Reforma do Direito Processual Civil Internacional» (*cit. supra*, nota 6), p. 14-18, Ferrer Correia, «Le système portugais sur la compétence internationale (directe)» (*cit. supra*, nota 45), p. 51, e *Lições de Direito Internacional Privado*, I, Coimbra, 2000, Almedina, p. 441-443, Ferrer Correia/Ferreira Pinto, «Breve apreciação das disposições do anteprojecto do Código de processo civil que regulam a competência internacional dos tribunais portugueses e o reconhecimento das sentenças estrangeiras» (*cit. supra*, nota 45), p. 7 a 9 da separata, e Miguel Teixeira de Sousa, «O novo regime do direito português sobre a competência internacional legal» (*cit. supra*, nota 39), p. 97.
56. O mesmo valendo para a que constava do número 2 do artigo correspondente (então o 65.º), do anterior Código, após a reforma introduzida pelo Decreto-Lei n.º 329-A/95, e que ao definir o conceito de domicílio das pessoas colectivas para os efeitos de aplicação daquele critério, constituía uma condição de operatividade do princípio *actor sequitur forum rei*.
57. No que constituía como que um efeito reflexo da competência exclusiva nesta altura reconhecida no então artigo 65.º-A do mesmo Código. *Vide infra*, n.º 5.
58. Sobre estes interesses, *vide*, Arthur T. Von Mehren, «Theory and Precice of Adjudicatory Authority in Private International Law: A Comparative Study of the Doctrine, Policies and Practices of Common- and Civil-Law Systems. General Course on Private International Law», *Recueil des Cours*, 295 (2002), p. 9-431 (68-72), e, mais recentemente, Diego P. Fernandez Arroyo, «Compétence exclusive et compétence exorbitante dans les relations privées internationales» (*cit. supra*, nota 53), p. 36-79, Haimo Schack, *Internationales Zivilverfahrensrecht* (*cit. supra*, nota 39) p. 76-79, e, entre nós, Lima Pinheiro, *Direito Internacional Privado, vol. III – Competência Internacional e Reconhecimento de Decisões Estrangeiras* (*cit. supra*, nota 37), p. 26-30.
59. Como acontece também, num circunstancialismo próximo do nosso e dentro de uma inspiração sistemática semelhante, por exemplo, com o direito italiano, após a reforma a que nos referimos *supra*, na nota 14. Além das obras aí citadas, vejam-se ainda, sobre o artigo 3 desta lei, Aldo Attardi, «La nuova disciplina in tema di giurisdizione italiana e di riconoscimento delle sentenze straniere», 41 *Rivista di Diritto Civile* (1995), p. 727-786, Giampiero Balena, «I nuovi limite della giurisdizione italiana (secondo la legge 31 maggio 1995 n. 218)», *Il Foro Italiano*, 1996, Parte Quinta, p. 209-238, Franco Mosconi/Cristina Campiglio, *Diritto Internazionale Privato e Processuale*, vol. I – Parte Generale e Contratti, quarta edizione, Torino, 2007, UTET, p. 106-112, e Tito Ballarino/Eleonora Ballarino/Ilaria Pretelli, *Diritto Internazionale Privato Italiano*, ottava edizione, Padova, 2016, Cedam, p. 23-24.

3.3. A competencia exclusiva dos tribunais portugueses

Contrariamente aos artigos que até agora analisámos, a disposição que consagra os casos de competência exclusiva[60] dos tribunais portugueses (o artigo 63.º) não é o fruto de uma consagração legislativa secular, antes resultando da evolução da regra do artigo 65.º-A introduzida em 1978[61] no anterior Código. O enunciado nela contido corresponde na verdade ao daquele texto, após a supressão, motivada pelo carácter exorbitante da competência aí prevista e pela indeterminação com que havia sido formulada, de um dos casos aí inscritos[62], do aditamento de dois outros e da alteração levada a cabo na redacção dos restantes. É ao elenco que resultou destas alterações, e que parece ter visado a aproximação às soluções a esse respeito consagradas nos instrumentos conjuntamente adoptados no seio das Comunidades Europeias[63] que dedicaremos agora a nossa atenção.

A primeira situação prevista no artigo 63.º é a das matérias relativas a direitos reais sobre imóveis e ao arrendamento de imóveis sitos em território português. Trata-se, como vimos[64], da clássica situação a que se reportava já a nossa doutrina, mesmo anteriormente à Lei n.º 21/78, onde viria a obter

---

60. Sobre esta noção, cfr. Diego P. Fernandez Arroyo, «Exorbitant and exclusive grounds of jurisdiction in european private international law: Will they ever survive?», *in Festschrift fur Erik Jayme* (hrsg. von Heinz-Peter Mansel / Thomas Pfeiffer / Herbert Kronke / Christian Kohler / Rainer Hausmann) (*cit. supra*, nota 53), p. 171-172, e «Compétence exclusive et compétence exorbitante dans les relations privées internationales» (*cit. supra*, nota 53), p. 80-126. E sobre o reacender da sua importância, cfr. Pierre Gannagé, «Regards sur les compétences judiciaires exclusives. Les systèmes confessionnels face aux systèmes laicisés», *in Vers de nouveaux équilibres entre ordres juridiques. Mélanges en l'honneur d'Hélène Gaudemet-Tallon*, Paris, 2008, Dalloz, p. 285-293.

61. Pelo artigo 2.º do Lei n.º 21/78, de 3 de Maio; sobre o objectivo visado por esta lei, cfr. *supra*, nota 29. O que não significa que, anteriormente a este momento, não fosse reconhecida, pela doutrina, a existência de casos de competência exclusiva dos nossos tribunais. Assim, ainda antes do Código de 1939, Machado Villela (*Tratado Elementar (teórico e prático) de Direito Internacional Privado*, Livro II – Aplicações (*cit. supra*, nota 29), p. 183) considerava que os tribunais portugueses eram exclusivamente competentes para certas acções imobiliárias relativas a imóveis sitos em Portugal (acções de despejo, de prevenção contra o dano, de expropriação por utilidade pública ou particular, de concessão ou mudança de servidão, de tombamento ou demarcação, de divisão de águas, de divisão de cousa comum, aquelas em que se tratar de posse, registo ou cancelamento, as de reforço ou de redução de hipoteca, e as de destrinça de foros e censos). E, já na vigência deste Código, Barbosa de Magalhães [*Estudos sobre o novo Código de Processo Civil*, 2º volume, *Da competência internacional* (*cit. supra*, nota 29), p. 39] recordava que se defendia na doutrina que se entendia constituir competência exclusiva dos tribunais portugueses "conhecer de acções tendentes a fazer valer direitos reais sobre imóveis sitos em Portugal".

62. Trata-se da competência para as "acções referentes às relações de trabalho". A este respeito, Moura Ramos, «A Reforma do Direito Processual Civil Internacional» (*cit. supra*, nota 6), p. 31-32.

63. Cfr. a enumeração feita *supra*, na nota 53, respectivamente os artigos 16, 22 e 22. No sentido do texto, veja-se igualmente Lima Pinheiro, *Direito Internacional Privado, vol. III – Competência Internacional e Reconhecimento de Decisões Estrangeiras* (*cit. supra*, nota 37), p. 299.

64. *Vide supra*, nota 61.

consagração legal, e que, com a Reforma de 1995/1996[65], passaria a englobar também os direitos pessoais de gozo, para, com a presente redacção, se limitar ao caso específico do arrendamento. Para além desta precisão, de carácter limitativo do âmbito da competência exclusiva, o legislador introduziu uma outra, da mesma natureza, ao prescrever que, «nos contratos de arrendamento de imóveis celebrados para uso pessoal temporário por um período máximo de seis meses consecutivos, são igualmente competentes os tribunais do Estado-Membro da União Europeia onde o requerido tiver domicílio, desde que o arrendatário seja uma pessoa singular e o proprietário e o arrendatário tenham domicílio no mesmo Estado-Membro». A hipótese aqui prevista reproduz a alínea b) do número 1 do artigo 16 da Convenção de Bruxelas[66], que neste texto codificou a jurisprudência do Tribunal de Justiça sobre os arrendamentos temporários para uso pessoal[67]. Trata-se portanto de um preceito que, com o alcance que pretende ter[68], se encontrava já em vigor na nossa ordem jurídica, sendo portanto inútil, e limitando-se quando muito a constituir uma norma narrativa[69]. Mas para além disso, e de, como vimos[70], enquanto norma narrativa se revelar incompleta, sendo susceptível de induzir em erro o intérprete[71], o certo é que o legislador parece não se ter apercebido de que estava (a propósito do âmbito da competência específica prevista neste número) a consagrar a competência (concorrente embora) de tribunais estrangeiros (ainda que apenas de Estados-Membros da União Europeia e ainda que essa competência resultasse já da Convenção de Bruxelas[72]), ignorando o carácter necessariamente unilateral das regras internas de competência internacional directa, o que manifestamente se lhe encontra vedado. O legislador não poderia pois consagrar uma regra com o conteúdo que flui da alinea a) do artigo 63.º. O que poderia sim era restringir o âmbito da competência exclusiva que decorre da primeira frase, dela

65. Cfr. a alínea c) do então artigo 65.º-A. *Vide* Moura Ramos, «A Reforma do Direito Processual Civil Internacional» (*cit. supra*, nota 6), p. 32-33.
66. Cfr. também a segunda frase do número 1 do artigo 22 do Regulamento 44/2001 e o artigo 22, número 1, segunda frase, da Convenção de Lugano.
67. Sobre este ponto, cfr. Hélène Gaudemet-Tallon, *Compétence et exécution des jugements en Europe. Matières civile et commerciale. Règlements 44/2001 et 1215/2012, Conventions de Bruxelles (1968) et de Lugano (1998 et 2007)*, 5e édition, Paris, 2015, L.G.D.J., p. 110-118, e Diego P. Fernandez Arroyo, *El arrendamiento de inmeubles en la Unión Europea*, Madrid, 1998, Editorial Civitas.
68. Uma vez que se reporta tão só aos casos em que os elementos de conexão que fundam uma outra competência apenas se reportam a situações assim ligadas a Estados membros da União Europeia. Nestes termos, a norma nem sequer reproduz o estado do direito entre nós, uma vez que não abrange a situação resultante da Convenção de Lugano onde a mesma regra se encontra consagrada, isto é, dos Estados vinculados a esta convenção que não são partes na Convenção de Bruxelas e se não encontram vinculados pelo Regulamento 44/2001 (hoje, Regulamento 1215/2012).
69. Para outros exemplos de regras deste tipo, cfr. *supra*, nota 25.
70. *Supra*, nota 68.
71. Que possa ter pensado que o legislador teria reproduzido o estado do direito de fonte não interna relevante na matéria, o que sempre se afiguraria despropositado.
72. Como dos demais instrumentos referidos *supra*, na nota 53.

exceptuando os casos de arrendamentos de imóveis situados num Estado membro da União Europeia (ou parte na Convenção de Lugano) celebrados para uso pessoal temporário por um período máximo de seis meses consecutivos se o demandado se encontrasse domiciliado num outro desses Estados, e desde que o arrendatário fosse uma pessoa singular e que ambas as partes (proprietário e arrendatário) tivessem domicílio no mesmo Estado. Esta restrição do âmbito da competência exclusiva consagrada na primeira frase seria naturalmente possível, ainda que, repetimos, inútil, por decorrer já dos instrumentos referidos. O que não é de modo algum aceitável (ainda que a título de norma narrativa) é que o legislador se pronuncie sobre a competência de um tribunal estrangeiro. Pelo que melhor teria andado, em nosso entender, se não tivesse acrescentado à alinea a) a segunda frase introduzida com o novo Código.

A segunda hipótese prevista no artigo 63.º é a da «matéria de validade da constituição ou de dissolução de sociedades ou de outras pessoas colectivas que tenham a sua sede em Portugal, bem como em matéria de validade das decisões dos seus órgãos», situação contemplada igualmente na Convenção de Bruxelas[73] e no anterior Código, com a reforma do Decreto-Lei n.º 329-A/95[74]. Na presente redação, a única diferença em relação à formulação que a precedeu resulta do acrescento da frase final da alinea b), de onde resulta que «para determinar essa sede, o tribunal português aplica as suas regras de direito internacional privado». Esta precisão resulta dos instrumentos de direito comunitário e internacional a que já nos referimos[75], ainda que não consigamos entender o sentido da sua inserção num texto relativo ao direito comum da competência internacional directa. Na verdade, se mesmo no âmbito material de aplicação dos Regulamentos n.º 44/2001 e 1215/2012 e da Convenção de Lugano se afigura questionável o bem fundado desta solução[76], uma vez que estes instrumentos possuem uma noção autónoma de domicílio das pessoas colectivas[77], já no âmbito de uma legislação interna se não vê razão para esta complicação adicional. Na verdade, a razão apontada para a não utilização de tal noção no seio daqueles instrumentos está na relação de alternatividade entre os conceitos que ela para o efeito toma em consideração, e na circunstância de, por

---

73. E nos demais instrumentos referidos *supra*, na nota 53. Cfr., respectivamente, o número 2 do artigo 16, o número 2 do artigo 22 [o número 2 do artigo 24 no Regulamento 1215/2012] e o número 2 do artigo 22.
74. Veja-se a alínea e) do artigo 65.º-A, tal como ficou após esta revisão e Moura Ramos, «A Reforma do Direito Processual Civil Internacional» (*cit. supra*, nota 6), p. 34.
75. E que são referidos *supra*, na nota 53. Assim, cfr. o artigo 53, número 1, da Convenção de Bruxelas, e o artigo 22, número 2, quer do Regulamento n.º 44/2001 quer da Convenção de Lugano de 2007, e o artigo 24, número 2 do Regulamento 1215/2012.
76. Assim Hélène Gaudemet-Tallon, *Compétence et exécution des jugements en Europe. Matières civile et commerciale. Règlements 44/2001 et 1215/2012, Conventions de Bruxelles (1968) et de Lugano (1998 et 2007)* (*cit. supra*, nota 67), p. 119.
77. Cfr. o artigo 60.º (63.º, no caso do Regulamento n.º 1215/2012) destes textos.

esse facto, não ficar garantida a aplicação, em cada ordem jurídica estadual, de uma só noção de domicílio da pessoa colectiva, o que seria essencial em matéria de competência exclusiva. Tal problema não se coloca, manifestamente, em sede de determinação da noção de sede no interior do direito comum da competência internacional directa, uma vez que a noção de sede aí relevante é uma só[78], e que, ademais, o que está em causa é a determinação de uma competência exclusiva dos tribunais portugueses fundada na localização em Portugal da sede da pessoa colectiva em questão. De resto, também a utilização da solução consagrada nos instrumentos referidos e agora introduzida no nosso direito não evita, dada a falta de unificação dos critérios utilizados pelo direito internacional privado dos diferentes Estados vinculados àqueles instrumentos[79], que diversos tribunais estaduais venham a reclamar, *in casu*, uma competência exclusiva para conhecer de determinada questão, o que poderá dar lugar a situações de conflito que não poderão deixar de ser resolvidas através do mecanismo da litispendência[80]. Em face do que propenderíamos também aqui para não acompanhar a novidade que o legislador de 2013 veio consagrar.

A alinea c) do artigo 63.º considera também exclusiva a competência dos tribunais portugueses «em matéria de validade de inscrições em registos públicos conservados em Portugal», assim seguindo a formulação adoptada nos instrumentos, já referidos[81], de direito comunitário, e que o nosso legislador havia incorporado no direito pátrio através do Decreto-Lei n.º 329-A/95[82].

78. Veja-se o artigo 159.º do Código Civil, onde se dispõe, no número 1, que "a sede da pessoa colectiva é a que os respectivos estatutos fixarem ou, na falta de designação estatutária, o lugar em que funciona normalmente a administração principal".
Concretamente em relação às sociedades, o artigo 12.º, número 1, do Código das Sociedades Comerciais acrescenta que "a sede da sociedade deve ser estabelecida em local concretamente definido".

79. Os ordenamentos repartem-se, como é sabido, entre a sede estatutária e a sede efectiva. É sabido que em Portugal prevalece, quanto à determinação da lei pessoal, o critério da sede efectiva (sede principal e efectiva da sua administração), acolhido para as pessoas colectivas em geral no artigo 33.º do Código Civil, e, para as sociedades, no artigo 3.º n.º 1, do Código das Sociedades Comerciais. Mas note-se que neste último preceito se acrescenta que "a sociedade que tenha em Portugal a sua sede estatutária não pode, contudo, opor a terceiros a sua sujeição a lei diferente da lei portuguesa". Sobre este ponto, cfr. Moura Ramos, «O artigo 4.º do Código das Sociedades Comerciais revisitado», *in Das Relações Privadas Internacionais. Estudos de Direito Internacional Privado*, Coimbra, 1995, Coimbra Editora, p. 125-142, Lima Pinheiro, *Direito Internacional Privado*, vol. II – Direito de Conflitos. Parte Especial, 4ª edição refundida, Coimbra, 2015, Almedina, p. 154-205, e Rui Pereira Dias, *Responsabilidade por exercício de influência sobre a administração de sociedades anónimas. Uma análise de direito material e direito de conflitos*, Coimbra, 2007, Almedina, p. 167-191, e «Artigo 3º. Lei pessoal», *in Código das Sociedades Comerciais em Comentário*», volume I (Artigos 1º a 84º), Coimbra, 2010, Almedina, p. 69-84.

80. Neste sentido, cfr. Hélène Gaudemet- Tallon (*op. et loc. cit.* na nota 76).

81. Cfr. *supra*, na nota 53, respectivamente o número 3 do artigo 16.º, o número 3 do artigo 22 (o número 3 do artigo 24, para o Regulamento 1215/2012), e o número 3 do artigo 22.

82. Ver a alínea f) do artigo 65.º-A, introduzida por essa revisão do Código de Processo Civil; e Moura Ramos, *op. et loc. cit.* na nota 74.

A regra, comummente reconhecida, e a respectiva formulação não nos suscitam quaisquer reservas.

Afastando-se da orientação geral de reproduzir as situações enunciadas como de competência exclusiva nos instrumentos de direito comunitário, o legislador português não inseriu autonomamente a situação, prevista nestes últimos, e relativa à inscrição e validade dos direitos de propriedade intelectual sujeitos a registo. Afigura-se-nos contudo que não terá existido aqui qualquer intenção de tomar uma posição diferente da adoptada naqueles instrumentos, tendo eventualmente sido entendido que a fórmula utilizada na alinea c) do artigo 63.º cobria igualmente estas situações[83]. Note-se, porém, que, como a jurisprudência do Tribunal de Justiça e a doutrina o têm salientado[84], apenas se encontram aqui em causa os litígios relativos à inscrição ou à validade dos direitos de propriedade intelectual sujeitos a registo, e não já aos processos relativos à titularidade desses direitos ou aos contratos de que eles podem ser objecto.

---

83. Que, respectivamente no nº 4 do artigo 16, no n.º 4, primeira frase, do artigo 22, tanto do Regulamento n.º 44/2001, como da Convenção de Lugano de 2007, e do artigo 24 do Regulamento n.º 1215/2012, são definidas como as matérias "de inscrição ou de validade de patentes, marcas, desenhos e modelos, e outros direitos análogos sujeitos a depósito ou a registo", sendo em tais casos competentes "os tribunais do Estado-Membro em cujo território o depósito ou o registo tiver sido requerido, efectuado ou considerado efectuado nos termos de um instrumento comunitário ou de uma convenção internacional".
E o mesmo se diga da salvaguarda da "competência do Instituto Europeu de Patentes, nos termos da convenção relativa à emissão de patentes europeias, assinada em Munique em 5 de Outubro de 1973", feita especificamente pelo legislador comunitário nos três instrumentos referidos em último lugar, na nota 52, na segunda frase do numero 4 do artigo 22 (do artigo 24, no caso do Regulamento n.º 1215/2012), de cada um deles. Aí se acrescenta que "os tribunais de cada Estado-Membro são os únicos competentes, sem consideração de domicílio, em matéria de inscrição ou de validade de uma patente europeia emitida para esse Estado".
É claro que tais salvaguardas não se tornam necessárias (ao mesmo resultado conduz o já referido artigo 8.º, número 2, da nossa Constituição), e que a competência exclusiva dos tribunais portugueses, nas referidas matérias, se há-de igualmente ter por assente, tratando-se, como se trata, de direitos de exclusivo.
Idênticas considerações valerão, de resto, para o sistema da patente comunitária, recentemente aprovado (*vide* o Regulamento (UE) N.º 1257/2012 do Parlamento Europeu e do Conselho, de 17 de Dezembro de 2012, que regulamenta a cooperação reforçada no domínio da criação da protecção unitária de patentes, e o Regulamento (UE) N.º 1260/2012, do Conselho, da mesma data, que regulamenta a cooperação reforçada no domínio da criação da protecção unitária de patentes no que diz respeito ao regime de tradução aplicável); a este respeito, cfr. G. Caggiano, «Il paccheto normativo sul "brevetto europeo unitário" tra esigenze di un nuovo sistema di tutela, profili di illegittimità delle proposte in discussione e impasse istituzionale», *Il Diritto dell'Unione Europea*, 4/2012, p. 683-708, e, entre nós, Eugénio Pereira Lucas, *A Patente Comunitária e o seu controlo jurisdicional*, Lisboa, 2009, Edições Rés XXI. E para um enquadramento da questão em geral, veja-se Marta Pertegás Sender, *Cross-Border Enforcement of Patent Rights. An analysis of the interface between intellectual property and private international law*, Oxford, 2002, Oxford University Press.
84. Ver por exemplo Hélène Gaudemet-Tallon, *Compétence et exécution des jugements en Europe. Matières civile et commerciale. Règlement 44/2001 et 1215/2012, Conventions de Bruxelles (1968) et de Lugano (1998 et 2007)* (cit. *supra*, nota 67), p. 124.

Na alinea d) do mesmo artigo 63.º, a nossa lei inclui, considerando-a igualmente de competência exclusiva dos tribunais portugueses, a «matéria de execuções sobre imóveis situados em território português». Trata-se de um preceito introduzido com o Decreto-Lei n.º 38/2003, que o inseriu enquanto alinea e), referindo-se na altura às «execuções sobre bens existentes em território português», formulação que a Lei n.º 52/2008 viria a restringir (agora na alinea b)) às execuções sobre bens *imóveis* situados em território português, e que passou para a presente lei. Uma vez que a competência exclusiva dos tribunais do lugar da execução para proceder a esta, consagrada nos instrumentos de direito comunitário que temos vindo a mencionar[85], constitui uma aplicação do princípio geral de direito internacional público de que a competência para a realização de actos de execução no território de um Estado pertence exclusivamente aos tribunais respectivos[86], nada há a objectar à primeira formulação referida (a introduzida em 2003), sendo no entanto de entender[87] que esta competência se limita apenas à execução propriamente dita, não se estendendo aos actos que autorizam ou ordenam a realização de uma determinada medida de execução. Este entendimento permitiria assim dar um sentido à modificação introduzida em 2008 e mantida na nova lei, dela resultando assim que, tratando-se de imóveis, nem sequer tal seria possível, estando essa mesma competência (ainda que limitada aos actos desta última natureza) reservada também aos tribunais portugueses no que aos imóveis sitos em Portugal diz respeito. De todo o modo, não nos parece que este sentido interpretativo (o único que que logramos imputar à modificação introduzida em 2008, porque a competência exclusiva para a realização de actos de execução em Portugal, sobre imóveis como sobre móveis, para além de se impôr por si própria, resultava já da versão anterior do preceito) mereça consagração legislativa, não estando nós certos de que o seu bem fundado se imponha. Só que, a não ser asssim, não vemos como interpretar a modificação legislativa a que nos reportamos, uma vez que nos parece inquestionável que, também no que respeita aos móveis, a realização propriamente dita em Portugal de actos de execução não pode deixar de se considerar da competência exclusiva dos tribunais portugueses. Em razão do que, a consagrar-se algo a este respeito, preferiríamos a formulação que havia sido introduzida pelo Decreto-Lei n.º 38/2003.

---

85. Cfr. *supra*, na nota 53, respectivamente os artigos 16, n.º 5, 22, n.º 5 (24.º, n.º 5, no caso do Regulamento 1215/2012) e 22, n.º 5, respectivamente.
86. Como de resto o recorda Lima Pinheiro, *Direito Internacional Privado, vol. III – Competência Internacional e Reconhecimento de Decisões Estrangeiras* (cit. *supra*, nota 37), p. 271.
87. Assim também Hélène Gaudemet-Tallon, *Compétence et exécution des jugements en Europe. Matières civile et commerciale. Règlement 44/2001 et 1215/2012, Conventions de Bruxelles (1968) et de Lugano (1998 et 2007)* (cit. *supra*, nota 67), p. 132-134, que refere a jurisprudência do Tribunal de Justiça neste sentido.

Por último, a alinea e) do artigo 63.º considera exclusivamente competentes os tribunais portugueses «em matéria de insolvência ou de revitalização de pessoas domiciliadas em Portugal ou de pesoas colectivas ou sociedades cuja sede esteja situada em território português». Trata-se do alargamento da previsão da regra introduzida a este respeito em 1978[88], alargamento que nela passa agora a incluir, por um lado, as pessoas singulares e, por outro, os processos de revitalização, assim acompanhando as vicissitudes da evolução terminológica relativa ao âmbito do instituto no nosso direito material. Sucede que entretanto a matéria passou a ser disciplinada sobretudo num acto comunitário (o Regulamento (CE) n.º 1346/2000, do Conselho, relativo aos processos de insolvência, de 29 de Maio de 2000, depois substituído pelo Regulamento (UE) n.º 2015/848, do Parlamento Europeu e do Conselho, de 20 de Maio de 2015, sobre a mesma matéria), do qual constam (artigo 3.º) as regras de competência internacional, pelo que apenas fora do campo de aplicação deste diploma subsiste a competência internacional dos tribunais portugueses determinada por regras de direito processual civil comum português. Ao limitar a competência exclusiva dos tribunais portugueses aos casos de pessoas colectivas sediadas em território português, parece dever entender-se, e uma vez que fará pouco sentido que o legislador nela quizesse incluir casos de entes de estatuto pessoal não português, no caso das sociedades, ser relevante, para este efeito, a sede estatutária, a menos que se possa considerar que a sede efectiva em Portugal é cognoscível da generalidade dos credores[89].

88. Na alínea b) do artigo 65.º-A pelo artigo 2.º da Lei n.º 21/78. A regra manteve-se na alínea b) do artigo 65.º-A com a reforma de 1995/1996 (assim Moura Ramos, «A Reforma do Direito Processual Civil Internacional» (*cit. supra*, nota 6), p. 33-34, e com a revisão de 2003, tendo passado a estar incluída, com a Lei n.º 52/2008, na alinea d) do mesmo artigo.
Note-se que a competência internacional em matéria falimentar era regulada no Código de Processo Civil de 1939 (e, anteriormente no Código de Processo Comercial e no Código de Falências de 1935), cujo artigo 82.º, parágrafo único, consagrava o sistema da territorialidade da falência, ao dispor que o tribunal português da situação do principal estabelecimento e, na falta deste, o do domicílio ou da sede do arguido (entendendo-se por principal estabelecimento aquele em que o arguido exerce maior actividade comercial) era competente para declarar a falência deste, mesmo no caso de um comerciante ter em Portugal qualquer estabelecimento, sucursal ou representação, mas neste último caso apenas em consequência de obrigações contraídas em Portugal e que aqui devessem ser cumpridas, sendo também a liquidação restrita aos bens existentes em território português (sobre o ponto, cfr. Palma Carlos, *Código de Processo Civil Anotado* (*cit. supra*, nota 29), p. 224-228, J. Alberto dos Reis, *Comentário ao Código de Processo Civil* (*cit. supra*, nota 29), p. 228-234, e Barbosa de Magalhães, *Estudos sobre o novo Código de Processo Civil*, 2º volume, *Da competência internacional* (*cit. supra*, nota 29), p. 260-285. Aquele sistema havia sido combatido entre nós por Artur Montenegro (*Theoria da unidade e da universalidade da fallencia*, Coimbra, 1894, Imprensa da Universidade), que se pronunciaria em favor do sistema da unidade e da universalidade (p. 124-128), defendendo o critério do principal estabelecimento ou do domicílio do comerciante, considerado o centro dos seus negócios, para a competência jurisdicional (p. 130) como para a competência legislativa (p. 137).
89. Assim Lima Pinheiro, *Direito Internacional Privado, vol. III – Competência Internacional e Reconhecimento de Decisões Estrangeiras* (*cit. supra*, nota 37), p. 300-301.

Resta-nos acrescentar, em relação ainda aos termos da evolução legislativa entretanto ocorrida, que acompanhamos a supressão da referência aos casos previstos em tratados, convenções, regulamentos comunitários, e leis especiais, inserida primeiramente na introdução ao artigo 65.º-A pela revisão de 2003, e depois transferida para uma nova alinea a), pela Lei n.º 52/2008 (ainda que limitada agora aos regulamentos e a outros instrumentos internacionais), supressão levada a cabo pela nova lei e de todo justificada, uma vez que aqueles preceitos se limitavam, sem que para o efeito existisse razão bastante, a repetir algo que sempre haveria de se ter por assente.

4. O RECONHECIMENTO DE SENTENÇAS ESTRANGEIRAS

4.1. Os termos da reforma

Começaremos por dizer que, difentemente do que se passou com a matéria da competência internacional, a questão do reconhecimento das sentenças estrangeiras foi objecto de uma muito menor atenção por parte do legislador, quer no que se refere propriamente ao novo Código, quer também no que ao tempo decorrido após a Reforma de 1995/1996[90] diz respeito. Este menor alcance das modificações introduzidas não poderá assim deixar de se repercutir no relevo dos desenvolvimentos que se seguirão, e que será significativamente menor do que antecede.

A circunstância de a ausência de impulso inovador marcar assim o olhar do legislador nesta matéria evidencia-se desde logo na manutenção da epígrafe (Da revisão das sentenças estrangeiras) que encima o título (hoje o XIV) dedicado a esta questão[91], e em que a forma como o problema é tratado (pelo mecanismo da revisão) cede o lugar ao enunciado da questão (do reconhecimento das sentenças estrangeiras) que nele é respondida. E o mesmo se diga da opção que abre o primeiro artigo deste capítulo (o 978.º) e onde se continua a consagrar a necessidade de revisão (no número 1), ao dispor que, «sem prejuízo do que se ache estabelecido em tratados, convenções, regulamentos da União Europeia e leis especiais[92], nenhuma decisão sobre direitos privados, proferida por tribunal estrangeiro[93], tem eficácia em Portugal, seja qual for a

---

90. Que, como o referimos *supra*, no n.º 1, adoptámos como ponto de referência destas reflexões.
91. E que era o XII no Código anterior.
92. Esta fórmula seria introduzida pelo Decerto-Lei n.º 38/2003 (que no entanto falava em "regulamentos comunitários" em lugar de "regulamentos da União Europeia", assim substituindo a versão do Decreto-Lei n.º 329/95, que falava apenas em "tratados e leis especiais".
93. A referência tradicionalmente aqui contida às sentenças proferidas por árbitros no estrangeiro desapareceu com o artigo 2.º da Lei n.º 63/2011, de 14 de Dezembro, que aprova a Lei da Arbitragem Voluntária, onde o legislador (afastando-se aqui da opção anterior) concentrou todo o regime da arbitragem, incluindo o reconhecimento das sentenças arbitrais estrangeiras. E o mesmo se diga do anterior artigo

nacionalidade das partes, sem estar revista e confirmada». Opção que mantém precisamente o mesmo alcance que até agora lhe era reconhecido, uma vez que aquela revisão continua a só não ser necessária «quando a decisão seja invocada em processo pendente nos tribunais portugueses, como simples meio de prova sujeito à apreciação de quem haja de julgar a causa» (número 2).

De igual modo, é a mesma a instância judicial a quem cabe a competência para a revisão[94], como se mantém precisamente nos mesmos termos os requisitos para a confirmação das sentenças judiciais que tinham resultado da reforma operada pelo Decreto-Lei n.º 329-A/95[95]. Assim, o legislador continua a exigir «que não haja dúvidas sobre a autenticidade do documento de que conste a sentença nem sobre a inteligibilidade da decisão» (alinea a)), que esta «tenha transitado em julgado segundo a lei do país em que foi proferida» (alinea b)), «provenha de tribunal estrangeiro cuja competência não tenha sido provocada em fraude à lei e não verse sobre matéria de exclusiva competência dos tribunais portugueses» (alinea c)), «que não possa invocar-se a excepção de litispendência ou de caso julgado com fundamento em causa afecta a tribunal português, excepto se foi o tribunal estrangeiro que preveniu a jurisdição» (alinea d)), «que o réu tenha sido regularmente citado para a acção, nos termos da lei do país do tribunal de origem, e que no processo hajam sido observados os princípios do contraditório e da igualdade das partes» (alinea e)), e «que não contenha decisão cujo reconhecimento conduza a um resultado manifestamente incompatível com os princípios da ordem pública internacional do Estado Português» (alinea f)).

Também o processo de reconhecimento não sofre qualquer alteração relevante, continuando a prever-se, quanto à contestação e resposta, que «apresentado com a petição o documento de que conste a decisão a rever, é a parte contrária citada para, no prazo de 15 dias, deduzir a sua oposição; o requerente pode responder nos dez dias seguintes à notificação da apresentação da oposição» (artigo 981.º), e, quanto à discusssão e julgamento, que «apresentados os articulados e realizadas as diligências que o relator tenha por indispensáveis, é facultado o exame do processo, para alegações, às partes e ao Ministério Público, pelo prazo de 15 dias» (número 1 do artigo 982.º), e

---

1097.º (relativo à confirmação das decisões arbitrais) que estendia a estas decisões, na parte em que o pudesse ser, os requisitos de confirmação das sentenças judiciais estrangeiras, revogado pelo artigo 5.º, número 3, daquela mesma lei. Cfr. a propósito Moura Ramos, «Arbitragem estrangeira e reconhecimento de sentenças arbitrais estrangeiras no novo direito português da arbitragem», *in Estudos em Homenagem a António Barbosa de Melo*, Coimbra, 2013, Almedina, p. 839-859, e «O novo direito português da arbitragem», *in Boletim da Faculdade de Direito*, Vol. 90, t. 2 (2014), p. 567-612.

94. O tribunal da Relação da área em que esteja domiciliada a pessoa contra quem se pretende fazer valer a sentença (artigo 979.º).

95. Cfr. Moura Ramos, «A Reforma do Direito Processual Civil Internacional» (*cit. supra*, nota 6), p. 40-47.

que o julgamento se faz segundo as regras próprias da apelação[96]» (número 2 do mesmo artigo).

E o mesmo se diga dos fundamentos de impugnação do pedido (que são os constituídos pela falta de qualquer dos requisitos mencionados no artigo 980.º ou pela verificação de algum dos casos de revisão previstos nas alineas a), c) e g) do artigo 696.º[97] (número 1 do artigo 983.º), sendo que se mantém por igual a regra, constante do número 2 do mesmo preceito, nos termos da qual «se a sentença tiver sido proferida contra pessoa singular ou colectiva de nacionalidade portuguesa, a impugnação pode ainda fundar-se em que o resultado da acção lhe teria sido mais favorável se o tribunal estrangeiro tivesse aplicado o direito material português, quando por este devesse ser resolvida a questão segundo as normas de conflitos da lei portuguesa»[98]. Finalmente, definem-se ainda nos mesmos termos quer a actividade oficiosa do tribunal (que verificará oficiosamente, segundo o artigo 984.º, se concorrem as condições indicadas nas alíneas a) e f) do artigo 980.ª, devendo também negar negar oficiosamente a confirmação quando, pelo exame do processo ou pelo conhecimento derivado

96. Esta referência à apelação foi introduzida (no então artigo 1089.º) pelo artigo 1.º do Decreto-Lei n.º 303/2007, de 24 de Agosto, que alterou o regime dos recursos em processo civil, adoptando um regime monista de recursos cíveis, com eliminação da distinção entre recurso de apelação e recurso de agravo. Sobre esta reforma, cfr. Armindo Ribeiro Mendes, *Recursos em Processo Civil. A Reforma de 2007*, Coimbra, 2009, Coimbra Editora, e J. O. Cardona Ferreira, *Guia de Recursos em Processo Civil. O novo regime recursório civil*, 4ª edição, Coimbra, 2007, Coimbra Editora. Para a situação que a precedeu, cfr. Ministério da Justiça – Gabinete de Política Legislativa e Planeamento, *O Sistema de Recursos em Processo Civil e em Processo Penal*, Coimbra, 2006, Coimbra Editora; e para o direito actual, vide António Santos Abrantes Geraldes, *Recursos no novo Código de Processo Civil*, Coimbra, 2013, Almedina.

97. Que se referem, respectivamente aos casos de outra sentença transitada em julgado ter dado como provado que a decisão resulta de crime praticado pelo juiz no exercício das suas funções; de ser apresentado documento de que a parte não tivesse conhecimento, ou de que não tivesse podido fazer uso, no processo em que foi proferida a decisão a rever, e que, por si só, seja suficiente para modificar a decisão em sentido mais favorável à parte vencida; e de o litígio assentar sobre acto simulado das partes e o tribunal não ter feito uso do poder que lhe confere o artigo 612.º (de obstar ao objectivo anormal do processo prosseguido pelas partes), por não se ter apercebido da fraude.
Note-se que os termos em que se encontra redigido o primeiro destes fundamentos de revisão, bem como a introdução do último, remontam ao Decreto-Lei n.º 303/2007, de 24 de Agosto. Em relação à situação vigente anteriormente à entrada em vigor deste diploma, saliente-se o desaparecimento da possibilidade de invocar o fundamento da contrariedade com outra decisão que constitua caso julgado para as partes formado anteriormente (prevista na anterior alínea g) deste artigo 771.º -- a este propósito, cfr. Ferrer Correia, *Lições de Direito Internacional Privado*, I (*cit. supra*, nota 55), p. 481).

98. Sobre este fundamento e a forma como este condicionalismo relevava no nosso direito anteriormente à reforma de 1995/1996, cfr. Ferrer Correia/Ferreira Pinto, «Breve apreciação das disposições do anteprojecto do Código de processo civil que regulam a competência internacional dos tribunais portugueses e o reconhecimento das sentenças estrangeiras» (*cit. supra*, nota 45), p. 30-31, Ferrer Correia, «Quelques reflexions sur le système portugais concernant la reconnaissance et l'execution des jugements étrangers en matière civile et commerciale», *in Droit International et Droit Communautaire*, Paris, 1991, Fondation Calouste Gulbenkian, p. 135-141 (137-139), Moura Ramos, «A Reforma do Direito Processual Civil Internacional» (*cit. supra*, nota 6), p. 45-47, e Lima Pinheiro, *Direito Internacional Privado, vol. III – Competência Internacional e Reconhecimento de Decisões Estrangeiras* (*cit. supra*, nota 37), p. 523-527.

do exercício das suas funções, apurar que falta algum dos requisitos exigidos nas alineas b), c), d) e e) do mesmo preceito), quer o recurso da decisão final da Relação sobre o mérito da causa, de que cabe recurso de revista (número 1 do artigo 985.º), podendo o Ministério Público, ainda que não seja parte principal, recorrer com fundamento na violação das alineas c), e) e f) do artigo 980.º (número 2 do mesmo preceito).

4.2. Apreciação

As considerações anteriores permitem-nos certamente concluir que o novo Código não traz nesta matéria qualquer inovação significativa, limitando-se a pequenos ajustes que decorrem de opções de outra natureza, e consagrando a situação que resultava já da reforma de 1995/1996. Trata-se de uma opção que, reafirmando, na verdade, algumas posições que este último texto confirmara, não é porém inócua, pelo que se justifica que sobre ela nos detenhamos brevemente.

Assim, e desde logo, o legislador mantém a exigência de um controlo prévio da sentença estrangeira como condição do reconhecimento da produção dos seus efeitos *in foro domestico*. Exige assim a introdução de uma acção própria, destinada a obter a confirmação do julgado estrangeiro, que funciona como *conditio juris* do desenvolvimento, pela sentença estrangeira, no Estado do foro, dos efeitos (de acto jurisdicional) que lhe competem segundo a lei do Estado de origem[99]. Não acolhe pois, diferentemente do que tem crescentemente vindo a ser admitido por outros ordenamentos, o chamado sistema do reconhecimento automático, em que se não torna necessária a instauração *in foro* de um qualquer procedimento para obter uma declaração da eficácia da sentença estrangeira. Mais concretamente, o reconhecimento da sentença estrangeira, que aqui é visto como reconhecimento processual[100], destinando-

99. Assim Ferrer Correia, *Lições de Direito Internacional Privado*, I (*cit. supra*, nota 55), p. 476, e «La reconnaissance et l'exécution des jugements étrangers en matière civile et commerciale (Droit Comparé)», *in Estudos Vários de Direito*, Coimbra, 1982, Por Ordem da Universidade, p. 105-191 (105-106).

100. E portanto distinto do chamado reconhecimento internacionalprivatístico, em que o reconhecimento do julgado estrangeiro tem lugar através das regras de direito internacional privado do foro, que recebem os valores normativos presentes no ordenamento *ad quem*, que assim vêm produzir efeitos inovadores na realidade jurídico-material do Estado do foro (cfr. Elena d'Alessandro, *Il Riconoscimento delle Sentenze Straniere*, Torino, 2007, G. Giappichelli Editore, p. 6). Segundo esta autora, este sistema, que distinguiria o reconhecimento dos efeitos de uma decisão estrangeira sobre uma dada situação jurídico-material (e que se traduzia na recepção de uma nova regra substancial destinada a disciplinar a *fattispecie* cujo modo de ser se discute naquela sentença) da atribuição de eficácia executiva às pronúncias condenatórias nelas contidas (assim envolvendo a colaboração do poder coercivo do Estado requerido na obtenção do cumprimento coactivo da obrigação consagrada naquela sentença) fora comummente utilizado nos sistemas europeus até finais do século XIX, sobrevivendo hoje apenas no direito francês. Interpretando neste sentido o nosso sistema à época a que a autora se refere, cfr. Marnoco e Sousa, *Execução*

-se à recepção de actos de carácter processual e visando a produção de um vínculo desta última natureza, tem lugar por força de uma norma do foro que determina a recepção da sentença enquanto acto jurisdicional e se encontra formulada em termos de indicar os requisitos cujo preenchimento possibilita o reconhecimento[101]. Mas este sistema tanto é compatível com a exigência de um acto positivo de carácter jurisdicional, a levar a cabo no Estado do reconhecimento – a delibação forçosa, defendida na doutrina por Anzilotti -- como pode limitar-se a, revelando uma maior confiança na decisão estrangeira, não ir além da subordinação da recepção do julgado estrangeiro à simples integração da norma de reconhecimento, sem que tal excluísse a posibilidade de um juízo declarativo destinado a confirmar a verificação dos requisitos de que depende o reconhecimento[102].

É naquela primeira modalidade que o sistema do reconhecimento processual é entendido classicamente entre nós[103], conquanto a nossa doutrina não tenha compreendido da mesma forma o círculo de decisões que a ele se encontravam submetidas[104]. Se a divergência assim verificada aconselhava já

extraterritorial das sentenças cíveis e commerciaes, Coimbra, 1898, F. França Amado – Editor, p. 129-136, que lhe dá o seu aplauso. E para a evolução que precedeu este momento, veja-se, sobre o nosso direito, esta mesma obra, a p. 99-128.

101. Assim Elena d'Alessandro, *Il Riconoscimento delle Sentenze Straniere* (*cit. supra*, nota 100), p. 12.
102. *Op. cit.* na nota anterior, a p. 13.
103. Assim por exemplo, Ferrer Correia, *Lições de Direito Internacional Privado*, I (*cit. supra*, nota 55), p. 470-476, e Lima Pinheiro, *Direito Internacional Privado, vol. III – Competência Internacional e Reconhecimento de Decisões Estrangeiras* (*cit. supra*, nota 37), p. 477. Vejam-se ainda J. Alberto dos Reis, *Processos Especiais*, v. II, Coimbra, 1956, Coimbra Editora, p. 139-204 (142-158) e António Marques dos Santos, «Revisão e confirmação de sentenças estrangeiras no novo Código de Processo Civil de 1997 (alterações ao regime anterior)», *in Aspectos do novo Processo Civil* (*cit. supra*, nota 51), p. 105-155 (110).
Idêntica era ainda a solução do direito italiano anteriormente à reforma operada pela lei a que nos referimos *supra*, na nota 14. Com a diferença de, até esse momento, e sobretudo depois do Código de 1942, o juiz italiano poder, nos casos de revisão de mérito (artigo 918.º), decidir sobre o mérito da sentença estrangeira, enquanto, mesmo neste caso, o juiz português do *exequatur* apenas se encontrava habilitado a "verificar, pelo exame, tanto de seu preceito ou decisão, como dos seus fundamentos, se tanto for necessário, a verdade de tal arguição, reconhecendo a sua eficácia ou rejeitando a sua confirmação, mas não substituindo ou modificando a sua decisão" [assim, e fazendo o confronto dos dois sistemas, Machado Villela, «Observações sobre a execução das sentenças estrangeiras», 32 *Boletim do Ministério da Justiça* (Setembro de 1952), p. 31-66 (65-66)].
104. Assim, enquanto alguns autores apenas isentavam do princípio da revisão como acto prévio, além dos efeitos probatórios ressalvados pelo anterior artigo 1094.º, número 2 (actual artigo 978.º, número 2) os efeitos da decisão estrangeira como simples facto jurídico, situação de facto, e os seus efeitos laterais, excluindo claramente de tal isenção quer o caso das sentenças constitutivas quer o dos actos de jurisdição voluntária (assim J. Alberto dos Reis, *Processos Especiais*, v. II (*op. cit. supra*, nota 103), p. 150-156), e Ferrer Correia, *Lições de Direito Internacional Privado*, (*cit. supra*, nota 55), p. 470-473), já outros estendiam a mesma isenção à eficácia constitutiva das decisões (assim Lima Pinheiro, *Direito Internacional Privado, vol. III – Competência Internacional e Reconhecimento de Decisões Estrangeiras* (*cit. supra*, nota 37), p. 478-486) e às decisões proferidas em processos de jurisdição voluntária (assim Machado Villela, *Tratado Elementar (Teórico e Prático) de Direito Internacional Privado*, Livro I – Princípios Gerais, Coimbra, 1921, Coimbra Editora, p. 662-663).

uma clarificação, cremos que também a circunstância de o sistema do reconhecimento automático ter vindo a merecer crescente favor no direito comparado[105] poderia ter levado o nosso legislador a reabrir a discussão sobre este ponto.

Estreitamente ligada a esta problemática surge a da questão dos efeitos das sentenças estrangeiras cuja produção *in foro domestico* o próprio legislador admite, independentemente da revisão e confirmação tradicionalmente exigida. É sabido como a previsão legal se limita a este respeito ao efeito probatório[106], cuja precisa delimitação da «eficácia vinculativa» propriamente dita da decisão tem revelado particularidades dificuldades[107], mas não se ignora também que a nossa doutrina tem alargado o âmbito daquela previsão a outras situações[108], assim lhe reconhecendo de alguma forma o carácter de válvula de escape para

---

105. Como o notáramos já no nosso «A Reforma do Direito Processual Civil Internacional» (*cit. supra*, nota 6), p. 53-54.
Estamos a pensar sobretudo na lei italiana que combina as duas formas de reconhecimento a que nos referimos, tendo de qualquer modo afastado o sistema da delibação. Sobre a questão do reconhecimento das sentenças estrangeiras tal como é tratada nesta lei, vejam-se, além das obras de conjunto referidas *supra*, na nota 14, Stefania Bariatti, «Anotação aos artigos 64 a 68», *in La Riforma del sistema italiano di diritto internazionale privato. Legge 31 Maggio 1995, N.º 218. Commentario*, p. 1221-1253, Andrea Bonomi, «Italie. – Droit International Privé. – Effets des jugements étrangers. *Le nouveau système de la reconnaissance et de l'exécution des jugements étrangers en Italie*», *Rev. crit. dr. internat. privé* 86 (1997), p. 372-379, Franco Mosconi/Cristina Campiglio, *Diritto Internazionale Privato e Processuale*, vol. I – Parte Generale e Contratti (*cit. supra*, nota 59), p. 330-351, Elena d'Alessandro, *Il Riconoscimento delle Sentenze Straniere* (*cit. supra*, nota 100), p. 14-45, 53-118, 184-237, e 308-356, e Tito Ballarino/Eleonora Ballarino/Ilaria Pretelli, *Diritto Internazionale Privato Italiano* (*cit. supra*, nota 59), p. 95-99.
106. Que se acresscenta estar "sujeito à apreciação de quem haja de julgar a causa" (número 2 do artigo 978.º, *in fine*).
107. Sobre o ponto, cfr. Danièle Alexandre, *Les Pouvoirs du Juge de l'Exequatur*, Paris, 1970, L.G.D.J., p. 81-96, e, entre nós, a dissertação de doutoramento de Maria José Capelo, *A sentença entre a autoridade e a prova. Em busca de traços distintivos do caso julgado civil*, Coimbra, 2010 (versão digitalizada apresentada a provas), p. 169-177, onde se desenha o alcance da função probatória da sentença, enquanto documento público, separando-a da eficácia da decisão nela contida. E também, a propósito do "valor documental" reconhecido à sentença, a crítica às situações de aproveitamento da sentença estrangeira como meio de prova, fora dos processos de revisão (p. 191-204), em que é dado muitas vezes relevo às verificações constantes da decisão (em razão da circunstância de serem resutado da actuação de uma entidade pública).
108. Cfr. as referências feitas *supra*, na nota 104.
Uma dessas situações é a que se reporta ao valor da sentença estrangeira (não reconhecida) enquanto facto (*effet de fait*) mas já não enquanto norma (sobre o ponto, cfr. já Étienne Bartin, «Le jugement étranger considéré comme un fait», 51 *Clunet* (1924), p. 857-876, e Danièle Alexandre, *Les Pouvoirs du Juge de l'Exequatur* (*cit. supra*, nota 107), p. 74-81), o que permitiria a sua tomada em consideração, vindo mais tarde a sustentar-se (Pierre Mayer/Vincent Heuzé, *Droit International Privé*, 7ª edição, Paris, 2001, Montchrestien, p. 300-301) que tal pode ocorrer através da lei material aplicável à situação controvertida, que concebe o julgado estrangeiro enquanto condição (pressuposto) da sua aplicação, sendo daquela que decorre o efeito jurídico em causa [sobre a questão, por último, e entre nós, veja-se Maria José Capelo, *A sentença entre a autoridade e a prova. Em busca de traços distintivos do caso julgado civil* (*cit. supra*, nota 107), p. 426-461]. Em tais situações, como nas demais que envolvem uma referência de pressuposição ou pressuponente (veja-se Baptista Machado, *Âmbito de Eficácia e Âmbito de Competência das Leis*, Coimbra, 1970, Almedina, p. 309-314), «um elemento do enunciado legal duma norma do ordenamento *a quo* é constituído pela verificação dum certo efeito de direito no ordenamento *ad quem* – é constituído pelo "produto de uma valoração jurídica estrangeira" à qual precisamente a referência vai dirigida»,

a (excessiva) rigidez do sistema da revisão por controlo prévio através de acto jurisdicional[109]. De qualquer modo, o certo é que, também entre nós, a interpretação daquele preceito, igualmente condicionada pela preocupação de obviar àquela mesma característica do sistema, transportou para o preenchimento da noção de «efeitos da sentença distintos dos que dela decorrem enquanto acto jurisdicional» a dificuldade de precisar o valor probatório da «sentença documento», e que se refere ao que está para além da decisão constituída pelo acto de jurisdição. Para além da dificuldade de identificação das hipóteses em que a sentença estrangeira emerge como simples meio de prova, parece estar assim em causa, como cremos ter ficado demonstrado numa análise recente[110], a questão de, ao pretender contribuir para formar a convicção do juiz sobre a realidade de um determinado facto (relevante para a causa decidida pela sentença estrangeira como para a que ele se encontra a julgar), se admitir dessa forma o «valor extraprocessual de um "juízo histórico" [que] acarreta uma afronta aos princípios de direito probatório, tais como o princípio da plenitude da assistência dos juízes e o da imediação»[111].

---

tratando-se «apenas de resolver uma *questio facti* para efeitos de aplicação da norma pressuponente» (p. 309).

Sobre o reconhecimento dependente do direito aplicável [admitido pela doutrina e jurisprudência italianas anteriormente à lei de 1995 quando a decisão havia sido proferida no Estado cuja lei era a aplicável face às regras de conflitos italianas ou quando era reconhecida nesse Estado (assim Andrea Bonomi, «Italie. – Droit International Privé. – Effets des jugements étrangers. *Le nouveau système de la reconnaissance et de l'exécution des jugements étrangers en Italie*» (*cit. supra*, nota 105), p. 373), e que parece continuar a ser admitido paralelamente ao reconhecimento simplificado previsto no artigo 65 daquela lei (e que se refere às sentenças, relativas à capacidade, às relações de família e aos direitos de personalidade, prolatadas pelas autoridades dos Estados cuja lei é considerada competente pelas regras de conflitos italianas ou que produzam efeitos na ordem jurídica desse Estado, ainda que proferidas por autoridades doutro Estado, desde que se não revelem contrárias à ordem pública e respeitem os direitos fundamentais da defesa), cfr. Stefania Bariatti, «Anotação aos artigos 64 a 68», *in La Riforma del sistema italiano di diritto internazionale privato. Legge 31 Maggio 1995, N.º 218. Commentario* (cit. supra, nota 105, p. 1232-1240, e Franco Mosconi/Cristina Campiglio, *Diritto Internazionale Privato e Processuale*, vol. I – Parte Generale e Contratti (*cit. supra*, nota 59), p. 341-343), em todas as matérias e em todos os casos em que seja possível atribuir efeitos em Itália a situações jurídicas produzidas no ordenamento competente], vejam-se ainda Elena d'Alessandro, *Il Riconoscimento delle Sentenze Straniere* (*cit. supra*, nota 100), p. 4-10, e, entre nós, Lima Pinheiro, «A triangularidade do direito internacional privado – Ensaio sobre a articulação entre o Direito de Conflitos, o Direito da Competência Internacional e o Direito de Reconhecimento» (*cit. supra*, nota 10), p. 333-349.

109. Para um levantamento de um conjunto de posições da jurisprudência francesa igualmente tendentes a evidenciar, mau grado o alegado princípio da ineficácia das sentenças patrimoniais estrangeiras anteriormente ao *exequatur*, o carácter incontestável, perante as jurisdições francesas, das decisões estrangeiras regulares, independentemente da outorga daquele mecanismo, cfr. Horatia Muir-Watt, «Remarques sur les effets en France des jugements étrangers indépendamment de l'exequatur», *in Mélanges dédiés à Dominique Holleaux*, Paris, 1990, Litec, p. 301-316.

110. Assim Maria José Capelo, *A sentença entre a autoridade e a prova. Em busca de traços distintivos do caso julgado civil* (*cit. supra*, nota 107), p. 204-231.

111. *Idem, ibidem*, p. 219. Na verdade, como aí se refere a p. 220, «não se lhe proporciona o "meio de prova" mas o "resultado" de uma apreciação anterior». E ainda que o valor que lhe é reconhecido seja o de uma mera presunção judicial (ilidível, portanto), sempre haverá que reconhecer, como aí se acrescenta,

Acresce que se a razão de ser deste dispositivo é a que aventámos então ele parece hoje claramente desprovido de sentido útil, numa situação em que o reconhecimento e a execução das sentenças estrangeiras tendem claramente a ser dissociados[112], e o carácter automático do primeiro se tem vindo crescentemente a impôr (mesmo para além do universo do direito convencional ou do direito dos espaços onde predomina a integração jurídica, como se exemplifica pela solução italiana). Neste contexto, a mera reprodução do regime anterior (sistema da revisão e ressalva dos efeitos probatórios) afigura-se não corresponder a uma real necessidade, antes se compreendendo mal que a sua correspondência ao sentido do reconhecimento devido ao acto (jurisdicional) do Estado estrangeiro e aos dados actuais da prática internacional não tenha sido questionada.

Se a manutenção da exigência do *exequatur* (sistema da revisão por controle jurisdicional prévio), no seu princípio como na excepção que lhe é admitida, se nos afigura assim contestável[113], já não diremos o mesmo das condições de que ela depende, e que são enumeradas no artigo 980.º. Aqui, como referimos, segue-se sem mais o direito anterior, que fora já, com alguma profundidade, objecto de reconsideração com a reforma de 1995/1996[114]. O legislador

---

que «a inferência, fundada em regras da experiência, é prerrogativa do juiz "interno", mas a "base da presunção" é imposta, no sentido de que esta não foi "produzida" no processo pendente».

112. No sentido de que «recognition refers to the *res judicata* effect of the foreign judgement wich spreads out into the country of reception, while enforcement pertains, (...) to an "act of material execution on the assets or of committal of persons"», cfr. Konstantinos D. Kerameus, «Enforcement in the International Context», *Recueil des Cours*, 264 (1997), p. 179-410, a p. 335. E veja-se o mesmo autor e obra, a p. 332, no sentido de que o processo de execução de uma decisão conteria dois elementos, um de natureza declarativa, consistindo na expansão geográfica da autoridade dos direitos, tais como consagrados na decisão original, e outro, de carácter constitutivo, modelando uma nova situação que não existira primitivamente "and which actually brings about such increase in the impact of the judgment".
Em geral sobre esta questão, cfr. também Arthur T. Von Mehren, «Recognition and enforcement of foreign judgments – General theory and the role of jurisdictional requirements», *Recueil des Cours* 167 (1980-II), p. 9-112, e Haimo Schack, *Internationales Zivilverfahrensrecht* (*cit. supra*, nota 39) p. 272-319.

113. Estamo-nos a referir à questão em geral, pois que, como de resto sucede na lei italiana (artigo 67), sempre a verificação judicial da existência dos requisitos de que depende o reconhecimento se tornaria necesssária em caso de inobservância ou de contestação do reconhecimento da sentença estrangeira ou de um acto de jurisdição voluntária ou quando se tornasse necessário proceder à sua execução de forma coactiva. Sobre o ponto, cfr. Stefania Bariatti, «Anotação aos artigos 64 a 68», *in La Riforma del sistema italiano di diritto internazionale privato. Legge 31 Maggio 1995, N.º 218. Commentario* (*cit. supra*, nota 104), p. 1242-1252, e Franco Mosconi/Cristina Campiglio, *Diritto Internazionale Privato e Processuale*, vol. I – Parte Generale e Contratti (*cit. supra*, nota 59), p. 344-347; e para a simplificação de que este processo viria a ser recentemente objecto, cfr. Claudio Consolo, «Il nuovo rito sommario (a cognizione piena) per il giudizio di accertamento dell'efficacia delle sentenze straniere in Italia doppo il D. LGS N.º 150/2011», 48 *Rivista di Diritto Internazionale Privato e Processuale* (2012), N.º 3, p. 513-524.

114. Assim Moura Ramos, «A Reforma do Direito Processual Civil Internacional» (*cit. supra*, nota 6), p. 40-47, António Marques dos Santos, «Revisão e confirmação de sentenças estrangeiras no novo Código de Processo Civil de 1997 (alterações ao regime anterior)» (*cit. supra*, nota 103), p. 123-147, e Lima Pinheiro, *Direito Internacional Privado, vol. III – Competência Internacional e Reconhecimento de Decisões Estrangeiras* (*cit. supra*, nota 37), p. 497-523.

não teve pois que retocar o sistema da competência internacional indirecta[115], em que o sistema da uniteralidade atenuada se havia já imposto[116], na esteira das posições de Marnoco e Sousa[117], Machado Villela[118] e Castro Mendes[119], como não teve, como por último em França, de renunciar definitivamente ao controlo da competência da lei aplicada ao fundo da causa[120], que entre nós só persiste nos limitados termos consentidos pelo regime da impugnação do pedido de reconhecimento[121]. Da mesma forma que não se lhe tornava necessário precisar

115. Sobre esta questão continua a ser fundamental a obra de Dominique Holleaux, *Compétence du juge étranger et reconnaissance des jugements*, Paris, 1970, Dalloz. Entre nós vejam-se os estudos de Ferrer Correia, «Breves considerações sobre a competência internacional indirecta», *Revista de Legislação e de Jurisprudência*, Ano 108.º (1975-1976), N.º 3561, p. 371-373, e Ano 109 (1976-1977), N.ºs 3562 a 3569, p. 4-5, 19-20, 35-36, 51-52, 67-68, 83-85, 101-104, e 133, Ana Maria Peralta, «A Competência Internacional Indirecta em Direito Português» e João Curado Neves, «Sobre a competência internacional indirecta», *in* Ana Maria Peralta/ João Curado Neves, *A Competência Internacional Indirecta em Direito Processual Civil*, Lisboa, 1988, AAFDL, respectivamente a p. 7-79 e 81-183.

116. Com as ressalvas da fraude à lei em sede de determinação da competência jurisdicional do tribunal sentenciador e das competências exclusivas do tribunal do reconhecimento. Sobre os termos da actuação daquele primeiro mecanismo, cfr. Danièle Alexandre, *Les Pouvoirs du Juge de l'Exequatur* (*cit. supra*, nota 107), p. 299-3129, e 335-336, e, sobre as segundas, *vide supra*, n.º 5.
O mesmo havia acontecido entretanto quer na ordem jurídica francesa (após os *arrêts Mark Trucks* (de 10 de Novembro de 1971) e sobretudo *Simitch*, de 6 de Fevereiro de 1985 – cfr. a propósito P. Francescakis, «Le contrôle de la compétence du juge étranger après l'arrêt Simitch de la Cour de Cassation», *Rev. crit. dr. internat. privé* 74 (1985), p. 243-272) quer na britânica, com o caso *Indyka* (ver também P. Francescakis, «Un bond de la jurisprudence anglaise en matière de reconnaissance des décisions étrangères. L'arrêt de la Chambre des Lords dans l'affaire du divorce Indyka», *Rev. crit. dr. internat. privé* 58 (1969), p. 601-637). Mas note-se que outros ordenamentos continuam a preferir o sistema da bilateralidade. Assim a Alemanha [onde o *Spiegelbildprinzip* continua a imperar – vide Haimo Schack, *Internationales Zivilverfahrensrecht* (*cit. supra*, nota 39) p. 287-291 – mau grado a crítica, por exemplo, de Erik Jayme, em «Recognition of Foreign Judgements: International Jurisdiction of Foreign Courts revisited», *in Le Droit International à l'heure de sa codification. Études en l'honneur de Roberto Ago*, Milano, 1987, Giuffrè, p. 139-148], a Espanha (cfr. A. L. Calvo Caravaca, *La Sentencia Extranjera en España y la Competencia del Juez de Origen*, Madrid, 1986, Tecnos) e a Itália (veja-se a alínea a) do número 1 do artigo 64, e, na doutrina, Andrea Bonomi, «Italie. – Droit International Privé. – Effets des jugements étrangers. *Le nouveau système de la reconnaissance et de l'exécution des jugements étrangers en Italie*» (*cit. supra*, nota 105), p. 377, Stefania Bariatti, «Anotação aos artigos 64 a 68», *in La Riforma del sistema italiano di diritto internazionale privato. Legge 31 Maggio 1995, N.º 218. Commentario* (*cit. supra*, nota 105), p. 1226, Franco Mosconi/Cristina Campiglio, *Diritto Internazionale Privato e Processuale*, vol. I – Parte Generale e Contratti (*cit. supra*, nota 59), p. 333-335, e Tito Ballarino/ Eleonora Ballarino/Ilaria Pretelli, *Diritto Internazionale Privato Italiano* (*cit. supra*, nota 59), p. 119-120.

117. *Execução extraterritorial das sentenças cíveis e commerciaes* (*cit. supra*, nota 100), p. 218-220.

118. «Observações sobre a execução das sentenças estrangeiras» (*cit. supra*, nota 103), p. 42-46.

119. «Alguns problemas sobre revisão de sentenças estrangeiras», 19 *Revista da Faculdade de Direito da Universidade de Lisboa* (1965), p. 133-1169 (162-169), salvaguardando expressamente os casos de competência exclusiva dos tribunais portugueses.

120. Sobre a evolução a este respeito, que culminaria com o *arrêt Cornelissen*, de 20 de Fevereiro de 2007, veja-se Bertrand Ancel/Horatia Muir Watt, «Les jugements étrangers et la règle de conflit de lois. Chronique d'une séparation», *in Vers de nouveaux équilibres entre ordres juridiques. Mélanges en l'honneur d'Hélène Gaudemet-Tallon*, Paris, 2008, Dalloz, p. 135-170.

121 Cfr. o número 2 do artigo 983.º. Ver, a propósito, Moura Ramos, «A Reforma do Direito Processual Civil Internacional» (*cit. supra*, nota 6), p. 45-47, António Marques dos Santos, «Revisão e confirmação de sentenças estrangeiras no novo Código de Processo Civil de 1997 (alterações ao regime anterior)» (*cit. supra*, nota 103), p. 141-147, e Lima Pinheiro, *Direito Internacional Privado, vol. III – Competência Internacional e Reconhecimento de Decisões Estrangeiras* (*cit. supra*, nota 37), p. 523-527.

a relevância, nesta sede, quer da ordem pública[122] quer do respeito pelos direitos da defesa[123], como lhe não era imposto rectificar o regime das condições relativas ao jogo da litispendência e do caso julgado[124], ao carácter definitivo da decisão estrangeira a reconhecer ou aos requisitos formais desta e do documento em que ela se achava contida, enunciados em termos que se podem considerar satisfatórios no texto anterior.

5. CONCLUSÕES

Terminado o percurso que nos propuséramos fazer pelas soluções que o novo Código de Processo Civil dedica à regulamentação das relações plurilocalizadas, quer em sede de competência internacional dos tribunais portugueses, quer no âmbito do reconhecimento das sentenças estrangeiras, a primeira impressão que fica é a da continuidade destas soluções em relação ao direito anterior[125], não tendo assim o legislador aproveitado esta ocasião

---

122. Sobre o ponto, veja-se por exemplo Danièle Alexandre, *Les Pouvoirs du Juge de l'Exequatur* (*cit. supra*, nota 107), p. 250-298, e Elena d'Alessandro, *Il Riconoscimento delle Sentenze Straniere* (*cit. supra*, nota 100), p. 184-195. E para o entendimento deste conceito no seio do direito da União Europeia, cfr. C. Tuo, «La nozione di ordine pubblico processuale tra Bruxelles I e CEDU», *Il Diritto dell'Unione Europea*, 2/2009, p. 231-266, Moura Ramos, «Public policy in the framework of the Brussels Convention. Remarks on two recent decisions by the European Court of Justice», 2 *Yearbook on Private International Law* (2000), p. 25-39.
123. Pontos que a reforma de 1995/1996 tratara já satisfatoriamente -- ver o nosso estudo citado na nota 121, a p. 44-45. Na mesma direcção fora também a lei italiana (veja-se a alínea b) do número 1 do artigo 64, Stefania Bariatti, «Anotação aos artigos 64 a 68», *in La Riforma del sistema italiano di diritto internazionale privato. Legge 31 Maggio 1995, N.º 218. Commentario* (*cit. supra*, nota 105), p. 1226, Franco Mosconi/Cristina Campiglio, *Diritto Internazionale Privato e Processuale*, vol. I – Parte Generale e Contratti (*cit. supra*, nota 59), p. 335-336, e Elena d'Alessandro, *Il Riconoscimento delle Sentenze Straniere* (*cit. supra*, nota 100), p. 195-237.
124. Sobre o ponto, e a propósito da solução correspondente no direito italiano, cfr. Elena d'Alessandro, *Il Riconoscimento delle Sentenze Straniere* (*cit. supra*, nota 100), p. 308-329. Para uma mais detalhada consideração da problemática da litispendência, cfr. Fabrizio Marongiu Buonaiuti, *Litispendenza e connessione internazionale. Strumenti di coordinamento tra giurisdizioni statali in material civile*, Napoli, 2008, Jovene editore.
Quanto ao caso julgado, há no entanto que observar que ele deixara de constituir fundamento de impugnação do reconhecimento com o Decreto-Lei n.º 303/2007, solução que o Código manteve (veja-se o artigo 696.º e a remissão que para ele faz o número 1 do artigo 983.º, e o que dissemos supra, na nota 94). O regime do caso julgado, nesta sede, passa a constar assim exclusivamente da alínea d) do artigo 980.º (coincidindo assim com o da litispendência, pelo que este apenas será relevante caso o tribunal português tenha prevenido a jurisdição), e devendo a eventual contradição de julgados daí resultante ser resolvida de acordo com o critério da prioridade cronológica da decisão (artigo 625.º, n.º 1 do novo Código). Sobre o ponto ver igualmente Lima Pinheiro, *Direito Internacional Privado*, vol. III – *Competência Internacional e Reconhecimento de Decisões Estrangeiras* (*cit. supra*, nota 37), p. 517-519.
125. Continuidade que se estende igualmente a preceitos que não valorizámos expressamente, mas que há que inserir de igual forma no campo da nossa análise. Trata-se do artigo 580.º, n.º 3, onde se continua a afirmar (como no artigo 497.º, n.º 3, do código anterior) que "é irrelevante a pendência da causa perante jurisdição estrangeira, salvo se outra for a solução estabelecida em convenções internacionais". E do artigo 364.º, n.º 5 que, seguindo o mesmo número do artigo 383.º do código anterior, regula a hipótese de ser requerida providência cautelar como dependência de acção proposta ou a propor no estrangeiro, por força de convenções internacionais vinculativas para o Estado Português.

para introduzir alterações de relevo no nosso sistema. Alterações que poderiam ter sido motivadas quer pela evolução das ideias a este propósito, quer pela reflexão que o funcionamento do nosso direito sugere, quer pela progressiva inserção do ordenamento jurídico pátrio em espaços integrados[126] em que se afirmam soluções diferentes, quer, finalmente, pela preocupação, também generalizadamente assumida, como vimos[127], de tratar integrada e compreensivamente a disciplina das relações plurilocalizadas, valorizando os vínculos entre a competência internacional, a lei aplicável e o reconhecimento das decisões estrangeiras. De qualquer modo, o certo é que não foi esse o caminho seguido.

De qualquer modo, sempre haverá que reconhecer que o legislador aproveitou para introduzir certos ajustes no sistema. Assim, e quanto à disciplina da competência internacional dos tribunais portugueses, e essencialmente, retomou, quanto aos factores atributivos de competência aos tribunais portugueses, o princípio da causalidade (solução que, ao menos com o âmbito que lhe foi atribuído, não deixa de ser contestável), que na errática série de modificações pontuais entre a reforma de 1995/1996 e a actualidade havia sido abandonado, enquanto voltava a deixar esquecida a regra clássica do *actor sequitur forum rei* (que aquela reforma havia consagrado com carácter geral mas que as vicissitudes posteriores haviam reduzido à dimensão mais modesta de critério de natureza residual[128]), por razões cujo fundamento não conseguimos descortinar. E quanto ao elenco de competências exclusivas da nossa jurisdição,

126. Designadamente o espaço de liberdade, de segurança e de justiça da União Europeia, constituído pelo Tratado de Amesterdão. Sobre ele, cfr. Henri Labayle, «Un espace de liberté, de sécurité et de justice», 33 *Revue trimestrielle de droit européen* (1997), p. 105-173, Neil Walker (ed.), *Europe's Area of Freedom, Security and Justice*, Oxford, 2004, Jorg Monar, «Justice and Home Affairs in the EU Constitutional Treaty. What added value for the "Area of Freedom, Security and Justice"?», 1 *European Constitutional Law Review* (2005), p. 226-246, Koen Lenaerts, «The contribution of The European Court of Justice to the Area of Freedom, Security and Justice», 59 *I.C.L.Q.* (2010), p. 255-301, Sylvaine Poillot-Peruzzetto, «Le défi de la construction de l'espace de liberté, de sécurité et de justice», *in Vers de nouveaux équilibres entre ordres juridiques. Mélanges en l'honneur d'Hélène Gaudemet-Tallon* (*cit. supra*, nota 60), p. 581-599, Roberto Baratta, «Réflexions sur la cooperation judiciaire civile suite au traité de Lisbonne», *in Nuovi Strumenti del Diritto Internazionale Privato. Liber Fausto Pocar*, Milano, 2009, Giuffrè Editore, p. 3-22, Christian Kohler, «Trois défis: La Cour de Justice des Communautés Européennes et l'espace judiciaire européen en matière civile», *ibidem*, p. 569-582,e, na doutrina portuguesa, Nuno Piçarra, «O Espaço de Liberdade, Segurança e Justiça no Tratado que estabelece uma Constituição para a Europa: unificação e aprofundamento», 137 *O Direito* (2005), p. 967-1014, e «Direito da União Europeia: O Espaço de Liberdade, Segurança e Justiça. Relatório com o programa, os conteúdos e os métodos de ensino da cadeira», 10 *Thémis* (2010), p. 233-366 (240-348).

127. *Supra*, n.º 2.

128. Saliente-se que essa dimensão residual é apesar de tudo hoje maior do que o era anteriormente a 1997, uma vez que os próprios critérios especiais de competência territorial se revelaram de algum modo permeáveis a esta regra (assim, no artigo 71.º, o princípio do *actor sequitur forum rei* é introduzido nos casos de acções destinadas a exigir o cumprimento de obrigações), que desta forma se projecta com mais algum relevo na competência internacional através do princípio da coincidência. Mas continuamos a não entender as razões (?) da sua não consagração com carácter geral.

para além de suprimir a inútil referência aos instrumentos internacionais vinculativos do Estado Português, parece ter procurado um alinhamento com os mais relevantes destes instrumentos, em vigor no espaço da União Europeia. Alinhamento verdadeiramente desnecessário, no que se reporta à efectiva aplicação das regras contidas nestes instrumentos, e que surge ademais formulado em termos que não podem deixar de suscitar reparos[129]. Mas que não deixa de dar lugar a outras observações na situação (da competência em matéria de execução) em que o legislador abandonou aquela inspiração, restringindo a competência exclusiva dos tribunais portugueses em matéria de execução ao caso dos bens dela objecto serem imóveis.

Já quanto ao reconhecimento das sentenças estrangeiras[130], pode dizer-se que as modificações são de pura forma, limitando-se a pequenos ajustes técnicos que acompanham a recondução praticamente integral das soluções anteriores. Não está pois aqui em causa o sentido do impulso renovador do legislador, mas a sua inexistência, e sobretudo a circunstância de aquele se não ter revelado sensível ao arcaísmo que hoje[131] marca as soluções do nosso direito comum nesta matéria, sobretudo quando vistas no seu confronto com as orientações (cujo campo de aplicação se vai crescentemente ampliando) que caracterizam o direito de fonte externa e que têm vindo a influenciar decisivamente alguns dos ordenamentos do espaço cultural em que nos inserimos.

---

129. Desde logo quanto à questão, pela primeira vez aflorada na nossa lei, do arrendamento de imóveis, em que a infelicidade do legislador é flagrante. Mas também quanto à importação da regra daqueles instrumentos no que se refere à sede das pessoas colectivas (ao que parece apenas no domínio da alínea b), pois que a questão já não terá preocupado o legislador no âmbito da alinea e)), em que a utilização de uma regra de direito internacional privado material ou o recurso puro e simples à solução da lei portuguesa se afiguram preferíveis à utilização aí feita do método conflitual. *Vide supra*, n.º 5.

130. Sector em que entretanto tinham ocorrido algumas modificações relevantes, no plano convencional, em sede de reconhecimento das decisões (das autoridades eclesiásticas competentes) relativas à nulidade do casamento católico e à dispensa pontifícia do casamento rato e não consumado. Cfr. o artigo 16.º da Concordata de 18 de Maio de 2004 entre a Santa Sé e a República Portuguesa, e, para a sua análise, Moura Ramos, «A Concordata de 2004 e o Direito Internacional Privado Português», *in ARS IVDICANDI. Estudos em Homenagem ao Prof. Doutor António Castanheira Neves*, vol. II: Direito Privado, Coimbra, 2008, Coimbra Editora, p. 603-651 (622-641). Dando execução àquela regra, cfr. o Decreto-Lei n.º 100/2009, de 11 de Maio (que altera o artigo 1626.º do Código Civil e o artigo 7.º, n.º 3 do Código do Registo Civil, e o comentário de João Pedro S. Mendonça Correia, «Anotações à regulamentação do artigo 16 da Concordata de 18 de Maio de 2004 entre a Santa Sé e Portugal», 21 *Ius Ecclesiae. Rivista Internazionale di Diritto canonico* (2009), N.º 3, p. 728-739.

Num momento em que se ensaia um controlo internacional sobre estas decisões, sendo a recusa do exe*quatur*, quando arbitrária ou desproporcionada, tida por violadora do artigo 6.º da Convenção Europeia los Direitos Humanos, por lesiva do processo equitativo. A propósito, cfr. Theodor Schilling, «The enforement of foreign judgements in the jurisprudence of the European Court of Human Rights», 48 *Rivista di itto Internazionale Privato e Processuale* (2012), N.º 3, p. 545-572.

sor Catedrático da Faculdade de Direito da Universidade de Coimbra. Membro do *Institut de Droit rnational*. Presidente Emérito do Tribunal Constitucional Português. Antigo Juiz do Tribunal de Primeira ncia das Comunidades Europeias (hoje, Tribunal Geral da União Europeia).

EDITORA
*Jus*PODIVM
www.editorajuspodivm.com.br

Pré-impressão, impressão e acabamento

GRÁFICA
SANTUÁRIO

grafica@editorasantuario.com.br
www.graficasantuario.com.br
Aparecida-SP